TECHNISCHE ANALYSE VON AKTIENTRENDS

Robert D. Edwards
John Magee
W. H. C. Bassetti

TECHNISCHE ANALYSE VON AKTIEN-TRENDS

11. AUFLAGE

Börsenbuchverlag

Die Originalausgabe erschien unter dem Titel
Technical Analysis of Stock Trends, 11th Edition
ISBN 978-1-138-06941-1

Unter Verwendung der Übersetzung der 5. Auflage durch Dr. Walter Frühling
mit freundlicher Genehmigung der Bisnode Deutschland GmbH.

Übersetzung: Egbert Neumüller
Gestaltung Cover: Daniela Freitag
Gestaltung: Sabrina Slopek
Satz: Rotkel. Die Textwerkstatt
Herstellung: Daniela Freitag
Korrektorat: Egbert Neumüller
Druck: CPI books GmbH, Leck, Germany

ISBN 978-3-86470-737-7

Bibliografische Information der Deutschen Nationalbibliothek:
Die Deutsche Nationalbibliothek verzeichnet diese Publikation in der
Deutschen Nationalbibliografie; detaillierte bibliografische Daten
sind im Internet über <http://dnb.d-nb.de> abrufbar.

BÖRSEN MEDIEN
AKTIENGESELLSCHAFT

Postfach 1449 • 95305 Kulmbach
Tel: +49 9221 9051-0 • Fax: +49 9221 9051-4444
E-Mail: buecher@boersenmedien.de
www.boersenbuchverlag.de
www.facebook.com/plassenbuchverlage
www.instagram.com/plassen_buchverlage

Abbildung 0.1: DOW 25.000. Was für ein Geburtstagsgeschenk für die 11. Auflage! Der Dow setzt seine Rekordjagd seit März 2009 fort, wie dieser Chart anschaulich zeigt.

INHALT

VORWORT ZUR 11. AUFLAGE

Jenseits von Edwards und Magee

Es wäre nachlässig von mir, wenn ich nicht darauf hinweisen würde, dass zwei wichtige Gestalten auf dem Gebiet der Technischen Analyse verstorben sind – Richard Arms Jr. und Professor Hank Pruden von der Golden Gate University. Sie waren beliebt und wurden bewundert, und sie hinterlassen in der Gemeinschaft eine Lücke. Der hier abgedruckte Artikel von Arms ist buchstäblich sein letzter Beitrag zu diesem Gebiet. Hank Pruden war lange Zeit die zentrale Figur in San Francisco, er war sehr beliebt und bewundert, und er hinterlässt in dem gesamten Fachgebiet eine enorme Lücke. Er war mein spezieller Freund und mein Mentor. Er wird unendlich vermisst werden.

Nun möchte ich mich der zentralen Frage zuwenden, auf die sich diese Neuauflage konzentriert: Bislang ignorierte dieses Buch einen ganzen Bereich der Technischen Analyse: die an Zahlen ausgerichtete und statistische Analyse. Daher bekamen frühere Neuleser nicht die Anleitung, die sie brauchen, wenn sie sich mit der von Edwards und Magee erfundenen (oder entdeckten) qualitativen Methode nicht wohlfühlen. Dieser Mangel wird durch Anhang C behoben. Dort findet der neue Leser eine Vorstellung zahlenorientierten Materials vom Standpunkt eines Analysten, der sich nach Edwards und Magee richtet. Auch findet der Leser dort Präsentationen von Instrumenten durch ihre Urheber – ein besonderer und überaus lehrreicher Hochgenuss. Ich wage zu behaupten, dass das Blickfeld jedes Analysten durch Mike Moodys Präsentation der Point-and-Figure-Charts und der Tools von Richard Arms erweitert wird, durch zwei prominente Analysten, deren Werk viele von uns – besonders wir Chartisten – nicht die Untersuchungen gewidmet hatten, die es verdient.

Die Liste der Danksagungen ist so lang wie eine Preisverleihung in Hollywood. Hier also nur einige von denen, die es verdient haben, erwähnt zu werden: Nehemiah Brown III, mein hochgeschätzter gelegentlicher wissenschaftlicher Mitarbeiter, hilft mir, meine Tabellen vernünftig und korrekt zu gestalten. Mein alter Freund Mark Wainwright (mit Abschluss von der Tuck School of Business) hilft mir, technische Schwierigkeiten zu bewältigen. Die Freude bei der Vorbereitung einer neuen Auflage rührt zum Teil daher, dass ich dabei mit diesen intelligenten und fähigen Menschen zusammenarbeite.

Noch nicht erwähnt habe ich Ralph Vince (eine fabelhafte Gestalt), Chris Glon, Richard Arms und Mike Moody.

Erleichtert wurden meine Mühen durch die Unterstützung von Chip Anderson, dem Gründer und Chef der unschätzbar wertvollen Ressource stockcharts.com. Auch thinkorswim schulde ich Dank. Dass ich diese Plattform so oft erwähne, deutet darauf hin, wie wichtig sie für meine Arbeit ist – und das ist keine bezahlte Werbung.

W.H.C. Bassetti
San Francisco, Kalifornien
15. Juni 2018

VORWORT

Dieses Buch richtet sich eher an den Laien als an den berufsmäßigen Börsianer. Dennoch wird vorausgesetzt, dass der Leser zumindest eine elementare Kenntnis von Aktien und Anleihen hat, dass er schon etliche Male Aktien gekauft und verkauft hat und einige Vertrautheit mit dem Finanzteil seiner Zeitung besitzt. Es wird deshalb kein Versuch gemacht, allgemeine Börsenausdrücke und den Börsenablauf zu erklären. In aller Ausführlichkeit jedoch werden stattdessen die Theorie und die Terminologie unseres eigentlichen Themas erörtert.

Der erste Teil des Buches basiert weitgehend auf den bahnbrechenden Untersuchungen und den Schriften des verstorbenen Richard W. Schabacker. Seine „Technical Analysis and Stock Market Profits", die jetzt nicht mehr im Druck zu erhalten ist, wurde 1937 in letzter Ausgabe durch diesen Autor und Albert A. Kimbell besorgt. Ihr Leser wird in den Seiten dieses ersten Teiles vieles finden, was ihm bekannt ist, und – abgesehen von den Illustrationen – nur weniges, was wirklich neu ist. In der Tat war es für den Autor ebenso überraschend wie für andere Börsenbeobachter, dass sich das Grundmuster unseres Aktienmarkts in diesen Jahren kaum geändert hat. Dabei wurden in dieser Zeit zahlreiche neue Kontrollen und Regulierungen eingeführt. Neue Steuern wurden geschaffen, die für den erfolgreichen Investor ein schweres Handicap bedeuten. Andererseits wurden die Möglichkeiten stark verbessert und vermehrt, verlässliche Nachrichten über Aktien zu bekommen. Nicht einmal ganz radikale Änderungen in gewissen grundlegenden Teilen unserer Wirtschaft haben jenes Grundmuster unseres Aktienmarkts geändert.

Sicherlich sind die Anzeichen von Pool-Manipulationen, die in den Charts zu erscheinen pflegten, jetzt selten geworden. Einige der Kursformationen, die früher recht häufig waren, erscheinen jetzt selten oder mögen viel von ihrem praktischen Nutzen für den Spekulanten verloren haben; sie sind in dieser Bearbeitung nicht mehr enthalten. Andere haben ihre „Gewohnheiten" leicht geändert oder auch in gewissem Grade ihre Konsequenzen (aber nicht ihre grundsätzliche Natur), und das wurde natürlich berücksichtigt. Der bedauerlich geringe Umsatz der Börse zu gewissen Zeiten – eine der unbestrittenen Auswirkungen der Regulierungen – hat einige „falsche Bewegungen" mehr zur Folge und bringt häufiger Perioden von uninteressanter (und damit gewinnloser) Inaktivität. Aber insgesamt gesehen fährt die Börse fort, dieselben alten Bewegungen in derselben alten Routine immer und immer wieder zu wiederholen. Für den Spekulanten und den Anleger ist es unverändert wichtig, diese Phänomene zu kennen und zu erkennen.

Der zweite Teil befasst sich mit der praktischen Auswertung dieser Muster, Formationen und Phänomene, mit der Taktik des Spekulierens. Er ist völlig neu. Mehr als 15 Jahre lang (seine Börsenerfahrung reicht fast 30 Jahre zurück) hat John Magee ausschließlich auf der Grundlage der technischen Theorie investiert und spekuliert, Tausende von Charts verfolgt, Hunderte von tatsächlichen Verkäufen und Käufen ausgeführt. Alle nur denkbaren Anwendungsarten hat er in dieser Zeit getestet, Methoden, Taktiken und Ergebnisse unter jedem denkbaren Gesichtspunkt geprüft und analysiert; von den Gewinnen musste er leben. Sein Beitrag ist der eines Praktikers.

Es sei hier hinzugefügt – und wird auf den folgenden Seiten oft wiederholt werden –, dass die technischen Methoden in keiner Weise unfehlbar sind. Je mehr Erfahrung man in ihrer Anwendung gewinnt, desto mehr werden einem ihre Tücken und die Möglichkeiten ihres Versagens bewusst. Es gibt keine absolut sichere Methode, „die Börse zu schlagen“; die Autoren zögern nicht, zu sagen, dass es sie niemals geben wird. Nichtsdestoweniger bringt das Wissen und die vernünftig abwägende Anwendung der Technischen Analyse eine gute Dividende – sie ist wesentlich gewinnbringender (und viel sicherer) für den durchschnittlichen Anleger als jede andere augenblicklich bekannte und übliche Methode zum Kauf und Verkauf von Wertpapieren.

Robert D. Edwards
Juli 1948

TEIL 1

TECHNISCHE THEORIE

KAPITEL 1

DIE TECHNISCHE HERANGEHENSWEISE AN SPEKULATION UND INVESTMENT

Nicht viele menschliche Aktivitäten sind während des letzten Jahrhunderts so eingehend untersucht worden, unter so vielen Gesichtspunkten und von so vielen verschiedenen Autoren behandelt worden, wie das Kaufen und Verkaufen von Aktien. Die Belohnung der Börse für denjenigen, der sie richtig zu lesen versteht, ist gewaltig; die Strafen, die sie von den nachlässigen, verträumten oder „glücklosen" Investoren einfordert, sind oft fürchterlich. Kein Wunder, dass die Börse die besten Buchhalter, Analytiker und Forscher anzieht, zusammen mit einer buntscheckigen Schar von Exzentrikern, Mystikern und Spielern – und einer großen Zahl ganz normaler, hoffnungsvoller Bürger.

Die klügsten Köpfe haben sich bemüht und bemühen sich noch ständig darum, sichere und verlässliche Methoden zu finden; Methoden, wie man den Zustand und den Trend der Börse erkennt, wie man die richtige Aktie und den richtigen Zeitpunkt zum Kauf ausfindig macht. Diese intensive Beschäftigung mit der Börse ist nicht fruchtlos geblieben – im Gegenteil. Eine große Zahl erfolgreicher Investoren und Spekulanten (wobei das Wort in seinem wirklichen Sinne und ohne abwertenden Nebensinn benutzt wird) haben auf diesem oder jenem Wege die nötige Einsicht in die Natur der Kräfte gewonnen, mit denen sie sich befassen. Sie besitzen das Beurteilungsvermögen, die Voraussicht und die allbedeutsame Selbstdisziplin, um diese Kräfte für sich gewinnbringend zu nutzen.

Im Laufe der Jahre haben sich zwei ganz bestimmte „Schulen" entwickelt, zwei radikal verschiedene Methoden, wie man die Antwort auf das „Was" und „Wann" findet. Im „Wall-Street-Jargon" wird die eine von ihnen kurz als die *fundamentale* oder statistische Methode bezeichnet und die andere als die *technische*. (In den letzten Jahren hat eine dritte Betrachtungsweise, die *zyklische*, schnelle Fortschritte gemacht. Obwohl immer noch als „unsinnige Randerscheinung" angegriffen, verspricht sie, einen wertvollen Beitrag zu unserem Verständnis der wirtschaftlichen Trends zu leisten.)

Der Börsen-Fundamentalist verlässt sich auf statistische Daten. Er untersucht die Berichte der Wirtschaftsprüfer, die Gewinn- und Verlustrechnungen, die vierteljährlichen Bilanzen, die Dividendenhistorie und die Pläne der Gesellschaften, deren Aktien er beobachtet. Er analysiert Umsätze, die Kompetenz des Managements, die Auslastung der Produktion und die Wettbewerber. Er verfolgt Geschäftsberichte und die Verlautbarungen des Wirtschafts- und Finanzministeriums, beobachtet Produktionsindikatoren, Preisstatistiken und Erntevoraussagen, um sich einen Überblick über die allgemeine Wirtschaftslage zu verschaffen. Er verfolgt täglich alle Nachrichten, um zukünftige Wirtschaftsbedingungen abzuschätzen. Unter Berücksichtigung all dessen bewertet er seine Aktie: Wenn sie im Augenblick unter dem von ihm geschätzten Wert notiert, sieht er das als

Kaufgelegenheit an. *(EN9[1]: Und – keine Überraschung – der Name des Käufers ist Warren Buffett, und er kauft das Unternehmen, nicht die Aktien, denn obwohl dies eine ausgezeichnete Möglichkeit ist, Unternehmen zu kaufen, ist es keine sehr gute Möglichkeit, Aktien zu kaufen.) EN: Lesen Sie dazu Robert Prechters Zusammenfassung der grundlegenden Methodik als amüsante Endnote am Ende dieses Kapitels.*

Sieht man von dem allergrünsten Anfänger ab, für den in seiner Unerfahrenheit jeder andere Gesichtspunkt irrational und unbegreiflich ist, so wird freilich dieser soeben beschriebene „reinrassige" Fundamentalist ein ziemlich seltener Vogel sein. Denn auch jene Börsianer, die vorgeben, Charts und Chartisten aufs Tiefste zu verachten, verfolgen sehr genau das Verhalten der Börse und des „Tickers". Sie verhehlen auch nicht ihren Respekt für die Dow-Theorie, die, ob sie es nun wahrhaben wollen oder nicht, in ihrem wesentlichen Gehalt rein technisch ist.

Definition der Technischen Analyse

Der Ausdruck „technisch" in seiner Anwendung auf die Börse hat heute eine sehr spezielle Bedeutung, die völlig von der normalen Definition in einem Lexikon abweicht. „Technisch" in unserem Sinne bezieht sich auf die *Beobachtung des Geschehens an der Börse selbst* im Gegensatz zur Untersuchung der Objekte, die an der Börse gehandelt werden. Die Technische Analyse zeichnet, üblicherweise in grafischer Form, den zeitlichen Ablauf des Handels (Kursveränderungen, Umsatz und so weiter) einer bestimmten Aktie oder von Indizes auf. Aus diesem bildlich dargestellten historischen Verlauf leitet sie dann den wahrscheinlichen zukünftigen Trend ab. *EN: Mit dem Aufkommen des Computers entstanden viele verschiedene Schulen der Technischen Analyse. Die zahlenorientierte Technische Analyse (zum Beispiel Studien über gleitende Mittelwerte, Oszillatoren und so weiter) versucht, die Analyse der Märkte vollständig zu objektivieren. Die Arbeit von Edward Magee ist die Verkörperung und Definition der „klassischen Technischen Analyse".*

Die Technische Analyse argumentiert folgendermaßen: Es ist sinnlos, einer Aktienurkunde einen inneren Wert beimessen zu wollen. Eine Aktie der Gesellschaft United States Steel beispielsweise war im Frühherbst 1929 genau 261 Dollar wert, aber man konnte sie im Juni 1932 für nur 22 Dollar kaufen! Im März 1937 wurde sie für 126 Dollar gehandelt und nur ein Jahr später für 38 Dollar. Im Mai 1946 war sie wieder auf 97 Dollar gestiegen und zehn Monate später, 1947, war sie unter 70 Dollar gefallen. Dabei gingen gerade zu diesem letzteren Zeitpunkt die Schätzungen allgemein dahin, dass die Gesellschaftsgewinne einen absoluten Höhepunkt erreicht hätten, während das allgemeine Zinsniveau sich noch an einem absoluten Tiefpunkt befand. Der Buchwert derselben U.S.-Steel-Aktie nach den eigenen Bilanzen der Gesellschaft betrug jeweils zum Jahresende: 1929 – 204 Dollar, 1932 – 187 Dollar, 1937 – 151 Dollar, 1938 – 117 Dollar und 1946 – 142 Dollar. Derartige Entwicklungen, diese große Divergenz zwischen dem „errechneten" Wert und dem tatsächlichen Kurs einer Aktie an der Börse, sind nicht die Ausnahme, sondern die Regel, ein Dauerzustand.

---

1 Im Laufe der inzwischen elf Auflagen gab es einige Änderungen am Originaltext aus dem Jahre 1948. Einige Aktualisierungen im Hinblick auf den gegenwärtigen technologischen Kontext und das Marktgeschehen hat der Herausgeber als seine eigene Arbeit gekennzeichnet, indem er solche Anmerkungen mit „EN" für „Editor's Note" begann. (Die 8. Auflage war die erste, die Editor's Notes verwendete. Editorische Anmerkungen für die 9. Auflage sind mit EN9 gekennzeichnet, für die 10. Auflage mit EN10.) Außerdem sind Passagen ohne besondere Kennzeichnung überarbeitet oder ergänzt worden.

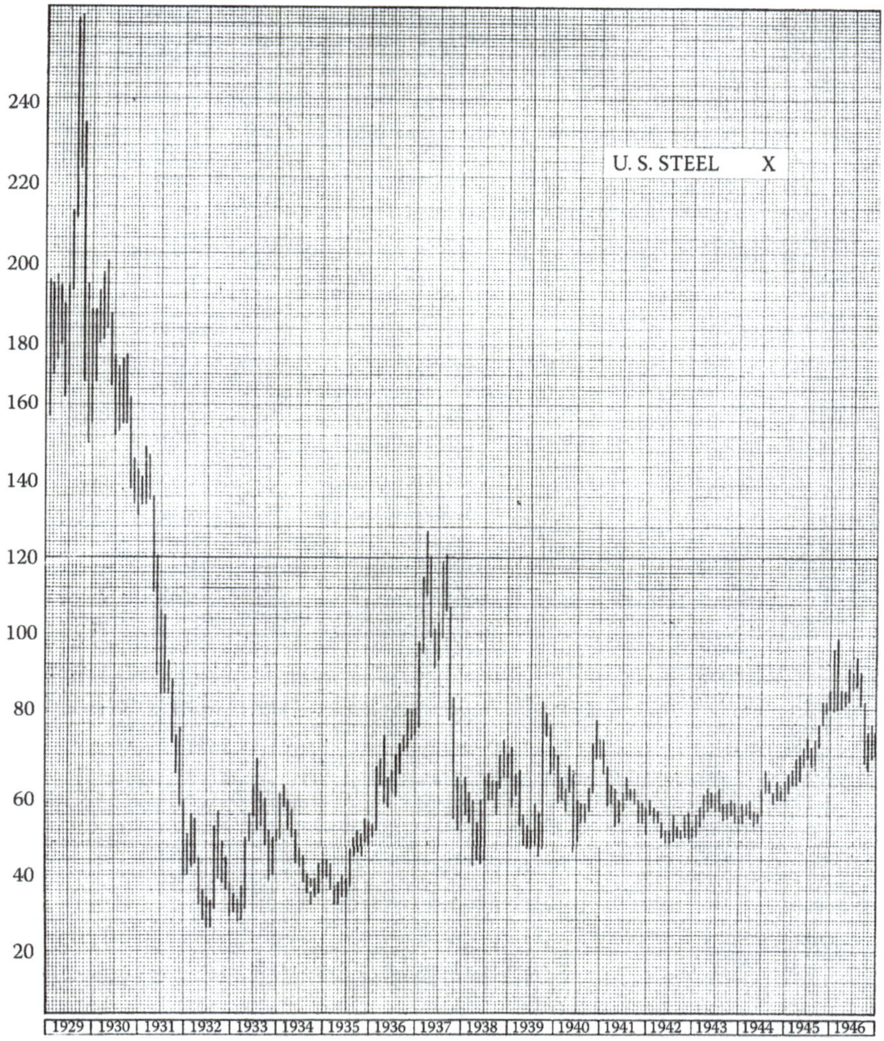

Abbildung 1.1: Monatliche Kursbewegungen der Aktie von U.S. Steel von Januar 1929 bis Dezember 1946. Beachten Sie die gewaltigen Kursunterschiede in dieser Aktie – von 1929 (extremer Höhepunkt 261 ¾) bis 1932 (Tiefpunkt 21 ¼), von 1932 bis 1937, von 1937 bis 1938 und von 1942 bis 1946. Der Buchwert dagegen verhielt sich wie im Text dieses Kapitels näher beschrieben.

Tatsache ist eben, dass der reale Wert einer U.S.-Steel-Aktie zu jedem gegebenen Zeitpunkt allein, endgültig und unerbittlich von Angebot und Nachfrage bestimmt wird, wie sie sich exakt in den Transaktionen an der New York Stock Exchange widerspiegeln (siehe Abbildung 1.1).

Natürlich spielen die statistischen Daten, die die Fundamentalanalysten beobachten, eine Rolle in der Angebot-Nachfrage-Gleichung; das wird nicht bestritten. Aber es gibt eben noch viele andere Faktoren, die diese Gleichung ebenfalls beeinflussen. Der Börsenkurs reflektiert nicht nur die unterschiedlichsten Wertvorstellungen derjenigen, die Aktien in jener orthodoxen Weise bewerten. Er reflektiert genauso die Hoffnungen und Befürchtungen, Vermutungen und Stimmungen – rationale und irrationale – von Hunderten von potenziellen Käufern und Verkäufern. Er reflektiert ihre Bedürfnisse und ihr Kapital – insgesamt Faktoren, die sich jeder exakten Einzelanalyse entziehen und für die keine statistischen Unterlagen erhältlich sind. Dennoch werden alle diese Faktoren zusammengefasst, gewogen und schließlich in jener einen präzisen Zahl ausgedrückt, zu der ein Käufer und ein Verkäufer sich zusammenfinden und eine Transaktion in dieser Aktie tätigen (durch ihre Broker beziehungsweise Banken). Dies ist die einzige Zahl, die zählt.

Darüber hinaus macht der Technische Analyst mit vollem Recht geltend, dass die Masse jener statistischen Daten, die der Fundamentalist studiert, Vergangenheit ist, überholt und nutzlos. Die Börse ist nicht an der Vergangenheit und nicht einmal an der Gegenwart interessiert. Die Börse blickt ständig voraus und versucht, zukünftige Entwicklungen vorwegzunehmen. Hunderte von Investoren betrachten die Zukunft aus ganz verschiedenen Blickwinkeln und durch eine jeweils ganz anders gefärbte Brille. Die Börse wägt alle ihre Schätzungen und Vermutungen ab und bringt sie in ein Gleichgewicht. Kurz: Der jeweilige Aktienkurs, wie ihn die Börse selbst bildet, berücksichtigt alle fundamentalen Informationen, die der statistische Analytiker überhaupt berücksichtigen könnte. Sie berücksichtigt weitere Informationen, die ihm unbekannt und die vielleicht nur wenigen Insidern bekannt sind, und sie berücksichtigt darüber hinaus viele weitere Faktoren, die eine gleiche oder größere Bedeutung haben.

All dies freilich, so wahr es auch sein mag, wäre von geringer Bedeutung, gäbe es nicht ein unbestreitbares Phänomen: Die Kurse an der Börse bewegen sich in Trends; diese Trends haben die Tendenz, sich so lange fortzusetzen, bis irgendetwas das Angebot-Nachfrage-Verhältnis ändert. Solche Änderungen sind gewöhnlich am Verhalten der Börse selbst erkennbar. Gewisse Muster oder Formationen, Niveaus oder Zonen erscheinen in den Charts. Sie haben eine Bedeutung und können im Sinne einer zukünftigen wahrscheinlichen Trendentwicklung interpretiert werden. Sie sind nicht unfehlbar, wie hier bemerkt werden muss, aber die Wahrscheinlichkeit ist entschieden auf ihrer Seite. Wieder und wieder, das zeigt die Erfahrung oft genug, geben diese Formationen viel klarere Prognosen als der bestinformierte und gewiefteste Statistiker.

Der Technische Analyst kann in seinem Anspruch noch weiter gehen. Er ist in der Lage, den Chart einer Aktie zu interpretieren, *deren Namen er nicht einmal kennt.* Alles, was er dafür braucht, sind die Aufzeichnungen über den Handel über einen ausreichend langen Zeitraum, damit er in der Lage ist, den Hintergrund und die Gewohnheiten dieser Aktie zu studieren. Der Charttechniker kann gewinnbringend mit einer Aktie spekulieren, wenn er nur ihr Tickersymbol hat, ohne dass er die Gesellschaft, den Industriezweig, die Produkte oder die Kapitalisierung der Gesellschaft kennt. Überflüssig zu sagen, dass eine solche Praxis nicht empfohlen wird; aber wenn der Technische Analyst wirklich Erfahrung hat, könnte er in der Tat mit guter Erfolgsaussicht so verfahren.

Sollte der Leser an dieser Stelle und nach dieser Erläuterung die technische Betrachtungsweise von Investment oder Spekulation völlig abstoßend finden, so sollte er das Buch jetzt besser zuklappen. Denn es ist in erster Linie diese technische Betrachtungsweise, die Lehre von der Technischen Aktienanalyse, mit der sich der Rest des Buches befasst.

EN: Die Elliott-Wellen-Theorie: Perspektive und Bemerkungen aus einem Börsenbrief von Magee aus den 1980er-Jahren. Diese Woche hatten wir das Vergnügen, die Dezemberversammlung der Market Technicians Association of New York (MTANY) zu besuchen.

Langjährige Abonnenten werden sich erinnern, dass die MTANY die Organisation ist, die John Magee im Jahr 1978 zum Man of the Year kürte. Der Redner war Robert Prechter, Herausgeber von „The Elliott Wave Theorist“, einer Anlageberatung, deren Prognosen auf Interpretationen der Arbeiten von R.N. Elliott über den Aktienmarkt basieren.

Von größtem Interesse für unsere Abonnenten sind Prechters Bemerkungen über die Technische Analyse an sich. Dabei muss man bedenken, dass die Elliott-Wellen-Theorie nichts anderes ist als ein „Katalog" von Kursbewegungen an der Börse, die gewissermaßen übereinandergelegt werden, bis sich ein umfassendes, zugrunde liegendes und dauerhaftes Muster abzeichnet; kurz gesagt reine Technische Analyse. Hier einige von Prechters Definitionen und Bemerkungen zur Fundamentalanalyse:

1. Definieren wir zunächst den Unterschied zwischen „technischen Daten" und „Fundamentaldaten" ... technische Daten sind Daten, die durch das Verhalten des untersuchten Marktes erzeugt werden.
2. Das größte Problem der Fundamentalanalyse ist, dass ihre Indikatoren vom Markt an sich entkoppelt sind. Der Analyst nimmt eine Kausalität zwischen äußeren Ereignissen und Marktbewegungen an – ein Konzept, das fast mit Sicherheit falsch ist. Genauso wichtig (und weniger anerkannt) ist jedoch, dass die Fundamentalanalyse fast immer eine Vorhersage der Fundamentaldaten erfordert, bevor Schlüsse über den Markt gezogen werden. Dann ist der Analyst gezwungen, einen zweiten Schritt zu gehen und eine Schlussfolgerung zu ziehen, wie sich die vorhergesagten Ereignisse auf die Märkte auswirken werden! Technische Analysten brauchen bloß einen Schritt zu gehen, was ihnen vom Fleck weg einen Vorteil verschafft. Ihr Hauptvorteil ist, dass sie ihre Indikatoren nicht vorherzusagen brauchen.
2. Noch schlimmer ist die Tatsache, dass sogar der zweite Schritt der Fundamentalanalysten wahrscheinlich ein auf Sand gebauter Prozess ist. [...] Die häufigste Anwendung der Fundamentalanalyse besteht darin, dass man den Gewinn eines Unternehmens im laufenden und im kommenden Jahr schätzt und auf dieser Grundlage Aktien empfiehlt. [...] Wie schlecht die Erfolgsbilanz dieser alleinigen Grundlage ist, hat *Barron's* am 4. Juni in einem Artikel aufgezeigt, aus dem hervorgeht, dass sich der durchschnittliche Schätzungsfehler bezüglich der 30 im Dow Jones Industrial Average (DJIA) enthaltenen Aktien für alle abgeschlossenen Jahre auf 18 Prozent und für die bevorstehenden Jahre auf 54 Prozent beläuft. Das schwächste Glied ist allerdings die Annahme, dass eine korrekte Gewinnschätzung eine Basis für die Auswahl von Börsengewinnern sei. Laut einer Tabelle zum erwähnten *Barron's*-Artikel hätte der Kauf der zehn DJIA-Aktien mit den besten Gewinnschätzungen über zehn Jahre eine kumulierte Rendite von 40,5 Prozent gebracht, die Wahl der zehn DJIA-Aktien mit den schlechtesten Gewinnschätzungen hingegen einen satten Gewinn von 142,5 Prozent.

Prechters geschliffene Darlegung der technischen Methode, die von unserer abweicht, hat uns gefallen. Was seine Bemerkungen über die Fundamentalanalyse angeht, ihnen stimmen wir absolut und vollkommen zu.

KAPITEL 2

CHARTS

Charts sind das Handwerkszeug des Technischen Analysten. Es wurde eine Vielzahl von Formen und Arten entwickelt, um grafisch so ziemlich alles darzustellen, was an der Börse geschieht, oder um einen daraus abgeleiteten Index aufzuzeichnen. Es können Monatscharts sein, auf denen das Handelsgeschehen eines ganzen Monats in einer einzigen Eintragung kondensiert ist, oder Charts über wöchentliche, tägliche, stündliche Transaktionen, Point-and-Figure-Charts oder Candlestick-Charts. Sie können in einem arithmetischen, logarithmischen oder einem Quadratwurzel-Maßstab dargestellt sein oder auch als „Oszillatoren". Sie können gleitende Durchschnitte darstellen, das Verhältnis des Umsatzes zur Kursbewegung, den Durchschnittspreis der „Most Actives", Odd-Lot-Transaktionen (Transaktionen unter 100 Aktien), das Short Interest und eine Unzahl von anderen Beziehungen, Verhältnissen und Indizes. Alle sind sie technisch in dem Sinne, dass sie – direkt oder indirekt – davon abgeleitet sind, was tatsächlich an der Börse geschehen ist.

Mit den meisten von ihnen brauchen wir uns glücklicherweise nicht zu befassen; sie sind nur für den hauptberuflichen Wirtschaftsanalysten von Interesse. Viele von ihnen sind das Ergebnis eines – jedenfalls bis jetzt – völlig ergebnislosen Bemühens, irgendeinen „mechanischen" Index oder eine Kombination von Indizes zu finden, die immer, automatisch und ohne jemals zu versagen oder eine falsche Prognose zu geben, vor einem Wechsel im Trend warnen. Derartige Indikatoren sind nach unserer Erfahrung nur zu häufig verwirrend und manchmal – und zwar gerade zu den kritischen Zeitpunkten – regelrecht irreführend. Dieses Buch ist demgegenüber für den Privatmann gedacht, den Geschäftsmann, den Berufstätigen. Er kann sich nicht den ganzen Tag lang nur um seine Investitionen oder Spekulationen kümmern. Andererseits sind sie für ihn doch von so viel Bedeutung oder Interesse, dass er sich zumindest einige Minuten am Tag mit der Beobachtung und Anlage seines Geldes beziehungsweise seiner Aktien befassen möchte. (*EN9: Im Nachhinein betrachtet ist dies eine Unterschätzung der Bedeutung des vorliegenden Werkes. Im 21. Jahrhundert sind sich die besten Fachleute der Bedeutung der Trendanalyse sehr wohl bewusst und benutzen dieses Werk als Lehrbuch.)* Die Theorien und Methoden dieses Buches erfordern nur die einfachste Art eines Aktiencharts, eine Aufzeichnung der Kursspanne (Eröffnungskurs, Hoch- und Tief sowie Schlusskurs) und des Tagesumsatzes (Handelsvolumen oder kurz „Volumen") der Aktie. Diese Darstellungen des Tageskursverlaufs werden aus Gründen, die wir später noch erörtern werden, durch Wochen- oder Monatscharts ergänzt, die für die meisten Aktien mithilfe fast aller kommerziell erhältlichen Anlage-Softwareprogramme und Websites leicht erstellt werden können.

Nahezu alle Illustrationen auf den folgenden Seiten sind Beispiele solcher Tagescharts. Man kann sie leicht selbst erstellen und aktuell halten. Man benötigt dazu lediglich einen Vorrat an Millimeter- oder Rechenpapier (fast jede Art reicht aus), eine Tageszeitung mit kompletten und genauen Kursangaben, einen gespitzten Bleistift und einige Minuten Zeit. *EN: Alternativ stehen zahlreiche Datendienste zur Nutzung mit Softwarepaketen zur Verfügung, ganz zu schweigen von Internetseiten (die in Anhang B, Ressourcen, erwähnt werden). Durch den Einsatz dieser Technologie entfällt die Last der manuellen Charterstellung. Wenn es einen Nachteil dieser Technologie gibt, dann möglicherweise den Verlust des „Gefühls", das der Investor durch die manuelle Diagrammerstellung bekommt.*

Bei der Anfertigung eines normalen Aktiencharts ist es üblich, die Zeit auf der horizontalen Achse darzustellen. Die einzelnen Unterteilungen bezeichnen von links nach rechts fortlaufend die Tage (manche benutzen auch den Zwischenraum zwischen den Strichen jeweils für einen Tag). Die senkrechte Achse wird für die Darstellung des Kurses benutzt, wobei jede Unterteilung einem bestimmten Kurs entspricht. Am unteren Rand des Charts lässt man üblicherweise Platz, um das Volumen darzustellen, das heißt, die Anzahl der Aktien, die am betreffenden Tag den Besitzer gewechselt haben. Tageszeitungen mit vollständigem Börsenbericht geben den Tagesumsatz (ausgenommen die Odd-Lot-Transaktionen, die für unseren gegenwärtigen Zweck vernachlässigt werden können), die Höchst- und Tiefstkurse der Aktie an diesem Tag, den Schlusskurs (das ist der Kurs, zu dem die letzte Transaktion an diesem Tag abgeschlossen wurde) und üblicherweise auch noch den Eröffnungskurs (Kurs der ersten Transaktion) an. In unserem Chart wird die tägliche Schwankungsbreite des Kurses so dargestellt, dass man eine Linie zwischen den beiden Punkten zieht, die den Höchst- und Tiefstkurs des betreffenden Tages darstellen. Dann wird ein kurzer waagerechter Strich hinzugefügt, der entweder die senkrechte Linie kreuzt oder von ihr nach rechts abzweigt und der den Schlusskurs darstellt. Manchmal finden alle Transaktionen einer Aktie an einem Tag zu demselben Kurs statt; Hoch-, Tief- und Schlusskurs sind so alle auf einem Niveau, und die einzige Kennzeichnung in unserem Chart ist ein horizontaler Strich, der den Schlusskurs darstellt. Für das Volumen zieht man eine senkrechte Linie vom unteren Ende des Charts aufwärts.

Der Eröffnungskurs braucht nicht dargestellt zu werden. *(EN10: Candlestick-Charts erfordern diese Information.)* Die Erfahrung hat gezeigt, dass er selten eine Bedeutung für die Beurteilung der zukünftigen Entwicklung hat, und allein diese sollte uns normalerweise interessieren. Der Schlusskurs ist jedoch wichtig. Oft ist es der einzige Kurs, den viele flüchtige Leser des Finanzteils überhaupt betrachten. Er repräsentiert die letzte Bewertung der Aktie durch die Börse an diesem Tag. Er kann natürlich schon in der ersten Stunde der Börse erreicht werden, wenn an diesem Tag keine weiteren Transaktionen stattfinden. Aber er wird nichtsdestoweniger zu der Zahl, aufgrund deren eine Mehrzahl von potenziellen Interessenten ihre Pläne für den folgenden Tag macht. Daher seine technische Bedeutung, die in späteren Kapiteln in verschiedener Hinsicht erkennbar wird.

Verschiedene Maßstäbe

Viele Einzelheiten, wie man seine Charts führen kann, werden in der zweiten Hälfte dieses Buches erörtert. Aber es gibt einen Punkt, den man zweckmäßigerweise schon hier betrachten sollte. Bis vor wenigen Jahren wurden fast alle Aktienkurse auf normalem Millimeterpapier mit einfacher oder arithmetischer Skala dargestellt. Aber mehr und mehr sind Chartisten jetzt zu dem Gebrauch von sogenanntem halblogarithmischen Papier übergegangen, das manchmal auch als Verhältnis- oder Prozentpapier bezeichnet wird. Unsere eigene Erfahrung geht dahin, dass der halblogarithmische Maßstab entschiedene Vorteile in der Anwendung hat; die meisten Charts, die in diesem Buch abgedruckt sind, benutzen ihn. Die beiden Maßstabsarten unterscheiden sich dadurch, dass auf arithmetischem Papier gleiche Entfernungen auf der senkrechten Achse auch gleiche Beträge in

Dollar repräsentieren. Dagegen bedeuten gleiche Abstände auf semilogarithmischem Papier gleiche prozentuale Änderungen. So ist zum Beispiel auf arithmetischem Papier der Abstand zwischen 10 und 20 auf der senkrechten Achse genau der gleiche wie der von 20 bis 30 und der von 30 bis 40. Im halblogarithmischen Maßstab ist der Abstand zwischen 10 und 20, weil er einen Anstieg um 100 Prozent bedeutet, der gleiche wie der von 20 bis 40 oder von 40 bis 80, die auch jeweils 100 Prozent Anstieg bedeuten.

Prozentuale Beziehungen, das bedarf keiner Betonung, sind bei Aktientransaktionen wichtig. Der halblogarithmische Maßstab erlaubt einen direkten Vergleich von hoch bewerteten und niedrig bewerteten Aktien. Er erleichtert es, diejenige Aktie auszuwählen, die bezogen auf das investierte Kapital den größeren (prozentualen) Gewinn verspricht. Er erleichtert auch das Platzieren von Stop-Loss-Orders. Formationen erscheinen bei allen Maßstäben in weitgehend gleicher Weise, aber manche Trendlinien „entwickeln" sich im halblogarithmischem Maßstab besser. Man kann sich leicht daran gewöhnen, dass man seine Eintragungen auf halblogarithmischem Papier macht (wir empfehlen seinen Gebrauch). Jedoch sind seine Vorteile wiederum nicht so groß, um jemanden zum Wechseln zu veranlassen, wenn er aufgrund langer Praxis und Vertrautheit arithmetisches Papier bevorzugt. Die eventuell nötigen prozentualen Berechnungen können schließlich auch auf einem anderen Blatt oder im Kopf gemacht und in den arithmetischen Chart eingetragen werden, falls das erwünscht ist.

Einige Firmen sind auf die Herstellung von Millimeterpapier und anderem Ingenieur- und Architektenbedarf spezialisiert und bieten heute Blätter an, die speziell für Aktiencharts entworfen wurden. Auf ihnen bezeichnen etwas dickere Linien jeweils die Wochen (alle sechs Tage), während die Kursachse in Achtel unterteilt ist. Das sind die (kleinsten) Bruchteile eines Dollar, in denen an allen amerikanischen Börsen Aktienkurse notiert werden. *(EN9: Inzwischen werden sie in Dezimalstellen notiert.)* Diese Bögen sind in verschiedenen Größen erhältlich und entweder einem arithmetischem oder logarithmischen Kursmaßstab und einem Maßstab für den Umsatz versehen. *EN: Dieses Papier ist nur für den manuellen Chartisten von Interesse, da es moderne Software, wie in Anhang B, „Ressourcen", beschrieben, dem Computer-Chartisten ermöglicht, leicht zwischen Preisskalen und Charting-Methoden zu wechseln. Dort finden sich auch Verweise auf dieses Papier.*

Auf Wochencharts repräsentiert jede senkrechte Linie die Transaktionen einer Woche. Die Kursspanne für die Woche wird auf diese Weise dargestellt, und üblicherweise auch das Gesamtvolumen der Woche, während die Schlusskurse (der Woche) weggelassen werden können. Die Spanne geht natürlich vom höchsten Kurs der Aktie während der Woche bis zum niedrigsten Kurs, zu dem sie an irgendeinem Tag gehandelt wurde. Diese beiden Extremwerte können an demselben Tag notiert worden sein; der Wochenchart macht keine Unterscheidungen für die einzelnen Tage. Monatscharts werden in der gleichen Weise erstellt, aber enthalten in der Regel keine Umsatzangaben. Diese beiden Arten – oft auch als Langfrist- oder größere Charts (Major Charts) bezeichnet – werden hauptsächlich benutzt, um wichtige Unterstützungs- und Widerstandsniveaus festzulegen und langfristige Trends zu markieren. Die Daten für Wochencharts – wenn der Leser es vorzieht, seine eigenen zu erstellen – können problemlos den Wochenendausgaben einschlägiger Zeitungen entnommen werden (zum Beispiel *New York Times*, *Barron's*), die eine Zusammenfassung der Transaktionen der letzten Woche enthalten.

Um dieses Kapitel über die Konstruktion von Charts abzuschließen, sollte man noch hinzufügen, dass ein Chart weder einen Selbstwert darstellt noch gar etwas Geheimnisvolles ist. Er ist einfach nur eine bildliche Darstellung des Ablaufs der Transaktionen mit der Aktie oder den Aktien, an der oder denen wir interessiert sind. Wer ein fotografisches Gedächtnis hat, braucht keine Charts auf Papier; sein Gedächtnis registriert alle notwendigen Daten; er trägt seine Charts im Kopf bei sich. Viele jener erfahrenen „Tape-Reader", die keine Charts benutzen, haben die seltene Gabe des fotografischen Gedächtnisses, die die Bezugnahme auf grafische Darstellungen überflüssig macht. Aber die meisten von uns sind leider nicht so gesegnet; für uns ist der Chart notwendig und nützlich, weil wir mit seiner Hilfe bequem die Art von Analyse durchführen können, die uns Hinweise auf die wahrscheinliche zukünftige Entwicklung gibt.

Es gibt an der Wall Street eine Redensart, die besagt: „Mit den Charts ist alles in Ordnung – den Ärger machen die Chartisten." Was in der Tat nur die einfache Wahrheit zum Ausdruck bringt, dass wichtig nicht der Chart, sondern seine Interpretation ist. Chartanalyse ist sicherlich weder leicht noch narrensicher. Und doch kann gelegentlich sogar der „Sonntagsinvestor", der keinerlei Vorstellungen über Markttechnik hat, durch Zufall einen Chart in die Hand nehmen und darin etwas entdecken, was er bislang nicht gesehen hat – etwas, das ihn vielleicht davor bewahrt, ein ungünstiges Engagement einzugehen.

Wenn Sie niemals Aktiencharts benutzt und ihnen niemals Aufmerksamkeit gewidmet haben, werden Sie überrascht über die Dinge sein, die Sie plötzlich entdecken, sobald Sie Charts näher untersuchen.

EN9: Überraschung und Staunen – so kann man die Reaktionen sogar von Profis beschreiben, wenn sie eine vollständige und kohärente Vorstellung der Methoden von Edwards und Magee bekommen. Ich habe schon oft angemerkt, dass, wenn man die Konzepte und Grundsätze dieses Buches nicht fest im Griff hat, kein Verständnis anderer (zahlenorientierter und statistischer) Methoden der Technischen Analyse möglich ist.

Es gibt noch andere erwähnenswerte auf Edwards' Diskussion bezogene Bemerkungen. Für die manuelle Chart-Erstellung ist die semilogarithmische Skala nach wie vor die beste. Da es auf Internetseiten (zum Beispiel prophet.net, thinkorswim.com, tdameritrade.com und stockcharts.com) und mit eigenständiger Software so leicht ist, Maßstäbe und Zeiträume zu ändern, kann man von einer Nahaufnahme eines Monats zu einer langfristigen mehrjährigen Perspektive wechseln. Dabei muss man aber die Perspektive im Blick behalten. Mehrjährige logarithmische Charts, die große Spannen abdecken, verlieren im oberen Bereich an Bedeutung, weil die Intervalle kleiner werden. Dieser Verzerrung muss man entgegenwirken, indem man den Zeitraum in kleinere Schritte unterteilt. Anstatt uns nur einen Chart über fünf Jahre anzusehen, der von 10 bis 200 reicht, sehen wir uns daher lieber zusätzlich noch fünf Charts über jeweils ein Jahr an.

Eine neue grafische Darstellung ist in neuerer Zeit enorm populär geworden – die Kerzencharts oder Candlestick-Charts. Bei dieser Methode wird der Chart durch Einfärben des Kerzenkörpers ergänzt – Weiß für steigende Kurse, Schwarz für fallende (oder Farben eigener Wahl). Dadurch wird die Richtung des Trends dramatischer dargestellt. Auch sagt man, Kerzencharts seien für die Erkennung von Trendwenden und anderen Trendzuständen nützlich.

Es gibt noch eine ganze Menge weiterer Charting-Methoden: Three Line Break, Renko, Kagi und so weiter. Darüber kann man in Nisons Buch „Beyond Candlesticks" nachlesen. Ich werde sie in diesem Buch nicht behandeln, berücksichtige sie aber in einem Anhang über Point-and-Figure-Charts.

KAPITEL 3

DIE DOW-THEORIE

Die Dow-Theorie ist der „Großvater" aller markttechnischen Theorien. Oft wird kritisiert, ihre Signale seien zu spät. Gelegentlich (besonders zu Beginn einer Baisse) wird sie auch von denen verspottet, die ihr Verdikt nicht hinnehmen wollen. Doch ist sie dem Namen nach jedem bekannt, der nur irgendwie einmal eine Verbindung zum Aktienmarkt gehabt hat, und von den meisten wird sie respektiert. Viele Investoren benutzen sie in größerem oder geringerem Ausmaß, um ihre Investmentpolitik danach auszurichten. Und doch sind sich viele von ihnen nicht darüber klar, dass diese Theorie schlicht und einfach „technisch" ist. Sie ist auf nichts anderem aufgebaut und befasst sich mit nichts anderem als dem Geschehen am Aktienmarkt an sich (ausgedrückt in gewissen Indizes); die Unternehmenskennzahlen, auf die sich der Fundamentalist verlässt, benutzt sie nicht.

Viele Anhaltspunkte in den Schriften ihres ursprünglichen „Erfinders" Charles H. Dow legen die Vermutung nahe, dass er seine „Theorie" nicht als Hilfsmittel für Prognosen am Aktienmarkt oder auch nur als Richtschnur für Investoren ansah, sondern eher als Barometer für allgemeine wirtschaftliche Trends. Dow gründete den Dow-Jones-Finanznachrichtendienst, und ihm wird die Erfindung der Aktienindizes zugeschrieben. Die Grundlagen der Theorie, die später nach ihm benannt wurde, legte er in Leitartikeln, die er für das *Wall Street Journal* schrieb. Nach seinem Tod im Jahre 1902 war es sein Nachfolger als Herausgeber des *Journals*, William P. Hamilton, der Dows Prinzipien weiter verfolgte. Im Laufe der 27 Jahre, während deren er über den Aktienmarkt schrieb, brachte er sie in ein System und formulierte das, was wir heute als Dow-Theorie kennen.

Ehe wir zu einer Erläuterung der Theorie selbst kommen, müssen wir die Aktienindizes untersuchen, mit denen sie arbeitet. Lange vor Dows Zeit war Bankiers und Geschäftsleuten die Tatsache vertraut, dass die Aktien der meisten großen Gesellschaften die Neigung haben, im Kurs gemeinsam aufwärts oder abwärts zu gehen. Aktien, die sich entgegen der allgemeinen finanziellen Strömung bewegten, waren seltene Ausnahmen, und in der Regel blieben sie auf diesem Gegenkurs nicht länger als jeweils ein paar Tage oder Wochen. Zwar stiegen im Boom die Kurse einiger Aktien schneller und höher als andere; und wenn der Trend nach unten ging, fielen einige Aktien schneller, während andere den abwärts gerichteten Kräften erheblichen Widerstand entgegensetzten – aber das Faktum blieb, dass die meisten Aktien die Tendenz hatten, sich gemeinsam in eine Richtung zu bewegen (überflüssig, zu sagen, dass es auch heute noch so ist und immer so sein wird).

Dieses Faktum ist wie gesagt seit Langem allgemein bekannt und akzeptiert – es wird so sehr als selbstverständlich hingenommen, dass seine Wichtigkeit gewöhnlich übersehen wird. Denn dieses Faktum ist ganz außerordentlich wichtig und immer als Ergänzung zu den Themenkreisen zu beachten, mit denen wir uns in diesem Buch beschäftigen. Wer sich mit der technischen Seite der Börse befassen will, sollte seine Studien mit der Dow-Theorie beginnen, denn diese Theorie betont die Bedeutung des *allgemeinen Markttrends.*

Charles Dow hat – anerkanntermaßen als Erster – einen systematischen Versuch unternommen, den allgemeinen Trend (oder genauer: das allgemeine Niveau) des Aktienmarkts in Form eines *Durchschnittspreises* einiger ausgesuchter, repräsentativer Aktien auszudrücken. Diese Aktien fasste er schließlich im Januar 1897 in zwei „Dow Jones Averages“ in der Form zusammen, wie sie bis heute benutzt werden und wie er selbst sie in seinen Untersuchungen von Markttrends benutzte. Einer bestand nur aus den Aktien von 20 Eisenbahngesellschaften, denn die Eisenbahnen waren die führenden Geschäftsunternehmen seiner Zeit. Der andere, der Dow Jones Industrial Average, repräsentierte alle anderen Geschäftszweige und bestand zunächst nur aus zwölf Aktien. Diese Zahl wurde 1916 auf 20 und am 1. Oktober 1928 auf 30 erhöht.

Die Dow-Jones-Indizes

Die in diesen beiden Indizes enthaltenen Aktien wurden von Zeit zu Zeit ausgewechselt, um die Liste aktuell zu halten und so repräsentativ wie möglich für die jeweiligen Gruppen zu gestalten. Von den heute im Dow Jones Industrial Average enthaltenen 30 Industrie-Aktien gehörte nur General Electric dem ursprünglichen Industrie-Index an; und auch diese Aktie war zwischendurch (1898) herausgenommen und anschließend doch wieder in den Index hineingenommen worden. 1929 wurden alle Versorgungsunternehmen aus dem Industrie-Index ausgegliedert und ein neuer „Utility Average“ aus 20 Aktien gebildet; 1938 wurde die Zahl auf 15 reduziert. Aus den Aktien der 20 Eisenbahngesellschaften, 30 Industriewerten und 15 Versorgungsunternehmen wird heute ein neuer Gesamtindex gebildet, der als „Dow Jones Composite Average“ bekannt ist.

Die Geschichte dieser Indizes, die verschiedentlich vorgenommenen Anpassungen, die Zusammensetzung und Berechnungsmethode sind für sich schon ein interessantes Stück Geschichte, der sich Leser an anderer Stelle widmen kann. *EN: In Anhang B, „Ressourcen“, finden Sie entsprechende Hinweise. Beachten Sie auch, dass es inzwischen eine Vielzahl von Dow-Jones-Indizes gibt.* Für unseren Zweck genügt die Ergänzung, dass die Dow-Theorie dem Utility- und dem Composite-Index keine Aufmerksamkeit schenkt. Ihre Interpretationen basieren nur auf dem Railroad Average und dem Industrial Average. *EN: Der Dow Jones Railroad Average heißt heute Dow Jones Transportation Average.*

Seit einiger Zeit werden die jeweiligen Werte der Dow-Jones-Indizes sowohl am Ende jeder Handelsstunde als auch am Ende einer Börsensitzung berechnet. *EN: Inzwischen werden die Indizes in Echtzeit berechnet und über das Internet sowie im* Wall Street Journal *und auf allen Markttickern veröffentlicht. Für den Handel mit Optionen und Futures, die sich auf die Indizes beziehen, ist dies auch notwendig.* Das *Wall Street Journal* bringt auch in jeder Ausgabe eine Zusammenfassung der wichtigsten Höchst- und Tiefstwerte eines jeden Index mit genauen Datenangaben für die vorhergehenden zwei oder drei Jahre. Die Tagesschlusskurse der Indizes werden auch in vielen anderen großen Tageszeitungen veröffentlicht.

Die grundlegenden Sätze der Dow-Theorie

Die Dow-Theorie enthält einige grundlegende Aussagen und Regeln:

1. **Die Indizes berücksichtigen (diskontieren) alles – abgesehen von höherer Gewalt:** Die Indizes reflektieren die gesamten Marktaktivitäten Tausender von Investoren. Unter ihnen sind diejenigen, die die bestmögliche Voraussicht und Information über Tendenzen und Ereignisse haben. Deshalb diskontieren die Indizes in ihren täglichen Schwankungen alles, was bekannt ist, alles, was vorhersehbar ist, und jede einzelne Bedingung, die Angebot oder Nachfrage von Aktien beeinflussen könnte. Selbst wenn sich unvorhersehbare Naturkatastrophen ereignen, werden sie schnell bewertet und ihr möglicher Effekt berücksichtigt.
2. **Die drei Trends:** „Der Markt", also der Kurs der Aktien im Allgemeinen, bewegt sich in Trends. Der wichtigste ist der langfristige Trend, der auch Primärtrend genannt wird (Major-Trend oder primärer Trend). Das sind ausgedehnte Aufwärts- oder Abwärtsbewegungen, die gewöhnlich ein Jahr oder länger dauern und im Allgemeinen eine Wertsteigerung oder -minderung von mehr als 20 Prozent zur Folge haben. Bewegungen in Richtung des Primärtrends werden zwischenzeitlich durch Sekundärtrends (mittelfristige Trends oder Ausschläge) in entgegengesetzter Richtung unterbrochen – Reaktionen oder Korrekturen, die stattfinden, wenn die langfristige Bewegung zeitweise über ihr Ziel hinausgeschossen ist. (Beide, sowohl die mittelfristigen Bewegungen als auch die von ihnen eingeschlossenen Segmente des Primärtrends werden häufig gemeinsam als Zwischenbewegungen mittelfristigen Ausmaßes [„intermediäre Trends"] bezeichnet. Diesen Ausdruck werden wir in den folgenden Erörterungen noch als nützlich erkennen). Schließlich bestehen die Sekundärtrends aus kleineren Trends (Minor-Trends), Schwankungen von Tag zu Tag, die für die Dow-Theorie ohne Bedeutung sind.
3. **Primärtrends:** Dies sind, wie gesagt, die allgemeinen, breiten Auf- und Abwärtsbewegungen, die gewöhnlich (aber nicht ausnahmslos) mehr als ein Jahr anhalten, aber auch mehrere Jahre dauern können. Solange jede aufeinanderfolgende Rallye (Kurssteigerung) ein höheres Niveau erreicht als die vorhergehende, solange jede abwärts gerichtete mittelfristige Reaktion auf einem höheren Niveau als die frühere Reaktion zum Halten kommt (das heißt, dass der Kurstrend dort dreht und wieder steigt), ist der Primärtrend *aufwärts* gerichtet. Dies heißt *Hausse* oder *Bullenmarkt (Bull Market).* Wenn umgekehrt jede Zwischenbewegung die Kurse zu immer tieferen Niveaus hinabträgt und jede zwischendurch stattfindende Rallye es nicht schafft, die Kurse bis zu dem Hoch der vorhergehenden Rallye zu bringen, ist der Primärtrend *nach unten* gerichtet, und dies wird *Baisse* oder *Bärenmarkt (Bear Market)* genannt. (Die Ausdrücke „Bull" und „Bear" werden häufig in Bezug auf jede Aufwärts- oder Abwärtsbewegung benutzt, aber wir werden diese Begriffe im Rahmen der Dow-Theorie nur in Bezug auf die Primär- oder Hauptbewegungen der Börse im Sinne der Dow-Theorie benutzen.) Normalerweise kümmert sich – jedenfalls theoretisch – der wirklich langfristige Investor nur um den Primärtrend. Sein Ziel ist es, Aktien so früh wie möglich in einer Hausse zu kaufen – sobald er nur eben sicher sein kann, dass sie begonnen hat – und sie dann so lange zu behalten (und nur so lange), bis

klar ist, dass Hausse beendet ist und eine Baisse begonnen hat. Er weiß, dass er ohne Schaden alle dazwischenliegenden sekundären Reaktionen und kleineren Fluktuationen außer Acht lassen kann. Der Spekulant wird sich sehr wohl mit den mittelfristigen Schwankungen (Sekundärtrends) befassen, und wir werden später sehen, dass er dabei gute Gewinnaussichten hat.

4. **Sekundärtrends:** Dies sind jene bedeutsamen Reaktionen, die den Fortschritt der Kurse in Richtung des Primärtrends unterbrechen. Sie sind die zwischenzeitlichen (intermediären, mittelfristigen) Kursrückgänge oder Korrekturen, die während einer Hausse eintreten, und die zwischenzeitlichen (intermediären, mittelfristigen) Rallyes oder Erholungen, die eine Baisse unterbrechen. In der Regel dauern sie drei Wochen bis drei Monate, selten länger. Normalerweise machen sie ein Drittel bis zwei Drittel der Kursgewinne (beziehungsweise -verluste), die der vorhergehende Ausschlag des Primärtrends gebracht hat, rückgängig. Angenommen, in einer Hausse steigt der Dow Jones Industrial Average gleichmäßig oder nur mit kurzen und unbedeutenden Unterbrechungen um insgesamt 30 Punkte, ehe eine sekundäre Korrektur einsetzt. Dann kann man erwarten, dass diese Korrektur einen Kursrückgang von mindestens zehn Punkten und nicht mehr als 20 Punkten bringt, ehe sich eine neue mittelfristige Aufwärtsbewegung in Richtung der primären Hausse entwickelt.

   Beachten Sie jedoch bitte, dass diese „Ein-Drittel-zwei-Drittel-Regel" kein absolutes Gesetz ist; sie ist einfach eine auf Erfahrung beruhende Feststellung von Wahrscheinlichkeiten. Die meisten sekundären Bewegungen liegen in diesen Grenzen; viele von ihnen kommen nahe der 50-Prozent-Marke zum Stehen, führen die Kurse also um etwa 50 Prozent des vorigen primären Ausschlags zurück; nur selten kommen sie schon nach einem Drittel zum Stehen, aber einige von ihnen löschen fast den gesamten vorhergegangenen Kursfortschritt wieder aus.

   Wir haben also zwei Kriterien, an denen wir einen Sekundärtrend erkennen können. Jede Preisbewegung entgegen dem Primärtrend, die länger als drei Wochen dauert und zumindest ein Drittel der Kursbewegung des vorhergehenden primären Ausschlags rückgängig macht, wird als Bewegung von mittelfristiger Bedeutung (intermediär), also als echter sekundärer Trend im Sinne der Dow-Theorie klassifiziert. (Die Kursbewegung des Primärtrends, die durch den Sekundärtrend rückgängig gemacht wird, wird netto vom Ende des vorhergehenden Sekundärtrends bis zum Beginn dieses Sekundärtrends gemessen; dazwischen befindliche kleinere Fluktuationen bleiben unberücksichtigt.) Trotz dieser Kriterien ist der Sekundärtrend oft unklar. Seine Erkennung, seine richtige Bewertung zu der Zeit, da er sich entwickelt und während er fortschreitet, werfen die schwierigsten Fragen für die Anwendung der Dow-Theorie auf. Später werden wir hierzu noch mehr auszuführen haben.

5. **Kleinere Trends (Minor-Trends):** Dies sind kurze Fluktuationen (selten bis zu drei Wochen lang, gewöhnlich weniger als sechs Tage), die – jedenfalls im Rahmen der Dow-Theorie – ohne Bedeutung sind. In ihrer Gesamtheit bilden sie die Zwischenbewegungen (die intermediären Trends). Gewöhnlich, aber nicht immer, besteht ein intermediärer Trend, sei es nun ein Sekundärtrend oder ein Abschnitt des Primärtrends zwischen zwei Sekundärtrends, aus einer Serie von drei oder mehr unterscheidbaren kleineren Trends. Schlussfolgerungen

> aus diesen Tagesfluktuationen können sehr leicht in die Irre führen. – Der kleinere Trend ist die einzige der drei Trendarten, die vielleicht überhaupt manipuliert werden könnte (obwohl unter den gegenwärtigen Bedingungen sehr zweifelhaft ist, ob das in irgendeinem nennenswerten Ausmaß noch möglich ist). Primär- und Sekundärtrends können nicht manipuliert werden; das würde vermutlich sogar die Gelder des US-Schatzministeriums erschöpfen.

Ehe wir zum sechsten Satz der Dow-Theorie kommen, wollen wir versuchen, das Konzept dieser drei Trends durch eine Analogie zwischen den Bewegungen des Aktienmarkts und den Bewegungen des Meeres deutlicher zu machen. Die Primärtrends (Major-Trends) von Aktienkursen sind wie die Gezeiten. Wir können eine Hausse mit einer auflaufenden Flut vergleichen, die das Wasser weiter und weiter den Strand hinauf drückt, bis es schließlich die Hochwassermarke erreicht hat und die Tide anfängt, ihre Richtung zu ändern. Es folgt die Ebbe, vergleichbar einer Baisse. Aber während dieser ganzen Zeit, sowohl während der Ebbe als auch während der Flut, rollen Wogen heran, brechen sich am Strand und rollen zurück. Während die Flut steigt, läuft jede folgende Woge etwas weiter das Ufer hinauf, und wenn sie zurückrollt, weicht das Wasser nicht ganz so weit zurück wie bei der vorhergehenden Woge. Während der Ebbe läuft jede Woge etwas weniger weit auf als die vorhergehende, und jede zurückrollende Woge lässt etwas mehr vom Strand frei. Diese Wogen sind intermediär – Sekundärtrends oder Segmente des Primärtrends, je nachdem ob ihre Bewegung gegen oder mit der Richtung der Gezeit verläuft. Und während all dies geschieht, wird die Oberfläche des Wassers dauernd durch kleine Wellen, Kräuselungen und Spritzer bewegt, welche alle mit, gegen oder quer zum Trend der Wogen verlaufen – in Analogie zu den kleineren Trends, den täglichen Börsenfluktuationen. Die Tide, die Woge und das Wellengekräusel repräsentieren jeweils den Primär-, den Sekundär- beziehungsweise Intermediär-Trend und die kleineren Trends der Börse.

Gezeit, Woge und kleine Wellen

Ein Küstenbewohner ohne Gezeitentabelle kann die Richtung der Gezeit dadurch feststellen, dass er eine Marke an dem höchsten Punkt des Ufers einschlägt, den eine herankommende Woge erreicht. Wenn dann die nächste Welle das Wasser über seine Marke hinaustreibt, weiß er, dass die Gezeit steigt. Wenn er seine Marke mit dem höchsten Auflaufpunkt jeder Welle verändert, kommt schließlich ein Zeitpunkt, zu dem eine Woge kurz vor seiner vorhergehenden Marke ausläuft. Dann weiß er, dass die Gezeit ihre Richtung geändert und die Ebbe begonnen hat. Das ist in der Tat (und sehr vereinfacht) genau das, was die Dow-Theorie macht, wenn sie den Trend des Aktienmarkts definiert.

Der Vergleich mit Gezeit sowie größeren und kleineren Wellen wird seit den frühesten Tagen der Dow-Theorie benutzt. Es ist sogar möglich, dass die Bewegungen des Meeres Dow zu seiner Theorie veranlasst haben. Aber man darf die Analogie nicht zu weit treiben. Die Gezeiten und Wellen des Aktienmarkts sind in keiner Weise so regelmäßig wie die des Ozeans. Tabellen können auf Jahre im Voraus angefertigt werden, um genau den Zeitpunkt für jede Ebbe und Flut vorherzusagen, aber die Dow-Theorie gibt keinen nach Datum festgelegten Fahrplan für den Aktienmarkt vor. Wir werden auf einige Punkte dieses Vergleichs zurückkommen, aber wir müssen nun zunächst die verbleibenden Grundsätze und Regeln der Theorie behandeln.

Die Phasen des Primärtrends

1. **Der Bullenmarkt:** Aufwärts gerichtete Primärtrends lassen sich gewöhnlich (aber nicht ohne Ausnahme) in drei Phasen unterteilen. Die erste ist die Phase der *Akkumulation* oder *Akkumulierung*. Weitsichtige Investoren spüren, dass nach dem langen Rückgang der allgemeinen wirtschaftlichen Aktivität ein Aufschwung fällig ist. Sie sind bereit, alle Aktien zu nehmen, die von entmutigten und enttäuschten Verkäufern angeboten werden, und ihre Gebote allmählich etwas zu erhöhen, wenn das Volumen dieser Verkäufe geringer wird. Die Finanznachrichten sind noch miserabel – in der Tat sind sie in dieser Phase oft am schlimmsten. Das allgemeine Publikum ist vom Aktienmarkt völlig „angewidert", es ist weitgehend aus dem Markt draußen. Die Aktivität ist nur bescheiden, beginnt aber immerhin schon bei kleineren Rallyes (Aufwärtsbewegungen), zuzunehmen.
   Die zweite Phase ist durch einen sehr stetigen Kursauftrieb und zunehmende Aktivität gekennzeichnet. Das verbesserte Geschäftsklima und die steigende Tendenz der Unternehmensgewinne beginnen Aufmerksamkeit zu erregen. In dieser Phase kann der technisch orientierte Spekulant und Anleger normalerweise seine besten Gewinne einfahren. Schließlich kommt die dritte Phase, wenn die Börse vor Aktivität kocht und das Publikum an die Schalter drängt. Alle Finanznachrichten sind ausgezeichnet; die Kursgewinne sind spektakulär und finden oft sogar auf den ersten Seiten der Tageszeitungen Erwähnung; neue Aktien werden in zunehmendem Umfang ausgegeben. In dieser Zeit kann es vorkommen, dass einer Ihrer Freunde Sie im Büro anruft und munter sagt: „Die Börse geht schon wieder rauf, hast du keinen guten Tipp?" Ohne daran zu denken, dass die Börse vielleicht schon seit zwei Jahren gestiegen ist, einen langen Weg aufwärts hinter sich hat und es nun eher an der Zeit wäre, zu fragen: „Was soll ich jetzt verkaufen?" Im letzten Stadium dieser Phase, bei wilder Spekulation, steigen die Umsätze immer noch, aber immer häufiger erscheinen „Luftlöcher"; die „Cats and Dogs" (optisch billige Aktien ohne dahinterstehenden Wert) werden hochgewirbelt, aber mehr und mehr hochwertige Investment-Aktien hören auf, zu steigen.
2. **Der Bärenmarkt:** Abwärts gerichtete Primärtrends sind ebenfalls gewöhnlich (aber ebenfalls nicht ohne Ausnahmen) durch drei Phasen gekennzeichnet. Die erste ist die der *Distribution* („Verteilung"), die eigentlich schon in den Spätstadien der vorhergehenden Hausse begonnen hat. Während dieser Phase spüren weitsichtige Anleger, dass die Unternehmensgewinne eine abnorme Höhe erreicht haben, und beginnen mit zunehmender Intensität, ihre Depots zu räumen. Der Umsatz ist noch hoch, obwohl er eine Tendenz zeigt, bei Aufwärtsbewegungen abzunehmen. Das Publikum ist immer noch aktiv, zeigt aber schon Anzeichen der Frustration, weil die erhofften Gewinne dahinschmelzen.
   Die zweite Phase ist die *Panikphase*. Käufer werden rar, und die Verkäufer werden nervöser; der Abwärtstrend der Kurse beschleunigt sich plötzlich zu einem beinahe senkrechten Absturz, während das Volumen zu einem Höhepunkt anschwillt. Nach dieser Panikphase (die gewöhnlich im Verhältnis zu den dann existierenden wirtschaftlichen Gegebenheiten über das Ziel hinausschießt) mag eine recht lange Erholung (Sekundärtrend) oder eine Seitwärtsbewegung der Kurse stattfinden. Und dann beginnt die dritte Phase.

Diese ist charakterisiert durch entmutigtes Verkaufen. Anleger, die während der Panikphase ausgehalten oder vielleicht sogar gekauft haben, weil die Aktien billig im Vergleich zu den Kursen aussahen, die einige Monate früher an der Tagesordnung waren, geben die Hoffnung auf. Die Wirtschaftsnachrichten werden jetzt immer schlechter. Während die dritte Phase ihren Fortgang nimmt, ist die Abwärtsbewegung weniger schnell, aber sie wird durch mehr und mehr notgedrungene Verkäufe von jenen aufrechterhalten, die aus irgendwelchen Gründen Geld benötigen. Die „Cats and Dogs" haben meist ihren gesamten Gewinn aus dem vorhergehenden Aufschwung schon in den ersten beiden Phasen eingebüßt. Bessere Aktien sinken langsamer, denn ihre Besitzer halten bis zuletzt durch, und das Endstadium eines Bärenmarkts ist folglich häufig auf diese Aktien konzentriert. Der Bärenmarkt findet sein Ende, wenn alle denkbaren schlechten Nachrichten, das Schlimmste, was man überhaupt nur erdenken kann, in den Kursen vorweggenommen sind, und ist gewöhnlich schon vorüber, ehe alle schlechten Nachrichten „heraus" sind. Die drei Bärenmarkt-Phasen, die hier beschrieben sind, stimmen nicht völlig mit der Unterteilung anderer Autoren überein, die diese Frage erörtert haben. Aber wir haben das Gefühl, dass wir damit eine genauere und realistischere Unterteilung der primären Baissen der letzten 30 Jahre gegeben haben. Der Leser sei jedoch nochmals ausdrücklich darauf hingewiesen, dass keine zwei Bärenmärkte einander völlig gleichen, ebenso wenig wie zwei Bullenmärkte. Einige mögen die eine oder andere der drei typischen Phasen auslassen. Einige Aufwärtsbewegungen vom Primärtyp sind von der ersten in die dritte Phase übergegangen, während die zweite Phase sehr kurz und steil war. Einige kurze Baissen haben keine deutliche Panikphase entwickelt, und bei anderen war das schon das Ende der Baisse, zum Beispiel im April 1939. Man kann auch keine zeitliche Begrenzung für die einzelnen Phasen angeben; das dritte Stadium einer Hausse beispielsweise, also die Phase der überhitzten Spekulation und der großen Publikumsbeteiligung, kann länger als ein Jahr dauern oder aber nach einem oder zwei Monaten auslaufen. Die Panikphase einer Baisse erschöpft sich gewöhnlich in wenigen Wochen, wenn nicht Tagen, aber die Abwärtsbewegung von 1929 bis 1932 enthielt zumindest fünf Panikwogen größeren Ausmaßes. Nichtsdestoweniger sollte man sich die typischen Charakteristika eines Primärtrends gut einprägen. Wenn Sie beispielsweise die Symptome kennen, die das letzte Stadium einer Hausse begleiten, lassen Sie sich nicht so leicht von ihrer aufregenden Atmosphäre verführen.

Das Prinzip der Bestätigung

1. **Die beiden Indizes müssen einander bestätigen:** Von allen Dow-Prinzipien wird dieses am häufigsten infrage gestellt und ist das rational am schwierigsten zu begründende. Dennoch hat es sich über die Zeiten bewährt; die Tatsache, dass es funktioniert hat, wird von niemandem bestritten, der die Daten sorgfältig untersucht. Wer es in der Praxis missachtete, hatte meistens Gelegenheit, seine Abtrünnigkeit zu bedauern. Dieses Prinzip besagt, dass kein aussagekräftiges Signal über einen Trendwechsel durch das Verhalten eines der beiden Indizes allein gegeben werden kann. Betrachten wir beispielsweise den

hypothetischen Fall in Abbildung 3.1. Darin gehen wir davon aus, dass eine Baisse bereits mehrere Monate gedauert hat. Beginnend bei Punkt a steigt der Dow Jones Industrial Average (zusammen mit dem Railroad Average) im Verlauf einer Erholung, die die Kriterien eines Sekundärtrends aufweist, bis Punkt b. Bei der nächsten Abwärtsbewegung jedoch fallen die Industriewerte nur bis Punkt c, der über a liegt, und gehen dann nach oben bis d, das höher liegt als b. Damit haben die Industriewerte also einen Trendwechsel von Abwärts nach Aufwärts signalisiert. Aber blicken Sie nun auf den Eisenbahnindex während dieser Periode; seine Abwärtsbewegung von b bis c führte tiefer hinab als bis Punkt a, und sein folgender Aufschwung von c nach d hat die Bahnwerte nicht über b hinausgetragen. Sie haben sich (bislang) geweigert, die Bewegung der Industriewerte zu *bestätigen*, und daher muss der Primärtrend der Börse immer noch als *abwärts* angesehen werden. Sollten die Eisenbahngesellschaften weiter und schließlich bis über „ihr" b steigen, dann und nur dann hätten wir ein definitives Signal für eine Trendwende. Bis dahin jedoch bleibt die Möglichkeit, dass der Dow Jones Industrial Average allein seinen Aufwärtskurs nicht fortzusetzen vermag und dass er schließlich vom Dow Jones Railroad Average wie-

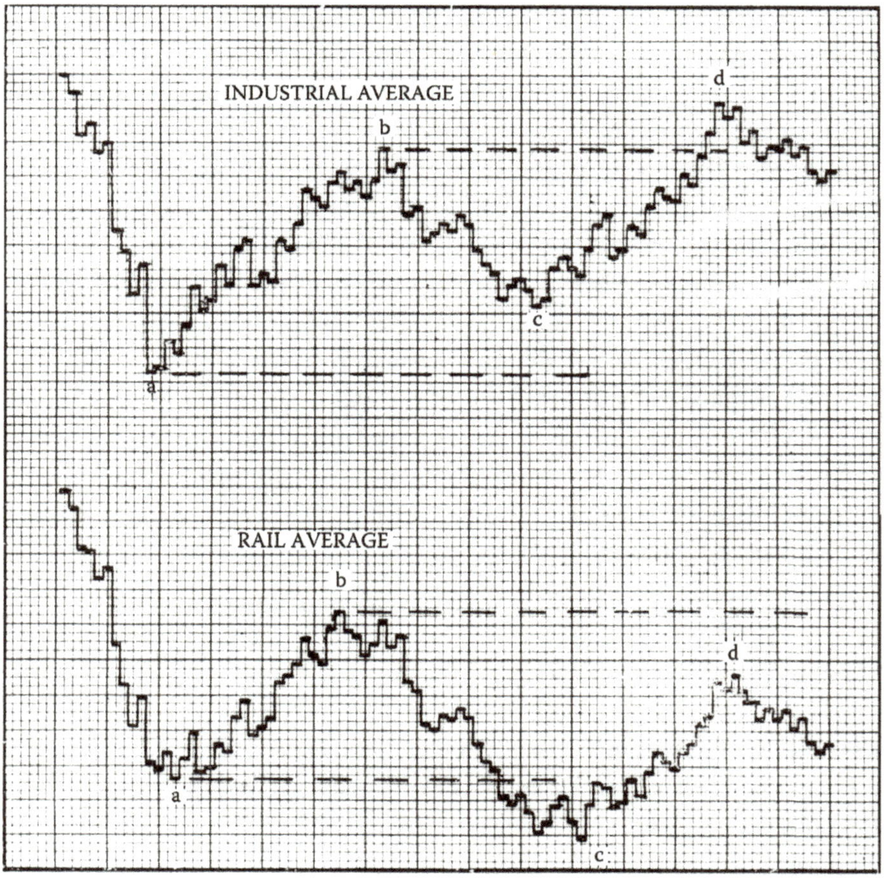

Abbildung 3.1. Ein hypothetischer Tageschart, um zu demonstrieren, wie ein Index sich weigern kann, das Dow-Signal des anderen zu bestätigen. Die Schlusskurse, die kurzen horizontalen Striche, sind hier mit senkrechten Linien verbunden, damit man die tägliche Entwicklung leichter verfolgen kann.

der nach unten gezogen wird. Günstigstenfalls kann man bisher also sagen, dass die Richtung des Primärtrends noch zweifelhaft ist.

Das illustriert nur eine der vielen Möglichkeiten, wie man das *Prinzip der Bestätigung* anwendet. Beachten Sie auch, dass man am Punkt c sagen könnte, dass die Industriewerte bis dahin die Bahnwerte in ihrem fortgesetzten Abwärtstrend nicht bestätigt haben – aber das bezieht sich auf die Fortsetzung oder erneute Bestätigung eines schon vorhandenen Trends. Es ist nicht notwendig, dass die beiden Indizes sich am selben Tag bestätigen. Häufig stoßen sie beide zusammen auf neues Terrain nach oben (oder unten) vor, aber es gibt auch viele Fälle, in denen der eine oder andere Index um Tage, Wochen oder sogar ein oder zwei Monate hinter dem anderen her hinkt. In diesen Zweifelsfällen muss man Geduld bewahren und warten, bis die Börse selbst sich eindeutig erklärt.

2. **„Volume goes with the Trend":** Der Umsatz geht mit dem Trend. Dieser Satz, den Sie vielleicht schon mit ritueller Feierlichkeit, aber wenig Verständnis von anderen gehört haben, ist nichts anderes als ein Ausdruck der allgemeinen Wahrheit, dass das Volumen tendenziell steigt, wenn sich die Kurse sich in Richtung des vorherrschenden Primärtrends bewegen. So steigt in einem Bullenmarkt der Umsatz, wenn die Kurse steigen, und nimmt ab, wenn die Kurse (in einer Reaktion) fallen. Im Bärenmarkt steigt der Umsatz, wenn die Kurse fallen, und in einer (zwischenzeitlichen) Erholung „trocknet" das Volumen aus. In geringerem Umfang gilt das auch für Sekundärtrends, vor allem im frühen Stadium einer ausgedehnten Sekundär-Erholung innerhalb einer Baisse. Die Umsatzaktivität mag dort sogar eine Tendenz zeigen, in den kleineren Rallyes anzusteigen und in den kleineren Rückgängen abzunehmen. – Aber auch zu dieser Regel gibt es Ausnahmen, und nützliche Schlussfolgerungen können selten aus den Volumendaten einiger weniger Tage geschweige denn eines einzigen Tages gezogen werden. Es ist immer nur der allgemeine und in Beziehung gesetzte Umsatztrend über eine ganze Zeitperiode, der nützliche Indikationen liefern kann. Außerdem werden in der Dow-Theorie die *entscheidenden* Signale für den Börsentrend letzten Endes nur aus den Kursbewegungen gewonnen. Der Umsatz dient nur als unterstützender Hinweis, der bei der Interpretation andernfalls zweifelhafter Situationen hilfreich sein kann. (In späteren Kapiteln werden wir über das Handelsvolumen in Bezug auf spezielle technische Phänomene noch sehr viel mehr zu sagen haben.)

3. **Ein Sekundärtrend kann die Form einer „Linie" annehmen:** Eine „Linie" („Line") in der Ausdrucksweise der Dow-Theorie ist eine Seitwärtsbewegung eines oder beider Indizes im Chart, die zwei oder drei Wochen oder manchmal auch ebenso viele Monate anhält. In ihrem Verlauf fluktuieren die Kurse innerhalb einer Zone von ungefähr 5 Prozent oder weniger um ihren Mittelwert. Eine Linie zeigt, dass Angebot und Nachfrage mehr oder weniger im Gleichgewicht sind. Irgendwann ist natürlich eine Entscheidung fällig: Das Angebot innerhalb dieser Kurszone ist erschöpft, und die Kaufinteressenten müssen ihre Gebote steigern, um Besitzer von Aktien zum Verkauf zu veranlassen. Oder aber umgekehrt merken diejenigen, die im Bereich der Linie gern verkaufen möchten, dass keine Käufer mehr da sind und dass sie daher ihre Kursvorstellungen beschneiden müssen, um ihre Aktien loszuwerden. Daher ist also ein Ausbruch der Kurse durch die obere Begrenzung einer etablierten Linie ein Signal für eine Aufwärtsbewegung und umgekehrt ein Durchbruch durch die untere Begrenzung ein Signal für eine Abwärtsbewegung. Allgemein kann

man sagen: Je länger die Linie (in ihrer Dauer) und je enger und kompakter ihre Kursspanne, desto größer ist die Bedeutung des dann folgenden Ausbruchs.

Linien kommen oft genug vor, um ihre Identifizierung für Anhänger der Dow-Prinzipien wichtig erscheinen zu lassen. Sie können sich im Bereich wichtiger Hochs (Tops) oder Böden (Bottoms) entwickeln und signalisieren dann die Periode der Distribution beziehungsweise der Akkumulation; aber häufiger sind sie ein Zwischenspiel der Rast oder Konsolidierung im Verlauf eines etablierten Major-Trends. Dann treten sie an die Stelle normaler Sekundärwellen. Bei dem einen Index kann sich eine Linie entwickeln, während der andere eine Reaktion in der typischen Form eines Sekundärtrends durchläuft. Eine Kursbewegung aus einer Linie heraus, sei es nach oben oder unten, hat gewöhnlich eine weiter reichende Bewegung in derselben Richtung zur Folge, als zu erwarten ist, wenn eine neue Kurswelle über das Niveau einer vorhergehenden Welle des Primärtrends hinausgeht. Die Richtung, in der die Kurse aus der Linie ausbrechen werden, kann vor der eigentlichen Bewegung nicht bestimmt werden. Die 5-Prozent-Grenze, die man üblicherweise einer Linie zuschreibt, ist willkürlich und beruht auf Erfahrung; es gibt einige Fälle breiter fluktuierender Seitwärtsbewegungen, die wegen ihrer Kompaktheit und gut definierten Grenzen als echte Linien gedeutet werden können. (Später in diesem Buch werden wir sehen, dass die Linie im Sinne der Dow-Theorie in vieler Hinsicht mit der noch enger definierten Rechtecksformation übereinstimmt, die in den Charts einzelner Aktien auftritt.)

4. **Es werden nur Schlusskurse benutzt:** Die Dow-Theorie schenkt extremen Hoch- oder Tiefpunkten im Tagesverlauf und vor Börsenschluss keine Aufmerksamkeit. Sie verwendet nur die Schlusswerte, das heißt den Indexwert, der aus den Schlusskursen der einzelnen Aktien gebildet wird, die den jeweiligen Index darstellen. Wir haben die psychologische Bedeutung der Schlusskurse bereits bei der Chartkonstruktion erörtert und brauchen uns hier nicht weiter damit zu befassen. Jedoch sei darauf hingewiesen, dass dies eine weitere Dow-Regel ist, die im Laufe der Jahre ihre Bewährungsprobe immer wieder bestanden hat. Zur Verdeutlichung ein Beispiel: Eine mittelfristige Aufwärtsbewegung im Aufwärtstrend eines Primärtrends erreicht ihren höchsten Punkt an einem Tag um elf Uhr vormittags; der Dow Jones Industrial Average erreicht dabei 152,45 Punkte und fällt dann zurück, um an diesem Tag bei 150,70 Punkten zu schließen. Alles, was die nächste Aufwärtsbewegung erreichen muss, um anzuzeigen (im Sinne der Dow-Theorie), dass der Primärtrend noch *aufwärts gerichtet* ist, ist ein Tagesschlusskurs über 150,70. Das vorübergehende Hoch von 152,45 zählt nicht. Wenn umgekehrt bei denselben Zahlen die nächste Aufwärtsbewegung den Index zwar im Laufe eines Tages bis 152,60 hochtreibt, aber der DJIA es nicht schafft, am Ende des Börsentags über 150,70 zu schließen, ist die Fortsetzung des bullishen Primärtrends noch zweifelhaft.

   In den vergangenen Jahren haben sich Meinungsverschiedenheiten zwischen Marktbeobachtern an der Frage entzündet, in welchem Umfang der Index ein früheres Hoch beziehungsweise Tief überschreiten muss, um einen Börsentrend zu signalisieren beziehungsweise erneut zu bestätigen. Dow und Hamilton sahen offenbar jeden Durchbruch der Schlusskurse als ausreichendes Signal an, auch wenn der Durchbruch nicht größer als 0,01 Punkte war. Einige moderne Kommentatoren jedoch haben einen Durchbruch um einen vollen Punkt gefordert. Wir glauben, dass die ursprüngliche Ansicht mehr für sich hat und dass die bisherigen Daten wenig oder nichts an praktischen Resultaten zeigen, um die vorgeschlagene Modifizierung zu rechtfertigen. Ein Vorfall im Juni 1946, den wir im folgenden Kapitel erwähnen werden (EN10: jetzt im Anhang A), zeigt einen entschiedenen Pluspunkt für die orthodoxe Ansicht, dass auch der kleinste Durchbruch genügt.

5. **Ein Trend gilt so lange als fortbestehend, bis seine Umkehr definitiv signalisiert ist:** Dieses Dow-Prinzip hat vielleicht mehr als jedes andere Kritik hervorgerufen. Richtig verstanden erweist auch dieses Prinzip seine Richtigkeit in der praktischen Anwendung. Was es besagt, ist in der Tat nur eine *Wahrscheinlichkeit.* Es warnt uns davor, zu früh unsere Marktposition umzukehren, ohne ausreichende Klarheit über die Situation „aus der Hüfte zu schießen". Diese Regel verlangt kein unnötiges Zaudern, sobald ein Trendwechsel offenbar geworden ist. Aber sie bringt die Erfahrung zum Ausdruck, dass die Wahrscheinlichkeit für denjenigen arbeitet, der wartet, bis er seiner Sache sicher ist, und gegen denjenigen, der vorzeitig kauft oder verkauft. Dieses Wahrscheinlichkeitsverhältnis kann nicht mathematisch ausgedrückt werden, etwa 2:1 oder 3:1, denn es ändert sich dauernd. Bullenmärkte steigen nicht für ewig, und Bärenmärkte erreichen früher oder später ihren Boden. Wenn ein neuer Primärtrend erstmalig und eindeutig durch die Aktion beider Indizes signalisiert wurde, ist die Wahrscheinlichkeit seiner Fortsetzung trotz aller kurzfristigen Reaktionen oder Unterbrechungen am größten. Aber je länger der Primärtrend andauert, umso geringer wird die Wahrscheinlichkeit für seinen weiteren Fortgang. Deshalb hat jede folgende Bestätigung eines Bullenmarkts (neues Zwischenhoch des einen Index, bestätigt durch ein neues Zwischenhoch des anderen Index) zugleich relativ weniger Gewicht. Der Ansporn, zu kaufen, die Aussicht, neu gekaufte Aktien mit Gewinn zu verkaufen, ist kleiner, nachdem ein Bullenmarkt über Monate gelaufen ist, als damals, als man zum ersten Mal erkannte, dass der Primärtrend nach oben geht. Aber dieses fünfte Dow-Prinzip besagt: „Halte deine Position weiter, bis ein gegenteiliges Signal kommt."

   Eine Ergänzung, die nur auf den ersten Blick widersprüchlich erscheint, findet diese Regel in dem Satz: Eine Trendumkehr kann *jederzeit* vorkommen, auch wenn der Trend bestätigt worden ist. Das ist nichts anderes als eine Warnung, dass der Investor nach der Dow-Theorie die Börse ständig so lange beobachten muss, wie er dort engagiert ist.

EN: Die Bedeutung der Dow-Theorie für die modernen Märkte und die Notwendigkeit, zu einer neuen zusammengesetzten Markttheorie überzugehen.

Die Dow-Theorie hat vieles, was für sie spricht. Die in der Dow-Theorie enthaltenen Konzepte haben ihre Gültigkeit bis heute behalten und behalten auch ihre Bedeutung als grundlegende Denkweise der Technischen Analyse. Konzepte wie Wellen, große, sekundäre und kleinere Kursbewegungen beschreiben absolut die Realität des Marktes. Andere Konstrukte innerhalb der Dow-Theorie sind ähnlich bedeutsam: dass alle Informationen eingepreist werden; dass größere Marktbewegungen wie eine Gezeitenwelle sind und ebenso alle Boote anheben; dass Trends zur Fortsetzung neigen. Das sind nicht bloß theoretische Grübeleien, sondern Beobachtungen der Realität.

Zusätzlich zu seiner technischen Gültigkeit hat der Dow Jones inzwischen auch eine mythische Dimension angenommen. Er hat eine symbolische Funktion, die mit seinem ursprünglich beabsichtigten Zweck in Wechselwirkung tritt. Dow und Hamilton betrachteten ihre Theorie als Messvorrichtung für den Markt, eine Art Barometer für die gesamte Volkswirtschaft; ihre Verwendung als Werkzeug für Investments in den Markt kam erst später.

Nach Meinung des Herausgebers ist die Dow-Theorie ihrem ursprünglichen Zweck nicht mehr angemessen – und nicht einmal mehr ihrem sekundären Zweck. Sie ist eine einfache Theorie, die in einer einfachen Zeit vorgelegt wurde. Verfechter der Dow-Theorie haben stillschweigend die Notwendigkeit von Entwicklungsschritten dieser Doktrin anerkannt, als sie den Railroad Average (jetzt Transportation Average), den Utility Average und so weiter hinzunahmen. Anfangs mögen 30 Aktien genügt haben, um die US-Wirtschaft wiederzugeben. Aber heute würde niemand leugnen, dass dieses einfache Paradigma geändert werden muss, um eine Wirtschaftsstruktur darzustellen, deren Vielfalt seit Dow und Hamilton geometrisch gewachsen ist. Zu Beginn des 21. Jahrhunderts erfordern die US-Wirtschaft und die Weltwirtschaft eine ausgefeiltere Ökonometrie als bloß den Dow Jones Industrial Average.

Aus diesem Grund finde ich, dass wir jetzt, um die Funktionen des alten Dow Jones zu erfüllen, eine Vielfalt von Indizes benötigen, um den Zustand des Marktes zu ermitteln – ganz zu schweigen von der Wirtschaft, die eine andere Frage ist, zwar keine völlig andere Frage, aber jedenfalls eine andere. Magee hat gegen Ende seiner Schriften auf einige Instrumente von großem Wert hingewiesen, vor allem auf den Magee Evaluative Index (Kapitel 38), der sich für den Gesamtmarkt und nicht nur für einen zusammenfassenden Index oder Durchschnitt verwenden lässt. Wert und Leistung dieses Werkzeugs werden immer noch kaum verwendet und verstanden.

An den Märkten des 21. Jahrhunderts gibt es nicht nur breit angelegte Gezeiten und Märkte, die in eine Richtung fließen, wie sie es an Magees Cape Cod getan haben mögen. Vielmehr haben sich die Strömungen, Unterströmungen und Querströmungen wie die Wirtschaft des Landes nach Westen bewegt. Heute werden sie vom Pazifischen Ozean symbolisiert, der brüllend in die Bucht von San Francisco hinein und wieder hinaus rollt. Während sich der Dow Jones in einem sekundären Abwärtstrend befindet, erklimmt der breiter angelegte S&P 500 neue Hochs, und obwohl sie beide seitwärts ausschlagen, schießt der Nasdaq (National Association of Securities Dealers Automated Quotations) wie eine Rakete in die Höhe. Aus diesem Grund bin ich inzwischen überzeugt, dass nur eine Mischung aus diesen drei Indizes die wahre Verfassung der Märkte als Ganzes ausdrücken kann. Und dass außerdem der Magee Evaluative Index, um die Innereien des Marktes zu sezieren, auf alle drei Indizes angewendet werden sollte.

Laut Dow-Theorie mussten sich der Dow Jones Railroad Average und der Dow Jones Industrial Average im Einklang bewegen, damit eine Hausse oder eine Baisse signalisiert wurde. In unserem Jahrhundert ist eine ähnliche harmonische Konvergenz der Indizes notwendig, um uns die Verfassung der Märkte als Ganzes anzuzeigen.

Wenn die Trends aller drei Indizes in ihren Richtungen übereinstimmen – aufwärts, abwärts oder seitwärts –, kann man davon ausgehen, dass die Bullen grundsätzlich außer Gefahr sind, und das Gleiche gilt umgekehrt für die Bären. Stehen die drei nicht im Einklang, ist das ein klares Signal für eine gemischte Marktlage und legt einem nahe, seine Einsätze und Portfolios auf konjunkturelle Unsicherheit abzustimmen. Das Kapital sollte von Natur aus in den produktivsten Bereich fließen. Welchen Grund gibt es, mit dem Dow Jones auf Talfahrt zu gehen, wenn der Nasdaq nach oben rauscht? Wenn sich der Anleger an die Philosophie des vorliegenden Buches hält, wird er niemals einen langwierigen Abwärtstrend aussitzen. Im allermindesten Fall wird er sich abgesichert haben, vielleicht sogar short gegangen sein (der Herausgeber bevorzugt ebenso wie Edwards und Magee Letzteres).

EN10: Anmerkungen zu Edwards' Beschreibung der Dow-Theorie

Wir müssen Edwards' Beschreibung der Dow-Theorie in die rechte Perspektive rücken. Wenn er von sekundären Bewegungen um 10 bis 20 Punkte oder von primären Bewegungen um 30 Punkte spricht, müssen wir bedenken, dass damals der gesamte Markt auf den Rücksitz eines Packards passte. Das Hoch des Jahres 1929 betrug circa 386 Punkte, das Tief circa 64; daher stellten Kursbewegungen um 10, 20 oder 30 Punkte bedeutende prozentuale Bewegungen dar.

Außerdem ist eine primäre Marktbewegung von 20 Prozent nach wie vor bedeutsam, jedoch beschreibt sie wohl kaum die Heftigkeit und die Spanne der modernen Märkte. Von März 2009 bis November 2017 stieg der Dow Jones Industrial Average von 6.469,95 Punkten auf 23.602,12 Punkte – das waren 17.132,17 Punkte beziehungsweise 264 Prozent.

KAPITEL 4

DIE MÄNGEL DER DOW-THEORIE

EN10: Die Abbildungen 2 bis 9 aus der 9. Auflage finden Sie jetzt in Anhang A zusammen mit Edwards' ausführlicher Darstellung der Dow-Theorie.

Unsere Leser, fürchten wir, haben einen tiefen Seufzer der Erleichterung ausgestoßen, als sie das vorhergehende Kapitel *(EN10: Kapitel 4 in der 9. Auflage, jetzt Anhang A)* über eine schwierige, langweilige und zeitweise verwirrende Materie hinter sich hatten. Einige mögen dabei sogar gewünscht haben, dass die Dow-Theorie niemals „erfunden" worden wäre. Andere stellten zweifellos einen oder mehrere ihrer wirklichen oder angenommenen Mängel fest und stellen sich Fragen. Ehe wir also zu interessanteren Dingen der Charttheorie übergehen, sollten wir zweckmäßigerweise einige Seiten diesen Fragen widmen.

Ein häufiger Vorwurf gegen alle, die über die Dow-Theorie schreiben, besagt, dass sie „raten" müssten. Dieser Vorwurf wird so lange immer wieder auftauchen, wie die Meinungen unter den Dow-Theoretikern in kritischen Perioden auseinandergehen (was leider in der Tat oft der Fall ist). Selbst die erfahrensten und sorgfältigsten Dow-Analysten sehen sich gelegentlich gezwungen, ihre Interpretation zu ändern, wenn sich eine zuerst „riskierte" Meinung durch eine folgende Aktion der Börse als unhaltbar erweist. Sie versuchen auch nicht, das in Abrede zu stellen. Aber sie sagen, auf lange Sicht werde durch solche zeitweiligen Fehlinterpretationen erstaunlich wenig verloren. Viele von ihnen veröffentlichen ihre Kommentare regelmäßig und können auf ihre schriftlichen Meinungsäußerungen und Ratschläge verweisen, die sie vor, während und nach den Ereignissen zum Ausdruck gebracht haben. Falls der Leser sich die Mühe macht, noch einmal die Aussagen in Kapitel 4 (jetzt Anhang A) zu überprüfen, so wird er feststellen, dass alle dort erfolgten Interpretationen (abgesehen von den Bemerkungen, die „retrospektiv" gegeben und ausdrücklich so bezeichnet wurden) genau diejenigen sind, die damals von den besten anerkannten Dow-Analysten veröffentlicht worden sind. *EN9: Obwohl in der heutigen Zeit Richard Russell (inzwischen verstorben) (dowtheoryletters.com) in Bezug auf seinen Ruf führend ist, bevölkern eine Reihe anderer Dow-Theoretiker (sie alle zusammenzufassen ist in der Tat, wie einen Sack Flöhe zu hüten) die Szene, darunter Jack Schannep (thedowtheory.com) und Richard Moroney (dowtheory.com), die bei der Konsultation der heiligen Hühnerknochen [Anm. d. Lektorats: eine Praxis aus der Antike, in der aus Tiereingeweiden die Zukunft vorhergesagt wurde] berücksichtigt werden müssen. Robert W. Colby (robertwcolby.com) leistet derzeit ebenfalls maßgebliche Arbeit an der Dow-Theorie. Beachten Sie, dass es das Huhn ist, das heilig ist, und dass die Knochen zweitrangig sind.*

Die Signale der Dow-Theorie kommen zu spät

Das ist ein eher berechtigter Einwurf. Er wird manchmal in der ziemlich ungeduldigen Feststellung formuliert, die Dow-Theorie sei „eine todsichere Methode, um den Investor des ersten Drittels und des letzten Drittels jeder größeren Aufwärtsbewegung zu berauben – und manchmal gibt es nicht einmal ein mittleres Drittel". Oder, um ein spezifisches Beispiel zu liefern: Ein langfristiger Bullenmarkt begann 1942, als der Dow Jones Industrial Average bei 92,92 stand, und endete 1946 bei 212,50 mit einem Gesamtgewinn von 119,58 Indexpunkten. Aber die strikten Anhänger der Dow-Theorie konnten nicht kaufen, ehe nicht der Industrial Average bis 125,88 gestiegen war, und konnten nicht eher wieder verkaufen, bis die Kurse schon bis 191,04 nachgegeben hatten. Günstigstenfalls konnten sie also nur ungefähr 65 Punkte oder nicht mehr als die Hälfte der Gesamtbewegung ausnutzen. Diese Feststellung kann nicht bestritten werden. Aber die Antwort auf diesen Einwand lautet: Versuchen Sie mal, jemanden zu finden, der seine Aktien erstmalig bei 92,90 gekauft hat (oder wenigstens innerhalb von fünf Punkten davon), über die ganzen Jahre voll investiert blieb und schließlich bei 212,50 oder wenigstens im Bereich der letzten fünf Punkte verkauft hat. Der Leser ist aufgefordert, das zu versuchen; er wird es in der Tat schwer haben, ein Dutzend Investoren ausfindig zu machen, die insgesamt so gut fuhren wie mit der Dow-Theorie.

Eine noch bessere Antwort ist der Hinweis auf das Dollar-Ergebnis der letzten 60 Jahre, denn damit sind alle Möglichkeiten und alle bekannten Arten von Bullen- und Bärenmarkt erfasst. Wir sind Richard Durant für seine Genehmigung zu Dank verpflichtet, die folgende Berechnung abzudrucken. Sie ermittelt das theoretische Ergebnis einer Investition von nur 100 Dollar in die Aktien des Dow Jones Industrial Index, und zwar beginnend mit dem 12. Juli 1897, als die Dow-Theorie einen langfristigen Bullenmarkt signalisierte. Diese Aktien wurden dann jeweils immer dann verkauft und wieder gekauft, wenn die Dow-Theorie einen Wechsel des Primärtrends definitiv signalisiert hatte (siehe Tabelle 4.1).

Als Ergebnis ist festzuhalten, dass aus den ursprünglich im Jahr 1897 investierten 100 Dollar im Jahr 1956 ein Betrag von 11.228,43 Dollar geworden wäre. Dazu hätte man einfach die Aktien des Industrial Average jedes Mal gekauft, wenn die Dow-Theorie einen Bullenmarkt ankündigte, und sie behalten, bis die Dow-Theorie einen Bärenmarkt signalisierte. Während dieser Periode hätte der Investor 15 Käufe und 15 Verkäufe getätigt, also im Durchschnitt etwa alle zwei Jahre eine Transaktion getätigt.

Das Ergebnis ist nicht perfekt. Es zeigen sich eine Verlusttransaktion und drei Fälle, wo die Reinvestition auf einem höheren Niveau als die vorhergehende Liquidation stattgefunden hätte. Aber trotzdem bedarf der Erfolg kaum einer Verteidigung. Auch erfasst die Berechnung nicht die Gebühren und Steuern. Aber sie erfasst auch nicht die Dividende, die der Investor während der Zeit erhalten hätte, als er die Aktie hielt; der letztere Gesichtspunkt hätte das Ergebnis um viele Dollar gesteigert.

Wer meint, es genüge, „einfach gute Aktien zu kaufen und sie liegen zu lassen", möge das obige Ergebnis mit dem Optimum vergleichen, das man damit hätte erreichen können: Wenn man Aktien nur einmal, und zwar am tiefsten Punkt, gekauft hätte, der vom Dow Jones Industrial Average während der ganzen Jahre erreicht wurde, und wenn man sie nur einmal zum Höchstpunkt verkauft hätte, so hätte man die 100 Dollar am Allzeittief am 10. August 1896 bei 29,64 investiert und hätte nach 60 Jahren (am 6. April 1956 bei 521,05) 1.757,93 Dollar gehabt. Demgegenüber hätte man mit einem einfachen Dow-Theorie-Programm 11.263,65 Dollar erzielt.

Tabelle 4.1: 60-Jahres-Bilanz der Dow-Theorie

Signal	Datum	Durchschnittskurs Dow Jones	Verlust (√)	Veränderung (%)	Kapitalertrag	Kumulierter Gewinn
Gekauft	12.07.1897	44,61				100
Verkauft	16.12.1899	63,84		43,11		143,11
Gekauft	20.10.1900	59,44				
Verkauft	1.6.1903	59,59		0,25	0,36	143,47
Gekauft	12.7.1904	51,37				
Verkauft	26.4.1906	92,44		79,95	114,7	258,18
Gekauft	24.4.1908	70,01				
Verkauft	3.5.1910	84,72		21,01	54,25	312,42
Gekauft	10.10.1910	81,91				
Verkauft	14.1.1913	84,96		3,72	11,63	324,05
Gekauft	9.4.1915	65,02				
Verkauft	28.8.1917	86,12		32,45	105,16	429,22
Gekauft	13.5.1918	82,16				
Verkauft	3.2.1920	99,96		21,67	92,99	522,21
Gekauft	6.2.1922	83,7				
Verkauft	20.6.1923	90,81		8,49	44,36	566,56
Gekauft	7.12.1923	93,8				
Verkauft	23.10.1929	305,85		226,07	1280,81	1847,38
Gekauft	25.4.1933	84,29				
Verkauft	7.9.1937	164,39		95,03	1755,54	3602,92
Gekauft	23.6.1938	127,41				
Verkauft	31.3.1939	136,42		7,07	254,79	3857,7
Gekauft	17.7.1939	142,58				
Verkauft	13.5.1940	137,5	√	-3,56	-137,45	3720,26
Gekauft	1.2.1943	125,88				
Verkauft	27.8.1946	191,04		51,76	1925,74	5646
Gekauft	2.10.1950	228,94				
Verkauft	2.4.1953	280,03		22,32	1259,95	6905,95
Gekauft	19.1.1954	288,27				
Verkauft	1.10.1956	468,7		62,59	4322,48	11228,43

EN: Diese Bilanz der Dow-Theorie wird in Tabelle 4.2 bis Ende 2017 aktualisiert. Ich habe diese Aufzeichnung so belassen, wie sie ist, damit der Leser meine Arbeit klar von der von Edwards unterscheiden kann.

Die Dow-Theorie ist nicht unfehlbar

Natürlich nicht. Sie hängt von der Interpretation ab und ist damit allen Wechselfällen der menschlichen Interpretationskunst ausgesetzt. Aber dennoch spricht ihr Ergebnis für sich.

Die Dow-Theorie lässt den Investor oft im Zweifel

In einem Sinn ist das richtig, in einem anderen wiederum nicht. Es gibt keinen Augenblick, in dem die Dow-Theorie keine Vermutung als Antwort auf die Frage anstellt, welche Richtung der Primärtrend hat. Diese Antwort wird sich für einen relativ kurzen Zeitraum zu Beginn jedes neuen Major-Trend als falsch erweisen. Es wird auch Zeiten geben, zu denen ein guter Dow-Analyst sagen würde: „Der Primärtrend ist zwar mutmaßlich noch aufwärts gerichtet, aber er hat ein gefährliches Stadium erreicht, und ich kann mit gutem Gewissen nicht zum Kauf raten, es könnte jetzt zu spät sein."

Häufig jedoch reflektiert der obige Einwand nur die Unfähigkeit des Kritikers, geistig jenes grundsätzliche Konzept zu akzeptieren, dass die Indizes alle Nachrichten und alle Statistiken berücksichtigen. Er bezweifelt die Dow-Theorie, weil er ihre Signale nicht mit seinen eigenen Vorstellungen darüber in Einklang bringen kann, was die Aktien eigentlich tun sollten, Vorstellungen, die er aus anderen Quellen gewonnen hat. Überflüssig zu sagen, dass die Theorie gewöhnlich recht behält.

In anderen Fällen zeigt diese Art der Kritik nichts als Ungeduld. Es können Wochen oder Monate vergehen (zum Beispiel während der Bildung einer Linie), in denen die Dow-Theorie nicht „sprechen" kann. Der aktive Spekulant rebelliert dann natürlich. Aber Geduld ist eine Tugend, am Aktienmarkt wie auch anderswo – in der Tat ist sie von grundlegender Bedeutung, wenn ernsthafte Fehler vermieden werden sollen.

Die Dow-Theorie hilft dem Investor bei intermediären Trends nicht

Das ist völlig richtig. Die Theorie gibt wenige oder keine Warnzeichen in Bezug auf einen Wechsel des intermediären Trends. Und doch: Wenn man einen guten Anteil dieser Trends einfangen kann, beträgt der Gewinn wesentlich mehr, als man unter Ausnutzung des Primärtrends allein erzielen kann. Einige Spekulanten haben unterstützende Regeln erarbeitet, die auf Dow-Prinzipien basieren und die sie auf Bewegungen vom Intermediate-Typ anwenden, aber sie haben sich insgesamt als nicht sehr befriedigend herausgestellt. Der Rest unseres Buches ist einer besseren Lösung dieses Problems gewidmet.

Die Dow-Theorie ist ein mechanisches Werkzeug mit dem Zweck, die Richtung des Primärtrends an der Börse anzugeben. Er ist deswegen so wichtig, weil die meisten Aktien die Tendenz haben, sich mit dem Trend zu bewegen, wie wir zu Beginn dieser Studie geschrieben haben. Die Dow-Theorie kann und will nichts dazu sagen, welche Aktien man kaufen soll, abgesehen von den Aktien, aus denen sich der Index zusammensetzt. Das ist ebenfalls ein Problem für den Rest dieses Buches.

EN: Ein alter Kritikpunkt, der an den modernen Märkten irrelevant ist:

„Die Dow-Theorie sagt einem nicht, welche Aktien man kaufen soll." Als Edwards dies schrieb, stimmte das, aber an den modernen Märkten kann der Anleger ersatzweise Instrumente verwenden, die sein Verhalten fast perfekt nachbilden (DIA). Dies ist möglich, weil der Anleger an den heutigen Märkten Ersatzinstrumente für die Dow-Jones-Indizes handeln kann (siehe Kapitel 15).

Tabelle 4.2: 121-Jahres-Bilanz der Dow-Theorie

	Signal	Datum	Durchschnittskurs Dow Jones	Verlust (x)	Veränderung (%)	Kapitalertrag	Kumuliertes Vermögen
1	Kaufen	12.07.1897	44,61				100
2	Verkaufen	16.12.1899	63,84		43,11		143,11
3	Kaufen	20.10.1900	59,44				
4	Verkaufen	1.6.1903	59,59		0,25	0,36	143,47
5	Kaufen	12.7.1904	51,37				
6	Verkaufen	26.4.1906	92,44		79,95	114,7	258,18
7	Kaufen	24.4.1908	70,01				
8	Verkaufen	3.5.1910	84,72		21,01	54,25	312,42
9	Kaufen	10.10.1910	81,91				
10	Verkaufen	14.1.1913	84,96		3,72	11,63	324,05
11	Kaufen	9.4.1915	65,02				
12	Verkaufen	28.8.1917	86,12		32,45	105,16	429,22
13	Kaufen	13.5.1918	82,16				
14	Verkaufen	3.2.1920	99,96		21,67	92,99	522,21
15	Kaufen	6.2.1922	83,7				
16	Verkaufen	20.6.1923	90,81		8,49	44,36	566,56
17	Kaufen	7.12.1923	93,8				
18	Verkaufen	23.10.1929	305,85		226,07	1280,81	1847,38
19	Kaufen	25.4.1933	84,29				
20	Verkaufen	7.9.1937	164,39		95,03	1755,54	3602,92
21	Kaufen	23.6.1938	127,41				
22	Verkaufen	31.3.1939	136,42		7,07	254,79	3857,7
23	Kaufen	17.7.1939	142,58				
24	Verkaufen	13.5.1940	137,5	x	-3,56	-137,45	3720,26
25	Kaufen	1.2.1943	125,88				
26	Verkaufen	27.8.1946	191,04		51,76	1925,74	5646
27	Kaufen	2.10.1950	228,94				
28	Verkaufen	2.4.1953	280,03		22,32	1259,95	6905,95
29	Kaufen	19.1.1954	288,27				
30	Verkaufen	1.10.1956	468,7		62,59	4322,48	11228,43
31	Kaufen	2.5.1958	459,56				
32	Verkaufen	3.3.1960	612,05		33,18	3725,79	14954,22
33	Kaufen	23.2.1961	654,42				
34	Verkaufen	26.4.1962	678,68		3,71	554,37	15508,59
35	Kaufen	9.11.1962	616,13				
36	Verkaufen	5.5.1966	899,77		46,04	7139,49	22648,08
37	Kaufen	11.1.1967	822,49				
38	Verkaufen	24.10.1967	888,18		7,99	1808,84	24456,92
39	Kaufen	1.10.1968	942,32				
40	Verkaufen	25.2.1969	899,8	x	-4,51	-1103,56	23353,36
41	Kaufen	27.10.1969	860,28				
42	Verkaufen	26.1.1970	768,88	x	-10,62	-2481,17	20872,19
43	Kaufen	28.9.1970	758,97				

Tabelle 4.2 *(Fortsetzung)*: 121-Jahres-Bilanz der Dow-Theorie

	Signal	Datum	Durchschnittskurs Dow Jones	Verlust (x)	Veränderung (%)	Kapitalertrag	Kumuliertes Vermögen
44	Verkaufen	28.7.1971	872,01		14,89	3108,68	23980,87
45	Kaufen	10.2.1972	921,28				
46	Verkaufen	23.2.1973	959,89		4,19	1005,02	24985,88
47	Kaufen	27.1.1975	692,66				
48	Verkaufen	24.10.1977	802,32		15,83	3955,7	28941,58
49	Kaufen	6.6.1978	866,51				
50	Verkaufen	2.7.1981	959,19		10,7	3095,53	32037,11
51	Kaufen	7.10.1982	965,97				
52	Verkaufen	25.1.1984	1231,89		27,53	8819,43	40856,54
53	Kaufen	6.11.1984	1244,15				
54	Verkaufen	15.10.1987	2355,09		89,29	36482,07	77338,61
55	Kaufen	29.2.1988	2071,62				
56	Verkaufen	13.10.1989	2569,26		24,02	18578,11	95916,72
57	Kaufen	4.6.1990	2935,19				
58	Verkaufen	3.8.1990	2809,65	x	-4,28	-4102,42	91814,3
59	Kaufen	18.1.1991	2646,78				
60	Verkaufen	5.10.1992	3179		20,11	18462,21	110276,51
61	Kaufen	25.11.1992	3266,22				
62	Verkaufen	4.8.1998	8487,31		159,85	176278,26	286554,76
63	Kaufen	2.11.1998	8706,5				
64	Verkaufen	23.9.1999	10318,59		18,52	53058,3	339613,06
65	Kaufen	8.11.2001	9587,52				
66	Verkaufen	25.6.2002	9126,8	x	-4,81	-16319,81	323293,25
67	Kaufen	6.1.2003	8773,57				
68	Verkaufen	21.11.2007	12799,04		45,88	148332,69	471625,94
69	Kaufen	18.4.2008	12849,36				
70	Verkaufen	29.9.2008	10365,45	x	-19,33	-91170,02	380455,93
71	Kaufen	9.4.2009	8083,38				
72	Verkaufen	30.6.2010	9774,02		20,92	79472,41	460028,33
73	Kaufen	27.9.2010	10812,04				
74	Verkaufen	2.8.2011	11866,62		9,75	44870,04	504898,37
75	Kaufen	23.12.2011	12294				
76	Verkaufen	4.6.2012	12101,46		-1,57	-7907,36	496991,01
77	Kaufen	18.1.2013	13649,7				
78	Verkaufen	20.8.2015	16990,69		24,48	121646,78	618637,78
79	Kaufen	19.10.2015	17084,49				
80	Verkaufen	6.1.2016	16906,51		-1,04	-6444,74	612193,04
81	Kaufen	20.4.2016	18053,6	x			
82	Verkaufen	24.6.2016	17400,75		-3,62	-15926,29	596266,75
83	Kaufen	7.9.2016	18526,14				
84	Verkaufen	29.12.2017	24719,22		33,43	199325,26	795592,01

Die Dow-Theorie im 20. und im 21. Jahrhundert

Wie man aus Tabelle 4.2 ersehen kann, die eine Erweiterung von Tabelle 4.1 ist, bescherte die Dow-Theorie ihrem Anwender auch weiterhin einen Vorteil gegenüber dem unwissenden Buy-and-hold-Anleger. Eine Investition von 100 Dollar im Jahr 1897 wäre mit der Dow-Theorie bis zum 29. Dezember 2017 auf 795.992,01 Dollar angewachsen, und die Long-Position wäre immer noch offen gewesen. Genaueres dazu zeigt Tabelle 4.2, unter anderem auch den Drawdown infolge des Zusammenbruchs im Jahr 2000. Meines Erachtens demonstriert diese Tabelle nachdrücklich, wie wirkungsvoll die methodische technische Geldanlage ist, sei es anhand der Dow-Theorie oder einer anderen robusten Methode – darum wird es in Kapitel 5 gehen.

Im Gegensatz dazu wäre eine Buy-and-hold-Investition, wenn man im Tief bei 29,64 Dollar gekauft und zum Handelsschluss am 29. Dezember 2017 verkauft hätte, nur auf 55.411,83 Dollar angewachsen.

Für die hier zusammengefassten Daten bin ich Jack Schannep von *TheDowTheory.Com* (http://www.thedowtheory.com) zu Dank verpflichtet. Auf Schanneps Website findet sich eine klare Darlegung der Dow-Theorie und ihrer Erfolgsbilanz – viel vollständiger als das, was Sie hier abgesehen von Edwards' meisterhafter Vorstellung finden.

Wir räumen hierbei kleinere Unstimmigkeiten zwischen diesen Zahlen und den Zahlen anderer ein, denn womöglich könnten Puristen darauf hinweisen. Das liegt an Meinungsverschiedenheiten innerhalb der priesterlichen Kreise, die die geheiligten Aufzeichnungen führen. So sind beispielsweise nicht alle Vertreter der Theorie hundertprozentig einig über Zeitpunkte oder Art der Signale (manche sagen zum Beispiel, das Wiedereinstiegsdatum 1. Oktober 1956 hätte eigentlich der 7. Oktober 1957 sein sollen). Somit ist bei der genauen Auslegung auch ein bisschen persönliches Urteilsvermögen im Spiel. Die Dow-Theorie ist kein hundertprozentig objektiver Algorithmus – ebenso wie sich die Chartanalyse nicht auf einen objektiven Algorithmus reduzieren lässt (ich darf es mir erlauben, über die Priesterschaft zu scherzen, weil ich in diesen Angelegenheiten ein geringer Akolyth bin. Wer mit Karikaturen nichts anfangen kann, mag das für unziemlich halten).

Kurz gesagt wären aus einer Investition von 100 Dollar im Jahr 1897 ganz einfach dadurch 795.592,01 Dollar geworden, dass man jedes Mal, wenn die Dow-Theorie eine Hausse anzeigte, die entsprechenden Aktien gekauft und sie so lange gehalten hätte, bis sie eine Baisse angezeigt hätte – dann hätte man sie verkauft und beim nächsten Geschäft wieder das gesamte Kapital investiert.

Ein technischer Investor hätte also Ende 2017 diese Menge an Taschengeld bekommen, sein dösiger Kollege von der Anlageabteilung der Rip-Van-Winkle-Bank aus der schläfrigen Schlucht hingegen nur 55.411,83 Euro. Und außerdem wäre ihm in Baissen nicht die Liquidität ausgegangen.

Egal, ob die Dow-Theorie auch für den Markt als Ganzes Gültigkeit behält – keine Frage ist, dass sie in ihrem Marktsektor nach wie vor Wenden ankündigt, und wie Jack Schannep zutreffend anmerkt, ist dieser Sektor fünfmal so hoch kapitalisiert wie die Technologiebörse Nasdaq (siehe Tabelle 4.2).

Wie Mark Twain einmal angemerkt hat, spricht zwar jeder über die Dow-Theorie, aber niemand fängt etwas damit an. Nun ja, vielleicht hat Twain nicht genau das geschrieben, aber es ist genau genug, um ihn als Autorität zu zitieren. Um mehr über die innere Funktionsweise der Dow-Theorie herauszufinden, habe ich zusammen mit Brian Brooker (M.Sc. in Finanzwissenschaft von der Golden Gate University) sowie mit meinen fortgeschrittenen Studenten Matt Mullens und Nehemiah

Brown III. eine Reihe von Studien ins Leben gerufen. Und hier sind auch einige Ergebnisse unserer Studie aus dem Buch „Sacred Chickens, the Holy Grail and Dow Theory“ (Amazon) enthalten.

Es scheint offensichtlich, dass die Dow-Theorie eine einzigartige Risikocharakteristik besitzt, und ich werde hier auf dem Offensichtlichen herumreiten. Der oben zu Vergleichszwecken mit der Dow-Theorie angeführte Buy-and-hold-Anleger erzielte über seinen Anlagezeitraum nicht nur weniger Gewinn, sondern er unterlag über die Lebensdauer seiner Anlage gesehen auch größeren Risiken. Auf den ersten Blick scheinen alle Gewinne, die der umsteuernde Anleger gemäß Tabelle 4.3 erwirtschaftete, das Risiko zu beinhalten, dem der Kaufen-und-Halten-Anleger unterlag – aber eben nur auf den ersten Blick. Denkt man ein bisschen gründlicher nach, offenbart sich, dass das wahre Ausmaß des Risikos des Buy-and-hold-Investors in Wirklichkeit anhand der maximalen Drawdowns über einen bestimmten Zeitraum zu bestimmen ist. Eine theoretische Erklärung dieser Frage ist nicht nötig, diese Risikomessung ist empirisch.

In der richtigen Perspektive sind das atemberaubende Risiken. Vom Hoch 2000 bis zum Tief 2002 trat ein Drawdown von 39 Prozent ein. Ob das beunruhigend ist? Während des Reagan-Crashs 1987 betrug der Drawdown 41 Prozent. Eine bloße Bagatelle. Der Hoover-Drawdown von 1929 bis 1932 belief sich auf 89 Prozent. Es ist unwahrscheinlich, dass solche Dinge wieder passieren. Denn dann schreiten die großen Tiere ein und stützen den Markt.

Natürlich kann man das Marktrisiko nur dadurch auf null reduzieren, dass man nicht am Markt engagiert ist. Weniger offensichtlich oder eklatant ist die zweitwichtigste Möglichkeit, sein Risiko zu senken, nämlich richtigzuliegen beziehungsweise nicht falschzuliegen. Außerdem verbringt der Dow-Anleger aufgrund der Natur der Dow-Theorie viel Zeit an der Seitenlinie. Dadurch sinkt von Natur aus das Risiko. Tatsächlich verbrachte der Dow-Anleger von den 44.193 Tagen der Jahre 1897 bis 2018 genau 15.492 (rund 35 Prozent) am Strand, und sein Geld verbrachte sie auf der Sparkasse. Allerdings haben wir seinen kumulierten Gewinn hier nicht verzinst, denn es soll ja eine „reine“ Studie sein.

Man sieht gleich, dass Tabelle 4.3 viel mehr Daten enthält als nur die Dauer der Long-Investitionen am Markt. Gemäß der Maxime (meiner Maxime!), dass es unklug ist, nur auf einer Seite des Marktes zu investieren, habe ich berechnet, was man kumuliert gewonnen hätte, wenn man long und short auf den Dow Jones getradet hätte. Denn schließlich steigt der Markt nicht nur, sondern er fällt auch, und für ein umschwenkendes System ist eine Liquidierung von Long-Positionen ein Signal, short zu gehen. Wenn schon die Bilanz der Long-Seite bis 2018 mit 795.592,01 Dollar beeindruckend ist, um wie viel beeindruckender ist dann der kumulierte Gewinn von 5.757.390,17 Dollar, den man erringen konnte, indem man den Dow Jones von beiden Seiten her handelte, long und short?

Leser, die genau aufpassen, werden die Meta-Botschaft mitbekommen. Für die große Mehrzahl der Anleger kommt es auf die lange Sicht an. Angesichts der Jetzt-gleich-Kultur des Internet- und Computerzeitalters und der Mentalität des schnellen Reichwerdens fragt man sich, ob es solche Anleger – abgesehen von sehr reichen und sehr intelligenten – überhaupt noch gibt. Vielleicht gibt es ja immer noch ein paar alternde Leser früherer Auflagen des vorliegenden Buches und – nicht verzweifeln! – vielleicht auch ein paar neu Bekehrte.

Hier ist ein Wort der Warnung angebracht: Hüten Sie sich vor amoklaufenden Tabellen! Während sich die Tabellenkalkulation gelassen durch einen Trade hangelt, ist es ihr egal, ob sie dadurch eine Fantasiewelt erzeugt. Auch gilt: Je mehr Transaktionen, umso größer das Endergebnis, weil der

Zinseszinseffekt durch die Reinvestition der Gesamtsumme bei jedem Wurf wirksam wird. Nach allem Gesagten und nach Abzug der Inflation bleibt aus rechnerischer Perspektive nach wie vor eine beeindruckende Performance – erst recht, wenn man bedenkt, dass es die meisten professionellen Fondsmanager nicht schaffen, den Markt zu übertreffen.

Tabelle 4.3: Performance der Dow-Theorie bis 2017: Long- und Short-Positionen

	Signal	Datum	Kurs	Gewinn/Verlust in %	Kumulierter Gewinn	Bullish	Bearish
1	Long	12.7.1897	44,61		100		
2	Short	16.12.1899	53,84	43,11	143,11	887	
3	Long	20.10.1900	59,44	6,89	152,97		308
4	Short	1.6.1903	59,59	0,25	153,36	954	
5	Long	12.7.1904	51,37	13,79	174,51		407
6	Short	26.4.1906	92,44	79,95	314,04	653	
7	Long	24.4.1908	70,01	24,26	390,24		729
8	Short	3.5.1910	84,72	2,01	472,23	739	
9	Long	10.10.1910	81,91	3,32	487,89		160
10	Short	14.1.1913	84,96	3,72	506,06	827	
11	Long	9.4.1915	65,02	23,47	624,83		815
12	Short	28.8.1917	86,12	32,45	827,6	872	
13	Long	13.5.1918	82,16	4,6	565,66		258
14	Short	3.2.1920	99,96	21,67	1053,2	631	
15	Long	6.2.1922	83,7	16,27	1224,52		734
16	Short	20.6.1923	90,81	8,49	1328,54	499	
17	Long	7.12.1923	93,8	-3,29	1284,79		170
18	Short	23.10.1929	305,85	226,07	4189,28	2147	
19	Long	24.5.1933	84,29	72,44	7224,02		1309
20	Short	7.9.1937	164,39	95,03	14088,94	1567	
21	Long	23.6.1938	127,41	22,5	17258,28		289
22	Short	31.3.1939	136,42	7,07	18487,73	281	
23	Long	17.7.1939	142,58	-4,52	17644,33		108
24	Short	13.5.1940	137,5	-3,56	17015,68	301	
25	Long	1.2.1943	125,88	8,45	18453,66		994
26	Short	27.8.1946	191,04	51,76	28005,93	1303	
27	Long	2.10.1950	228,94	-19,84	22449,9		1497
28	Short	2.4.1953	280,03	22,32	27459,79	913	
29	Long	19.1.1954	288,27	-2,94	26651,78		292
30	Short	1.10.1956	468,7	62,59	43333,29	986	
31	Long	2.5.1958	459,56	1,95	44178,32		578
32	Short	3.3.1960	612,05	33,18	58837,46	671	
33	Long	23.2.1961	654,42	-6,92	54764,35		586
34	Short	26.4.1962	678,68	3,71	56794,52	198	
35	Long	9.11.1962	616,13	9,22	62028,94		197

Tabelle 4.3 *(Fortsetzung)*: Performance der Dow-Theorie bis 2017: Long- und Short-Positionen

Signal	Datum	Kurs	Gewinn/Verlust in %	Kumulierter Gewinn	Bullish	Bearish
36 Short	5.5.1966	899,77	46,04	90584,42	1273	
37 Long	11.1.1967	822,49	8,59	98364,6		251
38 Short	24.10.1967	888,18	7,99	106220,7	286	
39 Long	1.10.1968	942,32	-6,1	99745,1		343
40 Short	25.2.1969	899,8	-4,51	95245,1	147	
41 Long	27.10.1969	860,28	4,39	99428,35		244
42 Short	26.1.1970	768,88	-10,62	88864,63	91	
43 Long	28.9.1970	758,97	1,29	90010		245
44 Short	28.7.1971	872,01	14,89	103415,97	303	
45 Long	10.2.1972	921,28	-5,65	97572,8		197
46 Short	23.2.1973	959,89	4,19	101661,99	411	
47 Long	27.1.1975	692,66	27,84	129964,33		588
48 Short	24.10.1977	802,32	15,83	150539,92	1084	
49 Long	6.6.1978	866,51	-8	138495,9		225
50 Short	2.7.1981	959,19	10,7	153309,11	135	
51 Long	7.10.1982	965,97	-0,71	152225,45		572
52 Short	25.1.1984	1231,89	27,53	194131,3	415	
53 Long	6.11.1984	1244,15	-1	192199,27		462
54 Short	15.10.1987	2355,09	89,29	363819,94	475	
55 Long	29.2.1988	2071,62	12,04	407611,06		362
56 Short	13.10.1989	2569,26	24,02	505526,5	997	
57 Long	4.6.1990	2935,19	-14,24	433526,27		84
58 Short	3.8.1990	2809,65	-4,28	414984,06	645	
59 Long	18.1.1991	2646,78	5,8	439039,89		234
60 Short	5.10.1992	3179	20,11	527322,94	60	
61 Long	25.11.1992	3266,22	-2,74	512855,15		124
62 Short	4.8.1998	8487,31	159,85	1332659,97	2799	
63 Long	2.11.1998	8706,5	-2,58	1298243,21		42
64 Short	23.2.1999	10318,59	18,52	1538625,09	373	
65 Long	8.11.2001	9587,52	7,08	1647636,37		777
66 Short	25.6.2002	9126,8	-4,81	1568460,62	229	
67 Long	6.1.2003	8773,57	3,87	1629163,37		195
68 Short	21.11.2007	12799,04	45,88	2376653,39	1780	
69 Long	18.4.2008	12849,26	-0,39	2367309,47		149
70 Short	29.9.2008	10365,44	-19,33	1909684,83	149	
71 Long	9.4.2009	8083,38	22,02	2330123,36		192
72 Short	30.6.2010	9774,02	20,92	2817468,97	447	
73 Long	27.9.2010	10812,04	-10,62	2518248,26		89
74 Short	2.8.2011	11866,62	9,75	2763872,05	309	
75 Long	23.12.2011	12294	3,6	2863413,76		143
76 Short	4.6.2012	12101,46	-1,57	2818568,99	164	

Tabelle 4.3 *(Fortsetzung)*: Performance der Dow-Theorie bis 2017: Long- und Short-Positionen

Signal	Datum	Kurs	Gewinn/Verlust in %	Kumulierter Gewinn	Bullish	Bearish
77 Long	18.1.2013	13649,7	12,79	3179171,86		228
78 Short	20.8.2015	16990,69	24,48	3957326,79	944	
79 Long	19.10.2015	17084,49	0,55	3979173,89		60
80 Short	6.1.2016	16906,51	-1,04	3937720,3	79	
81 Long	20.4.2016	18053,6	6,68	4204890,74		105
82 Short	24.6.2016	17400,75	-3,62	4052834,47	65	
83 Long	7.9.2016	18526,14	6,47	4314950,73		75
84 Mto Mkt	31.12.2017	24719,22	33,43	5757390,17	480	
85						15417

KAPITEL 5

DIE ERSETZUNG DER DOW-THEORIE DURCH JOHN MAGEES REFERENZPUNKT-VERFAHREN

Ich habe die Interpretation des Marktes mithilfe der Dow-Theorie einmal scherzhaft mit der Praxis des alten Roms verglichen, aus den Eingeweiden von Vögeln oder anderen Tieren die Zukunft vorherzusagen. Dow-Theorie-Analysten untersuchen den Markt und äußern ihre fachmännische Meinung, ob er laut der Dow-Theorie zum Kaufen, Verkaufen oder Halten geeignet ist. Manchmal kommt es einem vor, als würden sie in Delphi auf einem Dreifuß sitzen und Substanzen inhalieren, die in Kalifornien erlaubt, aber in Washington verboten sind. Außerdem ziehen sie häufig aus den gleichen Daten verschiedene Schlüsse (damit möchte ich gegenüber den Vertretern der Dow-Theorie nicht respektlos sein, einige meiner besten Freunde sind Dow-Theorie-Analysten). Diese Feststellung motivierte mich, nach einem besseren Weg zu suchen. Dieser bessere Weg ist in Kapitel 28 zu finden, in dem Magee eine Methode skizziert hat (die ich weiter ausformuliert habe), die sich überaus gut für die sehr langfristige Geldanlage eignet. Wir sprechen hier von Investments, die jahrelang Bestand haben können. Ein Grund, weshalb die Reichen immer reicher werden, ist, dass sie diese Art der Geldanlage praktizieren. Sie schätzen die geschäftlichen Bedingungen und die konjunkturellen Umstände richtig ein und nehmen fest verwurzelte Positionen ein, die ihnen in langfristigen Haussen Renditen einbringen, auf die Swing-Trader und mittelfristig orientierte Trader nicht hoffen dürfen. Manchmal verwenden sie vielleicht sogar die Dow-Theorie. Was immer sie auch verwenden, sie lassen sich nicht vom Markt vor sich her jagen, außer von echten Änderungen des langfristigen Trends.

Geld in diesem Zeitrahmen anzulegen war noch nie leicht – außer für den gut mit Kapital ausgestatteten, reifen und geduldigen Anleger. Mithilfe des Basispunkt-Verfahrens von Magee ist es nun auch dem Durchschnittsanleger möglich, im Zeitrahmen der Dow-Theorie oder noch langfristiger zu investieren. Ich habe mehrere Studien durchgeführt, um die Leistungsfähigkeit dieses Verfahrens zu demonstrieren. Die erste und wichtigste bezog sich auf den Dow Jones Industrial Average seit 1900 unter Verwendung der Dow-Theorie. Wenn man den Dow Jones Industrial Average untersucht, hat man eine hervorragende Messlatte für die Performance der Dow-Theorie in diesem Zeitraum.

Der fraktale Charakter des Marktes

Eine Tatsache, die alle Trader aus dem Bauch heraus kennen, wurde von dem interdisziplinären Wissenschaftler Benoît Mandelbrot formuliert, der schrieb, dass das Preisverhalten von Märkten *fraktal* sei. Wörtlich genommen bedeutet dies *in allen Größenordnungen selbstähnlich*. Anders gesagt weist ein 2-Minuten-Chart die gleichen Arten von Formationen und Merkmalen auf wie ein Tageschart oder ein Wochenchart. Wenn einem ein Chart vorgelegt wird, und man soll den Zeitrahmen herausfinden, dann gelingt einem das allein anhand der Zahlen nicht. Wenn Sie in Kapitel 36 etwas über das System der gleitenden Durchschnitte erfahren, werden Sie sehen – auch wenn Sie es wahrscheinlich bereits wissen –, dass ein System mit 10-Tage-Linien zehnmal so oft tradet wie ein System mit 200-Tage-Linien. Je näher man den Markt betrachtet, desto wahrscheinlicher ist es, dass man sich vom Rauschen in die Irre führen lässt. Das ist einer der Gründe, weshalb Daytrader so selten erfolgreich sind – Rauschen und zufällige Preisbewegungen erschweren es nämlich, die Daten zu analysieren. Bedeutende Trader, die ich kenne, handeln anhand wöchentlicher Daten: Ein Kursbalken stellt bei ihnen die Marktaktivität einer Woche dar. Es überrascht nicht, dass sie seltener traden als diejenigen, die aufgrund von Tagesbalken handeln.

Unter Berücksichtigung dieser Tatsachen habe ich ein Referenzpunkt-Verfahren konstruiert und es anhand von Wochencharts getestet. Anstatt die Referenzpunkte anhand der „3-Aus-Tage-Regel“ zu ermitteln, nahm ich die Daten von „drei Aus-Balken“. Ich nahm alle Daten des Dow Jones und untersuchte, welche Performance man unter Verwendung von Magees Verfahren erzielt hätte. Die Ergebnisse sind beeindruckend, zwar keine überwältigenden Renditen, aber ausreichende. Und wenn man in der Gesamtbetrachtung auch die operativen Eigenschaften berücksichtigt, vor allem die Leichtigkeit der Umsetzung, dann gewinnt Magees Methode mit links.

Die Ergebnisse, die man mit Magees kinderleichter Methode erzielt, sind besser als die der komplexen und oft stumpfsinnigen Dow-Theorie. Im weiteren Verlauf dieses Kapitels werde ich die Ergebnisse meiner Untersuchung zusammenfassen und die Tabellen erklären.

- Das Magee-Verfahren bringt höhere Gewinne hervor als die Dow-Theorie: 1.147.486,52 Dollar statt 795.592,01 Dollar.
- Variante 2 des Magee-Verfahrens brachte 2.982.577,83 Dollar ein.
- Die durchschnittlichen jährlichen Wachstumsraten (CAGR = Compound Annual Growth Rate) waren dabei vergleichbar: 7,9 Prozent (Variante 1) gegenüber 7,87 Prozent und 8,37 Prozent bei Variante 2.
- Auch die Risikoprofile sind recht ähnlich: Der durchschnittliche Drawdown der Dow-Theorie betrug 13,78 Prozent, derjenige des Magee-Verfahrens 16 Prozent. Der maximale Drawdown betrug bei der Dow-Theorie 25,3 Prozent, beim Magee-Verfahren 30 Prozent.
- Was bei der ausschließlichen Betrachtung von Long-Trades ebenfalls maßgeblich für das Risiko ist: Die Dow-Theorie war während 36 Prozent der Zeit nicht in den Markt investiert, das Magee-Verfahren 35 Prozent der Zeit. Diese Tatsache ist bezüglich der Dow-Theorie kaum bekannt – und war vor dieser Studie über Magees Verfahren unbekannt. Das ist eine überaus wichtige Tatsache, denn es bedeutet, dass beide Verfahren während mehr als eines Drittels der Zeit risikolos sind. Da die Berechnung der Rendite außerhalb des Marktes so eine haarige Sache ist, wurde sie nicht durchgeführt.
- Aufgrund von Unterschieden bezüglich der Drawdowns und der Stopp-Methoden ist Magees Verfahren leichter umzusetzen als die Dow-Theorie. Seit 1900 hat die Dow-Theorie 42 Trades durchgeführt, das Magee-Verfahren 25. Bei ähnlichen Risiko- und Gewinneigenschaften ist ein System, das weniger tradet, vorzuziehen – weniger Kosten, weniger Slippage, weniger

Möglichkeiten, Marktpositionen zu verlieren, und somit eine bessere Kontrolle über die Gewinnanteile.

Kurz gesagt stellt das Referenzpunkt-Verfahren von Magee für den wahrhaft langfristigen Anleger die beste Alternative zur Dow-Theorie dar. Man kann es mit Wochencharts verwenden, und dann tritt seine volle langfristige Kraft zutage. Man kann es auch, um sensitiver vorzugehen, mit Tagescharts verwenden.

Man kann das Referenzpunkt-Verfahren auf zwei Arten betreiben, die ich als Variante 1 und Variante 2 bezeichne. Variante 1 setzt an Wellentiefs Stoppkurse, Variante 2 nutzt zusätzlich zu den Wellentiefs auch neue Wellenhochs (siehe Kapitel 28). Tabelle 5.1 zeigt die Trades von Variante 1 des Referenzpunkt-Verfahrens und Tabelle 5.2 die Trades von Variante 2 des Referenzpunkt-Verfahrens. In den Abbildungen 5.2 und 5.3 sind auch die Signale zu den Trades angegeben. Es ist das gute Recht von Lesern und von Anlegern im Allgemeinen, skeptisch in Bezug auf akademische Studien zu sein. Jeden Morgen ist der Posteingang voll von Systemen, die „nicht schiefgehen“ können, mit denen man „schnell reich“ wird und die von Wall-Street-Krämern verkauft werden, die stets Gewinne angeben, die einem das Wasser im Mund zusammenlaufen lassen. Das sind aber immer nur auf Papier durchgeführte Studien. Im Gegensatz dazu wird das Referenzpunkt-Verfahren von Magee schon seit einigen Jahren am Markt betrieben, und seine Effektivität ist erwiesen. Im Januar 2008 stieg es aus dem Markt aus, shortete ihn und blieb bis März 2009 short. Im Jahr 2011 stieg das Verfahren im Juli, kurz vor der griechischen Schuldenkrise, aus den Long-Positionen aus und ging short. Börsenbriefe, die während dieser Zeit geschrieben wurden, sind in den Archiven von http://www.edwards-magee.com zum Nachlesen verfügbar. Damals erstellte Charts sind nach den Tabellen zu sehen (siehe Abbildungen 5.2 und 5.3. Abbildung 5.1 ist ein detaillierter Chart der Analyse des Börsenhochs 2007 und des Shorts, der sich daraus Anfang 2008 ergab).

Die Studie und die Verwendung von Magees Referenzpunkt-Verfahren, um die Dow-Theorie zu ersetzen, werden in dem Buch „Sacred Chickens, the Holy Grail and Dow Theory“ (erhältlich unter http://www.amazon.com) äußerst detailreich erläutert.

Tabelle 5.1: Von Variante 1 von Magees Basispunkt-Verfahren getätigte Trades

Datum	Signal	Wellenhoch	Wellentief	Stoppkurs	Gewinn/ Verlust long	%	Akkumulation long	Risikopunkte	Risiko in %	Duration long	Duration short
24.9.1900	Long		53	50,35			143,1				
17.6.1901		78,3								371	
30.9.1901	Short			64,03	11,03	20,81	172,88	14,27	18,22		
2.11.1903			42,2								
11.7.1904	Long			52,02							1015
15.1.1906		103									
5.8.1907	Short			76,76	24,75	47,57	255,13	26,24	25,48	1120	
11.1.1907			53								

Tabelle 5.1 *(Fortsetzung)*: Von Variante 1 von Magees Basispunkt-Verfahren getätigte Trades

Datum	Signal	Wellen-hoch	Wellen-tief	Stopp-kurs	Gewinn/ Verlust long	%	Akkumulation long	Risiko-punkte	Risiko in %	Duration long	Duration short
23.3.1908	Long			67,77							231
27.9.1909		100,5									
31.1.1910	Short			91,11	23,34	34,43	342,97	9,39	9,34	679	
25.9.1911			72,9								
22.4.1912	Long			88,58							812
30.9.1912		94,2									
9.12.1912	Short			85,88	-2,7	-3,05	332,52	8,32	8,83	231	
21.12.1914			53,2								
29.3.1915	Long			60,26							840
13.11.1916		110,13									
27.8.1917	Short			84,65	24,4	40,49	467,14	25,48	23,4	882	
17.12.1917			65,9								
19.8.1918	Long			84,56							357
3.11.1919		119,6									
9.8.1920	Short			83,72	-0,84	-0,99	462,5	35,88	30	721	
22.8.1921			63,9								
24.10.1921	Long			72,1							441
19.3.1923		105,4									
23.7.1923	Short			87,4	15,3	21,22	560,65	18	17,08	637	
22.10.1923			85,76								
21.1.1924	Long			96,51							182
2.9.1929		386,1									
21.10.1929	Short			319,3	222,79	230,84	1854,86	66,8	17,3	2100	
4.7.1932			40,6								
24.4.1933	Long			70,97							1281
8.3.1937		195,6									
6.9.1937	Short			166,54	95,57	134,67	4352,85	29,06	14,86	1596	
28.3.1938			97,5								
18.7.1938	Long			136,89							315
11.9.1939		157,8									
13.5.1940	Short			135,95	-0,94	-0,68	4323,06	21,85	13,85	665	
27.4.1942			92,7								
6.7.1942	Long			105,99							784
27.5.1946		213,4									
16.9.1946	Short			172,43	66,44	62,69	7033,17	40,97	19,2	1533	
13.6.1949			160,6								
24.10.1949	Long			184,27							1134
9.4.1956		524,4									
23.9.1957	Short			468,26	283,99	154,12	17872,73	56,14	10,71	2891	

Tabelle 5.1 *(Fortsetzung)*: Von Variante 1 von Magees Basispunkt-Verfahren getätigte Trades

Datum	Signal	Wellen-hoch	Wellen-tief	Stopp-kurs	Gewinn/ Verlust long	%	Akkumula-tion long	Risiko-punkte	Risiko in %	Duration long	Duration short
21.10.1957			416,2								
23.6.1958	Long			465,77							273
4.1.1960		688,2									
26.9.1960	Short			582,64	116,87	25,09	22357,71	105,56	15,34	826	
24.10.1960			564,2								
3.4.1961	Long			664,66							189
13.11.1961		741,3									
7.5.1962	Short			654,46	-10,2	-1,53	22014,44	86,8	11,71	399	
25.6.1962			524,6								
31.12.1969	Long			640,66							238
17.1.1966		1000,6									
9.5.1966	Short			878,18	237,52	37,07	30176,13	122,42	12,23	1225	
10.10.1966			735,7								
14.10.1968	Long			937,71							889
2.12.1968		994,7									
9.6.1969	Short			895,4	-42,31	-4,51	28814,51	99,3	9,98	238	
25.5.1970			627,5								
11.1.1971	Long			827,4							581
8.1.1973		1067,2									
14.5.1973	Short			871,25	43,85	5,3	30341,63	195,95	18,36	854	
2.12.1974			572,1								
12.10.1975	Long			713,58							940
20.9.1976		1026,3									
23.5.1977	Short			904,12	190,54	26,7	38443,24	122,18	11,9	530	
27.2.1978			742,13								
14.8.1978	Long			875,6							448
4.9.1978		907,73									
24.3.1980	Short			780,15	-95,45	-10,9	34252,39	127,58	14,05	588	
21.4.1980			759,13								
4.8.1980	Long			930,96							133
30.3.1981		1030,98									
3.8.1981	Short			877,8	-53,16	-5,71	32296,66	153,18	14,86	364	
9.8.1982			769,98								
4.10.1982	Long			902,82							427
24.8.1987		2746,7									
19.10.1987	Short			2071,51	1168,69	129,45	74104,67	675,19	24,58	1841	
24.8.1987			1616,2								
23.1.1989	Long			2234,53							462
20.7.1998		9367,94									

Tabelle 5.1 *(Fortsetzung)*: Von Variante 1 von Magees Basispunkt-Verfahren getätigte Trades

Datum	Signal	Wellen-hoch	Wellen-tief	Stopp-kurs	Gewinn/ Verlust long	%	Akkumula-tion long	Risiko-punkte	Risiko in %	Duration long	Duration short
24.8.1998	Short			8141,86	5907,33	264,37	270011,56	1226,08	13,09	3500	
20.7.1998			7402,61								
8.3.1999	Long			9015,28							196
10.1.2000		11750,28									
21.2.2000	Short			9889,28	874	9,69	296188,21	1861	15,84	350	
7.10.2002			71797,49								
1.9.2003	Long			9314,67							1288
8.10.2007		14198,1									
7.1.2008	Short			12503,04	3188,37	34,23	397572,06	1695,06	11,94	1589	
2.3.2009			6469,95								
4.5.2009	Long	8564,52	484								
31.12.2009		10428,05									
29.12.2017	Mark to market 29.12.2017	16928,03	24719,22	16154,7	749914,46	188,62	1147486,52	14291,17	137,05	3161	

Tabelle 5.2: Von Variante 2 von Magees Basispunkt-Verfahren getätigte Trades

Datum	Signal	Stopp	Gewinn	%	Akkumulierter Gewinn	Duration long	Duration short
25.9.1900	Kaufen				143,1		
18.6.1901						371	
1.10.1901	Verkaufen	64,03	11,03	20,81	172,88		
3.11.1903							
12.7.1904	Kaufen	52,02					1015
16.1.1906							
6.8.1907	Verkaufen	76,76	24,75	47,57	255,13	1120	
12.1.1907							
24.3.1908	Kaufen	67,77					231
28.9.1909							
1.2.1910	Verkaufen	91,11	23,34	34,43	342,97	679	
26.9.1911							
23.4.1912	Kaufen	88,58					812
1.10.1912							
10.12.1912	Verkaufen	85,88	-2,7	-3,05	332,52	231	
22.12.1914							
30.3.1915	Kaufen	60,26					840
14.11.1916							
28.8.1917	Verkaufen	84,65	24,4	40,49	467,14	882	
18.12.1917							
20.8.1918	Kaufen	84,56					357

Tabelle 5.2 *(Fortsetzung)*: Von Variante 2 von Magees Basispunkt-Verfahren getätigte Trades

Datum	Signal	Stopp	Gewinn	%	Akkumulierter Gewinn	Duration long	Duration short
4.11.1919							
10.8.1920	Verkaufen	83,72	-0,84	-0,99	462,5	721	
23.8.1921							
25.10.1921	Kaufen	72,1					441
20.3.1923							
24.7.1923	Verkaufen	87,4	15,3	21,22	560,65	637	
23.10.1923							
22.1.1924	Kaufen	96,51					182
3.9.1929							
22.10.1929	Verkaufen	337,92	241,41	250,14	1963,03	2100	
5.7.1932							
25.4.1933	Kaufen	70,97					1281
9.3.1939							
7.9.1937	Verkaufen	166,54	95,57	134,67	4606,69	1596	
29.3.1938							
19.7.1938	Kaufen	136,89					315
12.9.1939							
14.5.1940	Verkaufen	135,95	-0,94	-0,68	4575,16	665	
28.4.1942							
7.7.1942	Kaufen	105,99					784
28.5.1946							
17.9.1946	Verkaufen	172,43	66,44	62,69	7443,31	1533	
14.6.1949							
25.10.1949	Kaufen	184,27					1134
10.4.1956							
24.9.1957	Verkaufen	468,26	283,99	154,12	18914,98	2891	
21.10.1957							
24.6.1958	Kaufen	465,77					273
5.1.1960							
27.9.1960	Verkaufen	582,64	116,87	25,09	23661,29	826	
25.10.1969							
4.4.1961	Kaufen	664,66					189
14.11.1961							
8.5.1962	Verkaufen	654,46	-10,2	-1,53	23298,21	399	
26.6.1962							
1.1.1962	Kaufen	640,66					
18.1.1966							238
10.5.1966	Verkaufen	878,18	237,52	37,07	31935,85	1225	
11.10.1966							
15.10.1968	Kaufen	937,71					889
3.12.1968							
9.6.1969	Verkaufen	895,4	-42,31	-4,51	30494,83	238	
26.5.1970							

Tabelle 5.2 (Fortsetzung): Von Variante 2 von Magees Basispunkt-Verfahren getätigte Trades

Datum	Signal	Stopp	Gewinn	%	Akkumulierter Gewinn	Duration long	Duration short
12.1.1971	Kaufen	827,4					581
9.1.1973							
15.5.1973	Verkaufen	871,25	43,85	5,3	32111,01	854	
3.12.1974							
11.12.1975	Kaufen	713,58					940
21.9.1976							
24.5.1977	Verkaufen	904,12	190,54	26,7	40685,06	530	
28.2.1978							
15.8.1978	Kaufen	875,6					448
5.9.1978							
25.3.1980	Verkaufen	780,15	-95,45	-10,9	36249,82	588	
22.4.1980							
5.8.1980	Kaufen	930,96					133
31.3.1981							
4.8.1981	Verkaufen	877,8	-53,16	-5,71	34180,04	364	
10.8.1982							
5.10.1982	Kaufen	902,82					427
25.8.1987							
20.10.1987	Verkaufen	2458,46	1555,64	172,31	93075,78	1841	
25.8.1987							
24.1.1981	Kaufen	2234,53					
21.7.1998							462
25.8.1998	Verkaufen	8141,86	5907,33	264,37	339135,65	3500	
21.7.1998							
9.3.1999	Kaufen	9015,28					196
21.9.1999							
21.9.1999	Verkaufen	10470,08	1454,8	16,14	393862,09	196	
3.1.2000							
15.10.2002	Kaufen	8138,3					1120
1.10.2002							
28.1.2003	Verkaufen	7984,95	-153,35	-1,88	386440,54	105	
8.10.2006							
18.3.2003	Kaufen	8220,9					49
11.5.2004	Verkaufen	9966,41	1745,51	21,23	468491,88	420	
28.2.2005	Kaufen	10887,9					
30.7.2007	Verkaufen	13110,42	2222,52	20,41	564123,97	882	
1.10.2007							
23.3.2009	Kaufen	7411,89					
2.3.2009							602
29.12.2017	Mark to market	24719,22	17307,33	233,51	1881396,57	3262	

Abbildung 5.1: Wie das Hoch 2008 des Dow Jones Industrial Average mit Referenzpunkten gemanagt wurde. Das ist sicherlich einer der interessantesten Charts der letzten 20 Jahre. Man sieht hier die Stopps treppenförmig steigen, während höhere Wellenhochs erreicht werden. Überdies treten ein bis zwei jener Augenblicke des glücklichen Zufalls ein. Der Referenzpunkt-Stopp liegt ganz dicht an einem Stoppkurs, den man aus der Nackenlinie der Schulter-Kopf-Schulter-Formation abgeleitet hätte. Die sehr langfristige Trendlinie aus 2003 schneidet die Kursentwicklung sehr dicht an dem aus Referenzpunkten errechneten Stoppkurs, was uns die „Mehrere-Methoden-Regel" ins Gedächtnis ruft, die besagt, dass eine Schlussfolgerung, zu der man mithilfe mehrerer Methoden gelangt, viel wahrscheinlicher ist als eine aus nur einer Methode. Das System – oder die Methode oder was auch immer – der Referenzpunkte blieb bis März 2009 short.

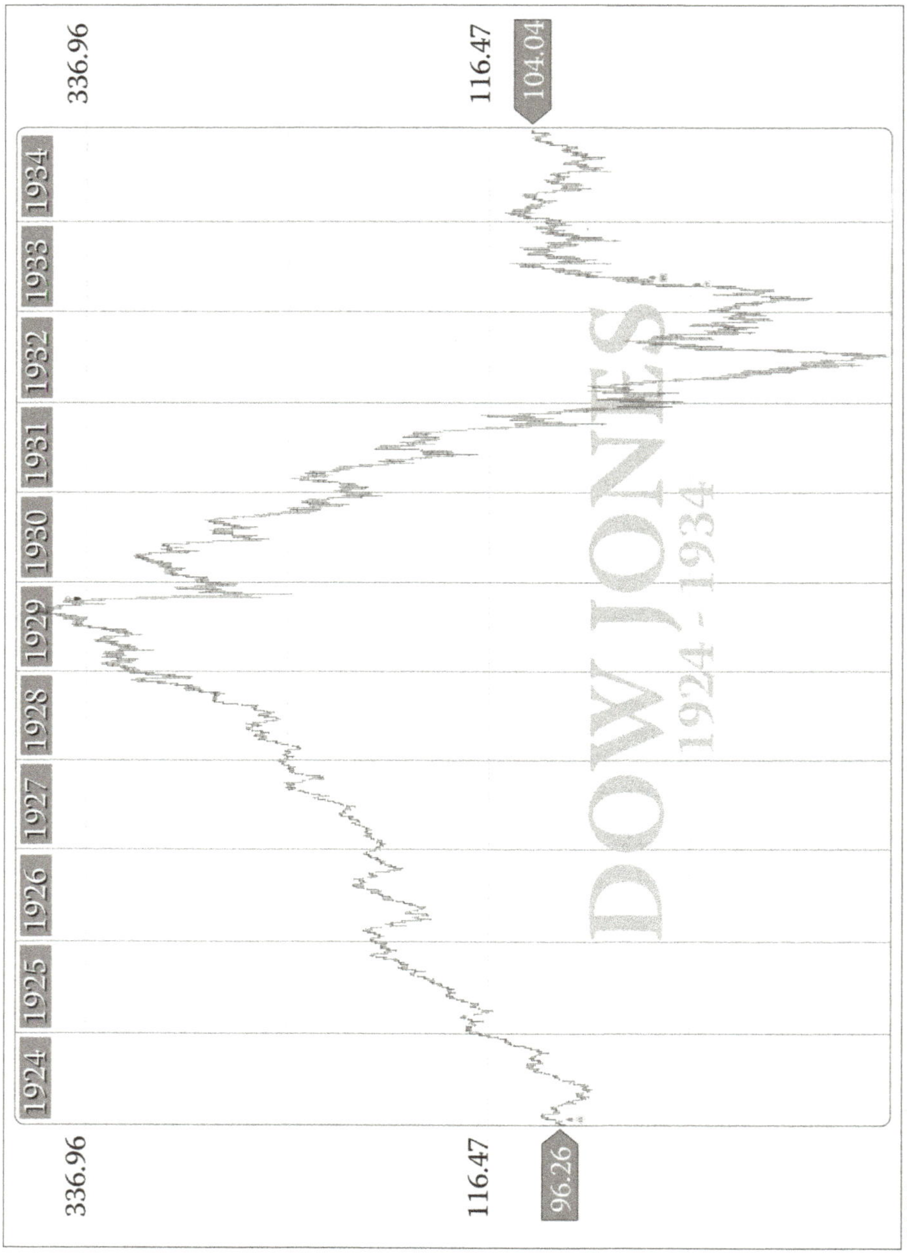

Abbildung 5.2: Der Dow Jones Industrial Average von 1924 bis 1934. Dieser Zeitraum ist natürlich auch in dem Chart in Abbildung 5.3 enthalten.

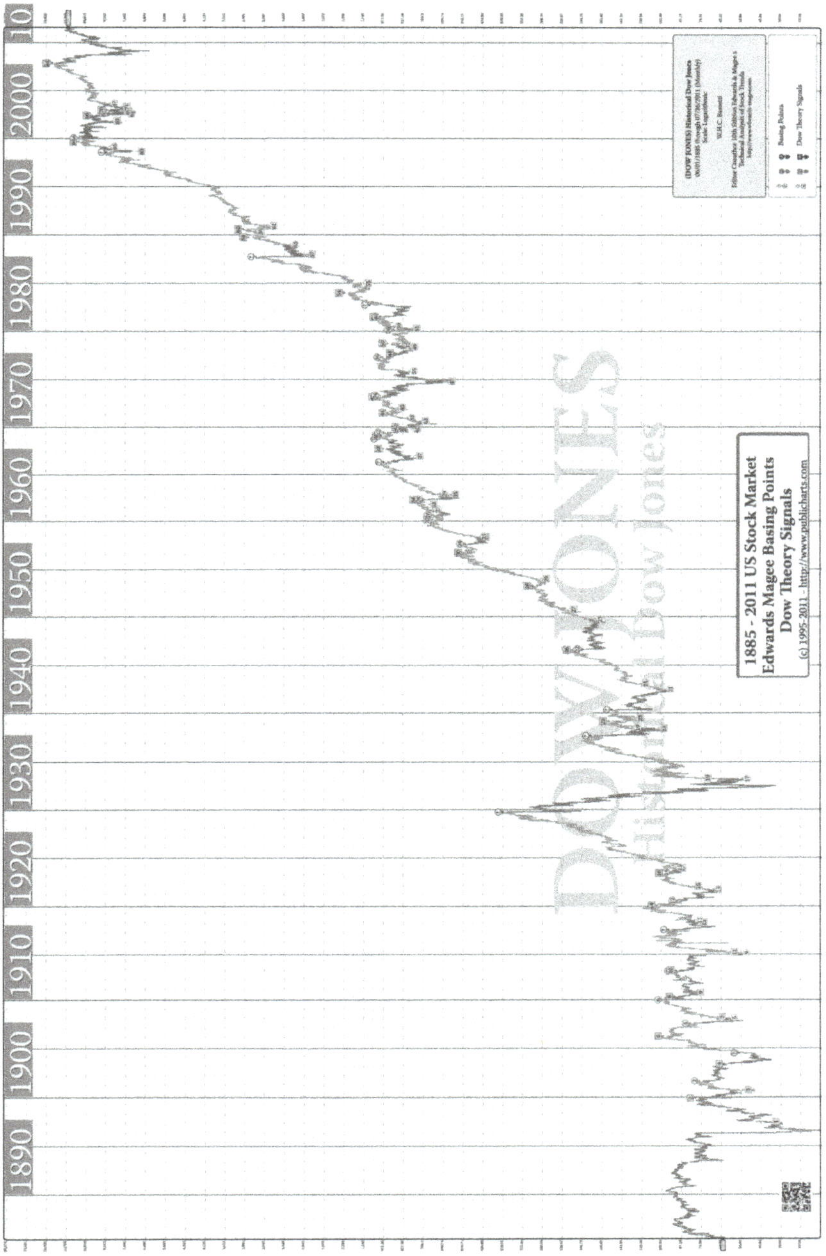

Abbildung 5.3: Dies ist einer der interessantesten Charts, die je zum Dow Jones Industrial Average erstellt wurden. Er zeigt alle Trades, die von Anfang an anhand der Dow-Theorie durchgeführt wurden, und er zeigt auch Trades, die von Magees Referenzpunkt-Verfahren getätigt wurden.

KAPITEL 6

WICHTIGE TRENDUMKEHRFORMATIONEN

In unserer Diskussion über die Mängel der Dow-Theorie vom Standpunkt des praktischen Spekulanten aus erwähnten wir, dass sie uns nicht sagt, in welcher bestimmten Aktie wir spekulieren oder investieren sollen. *(EN9: Offensichtlich kein Problem mehr, da der Investor den DIA kaufen und wie eine Aktie handeln kann.)* Ein konservativer und reicher Investor, mehr an Sicherheit als an maximalem Gewinn interessiert, könnte dieses Problem lösen: Er stellt eine umfassende und völlig diversifizierte Liste gesunder, gut bewährter Blue Chips auf und gibt seinem Broker eine Kauforder über die ganze Liste, wenn die Dow-Theorie einen Bullenmarkt signalisiert. Einige seiner ausgewählten Aktien werden besser als andere im Rennen liegen; einige mögen „sauer" werden, aber die breite Diversifikation wird sicherstellen, dass er ein gutes Durchschnittsergebnis erreicht. Bei besserer Selektion sollten jedoch auch bessere Resultate zu erzielen sein. Wir müssten einen Weg finden, jeweils die am günstigsten aussehenden Aktien für Käufe auszusuchen, und weiter erreichen, sie prompt zu verkaufen und auf andere Aktien umzusteigen, sobald die Aussichten für die ersten voll realisiert worden sind.

Es besteht auch die Möglichkeit, unsere Gewinne zu steigern, wenn wir mit genügend Sicherheit früher in einem Aufwärtstrend kaufen können, als man es mit der Dow-Theorie kann, und verkaufen können, ehe der Markt so weit hinuntergegangen ist, um ein bearishes Signal nach der Dow-Theorie zu geben.

Wir erwähnten auch, dass die Dow-Theorie eine geringe oder gar keine Hilfe ist, wenn man intermediäre Trends ausnutzen will. Es ist offensichtlich mehr Geld zu verdienen, wenn man jede einzelne Aufwärtsbewegung zum eigenen Vorteil nutzen kann, ohne einen Teil des Gewinns infolge jeder Reaktion wieder abschreiben zu müssen. Oder wenn man auf beiden Seiten des Marktes gewinnen kann, indem man sowohl „long" (durch Käufe in der Aufwärtsbewegung) als auch „short" (durch Leerverkäufe in der Abwärtsbewegung) spekuliert.

Obwohl letzlich alle Aktien die Tendenz haben, sich mit der Richtung des Gesamtmarkts – charakterisiert durch den Index – zu bewegen, gibt es in der Tat weite Variationen im Kursverhalten individueller Aktien. Ein Index ist schließlich eben genau das: ein Werkzeug, um eine Vielfalt von Zahlen in einer Zahl auszudrücken. Ein langfristiger Bullenmarkt endete im Dow Jones Industrial am 29. Mai 1946; aber die Aktie von United Airlines registrierte ihren Höchstkurs schon im Dezember 1945; General Motors sah seinen Gipfel im Januar 1946, Goodyear im April, DuPont im Juni und Schenley im August. Gibt es eine Möglichkeit, aus diesen Divergenzen Gewinn zu ziehen?

Die Technische Analyse einzelner Aktiencharts löst entschieden das erste und wichtigste dieser vier Probleme, die Frage der Auswahl. Sie gibt uns häufig, wenn auch nicht immer, einen guten Vorsprung gegenüber der Dow-Theorie; sie löst auch zum großen Teil die Frage von Intermediär-Trends, obwohl gewisse Vorbehalte in Bezug auf Politik und Risiko in Zusammenhang mit diesen beiden Punkten angebracht sind, auf die wir später noch eingehen werden. Schließlich sollte uns eine sorgfältige Technische Analyse auch in fast jedem Fall rechtzeitig aus einer Aktie herausbringen, die vor dem allgemeinen Index ihren Gipfel bildet. Das sollte möglich sein, lange ehe sie eine beträchtliche Abwärtsbewegung erlitten hat, oft noch rechtzeitig, um Gelder in andere Aktien zu stecken, die ihre Aufwärtsbewegung noch vor sich haben.

Die Indizes berücksichtigen ständig alle bekannten und vorhersehbaren Faktoren, die die zukünftige Entwicklung von Aktienkursen im Allgemeinen berühren. Genauso reflektiert das Kursverhalten einer einzelnen Aktie alle Faktoren, die ihre individuelle Zukunft betreffen. Unter diesen Faktoren und ausgedrückt in ihrem Chart sind einmal die allgemeinen Marktbedingungen, die alle Aktien in einem größeren oder geringeren Maße beeinflussen. Ebenso sind darunter aber auch all die besonderen Bedingungen, die sich auf die einzelne Aktie beziehen, einschließlich der Operationen von Insidern.

Wir wollen gleich von Anfang an davon ausgehen, dass Sie, der Leser, kein Mitglied jenes mysteriösen inneren Kreises sind, den man als „Insider" bezeichnet. Eine solche Gruppe, die mit Recht Insider genannt werden könnte, weil sie tatsächlich über jedes Faktum, jede Zahl und Entwicklung einer bestimmten Gesellschaft informiert ist, kann von Zeit zu Zeit wirklich existieren – und mag auch den Börsenkurs einer Aktie beeinflussen *(EN9: und dafür im Gefängnis landen)*. Aber es ist ziemlich sicher, dass es bei Weitem nicht so viele Insider gibt, wie der Amateur annimmt, und dass sie nicht den zehnten Teil der Börsenbewegungen verursachen, die das Publikum ihnen zuschreibt. Und noch sicherer ist, dass Insider falschliegen können; sie wären in der Tat die Ersten, die das zugeben würden. Oft werden ihre Pläne durch irgendeine Entwicklung umgeworfen, die sie auch nicht vorhersehen konnten, oder durch irgendeinen blinden Zufall, der alle Expertenschätzungen über die Kursentwicklung über den Haufen wirft. Aber wie dem auch sei: Jeder Erfolg, den sie haben, kann nur durch Kauf und Verkauf an der Börse selbst erreicht werden. *[Nicht mehr ganz zutreffend. Insider verkauften Aktien an ihre Unternehmen in der Dotcom-Blase, was bis zu einem Jahr lang nicht öffentlich gemeldet wurde. Dennoch nur ein isoliertes Problem.]* Sie können nichts tun, ohne das delikate Gleichgewicht von Angebot und Nachfrage zu verändern, das die Kurse bestimmt. Was immer sie tun, es wird früher oder später in den Charts reflektiert, wo Sie, der „Outsider", es entdecken können. Oder zumindest entdecken, in welcher Weise das Angebot-und-Nachfrage-Gleichgewicht durch die Operationen der Insider und aller übrigen Marktkräfte beeinflusst wird. Sie brauchen also kein Insider zu sein, um häufig bei ihnen mitzufahren.

Wichtige Umkehrformationen

Aktienkurse bewegen sich in Trends. Einige dieser Trends sind gerade, andere sind gekrümmt; einige sind kurz, und andere setzen sich sehr lange fort; manche sind unregelmäßig oder schlecht begrenzbar, und andere sind erstaunlich regelmäßig oder „normal", hervorgebracht durch eine gleichförmige Serie von Wellen aus Aktion und Reaktion. Früher oder später wechseln diese Trends ihre Richtung; sie mögen sich umkehren (zum Beispiel von aufwärts zu abwärts) oder sie können durch eine Art von Seitwärtsbewegung unterbrochen werden und sich dann nach einiger Zeit wieder in ihrer ursprünglichen Richtung fortsetzen.

Wenn sich ein Kurstrend im Prozess der Umkehr befindet, entweder von aufwärts nach abwärts oder umgekehrt, entwickelt sich in den meisten Fällen eine charakteristische Zone oder Formation im Chart und wird als Umkehrformation erkennbar. Einige dieser Chartbilder werden sehr schnell aufgebaut und vollendet; andere mögen mehrere Wochen brauchen, bis man mit einiger Sicherheit sagen kann, dass eine Umkehr des Trends klar indiziert wird. Ganz allgemein kann man etwa sagen: Je größer die Zone, in der sich die Trendumkehr abspielt, je weiter die Kursfluktuation innerhalb dieser Zone, je mehr Zeit es dauert, eine Formation aufzubauen, je mehr Aktien während ihrer Konstruktion den Besitzer wechseln – umso bedeutungsvoller sind ihre Implikationen. Grob gesagt legt eine große Umkehrformation auch nahe, dass eine große Bewegung folgen wird, und eine kleine, dass eine kleine Bewegung kommt. Überflüssig zu sagen, dass die erste und wichtigste Aufgabe des Technischen Chartanalysten darin besteht, die wichtigsten Umkehrformationen kennenzulernen und beurteilen zu können, was sie an Möglichkeiten bieten.

Es gibt eine anerkannte Umkehrformation, die an einem einzigen Tag erscheint und auch vollendet wird und demgemäß „One-Day Reversal" („Ein-Tages-Umkehr") heißt. Zuzeiten hat sie ihre Bedeutung; sie ruft einer Aufwärts- oder Abwärtsbewegung gleichsam ein „Halt!" zu, wenigstens manchmal. Aber normalerweise impliziert diese Formation keine große Bewegung in der umgekehrten Richtung. Sie ist nützlich, und wir werden später noch mehr über sie zu sagen haben. Aber die Kursformationen, aus denen sich ausgedehnte neue Trends entwickeln, brauchen Zeit, um sich aufzubauen. Man bringt nicht im Bruchteil einer Sekunde einen schweren Wagen, der mit 100 Stundenkilometern fährt, zum Halten, wendet ihn und beschleunigt ihn wieder auf 100 Stundenkilometer in der Gegenrichtung.

Die für eine Trendumkehr benötigte Zeit

Aber wir brauchen diese Analogie aus dem Rennsport nicht, um zu erklären, warum es Zeit (und Volumen und Kursbewegung) braucht, um eine wichtige Trendumkehr herbeizuführen. Die Logik dafür ist offensichtlich genug, wenn wir die Angelegenheit nur einen Augenblick untersuchen. Wir brauchen dazu nur zu beschreiben, was sich im Einzelnen ereignet haben könnte (und zweifellos in zahllosen Fällen ereignet hat). – Angenommen also, eine gewisse, gut informierte und gut mit Kapital ausgestattete Gruppe *(EN9: eine Ansammlung von Investmentfonds zum Beispiel)* kommt zu dem Ergebnis, dass die Aktien einer bestimmten Gesellschaft, die jetzt um 40 Dollar gehandelt werden, billig sind. Die Geschäfte der Gesellschaft verlaufen nach ihren Informationen so befriedigend, dass sie in Bälde die Aufmerksamkeit vieler Investoren anziehen muss und ihre Aktien dann zu viel höheren Kursen, vielleicht zu 60 oder 65 Dollar, gefragt sein werden. Die Gruppe kommt also zu folgendem Ergebnis: Wenn sie nur ihre Marktoperation geschickt durchführt, wenn nichts Unvorhergesehenes geschieht, das ihre Berechnungen umwirft, besteht eine sehr gute Aussicht, 20 Punkte Gewinn aus der Situation herauszuholen. So kauft die Gruppe nach und nach alle Aktien auf, die angeboten werden, und zwar so unauffällig wie möglich, bis sie die von ihr geplante Aktienposition akkumuliert hat. Das mögen einige Tausend Aktien sein, die praktisch das ganze gegenwärtige freie Angebot darstellen. Dann wartet sie ab. Schnell schöpfen berufsmäßige Spekulanten Verdacht, und Gerüchte zirkulieren, dass „bei der Aktie PDQ irgendetwas vorgeht"; andere gute Analysten entdecken die glänzenden Aussichten der Gesellschaft, oder Chartanalysten entdecken die Zeichen der Akkumulation an dem Marktverhalten der Aktie. Die anderen Käufer merken plötzlich, dass die Aktie knapp ist; der Makler hat nur wenig Angebot in seinen Büchern, und so müssen sie mehr bieten, um die Aktie zu bekommen. Eine Aufwärtsentwicklung beginnt.

Die Aufwärtsbewegung gewinnt an Durchschlagskraft, weil mehr und mehr Spekulanten durch die steigenden Kurse angezogen werden. Die Entwicklung wird unterstützt durch die guten Nachrichten (höhere Gewinne, erhöhte Dividende und so weiter), von der die Gruppe wusste, dass sie bevorstanden. Schließlich nähern sich die Kurse dem Niveau, auf dem die Gruppe nach ihrem Plan Gewinne mitnehmen wollte. Aber diese Operation – der Verkauf ihrer Bestände („Distribution") – mag noch mehr geduldiges und geschicktes Taktieren erfordern als die Akkumulation. Angenommen, die Gruppe muss 20.000 Aktien loswerden. Sie kann diese Menge nicht auf einmal auf den Markt werfen; täte sie es, würde sie dadurch ihr eigenes Ziel unerreichbar machen, vielleicht für immer. Die Gruppe muss vielmehr ihre Position nach und nach abbauen und dabei alle Aufmerksamkeit vermeiden. Sie muss sich auf ihrem Weg vorsichtig vorantasten und darf es niemals zulassen, dass ein Angebotsüberhang die Nachfrage abtötet. Wenn die Handelsaktivität in ihrer Aktie ein bestimmtes Niveau erreicht hat, sagen wir 2.000 Aktien täglich, kann sie vielleicht 500 Aktien am Tag von ihren Beständen abgeben, ohne einen Preiseinbruch zu riskieren. (Früher oder später wird sie mit anderen konkurrieren, die dem Spiel gefolgt sind, die schon früh gekauft haben und bereit sind, Gewinne mitzunehmen, sobald die Aufwärtsbewegung Zeichen des Nachlassens zeigt.) So beginnt unsere Gruppe also zu verkaufen, wenn der steigende Trend das größte Momentum erreicht zu haben scheint oder wenn sich die Kurse ihrem Ziel nähern, aber ein gutes Stück vor dem wahrscheinlichen Ende des Trends. Und sie stößt ihre Aktien so schnell ab, wie Käufer da sind, die sie abnehmen.

Bald jedoch wird die Nachfrage nachlassen, in der Regel ehe der ganze Bestand verteilt ist. Vielleicht fühlen interessierte Käufer das zunehmende Angebot. Eine Reaktion entwickelt sich. Unsere Gruppe hört schnell auf, zu verkaufen, zieht ihre Angebote zurück und kauft vielleicht sogar Aktien zurück, um den Kurs zu stützen, wenn sie zu weit zu fallen drohen. Durch das zeitweise nicht mehr auf den Markt drückende Angebot kommt die Abwärtsbewegung zum Stehen, und der Aufschwung beginnt von Neuem. Unsere Gruppe lässt ihn dieses Mal weiterlaufen, bis er die Kurse auf ein neues Hoch trägt; dies macht andere Aktienbesitzer sicher und bringt neue Käufer. Sobald der Topf wieder fröhlich kocht, beginnt die Distribution von Neuem, und wenn das Manöver gut dirigiert wird, wird sie vielleicht in zwei oder drei Wochen beendet, ehe die zweite Welle der Nachfrage erschöpft ist.

Unsere Gruppe ist jetzt mit einem schönen Gewinn aus der Aktie ausgestiegen; ihre 20.000 Aktien sind in andere Hände übergegangen. Wenn sie den Markt richtig beurteilt und ihren Bestand zu einem Kurs verteilt hat, der etwa der Situation angemessen war, wird die Nachfrage für eine lange Zeit befriedigt sein. Der Kurs wird wahrscheinlich erst einmal bis zu dem Niveau zurückgehen, wo er beim Abschwung das erste Mal Unterstützung fand. Dort beginnt vielleicht eine schwächliche Rallye, verursacht durch neue Käufe von Spekulanten, die gerade auf eine solche Reaktion gewartet haben. Aber schnell laufen die Kurse wieder in das Angebot anderer Spekulanten: Sie hatten die Gelegenheit verpasst, ihre Gewinne bei dem vorhergehenden Top mitzunehmen, und sind nun nervös, wollen aussteigen. Der Kurs dreht wieder nach unten zu einem Abschwung von mittlerem (Intermediate/intermediär) oder größerem (Major) Umfang.

Sie können jetzt sehen, warum in einer bestimmten Situation eine Top-Zone (eine Chartformation, die Distribution anzeigt) Zeit und Volumen braucht, um sich zu vollenden. Aber ob wir es mit den hochorganisierten Operationen einer kleinen Gruppe von Insidern oder eines Investmentfonds zu tun haben, oder, wie es viel häufiger vorkommt, mit den völlig unorganisierten Aktivitäten aller Investoren, die in verschiedener Weise an einer Aktie interessiert sind: Das Ergebnis ist so ziemlich das gleiche. „Distribution" ist an der Wall Street einfach die Bezeichnung für den Prozess, durch den das Angebot das Übergewicht über die Nachfrage gewinnt. Dieser Prozess erfordert Zeit und einen Besitzwechsel (Umsatz) an einer großen Zahl von Aktien. Diese Formationen der Distribution werden wir von jetzt an einfacher als Top beziehungsweise Hoch bezeichnen. Erstaunlich ist ihre Tendenz, bestimmte gut definierte Formen anzunehmen. Die meisten dieser Formationen erscheinen in der gleichen Weise als Boden oder Tief, und in diesen Erscheinungsbildern bedeuten sie natürlich Aktienakkumulation anstelle von -distribution.

Die Schulter-Kopf-Schulter-Formation

Wenn Sie aufmerksam gefolgt sind und in der Lage waren, sich das vorhergehende Beispiel der Distribution auf einem Chart vorzustellen, haben Sie eine Schulter-Kopf-Schulter-Formation (SKS-Formation, Head and Shoulders Top) gesehen. Dies ist eine der häufigeren und unter allen Umständen die verlässlichste der größeren Trendumkehrformationen. Vielleicht haben Sie ihren Namen schon gehört; vielen Spekulanten ist ihr Name geläufig, aber viel weniger unter ihnen kennen sie genau und können sie von ähnlichen Kursentwicklungen unterscheiden, die keine wirkliche Trendumkehr ankündigen.

Die typische – oder wenn Sie so wollen die ideale – SKS-Formation wird in Abbildung 6.1 illustriert. Sie können leicht sehen, wie sie zu ihrem Namen kam. Sie hat folgende Bestandteile:

A. Eine starke Rallye als oberstes Stück einer mehr oder weniger ausgedehnten Aufwärtsbewegung. Das Umsatzvolumen ist dabei sehr groß. Der Rallye folgt ein kleiner Kursabschwung. Das Volumen liegt wesentlich niedriger als während der Tage der Aufwärtsbewegung und auf dem Hoch. Das ist die „linke Schulter".

B. Eine erneute Aufwärtsbewegung mit hohem Volumen, die höher geht als das Hoch der linken Schulter, und dann eine erneute Reaktion mit geringerem Volumen. Diese Reaktion trägt die Kurse hinab bis in die Nähe des Bodens der vorhergehenden Abwärtsbewegung; etwas tiefer vielleicht oder etwas höher, aber in jedem Fall *unter das Hoch* der linken Schulter. Dies ist der „Kopf".

C. Eine dritte Rallye, aber dieses Mal mit ganz entschieden geringerem Volumen als bei der Ausformung der linken Schulter oder des Kopfes. Diese Rallye erreicht nicht mehr die Höhe des Kopfes, ehe eine neue Abwärtsbewegung einsetzt. Das ist die „rechte Schulter".

D. Schließlich: Diese dritte Abwärtsbewegung trägt die Kurse hinab und durch die Nackenlinie (Neckline). Die Nackenlinie wird durch die Tiefs der beiden Reaktionen zwischen der linken Schulter und dem Kopf sowie dem Kopf und der rechten Schulter gezogen. Die Schlusskurse müssen um einen Betrag, der etwa drei Prozent des Kurswerts ausmacht, unter die Nackenlinie fallen. Dies ist die „Bestätigung" oder der „Breakout" (Ausbruch).

Bitte beachten Sie, dass jeder einzelne Punkt, der hier unter A, B, C und D aufgeführt ist, wesentlich für eine verlässliche Schulter-Kopf-Schulter-Formation ist. Wenn nur ein Punkt fehlt, ergeben sich

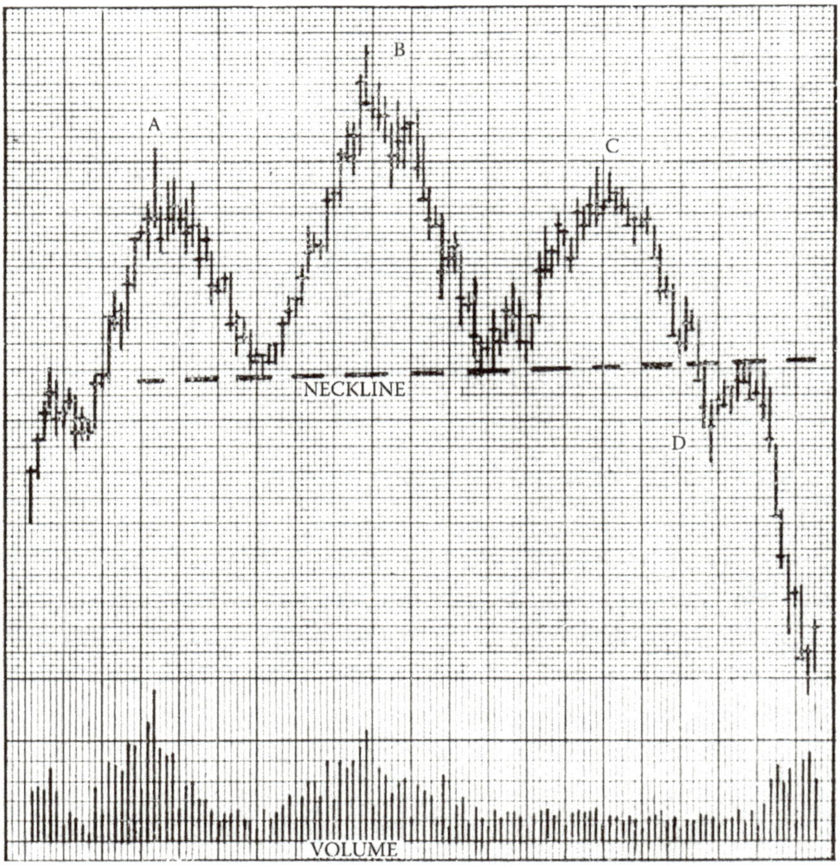

Diagramm 6.1: Ein hypothetischer Aktienchart (Tageskurse im oberen Teil und Umsatz unten) zeigt, wie sich eine ideale Schulter-Kopf-Schulter-Formation als Umkehrformation entwickeln würde. A, B, C und D beziehen sich auf die wesentlichen Merkmale, die im Text aufgeführt sind.

daraus Zweifel in Bezug auf die Vorhersagekraft der Formation. So wie wir die einzelnen Punkte hier aufgeführt haben, haben wir begrifflich Platz für die vielen Variationen gelassen, die vorkommen (denn keine zwei Schulter-Kopf-Schulter-Formationen sehen gleich aus). Andererseits sind doch nur die Merkmale eingeschlossen, die da sein müssen, wenn wir uns auf die Formation als Signal für eine wesentliche Trendumkehr verlassen können sollen. Wir wollen nun weitere Einzelheiten untersuchen (siehe Abbildung 6.1 bis 6.12).

Das Volumen ist wichtig

Zuerst zum Umsatzvolumen. Es muss immer als wesentlicher Teil des Gesamtbilds beobachtet werden. Der Chart der Umsatzaktivität bildet genauso eine Formation wie die Aufzeichnung der Kurse. Beide zusammen und jeder einzeln müssen den Erfordernissen entsprechen. Beachten Sie auch, dass das Umsatzvolumen relativ ist. Wenn wir von *hohem* Volumen sprechen, meinen wir damit einen Umsatz, der nennenswert größer ist als sonst bei dieser speziellen Aktie in der Beobachtungsperiode üblich. Die genaue Zahl der Aktien, die umgesetzt wird, ist nicht wichtig. Ebenso

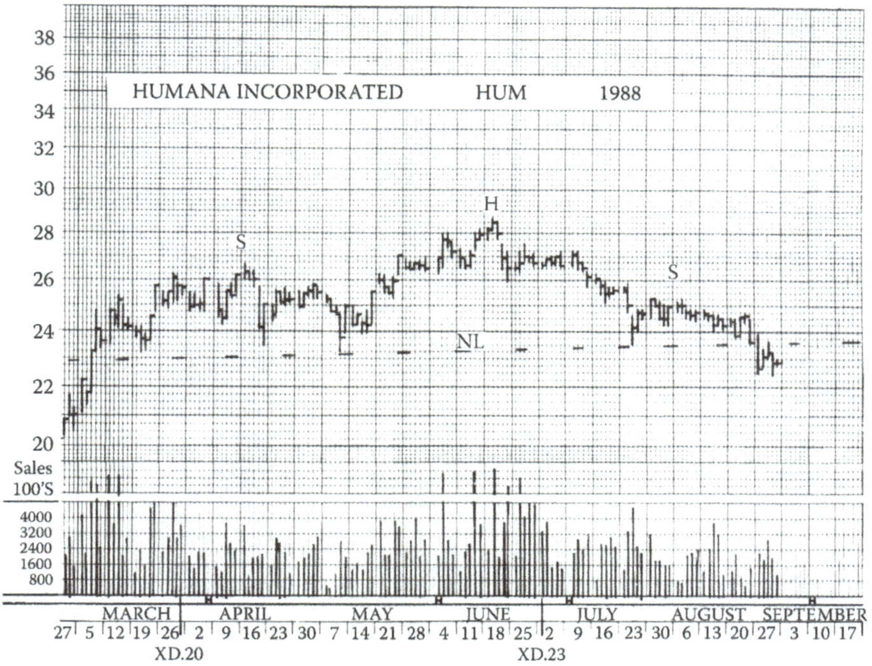

Abbildung 6.1: Ab März bildete HUM ein breites SKS-Muster im Tageschart. Der Rückgang im August durchstieß die Nackenlinie um drei Prozent und bestätigte die Umkehrformation. Das Mindestziel für die SKS-Formation wäre 18.

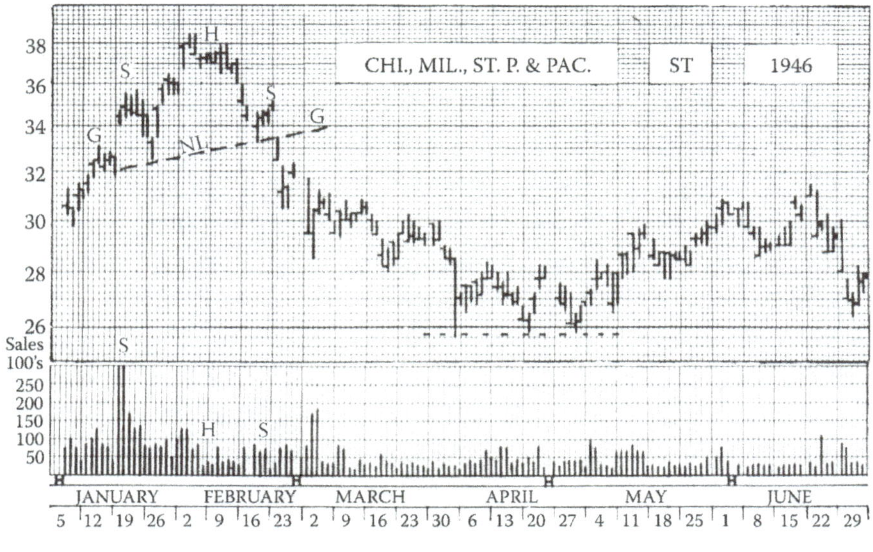

Abbildung 6.2: Tageschart der Aktie Chicago, Milwaukee, St. Paul & Pacific Common von 1. Januar bis 29. Juni 1946. Die SKS-Formation, die den Hochpunkt des langen Aufschwungs (primärer Anstieg) dieser Aktie im Februar bildete, war trotz der kleinen Schultern (S, S) unverkennbar. Beachten Sie das Bild des Volumens. Das Kursziel dieser Formation (siehe im folgenden Text) wurde im April erreicht. Die Preiskonsolidierung in Form eines Rechtecks von 30. März bis 4. Mai ist Gegenstand der Untersuchung in Kapitel 9. Bis Oktober fiel „ST" (das Tickersymbol für diese Aktie) auf 11 ½!

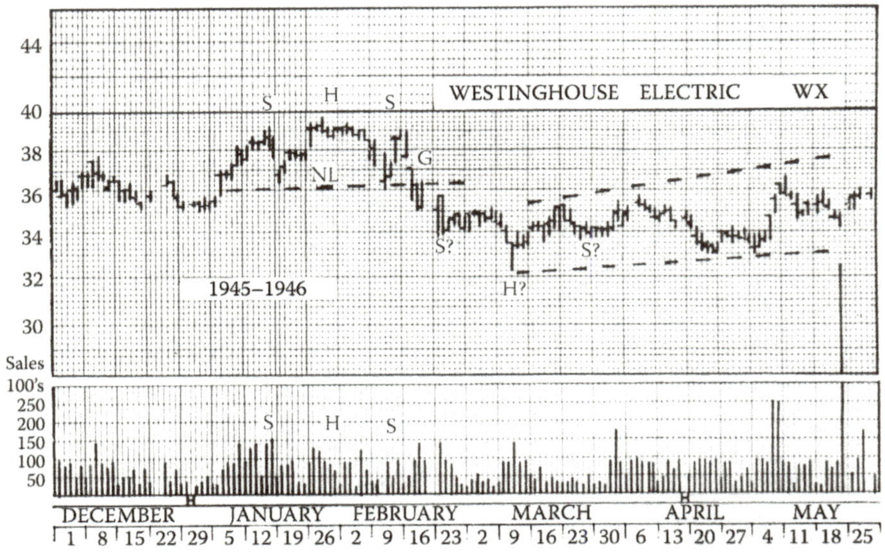

Abbildung 6.3: Das 1946er-Hausse-Hoch von Westinghouse Electric war ein weitschwingender, kraftvoller Typ einer Schulter-Kopf-Schulter-Formation (SKS, englisch SHS). Die Abwärtsbewegung, die am 13. Februar durch die Nackenlinie (NL) brach, produzierte ein Breakaway-Gap (G), das in Kapitel 12 behandelt wird. Die Formel für das Kursziel dieser Schulter-Kopf-Schulter-Formation (siehe im folgenden Text) verlangte einen anfänglichen Kursrückgang bis 33. Die Formation, die sich im März bildete (S? – H? – S?) und zunächst wie eine umgekehrte Schulter-Kopf-Schulter-Formation aussah, wurde niemals beendet (siehe Kapitel 7). Beachten Sie, dass es der Kurs nicht schafft, durch die Nackenlinie irgendwann nach oben durchzubrechen, obwohl Ende des Frühjahrs mehrere Rallye-Anstrengungen gemacht wurden, als die allgemeinen Börsenindizes neue Höchstwerte erreichten. Im folgenden November war WX auf 21 ½ gefallen. Sehen Sie sich bitte die Änderung des Volumens seit Ende Januar an.

wenig hat es normalerweise für unsere Untersuchungen einen Sinn, ein Tagesvolumen von beispielsweise 6.500 Aktien von Radio Corporation mit einem Volumen von 500 Aktien in Bohn Aluminum and Brass zu vergleichen. Das erste kann sehr wenig und das zweite sehr viel sein, wenn man es technisch richtig sieht. Und das bedeutet, dass man in jedem Fall einen Vergleich mit der durchschnittlichen Aktivität *in derselben Aktie* in der letzten Zeit anzustellen hat. Im Falle einer SKS-Formation haben wir gesagt, dass ein hohes Umsatzvolumen die Ausbildung der linken Schulter begleitet. Die Aktivität beim Anstieg und auf dem Hochpunkt der linken Schulter sollte also größer gewesen sein als bei den vorhergehenden Aufwärtswellen dieser Aktie. Dann der kleinere Rückfall bei abnehmender Aktivität und die neue Aufwärtsbewegung mit hohem Volumen. Dieses Geschehen unterscheidet sich bis jetzt nicht von dem, was wir von einer normalen Wellenentwicklung innerhalb eines kontinuierlichen Aufwärtstrends erwarten sollten. Insofern können also, wie Sie sehen, immer zwei typisch verlaufende, aufeinanderfolgende höhere Wellen in einer Aufwärtsbewegung die linke Schulter beziehungsweise der Kopf einer SKS-Umkehr werden.

Der erste Hinweis, dass sich wirklich eine SKS-Formation entwickelt, kann sich aus dem Umsatzbild ergeben, wenn nämlich die Aktivität bei dem allerletzten Top etwas geringer war als bei dem vorhergehenden. Wenn diese Disparität im Volumen auffällig ist und wenn von der Kursentwicklung her klar wird, dass die zweite und höhere Rallye vorüber ist, dann sollte dieser Chart mit einem roten Warnsignal versehen und die weitere Entwicklung genau beobachtet werden. Aber eine so frühzeitige Warnung erscheint nicht immer, und ebenso wenig ist sie andererseits schon zwingend, wenn sie erscheint. Grob geschätzt zeigen ungefähr nur ein Drittel aller echten Schulter-Kopf-Schulter-Formationen mehr Volumen auf der linken Schulter als beim Kopf. Ein weiteres Drittel hat ungefähr gleiches Volumen und das dritte Drittel größeres Volumen am Kopf als bei der linken Schulter.

Eine weitere Warnung – oder häufiger auch die erste Warnung – kommt, wenn die Kurse im Verlauf der zweiten Reaktion (das heißt vom Kopf abwärts) unter das Niveau des Hochs der linken Schulter fallen. Ein solches Verhalten signalisiert Schwäche in der Kursstruktur, wie wir später bei unserer Untersuchung von Unterstützung und Widerstand noch sehen werden. Zunächst ist diese Schwäche noch von geringerer Bedeutung; sie mag nur vorübergehend sein und ist sicherlich kein zwingendes Indiz. Nichtsdestoweniger: Wenn so etwas passiert, machen Sie zwei Kreuze auf Ihrem Chart.

Der Durchbruch durch die Nackenlinie

Ein wirklich ernst zu nehmender Hinweis erscheint, wenn bei der dritten Rallye, das heißt der Aufwärtsbewegung zur rechten Schulter, die Aktivität nicht nennenswert zunimmt: Der Umsatz bleibt kümmerlich, während sich der Kurs erholt (zu diesem Zeitpunkt können Sie bereits versuchsweise eine Nackenlinie in Ihrem Chart ziehen); das Volumen ist immer noch relativ gering, während sich der Kurs dem ungefähren Top-Niveau der linken Schulter nähert und sich bereits zu runden beginnt. Jetzt ist die SKS-Formation zumindest schon zu 75 Prozent vollendet. Die Anwendung dieser Formationen in der täglichen Praxis ist eine Frage der Taktik und gehört damit in den zweiten Teil dieses Buches. Dennoch können wir hier schon anmerken, dass viele Spekulanten jetzt schon verkaufen, nämlich sobald sie sicher sind, dass eine rechte Schulter mit geringem Umsatz vollendet ist. Sie warten nicht erst auf die endgültige Bestätigung, die wir unter D als Durchbruch durch die Nackenlinie bezeichnen.

Trotzdem: Noch ist die SKS-Formation nicht komplett und eine wichtige Trendumkehr noch nicht eindeutig signalisiert, bis nicht auch die Nackenlinie nach unten klar durchbrochen ist. Bis dahin wird ein gewisser Prozentsatz von Schulter-Kopf-Schulter-Entwicklungen – vielleicht 20 Prozent – „gerettet"; das heißt, der Kurs fällt nicht tiefer, sondern hängt nur lustlos für eine gewisse Zeit im Bereich der rechten Schulter, gewinnt wieder an Kraft und erneuert seinen Aufwärtstrend.

Schließlich kommt es vor, und auch das muss gesagt werden, dass eine SKS-Formation tatsächlich in ausreichendem Maße durch die Nackenlinie bricht (Breakout) und doch die Kurse nicht viel tiefer gehen. Solche Fehlsignale sind die schwierigsten Phänomene, mit denen der Technische Analyst fertigwerden muss. Glücklicherweise sind sie im Falle der Schulter-Kopf-Schulter-Formationen extrem selten. Die Chancen nach dem Breakout („Bestätigung") sprechen so überwältigend für einen Abwärtstrend, dass es sich auszahlt, dem Chart zu glauben, so sehr er vielleicht im Augenblick auch im Widerspruch zu den vorherrschenden Nachrichten und der vorherrschenden Börsenpsychologie zu stehen scheint.

Einen wichtigen Punkt sollte man noch hervorheben, der sich auf Schulter-Kopf-Schulter-Formationen bezieht, die nicht vollendet werden oder gar eine falsche Bestätigung aufweisen. Solche Entwicklungen ergeben sich fast nie in den ersten Stadien eines primären Anstiegs. Eine Schulter-Kopf-Schulter-Formation, die nicht „funktioniert", ist eine Warnung, dass eine echte Wende nahe ist, wenn auch noch etwas Kraft in der Aktie steckt. Das nächste Mal, wenn sich im Chart

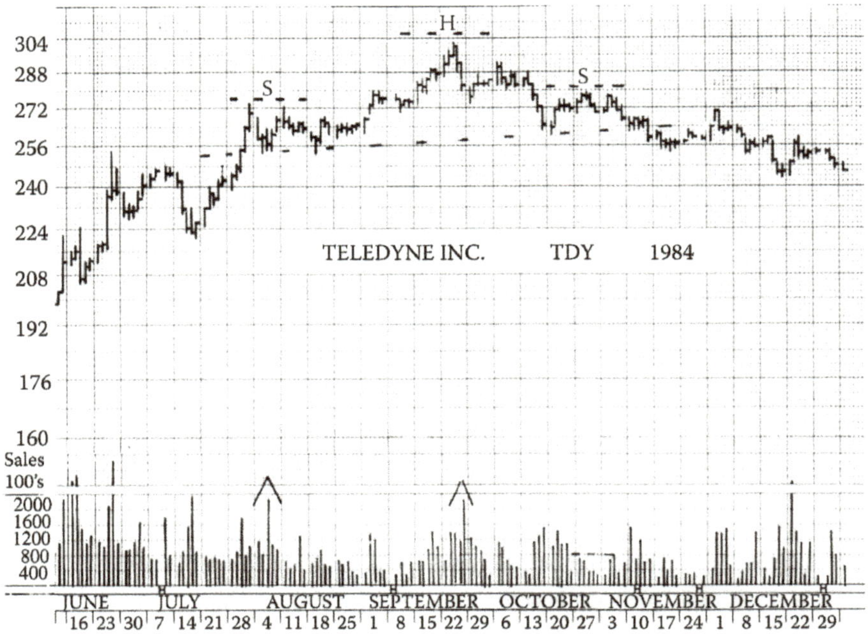

Abbildung 6.4: Im Chart von „TDY" entwickelte sich im Laufe von fünf Monaten ein großes SKS-Muster, wobei der großvolumige Breakout durch die Nackenlinie im Dezember die Trendumkehr bestätigte. Da es sich um eine sehr teure Aktie handelte, hätte man vielleicht in Erwägung ziehen können, im April fällige 260er-Puts zu kaufen, statt TDY-Aktien direkt zu verkaufen. Unser Kursziel für diese Aktie lag 44 Punkte unter dem Durchbruch durch die Nackenlinie bei 264, also bei 220 Punkten.

etwas in der Art einer Umkehrformation zu entwickeln beginnt, ist das mit ziemlicher Sicherheit das Ende der Aufwärtsbewegung.

Varianten der Schulter-Kopf-Schulter-Formationen

Bedenkt man die Vielfalt der Nachrichten, der Kreuz- und Querströmungen, die die Tagesentwicklung beeinflussen, so erscheint ein Umstand überraschend: die ausgeprägte Tendenz von Schulter-Kopf-Schulter-Formationen, einen hohen Grad von Symmetrie zu entwickeln. Die Nackenlinie hat eine Tendenz, genau waagerecht zu sein, und die rechte Schulter zeigt eine ausgesprochene Tendenz, die linke Schulter bezüglich der Kursentwicklung zu wiederholen (wenn auch natürlich nicht bezüglich des Volumens); irgendwie besteht eine Art von befriedigendem Gleichgewicht im Gesamtbild. Andererseits ist die Symmetrie nur eine Tendenz, kein wesentlicher Bestandteil für eine signifikante Schulter-Kopf-Schulter-Entwicklung. Die Nackenlinie mag auch nach oben weisen (von links nach rechts gesehen) oder nach unten. Die einzige Qualifikation in Bezug auf eine nach oben führende Nackenlinie ist, dass der Rückgang zwischen Kopf und rechter Schulter genügend tief unter das allgemeine Top-Niveau der linken Schulter reichen muss. Manchmal heißt es, eine fallende Nackenlinie indiziere eine ungewöhnlich schwache Situation. Das ist so offensichtlich, dass man diesem Umstand deshalb noch mehr Gewicht gibt, als er eigentlich verdient. Ein Teil jener extremen Schwäche, das könnte man hierzu anmerken, hat sich schon realisiert, als sich die nach

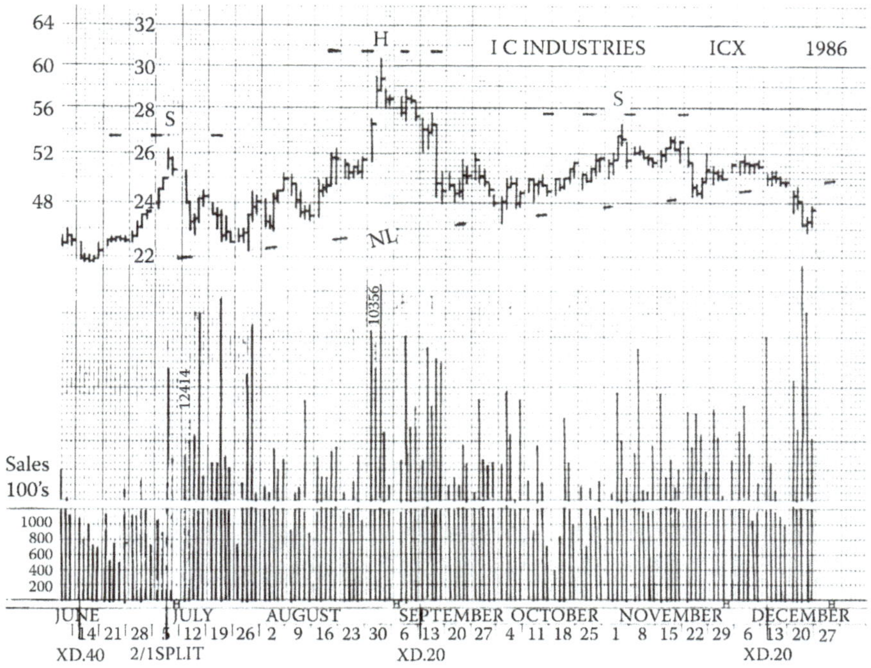

Abbildung 6.5: „ICX" befand sich mehr als ein Jahrzehnt lang in einem starken Aufwärtstrend, und die Gewinne waren spektakulär. Doch die Aufwärtsdynamik begann zu verblassen, und es gab deutliche Anzeichen dafür, dass sich der Aufwärtstrend seinem Höhepunkt näherte. Der Höhepunkt im August erfüllte das Kursziel der 1985 gebildeten Flagge. Die Lücke zu neuen Höchstständen aus dem August wurde schnell geschlossen, was darauf hindeutet, dass es sich um ein Erschöpfungs-Gap handelte. Die Reaktion zurück auf die Unterstützung, gefolgt von einer langsamen, relativ niedrigvolumigen Rallye bis zum Juli-Hoch, bildete eine glaubwürdige rechte Schulter. Der hochvolumige Sturz durch die Nackenlinie in der letzten Woche des Jahres bestätigte die Umkehrformation. Das Minimalziel für die SKS-Formation war 19 ¼, die Spitze der Flagge von 1985. Ein möglicher alternativer Deckungspunkt war mit 14 ¼ der Boden der Flagge.

unten neigende Formation entwickelte und die Kurse durch die Nackenlinie brachen. Die Formel für das Kursziel, die wir später noch diskutieren werden, gilt auch für solche Situationen.

Wegen der erwähnten Neigung zur Symmetrie pflegen manche Spekulanten, sobald sich die Nackenlinie gebildet hat, in ihrem Chart eine Parallele dazu einzuzeichnen, die sich vom Hoch der linken Schulter durch den Kopf hindurch nach rechts erstreckt. Das gibt ihnen einen Anhaltspunkt für die ungefähre Höhe, die die Rallye der rechten Schulter erreichen sollte, und damit ein Verkaufsniveau. Dennoch werden Sie andererseits nicht sehr viele Formationen sehen, die so perfekt und symmetrisch wie unser Idealbild sind. Das wird durch mehrere der realen Chartbeispiele in diesem Kapitel zur Genüge illustriert. Jede der beiden Schultern kann natürlich höher hinaufreichen oder mehr Zeit zur Ausbildung erfordern als die andere. Jede von ihnen oder auch beide mögen nahe an das Niveau des Kopfes heranreichen (aber sie dürfen dieses Niveau nicht erreichen, andernfalls liegt keine Kopf-Schulter-Formation vor). Oder beide mögen auch erheblich darunter bleiben. Wenn die Aktivität der rechten Schulter extrem niedrig ist, kann diese Schulter niedrig, aber dafür in zeitlicher Hinsicht verlängert sein. Generell kann man sagen, scheint ein gewisses Gleichgewichtsverhältnis zwischen den drei Elementen von Kurs, Zeit und Volumen zu bestehen. Man kann es nicht genau in Worten oder Zahlen angeben, aber wenn man genügend Erfahrung hat, bei ihrer Entwicklung geradezu fühlen. Aber es gibt eben keine „Gesetze" außer den allgemeinen Regeln, die

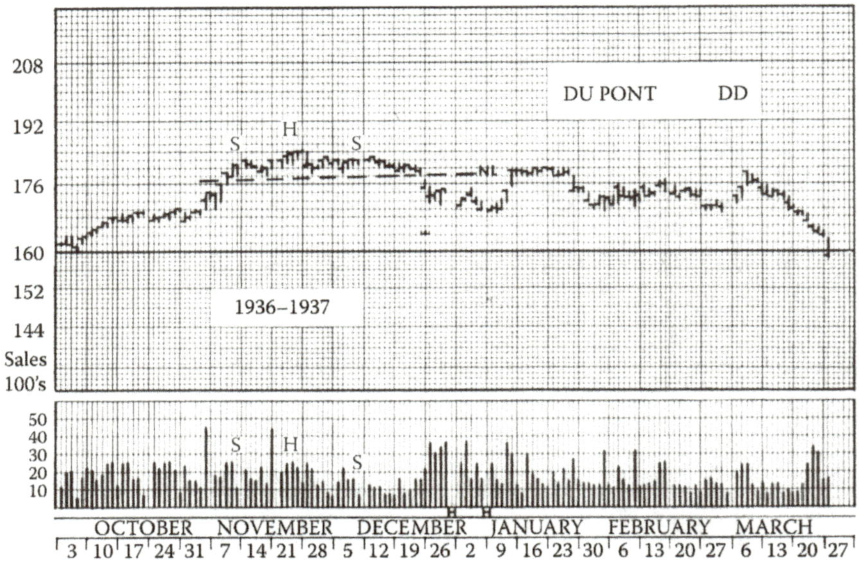

Abbildung 6.6: Wenn die Börse im Allgemeinen offenbar noch in einem starken Trend ist, wird Umkehrformationen in einzelnen, aber führenden Aktien nur wenig Glauben geschenkt, geschweige denn, dass daraufhin etwas unternommen wird. Aber solche Formationen können erheblichen Signalwert haben. 1936 bildete DuPont vier Monate vor dem Index seinen Gipfel. Trotz der ausgedehnten rechten Schulter (aber beachten Sie das Volumen!) war das Signal für eine Kursumkehr am 19. Dezember klar. Der Pullback vom Januar, der im Bereich der alten Nackenlinie in eine Widerstandszone lief, und der zweite Versuch im März waren interessant und typisch für eine solche Situation im Rahmen der Gesamtbörse. Vergleichen Sie dies mit Abbildung 6.11.

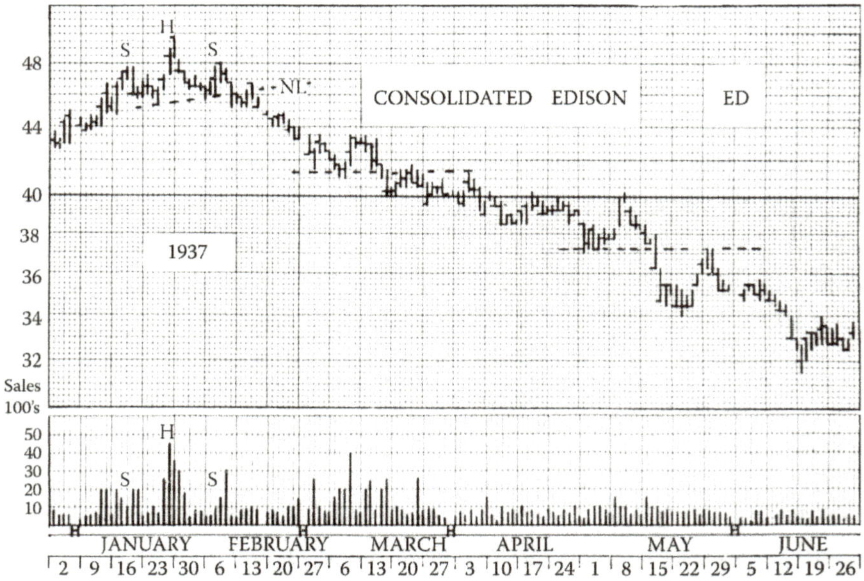

Abbildung 6.7: Ein anderes Bullenmarkt-Hoch aus dem Jahr 1937 in der Form einer Schulter-Kopf-Schulter-Formation mit einem nur kurzen Pullback (10. Februar). In diesem Fall nahm das Volumen am 5. Februar gleich mit dem Durchbruch durch die Nackenlinie (NL) schlagartig zu. Die Formel für das Kursziel wurde im März erfüllt. Vergleichen Sie dieses Bild mit dem Langfristchart von ED in Kapitel 10 (Abbildung 10.4) und dann später noch einmal, wenn Sie die Untersuchungen über Unterstützung und Widerstand in Kapitel 13 gelesen haben.

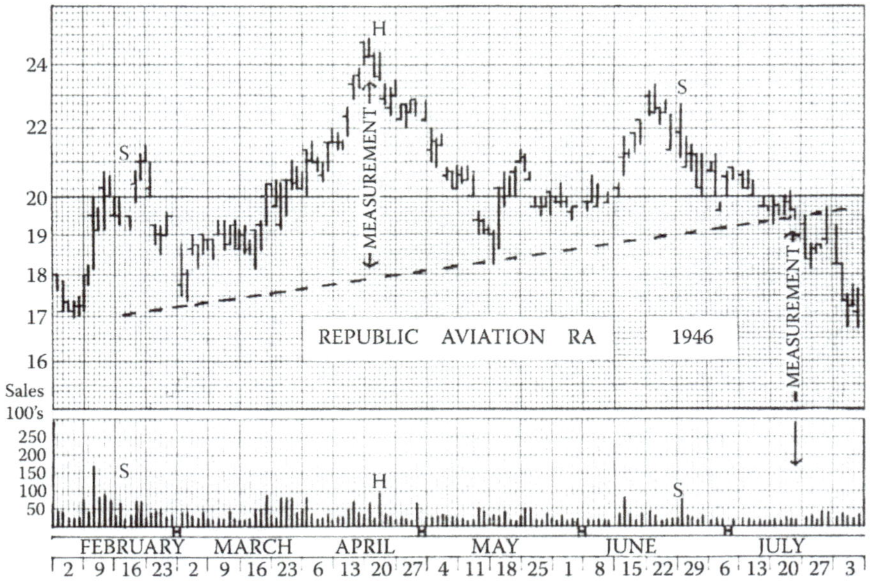

Abbildung 6.8: Die sechs Monate lange SKS-Formation von Republic Aviation im Jahr 1946. Diese Formation wurde als Möglichkeit erkennbar, als die Kurse im Mai unter das Niveau vom Februar (erstes S) fielen. Vergleichen Sie nochmals unser „Erfordernis B" zu Beginn dieses Kapitels. Beachten Sie auch, wie die Kurszielformel für SKS (vergleiche im folgenden Text) auf Formationen mit steigender Nackenlinie angewandt wird. Das Mindestkursziel nach unten war hier 12 ½ und wurde im November erreicht. Der schnelle Pullback am 27. Juli ergab eine letzte gute Verkaufsgelegenheit.

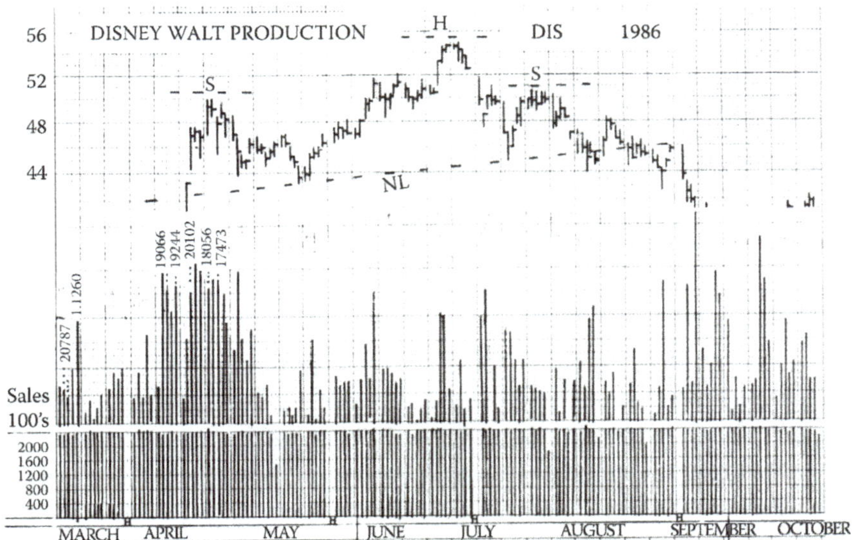

Abbildung 6.9: Nach einer heftigen Reaktion nach dem Hoch von 1983, die ein Jahr dauerte und DIS auf die langfristige Unterstützung zurückdrängte, übernahmen die Bullen die Macht und schickten Walt und Freunde auf eine Reise zum Mond. Doch ab April begann die Rakete an Leistung zu verlieren, und es sah aus, als hätte der Wiedereintritt begonnen. Seit den großvolumigen Frühlingstagen prägte sich in der Aktie eine große Schulter-Kopf-Schulter-Formation aus. Das großvolumige Durchbrechen des Halsbereichs um 3 Prozent bestätigte die Umkehrung.

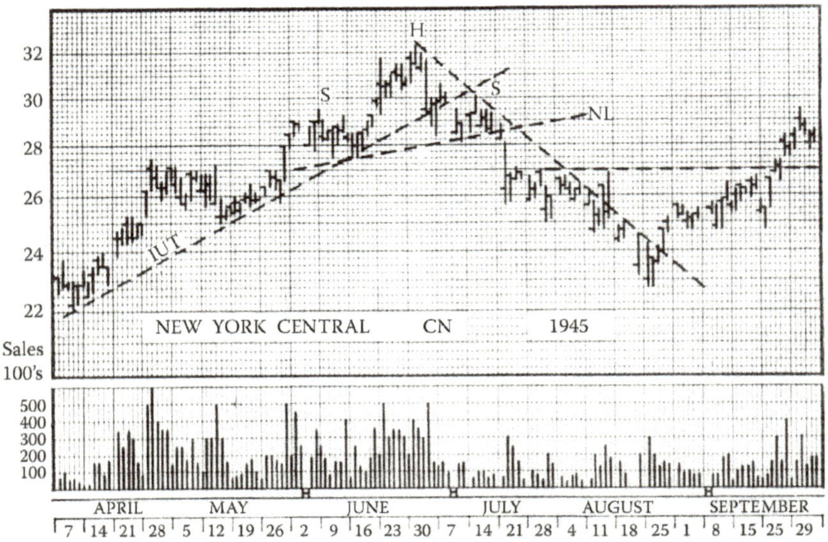

Abbildung 6.10: New York Central bildete im Juni 1945 eine SKS-Formation. Der mittelfristige Aufwärtstrend (Intermediate Up Trendline = IUT) wurde am 5. Juni durch den Kursrückgang vom Kopf gebrochen. Das Mindestkursziel wurde am 18. August bei 24 erreicht. Die Abwärtsbewegung endete wenige Tage später bei 22 ¾. Die Kurse erholten sich bis in den Bereich der (verlängerten) Nackenlinie (25. September), fielen im Oktober wieder auf 26 ⅞ und stießen wieder nach oben vor, wobei sie in der ersten Novemberwoche (aufgrund eines Fächers, siehe später) ein Rückkaufsignal gaben. Das endgültige Hoch dieser Hausse wurde im Januar bei 35 ½ erreicht. Die Periode von August 1945 bis Februar 1946 in dieser Aktie war für Chartanalysten schwierig. Wer im Bereich von 26 und 27 im Juli 1945 verkauft hatte, konnte sich jedoch im Mai 1947 gratulieren, als CN auf 12 gefallen war.

wir oben in A, B, C und D genannt haben; innerhalb dieser Grenzen müssen Sie mit einer Unzahl kleiner Variationen rechnen.

Das Kursverhalten nach dem Durchbruch – die Kurszielformel

Der letzte Schritt – der Durchbruch nach unten durch die Nackenlinie – kann von einer gewissen Zunahme der Aktivität begleitet sein, aber gewöhnlich ist das *zunächst* nicht der Fall. Wenn das Volumen mehrere Tage lang gering bleibt, während die Kurse langsam nach unten treiben, folgt häufig eine Pullback-Bewegung („Zurückschnappen" der Kurse), die die Notierungen wieder zur Nackenlinie hinaufbringt (selten durch sie hindurch). Normalerweise ist das der „letzte Seufzer"; in der Regel dreht der Kurs dann schnell wieder nach unten und fällt stark bei stark vermehrtem Umsatz. Ob nach dem ersten Durchbruch eine Pullback-Rallye stattfindet oder nicht, hängt oft von der Situation des gesamten Marktes ab. Wenn sich der gesamte Markttrend zur selben Zeit nach unten dreht, in der unsere individuelle Aktie gerade ihre SKS-Formation beendet, wird es wahrscheinlich gar keinen Pullback geben. Der Kurs wird stattdessen seine Abwärtsbewegung beschleunigen. Dabei steigt die Aktivität, sobald die Nachbarschaft des Hochs verlassen ist. Wenn andererseits der allgemeine Markt noch fest ist, dann ist der Versuch eines Pullbacks wahrscheinlich. In gleicher Weise spricht die Wahrscheinlichkeit etwas zugunsten eines Pullbacks, wenn die Nackenlinie durchbrochen wurde, ehe sich eine gut ausgeformte rechte Schulter entwickelt hat. Aber sicher-

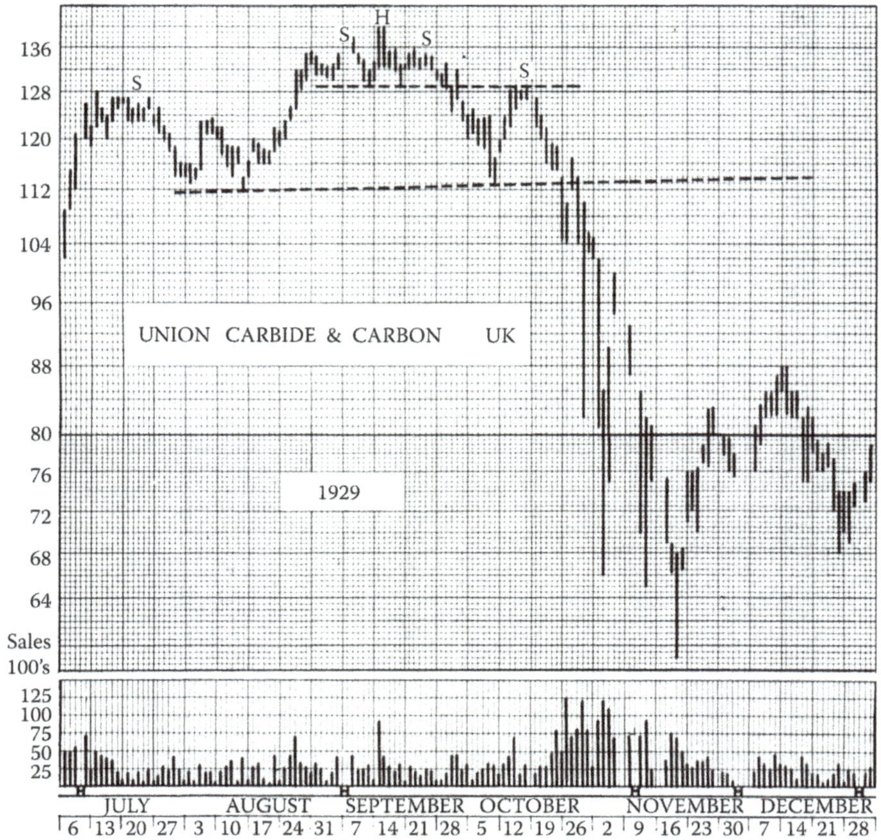

Abbildung 6.11: Das große Bullenmarkt-Hoch von 1929 war von vielen eindrucksvollen Kopf-Schulter-Formationen charakterisiert, von denen diese ein interessantes Beispiel ist. Betrachten Sie die kleine SKS-Formation im September, die ihrerseits der Kopf einer viel größeren Formation mit dem gleichen Charakter wurde. Der Pullback vom 9. Oktober bis zur oberen Nackenlinie gab denjenigen eine zweite Chance, bei 128 auszusteigen, die nicht sofort verkauft hatten, als diese Linie am 28. September klar durchbrochen wurde. Die größere Formation brach am 9. Oktober nach unten aus und hatte am 22. Oktober einen schnellen Pullback. Weniger als einen Monat später hatte UK die Hälfte seines Wertes vom Hoch aus verloren. 1932 war die Aktie auf 15 ½ gefallen. Obwohl solche katastrophenartigen Abwärtsbewegungen wie von 1929 bis 1932 möglicherweise nie wiederkommen, ist die Moral der Geschichte nichtsdestoweniger eindeutig: Missachten Sie nie eine Schulter-Kopf-Schulter-Formation! Formationen wie diese gehören schon zu den multiplen Typen, die in Kapitel 7 erörtert werden. Auch wenn dieses Beispiel aus dem Jahr 1929 stammt, waren sie Mitte des 20. Jahrhunderts keineswegs selten. Einige moderne Beispiele erscheinen auf den letzten Seiten dieses Buches.

lich kann man dazu keine sehr verlässlichen Regeln niederlegen. Auf jeden Fall ist die Pullback Rallye hauptsächlich nur für den Spekulanten von praktischem Interesse, der die Aktie leerverkaufen will oder der sie schon leerverkauft hat und entscheiden muss, wo er seine Stop-Loss-Order platzieren soll.

Wir kommen nunmehr zu einem der interessantesten Punkte dieser grundlegenden Umkehrformation – zum Ausmaß der Kursbewegung (in Punkten), das durch Vollendung der SKS-Formation als wahrscheinlich indiziert wird. Messen Sie die senkrechte Entfernung von der Spitze (Top) des Kopfes bis zur Nackenlinie in Punkten, wie in Abbildung 6.8 erkenntlich. Dann messen Sie dieselbe Entfernung senkrecht nach unten ab, und zwar von dem Punkt an, wo die Kurse nach Vollendung der rechten Schulter schließlich durch die Nackenlinie brachen. Das Kursniveau, das

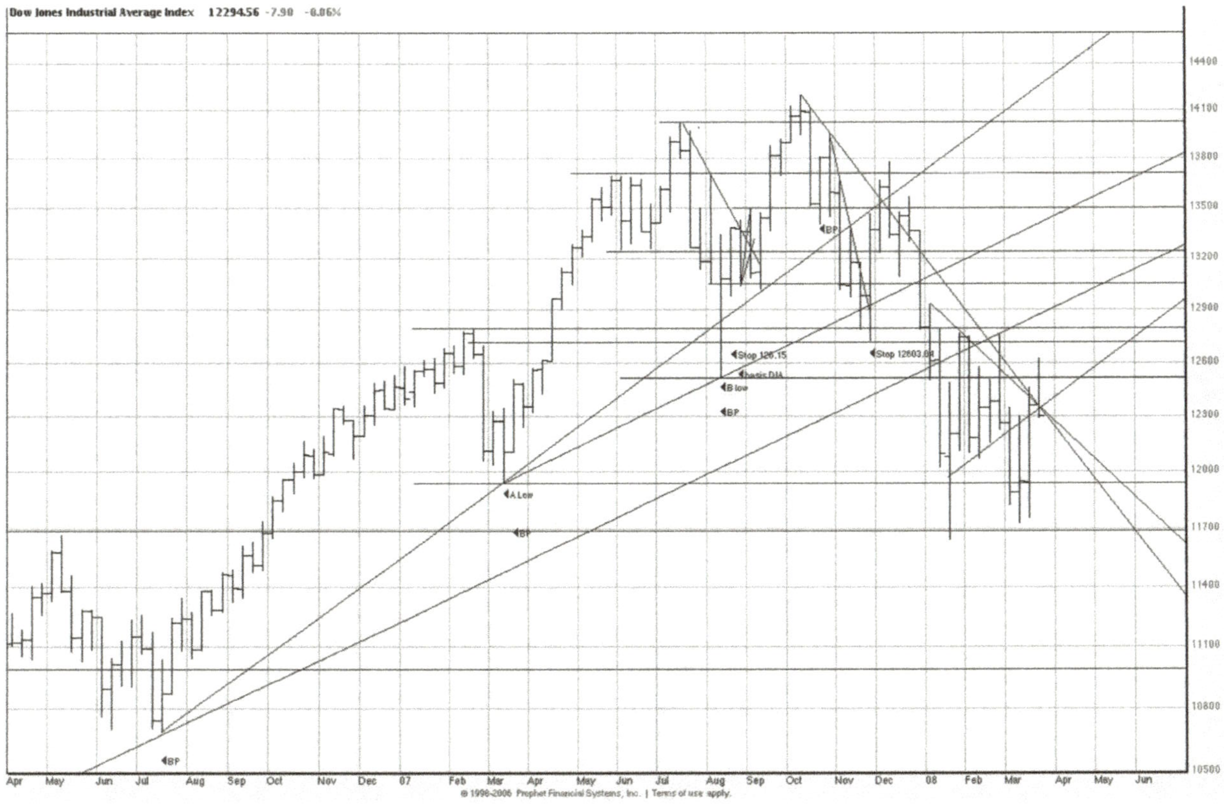

Abbildung 6.12: Dow Jones Industrial Average, Schulter-Kopf-Schulter-Formation 2007–2008; die Website edwards-magee.com identifizierte diese massive SKS-Formation Anfang 2008, nachdem sie bereits im Januar 2008 aus dem Markt ausgeschieden war, und schrieb den folgenden Brief. Beachten Sie Tief A (A low) und Tief B (B low); wenn diese einjährige Formation ein massives Top ist (vielleicht eine doppelköpfige SKS-Formation) und Tief A seine untere Grenze darstellt, dann wird ein Tief von 9.680 vorhergesagt. Wenn Tief B der definierende Punkt ist, dann wird ein Tief von 10.836 vorhergesagt. Erinnern Sie sich an Niels Bohr und die Schwierigkeit der Vorhersage? Auch hier ist es nicht notwendig, an dieses Szenario zu glauben, um zu wissen, wie man wettet. Der Dow Jones befindet sich in einem sechsmonatigen Abwärtstrend, von dem die letzten 2 ½ Monate seitwärts verlaufen, mit niedrigeren Höchstständen im Seitwärtstrend. Das Tief von 9.680 ist ein wahrscheinliches Minimum. Mark Hulbert sagt, dass Richard Band einen Dow von 16.000 prognostiziert. Achten Sie auf tief fliegende Eier (Sie wollen ja kein Ei ins Gesicht bekommen). Dann fiel der Dow in der großen Bush-Baisse auf 6.469,95.

auf diese Weise bezeichnet wird, ist das (wahrscheinliche) Kursziel, das die Abwärtsbewegung *mindestens* erreichen wird.

Lassen Sie uns jedoch sogleich eine wichtige Einschränkung für die SKS-Kurszielformel hervorheben. Bitte vergleichen Sie nochmals unsere ursprüngliche Gruppe von Regeln. Unter A forderten wir „eine starke Rallye als oberstes Stück einer mehr oder weniger ausgedehnten Aufwärtsbewegung". Wenn die Aufwärtsbewegung vor der Ausbildung einer Umkehrzone nur klein gewesen ist, kann die folgende Abwärtsbewegung, genauer: wird die folgende Abwärtsbewegung wahrscheinlich gleich klein sein. Oder kürzer: Eine Umkehrformation muss etwas umzukehren haben. Damit haben wir genau genommen zwei Mindestkursziele: Eines ist das Ausmaß der Aufwärtsbewegung vor der Ausbildung der SKS-Formation und das andere jenes, zu dem man mithilfe unserer Kurszielformel gelangt; der kleinere Wert von beiden ist anzuwenden. Die Kurszielformel ist in mehreren der Beispiele angedeutet, die dieses Kapitel illustrieren: Sie sehen jetzt, warum eine fallende Nackenlinie eine schwächere Situation anzeigt als eine steigende Nackenlinie. Sie sehen, um wie viel sie schwächer ist, und ebenso, dass ein großer Teil der dadurch indizierten Schwäche schon in der Abwärtsbewegung vom Gipfel des Kopfes bis zum Durchbrechen der Nackenlinie steckt.

Die Frage eines maximalen Kursziels ist eine völlig andere, für die keine einfachen Regeln niedergelegt werden können. Faktoren, die dabei zu berücksichtigen sind, sind etwa der Umfang des vorherigen Anstiegs, Größe, Volumen und Dauer der SKS-Formation, der Primärtrend der Gesamtbörse (sehr wichtig) und die Entfernung, die die Kurse fallen können, ehe sie auf eine etablierte Unterstützungszone treffen. Einige dieser Punkte werden später noch diskutiert werden.

Beziehung zwischen Schulter-Kopf-Schulter-Formation und Dow-Theorie

Ohne Zweifel haben einige von Ihnen schon vermutet, dass die SKS-Formation in gewissem Sinne nur eine Anwendung der Prinzipien der Dow-Theorie auf das Verhalten einer individuellen Aktie darstellt. So ist es. Die Abwärtsbewegung der Kurse vom Kopf zur Nackenlinie, die Rallye zur rechten Schulter und dann die folgende Abwärtsbewegung, die die Nackenlinie bricht – sie bilden eine Reihenfolge von niedrigeren Hochs und Tiefs analog zu jener, die einen Abwärtstrend in der Dow-Theorie signalisiert. Neben ihrer grundsätzlichen Bedeutung, ihrer Häufigkeit und Verlässlichkeit ist diese Beziehung zur Dow-Theorie mit ein wichtiger Grund, warum wir die SKS-Formation beim Studium von Umkehrformationen an die erste Stelle gerückt haben. Verglichen mit den Dow-Prinzipien ist die SKS-Formation freilich klarer bestimmt und gibt frühzeitige Warnungen, die auch verhältnismäßig leichter zu entdecken sind. Im Falle von steigenden Nackenlinien gibt sie ihre (endgültigen) Signale früher. Sie erfordert auch keine spezifizierten Minimalzeiten für eine ihrer Teilbewegungen und keine Bestätigung durch eine andere Aktie oder einen Index. So wie es SKS-Formationen gibt, gibt es inverse SKS-Formationen, auch Schulter-Kopf-Schulter-Boden-Formationen genannt *(EN: ein unspezifischer Begriff für eine Bodenformation, die ich lieber als „Kilroy Bottom" bezeichnen würde; siehe Abbildung 7.4)*, mit gleich wichtigen Implikationen. Die inverse Formation werden wir im nächsten Kapitel behandeln.

KAPITEL 7

WICHTIGE TRENDUMKEHRFORMATIONEN – FORTSETZUNG

Die umgekehrte oder inverse Schulter-Kopf-Schulter-Formation (EN: Kilroy Bottoms)

Eine Formation vom Schulter-Kopf-Schulter-Typ kann sich auch anlässlich einer wichtigen Trendumkehr von abwärts nach aufwärts entwickeln. In diesem Fall wird sie natürlich inverse Schulter-Kopf-Schulter (oder auch Head-and-Shoulders Bottom beziehungsweise Schulter-Kopf-Schulter-Boden-Formation) genannt, und ihr Kursbild ist (verglichen mit einer SKS-Formation) umgedreht, das heißt, es steht auf dem Kopf. *EN: Der gegenwärtige Herausgeber war schon immer unzufrieden mit der unbestimmten Natur des Begriffs „Head-and-Shoulders Bottom" und hat ihn deshalb in „Kilroy Bottom" umbenannt. Siehe Abbildung 7.4.* Das Bild des Volumens ist in gewisser Weise dasselbe wie bei einer SKS-Formation (also nicht umgekehrt), aber mit einigen wichtigen Abweichungen in der zweiten Hälfte der Formation, die wir im Detail erörtern wollen. Wir können für diese Formation Spezifizierungen in fast denselben Worten niederlegen wie für die SKS-Formation. Hier sind sie, wobei die Teile, die prinzipiell von der SKS-Formation abweichen, im Text hervorgehoben sind (siehe Abbildungen 7.1 bis 7.25).

A. Eine Abwärtsbewegung als letztes Stück eines mehr oder weniger ausgedehnten Abwärtstrends. Dabei steigt das Umsatzvolumen bemerkenswert an. Dieser Abwärtsbewegung folgt eine kleinere Erholung. Dabei ist das Volumen geringer als während der Tage der letzten Abwärtsbewegung und im Tief. Das ist die „linke Schulter". *EN9: Oder die linke Hand.*

B. Eine erneute Abwärtsbewegung, die die Kurse unter das Tief der linken Schulter trägt. Die Aktivität zeigt einen gewissen Anstieg (verglichen mit der vorhergehenden Erholung), *aber gewöhnlich erreicht sie nicht den Umfang wie bei der Abwärtsbewegung zur linken Schulter.* Darauf folgt eine erneute Erholung, die über das Tief der linken Schulter hinausgeht. *Dabei kann die Aktivität zunehmen; in jedem Falle jedoch übertrifft sie die bei der Erholung von der linken Schulter.* Das ist der „Kopf". *EN9: Oder die Nase.*

C. Eine dritte Abwärtsbewegung mit entschieden weniger Volumen, verglichen sowohl mit der Bildung der linken Schulter als auch des Kopfes. Diese Abwärtsbewegung erreicht nicht mehr das untere Niveau des Kopfes; vorher beginnt eine neue Rallye. Das ist die „rechte Schulter". *EN9: Oder die rechte Hand.*

D. Schließlich kommt eine Aufwärtsbewegung, *bei der der Umsatz bemerkenswert ansteigt.* Sie durchbricht die Nackenlinie *(EN9: Oder den Zaun)* nach oben, und zwar um einen Betrag (Schlusskurs), der etwa 3 Prozent des Kurswerts ausmacht. *Dieser Durchbruch wird von einem auffälligen Anschwellen der Aktivität begleitet.* Dies ist die „Bestätigung" oder der Breakout (Ausbruch).

Der wesentliche Unterschied zwischen normaler und inverser SKS-Formation liegt also, wie Sie sehen, im Umsatzverhalten. Die Aktivität bei inversen SKS-Formationen beginnt gewöhnlich schon zu Beginn des Kopfes die Charakteristika eines Aufwärtstrends anzunehmen. Aber immer ist das bei der Rallye des „Kopfes" in ausreichend erkennbarem Maße der Fall. Noch bezeichnender ist diese Umsatzzunahme bei der Rallye der rechten Schulter. *Sie muss beim Durchbruch durch die Nackenlinie vorhanden sein,* andernfalls kann man sich auf den Ausbruch nicht verlassen.

Darin zeigt sich ein wichtiges Grundprinzip der Analysetechnik, das eine weitere Diskussion verdient. An der Wall Street gibt es eine alte Redensart, die besagt: „Es braucht Käufer, um Aktien zum Steigen zu bringen, aber fallen können sie durch ihr eigenes Gewicht." Deshalb genügt es uns, wenn die Kurse (um einen ausreichenden Betrag – 3 Prozent) nach unten durch die Nackenlinie einer SKS-Formation brechen, selbst wenn dieser Durchbruch bei leichtem Umsatz geschieht. Aber bei einer umgekehrten SKS-Formation verlassen wir uns nur auf einen Breakout, der ganz entschieden von hohem Volumen begleitet wird. Ein Ausbruch mit geringem Umsatzvolumen mag verfrüht sein; vielleicht folgt später nach weiterer „Arbeit" im Bereich des Bodens ein echter Kursaufschwung. Aber es kann auch eine völlig falsche Bewegung sein. Meistens zahlt es sich aus, ab-

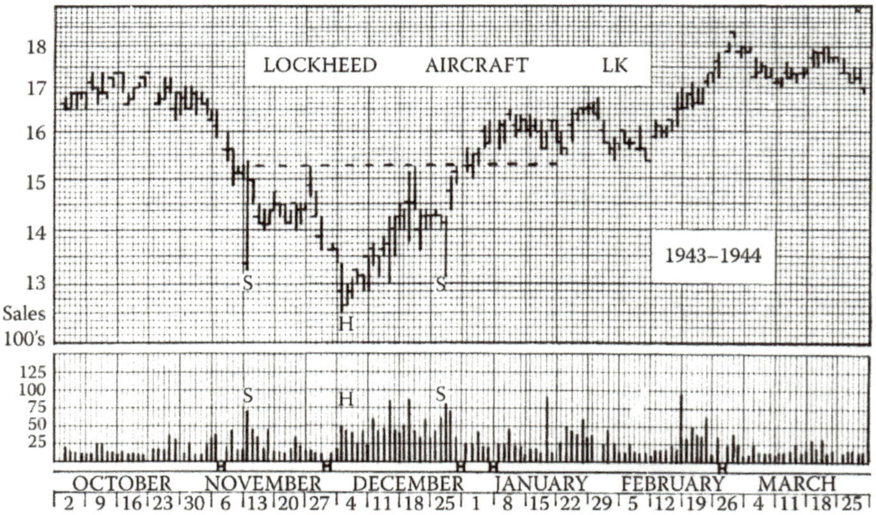

Abbildung 7.1: Lockheed kam von 41 Dollar im Jahr 1940 her und bildete im Oktober 1943 eine geschwungene Abwärtsbewegung. In deren letzter Phase bildete die Aktie jedoch eine auffällige inverse Schulter-Kopf-Schulter-Formation von zwei Monaten Dauer. Beachten Sie im obigen Chart besonders das Volumen bei der Rallye Anfang Dezember und in der ersten Januarwoche und vergleichen Sie das mit den Punkten B und D unserer Aufstellung im Text. Im Juni 1944 fiel LK nochmals bis auf 15 zurück, stieg dann bis November schnell auf 23 und erreichte schließlich (im Januar 1946) die Marke von 45. Ein Vorteil von logarithmischem Chartpapier ist, dass sich der Maßstab „ausdehnt": Dadurch werden wichtige Formationen auch auf niedrigem Kursniveau deutlich, die bei einem arithmetischen Maßstab kaum erkennbar sind.

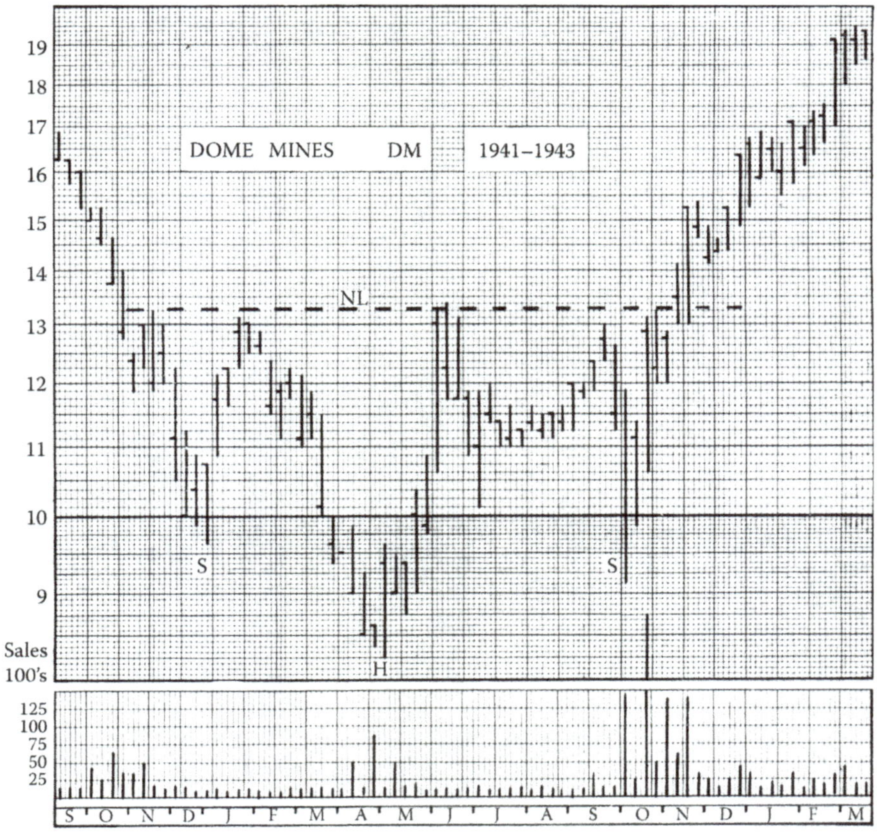

Abbildung 7.2: Wochencharts sind besonders nützlich zur Erkennung von inversen SKS-Formationen eines Primärtrends, da deren Formierung charakteristischerweise mehr Zeit erfordert als die von oberen SKS-Formationen. Dome Mines baute eine typische 13 Monate lange SKS-Basis auf, als sich der Primärtrend 1942 umkehrte. Beobachten Sie das Volumenbild (die Einzelheiten des Volumens werden allerdings besser auf einem Tageschart untersucht). Domes mächtige inverse Schulter-Kopf-Schulter-Formation war „hoch" genug, um auch auf einem arithmetischen Monatschart aufzufallen. 1944 erreichte die Aktie 25.

zuwarten. Dieser selbe Unterschied bei der Volumenentwicklung findet sich auch bei einigen der anderen Umkehrformationen, auf die wir später zu sprechen kommen werden.

Andere Unterschiede zwischen SKS- und inversen SKS-Formationen betreffen nicht eigentlich neue Prinzipien. Inverse SKS-Formationen sind im Allgemeinen länger und flacher. Sie erfordern im Verhältnis zur Tiefe der Formation in Punkten mehr Zeit, als das bei SKS-Formationen der Fall ist. Dies gilt besonders für Fälle einer Umkehr des Primärtrends. Das Gesamtvolumen inverser Formationen pflegt geringer zu sein als das normaler SKS-Formationen, und die Änderungen der Kursrichtung sind meist mehr gerundet. Bei der Ausbildung einer Schulter-Kopf-Schulter-Formation übersteigt die Aktivität im Zuge der linken Schulter gewöhnlich die jeder vorhergehenden Rallye im gesamten Aufwärtstrend. In einem Abwärtstrend andererseits mögen Panikverkäufe in früheren Phasen der Abwärtsbewegung vorkommen, die den Umsatz höher hinauftreiben als irgendwann während der späteren inversen Formation. Aber keiner dieser Unterschiede berührt unsere wesentlichen SKS-Spezifikationen.

Das Kursziel der inversen SKS-Formation ist in jeder Hinsicht dasselbe wie bei der normalen SKS-Formation und wird auch in der gleichen Weise berechnet. Eine Tendenz zur Symmetrie ist

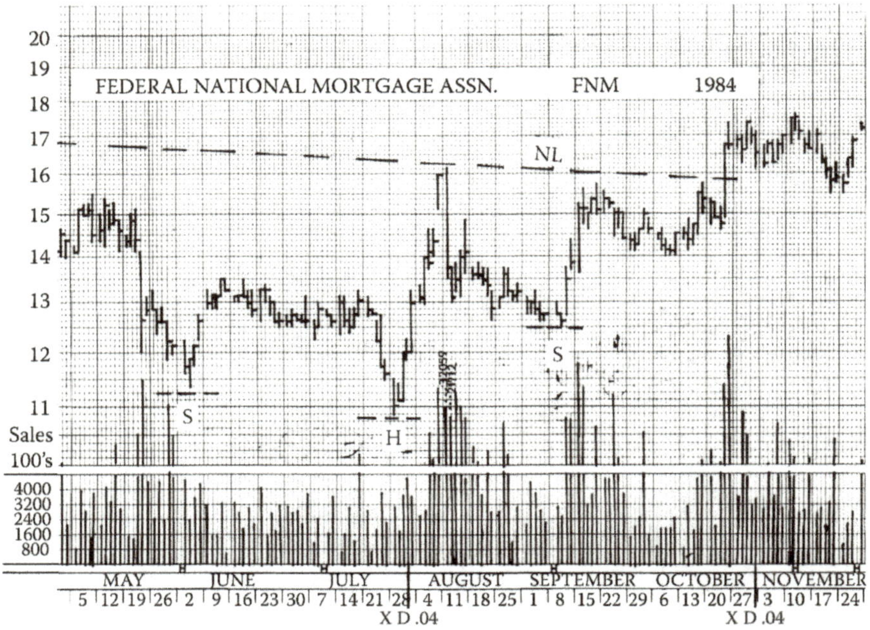

Abbildung 7.3: Angesichts einer starken Bewegung in Richtung niedrigerer Zinsen, die seit Juni zu beobachten ist, ist der Zeitpunkt des Tiefs von FNM nicht überraschend. Genauso wenig wie die massive Breite (von März bis Oktober) des sich entwickelnden Musters, das eng mit der riesigen, komplexen inversen Schulter-Kopf-Schulter-Formation der US-Staatsanleihen (Dezember 1984) übereinstimmt, 25. September 1984. Sogar die leichte zeitliche Verzögerung ist angemessen.

Abbildung: 7.4: *EN: Auf die Gefahr hin, als Komiker (eigentlich als Satiriker) angesehen zu werden, behaupte ich, dass, obwohl das Bild komisch ist, sein Muster die unpassend benannte „inverse Schulter-Kopf-Schulter"-Formation" besser beschreibt als die gegenwärtige Terminologie. Die linke Hand entspricht der linken Schulter, die rechte Hand entspricht der rechten Schulter, die Nase entspricht dem Kopf und die Nackenlinie entspricht der Zaunlinie oder bleibt einfach die Nackenlinie. Ich bringe all meinen Studenten bei, in diesen Begriffen zu denken und sie zu verwenden, was viel mehr Sinn macht als die absurde „auf dem Kopf stehende inverse SKS-Formation". In hundert Jahren wird dieser Beitrag zur Nomenklatur als absolut beschreibend und angemessen akzeptiert werden, und der Begriff „inverse Schulter-Kopf-Schulter-Formation" wird aus dem Lexikon verschwunden sein.*

auch hier wieder die Regel; die Variationen in Bezug auf die Neigung der Nackenlinie und bezüglich der Größe der Schultern sind in etwa die gleichen wie bei der SKS-Formation. Reaktionen nach dem ursprünglichen Breakout aus der inversen Formation bis zurück auf die Nackenlinie erscheinen ungefähr in der gleichen Häufigkeit und im gleichen Ausmaß wie die Pullback-Rallyes, die dem ursprünglichen Breakout nach unten aus der SKS-Formation folgen.

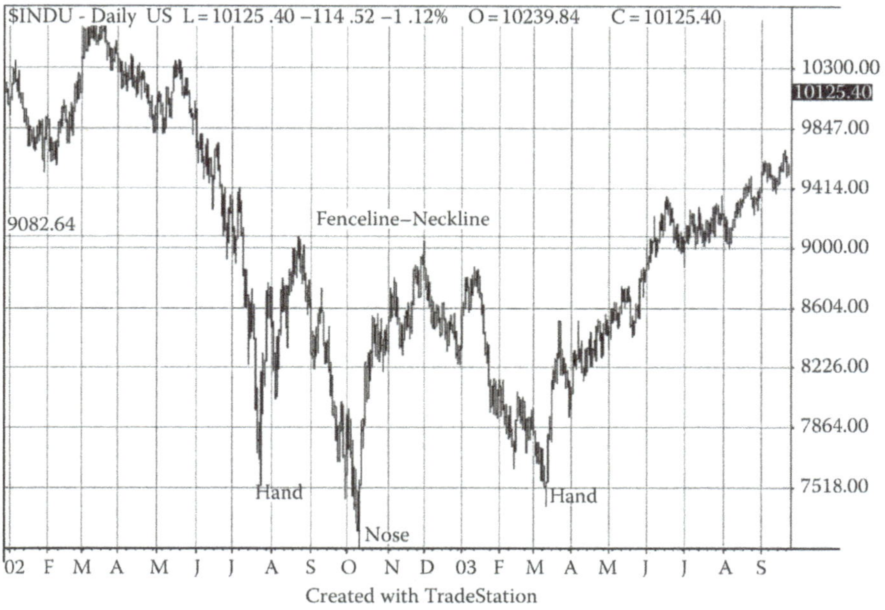

Abbildung 7.5: Ein ausgefranster Kilroy Bottom (oder, wenn man von der alten Schule kommt, eine inverse SKS-Formation), der die Baisse (oder deren erste Phase) von 2001 bis 2002 beendete. Etwa siebeneinhalb Monate in der Formation warf er ein paar Knuckle- und Curveballs und es sah bis März 2003 so aus, als ob es sich um eine Baisse-Rallye handeln würde. Sobald die Nackenlinie herausgenommen wurde, gab es aber keine Zweifel mehr – es war ein echter Kilroy Bottom. Er drückte sich für ein paar Monate an der Nackenlinie herum, bevor er zu einem vollen Bullen wurde. Komplexe wirtschaftliche und politische Realitäten beeinflussten die Märkte: die Terroranschläge vom 11. September 2001, die Manie der wilden 1990er-Jahre und die unklugen Steuersenkungen der Regierung Bush Jr. Durch die Formel, die Steuern zu senken und die Ausgaben zu erhöhen, um einen Krieg zu beginnen, wurde der Markt ausreichend stimuliert, um überschwänglich zu steigen. Die Abwärtstrendlinie ist hier eingezeichnet, und der Leser sollte keine Probleme haben, den Bruch des langfristigen Abwärtstrends sowie den Kilroy Bottom zu erkennen, der einen Gangwechsel von Bär zu Bulle einforderte.

Multiple Kopf-Schulter-Formationen

Die Schulter-Kopf-Schulter-Formationen, die wir bis jetzt untersucht haben, waren trotz kleinerer Variationen verhältnismäßig einfach und klar geschnitten und bestanden aus drei gut definierten Elementen. Wir kommen nun zu einer Gruppe verwandter Formationen, die weitgehend dieselbe technische Bedeutung haben, aber aus mehr Elementen bestehen und viel weniger klar umrissen sind. Dies sind die mehrfachen/multiplen Schulter-Kopf-Schulter-Gipfel- beziehungsweise Schulter-Kopf-Schulter-Boden-Formationen (Multiple Head and Shoulders Tops beziehungsweise Bottoms), auch als komplexe Formationen bekannt. Wir brauchen nicht viel Raum, um sie zu definieren oder Spezifikationen für sie niederzulegen. Man kann sie ganz ausreichend als Schulter-Kopf-Schulter-Umkehrformationen bezeichnen, in denen entweder die Schulter oder der Kopf oder beide zu mehreren unterscheidbaren Wellen verdoppelt oder vervielfacht worden sind.

Fast jede Kombination ist möglich, und nur einige können in den Chartbeispielen in diesem Kapitel illustriert werden. Formationen dieses Typs erscheinen mit schöner Regelmäßigkeit bei Hochs und Tiefs des Primärtrends, aber öfter bei Tiefs als bei Hochs. Sie erscheinen seltener bei der Umkehr des intermediären Trends.

Eine häufige Form besteht aus zwei linken Schultern von ungefähr gleicher Größe, einem einzelnen Kopf und dann zwei rechten Schultern, ebenfalls ungefähr von der gleichen Größe und sozusagen im Gleichgewicht zu den beiden auf der linken Seite. Eine andere Art besteht aus zwei Köpfen mit zwei oder mehr Schultern auf jeder Seite. Noch eine andere Art schließlich werden Sie gewöhnlich in mehreren guten Beispielen bei jeder Trendumkehr des Gesamtmarkts von größerer Bedeutung finden: Sie besteht aus Doppelschultern auf beiden Seiten und einem Kopf, der in sich selbst aus einer kleinen, aber gut erkennbaren Schulter-Kopf-Schulter-Formation besteht.

Tendenz zur Symmetrie

Wir haben die Tendenz zur Symmetrie schon bei den einfachen Kopf-Schulter-Formationen erwähnt. Formationen vom multiplen oder komplexen Typ zeigen eher einen noch stärkeren Hang zur Symmetrie – so stark in der Tat, dass man sich bei seiner Taktik darauf einstellen kann. Wenn zwei Schultern auf der linken Seite sind, sind fast immer auch zwei auf der rechten Seite, und zwar ungefähr von der gleichen Größe und Dauer (natürlich weiß man nicht, dass eine multiple Formation in Bildung begriffen ist, bis ihre rechte Schulter deutlich wird). Abgesehen vom Volumen ist die rechte Hälfte der Formation in der großen Mehrheit der Fälle ein ungefähres Spiegelbild der linken.

Nackenlinien sind bei großen multiplen Schulter-Kopf-Schulter-Formationen nicht immer leicht zu ziehen. Die Reaktionen zwischen den Schultern und zwischen Schultern und Köpfen werden nicht immer genau so anhalten, dass sie alle auf eine einzige Linie fallen. Ansteigende oder abwärts

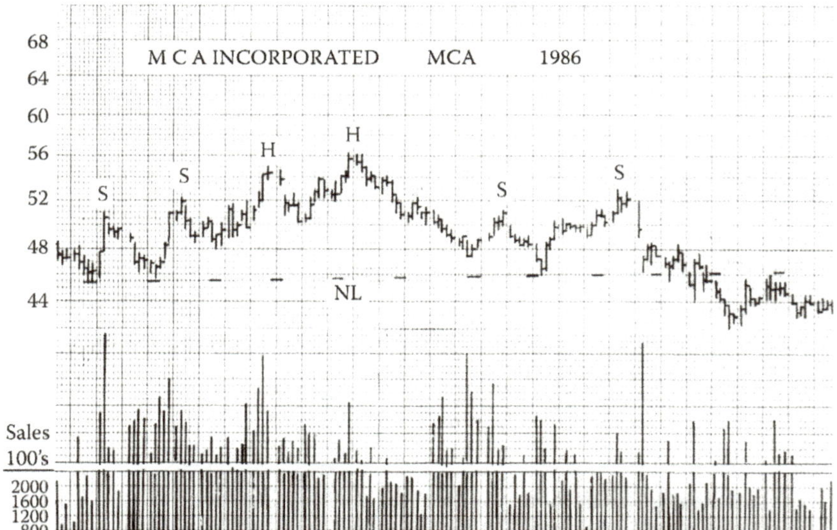

Abbildung 7.6: MCA konnte sich von 1980 bis 1986 hervorragend entwickeln, doch nach der Jahreswende wurde es zunehmend schwieriger, als die Aktie den Versuch startete, ihr 1985er-Hoch zu überwinden. Obwohl es den Bullen gelang, im April ein neues Hoch zu markieren, hielt eine Reihe von Pullbacks den Wert von weiteren Tests fern. In der Tat schien sich eine große komplexe Schulter-Kopf-Schulter-Gipfel-Formation zu entfalten, wobei die Haupt-Nackenlinie beim Abverkauf leicht durchbrochen wurde

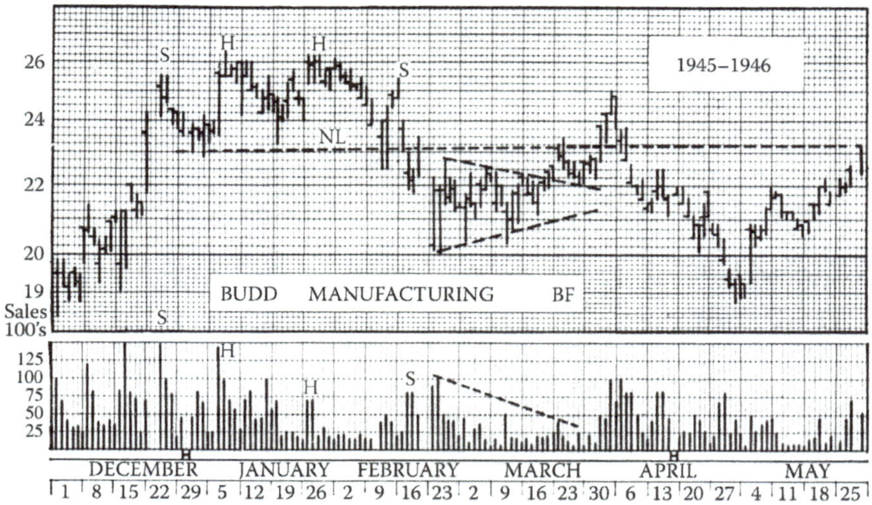

Abbildung 7.7: 1946 bildete Budd eine nahezu ideale multiple Schulter-Kopf-Schulter-Formation mit zwei Köpfen. Beachten Sie das dazugehörige Volumen. Häufig machen sich die Kurse aus einer komplexen Formation zögernder auf den Weg als aus einer einfachen Schulter-Kopf-Schulter-Formation. Die Rallye Ende März, die zurück durch die alte Nackenlinie ging, war stärker, als man es normalerweise erwarten konnte. Aber die allgemeinen Börsenindizes stießen zu diesem Zeitpunkt zu neuen Höchstwerten vor. Ein erneutes Durchbrechen der Nackenlinie bedeutet für sich genommen noch nicht, dass die Schlussfolgerungen einer Umkehrformation deshalb nicht mehr gelten.

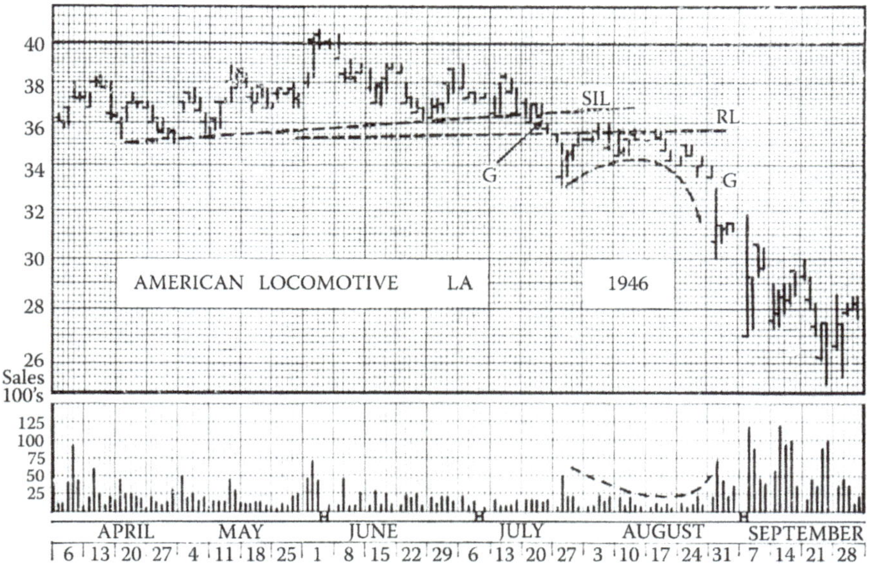

Abbildung 7.8: Die lange multiple Schulter-Kopf-Schulter-Gipfel-Formation von American Locomotive im Jahr 1946 zeigt sehr gut die Art des Umsatzbilds, die für diese Formation normal ist: Unregelmäßigkeit, die aber in ihrer zweiten Hälfte definitiv bearish wird. Die „gerundete" Bärenmarkt-Rallye vom August (vergleichen Sie Kurs- und Umsatztrends) war nicht in der Lage, die alte Nackenlinie zu erreichen, sondern wurde durch einen Widerstand (Resistance Level, RL) gestoppt, der von den Niveaus früherer Böden stammte (siehe Kapitel 13). G und G bezeichnen Breakaway Gaps (Ausbruchslücken), die nicht geschlossen wurden (siehe Kapitel 12).

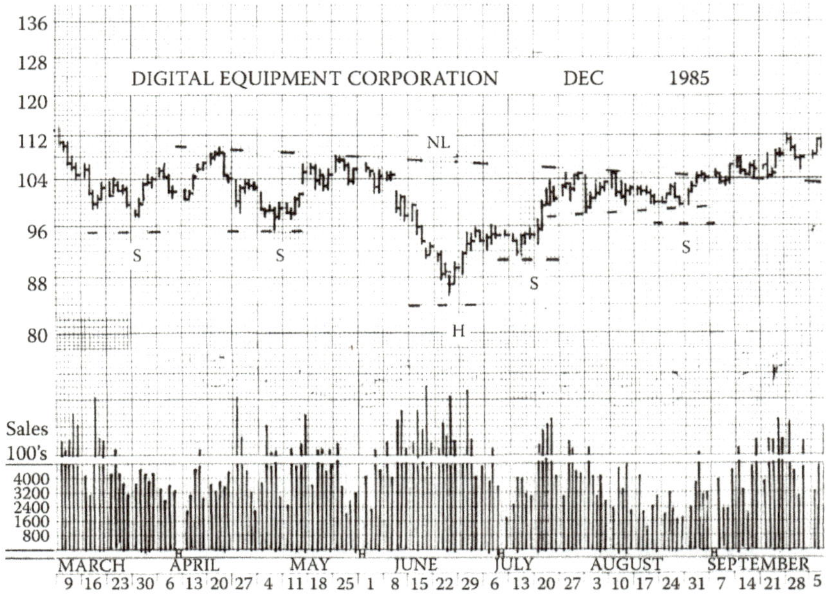

Abbildung 7.9: Von einer Schulter-Kopf-Schulter-Gipfel-Formation im Februar stürzte Digital bis Mitte Juni stark ab und gab etwa zwei Drittel des Anstiegs von 1983 bis 1985 wieder ab. Das Sommertief war der Kopf eines breiten, komplexen Schulter-Kopf-Schulter-Bodens *(EN: Oder Kilroy Bottoms)*. DEC hatte die Nackenlinie jedoch bereits bei hohem Volumen durchbrochen und befand sich daher in einer Kaufposition.

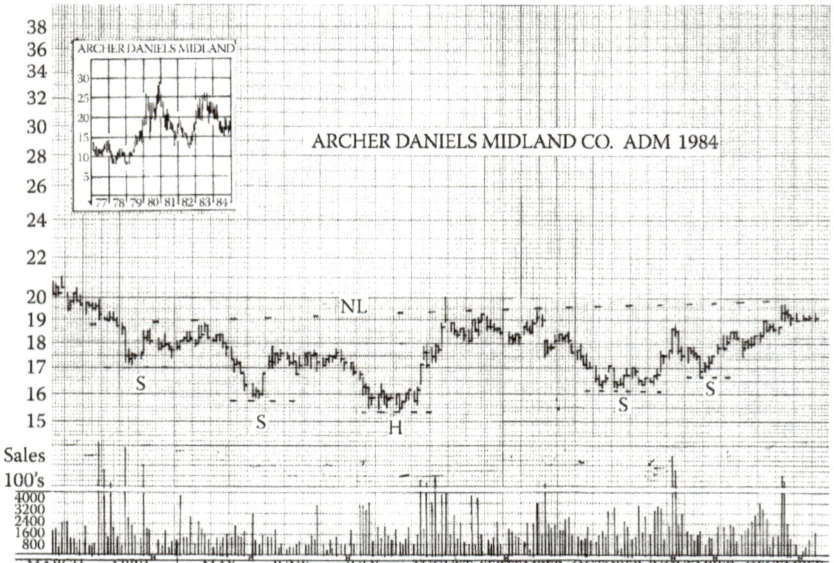

Abbildung 7.10: Nach dem Test des 1980er-Hochs Mitte 1983 drehte ADM stark nach unten und gab bis Mitte 1984 etwa 40 Prozent des Anstiegs von 1982 bis 1983 wieder ab. Im Sommertief wurde aber anscheinend ein Boden gefunden. In der Tat, wenn man das Volumenmuster von April bis November betrachtete und es mit der Preisaktivität korrelierte, war es nicht schwierig, ein gutes Argument für eine komplexe Schulter-Kopf-Schulter-Boden-Formation zu finden. Eine Nackenlinie durch die Schlusskurse gab uns beim Durchbrechen von 20 5/8 ein „Go"-Signal.

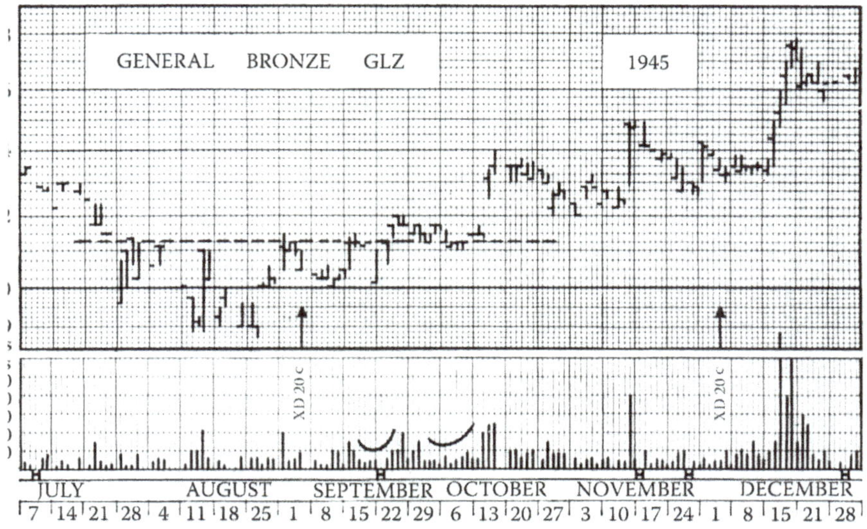

Abbildung 7.11: Ein intermediärer Boden vom komplexen Typ, zwar ungewöhnlich in seinem Mangel an Symmetrie, aber nichtsdestoweniger leicht zu erkennen. Nachdem der Kopf vollendet war, hatten die Reaktionen geringes Volumen. Das ist ein übliches (und wichtiges) positives Zeichen (Bullish Confirmation). Der langsame Start des neuen Trends ist ein typisches Merkmal von multiplen Schulter-Kopf-Schulter-Umkehrformationen.

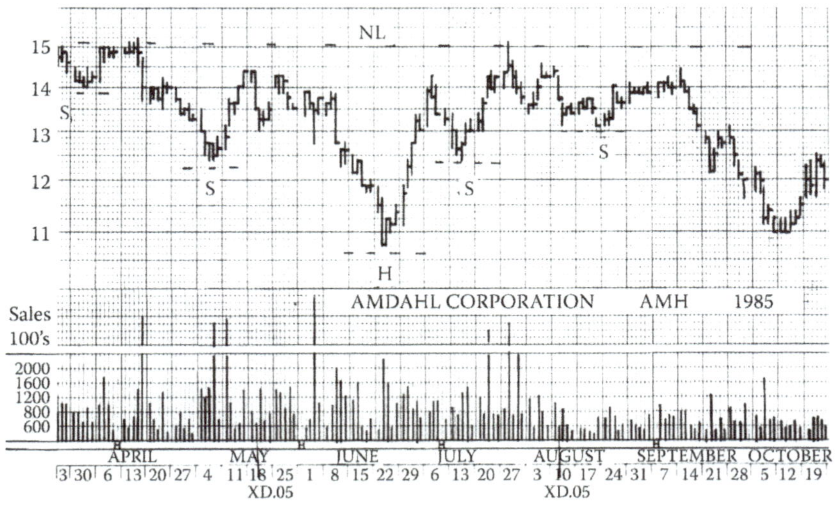

Abbildung 7.12: Das Abrutschen von Amdahl beschäftigte die Bären von März bis Juni, bevor eine scharfe Rallye zeigte, dass die Bullen noch am Leben waren. Danach entwickelte sich eine abgehackte Seitwärts-Handelsspanne mit Unterstützung in der Nähe der Anfang des Jahres etablierten Pullback-Tiefs. Insgesamt gab es in diesem Chart eine schöne Symmetrie, einschließlich des Volumens, was darauf hindeutet, dass die Kursbewegungen von März bis September eigentlich ein breiter Schulter-Kopf-Schulter-Boden waren. Der Einstieg erfolgte bei einem dreiprozentigen Ausbruch aus der Nackenlinie mit einem Mindestziel von 19 ¾.

deutende Varianten von Nackenlinien erscheinen jedoch in dieser Art von Formationen selten; die Nackenlinien sind fast immer völlig oder fast horizontal. Manchmal ist es durch einfache Betrachtung möglich, abzuschätzen, wo die kritische Linie wirklich liegt. Häufiger gibt es zwei Nackenlinien, eine innere und eine äußere, und keine Kursbewegung von größerer Bedeutung ist zu erwarten, bis nicht die äußere durchbrochen ist (was natürlich einfach nur eine andere Ausdrucksform jener Tendenz zur Symmetrie ist, die wir oben erwähnt haben).

Seltsamerweise wird die Kraft einer multiplen Schulter-Kopf-Schulter-Formation eher überals unterschätzt. Für ihre Ausbildung sind erhebliche Zeit und erheblicher Umsatz erforderlich. Man sollte daher in der Tat annehmen, sie signalisiere eine Bewegung (in umgekehrter Richtung wie der vorherige Trend) von größerer Ausdehnung als die einfache Schulter-Kopf-Schulter-Formation. Aber die komplexe Formation zeigt – zumindest in ihren unmittelbaren Konsequenzen – stets weniger Kraft. Die Regeln für das Mindestkursziel sind für beide Arten von Formationen die gleichen und werden in der gleichen Weise angewandt. Der Unterschied zeigt sich im Kursverhalten, nachdem dieses Minimum erreicht ist. Sieht man von einer anfänglichen Pullback-Rallye ab, dann wird schon der erste Abschwung aus einer einfachen SKS-Formation häufig das Mindestkursziel jener Formation schnell erreichen und ein gutes Stück darüber hinausgehen. Aus einer multiplen Schulter-Kopf-Schulter-Gipfel-Formation ist der erste Abschwung oft langsamer und geht sehr selten über das bloße Minimum hinaus. An diese Prognose sollten Sie besonders denken, wenn Sie mit einem Intermediate Top zu tun haben. Wenn sich die komplexe Formation als Wende des Primärtrends entwickelt, werden die Kurse im Endergebnis natürlich viel weiter laufen. Aber auch dann wird sich häufig eine starke Erholung (oder Reaktion im Falle einer Schulter-Kopf-Schulter-Boden-Formation) von dem Niveau des Mindestkursziels aus entwickeln.

Eine gemächliche Formation

Das Volumen einer multiplen Schulter-Kopf-Schulter-Formation hält sich im Allgemeinen an die Gesetze für einfache Schulter-Kopf-Schulter-Umkehrformationen. Während der frühen Stadien einer multiplen Formation mag das Volumenbild viel Irreguläres mit wenig klaren Formen zeigen. Aber in den späteren Stadien sollte die Übereinstimmung mit den Grundsätzen für Schulter-Kopf-Schulter-Formationen klar zu erkennen sein.

Irgendwie haben multiple Schulter-Kopf-Schulter-Formationen etwas an sich, das dem Technischen Analysten besonders gefällt. Wegen ihrer Neigung zur Symmetrie wirkt es geradezu faszinierend, wie sie ihrer Vollendung förmlich „entgegenwachsen". Nachdem sie jedoch ausgebrochen sind, können sie die Geduld auf die Probe stellen, wenn sie immer wieder zaudern, mit dem neuen Trend „in Gang zu kommen". Oft kommt man in Versuchung und nimmt an, ihre Kraft sei erschöpft, sie hätten also ein falsches Signal gegeben. Tatsächlich jedoch sind sie genauso verlässlich wie die einfachen Schulter-Kopf-Schulter-Formationen. Es bleibt allerdings die Frage, ob die Bewegung über das Minimum hinausreicht (siehe oben). Falsche Bewegungen kommen bei beiden Arten sehr selten vor. Und in dem außerordentlich seltenen Fall eines falschen Signals bedeuten sie doch, wie im Fall der einfachen Schulter-Kopf-Schulter-Formation, eine Art warnendes Ausrufezeichen, dass die endgültige Trendumkehr nahe ist.

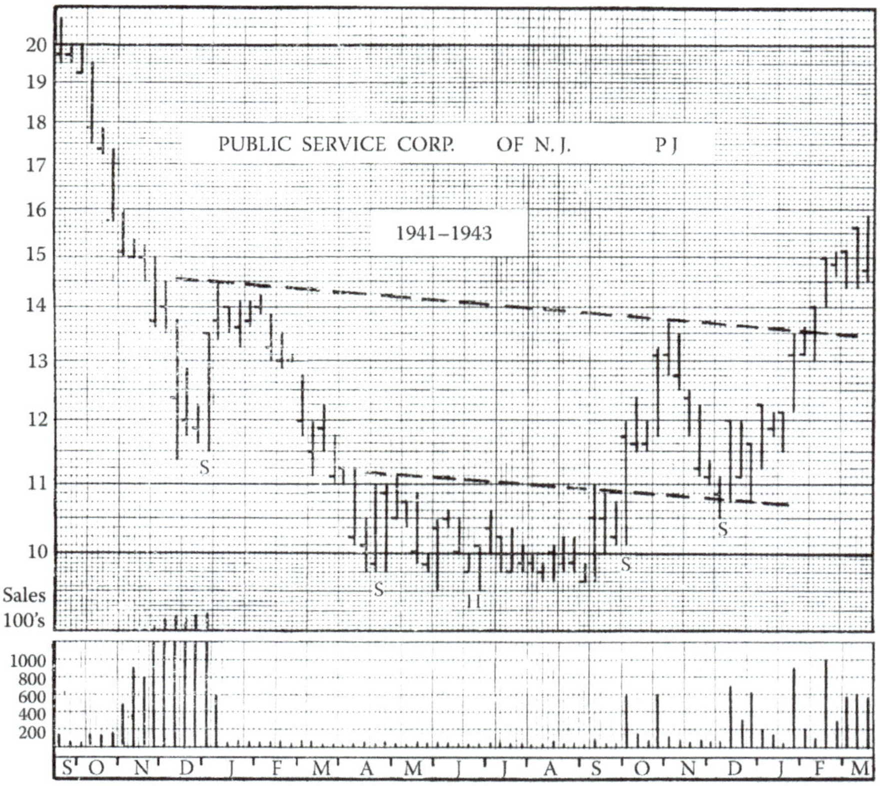

Abbildung 7.13: Eine andere Variante einer Schulter-Kopf-Schulter-Formation innerhalb einer größeren Trendumkehrformation. Der kleinere Schulter-Kopf-Schulter-Komplex war im Tageschart leicht zu übersehen. Obwohl diese Formation sechs Monate lang war, besagte sie noch nicht notwendigerweise, dass sich damit schon der Primärtrend umgekehrt hatte. Aber aus dieser Basis ging der Kurs von PJ im Oktober durch die große Angebotszone hindurch, die sich im vorigen Dezember im Bereich 12 bis 13 angesiedelt hatte. Nun konnte offenbar doch mehr bevorstehen als ein bloßer Aufschwung von sekundärem Charakter. Eine Aufwärtsbewegung von Bedeutung war jedoch endgültig nicht vor Februar 1943 signalisiert, als die obere Nackenlinie durchbrochen wurde und die Kurse bei 14 schlossen. Im November 1943 wurde Public Service noch einmal auf 12 zurückgeworfen (Throw-Back), und zwar genau zu der verlängerten alten Nackenlinie, aber dann stieg es stetig bis 30. Studieren Sie diesen Chart wieder, wenn Sie sich mit Unterstützung und Widerstand befassen (Kapitel 13). Dieser Chart ist ein Beispiel für die Regel, dass Major-Böden gewöhnlich viele Monate benötigen und ein Gutteil Geduld verlangen, während Gipfelformationen oft in verhältnismäßig kurzer Zeit vollendet sind. Abgesehen von der benötigten größeren Zeitspanne jedoch finden die meisten Gipfelformationen ein entsprechendes Gegenstück in Bodenformationen.

Rounding Tops und Rounding Bottoms

Die multiplen Formationen, die wir gerade untersucht haben, entstehen durch eine Art Ausdehnung oder Vervielfachung normaler Schulter-Kopf-Schulter-Formationen. Denken Sie sich diesen Prozess noch weiter fortgesetzt, und die komplexen Formationen gehen in unsere nächste Gruppe von Umkehrformationen über, die man Rounding Turns (gerundete Wendeformationen) nennt.

Bei unserer ersten Betrachtung der Theorie über Umkehrformationen sahen wir: Es braucht Zeit und ein erhebliches Handelsvolumen, um einen etablierten Kurstrend von aufwärts nach abwärts oder umgekehrt zu drehen. In einer Umkehrformation vom Schulter-Kopf-Schulter-Typ schlägt der Trend sozusagen hohe Wellen, kämpft, greift wieder und wieder an, ehe er aufgibt und

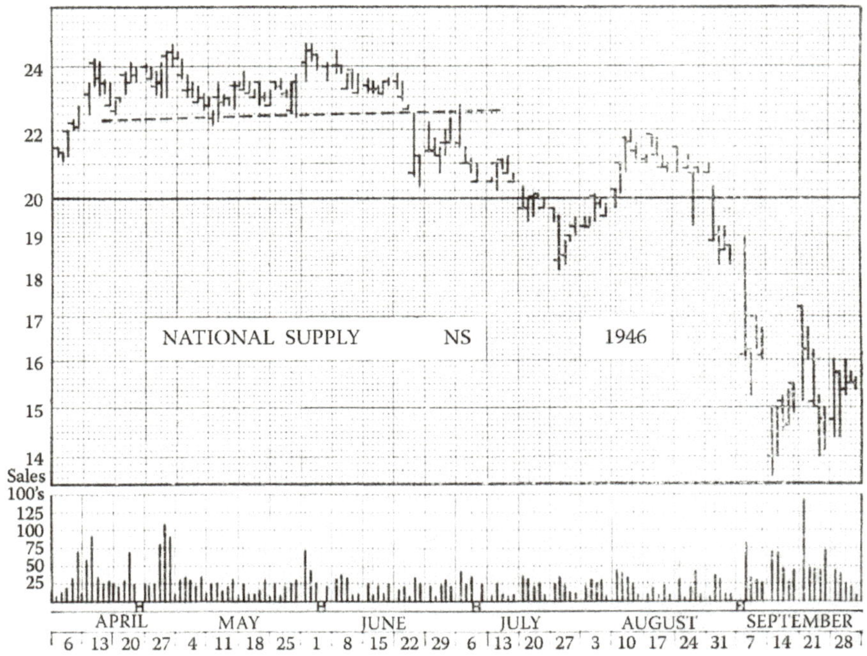

Abbildung 7.14: Noch eine weitere Variante der komplexen Umkehrformationen. Diese kann als Schulter-Kopf-Schulter-Formation mit zwei weit voneinander entfernten Köpfen beschrieben werden. Prüfen Sie das Umsatzbild, den Breakout nach unten am 20. Juni und den folgenden Pullback. Vergleichen Sie den Chart mit der Boden-Umkehrformation von Bethlehem Steel in Kapitel 12 (Abbildung 12.12).

sich zurückzieht. Während dieses Kampfes fluktuiert das Gleichgewicht zwischen den Kräften von Angebot und Nachfrage oft in wilder Form, bis schließlich eine die andere überwindet. In den multiplen Formationen geht ein ähnlicher Prozess vor sich, aber weniger wild. Erst über einen längeren Zeitraum wird der fortschreitende Wechsel im Gleichgewicht von der einen zur anderen Kraft klar erkennbar.

Im Rounding Turn kommt dieses technische Phänomen noch sehr viel einfacher und logischer zum Ausdruck. Die Formation stellt einfach einen allmählichen, fortschreitenden und ziemlich gleichmäßigen Wechsel der Trendrichtung bildlich dar. Der Wechsel wird durch eine allmähliche Gleichgewichtsverlagerung zwischen den Kräften des Kaufens und Verkaufens hervorgebracht.

Wenn zum Beispiel die Käufer längere Zeit hindurch das Übergewicht über die Verkäufer hatten, wissen wir: Das Ergebnis war ein allgemeiner Aufwärtstrend im Kurs unserer Aktie, bildlich dargestellt durch unseren Chart. Solange die Käufer begehrlicher sind, zahlreicher, aggressiver, stärker als die Verkäufer, wird jener Aufwärtstrend sich fortsetzen. Dann jedoch, nehmen wir weiter an, wird die Verkaufstätigkeit etwas stärker. Die Kauftätigkeit wird vielleicht etwas schwächer oder verharrt bei ihrer vorherigen Intensität. Dieser leichte Wechsel im technischen Gleichgewicht zeigt sich darin, dass der vorherige Aufschwung etwas langsamer wird. Wenn die Verkäufe in ihrer relativen Kraft allmählich anwachsen, werden sie schließlich den Kräften der Nachfrage gleich werden. Das Marktniveau wird sich dann weder nach oben noch nach unten bewegen, sondern für eine Zeit ganz regelmäßig und stationär bleiben (von kleineren und unbedeutenderen Fluktuationen abgesehen).

Weiter angenommen, diese neue Entwicklung setzt sich fort, und der Verkaufsdruck wächst langsam weiter, bis er schließlich stärker als die Nachfrage geworden ist. Nun bewegt sich das

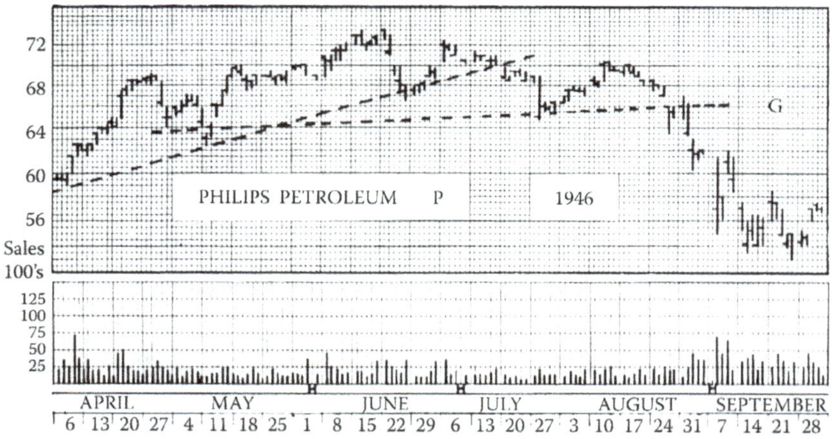

Abbildung 7.15: Wenn hoch notierende Anlagewerte ihren Gipfel als Umkehr eines langen Trends (Major Trend) bilden, ist eine solche Formation oft lang und „flach". Der Gipfel von Philips Petroleum im Jahr 1946 konnte entweder als multiple Schulter-Kopf-Schulter-Gipfel-Formation oder als etwas unregelmäßiges Rounding Top aufgefasst werden. Eine wichtige Trendlinie (Kapitel 14) wurde im Juli nach unten durchbrochen.

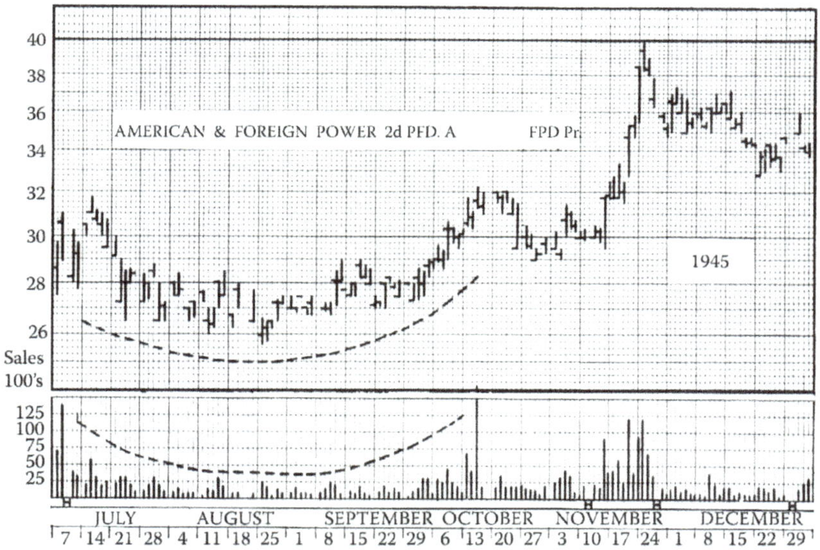

Abbildung 7.16: Die Reaktion der Vorzugsaktie von American & Foreign Power auf das Kriegsende 1945. A nahm ebenso wie bei vielen anderen Aktien die Form eines Rounding Bottoms an. Vergleichen Sie die Kurs- und Volumentrends! Am 4. Oktober war die Entwicklung leicht zu erkennen.

Gleichgewicht in die andere Richtung. Jetzt sind mehr Verkäufer als Käufer da, und das Ergebnis wird ein allmählicher Rückgang der Kursnotierung für die Aktie sein. Wenn dieser Wechsel im Kräftegleichgewicht ziemlich stetig ist und immer weitergeht, können wir selbst ohne die Hilfe eines Charts erkennen, was geschehen wird: Das Bild dieser Kursbewegung ist ein langer aufwärts führender Trend, der langsam beginnt, sich zu runden, eine Weile in einer Art stationärer Gleichgewichtsphase verharrt und dann einen allmählichen Rückzug beginnt. Der vorherige Aufwärtstrend hat sich umgekehrt und ist zu einem neuen, sich nach unten beschleunigenden Abwärtstrend geworden.

Rounding Bottoms werden oft auch als Bowl („Suppenschüssel") oder Saucer („Untertasse") bezeichnet. Rounding Tops werden manchmal Inverted Bowl („umgekehrte Suppenschüssel" beziehungsweise „umgekehrte Untertasse") genannt. Obwohl ihr Aufbau so logisch erscheint, ist keiner dieser Typen so häufig wie die Schulter-Kopf-Schulter-Formationen. Rounding Bottoms kommen am häufigsten bei Aktien vor, die ein sehr niedriges Kursniveau haben (Billigaktien). Die Formation ist dann sehr lang ausgedehnt und wenig eingewölbt. Zu ihrer Vollendung benötigt sie meistens viele Monate. Es gab eine große Anzahl derartiger Entwicklungen während der Jahre 1942 und 1943 bei Aktien, die unter zehn Dollar notierten. (Es sollte hier angemerkt werden, dass Untertassen-Formationen von zwei oder drei Monaten Dauer auch häufig eine nach der anderen in den Charts von niedrig notierenden Aktien *während* einer ausgedehnten Aufwärtsbewegung erscheinen. Ihre Charakteristika und Eigenarten werden später noch diskutiert, wenn wir zum Thema Konsolidierungen kommen.)

Rounding Tops sind bei Aktien in der niedrigen und mittleren Preisklasse sehr selten. Aber man findet sie gelegentlich in den Charts jener hoch notierenden Aktien, die bei reichen Investoren als mündelsichere Anlagewerte gelten und für die das allgemeine Publikum sich meist nicht interessiert.

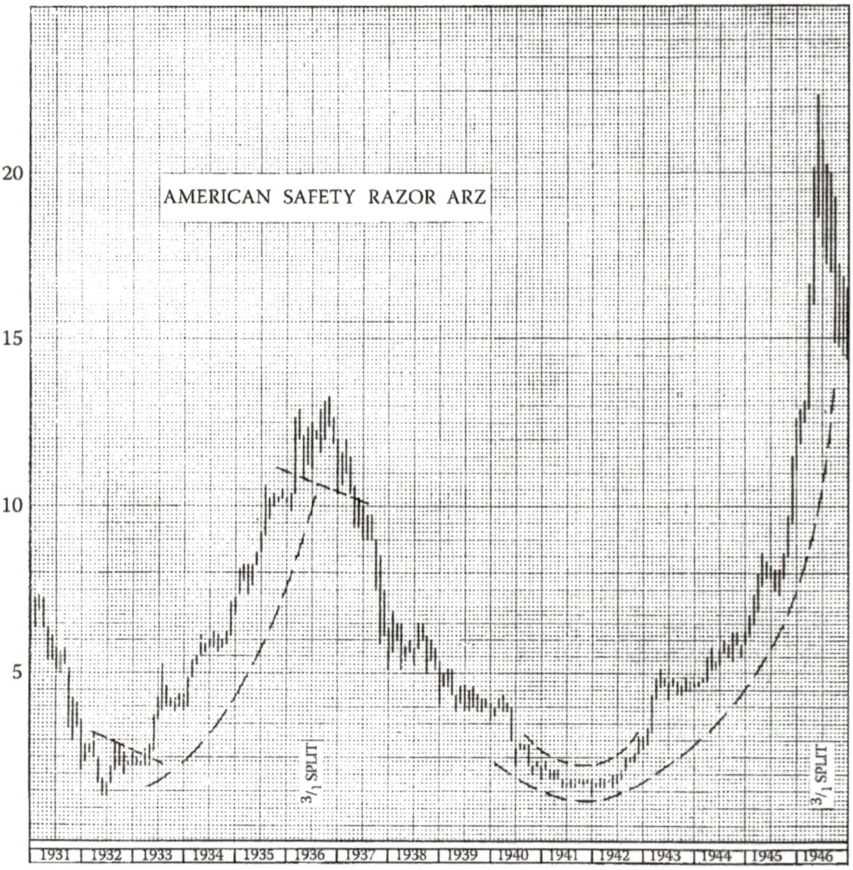

Abbildung 7.17: Monatschart im arithmetischen Maßstab. Das Tief von American Safety Razor aus dem Jahr 1932 war eine Schulter-Kopf-Schulter-Boden-Formation; das Hausse-Hoch 1936 war ein Schulter-Kopf-Schulter-Gipfel. Die Hausse dieser Aktie von 1942 bis 1946 nahm ihren Anfang mit einem Rounding Bottom, der beinahe 2 ½ Jahre lang war! Die Beobachtung von Monatscharts zahlt sich aus.

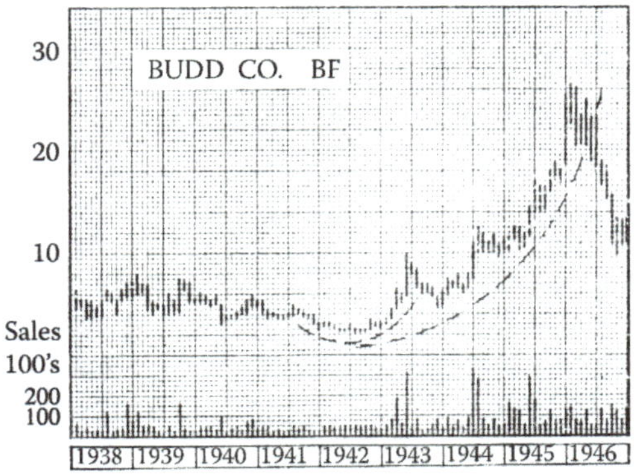

Abbildung 7.18: Ein Monatschart der Budd Company. 1942 war das erste Jahr, in dem sich ein lang ausgezogenes, untertassenähnliches Gebilde entwickelte, ein Rounding Bottom von größerer Bedeutung. BF kletterte von unter drei Dollar 1942 auf über 26 im Jahr 1946.

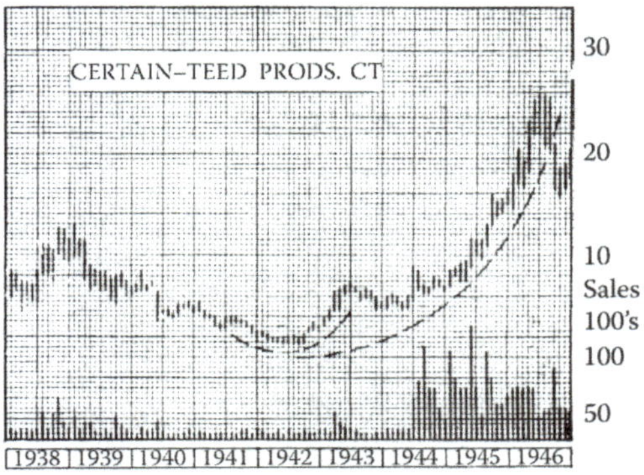

Abbildung 7.19: Eine ähnliche Formation bei CertainTeed Products, das von unter 2 im Jahr 1942 auf über 25 im Jahr 1946 stieg. Beachten Sie das Volumen von 1940 bis 1945. Der nach oben gebogene Typ derartiger großer Bullentrends, wie in diesen Charts zu sehen, wird in Kapitel 15 diskutiert.

Sie erscheinen häufig auch in den Charts von hochkarätigen Vorzugsaktien – und zwar ganz natürlicherweise. Denn die Nachfrage nach diesen Aktien beruht auf zwei Faktoren: auf Mittelzuflüssen von großen Fonds, die konservative Investments suchen, und auf den Zinsen – beides Faktoren, die sich meist nur sehr langsam ändern. Der spekulative Anreiz, der weit schwingende Kursfluktuationen hervorbringt, fehlt diesen Aktien. Dieselbe Art von Argumentation erklärt, warum sich Rounding Tops fast nie bei niedrig notierenden und spekulativen Aktien entwickeln; Bullenmärkte in solchen Aktien bilden ihren Gipfel infolge erregten Kaufens durch das allgemeine Publikum, das zu diesem Zeitpunkt langfristigen Investmentüberlegungen wenig oder gar keine Beachtung schenkt.

Der Einfluss von Rounding Turns auf den Umsatz

Bislang haben wir noch nicht die zweite Hälfte des Bildes betrachtet, den Umsatz. Er ist jedoch ebenso interessant wie bedeutungsvoll. Im Falle von Rounding Bottoms ist das Bild des Umsatzes gewöhnlich genauso klar geschnitten und überzeugend wie das der Kurse. Der erste Schritt der allmählichen Überwindung des Angebots durch die Nachfrage erscheint als Nachlassen des Verkaufsdrucks. Der Umsatz, der ein hohes Niveau erreicht hat, nimmt langsam ab; die Nachfrage ist noch furchtsam, aber der Druck auf sie wird geringer: Während so die Kurse noch nachgeben, wird das Ausmaß langsamer, und der Trend rundet sich mehr und mehr in eine Horizontale. Am Boden der Kurve, wo beide Kräfte technisch im Gleichgewicht sind, finden verhältnismäßig wenige Transaktionen statt. Dann beginnt die Nachfrage anzusteigen, und während die Kurse langsam nach oben gehen, wird der Markt aktiver. Das Volumen verstärkt sich mit dem Trend, bis es schließlich in wenigen Tagen eines beinahe senkrechten Kursanstiegs im Chart eine Art klimaktischen Gipfelpunkt erreicht.

Verbindet man in derartigen Formationen die Spitzen der Umsatzlinien am Grunde des Charts miteinander, so beschreiben sie eine Art Bogen. Im Großen und Ganzen ist er eine Art Parallele zu dem Bogen, den die Kurse oben bei der Ausbildung der Untertasse durchlaufen. Wenn derartige Formationen *nach einem ausgedehnten Rückgang* vorkommen, sind sie von außerordentlicher Wichtigkeit. Denn sie bezeichnen fast immer einen Wechsel im Primärtrend und signalisieren einen ausgedehnten bevorstehenden Aufschwung. Dieser Aufschwung allerdings setzt sich nur ganz selten in einer Art „Raketeneffekt" fort, der die ganze Bewegung in einigen wenigen Wochen vollendet. Im Gegenteil neigt der Aufwärtstrend nach der Vollendung

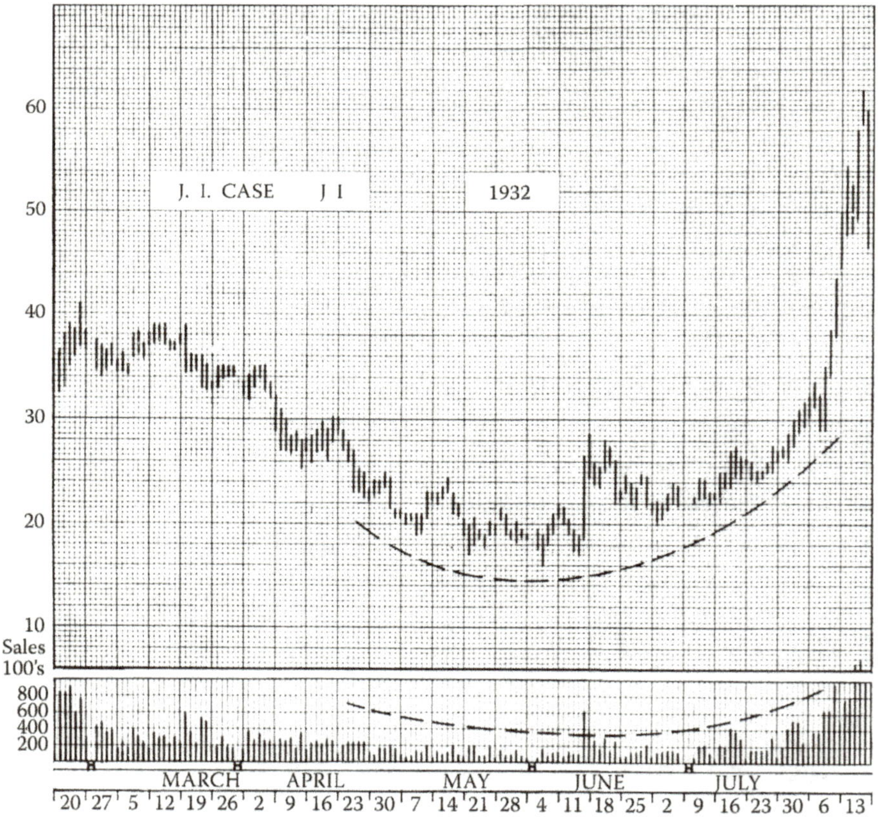

Abbildung 7.20: Ein klassisches Beispiel einer Untertasse im Jahr 1932, die den Wechsel im Primärtrend brachte. Das „Aus-der-Reihe-Tanzen" der Kurse am 10. Juni und die folgende Rückkehr in das Untertassen-Muster sind eine bei Rounding Bottoms häufige Entwicklung.

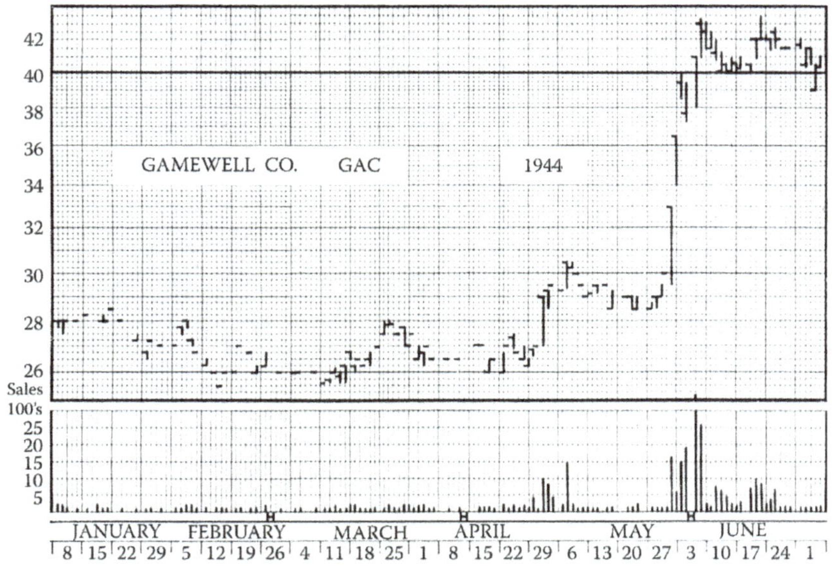

Abbildung 7.21: Ein extremer Fall eines „Dormant Bottom". Es gab in den ersten vier Monaten viele Tage, an denen überhaupt keine Aktien umgesetzt wurden. Ein Kaufsignal erschien am 26. April. Beachten Sie das Volumen.

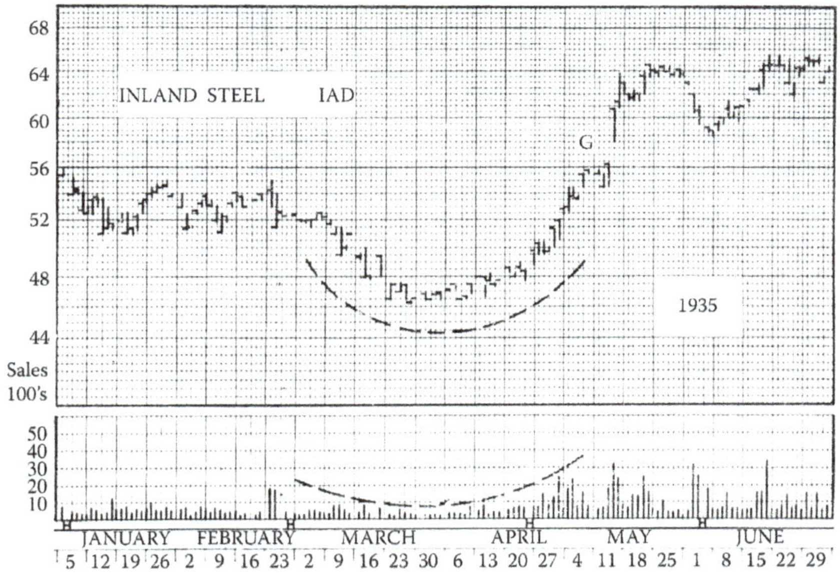

Abbildung 7.22: Die Reaktion vom März 1935 brachte viele Untertassen-Formationen hervor. Diese grenzt schon an den Typ des Dormant Bottom. Das Gap (G) nach einem Ausbruch durch ein Widerstandsniveau wurde erst spät im Jahr 1937 geschlossen (vergleiche Kapitel 12).

der Formation zu einer langsamen Gangart. Er ist häufigen Unterbrechungen unterworfen, die die ungeduldigen Spekulanten ermüden und aus der Aktie vertreiben. Aber im Ergebnis bringt er substanzielle Gewinne.

Lassen Sie uns wiederholen: Das Umsatzvolumen soll zu einem extremen Tief am Boden der Formation abebben, wenn man ihr trauen können soll. Wenn die Kurse dieses tote Zentrum überschritten und ihren ersten allmählichen Anstieg bei bloß leichter Zunahme der Aktivität begonnen haben, mag sich etwas wie ein vorzeitiger Breakout ereignen. Ohne Warnung „schießt" eine Explosion der Kauftätigkeit die Notierungen für ein oder zwei Tage „senkrecht nach oben". Das ist keineswegs selten, aber fast ohne Ausnahme fallen die Kurse danach wieder zurück in ihren ursprünglichen Kanal, und die allmähliche, gerundete Bewegung wird wieder aufgenommen. Bei solchen verfrühten Ausbrüchen besteht für den Spekulanten keine besondere Gefahr. Aber wenn er in Versuchung gerät, auf ein solches Signal der Stärke hin „auf den Zug aufzuspringen", sollte er sich darüber klar sein, dass er vermutlich noch Geduld braucht. Ein klassisches Beispiel dieser Art von vorzeitigem Breakout sehen Sie in Abbildung 7.20.

In Kapitel 16 finden Sie einige sehr wichtige Untertassen-Formationen aus dem Jahr 2005 und deren Folgen bis zum Jahr 2011.

Die Variante des Dormant Bottom

Eine Art von Chartformation, die einen Major-Boden kennzeichnet, nennt man Dormant Bottom („schlafender Boden"). Sie gehört ihrer Natur nach zu den Untertassen-Formationen, denn sie ist eigentlich nur eine extreme Entwicklung des ausgedehnten, flachen Typs, auf den wir schon hingewiesen haben. Diese Formation erscheint charakteristischerweise bei umsatzschwachen (dünn gehandelten), das heißt solchen, bei denen Zahl der ausstehenden Aktien oder genauer des Streubesitzes sehr gering ist. Bei solchen Aktien mag der normale Tagesumsatz in einem aktiven, steigenden Markt nur 200 oder 300 Aktien betragen. Schließlich verstreichen Wochen und manchmal Monate, in denen tagelang keine Umsätze registriert werden oder vielleicht einmal 100 Aktien, die mit bruchteiligen Kursänderungen gehandelt werden. Der Chart sieht dann sozusagen aus, als ob darauf nur „Fliegendreck" wäre.

Schließlich ereignet sich ein plötzlicher und gewöhnlich ganz unerklärlicher Ausbruch von Aktivität. Mehrere Hundert Aktien erscheinen auf dem Tickerband, und die Kurse steigen scharf an. Dieses plötzliche Erwachen kann eine vorzeitige Bewegung sein, wie wir sie in Verbindung mit den typischen Rounding Bottoms beobachtet haben. Dann folgen einige weitere Wochen der fehlenden Aktivität. Oder es kann auch der erste Anstieg in einem Prozess von Aufwärtsschritten sein, bei dem die Intervalle zwischen jedem Aufwärtsschritt kürzer und kürzer werden, bis sich schließlich ein gleichmäßiger Aufwärtstrend entwickelt. In jedem Fall ist es ein Signal, dass wir es mit einer wichtigen Akkumulationsphase zu tun haben.

Die Ursache solcher Dormant Bottoms ist leicht zu erraten. Nur wenige Aktien laufen im freien Markt um, nur gelegentlich erscheint einmal ein Angebot, das bestens aufgegeben wird. Würden Investoren (vielleicht Insider, die mit der Gesellschaft zu tun haben) ernsthaft anfangen, auf die Aktie zu bieten, so würden sie nur den Kurs in die Höhe und außer Reichweite treiben. So „halten sie einfach den Korb darunter", wie man sagt, sammeln alles auf, was angeboten wird, aber „greifen"

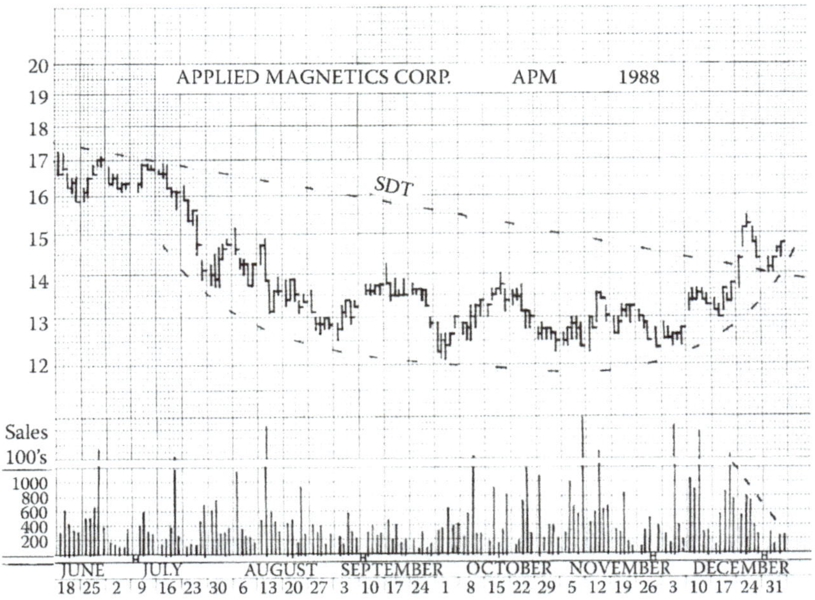

Abbildung 7.23: In einer breiten Handelsspanne (11–17 ½) während des Jahres 1988 drehte APM im Sommer vom Widerstand nach unten. Die Reaktion war jedoch langsam und bildete von Juli bis November ein untertassenähnliches Muster bei einer allgemein bullishen Preis-Volumen-Korrelation. Besonders bemerkenswert war die Tatsache, dass der Tiefpunkt der Untertasse oberhalb des Februar-Tiefs lag, das heißt, höhere Tiefs begannen sich zu bilden. Die volumenstarke Rallye durch die kurzfristige Abwärtstrendlinie signalisierte den Beginn des nächsten Aufwärtstrends.

nicht danach, bis schließlich der Baum leergeschüttelt ist. Dann erhöhen sie vielleicht ihr Angebot um einen Punkt; wenn das eine Menge Aktien zum Kauf herauszulocken scheint, kehren sie zu ihrer Wartetaktik zurück.

Umsatzverhalten bei inversen Untertassen-Formationen (Rounding Tops)

Das Umsatzbild bei einem Rounding Top ist selten so klar definiert wie bei Rounding Bottoms. Meist ist das Volumen ziemlich hoch und während der ganzen gewölbten Kursbewegung unregelmäßig. Bei genauer Beobachtung kann man gewöhnlich einige Anzeichen sehen, dass sich die Aktivität bei den kleineren Fluktuationen von der Kauf- auf die Verkaufsseite verlagert, nachdem der Gipfel überschritten ist. Aber in den meisten Fällen werden Warnzeichen vom Volumen her nicht auffällig, bevor der Abwärtstrend schon sehr steil geworden ist. Wir kennen keine Kurszielformel, die wir auf Rounding Turns anwenden könnten (allerdings gilt auch hier der Gedanke, den wir in Verbindung mit Schulter-Kopf-Schulter-Formationen nannten: Man kann nicht erwarten, dass eine Umkehrformation eine größere Bewegung hervorbringt als die des vorhergehenden Kursausschlags in die entgegengesetzte Richtung), aber *sie täuschen fast nie.* Ihre Auswirkungen kann man grob abschätzen: von der Länge des Trends, der bis zu ihnen geführt hat, und von der Länge der Zeit, die sie brauchen, um ihren Rundungsprozess zu vollziehen. Die Rounding Turns in Wochen- und Monatscharts haben damit größere Bedeutung.

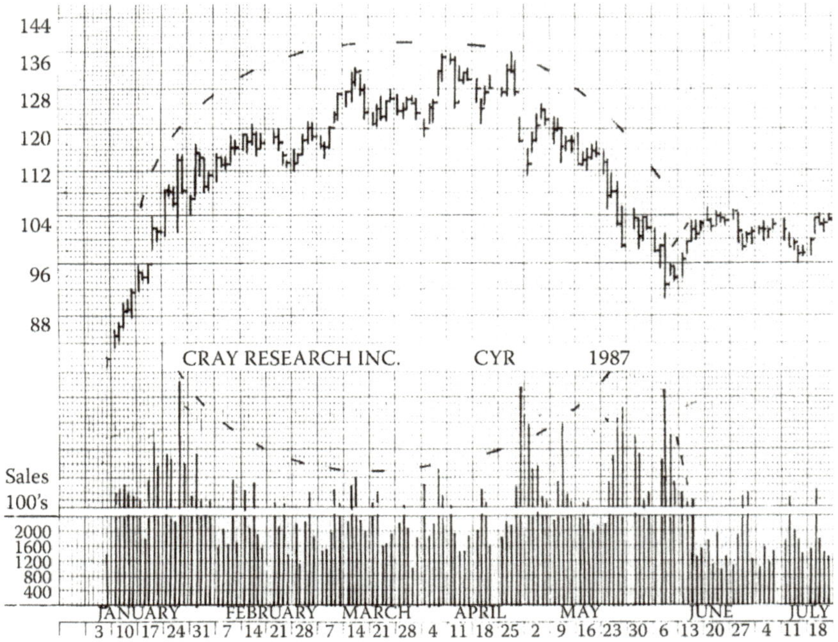

Abbildung 7.24: *Cray Research, mehr als ein Jahrzehnt lang eine Power-Aktie. Im Jahr 1976 noch zu einem Kurs von unter 1,00 Dollar gehandelt, erreichte sie 135 ¾, bevor Ende April eine Kurslücke durch den Boden einer siebenwöchigen Diamantformation den Rückgang einleitete. Nach der hochvolumigen Rallye Mitte Januar gelang CYR jedoch auch ein beeindruckendes Rounding Top. Das konkave Volumenmuster, deutlich erkennbar nach dem hochvolumigen Rücksetzer auf die Unterstützung, die dem Durchbruch durch den Diamanten folgte, war besonders signifikant für die Beleuchtung dieses inversen Untertassen-Musters.*

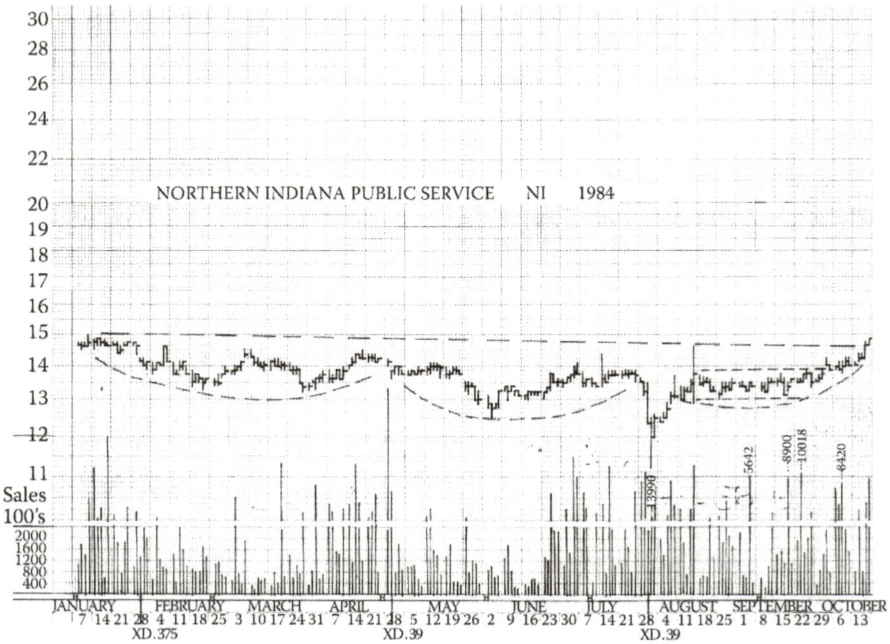

Abbildung 7.25: 1984. Wir lieben die muschelförmige Tendenz von Northern Indiana Public Service. Obwohl es sich offensichtlich nicht um ein Muster handelt, das einen raketenartigen Anstieg ankündigt, hellt sich das technische Bild mit dem hochvolumigen Ausbruch durch den Widerstand am Chartende auf.

Das führt uns abschließend zu einer Betrachtung von Formationen in Wochen- und Monatscharts. Bislang haben wir im Einzelnen immer nur von Entwicklungen in Tagescharts gesprochen. Aber alle bisherigen Formationen zeigen sich genauso und mit der gleichen Bedeutung in den viel größeren Ausschlägen, zu denen die täglichen Bewegungen in Wochen- und Monatscharts zusammengedrängt sind. Das Umsatzbild mag nicht so leicht zu lesen sein. Beispielsweise mag an einem Tag der Woche eine extreme Aktivität herrschen, und die anderen Wochentage haben geringen Umsatz; an dem Gesamtumsatz der Woche mag sich also keine Auffälligkeit zeigen. Aber das Umsatzbild ist hier auch weniger kritisch – es kann fast vernachlässigt werden. Schulter-Kopf-Schulter-Formationen sind in Monatscharts besonders häufig und sollten mit gehörigem Respekt behandelt werden. In der Tat: Jede klar definierte Formation, die in einem Wochen- oder Monatschart bis zur Vollendung gediehen ist, ist entsprechend bedeutsamer – wobei man allerdings nie vergessen darf, dass eine Umkehrformation etwas umzukehren haben muss.

KAPITEL 8

WICHTIGE UMKEHRFORMATIONEN: DREIECKE

Als Nächstes kommen wir zu einer völlig andersartigen Familie technischer Formationen, zu den Dreiecksformationen (Triangles). Diese Gruppe war in den Charts der letzten Jahre nicht so stark repräsentiert wie etwa während der 1920er- und 1930er-Jahre. (*EN10: In den modernen Märkten der 2000er-Jahre wieder reichlich vorhanden.*) Ihre augenblickliche Seltenheit ist bedauerlich, denn sie sind eine faszinierende Gruppe mit gutem Gewinnpotenzial. Ehe wir uns mit ihnen näher befassen, erscheint jedoch ein kurzer Rückblick auf die Grundüberlegungen der Technischen Analyse angebracht. Sie können in den folgenden kurzen Feststellungen zusammengefasst werden (siehe Abbildung 8.1 bis 8.25):

1. Der Marktwert einer Aktie ist ausschließlich durch das Zusammenspiel von Angebot und Nachfrage bestimmt.
2. Angebot und Nachfrage sind in jedem gegebenen Augenblick durch viele Hunderte von Faktoren bestimmt, von denen einige rational und andere irrational sind. Informationen, Meinungen, Stimmungen, Vermutungen über die Zukunft (scharfsinnige und andere) vereinigen sich in dieser Gleichung mit blinden Notwendigkeiten. Kein Normalsterblicher kann hoffen, sie alle zu kennen und zu beurteilen, aber der Markt in seiner Gesamtheit tut dies automatisch.
3. Abgesehen von kleineren Fluktuationen bewegen sich Kurse in Trends, die eine gewisse Zeit andauern.
4. Wechsel im Trend als Folge einer wesentlichen Änderung im Gleichgewicht zwischen Angebot und Nachfrage sind *früher oder später* im Börsengeschehen selbst erkennbar, wodurch auch immer sie hervorgerufen wurden.

Die kursiv geschriebenen Worte der letzten Feststellung mögen Ihnen verdächtig erscheinen. Die Klage, die Dow-Theorie komme oft zu spät, ist schon erwähnt worden. Die Umkehrformationen der beiden vorhergehenden Kapitel geben erst ein verlässliches Signal, *nachdem* der Trend sich gedreht hat, gewöhnlich zwar früher als die Dow-Theorie, aber niemals am absoluten Hoch- oder Tiefpunkt. Wer also eine Aktie sofort, aber auch nicht früher verkauft, wenn eine SKS-Formation in ihrem Chart vollendet ist, erhält als Gewinn vielleicht nicht einmal die Hälfte der gesamten Abwärtsbewegung, gerechnet vom extremen Höhepunkt zum extremen Tiefpunkt. Denn nach unserer Kurszielformel kann die Hälfte der Abwärtsbewegung schon vollendet sein, ehe die Umkehrformation endgültig bestätigt ist.

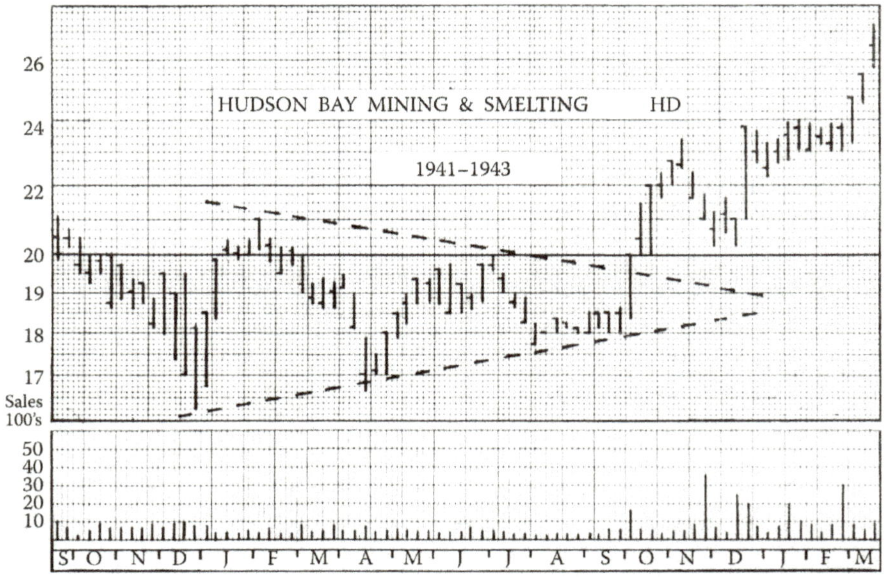

Abbildung 8.1: Ein schönes symmetrisches Dreieck als Umkehrformation in einem Wochenchart. Die obere Grenze verläuft vom Höhepunkt der Erholung im Februar 1942 bei 21 nach unten, die untere Begrenzungslinie vom „Pearl--Harbor-Tief" bei 16 3/8 nach oben. Beide laufen in einer Spitze bei ungefähr 18 5/8 zusammen. Von dieser Bodenformation mit größerer Bedeutung (Major-Boden) stieg HD bis auf 45 im Jahr 1946. Achten Sie auf die fallende Tendenz des Volumens, als sich die Formation ausbildete, und den Anstieg, als die Kurse im Oktober 1942 nach oben ausbrachen. Der Breakout schaffte nicht ganz drei Viertel des Weges vom ersten Hochpunkt bis zur Dreiecksspitze.

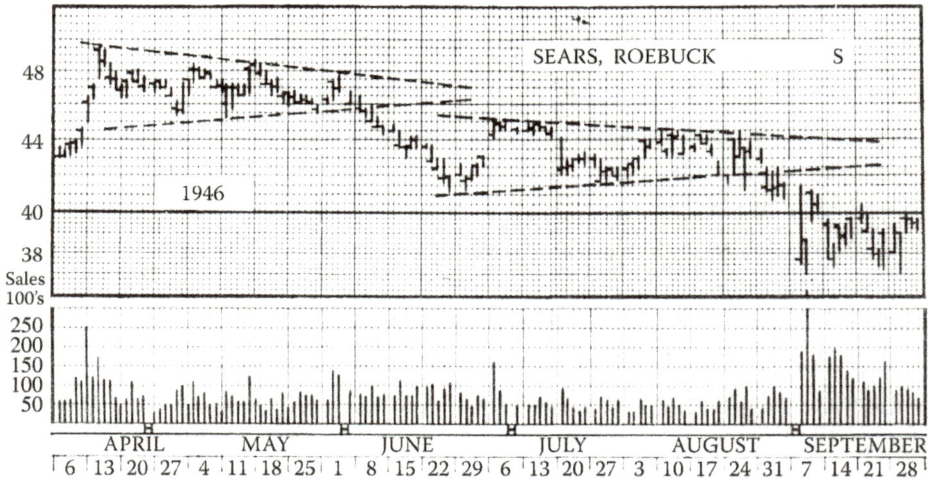

Abbildung 8.2: Sears Roebuck bildete das Hoch seiner Hausse im Jahr 1946 in Form eines symmetrischen Dreiecks. Dann lief der Kurs in ein anderes langes Dreieck, das sich später als Konsolidierung und nicht als Umkehrformation herausstellte. Ein Verkaufssignal wurde bei 44 ½ und wieder bei 41 gegeben. Der Abschwung setzte sich bis 30 ½ fort.

Seien Sie sich bitte darüber im Klaren, dass es dagegen kein Mittel gibt. Natürlich brachte es irgendjemand fertig, seine Aktien genau auf dem letzten Achtelpunkt des Gipfels des Kopfes zu verkaufen (und irgendein armer Teufel kaufte sie dort). Der Verkäufer hatte in diesem Falle schlicht und einfach Glück! Man kann sein Ergebnis mit dem des Mannes vergleichen, der den Golfball mit einem Schlag ins Loch

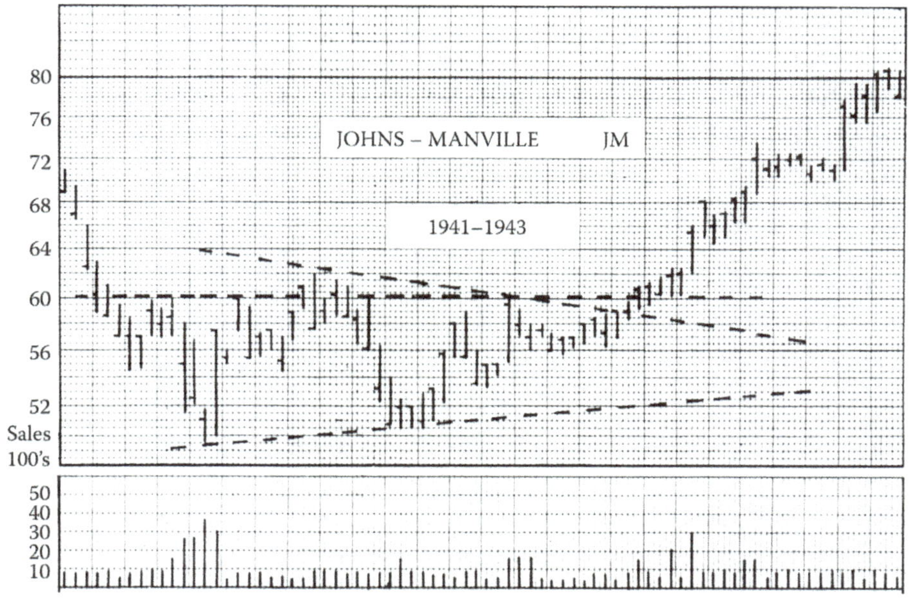

Abbildung 8.3: Die Umkehr des Primärtrends von Johns-Manville im Jahr 1942 entwickelte sich aus einem symmetrischen Dreieck, das auch gewisse Aspekte einer Schulter-Kopf-Schulter-Formation mit einer langen rechten Schulter aufwies. Obwohl dies ein Wochenchart ist, lohnt es sich hier, das Volumen in Verbindung mit der Kursaktion genau zu verfolgen. JM stieg (unter Berücksichtigung eines Aktiensplits) in den nächsten vier Jahren um mehr als 100 Punkte.

bringt. Auch ein völliger Anfänger hat gelegentlich so einen Glückstreffer. Aber je besser der Spieler, desto eher ist er zufrieden, wenn er sicher auf dem Grün landet und nicht zu weit vom Loch entfernt ist. Je erfahrener ein Investor, desto weniger kämpft er um den letzten Punkt oder auch nur die letzten zehn Punkte seines gesamten Börsenengagements. Kein Verkäufer kann *zum Zeitpunkt des Verkaufs* jemals sicher sein, dass er zum endgültigen Höhepunkt verkauft hat. Keine Regeln oder Methoden sind jemals gefunden worden – und werden auch nie gefunden werden –, um sicherzustellen, dass man innerhalb von Kursbruchteilen am Boden kauft oder am Gipfel verkauft. Theoretisch könnte natürlich jemand eine Aktie dadurch zu ihrem absoluten Tiefstkurs kaufen, dass er zu diesem Zeitpunkt jede angebotene Aktie aufkauft, wenn notwendig alle ausstehenden Aktien. Aber falls Sie durch diesen Gedanken in Versuchung geführt werden: Bedenken Sie bitte, dass es zum Beispiel etwa 3,7 Milliarden Dollar kosten kann, um auf diese Weise unter U.S. Steel bei 70 (*EN9: circa 1950er-Jahre*) einen Boden zu bauen.

Einige Leser werden an dieser Stelle vielleicht denken, wir behandelten diesen Punkt zu genau. Jedoch werden Sie den Sinn der vorhergehenden Bemerkungen verstehen, wenn wir die Gewohnheiten des Dreiecks näher betrachten, denn diese Formationen sind nicht immer Anzeichen für eine Trendumkehr. Im Gegenteil signalisieren sie – abgesehen von ziemlich seltenen Varianten – eher das, was man üblicherweise als *Konsolidierung* bezeichnet. Sie beenden eine Aufwärts- oder Abwärtsbewegung nur zeitweise und bereiten so den Boden für eine spätere starke Bewegung *in dieselbe Richtung* (Schabacker nannte solche Chartformationen „Fortsetzungsformationen"). Wenn wir dennoch die Dreiecke hier unter die allgemeine Überschrift „Umkehrformationen" einbeziehen, so hat das seinen Grund. Zuzeiten entwickeln sie sich in der Tat auch in einer Periode, in welcher der Haupttrend wechselt. Dies sind aber gerade die Fälle, die zu erkennen für den Investor unter allen Umständen am wichtigsten ist.

Symmetrische Dreiecke

Die allgemeinste Form eines Dreiecks besteht aus einer Serie von Kursfluktuationen, deren jede *kleiner als ihre Vorgängerin* ist. Jeder kleine Hochpunkt schafft es nicht ganz, die Höhe der vorhergehenden Rallye zu erreichen, und jeder kleinere Rückgang hält etwas über dem vorhergehenden Tief an. Das Ergebnis ist eine Art zusammenlaufender „Dow-Linie" im Chart, eine seitwärts verlaufende Kurs- oder Handelsspanne („Trading-Range"). Die obere Kante ist mehr oder weniger genau durch eine sich *nach unten neigende* Grenzlinie definiert und die untere Kante in gleicher Weise durch eine *nach oben weisende* Linie. Diese Art Dreieck wird symmetrisches Dreieck (Symmetrical Triangle) genannt. Wenn wir die Sprache der Geometrie noch genauer anwenden wollten, könnten wir es auch als spitzwinkliges Dreieck bezeichnen. Denn es ist keineswegs nötig, dass Ober- und Untergrenze von gleicher Länge sind oder, um es anders auszudrücken, dass sie den gleichen Winkel mit der horizontalen Achse bilden. Jedoch besteht eine starke Tendenz dieser Formationen, sich der symmetrischen Form anzunähern; so ist der übliche Name völlig ausreichend. Diese Formation wird manchmal auch als „Coil" (Sprungfeder) bezeichnet.

Während der Prozess der Kontraktion oder der Verengung, der das Kursgeschehen des symmetrischen Dreiecks ausmacht, seinen Fortgang nimmt, weist die Umsatzaktivität einen abneh-

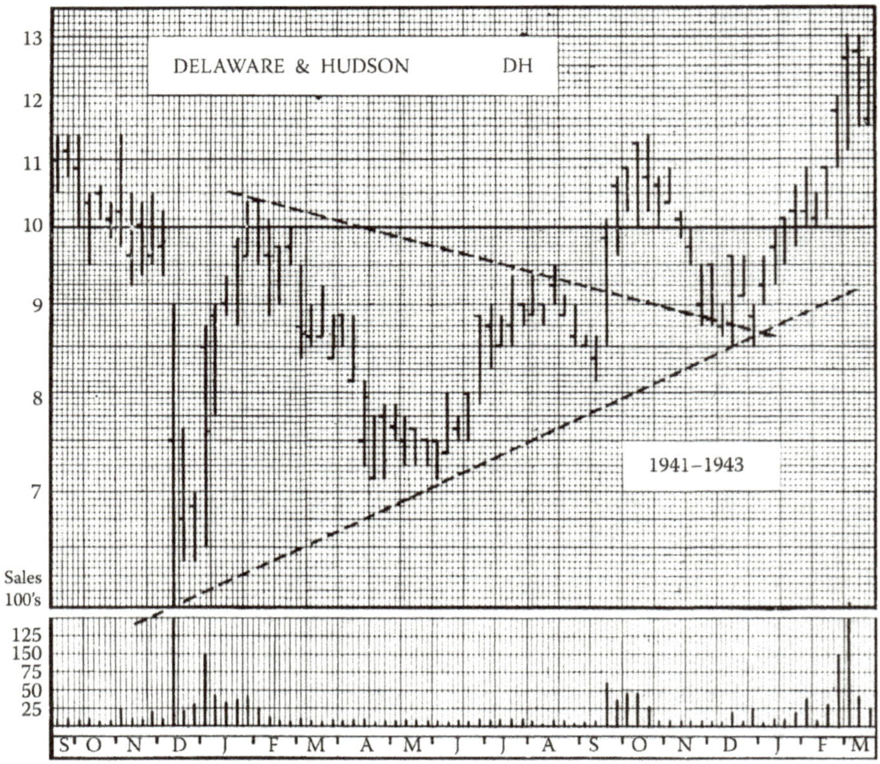

Abbildung 8.4: Eine logarithmische Kursskala in Wochencharts betont wichtige technische Entwicklungen auf niedrigem Kursniveau. Die Bodenbildung von DH in Form eines symmetrischen Dreiecks war Basis für eine Aufwärtsbewegung, die im Jahr 1945 die Marke von 57 Dollar erreichte. Achten Sie auf den Throw-Back zur Spitze des Dreiecks, eine nicht ungewöhnliche Entwicklung. Die Spitze des Dreiecks selbst bedeutet eine starke Unterstützung (siehe Kapitel 13).

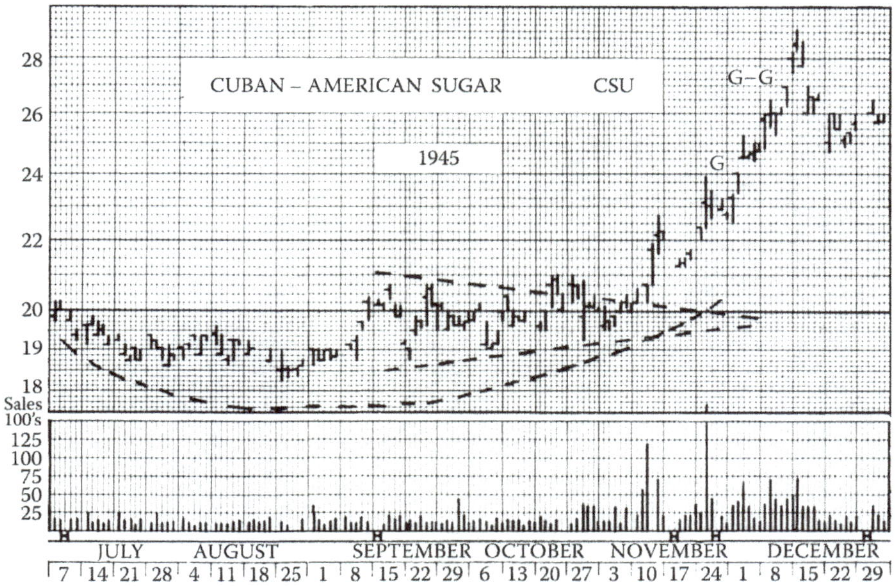

Abbildung 8.5: Dreiecke bilden sich oft als Teil einer größeren und bedeutenderen Formation eines anderen Typs. Hier bildet eine symmetrische Figur, die man als symmetrisches Dreieck konstruieren kann, die letzte Hälfte einer Untertassen-Formation. Beachten Sie den vorzeitigen Breakout am 17. Oktober, die Rückkehr der Kurse in die Formation und dann den endgültigen Ausbruch am 8. November.

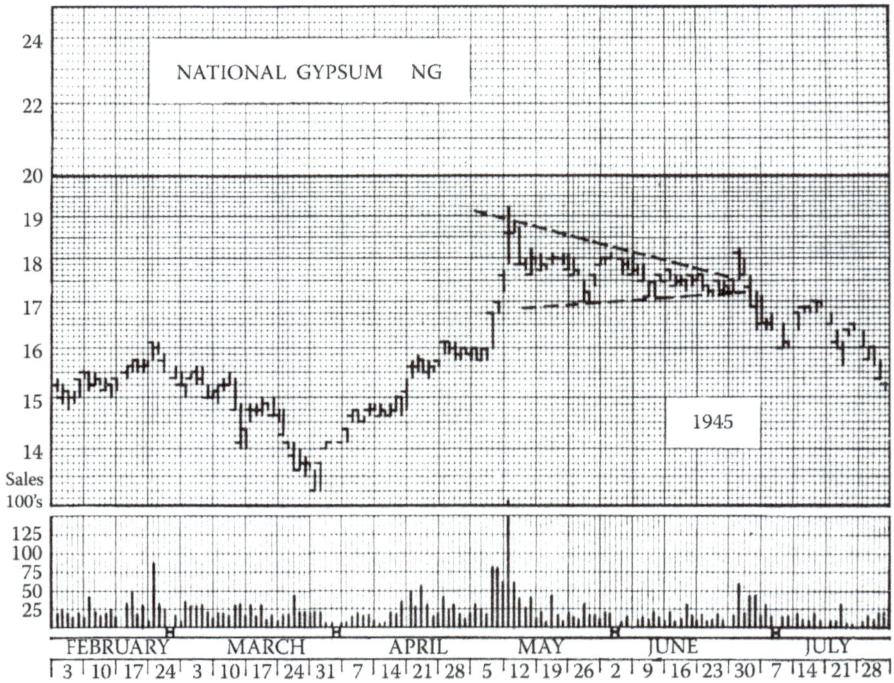

Abbildung 8.6: Die Kurse in diesem symmetrischen Dreieck drückten sich immer weiter in die Spitze, bevor sie ausbrachen. Der Breakout in diesem Stadium ist jedoch nicht verlässlich; dies ist ein schönes Beispiel für die Fehlbewegungen, die auf diese Weise vorkommen. Die wirkliche Bewegung führte nach unten.

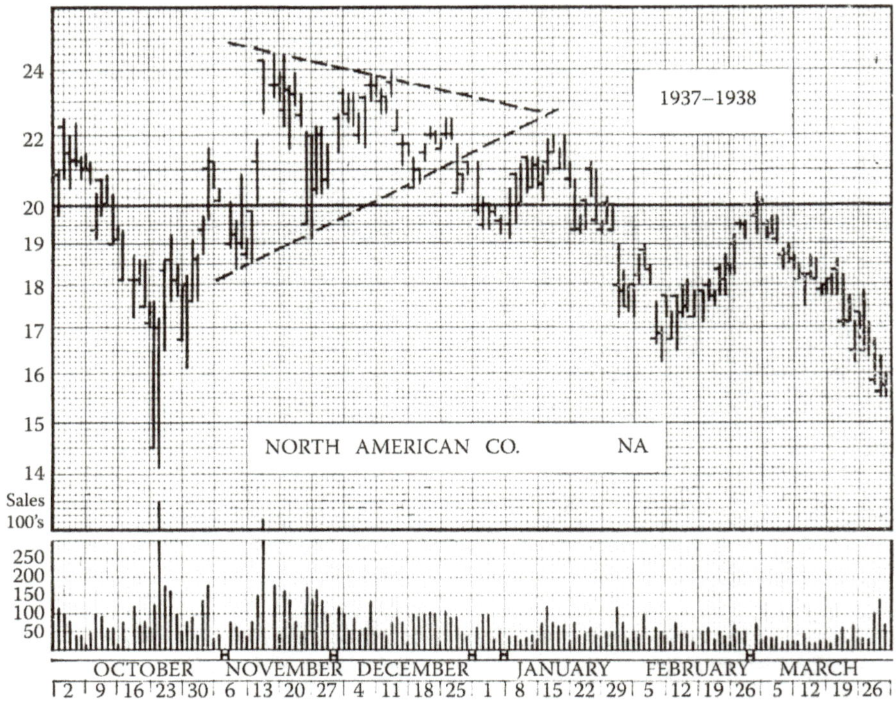

Abbildung 8.7: Erholungen aus einem Paniktief laufen oft in ein Dreieck. Denn das sind Perioden, in denen Zweifel und Unentschlossenheit vorherrschen. Der Zweifel wird in solchen Fällen jedoch gewöhnlich im Sinne eines neuen Abschwungs gelöst. „Paniktiefs" halten selten. Dieser Chart zeigt eine typische symmetrische Formation, die den oberen Abschluss der Erholung aus der berühmten Verkaufspanik vom 19. Oktober 1937 bildet. Beachten Sie den Pullback zur Dreiecksspitze.

menden Trend auf; unregelmäßig vielleicht, aber nichtsdestoweniger im Laufe der Zeit deutlich erkennbar. Die zusammenlaufenden oberen und unteren Begrenzungslinien der Kursformation treffen sich irgendwo weiter rechts im Chart (im zeitlichen Sinne in der Zukunft), und zwar an der Spitze (Apex) des Dreiecks. Während sich der Kurs in immer enger werdenden Fluktuationen in Richtung auf die Spitze hin bewegt, sinkt der Umsatz auf ein ungewöhnlich niedriges tägliches Maß ab. Dann plötzlich – wenn wir es mit einem typischen Beispiel zu tun haben – kommt die Aktion, die der Formation ursprünglich den Namen „Coil" (Sprungfeder) einbrachte. Denn plötzlich und ohne Warnung, als ob eine Sprungfeder mehr und mehr zusammengedrückt und dann plötzlich losgelassen wird, brechen die Kurse mit einer bemerkenswerten Umsatzzunahme aus dem Dreieck aus. Es folgt oft eine starke Bewegung mit einer Tendenz, in ihrem Ausmaß ungefähr so weit zu laufen wie die Aufwärts- oder Abwärtsbewegung vor Ausbildung des Dreiecks.

Nur selten liefert uns das Chartbild des Dreiecks einen Hinweis, in welche Richtung die Kurse aus der Formation ausbrechen werden, ehe das Geschehen tatsächlich stattfindet. Manchmal kann man eine gute Vorstellung von der wahrscheinlichen Entwicklung gewinnen, indem man beobachtet, was zur selben Zeit in den Charts anderer Aktien geschieht (was ein wichtiger Punkt für eine spätere Diskussion ist). Aber oft kann man einfach nur warten, bis der Markt selbst sich darüber klar wird, in welche Richtung er gehen will. Und „sich darüber klar werden" ist genau das, was die Börse zu tun scheint, wenn sie ein Dreieck ausbildet; alles, was mit dieser Formation zu tun hat, scheint Zweifel auszudrücken, Unschlüssigkeit, Zaudern, bis schließlich eine Entscheidung erreicht ist.

Einige Warnhinweise zu symmetrischen Dreiecken

Ein kompaktes, klar geschnittenes Dreieck ist ein faszinierendes Bild, aber es hat seine heimtückischen Eigenarten. Der Anfänger der Technischen Chartanalyse neigt natürlicherweise dazu, ständig nach einem Dreieck Ausschau zu halten. Oft glaubt er, ein solches gefunden zu haben, wenn sich in Wirklichkeit etwas völlig anderes entwickelt. Beachten Sie, dass es *zwei* Punkte erfordert, um eine Linie festzulegen. Die obere Begrenzung einer Kurszone kann nicht gezogen werden, ehe nicht zwei kleinere Trends eindeutige Tops gebildet haben. Das bedeutet, dass die Kurse sich zunächst aufwärts und dann wieder abwärts so weit bewegt haben – und zwar von beiden Hochpunkten –, dass sie die beiden „Gipfel" klar und sauber im Chart erkennen lassen. Eine untere Begrenzungslinie kann nach demselben Merkmal nicht eher gezogen werden, bevor nicht zwei kurzfristige Trends definitiv ihre Tiefs etabliert haben. Ehe Sie daher den Schluss ziehen können, dass sich ein symmetrisches Dreieck bildet, müssen Sie viermal eine Umkehr des kurzfristigen Trends feststellen können. Wenn das Dreieck nach einem Kursanstieg kommt, müssen Sie zunächst einen Hochpunkt, dann einen Tiefpunkt, dann einen zweiten Hochpunkt (niedriger als der erste) und schließlich einen zweiten Tiefpunkt (höher als der erste) haben. Außerdem müssen sich die Kurse von dem zweiten Tief nach oben weg bewegt haben, ehe Sie sicher sein können, dass es ein Tief ist. Dann und erst dann können Sie Ihre Grenzlinien ziehen und bei Ihrer weiteren Analyse von der Annahme ausgehen, dass Sie ein symmetrisches Dreieck vor sich haben.

Ein anderer Punkt, den es festzuhalten gilt – und der sich keineswegs mit dem Bild der „Sprungfeder" verträgt –, ist folgender: Je weiter hinaus in die Spitze des Dreiecks die Kurse laufen, ohne

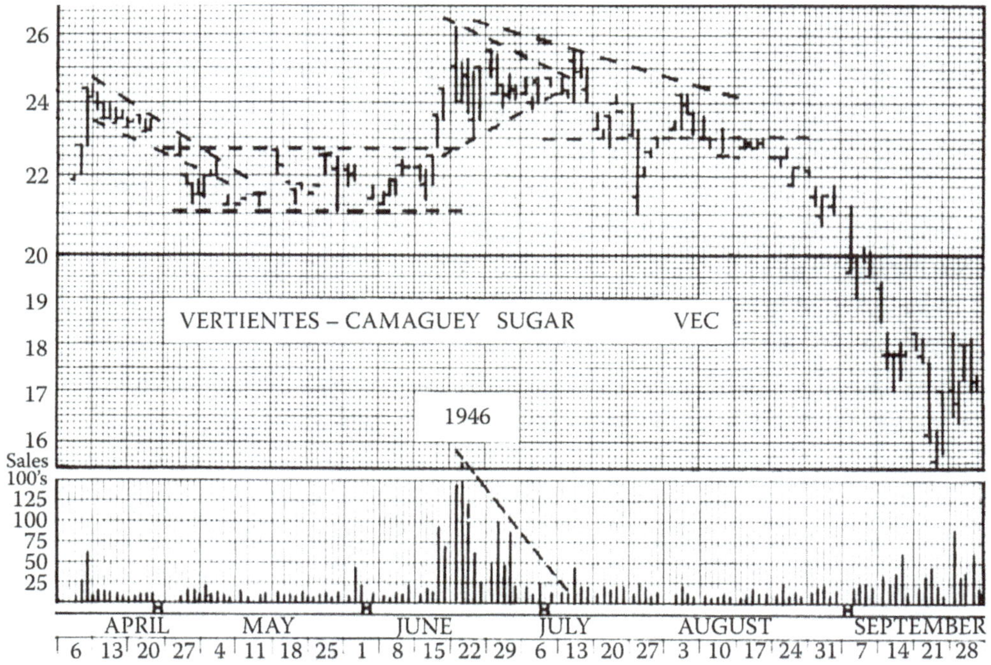

Abbildung 8.8: Ein symmetrisches Dreieck als Top eines Primärtrends. Die Kurse „quetschten" sich in die Spitze; dort gab es eine „falsche" Aufwärtsbewegung (vergleiche Abbildung 8.6). VEC ist nebenbei bemerkt eine technisch unbefriedigend agierende Aktie, aber dieser spezielle Breakout wäre ohnehin verdächtig gewesen.

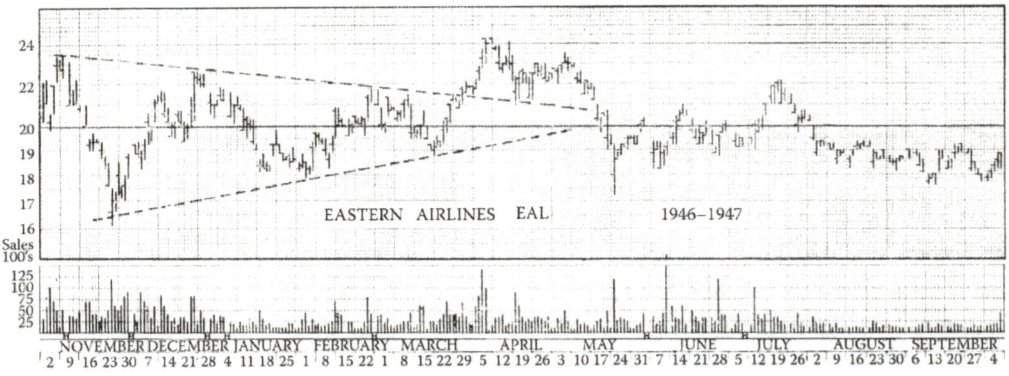

Abbildung 8.9: Die Kehrseite der Medaille – ein imposantes symmetrisches Dreieck, das „böse danebenging". Allerdings erschienen für den aufmerksamen und erfahrenen Analysten im März und April schon Warnungen, dass irgendetwas nicht in Ordnung war. Eastern Airlines bildete Ende 1946 und im Frühjahr 1947 eine Formation, die bezüglich des Kursverhaltens wenig zu wünschen übrig ließ. Ende März brachen die Kurse klar nach oben aus. Eine Reaktion (Pullback) im April fand die übliche Unterstützung an der oberen Dreiecksgrenze. Aber die folgende Aufwärtsbewegung kam nicht weiter, zeigte Schwäche und brach schließlich zusammen, indem der Kurs in Form eines sogenannten „End-Runs" weit um die Dreiecksspitze herumlief . Die oben erwähnten Warnungen waren erstens das hohe und unregelmäßige Volumen, besonders bei den Reaktionen im Februar und März – das waren nicht die Charakteristika einer verlässlichen Dreiecksentwicklung –, und zweitens das Versagen der Kurse, nach dem Pullback vom 14. April wieder schnell und kräftig nach oben zu laufen.

über die Grenzen auszubrechen, desto weniger Kraft scheint die Formation zu haben. Anstatt mehr Druck aufzubauen, beginnt die Formation nach einem gewissen Stadium, an Wirksamkeit zu verlieren. Die besten Bewegungen (aufwärts oder abwärts) scheinen dann zu folgen, wenn die Kurse einen klaren Breakout an einem Punkt machen, der irgendwo zwischen der Hälfte und drei Vierteln der horizontalen Entfernung von der „Basis" (linkes Ende) bis zur Spitze liegt. Wenn die Kurse fortfahren, sich Tag für Tag zur Spitze hin in engeren und engeren Fluktuationen zu bewegen, nachdem die Dreiviertelmarke überschritten ist, wird das Dreieck uninteressant. Es besteht eine gute Wahrscheinlichkeit, dass die Kurse so weiterhin bis zur Spitze und darüber hinaus langweilig und mit geringen Fluktuationen weiterdriften und den Chartanalysten auf dem Trockenen sitzen lassen. Am besten ist es in einem solchen Falle, wegzugehen und im Chartbuch nach einer Situation zu suchen, die mehr verspricht.

Und ein dritter heimtückischer Punkt bei den Dreiecken ist, dass man manchmal eine oder beide Begrenzungslinien eines Dreiecks neu festlegen muss, ehe es vollendet ist (das heißt, ehe die Kurse ausbrechen und sich von ihm in entschiedener Weise fort bewegen). Zur Verdeutlichung ein Beispiel: Nachdem die ersten beiden Rallye-Hochs eine nach unten weisende obere Grenzlinie etabliert haben, beginnt die dritte Rallye von der unteren Grenzlinie her. Sie treibt die Kurse nach oben und *durch* die ursprüngliche obere Grenzlinie, aber nur um einen bescheidenen Betrag und ohne bei dieser Bewegung ein auffälliges Breakout-Volumen zu entwickeln. Dann läuft sie aus, ohne den höchsten Punkt der vorhergehenden (zweiten) Top-Formation in der Dreiecksformation zu überschreiten. Wenn danach die Kurse wieder in die Formation zurückfallen, ist es erforderlich, die ursprüngliche obere Grenze aufzugeben und eine neue zu zeichnen, die über die höchsten Punkte des ersten und dritten Rallye-Tops führt.

Abbildung 8.10: Ein Wochenchart. Die sieben Monate lange Konsolidierungszone im Jahr 1944 war zunächst unbestimmbar, entwickelte sich dann aber zu einem typischen symmetrischen Dreieck. Zwei Monate nach dem Breakout fiel der Kurs im Rahmen einer Reaktion nahe an das Niveau der Dreiecksspitze und stieg dann schnell nach oben. Das Mindestkursziel des Dreiecks war bereits bei 16 erreicht.

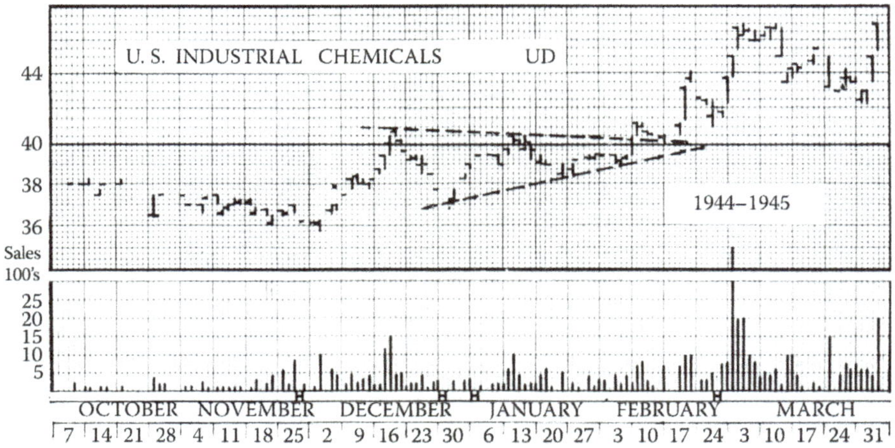

Abbildung 8.11: Ein kleines symmetrisches Dreieck, das eine Tendenz zum ansteigenden Typ hat. Beachten Sie, dass der höhere Umsatz Anfang Januar im Rahmen einer Rallye lag. Diese Art des Umsatzverhaltens ist typisch für umsatzschwache Aktien.

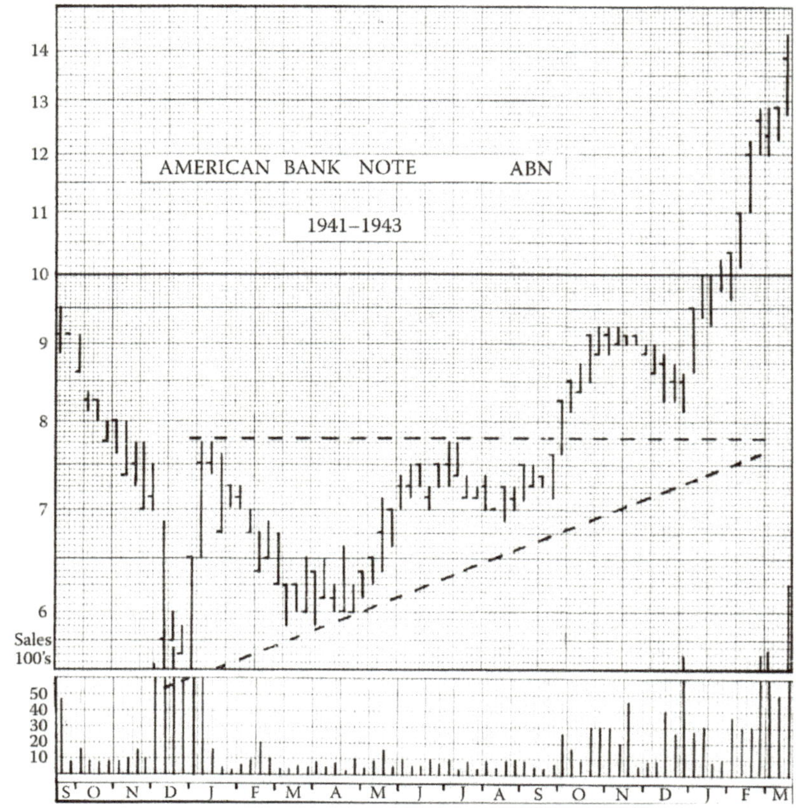

Abbildung 8.12: Ein steigendes Dreieck (Ascending Triangle) von zehn Monaten Dauer als Beginn eines ausgedehnten Aufwärtstrends, der ABN auf 45 trug. Bei der Reaktion im August 1942 weigerte sich der Kurs, bis auf die untere Formationsgrenze zu fallen. Das ist eine häufige Entwicklung bei besonders kräftigen Formationen, ein Hinweis, dass die Vollendung und der Breakout bevorstehen.

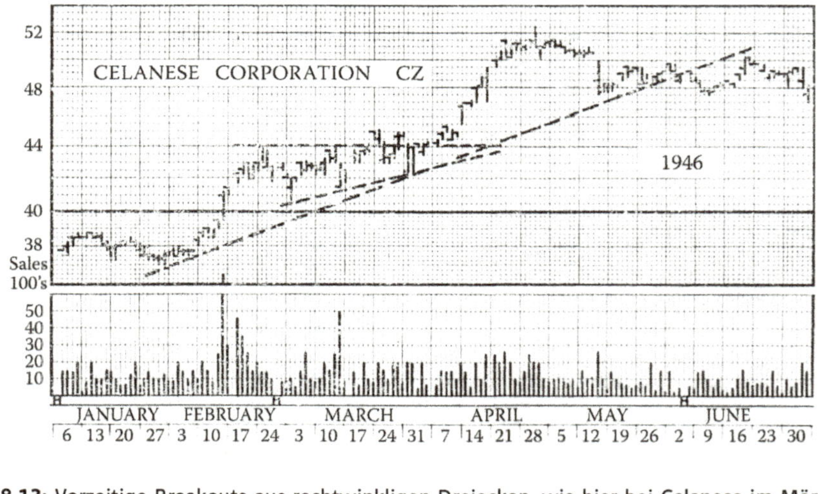

Abbildung 8.13: Vorzeitige Breakouts aus rechtwinkligen Dreiecken, wie hier bei Celanese im März 1946, sind zeitweise eine Enttäuschung für den Spekulanten, der im Vertrauen auf den Breakout kauft. Aber schließlich endete die Situation doch ganz befriedigend. Vor dem Split im Jahr 1946 war Celanese häufigen und merkwürdigen Marktbereinigungen unterworfen, wie hier am 9. und 26. März.

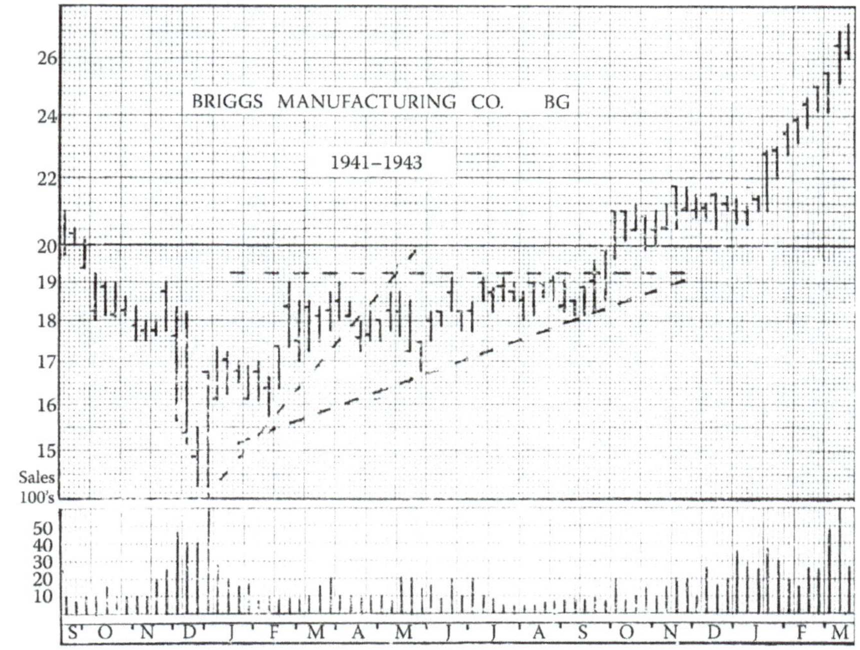

Abbildung 8.14: Eine steile Erholung aus einem Paniktief (die Pearl-Harbor-Verkaufspanik) flachte sich ab und bildete ein schönes ansteigendes Dreieck. Die horizontale Angebotslinie liegt bei 19 über einer allmählich steigenden Nachfragelinie. Der Breakout Ende September signalisierte den Anfang eines Aufschwungs von einiger Konsequenz. Es erwies sich, dass er der Anfang einer primären Hausse war, die Briggs bis 53 hinaufführte.

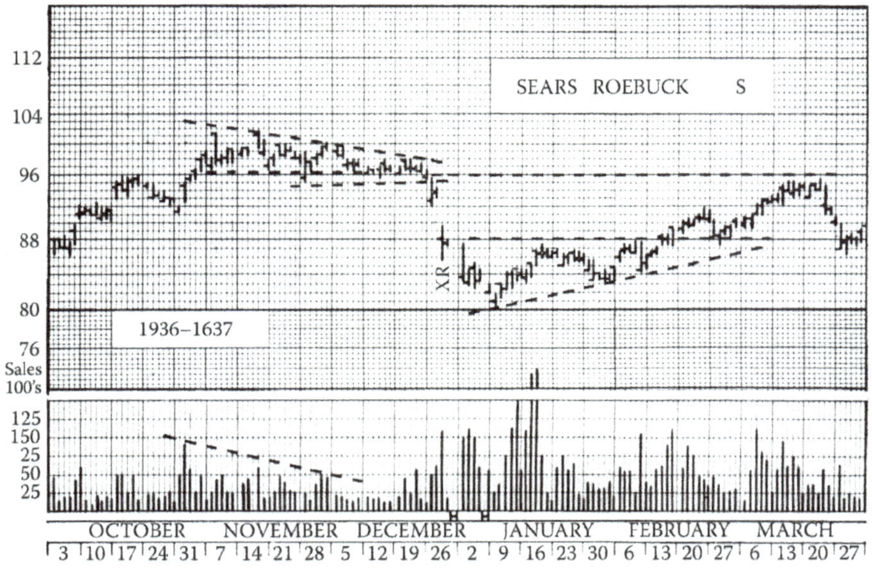

Abbildung 8.15: Das Hoch der Hausse von Sears im Jahr 1936 war ein symmetrisches Dreieck, aus dem heraus die Aktie um 15 Punkte nach unten fiel. Ein steigendes Dreieck brachte eine Zwischenerholung, die bis an die Angebotszone (siehe Kapitel 13) reichte, die an der unteren Begrenzungslinie des oberen Dreiecks begann. Vergleichen Sie diesen Chart mit dem Hoch im Jahr 1946 in Abbildung 8.2.

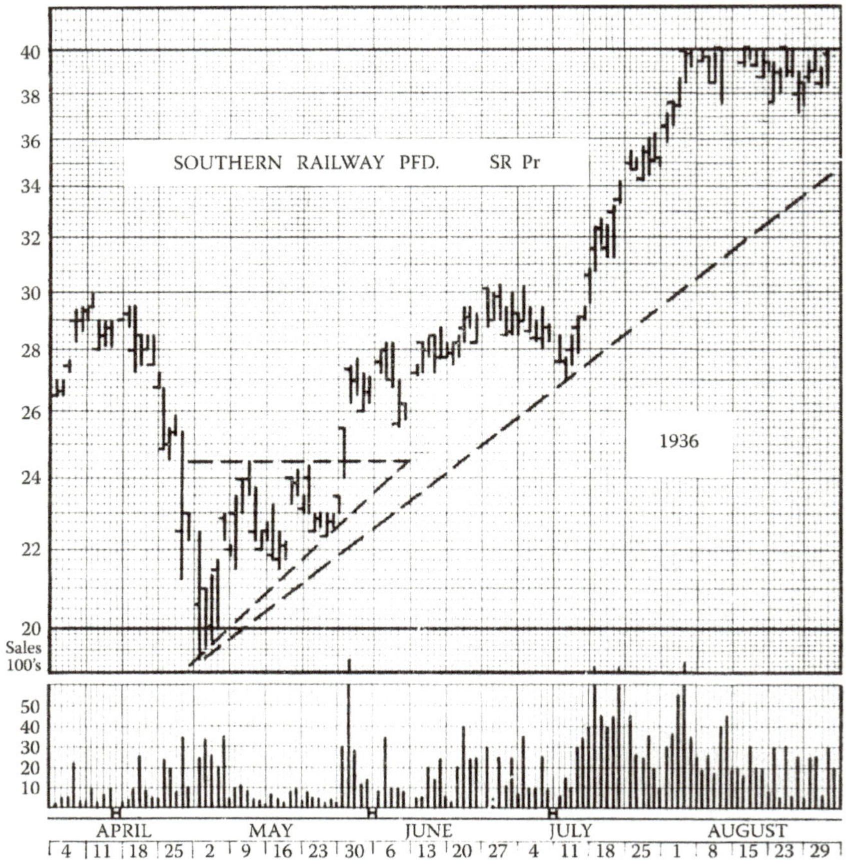

Abbildung 8.16: Ein von einem Zwischentief ausgehendes steigendes Dreieck. Das extreme Zusammenschrumpfen des Umsatzvolumen im Laufe der Formation zeigte, dass die Situation technisch äußerst stark war.

Wie der Kurs aus einem symmetrischen Dreieck ausbricht

Kurse können sich aus einem symmetrischen Dreieck entweder nach oben oder nach unten hinausbewegen. Für die Richtung dieser Bewegung gibt es, wie schon gesagt, selten, wenn überhaupt, einen Anhaltspunkt, bis sie tatsächlich begonnen hat, das heißt, bis der Kurs aus seiner dreieckigen „Zone des Zweifels“ entschieden ausgebrochen ist. In einer sehr allgemeinen Weise sind die Regeln, die wir für Breakouts aus Kopf-Schulter-Formationen niedergelegt haben, hier anwendbar. Beispielsweise ist die Spanne, um die der Kurs jenseits der Formationsgrenze schließen sollte, die gleiche, grob etwa 3 Prozent. In gleicher Weise ist es erforderlich, dass ein Breakout *nach oben* von einem merklichen *Anwachsen des Volumens* begleitet wird; fehlt das Volumen, muss man der bloßen Kurssteigerung misstrauen. Andererseits erfordert der Breakout *nach unten*, wie bei den Kopf-Schulter-Formationen, nicht die Bestätigung durch ein Anwachsen der Aktivität. Zwar pflegt meistens das Volumen auch hier sichtlich anzuwachsen, aber in der Mehrzahl der Fälle nicht eher, bis die Kurse unter das Niveau des vorhergehenden kleineren Tiefs innerhalb des Dreiecks gefallen sind. Das kann, wie Sie leicht sehen, schon mehrere Punkte tiefer sein als die Formationsgrenze am Punkt (Datum) des tatsächlichen Breakouts.

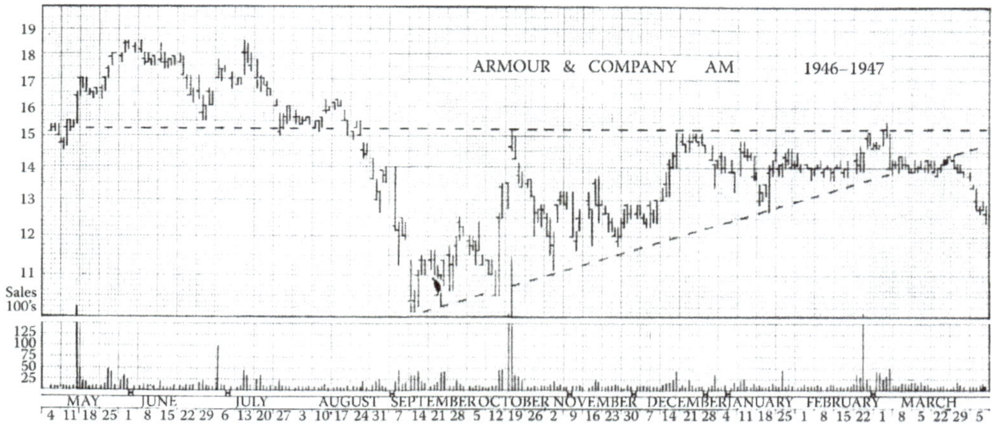

Abbildung 8.17: Eine der frühen Enttäuschungen (für die Bullen) im Jahr 1947 war das Unvermögen von AM, aus dem langen steigenden Dreieck nach oben auszubrechen. Hier ist ein Fall, wo das Angebot (bei 15) schließlich die Nachfrage überwältigt. Ein Bild wie dieses zeigt eine auf lange Sicht untergründig gesunde Situation. Wenn ein steigendes Dreieck auf diese Weise „versagt", ergeben sich normalerweise zwei Möglichkeiten als Konsequenz: Entweder entwickelt sich eine ausgedehnte rechteckige Basis innerhalb der allgemeinen Spanne des Dreiecks (in diesem Fall zwischen 10 und 15), oder aber es bildet sich ein Doppelboden am oder nahe dem früheren Tief (in diesem Fall nahe 10). AM fiel später noch tiefer, nachdem mehrere weitere Versuche, das starke Angebot auf dem Niveau von 15 zu überwinden, gescheitert waren. Dieses Niveau wurde bis 1955 nicht nennenswert durchbrochen.

Seltsamerweise ist ein Breakout aus einem symmetrischen Dreieck nach unten, der gleich von Beginn an mit einem auffällig hohen Volumen gepaart ist, verdächtig. Viel wahrscheinlicher handelt es sich um ein falsches Signal als um den Start eines echten Abwärtstrends, dem zu folgen lohnend wäre. Dies gilt besonders, wenn sich die Kurse weit in die Spitze des Dreiecks hineingearbeitet haben, ehe es zum Ausbruch kommt. Ein Kurseinbruch mit hohem Volumen stellt sich dann häufig – wir können sogar sagen: gewöhnlich – als Bereinigung von zwei oder drei Tagen Dauer heraus, die schnell ihre Richtung ändert und der dann eine echte *Aufwärts*bewegung folgt.

All dies wird der Leser ohne Zweifel als äußerst enttäuschend empfunden haben. Hier haben wir nun eine sehr schöne technische Formation und können ihr nicht immer trauen. Unglücklicherweise sind symmetrische Dreiecke in weit größerem Maße Fehlbewegungen unterworfen als Schulter-Kopf-Schulter-Formationen oder alle anderen Formationen, die wir schon erörtert haben oder noch erörtern werden. Leider können einige dieser Fehlbewegungen als solche nicht erkannt werden, ehe man sich engagiert hat. (Auch wenn eine gute Trading-Taktik verhindern sollte, dass ihr Vorkommen mehr als einen unbedeutenden Verlust verursacht.) Und wieder unglücklicherweise kann uns sogar eine scheinbar typische Bereinigung, wie wir sie im vorhergehenden Absatz beschrieben haben, hereinlegen – kann sie doch geradewegs nach unten in eine echte Abwärtsbewegung münden. Keine technische Chartformation ist zu 100 Prozent verlässlich, und von allen ist unser gegenwärtiger Gegenstand in dieser Hinsicht der schlimmste.

Aber die meisten symmetrischen Dreiecke – obwohl wir keine Statistik haben, würden wir nach unserer Erfahrung sagen, mehr als zwei Drittel von ihnen – benehmen sich ordentlich. Sie produzieren keine falschen Signale, die nicht als solche erkannt werden könnten, ehe Schaden angerichtet ist. Breakouts nach oben unter hohem Volumen können vorzeitig in dem Sinne sein, dass die Kurse in die Formation zurückkehren und dort noch etwas „arbeiten müssen", ehe der echte Aufwärtstrend in Gang kommt, aber sie sind selten wirklich falsche Bewegungen.

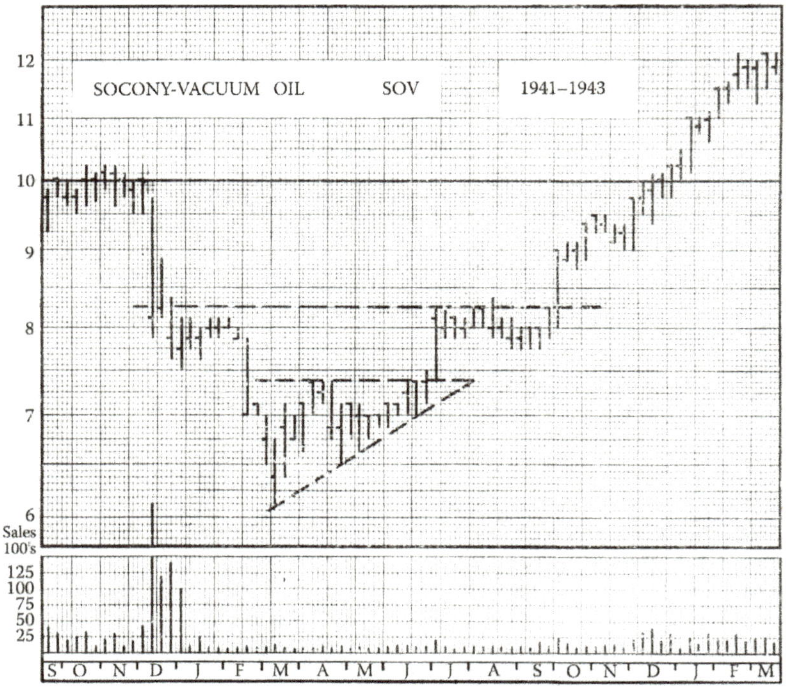

Abbildung 8.18: Das Baisse-Tief 1942 von Socony Vacuum war eine ungewöhnliche Schulter-Kopf-Schulter-Formation, deren Kopf aus einem steigenden Dreieck bestand. Beachten Sie das Ansteigen des Volumens bei dem Breakout aus dem Dreieck im Juli und wieder beim Durchbruch der Nackenlinie der Kopf-Schulter-Formation im Oktober.

Wir werden in diesem Kapitel und auch später noch etwas mehr über Fehlsignale zu sagen haben, was dem Trader helfen wird, die Erfahrung zu entwickeln, die er zu seinem Schutz benötigt.

Eine typische Dreiecksentwicklung

Die verschiedenen Abbildungen in diesem Kapitel werden dem Leser schon eine gute Bekanntschaft mit symmetrischen Dreiecken in verschiedenen Manifestationen vermittelt haben. Doch mag es die wichtigeren Punkte noch besser klären, wenn wir im Detail – Schritt für Schritt – beschreiben, wie sich eine typische Formation entwickelt. Wir wollen also annehmen, dass Sie eine Aktie anhand von Charts beobachten. Nur mit dem üblichen kurzen Zaudern und kleinen Reaktionen ohne Bedeutung ist sie von etwa 20 auf 30, 32, 35 gestiegen und steigt immer noch. (Wollen wir hoffen, Sie haben bei 20 gekauft!). Früher lag der Umsatz zwischen 300 und 600 Aktien täglich, aber jetzt, über 30, hat sie ein gutes Gefolge angezogen, und das tägliche Handelsvolumen ist auf ungefähr 1.000 Stück angewachsen. Während sie sich 40 nähert, schießt die Aktivität auf beinahe 2.000 Aktien empor; zwischen 39 und 40 tritt der Markt bei hohem Umsatz auf der Stelle, und dann beginnen die Kurse zu fallen. Während des Zurückfallens beobachten Sie (insbesondere wenn Sie schon Aktien besitzen) die Entwicklung mit einiger Sorge. Aber Sie wissen, es ist kaum wahrscheinlich, dass Ihre Aktie schnurstracks und senkrecht wieder zurück auf 20 fallen wird; Aktien verhalten sich normalerweise nicht so. *(EN9: Im 21. Jahrhundert machen sie das jetzt manchmal.)* Auch wenn der Trend dieser Aktie

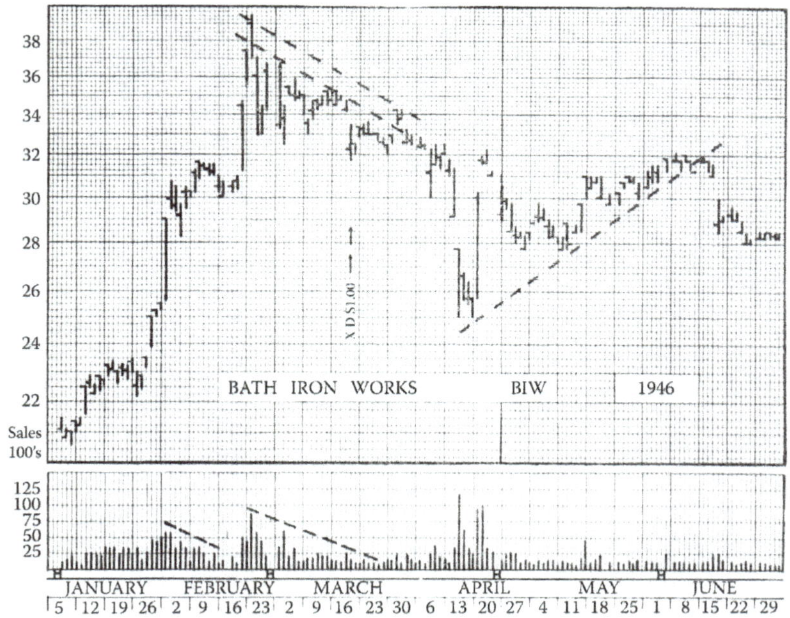

Abbildung 8.19: Da am 14. März eine Dividende von einem Dollar gezahlt wurde, musste die untere Grenze dieses fallenden Dreiecks in BIW um einen Punkt von 33 gesenkt und bei 32 neu eingezeichnet werden. Trotz des so gewonnenen Spielraums erfüllte sich die ursprüngliche Vorbedeutung der Formation jedoch schnell. Dreimal vollführte der Kurs einen Pullback zu der neuen niedrigeren Grenzlinie dieses Dreiecks – am 4. April, am 16. April und am 31. Mai. Das war ungewöhnlich, aber durch den allgemeinen starken Aufwärtstrend an der Börse während dieser Zeit zu erklären. Immer wenn auf eine Aktie während der Ausbildung einer Formation eine Dividende gezahlt wird, sollten die Begrenzungslinien der Formation sofort dem neuen Wert angepasst werden, indem man sie entsprechend dem Betrag der Dividende niedriger einzeichnet.

sich gedreht hat, sollte sie nichtsdestoweniger einige Zeit und Arbeit mehr im Bereich ihrer Hochs zubringen und irgendeine Formation bilden, die eine Verteilung (Distribution) anzeigt.

Die Abwärtsbewegung setzt sich zehn Tage lang fort, und auch der Umsatz wird dabei merklich geringer. Nachdem sich der Kurs bis 33 zurückgearbeitet hat, beträgt der Umsatz täglich nur noch 700 Aktien. Bei 33 mag er vielleicht für einen Tag auf 800 oder 900 Aktien steigen, aber die Reaktion hält dort an, und nach ein oder zwei weiteren Tagen beginnt der Kurs wieder zu klettern, ohne dass sich der Umsatz nennenswert ändert. Nach acht oder neun Tagen sind die Notierungen wieder in die hohen 30er zurückgekehrt, der Umsatz steigt auch wieder und erreicht – sagen wir: 1.200 Aktien an dem Tag, an dem 39 erreicht wird. Aber anstatt weiter auf 40 oder darüber hinauszugehen, setzt eine neue Reaktion ein, und der Kurs treibt unter 37 zurück. (Vielleicht können Sie sich dieses wachsende Bild leichter vorstellen, wenn Sie seine Entwicklung mit einem Bleistift auf einem Stück Chartpapier aufzeichnen.) Nun ist es offensichtlich, dass sich bei 39 ein zweites Hoch gebildet hat; Sie können in Ihrem Chart versuchsweise eine Formationslinie einzeichnen (es gibt dafür noch andere Namen, wie wir später sehen werden). Diese Linie führt über die beiden extremen oberen Kursspannen (nicht Schlusskurse!) und wird von links nach rechts fallen. Bislang haben Sie nur einen Tiefpunkt, sodass Sie von dort aus noch keine Linie ziehen können. Die zweite Abwärtsbewegung zeigt noch weniger Umsatzaktivität als die erste. Der Umsatz sinkt auf 400 Aktien, und die Abwärtsbewegung stoppt bei 34; der Kursverlauf rundet sich wieder und wendet sich nach oben; der Umsatz ist sehr klein, aber er beginnt wieder zu steigen, sobald 36 erreicht werden.

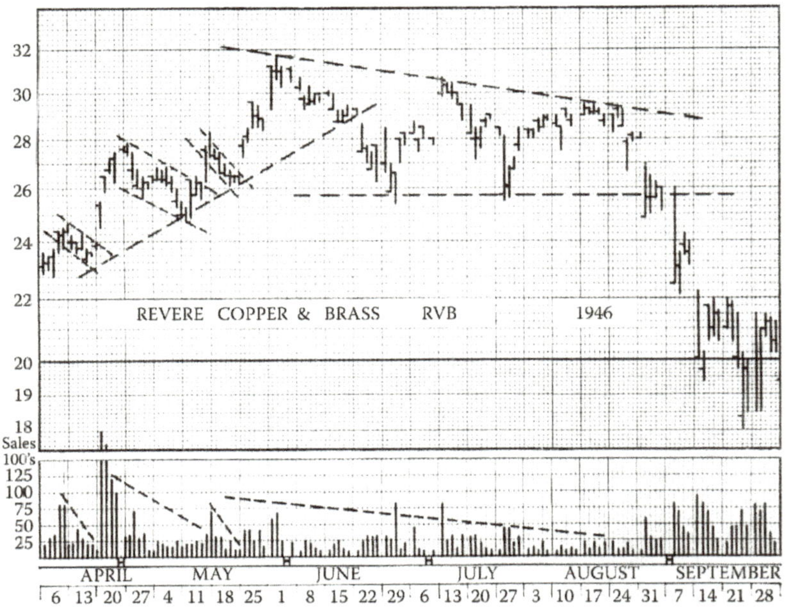

Abbildung 8.20: Auf der Grundlage der sogenannten Fundamentaldaten war Revere 1946 eine attraktive Aktie. Das mag ihr Zögern erklären, „aufzugeben", als die Börse im Allgemeinen im Juni des Jahres ernsthaft nach unten zu gehen begann. Die Fluktuationen von Mitte Mai bis Ende August bildeten ein schönes großes fallendes Dreieck, in dem vom Umsatzvolumen her allerdings schon Ende Juni und am 23. Juli Signale einer negativen Entwicklung erschienen waren. Der Breakout (mit einem weiten Breakaway-Gap) kam am 27. August. Die Kurse klammerten sich vier Tage lang an den Rand der Formation, dann brachen sie zusammen. Die kleinen Formationen im April und Mai sind Flaggen, die in Kapitel 11 behandelt werden.

Dieses Geschehen bildet also einen zweiten Minor-Boden, und nun können Sie eine „Tangente" an die beiden Tiefpunkte legen – eine nach oben weisende Linie durch die extremen Tiefkurse, die bei den beiden Reaktionen registriert wurden, 33 bei der ersten und 34 bei der zweiten. Ihre beiden Formationslinien werden zusammenlaufen und sich ungefähr im Bereich von 36 ½ rechts auf Ihrem Chart etwa vier Wochen in der Zukunft treffen. Sie haben ein symmetrisches Dreieck – aber Sie wissen nicht, ob die Kurse daraus schließlich nach unten herausfallen werden oder ob die gegenwärtigen Zweifel abgeschüttelt werden und die Kurse nach oben zu einem neuen lohnenden Aufschwung vorstoßen. Sie können nur die weitere Entwicklung sehr genau beobachten und bereit sein, zur richtigen Zeit die dann gebotene Aktion auszuführen.

Dieser Chart und eine Anzahl der früheren illustrieren ein wichtiges Prinzip für den Technischen Analysten, das wir hier gut noch einmal erklären können: Es liegt folgende Situation vor: Eine große Anzahl individueller Aktien bildet nach einem ausgedehnten Anstieg gut definierte Umkehrformationen von eindeutig negativem (bearishem) Charakter. Die Kurse brechen nach unten aus diesen Formationen aus und schaffen dann nicht mehr als einen Pullback zu den unteren Formationsgrenzen oder Widerstandslinien, und das zu einem Zeitpunkt, wenn die Marktindizes auf neue Höhen steigen. Das bedeutet nichts anderes, als dass sich *der Gesamtmarkt in einer gefährlichen Situation befindet und eine Abwärtsbewegung von größerem Ausmaß droht*. Derartige Divergenzen zwischen vielen wichtigen Aktien und den Indizes entwickeln sich selten bei Trendänderungen von nur vorübergehender Bedeutung (Intermediate Turns). Die Warnung ist besonders eindringlich, wenn Aktien von einem Kaliber wie Westinghouse,

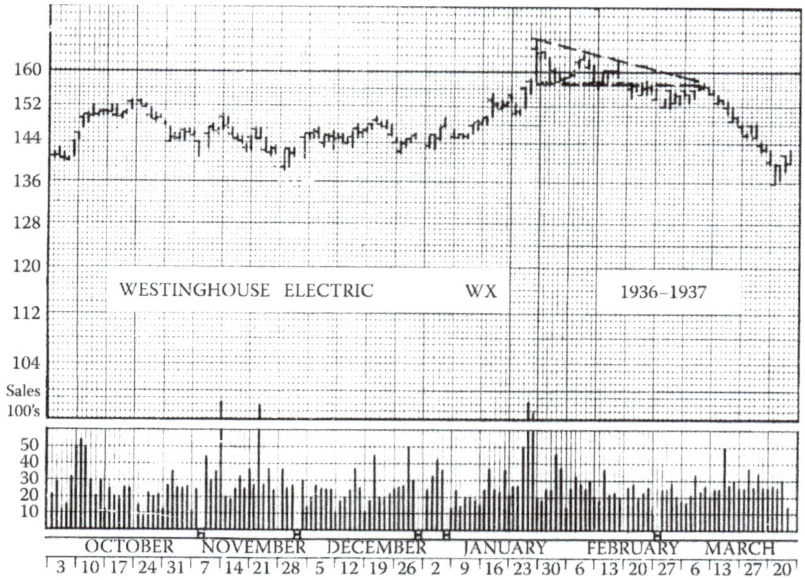

Abbildung 8.21: Das Hoch 1937 der Hausse von Westinghouse war dieses fallende Dreieck, das im Januar begann und am 15. Februar nach unten ausbrach. Vier Tage lang hingen die Kurse am unteren Rand des Dreiecks, fielen etwas, aber vollzogen am 4. März einen Pullback zur unteren Grenze der Formation. Zu diesem Zeitpunkt erreichten die allgemeinen Börsenindizes ihre endgültigen Höhepunkte dieser Hausse.

DuPont, General Motors und so weiter nicht in der Lage sind, die neuen Rekordstände der Indizes zu bestätigen.

Schauen Sie sich zum Beispiel die Abbildungen 6.3, 6.6, 6.9 und 8.15 noch einmal an und vergleichen Sie das „Timing“ dieser Aktien mit den Indizes in denselben Zeiträumen.

Die untertassenähnliche Reaktion von Oktober bis Januar im obigen Chart ist als komplexe Schulter-Kopf-Schulter-Konsolidierungsformation zu beurteilen, mit der wir uns in Kapitel 11 befassen werden.

Nebenbei bemerkt ging WX im April 1937 bis 130 hinunter, bildete dort eine Basis in Form eines Rechtecks und erholte sich daraus im August bis 158 (vergleiche das obige fallende Dreieck). Von da an fiel die Aktie endgültig und erreichte im November 88. Vergleichen Sie diesen Tageschart mit dem Monatschart von „WX“ für die Jahre 1935 bis 1938 in Abbildung 15.15.

Die zweite Rallye bringt etwas mehr Aktivität und hat einen Tagesumsatz von etwa 700 Aktien. Sie führt bis 38 und für einen Teil des Tages bis 38 ¾. Das stößt schon leicht (um vielleicht ¼ Punkt) durch die zuvor gezogene Formationslinie (jeder Ausschlag ist in Punkten und in der Dauer kürzer). Aber der Umsatz bei diesem kleineren Durchbruch ist geringer als beim vorherigen Top (bei 39), und die Käufe ebben wieder ab. Nachdem die Kurse auf 37 und 36 zurückgefallen sind, sollten Sie jetzt am besten eine neue obere Tangente durch das erste Hoch bei 40 und das letzte Hoch bei 38 ½ ziehen. In dieser leichten „Anhebung“ liegt eine Andeutung, dass das Gleichgewicht leicht zur Nachfrageseite hin neigt, aber zählen Sie nicht darauf. Präzision kann man nicht erwarten; einem Dreieck muss man etwas Spielraum lassen.

Bei der dritten Reaktion trocknet der Umsatz zu seinem bisherigen Minimum aus. Die aufwärts weisende untere Grenze würde bei einem Kursniveau von etwa 35 erreicht werden, wenn die Kurse ihren bisherigen Verlauf fortsetzen. Jetzt sollte man darauf achten, ob sie dieses Mal wieder ganz

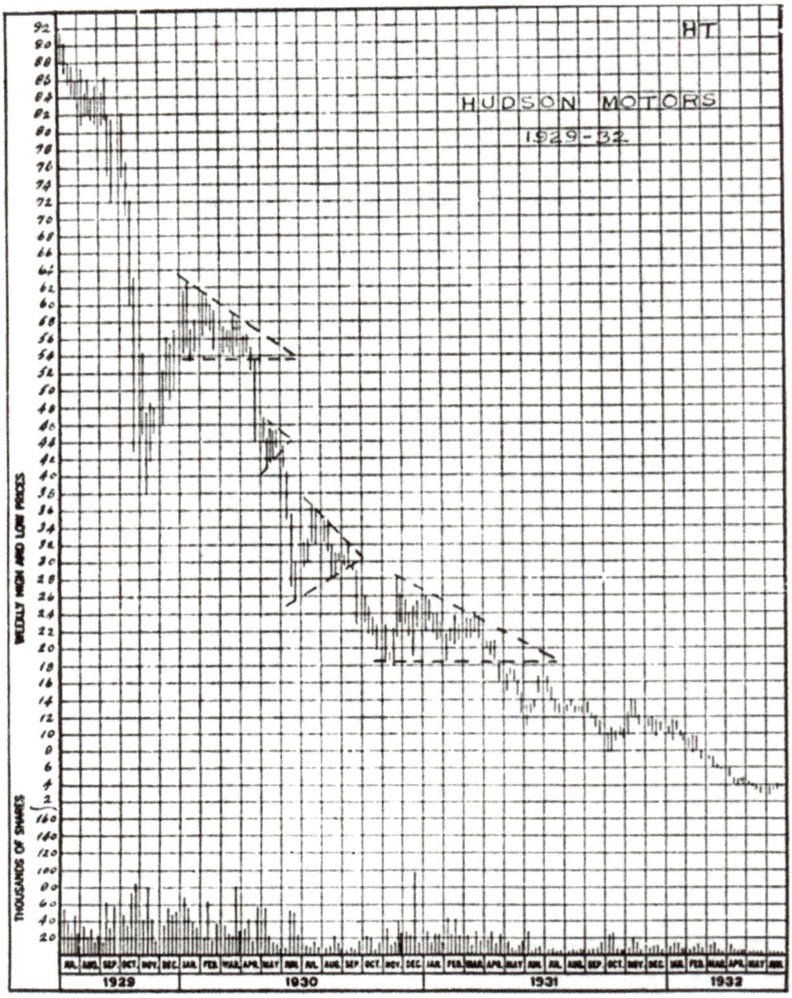

Abbildung 8.22: Eine Serie von Dreiecken, symmetrischen und fallenden, die in der Baisse der Jahre 1929 bis 1932 von Hudson Motors aufeinanderfolgten. Beachten Sie, dass zu keinem Zeitpunkt während dieses Kursverfalls irgendetwas im Chart erschien, was ein Boden von einiger Bedeutung hätte werden können. Beachten Sie auch, dass bei jedem Dreieck die Kurszielformel verwirklicht wurde, ehe sich ein auch nur zeitweiser Halt des Kursabschwungs oder eine darauf folgende Rallye entwickelte. Folgen Sie Ihren Tagescharts für das genaue Timing Ihrer Operationen, aber behalten Sie immer das langfristige Bild im Auge, das sich aus solchen Wochen- und Monatscharts entwickelt, um die richtige Perspektive für den Primärtrend zu behalten.

nach unten fallen werden. Denn wenn sie es nicht tun – wenn etwa ihr Rückgang einen halben Punkt oder so oberhalb der unteren Grenze zum Halten kommt –, würde das der vorhergehenden leichten „Beule“ in der oberen Grenze einige Bedeutung verleihen. Aber dies geschieht nicht; das Abbröckeln der Kurse setzt sich weiter bis 35 fort, und jetzt beträgt das Volumen nur noch 200 Aktien täglich, weniger als in dem frühen Stadium des ursprünglichen Anstiegs über 20. Das ist ein kritischer Punkt. Der Kursverlauf wird flach, wendet sich nur schwach nach oben, aber läuft immerhin aufwärts, überquert 36 ½, der Umsatz nimmt zu, der Kurs erreicht die (neue) obere Dreiecksgrenze bei 37 ½ – und dann stößt er am nächsten Tag mit einem Umsatz von 1.500 Aktien hindurch und schließt bei 39 ⅛. Das ist der Ausbruch; der Zweifel ist behoben, und der Trend verläuft jetzt wieder aufwärts (wenn man einmal von der Möglichkeit einer Fehlbewegung absieht, die

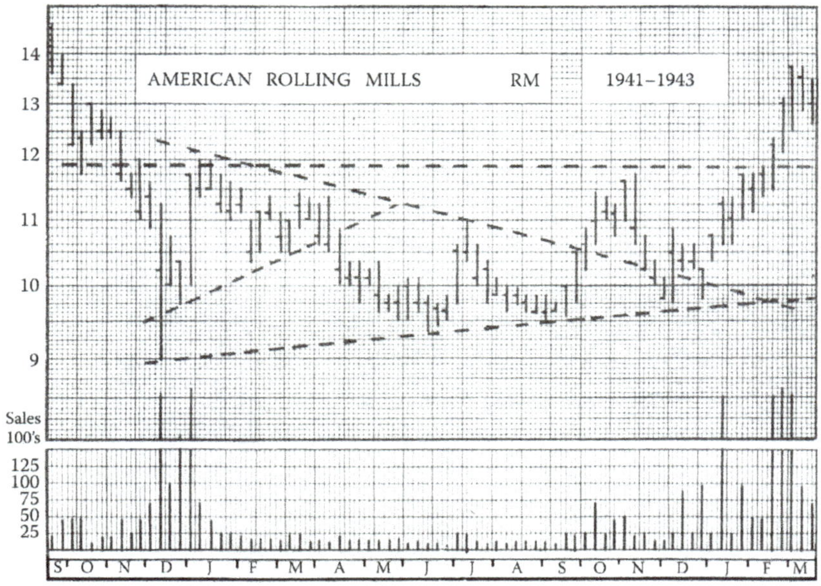

Abbildung 8.23: Die merkwürdige und in ihren frühen Stadien verwirrende Bildung eines Major-Bottoms, die American Rolling Mills 1941 bis 1943 vollzog. Die Erholung von der „Pearl-Harbor-Panik" 1941 lief in ein großes symmetrisches Dreieck aus, das im April 1942 nach unten ausbrach. Der folgende Abschwung genügte den Anforderungen der Kurszielformel jenes Dreiecks, aber führte nicht unter die Dezember-Tiefstwerte. Die Juni-Rallye und die August/September-Reaktion bauten die ganze Zone zu einem weiteren und noch größeren symmetrischen Dreieck aus, aus dem die Kurse im September nach oben ausbrachen. Die Reaktion zurück zur Spitze des Letzteren im Dezember 1942 und der folgende Kursaufschwung fügten sich nunmehr zu einem 15 Monate langen noch größeren aufsteigenden Dreieck zusammen. Dieses erst stellte den eigentlichen Boden eines langfristigen Trends dar, der die Kurse schließlich im Jahr 1946 bis 42 hinauftrug. Das niedrige Volumen bei den Juni- und August/September-Reaktionen, der Umsatzanstieg beim Oktober-Aufschwung und noch mehr anlässlich des Anstiegs und Breakouts im Januar 1943 waren unmissverständlich bullish. Erinnern Sie sich: Es braucht Zeit, die Grundlage für einen Bullenmarkt zu legen.

an dieser Stelle unwahrscheinlich ist). Beachten Sie, dass es für die Kurse nicht erforderlich war, auch den früheren Hochpunkt bei 40 zu überschreiten, um dieses Trendsignal zu geben – das ist bei symmetrischen Dreiecken einer der interessanten Punkte.

Umkehr oder Konsolidierung

Aber wir begannen doch damit, die symmetrischen Dreiecke als Umkehrformationen zu erörtern? Und nun hat sich unser Beispiel stattdessen als Konsolidierungsformation herausgestellt, das heißt, nur als eine Art Rast in einem fortgesetzten Aufwärtstrend! Ungefähr drei von vier dieser Formationen werden sich in der Tat als genau das herausstellen. Die vierte ist die gefährliche (wenn Sie die Aktie besitzen). Worin unterscheidet sie sich von den anderen?

Das soeben beschriebene Beispiel hätte genauso gut eine Umkehrformation anstatt einer Konsolidierungsformation sein können, und zwar jederzeit – bis zu dem Punkt des entscheidenden Breakouts durch die obere Linie auf 39. Wäre es eine *typische* Umkehrformation gewesen, so hätten sich die ersten Anzeichen eines Wechsels wahrscheinlich schon bald nach Beginn der letzten Rallye vom dritten Boden bei 35 gezeigt. Jene Rallye wäre ungefähr schon bei 36 ½ zu Ende gegangen, und die Kurse hätten wieder angefangen, langsam abzubröckeln. Dann, mit einer leicht steigenden Aktivität, wäre die untere Begrenzungslinie durchstoßen worden. Bei einer Notierung um 34 wäre das Tagesvolumen vielleicht auf 600 oder 700 Aktien gestiegen. Jeder weitere Kursrückgang wäre ein Abwärtssignal gewesen und hätte ein weiteres Zunehmen des Umsatzes und eine Beschleunigung des Kursverfalls zur Folge gehabt. Denn die Stop-Loss-Orders (die wir später erörtern werden), die unter 34 gelegen hätten, wären ausgelöst worden.

Ehe wir unser typisches Beispiel verlassen, sollten wir noch die Reaktion nach dem Breakout, den sogenannten Pullback, erwähnen, der manchmal vorkommt. Wie im Falle der Schulter-Kopf-Schulter-Formation kommt die ursprüngliche Ausbruchsbewegung aus einem symmetrischen Dreieck manchmal zum Halten, ehe die Kurse sehr weit von der Formation hinweggetragen werden. Nun folgt zunächst eine kleinere Reaktion, die nur zwei oder drei Tage dauert und die Notierungen zurück zur Formationsgrenze trägt. Wenn also in unserem ersten Beispiel der Durchbruch unsere Aktie nach oben bis 39 ⅛ trug, mag vielleicht der nächste Tag noch einen weiteren Vorstoß bis 40 gebracht haben. Danach wären die Kurse aber erst einige Tage lang mit verringerter Aktivität auf 37 ½ oder 38 zurückgefallen. Von dort würde im Normalfall dann die Aufwärtsbewegung mit erneuter Kraft wieder aufgenommen. Einem Breakout nach unten folgen manchmal in der gleichen Weise Pullbacks zu den unteren Formationsgrenzen, wonach die Abwärtsbewegung unter Anwachsen des Volumens wieder aufgenommen wird. Jedoch kommen diese Reaktionen nach dem Breakout bei Dreiecken seltener vor als bei Schulter-Kopf-Schulter-Formationen.

Ehe wir zur nächsten Formation übergehen, sollten wir den *ursächlichen* Hintergrund für das symmetrische Dreieck behandeln. Wir können uns seine Eigenarten besser klarmachen, wenn wir herausfinden, durch welche Folge von Ereignissen es typischerweise hervorgebracht werden mag. Natürlich kann jede Bemühung dieser Art nur in einer groben Vereinfachung bestehen und wird nicht für alle Erscheinungsformen des Dreiecks passen. Aber es ist eine interessante gedankliche Spekulation und nicht ohne Nutzen für unser Verständnis der allgemeinen Theorie der Chartformationen. Kehren wir zu unserem typischen Beispiel zurück. Wir begannen mit einer Aktie, die ziemlich stetig von ungefähr 20 bis 40 anstieg und dann eine Reaktion durchlief. Es ist ziemlich offensichtlich, was bei 40 geschah: Viele Investoren hatten erhebliche Papiergewinne, die bei diesem Kurs an die 100 Prozent erreichten (eine runde Zahl wie 40, 50, 75 oder 100 wird leicht eine Art von geistigem Kursziel und bringt daher verstärkten Verkaufsdruck). Einige dieser Investoren waren bereit, ihre Gewinne mitzunehmen, und taten es. Dadurch verlagerte sich das technische Gleichgewicht von der Nachfrage- zur Angebotsseite; natürlich verkauften sie weniger bereitwillig, als die Kurse wieder zurückgingen. Andere „Möchtegern-Investoren" waren durch die Aktie angelockt worden, aber zu spät, um noch unter 30 auf den Zug aufzuspringen. Da sie nicht bereit waren, ihr bis 40 nachzujagen, begrüßten sie die Reaktion. Als der Kurs auf 33 zurückfiel, war eine ausreichende Zahl aus ihren Reihen bereit, zu kaufen, und das Gleichgewicht verschob sich zurück zur Nachfrageseite der Gleichung.

Die nachfolgende Rallye wurde von denjenigen Aktienbesitzern beobachtet, die die Gelegenheit zur Gewinnmitnahme verpasst hatten, als die Aktie bei ihrem vorhergehenden Aufschwung nahe bei 40 stand. Sie hatten sich inzwischen entschlossen, etwas weniger geizig zu sein, wenn sie eine zweite Gelegenheit bekommen. Ihre Verkäufe begannen, sagen wir bei über 37, auf die Börse zu drücken. Bei 39 waren sie genügend zahlreich, um den Aufschwung auf diesem Niveau zum Halten

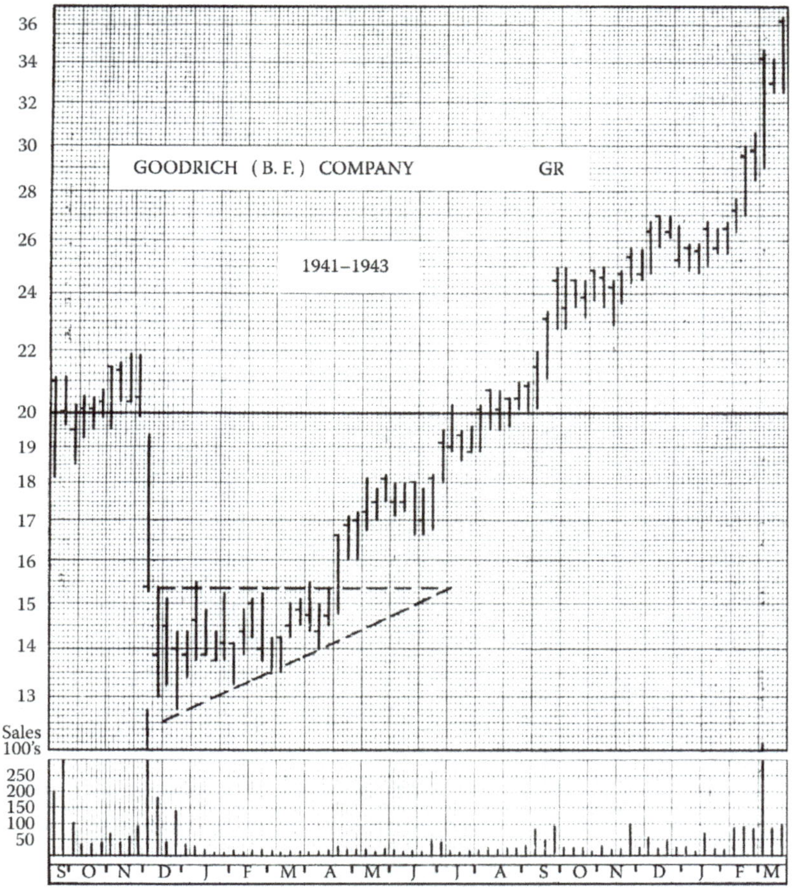

Abbildung 8.24: Ein wunderschön kompaktes aufsteigendes Dreieck. Wie man später sah, war es die Umkehrformation von Goodrich von der langfristigen Baisse zur langfristigen Hausse im Jahr 1942. Der Ausbruch aus dieser Formation im April wird in diesem Wochenchart nicht durch ein besonderes Ansteigen der Aktivität signalisiert. (Aber Sie erinnern sich, dass bedeutsame Einzelheiten über das Volumen in einer wöchentlichen Darstellung oft kaum zu sehen sind.) Das Kursziel des Dreiecks wurde durch den ersten Aufschwung Ende Mai bei 18 ¼ erreicht. In der Zone von 18 bis 21 musste zunächst ein größeres Angebot absorbiert werden (vergleiche Kapitel 13, „Widerstand und Unterstützung"), aber ein Kaufsignal von erheblicher Bedeutung wurde im September gegeben, als der Kurs mit einem auffälligen Anwachsen des Umsatzvolumens durch diese Zone brach.

zu bringen. Wir können uns den Prozess hinter den Kulissen als immer und immer wieder wiederholt vorstellen: Neues Kapital strömt heran und trifft auf das Angebot von Aktienbesitzern, die zunehmend nervöser werden, ihre Gewinne heimzutragen. Schließlich wurden die Angebote der Letzteren absorbiert oder vielleicht auch von der Börse zurückgezogen. Professionelle Kreise oder auch vielleicht hoffnungsvolle Investoren merken plötzlich, dass kein Angebot mehr in den Büchern der Makler ist, und ein Wettlauf der Käufer ist das Ergebnis.

Der Aufschwung (oder Abschwung) nach Vollendung eines symmetrischen Dreiecks hat gewöhnlich einen Umfang, der sich für eine Spekulation lohnt. (Wir werden die Kurszielformel alsbald erörtern.) Deshalb wäre jener Spekulant offensichtlich im Vorteil, der vor dem Breakout sagen könnte, in welche Richtung sich die Kurse entwickeln werden. Die Wahrscheinlichkeit spricht, wie schon gesagt, für eine Fortsetzung der Kursbewegung in derselben Richtung wie vor der Ausformung des Dreiecks. Diese Wahrscheinlichkeit ist natürlich im *frühen* Stadium einer primären Hausse beziehungsweise einer primären Baisse am größten. Die Wahrscheinlichkeit für eine Umkehrformation steigt, wenn solche größeren Trends alt werden. Aber auch die Charts anderer Aktien geben oft wertvolle zusätzliche Hinweise. Sie sehen zum Beispiel, dass sich bei der Aktie PDQ ein symmetrisches Dreieck entwickelt. Zur selben Zeit aber sehen Sie auch, wie eine Vielzahl anderer Charts Untertassen-Formationen oder Schulter-Kopf-Schulter-Boden-Formationen, steigende Dreiecke oder andere Formationen bilden, die typischerweise bullish sind. Dann ist es eine vernünftige Annahme, dass ein symmetrisches Dreieck auch nach oben ausbrechen wird. Es gibt Zeiten, wo derartige Vorab-Indikationen stark genug sind, um das Eingehen einer Position auf dieser Basis zu rechtfertigen.

Das rechtwinklige Dreieck

Wir erwähnten im vorigen Abschnitt steigende Dreiecke. Sie beziehungsweise die fallenden/absteigenden Dreiecke sind die bullishe und bearishe Ausprägung der nächsten Art von Formationen, der rechtwinkligen Dreiecke. In vieler Hinsicht, eigentlich fast in jeder Hinsicht, benehmen sie sich wie ihre symmetrischen Verwandten, aber mit einem sehr angenehmen Unterschied: Sie geben uns im Voraus Auskunft über ihre Absichten. Daher auch ihr Name. Denn die Vermutung spricht immer dafür, dass die Kurse aus einem aufsteigenden Dreieck auch nach oben aufsteigen und aus der fallenden Form nach unten fallen werden.

Die symmetrischen Dreiecke, so haben wir gesehen, bestehen aus einer Serie von nach und nach enger werdenden Kursschwankungen. Sie können in etwa durch eine nach unten verlaufende Linie durch ihre Hochs und durch eine aufsteigende Linie durch ihre Tiefs begrenzt werden. Rechtwinklige Dreiecke unterscheiden sich von ihnen dadurch, dass eine dieser Begrenzungen praktisch horizontal ist, während die andere sich dieser Grenze entgegenneigt. Wenn die Linie durch die Hochs horizontal ist und die Tiefpunkt-Linie nach oben steigt, um sie irgendwo rechts im Chart (an der Dreiecksspitze) zu treffen, haben wir ein *steigendes* Dreieck, das auch steigende Kurse signalisiert. Wenn die Tiefpunkt-Linie horizontal ist und die Linie durch die Hochs nach unten verläuft, haben wir ein *fallendes* Dreieck.

Diese Formationen sind völlig logisch und leicht zu erklären. Das ansteigende Dreieck zum Beispiel beschreibt in seinem Bild auf einfachste und normalste Weise den Vorgang, dass eine steigende Nachfrage nach einer bestimmten Aktie auf einen großen Aktienblock stößt, der zum Verkauf zu einem festen Kurs ansteht. Wenn die Nachfrage anhält, werden am Ende neue Besitzer, die noch höhere Kurse erwarten, das Angebot völlig absorbiert haben, und die Kurse werden danach schnell steigen. Ein typisches aufsteigendes Dreieck beginnt sich weitgehend in der gleichen Weise zu entwickeln wie das „ideale" symmetrische Dreieck, das wir oben beschrieben haben. Am Anfang steht also wieder eine Aufwärtsbewegung unserer Aktie von 20 auf 40, wo plötzlich genügend Angebot an der Börse erscheint, um die Orders aller Käufer zu befriedigen und eine Reaktion hervorzurufen. Einige Besitzer spüren die zeitweise Sättigung der Nachfrage und werden vielleicht ihre Aktien auf den Rückgang hin abstoßen. Aber das Angebot ist bald erschöpft, wenn die Kurse, sagen wir, bis 34 zurückgefallen sind, und erneute Nachfrage bringt dann eine neue Rallye in Gang. Diese stößt bei 40 wieder auf Angebot, und wieder werden alle Käufer auf diesem Niveau zufriedengestellt. Der zweite Rückgang jedoch führt die Notierungen nur bis 36 hinunter, ehe ein neuer Aufschwung einsetzt. Aber der Pool oder die Insidergruppe, die bei 40 abgibt, hat noch Bestände zum Verkauf anstehen. So mag es also noch mehr Zeit erfordern, einen neuen Rückschlag und einen neuen Angriff auf die 40er-Linie, bevor das Angebot dort erschöpft ist und der Trend wieder nach oben vorstoßen kann.

Eine geplante Aktienverteilung

Diese Art des Marktverhaltens einer Aktie ist sichtbarer Beweis für eine geplante Kampagne. Die Besitzer einer ziemlich großen Menge von Aktien liquidieren ihre Bestände zu einem vorausbestimmten Kurs. Sie enthält kaum Elemente des Zweifels, die wir als charakteristische Eigenschaften der symmetrischen Formation erwähnten. Solange die Nachfrage anhält, weiß die verteilende Gruppe, dass sie ihren ganzen Bestand schließlich bei 40 verkaufen kann und nicht tiefer verkaufen muss. Solange allerdings immer wieder Nachfrage auftritt, ist in gleicher Weise offensichtlich, dass der Markt schnell und leicht nach oben gehen wird, sobald das gesamte Angebot bei 40 absorbiert ist. Sobald die Kurse über 40 hinaus ausbrechen, werden diejenigen, die das Angebot dort aufgenommen haben, ihre Beurteilung als gerechtfertigt ansehen und nicht bereit sein, zu verkaufen, ehe sie nicht einen guten Gewinn einfahren können.

Das Problem der Situation ist natürlich in den beiden vorhergehenden Sätzen enthalten. Die Nachfrage muss immer wieder auf höherem Niveau auftreten; andernfalls wird unsere Formation aufhören, ein ansteigendes Dreieck zu sein. Und der Angebotsüberhang muss schließlich absorbiert werden, um einen Breakout nach oben hin zu erlauben. Wenn die Nachfrage irgendwann unregelmäßig wird, ehe die Angebotslinie (horizontale Linie durch die Hochs) durchbrochen ist, kann die folgende Reaktion die Kurse nach unten „aus der Formation fallen" lassen, und der Chartist ist dann mit der Notwendigkeit konfrontiert, sein Chartbild zu revidieren. Man sollte denken, dass eine solche Entwicklung, die die früheren guten Aussichten vernichtet, ziemlich oft eintritt. Aber die Erfahrung lehrt, dass das erstaunlich selten so ist. Wir sagen „erstaunlich", denn offensichtlich ist die Verkäufergruppe der Meinung, dass dieses Niveau ungefähr so hoch liegt, wie die Aktie vernünftigerweise gehen kann. Sie hat mit ihren Verkäufen die Angebotslinie, die obere Begrenzung des Dreiecks, geschaffen. Als Besitzer eines Aktienblocks, der groß genug ist, den Markt für mehrere Wochen und manchmal für Monate zu beeinflussen, sollte man ihre Beurteilung nicht leichtfertig in den Wind schlagen. Und doch: Sobald erst einmal offensichtlich wird, dass die untere Grenze, die Nachfragelinie, ansteigt, liegen die Chancen sicher im Bereich von 9:1, dass die neuen Käufer zum Schluss den Vorteil haben werden.

Gelegentlich bricht die dritte oder vierte Reaktion in einem aufsteigenden Dreieck nach unten durch die vorher etablierte, nach oben weisende Nachfragelinie (untere Grenze), aber kommt dann auf demselben Niveau wie die vorherige Reaktion zum Halten. Die Formation, die sich von jetzt an wahrscheinlich entwickeln wird, ist ein *Rechteck* (siehe nächstes Kapitel) und sollte als solches behandelt werden. Die *taktischen Fragen* im Zusammenhang mit steigenden oder fallenden Dreiecken, auch wie man sich gegen die seltenen Fälle eines Zusammenbruchs schützen kann, werden im zweiten Abschnitt dieses Buches behandelt.

Fallende Dreiecke

Absteigende/fallende Dreiecke haben eine waagerechte untere Grenze oder Nachfragelinie und eine nach unten weisende obere Grenze oder Angebotslinie. Offensichtlich werden sie durch Marktbedingungen geschaffen, die gerade umgekehrt wirken wie bei der ansteigenden Formation. Ihre Vorhersagekraft ist gleichermaßen stark und ihr Versagen ebenso selten. Ihre Entwicklung deutet auf die Kampagne einer Gruppe oder eines Konsortiums hin (oft einer Investmentgesellschaft) *(EN9: oder eines offenen Anlagefonds oder einer Übernahmegruppe)*, durch die ein großer Block von Aktien einer bestimmten Gesellschaft zu einem vorausbestimmten Kurs unterhalb des Marktpreises erworben werden soll. Die Kauforders werden platziert und bleiben stehen, bis sie zu diesem Niveau ausgeführt werden. Wenn die Rallyes, die sich infolge der Käufe auf diesem Niveau entwickeln, durch neues Aktienangebot auf immer tieferem und tieferem Niveau abgeblockt werden, entsteht das typische fallende Bild im Chart. Schließlich ist der Kaufauftrag vollständig ausgeführt, und die Notierungen brechen nach unten durch dieses Niveau. Viele Beobachter haben gesehen, wie diese kritische Linie für eine mehr oder weniger ausgedehnte Periode als Unterstützung des Marktes wirkte. Das bloße Durchbrechen dieser kritischen Linie erschüttert dann oft das Vertrauen auch derjenigen Aktienbesitzer, die vorher gar nicht an einen Verkauf gedacht hatten. Ihr Angebot stößt auf den Markt und beschleunigt die Abwärtsbewegung.

Ein Volumenbild wie beim symmetrischen Typ

Zum Umsatzbild der rechtwinkligen Dreiecke gibt es wenig anzumerken. Normalerweise sieht es aus wie bei einem symmetrischen Dreieck. Während sich die Kurse zur Spitze des Dreiecks hin bewegen, lässt die Aktivität immer mehr nach. Bei der ansteigenden Formation wird gewöhnlich ein Ansteigen der Aktivität bei jeder Rallye und ein Abflauen bei jedem Abschwung innerhalb der Formation zu erkennen sein; bei der fallenden Formation gilt grundsätzlich das Umgekehrte, jedoch ist das meist nicht so klar zu erkennen. Diese kleineren Fluktuationen berühren allerdings nicht die generelle Umsatztendenz, die insgesamt gesehen auf Abnahme des Volumens gerichtet ist, bis der Breakout-Punkt erreicht wird.

Auch bezüglich des Ausbruchs gilt praktisch alles, was wir über die symmetrischen Dreiecke gesagt haben, auch für die rechtwinkligen Typen. Breakouts nach oben (aus einer ansteigenden Formation natürlich) werden von einem auffälligen Ansteigen des Volumens begleitet; wenn das nicht der Fall ist, sollte der Breakout als suspekt behandelt werden. Breakouts nach unten (aus fallenden Formationen) mögen nicht viel ansteigende Aktivität zur Folge haben. Aber der Umsatz geht gewöhnlich nach oben, nachdem die Aktie zwei oder drei Tage aus ihrer Formation heraus ist. Reaktionen in Form von Rücksetzern zu den Grenzlinien der Formation nach dem Breakout sind ziemlich häufig. Ihr Vorkommen scheint im Großen und Ganzen auf der allgemeinen Börsenlage zu beruhen. Wenn also zum Beispiel die Kurse aus dem fallenden Dreieck einer individuellen Aktie zu einem Zeitpunkt nach unten ausbrechen, wenn die Börse im Ganzen freundlich ist, wird mit ziemlicher Sicherheit eine Pullback-Rallye stattfinden, ehe eine stärkere Abwärtsbewegung beginnt.

Gute, verlässliche Breakouts aus rechtwinkligen Dreiecken finden gewöhnlich statt, wenn sich die Formation in einem ähnlichen Stadium der Vollendung befindet wie bei den symmetrischen

Abbildung 8.25: Ein Echtzeit-Chart von prophet.net. Der Volumenausbruch im Juli 2002 lenkte die Aufmerksamkeit auf Ebay, und die schräge Linie wurde zu dieser Zeit eingezeichnet. Obwohl die Linien unsauber sind und das Muster zerklüftet ist, sah es zu jener Zeit wie ein absteigendes Dreieck mit all seinen Implikationen aus. Dennoch, als der Kurs im Oktober 2003 mit großem Volumen aus dem Muster ausbrach, war die Sache klar. Ebay war ein echter Wert. Aber was heißt „echt"? Es könnte wirklich Gewinn erzielen, nicht nur kostenlose Visits einfangen wie seine Internetbrüder und -schwestern. Es leistete im Gegensatz zu den Internetfantastereien tatsächlich einen Dienst, der für viele Menschen von wirtschaftlichem Nutzen ist. Siehe Abbildung 10.26 für eine längere Perspektive auf Ebay. Lektionen für den aufmerksamen Leser: die Macht der Trendlinien; die alarmierende Natur von ungewöhnlichem Volumen; nicht jeder Prognose zu glauben. Die Vorhersage wäre in diesem Fall ein Abwärtstrend gewesen, wenn, wie es schien, das Muster ein absteigendes Dreieck gewesen wäre.

Dreiecken. Je früher der Ausbruch kommt, desto geringer die Gefahr einer falschen Bewegung. (Obwohl falsche Bewegungen aus rechtwinkligen Formationen wesentlich seltener als bei symmetrischen Dreiecken vorkommen, wie hier angemerkt werden soll.) In jenen selteneren Fällen, in denen die Kurse sich nach rechts bis in die Spitze des Dreiecks „hineinquetschen", ohne einen klaren Breakout hervorzubringen, scheinen die Formationen viel von ihrer Kraft zu verlieren.

Kurszielformel für Dreiecke

In Kapitel 6 haben wir eine Mindestkursziel-Formel für Kursbewegungen aus einer Schulter-Kopf-Schulter-Formation aufgestellt, und wir können eine ähnliche Regel für Dreiecke niederlegen. Sie gilt sowohl für symmetrische als auch für rechtwinklige Dreiecke. Die Methode, wie man das Kursziel ermittelt, ist in Worten etwas schwierig zu erklären, aber der Leser kann sich mit ihr schnell vertraut machen, wenn er ihre Anwendung auf einige der Chartbeispiele dieses Kapitels studiert. Angenommen, wir haben es mit einer Aufwärtsbewegung zu tun (Breakout nach oben), so ziehen wir vom Hoch der ersten Rallye, wo die Formation ihren Ausgang nahm (in anderen Worten: von der linken oberen Ecke der Formation), eine Linie parallel zur Bottom-Grenze. Diese Linie wird nach oben und nach rechts von der Formation wegweisen. Man kann erwarten, dass die Kurse so lange steigen, bis sie diese Linie erreichen. Auch werden sie in der Regel nach ihrem Ausbruch aus der Formation ungefähr im gleichen Winkel oder im selben Maße steigen wie der Trend, ehe er in die Formation einmündet. Diese Regel erlaubt es uns, ungefähr die Zeit und ungefähr das Niveau abzuschätzen, wo die Kurse die Linie der Kurszielformel erreichen. Dieselbe Regel gilt für eine Abwärtsbewegung (wobei man aber natürlich von der linken unteren Ecke nach unten misst).

Obwohl die Anwendung der obigen Formel eine ganz gute Abschätzung der Bewegung ermöglicht, die man von einem Dreieck erwarten kann, ist sie weder so bestimmt noch so verlässlich wie die Schulter-Kopf-Schulter-Formel. Vergessen Sie nicht die wichtige Einschränkung, dass ein Dreieck irgendwie einen Teil seiner potenziellen Kraft verloren hat, wenn sich der Breakout so lange hinzieht, bis die Kurse in der Spitze zusammengedrängt sind.

Dreiecke in Wochen- und Monatscharts

Wir haben in den vorhergehenden Untersuchungen gesehen, wie Schulter-Kopf-Schulter-Formationen im langfristigen (Wochen- oder Monats-)Charts erscheinen können und eine ihrer Größe entsprechende Bedeutung zu haben pflegen. Dreiecke können sich ebenso entwickeln. In Wochencharts sind ihre Signale gewöhnlich klar und verlässlich. Aber die grob dreieckigen Bilder, die man in Monatscharts findet, besonders die großen, locker zusammenlaufenden Trends, die Jahre für ihre Vollendung benötigen, sollte man besser unbeachtet lassen; sie haben keine nützliche Bedeutung.

Andere dreieckige Formationen

Es gibt noch andere Formationen der Kurskonsolidierung, die durch zusammenlaufende Linien begrenzt werden und die man deswegen als Dreiecke klassifizieren könnte. Aber sie weichen von den eigentlichen Dreiecken dieses Kapitels in einer oder mehrfacher Hinsicht so markant ab, dass man sie besser unter einer anderen Überschrift und an anderer Stelle behandelt. Es sind Flaggen, Wimpel und Keile. Wieder eine andere Gruppe von Chartformationen entwickelt sich zwischen *auseinanderlaufenden* Grenzlinien, weshalb sie manchmal als umgekehrte Dreiecke bezeichnet werden. Aber ihre Ursachen, Charakteristika und Indikationen sind so radikal verschieden, dass wir uns dazu entschlossen haben, sie anders zu nennen, und zwar Broadening Formations (breiter werdende Formationen). Wir werden sie in einem späteren Kapitel untersuchen.

Der Leser mag inzwischen entsetzt sein über unsere häufige Zuflucht zu Adjektiven wie *gewöhnlich, normalerweise* und ähnlichen. Leider können sie nicht vermieden werden, wenn man ein echtes Bild dessen zu geben wünscht, was in der Wirklichkeit geschieht. Keine zwei Chartformationen sind jemals genau gleich; keine zwei Börsentrends entwickeln sich in genau derselben Weise. Die Geschichte wiederholt sich am Aktienmarkt zwar, aber niemals genau. Und dennoch: Wenn sich der Investor mit den historischen Verhaltensmustern vertraut macht, mit dem „Normalen" des

Börsenverhaltens, wird er sich nicht in dem Glauben in ein Engagement locken lassen, dass es „dieses Mal anders kommt“. Damit ist er seinem Mitbewerber weit voraus, der immer die Ausnahme im Auge hat und nicht die Regel.

Der Anfänger hat sprichwörtlich Glück. Er wird Dreiecke, Schulter-Kopf-Schulter-Formationen oder andere bedeutsame Formationen eine nach der anderen in seinem Chart finden, ihre Entwicklung verfolgen und sehen, wie sie gewinnträchtige Bewegungen vollführen – „genau nach Vorschrift“. Und dann wird die Ausnahme kommen – oder er wird das größere Bild übersehen, während er sich auf die Entwicklung irgendeiner kleineren Formation konzentriert – und er wird plötzlich aufwachen und wissen, dass er sich in einem bösen Spiel verfangen hat. Daher unser ständiger Hinweis auf die Möglichkeit nicht in die Regeln passender Bewegungen. Unsere einschränkenden Worte sind notwendig, weil die Technische Marktanalyse keine exakte Wissenschaft ist und es niemals sein wird.

KAPITEL 9

WEITERE WICHTIGE UMKEHRFORMATIONEN

Rechtecke, Doppeltops und Dreifachtops

Die Dreiecksformationen des vorhergehenden Kapitels können entweder *Umkehr-* oder *Konsolidierungs*formationen sein. Im Falle der rechtwinkligen Dreiecke wissen wir, sobald sie erkennbare Form angenommen haben, in welche Richtung der Trend gehen wird (oder gehen sollte). Bei den symmetrischen Dreiecken wissen wir nicht, wohin die Kurse gehen werden, bis sie schließlich daraus ausbrechen. Allerdings spricht die Wahrscheinlichkeit, wie wir gesehen haben, eher für eine Fortsetzung als für eine Umkehrung des vorhergehenden Trends. In dieser Hinsicht und in vielem anderen erinnert unsere nächste Gruppe von Formationen, die *Rechtecke* oder *Rechtecksformationen*, an die symmetrischen Dreiecke. In der Tat gibt es so viele Ähnlichkeiten, dass wir alle langen und detaillierten Diskussionen weglassen können. (Zur Illustration dieses Kapitels siehe Abbildung 9.1 bis 9.18.)

Ein *Rechteck* besteht aus einer Serie von seitwärts verlaufenden Kursschwankungen, die eine sogenannte Kursspanne, Handelsspanne oder Trading-Range bilden, die sich sowohl oben als auch unten durch *horizontale* Linien abgrenzen lässt. Ein Blick auf eines der Beispiele auf diesen Seiten zeigt, warum die Formation so heißt. In seltenen Fällen kann man eine Chartformation entdecken, deren obere und untere Grenzlinien zwar parallel, jedoch leicht nach oben oder unten geneigt sind. Solange ihre Abweichung von der Horizontalen unbedeutend ist, kann sie als Rechteck behandelt werden. – Gelegentlich werden Sie auch Formationen finden, deren Grenzen, obwohl fast horizontal, doch leicht zusammenlaufen. Sie können entweder als Rechteck oder als symmetrisches Dreieck betrachtet werden; das ist letztlich gleichgültig, weil die Prognose in jedem Fall die gleiche ist.

Wenn Sie sich noch einmal kurz die Schulter-Kopf-Schulter-Formationen, die komplexen Formationen und die Rounding Tops beziehungsweise Rounding Bottoms ins Gedächtnis zurückrufen, so werden Sie sehen, wie jede dieser Formationen – wenn man von dem Umsatzteil des Charts absieht – in ein Rechteck übergehen oder sich ihm annähern könnte. Allerdings werden Sie selten im Zweifel über die richtige Eingruppierung bleiben. Denn die Umstände, die Arten des Kaufens und Verkaufens, durch die Rechtecke produziert werden, sind verschieden, und diese Unterschiede sind gewöhnlich offensichtlich.

Wir haben das Dreieck als „Bild des Zweifels" charakterisiert. Das Rechteck kann – mit noch größerer Rechtfertigung – ein Bild des Konflikts genannt werden. Natürlich repräsentiert jede einigermaßen kompakte Kursformation einen Konflikt im Angebot-Nachfrage-Sinn. Eine SKS-Formation zum Beispiel zeigt einen Konflikt zwischen „starken" Verkäufern und „schwachen" Käufern, und das Ende kann man schon klar sehen, ehe der Kampf vorüber ist. Aber ein Rechteck ist bezeichnend

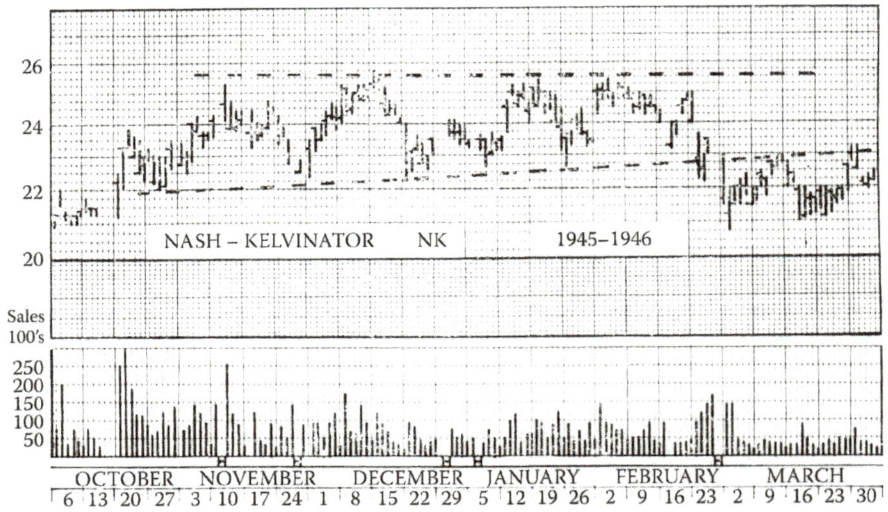

Abbildung 9.1: Obwohl die untere Grenze eine leicht steigende Tendenz hatte, war die Formation, die 1946 einen Gipfel auf Nash-Kelvinator setzte, unmissverständlich ein vier Monate langes Verteilungsrechteck. Lange und ziemlich lockere Rechtecksformationen des hier gezeigten Typs nehmen nicht immer gleichmäßig und eindeutig im Volumen ab. Aber achten Sie auf die dennoch generell, wenn auch unregelmäßig rückläufige Tendenz des Volumens von Mitte Oktober bis Mitte Februar.

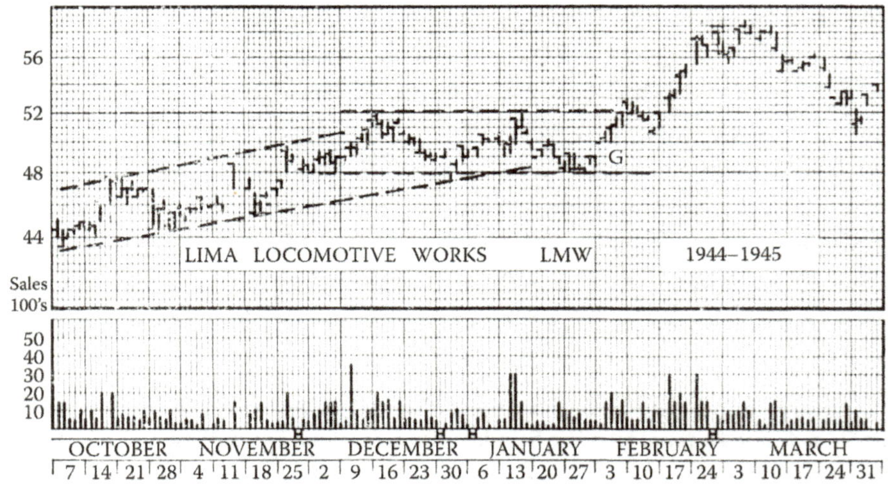

Abbildung 9.2: Konsolidierungs-Rechtecke in Aufwärtstrends waren in den letzten Jahren weniger häufig als während der 1920er- und frühen 1930er-Jahre. – Das große Gap (G) im Kurs ist vom Typ dessen, was wir als „last in pattern gap" (Kurslücke am Ende einer Formation) bezeichnen, zu dem wir in Kapitel 12 kommen werden. Folgt einer Lücke innerhalb einer Formation der Breakout, wie in diesem Fall, so wird sie selten schnell geschlossen.

für einen Kampf zwischen zwei Gruppen von ungefähr gleicher Stärke – zwischen den Aktienbesitzern, die ihre Aktien zu einem bestimmten Kurs abstoßen wollen, und anderen, die dieselben Aktien zu einem bestimmten niedrigeren Kurs aufnehmen möchten. Sie schlagen den Ball zwischen den Reihen hin und zurück (genauer: auf und nieder), bis schließlich – und gewöhnlich ganz plötzlich – eine Seite erschöpft ist (oder ihre Meinung ändert) und die andere dann den Ball aus dem bishe-

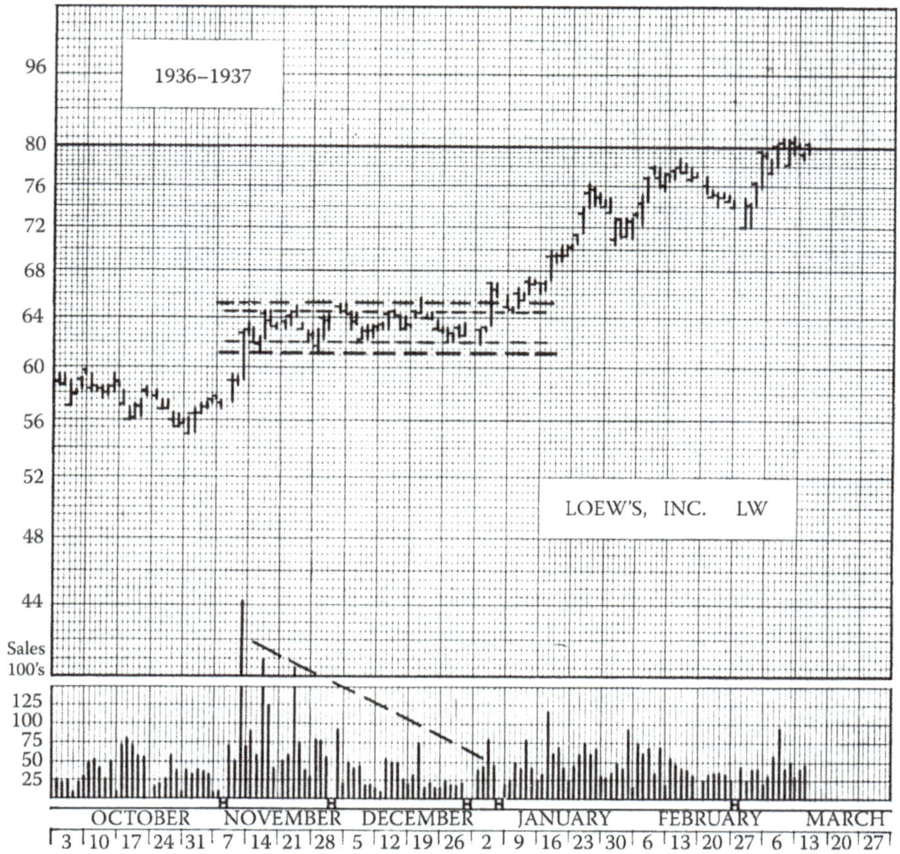

Abbildung 9.3: Ein perfektes Beispiel für ein Konsolidierungs-Rechteck, das sich bei Loew gegen Ende der Hausse der Jahre 1932 bis 1937 bildete. In diesem Fall wurde ein großer Block von Insider-Aktien bei 64 bis 65 verkauft (Distribution), aber das Angebot wurde bei 62 immer wieder von anderen Investoren aufgenommen. Sie hatten die Genugtuung, die Aktie bis 87 im folgenden August steigen zu sehen. Achten Sie auf den Rücksetzer, der dem Breakout im Januar folgte.

rigen Spielfeld hinaustreibt. Niemand (oft nicht einmal die „Kämpfer" selbst) kann sagen, wer gewinnen wird, bis die eine oder andere Grenze in entscheidendem Maße durchbrochen ist.

Wir sprechen hier von zwei Gruppen, die bei der Entwicklung einer rechteckigen Handelsspanne mitwirken, weil das unter heutigen Bedingungen normalerweise die Situation hinter den Kulissen ist. Dies enthält nicht, das sei hier betont, den Vorwurf der Manipulation in irgendeinem abwertenden Sinne. Eine Investmentgesellschaft, eine Vermögensverwaltung oder in manchen Fällen ein einzelner gut bestückter Aktienbesitzer haben gute und ausreichende Gründe, an der oberen Kursgrenze zu verkaufen (an der „Angebotslinie" des Rechtecks). Deswegen muss keineswegs die Absicht bestehen, die Öffentlichkeit irrezuleiten. Und eine andere Investmentgesellschaft oder eine Gruppe von Finanziers, die an der Gesellschaft Interesse haben, mögen ebenfalls gute und von ihrem Standpunkt aus vernünftige Gründe haben, auf der unteren Grenze („Nachfragelinie" des Rechtecks) zu kaufen. So sehen die Marktkräfte zu Beginn der meisten rechteckigen Chartformationen aus. Aber wenn der Zwischenraum zwischen Top- und Bottom-Linie breit genug ist (sagen wir acht oder zehn Prozent des Börsenwerts der Aktie), mag die Situation schnell ein Gefolge von kurzfristigen Spekulanten und Berufshändlern anziehen. So mag sich zum Beispiel ein Konsortium, das einen großen

Block U.S.-Steel-Aktien hält, entschließen, seinen Bestand bei 76 abzugeben, während eine andere Gruppe sich entschlossen hat, zu 69 bei „Steel" groß einzusteigen. Der Preis von X (Ticker-Symbol von U.S. Steel) wird natürlicherweise für eine ganze Zeit zwischen diesen beiden Niveaus hin und her fluktuieren. Spekulanten, die das beobachten, werden versuchen, auf den Zug aufzuspringen, indem sie bei 69 kaufen und bei 76 verkaufen (vielleicht auch bei 76 leerverkaufen und bei 69 eindecken). Ihre Operationen werden die Ausdehnung des Rechtecks akzentuieren oder vergrößern. Allerdings ist die Anzahl von Aktien, die an einem solchen „parasitären" Umsatz beteiligt sind, selten groß genug, um das endgültige Ergebnis zu beeinflussen. In der Tat kann diese Art des Hin-und-Her-Handelns innerhalb eines Rechtecks zeitweise ganz gewinnbringend sein, besonders wenn man sich durch umsichtige Stop-Loss-Orders schützt (siehe Teil II des Buches).

Operationen von Konsortien

In der Vergangenheit – ehe die SEC die entsprechende Börsenpraxis verbot – wurden Rechtecke häufig durch die gut organisierten Operationen eines einzigen „Pools", Konsortiums oder Syndikats verursacht. Solch ein Pool hatte beispielsweise Insiderkenntnisse über irgendeine gute Nachricht. Er beschloss also, einen großen Block von Aktien einer bestimmten Gesellschaft zu akkumulieren, den Kurs hochzutreiben und dann seine Gewinne mitzunehmen, wenn jene gute Nachricht schließlich bekannt wurde. Dafür musste zunächst einmal der gewünschte Bestand, die sogenannte „Line", zusammengebracht werden. Dazu bot es sich an, Aktien, die von anderen Spekulanten und uninformierten Investoren gehalten wurden, „herauszuschütteln" („shake-out"). Der Pool begann seine Kampagne vielleicht in der Weise, dass er plötzlich einige Hundert Aktien leerverkaufte, um alle Nachfrage für den Augenblick zu erdrücken und einen Kursrückgang herbeizuführen. Nachdem die Reaktion bis zu dem vorher festgesetzten Akkumulationsniveau geführt hatte, begann er mit seinen Käufen, wobei er seine Kaufaufträge sorgfältig verteilte und jede öffentliche Aufmerksamkeit vermied. Die Käufe würden früher oder später eine Rallye verursachen. Aber dann würden die Pool-Mitglieder dafür sorgen, dass Gerüchte aufkamen: etwa in der Richtung, dass die und die Insider verkauften oder dass eine vorgesehene Fusion mit einer anderen Firma fehlgeschlagen sei oder dass die Dividende ausfallen werde. Und wenn nötig, würde der Pool-Manager zum rechten Zeitpunkt einige der kürzlich aufgekauften Aktien verkaufen, um den Gerüchten eine farbige Untermalung zu geben. Dieser Vorgang mochte mehrfach wiederholt werden, wobei der Pool allmählich unter dem Strich mehr und mehr Aktien ansammelte. Schließlich hatte er entweder seine vorgesehene „Line" akkumuliert oder er konnte keine Aktien mehr aus den freien Beständen „herausschütteln". Oft war für den erfahrenen Chartisten damals, in den 1920er-Jahren, deutlich genug sichtbar, was vor sich ging, selbst ehe noch die Operation beendet war. Und natürlich war alles völlig offensichtlich, sobald die Kurse nach oben aus ihrem Rechteck ausbrachen.

Solche Taktiken sind nicht mehr erlaubt. „Wash Sales" (das heißt Leerverkäufe zum „Großreinemachen") sind strikt verboten. Die dauernde Überwachung aller Börsentransaktionen und die sofortige Untersuchung aller verdächtigen Nachrichten oder Aktivitäten in einer Aktie durch die Börsenaufsicht SEC verhindern die dreisten Pool-Manipulationen der früheren Jahre. Dies ist wahrscheinlich auch der Hauptgrund, warum Rechtecke in den Charts der 1950er-Jahre bei Weitem nicht mehr so häufig erscheinen wie in den 1920er-Jahren. *(EN: In den 2000ern nicht ungewöhnlich.)*

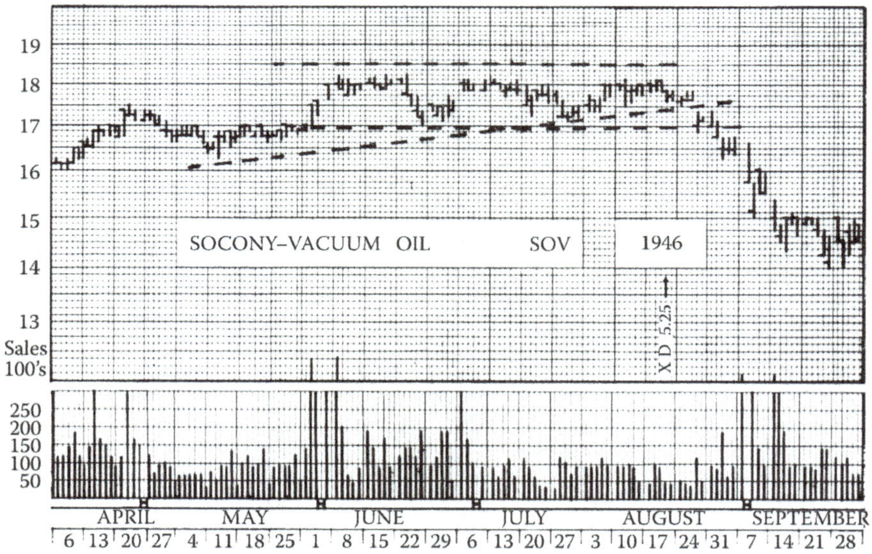

Abbildung 9.4: Hier ist bei der Billigaktie Socony-Vacuum ein Rechteck zu sehen, das durch Schwankungen innerhalb einer engen Zone charakterisiert ist. Nach einem Hoch von 18 ¾ im Dezember 1945 fiel die Aktie auf 15 ¼ zurück und stieg Mitte 1946 wieder an, wie hier gezeigt. Ende August brach der Kurs nach unten durch eine mittelfristige Trendlinie (siehe Kapitel 14), und vier Tage später fiel er auch aus dem Rechteck heraus. Diese Formation in Verbindung mit dem früheren und höheren Hoch besagte, dass bei SOV für längere Zeit niedrigere Kurse zu erwarten waren. Siehe auch den Kommentar unter Abbildung 9.5.

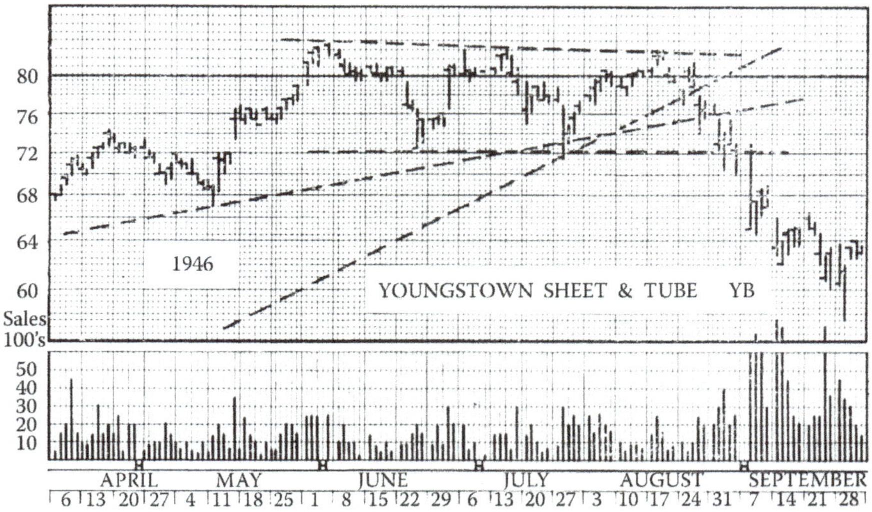

Abbildung 9.5: Ein weiteres langes, lockeres Rechteck als Umkehrformation des langfristigen Trends, in gewissem Sinne ähnlich dem in Abbildung 9.1. Sowohl eine mittelfristige Trendlinie als auch eine Major-Trendlinie (Trendlinien werden später erörtert) wurden von YB im August in entscheidendem Maße nach unten durchbrochen, kurz bevor das Rechteck ebenfalls nach unten ausbrach. Unter Abbildung 8.21 erörterten wir ein Warnzeichen für die drohende Umkehr des Primärtrends nach unten, das man durch einen Vergleich von einzelnen Aktiencharts mit den Indizes gewinnt. Hier ist ein anderer Hinweis: Gute Stahl- und Ölwerte (siehe auch SOV, Abbildung 9.4) halten sich häufig noch oder zeigen stärkere Erholungen, auch wenn die Indizes nach langfristigen Hochs schon nach unten gewendet haben. Die Wall Street spricht hier manchmal von einer „Distribution der Stahlwerte unter dem Deckmantel der Stärke".

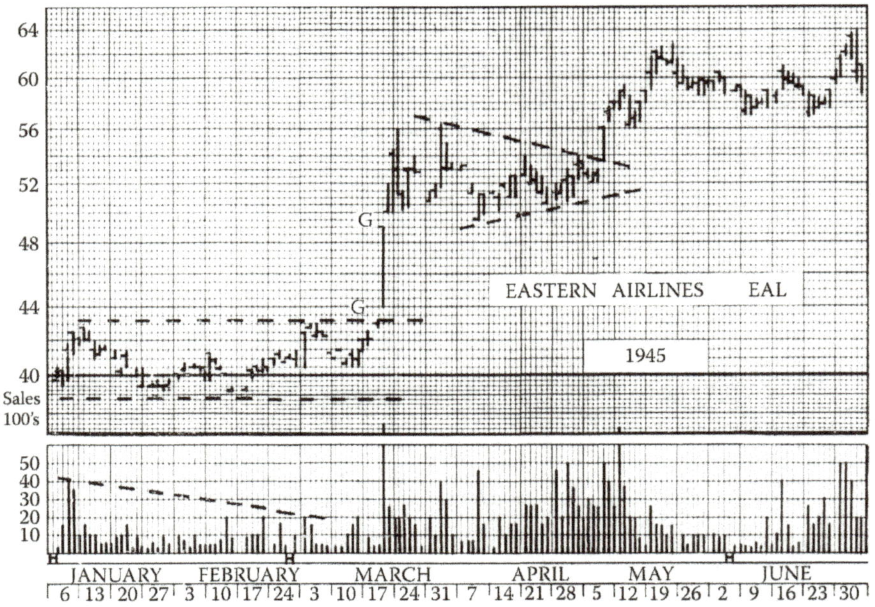

Abbildung 9.6: Das Rechteck von EAL im Frühjahr 1945 war eigentlich nur das letzte Stadium einer beinahe zwei Jahre langen Konsolidierung. Der Anstieg begann 1942 bei 17 und endete im Dezember 1945 bei 125. G bezeichnet Gaps (Kapitel 12); das erste ein Breakaway-Gap (Ausbruchslücke) und das zweite ein Measuring Gap, das als wahrscheinliches Kursziel der Bewegung 55 ankündigte. Als der Kurs dieses Niveau erreichte, entwickelte sich eine weitere Konsolidierung in Form eines symmetrischen Dreiecks. Keine dieser Lücken wurde während der nächsten beiden Jahre geschlossen.

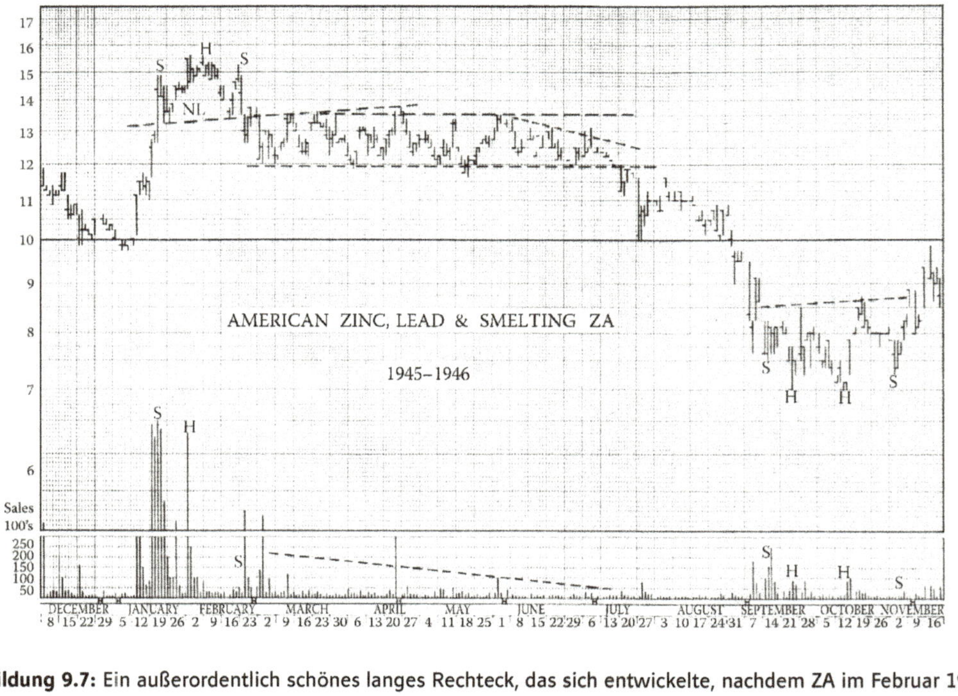

Abbildung 9.7: Ein außerordentlich schönes langes Rechteck, das sich entwickelte, nachdem ZA im Februar 1946 aus einer SKS-Formation nach unten ausgebrochen war. Eine geradezu perfekte Gelegenheit, diese Aktie leerzuverkaufen, wurde durch ihren Pullback vom 17. und 18. Juli geboten, nachdem der Kurs aus dem Rechteck am 15. nach unten ausgebrochen war. Die multiple Schulter-Kopf-Schulter-Boden-Formation, die die Aktie von September bis November bildete, brachte eine Erholung bis 11, aber später fiel der Kurs dann (Anfang 1947) auf 6.

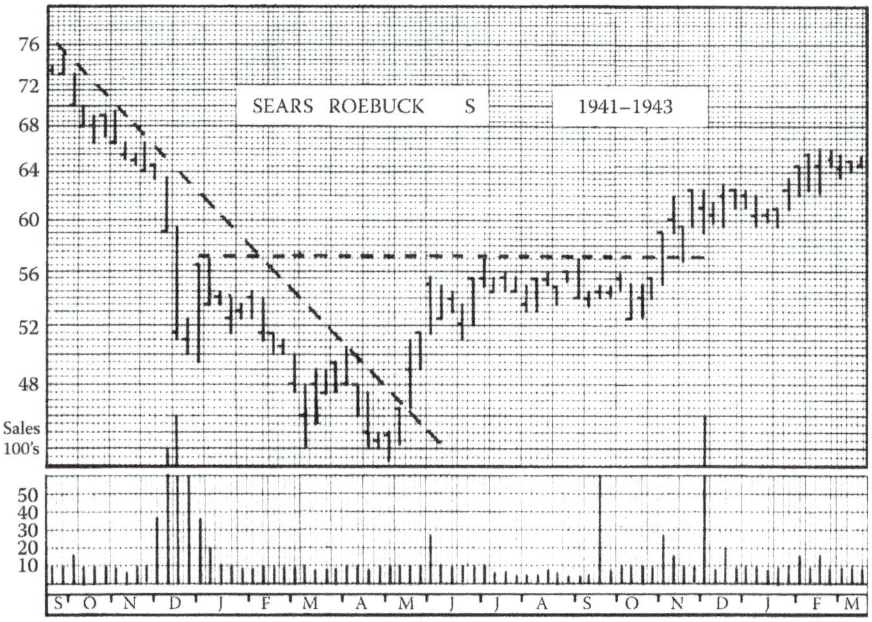

Abbildung 9.8: Dieser Wochenchart zeigt das Tief der Baisse von Sears Roebuck im Jahr 1942. Ein Konsolidierungs-Rechteck (Juni bis November) bildet die rechte Schulter einer großen „unausgewogenen" doppelten Schulter-Kopf-Schulter-Formation.

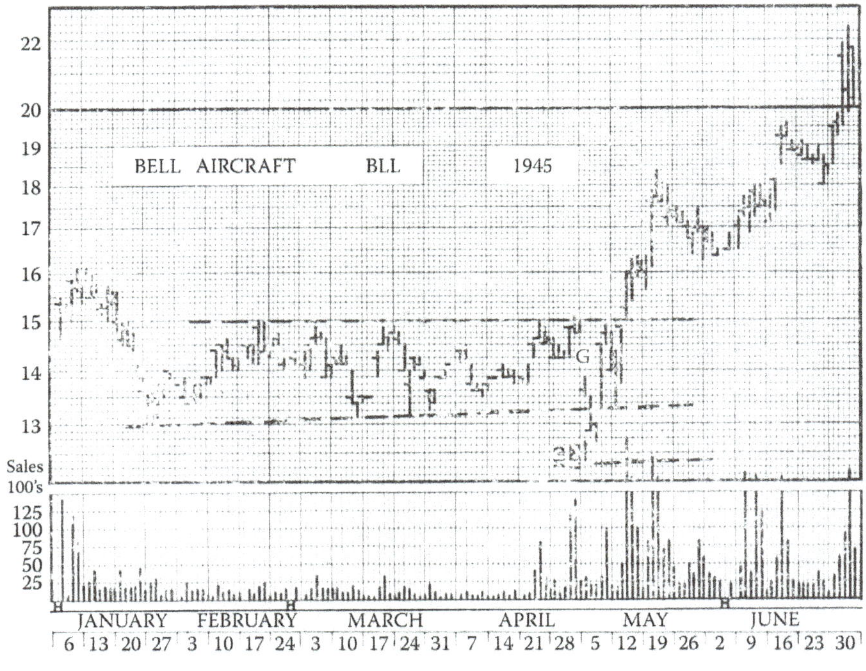

Abbildung 9.9: Nach einem Aufstieg bis 16 im Januar 1945 fiel BLL auf 13 zurück und bildete ein 15 Wochen langes Rechteck. Das Gap bei der Abwärtsbewegung am 30. April (G) wurde durch einen Dividendenabschlag von einem Dollar verursacht. Die revidierte untere Grenze der Formation (um einen Dollar nach unten verschoben) wurde nicht verletzt.

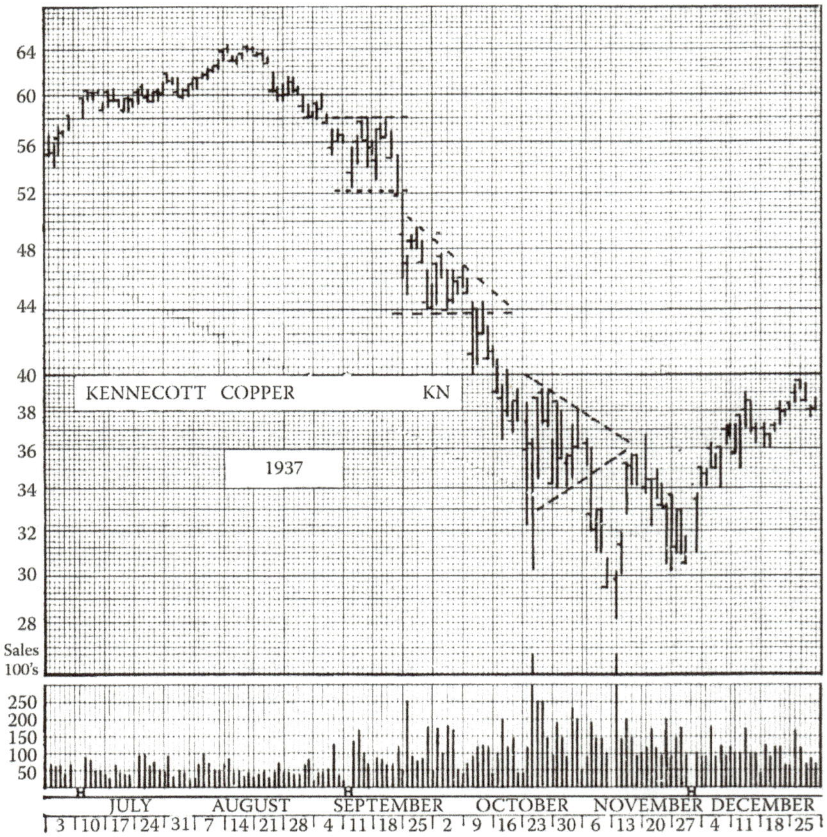

Abbildung 9.10: Ein kurzes und sehr hohes Rechteck bildete sich im September 1937 im Verlauf des schnellen Kursrückgangs von KN; es folgten ein fallendes und dann ein symmetrisches Dreieck als Konsolidierung im Abwärtstrend.

Vielleicht können wir verschiedene Einzelheiten der Rechteck-Formation am schnellsten und einfachsten dadurch erläutern, dass wir sie mit der nächstverwandten Chartformation, dem symmetrischen Dreieck, vergleichen:

- **Volumen:** Es folgt denselben Regeln wie bei Dreiecken, vermindert sich also allmählich, während sich das Rechteck ausdehnt. Jede gegenteilige Entwicklung ist verdächtig, es sei denn, dass es sich um eine vorübergehende Aktivität aufgrund einer besonderen Nachricht handelt.
- **Breakouts:** Auch hier gelten dieselben Regeln wie bei Dreiecken. Vergleichen Sie dort über die Erfordernisse für das Volumen, das Maß des Ausbruchs und so weiter.
- **Fehlbewegungen:** Sie sind bei Rechtecken viel seltener als bei Dreiecken. Ein klar begrenztes Rechteck ist in der Tat fast so verlässlich wie eine Schulter-Kopf-Schulter-Formation, wenn auch in seiner Bedeutung nicht so weitreichend.
- **Vorzeitiger Breakout:** Vielleicht etwas häufiger aus Rechtecken als aus Dreiecken.

(Bitte beachten Sie: Sowohl Fehlbewegungen als auch vorzeitige Breakouts in dem Sinne, wie wir die Ausdrücke benutzen, sind zu dem Zeitpunkt, da sie sich ereignen, von echten Breakouts nicht

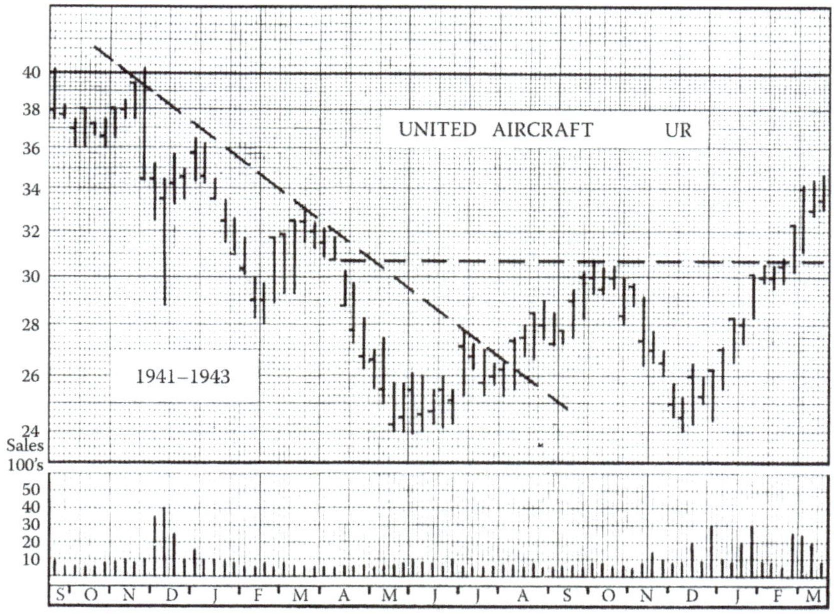

Abbildung 9.11: Diese Formation von United Aircraft im Jahr 1942 war nicht vollendet und konnte erst als Doppelboden bezeichnet werden, als die Kurse im Februar 1943 über 31 stiegen. (Siehe die nachfolgenden Seiten.)

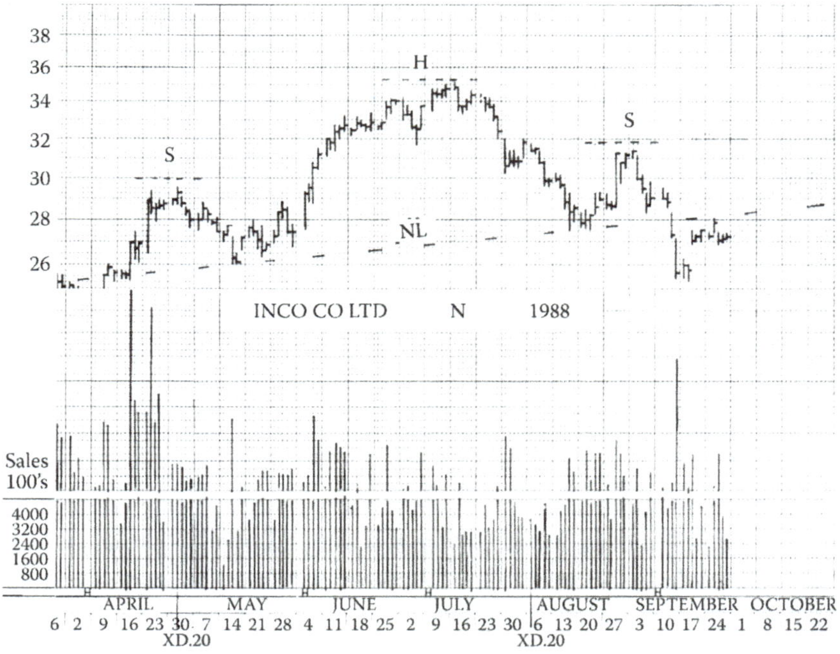

Abbildung 9.12: INCO erholte sich schnell vom Reagan-Crash 1987 und erreichte zum Jahresende fast wieder den Höchststand von 1987; dieser wurde im April 1988 entscheidend durchbrochen. Die kräftige Rallye trug N weiter nach oben. Aber die Reaktion im August, gefolgt von einer schwachen Rallye im September, bildete eine große SKS-Formation. Der Rückgang Anfang September durchbrach die Nackenlinie, um die Umkehrung zu bestätigen, und der anschließende Throw-Back zum Nackenlinienwiderstand war ein ausgezeichneter Verkaufszeitpunkt.

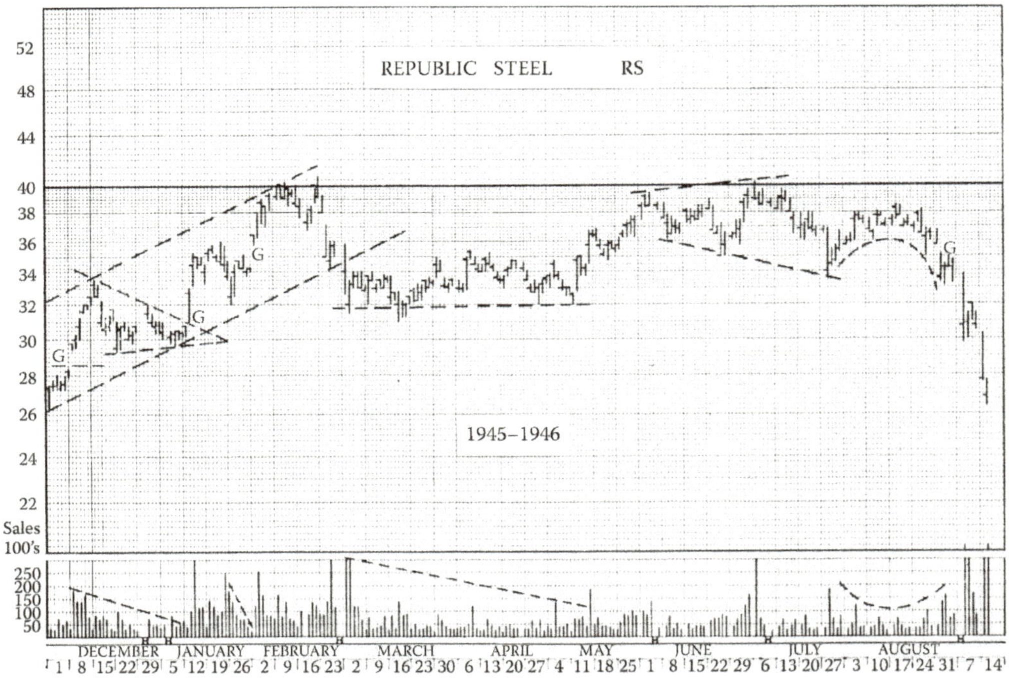

Abbildung 9.13: Bei einer echten Doppeltop-Kursumkehr ist ein längerer Zeitraum zwischen den beiden Tops nötig. Deshalb können diese Formationen in einem Tageschart nur selten leicht erkannt werden. Aber hier ist ein gutes Beispiel von Republic Steel aus dem Jahre 1946. Beachten Sie, dass fünf Monate und ein Abschwung von 20 Prozent zwischen den beiden Hochs liegen. Dieser Chart enthält nebenher viele interessante kleinere technische Formationen. Die „Broadening Swings" (sich verbreiternde Ausschläge – siehe Kapitel 10) im Juni und Juli, als sich das zweite Hoch bildete, und die gerundete Rallye im August waren in ihrer Prognose extrem bearish.

zu unterscheiden. Sowohl nach dem falschen als auch nach dem vorzeitigen Breakout kehren die Kurse in die Formation zurück. Aber bei der falschen Bewegung setzt sich der Trend schließlich außerhalb der Formation in der *umgekehrten* Richtung fort, während im Falle des vorzeitigen Ausbruchs der Trend schließlich wieder ausbricht und in *derselben* Richtung verläuft.)

- **Pullbacks:** Eine Rückkehr der Kurse an die Grenze der Formation nach dem anfänglichen Durchbrechen der Begrenzungslinien (Breakout) kommt bei Rechtecken häufiger vor als bei symmetrischen Dreiecken. Nach unserer Schätzung findet ein Pullback beziehungsweise ein Throw-Back in ungefähr 40 Prozent aller Fälle statt, und zwar innerhalb eines Zeitraums von drei Tagen bis drei Wochen (dabei ist „Pullback" der übliche Ausdruck für eine Rallye nach einem Breakout nach unten und „Throw-Back" der Ausdruck für eine Reaktion nach einem Breakout nach oben, aber im weiteren Sinne bezeichnet „Pullback" beides).
- **Kursrichtungstendenz:** Das Rechteck ist häufiger eine Konsolidierungsformation als eine Umkehrformation, wobei das Verhältnis etwa das gleiche wie bei den symmetrischen Dreiecken ist. Als Umkehrformation erscheinen Rechtecke häufiger bei Tiefs – sowohl mittelfristigen als auch langfristigen – als bei Hochs. Lange, dünne, umsatzschwache Rechtecke sind bei Tiefs des Primärtrends nicht selten; manchmal gehen sie in den Typ über, den wir in Kapitel 7 als flachen Rounding Bottom oder auch Dormant Bottom beschrieben haben.

- **Kurszielformel:** Eine verlässliche Mindestkurszielformel für das Rechteck wird durch seine Höhe gegeben. Die Kurse sollten sich zumindest so weit (gerechnet in Punkten) von der Formation wegbewegen, wie die Entfernung (in Punkten) zwischen der oberen und unteren Linie der Formation beträgt. Sie können sich natürlich viel weiter bewegen. Im Allgemeinen sind kurze, weit schwingende Formen, die im Chart beinahe quadratisch erscheinen und in denen der Umsatz aktiv ist, dynamischer als lange und enge Ausbildungen. Bewegungen aus den Letzteren zögern fast immer nach dem Erreichen des „Minimalpunkts" oder starten von dort aus eine Reaktion, ehe die Kursbewegung weiterläuft.

Das Verhältnis des Rechtecks zur Dow-Linie

Sicherlich ist Ihnen die Ähnlichkeit aufgefallen, die das Rechteck als Chartformation einer individuellen Aktie mit der Indexformation hat, die der Dow-Theoretiker als „Line" oder „Linie" bezeichnet. Offensichtlich sind ihr ursächlicher Hintergrund und ihre Prognosebedeutung weitgehend gleich. Aber echte Rechtecke mit scharf begrenzten Top- und Bottom-Grenzen entsprechend der Angebots- beziehungsweise Nachfragelinie sind wirklich nur charakteristisch für individuelle Aktien. Eine „Linie" in den Indizes ist dagegen selten genau umgrenzt. Die aufeinanderfolgenden kleineren Höhepunkte bilden sich kaum ganz präzise auf einer bestimmten horizontalen Tangente, und ebenso wenig liegen die aufeinanderfolgenden kleinen Tiefpunkte auf einem genauen horizontalen Niveau. Wenn Sie die Charts der einzelnen Aktien, aus denen sich der Index zusammensetzt, für den Zeitraum der Linie untersuchen, werden Sie mit ziemlicher Sicherheit ein gemischtes Bild feststellen: Einige Aktien sind in einem unregelmäßigen Aufwärtstrend, andere in einem unregelmäßigen Abwärtstrend. Einige bilden vielleicht Dreiecke und andere wieder Rechtecke oder sonst etwas. Aber es ist eben die algebraische Summe aller dieser mehr oder weniger auseinanderlaufenden Entwicklungen, die in ihrer Gesamtheit im Index die „Linie" bildet.

Sicherlich besteht eine gewisse Tendenz aufseiten aktiver Spekulanten, Aktien zu verkaufen (oder zu kaufen), wenn ein bestimmter Index einen bestimmten Wert aufweist, und zwar ohne Rücksicht auf das Stadium der einzelnen beteiligten Aktien. Ein Investmentberater wird also beispielsweise seine Klienten anweisen, „alle spekulativen Bestände zu verkaufen, wenn der Dow Jones Industrial Average 500 erreicht" *(EN: oder 5.000 oder 15.000).* Aber Spekulationsgeschäfte, die nur auf solchen allgemeinen Indexniveaus basieren, werden so selten laufend befolgt, dass sie wenig Effekt haben. *(EN: In der heutigen Zeit gilt dies aufgrund der Verfügbarkeit von Exchange-Traded Funds nicht mehr.)*

Rechtecke als Weiterentwicklung von rechtwinkligen Dreiecken

Im vorhergehenden Kapitel erörterten wir einen Fall, in dem ein rechtwinkliges Dreieck teilweise versagte. Es wurde erforderlich, das Dreieck als Rechteck umzudeuten. Nachdem wir nun letztere Formation in ihren Einzelheiten betrachtet haben, brauchen wir über dieses Phänomen nur noch Folgendes zu sagen: Die Wahrscheinlichkeit spricht immer noch etwas zugunsten eines schließlichen Ausbruchs in der Richtung, die ursprünglich durch das beginnende Dreieck angedeutet war. Diese

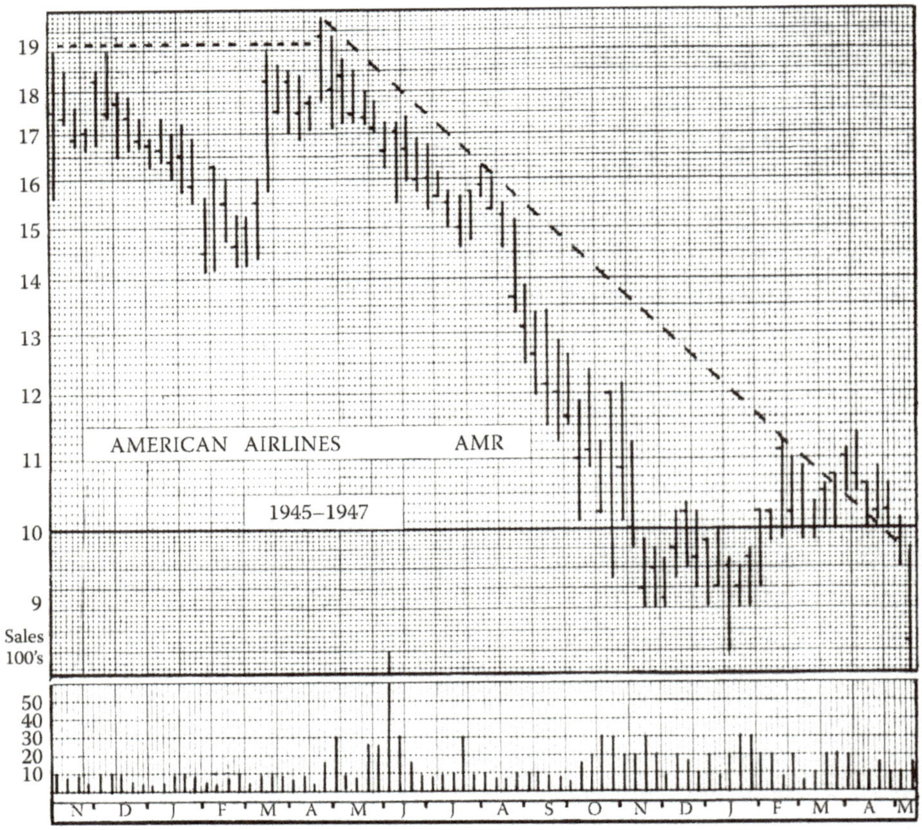

Abbildung 9.14: Die Aktien von AMR, die damals um 90 gehandelt wurden, wurden im April 1946 im Verhältnis 1:5 gesplittet, was eine schnelle Rallye zu einem neuen Höchstkurs zur Folge hatte. Aber das allgemeine Bild eines Doppeltops (zusammen mit dem Hoch vom vorigen Dezember) war nichtsdestoweniger augenscheinlich und wurde bestätigt, als die Kurse am 28. August durch das „Talniveau" nach unten ausbrachen. Populäre Käufe infolge von Splits sind gewöhnlich kurzlebig und verzerren nur kurze Zeit das breitere Bild.

geringfügig überwiegende Wahrscheinlichkeit rechtfertigt allerdings keinesfalls, einen entgegengesetzten Ausbruch aus dem neu konstruierten Rechteck zu missachten.

Doppel- und Dreifachtops, Doppel- und Dreifachböden

Für einige der alten Recken an der Börse mag es beinahe als Sakrileg erscheinen, wenn wir jenes gute alte Institut, das Doppeltop, als kleinere Position in unserem Arsenal von Umkehrformationen behandeln. Dem Namen nach wird es vielleicht häufiger als jede andere Chartformation von Menschen benutzt, die zwar einen atemberaubenden technischen Slang, aber wenig systematische Kenntnisse der analytischen Fakten besitzen. Wirkliche Doppeltops und Doppelböden sind extrem selten; dreifache Formationen sind noch seltener. Viele Chartbilder werden missverständlich so genannt, gehören aber in Wirklichkeit zu einer unserer anderen Umkehrformationen. Die echten Fälle können selten klar als solche identifiziert werden, ehe die Kurse nicht einen langen Weg von ihnen weggelaufen sind. Aus den Chartdaten allein kann man sie *niemals* vorhersagen oder auch nur identifizieren, solange sie noch Gestalt annehmen.

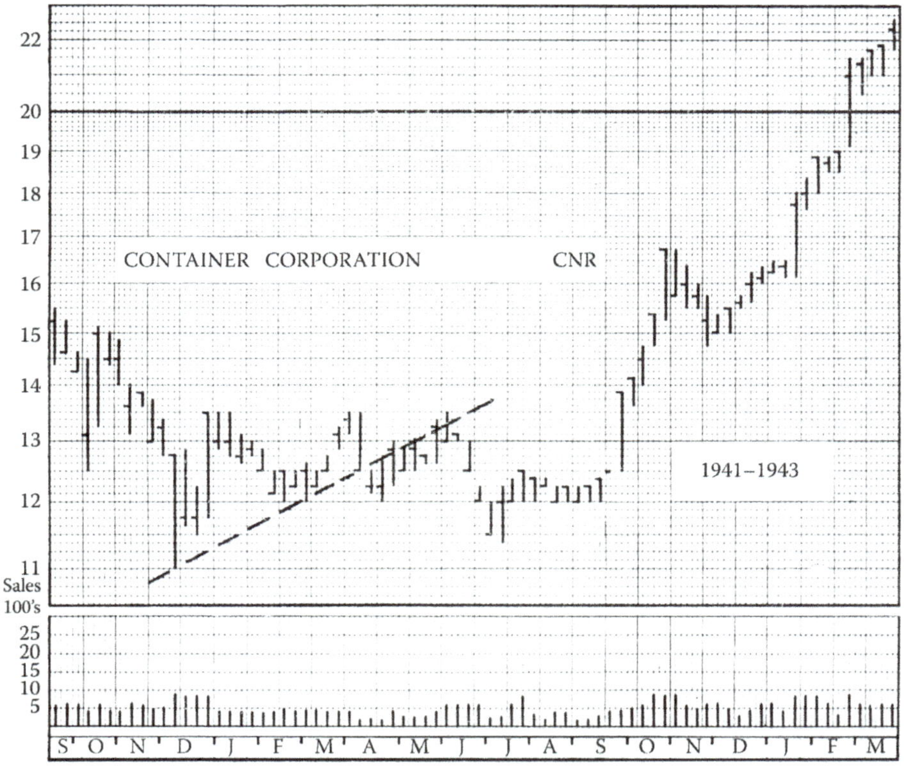

Abbildung 9.15: Die langfristige Umkehrformation bei CNR zu Beginn eines Primärtrends, der einen Aufschwung bis 54 brachte. Beachten Sie, wie ein Versuch der Kurse misslang, ein aufsteigendes Dreieck zu bilden, und sich in einen Doppelboden verwandelte.

Aber wir eilen unserer Geschichte voraus. Wir sollten zunächst definieren, worüber wir sprechen. Ein *Doppeltop* entwickelt sich wie folgt: Eine Aktie steigt auf ein bestimmtes Niveau an – gewöhnlich mit hohem Volumen beim Anstieg und auf dem Top-Niveau selbst. Dann sinkt sie bei verringerter Aktivität zurück und steigt wieder auf denselben (oder praktisch denselben) Kurs wie zuvor beim ersten Hoch. Der Umsatz nimmt dabei etwas zu, ist aber nicht so groß wie bei dem ersten Gipfel. Oben wendet sie sich ein zweites Mal nach unten und beginnt einen mittelfristigen oder langfristigen Abschwung. Ein *Doppelboden* ist natürlich dasselbe, wobei oben und unten vertauscht sind. Die dreifachen Typen bilden drei Tops (oder Böden) anstelle von zweien.

Es ist nicht schwierig, ein Buch mit mehreren Hundert Monatscharts durchzublättern und zwei oder drei Beispiele eines Major-Doppeltops und vielleicht ein oder zwei Doppelböden zu finden. Man wird auch Fälle finden, wo Aktien zwei aufeinanderfolgende Hausse-Gipfel bildeten, die mehrere Jahre auseinander, aber auf beinahe dem gleichen Niveau lagen. Solche Phänomene erscheinen aus der entfernten Rückbetrachtung wie der sprichwörtliche warnende Zeigefinger, was sicherlich das unberechtigte Entsetzen erklärt, mit dem der Amateurchartist sie betrachtet. Er übersieht in diesem Augenblick die Tatsache, dass Tausende andere Aktien fast dasselbe hätten tun können, es aber doch nicht taten – dass einige von ihnen sich einige Zeit lang tatsächlich so verhielten, als ob sie ein Doppeltop bilden wollten, aber dann doch nach oben durchbrachen und höher stiegen.

Gibt es dann überhaupt irgendeinen Nutzen für den Spekulanten oder den Investor durch das Konzept des Doppeltops? Ja, es gibt ihn; aber wir können ihn leichter verdeutlichen, wenn wir

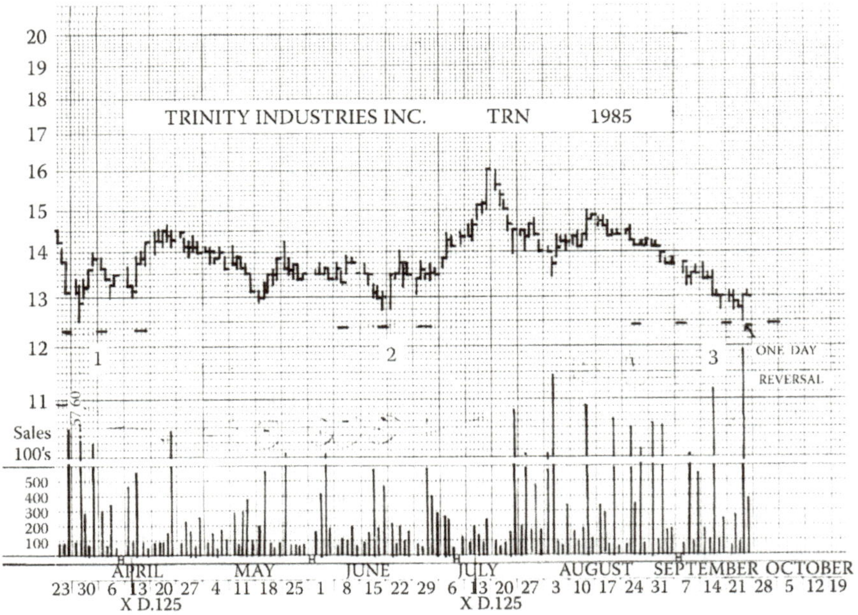

Abbildung 9.16: Obwohl Trinity Industries nicht das wohlgeformte Muster unserer anderen Empfehlungen aufwies, empfanden wir den volumenstarken Kurssturz mit dem Tagestief als dritten Test des Jahrestiefs als sehr betörende technische Situation. Im Grunde war es ein Dreifachboden mit einem One-Day-Reversal, um den Aufwärtstrend zu starten.

zunächst untersuchen, was *nicht* als Doppeltop zu bezeichnen ist. Denken Sie einen Augenblick zurück an die aufsteigenden Dreiecke und die Rechtecke, die wir zuvor untersucht haben. Wenn diese mit ihrer Entwicklung beginnen, bilden sie fast als ersten Schritt zwei Tops auf einem identischen Niveau mit einem Kursrückgang dazwischen und mit weniger Volumen beim zweiten als beim ersten Top. Im normalen Lauf der Dinge wird sich dort ein drittes Top entwickeln, und schließlich werden die Kurse durchbrechen und nach oben auf ein noch höheres Niveau steigen. Wir sehen also, dass wir gewisse Regeln oder Kriterien brauchen, um eine echte Doppeltop-Umkehrformation von jenen „doppelten Tops" zu unterscheiden, die als Teil einer Konsolidierungszone in einem Aufwärtstrend erscheinen und keine Trendumkehr signalisieren.

Die unterscheidenden Merkmale

Man kann keine absolute und uneingeschränkte Regel niederlegen, die für alle in Betracht kommenden Aktien mit verschiedenem Wert und verschiedenem Marktverhalten zutrifft. Aber eine relative Unterscheidung bietet sich schnell an, wenn wir die verschiedenen Arten von Chartformationen betrachten: Wenn zwei Tops auf derselben Höhe, aber zeitlich ganz dicht beieinander liegen und die Reaktion dazwischen nur klein ist, spricht die Wahrscheinlichkeit dafür, dass sie nur ein Teil einer Konsolidierungszone sind. Sollte sich letztlich doch eine Trendumkehr entwickeln, dann ist jedenfalls noch mehr Formationsentwicklung – noch mehr „Arbeit" – in dieser Top-Zone wahrscheinlich. Wenn sich dagegen nach dem anfänglichen Gipfel eine lange, umsatzschwache, tiefe und mehr oder weniger „rund" verlaufende Reaktion zeigt und es offensichtlich an Vitalität mangelt,

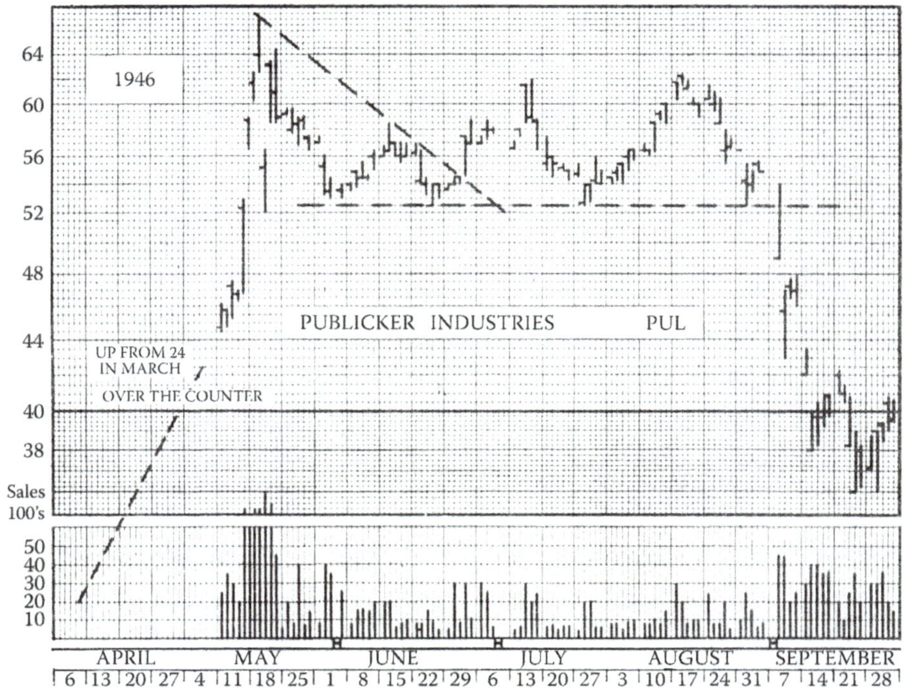

Abbildung 9.17: Publicker erreichte seinen Höchstkurs nur einige Wochen, nachdem die Aktie am „Big Board" (New York Stock Exchange) eingeführt worden war. Dann begann die Aktie, ein absteigendes Dreieck zu bilden, aber „entwich" noch einmal aus dieser Formation nach oben. Das Endergebnis war ein Dreifachtop, das im August beendet war. (Vergleichen Sie die Abbildungen 8.17 und 9.15.)

während die Kurse wieder zu der vorherigen Höhe ansteigen, können wir zumindest den Verdacht auf ein Doppeltop haben.

Wie tief ist tief, und wie lang ist lang? Berechtigte Fragen, auf die man leider keine einfache, wohlumschriebene Antwort geben kann. Aber wir können versuchen, Näherungswerte zu erreichen. Wenn zum Beispiel die beiden Tops *mehr* als einen Monat auseinanderliegen, gehören sie vermutlich nicht zu derselben Konsolidierungs- oder Stauformation. Wenn außerdem die Reaktion zwischen dem ersten und dem zweiten Hochpunkt den Kurs um mehr als 20 Prozent ihres Höchstwertes reduziert, neigt sich die Waage entschieden in Richtung einer Interpretation als Doppeltop. Allerdings sind beide Kriterien willkürlich abgegrenzt und nicht ohne Ausnahme. Es gibt Fälle, in denen die beiden Gipfel nur zwei oder drei Wochen auseinander gelegen haben, und andere, in denen das Tal zwischen ihnen nur ungefähr 15 Prozent tiefer lag. Die meisten echten Doppeltops entwickeln sich jedoch zwei, drei oder mehr Monate auseinander. Allgemein gesprochen ist das Zeitelement kritischer als die Tiefe der Reaktion. Je länger die Zeit zwischen den beiden Hochpunkten, desto weniger Notwendigkeit besteht für eine besonders starke Kursreaktion nach unten in der Zwischenzeit.

Wir können demgemäß den Verdacht auf eine Doppeltop-Kursumkehr haben, wenn folgende Kriterien vorliegen: Zwei Tops liegen auf ungefähr dem gleichen Niveau, aber im Chart mehr als einen Monat auseinander; die Aktivität beim zweiten Aufschwung ist etwas geringer als beim ersten; der Kursrückgang zwischen den beiden Tops erfolgt bei ziemlich schwachem oder unregelmäßigem Umsatz und verläuft „abgerundet". Sollte sich im Verlauf des zweiten (mutmaßlichen) Tops eine

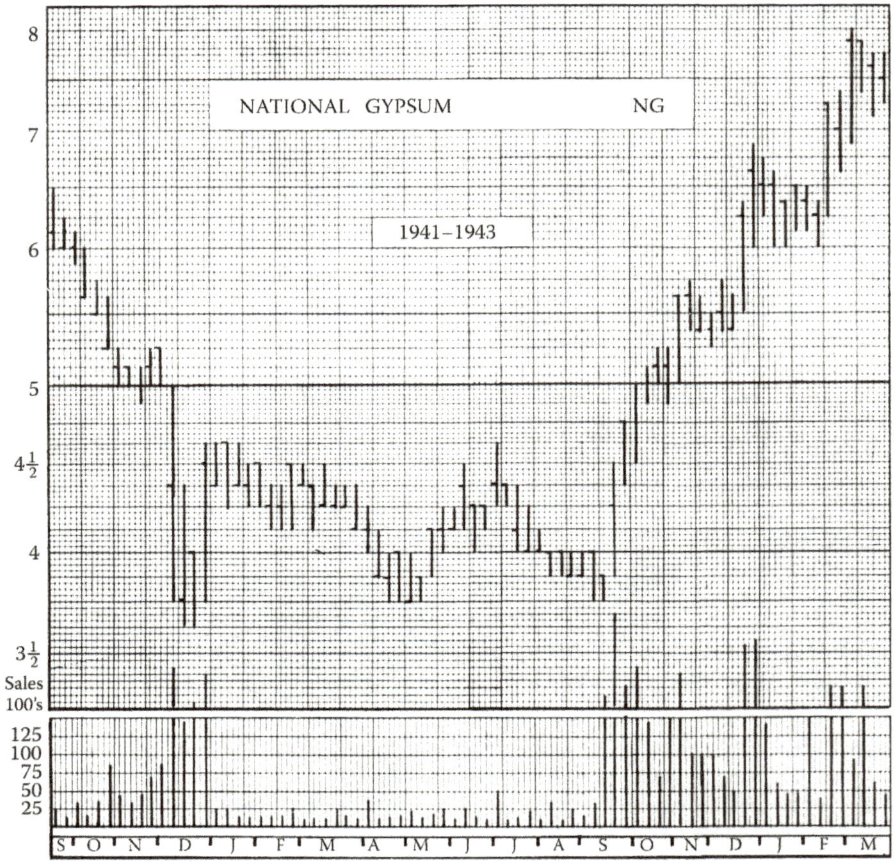

Abbildung 9.18: Diese Bodenformation bei NG bestand aus einer zehn Monate langen Fluktuation innerhalb eines Bereichs von nur einem ganzen Punkt. Normalerweise schenken die meisten Spekulanten einer solchen Entwicklung keine Aufmerksamkeit. Sicherlich bot sie auch wenig Gelegenheit für kurzfristige Gewinne. In einem Chart mit arithmetischem Maßstab war sie kaum zu sehen. Die logarithmische Kursdarstellung hat jedoch den großen Vorteil, wichtige Aktionen auch auf sehr niedrigem Kursniveau in ihrer prozentualen Bedeutung ans Licht zu bringen.

kleine SKS-Formation oder ein absteigendes Dreieck entwickeln, wie es häufig der Fall ist, sollten wir wachsam sein: Long-Engagements sollten durch eine dicht platzierte Stop-Loss-Order geschützt werden oder wir sollten sie überhaupt gegen eine andere Aktie tauschen, deren Chart vielversprechender aussieht.

Und doch, selbst alle diese Zeichen zusammengenommen sind noch nicht endgültig und zwingend. Die Situation kann immer noch gerettet werden, und oft wird sie auch gerettet. Lassen Sie uns einen Blick auf das werfen, was vermutlich hinter den Kulissen vorgeht und unser Chartbild bis hierher verursacht hat. Das erste Top mit verhältnismäßig hohem Umsatz war ein normaler Vorfall und sagte uns lediglich, dass in jenem Moment die Nachfrage auf genügend Angebot traf, um den Aufschwung zu stoppen und eine Reaktion herbeizuführen. Dieses Angebot mag nur aus den Gewinnmitnahmen von Spekulanten stammen, in welchem Fall der Trend nach einem kurzen Rückschlag wieder nach oben gehen sollte. Aber wenn die Reaktion tiefer und tiefer geht, bis sie schließlich 15 Prozent oder mehr des Aktienwerts am Gipfel preisgegeben hat, wenn das Kursbild dann ohne schnelle und kräftige Aktion einfach nur „flach" wird, zeigt sich darin, dass entweder die Nachfrage bei dem letzten Aufschwung ziemlich weitgehend befriedigt worden ist oder dass die

Verkäufe am Hoch doch mehr als nur kurzfristige Gewinnmitnahmen darstellten. Die Frage ist dann also: Bezeichnete das erste Hoch eine wichtige Zone der Aktiendistribution, und ist in dieser Kurszone noch sehr viel mehr Angebot zu erwarten?

Beachten Sie, dass diese Formation sich in jeder Einzelheit – Abstand zwischen den Böden, prozentuales Ausmaß der dazwischenliegenden Rallyes und Volumen – als Dreifachboden qualifiziert. Natürlich prophezeite die Bestätigung dieser Formation im Oktober 1942 nicht mit Notwendigkeit, dass NG bis auf 33 ansteigen würde, wie das tatsächlich geschah. Aber viele andere Aktien bildeten zur selben Zeit gesund aussehende Major-Böden auf höherem Kursniveau. Die Schlussfolgerung war daher gerechtfertigt, dass NG einen Aufwärtstrend eingeschlagen hatte und die Marke bei fünf Dollar eine einmalige Kaufgelegenheit war.

Nichtsdestoweniger zeigt unser Chartbild, dass schließlich die Nachfrage doch wieder erwachte und genügend Angebot absorbierte, um den Trend nach oben zu wenden. Als die Kurse nach oben gingen und nahe dem Niveau des ersten Tops auf Angebotsdruck stießen, war das aus psychologischen Gründen durchaus zu erwarten. Viele kurzfristige Spekulanten würden natürlich ihre Gewinne an dem alten Hochpunkt mitnehmen (vielleicht sogar in der Absicht, zu einem etwas höheren Kurs sogleich wieder auf den Zug zu springen, wenn das alte Hoch überschritten werden sollte). Ein kürzeres Zögern auf diesem Niveau war durchaus nicht bedenklich. Aber ein Angebot solchen Ausmaßes, dass eine erneute erhebliche Reaktion eingeleitet wurde, ist etwas ganz anderes. – Wir haben damit eine Angebots- oder Widerstandszone auf dem Gipfelniveau und eine Nachfrage- oder Unterstützungszone im Bereich der Talsohle zwischen den beiden Gipfeln. Die letzte und entscheidende Frage lautet nunmehr: Wird die Tal-Unterstützung wieder in Erscheinung treten und den zweiten Abschwung stoppen?

Die entscheidende Definition eines Doppeltops wird durch eine negative Antwort auf die letztere Frage gegeben: Wenn die Kurse bei ihrem Rückgang vom zweiten Gipfel durch das Bodenniveau des Tals durchbrechen, wird damit eine Umkehr des Trends von aufwärts nach abwärts signalisiert. Und es ist gewöhnlich ein Signal von größerer (major) Bedeutung. Voll bestätigte Doppeltops (nämlich bestätigt durch den Durchbruch) erscheinen selten bei Umkehr nur des intermediären Trends; sie sind charakteristischerweise ein Umkehrphänomen für den Primärtrend. Wenn Sie daher sicher sind, dass Sie ein Doppeltop vor sich haben, nehmen Sie es nicht leicht. Auch wenn die Kurse vielleicht schon 20 Prozent zurückgegangen sind, bestehen gute Aussichten, dass sie noch sehr viel weiter zu fallen haben, bis sie einen Boden finden.

Als Kurszielformel bietet das Doppeltop keine Regel, die mit der für Schulter-Kopf-Schulter- und Dreiecksformationen vergleichbar wäre. Aber man kann ziemlich sicher davon ausgehen, dass der Abschwung *zumindest* so weit unter das Niveau des Tals reichen wird, wie die Entfernung vom Gipfel zum Talboden beträgt. Dieser Abschwung muss sich natürlich nicht in einer ununterbrochenen Bewegung vollziehen. Im Gegenteil mag erhebliche Zeit nötig sein, um den vollen Abstieg in einer Reihe von Wellen herbeizuführen. Pullbacks zum Kursniveau des Tals nach dem ersten Breakout nach unten sind nicht selten. (Beachten Sie außerdem die allgemeine Regel, dass man von einer Umkehrformation nicht mehr erwarten kann, als dass sie die Bewegung, die der Umkehr vorausgeht, völlig rückgängig macht.)

Noch ein Punkt: Wir haben gesagt, dass die Tops sich nicht auf genau demselben Niveau bilden müssen. Benutzen Sie hier die 3-Prozent-Regel, die wir zuvor als Maßstab für Breakouts niedergelegt haben. Ein erstes Top zum Beispiel bei 50 und ein zweites bei 51 ½ würden innerhalb dieser Grenzen liegen. Seltsam genug überschreitet der zweite Gipfel den ersten oft um einen Bruchteil. Die wichtigen Punkte sind 1. dass die Nachfrage die Kurse nicht *um eine entscheidende Spanne* nach oben ins Freie treiben kann und 2. dass die Unterstützung (am Boden des Tals) im Folgenden gebrochen wird.

Doppelböden

Wenn es darum geht, einen Doppelboden zu identifizieren, können wir alle die Punkte verwenden, die wir für die Doppeltops formuliert haben, natürlich unter Vertauschung von oben und unten. Die Unterschiede zwischen den beiden Bildern sind genauso, wie man sie erwarten sollte, wenn man zum Beispiel die charakteristischen Unterschiede zwischen SKS-Formation und umgekehrter SKS-Formation zum Vergleich heranzieht. So hat zum Beispiel der zweite Boden üblicherweise ein verdächtig geringes Volumen und ist völlig rund, während das zweite Top in einem Doppeltop (in Grenzen) aktiv ist und in seinen Konturen fast so scharf und spitz geformt ist wie das erste. Die Rallye nach oben aus dem zweiten Boden zeigt ein Anwachsen des Umsatzes, und das Volumen sollte in eindeutiger Weise ansteigen, wenn das Talniveau, oder in diesem Falle besser *die Höhe* zwischen den beiden Böden, überschritten wird. Doppelböden erscheinen etwa ebenso häufig wie Doppeltops bei einer Umkehr des Primärtrends. Allerdings kommen sie manchmal auch am Ende einer größeren Korrektur (intermediärer Trend) im Rahmen eines aufwärts gerichteten Primärtrends vor.

Wenn Ihnen der Jargon der Wall Street etwas vertraut ist, ist Ihnen vielleicht aufgefallen, dass das zweite Tief eines Doppelbodens ein Beispiel für das ist, was so oft als „Test" bezeichnet wird. In gewissem Sinne ist das völlig richtig. Es ist ein Test oder auch eine Bestätigung der Unterstützung (das heißt der Nachfrage), die den ersten Abschwung auf demselben Niveau zum Halten brachte. Der *Erfolg* jenes Tests ist jedoch *erst bewiesen* – und das ist der springende Punkt –, wenn die Kurse ihre Fähigkeit demonstriert haben, bei steigendem Umsatz über die vorhergehende Höhe zu steigen (die Höhe der Rallye zwischen den beiden Böden). Bis das geschieht, besteht immer die Möglichkeit, dass ein zweiter Test (= dritter Boden) nötig sein kann oder sogar ein dritter. Einer von ihnen mag negativ ausfallen, und die Kurse brechen in einem weiteren Abschwung nach unten aus. Dieser Gedanke führt uns zu unserer nächsten Art von Umkehrformation.

Dreifachtops und Dreifachböden

Wenn es Doppeltops gibt, können wir logischerweise erwarten, dass es auch Dreifachtops gibt, die sich in ungefähr gleicher Weise entwickeln. In der Tat gibt es Umkehrformationen, die nur als Dreifachtops klassifiziert werden können, aber sie sind außerordentlich selten. Natürlich gibt es viele Formationen anlässlich einer wichtigen Kursdrehung von „aufwärts" zu „abwärts", die drei Hochpunkte enthalten. Aber die meisten von ihnen fallen viel ungezwungener in die Kategorie der Rechtecke. In diesem Sinne kann auch jede Schulter-Kopf-Schulter-Formation, besonders wenn sie sehr flach ist und der Kopf nicht weit über das Niveau der beiden Schultern hinausragt, als eine Art Dreifachtop bezeichnet werden.

Das wirkliche Dreifachtop (im Unterschied zu anderen Formationen mit drei Gipfeln) hat eine erkennbare Familienähnlichkeit mit dem Doppeltop. Die Tops liegen weit auseinander und haben recht tiefe und üblicherweise „runde“ Reaktionen zwischen sich. Das Volumen ist charakteristischerweise beim zweiten Kursaufschwung geringer als beim ersten und noch geringer beim dritten, der oft ohne nennenswerten Umsatzanstieg „auströpfelt“. Die drei Hochpunkte brauchen nicht so weit auseinander zu liegen wie im Falle des Doppeltops, und sie brauchen auch keinen gleichmäßigen Abstand voneinander zu haben. So kann also das zweite Top drei Wochen nach dem ersten erscheinen und das dritte sechs Wochen nach dem zweiten. Auch müssen die dazwischenliegenden Täler nicht exakt auf demselben Niveau einen Boden finden; das erste Tal mag flacher sein als das zweite oder umgekehrt. Und auch die drei Hochpunkte brauchen nicht exakt auf demselben Kursniveau zu liegen; unsere dreiprozentige Toleranzgrenze ist auch hier nützlich. Jedoch sollte trotz all dieser erlaubten Varianten das Gesamtbild etwas verdächtig Bekanntes zeigen, etwas, das dem erfahrenen Chartisten sofort den Gedanken nahelegt, dass hier ein Dreifachtop vorliegen könnte.

Der *entscheidende* Test freilich ist der Abschwung vom dritten Top, der die Kurse nach unten durch das Niveau des Talbodens brechen lässt (durch das untere, falls zwei Täler sich auf etwas verschiedenen Niveaus gebildet haben). Erst danach kann ein Dreifachtop als bestätigt und damit tatsächlich existent angenommen werden; denn solange im Bereich der Talzone noch genügend Nachfrage herrscht, könnte der Kurstrend wieder nach oben gedreht werden. Nur in Fällen, in denen die Aktivität beim dritten Gipfel in verdächtiger Weise fehlt und dann anschließend bearishe Eigenarten zeigt, indem sie beim folgenden Kursabschwung zunimmt, ist man berechtigt, „auf Verdacht zu schießen“.

Dreifachböden sind umgekehrte Dreifachtops mit den entsprechenden Qualifikationen, wie wir sie für Doppelböden aufgestellt haben. Das dritte Tief sollte immer von geringem Volumen begleitet sein; der Anstieg von dort muss eine klare Umsatzzunahme aufweisen und die Kurse in entschiedener Weise über die Rallye-Tops tragen, die sich zwischen den Böden gebildet haben. Nur ganz ausnahmsweise ist es gerechtfertigt, „auf Verdacht zu schießen“, weil man einen Dreifachboden vermutet; nämlich dann, wenn fast jeder andere Chart im Chartbuch eindeutig bullish aussieht. Das Risiko eines verfrühten Kaufes drückt sich in der Redensart aus, „dass ein dreifacher Boden immer durchbrochen wird“. Das ist jedoch in dieser Formulierung unrichtig. Wenn ein wirklicher Dreifachboden entstanden und durch den notwendigen Breakout nach oben bestätigt ist, versagt er nur selten – fast immer liefert er einen Aufschwung von entschieden lohnenden Proportionen. Aber ein unbestätigter, „nur möglicher“ Dreifachboden im Chart muss als verräterisch angesehen werden. Halten Sie sich an die Breakout-Regel, und Sie werden sicher sein.

Dreifachtops werden manchmal auch als W-Formationen bezeichnet, weil sie im Chartbild gelegentlich an diesen Buchstaben erinnern. Es gibt auch eine Art von hybrider Mischung aus einem Doppel- und einem Dreifachtop, in der das mittlere Hoch nicht die Höhe des ersten und dritten Hochs erreicht und die daher noch auffälliger an ein „W“ erinnert. Aus demselben Grunde werden Doppeltops manchmal „M-Formationen“ genannt.

Weil die Elemente in Doppel- und Dreifachformationen normalerweise zeitlich recht weit auseinanderliegen, sind sie oft leichter in einem Wochenchart als in einem Tageschart zu entdecken und zu beurteilen. Monatliche Darstellungen zeigen eine Anzahl von weit auseinander liegenden doppelten und dreifachen Böden, aber sie sind zu grob, um viele echte Doppeltop- und Dreifachtop-Formationen erkennbar zu machen.

In unserer vorhergehenden Diskussion über Dreifachtops bezogen wir uns auf eine Art Intuition, die mit der Erfahrung kommt. Sie befähigt den Technischen Analysten, einer bestimmten Chartentwicklung manchmal schon die Möglichkeit einer Trendumkehr anzusehen, lange ehe die Formation ein eindeutiges Stadium erreicht hat. Das ist kein ungewöhnliches Talent, aber man entwickelt es nur durch mühevolles Studium und lange Erfahrung (welch Letztere gewöhnlich einige kostspielige Fehler einschließt). Der Leser dieses Buches braucht nicht zu verzagen; auch er wird ein „Chartgefühl" bekommen – und zwar ohne übermäßige Kosten –, wenn er sich nur auf seine Untersuchungen konzentriert, jede neue Entwicklung in seinen Charts beobachtet, prüft und sicherheitshalber erneut prüft – und sich selbst die Plus- und Minuspunkte ankreidet.

Es ist gesagt worden, dass Chartinterpretation keine Wissenschaft, sondern eine Kunst sei. Sie ist sicherlich keine exakte Wissenschaft, denn sie hat keine Regel, die nicht eine Ausnahme hätte. Ihre feineren Einzelheiten entziehen sich einer Festlegung in Regeln oder Vorschriften. Sie erfordert Beurteilungsvermögen für viele Faktoren, von denen einige zuzeiten radikal miteinander im Widerspruch zu stehen scheinen. Aber sie eine Kunst zu nennen, was die Notwendigkeit von Genialität oder zumindest eines höheren Maßes von angeborenem Talent erfordert, ist sicherlich auch nicht richtig. Sagen wir lieber, dass sie Kunstfertigkeit erfordert, aber eine Kunstfertigkeit, die sich jedermann mit normaler Begabung aneignen kann.

KAPITEL 10

ANDERE UMKEHRPHÄNOMENE

Wir haben bislang acht Arten von Chartformationen erwähnt, die bei mehr oder weniger wichtigen Richtungsänderungen im Kurstrend erscheinen:

1. Schulter-Kopf-Schulter-Formationen
2. Multiple (komplexe) Schulter-Kopf-Schulter-Formationen
3. Rounding Turns
4. Symmetrische Dreiecke
5. Rechtwinklige Dreiecke
6. Rechtecke
7. Doppeltops und -böden sowie Dreifachtops und -böden
8. One-Day Reversals

Von diesen entwickeln sich die Nummern 1, 2, 3 und 7 am häufigsten bei Umkehrungen des langfristigen Trends, während 4, 5 und 6 häufiger bei einer Umkehr des mittelfristigen Trends vorkommen. Die Nummern 1, 2, 3 und 5 geben *vor* ihrer Vollendung (Bestätigung) einen Hinweis, in welche Richtung der Kurstrend von ihnen aus wahrscheinlich laufen wird. Die Nummern 4 und 6 geben solche Hinweise nicht, signalisieren allerdings eher eine Konsolidierung oder Fortsetzung als eine Umkehr des Trends. Aber sie können auch als Hoch oder Tief am Ende eines Primärtrends erscheinen und tun es gelegentlich. *EN: Nummer 8 erscheint typischerweise nach unkontrollierten Auf- und Ab-Bewegungen.*

Wir müssen uns nun noch mit einigen anderen technischen Formationen befassen, die wir an das Ende unserer Studien über Fälle der Kursumkehr gestellt haben. Sie haben entweder begrenzte Bedeutung, sind selten oder haben nur zweifelhaften Nutzen für den langfristigen Anleger (siehe Abbildungen 10.1 bis 10.28).

Broadening Formations

Am Ende der Erörterung über Dreiecke in Kapitel 8 erwähnten wir gewisse Arten von Konsolidierungen oder Handelsspannen, die gelegentlich als umgekehrtes Dreieck bezeichnet werden. Die Formation beginnt mit sehr engen Kursfluktuationen und weitet sich dann aus, sodass die Begrenzungslinien auseinander- statt zusammenlaufen. In diesem Buch haben wir uns dafür entschieden, sie stattdessen als „Broadening Formation" (sich verbreiternde Formation) zu bezeichnen. Denn abgesehen von dem äußerlichen Erscheinungsbild, das an ein umgekehrtes Dreieck erinnert, sind sie in ihrer Art und in ihrer Trendprognose von Dreiecken völlig verschieden.

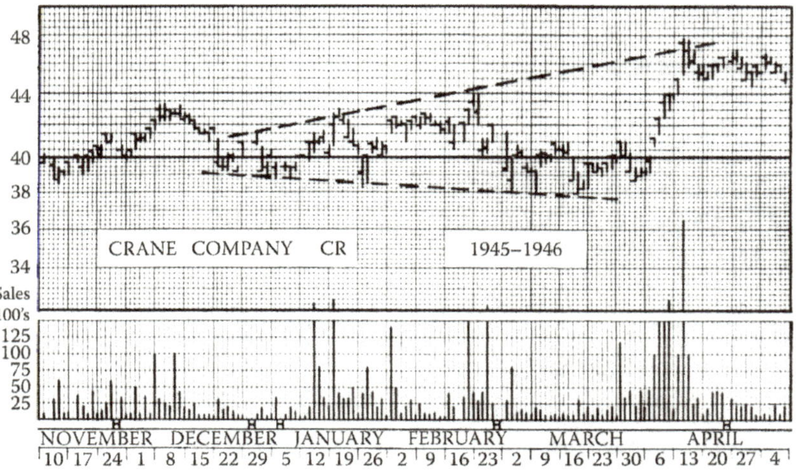

Abbildung 10.1: Der symmetrische Typ der Broadening Formation entwickelt sich häufig in den späteren und erregten Stadien eine langfristigen Hausse. Dieser Chart von Crane Company ist ein perfektes Beispiel. Die Broadening Formation begann sich hier im Dezember 1945 nach einer zehnprozentigen Reaktion zu bilden. Hätte sie sich am Hoch der vorherigen Rallye gebildet, wäre sie als mögliches Broadening Top vermutet worden. Nichtsdestoweniger hatte diese Formation die übliche bearishe Bedeutung. CR bildete im Juni bei 49 ½ den Gipfel.

Das symmetrische Dreieck bietet ein Bild des Zweifels, der einer Klärung entgegengeht; das Rechteck ist ein Bild eines kontrollierten Kampfes. Die Broadening Formation kann man als Indiz für einen Markt ansehen, der außer Kontrolle geraten ist und keiner Steuerung nach rationalen Gesichtspunkten mehr unterliegt. Das ist gewöhnlich eine Situation mit aufgeregter Publikumsbeteiligung und voll wilder Gerüchte. Beachten Sie, dass wir unsere Formation nur als Indiz für eine solche Art von Markt bezeichnen. Zuzeiten sind es offensichtlich genau diese Bedingungen, die eine Broadening Formation hervorbringen. Aber zu anderen Zeiten sind die Gründe für ihr Entstehen dunkel oder nicht erkennbar. Jedenfalls erscheinen Chartbilder dieser Art in der Regel nur am Ende oder in der letzten Phase einer langen Hausse; das bestätigt unsere Charakterisierung.

Wir haben mehr als 20 Jahre lang Charts studiert und beobachtet, welches Kursverhalten dem Erscheinen einer Broadening Formation folgt. Wir sind zu dem Schluss gekommen, dass sie in ihrer Prognose entschieden bearish ist: Zwar ist ein weiterer Anstieg des Kurses nicht ausgeschlossen, aber die Situation hat nichtsdestoweniger ein gefährliches Stadium erreicht. Neukäufe einer Aktie, die ein Chartbild dieser Art zeigt, sollten unterbleiben; ältere Engagements sollten entweder sofort in andere Aktien getauscht oder bei der ersten guten Gelegenheit glattgestellt werden.

Die Broadening Formation kann sich in jeder der drei Formen entwickeln, die äußerlich einem umgekehrten symmetrischen, steigenden oder fallenden Dreieck entsprechen. Der symmetrische Typ zum Beispiel besteht aus einer Serie von Kursschwankungen um eine horizontale Achse; jedes kleine Hoch ist höher und jedes kleine Tief ist tiefer als der Vorgänger. Die Formation kann daher grob durch zwei auseinanderlaufende Linien markiert werden, wobei die obere (von links nach rechts) aufwärts und die untere abwärts verläuft. Allerdings sind diese Broadening Formations charakteristischerweise sehr locker und ungleichmäßig, während symmetrische Dreiecke normalerweise regelmäßig und kompakt sind. Die zusammenlaufenden Grenzlinien eines symmetrischen Dreiecks sind in der Regel klar begrenzt; die Hochs und Tiefs innerhalb der Formation fallen meist mit schöner Präzision auf diese Grenzlinien. In der Broadening Formation halten die Rallyes und Reaktionen gewöhnlich nicht alle an einer klar erkennbaren Grenzlinie an.

Das Volumen in Broadening Formations

Ein anderer Unterschied zwischen Dreieck und Broadening Formation liegt im Umsatz. Die Ausbildung eines echten Dreiecks ist, wie wir gesehen haben, von abnehmender Aktivität begleitet. Bei der ersten kleineren Umkehr, die die Formation einleitet, ist das Volumen noch hoch, aber es wird geringer und geringer, wenn die Kurse in immer kleineren Wellen in Richtung auf die Dreiecksspitze hin fluktuieren. Der Umsatz nimmt erst wieder zu, nachdem die Kurse aus dem Dreieck ausgebrochen sind, bei einem Breakout nach oben sofort und scharf. Innerhalb der Broadening Formation bleibt dagegen die Umsatzaktivität während ihrer ganzen Formierung hoch und unregelmäßig. Wenn sich die Formation nach einer Aufwärtsbewegung entwickelt, wie es fast immer der Fall ist, wird die erste kleinere Trendumkehr, mit der die Formation beginnt, großen Umsatz aufweisen. Aber so wird es gewöhnlich auch bei der zweiten Rallye innerhalb der Formation und bei der dritten sein, und ein hoher Umsatz entwickelt sich häufig auch bei einem oder mehreren ihrer kleineren Tiefs. Das ganze Bild – sowohl Kurse als auch Umsatz – besteht damit aus wilden und offenbar „unvernünftigen“ Kursausschlägen.

Es ist leicht zu sehen, dass unter solchen Umständen ein wirklicher Ausbruch aus der Zone schwer, wenn nicht unmöglich zu entdecken ist, wenn er sich ereignet. Der Umsatzteil des Charts bietet offensichtlich keinen Hinweis. Und die lockere Struktur sowie der Mangel genauer Grenzen für das Kursbild verhindern jegliche Konstruktion einer Linie, die mit Sicherheit sagt: „Bis hierher und nicht weiter.“ (Wir beziehen uns hier nur auf den symmetrischen Typ der Broadening Formation.) Wenn natürlich die Kurse entweder nach oben oder nach unten weit von der Formation weggelaufen sind, wird offenbar, dass ein Breakout stattgefunden hat. Aber dann mag es schon zu spät sein, um in dieser Situation eine Spekulation zu wagen; die Bewegung ist vielleicht schon zu weit fortgeschritten. Was können wir dann mit einer Broadening Formation anstellen? Nun, wir haben schon erwähnt, dass sie in neun von zehn Fällen bearish ist, also eine negative Entwicklung erwarten lässt. Sie erscheint am häufigsten am oder nahe an einem wichtigen Hochpunkt des Trends. Man kann daher mit einer vernünftigen Sicherheit davon ausgehen, dass die Kurse von der Formation entweder gleich nach unten ausbrechen werden oder aber, wenn sie doch nach oben ausbrechen, bald drehen und wieder nach unten zurückkommen werden. Darin liegt eine Antwort auf die Frage, was man mit Broadening Formations anfangen kann.

Außerdem gibt das Kursverhalten innerhalb der Formation in vielen Fällen ein *Indiz*, in welche Richtung der Breakout erfolgen wird. Wenn der Trend aus der Broadening Formation nach unten ausbricht, mag etwa die letzte Rallye innerhalb der Formation nicht ganz so hoch wie die vorherige ansteigen und dadurch die Aufeinanderfolge immer höherer Hochs innerhalb der Formation unterbrechen. Wenn andererseits der Trend nach oben ausbricht, mag etwa die letzte Reaktion innerhalb der Formation die Kurse nicht ganz so tief wie bei der vorherigen hinabtragen. Dieses „Versagen“ innerhalb der Formation ereignet sich bei der Mehrzahl aller Broadening Formations. Aber beachten Sie: Wir können einem solchen Indiz (das wir soeben mangels eines besseren Namens „Failure“ – „Versagen“, „Fehlschlag“, „Misslingen“, „Scheitern“ – nannten) nicht von vornherein trauen. Sicherheit haben wir erst, wenn die Kurse aus der Formation ausbrechen oder genauer, wenn sie die letzte vorhergehende Bewegung in dieser Richtung um eine entschiedene Spanne (unsere 3-Prozent-Regel) überschritten haben.

Ein typisches Beispiel

Ohne Zweifel klingt der vorhergehende Absatz ziemlich kompliziert. Wir können uns die Entwicklung eines solchen „Versagens" mit Indizwirkung besser vorstellen, wenn wir ein Beispiel mit tatsächlichen Kursangaben benutzen. Noch einfacher ist es, wenn der Leser unser Beispiel auf einem Stück Chartpapier skizziert. Angenommen, die Aktie XYZ ist unter allmählich steigendem Umsatz um 30 Punkte gestiegen. Dann gerät sie bei 62 unter schweren Verkaufsdruck und weicht bis 58 zurück. Aber noch besteht großes Interesse an der Aktie; sie hält sich bei 58 und bildet dann ein neues Hoch bei 63. Dort tritt sie ein oder zwei Tage bei hohem Umsatz auf der Stelle und fällt wieder zurück, diesmal auf 56 ½, ehe ihr Rückgang durch einen erneuten Ausbruch von Kauffieber aufgehalten wird. Die dritte Rallye trägt sie bis 62. Dort zögert sie, geht auf 59 zurück, aber dann steigt sie wieder nach oben, und zwar bis 65. (Inzwischen ist im Chart natürlich schon eine Broadening Formation zu erkennen.) Bei 65 finden riesige Umsätze statt, und es beginnt eine neue Reaktion, die die Notierungen schnell auf 60 zurückwirft. Dort zeigt sich zeitweise Unterstützung, und die Kurse fluktuieren für drei oder vier Tage zwischen 60 und 62. Dann fallen sie wieder, um schließlich bei 56 zu schließen, wobei der Umsatz während der ganzen Phase sehr hoch bleibt. Eine vierte Rallye beginnt. Aber jetzt sind die Spekulanten, die im vorhergehenden Abschwung bei 60 eingestiegen sind, nervös geworden und sehen sich nach einer Chance um, ohne Verlust aussteigen zu können. Und so kommt der Aufschwung dort zum Stillstand. Die Notierungen bröckeln wieder ab und sind bald auf 54 zurückgegangen, *unter den vorherigen Boden in der Formation.* Wenn dies geschieht, wird das Versagen der vorhergehenden Rallye bestätigt – nämlich das Versagen, über 65 hinaus zu steigen und dadurch die Verbreiterung („broadening") der Formation fortzusetzen. Der Abschwung unter 56 kann wegen dieses Versagens als Breakout behandelt werden.

Wenn Sie dem vorhergehenden Beispiel gefolgt sind, werden Sie festgestellt haben, dass *innerhalb* der Formation kleinere Schwankungen vorkommen können (und auch tatsächlich oft vorkommen), die das Ergebnis nicht beeinflussen. So bestand der Anstieg von 56 ½ auf 65 genau genommen aus drei Bewegungen, zuerst von 56 ½ auf 62, dann von 62 zurück auf 59 und schließlich von dort wieder nach oben auf 65. Die Reaktion von 62 aus hatte keine Bedeutung, solange sie *oberhalb* von 56 ½ zum Halten kam und von einem neuen Anstieg abgelöst wurde, der über das vorhergehende Hoch der Formation (in diesem Fall: über 63) hinausreichte.

Unser Beispiel ist aus der größeren Gruppe gewählt, in der das Scheitern am Ende einer Rallye stattfindet und demgemäß der Breakout nach unten erfolgt. Aber es hätte genauso gut umgekehrt konstruiert werden können. Der letzte Abschwung hätte dann bei 60 enden müssen. Anstatt einige Tage zwischen 60 und 62 zu fluktuieren und dann wieder nach unten zu gehen, hätten die Kurse stattdessen wieder nach oben und über 65 hinaus steigen müssen. Dieses Kursgeschehen hätte ein Versagen anlässlich einer Abwärtsbewegung gezeigt und demgemäß einen Breakout nach oben indiziert. (Die Wahrscheinlichkeit sprach allerdings auch dann dafür, dass das endgültige Hoch nicht weit entfernt war.)

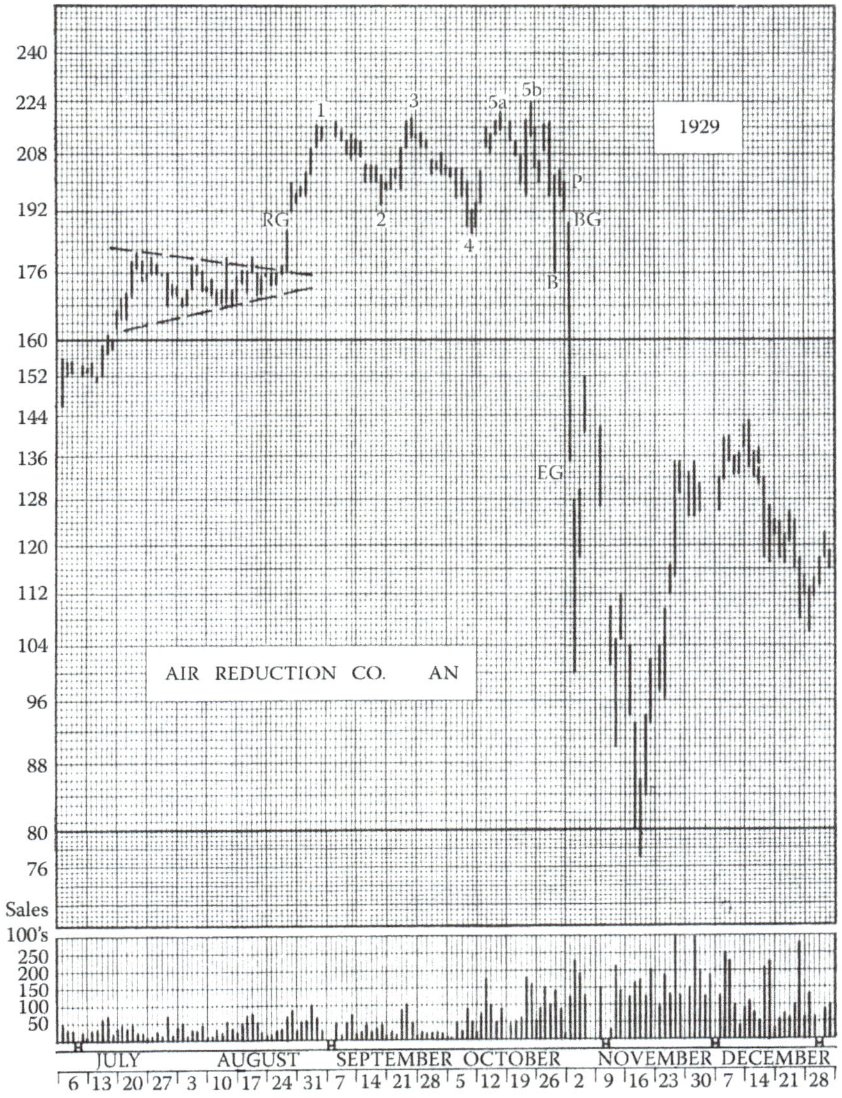

Abbildung 10.2: Diese Trendumkehrformation erschien 1929. Sie ist so perfekt entwickelt und enthält so große Bewegungen, dass sie gut als unser elementares Modell für ein orthodoxes Broadening Top dienen kann. Diese Formation bei der Aktie von Air Reduction wird auf den folgenden Seiten im Einzelnen erörtert. Beachten Sie auch die Konsolidierung in Form eines symmetrischen Dreiecks im Juli/August und die Beispiele für Runaway-, Breakout- und Exhaustion-Gaps (RG, BG, EG), die wir in Kapitel 12 behandeln werden.

Das orthodoxe Broadening Top

Es gibt eine besondere Ausbildung – einen Sonderfall, wie Mathematiker sagen würden – der allgemeinen Broadening Formation, die wir soeben erörtert haben. Diese spezielle Ausgestaltung erschien 1929 in den Tops vieler aktiver und populärer Aktien. Seitdem erscheint sie seltener am Ende von Haussen und ganz selten einmal, wenn sich ein Hoch unter sehr hohem Volumen vor einem ausgedehnten mittelfristigen Rückgang bildet (wie zum Beispiel 1933 und 1934). Die Technischen

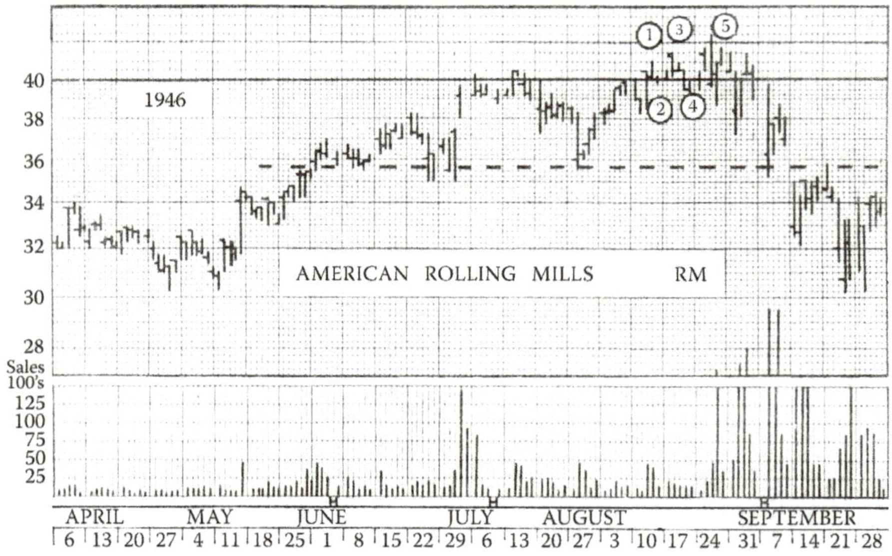

Abbildung 10.3: Ein kleines, aber perfektes Broadening Top bildete sich 1946 am Ende einer drei Monate langen Chartformation, die ihrerseits insgesamt eine sich verbreiternde Tendenz und daher bearishe Aspekte hatte. Die fünf kritischen Umkehrpunkte sind im Chart durchnummeriert. Der Breakout wurde am 27. August registriert. Eine starke Pullback-Rallye im Anschluss daran hielt sich innerhalb normaler Grenzen. Ein anderes interessantes Broadening Top aus dem Jahr 1946 erscheint in Abbildung 33.7.

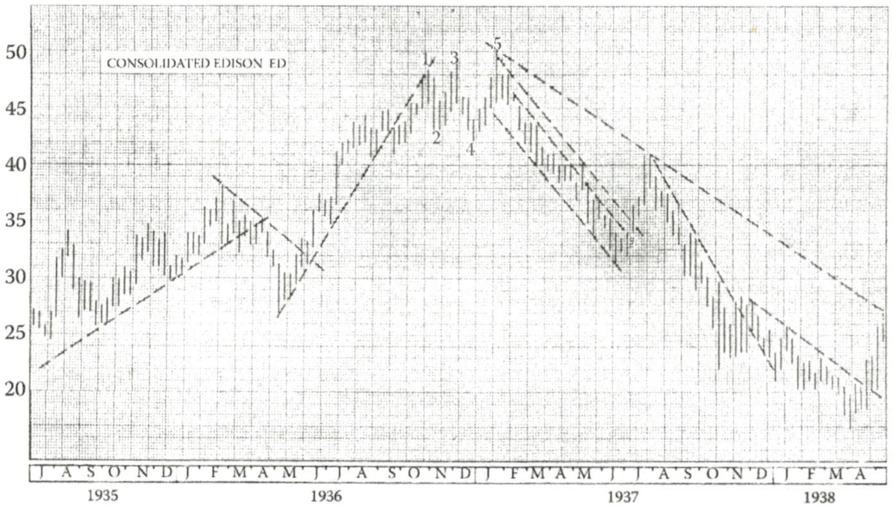

Abbildung 10.4: Wenn Broadening Tops in Wochencharts so klar und kompakt erscheinen wie dieses Beispiel, lassen sie eine starke Bewegung nach der Umkehr erwarten. Das Hoch der fünften Umkehr in dieser Formation bestand aus einer SKS-Formation. Das konnte man in dem Tageschart sehen, der in Abbildung 6.7 wiedergegeben ist. Die gestrichelten Linien im obigen Chart sind Trendlinien, die wir in Kapitel 14 erörtern.

Analysten kennen die Formation unter dem Namen des „Broadening Top“ (auseinanderlaufender Gipfel). Diese Formation gehorcht allen Regeln und der allgemeinen Beschreibung für alle symmetrischen Broadening Formations. Aber dennoch ist sie so genau begrenzt und wird in den Schriften über Technische Analyse so oft zitiert, dass wir sie genauer untersuchen wollen.

Das orthodoxe Broadening Top hat drei Gipfel auf immer höherem Niveau und dazwischen zwei Tiefs, wobei das zweite Tief niedriger als das erste liegt. Man sagt, dass diese Formation vollendet und damit eine wichtige Trendumkehr signalisiert ist, sobald die Reaktion den Kurs vom dritten Hoch unter das Niveau des zweiten Tiefs trägt.

Vielleicht können wir diese Formation am besten beurteilen, wenn wir eines der klassischen Bilder untersuchen, die sich 1929 entwickelten. Unser Chart von Air Reduction (Abbildung 10.2) zeigt Kurse und Volumen vom 1. Juli bis 31. Dezember 1929. Wir haben die wichtigen Wendepunkte innerhalb des Broadening Tops, welches das Ende der Hausse dieser Aktie im Oktober einläutete, von 1 bis 5 durchnummeriert. Eine sich verbreiternde Formation war natürlich nicht erkennbar, ehe nicht die Kurse begonnen hatten, vom zweiten kleineren Tiefpunkt (Punkt 4) anzusteigen; bis dahin hatte sich Punkt 3 *über* Punkt 1 und Punkt 4 *unterhalb* von Punkt 2 gebildet. Nach neuen Hochs bei Punkt 5 (a + b) folgte der endgültige Breakout nach unten bei B (beinahe sechs Prozent unter Punkt 4). Dadurch wurde die Formation vollendet und nach der Regel eine Umkehr des langfristigen Trends signalisiert. In diesem Fall kann kaum ein Zweifel an der Bedeutung des Trendumkehrsignals bestehen. Die Kurse von Air Reduction fielen in gerade einmal vier Wochen von über 220 am 18. Oktober unter 80 am 14. November, und der endgültige Boden wurde erst drei Jahre später, 1932, erreicht.

Einige Einzelheiten dieses klassischen Beispiels sollten erwähnt werden. Ein drittes und höheres Hoch wurde bei Punkt 5*a* erreicht. Die folgende Reaktion kam bei 195, ein gutes Stück über Punkt 4, zum Stehen, und die Kurse begannen wieder zu steigen. Das sah aus wie das Indiz, das wir im vorhergehenden Abschnitt als Versagen bezeichnet haben und das eigentlich einen Breakout nach oben erwarten ließ. Aber unser Beispiel kann dazu dienen, unsere frühere Warnung zu betonen: Auf ein solches Indiz kann man sich nicht verlassen, ehe die Kurse nicht in entscheidendem Ausmaß das vorhergehende Hoch überschritten haben. Bei Punkt 5*b* wurde Air Reduction kurz bei 223 gehandelt. Das war nur zwei Punkte und damit weniger als drei Prozent höher als Punkt 5a. Außerdem lag der Schlusskurs sogar *unterhalb* des Punktes 5a. Der Kursrutsch am 24. Oktober (nach B) führte die Kurse mehr als drei Prozent unter das Niveau von Punkt 4. Nun kam eine für Broadening Tops typische Entwicklung – eine Pullback-Rallye (bis P), die ungefähr die Hälfte des Kursverlustes zwischen dem letzten Hoch innerhalb der Formation (Punkt 5b) und dem Ende der Breakout-Bewegung (B) wieder ausglich. Eine solche Erholung (mit anschließendem Versagen) kommt nach unserer Erfahrung zumindest bei vier von fünf Broadening Tops vor. Die Erholung kann bis zu zwei Drittel des vorhergehenden Kursverlustes wieder gutmachen, aber gewöhnlich läuft sie schon aus, wenn sie nur die Hälfte oder sogar noch weniger ausgeglichen hat.

Das war ein klassisches Beispiel; es gab damals viele andere dieser Art. Wahrscheinlich deshalb haben Technische Analysten dem Broadening Top oft so außerordentlich bearishe Bedeutung beigelegt. Wir betrachten die Formation heute mit etwas weniger Schrecken. Das Maß des Kursrückgangs, das sie indiziert, ist wahrscheinlich nicht größer als bei einer großen SKS-Formation mit hohem Volumen. Aber jedenfalls ist sie eine Formation, die charakteristisch für das letzte Stadium eines langfristigen Aufwärtstrends ist.

Bisher wurde gesagt, dass die Formation beendet (bestätigt) ist, wenn nach dem dritten Hoch (unser Punkt 5) der Kurs unter das zweite Tief (unser Punkt 4) fällt. Im Lichte der Erfahrung scheint das eine zu strenge Begrenzung zu sein. Gelegentlich setzen sich Broadening Formations nämlich noch weiter fort und bilden ein viertes und höheres Hoch. Doch kann diese strikte Regel durch den

Abbildung 10.5: Sich verbreiternde Tendenzen in einem Monatschart sollten nicht als einschlägige technische Formationen dieser Art angesehen werden. Ebenso wenig handelt es sich in dem obigen Wochenchart um eine Broadening Formation. Die einzelnen Kursausschläge liegen zu weit auseinander (fünf oder sechs Monate zwischen den Hochs). Umkehrpunkte in einem echten Broadening Top sollten nicht mehr als zwei Monate auseinander liegen (vergleiche Abbildung 10.4).

Umstand gerechtfertigt werden – und meist wird sie dadurch gerechtfertigt! –, dass die allgemeine Prognose für die Broadening Formation unzweifelhaft bearish ist. Man sollte daher nicht zu lange warten, um auszusteigen. Andererseits ist das Erfordernis, dass wenigstens ein drittes Hoch vorliegen muss, wohl gerechtfertigt. Eine größere Trendumkehr ist selten vollendet, ehe nicht wenigstens drei Versuche stattgefunden haben, die Kurse in der alten Trendrichtung weiter voranzutreiben. Deshalb haben übrigens auch die Pioniere der Technischen Analyse viele Formationen unter der Überschrift „5-Punkt-Umkehr“ zusammengefasst. Das Broadening Top ist eine solche 5-Punkt-Umkehr (unsere Punkte 1 bis 5). Und offensichtlich ist es auch die SKS-Formation. Ein Broadening Top kann man, wenn man so will, als SKS-Formation mit einer hohen rechten Schulter und einer nach unten weisenden Nackenlinie bezeichnen.

Warum keine Broadening Bottoms?

Alle bisherigen Arten von Umkehrformationen kommen entweder als Top oder als Bottom vor. Sie können sich am Ende eines Abschwungs entwickeln, um den Trend nach oben zu drehen, oder am Ende eines Aufschwungs, um ihn nach unten zu kehren. Aber dies scheint für Broadening Formations nicht zu gelten. Man hat bisher angenommen, dass Broadening Bottoms existieren müssten. Aber der Autor hat unter seinen Tausenden von Charts über viele Jahre hinweg niemals ein gutes Beispiel gefunden. Nur in den Indizes fanden sich ein oder zwei Formationen, die eine gewisse Ähnlichkeit damit aufwiesen. Offenbar bestehen nach einem langen Kursabschwung nicht die Bedingungen, die Broadening Formations zur Entstehung bringen. Wir haben weiter oben diese Formation dahingehend charakterisiert, dass sie ein Zeichen für aktives, erregtes Hin-und-Her-Handeln sei. Das Publikum, das heißt gewöhnlich nicht so gut informierte oder zielstrebige Kreise, ist an der Bildung dieser Formation stark beteiligt. Solche Bedingungen beschränken sich natürlicherweise auf die letzten Phasen eines Bullenmarkts.

Rechtwinklige Broadening Formations

Manche „umgekehrten Dreiecke" haben eine horizontale Ober- oder Untergrenze. Sie kommen ungefähr so oft vor wie der symmetrische Typ. Sie sind also bei Weitem nicht so häufig wie echte Dreiecke, Rechtecke und so weiter. Mitte des 20. Jahrhunderts konnte man sehr wenige von ihnen sehen. *(EN9: Sie sind auch in den 2000er-Jahren noch selten.)* Das echte rechtwinklige Dreieck mit horizontaler Obergrenze und nach oben deutender Untergrenze ist ein steigendes Dreieck, und das Gegenstück mit der horizontalen Untergrenze und einer herablaufenden Obergrenze ist das steigende Dreieck. Wir können diese Begriffe jedoch nicht auf Broadening Formations übertragen. Ganz allgemein können rechtwinklige Broadening Formations beinahe als genauso bearish angesehen werden wie die symmetrische Ausformung, und zwar unabhängig davon, welche Seite horizontal ist.

Offensichtlich unterscheiden sie sich jedoch von der symmetrischen Form in einer Hinsicht ganz wesentlich: Die horizontale Grenze zeigt, dass Akkumulation oder Distribution von Aktien zu einem bestimmten Kurs stattfindet, je nachdem, welche Seite horizontal ist. Und daraus folgt: Jeder entschiedene Durchbruch durch diese horizontale Linie hat eine augenblickliche und kraftvolle Bedeutung. Eine Broadening Formation *mit flacher Obergrenze* im Anschluss an einen nennenswerten

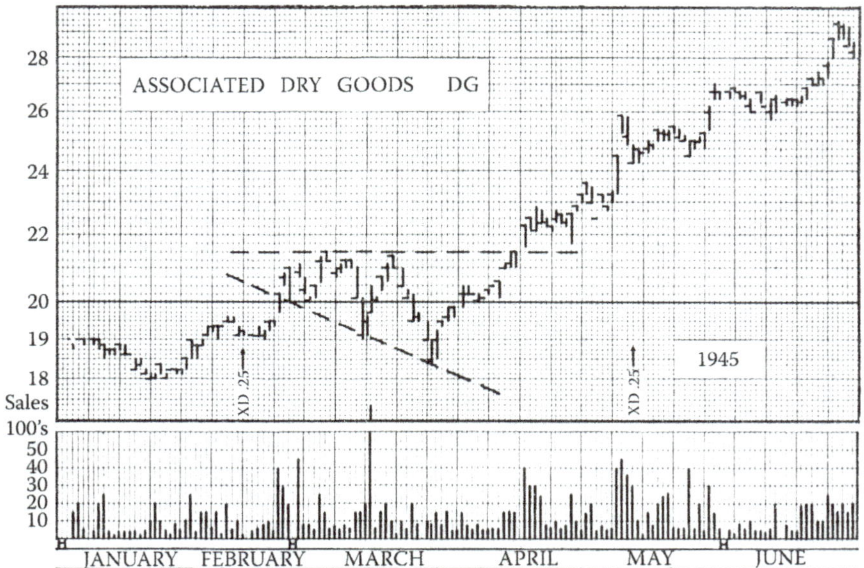

Abbildung 10.6: Drei aufeinanderfolgende Reaktionen bei DG bildeten im Februar und März 1945 jeweils tiefere Tiefs, aber die dazwischenliegenden Rallyes führten immer wieder auf die gleiche Höhe (ungefähr 21 ¼). Dadurch bildete sich eine rechtwinklige Broadening Formation mit einer horizontalen Obergrenze (Angebotslinie). Das Durchbrechen dieser technisch wichtigen Obergrenze am 16. April war ein bullishes Signal. Diese Art von Broadening Formation mit horizontaler Obergrenze muss nicht unbedingt Abbild einer negativen Situation sein.

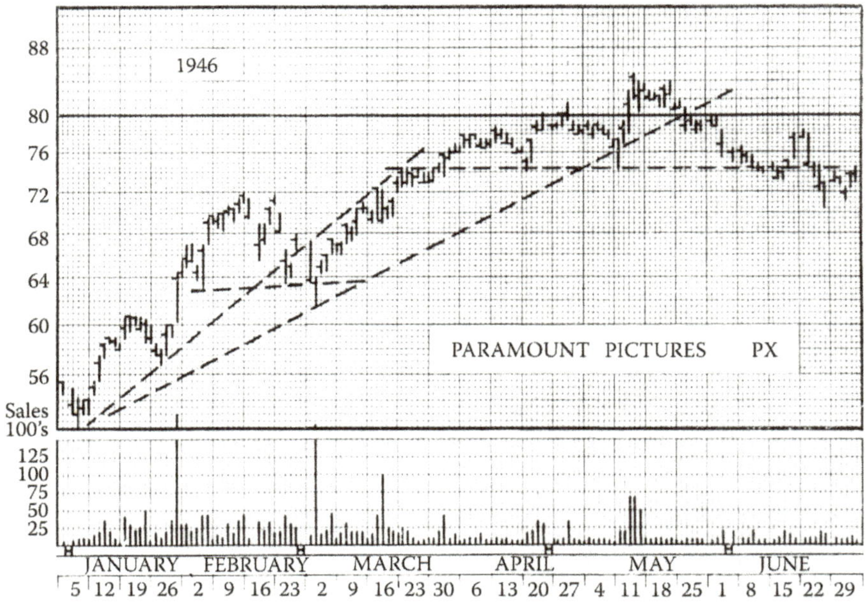

Abbildung 10.7: Dieses 1946er-Hoch bei Paramount Pictures war eine rechtwinklige Broadening Formation mit horizontaler Bodenlinie. Diese Linie wurde in der ersten Juni-Woche „angeknackst", aber erst am 20. Juni entscheidend durchbrochen. Ein Jahr später war die Aktie auf 46 gefallen (sie wurde später im Verhältnis 2:1 gesplittet).

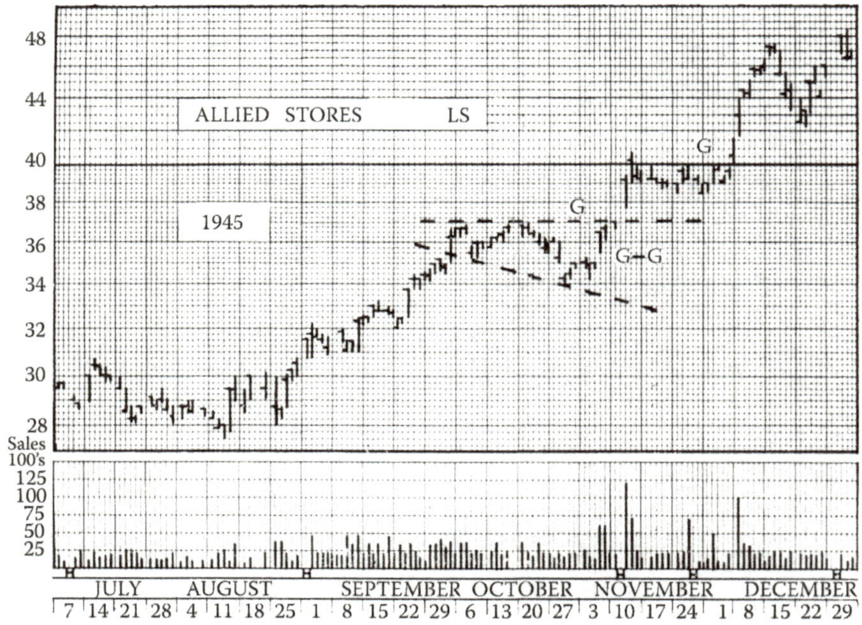

Abbildung 10.8: Ein weiteres Beispiel einer Broadening Formation mit flacher Obergrenze, das Ende 1945 im Chart erschien. LS stieg daran anschließend 1946 noch bis 63. Die Kurse brachen aus unserer Formation mit einem Breakout-Gap (G) aus; ein anderes Breakout-Gap erschien am 3. Dezember. Die Buchstaben G-G bezeichnen eine „Insel" (mehr über Gaps in Kapitel 12).

Kursaufschwung kann deshalb ausnahmsweise auch ein Kaufsignal geben. Voraussetzung ist, dass die Kurse schließlich nach oben durch die horizontale Obergrenze mit hohem Volumen ausbrechen und in ausreichendem Maße (grob etwa drei Prozent) oberhalb der Obergrenze schließen. Dann kann man mit einiger Sicherheit annehmen, dass der vorhergehende Aufwärtstrend wieder aufgenommen wurde und noch ein lohnendes Stück weiterlaufen wird. Dies kommt vor, wenn auch selten. Die Wahrscheinlichkeit spricht allerdings für die entgegengesetzte Entwicklung, nämlich einen letztlichen Sieg des Angebots (das die horizontale Obergrenze verursacht) und eine ausgedehnte Abwärtsbewegung.

Darüber hinaus muss man bei derartigen Fällen einer (scheinbaren) Broadening Formation mit horizontaler Obergrenze eine andere Möglichkeit im Auge behalten: Unter Umständen ist die dritte Reaktion innerhalb der Formation von sehr viel geringerem Umsatz begleitet und nicht von dem hohen und unregelmäßigen Volumen, das charakteristisch für eine Broadening Formation mit ihrer bearishen Vorbedeutung ist. Entweder diese dritte oder die vierte Reaktion kann dann *über* dem Tiefpunkt der vorigen Reaktion zum Halten und zur Umkehr kommen. Dann haben wir in Wirklichkeit eine *Schulter-Kopf-Schulter-Konsolidierung* vor uns, die wir in Kapitel 11 behandeln werden. Wenn sich also im Chart eine derartige Broadening Formation zu entwickeln beginnt, heißt das für den Spekulanten, der Positionen in dieser Aktie hält: Achten Sie auf die dritte Reaktion. Wenn sie unter das Tief der zweiten fällt und sich der Umsatz nicht nennenswert verringert, verkaufen Sie die Aktie bei der nächsten Rallye. (Sie können dieselbe Aktie immer noch zurückkaufen, ohne„allzu viele Haare zu lassen", wenn sie entgegen der Wahrscheinlichkeit doch nach oben ausbrechen sollte.)

Rechtwinklige Broadening Formations mit horizontaler Untergrenze brechen fast immer nach unten durch. Nach ihrem Breakout durch die untere Grenze findet oft noch eine Pullback-Rallye zurück an diese Grenze statt. Diese Rallye beginnt entweder nach wenigen Tagen oder nach zwei bis drei Wochen, ähnlich wie bei einem Pullback nach dem Breakout aus einer SKS-Formation.

(Auch hier kommt es übrigens auf die dritte oder vierte Rallye der Formation an. Wenn sie die Kurse nicht so hoch wie die Vorgängerin trägt, haben wir es nicht mit einer Broadening Formation mit flachem Boden zu tun, sondern mit einer SKS-Formation. Oder in anderen Worten: Jede SKS-Formation beginnt wie eine Broadening Formation. Die Erkenntnis dieser Beziehung bringt uns zu unserer nächsten Umkehrformation.)

Die Diamantformation

Den *Diamanten* kann man als mehr oder weniger komplexe Schulter-Kopf-Schulter-Formation mit v-förmiger Nackenlinie beschreiben. Man kann ihn aber auch als Broadening Formation bezeichnen, die nach zwei oder drei Schwüngen plötzlich in ein normales Dreieck, fast immer ein symmetrisches Dreieck, übergeht. Betrachtet man das Bild des Volumens, so ist die letztere Beschreibung wahrscheinlich die bessere. Ihren Namen hat die Figur natürlich von ihrer bildlichen Ähnlichkeit mit einem Diamanten.

Die Diamantformation ist ziemlich auffällig und im Chart leicht zu entdecken, aber sie ist nicht häufig. Da die Entwicklung des Diamanten eine ziemlich aktive Börse erfordert, kommt er kaum als Umkehrformation am Tief vor. Seine „natürliche Umgebung" sind Tops des Primärtrends und

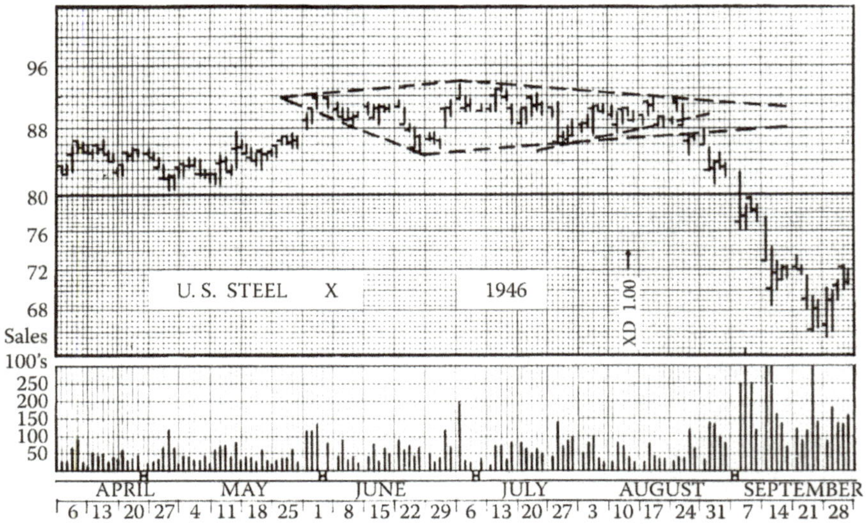

Abbildung 10.9: Das Hoch 1946 der Hausse von U.S. Steel war ein drei Monate lange Diamantformation, die man aber auch als SKS-Formation hätte interpretieren können.

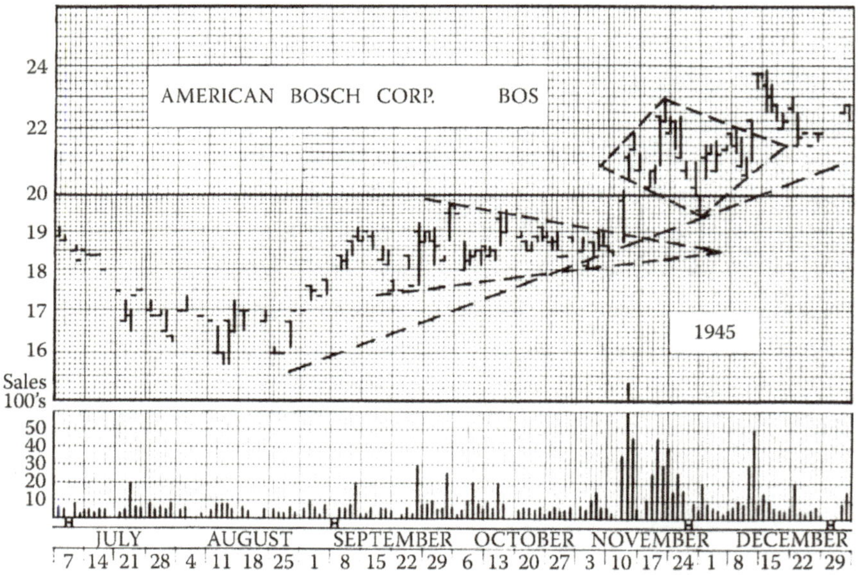

Abbildung 10.10: Ein Diamant (im November), der nach oben ausbrach und sich damit als Konsolidierung und nicht als Umkehrformation herausstellte.

Tops mit hohem Volumen vor ausgedehnten mittelfristigen Reaktionen. Viele multiple Schulter-Kopf-Schulter-Formationen sind Grenzfälle, Übergänge zu Diamanten: Sie erlauben die Einzeichnung von leicht gebogenen Nackenlinien. Der Leser sei jedoch davor gewarnt, aus Formationen des Schulter-Kopf-Schulter-Typs mit Gewalt Diamantformationen zu machen. Natürlich besteht eine Versuchung in dieser Richtung. V-förmige Nackenlinien würden ein früheres (und damit gewinnträchtigeres) Signal für einen Breakout liefern als die gerade Nackenlinie einer echten Schulter-Kopf-Schulter-Formation. Aber es ist viel sicherer, sich an die Interpretation im Sinne einer

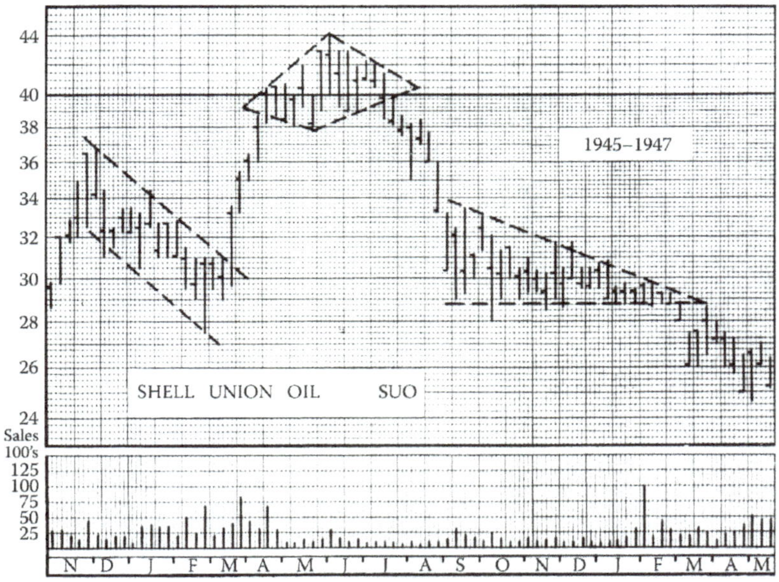

Abbildung 10.11: Umkehrformationen in Form des Diamanten sind in einem Wochenchart oft leichter zu erkennen als in Tagescharts. Verfolgen Sie im Einzelnen die Kursausschläge und das Volumen in diesem Mai/Juni-Diamanten der Shell-Aktie. Von September 1946 bis Februar 1947 entwickelte sich ein bemerkenswertes fallendes Dreieck. Im März gab es noch einen Pullback zu seiner Spitze, eine ideale Stelle für Leerverkäufe.

(multiplen) Schulter-Kopf-Schulter-Formation zu halten. Eine Interpretation als Diamantformation erfordert, dass die zweite Hälfte der Formation aus einer Serie von so eindeutig und klar geschnittenen, zusammenlaufenden kleineren Fluktuationen besteht, dass sie einfach eine Begrenzung durch zusammenlaufende Grenzlinien verlangen. Außerdem muss die Umsatzaktivität eine Tendenz zur Abnahme während dieser Zeit zeigen, wie in einem echten Dreieck.

Die Diamant erfordert wenige zusätzliche Bemerkungen. Unsere Illustrationen werden ausreichen, Sie mit den typischen Einzelheiten vertraut zu machen. Es gibt eine Mindestkurszielformel, die Sie aus der Formel für Schulter-Kopf-Schulter-Formationen und Dreieck wahrscheinlich selbst ableiten können: Die Kurse sollten sich vom Breakout-Punkt *zumindest so weit* entfernen, wie die größte Breite der Formation von der Spitze (Kopf) zum Boden (das V in der Nackenlinie) beträgt. Dies ist ein Minimum und nur der wichtigen Einschränkung unterworfen, dass eine Umkehrformation etwas umzukehren haben muss. Gewöhnlich trägt der neue Trend die Kurse im Endergebnis weit über das Mindestkursziel hinaus.

Keilformationen

Alle bisher erörterten Chartformationen können sich anlässlich einer Umkehr des langfristigen Trends einer Aktie entwickeln. Einige treten fast nur bei einer Umkehr dieses Trends auf. Wir kommen nunmehr zu drei Formationen, die normalerweise nur eine Umkehr des Minor-Trends oder allenfalls des intermediären Trends einer Aktie herbeiführen. Sie sind nichtsdestoweniger bei kurz- oder mittelfristigen Operationen nützlich. Auf eine von ihnen, die Keilformation, haben wir bereits in Kapitel 8 angespielt, weil sie etwas an das Dreieck erinnert.

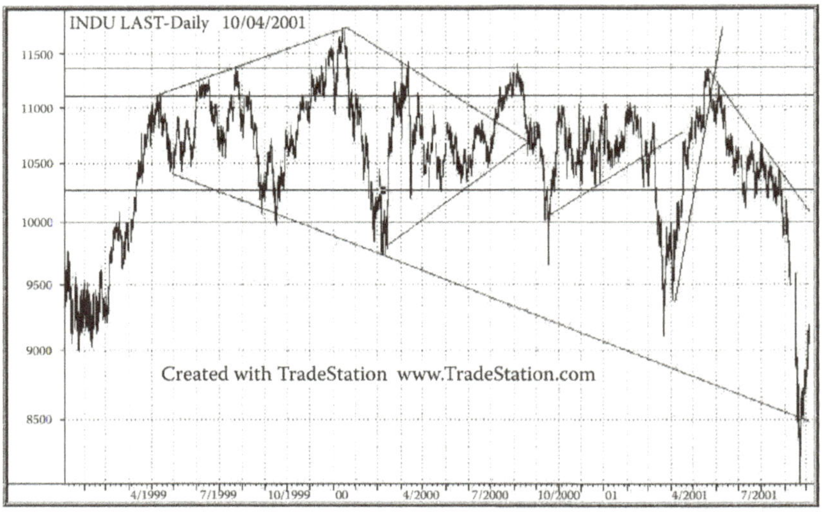

Created with TradeStation 2000i by Omega Research©1999

Abbildung 10.12: Charttechniker werden in der Zukunft mit Erstaunen auf das Top zurückblicken, das ein Ausrufezeichen hinter die bullishen 1990er-Jahre setzte. Das Erstaunlichste daran ist, dass das damalige Geschehen erkennbar war und sich mit dem Lineal analysieren ließ (siehe Anhang B, „Ressourcen"). Die Analyse deutete außerdem darauf hin, dass die Party vorbei war. Wie Edwards feststellte, verwandelte sich das Broadening Top, *das seine eigenen Implikationen hatte (und hat)*, in einen Diamanten, der ein falsches Signal auslöste und nach oben ausbrach, was sich zu einem weiteren Dreiecksmuster entwickelte (könnte als ein etwas ausgefranstes oder steigendes Dreieck interpretiert werden, hier wird nur die Untergrenze gezeigt), das nach einer angetäuschten Bewegung zusammenbrach, einen modifizierten v-förmigen Boden bildete und zur Spitze dessen zurückkehrte, was als Monster-Rechteck betrachtet werden könnte. Die obere horizontale Linie, die im August 2000 gezogen wurde, stoppt die Rallye von 2001 abrupt, und von dort aus ist es eine schlüpfrige Rutschpartie bis zur Tragödie des 11. September 2001. Es war offensichtlich, dass der Investor keinen Grund hatte, long investiert zu sein, und dass ein Wechsel der Handelsstrategie angezeigt war. Musste man hellsichtig sein, um den störrischen Seitwärtstrend des Marktes zu erkennen? Überhaupt nicht. Ist das alles erst in der Rückschau ersichtlich? Der Leser kann sich selbst davon überzeugen, indem er die Aufzeichnung der *damaligen* Marktanalyse im Newsletter-Archiv von edwards-magee.com heranzieht.

Im „Keil" sind die Kursfluktuationen durch zusammenlaufende gerade (oder praktisch gerade) Linien begrenzt. Aber im Gegensatz zum Dreieck weisen *beide* Grenzlinien entweder nach oben oder nach unten. Im symmetrischen Dreieck weist die obere Grenze nach unten, während die untere Grenze nach oben weist. Im rechtwinkligen Dreieck weist eine Grenze entweder nach oben oder nach unten, und die andere ist horizontal. In einem steigenden Keil (Rising Wedge) steigen beide Grenzlinien von links nach rechts oben; aber da beide zusammenlaufen, muss natürlich die untere Linie steiler sein als die obere. Für einen fallenden Keil (Falling Wedge) gilt das Umgekehrte.

Bei oberflächlicher Betrachtung könnte man denken: Wenn ein aufsteigendes Dreieck mit nur einer aufsteigenden Linie schon bullish zu beurteilen ist, dann sollte ein steigender Keil, bei dem beide Grenzlinien ansteigen, noch bullisher sein. Aber das ist nicht der Fall. Die flache Obergrenze des aufsteigenden Dreiecks zeigt, dass ein größerer Block Aktien zu einem festen Kurs verteilt wird. Wenn dieser Block absorbiert ist (und die steigende untere Grenzlinie deutet darauf hin, dass er absorbiert werden wird), ist der Druck vom Markt genommen, und die Kurse werden nach oben springen. Bei einem steigenden Keil haben wir keine solche Angebotsbarriere, die der Kurs überspringen muss, sondern eher das Bild eines allmählich erlahmenden Investmentinteresses. Die Kurse steigen zwar, aber jede neue Aufwärtswelle ist schwächer als die vorherige. Schließlich hört

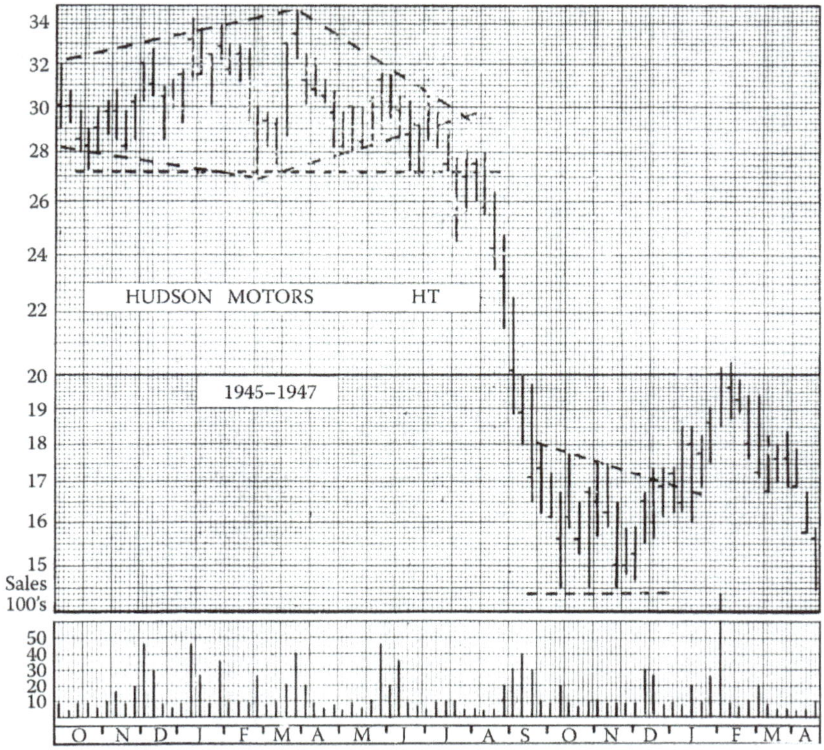

Abbildung 10.13: Auch Hudson beendete seine Hausse des Jahres 1946 mit einer großen Diamantformation, die man auch als komplexe Schulter-Kopf-Schulter-Formation interpretieren kann. Diese Formation war in den Wochencharts offensichtlich, aber im Tageschart schwer zu sehen. Beachten Sie, wie der Diamant sein Verkaufssignal ungefähr zwei Punkte höher gab als eine Interpretation als multiples Schulter-Kopf-Schulter-Top. Die Zone zwischen 14 ½ und 17 ½ am Jahresende könnte man vielleicht auch als schwaches Rechteck konstruieren. Aber das Kursziel wurde im Februar 1947 nur mit Mühe erreicht.

die Nachfrage ganz auf, und der Trend kehrt sich um. Ein steigender Keil ist daher typisch für eine Situation, die in technischer Hinsicht zunehmend *schwächer* wird.

Natürlich könnte man nun sagen, dass jeder Kursaufschwung, gleich welche Formen er im Chart annimmt, letztlich den technischen Zustand des Marktes schwächt: Potenzielle Käufer zögern – zumindest sollte man das erwarten –, höhere Kurse als vorher zu bezahlen, und Aktienbesitzer sind eher bereit, bei hohen als bei niedrigen Kursen zu verkaufen. Mit anderen Worten: Jede Art von Kursanstieg muss im Prinzip das Angebot vergrößern und die Nachfrage verringern. (Während das theoretisch zutrifft, muss man diese Feststellung jedoch dahingehend einschränken, dass steigende Kurse in der Realität das Publikum eher anziehen, als es abzuschrecken.) Der Unterschied zwischen einem steigenden Keil und dem, was man einen normalen Aufwärtstrendkanal (siehe dazu später) nennen kann, besteht jedoch darin, dass durch die Keilformation dem Anstieg von vornherein eine Art Grenze gesetzt ist. Die zusammenlaufenden Grenzlinien laufen an einem Punkt zusammen, nahe dem der Aufschwung zum Halten kommen und eine Reaktion beginnen wird.

Die meisten wichtigen Fakten über die aufsteigende Keilformation können wir in einigen kurzen Sätzen zusammenfassen. Sie kann sich an zwei möglichen Stellen entwickeln: entweder als eine Art Spitze und Abschluss eines früheren Aufwärtstrends oder am Boden eines vorhergehenden Abwärtstrends. Der Keil braucht für seine Vollendung normalerweise mehr als drei Wochen. Eine zeitlich

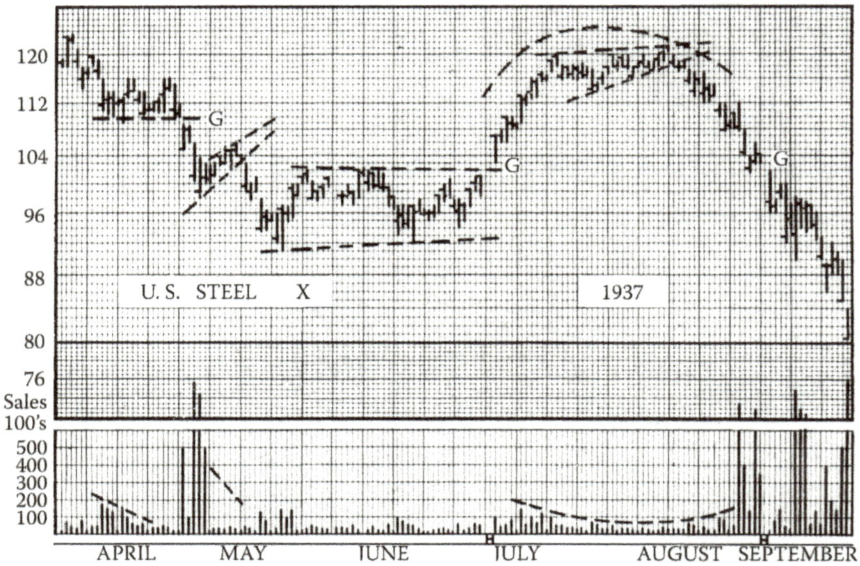

Abbildung 10.14: Im August 1937 näherte sich U.S. Steel dem Hoch seiner mittelfristigen (sekundären) Erholung. Die Kursfluktuationen begannen immer enger zu werden und hielten sich innerhalb zweier nach oben weisender, aber zusammenlaufender Grenzen; das Volumen wurde immer geringer. Diese Formation – ein Keil – enthielt eine entschieden bearishe Botschaft. Insgesamt gesehen war das Kursverhalten von Juli bis Ende August im Wesentlichen ein Rounding Top. Die drei „G" im Chart bezeichnen Breakaway-Gaps (Kapitel 12). Das letzte am 7. September ereignete sich, als die Kurse nach unten durch ein Unterstützungsniveau (Kapitel 13) brachen.

kürzere Entwicklung dieser Form wird fast stets besser als Wimpel eingeordnet; darüber werden wir im folgenden Kapitel sprechen. Die Kurse fluktuieren innerhalb der Grenzen des Keils fast immer so lange, bis zumindest zwei Drittel der Entfernung von der Basis bis zur Spitze erreicht sind. Die Basis ist die Stelle, wo die Konvergenz der beiden Grenzlinien beginnt. In vielen Fällen steigen Keilformationen bis in die Spitze hinein; in einigen Fällen treibt eine Rallye die Kurse sogar noch in einer Art von „letztem Seufzer" aus der Spitze heraus, ehe sie zusammenbrechen. Wenn einmal die Kurse nach unten aus dem Keil ausgebrochen sind, verschwenden sie gewöhnlich wenig Zeit, ehe sie ernsthaft fallen. Der Kursrückgang nach dem Ausbruch gibt normalerweise alle Gewinne innerhalb des Keils selbst preis, und manchmal noch mehr. Das Volumen innerhalb des Keils hat dieselbe Tendenz wie beim Dreieck, nimmt also immer mehr ab, während sich die Kurse zur Spitze hin entwickeln.

Der fallende Keil

Abgesehen davon, dass er nach unten zeigt, sieht der fallende Keil (Falling Wedge) in jeder Hinsicht wie die steigende Keilformation aus, die wir gerade beschrieben haben. Aber der Kurstrend nach der Vollendung hat einen anderen Charakter. Wenn die Kurse aus einem steigenden Keil ausbrechen, fallen sie gewöhnlich schnell nach unten. Aber wenn sie sich aus einem fallenden Keil herausbewegen, neigen sie eher dazu, seitwärts zu treiben oder gemächlich eine Art von Untertassen-Formation zu entwickeln, ehe sie zu steigen beginnen. Während also der steigende Keil schnelles Handeln verlangt, um Gewinne zu sichern, lässt der fallende Keil dem Spekulanten normalerweise recht viel Zeit, ehe er sein Engagement für den kommenden Aufstieg eingehen muss.

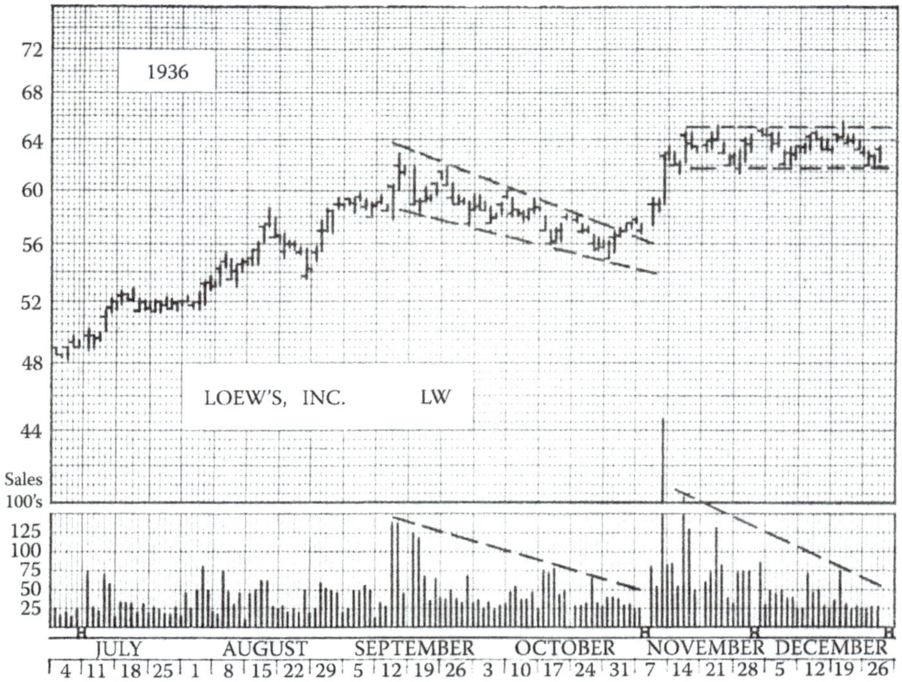

Abbildung 10.15: Ein geradezu ideal geformter fallender Keil, der sich 1936 bei Loew entwickelte. Der Umsatztrend ist zwar unregelmäßig, aber generell abnehmend. Der Juli sah eine kleine Flagge (Kapitel 11), und zum Jahresende bildete LW ein Rechteck, aus dem die Kurse fast senkrecht bis 75 stiegen.

Beide Typen sollten im Chart gut begrenzt sein. Die Formation sollte recht kompakt sein und häufige Fluktuationen haben. Die Grenzen sollten klar verlaufen und in einem Punkt konvergieren. Auch sollte die Aufwärtsneigung (oder Abwärtsneigung) eindeutig sein. Wenn nicht alle diese Bedingungen vorliegen, ist das Vorliegen einer Keilformation zweifelhaft. Sie werden Grenzfälle finden, in denen sich die eine Formationslinie so weit der Horizontalen nähert, dass man an ein rechtwinkliges Dreieck erinnert wird. Und ein solches gäbe natürlich eine völlig andere Prognose für die zukünftige Trendentwicklung ab. Es ist in der Tat schwierig, einfache und klare Regeln niederzulegen, mit deren Hilfe man beide unterscheiden kann. Wenn eine Begrenzung *fast* horizontal ist oder die Tages*schlusskurse* die Tendenz haben, auf dasselbe Niveau zu fallen, konstruiert man die Formation besser als Dreieck. Allerdings sollte sich der Leser durch diese Frage nicht sonderlich beunruhigen lassen. In der Praxis wird er kaum lange im Zweifel bleiben, sobald er nur einige Erfahrung mit Charts gesammelt hat. Man erkennt dann schnell die charakteristischen Symptome der verschiedenen Formationen und stellt fast instinktiv eine richtige Diagnose.

Keilformationen in Wochen- und Monatscharts

Die meisten echten Keilformationen sind zu kurzlebig (selten länger als drei Monate), um in einem Monatschart klar erkennbar zu werden. Aber gelegentlich kann man sie in Wochencharts gut erkennen. Lang anhaltende, allmähliche Abwärtstrends nehmen auf arithmetischem Chartpapier manchmal die Form eines Keils an. So mag ein langfristiger Abwärtstrend in einem arithmetischen Monatschart

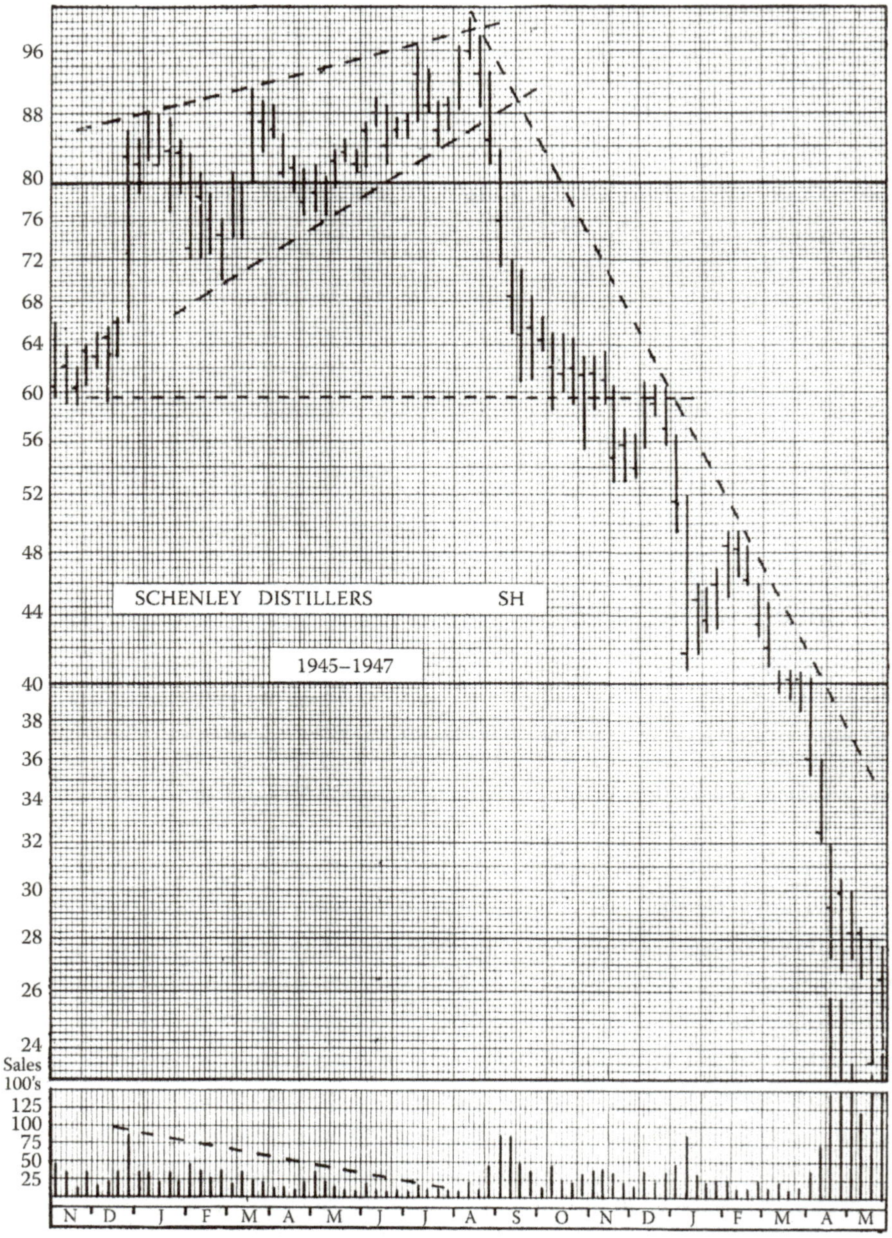

Abbildung 10.16: Keilformationen erscheinen selten bei der Umkehr des Major-Trends. Aber Schenley beendete seine Hausse im Jahr 1946 mit einem acht Monate langen steigenden Keil, der im Wochenchart klar zu erkennen war. Die gepunktete Linie bei 60 kennzeichnet ein Unterstützungsniveau (siehe Kapitel 13), das die folgende Abwärtsbewegung neun Wochen lang aufhielt.

wie ein riesiger fallender Keil aussehen. Dies beruht aber nur auf der Tatsache, dass die Fluktuationen im Rahmen des Major-Trends prozentual zwar dasselbe Ausmaß behalten, absolut gesehen, das heißt in Punkten (Dollar), jedoch kürzer werden, wenn die Kurse auf ein immer tieferes Niveau sinken. Solche großen Chartbilder sind natürlich keine echten Keilformationen, wie wir sie hier erörtert haben. Auf halblogarithmischem Chartpapier würden dieselben Bewegungen normalerweise einen parallelen oder sogar leicht auseinander laufenden Kanal bilden und nicht zusammenlaufen.

Steigende Keile in Baisse-Erholungen häufig

Als letzte Anmerkung möchten wir hinzufügen, dass der steigende Keil recht charakteristisch für das Aussehen von Baisse-Rallyes ist. Ja, er ist so typisch, dass häufiges Erscheinen von Keilformationen nach einem ausgedehnten Abschwung geradezu als Indiz angesehen werden kann, dass noch kein neuer Bullentrend begonnen hat, dass der Primärtrend vielmehr immer noch nach unten gerichtet ist. Wenn eine langfristige Abwärtsbewegung ihr Ende in einer inversen Schulter-Kopf-Schulter-Formation findet, erscheint der letzte steigende Keil oft dort, wo die Kurse von der linken Schulter zur Nackenlinie ansteigen, kurz bevor sie zum Kopf als dem endgültigen Tiefpunkt hinuntergehen. Ein steigender Keil in einem arithmetischen Wochenchart ist fast immer ein Bärenmarktphänomen; er zeigt die abnehmende Kraft an, die ein normales Zeichen für jede Reaktion gegen einen noch herrschenden Primärtrend ist.

Das „One-Day Reversal"

Schon in Kapitel 6 bezogen wir uns auf die One-Day-Reversal-Formation („Ein-Tages-Umkehrformation“). Dieser Trendumkehrformation als solcher kann nur im Rahmen eines kleineren Trends eine vorübergehende stärkere Bedeutung beigemessen werden. Sicherlich kann sie auch genau auf dem Gipfel eines langen Aufschwungs erscheinen, etwa auf der höchsten Spitze eines Kopfes einer Schulter-Kopf-Schulter-Formation, der dann in der Tat ein langer Abschwung folgt. Aber das geht nicht auf das Konto des One-Day Reversals; alles, was es wirklich signalisierte, war die Trendumkehr innerhalb des Kopfes selbst. Ein One-Day Reversal mag beispielsweise auch zu Beginn eines symmetrischen Dreiecks vorkommen (auf dem ersten Gipfel), auch wenn das Dreieck einen vorherigen Aufwärtstrend nur konsolidiert und nicht umgekehrt hat. Immerhin warnt es uns auch dann vor einer zumindest zeitweisen Erschöpfung der Auftriebskräfte.

Nach unten hin erscheint ein One-Day Reversal oft in vergrößerter und auffälliger Form am Ende einer Panik. Dann wird es oft als „Climax Day“ oder „Selling Climax“ (Verkaufshöhepunkt) bezeichnet. Auf diese Erscheinungsform werden wir später noch näher eingehen. Zuerst aber: Was genau ist ein One-Day Reversal?

Es ist zunächst einmal ein Tag mit ungewöhnlich hohem Umsatz. In der Regel überschreitet er jeden einzelnen Tagesumsatz der letzten Monate beträchtlich. Er kommt nach einem ziemlich langen und stetigen Aufschwung (oder einem entsprechenden Abschwung), bei dem die Aktivität allmählich zugenommen hat. Von der Eröffnung der Börse an laufen die Kurse los, als ob nichts sie aufhalten könnte. Häufig liegen die Eröffnungskurse schon weit über (oder unter) dem Schlusskurs des Vortags, sodass im Chart ein großes Gap erscheint (auf Gaps werden wir später noch eingehen.) Der Ticker kommt nicht mit, und ehe der Aufschwung (oder Abschwung) zum Halten kommt, sind die Kurse in ein oder zwei Stunden so weit fortgetragen worden, wie das sonst nur in drei oder vier Handelstagen möglich erschienen wäre. Aber schließlich kommen sie doch zum Halten, vielleicht am Ende der ersten Handelsstunde oder vielleicht auch erst spät am Tag. Die Notierungen treten auf der Stelle. Sie schwanken nur bruchteilig hin und her, obwohl der Ticker noch unzählige Umsätze registriert und oft nicht mitkommt. Plötzlich kehrt sich der Trend um, und die Kurse bewegen sich ebenso schnell wie vorher, aber jetzt in der umgekehrten Richtung. Die Börsensitzung endet

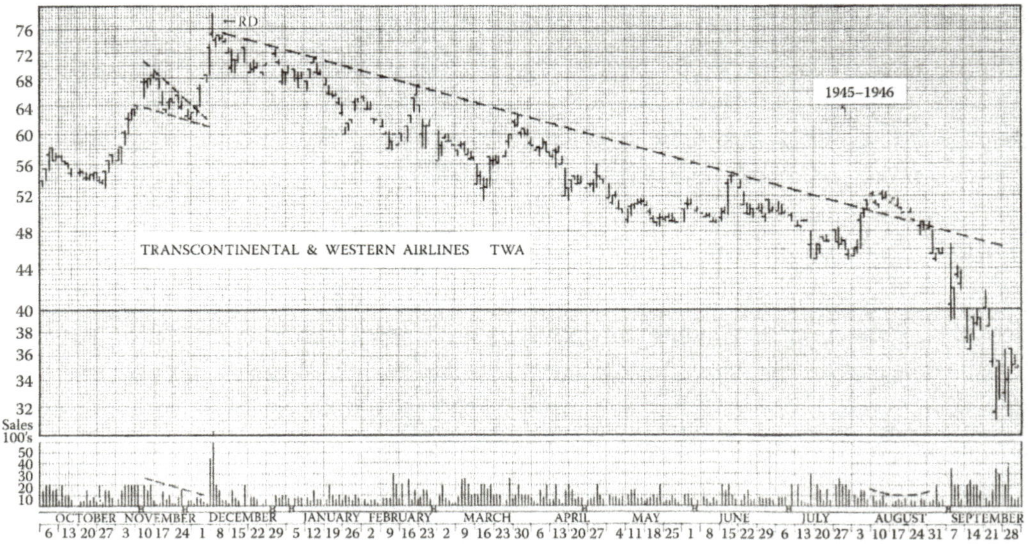

Abbildung 10.17: Es gibt viele interessante und technisch bedeutsame Einzelheiten in diesem zwölf Monate langen Wochenchart von TWA. Beachten Sie die auffällige One-Day-Reversal-Formation am 3. Dezember, die den Höhepunkt des langfristigen Aufwärtstrends markierte. Obwohl sich in den nächsten vier Wochen eine Art verunglücktes fallendes Dreieck bildete, war der Reversal Day das einzige klar geschnittene und unmissverständliche Verkaufssignal. Die Formation im November 1945 war ein Wimpel. Kehren Sie zu diesem Chart zurück, wenn Sie sich im späteren Verlauf des Buches mit Wimpeln beschäftigen. Die lange mittelfristige Abwärtstrendlinie wurde im August 1946 zaghaft gebrochen, aber ohne das erforderliche Volumen (siehe Kapitel 14). Während der ganzen Zeit des Abschwungs erschien niemals ein echtes Kaufsignal.

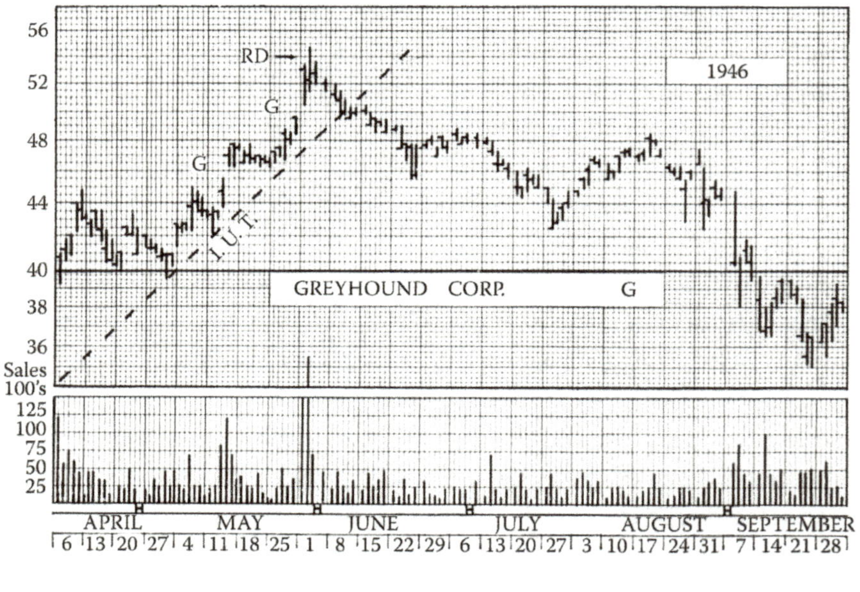

Abbildung 10.18: Dieses starke One-Day Reversal (RD) markierte den Bullenmarkt-Höchstkurs von Greyhound im Jahr 1946. Beachten Sie das Umsatzvolumen am Höhepunkt. Ein weniger auffälliger Reversal Day erschien am 26. August. Wenn der Leser alle bisherigen Charts in den früheren Kapiteln noch einmal durchgeht, wird er viele Reversal Days von größerer oder geringerer Bedeutung entdecken. Die Gaps (G) im Mai waren Measuring Gaps (siehe Kapitel 12).

mit einem letzten Ausbruch von Aktivität, der die Kurse zum Schluss genau dahin zurückführt, wo sie am Morgen begonnen haben. Der Umsatz an diesem Tag war riesig, und die Notierungen mögen im Laufe des Tages einen Bereich von mehr als fünf Punkten überquert haben. Aber die Netto-Kursveränderung gegenüber dem vorhergehenden Tag ist am Ende des Börsentags sehr gering.

One-Day Reversals am Hoch erscheinen unter bestimmten Voraussetzungen recht häufig in den Charts sogenannter „dünner" Aktien, das heißt solcher, von denen nur relativ wenige Stücke an der Börse umlaufen. Die Voraussetzungen liegen dann vor, wenn solche Aktien einen schnellen Kursaufschwung hinter sich haben und dabei im Publikum eine große Anhängerschaft gewonnen haben. One-Day Reversals im Bereich des Tops entwickeln sich dagegen bei den Indizes selten. One-Day Reversals im Bereich des Bodens, sogenannte „Selling Climaxes", finden sich dagegen in auffälliger Weise gerade bei den Indizes am Ende einer ungewöhnlichen oder panikartigen Abwärtsbewegung.

One-Day Reversals, so sagten wir schon, besagen nichts über die Entwicklung des Major-Trends. Der ganz kurzfristige Spekulant mag an ihnen vielleicht einige Punkte verdienen, wenn er gerade im richtigen Moment auf- oder abspringt. Aber in der Regel trägt der neue Trend (das heißt der Trend am Schluss des Tages) nicht sehr weit; die Kurse bleiben gewöhnlich für einige Zeit in dieser Zone und bauen eine Art Formation auf, ehe sie sich in einem mittelfristigen Ausschlag in irgendeine Richtung aus dieser Zone entfernen. Aber One-Day Reversals kommen noch häufiger innerhalb oder zu Beginn einer technischen Formation vor, die von größerer Fruchtbarkeit ist. Und dann geben sie einen wichtigen Hinweis auf *wahrscheinliche* Trendentwicklungen. In jedem Fall ist das One-Day Reversal eine dringende Warnung, den betreffenden Chart besonders sorgfältig zu beobachten. Die Formation, die sich jetzt entwickeln kann, kann eine lohnende Bewegung ankündigen, auf die man vorbereitet sein sollte.

Man sollte noch erwähnen, dass jene Art von Fehlbewegung oder Bereinigungsbewegung an der Spitze eines symmetrischen Dreiecks, die wir in Kapitel 8 erwähnt haben, oft die Gestalt eines One-Day Reversals annimmt.

Die Selling Climax

In den „schlechten alten Zeiten" konnte man Aktien mit einem Einschuss von nur zehn Prozent ihres Wertes erwerben, und es gab auch keine Beschränkungen für Leerverkäufe. Berufsspekulanten konnten sogenannte „Bear Raids" (Überfälle der Baissiers) organisieren (und die Überlieferung besagt, dass sie es auch oft taten). Ziel dieser Aktionen war es, übermäßig beliehene Depots „auszuschütteln" („Shake-out"), das heißt, zum Zwangsverkauf zu bringen. Wenn das Publikum zu sehr auf Kredit gekauft hatte, suchten sie sich einen günstigen Moment aus und verkauften in großem Umfang Aktien short (Leerverkäufe). Dadurch brachten sie die Kurse zum Zusammenbruch. Die Broker verlangten von den betroffenen Kunden Nachschüsse. Viele Kunden wollten oder konnten aber kein Geld nachschießen, und so wurden ihre Aktien zwangsweise verkauft und drückten damit zusätzlich auf den Markt. Das hatte weitere Kursrückgänge zur Folge. Die betreffenden Spekulanten konnten dann aktiv werden, ihre Leerverkäufe mit Gewinn eindecken und weitere Aktien für die folgende Erholung billig aufkaufen. Bear Raids dieser Art wurden durch die Einrichtung der SEC und ihrer Regulierungen wirkungsvoll verhindert. Aber Nachschussforderungen und Zwangsverkäufe als Börsenfaktor werden natürlich so lange existieren, wie Aktien auf Kredit gekauft werden können. Und sie werden immer ins Spiel kommen, sobald die Kurse nach einer starken Beteiligung des Publikums ausgedehnte Rückgänge erleiden.

Die meisten, wenn nicht gar alle Fälle einer echten Selling Climax (panikartiger Verkaufshöhepunkt) werden durch Notverkäufe verursacht, wie sie eben beschrieben wurden. Sie kommen am Ende eines schnellen und breiten Kursabschwungs, der die Reserven vieler Spekulanten erschöpft und sie zwingt, ihre Aktien zu jedem Preis an der Börse zu verkaufen. Dieser Prozess ist fortschreitend – er speist sich sozusagen selbst. Jede Welle erzwungener Verkäufe bringt neue Kreditdepots zum Einsturz, bis zum Schluss wohl oder übel Millionen Aktien über Bord geworfen werden, wenn es zum endgültigen „Aufwaschen" kommt. Das ist die Selling Climax, bei welcher der Gesamtumsatz jeden Tagesumsatz aus dem vorhergehenden Aufschwung übertreffen kann. Es ist die Erntezeit für diejenigen, die sich auf dem Gipfel nicht vom Optimismus anstecken ließen und nun Kapital in Reserve haben, um Aktien zu Panikpreisen einzukaufen.

Offensichtlich kehrt ein solcher Aufwaschtag oder Selling Climax die technische Situation der Börse völlig um. Bei dieser Entwicklung sind die Aktien zu sehr niedrigen Kursen aus schwachen Händen in starke übergegangen. Die unheimliche Drohung potenzieller Abgaben, die über der Börse lag, ist gewichen. Und gewöhnlich hat die Panik die Kurse (wenn auch nur für eine Weile) so tief hinunter getrieben, dass sie auch bei vorsichtigster Einschätzung, gemessen an den augenblicklichen Wirtschaftsbedingungen, zu niedrig sind.

Es muss nicht sein, dass die Selling Climax innerhalb eines einzigen Tages zu Ende geht und die Umkehr des Trends erkennbar wird. Ein One-Day Reversal kann sich in einer Variante auch über zwei Tage erstrecken. Erst spät am ersten Börsentag erschöpft sich der Abschwung und kommt zum Halten, zeitlich zu spät, um noch eine Erholung zu ermöglichen. Dafür bringt der nächste Tag gleich von der Eröffnung an eine ausgedehnte Rallye. Es ist offenbar geworden – vielleicht schon spät am Vortag –, dass keine Zwangsverkäufe mehr auf der Börse lasten.

Den Allzeitrekord für eine Selling Climax hält der 29. Oktober 1929. Die Börse (ausgedrückt im Dow Jones Industrial Average) eröffnete mit 252,38. Das war zwar schon acht Punkte unter dem Schluss des Vortags, aber trotzdem der Höchstkurs dieses Tages. Panikverkäufe überfluteten die Börse von Beginn an; als sie vorüber waren, hatte der Dow Jones 40,05 Punkte verloren. Von diesem Tiefstkurs (212,33) stieg er in den letzten beiden Stunden auf 230,07, das heißt um fast 18 Punkte, und am folgenden Tag um weitere 28 Punkte. Dieser Höhepunkt von 1929 brachte auch (für die damalige Zeit) einen Umsatzrekord. 16,4 Millionen Aktien wurden in jenen fünf Stunden umgesetzt, mehr als doppelt so viel wie an irgendeinem Tag während der ganzen vorhergehenden Hausse. Aber eine Woche später wurde der Tiefstkurs vom 29. Oktober erneut durchbrochen; der Boden jener frühen Phase der Baisse von 1929 bis 1932 wurde erst am 13. November des Jahres 1929 erreicht. *EN: Beachten Sie die gleich folgenden Bemerkungen zum Reagan-Crash 1987.*

Die Panik des Jahres 1937 endete mit einer klassischen Selling Climax am 19. Oktober, einem „schwarzen Dienstag" in den Annalen der amerikanischen Börse. Der Dow Jones Industrial Average hatte am Abend zuvor bei 125,73 geschlossen. Die Kurse kamen schon ohne nennenswerte Erholung von einem Niveau von 190 im August her, und viele beliehene Depots waren in einer prekären Lage. Die Broker hatten bis spät in die Nacht telefoniert und Nachschuss gefordert, aber viel kam nicht. Als die Börse am 19. Oktober eröffnete, kamen die Kurse unter einer Angebotsflut ins Rutschen. Um 11:30 Uhr stand der Index bei 115, die Verkäufe waren vorbei, und das Angebot verschwand. Eine Stunde später sprangen die Kurse zwischen jedem neuen Abschluss um einen Dollar. Der Tag

Abbildung 10.19: Apple, Reagan-Crash 1987. Scheint dieser Absturz aus heiterem Himmel zu kommen? Nicht wirklich. Zahlreiche Anzeichen sind gegeben: Bruch einer wichtigen Trendlinie; kurzfristiges Abwärtsmomentum vor dem Crash in einem Umfeld des extremen Überschwangs; dann der Crash selbst, die Panikverkäufe, die das typische Muster der Short-Eindeckung zeigen; und dann der weitere Rückgang.

schloss mit 126,85 und hatte den gesamten Verlust aufgeholt. Das Volumen betrug bei dieser Selling Climax 7,29 Millionen Aktien. Das war der doppelte Umsatz, den irgendein Tag auf dem Hoch der vorangegangenen Hausse erreicht hatte. Zehn Tage später wurde im Tagesverlauf vorübergehend ein Hoch von 141,22 erreicht. Aber das Paniktief wurde später, am 20. November 1937, gebrochen, und die Baisse endete erst am 31. März 1938 bei einem Stand des Dow Jones Industrial von 98,95.

EN: Kein Wunder, dass die Anleger am 19. Oktober instinktiv Angst haben. Im Jahr 1987 kehrte der Bär zurück und verursachte eine weitere große Panik – genau an diesem Tag. Von einem Hoch bei 2.746,65 am 25. August stürzte der Dow Jones Industrial Average bis zu einem Tief bei 1.616,21 am 20. Oktober ab. Die eigentliche ausgewachsene Panik fand vom 14. Oktober (Hoch 2.485,15) bis zum 20. Oktober (Tief 1.616,21) statt, wobei der 19. und 20. Oktober eine Spanne von 547,95 Punkten oder 25 Prozent des Marktwerts zu diesem Zeitpunkt durchliefen. Vom Hoch zum Tief wurden 1.130 Punkte verloren, was ein Retracement von 41 Prozent bedeutet. Je mehr sich die Dinge ändern, desto mehr bleiben sie gleich, wie André Malraux einmal gesagt haben soll. Eigentlich hat er es auf Französisch gesagt, was eleganter ist und die gleiche Idee ausdrückt: Plus ça change, plus c'est la même chose. *Der Leser sollte nicht davon ausgehen, dass ähnliche Abstürze in Zukunft nicht mehr vorkommen werden.*

Was wir vorstehend beschrieben haben, waren Fälle einer Selling Climax der ganzen Börse. Ein solches Phänomen produziert (oder genauer: wird produziert durch) gleichzeitige Verkäufe praktisch jeder aktiv gehandelten Aktie. Eigentlich erscheint ein Climax-Tief in einer individuellen Aktie in der Regel auch nur im Rahmen eines allgemeinen „Aufwaschs" („cleanout") an der gesamten Börse. Es gibt allerdings Fälle, wo eine besondere und unerwartete schlechte Nachricht nur eine

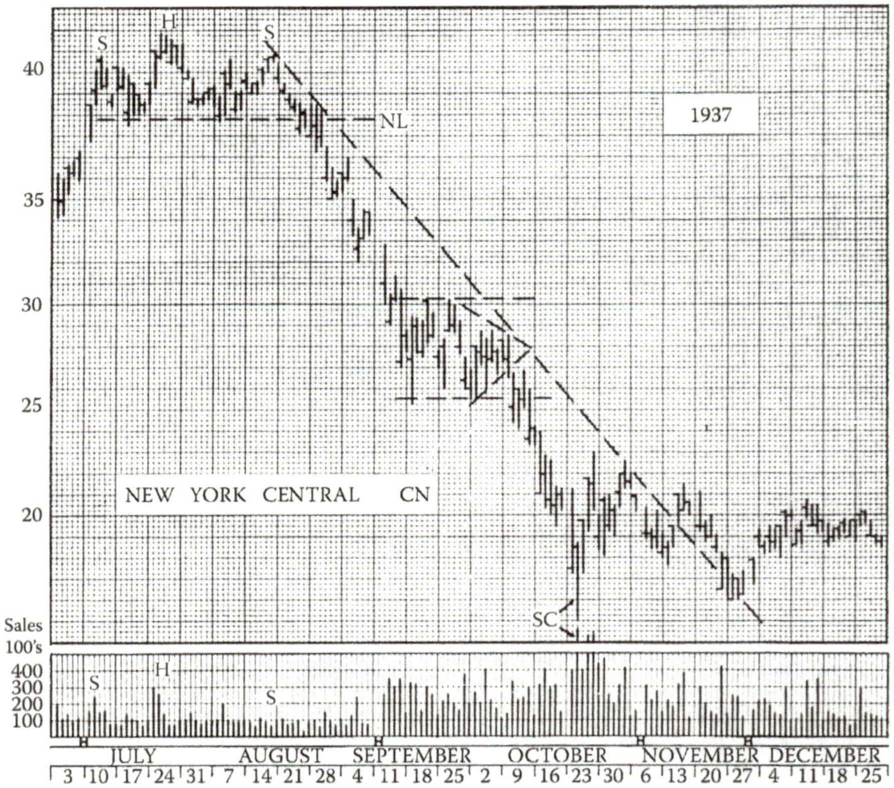

Abbildung 10.20: Die Panikverkäufe vom 19. Oktober 1937 brachten einen eindeutigen Climax Reversal Day bei fast allen führenden Aktien ebenso wie bei den Indizes. Dieser Chart von New York Central zeigt die Selling Climax (SC), zuvor die SKS-Formation vom Juli/August und eine Konsolidierungsformation Anfang Oktober, die zunächst als Rechteck begann und als Dreieck endete. CN erreichte im folgenden März bei 10 ½ seinen Tiefstkurs für diesen Bärenmarkt. Auf logarithmischem Chartpapier wurde die Abwärtstrendlinie in der ganzen Zeit von August bis zum Juni des nächsten Jahres nicht durchbrochen.

bestimmte Gesellschaft betrifft und Panik-Liquidationen nur in dieser Aktie hervorruft, die dann mit einem One-Day Reversal enden. Andererseits ist der Reversal-Day am Hoch normalerweise eine Erscheinung einzelner Aktien und nicht des allgemeinen Marktindex.

Wir haben oben zwei Musterbeispiele für eine Selling Climax beschrieben. Diese beiden und viele andere Panikausverkäufe boten offenbar außerordentliche Aussichten auf schnellen Gewinn für den Spekulanten, der tüchtig (oder glücklich) genug war, am Boden einzusteigen. Er konnte wenige Tage später außergewöhnliche Gewinne realisieren. Berufsmäßige Spekulanten ziehen in der Tat große Gewinne aus solchen Gelegenheiten. Das Problem besteht darin, rechtzeitig die Natur einer Selling Climax zu erkennen, um die Gelegenheit zu ergreifen – und das ist nicht so leicht, wie es nach unserer Beschreibung zu sein scheint. Um nur ein Beispiel zu geben, wie leicht man sich diesbezüglich täuschen kann, sei der 24. Oktober 1929 genannt. An jenem Tag fiel der Index um 30 Punkte und erholte sich auch wieder um 30 Punkte bei einem Umsatz von nahezu 13 Millionen Aktien. Aber der Spekulant, der seinen Gewinn nicht innerhalb von 48 Stunden mitnahm, hatte keine Chance mehr, ohne Verlust auszusteigen (wenn man die Zahlen des Index zugrunde legt).

Aber es ist andererseits auch nicht unmöglich, eine Selling Climax zu erkennen. Dafür benötigt man allerdings genügend Informationen über den Umfang von Kreditengagements und den Betrag

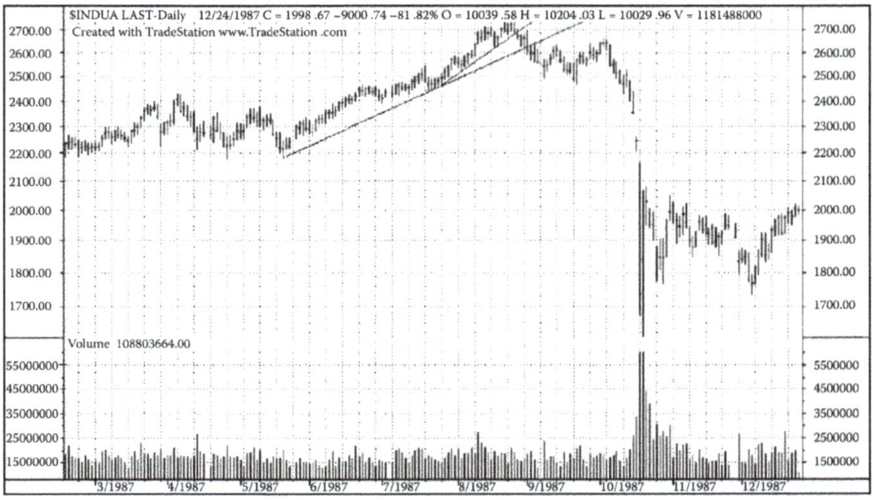

Abbildung 10.21: Dow Jones Industrial Average, Reagan-Crash 1987. Gerüchte machten die Runde – ironischerweise auch eines, Reagan habe Alzheimer. Unmittelbare Ursache: professionelle Panik, verstärkt durch eine unüberlegte Portfolioversicherung, die von Akademikern propagiert wurde. Beachten Sie: Die maßgebliche (untere) Trendlinie (75 Tage) wird hier Anfang September um mehr als 2 Prozent (Magees Vorschlag) durchbrochen. Die gebrochene obere Trendlinie (25 Tage) wäre für den agileren Trader die Reißleine gewesen. Kluge Investoren hedgten und liquidierten im September, und die Fondsmanager gerieten im Oktober in Panik. Laut dem Brady Report kaufte die Hull Trading Co. am 20. Oktober den Boden und rettete damit den amerikanischen Kapitalismus.

von Notverkäufen. *EN: Diese Informationen sind nun leicht erhältlich. Sie finden sie in der Wirtschafts- und Finanzpresse.* Die Selling Climax kommt, *nachdem* eine Abwärtsbewegung schon fast panikartigen Umfang angenommen hat. Bei der Eröffnung zeigen sich oft große Gaps, weil die Eröffnungskurse erheblich unter den Schlusskursen des Vortags liegen. Das Angebot übersteigt die Nachfrage bei Weitem; die Kurse brechen zusammen; der Ticker registriert die einzelnen Abschlüsse mit erheblicher Verspätung. Die Börse ist außerordentlich „breit", fast jede notierte Aktie wird umgesetzt. Nach einiger Zeit hören die Verkäufe langsam auf, einige Aktien fallen noch, andere beginnen zu steigen. Plötzlich fangen die Kurse an zu springen. Das ist die Zeit, um einzusteigen. Kaufkandidat ist eine Aktie, die sehr stark gefallen, aber andererseits zu allen Zeiten eine Art Marktführer ist (zum Beispiel U.S. Steel). Man darf die gekauften Aktien jedoch nicht zu lange behalten. Sobald ein vernünftiger Gewinn da ist, sollte man auf jeden Fall verkaufen, wenn die Erholung auszulaufen beginnt.

Denken Sie daran, dass ein One-Day Reversal kein verlässlicher Indikator für den Primärtrend ist. Auch erscheint eine Selling Climax normalerweise nicht am endgültigen Boden einer Baisse – schwache Depots sind gewöhnlich schon längst ausgeräumt, ehe dieses Stadium erreicht ist. In der Tat hat bisher erst ein Primärtrend nach unten mit der ersten Panikphase geendet. Das war die nur fünf Monate lange Baisse von 1938/1939, der eine gleichermaßen kurze Hausse folgte.

Gelegentlich zeigt ein Wochenchart ein Bild, das man als „One-Week Reversal" (Wochenumkehr) bezeichnen könnte. Der obige Chart von NC bietet ein auffälliges Beispiel. In diesem Fall zeigt der folgende Anstieg, dass im Dezember 1941 im technischen Gleichgewicht in der Tat ein Umschwung eintrat. Seltsamerweise erschien keine andere Formation bei dieser Umkehr des Primärtrends von NC im Wochenchart (der Tageschart zeigt ein aufsteigendes Dreieck).

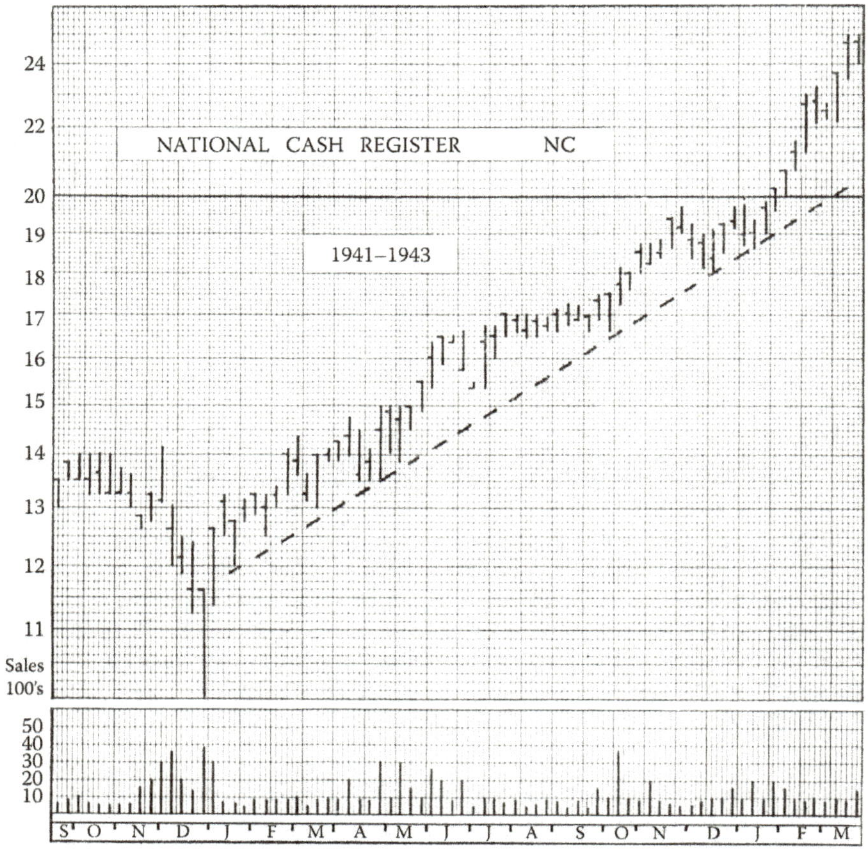

Abbildung 10.22: Die Selling Climax, wie auf diesen Seiten beschrieben, ist ein typisches One-Day-Reversal-Phänomen. Nur ein einziges Mal in der Geschichte (April 1939) signalisierte ein One-Day Reversal für die gesamte Börse den Tiefpunkt einer Baisse (viele einzelne Aktien hatten schon im März 1938 eine Selling Climax in ihren Charts stehen.)

Aber dieses Beispiel eines One-Week Reversals wird nicht gezeigt, weil solche Phänomene wirklich wichtige technische Bedeutung hätten. Im Gegenteil folgen auf solche „Reversal Weeks" meist sehr enttäuschende Bewegungen.

Eine Umkehrformation bleibt noch, die Insel-Umkehr (das „Island Reversal"). Sie setzt das Thema der Gaps voraus, die wir noch nicht erörtert haben. Wir werden sie in Kapitel 12 behandeln und die Insel-Umkehr bis dahin zurückstellen.

Möglicherweise bedeutsame kurzfristige Phänomene

Sehr kurzfristige Phänomene – die nur einen oder wenige Tage lang dauern – können manchmal nicht nur auf die kurzfristige Entwicklungsrichtung hindeuten, sondern auch Hinweise auf das langfristige Preisverhalten geben. Zu dieser Gruppe gehören Gaps/Kurslücken (siehe Kapitel 12) und One-Day Reversals (in diesem Kapitel erläutert). Weitere kurzfristige Muster von Interesse sind unter anderem *Spikes*, *Key Reversal Days* (manchmal einfach als *Reversal Days* bezeichnet) und *Runaway Days* (manchmal auch als *Wide-Ranging Days* bezeichnet).

Spikes

An dem Tag, an dem er stattfindet, ist ein Spike nicht sofort erkennbar, denn per Definition ragt er Tage vor oder nach dem Top nach oben aus einer Schulter-Kopf-Schulter-Formation heraus beziehungsweise sackt darunter ab, wenn er an einem Tief auftritt. Daher muss man nach einem Tag mit einer ungewöhnlich breiten Kursspanne die nachfolgenden Tage genau beobachten, um ihn von einem Runaway Day unterscheiden zu können. Beide kennzeichnen eine über einen weiten Bereich gehende Schlacht zwischen Bullen und Bären, wobei der Schlusskurs einen Hinweis darauf gibt, wer am Ende Sieger bleiben wird.

Die Bedeutung eines Spikes ist an folgenden Punkten zu erkennen:

1. Stärke und Länge der vorangegangenen Kursbewegung.
2. Am Tagesschlusskurs – bei einem Boden ob er im Plus steht, bei einem Hoch ob er im Minus steht.
3. Wie sehr er aus den Tagen davor und danach herausragt.

Ein Tag mit einer extremen Spanne am Ende einer langen Hausse-Bewegung, der im Minus schließt, nachdem ungewöhnlich hohe Kurse erreicht wurden, kann sogar als 1-Tages-Signal ausgelegt werden. Ob man danach tradet oder nicht, hängt vom persönlichen Stil und Geschmack sowie von der Art des Tradings ab – long-range, Scalping und so weiter. Ein Spike kann tatsächlich auch ein

Abbildung 10.23: Ein Kirchturmspitzen-Top bei Qualcomm. Das Dezember-Gap könnte fälschlicherweise für ein Kaufsignal gehalten werden, ebenso wie die Runaway Days, aber sie sind in Wirklichkeit handgeschriebene Einladungen, die Party mit engen Trailing-Stops kurz vor dem Tagestief zu verlassen. Ebenfalls gültig ist der Ausstieg am Key Reversal am zweiten Tag nach dem Gap. Woher weiß der Trader, dass es sich um einen Blow-off handelt und nicht um ein Nachkaufsignal? Durch das Alter, die Länge, den Zustand und die Neigung des Marktes. Wenn Trendlinien vertikal verlaufen, muss das sogenannte Blow-off-Management zum Einsatz kommen. Die Rückkehr zur Basis des ersten Runaway Days ist ein Hinweis darauf, dass es sich um eine Bullenfalle handelt – die erste Bullenfalle. Die zweite Bullenfalle ist der Ausbruch aus dem Dreieck im März. Ein wunderbarer Chart voller Lektionen des *Fin de Siècle* und des *Fin de Millénaire*.

One-Day Reversal sein – dabei folgt auf ein Eröffnungs-Gap häufig eine eifrige Kauftätigkeit, die dann zusammenbricht, sodass die Aktie unter dem Eröffnungskurs oder zum Tagestief schließt. Man könnte ein solches Geschehen mit einer Armee vergleichen, die einen scheinbar besiegten Feind verfolgt, dann aber feststellen muss, dass dessen Rückzug eine List war, sodass sie kehrtmacht und ungeordnet in die andere Richtung flieht.

Stellt man diese Beschreibung auf den Kopf, hat man einen Spike Bottom. Es kommt nicht selten vor, dass auf einen Spike eine beträchtliche Kursbewegung in die Gegenrichtung folgt. Abbildung 10.23 zeigt einen Spike aus neuerer Zeit. Die Abbildungen 1.1 und 7.16 zeigen Spikes in Charts von Edwards und Magee.

Runaway Days

Ein Runaway Day ist ein Tag, der aus dem Chart durch seine ungewöhnlich große Kursspanne herausragt – häufig eröffnet er im Tief und schließt im Hoch, und bei bearishen Runaways ist es umgekehrt. Hier hat sich der Feind überstürzt oder trügerisch zurückgezogen, um die Bullen in eine Falle zu locken. Die Halter und Verkäufer können oder wollen die begierige Nachfrage der Käufer nicht befriedigen, und daher durchläuft der Kurs womöglich das Zwei- bis Dreifache der üblichen Tagesspanne. Zwar kann man als agiler Spekulant auf diesen rasenden Zug aufspringen und einen hübschen Scalp mitnehmen, aber die wahre Bedeutung offenbart sich erst in den Tagen danach. Eine nette Konsolidierung und anhaltendes Handelsvolumen bestätigen den Tag als signifikant, während nachlassendes Volumen und eine Abrundung oder ein volatiler Rücksetzer die Gültigkeit infrage stellen. Man kann solche Tage zwar als launische Kaufsignale (oder Verkaufssignale, je nachdem) betrachten, aber die Rückkehr des Kurses zum Tief des Runaway Days deutet wahrscheinlich darauf hin, dass er ein Fehlsignal war und sich wahrscheinlich ein Trade in die Gegenrichtung abzeichnet. Abbildung 7.20 zeigt Runaways mitsamt Gaps.

Ein solches Beispiel ist auch in Abbildung 10.24 zu sehen: Eine Bullenfalle, die durch einen Runaway Day mit nachfolgendem Kollaps stark beschleunigt wurde, sagte im Jahr 2000 den Kursverfall von Microsoft um 50 Prozent voraus.

Key Reversal Days

Das Muster des Key Reversal Day tritt auf, wenn im Rahmen einer Aufwärtsbewegung ein neues Hoch erreicht wird und der Kurs dann unter dem vorigen Tagesschlusskurs schließt. Als kurzfristiges Handelssignal hat er vieles für sich, aber wie bei jedem anderen technischen Muster auch braucht man Urteilsvermögen und Timing, um davon zu profitieren. In einer Hausse wird es einige oder gar viele solcher Zwischenhochs geben, die durch Key Reversal Days gekennzeichnet sind. An einem Key Reversal Day bei einem bedeutenden oder wichtigen Hoch shortet der Trader die Aktie zum Handelsschluss und setzt einen Stoppkurs am Hoch des Reversal Days oder leicht darüber. Später kann er mit Gewinn aussteigen, wenn ein Key Reversal Day in der Gegenrichtung auftritt, oder anlässlich eines Gewinnziels oder eines Chartmusters. Wenn er wagemutig ist, kann er den Trade auch als den ersten im Zuge des Aufbaus einer Position für eine voraussichtliche Baisse

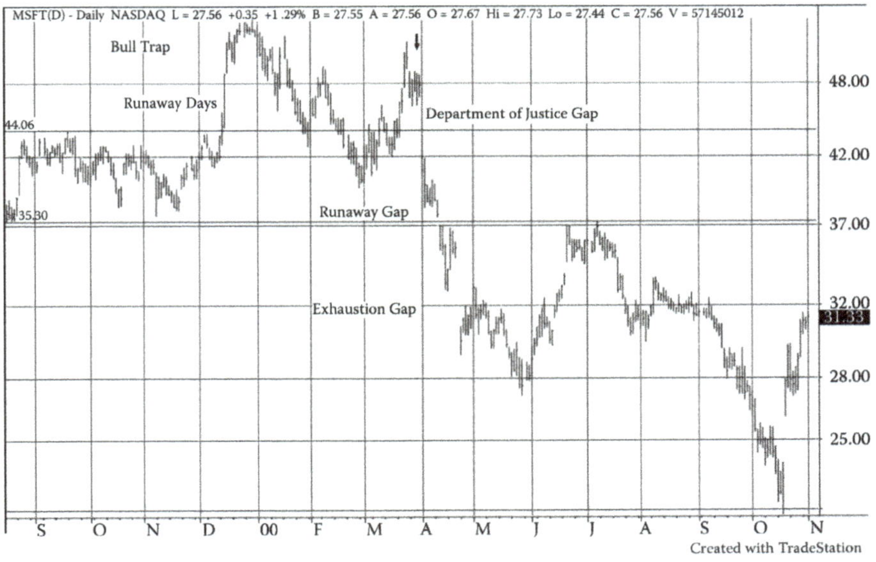

Abbildung 10.24: Microsoft. Ein Key Reversal Day im März. „Department of Justice"-Ausbruchslücken: Runaway Gaps, Exhaustion Gaps. Selling Climax. Wie üblich werden weitere Tiefststände erreicht. Ein Füllhorn der Chartistenfreuden.

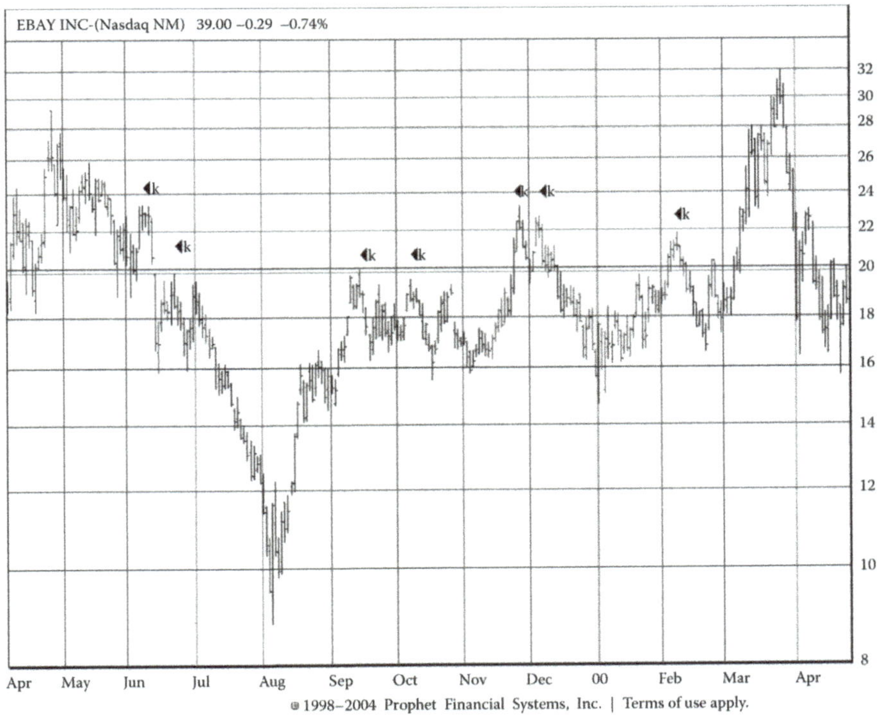

Abbildung 10.25: Ebay. Als Ebay seine Trendlinie brach und seitwärts driftete, wurde es ein gutes Beispiel für den „Key Reversal Day"-Handel. Beachten Sie das mehrfache Auftreten.

Abbildung 10.26: Was nützt das Internet, wenn man Lebensmittel nicht elektronisch ausliefern kann? Meg Whitman (eine kompetente, nun ja, mehr als kompetente CEO) und Ebay haben eine Verwendung dafür gefunden: den größten Flohmarkt, der jemals erfunden wurde (und der täglich wächst). Jeder militärische Befehlshaber kennt das Axiom: Nutze den Erfolg aus! Und Ebay nutzt aus und nutzt aus und nutzt aus. Gibt es hier eine grundlegende Lektion für den Technischen Analysten? Auf jeden Fall. Auch wenn der Technische Analyst in der Lage sein sollte, einen namenlosen Chart zu nehmen und kompetent zu handeln (CEO seines eigenen Schiffes), sollten keine *echten* Informationen oder Daten ignoriert werden. In diesem Fall passten die realen Informationen – dass Ebay ein 800-Pfund-Gorilla (oder Floh) war – perfekt in den Chart. Also trennte sich Ebay von einem Haufen Nervensägen, um lange und hart zu laufen. Wer wettet, weiß, dass er immer ein Auge auf siegende Jockeys haben muss: Whitman. Ellison bei Oracle. Moore bei Intel. Gates bei Microsoft. Jobs bei Apple (und Pixar und NEXT und so weiter und so fort ...). Was soll man im Jahr 2005 mit Ebay machen? Zeichnen Sie eine Trendlinie ein, ziehen Sie Ihre Stopps nach und verkaufen Sie, wenn sich der Trend umkehrt.

nutzen und weitere hinzufügen, wenn aussagekräftigere Formationen auftreten und Unterstützungsniveaus gebrochen werden.

Auch ist dieses Muster nützlich, wenn sich der Markt in einer Trading-Range befindet – zu sehen an einigen Internet-Aktien im Jahr 2000, als es der Handel anhand von Key Reversal Days dem Trader ermöglicht hätte, *unversehrt* durch den Mini-Crash der Nasdaq Anfang 2000 zu kommen (siehe die Abbildungen 10.25 und 10.27 zu Ebay und Lucent).

Zu allen sehr kurzfristigen Mustern – Gaps, One-Day Reversals, Key Reversal Days, Spikes und Runaway Days – ist anzumerken, dass die Rückkehr des Kurses zum Ursprung der Formation diese als Fehlsignal und als Grund kennzeichnet, die Richtung des Trades umzukehren und signifikante Gewinne anzustreben.

Das sind natürlich Taktiken von Scalpern und Spekulanten, aber es kommt auch dem langfristigen Trader zugute, sie zu kennen und zu verstehen.

Abbildung 10.27: Lucent. Schizophrenie des späten 20. und frühen 21. Jahrhunderts. Runaway Days, Breakaway Gaps. Anleger brauchen Maaloxan, Trader Ecstasy. Wenn der Patient durchdreht, tragen Reversal Days und kurzfristige Taktiken tragen den Sieg davon. Ein hervorragendes Beispiel dafür, dass sich der Trader an die Aktie anpassen muss. Warum sollte ein rationaler Investor eine solche Aktie besitzen?

Abbildung 10.28: In der Bildunterschrift zu Abbildung 10.27 fragte der Herausgeber, natürlich rhetorisch, warum ein rationaler Investor eine Position in Lucent eingehen sollte. Hier zeigt das Bild, was passiert, wenn scheinbar rationale Anleger keinen Stopp setzen, um sich vor irrationaler Volatilität zu schützen. Der Markt weiß Dinge, die Investoren nicht wissen, aber er wird diese Dinge auch dem einfachsten Investor offenbaren, wenn dieser den Chart liest. Dieser Chart wurde in die 9. Auflage aufgenommen, um das Bild dort fortzusetzen, wo die 8. Auflage aufgehört hatte.

KAPITEL 11

KONSOLIDIERUNGS-FORMATIONEN

Wenn eine Armee zu schnell vorgestoßen ist, wenn sie tief in feindliches Gelände eingedrungen ist, Verluste erlitten und keinen Nachschub mehr erhalten hat, muss sie schließlich anhalten. Vielleicht muss sie sich in eine etwas besser zu verteidigende Stellung zurückziehen und sich dort eingraben; sie muss Ersatz heranholen und eine starke Basis errichten, von der aus sie später einen neuen Angriff vortragen kann. Im Militärjargon, mit dem wir in den letzten Jahren alle mehr oder weniger vertraut geworden sind, ist dieser Vorgang als „Konsolidierung" der Gewinne bekannt. Obwohl man die Analogie nicht überstrapazieren sollte, kann man vieles im Verhalten der Börse mit einer militärischen Kampagne vergleichen. Wenn sich eine Aktie zu schnell aufwärts (oder abwärts) bewegt, sind schließlich an irgendeinem Punkt die Kräfte erschöpft, die diese Bewegung verursachten. Dann kehrt sie entweder ihren Trend um (im langfristigen oder mittelfristigen Sinne), und die Reaktion führt den Kurs auf ein gutes Unterstützungsniveau zurück. Oder aber sie konsolidiert ihre Stellung in einer Art Seitwärtsbewegung im Chart, die aus kleineren Schwankungen besteht, bis sie sozusagen wieder zu Atem gekommen und bereit ist, weiterzugehen. (Zur Illustration dieses Kapitels siehe die Abbildungen 11.1 bis 11.18.)

Schon bei den symmetrischen Dreiecken und den Rechtecken hatten wir es mit Konsolidierungsformationen zu tun. Wir sahen, dass beide Formationen den vorhergehenden Trend entweder umkehren konnten oder aber ihn in Vorbereitung seiner Fortsetzung konsolidierten. Drei von vier symmetrischen Dreiecken, so sagten wir, haben Konsolidierungs- und nicht Umkehrfunktion, und für die Rechtecke gilt dasselbe Verhältnis. Wenn sich nach einem mittelfristigen Anstieg am Top eine Broadening Formation mit horizontaler Obergrenze bildet, lässt das normalerweise eine Abwärtsbewegung erwarten. Aber auch sie kann sich in eine Konsolidierungs- oder Fortsetzungsformation verwandeln, wenn ihre horizontale Obergrenze nach oben in entschiedenem Maße durchbrochen wird.

Eine „Linie" im Sinne der Dow-Theorie in einem der Indizes kann entweder eine Konsolidierungs- oder Umkehrformation sein und ist im Zweifel eher das Erstere. Eine Dow-Linie ist natürlich eine Art lockeres Rechteck. In der Tat fungiert fast jede Art seitwärts gerichteter Kursformationen, die oft als Stauzone oder Handelsspanne (Trading-Range) bezeichnet wird, als Konsolidierung. Voraussetzung ist allerdings, dass das Umsatzvolumen während ihrer Ausbildung abnimmt und sie keine eindeutige Tendenz zur Verbreiterung (Broadening Formation) zeigt. Aber die meisten Zonen dieser Trendkonsolidierung sind ziemlich gut begrenzt und nehmen damit eine erkennbare Form an.

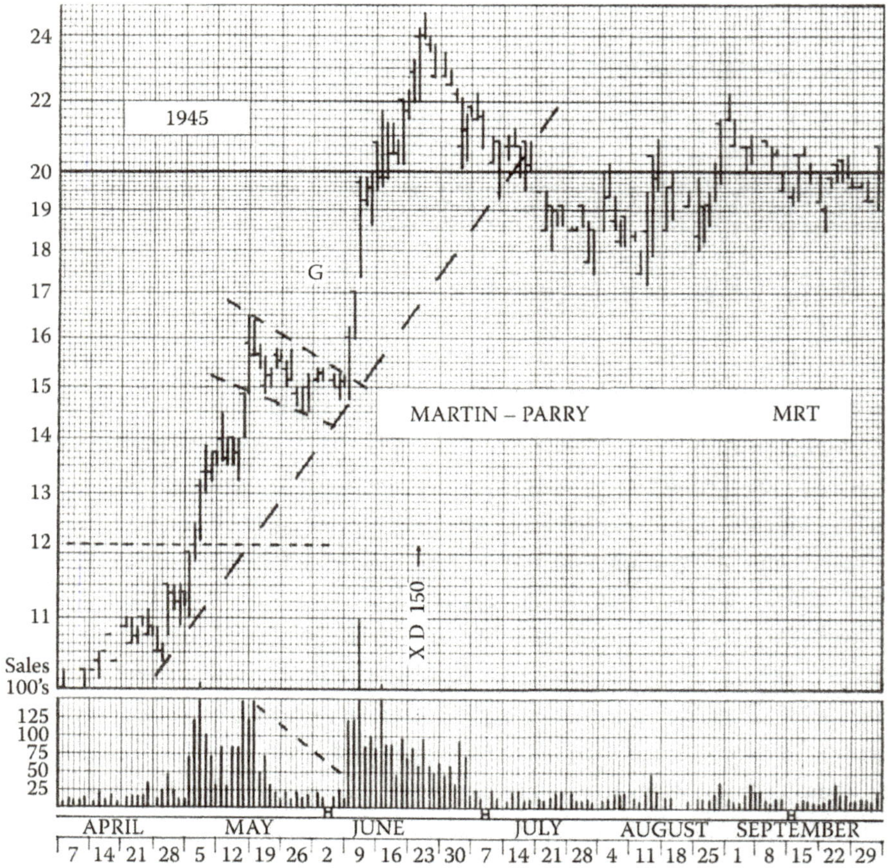

Abbildung 11.1: Martin-Parry bildete vom 5. Mai bis zum 2. Juni 1945 eine typische und praktisch perfekte Flagge. Der Tagesumsatz nahm stark ab, als sich die Kurse nach ihrem schnellen Anstieg von 11 auf 16 ½ drei Wochen lang „setzten". In der dritten Woche fielen sie nicht mehr bis zur unteren Grenzlinie. Dann brachen sie wieder mit hohem Umsatz zu einem steilen Aufschwung von 15 auf 21 aus. Betrachten Sie diesen Chart erneut, wenn Sie die Kurszielformel für die Flagge (später in diesem Kapitel) kennen. Die gestrichelte Linie bei 12 zeigt die obere Grenze eines alten Widerstandsniveaus (Kapitel 13).

Flaggen und Wimpel

Nach der früheren Erörterung brauchen wir uns mit dem Dreieck und dem Rechteck hier nicht mehr aufzuhalten. Unsere beiden ersten neuen Formationen, die *nur* für die Konsolidierung charakteristisch sind, sind Flagge (Flag) und Wimpel (Pennant). In gewisser Hinsicht sind sie – wie wir noch sehen werden – merkwürdig verwandt mit Dreieck, Rechteck und Keil.

Eine *Flagge* sieht im Chart genau so aus: wie eine Flagge. Das gilt jedenfalls für den Aufwärtstrend; im Abwärtstrend steht das Bild auf dem Kopf. Man kann sie als kleines, kompaktes Parallelogramm von Kursfluktuationen beschreiben, oder auch als gestauchtes Rechteck. Die Flagge neigt sich mäßig gegen den vorherrschenden Trend. Wir wollen zuerst die Flagge im Aufwärtstrend betrachten. Sie bildet sich gewöhnlich nach einem schnellen und ziemlich ausgedehnten Aufschwung, der im Chart eine fast senkrechte oder zumindest sehr steile Kursspur hinterlässt. Bei derartigen Bewegungen zeigt das Volumen normalerweise einen zunehmenden

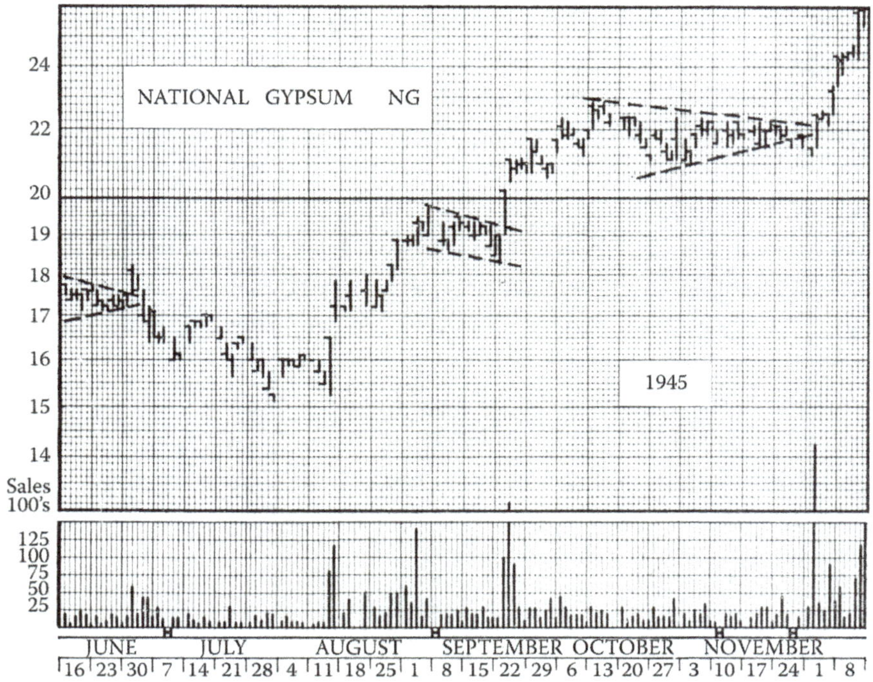

Abbildung 11.2: Eine weitere typische kleine Flagge von drei Wochen Dauer (vom 30. August bis 18. September). Dieser Chart von National Gypsum überlappt den Chart in Abbildung 8.6, der die Fehlbewegung an der Spitze des symmetrischen Dreiecks im Mai/Juni zeigt. Die Aktie gab ein Kaufsignal, als die Kurse am 23. August unter erheblich gesteigertem Volumen durch das Niveau der alten Dreiecksspitze brachen. Sehr interessant ist das zweite symmetrische Dreieck vom Oktober/November. Es war fast ein genaues Abbild des ersten, aber diesmal mit einer Fehlbewegung an der Dreiecksspitze nach unten. Der scharfe Anstieg des Umsatzes am 27. November ließ keinen Zweifel daran, dass es sich um eine Konsolidierung und nicht um eine Umkehrformation handelte. NG stieg weiter bis 33.

Anstieg, bis ein großer Umsatz erreicht ist. Und da jede Transaktion nicht nur einen Kauf, sondern auch einen Verkauf darstellt, ist dieses große Volumen natürlich eine Warnung, dass viele Aktienbesitzer Gewinne mitnehmen. Schließlich bringt der Druck der Gewinnmitnahmen den Anstieg zum Stehen. Die Kurse treten ohne weiteren Gewinn auf der Stelle und gehen bei geringerem Umsatz zwei oder drei Punkte zurück. Eine neue kleine Rallye beginnt, erreicht aber nicht mehr den vorherigen Kurswert oder das entsprechende Volumen. Eine neue Reaktion trägt die Notierung etwas unter den letzten kleinen Boden, die Aktivität lässt weiter nach. Es folgt eine Serie von ähnlichen kleineren Fluktuationen; bei jeder liegen die kleinen Hochs und Tiefs ein wenig niedriger als bei der vorigen Welle. Das Volumen nimmt merklich und gleichmäßig ab, während sich die Formation entwickelt. Die einzelnen Hochs und Tiefs der Fluktuationen können grob durch parallele Linien begrenzt werden. Damit nimmt die anfängliche, steile Kursaufwärtsbewegung mit der sich leicht nach unten neigenden Kurs-Konsolidierungszone im Chart das Bild eines Taues oder eines Mastes mit einer Flagge an, die vom höchsten Punkt weht. Daher natürlich der Name der Formation.

Manchmal dauern jede kleine Rallye und der dazugehörige Rückschlag innerhalb der Flagge drei oder vier Tage, selten länger. In anderen Fällen pendeln die Kurse zwischen der oberen und unteren Grenze in ein oder zwei Tagen hin und her. Dann besteht die Formation im Chart aus einem massiven Block von Kursen. Je breiter die Formation (von der oberen zur unteren Linie), desto mehr Zeit sollte jeder einzelne Ausschlag erfordern. Der Prozess der kleineren Fluktuationen braucht nur fünf oder sechs Tage zu dauern, wenn die Flagge eng ist; er kann sich auch über drei Wochen hinziehen. Der Tagesumsatz wird in dieser Zeit gewöhnlich bis auf einen verhältnismäßig ganz geringen Betrag zurückgegangen sein. Dann plötzlich brechen die Kurse am Ende der Flagge mit einer neuen Umsatzexplosion aus und gehen steil nach oben. Dieser Aufschwung verdoppelt praktisch den „Mast", an dessen Spitze die Flagge begann.

Wir haben gesagt, dass die Flagge mäßig nach unten geneigt ist, aber sehr kurze und „solide" Flaggen entwickeln sich häufig horizontal und sehen dann wie kleine Quadrate aus. (Bei seltenen Gelegenheiten wird eine Flaggen-Formation in einem Aufwärtstrend sogar leicht nach oben gehen.)

Flaggen bilden sich in steilen Abwärtsbewegungen in der gleichen Weise und mit genau der entsprechenden Vorbedeutung wie im Aufwärtstrend. Solche Flaggen haben die Tendenz, leicht aufwärts zu verlaufen; sie zeigen einfach nur das umgekehrte Bild wie die Flagge im Aufwärtstrend. Auch bei ihnen nimmt das Umsatzvolumen ab, während sie sich ausbilden, und steigt wieder an, wenn die Kurse aus ihnen nach unten ausbrechen.

Der Wimpel – eine spitze Flagge

Der einzige wichtige Unterschied zwischen einem Wimpel und einer Flagge besteht darin, dass der Erstere durch zusammenlaufende Linien anstatt paralleler Linien (wie bei der Flagge) begrenzt wird. Der normale Wimpel ist in anderen Worten ein kleines, kompaktes, geneigtes Dreieck. Er zeigt nach unten, wenn er in einem Aufwärtstrend erscheint, und in einem Abwärtstrend nach oben. In der Regel formiert er sich nach einer schnellen Aufwärtsbewegung (oder Abwärtsbewegung) der Kurse, und der Umsatz sinkt während seiner Ausbildung stark ab. Ja, im Wimpel sinkt der Umsatz meistens noch schneller als in einer Flagge (was wir wegen der zunehmend kürzeren Fluktuationen im Wimpel auch erwarten sollten). Der Umsatz fällt auf beinahe null, ehe der Wimpel vollendet ist und die Kurse daraus mit einer neuen schnellen Bewegung ausbrechen.

Man kann die Wimpel-Formation auch als kurze, kompakte Keilformation beschreiben, in der der Umsatz besonders stark abnimmt. Wenn der Wimpel sich wie üblich gegen den vorhergehenden Trend neigt, ist die Prognose ähnlich wie beim Keil: Der Breakout wird die Kurse in die Richtung tragen, die der Neigung des Wimpels entgegengesetzt ist. Aber ähnlich wie bei der Flagge gibt es auch beim Wimpel jene seltenere kleine Variante, wo die Formation sehr kurz, „solide" und praktisch horizontal ist (wie ein kleines symmetrisches Dreieck). Manchmal zeigt die Neigung sogar leicht in dieselbe Richtung wie der vorhergehende Trend, anstatt in die Gegenrichtung wie im Normalfall. Wenn sich die Kurse aus dieser letzteren Variante herausbewegen, geschieht das meistens nicht in einem plötzlichen geraden Ausbruch, sondern eher in einer sich beschleunigenden Kurve. Das Volumen nimmt dann auch erst allmählich zu, anstatt beim Breakout abrupt anzusteigen. Das ganze Bild erinnert an ein gekrümmtes Horn, das in eine lange schmale Spitze ausläuft. Lassen Sie sich, wenn diese Variante auftritt, nicht beunruhigen; ihr Bild lässt keine Täuschung zu; ihre Verwandtschaft zu dem häufigeren normalen Typ ist ganz offensichtlich.

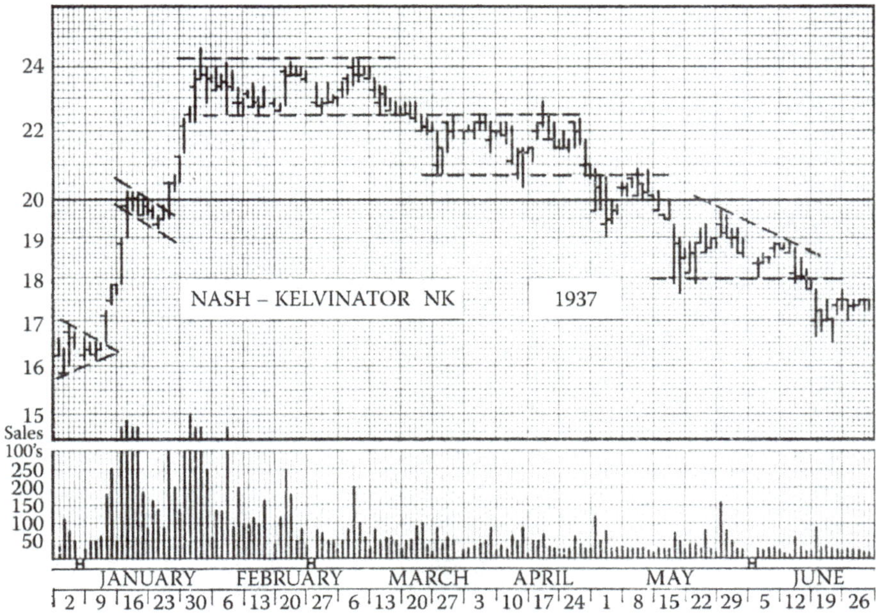

Abbildung 11.3: Flaggen vom „Halbmast"-Typ erscheinen am häufigsten im späteren und aktivsten Stadium einer langfristigen Aufwärtsbewegung. Das obige Beispiel im Januar war die letzte Konsolidierungsformation, ehe NK sein 1937er-Bullenmarkt-Hoch bildete. Beachten Sie das Rechteck im März, hier als Umkehrformation, und die treppenartige Serie von Formationen, die die Abwärtsbewegung begleitete.

Die Kurszielformel

Für Wimpel und Flagge gilt die gleiche Formel für das ungefähre Kursziel. Beide sind „Halbmast"-Formationen, die sich normalerweise nach einer ziemlich stetigen und schnellen (und steilen) Kursbewegung bilden. Für die Kurszielformel greift man zurück bis zum Beginn der unmittelbar vor der Formation liegenden Bewegung. Das ist die Stelle, wo die Kurse aus einer vorhergehenden Konsolidierungs- oder Umkehrformation ausbrachen (oder durch eine wichtige Trendline oder ein Widerstandsniveau – siehe die einschlägigen späteren Kapitel). Dieser Punkt ist in der Regel durch ein starkes Aufflammen der Aktivität erkennbar. Von dort wird bis zu dem Niveau gemessen, wo Flagge oder Wimpel durch die erste kleinere Kursumkehr ihren Anfang nahmen. Dieselbe Entfernung wird dann in dieselbe Richtung gemessen, und zwar von der Stelle aus, wo die Kurse ihren Breakout aus Flagge oder Wimpel machten. Das so ausgemessene Niveau ist das Minimum, das diese Art Konsolidierungsformation erwarten lässt. Allerdings geht ein Kursanstieg aus Flagge oder Wimpel in einem Aufwärtstrend im Allgemeinen weiter (ausgedrückt in Punkten oder Dollar) als die vorhergehende Bewegung. Demgegenüber reicht eine Abwärtsbewegung nicht so weit. Am besten wird die Formel daher auf halblogarithmischem Chartpapier so angewandt, dass man die tatsächliche Entfernung im Chart misst und nicht die Punkte zählt. Bitte überprüfen Sie dies anhand der beigegebenen Beispiele.

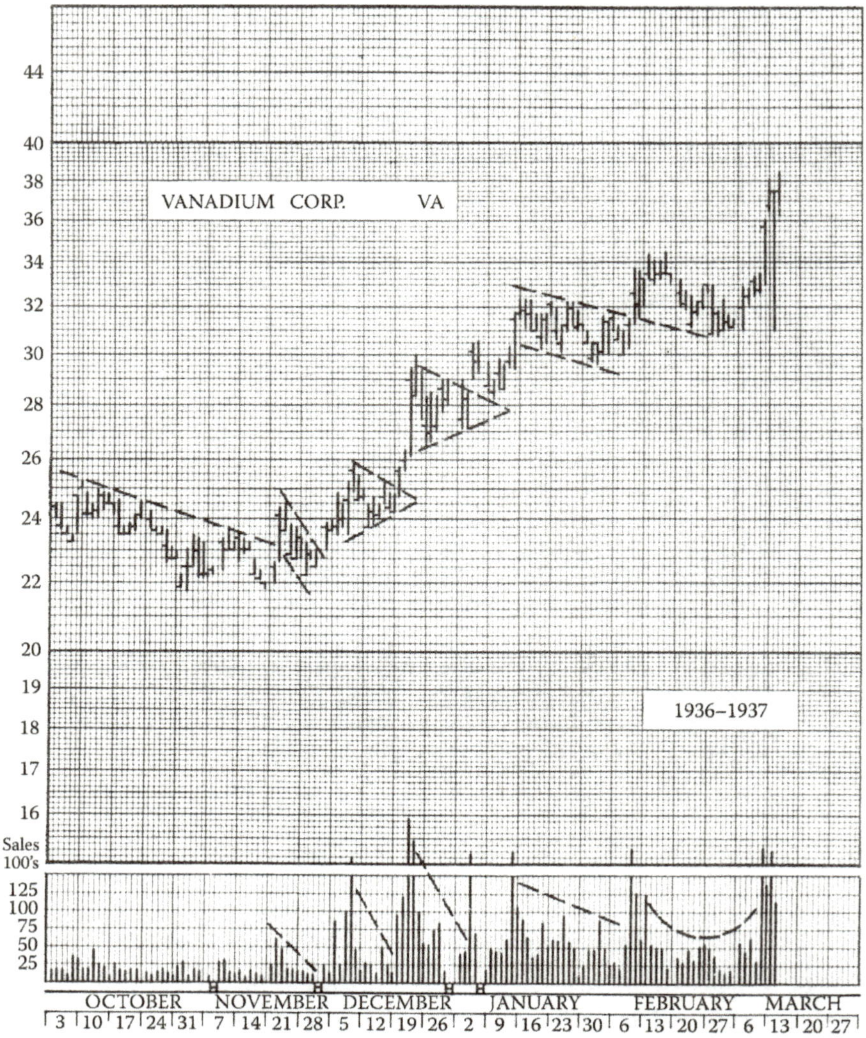

Abbildung 11.4: Manchmal bildet eine Aktie, wie hier Vanadium Corporation, in ihrem Aufwärtstrend eine lange Serie kleiner Konsolidierungsformationen. Eine folgt der nächsten auf den Fersen, wenn aufeinanderfolgende Gruppen von Spekulanten die Aktie kaufen, während andere ihre Gewinne aus früheren Käufen mitnehmen. In dieser Folge von Aufwärtsschritten bildete sich die Flagge im Januar 1937. Sie dauerte einige Tage zu lange, aber der Breakout unter hohem Umsatz am 4. Februar ließ keinen Zweifel, dass der Trend noch nach oben gerichtet war. Ein endgültiges Hoch wurde im März bei 39 ½ gebildet. Beachten Sie das starke Kaufsignal am 14. Dezember. Betrachten Sie diesen Chart erneut im Zusammenhang mit den Untersuchungen über Unterstützung und Widerstand (Kapitel 13).

Verlässlichkeit von Flaggen und Wimpeln

Diese hübschen kleinen Konsolidierungsformationen werden zu Recht mit zu den verlässlichsten gezählt, sowohl bezüglich der Richtung als auch bezüglich des Kursziels. Zwar versagen auch sie gelegentlich, aber kaum, ohne Warnzeichen zu geben, ehe die Formation selbst beendet ist. Wenn man sich gegen solche Versager schützen will, braucht man nur die schon erörterten Kriterien für diese Formation strikt einzuhalten. Sie seien hier nochmals zusammengefasst:

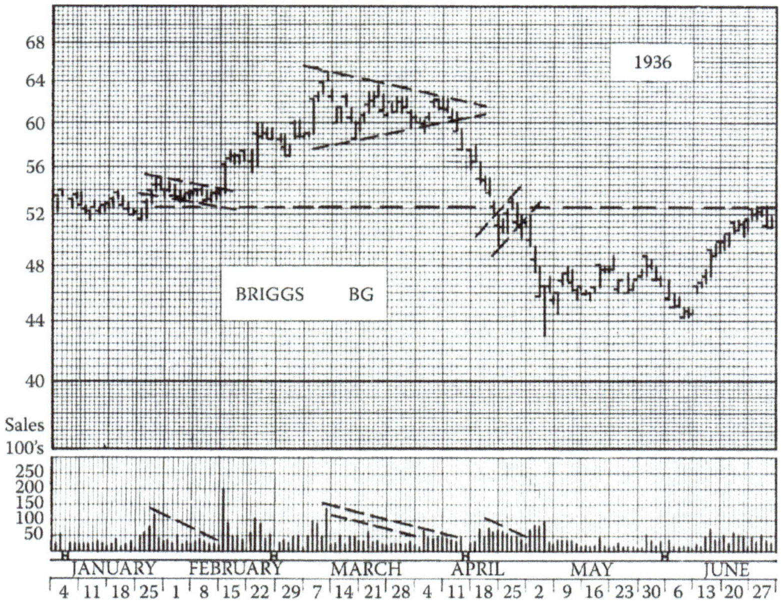

Abbildung 11.5: Eine „Bullen-Flagge" im Februar und eine „Bären-Flagge" im April 1936 in derselben Aktie, Briggs, war ein symmetrisches Dreieck. Der 30. April war ein Reversal Day. Im November 1936 erholten sich die Kurse bis 64 ½ und bildeten dadurch mit dem hier abgebildeten Hoch vom März ein Doppeltop. Die zum Widerstand gewordene Unterstützungszone bei 51–53 (gestrichelte Linie) war noch 1946, das heißt zehn Jahre später, wirksam (siehe Kapitel 13).

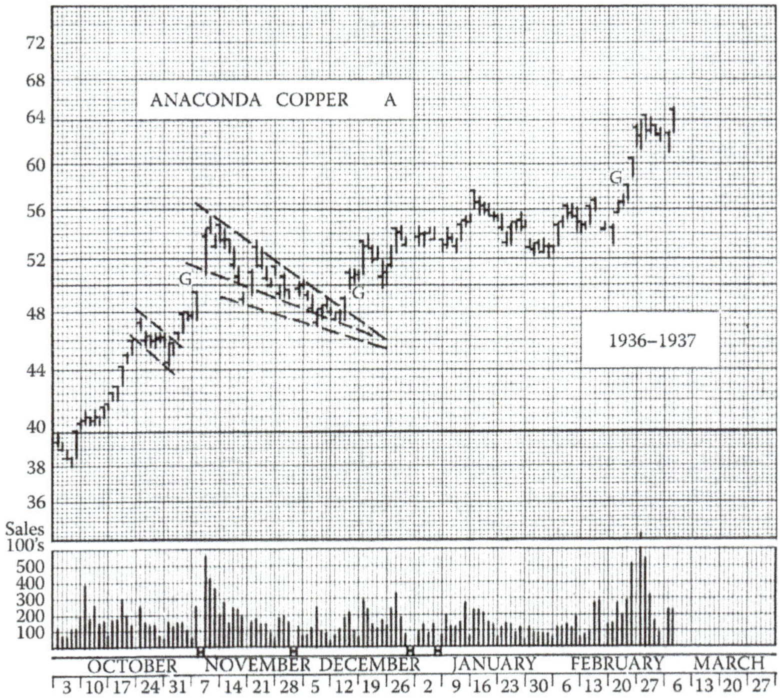

Abbildung 11.6: Die nach unten zusammenlaufende Kursformation von 4. November bis 9. Dezember könnte man entweder als kurzen Keil oder als Wimpel bezeichnen. Im Oktober zeigte sich eine kleine Flagge; am 4. Dezember und am 19. Februar Runaway Gaps und am 10. Dezember ein Breakout Gap.

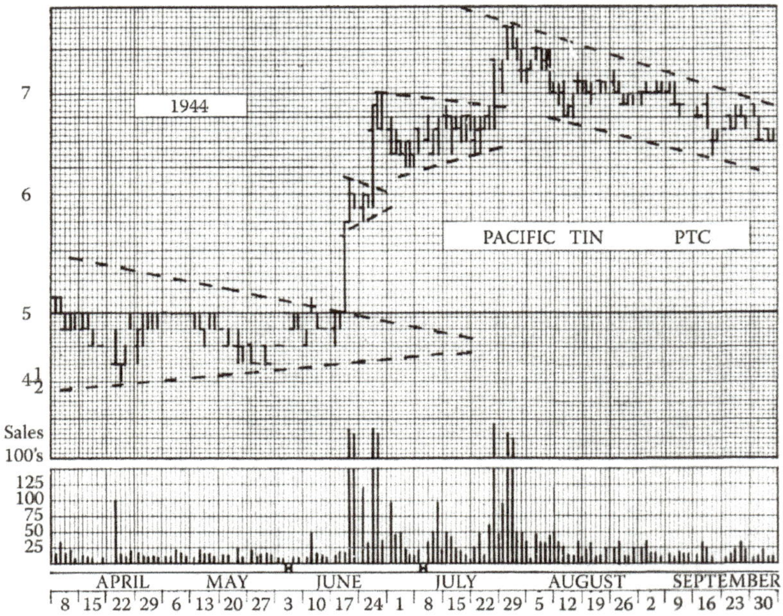

Abbildung 11.7: Im Juni 1944 bildete sich ein Beispiel der sehr kurzen und kompakten Art einer Stauzone, die man als Flagge klassifizieren kann. Der Aufschwung begann hier bei 5 aus einem 13 Monate langen symmetrischen Dreieck heraus, von dem nur die beiden letzten Monate im Chart erscheinen. Das Kursziel dieser winzigen Flagge wurde erst erreicht, nachdem die Kurse im Juli eine Art dreieckiger Konsolidierung durchlaufen hatten.

1. Die Konsolidierung (Flagge oder Wimpel) sollte nach einer steilen Bewegung erfolgen.
2. Der Umsatz sollte erheblich und regelmäßig abnehmen, während sich die Formation ausbildet. Er sollte immer weiter abnehmen, bis die Kurse ausbrechen.
3. Die Kurse sollten (in die erwartete Richtung) nach höchstens vier Wochen ausbrechen. Eine Formation dieser Art, die sich über drei Wochen hinaus ausdehnt, sollte bereits verdächtig sein und genau beobachtet werden.

Die Einzelheiten, wie man auf der Grundlage dieser Formationen spekuliert, werden im zweiten Teil dieses Buches über Taktik behandelt. Aber unser Kriterium Nummer 2 verdient schon hier etwas mehr Kommentierung. Wenn die sich entwickelnde Formation im Chart kursmäßig wie eine Flagge oder ein Wimpel aussieht, aber der Umsatz hoch oder offensichtlich unregelmäßig bleibt, anstatt abzunehmen, ist das Ergebnis wahrscheinlich eher eine schnelle Reaktion gegen den vorherigen Trend und nicht dessen Fortsetzung. Solche Formationen mit hohem oder unregelmäßigem Umsatz sind also mit anderen Worten charakteristischerweise kleinere Umkehrzonen und keineswegs echte Konsolidierungen. Beachten Sie stets das Volumen in Ihrem Chart!

Wo sie zu erwarten sind

Konsolidierungen in Form von Flaggen und Wimpeln sind charakteristisch für schnelle Bewegungen. Sie zeigen sich daher natürlicherweise am häufigsten in der letzten, dynamischen Phase einer Hausse, wenn die erste Akkumulation und der noch geordnete erste Kursaufschwung schon vorbei sind. Die Erscheinung dieser Formationen kann man daher auch zugleich als Warnzeichen nehmen, dass ein Kursaufschwung seine letzten Wochen erreicht. In einer Baisse ist dagegen die „schnelle" Phase das zweite Stadium, oft gekennzeichnet durch vertikale, panikartige Kursverluste. Flaggen und Wimpel, die sich dabei entwickeln, sind gewöhnlich sehr kurz – eher in drei oder vier Tagen als in Wochen vollendet. In den späten Monaten einer Baisse werden Formationen, die im Chart als Flagge oder Wimpel beginnen, oft zu lange anhalten (vier Wochen oder länger); die Rallyes bringen einen Umsatzanstieg, und die Reaktionen sind nur noch langsam und begrenzt.

Im Allgemeinen kann man sagen, dass diese Chartformationen am häufigsten (und am verlässlichsten) in Aufwärtstrends sind. Wenn *nach* einem längeren Kursabstieg Formationen erscheinen, die kursmäßig die Form von Flagge oder Wimpel haben, müssen sie dennoch mit Vorsicht betrachtet werden. Wenn sich solche Entwicklungen nicht strikt an die Begrenzungen halten, die wir oben zusammengefasst haben, nutzen Sie sie nicht für Spekulationen.

Flaggenähnliche Bilder in Wochen- und Monatscharts

Eines unserer Kriterien für verlässliche Flaggen- oder Wimpel-Formationen war die zeitliche Begrenzung auf vier Wochen bis zur Vollendung der Formation und zum Breakout. Es leuchtet ein, dass eine echte Flagge in einem Monatschart überhaupt nicht und kaum in einem Wochenchart zu sehen ist. Sie werden allerdings Kurszonen in langfristigen Charts finden, die äußerlich die Form einer Flagge haben. Diese Entwicklungen haben für ihren Aufbau acht oder zehn Wochen und manchmal ein oder zwei Jahre benötigt. Erwarten Sie nicht, dass sie wie echte Flaggen funktionieren. Untersucht man sie in ihren Einzelheiten in einem Tageschart, so enthalten diese Gebilde Kursformationen von völlig anderer Bedeutung. Manchmal sogar sehen Entwicklungen, wenn sie in einem Monatschart zusammengepresst sind, äußerlich so ähnlich wie eine Flagge aus, obwohl es sich in Wahrheit um eine *Trendumkehrzone* nach einem langen und schnellen Aufschwung handelt. Verlassen Sie sich also nicht auf solche Bilder in langfristigen Charts; gehen Sie nicht einfach davon aus, dass es sich um eine Konsolidierung für einen neuen Aufschwung handelt: Sie müssen prüfen, was die *Tages*charts für diese Periode aussagen.

Die Juli/August-Flagge dauerte fünf Wochen lang – das war zu lange, als dass man ihr ohne zusätzliche technische Signale hätte trauen können (siehe Punkt 3 unter „Verlässlichkeit von Flaggen und Wimpeln"). Bei derartigen zu langen Formationen bestehen zwei Gefahren: Entweder trägt der Breakout, wenn er schließlich doch noch kommt, nicht weit, oder aber die Kurse driften einfach lustlos weiter ab. Am 25. August sah es so aus, als ob die Flagge „schal" geworden wäre. Aber als die Kurse dann am 27. August mit wieder stark aufgelebtem Volumen über das vorherige Hoch stiegen, waren erneute Käufe offenbar wieder sicher.

Rechteck-Konsolidierungen – ein Phänomen der frühen Phase

Während Flaggen und Wimpel typischerweise das letzte Stadium einer Hausse begleiten, findet man Konsolidierungen in Form eines Rechtecks häufiger in der frühen Phase eines Bullentrends. In einem großen Bärentrend können sich Rechtecke im ersten Stadium unmittelbar *vor* einem

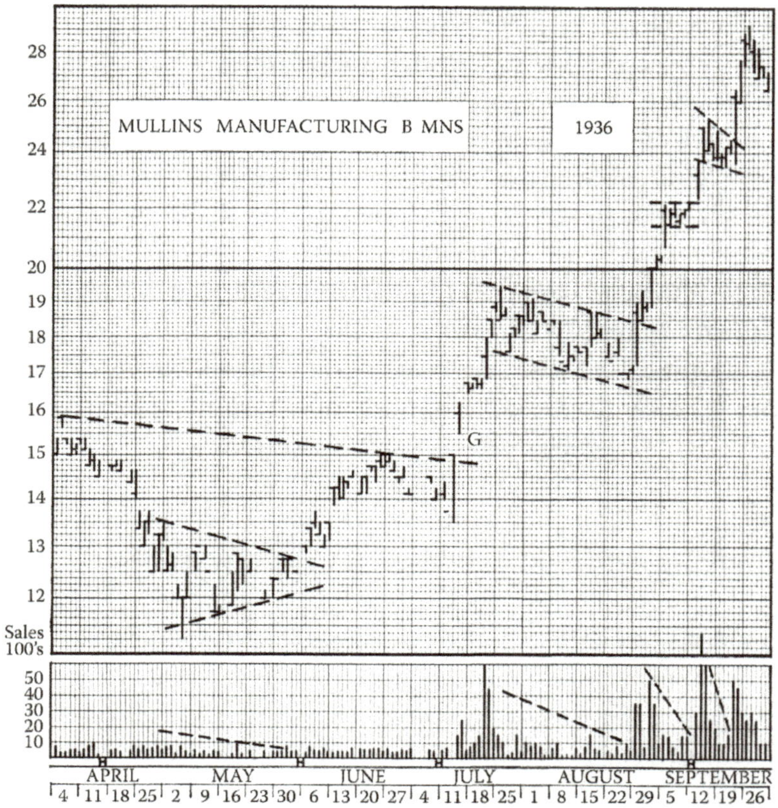

Abbildung 11.8: Ein weiteres Beispiel für eine Serie von flaggenähnlichen Konsolidierungen, wie sie sich in einem schnellen Aufstieg in der dritten Phase einer Hausse bilden können. Mullins stieg 1936 in sechs Monaten von 15 auf 39, fiel auf 31 zurück und stieg am 1. März 1937 auf das Niveau des vorherigen Hochs, wodurch ein Major-Doppeltop gebildet wurde. (MNS wurde 1937 im Übrigen im Verhältnis 2:1 gesplittet.)

panikartigen Kursrückgang entwickeln – oder aber auch im letzten Stadium vor einem endgültigen, aber doch schon sehr begrenzten Abverkauf. Das letztere Erscheinungsbild zeigt vermutlich schon verfrühte Akkumulation. Käufer, die das Gefühl haben, dass die Kurse für ihre Zwecke schon tief genug gefallen sind, beginnen Aktien einzusammeln. (Sie kommen gut zurecht, wenn sie die Aktien durch den Rest der bearishen Kursbewegung und lange genug halten könnten, dass die nächste Hausse die Kurse wieder auf profitable Niveaus hebt.)

Schulter-Kopf-Schulter-Konsolidierung

Bislang haben wir bei allen unseren Überlegungen (siehe Kapitel 6 und 7) die Schulter-Kopf-Schulter-Formationen als typische Umkehrformationen angesehen. In der Tat ist das ihre normale und übliche Funktion. Aber gelegentlich durchlaufen die Kurse auch eine Serie von Fluktuationen, die eine Art umgekehrtes Schulter-Kopf-Schulter-Bild zeichnen, das demgemäß zur Fortsetzung des vorigen Trends führt.

Es besteht keine Gefahr, solche Fortsetzungs- oder Konsolidierungsformationen mit normalen Kopf-Schulter-Umkehrformationen zu verwechseln. Denn sie sind umgekehrt oder abnormal in

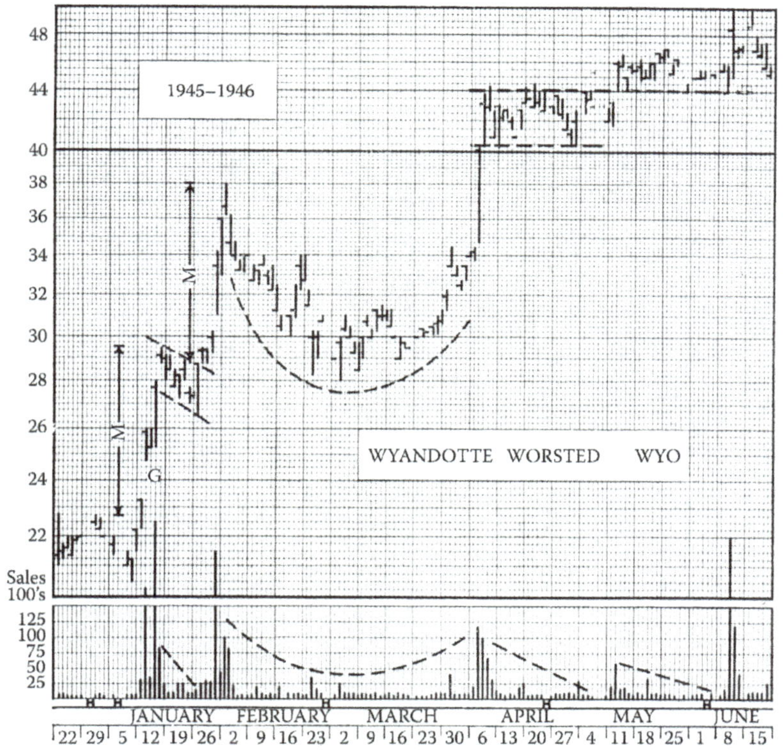

Abbildung 11.9: Die mit „M" gekennzeichneten senkrechten Linien zeigen, wie die Kurszielformel auf die Flaggen-Formation angewandt wird. Der erste Messpunkt wird von dem Niveau genommen, wo der „Mast" die vorherige Konsolidierungszone verlässt. Dieselbe Entfernung wird dann von dem Breakout-Punkt der Flagge weitergemessen. Bei WYO funktionierte die Formel exakt. Bei dieser Bewegung hätte man mit der Gewinnmitnahme bei 36 *begonnen*. Das Kapital hätte wieder investiert werden können, als am 2. April klar war, dass ein Rounding Bottom vollendet war. (Beachten Sie das Volumen!)

Bezug auf die Richtung des Kurstrends vor ihrem Auftreten. Mit anderen Worten: Eine solche Formation in einem steigenden Markt hat die Form einer inversen SKS-Formation und in einer Kurs-Abwärtsbewegung das Aussehen einer SKS-Formation. Wenn diese Kursformationen so weit beendet sind, dass linke Schulter, Kopf und rechte Schulter erkennbar sind, bestehen keine Fragen mehr bezüglich ihrer Vorausbedeutung. Am Kopf allerdings, ehe die rechte Schulter ausgebildet ist, besteht erheblicher Zweifel, was tatsächlich vor sich geht.

Das Umsatzbild in derartigen Konsolidierungen folgt nicht den Regeln für normale Schulter-Kopf-Schulter-Umkehrformationen. Im Abwärtstrend zum Beispiel erinnert die Konsolidierungsformation in ihren Kurskonturen an eine SKS-Formation. Aber anstatt anzuwachsen, vermindert sich das Volumen auf der linken Schulter und beim Kopf wie auch auf der rechten Schulter. Dasselbe gilt für die inverse Formation, die sich als Konsolidierung in einem aufsteigenden Trend entwickelt. Breakouts jedoch erinnern in jeder Hinsicht an diejenigen aus einer echten Umkehrformation.

Multiple Schulter-Kopf-Schulter-Konsolidierungen erscheinen sehr selten in den Charts. Theoretisch können sie natürlich auch erscheinen und sollten für den Chartisten genauso einfach zu behandeln sein wie der einfache Typ.

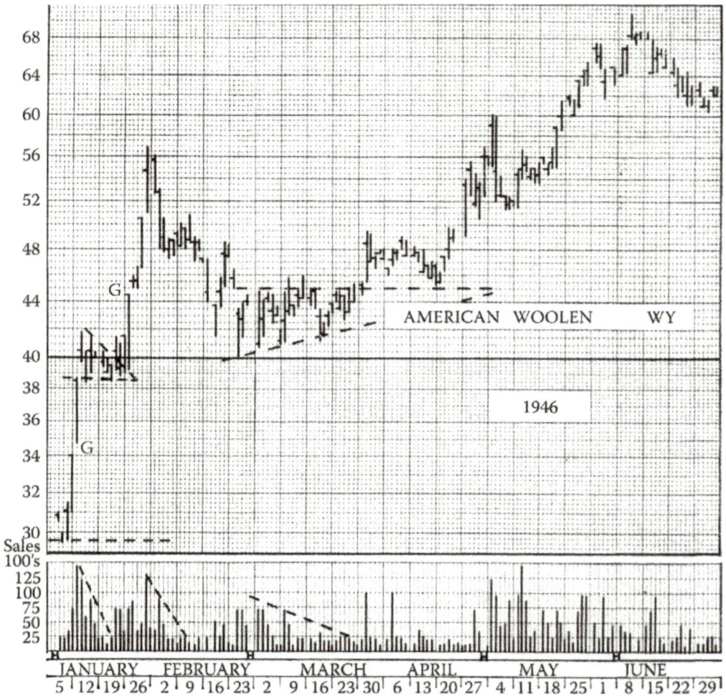

Abbildung 11.10: Ein Chart aus dem Jahr 1946, der die Technischen Analysten entzückte. Er enthält eine perfekte „Halbmastformation" im Januar mit Measuring Gaps (G, G) darüber und darunter, eine Flagge in einem Abwärtstrend Anfang Februar (prüfen Sie bitte mit der Kurszielformel die Ausdehnung der Bewegung) und ein schönes steigendes Dreieck am Ende dieser Reaktion. Der Rücksetzer im April bietet einen idealen Kaufpunkt.

Abbildung 11.11: MO. Reden wir über die kleinen Freuden des Technischen Analysten. Altria Group liefert hier einige ziemlich gute Leckerbissen: ein Breakaway Gap und Run Days nach unten, ein nach unten zeigender Fahnenmast mit Flagge und mustergültige Gaps. Aber es sind gute Gaps und wirklich interessante. Dann ein Dreieck komplett mit einem Breakaway und ein nach oben gehender Fahnenmast mit Flagge. Dem Nicht-Techniker wird an dieser Stelle wahrscheinlich übel. Es ist eine Achterbahn, die allen Ungemach verspricht. Beachten Sie zusätzlich eine komplett handelbare Situation für den aufmerksamen kurzfristigen Technischen Analysten.

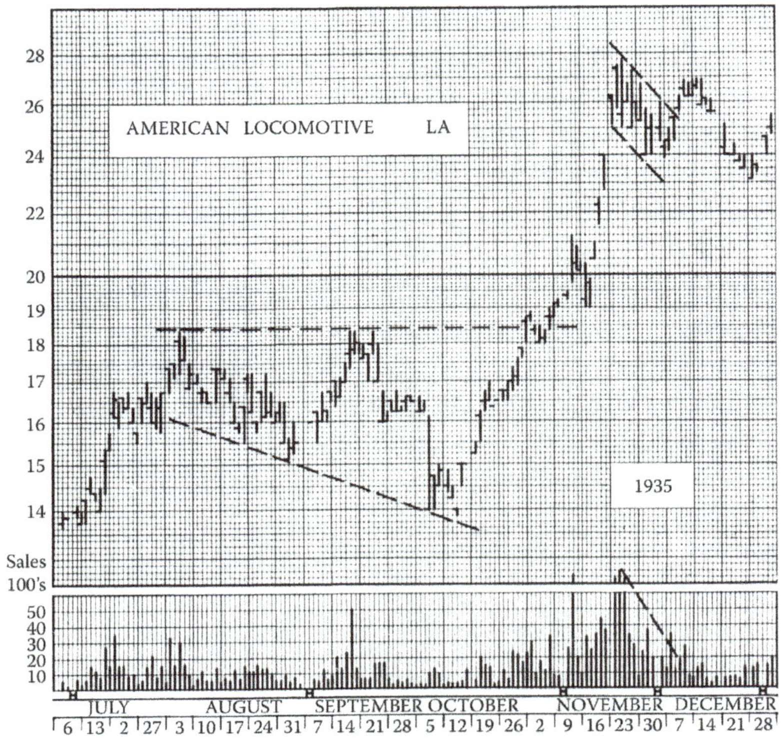

Abbildung 11.12: Eine Flagge (Ende November), die mehrere Wochen lang versagt zu haben schien. Jedoch stiegen die Kurse von ihrem Tiefpunkt am 23. Dezember schnell auf 36 ¼ und verhielten sich damit schließlich doch noch entsprechend der Kurszielformel. Bitte sehen Sie sich auch die Broadening Formation mit horizontaler Obergrenze an, aus der die ganze Bewegung ihren Anfang nahm.

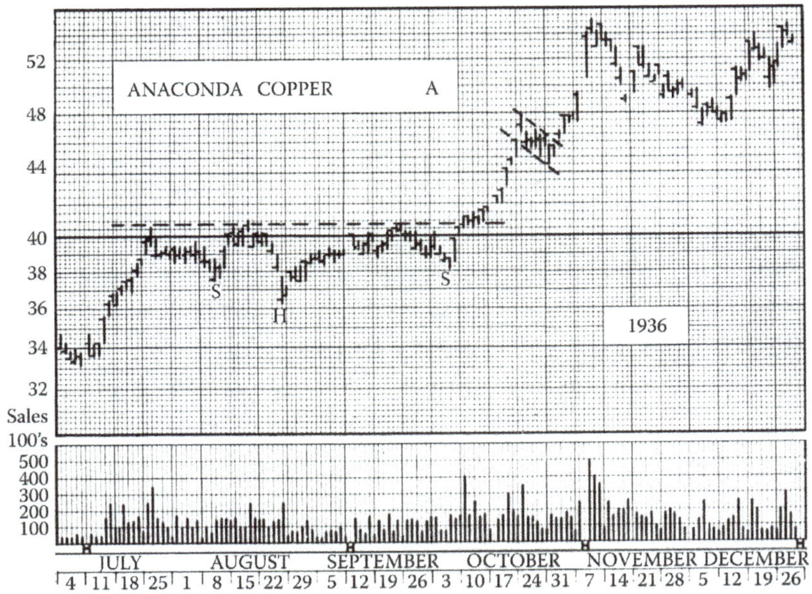

Abbildung 11.13: Diese Entwicklung bei Anaconda zeigt eine mögliche Form, die eine Schulter-Kopf-Schulter-Konsolidierung in Kursbild und Volumen annehmen kann. Die Kurszielformel für die kleine Flagge im Oktober wird von dem Punkt aus angewandt, wo der Kurs seinen Breakout durch die Schulter-Kopf-Schulter-Nackenlinie macht.

In Kapitel 6 hatten wir für die normale Schulter-Kopf-Schulter-Umkehrformation die Formel für das Mindestkursziel (nach dem Breakout) erörtert. Wer nur einigermaßen mit den Launen von Aktientrends und den endlosen Varianten vertraut ist, die die Charts einem vorführen, ist erstaunt, wie genau jene Formel funktioniert. Oft führt die erste wesentliche Bewegung von einer SKS- beziehungsweise inversen SKS-Formation bis zu dem Punkt (oder sogar noch etwas darüber hinaus), der durch die Kurszielformel bestimmt ist. Aber diese Formel funktioniert bei Weitem nicht so gut, wenn es sich um Schulter-Kopf-Schulter-Konsolidierungsformationen handelt. Sie sind meist sehr „flach" und das Kursziel entsprechend klein. Die folgende Bewegung reicht deswegen meist deutlich darüber hinaus. In wieder anderen Fällen trägt die Bewegung nicht einmal so weit. Man kann sich also auf die Kurszielformel bei Schulter-Kopf-Schulter-Konsolidierungen nicht verlassen; man muss in diesen Fällen eine Menge anderer Chartindizien ebenfalls berücksichtigen, um die wahrscheinliche Ausdehnung der folgenden Bewegung abzuschätzen.

Muschel-Formationen – wiederholte Untertassen

Unser nächstes Chartbild unterscheidet sich von den bisher behandelten Konsolidierungsformationen. Es besteht nicht aus einer mehr oder weniger bestimmten Zone der Konsolidierung oder der Fluktuation, die man mit einer oder mehreren scharfen Grenzlinien umschreiben kann. Wir könnten unser Phänomen auch in einem späteren Kapitel unter der allgemeinen Überschrift des normalen Trendverhaltens behandeln. Jedoch ist dieses Muster nicht nur charakteristisch für gewisse Arten von Aktien und gewisse Arten von Märkten, sondern so nahe verwandt mit dem Prinzip der Konsolidierung als Vorbereitung für weiteren Anstieg, dass wir es besser hier erörtern.

Es handelt sich um folgenden Fall: Die Aktie einer Gesellschaft mit einer großen Zahl umlaufender Stücke hat zu allen Zeiten einen ziemlich aktiven Markt ohne unregelmäßige Kurssprünge. Wenn eine solche Aktie aus einem sehr langfristigen Boden aufsteigt, pflegt sie häufig ihren langfristigen Aufschwung in einer Serie von Untertassen zu machen. (Als Beispiele aus der Vergangenheit könnten Radio Corporation und Socony Vacuum gelten.) Diese aufeinanderfolgenden Formationen erinnern jede einzelne sowohl nach Kurs- als auch nach Volumenverhalten an die Umkehrformation, die wir in Kapitel 7 als Rounding Bottom (= Untertasse) beschrieben haben, jedoch sind die Formationen leicht nach oben gekippt. Das aufsteigende Ende trägt also die Kurse immer ein wenig höher über das vorhergehende kleine Hoch zu Beginn der Untertasse hinaus. Der Nettoanstieg bei jeder „Untertassen-Bewegung" unterscheidet sich natürlich von Aktie zu Aktie, aber sehr oft ist es ein Betrag von etwa 10–15 Prozent des Kurswerts. Die gesamte Reaktion von der linken Seite jeder Untertasse bis zum Bodenniveau ist gewöhnlich etwas größer und beträgt etwa 20–30 Prozent. Die Länge (Dauer) der Untertasse beträgt normalerweise fünf bis sieben Wochen, selten weniger als drei Wochen. So haben wir insgesamt gesehen das Bild eines langsamen, aber stetigen Anstiegs. Es handelt sich sozusagen um den Mann, der schließlich dadurch aus dem tiefen Brunnen herauskommt, dass er für zwei Schritte, die er zurückrutscht, immer drei Schritte aufwärts klettert.

Die Charts derartiger Aktien zeigen ein Bild von erstaunlich gleichförmigen und symmetrisch ansteigenden Muscheln (Scallops). Eine folgt der anderen mit keiner oder nur geringer Pause dazwischen. Im späteren Stadium jeder Muschel, wenn sich der Kurs der vorhergehenden Höhe nähert

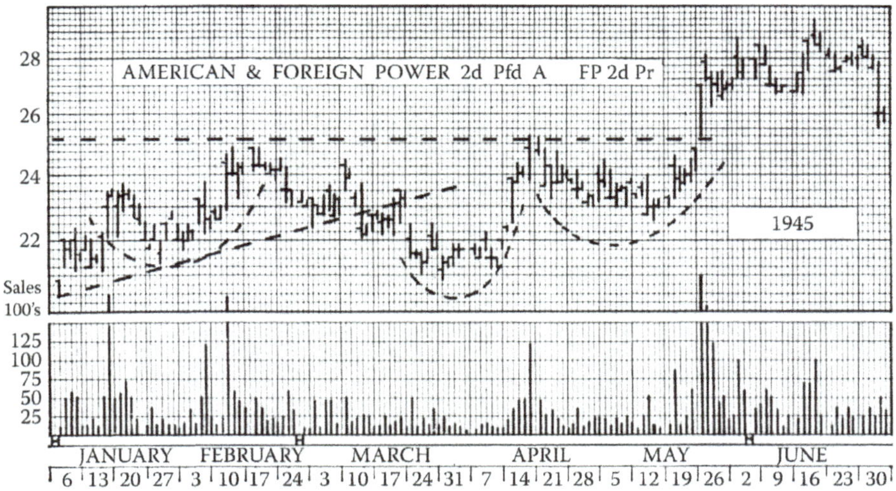

Abbildung 11.14: Eine Schulter-Kopf-Schulter-Konsolidierung aus dem Jahr 1945. Beide Schultern und der Kopf nahmen die Form eines Rounding Bottoms an. Vergleichen Sie die Kurs- und Volumentrends. Die Kurse stiegen im Juli bis 31 ½, fielen im August wieder auf 25 ½ zurück und schossen im November auf 40 hoch.

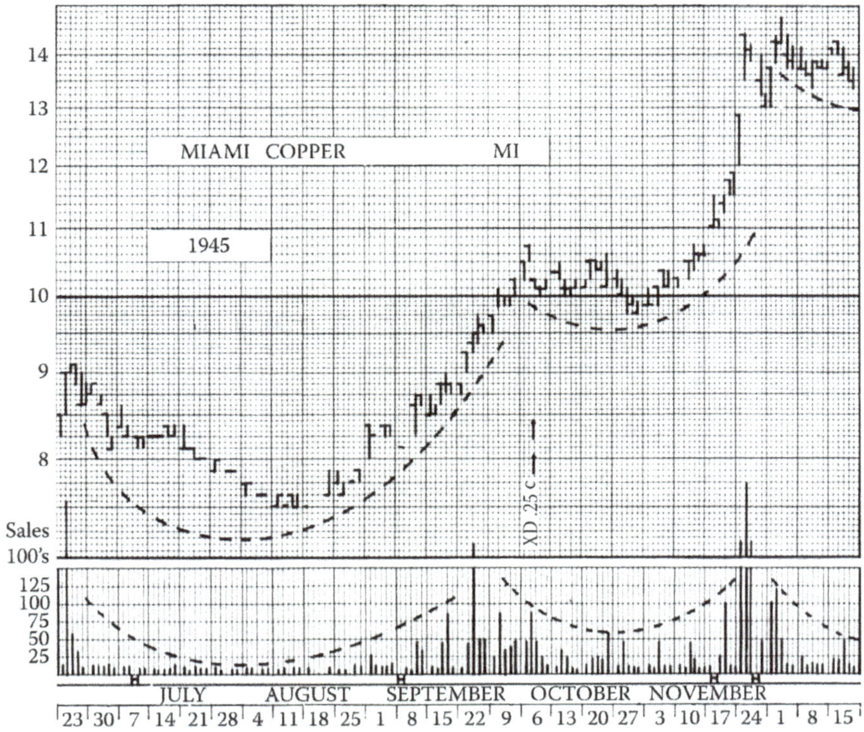

Abbildung 11.15: Dies ist nur ein Teil des Muschel-Aufwärtstrends. Etwas außergewöhnlich sind die kurze Dauer und der verhältnismäßig kleine Rückgang in der Oktober-Untertasse. Die nächste Muschel, die im Dezember begann, brachte die Kurse im Januar auf 12 ½ zurück und trug sie im Februar auf 18 ½. Vor Beginn dieses Charts liegt eine vier Monate lange Untertasse von Februar bis Juni 1945. Machen Sie sich die unangenehme Lage klar, in der sich ein Spekulant befand, der Ende Juni aufgrund des „neuen Höchstkurses bei hohem Volumen“ bei 9 gekauft hatte.

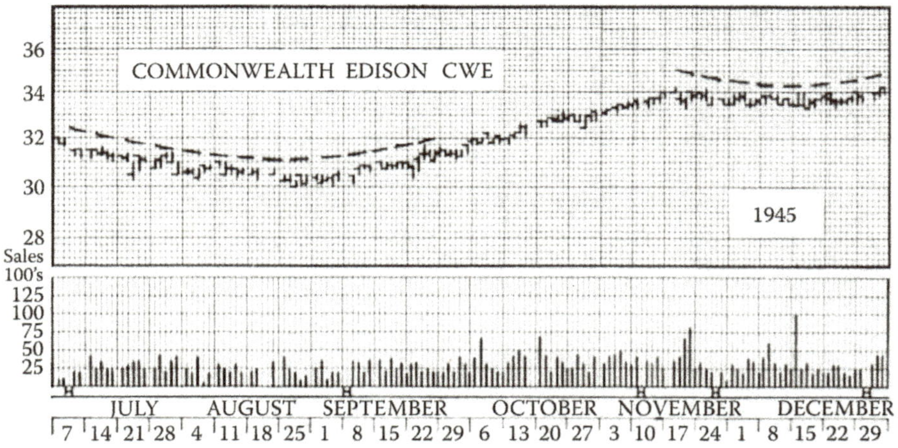

Abbildung 11.16: Obwohl die Gewohnheit, „Muscheln" zu bilden, charakteristisch für Billigaktien ist, findet man sie manchmal auch in der mittleren Preisklasse wie zum Beispiel bei CWE. Das ist dann der Fall, wenn es sich um Gesellschaften mit großem Streubesitz handelt, die von ihrer Art her beinahe wie Fondsanteile gehalten werden.

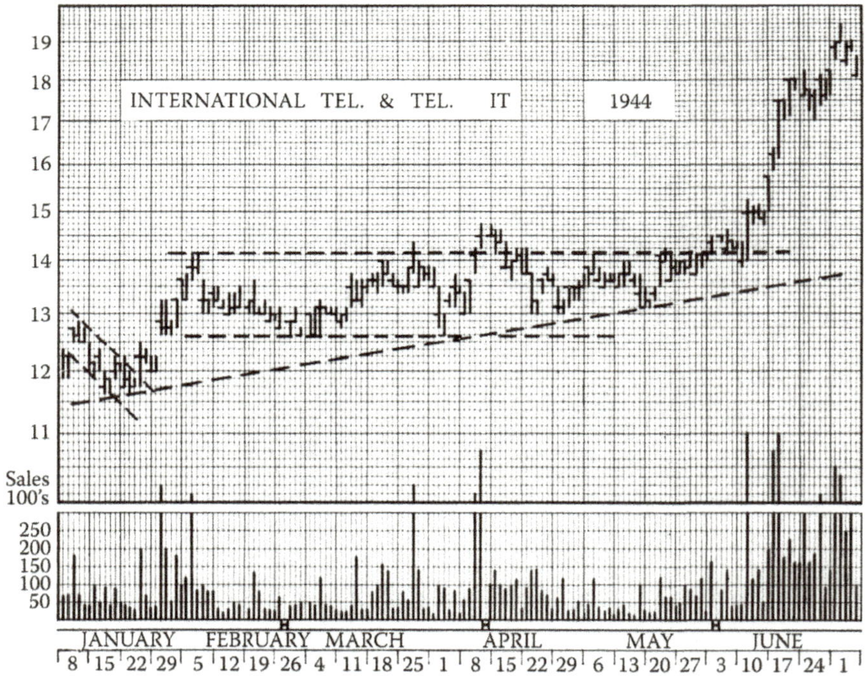

Abbildung 11.17: Dieser Chart zeigt die letzten fünf Monate einer breiten, 13 Monate langen untertassenähnlichen Konsolidierung von IT. Vor der Konsolidierung war die Aktie Ende 1943 und Anfang 1944 von 3 auf 16 gestiegen. IT verhält sich sehr unregelmäßig, und besonders das Volumen bei Tagesbewegungen ist sehr täuschend. Seine großen Kursformationen sind dagegen verlässlich. Diese letzte Phase der langen Konsolidierung (Distribution und Akkumulation) hatte zunächst die Form eines Rechtecks mit einem vorzeitigen Breakout und dann eines aufsteigenden Dreiecks. Das Bullenmarkt-Hoch 1945/1946 war eine massive Schulter-Kopf-Schulter-Formation.

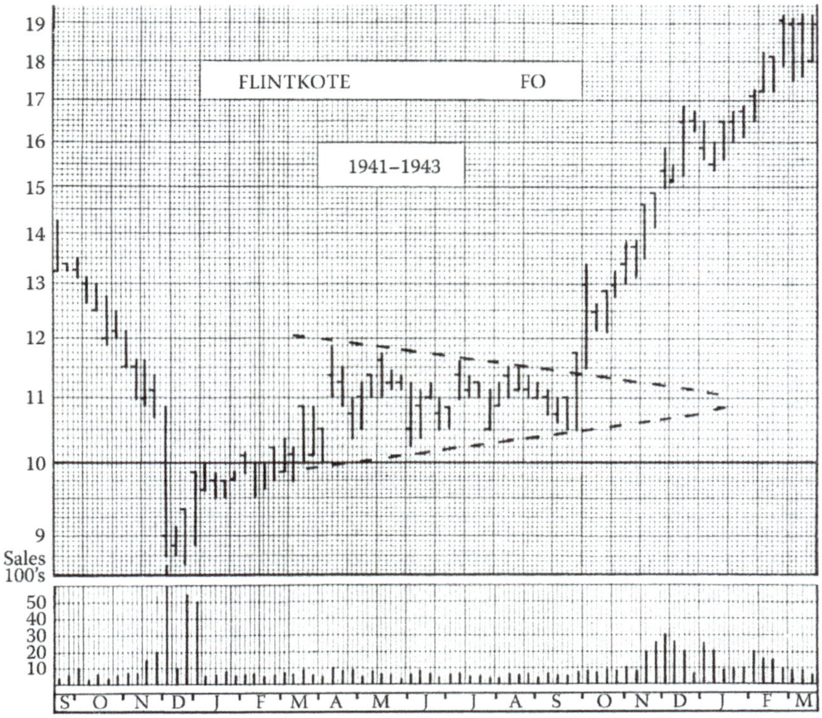

Abbildung 11.18: In manchen Fällen ist eine Konsolidierungsformation das einzige gute technische Signal dafür, dass eine Umkehr des Primärtrends in einer Aktie tatsächlich schon stattgefunden hat. Fälle einer langfristigen Umkehr des langfristigen Trends, besonders ein Boden ohne irgendeine Art erkennbarer Umkehrformation im Chart, sind sehr selten, aber sie können vorkommen. Dieser Wochenchart von Flintkote illustriert ein solches Phänomen. Von ihrem Baisse-Tief bei 8 $^5/_8$ im Dezember 1941 stieg die Aktie auf 47 im Jahre 1946. Ohne irgendeine nennenswerte technische Basis zu entwickeln – weder in Tages- noch in Wochencharts –, führte der erste Aufschwung im April 1942 bis 11 $^7/_8$. Dort lief der Kurs in ein sechs Monate langes symmetrisches Dreieck und brach etwa bei drei Vierteln der Länge mit erhöhtem Umsatz aus. Dabei ging der Kurs sofort durch eine alte und sehr bedeutsame Widerstandszone bei 12. Diese beiden Aktionen zeigten in ausreichendem Maße, dass diese Aktie zumindest in einem starken aufwärts gerichteten Intermediate-Trend, wenn nicht sogar in einem Primärtrend war. Die Kombination technischer Entwicklungen wie in diesem Chart (eine große Konsolidierungsformation unter einer Widerstandszone größerer Bedeutung und dann ein Breakout nach oben) muss man besonders dann beachten, wenn sonstige Indizien darauf hinweisen, dass eine Umkehr vom Bärentrend zum Bullentrend fällig ist. Widerstände werden in Kapitel 13 erörtert.

und sie überschreitet, steigt die Umsatzaktivität auf einen Gipfel. Dann fällt sie wieder ab und wird ganz gering, während die Kurse wieder sinken und sich zum Boden der nächsten Untertasse abflachen. Genauso steigt der Umsatz wieder an, wenn sich die Kurse nach oben zu ihrem nächsten Anstieg „runden".

Die Gewinnmöglichkeiten durch Aktien mit dieser Gewohnheit bedürfen kaum eines ausgedehnten Kommentars (auch wenn wir darauf im zweiten Teil dieses Buches noch eingehen werden). Der Bodenbereich jeder Muschel ist gewöhnlich leicht zu entdecken, indem man Kurstrend und Volumen beobachtet. Dasselbe gilt für die Bildung des Tops am Ende der Muschel. Merkwürdigerweise behandeln gerade ganz kurzfristige Spekulanten derartige Aktien in der falschen Weise: Sie gewinnen Interesse und kaufen, wenn sich Aktivität zeigt (das berühmte „neue Hoch bei starkem Umsatz"), und vernachlässigen sie völlig, wenn sie in dem langweiligen Rundungsstadium ihres Trends sind.

Manche sehr kurzfristige Spekulanten verachten Charts – mit misslichen Folgen für ihr Kapital. Wirklich gute kurzfristige Spekulanten – die mit ihren Spekulationen ziemlich gleichmäßige Gewinne erzielen – sind äußerst selten. *(EN: Ersetzen Sie „Spekulanten" durch „Day-Trader", von denen 99 Prozent erfolglos sind.)* Wenn Sie einem solchen Mann einmal begegnen sollten, werden Sie finden, dass er entweder „seine Charts im Kopf hat" oder er sich andernfalls die Vorgeschichte seiner Aktie sehr genau ansieht, ehe er sie auf eine bloße Umsatzaktivität hin kauft.

Wenn sich eine Aktie mit der bisherigen Gewohnheit, Muschel-Formationen zu bilden, auf Kurse von etwa 15 Dollar hochgearbeitet hat, pflegt ihr Chartbild weniger regelmäßig zu werden; sie beginnt sich von jener gleichmäßigen, engen, untertassenartigen Kurve des niedrigen Kursniveaus zu entfernen. Über 20 mag sie ihre „Muschel-Gewohnheiten" ganz aufgeben und von da an schnellere und geradlinige Kursaufschwünge produzieren. Die scharfen Reaktionen dazwischen zeigen jetzt die Standard-Konsolidierungsformationen, wie sie charakteristisch für mittlere und höher bewertete Aktien sind. (Es gibt aber Ausnahmen: Auch einige hoch notierende Vorzugsaktien haben eine fortdauernde Muschel-Entwicklung in ihren langfristigen Aufwärtstrends. Voraussetzung ist, dass sie immer einen breiten Markt haben und sich in ihrer Trendentwicklung weitgehend auf Faktoren stützen, die sich nur allmählich ändern, nämlich die maßgeblichen Zinsen und die Mittelflüsse von Investment- beziehungsweise Pensionsfonds.)

Wir haben eben ziemlich genaue Preisniveaus (15 und 20 Dollar) genannt. Natürlich ist der Kurs nicht der einzige Faktor dafür, dass die Aktie von ihrem muschelartigen Trend Abschied nimmt. Wenn eine solche Gewohnheit erkennbar geworden ist, ist der einzig sichere Ausgangspunkt die Annahme, dass die Aktie ihre Gewohnheit beibehalten wird, bis der Chart ein definitives Abweichen von ihr anzeigt. Ein Abweichen erfolgt gewöhnlich zuerst in der Form, dass ein Aufschwung am Ende einer Untertasse größer als gewohnt ausfällt. Wenn Sie also zuvor an einem günstigen Punkt (nahe dem Boden einer Untertasse) eine Position eingegangen sind, können Sie kaum Schaden nehmen, wenn die Aktie schließlich ihr Verhalten ändert.

Sehr niedrig notierende Aktien mögen ihren Muschel-Trend bis hinauf zu ihrem Bullenmarkt-Hoch fortsetzen. Vielleicht versuchen sie sogar eine erneute Untertassenbewegung nach dem Punkt, der sich nachträglich als endgültiger Höhepunkt herausstellt. Dieser Versuch geht dann fehl und entwickelt sich nicht mehr zu höheren und höheren Kursen. Es ist nicht schwierig, solch ein Versagen rechtzeitig zu entdecken; der Wechsel von dem bisherigen Verhaltensmuster wird ersichtlich, ehe eine korrekt eingegangene Position ernsthaft Schaden nimmt.

„Moderne" und „altmodische" Börsen

Wir haben schon bei unserer Diskussion der Umkehrformationen erwähnt, dass einige von ihnen an der heutigen Börse weniger häufig und andere häufiger erscheinen als in den alten Tagen. Dasselbe gilt für Konsolidierungsformationen. Die kompakten und strikt begrenzten Typen wie Rechteck und rechtwinkliges Dreieck sind heute weniger häufig. Die symmetrischen Dreiecke sind heute in der Regel lockerer als in den 1920er- und frühen 1930er-Jahren – nicht so scharf geschnitten und auffällig in den Charts. Für Gewinnmitnahmen typische Formationen wie Flaggen und Wimpel scheinen so häufig wie immer zu sein; das Bild des „normalen" Trends, einschließlich der dazugehörigen Formationen wie Rounding Turn, Schulter-Kopf-Schulter-Formation und so weiter, findet man eher häufiger.

Die Gründe für diesen Wechsel sind ziemlich klar. SEC-Regulierungen, höhere Einschusspflicht bei Käufen auf Kredit, bessere Börsenbildung auch des breiteren Publikums und schließlich eine eher konservative – wir möchten beinahe sagen: pessimistischere – Betrachtungsweise von Investment und Spekulation im Allgemeinen haben alle ihren Anteil an dieser Entwicklung. Die Wachsamkeit von SEC und Börsenverwaltung hat mit jenen flagranten Pool-Manipulationen aufgeräumt, durch die in früheren Jahren „Lämmer geschoren" wurden. Nicht einmal die „legitimeren" Arten von Syndikatsoperationen zur groß angelegten Akkumulation oder Distribution von Aktien sind heute noch sehr häufig.

Natürlich gibt es auch heute noch Nachrichten mit guter oder schlechter Auswirkung auf die Situation eines bestimmten Unternehmens. „Insider" können auch heute noch für eine begrenzte Zeit solche Nachrichten zurückhalten oder sie vorzeitig bekannt geben. Aber die Aktienkäufe und Verkäufe von Angestellten, Direktoren und größeren Eigentümern von Gesellschaften werden heute zu genau überwacht, um noch viel „Totengräberei" zu erlauben. (Nichtsdestoweniger sollte der normale Investor nach wie vor skeptisch sein, ob *nach* Veröffentlichung eines guten Berichts noch nennenswerte Kurssteigerungen wahrscheinlich sind.)

Das Zusammenspiel zwischen Börsenberatungsdiensten und Spekulations-Pools ist vom Gesetz wirksam bekämpft worden. (Man kann mit ziemlicher Sicherheit sagen, dass es auch in den 1920er-Jahren nicht so flagrant an der Tagesordnung war, wie der Amateurspekulant zu denken scheint.) Die SEC (mit völliger Unterstützung durch die Börse) überwacht die Börsenberatungsdienste sehr genau, dauernd und wirkungsvoll. Kein gut etablierter Investmentberater kann sich eine Verwicklung in unlautere Praktiken erlauben, selbst wenn der Wunsch dazu bestünde. Die meisten von ihnen vermeiden aus schon beinahe übertriebener Vorsicht alle Kontakte, wie harmlos oder nützlich sie auch sein mögen, wenn diese nur irgendwelchen Verdacht erregen könnten.

Der große Spekulant der Vergangenheit ist nicht völlig verschwunden. Aber verschärfte Kreditanforderungen und Regulierungen gegen die „Bear Raids" haben die heutigen Börsen für ihn verhältnismäßig schwierig und unprofitabel gemacht. Die ausgesprochenen Spielertypen *(EN: Day-Trader, die hin und her handeln, verschärfen wahrscheinlich die tägliche Volatilität)* gibt es natürlich immer noch, obwohl auch sie durch die hohen Kreditanforderungen in ihrer Aktivität eingeschränkt sind. In den letzten Jahren sind sie in größerer Zahl nur im letzten Stadium von Bullenmärkten aufgetreten. *(EN: Man beachte den Day-Trading-Wahn, der die Märkte in den späten 1990er-Jahren infizierte.)* Natürlich beeinflussen ihre Aktivitäten die Charts nur in geringem Maße, von einer gewissen Steigerung des Umsatzvolumens abgesehen.

Andererseits haben die höheren Steuern und stärkeren Regulierungen mit Sicherheit keine gleichmäßigeren, stabileren und gefahrloseren Märkte für den kleineren Investor gebracht. Höhere Kreditanforderungen haben keine Panikzusammenbrüche verhindert. Wenn überhaupt, dann ist die Börse nach der Abwärtsseite umsatzschwächer geworden, verwundbarer durch schnelle und drastische Abwärtsbewegungen, als sie es vor den modernen Regulierungen war. Wir haben immer noch dieselbe Art von Haussen und Baissen, und es entwickeln sich immer noch dieselben Markttrends wie vor 50 Jahren. Das Erstaunliche ist nicht, dass einige Arten von Chartformationen aus der unregulierten Zeit heute weniger häufig sind, sondern dass die große Mehrzahl der technischen Phänomene praktisch unberührt geblieben ist. Ein Chartist aus dem Jahr 1907 würde sich in den

Charts von 1966 durchaus zu Hause fühlen. *(EN: Und in denen des Jahres 2000. Das ist der Grund, warum so wenig Veränderung nötig war, um Edwards' klassische Darstellung in das dritte Jahrtausend zu bringen. EN9: Eine Anmerkung zu einer Anmerkung: Pools und Manipulatoren verschwinden und werden ersetzt durch eine neue, bösartige Form von Betrug. Spezialisten und Marketmaker werden wegen Betrugs vor Gericht gestellt. Im 21. Jahrhundert vermehren sich die Hedgefonds wie die Karnickel in Australien und machen die durch sie verursachte höhere Volatilität wahrscheinlich durch zusätzliche Marktliquidität wieder wett. Die gleichen Muster tauchen immer wieder auf, denn trotz Computern sind letztendlich die Menschen dafür verantwortlich, den Auslöser zu betätigen. Es scheint, dass die Muster häufig nicht so sauber sind wie „in den alten Tagen". Trendlinien, insbesondere horizontale Linien, scheinen eher „Zonen" zu sein als absolut bindende Linien, und mehr Urteilsvermögen könnte bei der Interpretation notwendig sein. Aber alles, was Edwards hier schreibt, könnte im Jahr 2005 geschrieben worden sein und nicht in der Mitte des 20. Jahrhunderts.)*

KAPITEL 12

KURSLÜCKEN (GAPS)

Eine *Lücke* (Gap) bezeichnet in der Sprache des Charttechnikers einen Kursbereich, in dem bei ihrem Entstehen keine Aktien den Besitzer wechseln. Diese Bestimmung ist nützlich, denn sie hilft uns, einige ihrer technischen Konsequenzen zu erklären (siehe die Abbildungen 12.1 bis 12.13).

Lücken in Tagescharts treten auf, wenn der niedrigste Kurs einer Aktie an einem Tag höher als der höchste Kurs des Vortags liegt. Werden die Kurse von zwei solchen Tagen im Chart eingetragen, so überlappen oder berühren sie sich im Chart nicht, und zwischen ihnen besteht eine Kurslücke. In einem Wochenchart entwickelt sich eine Lücke, wenn der Tiefstkurs einer Woche höher als der Höchstkurs der Vorwoche liegt. Sie kommen natürlich auch vor, aber aus offensichtlichen Gründen nicht so häufig wie Kurslücken in Tagescharts. Monatliche Kurslücken sind bei aktiv gehandelten Aktien selten. Ihr Vorkommen beschränkt sich fast gänzlich auf jene wenigen Fälle, wo eine panikartige Abwärtsbewegung gerade vor dem Ende eines Monats beginnt und sich während des ersten Teils des folgenden Monats fortsetzt.

Welche Kurslücken sind von Bedeutung?

Seit den ersten Charts erregen Kurslücken Aufmerksamkeit. Diese „Löcher" im Kurstrend waren auffällig. Es war nur natürlich, dass Beobachter ihnen Wichtigkeit und irgendeine besondere Bedeutung beimaßen. Aber das Ergebnis war wenig befriedigend. Bald sammelte sich ein wirrer Haufen von Regeln für ihre Interpretation an. Einige haben eine beinahe religiöse Macht gewonnen. Oberflächliche „Chartkenner" mit wenig Verständnis, warum und wann sie funktionieren, zitieren sie gern (und vernachlässigen völlig die Fälle, wo sie nicht funktionieren, wie das bei jeder Art von Aberglauben die Regel ist). Wir bedauern diese Situation – nicht so sehr, weil die „Regeln" über die Kurslücken falsch wären, sondern eher, weil ihre blinde Anwendung den Weg zu einem echten Verständnis ihrer Bedeutung versperrt hat. Dadurch fehlt es an einer logischen Basis für ihre Anwendung bei der Spekulation.

Der häufigste Aberglaube ist, „dass eine Lücke geschlossen werden muss". Manchmal wird das etwas vorsichtiger formuliert: Wenn eine Lücke nicht in drei Tagen geschlossen wird, dann in drei Wochen und notfalls in drei Monaten und so weiter. Es gibt noch andere Varianten, aber sie alle besagen, dass die Lücke geschlossen werden muss und dass man einem Trend nicht vertrauen darf, bis das geschehen ist. Diese letztere Schlussfolgerung ist es, die zum Irrtum führt.

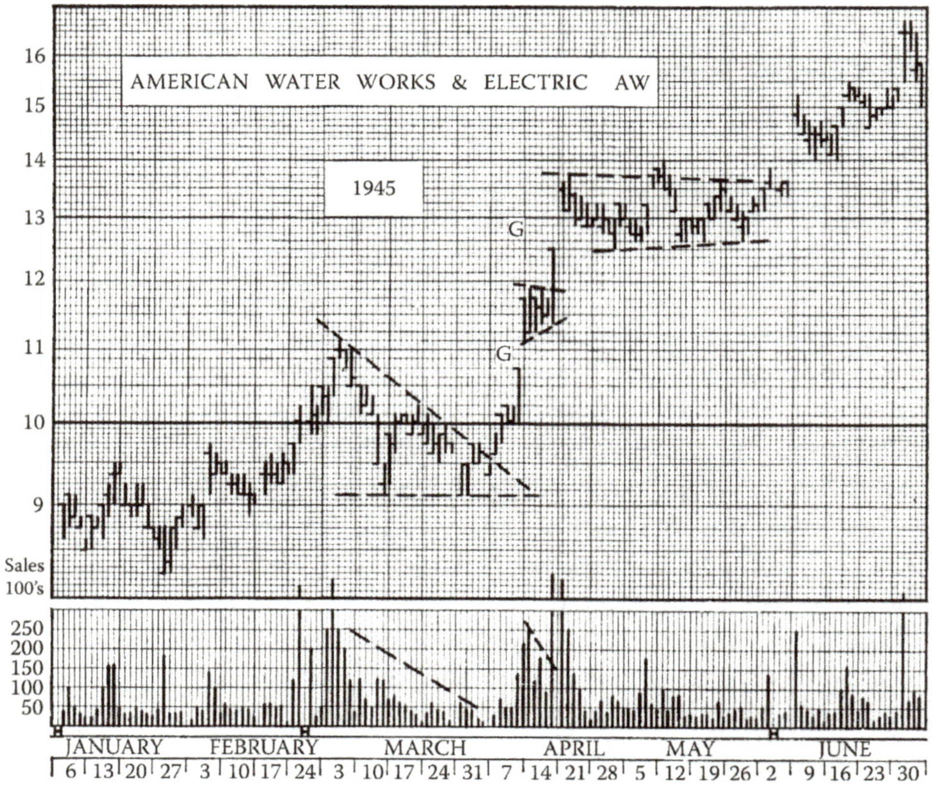

Abbildung 12.1: Das Rechteck im April/Juni 1945 bei AW enthielt eine Anzahl unbedeutender Area Gaps (Lücken innerhalb einer Formation). Die beiden größeren Lücken, die mit „G" bezeichnet sind, sind Fortsetzungs-Gaps (Continuation Gaps oder Runaway Gaps). An jedem Tag, an dem eine dieser Lücken entstand, schlossen die Kurse zum Höchstkurs oder nahe daran. Keine dieser Lücken wurde in den nächsten zwei Jahren geschlossen.

Das „Schließen der Lücke"

Was heißt „eine Lücke schließen"? Eine Aktie in einem Aufwärtstrend steigt beispielsweise Tag für Tag, von 20 auf 21, 22, 23, 24 und schließt an einem Börsentag zum Höchstkurs von 25. Am nächsten Morgen eröffnet sie bei 26 und steigt von da an geradewegs weiter. Diese Aktion lässt eine Lücke von einem Punkt zwischen 25 und 26 im Chart. Angenommen, der Anstieg setzt sich bis 28 fort, kommt zum Halten, und dann folgt eine Reaktion. In deren Verlauf bröckeln die Kurse ab auf 27, 26 und schließlich 25. Die Bewegung auf dem Rückweg hat die Kurse zurück durch die Zone der Lücke (25–26) getragen; die Lücke ist damit „geschlossen" worden. Eine Lücke wird also geschlossen, wenn ein folgender Kurstrend zurückkommt und den Bereich der Lücke überquert.

Von Interesse an Abbildung 12.1 ist auch das fallende Dreieck, das im März begonnen, aber niemals beendet wurde. – Ein täuschendes und enttäuschendes Bild bis zu der Lücke vom 7. April. Die Flagge Mitte April halbierte die Bewegung von 9 ½ auf 14. Die Gaps ihrerseits unterteilten die beiden Hälften dieser Bewegung auf jeder Seite der Flagge.

Muss eine Lücke geschlossen werden, ehe die Kurse sich sehr weit von ihr entfernen? Mit Sicherheit nicht! Wird sie schließlich geschlossen werden? Wahrscheinlich ja. Wenn es die nächste kleinere Reaktion nicht schafft, dann vielleicht der nächste mittelfristige Kursrückgang und ziemlich sicher

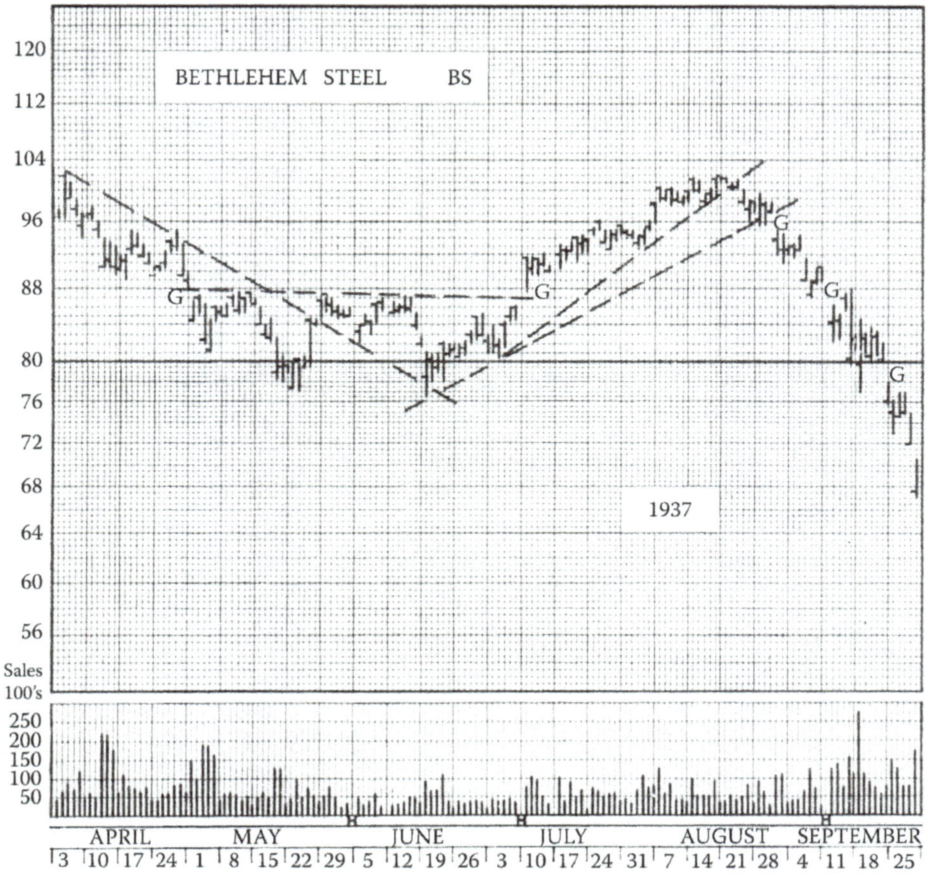

Abbildung 12.2: Die große Lücke am 5. Juli in diesem Chart war ein typisches Breakaway Gap. Sie lag an der Stelle, wo die Kurse ihren Breakout aus der komplexen Basis vollzogen, um ihre mittelfristige Erholung vom Juli/August zu beginnen. (Vergleichen Sie diesen Chart mit Abbildung 7.14.) Ein anderes Breakaway Gap – durch eine Trendlinie – entstand am 26. August. Demgegenüber war die Lücke vom 7. September der gezahlten Dividende zuzuschreiben. Die Lücke vom 18. September war wieder ein Breakaway Gap – Durchbruch durch ein Unterstützungsniveau. Die erste Lücke vom 26. April muss als Runaway Gap eingeordnet werden. Sie machte aus der gesamten komplexen Basis im April/Juni eine Art Insel.

jedenfalls der nächste Major-Trend in der entgegengesetzten Richtung. Aber das kann Jahre später sein – für den gewöhnlichen Spekulanten kaum eine interessante Angelegenheit. Die Aktie von Chesapeake and Ohio hatte bei ihrer Abwärtsbewegung Mitte Oktober 1929 eine Lücke zwischen 266 und 264 im Kurs gebildet. Aber der Investor, der sie in der folgenden Woche am 21. Oktober im Vertrauen darauf kaufte, dass die „Lücke geschlossen werden müsste", musste darauf sieben Jahre lang warten! Erst in der nächsten Hausse, kurz vor dem Hoch, erreichte CO wieder eine entsprechende Kursnotierung (von 65 Dollar; im Jahr 1930 war sie 4:1 gesplittet worden). In der Zwischenzeit sah er im Jahr 1932 sein Investment auf ein Sechstel seines Kaufpreises zusammensinken. In der Tat gab es Hunderte von Gaps im Bärenmarkt von 1929 bis 1930, die auch in den nächsten Jahren nicht geschlossen wurden und mit Sicherheit niemals geschlossen werden.

Genau genommen ist die Wahrscheinlichkeit dafür, dass eine Lücke „geschlossen" wird, genauso groß wie dafür, dass eine Aktie zu *irgendeinem* Kurs zurückkehren wird, ob dort eine Lücke war oder nicht.

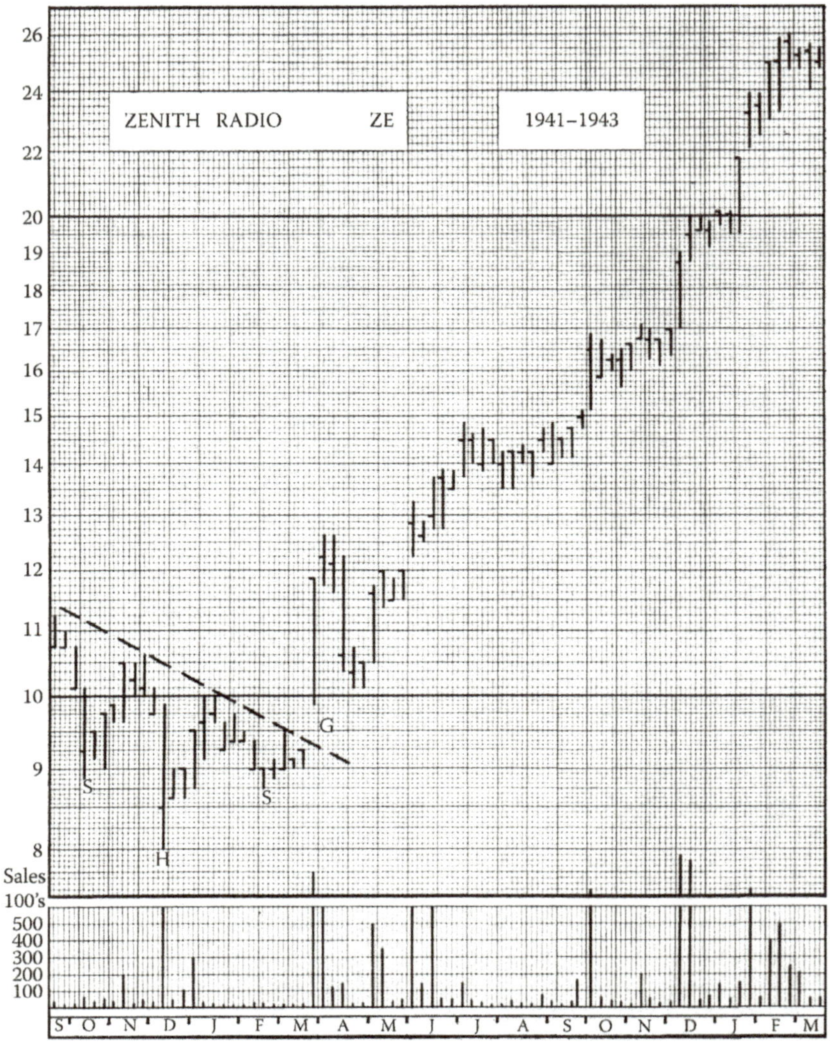

Abbildung 12.3: Ein mächtiges Breakaway Gap zeigte sich im Wochenchart von Zenith, als die Aktie aus ihrer inversen SKS-Formation im Frühjahr 1942 ausbrach. Hoher Umsatz entwickelte sich jenseits der Lücke. Daraus war zu schließen, dass sie vermutlich nicht schnell geschlossen würde. Die April-Reaktion hielt denn auch vorher an. In der Tat war diese Lücke auch 1956, also mehr als 14 Jahre später, noch nicht geschlossen.

Noch etwas: Es gibt Tausende von Kurslücken während des Börsenhandels – und einige von ihnen sind recht breit –, die aber niemals in den normalen Tagescharts erscheinen, weil sie *während* eines einzigen Handelstags entstehen und nicht zwischen Schluss- und Eröffnungskurs des nächsten Tages. Solche Lücken im Verlauf eines Tages werden normalerweise bei der Betrachtung völlig übersehen; die „Lückentheoretiker“ vergessen sie, obwohl ihre Bedeutung oft größer ist als die vieler Lücken zwischen *einzelnen Handelstagen*. Praktisch wird jeder eindeutige Breakout aus einem klar begrenzten Rechteck oder rechtwinkligen Dreieck von einer Lücke begleitet, aber im Chart sieht man nur die wenigen, die gerade zu Beginn des Tages liegen.

Unsere Leser glauben vielleicht, dass wir zu viel „protestiert“ hätten. Aber wir möchten, dass Sie diesen Gegenstand unbefangen betrachten und sich von allen Vorurteilen im Sinne einer mystischen Qualität von Kurslücken befreien. Um nun die andere Seite des Bildes zu betonen: Gaps – wenigstens

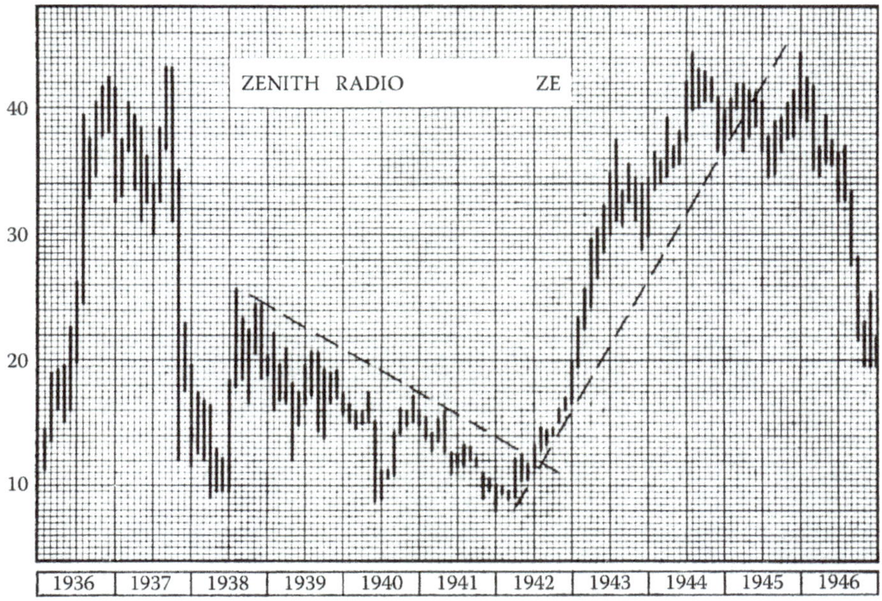

Abbildung 12.4: Zum Vergleich mit dem Wochenchart von Zenith in Abbildung 12.3 ist dieser Monatschart wiedergegeben. Die umgekehrte SKS-Formation ist leicht zu sehen.

einige von ihnen – haben technische Bedeutung. Einige sind für den Technischen Analysten nützlich, um Trendmöglichkeiten abzuschätzen. Wir wollen sehen, was wir aus ihnen machen können.

Kurslücken anlässlich einer Dividendenzahlung

Zunächst müssen wir allerdings jene Lücken ausscheiden, die *überhaupt keine* Bedeutung haben. Eine Lücke von einem Achtelpunkt bedeutet offenbar nichts, da sie ohnehin nur die an der amerikanischen Börse erlaubte Mindestkursänderung repräsentiert. In gleicher Weise bedeutet auch eine Lücke von einem Viertelpunkt oder selbst einem halben Punkt in einer hoch notierenden Aktie wie zum Beispiel Norfolk & Western (vor dem Split) eine normale Schwankung zwischen aufeinanderfolgenden Transaktionen. Um also Bedeutung für den Charttechniker zu haben, muss eine Lücke größer sein als der übliche Kursunterschied bei normalen oder vorherrschenden Umsatzbedingungen. Eine zweite Art von Lücken ohne Voraussagewert sind jene laufenden und gewohnheitsmäßigen Lücken, die von dünn gehandelten Aktien in den mittleren und höheren Preisklassen produziert werden. Sie sind leicht zu finden. Wenn der Chart einer bestimmten Aktie zahlreiche Kurslücken als normale Erscheinung aufweist, dann hat vermutlich keine von ihnen eine besondere Bedeutung.

Schließlich haben diejenigen Kurslücken keine Vorbedeutung für den Trend, die entstehen, wenn die Dividende oder Bezugsrechte abgeschlagen werden. Sie sind nicht durch eine Änderung im Angebot-Nachfrage-Verhältnis verursacht, sondern durch eine plötzliche und einmalige Änderung im tatsächlichen Buchwert der Aktie.

Damit haben wir die Arten von Lücken ausgeschieden, die technisch bedeutungslos sind. Übrig bleiben diejenigen, die als Ausnahmeerscheinung bei denjenigen Aktien vorkommen, die aktiv und mit dicht beieinander liegenden Transaktionen gehandelt werden (und die nicht durch einen

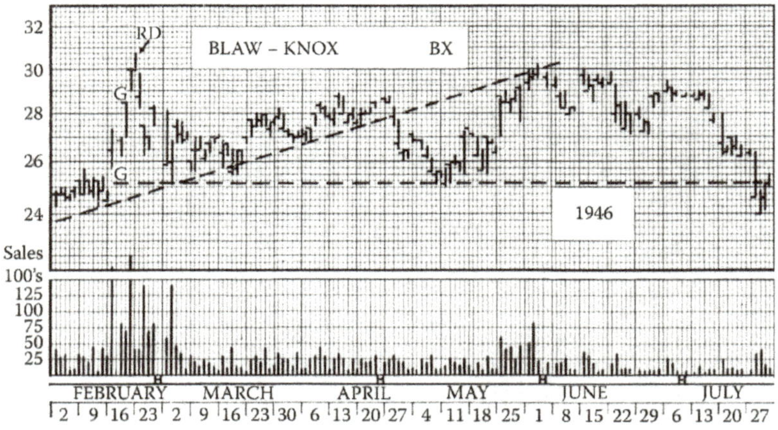

Abbildung 12.5: Der Tageschart von Blaw-Knox zu Beginn des Jahres 1946 enthielt eine Anzahl interessanter technischer Entwicklungen. Der Spurt der Aktie von 19 auf 25 im Dezember 1945 wurde von einem neun Wochen langen Rechteck konsolidiert; sein Ende erscheint im Chart oben. Am 11. Februar brachen die Kurse aus dem Rechteck mit einem typischen Breakaway Gap aus. Vier Tage später erschien eine weitere Lücke bei eher noch größerem Volumen, und die Kurse schlossen auf Tageshöchststand. Dies sah wie ein Runaway Gap aus, was eine Fortsetzung der Bewegung bis 32 indiziert hätte (siehe „Continuation Gaps und Kurszielformel"). Die Kurszielformel des Rechtecks ergab dagegen nur ein Kursziel von 31. Am folgenden Tag jedoch kam ein One-Day Reversal von 31 zurück auf 30, und am nächsten Tag schlossen die Kurse die Lücke vom 15. Februar. Man musste sie nunmehr als vermutliches Exhaustion Gap eingruppieren. In der Folge fielen die Kurse bis zu der Unterstützungslinie des neun Wochen langen Rechtecks zurück. Dann gab es eine mühsame Rallye entlang einer vorhandenen mittelfristigen Aufwärtstrendlinie. Der Trend wurde am 24. April gebrochen, und die Kurse fielen wieder auf die Unterstützungslinie bei 25 zurück. Im Mai trug ein erneuter Kursaufschwung BK noch einmal bis auf 30, wo die Kurse gegen die vorher gebrochene Trendlinie stießen. Das war die letzte Anstrengung; Ende Juli wurde das „Tal"-Niveau bei 25 nach unten durchbrochen, und damit war ein Major-Doppeltop bestätigt. Die Lücke vom 15. Februar warf eine häufige Zweifelsfrage auf, nämlich ob es sich um ein Continuation Gap oder ein Exhaustion Gap handelte. In der Tat ist es in vielen Fällen unmöglich, das zu sagen, ehe nicht zwei oder drei Tage nach der Lücke verstrichen sind.

Dividendenabschlag hervorgerufen wurden), sodass sie normalerweise „solide" Charts liefern. Eine Kurslücke von einem Punkt im Chart von New York Central beispielsweise wäre ein ungewöhnliches Ereignis; das würde Aufmerksamkeit erfordern und hätte vermutlich irgendeine Vorbedeutung für die Zukunft.

Derartige Lücken können für die Zwecke unserer Untersuchung in vier Klassen unterteilt werden:

1. Common Gaps = Area Gaps (gewöhnliche Lücken)
2. Breakout Gaps = Breakaway Gaps (Lücken anlässlich eines Breakouts)
3. Continuation Gaps = Runaway Gaps = Measuring Gaps (Fortsetzungslücken = Lücken anlässlich des „Ausreißens" des Kurses = messende Lücken)
4. Exhaustion Gaps (Erschöpfungslücken)

Common Gaps (= Area Gaps)

Diese Art Lücke (gewöhnliche Lücke) hat ihren Namen daher, dass sie gern innerhalb einer Handelsspanne auftritt. Alle im Chart seitwärts verlaufenden Stauformationen, die wir bisher untersucht haben – sowohl Umkehr- als auch Konsolidierungstypen – sind von einer Abnahme

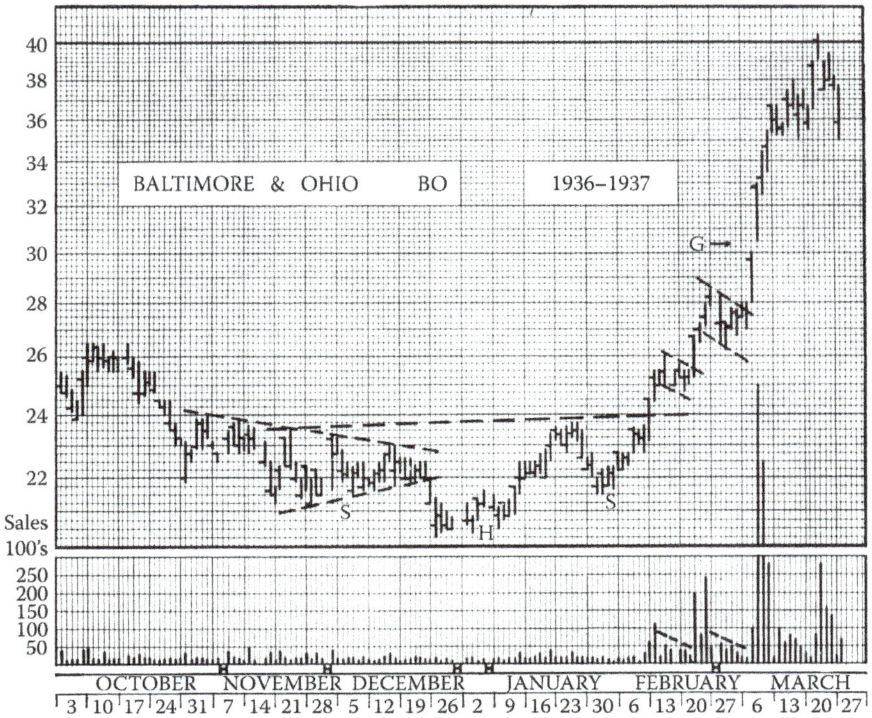

Abbildung 12.6: Ein gutes Beispiel für ein Runaway Gap, das sich an die Regeln hielt. Nach einer Reaktion von 26 ½ aus Ende 1936 bildete BO eine inverse SKS-Formation (die linke Schulter war ein Dreieck) und brach am 6. Februar 1937 nach oben aus. Eine kleine Flagge formte sich unmittelbar danach, ein Signal für ein Kursziel von 28. Dort entwickelte sich eine weitere Flagge, die ein Kursziel von 30 ¼ oder mehr signalisierte. Als die Kurse dieses letztere Ziel erreichten, entstand am 3. März eine Lücke bei außergewöhnlich hohem Umsatz. Die nächsten beiden Tage bestätigten, dass es sich um ein Runaway Gap oder eine Fortsetzungslücke gehandelt hatte. Als solche signalisierte sie einen weiteren Kursaufschwung, und zwar auf 37 (die Messung beginnt bei der Nackenlinie der Schulter-Kopf-Schulter-Formation). BO bildete sein Bullenmarkt-Hoch bei 40 ¼ am 17. März. Die Regeln für das Kursziel des Measuring Gaps sollte man eher zum Aussteigen und nicht zum Einsteigen benutzen. Sie garantieren nicht, dass eine Bewegung bis zum vorausgesagten Ziel tragen wird. Aber sie geben einem ziemliche Sicherheit, dass die Bewegung ihrem Ende nahe ist, wenn das Kursziel erreicht ist.

des Umsatzvolumens begleitet. Die schärfer begrenzten Arten – Dreieck und Rechteck – zeigen dieses Charakteristikum in besonders auffälliger Weise. Darüber hinaus pflegt sich die Aktivität in diesen Formationen ziemlich auf die oberen und unteren Ränder zu konzentrieren, die Angebots- und Nachfragelinie, während das Gebiet dazwischen eine Art Niemandsland ist. Es ist daher leicht einzusehen, warum sich Lücken häufig gerade innerhalb solcher Zonen entwickeln. Sie werden in den Charts der Kapitel 8 und 9 viele gute Beispiele für solche Kurslücken innerhalb einer Formation finden.

Solche Lücken innerhalb einer Formation werden normalerweise und aus offensichtlichen Gründen innerhalb weniger Tage geschlossen, ehe die Formation vollendet ist und die Kurse ausbrechen. Aber nicht immer. Manchmal entwickelt sich eine Lücke, wenn die Kurse *zum letzten Mal* durch die Formation wandern, ehe sie ausbrechen. In solchen Fällen wird die Lücke für lange Zeit nicht geschlossen, und dazu besteht von der Natur der Sache her auch kein Grund.

Der Prognosewert eines Common Gap (= Area Gap) ist praktisch gleich null. Sein einziger Nutzen für den Charttechniker besteht darin, dass es ihn manchmal eine Formation besser erkennen

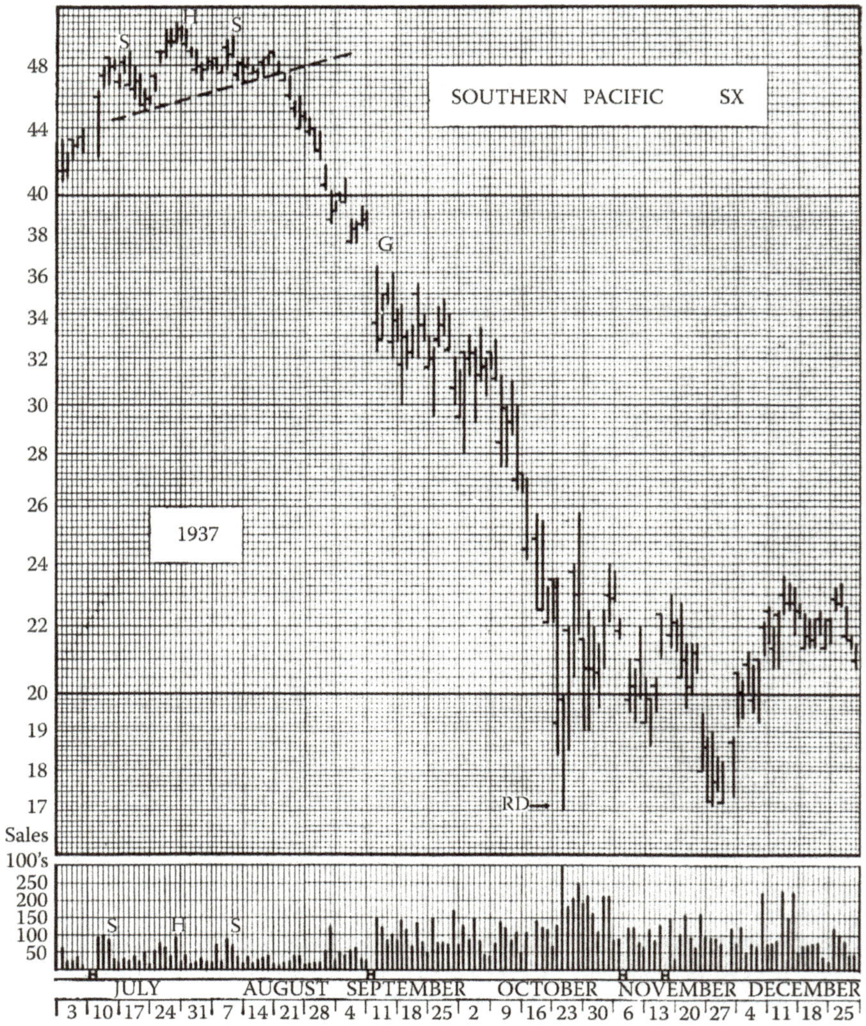

Abbildung 12.7: Panikartige Abwärtsbewegungen bringen oft große Runaway Gaps. Die Lücke vom 7. Dezember in diesem Chart musste man von Anfang an als Measuring Gap ansehen. Die Gründe waren ihre Größe, das hohe Volumen, das Kursverhalten in den nächsten Tagen und der Umstand, dass sie in „unberührtem Gelände nach unten hin" lag. Ihr Kursziel war 26 oder tiefer. Alle anderen Gaps in diesem Chart waren offenbar Common Gaps.

lässt. Denn sein Erscheinen legt die Vermutung nahe, dass sich eine Stauzone im Prozess der Ausbildung befindet. Ein Beispiel: Eine Aktie steigt von 10 auf 20, fällt auf 17 zurück und steigt wieder auf 20. Im Verlauf dieser Rallye entsteht eine Lücke. Dann ist die Annahme nicht von der Hand zu weisen, dass zwischen ungefähr 17 und 20 noch eine weitere Formationsentwicklung stattfinden wird. Das ist manchmal angenehm zu wissen und kann gelegentlich bei kurzfristigen Spekulationen von Nutzen sein.

Derartige Formationslücken (Pattern Gaps) bevorzugen eher Konsolidierungs- als Umkehrformationen. Wenn also in einem in der Entwicklung befindlichen Rechteck oder symmetrischen Dreieck viele Lücken erscheinen, verstärkt das die Erwartung, dass sich die fragliche Formation eher als Konsolidierung denn als Umkehrzone erweisen wird.

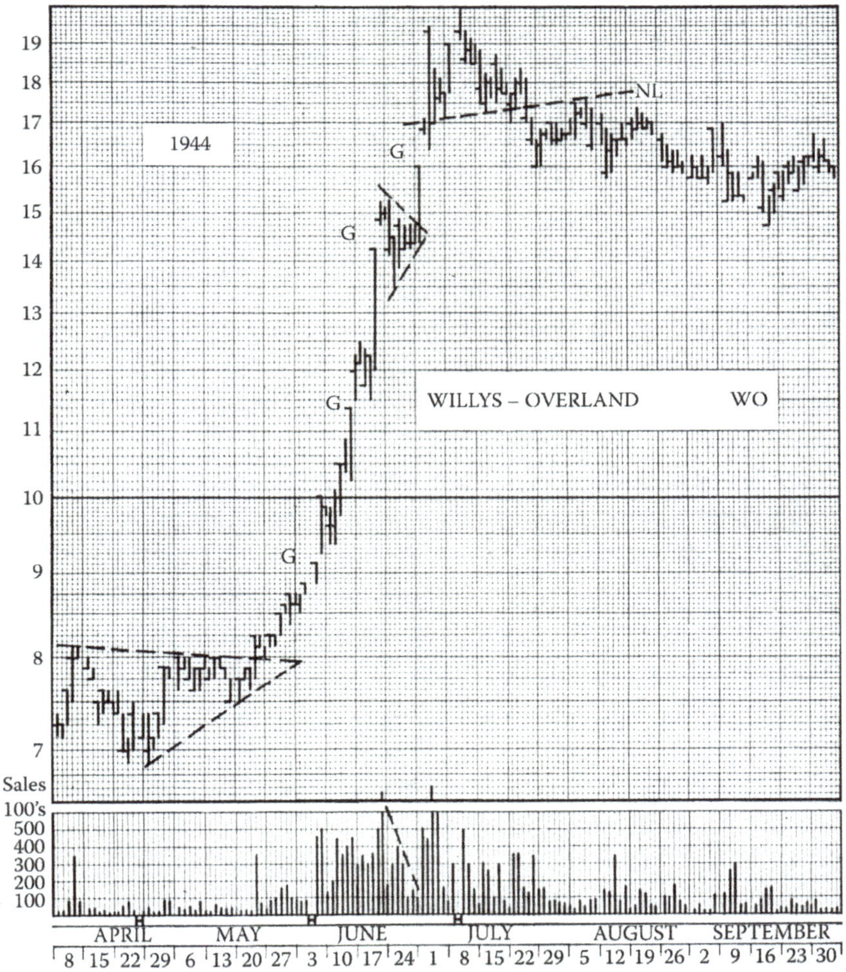

Abbildung 12.8: Der „raketenartige" Aufschwung von Willys-Overland im Juni 1944 wurde von einer Anzahl kleiner Lücken begleitet. Die ersten beiden waren zu klein, um allzu viel technische Bedeutung zu haben. Die größere Lücke vom 16. Juni wurde durch die „Klebrigkeit" der Kurse an jenem Tag als Exhaustion Gap ausgewiesen. Eine kleine Konsolidierung in Form einer Flagge folgte. Die Lücke vom 27. Juni schien sich, was die Kurse anbetraf, ebenfalls wie ein Exhaustion Gap zu verhalten; allerdings war das Volumen nicht auf einen neuen Gipfel gestiegen, sondern hatte abgenommen. Am nächsten Tag, am 28. Juni, sprangen die Kurse weiter in die Höhe. Dadurch wurde die Lücke vom 27. Juni doch als Runaway Gap ausgewiesen. Das Kursziel war 18 ¼ oder mehr und war an diesem Tag schon erreicht. Die Umkehr vollzog sich in der Form einer SKS-Formation, die eine mittelfristige Reaktion zur Folge hatte.

Breakaway Gaps

Das Breakaway Gap (Ausbruchslücke) erscheint ebenfalls im Zusammenhang mit Stauzonen. Aber es entwickelt sich bei der *Vollendung* der Formation, bei der Bewegung, die die Kurse ausbrechen lässt. Bei jedem Breakout durch eine *horizontale* Formationsgrenze, zum Beispiel die Obergrenze eines aufsteigenden Dreiecks, besteht die Wahrscheinlichkeit, dass der Breakout von einer Lücke begleitet wird. Man kann sogar sagen, es ist in diesen Fällen meistens so. Und wenn wir uns überlegen, welche Marktvorgänge eine Formation mit flacher Obergrenze bilden, sehen wir leicht, warum

Breakaway Gaps zu erwarten sind. Bei einem aufsteigenden Dreieck beispielsweise trifft dauernde Nachfrage nach einer Aktie auf ein großes Angebot zu einem bestimmten Kurs. Angenommen, das Angebot liegt bei 40. Andere Aktienbesitzer, die ursprünglich vielleicht ihren Bestand bei 40 ½ oder 41 liquidieren wollten, sehen, dass die Notierung immer wieder bis 40 hinaufsteigt, dort anhält und dann zurückfällt. Infolgedessen senken sie ihren Verkaufspreis und verkaufen ebenfalls bei 40. Oder aber sie kommen zu dem Schluss, dass die Kurse wesentlich höher steigen werden, sobald sie die 40er-Linie durchbrochen haben. In diesem Fall erhöhen sie also ihre Preisforderung. Das Ergebnis ist ein „Vakuum" in den Büchern des Maklers, ein Fehlen von Angebot in der Kurszone unmittelbar über der Formation. Wenn daher das Angebot bei 40 in unserem aufsteigenden Dreieck am Ende wirklich absorbiert ist, findet der nächste Kaufinteressent keine Verkaufsorder mehr bei 40 ⅛ oder 40 ¼; er muss einen Punkt oder mehr zulegen, um seine Aktien zu bekommen, und verursacht so das Breakaway Gap.

Wie wir früher in diesem Kapitel bemerkten, entstehen Lücken dieser Art tatsächlich bei fast jedem entschiedenen Breakout aus einer horizontalen Zone. Nur erscheinen viele von ihnen nicht in den Charts, weil sie *während* des Tages und nicht zwischen dem Schlusskurs des einen und dem Eröffnungskurs des anderen Tages liegen. Breakaway Gaps entwickeln sich zeitweise auch dann, wenn die Kurse aus anderen Arten von Umkehr- oder Konsolidierungsformationen ausbrechen; sie sind beispielsweise nicht selten in Verbindung mit Schulter-Kopf-Schulter-Formationen, und sie treten auch beim Bruch einer Trendlinie auf, wie wir später noch sehen werden.

Welchen Voraussagewert können wir ihnen zuschreiben? Zunächst dienen sie dazu, Aufmerksamkeit auf den Breakout zu lenken und dieses Faktum zu betonen. Es kann wenig Zweifel bestehen, dass ein echter Breakout vorliegt, wenn die Kurse aus einer Formation mit einer auffälligen Lücke ausbrechen. Falsche Bewegungen sind selten von Lücken begleitet. Außerdem legen sie die Annahme nahe, dass die Nachfrage (beziehungsweise im umgekehrten Fall der Angebotsdruck), die die Lücke verursachte, *stärker* ist, als man das bei einem Breakout ohne Lücke anzunehmen hätte. Man kann daher den Schluss ziehen, dass die nachfolgende Bewegung die Kurse weiter oder schneller forttragen wird oder beides zugleich. Es hat allerdings keinen Zweck, diesen Punkt zu sehr zu betonen; es ist zwar eine logische Schlussfolgerung, die sich auch in der Mehrzahl der Fälle bestätigt hat. Aber sie hat ihre Ausnahmen und kann sich gelegentlich als äußerst enttäuschend erweisen. *Wenn allerdings alle übrigen Bedingungen gleich sind* und zwei Aktien aus einem steigenden Dreieck zur selben Zeit ausbrechen, werden wir diejenige kaufen, die mit einer großen Lücke ausbrach, und nicht die andere, die sich nur Schritt für Schritt freikämpfte.

Abgesehen von dieser Vermutung, dass etwas mehr „Dampf" hinter der Bewegung sitzt, gibt uns das Breakaway Gap keine besondere Kurszielformel; es hat auch keinen weiteren Vorhersagewert. Die nächste Frage ist: Sollen wir erwarten, dass ein Breakaway Gap in verhältnismäßig kurzer Zeit geschlossen wird? Oder um die Frage praktischer und pragmatischer zu formulieren: Sollen wir unseren Kauf in der Erwartung aufschieben, dass die Lücke zunächst geschlossen wird, ehe sich eine lohnende Bewegung entwickelt?

Um auf diese Frage eine brauchbare Antwort zu geben, müssen wir das Volumen der Transaktionen vor *und nach* der Kurslücke genauer untersuchen. Wir müssen zwei Fälle unterscheiden: Sehr großer Umsatz findet unmittelbar vor der Lücke statt, also sozusagen an der Absprungstelle der Kurse, aber verhältnismäßig geringer Umsatz auf der anderen Seite und während sich die Kurse von der Lücke weiter entfernen. Dann besteht eine Chance – vielleicht 50:50 –, dass die nächste

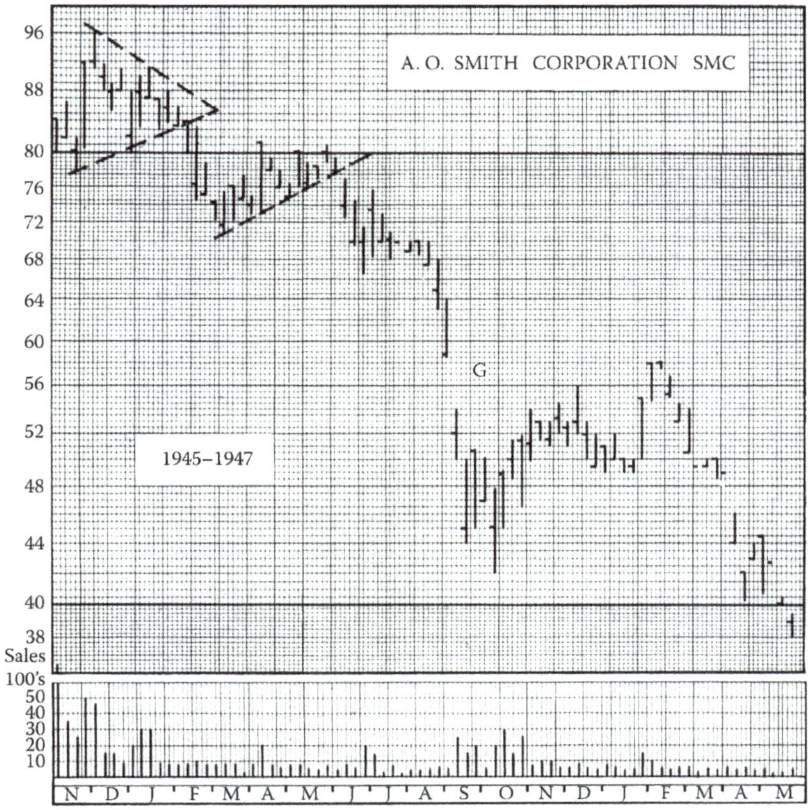

Abbildung 12.9: SMC ist eine umsatzschwache Aktie, deren Tageschart gewöhnlich „voller Löcher" ist. Aber die große Lücke, die sich im Wochenchart im September 1946 zeigte, hatte offenbar technische Bedeutung. Behandelt als Runaway Gap signalisierte sie ein Kursziel nach unten von 44 oder darunter, das auch prompt erreicht wurde. Ausgangspunkt für die Messung ist hier das Verlassen der achtwöchigen Konsolidierung bei 68.

kleinere Reaktion die Kurse zur Grenze der ursprünglichen Formation zurücktragen und so die Lücke füllen wird. Wenn sich dagegen höheres Volumen *nach* der Lücke entwickelt und auch bei der Entfernung der Kurse von ihr viele Transaktionen stattfanden, sind die Chancen gering, dass irgendein kurzfristiger Rücksetzer die Kurslücke schließen wird. In solchen Fällen wird eine Rücksetzer-Reaktion fast immer an der *äußeren* Seite der Lücke zum Halten gebracht.

(Man ist bei einer Untersuchung dieser Art ständig in Versuchung, die Worte „immer" oder „nie" ohne Einschränkung zu benutzen. Leider konnten die Autoren jedoch *niemals* eine technische Regel entdecken, für die nicht der Markt bei seltenen Gelegenheiten eine Ausnahme liefert. Man muss *immer* Wachsamkeit gegenüber solchen außergewöhnlichen Entwicklungen bewahren. Viele Ausnahmen werden durch eine allgemeine Marktsituation verursacht, wenn diese dem technischen Trend einer individuellen Aktie gerade entgegenläuft. Achten Sie auf die Charts der Indizes ebenso wie auf die der einzelnen Aktien, an denen Sie ein Interesse haben.)

Bei Breakaway Gaps im Laufe des Tages kann der Tageschart natürlich keinen Hinweis geben, wie das Volumen des Tages verteilt war. In einem solchen Fall mag es nötig sein, das Tickerband zu untersuchen. Oder Sie lassen sich bei Ihrem Broker den veröffentlichten Bericht über die individuellen Transaktionen zeigen, den die meisten Brokerfirmen abonniert haben. *(EN: Diese Daten sind nun leicht erhältlich. Siehe Anhang B, Ressourcen. EN9: Die heutzutage sehr gebräuchlichen*

Candlestick-Charts ermöglichen es dem Analysten, die Breakaway Gaps innerhalb eines Tages zu sehen.) Wenn keine genauen Hinweise oder Schlüsse bezüglich des Volumens vorliegen, geht man am sichersten davon aus, dass ein Breakaway Gap zunächst nicht geschlossen wird. Das mag erst viel später der Fall sein. Die Gesamtbewegung aus der ursprünglichen Formation – oft eine mittelfristige Bewegung im Dow-Sinne – ist dann schon lange beendet.

Continuation Gaps (= Runaway Gaps) und die Kurszielformel

Continuation Gaps (Fortsetzungslücken), auch Runaway Gaps (Lücken anlässlich des „Ausreißens" der Kurse) genannt, kommen nicht so oft vor wie die beiden soeben erörterten Formen. Jedoch haben sie weit größere technische Bedeutung. Sie liefern nämlich einen groben Anhalt für die wahrscheinliche Ausdehnung der Bewegung, innerhalb deren sie vorkommen. Aus diesem Grunde werden sie manchmal auch „Measuring Gaps" (messende Lücken) genannt.

Sowohl das Common Gap als auch das Breakaway Gap entwickelt sich in Verbindung mit Kursformationen vom Typ der Stauzone. Dabei liegt Ersteres innerhalb der Formation und Letzteres an der Stelle, wo sich die Kurse aus ihr herausbewegen. Das Runaway Gap dagegen, ebenso wie das Exhaustion Gap (Erschöpfungslücke), das wir danach behandeln werden, hat nichts mit Formationen zu tun, sondern kommt im Laufe einer schnellen, geradlinigen Auf- oder Abwärtsbewegung vor.

Wenn eine dynamische Bewegung aus einer Akkumulationszone ihren Anfang nimmt, scheint der Aufwärtstrend der Kurse zunächst oft noch mehr „Dampf" anzusammeln, sich einige Tage, vielleicht sogar eine Woche oder länger zu beschleunigen. Danach beginnt er an Durchschlagskraft zu verlieren, gerade wenn die große Ausdehnung des Anstiegs mehr und mehr Gewinnmitnahmen hervorruft. Der Umsatz springt beim ursprünglichen Breakout auf einen Gipfel, wird dann – etwa zur Mitte des Anstiegs – gleichmäßig geringer und setzt wieder zu einem Riesenumsatz an, wenn die Bewegung schließlich zum Halten gebracht wird. Bei solchen Bewegungen – und genauso bei schnellen Kursstürzen von entsprechendem Charakter – ist eine große Lücke recht wahrscheinlich. Sie tritt dort auf, wo die Bewegung ihre Höchstgeschwindigkeit hat, wo sich die Notierungen im Verhältnis zum Volumen der Transaktionen am schnellsten und leichtesten bewegen. Diese Periode liegt normalerweise gerade in der Mitte zwischen dem Breakout zu Beginn der Bewegung und dem Reversal Day oder der Stauformation, die sie beendet. Daher gibt das Continuation Gap oder Runaway Gap eine ungefähre Kurszielformel für die Bewegung an, in der es sich entwickelt. Sie besagt, dass die Kurse *noch ebenso viel über die Lücke hinaus* weiterlaufen werden, *wie sie* schon vom Beginn der Bewegung an *bis zur Lücke gelaufen sind.* Dabei wird im Chart direkt oder senkrecht gemessen.

Aufwärtsbewegungen haben, wenn man in absoluten Zahlen (Punkten) rechnet, eine Tendenz, über das Kursniveau hinaus zu steigen, das dieser Regel entspricht. Umgekehrt haben Abwärtsbewegungen eine Tendenz, weniger weit zu reichen, als der Regel (in Punkten) entspricht. Die Kurszielformel funktioniert daher besonders gut, wenn man sie direkt auf Chartpapier mit halblogarithmischem Maßstab anwendet. Auf arithmetischem Chartpapier müssen Sie nach oben etwas mehr und nach unten etwas weniger rechnen (ohnehin wird es vernünftig sein, sich auf etwas weniger als das theoretische Ziel einzustellen).

Runaway Gaps sind rückblickend leicht zu finden und zu identifizieren, aber unsere Aufgabe besteht darin, sie zur Zeit ihres Entstehens zu erkennen. Natürlich besteht offenbar keine Gefahr, sie mit

Breakaway Gaps oder Common Gaps zu verwechseln. Sie können wir also beiseitelassen. Uns interessiert der Fall, dass sich die Kurse genügend von einer Zonenformation entfernt haben (oder von der Durchbruchsstelle durch eine wichtige Trendlinie oder von einer Unterstützungs- oder Widerstandszone, die wir später erörtern werden). Dann kann jede Lücke in einer schnellen Aufwärts- oder Abwärtsbewegung ein Runaway Gap sein. Wovon wir sie unterscheiden müssen, ist unser nächster Typ, das Exhaustion Gap (Erschöpfungslücke). Gewöhnlich bringt das Kurs- und Volumengeschehen des nächsten Tages nach der Lücke den nötigen Anhaltspunkt für eine klare Diagnose.

Zwei oder mehr Runaway Gaps

Die Unterscheidungsmerkmale zwischen Runaway Gaps und Exhaustion Gaps sind einfacher zu behandeln, wenn wir Letztere im Einzelnen erörtert haben. Vorweg müssen wir aber jene Fälle behandeln, wo zwei, in seltenen Fällen sogar drei Kurslücken in einer schnellen Bewegung aufeinander folgen und alle offenbar Continuation oder Runaway Gaps sind. Das kommt zwar nicht so häufig vor und ist vor allem bei aktiv gehandelten Aktien großer Gesellschaften selten, aber die eine oder andere umsatzschwache Aktie mag in der Mitte eines „rasanten Anstiegs“ drei oder vier Tage lang umherspringen und Lücken zwischen allen Sprüngen bilden. Die einzige Frage von praktischer Bedeutung in einem solchen Fall ist: Wo soll man den Messpunkt auf der Hälfte des Weges lokalisieren? Es lässt sich keine schnelle und einfache Regel angeben. Aber eine genaue Untersuchung des Charts, insbesondere des Volumenverhaltens, wird gewöhnlich die Antwort geben. Erinnern Sie sich, dass die Hälfte des Weges bei solchen schnellen Bewegungen in dem Stadium liegt, wo sich die Kurse im Verhältnis zur Zahl der Transaktionen am leichtesten und schnellsten bewegen (wodurch auch die Lücken entstehen). Wenn es *zwei* Lücken gibt, wird das „Halbwegsstadium“ wahrscheinlich irgendwo zwischen ihnen erreicht worden sein. Sehen Sie sich Ihren Chart genau an, und versuchen Sie, sich das Gesamtbild vorzustellen. Achten Sie auf das, was sozusagen das „Zentrum der Verdünnung“ ist und benutzen Sie das als Anhaltspunkt zum Messen. Aber denken Sie auch daran, dass jede folgende Lücke die Bewegung unausweichlich ihrer Erschöpfung näher bringt. Neigen Sie mit Ihrer Beurteilung zur konservativen Seite; erwarten Sie nicht mehr zu viel von der zweiten oder dritten Lücke.

Exhaustion Gaps

Das Breakout Gap signalisiert den Beginn einer Bewegung; das Runaway Gap markiert ihre schnelle Fortsetzung an oder nahe ihrem Halbwegspunkt; das Exhaustion Gap kommt am Ende. Die ersten beiden Lücken sind leicht durch ihre Position im vorhergehenden Kursbild erkennbar. Aber das Exhaustion Gap ist nicht immer sofort von der zweiten Art unterscheidbar.

Exhaustion Gaps sind wie Runaway Gaps mit schnellen, ausgedehnten Auf- oder Abwärtsbewegungen verbunden. Wir haben das Runaway Gap als Kennzeichen für die Mitte einer Bewegung beschrieben, die sich zuerst zu hoher Geschwindigkeit beschleunigt, dann wieder langsamer wird und schließlich zum Halten kommt, wenn zunehmender Widerstand ihre Schwungkraft überwindet. Manchmal jedoch wächst bei solchen „raketenartigen“ Trends der Widerstand nicht so allmählich an, während sie fortschreiten. Sie zeigen nicht die Tendenz, ihre Schwungkraft zu verlieren, sondern werden eher noch schneller. Plötzlich treffen sie dann auf eine Angebotsmauer (oder im Falle einer Abwärtsbewegung auf eine Nachfragemauer). Dadurch kommen sie an einem Tag mit riesigem Umsatzvolumen zu einem abrupten Ende. Bei solchen Bewegungen kann eine große Lücke gerade am Ende erscheinen, das heißt zwischen dem vorletzten und dem letzten Tag der Bewegung. Sie heißt Exhaustion Gap, weil sich der Trend durch diesen letzten Kurssprung erschöpft zu haben scheint.

Der beste Test, ob eine Lücke in einem schnellen, geradlinigen Auf- oder Abschwung eine Fortsetzungslücke oder eine Erschöpfungslücke ist, kommt am Tag nach der Lücke (genauer: am Tag nach dem Tag, an dem die Lücke auftrat). Eine Lücke ist wahrscheinlich ein Exhaustion Gap, wenn der Umsatz am Tag nach der Lücke zu außergewöhnlicher Höhe anschwillt. Das gilt noch mehr, wenn der bisherige Kurstrend dabei nicht in einem angemessenen Verhältnis zu diesem hohen Umsatz und seiner bisherigen Geschwindigkeit fortschreitet. Diese Interpretation wird bestätigt, praktisch zur Gewissheit gemacht, wenn sich der Tag nach der Lücke zu einem Reversal Day entwickelt (siehe Kapitel 10) und die Schlusskurse nahe dem Rand der Lücke liegen.

Häufig gibt es allerdings auch noch andere Hinweise aus dem Chartverhalten vor der Lücke. Wenn der Trend schon das volle Kursziel der Formation oder die Stauzone erreicht hat, aus der er kam, ist ein Exhaustion Gap wahrscheinlicher als ein Continuation Gap. Umgekehrt spricht die gleiche Argumentation für die Wahrscheinlichkeit eines Continuation Gaps, wenn das konservativ geschätzte Kursziel der ursprünglichen Formation noch lange nicht erreicht ist. Ein Exhaustion Gap ist selten die erste Lücke in einer solchen schnellen Bewegung. Gewöhnlich geht ihm zumindest ein Continuation Gap voraus. Normalerweise kann man also annehmen (wenn nicht andere und gewichtigere Hinweise für das Gegenteil sprechen), dass die erste Lücke in einer schnellen Auf- oder Abwärtsbewegung ein Continuation Gap ist. Aber jede folgende Lücke muss mit mehr und mehr Verdacht betrachtet werden, vor allem wenn sie länger als ihre Vorgängerin ist.

Wir haben Erschöpfungs-Gaps als *große* Lücken bezeichnet. Die Größe ist natürlich auch hier relativ; es ist unmöglich, exakte Regeln für „groß" und „klein" in diesem Sinne niederzulegen. Machen Sie sich auch deswegen keine Sorgen. Was für eine besondere, von Ihnen beobachtete Aktie eine ungewöhnlich „große" Lücke darstellt, ist für Sie mit etwas Chart-Erfahrung leicht erkennbar.

Runaway Gaps werden gewöhnlich für eine beträchtliche Zeit nicht geschlossen, in der Regel erst, wenn der Markt eine Gegenbewegung mit dem Ausmaß eines Intermediate- oder Major-Trends beginnt. Exhaustion Gaps dagegen werden schnell geschlossen, meistens schon nach zwei bis fünf Tagen. Das ist dann ein endgültiger Hinweis, um ein Exhaustion Gap von einem Continuation Gap zu unterscheiden (wenn eine solche Entscheidung in diesem Stadium noch von Nutzen ist). Das ist übrigens das Gegenteil des allgemeinen Aberglaubens, wonach alle Lücken geschlossen sein müssen, ehe man auf eine Trendfortsetzung vertrauen könne: Im Falle des Runaway Gaps wird die Lücke nicht geschlossen, aber der Trend läuft nichtsdestoweniger weiter, und zwar oft ein erstaunliches Stück. Im Falle des Exhaustion Gaps gibt das Schließen der Lücke eher einen zusätzlichen Hinweis, dass der Trend zu Ende ist.

Ein Exhaustion Gap für sich allein sollte man nicht als Zeichen einer langfristigen Trendumkehr, nicht einmal unbedingt als Umkehrsignal überhaupt bewerten. Es bringt zwar den Trend zu einem Halt, aber dem folgt normalerweise irgendeine Art von Formationsentwicklung. Erst diese führt dann entweder zur Umkehr oder zur Fortsetzung der Bewegung vor der Lücke. Jedoch folgt einem Exhaustion Gap praktisch immer so viel an kleinerer Reaktion oder Verzögerung, ehe der neue Trend

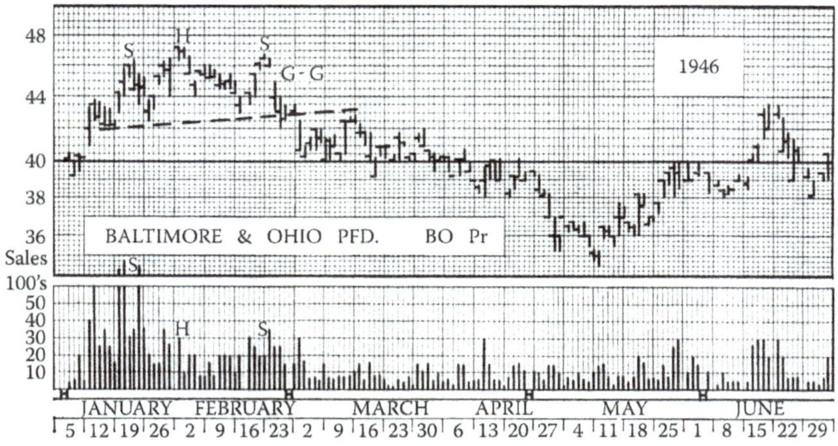

Abbildung 12.10: Eine kleine Insel in der rechten Schulter der Schulter-Kopf-Schulter-Formation, die die Umkehr des Major-Trends brachte. Die Insel-Formation diente nur dazu, das bearishe Signal des Charts zu betonen.

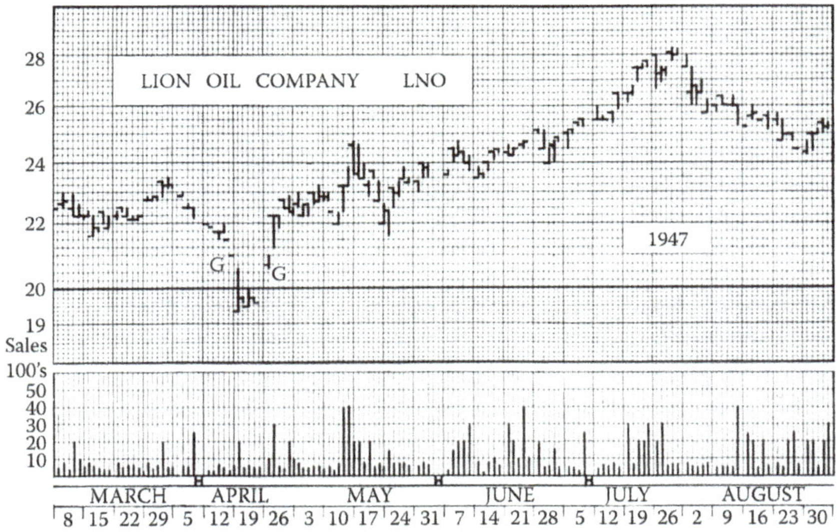

Abbildung 12.11: „Insel-Shake-outs" sind bei umsatzschwachen Aktien nicht selten. Warum sie sich in dieser Weise entwickeln, ist kaum zu erklären, aber ihre Vorbedeutung ist offensichtlich.

beginnt, dass es sich lohnt, Engagements sofort zu beenden. (Man kann immer noch eine neue Position eingehen, wenn sich später herausstellt, dass der vorherige Trend wieder aufgenommen wird.)

Die Inselumkehr

Am Ende von Kapitel 10 erwähnten wir eine Umkehrformation – die Inselumkehr (Island Reversal) –, die aus praktischen Gründen erst bei der Untersuchung der Kurslücken behandelt werden sollte. Die Insel-Formation ist nicht häufig, und sie ist auch für sich genommen nicht von größerer Bedeutung in dem Sinne, dass sie einen Gipfel oder Boden für den langfristigen Trend darstellt.

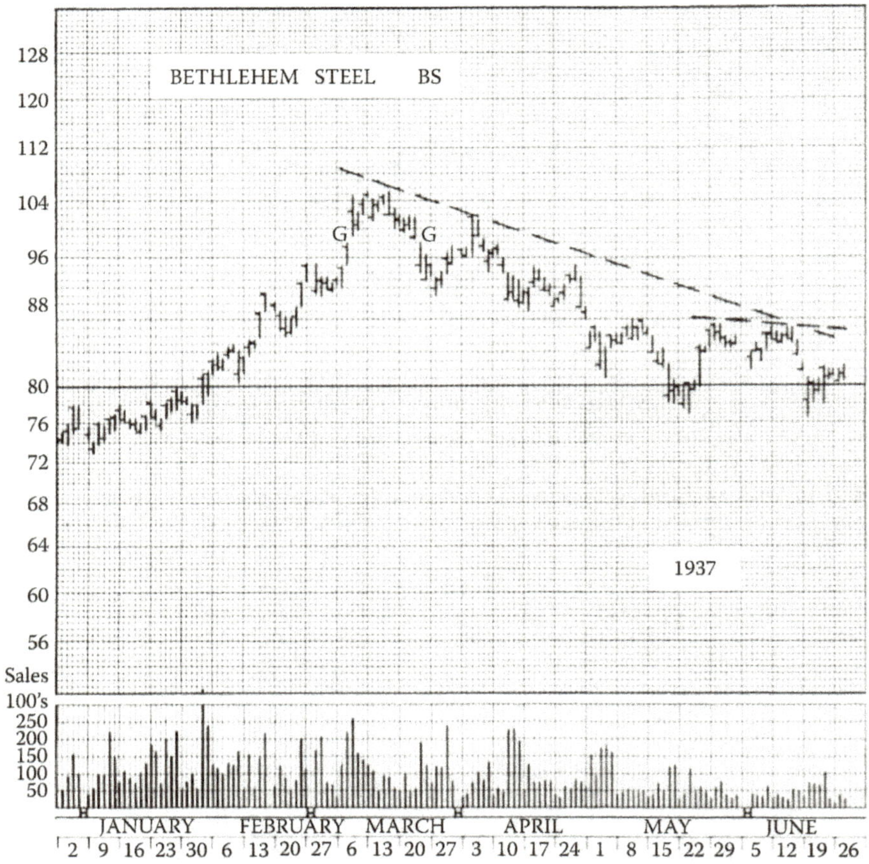

Abbildung 12.12: „Insel-Shake-outs" sind bei umsatzschwachen Aktien nicht selten. Warum sie sich in dieser Weise entwickeln, ist kaum zu erklären, aber ihre Vorbedeutung ist offensichtlich.

Aber in der Regel wirft sie die Kurse so weit zurück, wie das Ausmaß der kleineren Bewegung beträgt, die vorhergegangen ist.

Eine Inselumkehr kann man als kompakte, vom übrigen Kursbild durch Lücken abgetrennte Handelszone bezeichnen. Von der Kursbewegung, die zu dieser Formation hinführte (und die in der Regel schnell war), ist sie durch ein Exhaustion Gap abgetrennt. Von der Kursbewegung in die entgegengesetzte Richtung, die der Formation folgt (und die ebenfalls in der Regel schnell ist), ist sie durch ein Breakaway Gap getrennt. Die Handelszone mag nur aus einem einzigen Tag bestehen, in welchem Fall normalerweise ein One-Day Reversal vorliegt. Oder es können auch mehrere Tage bis zu einer Woche lang kleinere Fluktuationen innerhalb dieser kompakten Kurszone erfolgen. Die Zone ist, wie zu erwarten, durch einen relativ hohen Umsatz charakterisiert. Die beiden Lücken an beiden Seiten entstehen ungefähr auf demselben Kursniveau (sie sollten sich etwas überlappen). Dadurch erscheint die ganze Zone im Chart optisch als Insel, die von der restlichen Kursspur durch die Lücken getrennt ist.

Eine Insel, sagten wir, ist für sich selbst genommen keine Umkehrformation für den *Major*-Trend. Aber Inseln entwickeln sich häufig innerhalb größerer Formationen an Wendepunkten des Primärtrends oder eines bedeutsameren Intermediate-Trends. Ein Beispiel ist etwa der Kopf in einer dynamischen Schulter-Kopf-Schulter-Formation. In ähnlicher Weise erscheinen sie gelegentlich auch

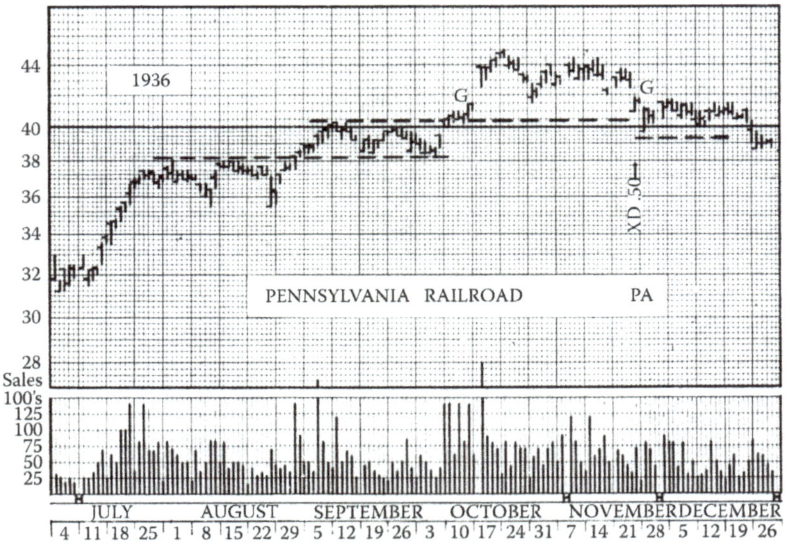

Abbildung 12.13: Dies sah wie eine Insel aus. Die zweite Kurslücke beruhte jedoch auf einer Dividende von 0,50 Dollar am 20. November, die daher technisch berücksichtigt werden musste. Deswegen musste die Unterstützungslinie bei 40 (siehe Kapitel 13) um einen halben Punkt gesenkt werden. Diese Unterstützung wurde daher im Dezember nicht verletzt, und die Kurse stiegen im folgenden März über 50.

Abbildung 12.14: Der hier mit dem Computer erstellte Chart von TLT zeigt Lücken im Überfluss. Wie der Leser sehen kann, würde man, wenn man nur in Bezug auf die Kurslücken handeln würde, viele kurzfristige Gewinne erzielen. Dieser Chart ergänzt auch die handgezeichneten Charts um eine Perspektive. Eine Lücke ist eine Lücke ist eine Lücke …

an der höchsten Spitze eines Minor-Swing, der seinerseits Teil eines Dreiecks oder Rechtecks ist. (In diesem Fall charakterisiert man die Lücken, die die Inselumkehr abtrennen, richtiger als Common Gaps oder Pattern Gaps.)

Der Grund für die Entstehung von Inseln oder anders ausgedrückt: Der Grund dafür, dass sich Lücken auf demselben Kursniveau wiederholen, wird besser erkennbar, wenn wir in einem späteren Kapitel Unterstützung und Widerstand behandelt haben. Hier mag folgender Hinweis genügen: Kurse können sich am schnellsten und leichtesten durch eine Zone bewegen (aufwärts oder abwärts), wo in der Vergangenheit wenige oder gar keine Aktien den Besitzer gewechselt haben, wo mit anderen Worten frühere Besitzer kein „gebundenes" Interesse haben.

Die zweite Lücke, das Breakaway Gap, das die Insel vollendet, wird manchmal einige Tage später durch einen schnellen Pullback oder eine Reaktion geschlossen. Häufiger ist das jedoch nicht der Fall. Nur selten wird die erste Lücke, das Exhaustion Gap, mit dem die Insel begann, nach einigen Tagen geschlossen, ehe die zweite Lücke erscheint. In diesem Fall nimmt die Kurszone der Insel eine Art V-Form an (wenn es ein Top ist). Dann ist kein eindeutig „offenes Gewässer" horizontal im Chart zwischen Insel und dem davor und dahinter liegenden Trend zu sehen. In beiden dieser Variationen jedoch bleibt die Interpretation die gleiche: Die kleine Bewegung vor der Insel sollte praktisch hinter ihr in umgekehrter Richtung wiederholt werden.

Aufgrund einer Insel-Formation kann man allenfalls einen ganz kurzfristigen kleinen Gewinn erzielen, aber im Übrigen nur schwer spekulieren. Denn es kann schon ein gutes Stück der „zurückführenden" Bewegung zu dem Zeitpunkt vollendet sein, wo die Insel im Chart eingezeichnet und eine Kauf- oder Verkaufsorder aufgrund dessen ausgeführt wird. Wenn natürlich die erste Lücke klar als Exhaustion Gap erkannt wird, kann der Spekulant, der an der Aktie interessiert ist, möglicherweise eine Position eingehen, ehe sich die zweite Lücke bildet und die Insel damit augenscheinlich wird. Der größte Nutzen von Inseln für den Chartanalysten liegt darin, dass sie seine Aufmerksamkeit auf eine Situation lenken und ihn auf deren Potenzial aufmerksam machen.

Kurslücken bei Indizes

Kurslücken erscheinen auch in fast allen Indizes, aber aus offensichtlichen Gründen mit weit geringerer Häufigkeit als bei individuellen Aktien. Zwar müssen nicht notwendigerweise alle Aktien, aus denen ein Index besteht, wohl aber ihre Mehrzahl gleichzeitig eine Kurslücke bilden, um in den Indexzahlen eine solche hervorzurufen. Wie daher zu erwarten, sind Common Gaps (= Pattern Gaps) bei Indizes besonders selten, nicht so sehr dagegen Breakaway Gaps und Runaway Gaps. Allerdings sind sie klein, verglichen mit der Größe solcher Lücken bei einzelnen Aktien. Exhaustion Gaps und infolgedessen auch Insel-Umkehrformationen sind wiederum selten. Die Bedingungen für ein Exhaustion Gap entwickeln sich zu selten bei einer ausreichenden Zahl individueller Aktien zur selben Zeit, um in den Indizes ein Gegenstück herbeizuführen.

Die technische Interpretation von Kurslücken in Indizes ist im Wesentlichen die gleiche wie bei einzelnen Aktien. Eine Kurslücke im Index besitzt nach Meinung der Autoren keine besondere Kraft oder besondere Bedeutung über das hinaus, was auch über eine Lücke im Chart einer einzelnen, aktiv gehandelten Aktie mit einem breiten Markt gesagt werden könnte.

Die breiteren und daher am ehesten repräsentativen Marktindizes zeigen die wenigsten und die kleinsten Lücken. *EN: Andererseits ist der Nasdaq sehr volatil und ein guter „Lückenproduzent“.*

Es wird angeregt, dass der Leser dieses Kapitel nochmals durchliest, wenn er die Prinzipien von Unterstützung und Widerstand in Kapitel 13 gelesen hat. (*EN9: Die Wahrheit ist: Es gibt nicht mehr über Kurslücken zu sagen, als hier gesagt wurde, und daher mussten auch keine modernen Beispiele hinzugefügt werden. Aber Kurslücken machen Spaß: Schauen Sie sich also Abbildung 11.11 und Kapitel 16 für moderne Beispiele an.)*

KAPITEL 13

UNTERSTÜTZUNG UND WIDERSTAND

Die Phänomene dieses Kapitels (siehe dazu Abbildung 13.1 bis 13.12) sind in ihrer Art von den bisher erörterten merklich unterschieden. Wir werden die Börse unter einem neuen Gesichtswinkel betrachten. Dadurch können wir einige sehr praktische zusätzliche Regeln entwickeln. Sie liefern uns eine weitere Richtschnur für den Kauf oder Verkauf von Aktien und für die Abschätzung ihres Potenzials. Mit ihrer Hilfe können wir voraussehen, wann Aktien voraussichtlich „Schwierigkeiten bekommen werden". In der Tat haben einige erfahrene Spekulanten ihre Systeme fast ausschließlich auf diese Prinzipien von Unterstützung und Widerstand (Support und Resistance) abgestellt. Sie schenken den besonderen Formationen von Kurs und Volumen, die wir in den vorhergehenden Kapiteln untersucht haben, keine Aufmerksamkeit.

Unterstützungs- und Widerstandsphänomene sind allerdings keineswegs ohne Beziehung zu den bisherigen Mustern und Formationen. Wir haben auf ein Grundprinzip von Unterstützung und Widerstand bereits bei unserer Erklärung von Kurslücken hingewiesen. Wenn Sie jetzt weiterlesen, werden Sie feststellen, dass auch andere Kursformationen dadurch erklärt oder zumindest leicht verständlich gemacht werden können.

Der Ausdruck *Support* (Unterstützung) ist an der Wall Street allgemein üblich. In der einen oder anderen Bedeutung müsste er dem Leser sicherlich schon gut bekannt sein. Wir hören beispielsweise, dass die und die Interessengruppe die Aktie XYZ bei 50 „stützt" oder zu einer „Stützungsaktion" fünf Punkte unter dem jetzigen Niveau des Marktes bereit sei. Für die Zwecke dieses Kapitels können wir Unterstützung folgendermaßen definieren: Eine *Unterstützung* ist eine tatsächliche oder potenzielle Nachfrage in ausreichendem Maße, um einen Abwärtstrend der Kurse für eine nennenswerte Periode aufzuhalten. Demgegenüber ist Resistance (Widerstand) die Antithese von Support; ein *Widerstand* ist ein tatsächliches oder potenzielles Angebot von genügendem Volumen, um jede Nachfrage zu befriedigen und daher die Kurse eine Weile daran zu hindern, weiter zu steigen. Unterstützung und Widerstand in dieser Definition sind also fast, aber nicht ganz synonym mit Nachfrage beziehungsweise Angebot.

Ein Unterstützungsniveau ist ein Kursniveau, auf dem genügend Nachfrage nach einer Aktie in Erscheinung tritt, um einen Abwärtstrend zumindest zeitweise zum Halten zu bringen und ihn möglicherweise umzukehren, das heißt, die Kurse wieder zum Steigen zu bringen. Ein Widerstandsniveau ist dementsprechend ein Kursniveau, bei dem genügend Angebot in einer Aktie herauskommt, um ihren Aufwärtstrend zum Halten und möglicherweise zur Umkehr zu bringen. Theoretisch und eigentlich fast auch immer praktisch gibt es auf jedem gegebenen Kursniveau ein gewisses Angebot und eine gewisse Nachfrage. (Der relative Betrag von beiden wird sich je nach den Umständen richten und den Trend bestimmen.) Aber ein Unterstützungsbereich repräsentiert eine *Konzentration* von Nachfrage, und ein Widerstandsbereich repräsentiert eine *Konzentration* von Angebot.

Aus den vorhergehenden Definitionen können Sie sehen: Die Obergrenze einer horizontalen Stauformation wie zum Beispiel eines Rechtecks ist ein Widerstandsniveau, und die Untergrenze ist ein Unterstützungsniveau; die Obergrenze eines aufsteigenden Dreiecks ist unmissverständlich ein Widerstandsniveau und so weiter. Aber wir sind im Augenblick eher an den Gründen interessiert, warum eine Unterstützung beziehungsweise ein Widerstand in bestimmten Kursbereichen *vorausgesagt* werden kann. Innerhalb vernünftiger Grenzen und mit gewissen Ausnahmen, die wir später noch untersuchen werden, ist das durchaus möglich. Ein guter Chartist ist sehr häufig in der Lage, erstaunlich genaue Voraussagen darüber zu treffen, wo ein Aufschwung auf Widerstand (Angebot) oder wo ein Abschwung auf Unterstützung treffen wird.

Für solche Voraussagen gibt es eine Basis, einen einfachen Ausgangspunkt, von dem alle Unterstützung- und Widerstandstheorien abgeleitet werden: Der Umsatz jeder Aktie hat eine Tendenz, sich auf gewisse Kursbereiche zu konzentrieren, wo in der Vergangenheit eine große Anzahl von Aktien den Besitzer gewechselt hat. Ein Kursniveau, auf dem eine große Anzahl von Transaktionen abgewickelt wird, wird gewöhnlich zu einer Umkehrstelle im Trend (Major, Intermediate oder Minor) dieser Aktie. Daraus folgt eine natürliche Tendenz, dass Umkehrniveaus „wiederholen". Aber hier zeigt sich eine interessante und wichtige Tatsache, die viele oberflächliche Chartbeobachter merkwürdigerweise niemals zu erkennen scheinen: Diese kritischen Kursniveaus ändern ständig ihre Rolle von Unterstützung in Widerstand und von Widerstand zu Unterstützung. Sobald ein früheres Hoch von den Kursen überschritten worden ist, wird es zu einer Boden-Zone in einem späteren Abwärtstrend; und ein alter Boden, der nach unten durchbrochen wurde, wird in einer späteren Aufschwungphase zu einer Top-Zone.

Normale Trendentwicklung

Vielleicht können wir das leichter verdeutlichen, wenn wir ein typisches Beispiel einer normalen Trendentwicklung betrachten. Angenommen, eine Aktie in einem Bullentrend bewegt sich von 12 auf 24 und gerät dort in ein erhebliches Angebot. Das Ergebnis ist eine Reaktion, möglicherweise in Form einer vollen mittelfristigen Korrektur bis, sagen wir, 18. Stattdessen mag sich aber auch eine Serie kleinerer Fluktuationen ergeben, die eine Konsolidierungsformation beispielsweise zwischen 21 und 24 bilden. Der Effekt ist in jedem Fall der gleiche. Nehmen wir weiter an, dass nach dieser Korrektur oder Konsolidierung ein neuer Aufschwung beginnt und die Kurse bis auf 30 hinaufträgt. Dort treffen sie wieder auf Angebot in ausreichender Konzentration, das die Bewegung zum Halten bringt. Nun ist offenbar eine neue Reaktion fällig. Wieder mag sie die Form einer seitwärts gerichteten Konsolidierungsformation oder einer Korrektur von mittlerem Ausmaß annehmen. Wenn Letzteres der Fall sein sollte: Wo wird diese Korrekturbewegung wieder umgekehrt werden; wo, in anderen Worten, wird sie auf eine Unterstützung treffen? Die Antwort ist: bei 24, auf dem Niveau des ersten (Zwischen-)Hochs in diesem Trend. Das ist das Niveau (als nächstes unter der augenblicklichen Kursnotierung), wo zuvor ein großer Umsatz stattgefunden hat. Damals wirkte das als Widerstand und brachte den ersten Aufschwung zum Halten oder zur zeitweiligen Umkehr; nun wirkt es als Unterstützung, hält den letzten Abschwung auf und bringt zumindest in einem kleineren Sinne eine gewisse Umkehr.

Warum sollte das so sein? Die Frage lässt sich leichter beantworten, wenn wir zunächst ein entsprechendes Beispiel aus einem typischen Abwärtstrend betrachten. Dieses Mal wollen wir annehmen, unsere Aktie hat ihren langfristigen Bullentrend mit einem Hoch beendet und ist – sagen wir – von 70 auf 50 gefallen. Bei 50 entwickelt sich zeitweise eine Selling Climax; es findet ein großer Umsatz statt, die Kurse beginnen eine Rallye, gleiten vielleicht noch einmal zu einem „Test" der 50er-Marke zurück und erholen sich dann kräftig auf 60. Bei 60 läuft die Nachfrage aus. Der Trend „rundet" sich, dreht nach unten und beginnt einen neuen schnellen Abschwung, der auf ein neues Tief bei 42 trägt. Wieder kommt eine Kaufwelle, und eine zweite Erholung beginnt. Wir können nunmehr zuversichtlich erwarten, dass diese Erholung (von 42 aus) bei 50 in starken Widerstand geraten wird. Bei der ersten Abschwungphase wirkte dieses Kursniveau als Unterstützung. Nachdem es nunmehr in der zweiten Phase nach unten durchbrochen worden ist, wechselt es seine Rolle und wirkt als Widerstand für die zweite Erholung. Das Niveau des vormaligen (zeitweisen) Bodens wird nun (zeitweises) Top-Niveau.

Nun können wir die Frage nach dem Grund besser beantworten. Im letzten Beispiel fiel unsere Aktie auf 50, hatte dort erheblichen Umsatz, drehte ihren Trend und erholte sich bei nachlassender Aktivität auf 60. Eine Menge Aktien wechselten bei 50 den Besitzer, und selbstverständlich gab es für jeden Verkäufer auch einen Käufer. Ein paar dieser Käufer mögen vielleicht nur Short-Positionen eingedeckt und danach kein weiteres Interesse an dieser Aktie mehr haben. Andere – kurzfristige Spekulanten und professionelle Kreise – haben vielleicht nur gekauft, weil sie einen zeitweiligen Boden entstehen sahen und hofften, bei der folgenden Rallye ein paar Punkte zu machen. Sie (oder zumindest einige von ihnen) nahmen ihre Gewinne mit und waren wieder aus der Aktie heraus, ehe die Kurse im nächsten Abschwung sehr weit zurückgingen. Aber die Mehrzahl jener, die die Aktie um 50 kauften, hatte andere Motive. Man geht ziemlich sicher in der Annahme, dass sie die Aktie nach einem solchen Kursrückgang zu diesem Kurs als billig ansahen und deshalb kauften. Vor ein paar Monaten noch stand sie über 70; bei 50 war sie sicherlich ein gutes Geschäft. Sie konnte gekauft und weggelegt werden – „auf lange Sicht".

Die Erklärung

Versetzen Sie sich einen Augenblick an die Stelle jener neuen Aktienbesitzer. Sie sehen, wie die Kurse auf 55, 58, 60 steigen. Ihre Beurteilung war offenbar richtig, sie behalten die Aktie. Dann läuft die Rallye aus, und die Kurse beginnen wieder abzubröckeln, auf 57, 55, 52, schließlich auf 50. Sie sind leicht beunruhigt, aber noch überzeugt, dass die Aktie zu diesem Kurs ein gutes Geschäft ist. Wahrscheinlich gibt es bei der Abwärtsbewegung im Bereich um 50 ein kurzes Zögern; dann brechen die Kurse nach unten durch. Eine kurze Hoffnung besteht noch, dass der Durchbruch nur eine Bereinigung ist, die schnell wieder ausgebügelt sein wird. Aber diese Hoffnung verschwindet, als sich der Abwärtstrend fortsetzt. Nun beginnen sich unsere neuen Aktienbesitzer Sorgen zu machen. Irgendetwas ist schiefgelaufen. Als die Aktie unter 45 fällt, sieht das vormals „gute Geschäft" gar nicht mehr so gut aus: „Diesmal scheine ich in eine Zitrone gebissen zu haben. Aber ich will keinen echten Verlust. Ich werde einfach warten, bis sie eines Tages wieder auf 50 geht, sodass ich zum Einstandspreis herauskomme (abgesehen von den Spesen). Dann können sie sie haben!" (Kommt Ihnen das irgendwie bekannt vor?)

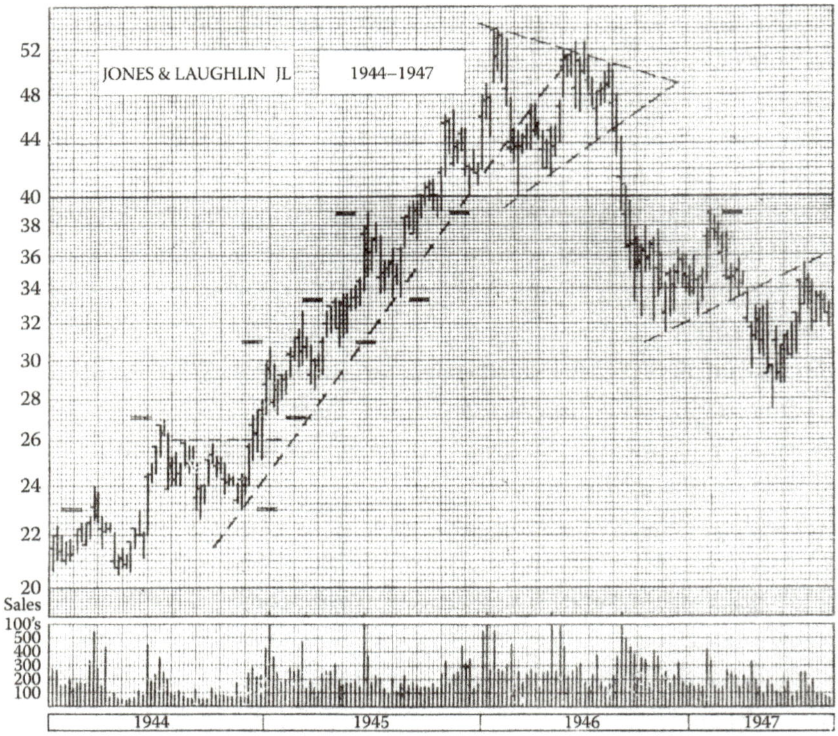

Abbildung 13.1: Warum eigentlich verbrachte die Aktie Mitte des Jahres 1945 so viel Zeit, so viel „Arbeit", unter der Zone 33–34? In diesem Chart können wir es nicht sehen, aber die Geschichte der Monatscharts zeigt uns, dass Ende 1939 und Ende 1940 die Tiefs langer Konsolidierungen in dieser Zone erreicht wurden. Diese alten Tiefs, die ursprünglich eine Unterstützung dargestellt hatten, waren noch fünf Jahre später in der Lage, einiges Angebot in der Aktie hervorzubringen (Widerstand). Nachdem sich die Kurse jedoch durch diese Angebotszone hindurchgearbeitet hatten, konnten sie schnell auf 44 steigen, und ihre folgende Reaktion fand dann auch genau dort Unterstützung, wo man es hätte erwarten sollen, nämlich bei 33 bis 34. Die Unterstützung war zunächst zu einem Widerstand und dann wieder zu einer Unterstützung geworden.

Die nachfolgenden Bewegungen verliefen den Regeln entsprechend. Eine Änderung im Bild zeigte sich mit der ersten nennenswerten Verletzung eines Unterstützungsniveaus im Jahr 1946. Die Kurse waren am 1. Februar beinahe bis 54 hinaufgestoßen, weit über das Hoch von 46, das sie im vorigen November gebildet hatten. Die Reaktion von Ende Februar hätte eigentlich um 46 Unterstützung finden müssen – sie tat es nicht; sie brach bis zur „runden Zahl" von 40 hinunter. Dies war eine ominöse (wenn auch nicht notwendigerweise fatale) Entwicklung. Danach bildete sich ein massives symmetrisches Dreieck, das im September nach unten ausbrach.

Die erste panikartige Abwärtsbewegung einer Baisse respektiert keine Unterstützungsniveaus. Dies war keine Ausnahme. Immerhin ist bemerkenswert, dass die Kurse mehrmals von der alten wichtigen Zone um 33–34 abprallten. Im November war die Kurszielformel des Top-Dreiecks exakt erfüllt. (Sie sollten sich diesen Chart erneut ansehen, nachdem Sie dieses Kapitel zu Ende gelesen haben.)

Betrachten wir nun die Kehrseite des Bildes, den Prozess des Aufwärtstrends. Sie und viele andere kauften XYZ bei 12, behielten die Aktie bis 24. Dann erschien sie Ihnen reichlich hoch, und Sie nahmen Ihren Gewinn mit. XYZ ging auf 21 zurück, und Sie gratulierten sich zu Ihrer Raffinesse. Aber dann dreht unerwartet der Kurs, und die Aktie läuft bis 30 hoch. Nun fühlen Sie sich nicht mehr ganz so clever; die Aktie war besser, als Sie dachten, und Sie wünschen, Sie hätten sie noch. Sie möchten nicht gerade mehr dafür bezahlen, aber wenn sie noch einmal auf 24 zurückkommt, auf den Kurs, bei dem Sie verkauft haben, werden Sie versuchen, „Ihre Position zu erneuern".

Vielleicht sind Sie selbst noch nicht in einer solchen Situation gewesen. Vielleicht würden Sie in einem solchen Fall auch nicht so reagieren, wie wir es hier beschrieben haben. Aber wenn Sie etwas Erfahrung an der Börse haben, etwas Kenntnis in der Psychologie des durchschnittlichen Investors, wissen Sie, dass unsere Beschreibung typisch ist.

Vielleicht sehen Sie das noch nicht als ausreichende Erklärung für unser Grundprinzip von Unterstützung und Widerstand an. Bedenken Sie jedoch, dass das Angebots-und-Nachfrage-Gleichgewicht an der Börse fast immer eine sehr delikate Sache ist. Schon ein geringes Überangebot zu irgendeinem Kurs wird meist ausreichen, um einen Aufschwung zum Stehen zu bringen; schon wenig zusätzliche Nachfrage, die sich auf ein bestimmtes Niveau konzentriert, wird einen Abschwung aufhalten. Bedenken Sie, dass andere Spekulanten die Kurse genau beobachten und schnell jede Änderung der Situation spüren. Genauso schnell werden sie auf den Zug aufspringen, sobald sich eine Änderung im Trend zu entwickeln scheint. Infolgedessen können schon Kauf- oder Verkaufsorders für ein paar Hundert Aktien einen Umsatz von mehreren Tausend Stück auslösen.

Noch einen anderen Gesichtspunkt gilt es hervorzuheben: Die Spekulanten und Investoren in unserem Beispiel haben durch ihr zu frühes Kaufen oder Verkaufen einen Fehler gemacht und schaffen dadurch später die Niveaus von Unterstützung und Widerstand. Darum sind sie aber nicht etwa notwendigerweise unerfahren oder unwissend. Im Gegenteil müssen wir sie zu denjenigen zählen, die mehr Erfahrung haben und schneller als andere reagieren. Um auf unser Beispiel des typischen Abwärtstrends zurückzukommen: Jene, die bei 50 kauften, waren sicherlich klüger als die vielen anderen, die am Hoch (bei 70) oder im Abschwung in Richtung 50 kauften, selbst wenn der letztere Kurs später durchbrochen wurde. Man kann ihnen also ein ganz gutes Urteil zutrauen. Daher kann man auch erwarten, dass sie die spätere Entwicklung ziemlich sorgfältig abwägen werden, wenn es darum geht, bei der Erholungsbewegung zu verkaufen. Es wird sicherlich nicht nur jene hölzerne und sture Entschlossenheit maßgeblich sein, zum Einstandskurs herauszukommen. In einem klaren Bärentrend hängen daher Aktien, deren Besitzer auf einem höheren Niveau gekauft haben und nun auf eine gute Gelegenheit zum Aussteigen warten, als Angebot über dem Markt (Angebotsüberhang). In einer solchen Situation beginnt derartiges Angebot meist schon *unter* dem theoretischen Widerstandsniveau, auf die Börse zu drücken. Vorsichtige Aktienbesitzer sind bereit, einen Punkt oder so zu opfern, um einen schlimmeren Verlust zu vermeiden.

In gleicher Weise sind in einem langfristigen Bullentrend Aktienbesitzer, die zu früh verkauft haben, bereit, ein oder zwei Punkte mehr zu bezahlen, um ihre zu früh zu Geld gemachten Aktien zu ersetzen. In einer gut etablierten Hausse, vor allem in der zweiten Phase, fallen die Kurse bei Reaktionen charakteristischerweise nur bis zur obersten Grenze einer Unterstützungszone zurück. In gleicher Weise erreichen Erholungen in etablierten Bärenmärkten nur die unterste Kante einer Widerstandszone oder hören sogar schon ein erhebliches Stück darunter auf. Wir werden darauf noch zurückkommen. Aber zunächst müssen wir zwei andere Punkte behandeln: wie man die potenzielle Bedeutung von Unterstützungs- und Widerstandszonen abschätzt und wie man das Zentrum und die Achse derartiger Zonen näher bestimmt.

Das Potenzial von Unterstützungs- und Widerstandszonen

Der Widerstand gegen eine aufwärts gerichtete Bewegung auf irgendeinem Kursniveau, so sahen wir, hängt davon ab, welche Menge von Aktien dort „über dem Markt hängt". Das ist die Anzahl der Aktien, deren Besitzer früher zu diesem Kurs gekauft haben und die nun gern ohne Verlust aussteigen möchten. Offensichtlich ist daher das *Volumen* unser erstes Kriterium, um die Kraft einer Widerstandszone abzuschätzen. Das Niveau eines älteren und kleineren Tiefs, bei dem nur 400 oder 500 Aktien den Besitzer gewechselt haben, kann einem nachfolgenden Kursanstieg nicht so viel Widerstand entgegensetzen. Aber der Boden einer Selling Climax, bei der mehrere Tausend Aktien umgingen, wird ein erhebliches Angebotspotenzial besitzen, wenn die Kurse später nennenswert darunter gefallen sind und dann versuchen, wieder nach oben durch dieses Niveau hindurch zu steigen.

Ein langes Rechteck oder ein fallendes Dreieck hat eine Anzahl von kleineren Tiefs auf demselben Niveau. Wir können eine grobe Schätzung des zu erwartenden Widerstands vornehmen, wenn wir die Umsätze aller Tiefs addieren. Allerdings müssen wir gewisse Abzüge für Aktien machen, die in einem frühen Stadium der Formation am Tief gekauft und vor ihrer Vollendung nahe dem Hoch verkauft wurden. Ein einzelnes scharfes Tief mit hohem Volumen bietet also etwas mehr Widerstand als eine Serie kleiner Tiefs mit demselben Volumen, die sich zeitlich verteilen und zwischen denen Rallyes liegen.

Ein anderes Kriterium ist die Ausdehnung der nachfolgenden Abwärtsbewegung oder anders ausgedrückt: die Frage, wie weit die Kurse steigen müssen, ehe sie auf die alte Bodenbildungszone treffen, deren Widerstandspotenzial wir abzuschätzen versuchen. Im Allgemeinen ist der Widerstand umso größer, je größer die Entfernung ist. Angenommen, PDQ fällt von 30 auf 20, stagniert dort einige Tage, steigt auf 24 und bröckelt dann auf 19 ab. Diejenigen Anleger, die die Aktie bei 20 aufnahmen, werden bis jetzt noch nicht sonderlich nervös sein. Wenn sich jetzt von 19 her eine Rallye entwickelt, wird wenig oder gar kein Verkaufsdruck enttäuschter Investoren auf der 20er-Linie in Erscheinung treten. Wenn die Kurse auf 18 hinuntergehen, ehe die Rallye beginnt, mag etwas Angebot bei 20 herauskommen, aber noch nicht in besonderem Umfang. Von 17 an wird der Widerstand offensichtlich werden. Die Kurse müssen also kurz gesagt weit genug unter das Niveau sinken, zu dem ein Spekulant eine Aktie gekauft hat. Das wird ihn überzeugen, dass er ein schlechtes Investment gemacht hat und dass er verkaufen sollte, wenn er ohne allzu großen Verlust dazu eine Gelegenheit bekommt.

Es ist unmöglich, eine präzise Regel oder Gleichung festzulegen, wie weit eine Abwärtsbewegung fortschreiten muss, bis sich über ihr echter Widerstand etabliert. Bei einer Aktie in der mittleren Preisklasse (20 bis 35 Dollar) brauchen Sie nicht viel Angebot aus einem Tief zu erwarten, ehe nicht der Trend die Notierungen mehr als zehn Prozent darunter getragen hat. Diese 10-Prozent-Regel kann aber nicht auf sehr niedrig notierende Aktien angewandt werden. Wer eine Aktie bei 5 kauft und sieht, wie sie auf 4 oder 3 ½ fällt, hat zwar bei der letzteren Zahl einen Verlust von 30 Prozent, wird ihn aber mit ziemlichem Gleichmut tragen. Sein absoluter Verlust sieht klein aus, und er geht davon aus, dass seine Aktie leicht auch auf 6 oder 7 steigen mag; er ist bereit, zu warten.

Ein weiterer Faktor ist noch bei unserer Abschätzung zu berücksichtigen und bestätigt das erwähnte Kriterium der „Ausdehnung der Abwärtsbewegung". Wenn PDQ in unserem Beispiel von 20 auf 24 steigt und dann schnell auf 12 fällt, sind jene alten Aktienbesitzer, die um 20 gekauft

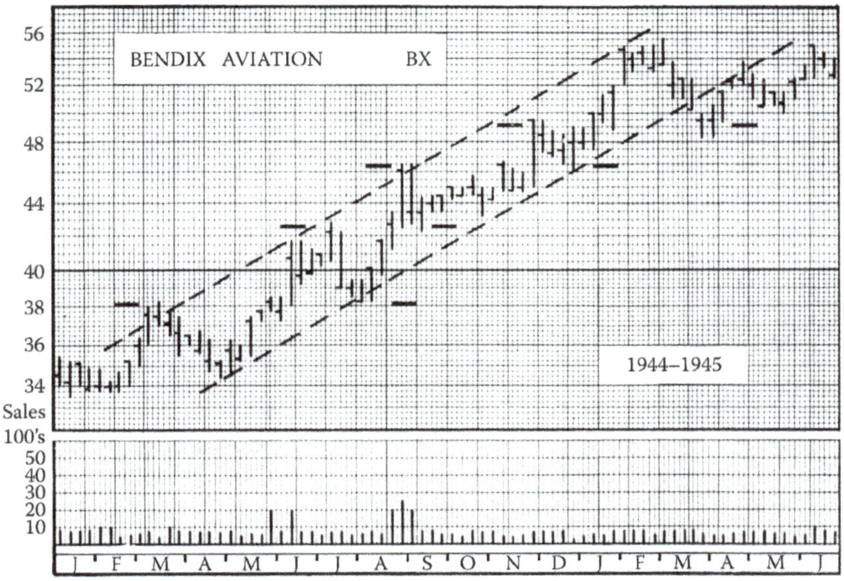

Abbildung 13.2: Unterstützungs- und Widerstandsniveaus in einem langen mittelfristigen Aufwärtstrend. Der Leser wird keine Anleitung benötigen, um die Prinzipien dieses Kapitels auf den obigen Wochenchart von Bendix anzuwenden. Als die Kurse 1945 durch eine lange Trendline nach unten brachen, kam ihre Abwärtsbewegung nichtsdestoweniger auf dem Unterstützungsniveau des vorhergehenden November-Hochs zum Halten.

haben, von ihrem Kauf völlig „angewidert". Sie wären froh, wenn sie eine Gelegenheit hätten, zum Einstandskurs wieder auszusteigen. Aber auch die anderen, die später um 12 gekauft haben, werden gern 66 ⅔ Prozent Gewinn mitnehmen und schnell bei 20 verkaufen, sobald sie dort irgendwelche Anzeichen von Schwierigkeiten spüren. Neue Käufer bei 18 beispielsweise würden, wie man kaum betonen müsste, nicht so bereitwillig bei 20 verkaufen.

Ein drittes Kriterium ist die Länge der Zeit, die seit jenem alten Tief verstrichen ist, und die Art der allgemeinen Börsenentwicklung in der Zwischenzeit. Ein Beispiel: Ein Zwischentief bildet sich im frühen Stadium einer Baisse. Die Kurse fallen dann tief darunter. Sie benötigen vielleicht fast ein Jahr, um eine größere Basis zu bilden, aus der sie vier oder fünf Jahre später langsam wieder nach oben steigen. Hier erscheint die Annahme vernünftig, dass jenes Zwischentief relativ geringen Widerstand bieten wird. In gewissem Sinne ist das auch richtig. Nach ein oder zwei Jahren ist eine Angebotszone im Zweifel wirksamer, als wenn sie vier oder fünf Jahre zurückliegt. Aber Letztere verliert keineswegs alle Kraft. In der Tat ist es oft erstaunlich, wie wirksam der Widerstand in sehr alten Bodenbildungsbereichen zu sein pflegt. Voraussetzung ist allerdings, dass er in der Zwischenzeit noch nicht von den Kursen „attackiert" worden ist. Außerdem dürfen in der Kapitalisierung der Gesellschaft keine durchgreifenden Änderungen eingetreten sein, die die Erinnerung des Aktienbesitzers an die ursprünglichen Kosten seiner Aktien verwischt haben. Unter die letztere Überschrift würden wir Splits, Gratisaktien oder selbst ungewöhnlich große Barausschüttungen rechnen. Wir wollen damit nicht sagen, dass ein Investor über die echten Kosten seiner Aktien wirklich getäuscht würde, gleichgültig wie oft sie gesplittet werden oder welche Dividende verteilt wird. Aber seine Enttäuschung (und damit sein Wunsch, zum Einstandspreis auszusteigen) kann dadurch gemildert sein.

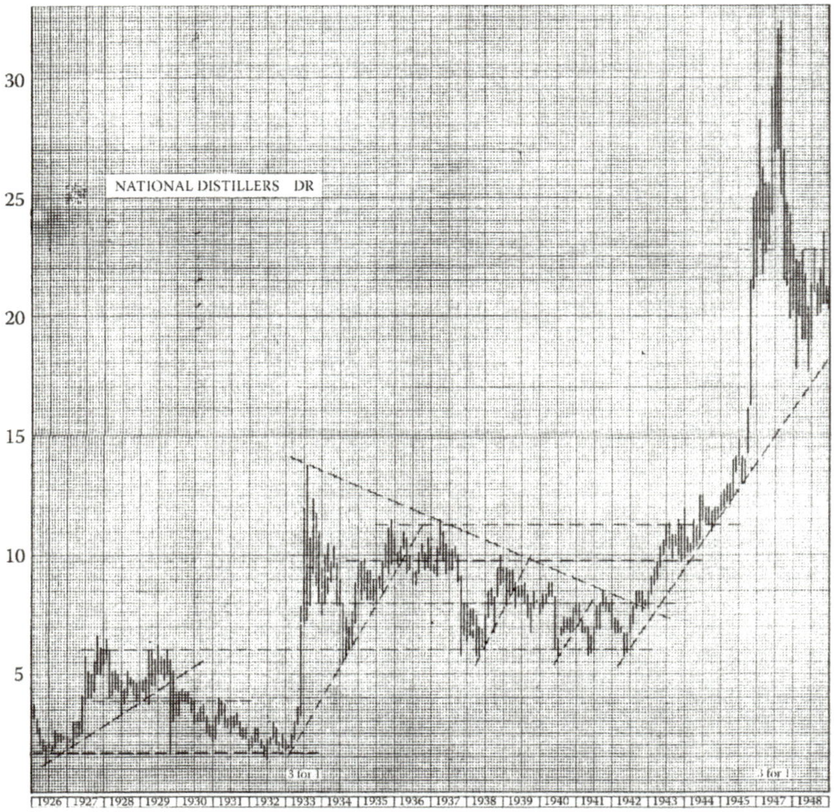

Abbildung 13.3: Für Studien größerer Unterstützungs- und Widerstandsniveaus sind Monatscharts am besten geeignet. Sie zeigen viele interessante Punkte. Sie sehen, wie Niveaus geformt werden und danach wieder erscheinen, aber ihre Rolle umkehren. Die Kurse in diesem Chart sind wegen der Splits von 1933 und 1946 nachträglich angeglichen.

Sobald eine Widerstandszone einmal attackiert worden ist – wenn also die Kurse wieder bis zu ihr gestiegen, von ihr abgeprallt und wieder zurückgegangen sind –, hat sie offenbar etwas von ihrer Kraft verloren. Ein Teil des Angebotsüberhangs ist aufgebraucht worden, um die erste Attacke zurückzuschlagen. Der nächste Aufschwung braucht daher auf diesem Niveau weniger Aktien zu absorbieren. Anhand der Volumenaufzeichnungen im Chart kann man schätzen, wie viel Widerstand aufgebraucht worden ist. Jedenfalls spricht die Wahrscheinlichkeit mehr für die Annahme, dass eine dritte Attacke auf ein Widerstandsniveau erfolgreich sein wird.

Wir haben damit drei Kriterien, um das Maß des auf einem Niveau zu erwartenden Widerstands abzuschätzen: Volumen, kursmäßige und zeitliche Entfernung. Es ist damit offensichtlich (und der Leser mag vielleicht enttäuscht sein), dass die eigene Beurteilung eine große Rolle bei der Anwendung der Kriterien spielt. Das ist nicht zu ändern. Eine exakte mathematische Formel für diese Beziehungen gibt es nicht.

Andererseits ist das Problem nicht so kompliziert. Die allgemeinen Prinzipien sind einfach genug und, wie wir glauben, leicht zu verstehen. Wir sehen uns die Geschichte unserer Aktien im Chart an und prüfen, wo im letzten vorhergehenden Abwärtstrend ein Tief liegt. Es kann mehr oder weniger Widerstand bieten, wenn die augenblickliche Aufwärtsentwicklung der Kurse bis zu ihm reicht. Wir müssen abschätzen, wie viel Angebot dort wartet. Wie viele Aktien wurden ursprünglich

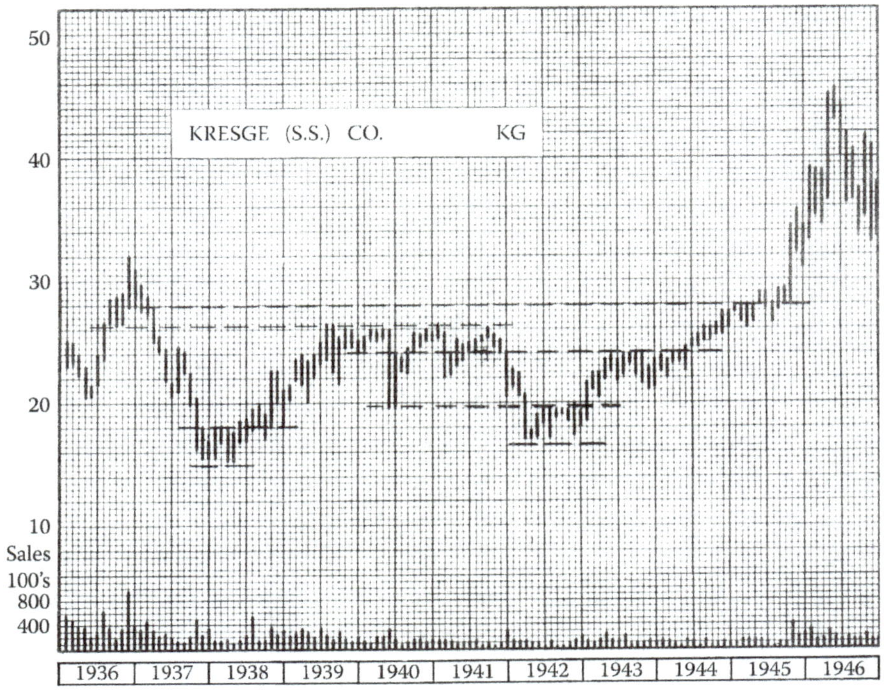

Abbildung 13.4: Im Jahr 1936 bildete sich (knapp über 26) eine drei Monate lange Konsolidierung. Bemerkenswert an diesem Monatschart ist der Widerstand, der 1939, 1940, 1941 und selbst 1944 am unteren Niveau der Konsolidierung wieder auftrat. Das Hoch 1936/1937 hatte hohes Volumen. Die untere Grenze dieser Zone lag bei 28. Noch acht Jahre später, 1945, ergab sich an dieser Linie von 28 erheblicher Widerstand. Als dieser Widerstand schließlich überwunden war, konnten die Kurse steil ansteigen. Sie werden sehen, dass noch einige weitere Unterstützungs-/Widerstandslinien auf diesem Chart hätten gezogen werden können. Bitte beachten Sie die Bodenformationen von 1937/1938 und 1942.

bei diesem Kurs gekauft und sind noch im Besitz von Eigentümern, die eine Gelegenheit zum Aussteigen begrüßen würden?

Die größte Gefahr bei der Abschätzung dieser Faktoren liegt darin, den zu erwartenden Widerstand zu unterschätzen. Hüten Sie sich vor diesem Fehler; es ist immer sicherer, ein Widerstandsniveau zu überschätzen. Sie selbst mögen sehr optimistisch über die Aktie denken. Sie sagen sich vielleicht: „Diejenigen, die damals auf den Aktien sitzen geblieben sind, müssen doch bemerkt haben, dass sich die Bedingungen wesentlich verbessert haben. Sie werden es jetzt nicht mehr so eilig haben, zu verkaufen." Zählen Sie darauf nicht. Bedenken Sie, dass jene Käufer für lange Zeit auf ihren Aktien „saßen". Selbst wenn sie jetzt im Allgemeinen positiv über die Börsensituation denken, mögen sie über diese besondere Aktie derart enttäuscht sein, dass sie sie dennoch verkaufen und ihr Glück mit einer anderen Aktie versuchen wollen. (Die starrsinnige und manchmal recht kostspielige Weigerung des durchschnittlichen amerikanischen Anlegers, einen Verlust zu realisieren, wirkt sich sogar gegen das rechtzeitige Umwechseln von Aktien aus.)

Alles, was wir soeben über die Abschätzung eines Widerstandspotenzials gesagt haben, gilt ebenso – aber natürlich in umgekehrter Richtung – für die Abschätzung eines Unterstützungspotenzials. Die Prinzipien sind genau dieselben, auch wenn die dahinterstehenden Gründe nicht ganz so einsichtig sein mögen.

Feststellung genauer Niveaus

Unser nächstes Problem besteht darin, so genau wie möglich die Grenzen einer Unterstützungs- beziehungsweise Widerstandszone zu lokalisieren. In vielen Fällen können wir auch das genaue Kursniveau ermitteln, wo das Zentrum oder die Achse einer solchen Zone liegt. In unseren theoretischen Beispielen zur Veranschaulichung des Prinzips haben wir einfach runde Zahlen benutzt. In der Wirklichkeit sind die Niveaus selten so schön markiert. Selbst das scharfe und relativ wenig gegliederte Tief eines kleineren Kursrückgangs kann aus einer Woche von Kursfluktuationen bestehen, die in einer Zone von zwei bis vier Punkten hin und her laufen. Vielleicht hat der niedrigste Tag jener Woche im Chart die Form eines One-Day Reversals oder es gibt zwei oder drei Tage, die spitz nach unten aus der allgemeinen Masse der Kurse herausragen. Auch hier gibt es keine mathematischen Formeln. Man muss Kurs und Volumen miteinander sehen und kann durch einfache Betrachtung recht gut schätzen, bei welchem Kurs größeres Angebot wahrscheinlich ist. Achten Sie besonders auf die Schlusskurse der Tage, die den Bodenbereich ausmachen, und bilden Sie im Geiste einen Durchschnittswert; diese Zahl liegt vermutlich ziemlich nahe am „Schwerpunkt" der gesamten Widerstandszone.

Natürlich wird schon einiges Angebot herauskommen, sobald ein folgender Aufschwung den untersten Teil der gesamten Widerstandszone erreicht. Mehr und mehr Angebot kommt hinzu, wenn die Bewegung weiter in die Zone hineinstößt. Manchmal kann man fast haargenau voraussagen, wie weit die Kurse in das Widerstandsgebiet eindringen werden. Man vergleicht dazu sorgfältig die Kraft (den Umsatz) beim Aufschwung mit dem Umsatz auf den verschiedenen Niveaus innerhalb der ursprünglichen Widerstandsformation. Dies erfordert Erfahrung, aber diese Erfahrung lässt sich leicht und ohne Unkosten erwerben. In den meisten Fällen ist es allerdings weder notwendig noch besonders wünschenswert, so exakt zu sein.

Fast jeder Chart in diesem Buch zeigt einige Beispiele von Unterstützungs- und Widerstands-Phänomenen. Wenn der Leser dieses Kapitel beendet hat, sollte er sich alle noch einmal betrachten und unter diesem Gesichtspunkt untersuchen. Die praktische Anwendung unserer obigen Regeln wird dadurch sehr viel deutlicher. Außerordentlich instruktiv ist es auch, sich eine Sammlung Monatscharts aller aktiv gehandelten Aktien über eine Periode von zehn oder mehr Jahren zu beschaffen und die dort erscheinenden Unterstützungs- und Widerstandsniveaus zu untersuchen. *EN: Leicht zu generieren mit den meisten derzeit erhältlichen Softwareprogrammen und im Internet unter stockcharts.com und anderen Seiten.* Sie werden eine erstaunliche Tendenz finden, dass sich Hochs, Tiefs und seitwärts verlaufende Konsolidierungen bei jeder nächsten größeren Kursbewegung auf ungefähr dem gleichen Niveau entwickeln, während die Kurse zwischen solchen Niveaus frei und schnell aufwärts oder abwärts wandern. Es ist kaum erforderlich, auf den praktischen Wert solcher Informationen hinzuweisen, den man aus der Chartvergangenheit einer Aktie gewinnt.

Und damit sind wir bei einem Punkt, den wir hier zweckmäßigerweise näher betrachten – welche Charts am besten geeignet sind, um Unterstützungs- und Widerstandsniveaus zu lokalisieren und abzuschätzen. Für kurzfristige, kleinere Bewegungen ist der Tageschart naturgemäß die einzige Informationsquelle. Ein Tageschart, der ein Jahr oder länger zurückreicht, kann auch notfalls benutzt werden, um Niveaus von Bedeutung für den mittelfristigen Trend zu ermitteln. Nach Meinung der Autoren geben Tagescharts aber nicht die langfristige Perspektive, die man wirklich benötigt, um Unterstützungs- und Widerstandszonen im langfristigen und im mittelfristigen Trend zu ermitteln. Tagescharts überbetonen das Potenzial einer neueren kleinen Unterstützungs- oder Widerstandszone;

sie lassen die Wichtigkeit eines wirklich mittelfristigen Niveaus nicht genügend hervortreten. Für die richtige Perspektive ist ein Wochenchart am besten, der Volumen und Kurse zeigt und zumindest den gesamten vorhergehenden langfristigen Bullen- und Bärenzyklus umfasst. Auch aus Monatscharts kann man nach einigem Studium und mit etwas Erfahrung sehr gute Resultate gewinnen.

Kehren wir zu unseren Unterstützungsphänomenen zurück. Wir haben schon mehrfach einen „normalen“ Trend erwähnt. Was wir dabei im Auge hatten, könnte man vielleicht besser einen „idealen“ Trend nennen. Wie so viele andere sogenannte normale Dinge ist das ein Trendmuster, von dem die Erfahrungstatsachen häufig abweichen. Nichtsdestoweniger ist bei Aktientrends diese „Norm“ oder dieses „Ideal“ eine ziemlich häufige Erscheinung. Wenn es ein Aufwärtstrend ist, besteht er aus einer Serie von Zickzack-Bewegungen. (EN10: Denken Sie an *Wellen* wie in Kapitel 28.) Jedes „Zick“ trägt die Kurse auf ein neues Hoch, und jedes „Zack“ bringt sie ungefähr zur Spitze des vorhergehenden „Zicks“ zurück. Um es in Zahlen zu beschreiben: aufwärts bis 10, zurück auf 6, aufwärts bis 15, zurück auf 10, aufwärts bis 20, zurück auf 15, aufwärts bis 26, zurück auf 20 und so weiter. Eine solche Entwicklung nennt der Charttechniker „Selbstkorrektur“ und sieht sie als besonders gesund an. Daher besteht auch eine besonders große Wahrscheinlichkeit der Fortsetzung. Ein solcher Trend enthält also nach jedem Schritt vorwärts jeweils eine Reaktion zum nächstkleineren Unterstützungsniveau. Wenn Sie an einer Aktie mit einem solchen Trendmuster interessiert sind, bildet die normale Rückkehr auf ein Unterstützungsniveau eine gute Stelle zum Kauf.

Das Versagen eines Unterstützungsniveaus

Früher oder später muss ein solches Muster aus kleineren Wellen zu Ende gehen. Dieses Ende kommt im Allgemeinen auf zweierlei Art (obwohl es eine Unzahl möglicher Varianten gibt). Im einen Falle spurten die Kurse in einem Aufschwung davon, der in keinem Verhältnis zu der bisherigen Aufeinanderfolge von Aufwärtswellen steht. Einer solchen Bewegung folgt selten eine Reaktion bis zu jener Unterstützungslinie, die weit zurückgelassen wurde. Stattdessen entwickelt sich eher eine Flächenformation – sie mag Konsolidierung oder Umkehr bedeuten.

Die andere Alternative für die Unterbrechung des Trends besteht darin, dass eine Reaktion *nicht* auf dem Niveau des vorhergehenden kleineren Hochs zum Halt und zur Umkehr kommt, sondern durch jene Zone hindurchstößt, vielleicht bis auf das Niveau des vorigen kleineren Tiefs. Diese Bewegung hat ihr Unterstützungsniveau durchbrochen, und jeder derartige Fall enthält eine klare Warnung vor einem Trendwechsel. Die Warnung ist besonders betont, wenn die Aktivität eine Tendenz zum Anwachsen zeigt, während oder nachdem die Unterstützung verletzt wurde. Beachten Sie, dass wir *Wechsel* im Trend sagten und nicht *Umkehr*. Denn der Bruch eines kleineren (Minor) Unterstützungsniveaus mag nur einen zeitweisen Halt und eine seitwärts verlaufende Konsolidierung bedeuten. Aber sie kann auch ein Vorabsignal für eine drohende Trendumkehr sein. Beides ist ein Trendwechsel.

Wenn Sie sich jetzt an das Bild einer typischen Schulter-Kopf-Schulter-Formation erinnern, sehen Sie, dass der Abschwung vom Kopf gerade eine solche Verletzung einer kleineren Unterstützungslinie darstellt. Denn der Kurs geht durch das Niveau des Hochs der linken Schulter. Sie werden sich auch erinnern, dass dieser Kursrückgang unser erster Hinweis darauf ist, dass sich irgendetwas in der Art einer Umkehrformation entwickelt.

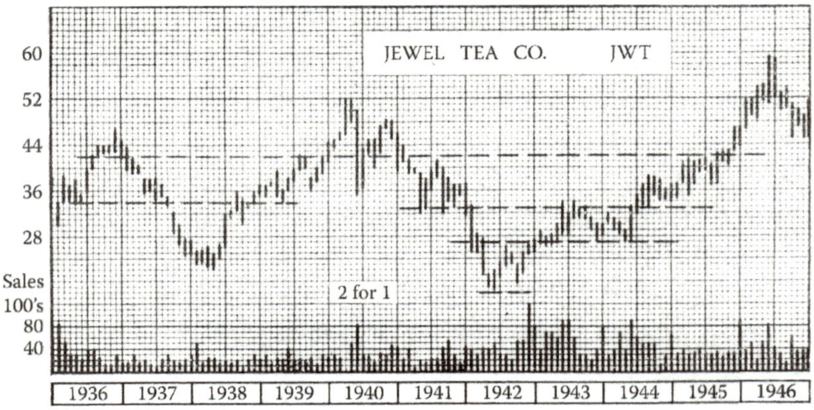

Abbildung 13.5: Ein Monatschart von Jewel Tea Co., in dem die größten Unterstützungs- und Widerstandsniveaus gekennzeichnet sind. Beachten Sie die Rollenwechsel.

So hat auch die Verletzung eines naheliegenden Unterstützungsniveaus ihre praktische Bedeutung in der Technischen Analyse: Wenn eine kleinere Unterstützung gebrochen wird, sollte man das immer als ersten Schritt bei der Umkehr des intermediären Trends betrachten. (Wenn sich das nur als Konsolidierung herausstellt, haben wir später genügend Gelegenheit, eine aufgegebene Position wieder einzugehen, wenn wir das wünschen.) In gleicher Weise ist der Durchbruch durch eine mittelfristige Unterstützungszone häufig das erste Anzeichen einer Umkehr im Primärtrend. Wir glauben nicht, dass wir dieses Prinzip noch näher erläutern müssen. Die empfohlene Spekulationstaktik hierfür wird im zweiten Teil des Buches erläutert; Unterstützungs- und Widerstandslinien sind besonders nützlich als Referenzpunkte für Stop-Loss-Orders. Auch das werden wir dort erörtern.

Verbreitete Missverständnisse

Alles, was wir hier über den Bruch eines Unterstützungsniveaus gesagt haben, gilt natürlich auch, aber in umgekehrter Richtung, für das Durchbrechen eines Widerstandsniveaus. Einen Punkt möchten wir jedoch noch erwähnen. Wenn Sie sich viel in Sitzungssälen aufhalten, wird Ihnen aufgefallen sein, dass sich das übliche Konzept von Unterstützung und Widerstand von unserem etwas unterscheidet. Ein Beispiel: Wenn X auf 62 gestiegen, auf 57 zurückgegangen und dann auf 68 gestiegen ist, werden viele Spekulanten davon sprechen, dass 57 die Unterstützungslinie sei. Die Ursache für diese Vorstellung liegt wahrscheinlich darin, dass X zum letzten Mal bei diesem Kurs ausreichende Unterstützung fand, um den Trend von abwärts nach aufwärts zu drehen. Wir dagegen würden, wie Sie gesehen haben, die Nähe von 62 als Unterstützungszone bezeichnen. Es ist wichtig, dass Sie diese Unterscheidung verstehen; sie ist bei den praktischen Ergebnissen manchmal von außerordentlicher Bedeutung.

Zugegebenermaßen ist es nicht ohne Weiteres einleuchtend, ein früheres Hoch als das Niveau anzusehen, wo sich ein späteres Tief bilden soll, oder umgekehrt. Bei oberflächlicher Betrachtung würde es viel logischer erscheinen, Hoch und Hoch sowie Tief und Tief einander zuzuordnen. Außerdem ist es in unserem Beispiel durchaus richtig, dass einige Investoren ihre Aktien nicht mehr bekamen, die sie bei 57 kaufen wollten, als der zweite Anstieg auf 68 sie außer Reichweite brachte.

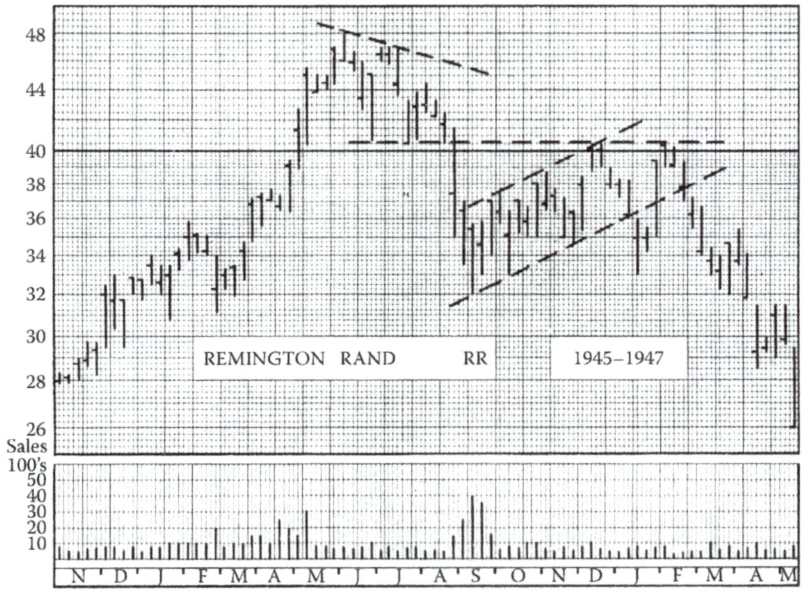

Abbildung 13.6: 1946 bildete sich in diesem Wochenchart von Remington Rand ein großes fallendes Dreieck. Als die Kurse daraus nach unten ausbrachen, hätte die Abwärtsbewegung, zumindest zeitweise, bei etwa 37 zum Halten kommen können. Das war das Niveau einer vier Wochen langen Konsolidierung im April. Zumindest hätte der Kursrückgang bei 35–36, dem Niveau des Februar-Hochs, auf Unterstützung stoßen sollen. Das Versagen in diesem letzteren Fall hatte Bedeutung für den langfristigen Trend. Beachten Sie den späteren Widerstand bei 40 ½.

Ihre Kauforders bei 57 mögen noch weiter gelten oder bei einer Rückkehr der Kurse erneuert werden. Nichtsdestoweniger gibt es keine Sicherheit, dass dem so ist. Es gibt in X kein „gebundenes Interesse" bei 57, das „automatisch" neue Nachfrage bringen wird. Andererseits haben wir jedoch gesehen, dass es eine Art „gebundenes Interesse" an einem alten Tief gibt. Es bringt Verkäufe (Widerstand) und bildet dadurch ein neues Hoch. An einem alten Hoch bringt dieses Interesse Nachfrage (Unterstützung) und produziert damit ein neues Tief.

Wir bitten unsere Leser, sich dieses Konzept gut klarzumachen. Jede genauere Untersuchung eines Charts wird schnell zeigen, dass es für die Kurse viel leichter ist, durch eine frühere Top-Linie nach oben durchzudringen als durch die Widerstandszone, die sich an einem früheren Tief mit Volumen gebildet hat (und jeweils umgekehrt, bezogen auf Kurs-Abwärtsbewegungen). Sie werden feststellen, dass sich auf dem Niveau eines früheren Höchstkurses zwar etwas Angebot ergeben wird. Aber gewöhnlich reicht das nur, um einen kurzen Halt des Kurses herbeizuführen, jedoch nicht für eine mehr oder weniger ausgedehnte Reaktion oder Konsolidierung. Sie entwickelt sich eher, wenn der Trend gegen eine wirkliche Widerstandszone stößt.

Runde Zahlen

Es gibt bestimmte andere Niveaus, die zuzeiten in erheblichem Maße Widerstand oder Unterstützung hervorbringen können, ohne dass eine Beziehung zu einem früheren „gebundenen Interesse" vorhanden ist. Wir denken an runde Zahlen wie 20, 30, 50, 75, 100 und so weiter. Wenn man eine Aktie kauft und dabei an ein Kursziel für Gewinnmitnahmen denkt, ist es nur natürlich, in solchen

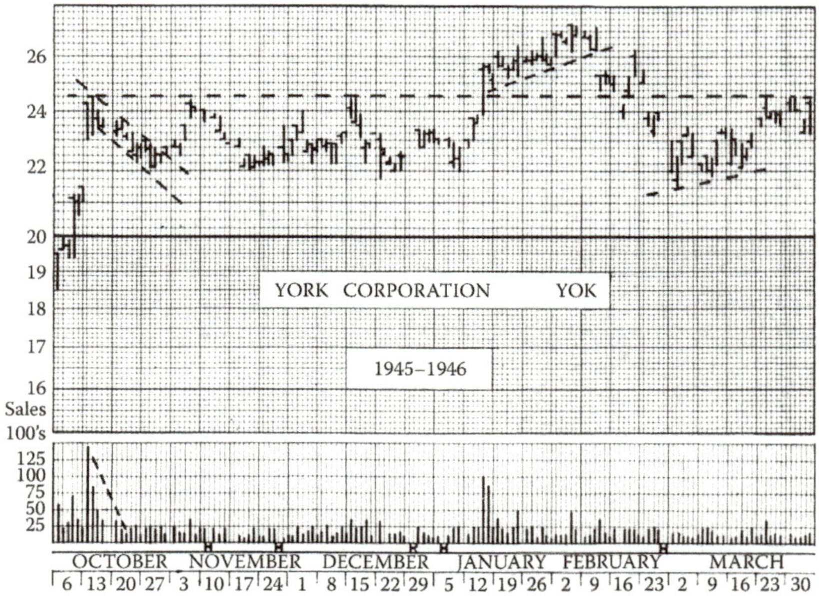

Abbildung 13.7: York ist eine verhältnismäßig schwach kapitalisierte Aktie, die normalerweise viele kleine technisch bedeutungslose Gaps macht. Aber die große Kurslücke vom 8. Oktober 1945 bei großem Umsatz erforderte Aufmerksamkeit. Sie sah wie ein Runaway Gap aus und hätte als solches eine Fortsetzung des Trends bis 26 ½ oder mehr signalisiert. Aber die Kurse beendeten ihren Aufschwung bei 24 ½ und liefen in ein drei Monate langes Rechteck. Ein Ausbruch nach oben am 10. Januar 1946 erreichte das Mindestkursziel des Rechtecks (und das Oktober-Gap); danach fielen die Kurse zurück. Siehe auch die Fortsetzung in Abbildung 13.8.

runden Zahlen zu denken. Wenn eine niedrig notierende Aktie von 10 stetig auf 20 gestiegen ist, ist es deshalb ziemlich sicher, dass sie dort unter Abgabedruck aus Gewinnmitnahmen geraten wird. Das gilt besonders, *wenn diese Zahl ein neues Mehrjahreshoch dieser Aktie* darstellt. Wenn eine Aktie ein neues Allzeithoch erreicht und erstmalig in neues Gebiet nach oben vorstößt, wo es keine sonstigen Anhaltspunkte aus ihrer Chartgeschichte gibt, muss man ziemlich sicher davon ausgehen, dass bei den runden Zahlen Widerstand auftreten wird. Bei alten und aktiv gehandelten Aktien wie U.S. Steel *(EN: oder IBM und GE)* verlieren die runden Zahlen an Bedeutung.

Wiederholung historischer Niveaus

Würden etablierte wichtige Unterstützungs- und Widerstandslinien immer funktionieren, so würden mittelfristige Hochs und Tiefs Jahr für Jahr und in einem Bullen- und Bärenzyklus nach dem anderen immer genau in derselben Zone auftreten. In der Tat gibt es bei alten und aktiv gehandelten Aktien eine gut erkennbare Tendenz in dieser Richtung. Bei General Electric beispielsweise waren von den 1920er- bis in die 1950er-Jahre hinein die Zonen 22 bis 24, 34 bis 35, 40 bis 42 und 48 bis 50 durch große Umsätze (und infolgedessen durch viele Fälle einer Umkehr des mittelfristigen Trends) charakterisiert. Bei Southern Pacific gibt es historische Unterstützungs- und Widerstandszonen bei 21 bis 22, 28 bis 30, 38 bis 40 und 55 bis 56. Bei U.S. Steel sind die Zonen 42 bis 45, 55 bis 58, 69 bis 72, 78 bis 80 und 93 bis 96 in auffälliger Weise als Umkehrzonen zu erkennen. Und viele andere Aktien könnten ebenfalls noch zitiert werden. *(EN9: Auch*

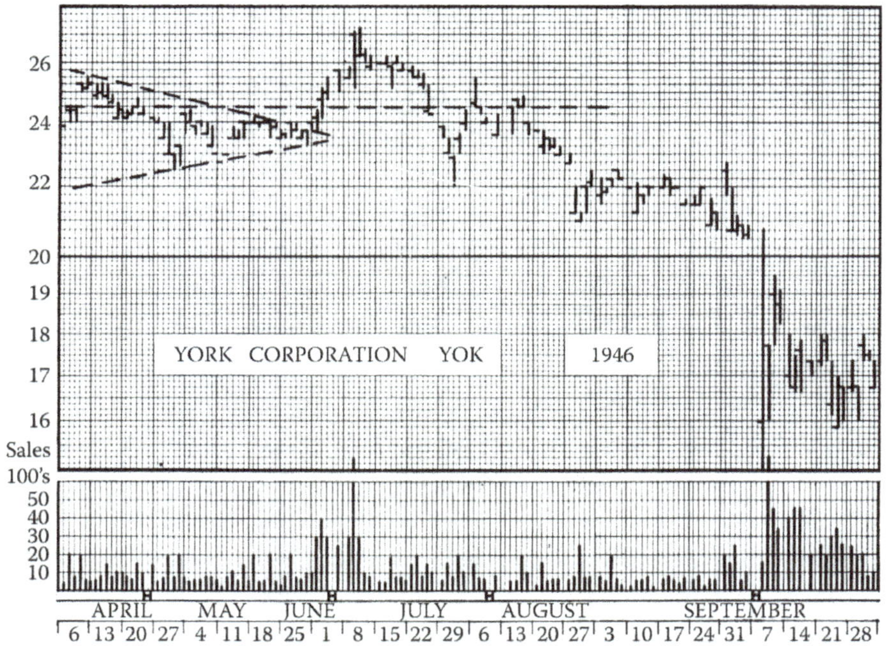

Abbildung 13.8: Die Februar-Reaktion in Abbildung 13.7 fand zunächst bei 24 eine Unterstützung; die Kurse prallten davon weit genug ab, um die Lücke vom 7. Februar zu schließen. Dann aber brachen sie durch die Unterstützung der oberen Rechteck-Grenze hindurch – technisch eine entschiedene Warnung. Danach bildete sich ein symmetrisches Dreieck aus. Jedoch kam der Breakout zu nahe an der Spitze und brachte nur eine Rallye zum früheren Hoch. Es folgte ein „End-Run" (siehe Anmerkung zu Abbildung 8.9) um die Dreiecksspitze. Man brauchte nicht auf das Signal des Doppeltops vom 22. August zu warten, um eine Abwärtsbewegung von mehr als bloß kleinerem Ausmaß vorhersagen zu können.

wenn die konkreten Aktien tot oder umgewandelt sein mögen, ist das Prinzip wohlauf und gilt immer noch.)

Über lange Zeiten jedoch werden andererseits solche Unterstützungs- und Widerstandszonen allmählich modifiziert, verbreitert, verwischt und neue geschaffen. Eine Quelle vieler wichtiger neuer Angebotszonen ist eine Baisse-Panik. Bei einer solchen Abwärtsbewegung kann man damit rechnen, dass sie keinerlei Rücksicht auf irgendwelche früheren bestehenden Unterstützungszonen nimmt. Wie wir in unseren früheren Untersuchungen der primären Kursschwünge im Zusammenhang mit der Dow-Theorie sahen, ist die Panik typisch für die zweite Phase der Baisse. Wenn sie erst einmal in Gang kommt, scheint sie in ihrem verhängnisvollen Sturz alle potenziellen Unterstützungen hinwegzufegen, bis sie sich in einer allgemeinen Selling Climax erschöpft. Die Selling Climax kann auf einem Niveau mit Beziehungen zu früheren Unterstützungsniveaus liegen oder auch nicht. Um wieder U.S. Steel als Beispiel zu benutzen: Die Panik von 1937 stürzte die Aktie durch die Zone 93–96, zögerte nur kurz bei der Zone 78–80 und stieß dann durch die Zonen 69–72 und 55–58, um kurz über 50 anzuhalten. Auch in der Panik von 1946 war X schnell durch die beiden Niveaus 78–80 und 69–72 gefallen, um bei 66 zum Halten zu kommen.

Wenn bei einem Paniktief in einer Aktie große Umsätze erfolgen, hat dieses Niveau für die Zukunft ein starkes „handfestes Interesse" und wird gewöhnlich einem nachfolgenden Aufschwung auffälligen Widerstand entgegensetzen (nachdem zuvor ein weiterer Baisse-Abschwung die Kurse unter das Panikniveau getragen hatte).

Dies bringt uns zu der Frage, wie sich Unterstützung und Widerstand in anderen Stadien des Primärtrends verhalten – schon früher in diesem Kapitel hatten wir darüber weitere Ausführungen angekündigt. Wenn sich der Bärenmarkt dem endgültigen Tief nähert, wird bei einem lang ausgezogenen, wenn auch sonst typischen Bärentrend das Umsatzvolumen sehr stark abnehmen. Bedenkt man die Beziehung zwischen Widerstand und Volumen, so sieht man leicht, dass in einer solchen Situation der zwischenzeitliche Boden vor dem allerletzten Boden nur relativ wenig Angebot hervorbringen wird, wenn der neue Aufwärtstrend dieses Niveau erreicht. Demgemäß ist dort nur eine kleine Reaktion zu erwarten. Hinzu kommt, dass viele Käufer in den letzten Stadien einer größeren Abwärtsbewegung Investoren sind, die freiwillig auf dem Weg nach unten investieren und deshalb durchaus erwarten, dass die Kurse noch etwas tiefer gehen werden. Sie werden nicht leicht abgeschüttelt. Der langsame Fortschritt, den man so oft im ersten Teil einer neuen langfristigen Hausse sieht, ist weniger eine Folge von Widerstand oberhalb der jetzigen Kurse als vielmehr ein Mangel an ungeduldiger Beteiligung des Publikums.

Wenn in einer Baisse-Panik die Kurse kopfüber nach unten gestürzt sind, sind Erholungen aus offensichtlichen Gründen gewöhnlich schon lange zu Ende, ehe sie bis zum letzten Widerstandsniveau kommen, das in jenem primären Abschwung zurückgelassen wurde. (Das ist gewöhnlich das Tief, den der erste mittelfristige Bärentrend bei seinem Abschwung von seinem extremen Hoch des Zyklus gemacht hat.) Die Erholung trifft in solchen Fällen oft auf Angebot aus einer niedriger liegenden Widerstandszone, die seinerzeit *in dem vorhergehenden Bullenmarkt* entstanden war. Wenn Sie in einer solchen Situation die zu erwartende Erholung in ihrer Größe abschätzen wollen, gehen Sie also in Ihrem Chart entsprechend weit zurück.

Ein weiterer Gedanke in diesem Zusammenhang ist folgender: Kein Gesetz zwingt einen Aufwärtstrend, immer weiter zu laufen, bis er schließlich eine entfernte Angebotszone über seinem Kopf erreicht. Zwar ist es eine schon erwähnte Nebenerscheinung unserer Theorie von Unterstützung und Widerstand, dass die Kurse schnell durch einen Bereich ohne Tiefs oder Konsolidierungszonen aus früheren Abwärtstrends steigen können, aber wenn die erste etablierte Widerstandszone eine lange Strecke Wegs nach oben entfernt liegt, kann der Aufschwung sich erschöpfen, ehe er dort überhaupt hingelangt. Erhebliches Angebot kann auch aus anderen Gründen auf einem niedrigeren Niveau auftreten. Behandeln Sie also eine entfernte Widerstandszone nicht als sicheres Ziel, sondern eher als maximale Möglichkeit der Kursbewegung. Aber wenn alle Bedingungen gleich sind und Sie die Wahl zwischen dem Kauf zweier Aktien haben, sollten Sie natürlich diejenige aussuchen, die über sich den „leichteren Weg“ hat, die also weiter steigen kann, ehe sie auf eine aus dem Chart ersichtliche Angebotszone trifft.

Formationswiderstand

Wir können nun auch auf einige weniger wichtige Erscheinungen zurückkommen, die wir schon im Zusammenhang mit Umkehr- und Konsolidierungsformationen in früheren Kapiteln erörtert haben. Nehmen Sie zum Beispiel Gaps. Wenn eine Reaktion bald nach einer Lücke einsetzt, ist es leicht für die Kurse und daher auch ganz normal, zurückzurutschen und das Gap zu schließen. Innerhalb der Zone, durch die die Kurse bei der Entstehung der Lücke im Chart sprangen, ist kein „handfestes Interesse“. Sie sehen jetzt auch, warum eine solche Reaktion, sobald sie die Lücke ge-

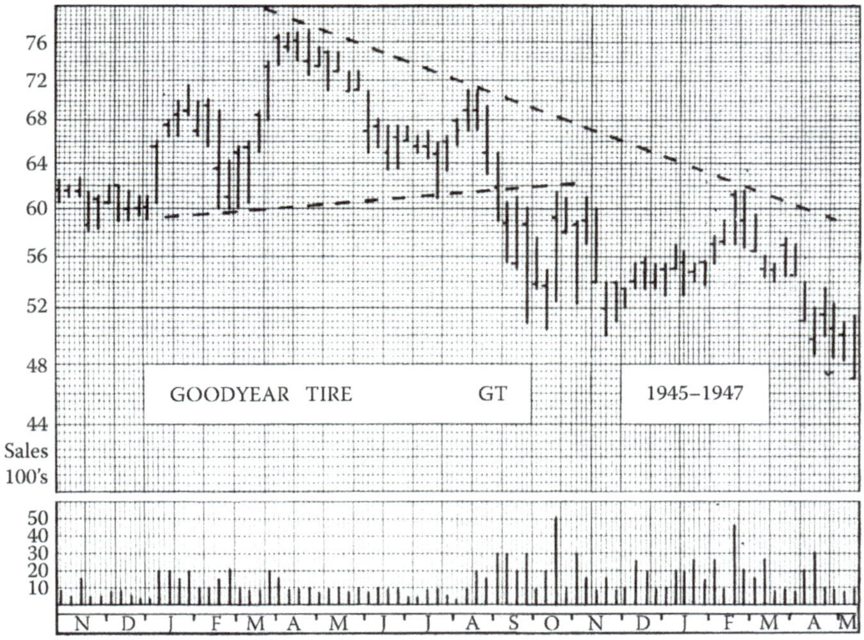

Abbildung 13.9: Pullbacks erwähnten wir zuerst in Kapitel 6 im Zusammenhang mit Schulter-Kopf-Schulter-Formationen. In diesem Kapitel stoßen wir wieder auf sie, diesmal als Phänomene von Unterstützung und Widerstand. Zumindest ein Pullback zur Nackenlinie nach dem Breakout ereignet sich in der großen Mehrzahl der Fälle. Viele Schulter-Kopf-Schulter-Formationen produzieren zwei Pullbacks. Der erste kommt einige Tage nach dem Breakout und ehe die Kurse sehr weit gelaufen sind, und der zweite erst Wochen später, manchmal schon, wenn die Kurse das Mindestkursziel der Schulter-Kopf-Schulter-Formation erreicht haben. Goodyear zum Beispiel erlebte die ungewöhnliche Zahl von vier Pullbacks zur Nackenlinie von 1946. Der erste ereignete sich zwei Wochen nach dem Breakout im August, der nächste im Oktober, ein dritter im November, der vierte im Februar 1947. Er stieß auf den doppelten Widerstand von Nackenlinie und Abwärtstrendlinie (Kapitel 14), die vom Kopf (April 1946) über die rechte Schulter (August) nach unten verlief.

schlossen hat, zum Halten kommen und der Kurs sich wieder drehen kann. Voraussetzung ist, dass in der Kurszone unmittelbar vor der Lücke ein hoher Umsatz stattgefunden hat. Das ist der Normalfall bei Breakaway Gaps.

Aus demselben Grund ist jede Lücke leicht zu schließen, sobald eine Reaktion die Kurse in die betreffende Richtung zurückführt. Voraussetzung ist, dass die Lücke nicht zu weit weg ist und dass auf dem Weg dorthin keine Widerstandszonen liegen, die die Reaktion vor Erreichen der Lücke aufhalten. Im Falle eines Runaway Gaps besteht andererseits kein Grund, warum eine Reaktion anhalten sollte, sobald sie den Bereich der Lücke geschlossen hat; im Gegenteil wird die Reaktion wahrscheinlich weiter durch die „verdünnte" Kurszone vor dem Gap hindurchgehen.

Pullbacks und Throw-Backs sind schnelle Rückkehrbewegungen, die sich oft nach einem Breakout aus einer Schulter-Kopf-Schulter- oder einer anderen Zonenformation einstellen. Sie sind Beispiele für die Prinzipien von Unterstützung und Widerstand. Nachdem zum Beispiel die Kurse aus einem fallenden Dreieck nach unten ausgebrochen sind, ändert die horizontale untere Grenze der Formation, ursprünglich eine Nachfragelinie, prompt ihre Rolle und wird zum Widerstandsniveau. Nach einem entscheidenden Ausbruch wird daher jeder Versuch, die Kurse zurück und hindurch zu treiben, durch Angebot auf oder nahe der Linie gestoppt. Aus demselben Grund wird die Nackenlinie einer Schulter-Kopf-Schulter-Formation, die zunächst eine Nachfragelinie war, eine Widerstandslinie, wenn sie durchbrochen wurde. Die obere Grenze oder Angebotslinie eines Rechtecks wird eine Unterstützung, nachdem die Kurse mit entsprechendem Volumen und um eine entscheidende Spanne darüber hinaus gestiegen sind.

Für die Abschätzung des Widerstands aus einem früheren Bodenniveau nannten wir weiter oben drei Kriterien. Eines war die „Entfernung". Wir legten als allgemeine Regel nieder, dass die Kurse einer Aktie der mittleren Preisklasse zumindest zehn Prozent unter das betreffende Niveau gefallen sein müssten, ehe viel Widerstand einsetzt. Diese 10-Prozent-Regel gilt aber nicht im Falle eines Throw-Backs auf eine gut definierte Formationsgrenze, wenn sie kurz nach einem Breakout erfolgt. Alles, was erforderlich ist, um starken Widerstand gegen solche Bewegungen an der Grenze der Formation hervorzurufen, ist ein eindeutiger Breakout.

Das symmetrische Dreieck hat eine andere Art von Unterstützungs- und Widerstand-„Feld". Sie werden sich erinnern, dass der erste Umkehrpunkt bei der Formierung eines symmetrischen Dreiecks (ein Hoch, wenn sich das Dreieck nach einem Aufwärtstrend bildet, oder ein Tief, wenn es sich nach einer Abwärtsbewegung bildet) normalerweise von hohem Umsatz begleitet wird. Die Aktivität nimmt dann bei den folgenden Fluktuationen innerhalb der zusammenlaufenden Grenzen schnell ab. Nach einem Breakout der Kurse aus dem Dreieck ergeben sich folgende Möglichkeiten: Wenn die Kurse ausreichend über das Niveau des ersten Umkehrpunkts der Formation hinausgelangt sind, wird wegen des hohen Umsatzes dort dieser Umkehrpunkt zur Unterstützung (beziehungsweise zum Widerstand) gegen eine folgende Reaktion. Wenn das jedoch nicht der Fall ist, die Breakout-Bewegung also nicht um eine eindeutige Spanne über das Niveau des ersten Umkehrpunkts im Dreieck hinausgetragen hat, wird ein Throw-Back die Notierungen wahrscheinlich zu der (nach unten weisenden) Grenze der Formation zurückführen. Wenn sich in diesem Fall der Trend schon bis zur Dreiecksspitze oder darüber hinaus fortgearbeitet hat, ehe die Reaktion einsetzt, wird der Throw-Back gewöhnlich erst auf dem Niveau der Dreiecksspitze Unterstützung (oder Widerstand) finden. Die Dreiecksspitze repräsentiert also kurz gesagt die Achse oder das Niveau, wo Unterstützung und Widerstand des Dreiecks konzentriert sind.

Der Schnittpunkt der beiden zusammenlaufenden Grenzlinien des symmetrischen Dreiecks ist gelegentlich auch einmal „Drehpunkt" („cradle") genannt worden. Die Unterstützung (oder der Widerstand) der Achse ist am stärksten nahe dem „Drehpunkt". Sie wird schwächer, je weiter die Achsenlinie (das Niveau der Dreiecksspitze) im Chart nach rechts verlängert wird (das heißt, wenn die Zeit fortschreitet). Wenn zum Beispiel eine verspätete Breakout-Bewegung nach oben es nicht schafft, die Kurse sehr weit von der Zone des Dreiecks wegzutragen, der Trend dann ausläuft und flach wird, wird die Situation kritisch. Wenn sich eine Reaktion zu entwickeln beginnt, nachdem der „Drehpunkt" (ausgedrückt in Zeiteinheiten) überschritten ist, muss man das Kursverhalten auf der Achse (Niveau der Dreiecksspitze) genau beobachten (eine Stop-Loss-Order ist hier angezeigt). Sollte die Unterstützung der Achse nicht halten, so kann die Reaktion durchbrechen und sich zu einem ausgedehnteren Swing beschleunigen, der sehr passend als „End-Run um die Linie" bezeichnet worden ist.

Volumen beim Durchbruch durch Unterstützungszonen

Wenn Kurse auf eine Widerstandszone (oder Unterstützungszone) treffen, aber nicht davon zurückgeworfen werden, sondern – vielleicht nach einigen Tagen Abwarten an dem Niveau – hindurchstoßen, gibt es fast immer eine plötzliche Beschleunigung und ein merkliches Anwachsen des

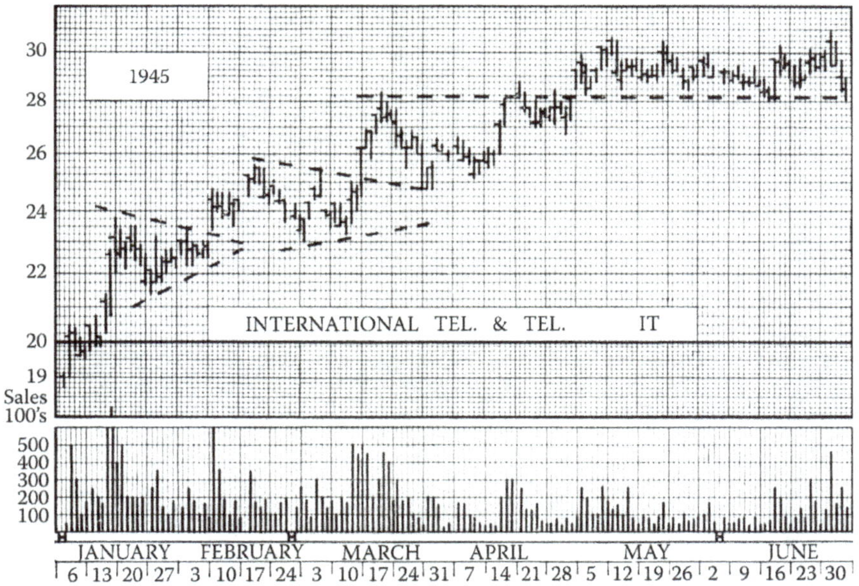

Abbildung 13.10: In diesem Tageschart von „IT" aus dem Jahr 1945 erscheinen einige Beispiele des Unterstützungs-„Feldes", das ein symmetrisches Dreieck entwickelt. Nach dem verspäteten Ausbruch vom 5. Februar aus dem ersten Dreieck kehrten die Kurse am 9. Februar zu dem Hoch von Mitte Januar zurück. Aber dann gab es eine ausgedehntere Reaktion, die am 26. Februar bis zu dem Niveau der Dreiecksspitze hinunterführte. Dies war eine kritische Stelle. Die Dreiecksspitze selbst liefert eine starke Unterstützung (oder starken Widerstand), aber die Kraft wird schwächer, wenn die Zeit fortschreitet. In diesem Falle hätte sich leicht ein „End-Run" um die Dreiecksspitze entwickeln können. Stop-Loss-Aufträge sollten immer unter das Niveau einer Dreiecksspitze gelegt werden (siehe Kapitel 27). Hier hielt die Dreiecksspitze jedoch, und die Kurse liefen in ein weiteres Dreieck. Am 10. März brachen sie nach oben aus. Ihre nächste Reaktion wurde an der oberen Formationsgrenze unterstützt, wie es nach einem so frühen Breakout wie diesem zu erwarten war. Die Kursentwicklung von Mitte März bis Ende April verlief in einem aufsteigenden Dreieck. Die Obergrenze fungierte im Juni als Unterstützung, aber wurde im Juli durchbrochen. Bitte vergleichen Sie auch Abbildung 11.17.

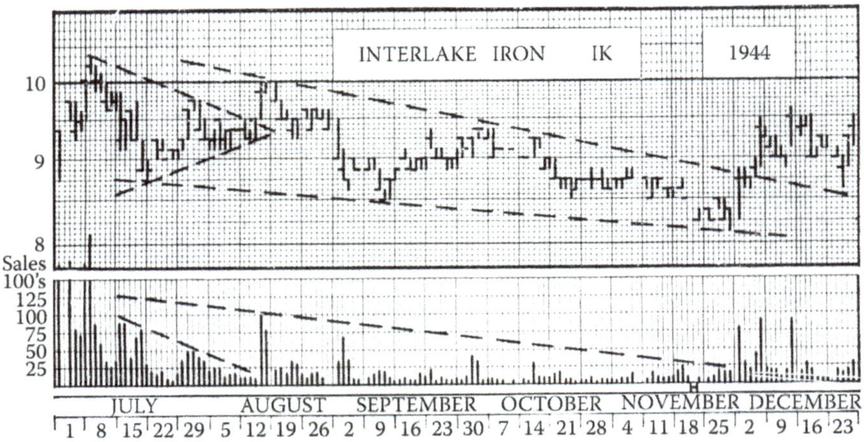

Abbildung 13.11: In diesem Fall stellte sich der verspätete Breakout vom 10. August aus einem symmetrischen Dreieck schnell als Fehlsignal heraus. Nachdem die folgende Reaktion einige Tage lang auf dem Niveau der Dreiecksspitze (Apex) gehalten hatte, brachen die Kurse schließlich zu einem „End-Run" nach unten aus. Danach wandelte sich das Niveau der Dreiecksspitze in eine Widerstandszone gegen Erholungsbewegungen.

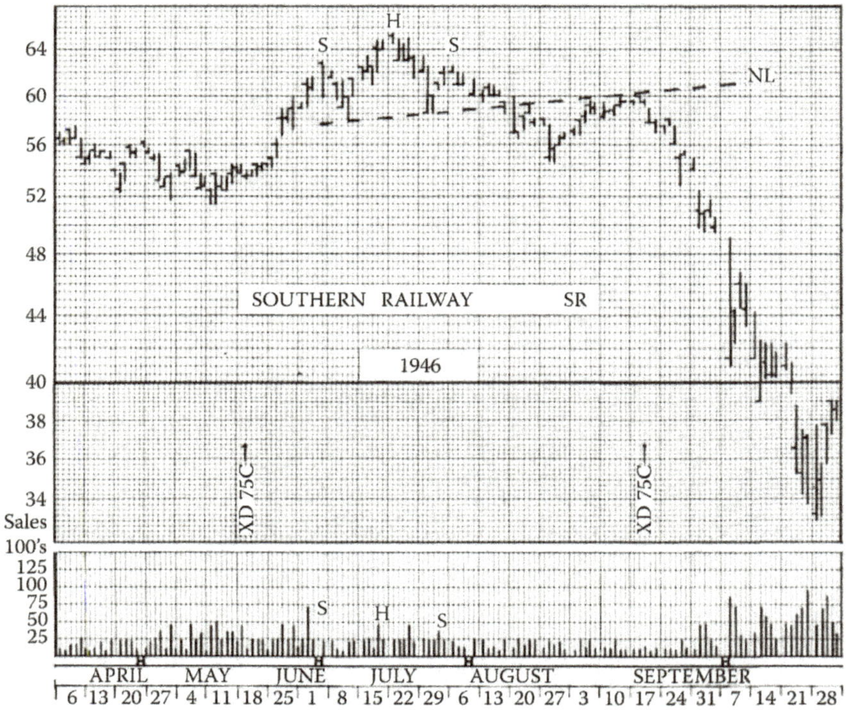

Abbildung 13.12: Hier gab es zwei Pullbacks zur Nackenlinie der Schulter-Kopf-Schulter-Formation, den ersten unmittelbar nach dem Breakout und den zweiten drei Wochen später. Die anfängliche Durchbruchsbewegung prallte von der Unterstützung des Hochs im frühen April ab; der Abschwung im späten Juli fand eine Unterstützung an der allgemeinen Konsolidierungszone vom April und Mai. Dieser Chart illustriert besonders gut, wie das Volumen anwächst, wenn eine gute Unterstützungszone durchbrochen wird. Beachten Sie den entschiedenen Anstieg am 27. August, als die April/Mai-Zone zurückgelassen wurde.

Volumens. Das kann man infolgedessen als Bestätigung und Beweis eines entscheidenden Durchbruchs ansehen, als Hinweis, dass die Bewegung weiter tragen wird. Die Gründe für dieses Anwachsen im Volumen sind unklar. Einige sagen: „Es braucht Volumen, um Widerstand zu überwinden." Das ist schon richtig, aber das Volumen kommt gewöhnlich erst, *nachdem* die Widerstandslinie durchbrochen ist. Deswegen sagen andere: „Das Volumen ist ein Beweis dafür, dass Technische Analysten sehen, was geschehen ist, und auf den fahrenden Zug aufspringen." Aber dieser Gedankengang hat nach Meinung der Autoren auch wenig für sich (wir werden über den fraglichen Einfluss von Charttechnikern auf den Trend später noch mehr zu sagen haben). Viele der Argumente über das Verhältnis Volumenänderung-Kursänderung erinnern an das alte Rätsel, ob erst das Ei oder erst die Henne da war. Viele technische Phänomene – so auch dieses – können wir den Theoretikern überlassen, wenn die praktische Vorbedeutung klar ist.

Unterstützung und Widerstand in den Indizes

Wie bei fast allen anderen technischen Phänomenen gelten die Prinzipien von Unterstützung und Widerstand mit den erforderlichen Modifizierungen für Indizes genauso wie für individuelle Aktien. Ein Index reflektiert die zusammengefassten Charts der Mehrheit seiner Aktien. Aber da eine Minderheit oft ganz abweichende Chartformationen entwickelt, ist die natürliche Folge, dass Unterstützungs- und Widerstandszonen in den Indizes nicht so scharf und eng konstruiert werden können. Besonders kleinere Hochs und Tiefs in den Indizes sind weniger verlässlich in ihrer Funktion als Widerstandsniveaus. Klar begrenzte und wichtige Umkehrstellen von mittelfristigen Trends jedoch repräsentieren fast immer Umkehrpunkte des gesamten Marktes (praktisch alle Aktien). Sie werden daher normalerweise für einen folgenden Trend im Index einen starken Widerstand (beziehungsweise Unterstützung) darstellen.

Wenn die Indizes durch ein Unterstützungsniveau brechen, aber eine oder mehrere Aktien eisern auf oder über ihrem entsprechenden individuellen Unterstützungsniveau verharren, sind sie vermutlich in einer stärkeren Position für die nächste Erholung als die anderen Aktien. Man sollte allerdings hinzufügen: „unter sonst gleichen Bedingungen". Denn für diese Vermutung gibt es auch Einschränkungen, an die man denken sollte. Die Aktie, die dem Abschwung widerstanden hat, kann zum Beispiel für neue Käufer weniger interessant erscheinen als jene, die drastisch heruntergegangen und dafür nun zu einem attraktiveren Kurs zu haben ist.

Viele Behauptungen über die angeblichen zukünftigen Aussichten von Aktien sind in der einen oder anderen Form daran geknüpft, dass eine Aktie sich vorher „besser als der Durchschnitt" oder „schlechter als der Durchschnitt" des Marktes gehalten habe. Jedoch lassen sich diese Argumente immer in beiderlei Richtung verwenden. Es ist sicherer, Indikationen aufgrund des relativen Abschneidens von Aktien nur als einen kleineren Faktor im Gesamtbild zu bewerten.

KAPITEL 14

TRENDLINIEN UND TRENDKANÄLE

Einer unserer grundlegenden Sätze im System der Technischen Aktienanalyse besagt, dass *Kurse sich in Trends bewegen.* In der Tat kann jeder Anfänger dieses Faktum für sich selbst schnell bestätigt finden, wenn er irgendwelche Charts aus irgendeiner Periode betrachtet. Die Börse im Allgemeinen und die vielen Aktien, die dort gehandelt werden, hüpfen nicht in zufälliger Weise alle auf und ab; im Gegenteil zeigen sie in ihrem Kursverlauf entschieden System und Muster. (Zur Veranschaulichung beachten Sie Abbildung 14.1 bis 14.17 in diesem Kapitel.)

Kurse bewegen sich in Trends. Diese Trends können aufwärts, abwärts oder seitwärts (horizontal) gerichtet sein. Sie können kurz sein oder lange andauern. Man kann sie nach den Regeln der Dow-Theorie als Major-Trend (Primärtrend, langfristiger Trend), Intermediate-Trend (Sekundärtrend, mittelfristiger Trend, intermediärer Trend) und Minor-Trend (kleinerer Trend, kurzfristiger Trend) oder aber als horizontale „Linien“ klassifizieren. (Die Unterscheidung zwischen einem kurzen mittelfristigen und einem ausgedehnten kleineren Trend ist bei einzelnen Aktien schwieriger zu treffen als bei Indizes, aber sie ist nicht so wichtig.) Früher oder später ändern sich Trends. Sie können sich ändern, indem sie ihre Richtung von aufwärts nach abwärts oder umgekehrt ändern; sie können auch ohne Umkehr ihre Richtung ändern. Dann verlaufen sie zum Beispiel von aufwärts nach seitwärts und dann vielleicht wieder nach aufwärts, oder eine mäßige Neigung ändert sich zu einer steilen Neigung oder umgekehrt.

Gewinne werden erzielt, indem man aufwärts oder abwärts gerichtete Trends ausnutzt und ihnen folgt, bis sie umgekehrt werden. Das Problem des Investors besteht darin, einen gewinnbringenden Trend im frühestmöglichen Stadium seiner Entwicklung zu erkennen und später ebenfalls so schnell wie möglich sein Ende und seine Umkehr zu entdecken. Die Umkehr eines wichtigen Trends ist gewöhnlich durch die Ausbildung einer Kurs- und Umsatzformation charakterisiert, kurz: durch eine Umkehrformation.

Die Trendlinie

Alle vorhergehenden Feststellungen über Trends wurden in früheren Kapiteln dieses Buches ausdrücklich oder stillschweigend vorausgesetzt. Wir wollen nunmehr Trends als solche untersuchen. Wir wollen sehen, wie man sie am besten im Chart einträgt. Wir wollen prüfen, wie wir mit ihrer Hilfe die technischen Voraussagen bestätigen oder unterstützen können, die wir aus unseren anderen Chartformationen und Unterstützungs- und Widerstands-Studien gewonnen haben. Vielleicht können sie sogar noch früher Signale oder Warnungen eines Wechsels geben.

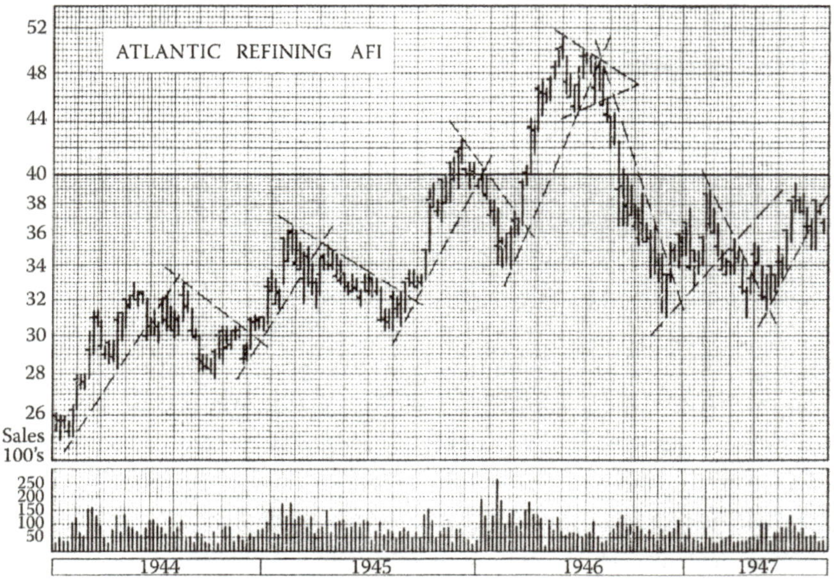

Abbildung 14.1: In diesem Wochenchart von Atlantic Refining für die Zeit von Januar 1944 bis August 1947 ist eine Serie von mittelfristigen (intermediären) Trendlinien eingezeichnet, um unser Grundprinzip zu illustrieren (siehe: „Wie Trendlinien gezogen werden"). Beachten Sie, dass jede Aufwärtstrendlinie zwei klare Tiefpunkte benötigt, durch die sie festgelegt wird. Jede Abwärtstrendlinie benötigt zwei Hochpunkte. In einigen Fällen bildeten sich die Bestimmungspunkte nur einige Wochen auseinander, wie zum Beispiel im August und September 1945. Die Tiefs, die die Aufwärtstrendlinie vom Frühjahr 1946 festlegten, waren andererseits Monate auseinander – Februar und Juni. Beachten Sie, dass hier nur endgültige Trendlinien gezeigt werden. Viele andere versuchsweise Linien hätten im Chart ursprünglich eingezeichnet werden können. Darunter wären einige Aufwärtstrendlinien gewesen, deren Charakter als mittelfristige Trends fraglich gewesen wäre, weil sie „zu steil" gewesen wären, zum Beispiel die Trends im Frühjahr 1944, Ende 1945 und Anfang 1946. Wir finden hier auch einige interessante Beispiele für Pullbacks (nach Durchbrechen einer Trendlinie). Sie werden im Folgenden im Text erörtert. Solche Pullbacks entstanden im Juli 1944, im April und September 1945 und im Mai 1947.

Eine der ersten Entdeckungen des Anfängers in Aktiencharts ist meist die Feststellung, dass beinahe alle kleineren und die meisten intermediären Trends fast geraden Linien folgen. Einige Leser mögen das vielleicht als völlig natürlich, als Selbstverständlichkeit, ansehen. Aber die meisten werden zunehmend verblüfft und erregt, wenn sie der Frage weiter nachgehen. Nicht nur die kleineren Fluktuationen, sondern häufig auch die großen Primär-Trends über mehrere Jahre erscheinen im Chart, als ob der Verlauf mit einem Lineal festgelegt worden wäre. Dieses Phänomen ist in Wahrheit das faszinierendste, eindrucksvollste und geheimnisvollste von allen, die die Aktiencharts enthüllen.

Wir wollen nun tatsächlich ein Lineal an eine Reihe von Kurstrends im Chart anlegen, und zwar zunächst an Aufwärtstrends. Wir werden dann schnell herausfinden, dass dort am häufigsten die Linie gerade ist, die die unteren Extremwerte der kleineren Rückgänge innerhalb eines solchen Trends verbindet. Mit anderen Worten: Eine ansteigende Welle am Aktienmarkt besteht aus einer Serie kleiner Einzelwellen, und die Tiefs jeder dieser kleinen Einzelwellen haben die Tendenz, sich auf oder sehr nahe an einer aufwärts weisenden geraden Linie zu bilden. Die Hochs dieser kleinen Wellen sind gewöhnlich weniger gleichmäßig; manchmal können auch sie durch eine gerade Linie begrenzt werden, aber häufiger wechseln sie leicht in ihrer Höhe. Eine Linie durch ihre obersten Spitzen wäre mehr oder weniger gebrochen.

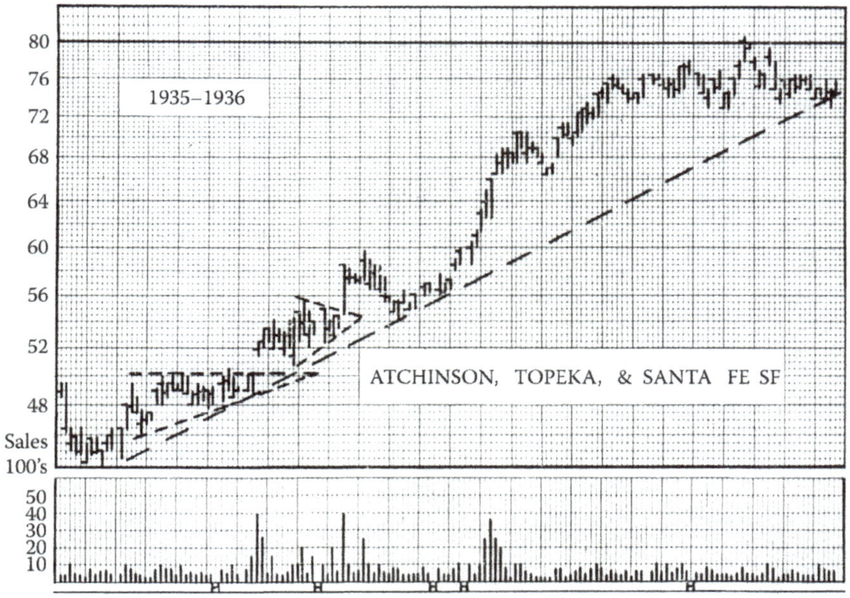

Abbildung 14.2: Dieser Tageschart von Atchinson aus den Jahren 1935 und 1936 illustriert, wie sich der letzte Teil eines langen, starken mittelfristigen Aufwärtstrends von seiner Trendlinie entfernen kann (siehe Januar und Februar). Im April 1936 fiel der Kurs auf 66 zurück, nachdem die Trendlinie Ende März gebrochen worden war. Die Reaktion vom Dezember 1935 fand an der Stelle Unterstützung, wo Trendlinie und Niveau der Dreiecksspitze zusammentrafen. Derartige Fälle eines Zusammentreffens erscheinen bei technischen Untersuchungen häufig.

In einem abwärts führenden Kurstrend ist in den meisten Fällen die Linie gerade, die die *Hochs* der kleineren Rallyes innerhalb des Trends verbindet. Dagegen liegen die Tiefs auch hier wieder meistens nicht auf einer geraden Linie.

Wir haben also zwei Linien: In einer breiten Aufwärtsbewegung die aufwärts weisende Linie entlang der Tiefpunkte der aufeinanderfolgenden kleinen Einzelwellen und in einer breiten Abwärtsbewegung die abwärts führende Linie über die Hochpunkte der aufeinanderfolgenden kleinen Einzelwellen. Diese beiden sind unsere Haupttrendlinien.

Leider ist kein besserer Name für sie gefunden worden als das nichtssagende Wort „Linie", das so viele andere Anwendungen und Bedeutungen hat. Einige Analysten haben sie „Tangente" genannt. Der Ausdruck wäre zwar neu, aber enthielte doch eine entschiedene Verdrehung der eigentlichen Bedeutung des Wortes und würde damit eher verwirren. Vielleicht vermag sich das Wort in diesem neuen Sinne doch noch durchzusetzen. Wir wollen hier jedoch mit dem Ausdruck „Linie" zufrieden sein, wenn wir ihm in diesem Zusammenhang etwas mehr Bestimmtheit dadurch geben, dass wir den Begriff „Trendlinie" benutzen.

Vielleicht haben Sie schon die Redensart gehört: „Trendlinien sind dazu da, gebrochen zu werden." Aber das ist eine dieser törichten Bemerkungen, die nichts besagen. Natürlich werden Trendlinien gebrochen; irgendwann werden sie immer gebrochen, und einige schon sehr bald, nachdem sie begonnen haben. Das Problem ist, welcher Bruch (das heißt, welches Durchstoßen der Linie durch eine Kursbewegung) von wichtiger technischer Bedeutung ist und welcher ohne praktische Konsequenzen bleibt, weil er vielleicht nur eine kleinere Korrektur in der Einzeichnung der ursprünglichen Trendlinie erfordert. Es gibt keine hundertprozentigen, sicheren und schnellen Antworten auf diese Fragen; die Bedeutung einiger Brüche kann bei ihrem Vorkommen noch nicht

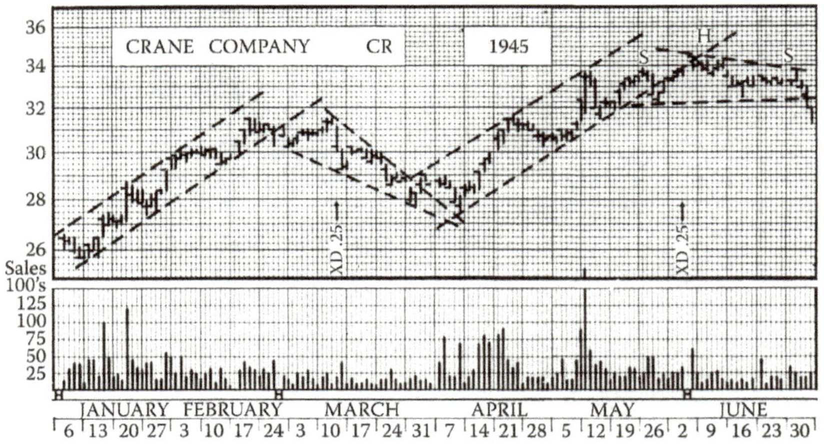

Abbildung 14.3: Dies sind die Trendlinien, die die kurzfristigen Swings von Crane Company im Jahr 1945 definierten. Bei der ersten Aufwärtstrendlinie bildeten sich drei Tiefpunkte. Die dritte Rallye in diesem Aufschwung (Ende Februar) schaffte es nicht mehr, die Linie zu erreichen, die über die früheren Hochs parallel zur Haupttrendlinie gezogen wurde. Ein Versagen dieser Art geht häufig einem Bruch des Trends voraus. Dasselbe ereignete sich am Ende des zweiten Aufwärtstrends Ende Mai. Diese Fälle des „Versagens" und die Benutzung von Parallelen oder „Rückkehrlinien" wird später in diesem Kapitel untersucht. Der Abwärtstrend im März nahm die Form eines Keils an. Die Reaktion am 6. April fand Unterstützung an der zuvor durchbrochenen oberen Linie. Im Juni stieß eine Rallye auf Widerstand an der zuvor durchbrochenen Aufwärtstrendlinie. Solche Pullbacks sind normal. Die kleine komplexe Schulter-Kopf-Schulter-Formation im Juni wurde niemals beendet, weil die Kurse daraus nicht um die erforderliche Spanne nach unten ausbrachen.

erkannt werden; man muss daher zusätzliche Hinweise von anderen Chartentwicklungen abwarten. In der großen Mehrzahl der Fälle jedoch ist ein wichtiger Durchbruch – der eine prompte Überprüfung und mögliche Änderung der Spekulationspolitik erfordert – leicht zu erkennen.

Wie Trendlinien gezogen werden

Zunächst jedoch: Wie werden Trendlinien gezogen? Eine gerade Linie wird mathematisch durch zwei Punkte bestimmt. Um eine Trendlinie zu ziehen, benötigen wir daher zwei Bestimmungspunkte. Das sind jeweils zwei etablierte obere Umkehrpunkte (Minor-Tops), um eine Abwärtstrendlinie zu bestimmen. Um eine Aufwärtstrendlinie festzulegen, brauchen wir zwei etablierte untere Umkehrpunkte (Minor-Bottoms). Das Prinzip ist hier das gleiche wie bei der Festlegung von Grenzen eines Dreiecks (Kapitel 8). In der Tat sind Grenzlinien von Dreiecken und Rechtecken ebenso wie die Nackenlinie einer Kopf-Schulter-Formation nur Sonderfälle von Trendlinien.

Im folgenden Beispiel wollen wir mit dem Tiefpunkt eines langfristigen Abwärtstrends beginnen und beschreiben, wie sich von dort eine Serie von Aufwärtstrendlinien entwickeln könnte. Um das Beispiel einfach zu machen, wollen wir annehmen, dass das Baisse-Tief unserer Aktie aus einem Rechteck bestand, das sich zwischen 6 ½ und 8 bildete. Die letzte Bewegung innerhalb dieser Formation begann bei 6 ½, brach durch die Obergrenze der Formation bei 8 und ging bis 9. Von 9 fielen die Kurse im Rahmen einer Reaktion auf 8 und stiegen dann wieder. Sobald diese letzte Rallye weit genug gelaufen ist, um die Reaktion auf 8 klar als Minor-Boden zu zeigen, können wir unsere erste Trendlinie einzeichnen. Denn wir haben dann zwei Tiefpunkte, von denen der zweite (bei 8) höher als der

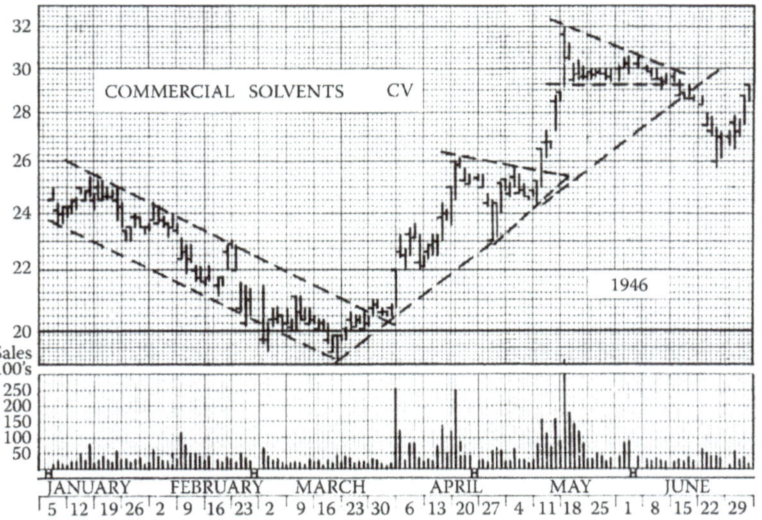

Abbildung 14.4: Mittelfristige Abwärts- und Aufwärtstrends von Commercial Solvents im Jahr 1946. Beachten Sie das erhöhte Volumen am 30. März beim Bruch der Abwärtstrendlinie (und gleichzeitig einem Breakout aus einer kleinen inversen Schulter-Kopf-Schulter-Formation). Dass die Aktie Ende Februar durch die untere Parallele fiel, hatte keine technische Bedeutung. Die Aufwärtstrendlinie, beginnend mit dem Tiefpunkt im März, wurde am 14. Juni gebrochen; zugleich war das ein Breakout aus einem absteigenden Dreieck. Das war, wie sich dann herausstellte, das endgültige Hoch der Hausse.

erste (6 ½) liegt. Dadurch ist die Neigung der Linie festgelegt. Dies wäre eine aufwärts gerichtete kurzfristige Trendlinie (Minor-Trendline). Wir würden sie in unserem Chart mit Bleistift dünn einzeichnen und sie nach oben im Voraus um etwa eine Woche oder etwas mehr verlängern. (Sie werden sich unser Beispiel besser vorstellen können, wenn Sie es auf einem Blatt Chartpapier skizzieren.)

Wir nehmen weiter an, dass die Kurse bis 10 steigen. Dort bewegen sie sich einige Tage zur Seite oder bröckeln auch vielleicht etwas ab, bis sie unsere verlängerte kurzfristige Trendlinie berühren. Dann beginnen sie einen dritten Aufschwung, aber geraten wieder unter Angebotsdruck, ohne weitere Fortschritte zu machen. Schnell kommen sie wieder auf die Trendlinie zurück, zögern und brechen dann hindurch. Wenn jetzt die Schlusskurse klar unterhalb der Linie liegen und außerdem auch noch ein Anstieg im Umsatz anlässlich des Bruchs erkennbar ist, können wir den Schluss ziehen, dass unser erster kleiner Trend beendet ist. Unsere Aktie wird nun entweder irgendeine Art von Konsolidierungsformation bilden, ehe sie weiter steigt, oder eine Korrektur erleiden, die ausgedehnter ist als die kurzen Rückgänge, die sie während ihres ersten kleinen Aufwärts-Swings hatte.

Der kleinere Aufwärtstrend in unserem Beispiel könnte durchaus in zwei Wochen abgelaufen sein. Unsere erste Trendlinie wäre dann sehr steil gewesen, zu steil offensichtlich, um für längere Zeit Geltung zu haben. Lassen Sie uns nun weiter annehmen, dass eine Serie von abwärts gerichteten Fluktuationen die ausgedehntere Korrektur herbeiführt, die wir als Möglichkeit nach dem Bruch der Trendlinie vorhergesehen haben. Sie bringt die Kurse zu dem Unterstützungsniveau auf der Oberseite des ursprünglichen Rechtecks, das heißt bis 8, zurück. (Von unseren vorhergehenden Unterstützungs- und Widerstands-Untersuchungen würden wir das als bevorzugte Stelle zum Kaufen ansehen.) Bei normaler Entwicklung sollten die Kurse nicht lange zögern, sondern prompt mit einer neuen Serie aufwärts gerichteter Fluktuationen beginnen. Sobald das erkennbar und das neue Tief bei 8 „im Freien" ist, können wir eine neue Trendlinie einzeichnen. Sie führt über den ursprünglichen Referenzpunkt bei 6 ½ und den neuen Punkt bei 8. Dies sollte eine *mittelfristige* Aufwärtstrendlinie sein und ist es wahrscheinlich auch. Sie wird voraussichtlich für mehrere Wochen, vielleicht sogar Monate, nicht durchbrochen werden, bis dieser mittelfristige Trend sein Hoch bildet.

Wenn dann zum Beispiel jenes Hoch die Gestalt einer Schulter-Kopf-Schulter-Umkehrformation annimmt, mag unsere mittelfristige Aufwärtstrendlinie in dem Augenblick gebrochen werden, wo die Kurse von der Spitze des Kopfes auf die Nackenlinie zurückfallen. In der Regel freilich beschleunigt sich der letzte Teil des Aufschwungs in einem starken intermediären Trend und führt ziemlich weit von der verlängerten Trendlinie fort. Dadurch bleibt meist Platz (nach rechts im Chart) für eine erhebliche Formationsentwicklung, ehe die Trendlinie erneut berührt und durchbrochen wird. Der eigentliche Bruch der Trendlinie ist (in unserem Beispiel) darum eher später zu erwarten, zum Beispiel wenn die Kurse von der rechten Schulter auf die Nackenlinie fallen, oder auch in dem Moment, wenn die Kurse durch die Nackenlinie brechen, um das Signal der Schulter-Kopf-Schulter-Formation zu vollenden. Es ist erstaunlich, wie oft die beiden Linien – Nackenlinie und Trendlinie – *zur gleichen Zeit* gebrochen werden. In anderen Fällen, und es gibt auch davon viele, wird die Trendlinie als erste durchbrochen, vielleicht kurz nachdem sich die Kurse von der rechten Schulter nach unten gewandt haben. Wir brauchen dann nicht mehr auf den Bruch der Nackenlinie zu warten, sondern können sofort tätig werden. Diese Art von Hinweis aufgrund der Trendlinienkonstruktion liefert in diesen Fällen ein früheres Signal und oft ein wesentlich günstigeres Kursniveau als nach der Vollendung einer Umkehrformation.

Arithmetischer und logarithmischer Maßstab

Inzwischen müssen die mehr mathematisch veranlagten Leser sich schon Gedanken über den Unterschied gemacht haben, den ein arithmetischer oder ein logarithmischer Kursmaßstab auf dem Chartpapier für Trendlinien bedeutet. Eine Reihe von Punkten, die auf arithmetischem Chartpapier auf eine gerade aufsteigende Linie fallen, bilden auf halblogarithmischem Papier eine gekrümmte Linie, die zuerst stark ansteigt und dann allmählich flacher wird. Und Punkte, die auf halblogarithmischem Papier auf einer geraden Linie liegen, werden auf arithmetischem Papier eine sich beschleunigende Kurve bilden, eine Linie, die immer steiler wird, je weiter sie sich vom Ursprung entfernt.

Dieser Unterschied ist von geringer oder gar keiner Bedeutung, wenn es um die Festlegung von kurzfristigen Trends geht. Sie laufen selten lange genug, als dass die unterschiedlichen Eigenarten der beiden Arten von Chartpapier wirksam werden könnten. Dasselbe gilt für den durchschnittlichen mittelfristigen Trend von normaler Steilheit. Aber wenn wir einen sehr langen und sehr starken mittelfristigen Trend haben, kann die Divergenz schon merklich sein und einen erheblichen Unterschied in Bezug auf Zeit und Niveau der endgültigen Durchbrechungsstelle der Trendlinie bedeuten. Darin liegt einer der stärksten Gründe, halblogarithmisches Papier für die Technische Aktienanalyse zu benutzen. Lassen Sie uns eine weitere Diskussion dieses Punktes zurückstellen, bis wir uns mit langfristigen Trends befassen. Wir können zunächst mit den mittelfristigen Trendlinien fortfahren, die auf jeder Art von Papier weitgehend die gleichen sind. Und im Augenblick wollen wir uns auch nur mit aufwärts gerichteten mittelfristigen Trends befassen. (Sie werden hier gegenüber den kurzfristigen Trends deshalb in den Vordergrund gestellt, weil Letztere sowohl bei Investition als auch bei Spekulation von geringerer praktischer Bedeutung sind.)

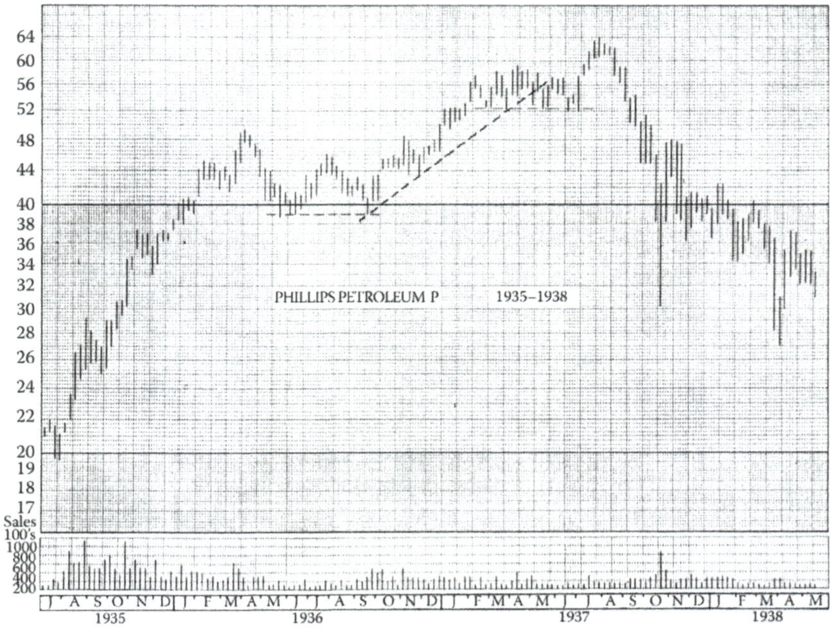

Abbildung 14.5: Der Bruch von Trendlinien und seine normalen Konsequenzen – Reaktion oder Konsolidierung – werden in fast jedem Chart dieses Kapitels und in vielen anderen im ganzen Buch illustriert. Der obige Wochenchart von Phillips Petroleum ist jedoch wiedergegeben worden, um eine auffällige Ausnahme zu zeigen. Die mittelfristige Aufwärtstrendlinie vom Tiefpunkt im September 1936 über die beiden Tiefs von Anfang Oktober und Ende November wurde in der dritten Maiwoche 1937 nach unten in entscheidendem Maße durchbrochen. Darüber hinaus hatte sich seit Februar eine multiple Schulter-Kopf-Schulter-Formation gebildet; die kritische Nackenlinie lag bei 52. Und der damalige Bullenmarkt war schon vier Jahre alt. P war den ganzen Weg von zwei Dollar aufwärts gestiegen! Decken Sie den Chart vom 1. Juli 1937 an ab, und Sie werden zustimmen, dass für einen Charttechniker aller Anlass bestand, sofort zu verkaufen und nicht abzuwarten, bis die Nackenlinie bei 52 gebrochen wurde. Aber dies war, wie wir sagten, eine jener Ausnahmen, die bei allen technischen Formationen und Regeln vorkommen. P drehte tatsächlich und stieg noch bis 64, ehe das Ende kam. Nichtsdestoweniger zeigen Entwicklungen wie diese eine wertvolle Warnung. Sie erscheinen sehr selten, wenn nicht der Primärtrend tatsächlich fast am Ende ist. Die Beteiligung an einem weiteren Anstieg wird dann sehr gefährlich.

Wir gingen ursprünglich von der Annahme aus, dass ein Kursanstieg in einem Trend verläuft, der seinerseits mehr oder weniger geraden Linien folgt. Wenn wir diese Linien, die den Trend definieren, finden und in unseren Chart einzeichnen können, wird uns das folgende Dienste leisten:

1. Ein Bruch der Trendlinie (das heißt, wenn die Kurse in entscheidendem Maße nach unten durch die Linie fallen) ist ein Signal, dass die Aufwärtsbewegung zu Ende ist. Es ist Zeit für den mittelfristigen Spekulanten, diese Aktie zu verkaufen und sich nach anderen Möglichkeiten umzusehen.
2. Wenn sich eine kleine Top-Umkehrformation im Aktienchart bildet, kann diese unter Umständen ignoriert werden. Voraussetzung ist, dass sich diese kleine Formation erheblich oberhalb und entfernt von der mittelfristigen Aufwärtstrendlinie der Aktie entwickelt. Es muss so viel Platz oberhalb der Trendlinie sein, dass das Kursziel der kleineren Umkehrformation offensichtlich erreicht werden kann, ohne dass die Trendlinie verletzt wird. Wenn der Spekulant den mittelfristigen Trend ausnutzen will, kann er sich in diesem Fall dafür entscheiden, seine Position so lange weiter zu halten, wie die Trendlinie hält.

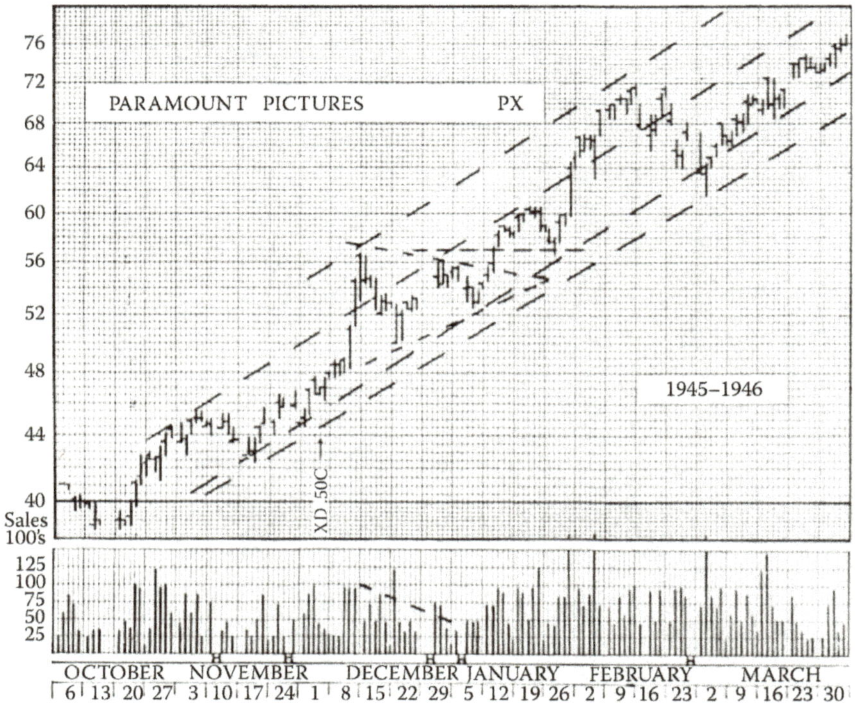

Abbildung 14.6: Doppelte Trendlinien (siehe im Folgenden) sind gewöhnlich nicht erkennbar, ehe ein Trend nicht mehrere Monate gelaufen ist. Im Oktober 1945 begann die beschleunigte Phase des mittelfristigen Aufwärtstrends von Paramount. Aber erst im Januar 1946 war erkennbar, dass die Haupttrendlinie eine doppelte Trendlinie war. Die innere (obere) Linie wurde im April wieder gebrochen, aber die äußere (untere) Linie wurde nicht entscheidend durchbrochen, bis im Mai das Bullenmarkt-Hoch kam.

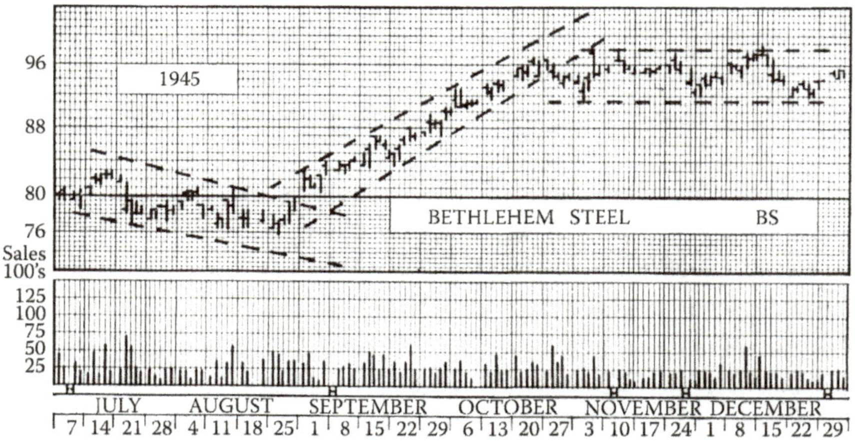

Abbildung 14.7: Trendkanäle bei Bethlehem Steel 1945. Im Januar 1946 brachen die Kurse aus einem horizontalen Kanal (Rechteck) zwischen 92 und 98 nach oben aus und stiegen bis 114. Ein nur kurzfristig arbeitender Spekulant hätte vielleicht bei 94–96 Anfang November verkauft (weil der Aufwärtstrend gebrochen war) und im Januar bei 99 zurückgekauft, als die Kurse aus dem Rechteck ausbrachen. Trendkanäle werden im folgenden Text behandelt.

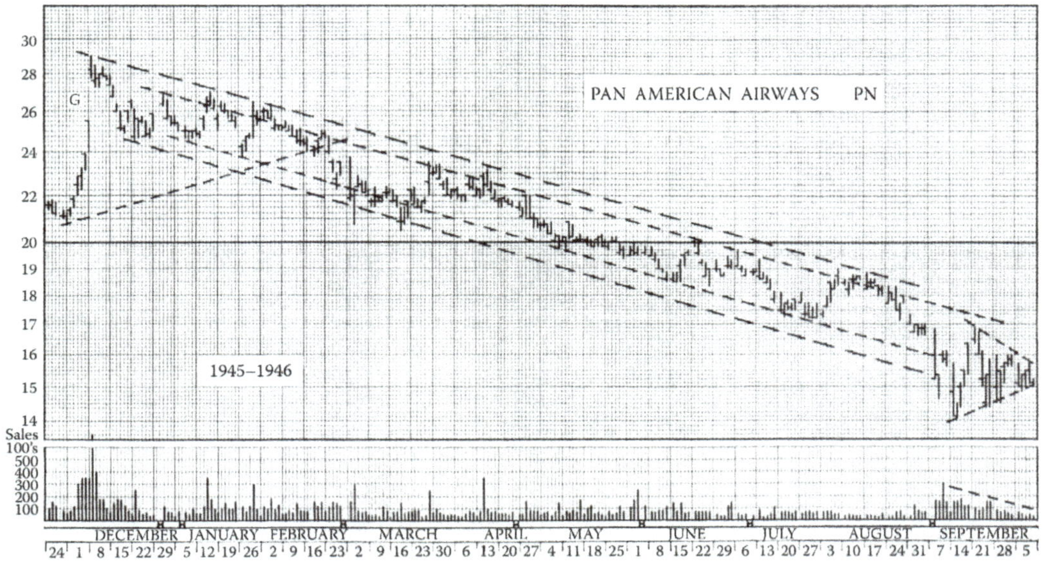

Abbildung 14.8: Ein zehn Monate langer Abwärtstrend, außerordentlich lang und gerade. Er wurde sehr schön durch zwei doppelte Trendlinien an der Oberseite und ebenso durch doppelte Rückkehrlinien nach unten begrenzt. Am 3. Oktober 1945, zu Beginn der Top-Formation, gab es ein starkes One-Day Reversal. Das Hoch selbst war ein absteigendes Dreieck, das am 19. Februar 1946 in entscheidendem Ausmaß nach unten ausbrach. Das symmetrische Dreieck, das am Ende des Charts im September beginnt, brach auch nach unten aus.

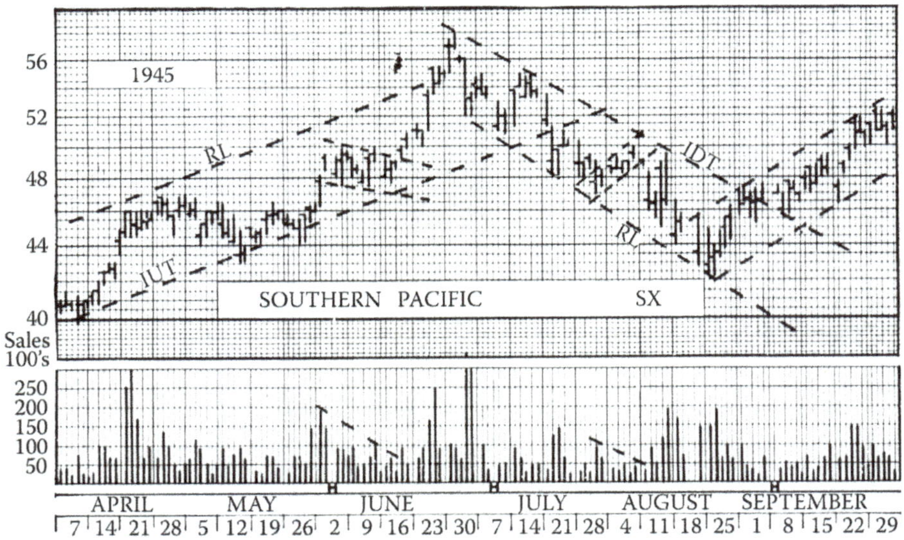

Abbildung 14.9: Gut begrenzte mittelfristige Trendlinien (Haupttrendlinien) und Rückkehrlinien (RL) bei Southern Pacific 1945. Innerhalb des Trends liegen Flaggen – eine Aufwärtsflagge im Juni und eine Abwärtsflagge im August. Der Aufwärtstrendkanal, der am 22. August begann, setzte sich bis Februar 1946 fort. (IUT: Intermediate Up-Trendline; IDT = Intermediate Down-Trendline.)

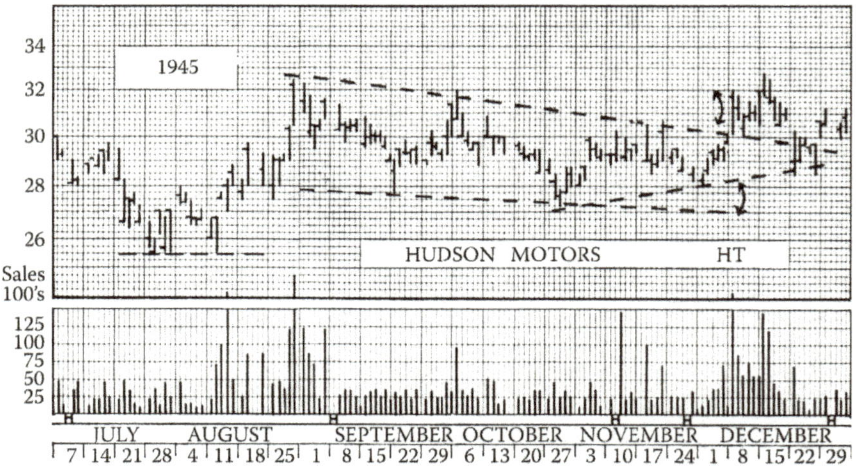

Abbildung 14.10: Ende November gingen die Kurse nicht mehr bis auf ihre Rückkehrlinie nach unten zurück. Anschließend brachen sie Anfang Dezember nach oben durch die Haupttrendlinie aus. Die Entfernung, um die sie oberhalb der Rückkehrlinie blieben, entspricht der Entfernung, um die sie durch die Haupttrendlinie ausbrachen. Näheres zu dieser Regel unter der Überschrift „Trendkanäle".

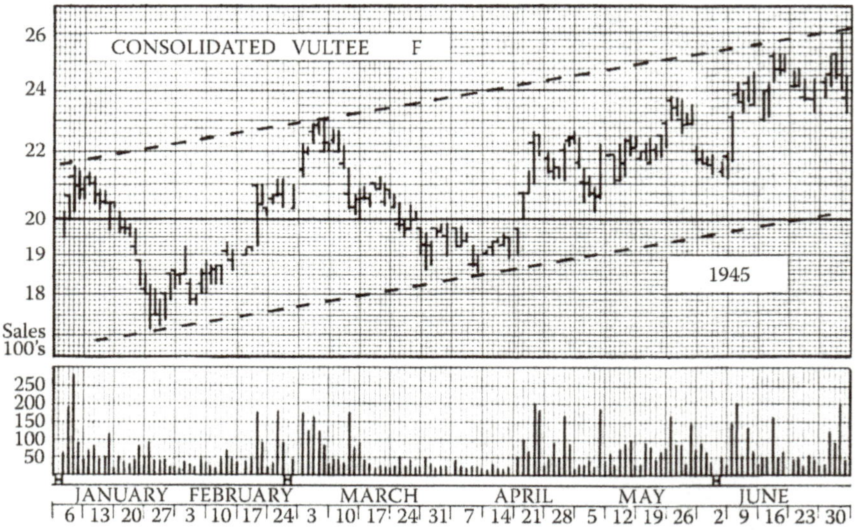

Abbildung 14.11: Sechs Monate eines Aufwärtstrendkanals, der sich schon im Dezember 1943 (!) entwickelte. Er wurde im August 1945 nach unten durchbrochen.

Der Vorteil der zuerst genannten Funktion der Trendlinie liegt auf der Hand. Die Bedeutung des zweiten Punktes mag dem Anfänger nicht ohne Weiteres einleuchten. Der erfahrene Investor weiß jedoch: Solange Aussicht auf weitere Kurssteigerungen im Intermediate Trend besteht, ist es eine teure Praxis, jede Position aufzugeben, sobald sich auch nur ein kleinerer Rückschlag zeigt.

Um unsere beiden Ziele zu erreichen, müssen wir zunächst die Linie finden und einzeichnen, die den intermediären Trend genau definiert, und sodann erkennen, wann diese Linie in entscheidendem Maße durchbrochen ist. Unsere anfängliche Beschreibung der Konstruktion einer Trendlinie hat diese Punkte nicht abschließend geklärt.

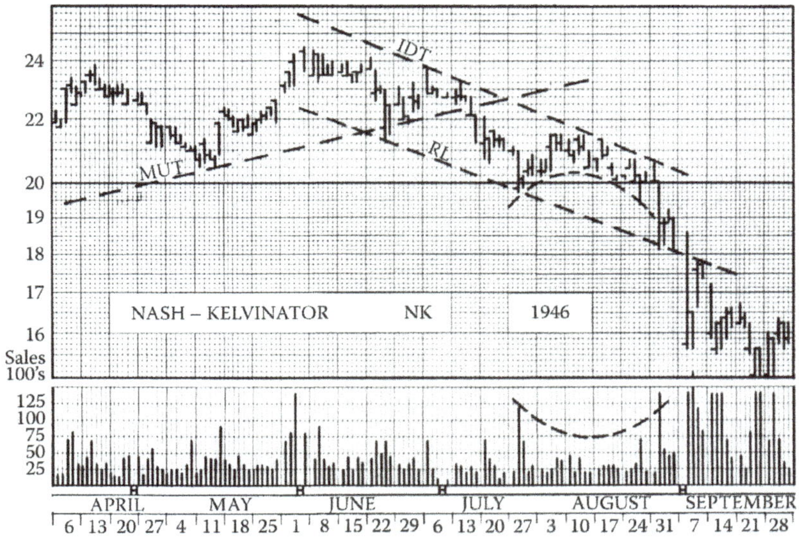

Abbildung 14.12: Im Juni 1946 begann der Abwärtstrend von Nash-Kelvinator. Er wurde am 15. Juli dadurch signalisiert, dass sowohl der langfristige Aufwärtstrend (Major Up-Trend, MUT) als auch der dort mit ihm zusammenfallende mittelfristige Aufwärtstrend durchbrochen wurden. Die Abwärtsbewegung bildete bis September einen schönen Kanal. Eine mittelfristige Abwärtstrendlinie (Intermediate Down-Trendline, IDT) führte über die Hochpunkte im Juli und die der August-Rallye. Die Rückkehrlinie (Return Line, RL) parallel durch das Tief vom 20. Juni hielt Ende Juli, aber blieb Ende August nur einige Tage intakt. Die August-Rallye zeigte sowohl in den Kursen als auch im Volumen die Charakteristika einer Bärenmarktrallye. Vergleichen Sie diesen Chart mit Abbildung 8.25, und Sie werden sehen, dass am 23. Juli ein Doppeltop für den langfristigen Trend signalisiert wurde.

Test der Trendlinie auf Verlässlichkeit

Hier sind einige Tests, um die technische Verlässlichkeit, sozusagen die Autorität, einer Aufwärtstrendlinie zu beurteilen:

1. Je größer die Anzahl der Tiefs, die sich auf (oder sehr nahe) einer Trendlinie in einer Serie von kleineren Aufwärtswellen entwickeln, umso größer die Bedeutung dieser Linie im technischen Sinne. Mit jedem folgenden „Test" wächst die Bedeutung der Trendlinie. Eine erste und versuchsweise Aufwärtstrendlinie kann man einzeichnen, sobald sich zwei Tiefs gebildet haben, von denen das zweite höher als das erste liegt. Nun fallen die Kurse ein drittes Mal zu dieser Linie zurück, bilden dort ein drittes Tief und beginnen von dort eine neue Aufwärtsbewegung. Damit ist die Verlässlichkeit jener Linie als echte Definition für den Trend durch das Verhalten des Marktes selbst *bestätigt* worden. Sollte sich später ein viertes Tief darauf bilden und sollten die Kurse wieder nach oben steigen, so ist der Wert der Linie als Kriterium für den Trend ganz erheblich betont worden ... und so weiter.
2. Die Länge der Linie ist ein weiterer Test. Je länger sie gehalten hat, ohne dass die Kurse nach unten durchgebrochen sind, umso größer ist ihre technische Bedeutung. Dieses Prinzip erfordert allerdings einige Einschränkungen. Wenn Ihre Trendlinie durch zwei ursprüngliche Tiefs gezogen wurde, die zeitlich sehr nahe beieinander liegen – sagen wir weniger als eine Woche –, so ist sie dem Irrtum unterworfen; sie mag zu steil oder auch (häufiger) zu flach sein. Im letzteren Fall entfernen sich die Kurse von ihr und liegen lange

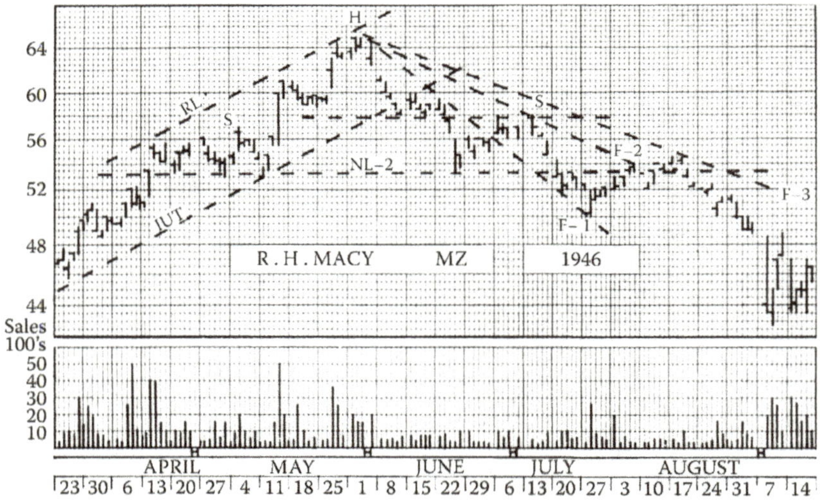

Abbildung 14.13: Im Juni 1946 brach Macy nach unten durch eine mittelfristige Aufwärtstrendlinie (IUT). Diese Abwärtsbewegung vollendete zugleich den Kopf einer „flachschultrigen" SKS-Formation. Diese ihrerseits war Teil einer größeren komplexen Formation. Die obere Nackenlinie wurde am 19. Juni gebrochen, die untere am 16. Juli. Beachten Sie die Pullbacks in beiden Fällen. F-1, F-2 und F-3 sind versuchsweise Fächerlinien (siehe im Folgenden). Die Kurse waren schließlich in der Lage, im Dezember durch F-3 zu steigen. Aber inzwischen war eine allgemeine primäre Baisse signalisiert worden, und deswegen galt die Fächerregel nicht mehr. Eine Fächer-Formation signalisiert eine Trendänderung nur, wenn sich die Gesamtbewegung im Rahmen einer Sekundär-, also einer bloßen Korrekturbewegung abspielt.

Zeit hoch darüber. Wenn sie dann irgendwann einmal ernsthaft fallen, sind sie in einem mittelfristigen Abwärtstrend (Korrektur) schon weit fortgeschritten, ehe die so gezogene Trendlinie erreicht wird. Wenn dagegen die Tiefs weit genug auseinander liegen, wenn sie sich als selbstständige Wellenkomponenten des gesuchten Trends entwickelt haben, wenn eine gute Rallye und „offenes Wasser" zwischen ihnen liegt, dann wird eine dadurch definierte Trendlinie eher die richtige sein. Größeres Gewicht sollte der Anzahl der Tiefs auf einer Trendlinie (Test 1) als allein ihrer Länge (Test 2) gegeben werden.

3. Der Winkel der Trendlinie (zur Horizontalen) ist auch in gewissem Grade ein Kriterium, ob es sich um eine verlässliche Begrenzung des mittelfristigen Trends handelt. Eine sehr steile Linie kann leicht schon durch eine kurze seitwärts gerichtete Konsolidierungsbewegung durchbrochen werden, obwohl die Kurse danach in einer erneuten extensiven Aufwärtsbewegung nach oben schießen. Der Fall einer kompakten Flagge, die sich nach einem steilen Kursanstieg („Mast") bildet, sei als Beispiel genannt. So steile Linien sind von wenig Vorhersagewert für den Techniker. Je flacher die Trendlinie zur Horizontalen hin ist, desto wichtiger ist sie technisch und infolgedessen umso größer die Bedeutung eines Bruchs nach unten.

Aber „steil" ist auf Aktientrends angewandt ein relativer Ausdruck, und wir müssen zugeben, dass man das nicht genau definieren kann. Nur wenn man viele Charts untersucht und mit ihnen viele Monate hindurch arbeitet und sie „baut", bekommt man die nötige Erfahrung. Mit beinahe intuitiver Fähigkeit unterscheidet man dann zwischen Trendlinien, die „zu steil sind, um zu halten", und Trendlinien mit einem vernünftigen Winkel, die so lange halten sollten, bis der mittelfristige Aufwärtstrend wirklich zu einem mittelfristigen Abwärtstrend umgekehrt ist. Die genauen Winkel sind

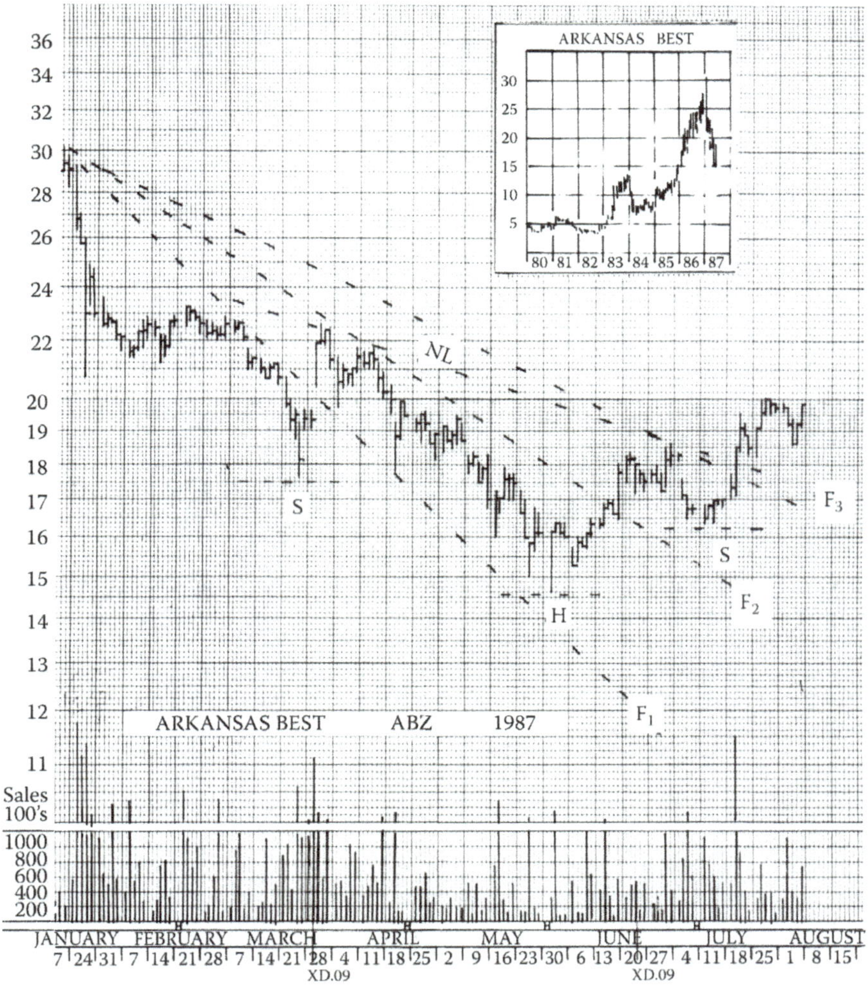

Abbildung 14.14: ABZ fiel nach seinem Hoch Ende Januar stark ab und beendete damit eine fast ununterbrochene zweijährige Rallye. Aber trotz der Schnelligkeit und Heftigkeit des Pullbacks war es in Wirklichkeit eine perfekte Reaktion, die knapp über der ausgezeichneten langfristigen Unterstützung beim Hoch von 1983 stoppte, nachdem der Kurs fast genau 50 Prozent von seinem Januar-Hoch zurückgekommen war. Nicht nur die Reaktion ist ein Klassiker, sondern auch die Entwicklung der Fächerlinie, die in Verbindung mit der kürzlich abgeschlossenen inversen Schulter-Kopf-Schulter-Formation darauf schließen lässt, dass ABZ seinen kurzfristigen Abwärtstrend umgedreht hat.

von Aktie zu Aktie entsprechend ihren charakteristischen Marktgewohnheiten verschieden. Sie sind auch entsprechend dem Stadium des Börsenzyklus verschieden – mit einer Tendenz, in den letzten Phasen eines primären Bullentrends etwas steiler zu werden. Je weiter die Charthistorie der beobachteten Aktie zurückreicht, desto besser werden Sie ihren augenblicklichen Trend beurteilen können. (Diese Feststellung gilt übrigens für die Interpretation der meisten anderen technischen Formationen und Phänomene ebenso wie für Trendlinien.)

Bei der Benutzung von halblogarithmischem Tekniplat-Chartpapier, das für die meisten Illustrationen in diesem Buch benutzt worden ist, gibt es einen Anhalt für die relative Steilheit. Mittelfristige Aufwärtstrends der allermeisten Aktien in der Zone zwischen 10 und 50 Dollar steigen in Tagescharts, wenn man dieses Papier benutzt, in einem Winkel von ungefähr 30 Grad

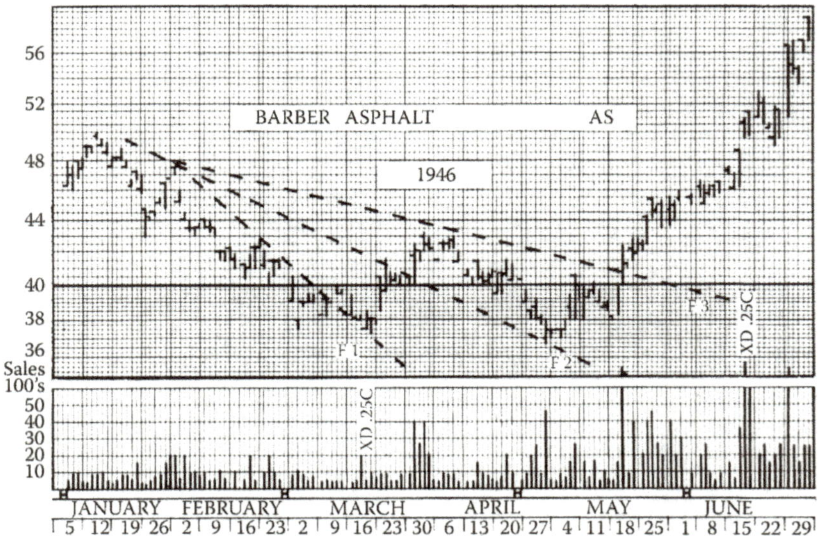

Abbildung 14.15: Eine gute Anwendung des Drei-Fächer-Prinzips. Nachdem die Kurse im März durch F1 nach oben gebrochen waren, fielen sie zwar wieder zurück, aber durchbrachen die alte Trendlinie nicht wieder. Als Ende März F2 durchbrochen war, kamen zwar die Kurse Ende April zu dieser Trendlinie zurück, aber gingen nicht darunter. F3 wurde im Mai durchbrochen. Das Ganze war eine Reaktion innerhalb eines Bullenmarkts; AS bildete sein endgültiges Hoch im August bei über 64. Die gesamte Formation von März bis Mai könnte man einen schwachen Doppelboden nennen.

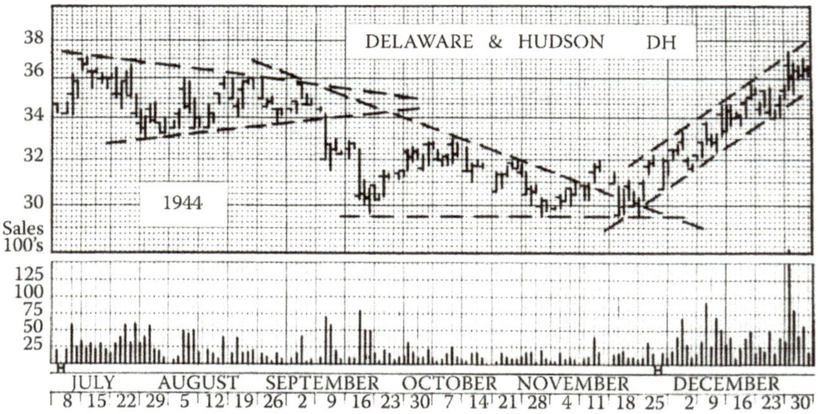

Abbildung 14.16: Versuchen Sie, das Drei-Fächer-Prinzip auf diesen Chart anzuwenden. Es handelt sich um die Reaktion im Herbst 1944 im Rahmen einer Hausse. Sie begann mit einem symmetrischen Dreieck. F1 sollte vom Hoch am 30. August über den Schlusskurs am 12. September gezogen werden. F2 ist im Chart schon eingezeichnet, aber noch nicht bezeichnet. F3 würde vom Hoch am 30. August über das Hoch der Rallye vom 9. November laufen. Diese Linie wurde bei erhöhtem Umsatz am 21. November überschritten. Die Bewegung von Mitte September bis Mitte November sah im Kursbild zunächst wie ein fallendes Dreieck aus, aber der Umsatz begann im Oktober anzusteigen.

zur Horizontalen. Einige werden etwas flacher und einige etwas steiler sein, aber es ist erstaunlich, wie oft Aktien von durchschnittlicher Beweglichkeit und Aktivität dicht bei dieser Steigung von 30 Grad liegen. Leicht kapitalisierte, hochspekulative Aktien und schwere Investment-Aktien verhalten sich anders. Die ersteren haben gewöhnlich steilere und die letzteren flachere Trend-

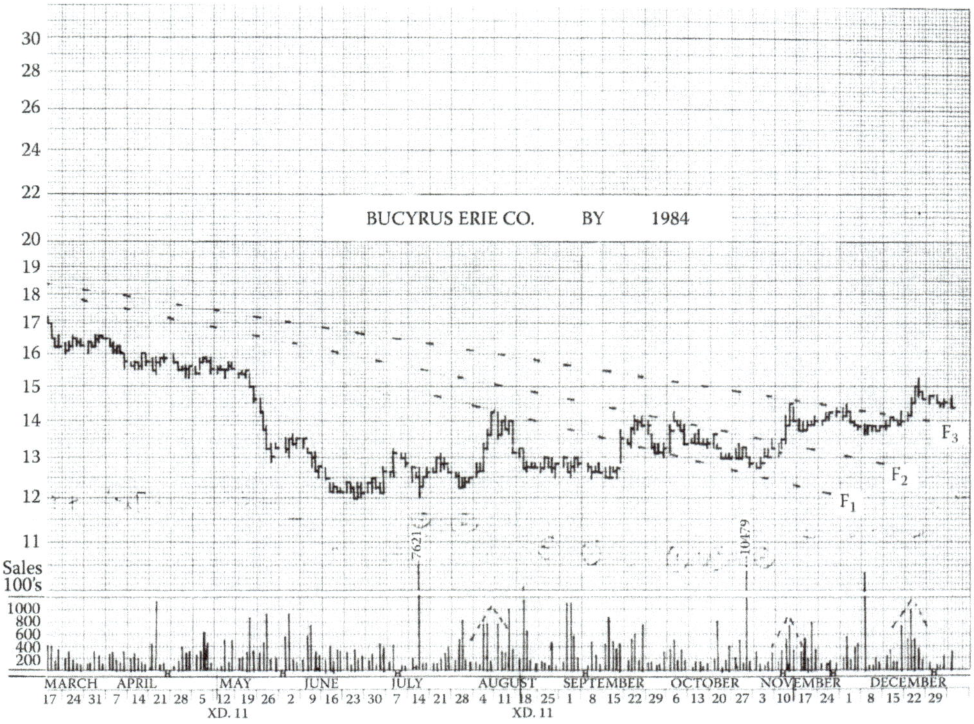

Abbildung 14.17: In einem Abwärtstrend während des gesamten ersten Halbjahrs gab BY einen großen Teil der Rallye von 1983 bis Mitte des Sommers wieder ab. Nichtsdestotrotz hielt das Tief von 1982 die Bären in Schach, und in den folgenden Monaten bildete diese Aktie ein hervorragendes Fächermuster aus. Die Fächerlinie 1 wich Mitte September einem hochvolumigen Durchbruch. Der Anstieg verlor schnell seinen Schwung, aber der alte Widerstand beziehungsweise die neue Unterstützung begrenzte den Pullback perfekt und bereitete die Bühne für eine Rallye durch die Fächerlinie 2. Dies geschah Mitte November bei gutem Volumen. Nach einer fünfwöchigen Korrektur durchbrach BY die Fächerlinie 3 mit dem besten Volumen der drei Ausbrüche.

linien. Der halblogarithmische Maßstab hat natürlich den Vorteil, alle Bewegungen ohne Rücksicht auf das Kursniveau auf eine Verhältnis- oder Prozentbasis zu reduzieren. Auf einem Chartpapier mit arithmetischem Maßstab wird die Trendlinie bei einer Aktie im Bereich von 50 Dollar zum Beispiel im Allgemeinen steiler ausfallen als bei einer Aktie, die um 15 Dollar notiert.

In Wochencharts mit der gleichen Kursskala ist der Winkel eines mittelfristigen Aufwärtstrends natürlich wesentlich steiler als bei täglicher Aufzeichnung. Verschiedene Maßstäbe bringen verschiedene Winkel. Es ist reiner Zufall, dass das Tekniplat-Chartpapier die Tendenz hat, ansteigende Trendlinien mit einem Winkel von etwa 30 Grad darzustellen.

Leider wird das Tekniplat-Chartpapier nicht mehr hergestellt, aber eine ähnliche Analyse kann leicht mit Softwareprogrammen oder im Internet durchgeführt werden.

Verlässlichkeit des Bruchs von Trendlinien

Wir haben also drei Kriterien, um die Verlässlichkeit oder Genauigkeit einer mittelfristigen Aufwärtstrendlinie zu beurteilen: 1) die Zahl, wie oft sie „getestet" oder berührt worden ist, ohne zu brechen, 2) ihre Länge oder Dauer, 3) den Winkel des Anstiegs. Durch die Anwendung eines oder mehrerer dieser Kriterien (möglichst wenigstens zwei) gewinnen wir eine recht genaue Begrenzung des Trends und damit eine richtige Trendlinie. Unser nächstes Problem besteht darin, festzulegen, wann sie schließlich und endgültig gebrochen ist.

Auch hierzu können wir wieder drei Tests oder Kriterien aufstellen. Zwei von ihnen sind praktisch mit den Regeln identisch, die wir in früheren Kapiteln für einen entschiedenen Breakout aus einer Umkehr- oder Konsolidierungsformation niedergelegt haben. Die erste ist *das Ausmaß des Bruchs.* Für einen entschiedenen Bruch müssen die Kurse nicht nur durch die Trendlinie hindurchgehen, sondern der Schlusskurs muss um etwa drei Prozent des Kurswerts unter ihr liegen. Das muss nicht an einem Tag geschehen, auch wenn dies oft der Fall ist. Der Bruch um drei Prozent kann auch das Ergebnis eines allmählichen Rückgangs von zwei oder drei Tagen sein.

Das zweite Kriterium ist der *Umsatz.* Bei einem echten Breakout nach oben aus einer Formation sollte, wie wir sahen, die Aktivität ansteigen. Für einen Breakout nach unten bedurfte es dieses Anstiegs zur Bestätigung dagegen nicht. Bei einem Breakout nach unten aus einem absteigenden Dreieck beispielsweise zeigt der Umsatz am ersten Tag des Breakouts keinen großen Anstieg, aber er wächst gewöhnlich schnell an, wenn sich der Abschwung fortsetzt. In unserer augenblicklichen Untersuchung befassen wir uns mit *Aufwärts*trendlinien. Ihr Bruch ist daher ein Analogiefall zu einem Breakout nach unten. Wir sollten daher dieselben Regeln erwarten, und im Allgemeinen gelten sie auch: Wenn die Kurse um drei Prozent unterhalb der Trendlinie schließen, ist ein nennenswerter Umsatzanstieg an jener Stelle nicht nötig, um die Verlässlichkeit des Trendlinien-Bruchs zu bestätigen.

Tatsache ist jedoch, dass der Durchbruch durch eine mittelfristige Aufwärtstrendlinie sehr häufig von einer sichtbar verstärkten Umsatzzunahme begleitet ist. Insofern kann also ein Anstieg des Volumens als Bestätigung eines entschiedenen Bruchs angesehen werden. Dieses Kriterium ist besonders nützlich als zusätzlicher Hinweis in Grenzfällen. Ein Beispiel: Die Kurse beginnen etwas oberhalb der Trendlinie einen Abschwung, bewegen sich mit *auffällig vermehrtem* Umsatz durch die Trendlinie und schließen auch unter ihr, aber nur um zwei Prozent des Kurswerts, wenn auch andererseits zum Tiefstkurs für diesen Tag oder nahe daran. Dann ist unsere 3-Prozent-Regel nicht erfüllt; aber die geringere Spanne *verbunden mit* dem Verhalten des Volumens kann als ausreichend angesehen werden.

Hüten Sie sich jedoch und lassen Sie sich nicht durch eine Shake-out-Bewegung zu hastigen Entscheidungen verführen. Sie bricht mit einem erheblichen Aufflammen der Aktivität durch eine Trendlinie – vielleicht in den letzten Minuten vor Börsenschluss. Aber dann gehen die Kurse wieder hoch, und die Schlusskurse des Tages liegen oberhalb des Trends oder zumindest sehr nahe daran. Dies kann sehr leicht eine falsche Bewegung sein, ja ist es sogar gewöhnlich, jedenfalls in diesem Augenblick. Aber beobachten Sie das Kursverhalten in den nächsten Tagen sehr genau; die technische Situation ist offensichtlich kritisch; anders hätte ein Shake-out gar nicht so leicht in Szene gesetzt werden können.

Der dritte Test findet besonders auf solche Trendlinien-Brüche Anwendung, bei denen es sich um Grenzfälle der 3-Prozent-Regel handelt. Angenommen, eine Aktie notiert in der Nachbarschaft von 40. Sie fällt durch eine wohletablierte mittelfristige Aufwärtstrendlinie und schließt 1 oder 1 ¼ Punkte unter ihr. Das ist eine Spanne, die nur wenig unter unseren drei Prozent liegt. Der Umsatz erhöht sich jedoch wenig oder gar nicht. Dann fluktuiert die Aktie dort ein oder zwei Tage lang matt und mit engen Schwankungen und beginnt eine Rallye. Wenn es bei dieser Erholungsbewegung keinen Anstieg der Aktivität gibt, wenn die Kurse einfach schwach nach oben unter die untere Seite der Trendlinie wandern und dort anfangen, sie zu runden, ohne jedoch in der Lage zu sein, klar oberhalb der Trendlinie zu schließen – dann ist die Situation in der Tat kritisch. Das leiseste Zeichen von erneutem Verkaufsdruck kann als Signal gewertet werden, dass der Aufwärtstrend in entscheidender Weise gebrochen ist.

Eine solche Rückkehrbewegung, wie wir sie eben beschrieben haben, ist als Throw-Back, Rücksetzer oder Pullback bekannt. Wir haben schon vorher analoge Entwicklungen beschrieben, die einem Ausbruch aus einer Schulter-Kopf-Schulter-Formation oder anderen Formationen folgen. Im Zusammenhang mit Trendlinien werden wir darauf noch zurückkommen.

Unsere drei Tests und die Beurteilung eines Trendlinien-Bruchs können leider nicht starr und ohne einen gewissen Beurteilungsspielraum angewandt werden. Die Mehrzahl der mittelfristigen Trendlinien besitzt kaum die Präzision, wie sie Grenzlinien von Formationen haben. Und auch denen muss man etwas Spielraum zugestehen. Wie wir schon mehrfach wiederholt haben, gibt es zu jeder technischen Regel Ausnahmen. Aber das Urteilsvermögen, wenn man bedeutsame Trendlinien einzeichnet und ihre Brüche interpretiert, kommt mit der Erfahrung.

Korrektur von Trendlinien

Wenn eine Trendlinie um eine nicht entscheidende Spanne durchbrochen wird, und die Kurse dann wieder nach oben durch die Trendlinie hindurch steigen, ergeben sich natürlich Zweifel, ob die ursprüngliche Linie noch wirksam ist. Soll man sie ganz aufgeben, revidieren oder so lassen?

Auch hier kommen Urteilsvermögen und Erfahrung ins Spiel. Aber einige allgemeine Prinzipien sind bei der Entscheidung wertvoll. Wenn die ursprüngliche Trendlinie auf nur zwei Punkten beruhte, das heißt über die ersten beiden Tiefs gezogen wurde, und der nicht ausreichende Bruch bei der dritten Rückkehr der Kurse erfolgte, sollte man diese Linie besser über das ursprüngliche erste und das jetzt neue dritte Tief ziehen. (Natürlich tut man das erst, wenn sich die Kurse vom dritten Tief genügend entfernt haben und es als etablierter kurzfristiger Boden gelten kann.) Vielleicht finden Sie auch, dass in solchen Fällen eine neue Linie über das *zweite* und dritte Tief besser funktioniert. Wenn zum Beispiel das erste Tief an einem One-Day Reversal liegt, dessen *Schlusskurs* ein gutes Stück über dem Tiefstkurs liegt, trifft vielleicht die neue Linie, wenn man sie rückwärts verlängert, genau auf jenen Schlusskurs.

Anders liegt es, wenn die ursprüngliche Trendlinie nach ihrer Einzeichnung schon ein oder zweimal getestet worden ist. Ein drittes oder vielleicht viertes Tief hat sich also ohne Bruch auf ihr gebildet und sie damit „bestätigt“. Dann kann man das nachfolgende, nicht entscheidende Durchstoßen außer Acht lassen und die ursprüngliche Linie als noch wirksam ansehen.

Wenn während des Tages die Kurse durch eine etablierte Trendlinie brechen, der Schlusskurs aber nicht unter der Linie liegt, kann ein solcher Bruch außer Acht gelassen werden und die Linie unverändert bleiben. Wie wir es in einem Fall schon gesehen haben, ergeben die Schlusskurse häufig eine bessere Trendlinie als die extremen Tiefstwerte eines Bodens während des Tages. Das gilt besonders bei schwach kapitalisierten Aktien, die sehr erratischen Ausschlägen ausgesetzt sind. Oft zahlt es sich aus, mit verschiedenen Trendlinien etwas zu experimentieren. Ein dünnes durchsichtiges Lineal ist besonders nützlich für Trendlinien-Untersuchungen.

Noch eine andere Art von Kursverhalten kann das Einzeichnen einer neuen Trendlinie erfordern. Manchmal hat man bei einem Aufwärtstrend die Linie über die ersten beiden kleineren Tiefs eingezeichnet, aber dann bildet sich ein drittes kleines Tief nicht auf jener Linie, sondern erheblich darüber. In einem solchen Fall lassen Sie die ursprüngliche Linie stehen, aber zeichnen eine weitere über dem zweiten und dritten Tief ein. Dann warten Sie die weitere Entwicklung ab. Wenn die Rallye vom dritten Tief schnell ausläuft und die neue Trendlinie infolgedessen bald gebrochen wird, ist die ursprüngliche Trendlinie wahrscheinlich die richtige. Aber wenn sich das dritte Tief als „stark“ erweist, wenn die neue Trendlinie sich mehrere Wochen lang gut hält (und wenn sie nicht offensichtlich zu steil war), dann kann die alte Linie aufgegeben und die neue als bessere Begrenzung des Trends betrachtet werden.

Doppelte Trendlinien und Trendzonen

Wenn Sie versuchen, für einen mittelfristigen Aufwärtstrend eine gute Trendlinie „maßzuschneidern“, merken Sie vielleicht, dass *zwei parallele Linien*, die bei einer Aktie im Bereich um 30 etwa einen Punkt oder so auseinanderliegen, das wirkliche Trendverhalten viel besser definieren als irgendeine einzelne Linie, die man ziehen könnte. Scharf geschnittene Tiefs und Shake-out-Spitzen fallen oft auf die äußere oder untere Linie, während die langsameren, mehr gerundeten Reaktionen auf oder an der oberen oder inneren Linie zum Halten kommen. Oder die beiden Linien grenzen eine *Zone* ab, innerhalb deren kleinere Abwärtswellen zum Halt und zur Umkehr kommen.

Solche doppelten Trendlinien sind wirklich ergiebig, obwohl sich die Mehrzahl der Charttechniker ihrer Existenz nicht bewusst ist. Es lohnt sich, dafür einen Blick zu entwickeln und ständig die Trends darauf zu untersuchen, ob sie nicht anwendbar sind. Sie werden viele Situationen klären, in denen Versuche mit einer einzigen kritischen Linie nur zu Frustration und Resignation führen.

Ein Trend mit einer doppelten Trendlinie (oder wenn Sie so wollen, mit einer sehr breiten Trendlinie) kann erst dann als beendet angesehen werden, wenn die äußere, untere Linie in entschiedenem Maße durchbrochen ist. In diesem Zusammenhang denken Sie an das, was wir zu Beginn sagten: Scharf geformte Shake-out-Bottoms fallen meist auf die äußere Linie. Die Erholung aus einem solchen Tief ist gewöhnlich ebenso scharf, und deswegen laufen die Kurse schnell über die obere, innere Trendlinie zurück. Anders liegt es meist, wenn die Kurse nicht im Rahmen einer solchen schnellen Shake-out-Bewegung bis zur äußeren Linie „durchschlagen“. Wenn die Kurse in einem stetigen Abstieg bis zur äußeren Linie hinuntergehen und dann Schwierigkeiten haben, durch die innere Trendlinie wieder anzusteigen, ist das ein Warnzeichen, dass ein Bruch der Trendlinie bevorsteht. Beobachten Sie solche Entwicklungen genau. Ein Durchbruch muss nicht folgen. Die Situation kann noch „gerettet“ werden, aber es bestehen gute Aussichten, dass der Trend seinem Ende nahe ist.

Trendkanäle

Zu Beginn dieser Untersuchung wandten wir den Ausdruck „Haupttrendlinie“ auf die Linie an, die im Aufwärtstrend unter den *Tiefs der Einzelwellen* nach oben führt und die im Abwärtstrend über den *Hochs der Einzelwellen* nach unten zeigt. Wir bemerkten, dass die entgegengesetzten Umkehrpunkte, also die „Wellenberge" im Aufschwung und die „Wellentäler" im Abschwung, in der Regel weniger klar begrenzt seien. Darum haben sich alle unsere Erörterungen bisher um die Haupttrendlinie gedreht. Ein anderer Grund dafür ist natürlich, dass der Charttechniker in erster Linie erkennen muss, wann ein Trend zu Ende geht. Dafür ist die Haupttrendlinie entscheidend.

Bei vielen normalen Trends sind jedoch die kleineren Wellen regelmäßig genug, um auch auf ihrer anderen Seite durch eine gemeinsame Linie begrenzt zu werden. Das heißt also: Die Hochpunkte der Rallyes in einem mittelfristigen Aufwärtstrend entwickeln sich manchmal entlang einer Linie, die ungefähr parallel der Haupttrendlinie längs der Tiefs ist. Diese Parallele kann man Rückkehrlinie nennen, denn sie bezeichnet die Zone, wo die Reaktionen (Rückkehrbewegungen gegen den vorherrschenden Trend) beginnen. Die Zone zwischen der Haupttrendlinie und der Rückkehrlinie ist der Trendkanal.

Sehr gut begrenzte Trendkanäle erscheinen am häufigsten bei aktiv gehandelten Aktien mit hoher Kapitalisierung – am seltensten bei weniger populären und relativ schwach kapitalisierten Aktien, die nur sporadisch die Aufmerksamkeit der Investoren erregen. Der Wert des Trendkanal-Konzepts für den technischen Spekulanten bedarf kaum eines ausgedehnten Kommentars; die taktische Nutzbarmachung wird in der zweiten Hälfte dieses Buches erörtert.

Wenn der Anfänger den Trendkanal kennenlernt, sieht er den größten Nutzen in der Möglichkeit, damit ein gutes Niveau für Gewinnmitnahmen bestimmen zu können. Erfahrene Charttechniker finden den Trendkanal allerdings in einem negativen Sinne noch nützlicher. Wenn in einem gut etablierten Trendkanal eine Rallye die Rückkehrlinie (obere Parallele in einem mittelfristigen Aufwärtstrend) nicht wieder zu erreichen vermag, ist das ein Zeichen, dass die Kraft des Trends nachlässt. Außerdem ist die Entfernung, um die die Rallye unter der Rückkehrlinie bleibt (ehe die Kurse wieder nach unten drehen), häufig ebenso groß wie die Spanne, um die die folgende Abwärtsbewegung die Haupttrendlinie durchbricht. Danach kommt der Abschwung oft zum Halten, oder es entwickelt sich eine Throw-Back-Bewegung.

Eine entsprechende Entwicklung haben wir, wenn in einem etablierten (aufwärts führenden) Trendkanal die Reaktion von der Rückkehrlinie die Kurse nicht ganz zur Haupttrendlinie zurückführt, sondern sich irgendwo darüber ein Tief bildet. Der Aufschwung aus diesem Tief wird gewöhnlich aus der Oberseite des Kanals (durch die Rückkehrlinie) hinausführen. Die dabei zu erwartende Spanne entspricht etwa der Entfernung, um die die Reaktion den unteren Rand des Kanals (die Haupttrendlinie) nicht erreicht hat.

Experimentelle Linien

Der erfahrene Charttechniker ist ständig dabei, in seinen Charts irgendwelche Trendlinien – kurz-, mittel. und langfristige – zu ziehen. Er wird sie zunächst nur dünn mit Bleistift einzeichnen, und zwar überall, wo er dafür sozusagen nur eine Entschuldigung findet. Viele werden sich schnell als bedeutungslos erweisen, und er wird sie ausradieren. Andere werden bleiben, werden zeigen, dass sie von technischer Bedeutung sind, und er wird sie dicker oder mit Farbe ausziehen. Er wird ständig darauf achten, ob etwa doppelte Trendlinien zu ziehen sind, und wird versuchsweise Rückkehrlinien einzeichnen, um möglicherweise einen Trendkanal zu finden. Sobald er beispielsweise eine Aufwärtstrendlinie über zwei Tiefs gefunden hat, wird er über das Hoch der Rallye zwischen ihnen eine Parallele zur Trendlinie ziehen. Wenn die nächste Rallye bis zu jener Parallele steigt, dort zum Halten kommt und sich nach unten wendet, hat er eine wahrscheinliche Rückkehrlinie gefunden und damit einen möglichen Trendkanal etabliert.

Dem Leser, besonders wenn ihm die technische Betrachtungsweise neu ist, wird diese Praxis dringend empfohlen. Er sollte jede nur denkbare Trendlinie, die das Kursverhalten nahelegt oder auch nur zulässt, einzeichnen und damit experimentieren. Es ist der schnellste Weg zu der Erfahrung, die so wichtig ist, um in der Praxis Trendlinien und ihre Bedeutung zu erkennen, zu beurteilen und zu benutzen.

Vielleicht sollten wir hier für den Anfänger eine Warnung hinzufügen. Sie werden festgestellt haben, dass wir hier niemals eine Linie erwähnt haben, die von einem Tief zu einem Hoch führt oder umgekehrt. Trendlinien werden *immer* über zwei oder mehr Tiefs *oder* zwei oder mehr Hochs gezogen. Sie sollten niemals so gezogen werden, dass sie durch die Kursspur verlaufen. (Die Kurse mögen später ihre Verlängerung überqueren, aber das sollte noch nicht geschehen sein, wenn die Linie zuerst eingezeichnet wird.) Wenn Sie beispielsweise in einer Schulter-Kopf-Schulter-Formation vom Hoch der linken Schulter zum Hoch der rechten Schulter eine Trendlinie ziehen würden, die also durch den Kopf verläuft, hätte eine solche Linie keine technische Verlässlichkeit.

Die Folgen eines Trendlinien-Bruchs: Rücksetzer

Zu Beginn dieses Kapitels erwähnten wir die wahrscheinlichen Folgen, wenn die Kurse durch eine mittelfristige Aufwärtstrendlinie brechen. Um es zu wiederholen: Wenn eine mittelfristige Aufwärtstrendlinie richtig konstruiert wurde, wenn sie durch die zuvor erwähnten Tests als technisch bedeutsam ausgewiesen ist und dann in entscheidendem Maße durchbrochen wird, so bedeutet das: Der Aufwärtstrend ist zu Ende. Die zu erwartende Konsequenz ist entweder eine volle mittelfristige Reaktion (intermediäre Reaktion) oder eine Periode der Konsolidierung (die gewöhnlich die Gestalt einer erkennbaren Formation hat). Andere technische Indikationen im Chart werden Ihnen Hinweise geben, welche dieser beiden Konsequenzen wahrscheinlicher ist. Jedenfalls wird der mittelfristig operierende Spekulant in einem solchen Augenblick sicherlich zweimal hinsehen, ehe er versucht, aus dieser Situation und zu diesem Zeitpunkt noch Gewinn zu erzielen.

Eine schnellere, aber auch weniger bedeutsame wahrscheinliche Folge eines Trendlinien-Bruchs ist auch schon erwähnt worden – der Pullback. Er verdient weitere Diskussion. In unseren früheren Untersuchungen über Umkehr- und Konsolidierungsformationen haben wir schon Pullbacks beschrieben, die einem Breakout aus solchen Formationen folgen. Wenn zum Beispiel die Kurse aus der unteren Grenzlinie eines Rechtecks einen Breakout vollziehen, wird eine Rallye im Anschluss daran an jener Grenze zum Halten kommen, weil dort Widerstand (Angebot) auf sie wartet. Das ist leicht zu verstehen. Mithilfe der Unterstützung/Widerstand-Theorie können wir die meisten Throw-Back-Bewegungen erklären, die sich nach einem Breakout aus einer Umkehr- oder Konsolidierungsformation entwickeln können. Pullbacks im Anschluss an einen Trendlinien-Bruch können damit nicht erklärt werden; und dennoch kommen sie viel häufiger vor und scheinen viel exakter gerade an der alten Trendlinie aufgehalten zu werden als bei einem Pullback zu einer Formation. Die Kurse sind vielleicht um mehrere Punkte durch eine ansteigende Trendlinie gestoßen. Dann wenden sie sich zurück und steigen wieder, ganz genau oder sehr nahe bis an die alte Trendlinie, halten dort und erneuern ihre Abwärtsbewegung. Das Hoch jener Pullback-Rallye liegt vielleicht zwei oder drei Punkte über dem Niveau, wo die Trendlinie ursprünglich durchbrochen wurde, denn die Trendlinie steigt ja immer noch. Und dennoch: Genau dort hält die Rallye, zögert, gibt auf. Warum verhalten sich die Kurse so? Niemand weiß, warum das Angebot gerade hier größer sein soll als die Nachfrage, warum gerade an diesem Punkt Widerstand so offensichtlich ist, obwohl sein Niveau von *zwei* Variablen bestimmt wird, der *Neigung* der Trendlinie und der verstrichenen *Zeit*.

Natürlich können Sie vernünftigerweise nicht erwarten, dass eine Pullback-Rallye bis zu einer Trendlinie gelangt, die in einem sehr steilen Winkel ansteigt. Das würde vielleicht einen neuen Höchstkurs für den gesamten mittelfristigen Aufwärtstrend bedeuten; immerhin kommt sogar das in mehr als nur einigen wenigen Ausnahmefällen vor. Aber in der großen Mehrzahl typischer Aufwärtstrendlinien (die in einem normalen oder ziemlich flachen Winkel ansteigen) kann man nach dem Bruch der Trendlinie darauf zählen, dass sich eine Pullback-Rallye entwickeln wird. Das geschieht entweder in wenigen Tagen oder in dem üblichen Tempo, das die kleineren Wellen in diesem Trend zeigen, und wird die Kurse bis zur verlängerten Trendlinie hinauftragen.

Man sollte anmerken, dass Throw-Backs nicht vorkommen, wenn die Kurse durch eine *Rückkehrlinie* brechen, das heißt, wenn sie aus einem Aufwärtstrendkanal nach oben ausbrechen. Genauer formuliert: Die Rückkehrlinie wirkt nicht als Unterstützung gegen eine Throw-Back-Bewegung, wenn die Kurse durch sie hindurch gebrochen sind. Ein ungewöhnlich starker Aufschwung in einem ansteigenden Trendkanal mag also über die durch die Rückkehrlinie definierte Obergrenze des Kanals hinaus steigen. Aber die nächste Reaktion kann genauso gut nach unten durch die Rückkehrlinie zurückfallen, ohne dass sie auf ihrem Niveau auch nur zögert.

Der Throw-Back ist eines jener „Geheimnisse" bei Trendlinien, auf die wir zu Beginn anspielten. Wenn der Technische Analyst Trends und Trendlinien über eine längere Zeitperiode untersucht, wird er viele andere noch weit merkwürdigere Phänomene entdecken. Wir können sie in dieser Abhandlung nicht erwähnen, denn bislang gibt es keinen Weg, sie beim Investieren oder Spekulieren praktisch zu benutzen. In der Rückschau sind sie außerordentlich interessant, aber man kann sie nicht vorhersagen.

Mittelfristige Abwärtstrends

In unseren bisherigen Erörterungen über Trends und Trendlinien haben wir uns auf *Aufwärtstrends* konzentriert. Wir hatten dabei insbesondere die mittelfristigen Aufwärtstrends in Richtung des Primärtrends im Sinne, das heißt im Rahmen einer langfristigen Hausse. Diese speziellen Trends haben die größte Neigung, sich „normal" zu verhalten, und sind am angenehmsten für die Festlegung von Trendlinien. Wir wollen uns nun den mittelfristigen *Abwärtstrends* im Rahmen einer langfristigen Baisse zuwenden. Ehe wir ihre Unterschiede zu Aufschwüngen im Rahmen des Primärtrends erörtern, erinnern wir daran, dass die *Haupttrendlinie* einer Abwärtsbewegung die Linie ist, die durch die Rallye-*Hochpunkte* innerhalb des Trends verläuft. Der Trendkanal liegt also links von jener Trendlinie und unter ihr. Die Rückkehrlinie (wenn es eine gibt) definiert die *untere Grenze* des Kanals.

Mittelfristige Abwärtstrends (in einer Baisse) sind weit weniger regelmäßig und einheitlich in ihrer Entwicklung als Aufschwünge im Rahmen einer Hausse. Charakteristischerweise ist der Winkel einer Abwärtsbewegung steiler, und dies gilt natürlich insbesondere für die Panikbewegungen, die typisch für die zweite Phase eines Bärenmarkts sind. Einzelheiten sahen wir in unserer Diskussion der Major-Trends in Kapitel 3. Darüber hinaus haben die Kurse die Tendenz, von jeder Trendlinie nach unten wegzufallen, die über die ersten beiden Rallye-Hochpunkte gezogen wird. Sie haben also mit anderen Worten eine Tendenz, nach unten zu „kurven", wenn die Bewegung fortschreitet. Dies sieht man schon klar auf arithmetischem Chartpapier und noch offensichtlicher auf halblogarithmischem Papier.

Die *praktischen* Ergebnisse dieser Tendenz von Abwärtstrends, sich nach unten zu biegen, sind jedoch nicht so wichtig. Zwar verzögert sich dadurch das Durchbrechen der ursprünglichen Trendlinie und damit das Signal für eine Trendänderung, jedoch haben die Kurse am Ende eines dieser kopfüber verlaufenden Abstürze die Tendenz, eine Weile hin und her zu schlagen und dort eine Basis zu bauen. Dabei bewegen sie sich im Chart zur Seite hin. Der Trend dreht häufig nicht erkennbar nach oben, ehe nicht schließlich die Trendlinie erreicht und nach oben durchbrochen wird. Darin besteht überhaupt eine Rechtfertigung, Abwärtstrendlinien zu ziehen und weiterzuverfolgen, obwohl sie für eine Weile einfach in den leeren Raum hinaus laufen und keine erkennbaren Beziehungen zum tatsächlichen Kurstrend zu haben scheinen.

Aus dem Obigen folgt sogleich, dass Rückkehrlinien bei den meisten Abwärtsbewegungen in einer Baisse wenig praktischen Nutzen haben; in der Mehrzahl der Fälle werden sie sehr schnell nach unten durchbrochen. Gute Kanäle sind in solchen Fällen schwer zu finden.

Jedoch bildet der allerletzte mittelfristige Abschwung in einer langfristigen Baisse, also die letzte Bewegung in Richtung des Primärtrends, die schließlich zum endgültigen langfristigen Tief führt, eine Ausnahme – und das ist von erheblicher praktischer Bedeutung. Dieser Trend ist gewöhnlich sauberer geschnitten, regelmäßiger, weniger ins Bodenlose stürzend. Er ist mit anderen Worten weit eher ein normaler Trend, so, wie wir ihn in den meisten mittelfristigen Aufwärtstrends in einem Bullenmarkt erwarten (abgesehen davon, dass er nach unten statt nach oben verläuft). Diese interessante Gewohnheit ist, wie wir sagten, von praktischem Interesse. Wenn wir sie beachten, haben wir einen zusätzlichen und sehr nützlichen Hinweis auf das Ende eines Bärenmarkts:

Ein langfristiger Bärentrend hat eine Weile (zeitlich und kurslich gesehen) seinen Fortgang genommen und zumindest eine Panikphase gezeigt. Dann setzt er sich in einer neuen Abwärtsbewegung fort, die aber weniger aktiv und eher geordnet verläuft. Diese Abwärtsbewegung entwickelt eine gute Trendlinie und folgt ihr auch. Dies ist die Zeit, in der man die Entwicklung genau beobachten muss. Wenn sich dieser intermediäre Trend an seinen stetigen und nicht zu steilen Abwärtsverlauf hält, wenn die Trendlinie mehrere Male von kleineren Rallyes berührt wird, wenn der Trend einen einigermaßen zusammenhängenden Kanal bildet und die Kurse nicht „aus dem Bett fallen", nämlich durch die parallele Rückkehrlinie – dann kann der schließliche Bruch dieser Trendlinie nach oben sehr wohl das Signal zu einer langfristigen Wende sein, der Anfang einer neuen Hausse.

Trends bei Korrekturbewegungen – das Fächerprinzip

In dieser Untersuchung über mittelfristige Trendlinien haben wir als Letztes die Sekundär- oder Korrekturtrends zu behandeln. Es sind die abwärts verlaufenden mittelfristigen Trends, die den primären Aufwärtstrend in der Hausse unterbrechen, und die aufwärts gerichteten mittelfristigen Trends, die mit dem primären Abwärtstrend in der Baisse abwechseln.

Eine mittelfristige Reaktion gegen die Richtung des Primärtrends der Börse nimmt verschiedenartige Formen an. Manchmal wird sie eine Konsolidierungsformation – Dreieck, Rechteck und so weiter. Die Netto-Kursreaktion ist von geringerer Größe, aber der Trend verbraucht Zeit, indem er hin und zurück läuft, ehe der Primärtrend wieder aufgenommen werden kann. In solchen Fällen besteht natürlich weder eine Grundlage, eine mittelfristige Trendlinie zu ziehen, noch braucht man eine solche.

Sozusagen auf der anderen Extremseite der Skala finden wir die vollständige Korrekturbewegung. Sie entwickelt sich als mehr oder weniger geordnete geradlinige Rückkehr auf mäßig geneigter Bahn zum nächstgelegenen guten mittelfristigen Unterstützungs- oder Widerstandsniveau. Dabei wird vielleicht ein Drittel oder die Hälfte des vorhergehenden primären Ausschlags korrigiert. Derartige Reaktionen liefern in der Regel gute Trendlinien, und deren endgültiger Bruch ist ein gutes technisches Signal der Umkehr. Eine mittelfristige Korrektur von diesem Typ ist verhältnismäßig selten.

Eine dritte Art, auf die sich eine mittelfristige Korrektur abspielt, ist fast so häufig wie die oben zuerst genannte Konsolidierungsformation und im Chart viel häufiger als die zweite. In einer Hausse beginnt das mit einer scharfen Reaktion, die mehrere Tage lang, vielleicht sogar bis zu zwei Wochen, dauert und eine steile kurzfristige Trendlinie liefert. Diese Trendlinie wird nach oben durch eine schnelle kurzfristige Rallye gebrochen, und dann bröckeln die Kurse wieder ab, aber in einem langsameren und weniger überstürzten Trend. Eine zweite kurzfristige Trendlinie kann jetzt gezogen werden. Sie beginnt bei dem ursprünglich höchsten Punkt und läuft durch das Hoch der Aufwärtsbewegung, die den ersten Trend brach. Diese zweite Trendlinie wird durch eine andere teilweise Erholung durchbrochen. Und ein dritter und noch langsamerer und flacherer Abschwung folgt. Eine dritte Trendline kann nun von dem ursprünglichen Hoch durch das Hoch der zweiten Aufwärtsbewegung gezogen werden. Die ganze Bewegung hat inzwischen eine Art grobe und unregelmäßige Untertassenform angenommen. Die drei Trendlinien von dem ursprünglichen Umkehrpunkt aus, wo die Korrekturbewegung begann, verlaufen eine flacher als die vorhergehende und sind als *Fächerlinien* bekannt. Die Regel besagt, dass der Tiefpunkt der Korrektur hinter einem liegt, wenn die *dritte* Fächerlinie nach oben durchbrochen worden ist.

Es gibt Ausnahmen von dieser Regel – wie von jeder Regel der Technischen Chartanalyse. In seltenen Fällen können in einer Korrektur dieser Art die Kurse noch einmal nach unten tauchen und ein neues Tief für die gesamte Korrekturbewegung bilden, ehe sie wirklich beginnen, wieder zu drehen und nach oben zu gehen. Aber das Drei-Fächer-Prinzip funktioniert in der großen Mehrzahl der Fälle. Außerdem kann der Spekulant damit seine Position an einer Stelle eingehen, wo er sie durch eine sehr enge Stopp-Order schützen und damit seinen Verlust auf einen unwesentlichen Betrag begrenzen kann, wenn die Regel einmal nicht funktioniert.

Interessanterweise machen die Kurse in solchen Entwicklungen nach jedem Aufwärtsvorstoß regelmäßig einen Throw-Back zur vorhergehenden Fächerlinie. Nachdem der unterste Punkt überschritten ist, beginnt der neue primäre Ausschlag gewöhnlich langsam und zeigt zunächst ein Verhalten wie eine Untertassen-Formation.

Die Drei-Fächer-Regel funktioniert genauso, wenn es darum geht, in einer Baisse das Ende einer mittelfristigen Erholung zu erkennen. Die Mehrzahl dieser Erholungen hat ohnehin eine sich rundende Form, die für die Anwendung des Fächerprinzips geeignet ist. Beachten Sie jedoch, dass das Fächerprinzip normalerweise nur auf Korrekturbewegungen angewandt wird. Damit bestimmt man also nur das Ende einer intermediären Reaktion im Bullenmarkt und einer intermediären Erholung im Bärenmarkt.

Langfristige Trendlinien werden wir im nächsten Kapitel behandeln. Aber ehe wir die Untersuchung von mittelfristigen Trends verlassen, möchten wir erneut betonen, dass die praktische Anwendung von Trendlinien an der Börse Erfahrung und das gute Urteilsvermögen erfordert, das man nur aus ihr gewinnen kann. Einige Technische Analysten verlassen sich großenteils auf Trendlinien-Studien; andere versuchen, fast ausschließlich mit Trendlinien zu arbeiten. Aber die Mehrzahl ist der Meinung, dass Trendlinien am besten als Ergänzung anderer technischer Daten benutzt werden.

Die Technische Analyse von Aktiencharts ist so ähnlich wie das Zusammensetzen eines Puzzles. Man muss viele Gesichtspunkte betrachten – unter anderem Volumen, Formationen und die daraus abgeleiteten Kursziele, Unterstützungs- und Widerstandsniveaus, Trendlinien und die Aussichten der Börse im Allgemeinen. Alle müssen an der richtigen Stelle eingefügt werden, um das Gesamtbild zu bekommen.

KAPITEL 15

LANGFRISTIGE TRENDLINIEN

Im vorigen Kapitel über die mittelfristigen Trendlinien erwähnten wir schon die unterschiedlichen Auswirkungen, die die Benutzung von arithmetischem und halblogarithmischem Chartpapier haben kann. Wir sagten dort, diese Unterschiede seien ohne Bedeutung für kurzfristige Trends oder mittelfristige Trends von durchschnittlicher Länge. Nachdem wir jetzt jedoch zu den langfristigen Trends kommen, werden diese Unterschiede wichtig. Langfristige Trendlinien werden in den Abbildungen 15.1 bis 15.20 illustriert.

Sehen Sie sich eine große Sammlung arithmetisch dargestellter Monatscharts an, die zehn oder mehr Jahre Marktgeschehen erfassen. Sie werden schnell feststellen, dass Bullentrends der aktiv gehandelten, mehr oder weniger spekulativen Aktien meist die Tendenz haben, sich zu *beschleunigen*. Sie beginnen langsam und stoßen steiler und steiler nach oben, wenn sie sich ihrem Hoch nähern. Dieser sich nach oben krümmende Pfad trägt sie weiter und weiter von jeder geraden Trendlinie weg, die zwischen zwei Tiefpunkten im ersten, langsameren Stadium des Aufschwungs gezogen wurde. Ehe sie später diese gerade Trendlinie wieder berühren, haben sie ihr Hoch gebildet und oft schon eine lange Wegstrecke nach unten zurückgelegt. Der Kursrückgang mag sogar von langfristiger Bedeutung sein.

Stellt man den langfristigen Aufwärtstrend solcher Aktien nicht auf arithmetischem, sondern auf halblogarithmischem Chartpapier dar, so zeigt er nicht die typische Form einer sich nach oben *beschleunigenden* Kurve, sondern ist eine *gerade* Trendlinie. Infolgedessen werden ihre Trendlinien auf logarithmischem Papier schneller und gewöhnlich auf einem höheren Kursniveau gebrochen, wenn ihr Trend schließlich ein Hoch bildet und nach unten wendet. Bei solchen Aktien liefert also der logarithmische Maßstab ein besseres Trendsignal.

Aber es gibt andere Aktien – meistens aus der Kategorie der sehr schwergewichtigen Investment-Aktien oder von ähnlicher Art –, die in geraden, arithmetischen Trends anzusteigen pflegen. Consolidated Edison, General Motors und Libbey-Owens-Ford Glass sind Beispiele dafür. (Im logarithmischen Maßstab zeigen sie eine langsamer werdende Kurve.) Noch eine dritte Art von Aktien produziert selbst auf arithmetischem Maßstab langfristige bullishe Trendlinien, die in ihrer Geschwindigkeit abnehmen, also abgerundet erscheinen. Es handelt sich dabei hauptsächlich um hochkarätige Vorzugsaktien. Und schließlich gibt es eine Anzahl von Aktien, deren normale bullishe Trendlinien irgendwo in der Mitte zwischen unseren ersten beiden Typen liegen. In einem arithmetischen Maßstab biegen sie sich von einer geraden Trendlinie nach oben fort, aber bei einer Darstellung in logarithmischem Maßstab biegen sie sich nach rechts, laufen also durch eine gerade gezogene Trendlinie. *(EN: Glücklicherweise gibt es im Zeitalter des Computers und leicht zu verarbeitender Daten Analysesoftware, die es dem Analysten ermöglicht, sofort zwischen den Maßstäben zu wechseln. Es sind Desktop-Pakete verfügbar [siehe Anhang B, Ressourcen], und eine Reihe von Internetseiten bietet diese Möglichkeiten.)*

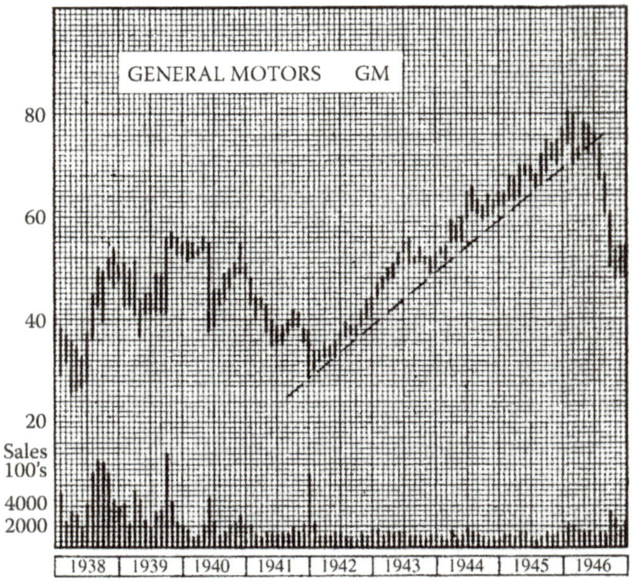

Abbildung 15.1: Der gerade Bullenmarkttrend von General Motors in einem arithmetischen Monatschart. 1941: Tief 28 ⅝; 1946: Hoch 80 ⅜.

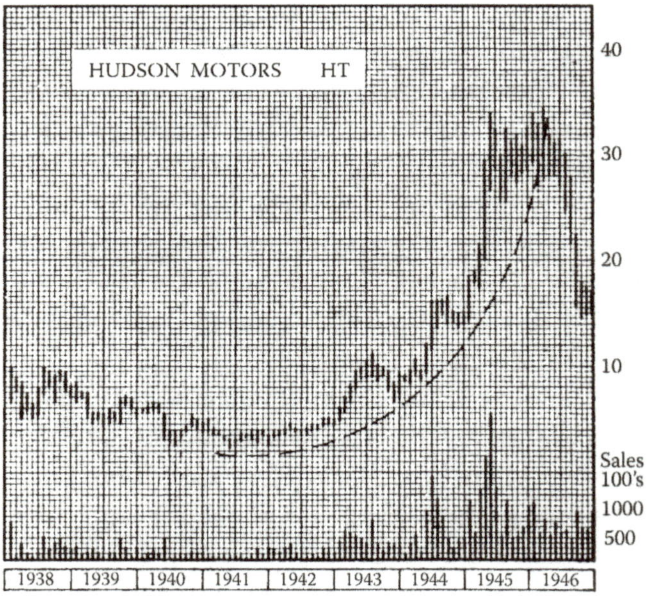

Abbildung 15.2: Der nach oben gebogene Trend einer spekulativen Motoren-Aktie, Hudson Motors. Vergleichen Sie mit GM. 1941: Tief 2 ⅝; 1946: Hoch 34.

Das alles muss der Leser mit Sicherheit als sehr entmutigend empfinden. Einige Aktien tun dies und andere das, und was nutzt uns das Ganze in einem solchen Durcheinander? Die Antwort liegt darin, dass man die Vergangenheit der Aktien studieren muss, an denen man interessiert ist. Aktien, jedenfalls die meisten von ihnen, ändern ihre Gewohnheiten und ihre technischen Eigenarten nicht sehr von einem Bullen-Bären-Zyklus zum nächsten. Wenn eine Aktie wie General Motors in einem

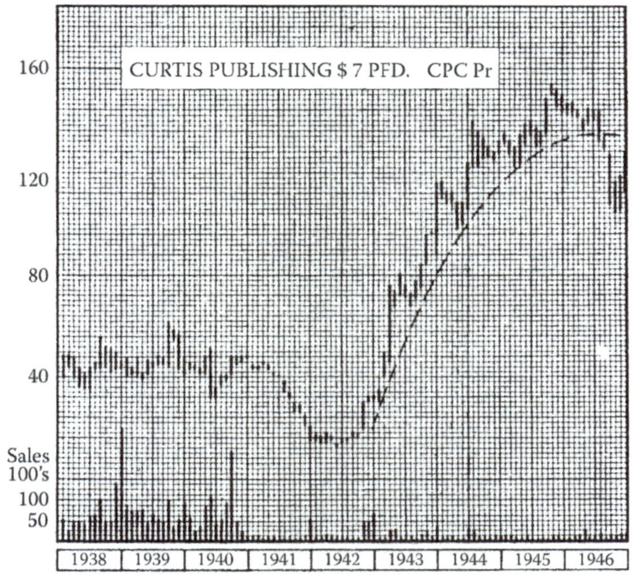

Abbildung 15.3: Der sich typisch abflachende langfristige Bullentrend einer hochkarätigen Vorzugsaktie. Dies ist die 7-Dollar-Vorzugsaktie von Curtis Publishing. 1943: Tief 12; 1945: Hoch 154.

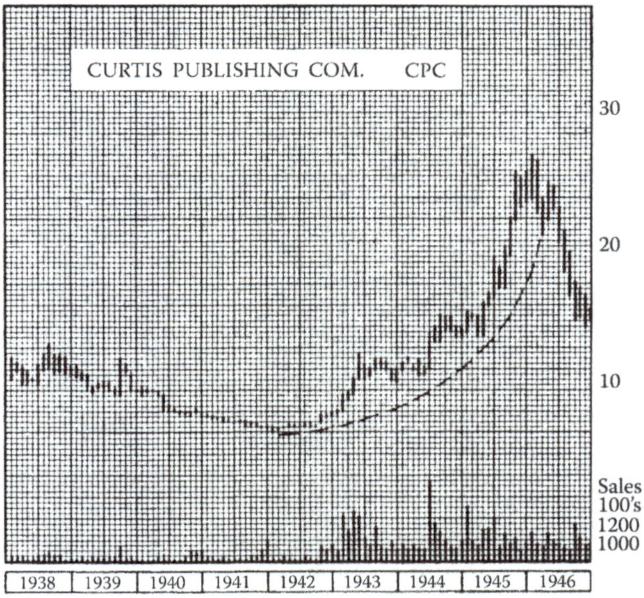

Abbildung 15.4: Der sich nach oben beschleunigende Trend derselben Gesellschaft, aber nicht (wie in Abbildung 15.3) der Vorzugsaktie, sondern der Stammaktie. 1942: Tief $^3/_8$; 1946: Hoch 26.

Bullenmarkt auf arithmetischem Chartpapier einen geradlinigen Bullentrend produziert, ist es wahrscheinlich, dass sie dieses Verhalten im nächsten Zyklus wiederholt. *EN10: Wir vermuten, dass GM nach dem Rückgang seine bisherigen Gewohnheiten beibehalten wird, aber das bleibt abzuwarten.*

Interessanterweise ändern Aktien manchmal auch diesen Charakter, freilich meist nur über eine lange Periode von Jahren. Als die Aktien das erste Mal an der Börse eingeführt wurden, galt die

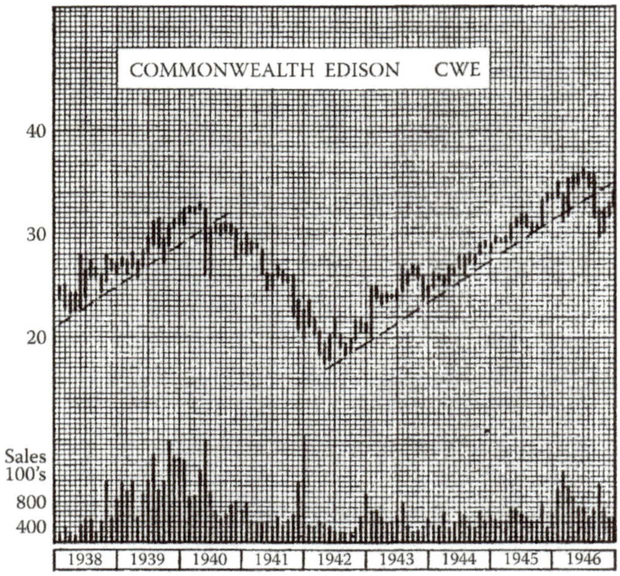

Abbildung 15.5: Eine Versorgungs-Aktie vom konservativen Investmenttyp bildet einen geraden langfristigen Bullentrend. Dies ist Commonwealth Edison. 1942: Tief 17 3/8; 1946: Hoch 36 1/8. Leverage (Hebelwirkung) ist ein wichtiger Faktor bei Trends.

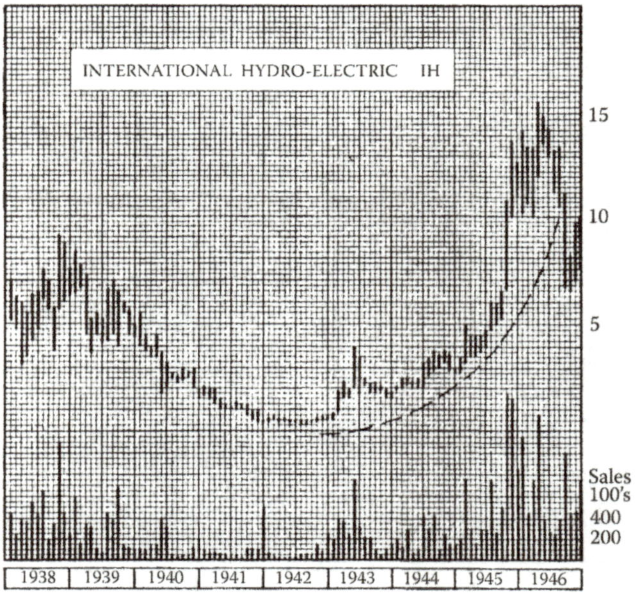

Abbildung 15.6: Der nach oben gedrehte Trend einer „Junior-Aktie", auch aus der Kategorie der Versorgungswerte, die aber noch zu den niedrig notierenden Aktien gehörte; International Hydro-Electric. 1942: Tief ¼; 1946: Hoch 15 ½.

Gesellschaft als äußerst spekulativ. Inzwischen mag sie eine immer wichtigere und stabilere Position in der allgemeinen Wirtschaft eingenommen haben. Infolgedessen wird ihre Aktie nunmehr als solides Investmentpapier eingeschätzt. Ihre Hausse-Trends werden sich daher allmählich von einer nach oben gebogenen Linie zu einer geraden Trendlinie wandeln, und schließlich zu einer solchen mit abnehmender Steigung. Andere, alteingeführte Gesellschaften mögen ihre Position und ihre

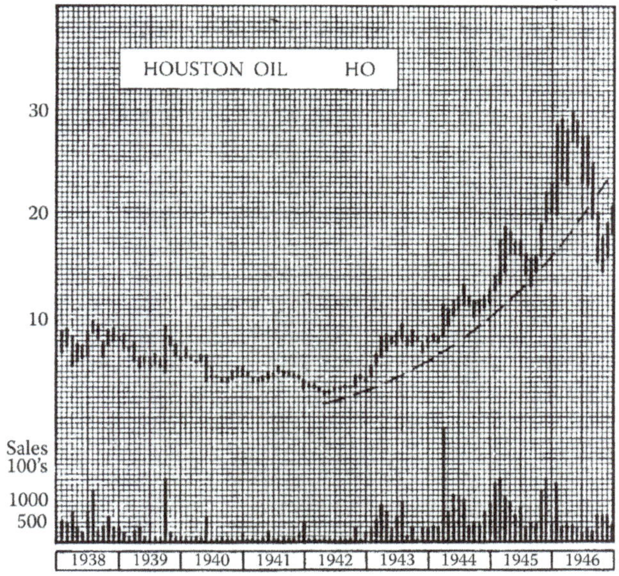

Abbildung 15.7: Eine spekulative Öl-Aktie, Houston Oil. 1942: Tief 2 ¼; 1946: Hoch 30. Vergleichen Sie dieses Bild mit SOH in Abbildung 15.8.

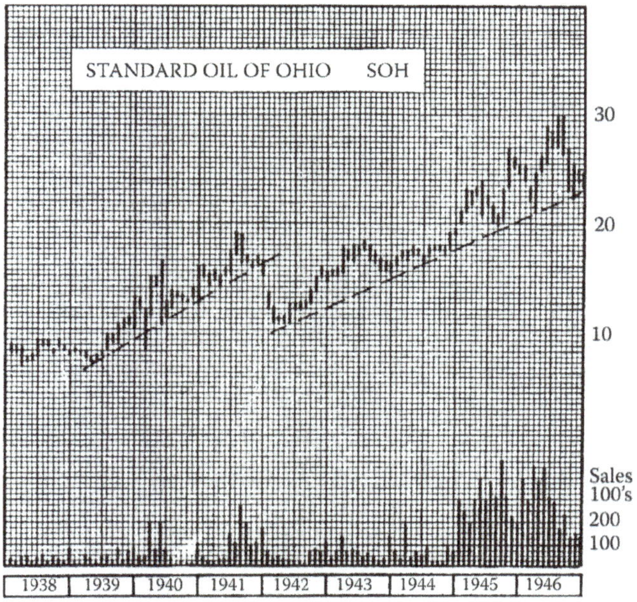

Abbildung 15.8: Geradliniger Aufwärtstrend in einer Öl-Aktie von Investmentqualität, Standard Oil of Ohio. 1942: Tief 10 ⅛; 1946: Hoch 30. Die Trendline wurde bis 1948 nicht gebrochen.

hohe Einschätzung verlieren. Von der investmentartigen Form der Trendlinie wechseln sie zur spekulativen Form. Aber im Allgemeinen gilt doch, dass sie sich in ihren grundlegenden Mustern wiederholen.

Ein großes Rechteck ergab sich in diesem Wochenchart im April, Mai und Juni 1937. Aber beobachten Sie das kümmerliche Volumen, das den Breakout und den Anstieg aus jener Formation

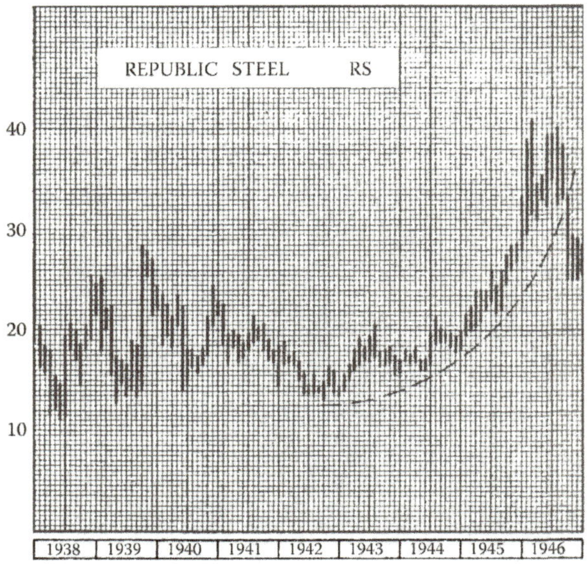

Abbildung 15.9: Stahl-Aktien haben einen langfristigen Aufwärtstrend des spekulativen oder sich beschleunigenden Typs; Republic Steel. 1942: Tief 13 $^3/_8$; 1946: Hoch 40 $^7/_8$.

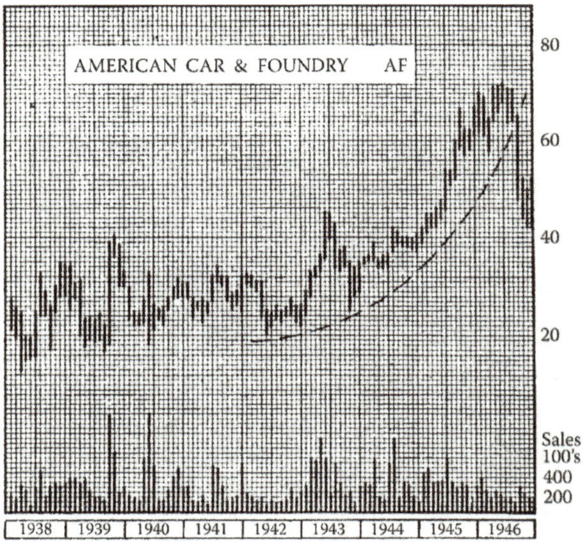

Abbildung 15.10: Der normale langfristige Bullentrend von Schwerindustrie-Aktien biegt sich nach oben; American Car & Foundry. 1942: Tief 20; 1946: Hoch 72 $^3/_8$.

begleitete. Ein äußerst bearishes Zeichen für den Major-Trend. Das Kursziel des Rechtecks wurde im August erreicht, aber das war alles.

Wie meistens war es unmöglich, eine langfristige Abwärtstrendline in diesen Chart einzuzeichnen, die irgendeinen Vorhersagewert gehabt hätte. Die wunderbar geraden Trendlinien, die in der primären Baisse von 1929 bis 1932 erschienen, haben viele Charttechniker verführt, ähnliche Entwicklungen in jeder Baisse zu erwarten. Aber Tatsache ist, dass die Trends von 1929 bis 1932 in dieser Hinsicht einmalig waren.

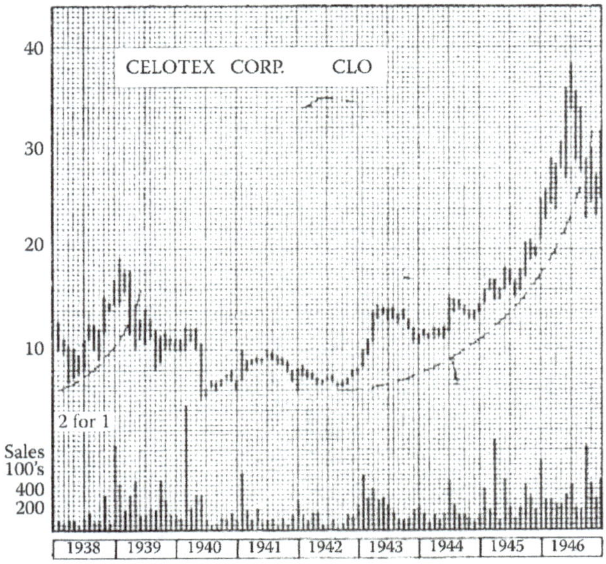

Abbildung 15.11: Eine niedrig notierende Bau-Aktie, Celotex Corporation. 1942: Tief 6 ⅛; 1946: Hoch 38 ⅛.

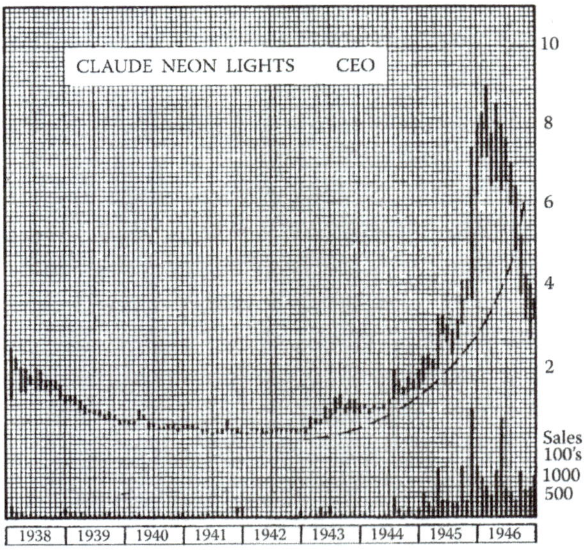

Abbildung 15.12: Eine hochspekulative, niedrig notierende Aktie, die im Freiverkehr gehandelt wurde, Claude Neon Lights. 1942: Tief ⅛; 1946: Hoch 9.

Wenn Sie eine eigene Sammlung von Monatscharts pflegen, können Sie sich selbst aussuchen, welcher Maßstab Ihnen gefällt. Aber die meisten Technischen Analysten ziehen es vor, ihre langfristigen Charts fertig zu kaufen. Dadurch erhalten sie eine weit längere historische Übersicht über viel mehr Aktien, als sie selbst jemals aufzeichnen könnten. Die einzige umfassende Zusammenstellung von Monatscharts, die man für einen vernünftigen Preis erhalten kann, ist arithmetisch. Sie müssen also notwendigerweise diese benutzen. *(EN: Aufgrund der Verfügbarkeit guter Software und Internet-Chartseiten nicht mehr notwendig. Siehe Anhang B, „Ressourcen“).* Sie werden nach

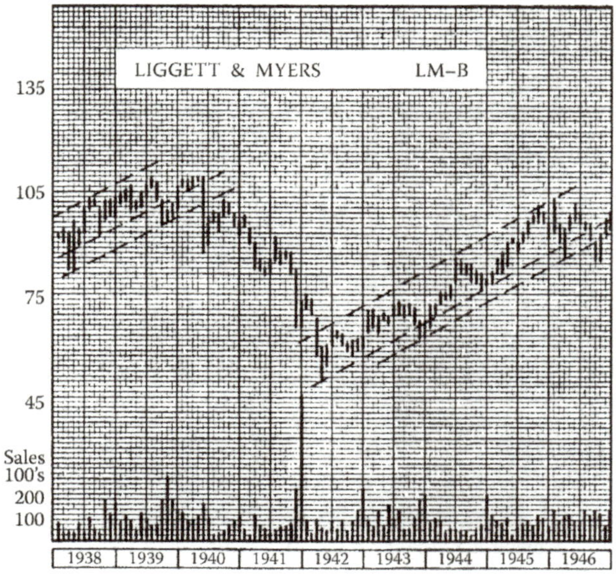

Abbildung 15.13: Die Tabak-Aktien folgen dem Trendtyp von Investment-Aktien. Dies ist Liggett & Myers. Hier haben wir eine doppelte Trendlinie. 1942: Tief 50 ½; 1946: Hoch 103 ½.

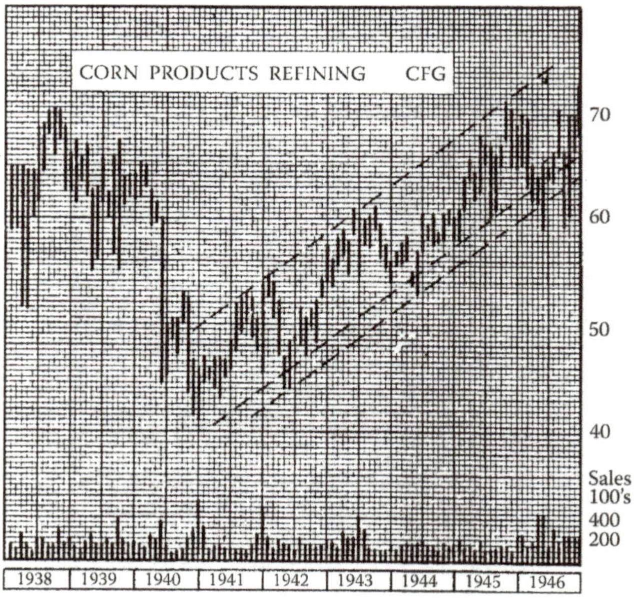

Abbildung 15.14: Hochkarätige Lebensmittel-Aktien (dies ist Corn Products Refining) benehmen sich wie Tabakwerte. 1940: Tief 40 ¼; 1946: Hoch 75 ¾.

einigem Probieren feststellen, dass man mithilfe eines Kurvenlineals, wie es Architekten benutzen, gute langfristige Aufwärtstrendlinien auch bei vielen Aktien einzeichnen kann, deren normale Haussen sich von einer geraden Linie nach oben wegbiegen.

Die Tests für die technische Bedeutung einer langfristigen Trendlinie sind im Wesentlichen die gleichen wie bei den mittelfristigen Trendlinien des vorigen Kapitels. Etwas Spielraum muss man

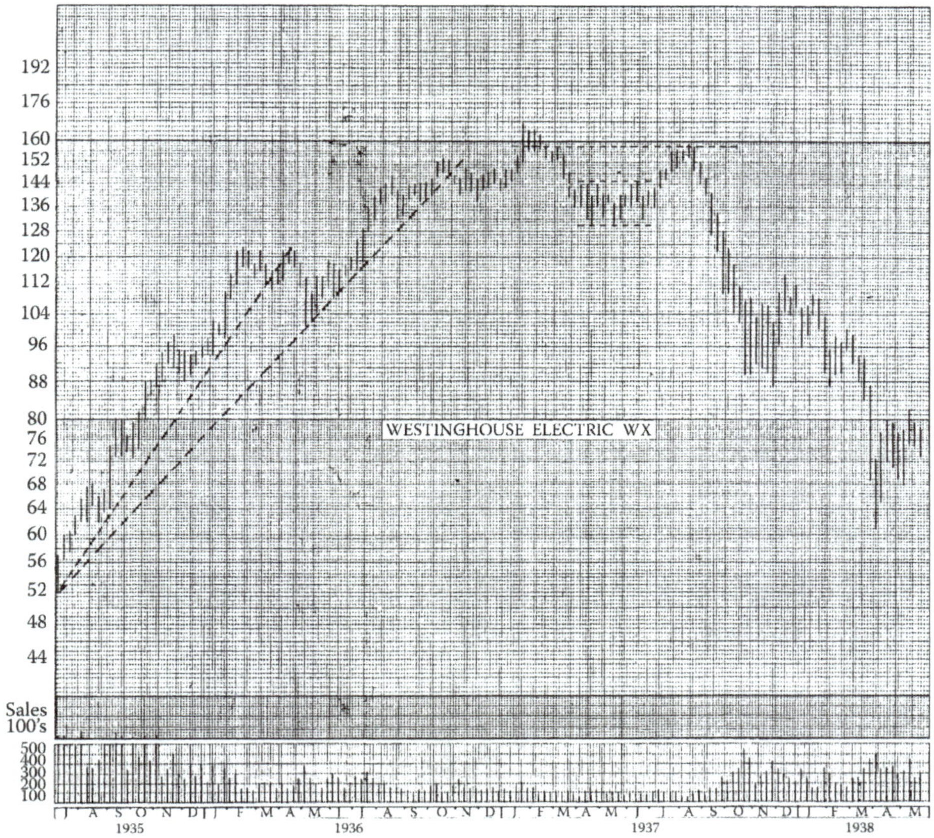

Abbildung 15.15: Bei einem Pullback zu einer sehr steilen Aufwärtstrendlinie können die Kurse sehr wohl einen neuen Höchstkurs erreichen. Sehen Sie sich bitte diesen Pullback im August 1936 im Wochenchart von Westinghouse Electric an. Die zweite, weniger steile Linie erwies sich als die eigentliche Trendline der langfristigen Hausse. Beachten Sie, dass die Kursformation von Februar bis April 1936 nicht als echtes Doppeltop, als Umkehr des Primärtrends, angesehen werden konnte, weil der Einbruch zwischen den beiden Hochs nur ungefähr zehn Prozent des Wertes der Aktie ausmachte (von 122 aus gerechnet). Abbildung 8.21 zeigt in einem Tageschart die endgültige Umkehrformation, die WX im Jahr 1937 bildete.

bei Brüchen zugestehen – wieder eine Frage der Beurteilung –, aber man hat es hier ohnehin mit groben Daten und langen Swings zu tun. Was Sie von Ihren Monatscharts in erster Linie wollen, ist die allgemeine große Perspektive.

Noch ein Punkt zur Konstruktion von Aufwärtstrendlinien. Die besten Linien, die nützlichsten Trendlinien, werden in der Regel nicht vom absoluten Tiefpunkt der vorhergehenden Baisse aus gezogen. Man beginnt eher beim nächsten Zwischentief. Die Akkumulationszone zu Beginn einer Hausse ist gewöhnlich zeitlich lang ausgezogen und relativ flach. Die erste Trendlinie vom extremen Tiefpunkt aus mag daher zu flach verlaufen, um den echten Bullentrend zu beschreiben, der mit der Phase nennenswerter Kurssteigerungen beginnt. Die verschiedenen Charts und langfristigen Trendlinien in diesem Kapitel zeigen, was gemeint ist *(EN: Besonders Abbildung 15.14)*. Das gilt aber, wie wir hier hinzufügen könnten, ebenso für Intermediate-Trends, die ihren Anfang aus einer Formation nehmen. Nach einer Schulter-Kopf-Schulter-Formation zum Beispiel beginnt die echte mittelfristige Trendlinie gewöhnlich von der rechten Schulter aus, nicht vom Kopf.

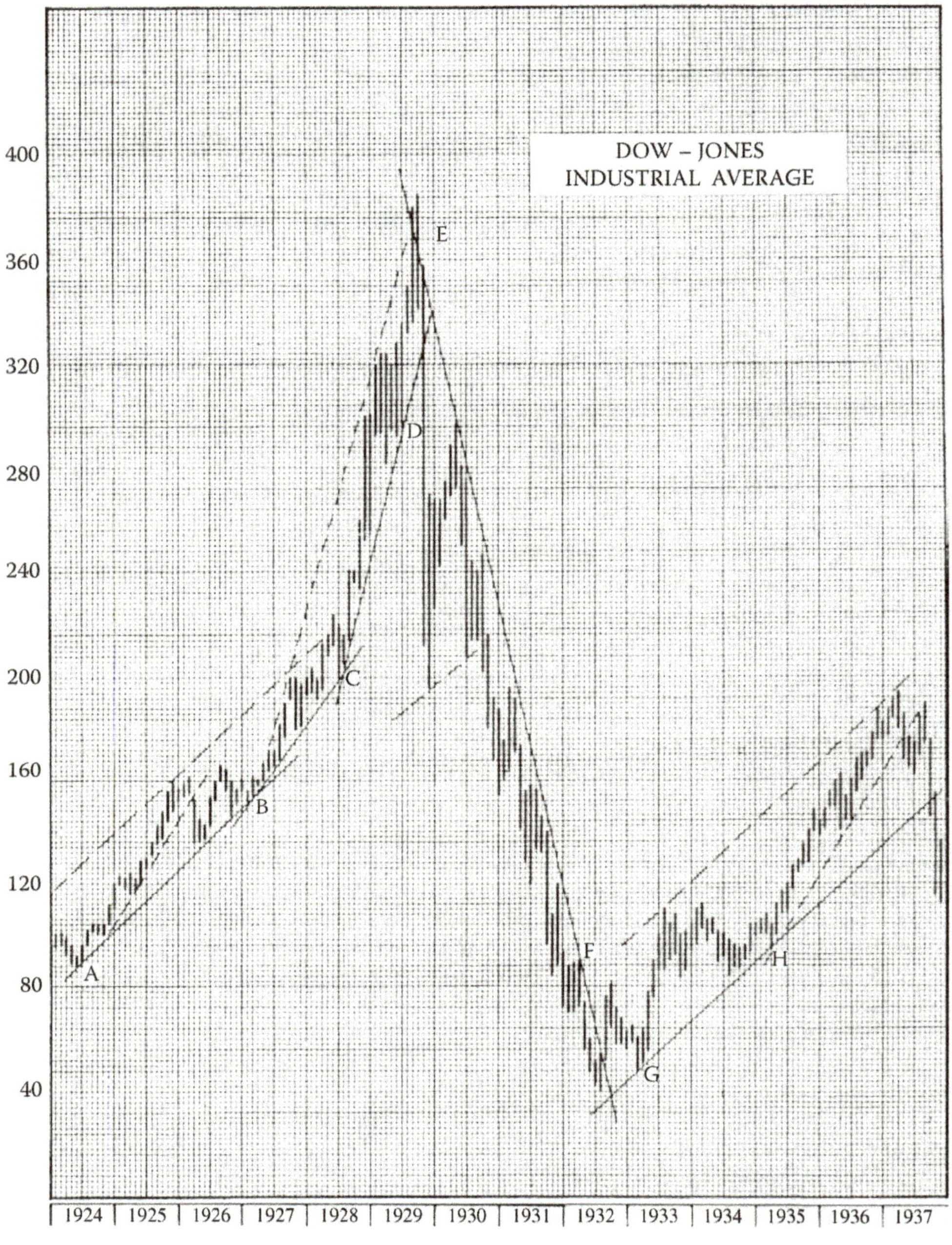

Abbildung 15.16: Die Baisse von 1929 bis 1932 war die einzig bekannte, die eine gerade langfristige Abwärtstrendlinie brachte. Verfolgen Sie auch die Unterstützungs- und Widerstandsniveaus über diese 14 Jahre lange Geschichte des Dow Jones Industrial Average. Jede Rallye in der großen Abwärtsbewegung kam an oder nahe einem vorherigen Boden zum Halten. Jede Abwärtsbewegung hielt nahe dem Niveau einer Konsolidierungszone in der Hausse von 1924 bis 1929. Sehen Sie sich auch das Niveau des Hochs im Jahre 1937 an. (Quelle: Grafik mit freundlicher Genehmigung von Market Research, Inc. unter http://wwwbarchart.com.)

Abbildung 15.17: S&P 500, Reagan-Crash. Wie man deutlich sehen kann, sendete dieser Crash zahlreiche Signale, beginnend mit dem Bruch einer langfristigen Trendlinie um mehr als zwei Prozent Ende August. Sobald dies geschieht, muss man extreme Vorsicht und Wachsamkeit walten lassen. Das immer düsterere Antlitz der Dinge zeigte sich besonders durch das „Smart Selling", das gegen Ende (10.–20. Oktober) viele „Downthrust-Tage" (Tag, dessen Schlusskurs tiefer als der Tiefkurs des vorangehenden Tages liegt) aufweist. Die Trendlinienbrüche im April (um mehr als zwei Prozent) hätten den Trend-Trader zum Ausstieg veranlasst, bevor er im Juni wieder long gehen konnte. Die Beachtung der 2%- bzw. 3%-Trendlinienbruch-Regel oder der Einsatz von Referenzpunkten und progressiven Stopps (siehe Kapitel 27 und 28) hätte viel unnötigen Kummer erspart.

Abbildung 15.18: S&P 500, langfristige Perspektive. Aus der Ferne betrachtet scheint es eine Übung in Vergeblichkeit zu sein, zu versuchen, „den Markt zu timen". Man muss sich vor Augen halten, dass die Abstürze der Marktpreise zeitlich mit dem persönlichen und geschäftlichen Bedarf an kurzfristiger Liquidität beziehungsweise Bargeld zusammenfallen. Auch sollte man sich an das Marktverhalten von 1965 bis 1982 zurückerinnern, ebenso wie an die Tabelle der Performance der Dow-Theorie-Performance aus Kapitel 4 (Tabelle 4.2).

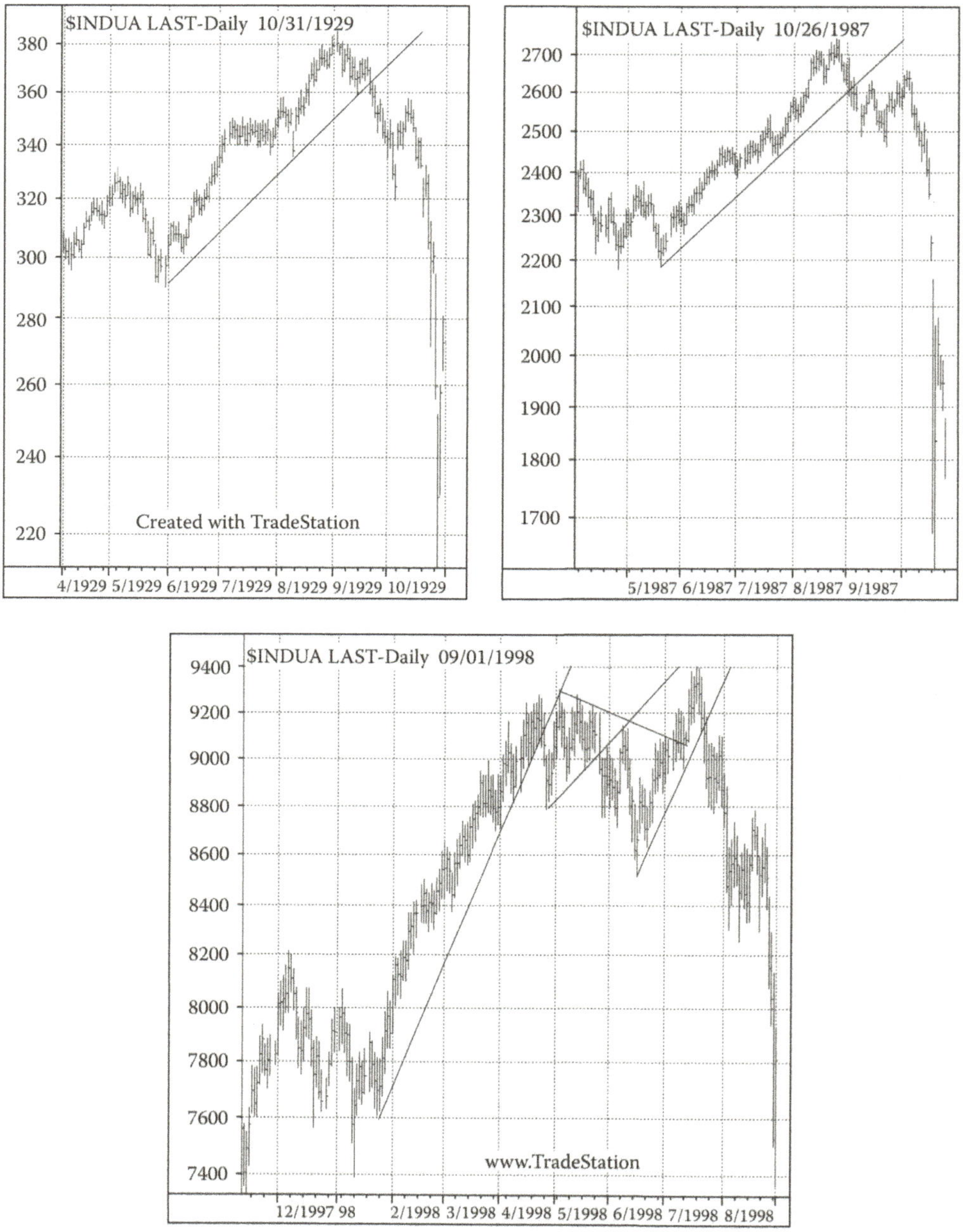

Abbildung 15.19: Drei Bullenmarkt-Hochs, 1929, 1987, 1998. Beachten Sie hier, dass in jedem Fall der Crash auftrat, nachdem die nächstliegende wichtige Trendlinie entscheidend durchbrochen worden war – normalerweise Trendlinien von etwa drei Monaten Dauer um 2 Prozent oder mehr, und manchmal begleitet von Umkehrformationen. Alle historischen Höchststände zeigen Anzeichen von Versuchen, den Trend nach einem Bruch dieser Art wieder aufzunehmen. Der Glaube stirbt zuletzt. Dennoch erweist sich das Hedging oder der Ausstieg bei diesen Trendbrüchen immer wieder als die beste Strategie.

Created with TradeStation

Abbildung 15.20: Das Hoch der Hausse der 1990er-Jahre im S&P 500 war viel deutlicher zu erkennen als das Hoch des Dow Jones Industrial Average, wobei die gebrochenen Trendlinien im Vordergrund standen. Aber während der Dow Jones mit den Emotionen der Bullen kokettierte, die an einen Stand von 36.000 glauben wollten, brach der S&P 500 seine Trendlinien und ging über den Winter – einen potenziell sehr langen Winter – in den Süden. Dies könnte als Rounding Top begonnen haben und wurde dann zu einem komplexen Hoch, und man kann sogar Spuren einer Schulter-Kopf-Schulter-Formation darin sehen. Der Herausgeber ist der Meinung, dass wir in dieser Generation nie wieder solche widerspenstigen Hochs sehen werden. Diese aufgestaute Gier, Lust und Naivität, mit der sich selbst Schuhputzer (die gibt es doch noch, oder?) auf die neuesten Tulpenzwiebeln stürzten. Tulpen sind wie Jahrhundertpflanzen; sie blühen nur alle hundert Jahre einmal. Eine kleine alte Dame mit einem Lineal hätte hier ihr Portfolio retten können. Man darf nur dem Hype nicht glauben (Dow 36.000, na klar!), muss eine nüchterne Analyse durchführen sowie sich an seine Stopps halten.

Langfristige Abwärtstrends (Major-Abwärtstrends)

Vom Standpunkt des Technischen Analysten her ist es zu bedauern, dass wenige Baissen langfristige Trendlinien von praktischer Bedeutung in den Charts individueller Aktien hervorgebracht haben. Eine bemerkenswerte Ausnahme war die lange Baisse von 1929 bis 1932. Sie brachte – in arithmetischer Darstellung – bei einer großen Menge von Aktien hervorragende gerade Trendlinien hervor (ebenso bei den Indizes, worauf wir noch zurückkommen werden). Aber man kann kaum andere Gelegenheiten finden, wo eine langfristige Abwärtstrendlinie mit irgendeinem Voraussagewert in arithmetischem oder halblogarithmischem Maßstab gezeichnet werden könnte.

Der *normale* langfristige Trend im Bärenmarkt ist nicht nur viel steiler als der normale Bullentrend (weil Bärenmärkte im Durchschnitt nur halb so lange wie Bullenmärkte dauern), sondern er beschleunigt sich auch, biegt sich also in seinem Verlauf nach unten. Diese Eigenart wird im halblogarithmischen Maßstab noch betont, sodass man den Trend dort besonders schwer wirksam in die Zukunft projizieren kann.

Infolgedessen kann der Charttechniker nicht viel, wenn überhaupt irgendeine Hilfe von seinen *langfristigen* Trendlinien erwarten, wenn es darum geht, den Wechsel von einem primären *Abwärtstrend* zu einem primären *Aufwärtstrend* zu bestimmen. Dies sollte man allerdings nicht als Rat auffassen, bei langfristigen Abwärtstrends überhaupt keine Trendlinien zu ziehen oder solche Trendlinien völlig außer Acht zu lassen, zumal wenn sie Anzeichen technischer Bedeutung entwickeln. Wenn Sie von ihnen nicht zu viel erwarten, können sie Ihnen doch einige nützliche Hinweise liefern, in welcher Richtung sich die Bedingungen ändern.

Wer das Verhalten der Börse nicht ausschließlich wegen der Ergebnisse in Dollar und Cent untersucht, wird Baisse-Trendlinien als faszinierendes Untersuchungsfeld erkennen. Sie tun manchmal seltsame Dinge. Sie funktionieren nicht praktisch in dem Sinne, dass sie ein Signal für die Wende im Primärtrend gäben, sondern laufen hinaus in den offenen Raum. Dennoch verursachen sie merkwürdige Reaktionen, wenn der Kurstrend Monate und Jahre später an diese Linie stößt. (Oder zumindest scheinen sie diese Reaktionen zu verursachen, weil es sich sonst um eine völlig unerklärliche Verhaltensweise des Marktes handeln würde.) Aber solche Effekte, so interessant sie auch sein mögen, sind im gegenwärtigen Stadium unseres Wissens ungewiss und nicht vorhersehbar. *(EN: Diese Tatsache mag bis in den Nebel der Zukunft fortbestehen und wie der Große Fermatsche Satz behandelt werden. Unser heutiger Wissensstand im 21. Jahrhundert ist nicht weiter fortgeschritten als zu Magees Zeiten).*

Wir verlassen diesen etwas unfruchtbaren Gegenstand nicht, ohne daran zu erinnern, dass ein Hinweis auf das Ende eines langfristigen Bärenmarkts durch die mittelfristige Trendlinie der letzten Phase gegeben wird. Wir wiesen darauf im vorhergehenden Kapitel hin.

Langfristige Trendkanäle (Major-Aufwärtstrendkanäle)

Wieder kommen wir in Schwierigkeiten, wenn wir auf arithmetischem Chartpapier Rückkehrlinien und langfristige Trendkanäle zu konstruieren versuchen. Während sich die Kurse in einem primären Bullenmarkt nach oben arbeiten, haben sie eine ausgesprochene Tendenz, in immer weiteren Ausschlägen zu fluktuieren (sowohl mittel- als auch kurzfristige Ausschläge). Darum werden die Trendkanäle zunehmend breiter. Die Rückkehrlinien laufen nicht parallel zur Haupttrendlinie (vorausgesetzt, dass wir überhaupt eine gute Haupttrendlinie haben), sondern laufen davon weg. Gelegentlich liefert eine Aktie einen klar geschnittenen Kanal im Major-Trend. Aber die Mehrzahl tut es nicht.

Halblogarithmisches Chartpapier wird in vielen Fällen eine Korrektur dafür bringen, dass sich der Trendkanal in der Hausse ausweitet. Aber dann haben wir die umgekehrte Tendenz bei primären Baissen, und dafür liefert keine der beiden Darstellungsarten einen Ausgleich.

Trendlinien bei Indizes

Praktisch alles, was wir im vorhergehenden Kapitel über mittelfristige Trendlinien bei individuellen Aktien gesagt haben, gilt ebenso auch für die verschiedenen Indizes. Die breiten Indizes liefern in der Tat auch regelmäßige Trends und infolgedessen genauer anwendbare Trendlinien. Dies mag teilweise dem Umstand zuzuschreiben sein, dass die meisten Indizes aus aktiven, gut bekannten und weit gestreuten Aktien bestehen, deren individuelles Marktverhalten „normal“ im technischen Sinne ist. Ein anderer Grund besteht darin, dass durch die Zusammenfassung im Index die Launen einzelner Aktien ausgeglichen werden. Das Ergebnis reflektiert dadurch besser die zugrunde liegenden und relativ stetigen wirtschaftlichen Trends und Gezeiten.

In jedem Fall liefern die folgenden Indizes ausgezeichnete Trendlinien in ihren Charts: Dow Jones Railroad Average, Dow Jones Industrial Average, Dow Jones 65 Stock Composite, New York Times 50 und Standard & Poor's Average of 90 Stocks. Die beiden Letztgenannten sind wahrscheinlich die nach wissenschaftlichen Grundsätzen am besten zusammengesetzten Indizes, um den gesamten Markt zu repräsentieren. *(EN: Wie der Leser feststellen wird, sind die meisten dieser Indizes veraltet. Im modernen Zeitalter erfüllt der S&P 500 diese Funktion wahrscheinlich am besten).*

Gerade die Genauigkeit ihrer Trends, insbesondere ihrer mittelfristigen Trends, erlaubt es uns, ihre Trendlinien schärfer zu konstruieren. Wir brauchen weniger Spielraum für zweifelhafte Brüche vorzusehen. Während wir daher bei einer Aktie in der mittleren Preisklasse einen Bruch um drei Prozent fordern, ist bei den Indizes eine Spanne von zwei Prozent ausreichend, um ein verlässliches Durchbruchssignal zu geben.

Erfahrene Spekulanten wissen, dass es sich lohnt, den breiten Markttrend zu beachten. Es ist leichter, mit der Strömung zu schwimmen, als gegen sie.

EN: Trendlinien bei Indizes und Trading anhand von Indizes

Seit der 5. Auflage wurden zahlreiche Indizes aufgelegt, unter anderem der S&P 100, der S&P 500, der Russell 2000 und so weiter. Der Versuch, alle derzeit verfügbaren Indizes aufzulisten, wäre eine Aufgabe für einen Tagesjournalisten, denn neue Indizes sprießen aus dem Boden wie Unkraut nach einem Frühlingsregen. Das liegt daran, dass die Auflegung eines allgemein akzeptierten Index für seinen Schöpfer sehr lukrativ sein kann. S&P und Dow Jones kassieren von den Börsen Lizenzgebühren dafür, dass sie ihre Indizes „benutzen". Da ständig neue Handelsinstrumente hinzukommen, bleibt die aktuelle Liste in den „Ressourcen", und der Leser kann auch im Wall Street Journal, *in* Barron's *und in* Investor's Business Daily *nachschauen, wo die Kurse der Indizes gemeldet werden. Außerdem bieten Onlinebroker und Websites mit Finanznachrichten minutenaktuelle Listen und Kurse so gut wie aller Handelsinstrumente. Eine Liste und Links finden Sie auch in Anhang B, „Ressourcen", sowie unter http://www.edwards.magee.com.*

Die zur Jahrhundertwende wohl wichtigsten Indizes, die zum Dow Jones hinzugekommen sind, sind der S&P 500, der S&P 100 und der Nasdaq Composite. Tatsächlich dürften diese Indizes für Zwecke der wirtschaftlichen Analyse und der Vorhersage ausreichen, und auf jeden Fall sind sie mittels Ersatzinstrumenten, Optionen und Futures gute Trading-Vehikel. Mancher würde in diese Liste auch den Russell 2000 aufnehmen. Diese Indizes wurden geschaffen, um Bedürfnisse zu erfüllen, die die Indizes der Dow Jones Company nicht angemessen befriedigen.

Aufgrund dieser starken Vermehrung von Maßstäben für den Markt und für diverse Teile des Marktes stellt sich zudem die Frage, wie viel der Dow Jones allein noch als Indikator für den breiten Markttrend taugt. Bislang wurde darüber nur begrenzt geforscht, aber meines Erachtens muss man den Trend des Gesamtmarkts heutzutage ermitteln, indem man den Dow Jones Industrial Average, den S&P 500 und den Nasdaq Composite untersucht.

Der Handel mit Indizes im 21. Jahrhundert

Wie in anderen neuen Kapiteln und in den Anmerkungen zur 8. Auflage bereits erwähnt, ist die Möglichkeit, anstatt einzelner Aktien ganze Indizes zu handeln, ein starkes Angebot der heutigen Märkte. Index-ETFs stellen ideale Anlageinstrumente dar: DIA, SPY, QQQ und IWM bieten dem heutigen Anleger eine beispiellose Flexibilität und Bequemlichkeit. Magee war der Meinung, die Indizes böten eine technische Geschmeidigkeit, die einzelnen Papieren oft fehle. Das leuchtet unmittelbar ein. Denn ebenso wie ein gleitender Durchschnitt die Daten glättet, so müsste ja der Durchschnitt aus einem Aktienkorb eigentlich die Kursschwankungen glätten. Aber natürlich gilt der Hinweis von Mandelbrot, dass bei einem Börsenorkan mit einer 10-Sigma-Wahrscheinlichkeit „alle Boote sinken".

In diesem Kapitel werden mehrere Fälle detailliert dargestellt, die Magees Empfehlung folgen, mit Indizes zu handeln. Ich versuche hier, zwei Perspektiven vorzuführen: erstens den unmittelbaren Schrecken, den Crash und Panik bei ihrem Auftreten erwecken, und zweitens wie Crash und Panik in der Rückschau aussehen. Wir leben ja alle in der Gegenwart – von den großen Milliardären abgesehen, die es sich leisten können, fürchterliche Baissen einfach zu verschlafen. Das Vermögen von Bill Gates schwankte Anfang 2000 um 16 oder 17 Milliarden Dollar. Der Durchschnittsanleger wäre danach bankrott.

Daher müssen Durchschnittsanleger wie Sie und ich dem großen, gähnenden Bärenmarkt Respekt zollen. Wir müssen beiseite treten und den Bären die törichten Jungfrauen auffressen lassen – um ein Gleichnis aus der Bibel aufzugreifen.

Sie werden sich erinnern, dass Magee behauptete, bei der Analyse von Indizes sei der Bruch einer Trendlinie um zwei Prozent ausreichend, um die Liquidierung von Long-Positionen auszulösen. In den begleitenden Abbildungen wird diese Hypothese überprüft.

EN9: Was den Bruch von Trendlinien (um zwei oder drei Prozent) angeht, so sollte ich vielleicht noch erwähnen, dass ein solcher Bruch ebenso eine Warnung *wie ein Handelssignal ist. Ein solcher Bruch kann ja nicht nur bedeuten, dass ein Trend in sein Gegenteil umschlägt, sondern auch, dass er in einen Seitwärtstrend einschwenkt – in eine Umkehr- oder eine Fortsetzungsformation.*

KAPITEL 16

TECHNISCHE ANALYSE VON ROHSTOFFCHARTS

(EN9: Der Praxis folgend, dem Leser die Möglichkeit zu geben, zwischen der Arbeit von Edwards und Magee und der des Herausgebers zu unterscheiden, wurde in der 9. Auflage ein Abschnitt über den Rohstoffhandel, Kapitel 16, hinzugefügt. Siehe dort.)

In den vorhergehenden Kapiteln haben wir verschiedene interessante und bedeutsame Formationen anhand von Aktiencharts untersucht. Schon geringes Nachdenken legt die Vermutung nahe, dass solche Formationen ebenso in den Charts anderer Wertschriften und Commodities (Rohstoffe, Waren) erscheinen sollten, die frei, regelmäßig und aktiv an organisierten öffentlichen Börsen gehandelt werden. Und dies ist im Allgemeinen auch richtig. Entscheidend ist, dass der Marktwert eines Objekts ausschließlich vom freien Spiel von Angebot und Nachfrage bestimmt wird (oder jedenfalls innerhalb so weiter Grenzen, dass es für praktische Zwecke ausreicht). Dann werden die Preistrends dieser Objekte, grafisch dargestellt, dieselben bildlichen Phänomene von Aufstieg und Fall, Akkumulation und Distribution, Auf-der-Stelle-Treten, Konsolidierung und Umkehr zeigen, wie wir sie bei Aktientrends gesehen haben. Ziele und Psychologie des Spekulanten sind die gleichen, ob er nun in Aktien oder in Kontrakten auf zukünftige Lieferung von Baumwollballen handelt. *(Zur Illustration dieses Kapitels siehe die Abbildungen 16.1 bis 16.13.)*

Es sollte daher jedenfalls in der Theorie möglich sein, unsere Prinzipien der Technischen Analyse auf alle aktiv gehandelten Rohstoff-Futures (Warenterminkontrakte) anzuwenden (Weizen, Mais, Hafer, Baumwolle, Wolle, Kakao, Häute, Eier und so weiter), wenn dafür genaue tägliche Preis- und Umsatzdaten veröffentlicht werden. Allerdings müssen die grundsätzlichen Unterschiede zwischen Warenterminkontrakten, Aktien und Anleihen angemessen berücksichtigt werden.

In früheren Auflagen dieses Buches *(bis zur 8. Auflage)* haben wir Spekulanten gewarnt, die begierig auf die großen, schnellen Gewinne blickten, die offenbar zum Beispiel mit Weizen möglich schienen. Wir haben damals ausgeführt, dass etwa im Jahr 1947 Rohstoffcharts von „sehr wenig Nutzen“ seien.

Wir sagten damals, erfolgreiche Technische Analyse von Charts über Warenterminkontrakte sei bis ungefähr 1941 oder 1942 möglich gewesen. Von da an seien diese Märkte durch staatliche Regulierungen, staatliche Darlehen und Käufe völlig beherrscht gewesen. Sie seien so sehr den wechselnden (und oft miteinander in Konflikt stehenden) politischen Maßnahmen und Gesetzen der verschiedenen einschlägigen Regierungsstellen unterworfen, dass dadurch der normale Bewertungsmechanismus des Marktes ernsthaft verzerrt sei. Zu jener Zeit war über Nacht eine radikale Umkehr des Trends möglich, und das nicht selten, ohne dass Warnzeichen aus dem Verhalten des Marktes selbst zu erkennen waren. Die normalen und geordneten Fluktuationen im Angebot-Nachfrage-Gleichgewicht, wie sie die für den Charttechniker bedeutsamen und lesbaren Formationen schaffen,

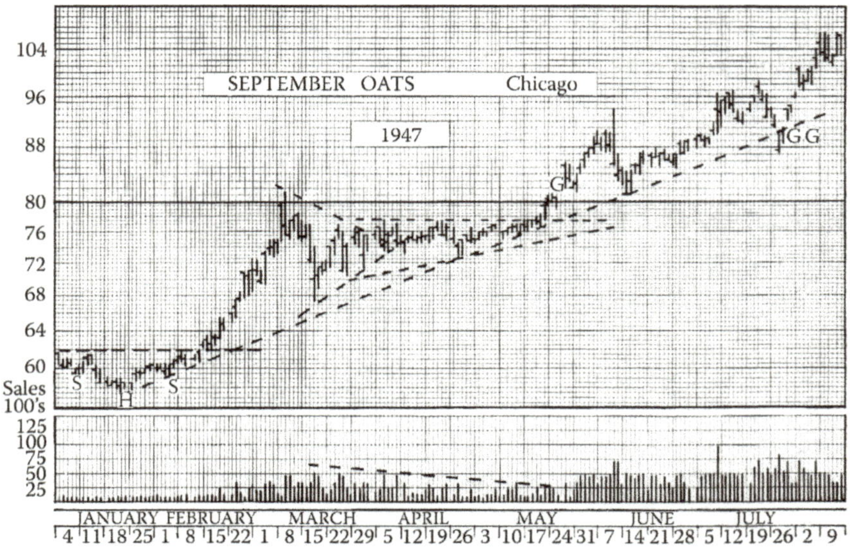

Abbildung 16.1: Haferkontrakte zeigten während der 1940er-Jahre aus offensichtlichen Gründen ein „normaleres" Verhalten als Weizen. Dieser Chart enthält eine inverse SKS-Formation, ein symmetrisches Dreieck, das in ein steigendes Dreieck übergeht, ein Gap anlässlich des Überschreitens eines früheren Top-Niveaus und eine interessante Trendlinie. Die Shake-out-Bewegung in Form einer Insel-Umkehr war eine außerordentlich irreführende Entwicklung.

existierten nicht. Während des Zweiten Weltkriegs wurden mit Weizen-, Mais- und Baumwoll-Kontrakten Vermögen gemacht (und verloren). Aber man kann mit Sicherheit sagen, dass sie nicht mithilfe von Charts gemacht wurden.

Während der letzten Jahre haben wir die Anwendbarkeit technischer Methoden auf Rohstoffspekulationen überprüft. Seit etwa 1956 scheint uns, dass Charts für den Rohstoffspekulanten wieder ein wertvolles Werkzeug geworden sind. Die heutigen staatlichen Regulierungen haben offenbar wieder „geordnetere" Märkte zur Folge und zerstören ihren Bewertungsmechanismus nicht mehr. Wenn man die verschiedenen wesentlichen Unterschiede zwischen Rohstoffen und Aktien berücksichtigt, können die grundlegenden technischen Methoden angewandt werden.

Es erscheint angebracht, kurz einige dieser grundsätzlichen Unterschiede zwischen Rohstoff-Futures und Aktien sowie einige der besonderen Züge von Rohstoffcharts zu erörtern. Der wichtigste Unterschied besteht darin, dass die Kontrakte auf zukünftige Lieferung, die das Objekt des Handels an der Warenbörse sind, nur begrenzte Lebensdauer haben. Der Oktober-Kontrakt in Baumwolle hat beispielsweise eine Lebenszeit von ungefähr 18 Monaten. Er kommt sozusagen wie eine neue Aktie an die Börse, wird mit einem Umsatzvolumen gehandelt, das während dieser Periode mehr oder weniger stetig anwächst, und verschwindet dann wieder. Theoretisch ist er gegenüber allen anderen Kontrakten mit anderen Lieferzeiten eine unterschiedliche und getrennte Ware. In der Praxis weicht der Kontrakt natürlich nur selten weit von dem Kursweg ab, den während dieser Zeit andere Kontrakte oder der Kassapreis von Baumwolle im Lagerhaus nehmen. Nichtsdestoweniger hat der Kontrakt diese spezielle Eigenart eines begrenzten eigenen Lebens. Infolgedessen haben zum Beispiel langfristige Unterstützungs- und Widerstandszonen für ihn keine Bedeutung. *(EN10: Diese Feststellung muss nicht absolut sein. Werten Sie die langfristigen Charts für Ihren Kontrakt aus, um zu sehen, ob ein Einfluss erkennbar ist.)*

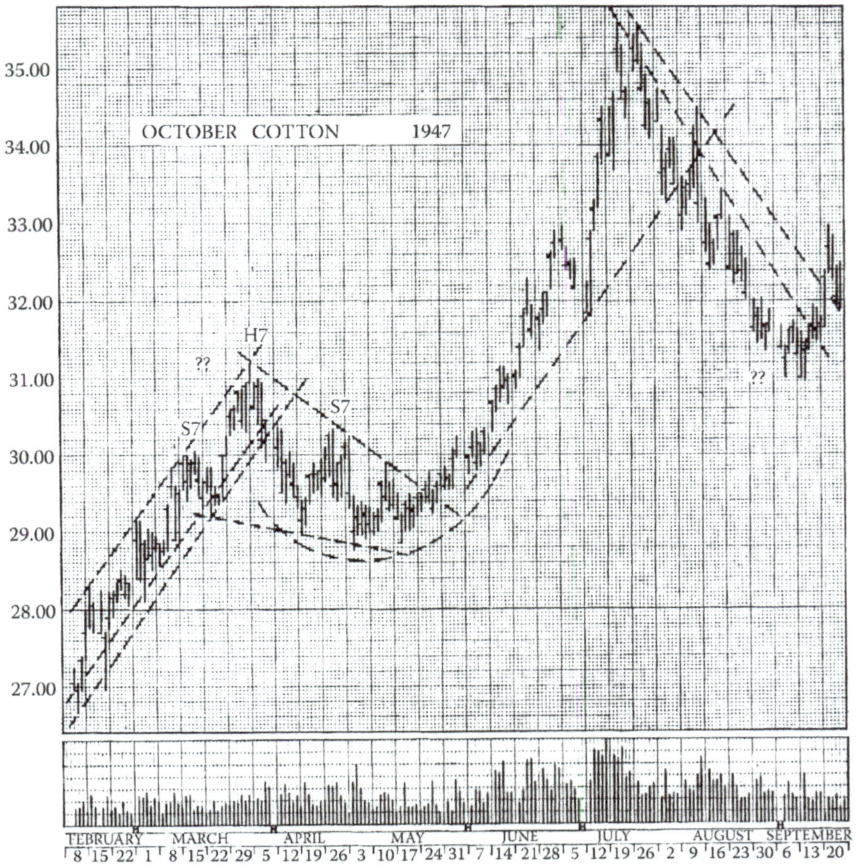

Abbildung 16.2: Im Gegensatz zum Getreide war das Verhalten der Baumwoll-Terminmärkte ziemlich geordnet. Angebot und Nachfrage funktionierten in normaler Weise, seit die Kurse genügend über dem Niveau der staatlichen Stützungen lagen. In diesem Tageschart des Oktober-Kontrakts 1947 (New York Cotton Exchange) wird der Leser eine Vielzahl technischer Formationen finden: kritische Trendlinien, eine SKS-Formation, die niemals beendet wurde (kein Breakout), und Unterstützungs- und Widerstandsphänomene wie bei Aktiencharts. Doppelte Trendlinien sind in keiner Weise ungewöhnlich für Baumwoll-Charts.

Zweitens wird ein sehr großer Teil der Transaktionen mit Warenterminkontrakten – in normalen Zeiten sicherlich bis zu 80 Prozent – nicht aus Gründen der Spekulation abgeschlossen, sondern repräsentiert Hedge-Geschäfte (Geschäfte zur Verlustbegrenzung) des Handels. *(EN10: Im 21. Jahrhundert weniger zutreffend.)* Diese Transaktionen werden also gerade ausgeführt, um Risiken zu begegnen und Spekulationen zu vermeiden. Aus diesem Grund haben selbst nahe gelegene Unterstützungs- und Widerstandsniveaus verhältnismäßig weniger Kraft als bei Aktien. Da das Hedging zu einem erheblichen Grad auch von jahreszeitlichen Faktoren abhängt, gibt es klare Saisoneinflüsse auf die Kurstrends von Rohstoffen. Der Warenspekulant muss sie berücksichtigen und selbst ihr Fehlen zu gewissen Zeiten richtig beurteilen.

Ein dritter Unterschied betrifft das Volumen. Bei Aktienspekulationen ist die Interpretation des Volumens relativ einfach. Bei Rohstoffkontrakten wird die Interpretation außerordentlich erschwert. Denn jedenfalls theoretisch gibt es keine Grenze für die Anzahl von Kontrakten, die vor Fälligkeit gehandelt werden können. Bei jeder Aktie ist die Anzahl der umlaufenden Stücke immer bekannt. Während wir dies schreiben (1956), befinden sich beispielsweise in den Händen der Aktionäre von

Abbildung 16.3: Ein Rounding Bottom beim Goldpreis 1997 bis 2004. „Wenn diese Muster *nach einem ausgedehnten Rückgang* auftreten, sind sie von herausragender Bedeutung, denn sie weisen fast immer auf eine Änderung des primären Trends und auf einen bevorstehenden ausgedehnten Anstieg hin. Jedoch bringt dieser Anstieg selten einen ‚Raketeneffekt' mit sich, der die gesamte Bewegung auf Major-Ebene innerhalb weniger Wochen vollendet. Im Gegenteil neigt der Aufwärtstrend, der auf den Abschluss der Formation an sich folgt, dazu, langsam zu sein und häufig unterbrochen zu werden, was zwar den ungeduldigen Trader ermüdet, aber am Ende beträchtlichen Gewinn liefert." Dies schrieb Robert Edwards über Rounding Bottoms in Aktiencharts. Wie man hier sieht, besteht der gezeigte Rounding Bottom aus einem Abwärtstrend, einem Fehlsignal nach dem doppelten Boden (an dem ein agiler Trader so manchen Penny hätte verdienen können) und einem hübschen Aufwärtstrend – und das Ganze sieht aus wie ein riesiger Rounding Bottom.

Consolidated Edison 13.700.203 Aktien, und diese Menge wird sich in nächster Zeit nicht wesentlich ändern. Jede Transaktion in Consolidated Edison bezieht sich auf die tatsächliche Übertragung einer oder mehrerer dieser existierenden Aktien. Im Falle des Warenterminkontrakts jedoch, sagen wir Septemberweizen, beginnt der Handel lange, ehe jemand weiß, wie viele Scheffel Weizen existieren werden, die in jenem kommenden September geliefert werden könnten. Das offene Interesse zu bestimmten Zeiten während der Laufzeit jenes Kontrakts kann das denkbare Angebot vielfach übersteigen – und alles ganz legitim. *(EN9: Wie immer sind die Volumendaten ein ergänzender Indikator zum Preis. Niemand macht damit Gewinn.)*

Ein weiterer wichtiger Unterschied sei erwähnt. Wenn wir es mit einem landwirtschaftlichen Rohstoff zu tun haben, können gewisse Arten von Nachrichten, die das wachsende Produkt betreffen (Nachrichten über Wetter, Dürre, Überschwemmung) den Trend des Terminmarkts sofort und drastisch ändern. Sie sind nach dem bisherigen Stand unseres Wissens nicht vorhersehbar. Entsprechende Entwicklungen am Aktienmarkt sind äußerst selten. *(EN: Mit Ausnahme von höherer Gewalt und Alan Greenspan [und Ben Bernanke]).*

Es ist nicht der Zweck dieses Buches, die Funktionsweise der Warenterminmärkte zu beschreiben oder denen, die darin spekulieren möchten, Anleitung zu geben. Dieses kurze Kapitel ist nur als Anregung für Leser gedacht, die das Studium auf diesem Gebiet fortsetzen wollen. Wir möchten Sie darauf hinweisen, dass erfolgreiche Warenspekulation weit mehr Spezialkenntnisse und dauernde

Abbildung 16.4: Der Goldpreis im Oktober 2011. Der Goldchart ab 2005 veranschaulicht lebhaft die dynamische, erdbebenartige Kraft eines massiven Rounding Bottoms und die Macht der Chartanalyse, sie vorherzusagen. Bedauerlicherweise hat der Herausgeber in der 9. Auflage aus dem Jahr 2005 die aus der Formation resultierenden Preisziele nicht berechnet. Diese Berechnung wurde damals auf der Website http://www.edwards-magee.com angestellt, und zwar folgendermaßen (der Leser kann das auch selbst tun): Tiefe der Formation 248,20 plus Nackenlinie 507,40 ergibt ein Ziel von 755,60. Tatsächlich wurde die Möglichkeit erwogen, dass die gesamte Formation von 1980 bis 2008 ein Rounding Bottom sein könnte. In diesem Fall betrug die Tiefe 700,70, und es ergab sich zusammen mit der Nackenlinie von 959 ein tatsächliches Ziel von 1.660. Bedenken Sie, dass das laut Edwards Mindestangaben waren.

tägliche und stündliche Aufmerksamkeit erfordert. Der Normalbürger kann auf ein ziemliches Maß an Erfolg hoffen, wenn er in Aktien investiert und seinen Charts nur einen Teil seiner Freizeit widmet. Aber er sollte sich besser überhaupt nicht mit Warenspekulationen befassen, wenn er daraus nicht einen regelrechten Beruf machen möchte.

(EN: Der Herausgeber war im Laufe seiner bunten Karriere auch eingetragener Berater für den Rohstoffhandel. Am Anfang dieser Laufbahn sprach ich mit Magee über diese Themen und bekam von ihm im Prinzip die obigen Kommentare, die hier aus der 5. Auflage übernommen wurden. Danach beobachtete ich unter meinen Kollegen und Partnern sowie bei mir selbst, dass man Futures sehr gut mit den im vorliegenden Buch beschriebenen Methoden traden kann, wenn man sie entsprechend anpasst. *Auch stimmt die Aussage von Magee, dass der Futures-Handel hinsichtlich des Tempos, der Hebelwirkungen und des Charakters derart anders ist, dass der Neuling Leib, Leben und Kapital riskiert, wenn er dieses Gebiet unbegleitet betritt. Die Lektüre entsprechender Nachschlagewerke ist unerlässlich, und der Anfänger ist dringend aufgefordert, sich durch intensives Studium und Paper-Trading zu bilden,* bevor *er mit dem Handel beginnt.)*

Technische Analyse von Rohstoffcharts Teil 2: Eine Perspektive des 21. Jahrhunderts

Im Bereich der Rohstoffe und Futures wurden mehr Schweiß und Geld für die Suche nach dem Stein der Weisen vergossen als auf dem Feld der Wertpapiere. Das hat einen einfachen Grund: Mit Rohstoffen kann man viel schneller ein Vermögen machen und wieder verlieren als mit Wertpapieren. Von den

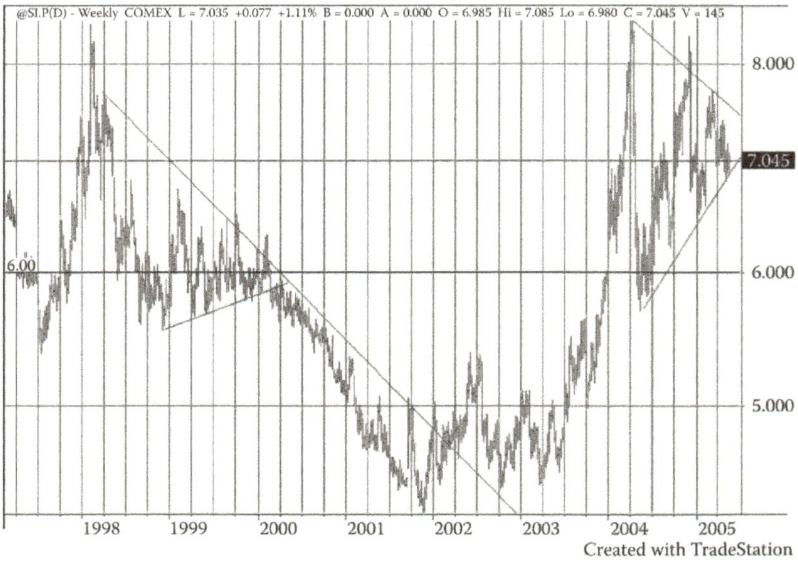

Abbildung 16.5: Ein Rounding Bottom des Silberpreises, 1998 bis 2005. Der offenkundige Rounding Bottom bei Silber scheint im Jahr 2005 in Kombination mit dem gleichen Muster bei Gold die konjunkturelle Lage für einige Zeit zu überschatten. Dies fällt mit den offenkundigen langfristigen Mustern zusammen, die sich an den Wertpapiermärkten entwickeln. Wenn das Beste, was man für die Wertpapiere erhoffen kann, die Art von weit ausschlagendem Markt ist wie in den Jahren 1965 bis 1982, dann könnten die Rohstoffpreise so reagieren wie in den 1970er-Jahren – mit Gezeitenmärkten. Solche Märkte lassen sich von einem gut mit Kapital ausgestatteten und erfahrenen Chartanalysten traden. Anfänger verlieren dabei Geld und lernen das Spiel, egal in welchen Märkten sie handeln. Ihre Chancen bessern sich unermesslich, wenn sie die im vorliegenden Buch gelehrten Methoden anwenden. Zusätzlich zu dem hier dargestellten technischen Muster gibt es allen Grund für die Annahme, dass eine große fundamentale Knappheit an Silberbarren herrscht, die sich noch verschlimmern dürfte. Ted Butler – http://www.doomgloom.com – ist ein langjähriger Silberanalyst (und Mitarbeiter des Herausgebers) und rechnet mit einer erneuten Explosion des Silberpreises. Man fragt sich, was Nelson und Bunker Hunt derzeit machen. Ein sehr vorsichtiger Anleger (wie Warren Buffett, der Berichten zufolge eine Milliarde Dollar in Silber investiert hat) kann die künftigen Silberschwankungen besiegen, indem er Barren kauft.

vielen dramatischen Momenten der Börsengeschichte waren wenige so denkwürdig wie Hunt und der Silbermarkt, Soros' Spekulation gegen die Bank of England oder der Anstieg des Goldpreises auf 1.000 Dollar pro Unze (Terminkontrakte). Und im Jahr 2005 ging die Saga weiter: Ölpreis 50 Dollar? Oder 60 Dollar? Oder 70 oder 100? Und dann die wirtschaftlichen und psychologischen Auswirkungen! Tausende von Analysten brauen in schwach beleuchteten Dachkammern und hell erleuchteten Computerräumen Systeme für den Handel an diesen Märkten zusammen – Mais, Sojabohnen, Silber, Kupfer ...

Raketenwissenschaftler

Manchmal sahnen einzelne Trader und Gruppen von Traden an diesen Märkten märchenhafte Gewinne ab (oder ernten sie?). Ich weiß, wovon ich spreche, denn ich war im Vorstand von Kaliforniens erster zugelassener Rohstoffanlageberatung, die von dem NASA-Raketenwissenschaftler R.T. Wieckowicz finanziert wurde. Als der Dow Jones in den 1970er-Jahren vergeblich an der Marke von 1.000 Punkten kratzte, erbrachten die Futures-Märkte Jahresrenditen im Bereich von 100 Prozent. Regelmäßig. Jahrelang. Das waren die Jahre der Systemhändler aus Kalifornien und der Beginn des computerisierten

Handels. Aus dem Urschlamm der NASA erhoben sich Raketenwissenschaftler und schufen eine Renaissance der Markttechnologie. Damals schien es klar zu sein, dass Wissenschaft und Genialität endlich die Märkte erobert hatten, dass die Kunden aus aller Welt wie Bienen zu einem Honigtopf schwärmen würden und dass die Gewinnströme ewig anhalten würden. Eine Weile hielten sie sich, doch dann veränderten sich die Märkte. Mechanische Systeme, die in Haussen die Märkte durchschneiden wie eine Mähmaschine, ernten in Seitwärtsmärkten nur scheibchenweise Kapital. Wissenschaft und Genialität erwiesen sich als glückliche Kombination von Mensch, Augenblick, System und Marktlage.

Schildkröten?

In den 1980er-Jahren kamen die „Schildkröten" aus dem Meer gekrochen, die sogenannten „Turtles". Diese Nachkommen des proteischen Trading-Zauberers Richard Dennis schöpften an den Märkten überdimensionale Gewinne ab, angeblich in einer jährlichen Größenordnung von 80 Prozent. Die sogenannten Turtles erhielten ihren Namen von einer Bemerkung, die Dennis angeblich machte und wonach Trader nicht als solche auf die Welt kämen, sondern er welche züchten werde wie Schildkröten. Genaueres über die Turtles können Sie in den faszinierenden Büchern von Jack

Abbildung 16.6: Silber, Mai 2005. Obwohl die langfristigen Aussichten für Silber wohl bullish sind, wird es doch kurzfristig stark schwanken, vor allem für Trader mit dünner Kapitalausstattung. Das Island Top bei 1 ist eine freundliche Aufforderung an den Trader, seine Gewinne mitzunehmen und sich aus dem Staub zu machen. Oder gar mit einem Stopp knapp über dem Hoch zu shorten. Der Run Day nach 1 verleiht dieser Aufforderung einen Hauch von Dringlichkeit. Das Gap ist die Strafe für die Harthörigen und ein Bonus für die Geistesgegenwärtigen (jeder, der an den Futures-Märkten überlebt, ist entweder geistesgegenwärtig oder finanziell gut ausgestattet). Der Stoppkurs wandert vom Hoch des Gap-Tags abwärts, dann wieder zum Hoch des nächsten Gap-Tags, und wer sehr geschickt ist, kann am nächsten Run Day abwärts nach dem Motto „Schwäche verkaufen, Schwäche kaufen" Gewinne mitnehmen. Die knappe Trendlinie, die bei 2 von dem massiven Run Day geschnitten wird, ist ein Kaufsignal, wobei der Stoppkurs bis zum Boden des Gaps bei 3 wandert, wo er ein paar Tage später von dem Abwärtstag mit breiter Kursspanne ausgelöst wird. Der Run Day bei 4 ist ein Short-Signal, wobei der Stoppkurs beim Tageshoch liegt. Muss ich sagen, dass der kurzfristige Handel mit Futures recht rasant sein kann? Es gibt ja immer noch Barren oder mit Rohstoffen zusammenhängende Aktien.

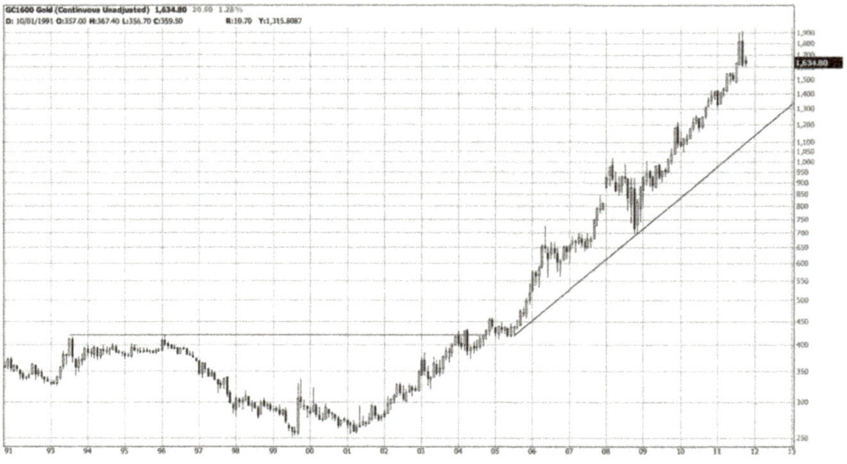

Abbildung 16.7: Silber, Oktober 2011. Hier ist zu sehen, was nach der Veröffentlichung der 9. Auflage mit dem Silberpreis passierte. Kann es sechs Jahre später eine stärkere Bestätigung dafür geben, wie nützlich es ist, sich Charts anzusehen? Ebenso wie beim Gold konnte der Analyst hier dank der Analyse eine ungeheuerliche Hausse vorhersehen. Auf http://www.edwards-magee.com veröffentlichten die Autoren die ganze Zeit über Börsenbriefe, in denen sie auf die Silberhausse hinwiesen. Betrachtet man die Gesamtformation, ergeben sich aus der Tiefe von 33,96 und der Nackenlinie von 37,5 insgesamt 71,46 Punkte. Das kommt uns zwar recht fantastisch vor, aber das ist die Messung.

Schwager nachlesen, unter anderem in „Magier der Märkte", und in anderen Büchern. Schwagers Bücher sind für angehende Futures-Händler Pflichtlektüre. Außerdem ist das Trading-Handbuch der Turtles online unter http://www.originalturtles.org verfügbar. Dieses von dem Original-Turtle Curtis Faith verfasste Arbeitsbuch enthält fast alle notwendigen Bestandteile eines Trader-Handbuchs mit Systemen und Verfahren. Es wurde anhand der Schulung erstellt, die Dennis seinen Turtles gab. Ernstliche Trader arbeiten nicht ohne irgendein Dokument dieser Art. Jedenfalls hatten alle ernsthaften Trader, die ich je gekannt habe (eine beträchtliche Anzahl) vollständig ausgearbeitete Handbücher wie das Arbeitsbuch der Turtles. Ich führe anstelle anderer Arbeitsbücher, die ich besitze, deshalb dasjenige der Turtles an, weil es unter http://www.originalturtles.org (sowie in der 9. Auflage des vorliegenden Buches) öffentlich verfügbar ist und weil es schön formuliert ist.

Ende der 1990er-Jahre machten die Futures-Märkte aus den Turtles Schildkrötensuppe, und die meisten Systemhändler endeten als Hackfleisch. *Hat diese Geschichte eine Moral? Ja. Was der Markt gegeben hat, das wird der Markt auch wieder nehmen. Wissenschaft und Genialität entpuppen sich erneut als Kombination aus Mensch, Methode, Augenblick und Marktlage.*

Das Turtle-System ist im Grunde eine Abwandlung das Channel-Breakout-Systems von Richard Donchian. Bei Donchians System geht der Trader long, wenn das 20-Tage-Hoch gebrochen wird, und er geht short, wenn das 20-Tage-Tief gebrochen wird. In den 1970er-Jahren prüften Dunn und Hargitt mehrere mechanische Handelssysteme und kamen zu dem Schluss, dass das von Donchian den anderen damals geprüften überlegen war. Funktioniert Donchians System immer noch? An Märkten mit breit angelegten Trends ja. Funktioniert das Turtle-System immer noch? Ja, an Märkten mit breit angelegten Trends. Aber wie fast alle mechanischen Systeme wissen sie nicht, ob sie es mit einem breit angelegten Trend zu tun haben oder nicht. Sie sind blind – außer Nullen und Einsen sehen sie nichts. Wenn man solche Systeme um eine vorsichtig angewandte Chartanalyse ergänzt, wird dies ihre Leistungsfähigkeit und ihre Risikoeigenschaften unermesslich verbessern.

Die Anwendung der Methoden von Edwards und Magee auf die Futures-Märkte des 21. Jahrhunderts

Während meiner Laufbahn als Terminhandelsberater habe ich mehrere erfolgreiche Händler und Berater kennengelernt, die für ihre Trades eine Chartanalyse verwendeten, die ich dem Stil von Magee zuordnen würde. Häufig flossen in ihre Entscheidungen auch andere Elemente ein, aber die manuelle Charterstellung war ein entscheidender Bestandteil ihres Vorgehens. Manche verwendeten eine einfache Trendlinien-Analyse mit Preis- oder Volumenfiltern, andere verwendeten eine Kombination von Trendlinien mit Unterstützungen und Widerständen. *Alle waren Trendfolger.*

Nachdem ich mir die Futures-Märkte seit einigen Jahren mit einer gewissen Aufmerksamkeit angeschaut habe, scheint es mir keinen Grund zu geben, weshalb die Chartanalyse heute an den Futures-Märkten nicht genauso gut funktionieren sollte, wie sie es bei Aktien schon immer tut. Im Prinzip wirft ja der Futures-Handel bei der Analyse eines Charts die gleichen Fragen auf wie der Aktienhandel. Liegt ein Trend vor? Wo sind Unterstützungen und Widerstände? Gibt es einen Breakout? Gibt es große und kleine Wellen? Wie steigt man ein und wieder aus?

Was Wertpapierhändler, die in den Futures-Handel gehen, vor allem alt aussehen lässt, ist die Geschwindigkeit dieses Spiels. Ebenso wie College-Footballspieler, die in die NFL aufsteigen, findet

Abbildung 16.8: Schatzanleihen. Das schnelle, mehrfache Antäuschen ist eine Spezialität der Terminmärkte. Die Faktoren Angst und Gier sind hier ebenso wie die Hebelwirkung verzehnfacht. Aber an den Schatzanleihen im September 2004 ist zu sehen, dass eine einfache Chartanalyse dem Händler von Nutzen sein kann. Der Abwärtstrend ab März (1) ist mit einer einfachen Trendlinie und Trendanalyse vollständig machbar. Das Ende des Abwärtstrends im Mai wird durch zwei starke Run Days markiert. Der Stopp hätte bei einer an Referenzpunkten orientierten Analyse auf jeden Fall am 1. Mai gelegen. Wenn man long traden würde, hätte man auf einen Scalp getradet (weil man nicht weiß, ob ein Boden kommt oder nicht). Der Bruch der Trendlinie bei 2 ist eine klare Aufforderung, long zu gehen, und die Trendlinie 3 hält uns long, bis sie durch den Signaltag Ende Juli gebrochen wird. Damit wären wir wieder short, aber ein zweitägiger Trade als Signaltag für Trendlinie 4 würde uns wieder long bringen. Wie man sieht, verwenden wir sehr knappe, kurze Trendlinien und Tage mit großen Preisspannen (oder Run Days) als Signale. Meinen Erfahrungen mit Tradern nach ist es üblich, Run Days als Signale zu verwenden und sie mit anderen Indikatoren zu kombinieren.

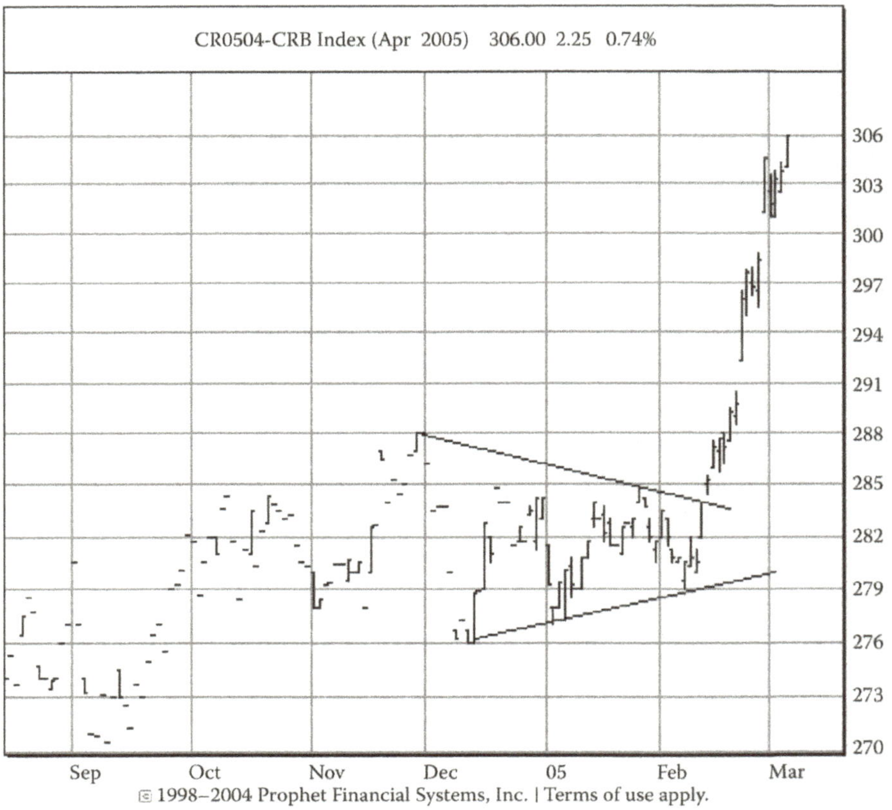

Abbildung 16.9: Commodity Research Bureau Index, Futures im April 2005. Ebenso wie Dreiecke bei Wertpapieren häufig funktionieren, tun sie das auch bei Futures. Breakaway Gap, zweites Breakaway Gap, Runaway Gap, zweites Runaway Gap – dabei ist die Formation vor dem zweiten Runaway Gap etwas rätselhaft, man könnte sie als Flagge betrachten, aber sie hat die gleiche Wirkung, und je nach der Vorgehensweise des Traders läge der Stoppkurs ohnehin knapp unter dem Gap-Tag beziehungsweise dem Run Day. Der Leser braucht sich nicht intensiv damit zu befassen, um zu sehen, dass die im gesamten Buch verwendeten Grundsätze der Chartanalyse hier bestätigt werden. Der Hauptunterschied liegt im Setzen der Stopps, und tatsächlich kann man die gleichen Stopp-Methoden verwenden, wenn der Trader finanziell ausreichend ausgestattet ist.

hier eine brutale Lernkurve statt, und höchstwahrscheinlich werden die Frischlinge überrollt. Ich habe nicht vor, irgendwie zu versuchen, eine Fibel für Neulinge im Futures-Handel vorzulegen, sondern nur, am Ende des Kapitels ein paar Futures-Charts anzuschauen, um dem Gesellen die Chartanalyse zu zeigen, die man an diesen dramatischen Märkten für die Entscheidungsfindung verwenden kann. Die Chartanalyse hat wie gesagt die Schwäche (oder Stärke), ein qualitativer Prozess zu sein. Sie wird nicht wie ein mechanisches System dem Durchschnittstrader die Entscheidungen abnehmen.

Andererseits ist ein Ausbruch eben ein Ausbruch. Ein Gap ist ein Gap, wenn wir die Frage der Limit Move Gaps vorläufig außer Acht lassen. Ein Trend ist ein Trend. Und hier der große Vorteil, den eine gute Beherrschung von Charting-Methoden dem praktischen Anwender verschaffen kann: *Sie kann ihm die Perspektive verschaffen, den wesentlichen Charakter der vorliegenden Marktlage zu erkennen und sich zu entscheiden, ob er abwartet oder einsteigt.* Mechanische Systeme, die nicht über das qualitative Unterscheidungsvermögen eines erfahrenen Chartisten verfügen, nehmen so lange jeden Trade mit, bis ihnen das Geld ausgeht. Der erfahrene Chartanalyst kann sich hingegen zu-

Abbildung 16.10: Commodity Research Bureau (CRB), langfristige Darstellung. Man braucht diesen 10-Jahres-CRB-Chart nicht gründlich zu analysieren, um einen riesigen doppelten Boden und seine Implikationen zu sehen. Wenn China mit uns um natürliche Ressourcen konkurrieren wird, könnten wir ein völlig neues ökonomisches Paradigma sehen, wenn der Leser den Ausdruck verzeihen mag. Bei den Rohstoffen herrscht eindeutig eine Hausse. In Kapitel 42 über pragmatisches Portfoliomanagement wird empfohlen, Kapital in Märkte fließen zu lassen, die in Bewegung sind, anstatt an Märkten engagiert zu bleiben, die in störrischen Trends feststecken. Außerdem heißt es in diesem Kapitel, es sei eine gute natürliche Absicherung, in einem Aufwärtstrend eines Index long zu gehen und diejenigen Komponenten zu shorten, die sich in Abwärtstrends befinden. CRB ist zwar ziemlich dünn, kann sich aber für diese Strategie eignen.

Abbildung 16.11: 20-jährige Anleihen gemäß dem TLT; ETF-Anleihen weisen klassische Signale von absoluter Klarheit auf. Der TLT-Chart von Ende 2008 ist eine spektakuläre Vorführung von Mustern und Signalen. Dieses Muster ist vorher schon viele Male aufgetreten und wird auch in Zukunft wieder auftreten.

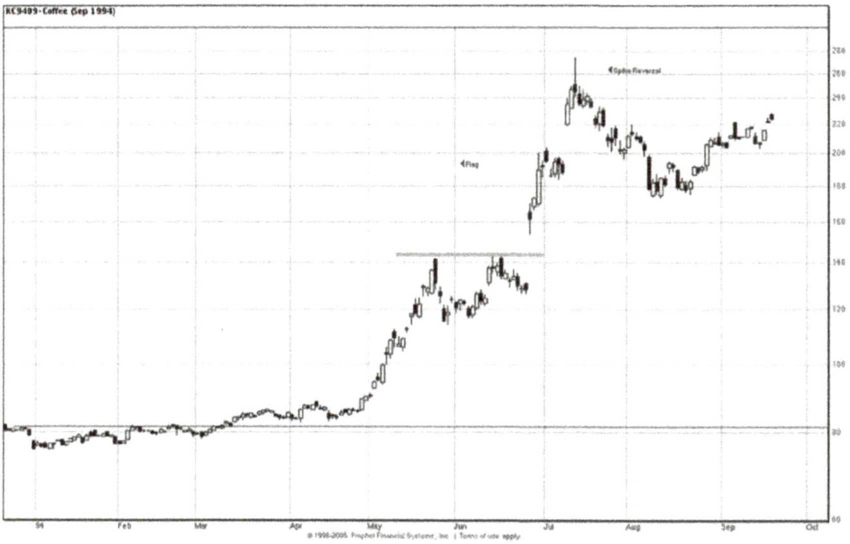

Abbildung 16.12: September 1994. Rückblickend war Kaffee derart einfach, dass man den Chart in eine Messingtafel eingravieren sollte. Die Long-Position wird beim Ausbruch aus der waagerechten Trendlinie eingegangen. Die Position ist nie in Gefahr, denn es gibt keine Abwärtswelle von Bedeutung, bis im Mai die Stopps bis auf fünf Prozent unter den Tiefs (Referenzpunkten) nachgezogen werden. Die Abwärtswelle im Mai erlaubt es, einen Referenzpunkt-Stopp zu setzen. Das Breakaway Gap bringt einen unverhofften Gewinn. Die Flagge sagt uns, dass noch mehr drin ist – wie auch ein weiteres Gap und weitere Run Days –, bis zur Spike-Wende, die ein klares Signal ist, zum Handelsschluss auszusteigen. Ein Aufwärts-Gap zur Handelseröffnung, eine Exploration aufwärts und ein Schlusskurs im Minus – eine absolut klare Wendebotschaft seitens des Marktes.

rücklehnen und sagen: Dieser Markt hat noch keinen Boden gebildet, und die Zeit, ihn long zu traden, ist noch nicht gekommen. Oder er kann die wesentlichen Unterschiede zwischen einem Trading-Markt und einem Trendmarkt erkennen und seine Taktik entsprechend anpassen. Wie Magee schrieb:

„Unter Marktbedingungen, die man als normal bezeichnen könnte, funktionieren diese Chartmuster, die auf die einfachste und logischste Weise Trendänderungen wiedergeben, bei Rohstoffen genauso gut wie bei Aktien. Darunter möchten wir unter anderem Schulter-Kopf-Schulter-Formationen, Rounding Tops und Rounding Bottoms sowie einfache Trendlinien nennen. Tatsächlich sind die Trendlinien bei Rohstoffen gewissermaßen besser ausgeprägt und nützlicher als bei Aktien. Andere Arten von Chartformationen, die mit dem kurzfristigen Aktienhandel oder mit der Distribution und Akkumulation von Gruppen zu tun haben – zum Beispiel Dreiecksformationen, Rechtecksformationen, Flaggen und so weiter – treten bei Rohstoffen weniger häufig auf und sind hier sowohl hinsichtlich der Richtung als auch des Ausmaßes der nachfolgenden Bewegung weniger zuverlässig. Wie wir bereits festgestellt haben, sind Unterstützungs- und Widerstandsniveaus bei Rohstoffen weniger aussagekräftig als bei Aktien. Manchmal scheinen sie perfekt zu funktionieren, aber genauso oft funktionieren sie nicht. Aus ähnlichen Gründen haben Gaps bei Rohstoffen eine geringere technische Bedeutung."

Diese Worte treffen auch heute noch ebenso zu wie so gut wie alle von Edwards, Magee und mir geäußerten Prinzipien. Tatsächlich ist es bei den meisten Futures-Charts so, dass sie, wenn man sie einem Analysten vorlegen würde, ohne den Vermögenswert und die Daten anzugeben, nicht als Rohstoffcharts erkennbar wären. Wenn Limit-Bewegungen auftreten, springt einem der Unterschied

Abbildung 16.13: Das Silberhoch im Mai 2011. Im ersten Quartal startete Silber mit einem rauschenden Aufwärtstrend durch. Erkennen Sie nach einem Blick auf den Rounding Bottom eine Überraschung? Wie im Chart zu sehen, verlief er fast parabolisch. Die Anzeige eines Hochs kam am 25. April – interessanterweise anlässlich eines Wendebalkens. Liest man die Kerze richtig, öffnete der Markt zu Handelsbeginn ein breites Gap und unternahm einen langen Abstecher nach unten, um das Eröffnungs-Gap zu schließen. Dann dachten Schnäppchenjäger, sie bekämen einen guten Silberpreis, und trieben den Preis wieder in die Höhe, sodass er nicht auf den Tiefs schloss. Am nächsten Tag öffnete der Markt bei Handelsbeginn ein Gap nach unten und wanderte im Grunde den ganzen Tag über nach unten – die Party war vorbei. Die Zeichen waren subtil. Der 25. sah nach einem Reversal Day aus. Das Abwärts-Gap am 26. hätte man als Abschluss eines Erschöpfungs-Gaps betrachten können – was hier nicht zu sehen ist, weil die Dochte (Schatten) der Kerze das vollständige Preisverhalten verdecken.

in die Augen. In diesem Punkt möchte ich Magee hinsichtlich Gaps leicht widersprechen. Natürlich haben Limit Move Gaps eine atemberaubende Bedeutung. Alles in allem scheint mir, dass Gaps dem Futures-Analysten häufig das Gleiche sagen wie dem Aktienanalysten.

Der Preis bricht mit einem kräftigen Gap aus einer Seitwärtsformation aus. Das Gap quert die Trendlinie, und dies macht das Signal signifikant. Nicht jedes Gap ist ein Signal. In diesem Fall ist das Gap besonders signifikant, weil am Tag des Gaps ein Power-Balken vorliegt – den sollte man kaufen. Man bezeichnet das als Breakaway Gap. Der Preis steigt weiter, und ein paar Tage später tritt erneut ein Gap auf. Das ist ein Runaway Gap, und das ist ein weiteres Signal.

Kurz darauf treibt der Preis ein paar Tage lang seitwärts. Das ist eine Flagge. Flaggen sind für Trader eindringliche Botschaften. Robert Edwards hat erklärt, wie sie verwendet werden. Er schrieb: „Die Flagge weht auf Halbmast." Das bedeutet, dass der Preis nach einem kometenhaften Anstieg und dieser Formation mindestens noch einmal so weit steigen sollte wie bis dahin.

Power-Balken (Signale) führen aus der Flagge heraus, und dann tritt ein weiteres Gap auf. Das ist das Exhaustion Gap oder Erschöpfungs-Gap. Das ist die Botschaft, aus Long-Positionen auszusteigen und die Anlage zu shorten. Klarer hätte diese Botschaft nicht sein können.

Ein geschickter Trader nimmt vor allen Dingen das anfängliche Signal mit – den Power-Balken, der aus dem Seitwärtsmuster herausführt. Dann stockt er anhand der nachfolgenden Signale auf. Am Ausgang der Flagge sollte ein guter Trader eine Wagenladung der Anlage besitzen, und wenn er nach dem Erschöpfungs-Gap auf dem Hoch verkauft, sollte er zumindest einen kleinen Reibach gemacht haben.

Man könnte einen weiteren mathematischen Grund dafür anführen, weshalb es praktikabel ist, die einfache Chartanalyse auf den Terminhandel anzuwenden, und zwar den tautologischen Charakter dieser Methode. Ein Trend ist ein Trend, und eine Trendlinie ist eine Trendlinie. Wenn man auf einen vermutlichen Trend aufspringt (und an einer technisch analysierten Stelle einen Stoppkurs setzt) und ihm unter Verwendung von Basispunkten oder unter Beobachtung der Trendlinie folgt und anlässlich eines Ausbruchs und einer Wende aussteigt, tut man das nicht anders, als man es bei einer Aktie täte. Nun ja, schon mit einem gewissen Unterschied. Aufgrund der Hebelwirkung muss man dabei hyperaufmerksam auf die Risiken achten. Bei Rohstoffen kann die Strafe dafür, eine Position über eine „normale Reaktion" hinweg zu halten, äußerst hart sein. Deshalb sind hier Stoppkurse so wichtig.

Stoppkurse

Manche Trader setzen ihre Stoppkurse eher anhand von Regeln des Money-Managements als anhand technisch identifizierter Punkte. Ich finde, es ist immer besser, anhand eines Basispunkts, einer Unterstützung und eines Widerstands einen technischen Punkt dafür zu finden. Ich finde es sinnvoller, wie in Kapitel 26 beschrieben, zur Risikokontrolle die Positionsgröße anzupassen. Viele Trader setzen Money-Management-Stoppkurse sehr erfolgreich ein. *Wenn der Trader keine logische und disziplinierte Methode zum Setzen und Einhalten von Stoppkursen eingerichtet hat, wird er mit Sicherheit scheitern.*

Ein Money-Management-Stoppkurs ist eine einfache Sache, nämlich ein Stoppkurs, den man setzt, indem man beschließt, wie viel von seinem Kapital man mit einem Trade riskieren will, zum Beispiel zwei, drei, vier oder mehr Prozent. William O'Neil schreibt beispielsweise, als Aktienhändler solle man einen Stopp acht Prozent unter dem Einstandskurs einziehen. Das ist zwar ein bisschen grob und streng genommen kein Money-Management-Stopp, aber besser als gar keine Risikokalkulation. In einem strengeren Sinne würde man, wenn man das Risiko eines Trades auf drei Prozent des Kapitals begrenzen möchte, die 8%-Regel nehmen, um den Stoppkurs zu setzen, und die Scott Procedure aus Kapitel 26, um die Anzahl der Aktien oder Kontrakte zu ermitteln. Das Turtle-System beinhaltet ähnliche Verfahrensweisen. Zahlreiche Studien belegen, dass das prozentuale Risiko pro Trade – ein Prozent, zwei Prozent, drei Prozent – direkt mit der Volatilität des Kapitals korreliert.

(EN10: In der 10. Auflage wird in einem neuen Abschnitt über Stoppkurse in Kapitel 27 eine Anzahl von Methoden zum Setzen von Stoppkursen behandelt.)

Vielfältige Methoden

Wie bereits erwähnt, kann ein kompetenter Chartanalyst meines Erachtens (und nach Magees Meinung) an den Futures-Märkten profitabel agieren. Dabei kommt es natürlich noch auf weitere Dinge an, zum Beispiel auf den Charakter, auf das Temperament, auf die Intelligenz, auf das Urteilsvermögen und so weiter. Überlassen wir diese Fragen Dr. Elder und beschränken wir uns auf die Frage nach der Methode. Chartanalysten haben ihre Fähigkeiten an den Terminmärkten schon lange vor der Existenz von Computern bewiesen. Im Falle der japanischen Reishändler, die ihre Bemühungen im 18. Jahrhundert mit Kerzencharts erhellten, sogar schon sehr lange vorher.

Mitte der 1970er-Jahre erlebte ich es, dass bei Dean Witter, Merrill Lynch und anderen großen Futures-Händlern Point-and-Figure-Chartisten große Erfolge erzielten. Ich habe gesehen, wie sich sowohl Curve-Fitter, die mit kleinsten Quadraten arbeiteten, als auch Berechner von gleitenden Durchschnitten und abstruse statistische Analysten profitabler Ausflüge in den Rohstoffbereich erfreuten. Ganz zu schweigen von den Turtles, die mit lebensnahen Hoch-Tief-Systemen an den Märkten hohe Profite ernteten. Wie das Sprichwort sagt: Torlos ist das Tor, und viele Wege führen zum großen Dow. Ich war im Laufe der Jahre zwar auch selbst mit mechanischen, zahlenorientierten Systemen sehr erfolgreich, fühle mich aber immer mehr zu „natürlichen" Systemen hingezogen. Die Chartanalyse ist ebenso wie das Turtle-System ihrem Wesen nach natürlich. Die Dow-Theorie ist ein natürliches System, bei dem sich kein mathematischer Algorithmus zwischen den Analysten und die Daten stellt. Die eigentliche und sogar essenzielle Schwäche aller zahlenorientierten Systeme ist ihre Blindheit. Sie sehen vor lauter Bäumen den Wald nicht. Ein erfahrener menschlicher Chartist kann die wechselnden Rhythmen des Marktes *sehen* (und hören) und auf Faktoren reagieren, die zu subtil (und sogar unbewusst) sind, um sie zu programmieren. Allerdings können sogar natürliche Systeme wie das der Turtles in diese Falle tappen. Wenn die Märkte erfahren, dass knapp oberhalb des 20-Tage-Hochs eine Menge Kapital wartet, stellen sie ihm eine Falle. Für „Märkte" können Sie auch „sie" oder „man" einsetzen. Wenn man das in diesem Buch enthaltene Wissen auf solche Situationen anwendet, kann man die Falle umgehen.

Alles, was man als Chartanalyst, der Futures tradet, wissen muss

Ein englischer Kinderreim lautet: „Jack be nimble, Jack be quick, Jack jump over the Candlestick." [Etwa: „Jack sei flink, Jack mach schnell, Jack, spring' über die Kerze hell."] Ja, das stimmt, denn die Hebelwirkung ist zehnmal so groß und die Geschwindigkeit zehnmal so hoch. In Abbildung 16.9 zeige ich die Kombination aus einer sehr engen Trendlinie mit einem Run Day, was mir derzeit (im 21. Jahrhundert) eine gute Kombination zu sein scheint. Ansonsten bedingen die gleichen Qualitäten, die einen guten Wertpapierhändler ausmachen, auch einen guten Futures-Händler, sobald der große Sprung zu den gehebelten Schnellfeuermärkten geschafft ist. Wenn man erfolgreich Aktien gehandelt hat, wird man wahrscheinlich auch im Futures-Handel erfolgreich sein, und wahrscheinlich sollte man mit Aktien üben, während man etwas über Futures lernt. Eine ernüchternde Tatsache, die ich meinen Studenten oft erzähle, ist die, dass Wyckoff bereits acht Jahre im Wertpapiergeschäft gearbeitet hatte, bevor er sein erstes Investment tätigte; und er studierte noch einmal sechs Jahre lang die Märkte, bevor er *tradete.*

Die Magee-Methode wird einen wertvollen Eckpfeiler Ihrer Futures-Aktivitäten bilden, und Sie dürfen nie mit dem Lernen aufhören. Mechanische Systeme haben ihre Reize, vor allem wenn sie mit ausgefuchster Chartanalyse gewürzt sind. Keine Methode überlebt, wenn sie nicht gewissenhaft, beharrlich sowie mit Urteilsvermögen und Geduld praktiziert wird. Sie werden von berühmten Tradern immer wieder hören, das Geheimnis ihres Erfolgs sei ihre Disziplin. Was sie damit meinen, ist ihre Fähigkeit, das Risiko zu ermitteln und zu begrenzen, anhand technischer oder am Money-Management orientierter Verfahren Stoppkurse zu setzen und *diese Stoppkurse auch einzuhalten.* Die wichtigste Lektion, die der Futures-Händler von Edwards und Magee lernen muss, ist die Fähigkeit, den Charakter des Marktes zu erkennen – Handel oder Trend – und *dann die Taktik entsprechend anzupassen.*

Bei der nächsten großen Rohstoffhausse, die unvermeidlich kommen wird, werden diese Methoden und die davon abgeleiteten Systeme erneut überraschende Gewinne einfahren.

In der 9. Auflage des vorliegenden Klassikers habe ich versucht, zu zeigen, wie nützlich er für den intelligenten Futures-Händler ist. Allein die einfache klassische Chartanalyse kann in den Händen eines erfahrenen und kompetenten Analysten erfolgreich sein. Natürliche mechanische Methoden wie das Turtle-System waren effektiv und werden es wieder sein, vielleicht nach ein paar Abwandlungen (zum Beispiel in Form eines chartanalytischen Überbaus). Man kann auch Methoden der Wellenanalyse wie das Referenzpunkt-Verfahren aus Kapitel 28 verwenden. Sogar zahlenorientierte Systeme wie gleitende Durchschnitte können erfolgreich sein, vor allem wenn man sie mit der Chartanalyse kombiniert.

KAPITEL 17

ZUSAMMENFASSUNG UND SCHLUSSFOLGERUNGEN

Wir begannen unsere Untersuchung der Technischen Aktienanalyse in Kapitel 1 mit einer Erörterung der „Philosophie", die der technischen Betrachtungsweise von Spekulation und Investment zugrunde liegt. Wir möchten den Leser bitten, diese wenigen Seiten erneut zu lesen, um wieder die Gesamtperspektive für unseren Untersuchungsgegenstand zu bekommen. Sie könnte durch die vielen Seiten mehr oder weniger mühevollen Lesens, das dazwischenlag, verloren gegangen sein. *(Zur Illustration dieses Kapitels siehe die Abbildungen 17.1 bis 17.4.)*

Wir haben bis ins Einzelne die zahlreichen und faszinierenden Phänomene in Aktiencharts untersucht. Leicht konnte man dabei den Umstand aus den Augen verlieren, dass sie nur die ziemlich unvollkommenen Instrumente sind, mit denen wir die Relative Stärke von Angebot und Nachfrage zu messen hoffen. Angebot und Nachfrage bestimmen als einzige Faktoren, in welche Richtung, wie schnell und wie weit eine Aktie sich bewegen wird.

Erinnern wir uns, dass es dabei nicht im Geringsten darauf ankommt, welche Umstände Angebot und Nachfrage hervorbringen. Die Tatsache ihrer Existenz und das Gleichgewicht zwischen ihnen sind alles, was zählt. Eine unendliche Vielzahl von tatsächlichen Daten, Massenstimmungen, individuellen Nöten, Hoffnungen, Furcht, Schätzungen und Vermutungen verbinden sich mit den feinen Veränderungen, die ständig im allgemeinen wirtschaftlichen Rahmenwerk vor sich gehen, um Angebot und Nachfrage hervorzubringen. Kein Mensch, keine Organisation (und wir meinen das *wörtlich*) kann hoffen, alle diese Faktoren zu kennen und genau zu beurteilen. Aber das Ergebnis aller dieser Faktoren spiegelt sich jeden Augenblick am Markt wider.

Die Aufgabe des Technischen Analysten besteht darin, das Verhalten des Marktes selbst zu interpretieren – den Fluss von Angebot und Nachfrage zu lesen, der sich darin spiegelt. Für diese Aufgabe sind Charts die besten Werkzeuge, die man bisher gefunden hat. Aber lassen Sie sich nicht von Ihrer Begeisterung über die Mechanik der Charts, die Einzelheiten der täglichen Fluktuationen, hinwegtragen. Fragen Sie sich ständig: Was bedeutet dieser Umstand wirklich im Sinne von Angebot und Nachfrage?

Urteilsvermögen und Perspektive sind erforderlich. Nie dürfen wir unsere Grundprinzipien aus den Augen verlieren. Wir wiederholen es nochmals und sollten es nie vergessen: Ein Chart ist kein perfektes Werkzeug; er ist kein Roboter, er gibt die Antworten auf unsere Fragen nicht immer schnell, leicht lesbar und eindeutig, sodass sie jeder sofort in bestimmte Gewinne umsetzen könnte.

Die Autoren haben viele andere technische Theorien, Systeme, Indizes und Werkzeuge geprüft und getestet. Sie wurden in diesem Buch nicht behandelt. Hauptgrund dafür war, dass diese anderen Hilfsmittel die Tendenz haben, das Urteilsvermögen auszuschalten. Sie streben nach dem Unmöglichen. Sie wollen eine rein mechanische Betrachtungsweise auf etwas anwenden, das in

Wahrheit sehr weit von einem mechanischen Problem entfernt ist. Die Methoden der Chartanalyse, die wir hier dargestellt haben, haben sich als am besten geeignet erwiesen. Sie sind relativ einfach und zum größten Teil leicht erklärbar; sie halten sich eng an die Grundprinzipien; ihrer Natur nach verführen sie uns nicht, zu viel von ihnen zu erwarten; sie ergänzen einander und arbeiten Hand in Hand.

Wir wollen diese Methoden noch einmal kurz überblicken. Sie lassen sich grob in vier Kategorien einteilen:

I. Die **Kursformationen** signalisieren zusammen mit dem dazugehörigen Volumen eine wichtige Änderung im Angebot-Nachfrage-Gleichgewicht. Sie können eine Konsolidierung bedeuten, das heißt ein „Sich-Erholen" oder „Kräftesammeln" zu erneuter Bewegung in *dieselbe Trendrichtung* wie vor der Formation. Oder sie können Umkehr signalisieren: Die bisher vorherrschende Kraft hat ausgespielt, und die Gegenkraft hat mit dem Ergebnis gesiegt, dass eine neue Bewegung in *umgekehrter Richtung* beginnt. In jedem Fall kann man Formationen als Perioden beschreiben, in denen sich Energie aufbaut oder Druck anstaut, um die Kurse zu einer Bewegung anzutreiben. Die Bewegung kann aufwärts oder abwärts führen und für Gewinne ausgenutzt werden. Einige Formationen geben uns Hinweise, wie weit der Druck die Kurse treiben wird. Diese Chartformationen geben dem Charttechniker zusammen mit dem Volumen die meisten seiner Signale zum Einsteigen und viele zum Aussteigen.

   Das Volumen wird in diesem Buch nicht als selbstständiger Gegenstand unabhängig vom Verhalten der Kurse behandelt. Es kann nicht für sich selbst genommen als technisches Werkzeug benutzt werden. Erinnern wir uns, dass es *relativ* ist. Von Natur aus hat es die Tendenz, nahe dem Hoch einer Hausse größer zu sein als am Tief einer Baisse. Das Volumen „folgt dem Trend"; es wächst bei Rallyes an und nimmt bei Reaktionen ab, wenn der Gesamttrend nach oben gerichtet ist, und umgekehrt. Aber benutzen Sie diese Regel umsichtig; legen Sie nicht zu viel Gewicht auf das Ergebnis einiger weniger Tage. Denken Sie auch immer daran, dass selbst in einer Baisse (ausgenommen während der Panikbewegung) immer eine leichte Tendenz dahin besteht, dass die Aktivität bei einem Kursanstieg steigt. (Wie Edwards sagte: „Kurse können durch ihr eigenes Gewicht fallen; aber es braucht Käufer, um sie zum Steigen zu bringen.")

   Ein bemerkenswerter Anstieg der Aktivität, verglichen mit den vorhergehenden Tagen oder Wochen, kann entweder den Anfang (Breakout) oder das Ende (Climax) einer Bewegung bedeuten, sei dieses Ende nun vorübergehend oder endgültig. (Seltener mag ein „Shake-out" vorliegen, eine Marktbereinigung.) Die Bedeutung kann in jedem Fall durch die Beziehung zum Kursbild bestimmt werden.

II. **Trend- und Trendlinien**-Untersuchungen ergänzen die Formationen. Sie sind ein Mittel, um die allgemeine Richtung der Kurse zu bestimmen und Änderungen in dieser Richtung zu entdecken. Auch wenn sie in vielen Fällen nicht so schön abgegrenzt sind wie Formationen, können sie häufig zum Ein- und Aussteigen bei kurzfristigen Spekulationen dienen. Sie schützen uns davor, gewinnbringende langfristige Positionen verfrüht aufzulösen.

III. **Unterstützungs- und Widerstandsniveaus** werden durch frühere Spekulationen und Investments anderer geschaffen. Manchmal können sie uns zeigen, wo sich ein Engagement lohnt. Aber wichtiger ist eine andere technische Funktion. Sie zeigen uns, wo eine Bewegung wahrscheinlich langsamer werden oder zu Ende gehen wird, auf welchem Niveau plötzlich und in technisch wichtigem Maße das Angebot beziehungsweise die Nachfrage anwachsen wird.

Ehe Sie eine Spekulation beginnen, achten Sie auf diese beiden Punkte: 1. Auf die ursprüngliche Formation, um einen Hinweis auf die Kraft zu gewinnen, die hinter der Bewegung zu erwarten ist, und 2. auf die Vorgeschichte von Unterstützung und Widerstand, um daraus zu ersehen, ob die Bewegung ohne Schwierigkeit über eine gewinnbringende Strecke laufen kann. Unterstützungs-/Widerstands-Untersuchungen sind besonders nützlich, wenn es darum geht, Signale zur Gewinnmitnahme oder zum Umtausch in andere Aktien zu gewinnen.

IV. Der **allgemeine Börsenhintergrund** einschließlich der **Dow-Theorie**. Missachten Sie nicht dieses über die Zeiten bewährte Instrument, um den (vermutlich) vorherrschenden primären Trend des Marktes zu bestimmen. Ihre Signale sind „spät dran", und sie hat ihre Schwächen. (Eine davon ist das erheblich vermehrte Gefolge, das sie in neuerer Zeit gewonnen hat. Dadurch ergibt sich zu gewissen Perioden eine beträchtliche künstliche Stimulierung der Handelstätigkeit.) Aber trotz all dieser Schwächen ist sie immer noch ein unschätzbares Hilfsmittel im Werkzeugkasten des technisch orientierten Spekulanten.

Sie sollten niemals die allgemeinen Charakteristika der verschiedenen Stadien der großen primären Bullen- und Bären-Zyklen der Aktienbörse aus den Augen lassen. Wir haben sie in dem Kapitel über die Dow-Theorie erörtert. Das bringt uns zurück zu dem Gesichtspunkt der *Perspektive*, die so wesentlich für die Technische Analyse ist. Eine Aktie, die nicht in gewissem Grade dem größeren Trend des Gesamtmarkts folgt, ist eine außergewöhnliche Ausnahme. Mehr als aus allen anderen Gründen zusammengenommen wird Geld an der Börse aus einem Grund verloren: indem zweifellos gute Aktien in der späten und aufregendsten Phase einer Hausse gekauft werden und dann der Verkauf, vielleicht sogar ein Notverkauf, unter den entmutigenden Bedingungen der nachfolgenden Baisse erfolgt!

Bewahren Sie also die Perspektive auf das breite Bild der Börse. Die zugrunde liegenden wirtschaftlichen Gezeiten sind mit die wichtigsten Elemente der Angebot-Nachfrage-Gleichung auch der einzelnen Aktie. Es kann sich auszahlen, sich umgekehrt wie „das Publikum" zu verhalten. Aber es zahlt sich niemals aus, dem wirklichen, zugrunde liegenden Trend entgegenzuhandeln.

Große Bullen- und Bärenmärkte sind während der gesamten bekannten Wirtschaftsgeschichte mit ziemlicher Regelmäßigkeit aufgetreten. Es besteht kein Grund zu der Annahme, dass sie nicht immer wieder auftreten werden, solange unser gegenwärtiges System existiert. Wann immer Aktienkurse auf historisch gesehen hohem Niveau sind, ist Vorsicht angebracht, und Käufe auf historisch gesehen niedrigem Niveau gehen letztlich in der Regel gut auf.

Wenn Sie erzählen, dass Sie Interesse an Charts haben, wird man Ihnen entgegenhalten, dass der Chartanalyst (ebenso wie der Dow-Theoretiker) immer zu spät komme. Er kaufe, nachdem die Kurse ihren Anstieg schon begonnen haben, vielleicht erst lange, nachdem das „Smart Money" seine Akkumulation beendet hat. Er verkaufe, wenn der Trend schon eindeutig nach unten gewendet hat. Das ist teilweise richtig, wie Sie ohne Zweifel auch schon selbst gemerkt haben werden.

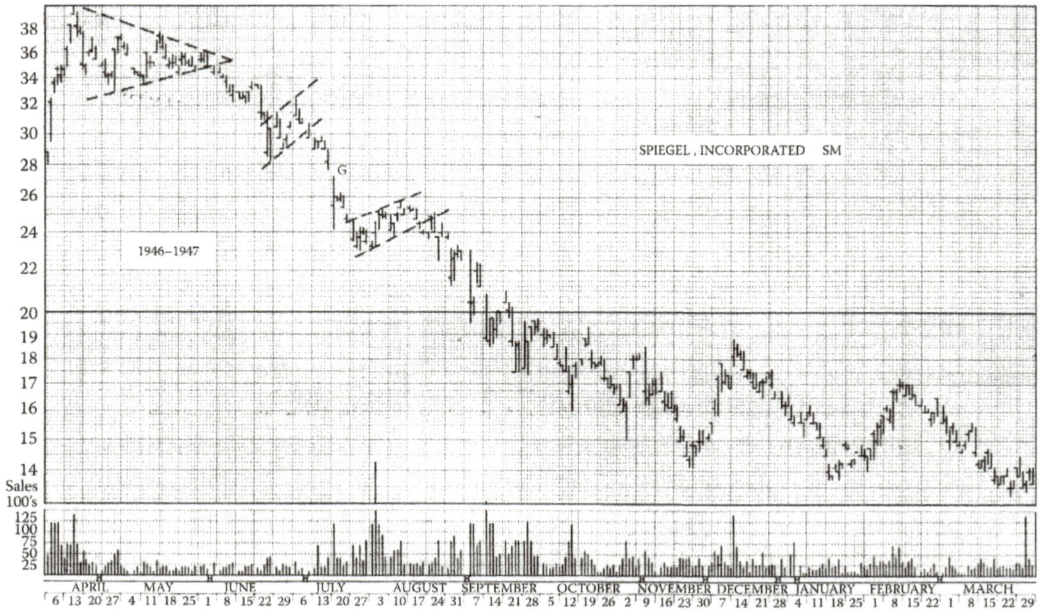

Abbildung 17.1: Die Baisse von Spiegel begann im April 1946 aus einem symmetrischen Dreieck heraus, das in ein absteigendes Dreieck überging. Beachten Sie den Pullback im Juni und die zwei Flaggen. Diese Geschichte wird in Abbildung 17.2 fortgesetzt, die sich mit Abbildung 17.1 überschneidet; dieser Chart zeigt die Bewegung, die aus dem breiten fallenden Dreieck von Anfang 1947 folgte und in einem Reversal Day am 19. Mai gipfelte. Beachten Sie verschiedene kurz- und mittelfristige Widerstandsniveaus.

Aber das Geheimnis des Erfolgs liegt nicht darin, zum tiefsten denkbaren Kurs zu kaufen und an der absoluten Spitze zu verkaufen. Es liegt in der *Vermeidung von großen Verlusten.* (Kleine Verluste werden Sie gelegentlich zu realisieren haben, und zwar so schnell wie möglich, wie es die Situation gerade erfordert.)

Einer der erfolgreichsten Broker, den die Wall Street je gesehen hat, Bernard Baruch, ein Multimillionär und heute ein landesweit angesehener Bürger [Anm. d. Ü.: Baruch ist im Jahr 1965 verstorben], soll gesagt haben, dass es ihm in seiner ganzen Karriere nie gelungen sei, innerhalb von fünf Punkten am Tief zu kaufen oder innerhalb von fünf Punkten am Hoch zu verkaufen! *(EN: Zur Veranschaulichung soll gesagt sein, dass die genannten fünf Punkte zu diesem Zeitpunkt etwa zehn Prozent des Marktes ausmachten.)*

Ehe wir diese Abhandlung über die Theorie verlassen und im zweiten Teil dieses Buches zu dem eher praktischen Gegenstand der Anwendung und der Markttaktik kommen, möchten wir – der Leser möge uns verzeihen! – noch eine weitere Mahnung anfügen: Kein Satz der Technischen Aktienanalyse schreibt vor, dass man immer eine Position an der Börse innehaben müsse. Es gibt keinen Zwang, dass jeden Tag etwas geschehen muss. Es gibt Perioden – manchmal lange Monate –, in denen die beste Politik des konservativen Spekulanten darin besteht, sich völlig aus dem Markt herauszuhalten. Und es gibt keinen Satz in der Technischen Analyse, der die Börse zwingt, „voranzumachen" und in wenigen Tagen eine Bewegung zu vollenden, die die Charts als bevorstehend angekündigt haben; das braucht alles seine eigene gute Weile. Geduld ist in Fragen der Aktienspekulation ebenso eine Tugend wie bei vielen anderen menschlichen Aktivitäten.

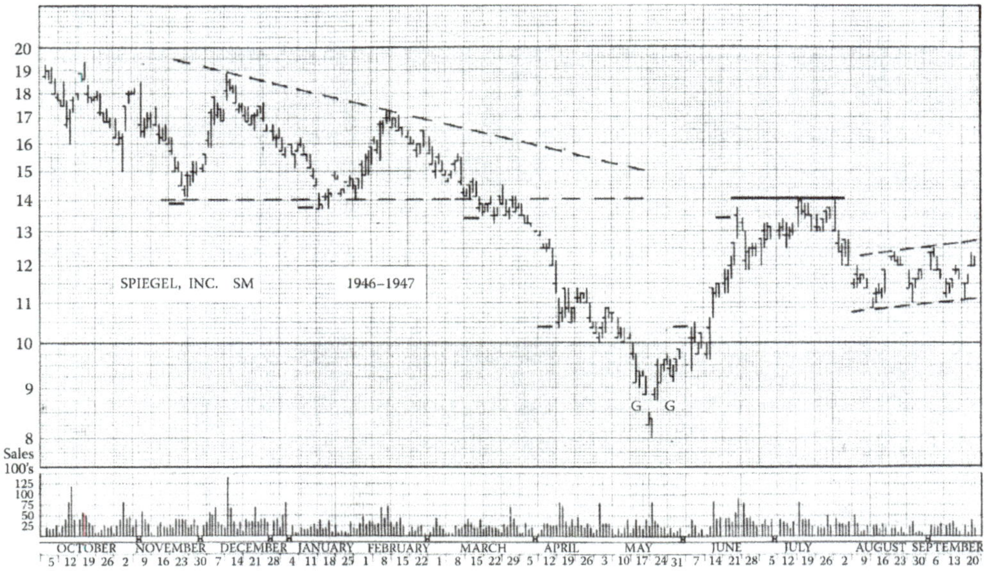

Abbildung 17.2: Dieser Chart überschneidet sich etwas mit Abbildung 17.1. Er zeigt die Bewegung, die dem großen fallenden Dreieck im Frühjahr 1947 folgte. Extrempunkt war ein One-Day Reversal am 19. Mai. Beachten Sie die verschiedenen kleineren (Minor) und mittleren (Intermediate) Widerstandsniveaus.

Technische Analyse und Technologie im 21. Jahrhundert – Computer und Internet: Werkzeuge der Investment- und Informationsrevolution

Zweck dieses Abschnitts ist es, die Computer- und Informationstechnologie für chartorientierte Technische Analysten in den richtigen Kontext und in die richtige Perspektive zu rücken.

Zu John Magees Zeiten gab es in seinem Büro in Springfield im Bundesstaat Massachusetts einen Chartraum – angefüllt mit Chartisten jedes Alters, vom Teenager bis zum Senior. Diese Menschen verbrachten ihre gesamte Zeit damit, Charts zu führen und Magee bei deren Interpretation zu unterstützen. Das waren wundervolle, intelligente Menschen, die sagenhafte Erkenntnisse über die Aktien gewannen, deren Charts sie erstellten, und die auch die manuell erstellten Charts schufen, die das vorliegende Buch zieren.

Inzwischen wurden dieser Raum und die vielen Charttechniker durch einen beigen (manchmal auch hellgrünen) Kasten ersetzt, der auf dem Schreibtisch steht und häufig als Born der Erkenntnis und der Weisheit verehrt wird: „Computer, analysiere meine Aktien."

Leider besitzt der Computer nicht das Unterscheidungsvermögen und die Fähigkeit zur Mustererkennung der Menschen im Chartraum. Doch unbeeindruckt von dieser Schwäche der Computertechnologie stecken Trader und Anleger unermesslich viel Geld und Mühe in computergestütztes Research und versuchen, den Schlüssel zum Börsenerfolg zu finden. In dieses Bemühen wurde mehr Geld investiert als jemals in die Suche nach dem Stein der Weisen. Vieles davon war verschwendet, aber nicht alles wurde vergeblich ausgegeben. In manchen Bereichen ist es ziemlich produktiv. Aber trotz aller Anstrengungen wurde kein narrensicherer Algorithmus für den Anlageerfolg gefunden, und ganz gewiss nicht für den Aktienhandel. Indes haben Forschungen nachgewiesen, dass sogar der Algorithmus „billig kaufen, teuer verkaufen" verhängnisvolle Mängel beinhaltet.

Um die Bedeutung des Computers vollständig zu ermessen, sollte der Leser einige grundlegende Unterschiede in der Herangehensweise von Marktteilnehmern an den Markt verstehen, oder – wie wir sagen würden – zwischen verschiedenen Analysten- und Anlegerschulen. Um Fundamentalanalysten kümmern wir uns hier nicht, denn sie hängen einer anderen religiösen Überzeugung an. Chartanalysten oder Technische Analysten vom Typ Magee beschränken ihre Marktanalyse weitgehend auf die Interpretation von Balkencharts (was nicht heißen muss, dass sie ihren Geist gegen andere Informationen verschließen, sondern im Gegenteil nehmen sie alles mit, was funktioniert). Eine andere Schule von Chartanalysten verwendet Point-and-Figure-Charts und wieder eine andere Kerzencharts. Eine weitere Sorte Technischer Analysten nimmt grundlegende Marktdaten wie Kurs und Volumen her und gibt sie in statistische Routinen ein, die alles Mögliche berechnen, von gleitenden Durchschnitten bis hin zu Indikatoren mit rätselhaften Bezeichnungen wie %R oder Bollinger-Bänder (siehe Glossar); man bezeichnet sie als statistische oder zahlenorientierte Technische Analysten. Alle diese Analysten versuchen, unter Verwendung irgendeiner Form dessen, was man als Technische Analyse bezeichnet, in Aktien und andere Finanzinstrumente (außer Optionen) zu investieren oder damit zu handeln – was bedeutet, dass sie alle nackte Zahlen in ihre Analysen einfließen lassen, bezüglich deren man nicht lügen kann, die man nicht falsch darstellen oder manipulieren kann (im Gegensatz zu den Zahlen, die in die Fundamentalanalyse einfließen, zum Beispiel Unternehmensgewinne, Cashflows, Umsätze und so weiter).

Diejenigen Schulen, die zahlenorientierte oder statistische Technische Analysen verwenden, versuchen ebenso wie Chartanalysten, Markttrends und Trading-Chancen vorherzusagen. Das kann allerdings ganz schön schwierig sein, denn die Aktien- und Anleihemärkte sind verhaltensgesteuerte Märkte, die von menschlichen Emotionen getrieben werden – der vielleicht wichtigsten von vielen Variablen, die sich auf die Kurse auswirken. Zudem bedingen menschliche Emotionen und Verhaltensweisen manische und depressive Elemente, die noch nicht quantifiziert wurden. Und doch meinen manche Chartanalysten, sie könnten das erkennen, wenn sie es in einem Chart sehen.

Auf einem anderen Gebiet erbrachte der Computer viel dramatischere und profitablere Ergebnisse, allerdings in einem von Modellen geprägten Markt, nämlich am Optionsmarkt. Die quantitativen Analysten, die die Optionsmärkte erforschen und traden, gehören einer anderen Gattung an als die Technischen Analysten. Es ist eine interessante Ironie, dass emotionsgetriebene Märkte wie der Aktienmarkt als Grundlage für Optionen und andere Derivate fungieren, deren Preise weitgehend von Algorithmen geprägt werden, die man als Modelle bezeichnet – ein Beispiel ist das Black-Scholes-Modell. Quantitative Analysten glauben wie auch der Herausgeber des vorliegenden Buches, dass man die Optionsmärkte mit quantitativen Analysen erfolgreich bejagen kann. Die Ergebnisse fähiger Praktiker deuten darauf hin, dass diese Überzeugung korrekt ist.

Leider ist das Leben des einfachen Aktienhändlers nicht so einfach. Aktienkurse haben nichts mit Mathematik zu tun, außer dass sie als rationale Zahlen dargestellt werden, und ihre künftige Richtung lässt sich nicht leicht vorhersagen, nicht einmal mit Magees Chartanalyse oder einer anderen Form der Analyse – technisch, fundamental oder psychologisch. (Aus theoretischer Sicht sollte man jeden anhand einer Chartanalyse durchgeführten Trade als Experiment betrachten, das gemacht wird, um eine Wahrscheinlichkeit zu bestätigen. Wenn sich der Trend nicht ausbildet, ist das Experiment schnell vorbei.) Die Tatsache, dass sich die Chartanalyse nicht mechanisieren lässt, ist wichtig. Sie ist nämlich einer der Gründe, weshalb die Chartanalyse in den Händen eines geschickten Praktikers weiterhin effektiv ist. Da sie sich nicht zur Mechanisierung anbietet, können auch keine Gegenstrategien gegen sie aufgefahren werden, außer in Situationen, die für jedermann offensichtlich sind, zum Beispiel bei einem großen und bedeutenden Unterstützungs- oder Widerstandsniveau oder einer grell offenkundigen Chartformation. Heutzutage blickt beim Traden jeder auf Charts, auch wenn er von ihrer Nutzung nicht überzeugt ist. In solchen offensichtlichen Fällen versuchen manche Marktteilnehmer, den Preis über die entsprechenden Niveaus hinaus zu treiben, um von der Volatilität und der Verwirrung zu profitieren. Tatsächlich hat sich die menschliche Natur seit Jay Gould und Big Jim Fisk kaum verändert.

Wenn solche Kursmanipulationen auftreten, erzeugen sie Fehlsignale – Bullen- und Bärenfallen. Interessanterweise kann das Versagen dieser Signale selbst ein zuverlässiges Signal darstellen – allerdings in die entgegengesetzte Richtung des eigentlichen Signals.

Die Bedeutung der Computertechnologie

Und welchen Nutzen und welche Bedeutung hat nun dieses fabelhafte Werkzeug – das interessanteste, dass der „Mensch als Handwerker" (Homo faber) seit dem Papyrus erfunden hat? (Die im folgenden besprochenen Funktionen können mit zahlreichen erhältlichen Softwarepaketen ausgeführt werden.) Wenn der Computer profitable Gelegenheiten nicht definitiv identifizieren kann, wozu ist er dann gut?

Die wahrscheinlich wichtigste Funktion, die der Computer für den Magee-Analysten hat, ist die Automatisierung von detailbezogenen Routinearbeiten. Daten lassen sich beschaffen, indem man sie von Datenbankservern herunterlädt. Charts können augenblicklich aufgerufen werden. Man kann mit der einen Hand das Portfolio abrechnen, pflegen und die Steuer vorbereiten, während man mit der anderen Kaffee trinkt. Das mag nun alles klingen, als wäre der Computer ein tolles, aber recht stumpfsinniges Werkzeug. Was allerdings nicht ganz stimmt. Es gibt abgesehen davon, dass er einem lästige Routinearbeiten erspart, zumindest *einen* großen Sprung nach vorn, den dieses Werkzeug Magee-Analysten ermöglicht. Dieser große Vorteil ist die Portfolioanalyse. In Anhang B, „Ressourcen", wird eine komplexe Portfolioanalyse von der Art vorgeführt, wie sie professionelle Trader (Blair Hull und Options Research Inc.) verwenden. Für die einfacheren Portfolios von Durchschnittsanlegern kann man die Fähigkeiten nutzen, die die meisten Portfolioprogramme bieten, ob sie nun aus dem Internet stammen oder in Softwarepaketen enthalten sind (Adressen und Software sind in Anhang B, „Ressourcen", angegeben).

Ein weiterer Vorteil ist die Möglichkeit, sich die grundlegenden Daten in vielen verschiedenen Formen anzusehen: Point-and-Figure-Charts, Kerzencharts, nur schlusskursbezogene Charts – sie sind im Nu erstellt und können tatsächlich dazu beitragen, die konkrete Situation unter dem Vergrößerungsglas besser zu verstehen. Auch die mühelose Quantifizierung mancher Aspekte der Analyse kann nützlich sein – zum Beispiel des Handelsvolumens –, und da gleitende Durchschnitte so beliebt sind, kann es interessant sein, sich die 50- und die 200-Tage-Linie anzuschauen. Diese gleitenden Durchschnitte werden nämlich von vielen Marktteilnehmern als signifikant betrachtet – sogar von Fundamentalanalysten. Man sollte ihre Analyse jedoch im Verhältnis zum aktuellen Zustand des Marktes betrachten, wie ihn der gewissenhafte Chartanalyst begreift.

Aber was ist mit merkwürdig benannten Dingen wie Stochastik, Bollinger-Bändern, %R, MACD, gleitenden Durchschnitten (einfach, exponentiell geglättet, crossover und so weiter),

Kurs-Volumen-Divergenz, RSI (einfach und nach Wilder), VP Trend, TCI, OBV, oberen und unteren Trading-Bändern, ESA-Trading-Bändern und AcmDmis gemeint? Manche haben einen gewissen Ruch der Alchemie, manche sind manchmal nützlich. Darüber hinaus funktionieren alle Systeme mindestens zweimal ganz prima: in der Forschung und in riesigen, monumentalen Haussen. Diese zahlenorientierten Indikatoren sind auch die Fälle, in denen man mit der größten Wahrscheinlichkeit Genialität beim Traden entdeckt. (*EN9: Es stimmt ja auch wie gesagt, dass man einen Nagel mit einem Schraubenzieher einschlagen kann. Und der Erfinder eines Tools kann damit fabelhaft erfolgreich sein, während diejenigen, die es übernehmen, ihr Vermögen verlieren.*)

Es könnte aber auch sein, dass das Übermaß an technischen Informationen, das von diesen Indikatoren erzeugt wird, so ist wie das Übermaß an fundamentalen Informationen – eine weitere Hülse, in der sich die Erbse verbirgt, oder ein weiterer Zaubertrick, um den Anleger daran zu hindern, dass er sieht, worauf es wirklich ankommt und was wirklich notwendig und hinreichend ist, um gut zu traden. Vielleicht wäre der Anleger mit einem verhaltensbezogenen Modell besser bedient, weil die Märkte verhaltensgesteuert sind. Die zahlenorientierte Technische Analyse kann viele Dinge – wie Dr. Johnsons Hund, der auf den Hinterbeinen gehen konnte –, aber sie kann den Markt nicht in die richtige Perspektive rücken: Das kann nur der menschliche Verstand. Immerhin berücksichtigen zahlenorientierte Modelle keine Rocklängen, Mondzyklen, Sonnenflecken, die Dauer von Konjunkturzyklen oder die bullishe beziehungsweise bearishe Verfassung des Marktes (falls es überhaupt noch Bärenmärkte gibt). (*EN9: Diese schräge ironische Bemerkung wurde vor dem Börsencrash der 2000er-Jahre verfasst.*) Letztlich ist das menschliche Gehirn nach wie vor das einzige Organ, das in der Lage ist, die ganzen quantitativen und qualitativen Informationen zusammenzuführen und auch Elemente zu beurteilen, die sich nicht auf Nullen und Einsen reduzieren lassen. Der gebildete Verstand ist nach wie vor das beste Unterscheidungsinstrument für Muster und Zusammenhänge.

Fazit 1

Der Computer ist ein Werkzeug, zwar ein leistungsfähiges, aber trotzdem nur ein Werkzeug. Er löst keine komplexen Problemstellungen und fällt keine Entscheidungen. Man verwendet eine Maschine, um einen Graben zu ziehen, aber nicht um zu überlegen, wo der Graben sein sollte.

Man sollte die Vielzahl der Indikatoren und Systeme mit skeptischem Blick betrachten und im Kontext der fundierten Chartanalyse beurteilen. Manchmal funktioniert ein Indikator oder eine Technik bei einem Nutzer oder beim Erfinder gut, führt aber den Chartanalysten, der ihn oder sie zu verwenden versucht – oder der ihn oder sie wegen einer nachgewiesenen Erfolgsbilanz kauft –, seltsam in die Irre.

Deshalb hält der erfahrene Anleger seine Methoden und Analysen so lange einfach, bis er definitiv Kenntnis von einer Technik, einer Methode oder einem Indikator erlangt, die oder den er gern in sein Repertoire aufnehmen möchte. Und das hängt vor allen Dingen von seinen eigenen Beobachtungen und Erfahrungen bei der Beurteilung seiner eigenen Trading-Methoden und derjenigen anderer ab.

Weitere technische Entwicklungen, die für den Technischen Magee-Analysten und für alle Anleger von Bedeutung sind

Der Computer ist nicht die einzige technische Entwicklung, die für den technischen Anleger von Interesse ist. Man muss eine ganze Anzahl von Technologien der Informationsrevolution in den Blick nehmen. Das sind grob gesagt das Internet mitsamt allen seinen Einrichtungen, Entwicklungen an den Elektronikmärkten sowie Fortschritte in Theorie und Praxis des Finanzwesens. Letzteres wird im letzten Abschnitt dieses Kapitels abgehandelt.

Da diese Themen eine so enorm große Menge an Material darstellen, werden wir nicht versuchen, sie erschöpfend zu behandeln, aber dem allgemeinen Anleger werden die Informationen geliefert, die er kennen muss, um diese Dinge in die richtige Perspektive zu rücken. Die „Ressourcen" verweisen den Analysten auf Wege zu weiteren Nachforschungen, falls er dieses Bedürfnis verspürt.

Zunächst einmal: Gibt es technologische Entwicklungen irgendwelcher Art, die die Charterstellung überflüssig machen? Nein. Gibt es irgendwelche Entwicklungen, die das Trading garantiert erfolgreich machen? Nein. Nur eines ist sicher, nämlich dass irgendein Krämer behaupten wird, er habe eine sichere Sache. Wer solche Behauptungen glaubt, fällt seiner eigenen Naivität zum Opfer.

Das Internet: Das achte Weltwunder (EN9: Anhang B, „Ressourcen", wurde für die 9. Auflage enorm erweitert und ist für heutige Anleger von überragender Bedeutung.)

Das Internet wird manchmal als das komplexeste je von der Menschheit aufgebaute Projekt bezeichnet, und wahrscheinlich stimmt das auch. Es ist komplex, breitet sich aus, ist eigenwillig und bietet für jeden etwas, vor allem für den Anleger. Jede der Menschheit bekannte Investment-Lebensform hat im Internet eine Website erstellt und wartet wie eine hungrige Spinne, dass zufällig ein Surfer vorbeikommt: Broker, technisch und fundamental orientierte Berater, Zeitungen, Zeitschriften, Newsgroups und Schlepper, Investmentfonds, Fondsberatungen, Kritiker und Tester aller Genannten, Datenbankanbieter, Chatrooms, elektronische Marktplätze und Börsen sowie Exchange-Traded Notes (ECNs) – anscheinend ist die einzige noch nicht besetzte Nische die Investmentpornografie. Doch vielleicht werden „nackte Optionen" auch diesen Bedarf decken können.

Es gibt also eine verwirrende Menge an Ressourcen. Wie findet man sich da zurecht? Was all das für den elektronischen Anleger oder Cyberanleger bedeutet, lässt sich noch weiter ausdehnen, wenn man die Dienstleistungen und Einrichtungen angibt: Kurse und Daten, Portfoliomanagement und Buchhaltung, interaktive Online-Charts, automatische Meldungen auf PBDAs (Personal Body Digital Assistants, also die Dinger, die man bei sich trägt, zum Beispiel Handys, Tablets und so weiter), Analysen und Tipps, elektronische Sitzungssäle und elektronische Börsen, an denen ohne Mittelsleute gehandelt wird. Anhang B, „Ressourcen", bietet konkrete Angaben zu diesen Kategorien, während das vorliegende Kapitel eine Perspektive liefert. Es ist eine Sache, sich dieses Füllhorn von Einrichtungen anzuschauen, und eine andere, ihre Bedeutungen und Prioritäten zu beurteilen. Was bringen einem Echtzeitkurse, wenn man vorhat, sein Portfolio von besonderen Gelegenheiten abgesehen nur einmal wöchentlich zu kontrollieren? Was bringen einem langfristig orientierten Anleger Meldungen per Satellit und VR-Brillen? Als Anleger ohne Philosophie oder Methode kann man sich leicht in den Mahlstrom der elektronischen Wunderdinge hineinziehen lassen, um hinterher ein bisschen klüger sowie viel ärmer wieder herauszustolpern.

Dann sollte man auch schauen, ob diese ganzen Waren und Dienstleistungen für einen besonnenen Anleger von Bedeutung sind, der mit beiden Füßen fest auf dem Boden steht und seinen Kopf aus den Wolken (oder aus der Cloud) heraushält. Was braucht dieser hoffentlich nicht abstrakte Anleger, dem hier unsere Aufmerksamkeit gilt? Er braucht *Zahlen*, *Charts* und *eine Verbindung zu einem Handelsplatz*. Zahlen kann man sich per Mausklick beschaffen. Nach einem weiteren Klick erscheint ein Chart auf dem Bildschirm. Ein weiterer Klick, und schon ist ein Trade platziert. Im Internetzeitalter wäre es tautologisch, diesen Prozess mit Worten zu erklären, wo doch Live-Vorführungen nicht weiter entfernt sind als der Computer auf dem Schreibtisch mit seiner Internetverbindung. Demonstrationen dieses recht einfachen Verfahrens (das sagt sich so leicht, wenn man es ohne nachzudenken befolgt) findet man wohl an Orten, die in Anhang B, „Ressourcen", angegeben sind. Ausgeführt wird der Trade zwangsläufig von irgendeiner Art von Broker, vielleicht von einem elektronischen, aber vielleicht sogar von einem nicht virtuellen, der per Telefon kommuniziert. Schon bald wird das, wenn es nicht schon so weit ist, auf einem virtuellen Parkett geschehen, wo man es nicht mit einem Marketmaker oder Specialist, sondern mit einem Computer zu tun hat.

Die Frage, wie lange Broker noch gebraucht werden, ist im neuen Jahrhundert offen (den Broker, der seinen Lebensunterhalt verdient, wird es immer geben, und das ist gut so). Schon schießen elektronische Marktplätze aus dem Boden, an denen Anleger aufeinandertreffen, ohne dass ein Broker oder Makler gebraucht wird (siehe Anhang B, „Ressourcen"), und sie werden dem Anleger weitere Vorteile gegenüber dem echten Parkett verschaffen sowie den letzten Vorsprung beseitigen, den die Profis noch gegenüber den Tradern außerhalb des Saales haben. Mag es genügen, zu sagen, dass es anfangs Verwerfungen, Risiken und Chancen geben wird, während die Störungen noch ausgebügelt werden.

Die elektronische Platzierung von Orders – ob nun an einer elektronischen Börse oder an der New York Stock Exchange – hat gegenüber mündlichen Orders gewisse grundsätzliche Vorteile. Über eine elektronisch erfasste Order kann es keinen Streit geben, während bei der mündlichen Aufgabe Meinungsverschiedenheiten möglich sind. Zudem hat der Trader dabei nur einmal die Zahlen in der Hand gehabt – und nicht erst eine Analyse durchgeführt, einen Broker angerufen, den Trade notiert und ins Portfolio übertragen. Wenn er bloß auf die Aufgeben-Schaltfläche klickt und die Transaktion durch sein Softwarepaket geleitet wird, kann niemand daran zweifeln, wo ein Fehler liegen könnte. Die manuelle Methode birgt bei jedem Schritt eine Fehlerquelle. Seien Sie versichert, dass Fehler auftreten und dass sie beim Trading verheerend sein können.

Dass dieser Prozess mit dem Computer so effizient und einfach ist, hat einiges für sich – automatische Abwicklung des Trades, Beseitigung von Verwirrung und Mehrdeutigkeit, Nachverfolgbarkeit, automatische Portfoliopflege und – was vielleicht das Wichtigste ist – die automatische Bewertung des Portfolios zum aktuellen Marktwert („mark-to-market"), egal ob noch Trades offen sind oder nicht.

Mark-to-Market-Bewertung

Wenn dieser Titel nicht so banal und abgedroschen wäre, hätte das vorliegende Buch auch „Zen und die Kunst der Technischen Analyse" heißen können. Trotzdem vermittelt es die Botschaft des Zen in der Kunst des Bogenschießens, nämlich die direkte Bindung an die Wirklichkeit und die Bedeutung des gegenwärtigen Augenblicks. In seinem maßgeblichen Buch „The General Semantics of Wall Street" (inzwischen „Winning the Mental Game on Wall Street") schimpfte John Magee recht ausgiebig auf die sehr menschliche Neigung, im Kopf zweierlei Buchführungen vorzunehmen – die eine verzeichnet offene und abgeschlossene Gewinne, die andere Verluste, aber nur abgeschlossene Verluste. So als wären sie erst dann Verluste, wenn sie gebucht sind. Es spricht vieles dafür, einen elektronischen Portfoliobuchhalter zu haben, der sich weigert, sich an einem solchen Selbstbetrug zu beteiligen. Ist das Portfolio stets zum Marktwert bewertet, sobald der Computer mit dem Datenanbieter oder dem Broker kommuniziert, fällt es schwer, die roten Zahlen zu übersehen. Dann gibt der Depotstand alle Trades wieder, sowohl die noch offenen als auch die bereits abgeschlossenen.

Die Spreu vom Weizen trennen

Man braucht als Anleger schon Adleraugen, um den Weg durch das Minenfeld der Versuchungen der elektronischen Geldanlage und der zahlenorientierten Technischen Analyse zu finden. Schleichend kann die Aktivität des profitablen Handelns dadurch ersetzt werden, dass man mit den schönen Sachen herumspielt, dass man schaut, was die Experten zu sagen haben, und mit deren „Research" herumfummelt. Tatsächlich wird fast das gesamte Research, das der Magee-Analyst betreiben *muss*, im vorliegenden Buch angesprochen.

Die Spreu

Chatrooms, Marktschreier, Nachrichten, Prognosen, Experten, Empfehlungen von Brokerhäusern wie „Buy", „Sell", „Hold", „Strong Hold", „Weak Buy", „Strong Buy" und so weiter und so fort sollte man als das betrachten, was sie wirklich sind. Man bedenke, dass Brokerfirmen davon leben, dass sie Wertpapiere verkaufen, und dass sie an allen Handelsaktivitäten Geld verdienen. Tatsächlich verdienen sie einen großen Teil ihres Geldes damit, dass sie ihre institutionellen Kunden bedienen und deren Aktien an ihre Privatkunden verkaufen – ein eklatanter Interessenkonflikt, der ihnen Anfang der 2000er-Jahre um die Ohren flog, als viele Geldstrafen und auch ein paar Haftstrafen verteilt wurden (*Plus ça change …*). Während der rauschenden Haussen der 1990er-Jahre unter Clinton und Gore klappte das alles. In einer schweren Baisse wird nichts davon funktionieren. (*EN9: Im Jahr 2000 begann eine schwere, ernstliche Baisse und wurde mit der Magee-Chartanalyse korrekt identifiziert, nachzulesen in den John Magee Letters unter* http://www.edwards-magee.com.)

Fazit 2

Noch nie in der Geschichte der Märkte standen Privatanlegern so viele Möglichkeiten zur Verfügung wie heute. Um diese Möglichkeiten zu nutzen, braucht man einen Computer.

Daten bekommt man günstig oder kostenlos automatisch per Internet oder über Einwahlseiten. Eine Unmenge Websites bieten Cyberanlegern alles Mögliche an, von Portfoliobuchhaltung bis hin zu Meldungen, die an die Gerätschaften geschickt werden, die sie stets mit sich herumtragen (Handys, Tablets und so weiter). Manche bieten Echtzeitdaten an, was für den eher schlichten Trader ein Weg ist, in Echtzeit bankrottzugehen. Viele dieser Websites bieten Analysen aller Art, von achtbarer Technischer Analyse (gewöhnlich zu kompliziert) bis hin zu außerirdischem Channeling.

Internet-Chatrooms bieten Echtzeit-Tipps und zahlreiche Gerüchte, mit denen sie die Lemminge und die leicht zu Beeindruckenden hektisch hierhin und dahin schicken. Nicht jedoch, so ist zu erwarten, die Leser des vorliegenden Buches.

Von größerer Bedeutung ist hingegen, dass die Informationsrevolution und der Computer Folgendes tun:

1. Sie befreien den Analysten von manueller Schufterei und beschleunigen die Analyseschritte: Datenbeschaffung, Charterstellung, Portfoliobuchhaltung, steuerliche Analyse und Steuererklärung.
2. Sie liefern dem Analysten eine quasi mühelose Portfoliobuchführung sowie aktuelle Marktpreise – was, wie Magee sagt, sehr wertvoll ist, weil es den Anleger daran hindert, seine Bar- und seine Periodenbuchhaltung miteinander zu vermengen.
3. Sie ermöglichen es, bislang unvorstellbare Mengen zu verarbeiten. Man kann eine unbegrenzte Anzahl von Aktien analysieren. Wie man mithilfe des Computers diejenigen auswählt, mit denen man handelt, wird in Kapitel 21, „Aktienauswahl für Charts", behandelt.
4. Sie erlauben es dem Anleger, mit ECNs oder an elektronischen Marktplätzen zu handeln, an denen keine Parketthändler oder andere Menschen mit den Kursen mauscheln.

Fortschritte der Investmenttechnologie Teil 1: Entwicklungen in Theorie und Praxis des Finanzwesens

Die Marktplätze im Internet und in der Finanzindustrie sind mit gefahrvollen und nutzlosen Erfindungen, Dienstleistungen und Produkten übersät. Aber die moderne Finanztheorie und Finanztechnologie sind trotzdem wichtig und müssen vom allgemeinen Anleger berücksichtigt werden. Dieses Kapitel wird das Minimum erkunden, das der fortgeschrittene Anleger über Fortschritte in Theorie und Praxis wissen muss. Und es wird den Leser auf weitere Ressourcen verweisen, für den Fall, dass er weitergehende Untersuchungen vornehmen will.

Zu den Instrumenten, die zur Zeit von Edwards und Magee nur begrenzt oder gar nicht verfügbar waren, gehören börsennotierte Optionen auf Aktien, Futures und Indizes, Optionen auf Futures und Indizes sowie Verbriefungen von Indizes, um nur die wichtigsten Instrumente zu nennen. Eine der bedeutendsten Entwicklungen der modernen Zeit ist zweifellos die Schaffung von Handelsinstrumenten, mit denen man die großen Indizes handeln und hedgen kann. Darunter sind die vom Chicago Board of Trade (CBOT®) geschaffenen von besonderer Bedeutung. Dies sind die CBOT® DJIA℠ Futures und die CBOT® DJIA℠ Futures Options, die am Ende des Kapitels noch ausführlicher besprochen werden. (*EN9: Vielleicht gar nicht so einzigartig. Von wahrscheinlich größerer Bedeutung für die Leser dieses Buches sind die AMEX iShares, insbesondere DIA, SPY und QQQ, wobei es sich um Instrumente [ETFs] handelt, die dem Anleger eine unmittelbare Beteiligung an den großen Indizes ermöglichen, so als wären sie Aktien.*)

Allgemeine sehr bedeutende Entwicklungen in Theorie und Praxis des Finanzwesens sind in den nun folgenden Abschnitten zu finden.

Optionen

Seit dem entscheidenden Wendepunkt im Jahr 1973, als Fischer Black (ein Freund und College-Kommilitone) und sein Partner Myron Scholes ihr Modell veröffentlichten, das ein Paradigma setzte – entschuldigen Sie diese Ausdrucksweise –, sind die Options- und Derivatemärkte von einer vernachlässigbaren Größe auf jährlich Billionen Dollar angewachsen. Ein Anleger, der sich nicht mit Optionen auskennt, benutzt nur ein halbes Kartenspiel. Allerdings sprengt dieses Thema den Rahmen dieses Buches, das lediglich hofft, einen gewissen Blick darauf zu vermitteln und Anleitungen für die weitere Beschäftigung zu bieten, die die meisten Trader und viele Anleger benötigen.

Ungefähr 30 Prozent aller Optionen oder noch mehr verfallen wertlos. Das ist wahrscheinlich das wichtigste Faktum, das man über Optionen wissen muss (es gibt dazu die sogenannte 60-30-10-Regel: 60 Prozent werden vor Fälligkeit geschlossen, 30 Prozent „stehen bei Fälligkeit long“, sind also wertlos, und 10 Prozent werden ausgeübt). Etwas anderes, was man über Optionen wissen muss, geschah im Zuge des Reagan-Crashs 1987: Dollar-Puts, die man am 16. Oktober für 0,625 Dollar gekauft hatte, waren am 19. Oktober Hunderte von Dollar wert – aber nur, wenn man einen Broker erreichte, der ans Telefon ging und sie verkaufte (der Herausgeber hatte in dieser Zeit bei Options Research, Inc. einen Kunden, der innerhalb von drei Tagen 57 Millionen Dollar verlor und beinahe eine große Chicagoer Bank in den Abgrund riss, weil er zu viele ungedeckte [„naked“ oder „nackte“] Puts verkauft hatte).

Die ausgefuchstesten und fähigsten Trader der Welt verdienen ihren Lebensunterhalt (und zwar einen recht üppigen, danke) mit dem Optionshandel. Es gibt fundierte Schätzungen, wonach ganze 90 Prozent der privaten Options-Trader Verlust machen. In Kombination mit der Tatsache, dass die allgemeine Öffentlichkeit Optionen ganz überwiegend kauft (und nicht verkauft), sollte dies den Leser zu gewissen Schlussfolgerungen veranlassen.

Nachdem wir uns diese Tatsachen ganz fest gemerkt haben, möchten wir die Optionen nun in die für den allgemeinen Anleger passende Perspektive rücken. Optionen haben mehrere nützliche Funktionen, zum Beispiel bieten sie dem Trader eine starke Hebelwirkung. Er kann mit einer Option viel mehr Aktien kontrollieren als durch den unmittelbaren Kauf – sein Kapital hat eine viel größere Reichweite. Deshalb sind Optionen ein ideales Spekulationsinstrument (eine übertriebene Hebelwirkung ist fast immer ein Merkmal spekulativer Instrumente), man kann sie aber auch höchst konservativ einsetzen – nämlich als Versicherung. Zum Beispiel kann man eine Long-Position auf ein Wertpapier dadurch absichern oder hedgen, dass man gleichzeitig eine

Put-Option auf das Wertpapier kauft (was keine konkrete Empfehlung sein soll, dies zu tun, denn der kluge Anleger sollte jede konkrete Situation mit professioneller Unterstützung auf ihre finanziellen Folgen überprüfen).

Als erfahrener Anleger kann man Optionen auch einsetzen, um die Rendite eines Wertpapierportfolios zu steigern. Man kann nämlich gedeckte Calls oder naked Puts auf eine Aktie „schreiben", also verkaufen, um sie zu einem günstigeren Preis zu bekommen (durch den Verkauf von Put-Optionen die aus dem Geld sind, erwirbt man gewissermaßen eine Long-Position auf die Aktie, und wenn sie auf den Ausübungspreis fällt, kauft man sie wirklich, andernfalls behält man die Prämie).

Es gibt zahlreiche Taktiken dieser Art, nach denen man mit Optionen *spielen* kann. „Spielen" deshalb, weil das Optionsspiel für den allgemeinen Anleger verheerend sein kann, denn für die Profis ist es eben kein Spiel. Sie praktizieren auf ernsthafte Weise Fähigkeiten, auf deren Beherrschung ein Amateur niemals hoffen darf. Tatsächlich würden viele Parketthändler als hochbegabte Fachidioten durchgehen – sie können den „angemessenen Preis" einer Option im Kopf ausrechnen und an Anomalien von 1/16 Geld verdienen, die sie auch als „Teenies" bezeichnen. Eine Perspektive für den Leser bietet eine Unterhaltung des Herausgebers mit einem der bedeutendsten Options-Trader der Welt, der nebenbei bemerkte, er habe sein Vermögen mit Teenies aufgebaut. Der Leser mag sich einmal ausführlich ausmalen, was ein allgemeiner Anleger leisten müsste, um aus einer Anomalie von 1/16 Profit zu schlagen (*EN10: Die inzwischen eingeführte digitale Kursstellung beschert den Marketmakern und Specialists noch mehr Flexibilität, den Anleger zu schröpfen, indem sie Spreads abschöpfen, theoretisch bis hinab zu 0,01 Dollar.*)

Das heißt nicht, dass der allgemeine Anleger Optionen niemals anrühren sollte; es heißt nur, dass er gründlich vorbereitet sein sollte, bevor er sich aufmacht, dieses Spiel zu spielen. Im Optionshandel sprechen Trader von Bull Spreads, Bear Spreads und Alligator Spreads. Der Alligator Spread ist eine Optionsstrategie, die das Kapital des Kunden *in toto* auffrisst.

Eine der Strategien ist der Verkauf gedeckter Calls. Sie wird als Renditeproduzent für Aktienportfolios gepriesen. Es hat keinen Sinn, einen Call auf eine Aktie zu verkaufen, auf die der Anleger long steht – außer wenn sich diese Aktie in einer eindeutigen Stauphase befindet, die wohl nicht endet, bevor die Option verfällt. Übrigens sollte die Aktie, wenn sie sich in einem Abwärtstrend befindet, liquidiert werden, aber einen Call auf eine Aktie auszustellen, die sich in einem klaren Aufwärtstrend befindet, bedeutet, sich beim Broker beliebt zu machen, dessen Laune sich spürbar bessert, wenn sich im Depot etwas tut und er Gebühren kassiert. Das Ergebnis eines gedeckten Calls auf eine steigende Aktie ist, dass dem Stillhalter oder Verkäufer (also Ihnen, lieber Leser) die Aktie zum Basispreis aus dem Depot gebucht wird, sodass er seine Position und ihren künftigen Kurszuwachs verliert – von den Kosten ganz zu schweigen. Die Einnahmen sind tatsächlich ein kleiner Trost, eine Art Trostpreis – sie begrenzen den Gewinn und steigern die Kosten. Trotzdem ist das Schreiben gedeckter Calls in manchen Fällen gerechtfertigt und profitabel.

Quantitative Analyse

Als Anleger sollte man sich noch eines anderen Bereichs der Computer- und Investmenttechnologie bewusst sein, der viel dramatischere und profitablere Ergebnisse gebracht hat, allerdings in einem modellorientierten Markt – nämlich an den Optionsmärkten. Die quantitativen Analysten, die die Optionsmärkte untersuchen und dort handeln, gehören einer anderen Gattung an als die Technischen Analysten. Es ist eine interessante Ironie, dass verhaltensgesteuerte Märkte wie der Aktienmarkt als Grundlage für Optionen und andere Derivate fungieren, deren Preise weitgehend von Algorithmen geprägt werden, die man als Modelle bezeichnet. Das ursprüngliche Modell, das die moderne Welt des Optionshandels geschaffen hat, war das Black-Scholes-Modell der Optionsanalyse, in dessen Formel fünf Parameter eingehen: der Basispreis der Option, der Preis der Aktie, der risikolose Zinssatz, die Restlaufzeit und die Volatilität der Aktie.

Als dieses Modell allgemein akzeptiert wurde, entstand die heutige Derivateindustrie. Um alle Formen der heute für den Handel zur Verfügung stehenden Derivate aufzuzählen, müssten wir dieses Buch um viele Seiten erweitern, aber das ist ohnehin nicht Zweck des Buches. Zweck dieses Abschnitts ist es, allgemeine Anleger, die daran denken, „den Derivatemarkt zu schlagen", streng zu ermahnen, dass sie zuvor eine straffe Schulung durchlaufen sollten. Die Alternative könnte äußerst kostspielig werden.

Am Anfang schröpften diejenigen Trader, die die Bedeutung des Modells erkannten und es für die Bewertung von Optionen verwendeten, mehr oder weniger die älteren Optionshändler und die Allgemeinheit, die mehr oder weniger aus dem Bauch heraus oder anhand der Stärke ihrer Überzeugungen und somit anhand ihrer Emotionen handelten. Aber professionelle Verlierer lernen schnell, und heutzutage verwenden alle kompetenten Optionshändler zum Traden irgendeine Art von Modell oder Gegenmodell oder Gegen-Gegenmodell. Und wie es sich gehört, kassieren die Optionsverkäufer, die überwiegend Profis sind, das meiste Geld von der Allgemeinheit (den Käufern). So geht es eben in der Welt zu.

Modelle der Optionsbewertung und ihre Bedeutung

Nach der Einführung des Black-Scholes-Modells folgten zahlreiche andere Modelle, unter anderem Cox-Ross-Rubinstein und Black Futures. Die Botschaft an den allgemeinen Anleger lautet: Wenn er beabsichtigt, Optionen einzusetzen, muss er diese Modelle und ihre Funktionsweisen kennen. Man erinnere sich, dass das Modell den „fairen Wert" der Option berechnet. Eine Art, wie Profis an Amateuren Geld verdienen, ist der Verkauf überbewerteter Optionen und der Kauf unterbewerteter Optionen, um einen im Verhältnis niedrigeren Risiko-Spread (für sich selbst) zu erzeugen. Diese Werte nicht zu kennen ist für den Privatanleger so, als würde er den aktuellen Preis einer Aktie nicht kennen; der Profi lässt sich dafür einen Aufschlag bezahlen, dass der Privatanleger etwas über diese Unwissenheit lernt. Doch leider lernen es manche privaten Optionshändler nie, obwohl sie dieses Lehrgeld immer wieder bezahlen. Aber Unwissenheit ist keine Glückseligkeit, sondern sie ist kostspielig.

Technologien und Wissen arbeiten sich von den Innovatoren und den kreativen Genies durch die Reihen der Profis hindurch und breiten sich früher oder später bis zur allgemeinen Öffentlichkeit aus. Allerdings haben die Innovatoren bis dahin bereits eine neue Technologie entwickelt. Doch selbst wenn man annimmt, dass die Profis bessere Werkzeuge und Technologien haben, muss der allgemeine Anleger gründlich lernen, bevor er Optionen einsetzt. Da es nicht in die Zuständigkeit des vorliegenden Buches fällt, den Optionshandel zu sezieren, findet der Leser lediglich in Anhang B, „Ressourcen", Hinweise darauf.

Indes ist es nicht unangebracht, an dieser Stelle eines der besseren Bücher über Optionen als Ausgangspunkt für den bereits etwas fortgeschrittenen und motivierten Trader zu erwähnen. „Options as a Strategic Investment“ von Lawrence McMillan ist Pflichtlektüre. Auch kann sich der Neuling unter http://www.cboe.com an die Chicago Board Options Exchange wenden, wo es Software-Tutorials gibt.

Index-Futures

Futures bieten dem Spekulanten ebenso wie Optionen intensive Hebelwirkungen – die Möglichkeit, eine vergleichsweise große Position mit viel weniger Kapital als für den Kauf des zugrunde liegenden Rohstoffs oder Indexes zu kontrollieren. Futures-Verkäufer weisen gern darauf hin, dass man bei einer Margin von fünf bis zehn Prozent des Kontraktwerts und einer entsprechenden Bewegung des Indexes sein Geld verdoppelt. Hingegen weisen sie oft nicht so gewissenhaft darauf hin, dass eine entsprechende Bewegung in die Gegenrichtung die Margin aufzehrt (was richtiges Geld ist). Anders als bei Optionen (jedenfalls bei Long-Positionen) kann hier ein Missgeschick am Markt mehr bewirken als den Verlust der Margin. Es kann zu einem Sollsaldo und somit zu Schulden an den Broker kommen – mit anderen Worten zu einem Verlust von mehr als 100 Prozent. Aus diesem und anderen Gründen ist es unklug, sich ohne beträchtliche Vorbereitung in den Futures-Markt zu stürzen. Als gewandter Anleger kann man diese Vorbereitung damit beginnen, dass man „Schwager über Technische Analyse: Einstieg, Anwendung, Vertiefung“ von Jack Schwager liest, derzeit eines der besten Bücher zu diesem Thema.

Angenommen, wir wollen Futures nicht zum Spekulieren verwenden, sondern als Absicherung unseres Portfolios, das aus dem Dow-Jones-ETF „Diamonds“ oder aus Dow-Jones-Aktien besteht. Dabei spekulieren wir nicht, sondern kaufen eine Versicherung. Ein stark vereinfachtes Beispiel: Vielleicht sieht ein Anleger, dass es dem DJIA nicht gelingt, ein Hoch als Beginn einer Stauzone zu durchbrechen (eine Konsolidierungs- oder Umkehrformation). Dann könnte er seine Position durch das Shorten von Dow-Jones-Futures absichern. Dadurch steht er gleichzeitig long und short – am Kassamarkt long, am Futures-Markt short. Er würde bei den Futures einen Stoppkurs über seinem Kaufpreis setzen, damit der Trade geschlossen wird, falls der Markt weiter steigt. Fällt er hingegen, behält er die Futures-Position so lange, bis seiner Berechnung zufolge die Reaktion ihren schlimmsten Punkt durchlaufen hat oder bis die Analyse eine definitive Umkehr ergibt. Dann würde er seine (steuerpflichtigen) Gewinne auf die Futures-Position mitnehmen, aber seine Kassaposition bliebe intakt, und wahrscheinlich würden auf den größeren Kapitalertrag aus dieser Position keine Steuern, keine Gebühren und keine Slippage anfallen; außerdem entfiele die Mühe, die Aktienposition erneut aufzubauen.

Optionen auf Futures und Indizes

Man kann Optionen konservativ oder spekulativ einsetzen. Zum Beispiel kann man als Anleger nach einer kräftigen Aufwärtsbewegung das Gefühl haben, der Standard & Poor’s 500 (S&P 500) oder der SPY, auf den er long steht, sei überkauft. Dann kann man einen Index-Put auf den S&P 500 als Hedge gegen den erwarteten Rückgang kaufen. Tritt der Rückgang ein, kassiert man seinen Gewinn auf die Option, und die Kassaposition auf den S&P 500 bleibt unberührt. Steigt der Index weiter, verliert man zwar die Optionsprämie, aber das ist eben der Preis für die Versicherung des Aktienportfolios.

Zur Beachtung: Die hier beschriebenen Taktiken sollen dem Leser nur das Konzept klarmachen. Bevor er derartige Taktiken oder andere ihm nicht vertraute Verfahren umsetzt, sollte er sich gründlich informieren und das Vorgehen üben, indem er die Ergebnisse durch Paper-Trading überprüft, bevor er echtes Kapital einsetzt. *Er muss kurz gesagt herausfinden, wie man dabei verliert.* Viele Websites bieten entsprechende Möglichkeiten, oder der Anleger kann auf seinem eigenen Computer ein Paper-Trading-Portfolio für Recherchen einrichten, das von seinen tatsächlichen Transaktionen getrennt ist.

Man kann sich als Trader auch entscheiden, eine Option auf einen Future zu kaufen. An der CBOT® kann man sowohl Optionen als auch Futures auf den DJIA handeln. Diese kann man wie in den obigen Beispielen als Spekulation oder als Hedge einsetzen, nur eben dass man in diesem Fall am Ende statt mit einer Kassaposition mit einer Futures-Position dasitzt. Das kann für jemanden, der die Futures-Märkte nicht gewohnt ist, beunruhigend sein, vor allem wenn große Preisanomalien zwischen Futures- und Kassamarkt auftreten, wie es in den Jahren 1987 und 1989 geschah, als die Futures riesige Abschläge auf den Kassamarkt verzeichneten. Ein guter Grund, Futures zu nehmen, wäre die Hebelwirkung, und ein guter Grund, Optionen auf Futures zu nehmen, wäre die Analyse, dass Unsicherheit bevorsteht, samt dem Wunsch, nur den Betrag der Optionsprämie zu riskieren.

Natürlich kann man sich als Spekulant auch entscheiden, den aus Aktien oder Futures bestehenden Teil des Portfolios zu vergessen und nur mit Optionen zu handeln. Doch bevor man einen solchen Schritt unternimmt, sollte man einen Kurs für fortgeschrittene Studenten absolvieren. Das Verhältnis zwischen erfolgreichen Amateuren und erfolgreichen Profis ist im Optionshandel extrem schief. Man könnte sogar sagen, dass alle erfolgreichen Optionshändler Profis sind.

Die Moderne Portfoliotheorie

Die Moderne Portfoliotheorie (MPT) ist ein Verfahren und ein Prozess, anhand dessen ein Portfoliomanager die Komponenten seines Portfolios so klassifizieren und analysieren kann, dass er hoffen darf, sein Risiko und seinen Ertrag im Griff zu haben. Sie versucht, die Beziehung zwischen Risiko und Ertrag zu quantifizieren. Dabei analysiert die MPT nicht nur die einzelnen in einem Portfolio enthaltenen Instrumente, sondern versucht auch, die statistischen Beziehungen zwischen den Portfoliomitgliedern und deren Beziehungen zum Markt zu ermitteln.

Die MPT-Analyse besteht aus vier Prozessen: (1) *Bewertung des Portfolios*, also Beschreibung des Portfolios bezüglich des erwarteten Risikos und des erwarteten Ertrags; (2) *Asset Allocation*, hier wird ermittelt, wie das Kapitel den verschiedenen Klassen von Instrumenten zugeteilt wird (Anleihen, Aktien und so weiter); (3) *Optimierung*, die Suche nach Kompromissen zwischen Risiko und Ertrag durch Auswahl der Portfoliokomponenten; (4) *Performancemessung* oder Aufteilung des Risikos jeder Aktie in system- und wertpapierbezogene Klassen.

Wie wichtig ist diese Theorie für den allgemeinen Anleger? Nicht sehr, und pragmatische Analysten wie der Herausgeber stellen sich die Frage nach ihrem praktischen Nutzen für Profis, auch wenn sich deren viele daran klammern wie bei einem Schiffsunglück an einen Rettungsring. Mandelbrot bemerkte in Artikeln („A Multifractal Walk Down Wall Street") und in Briefen an *Scientific American* (Februar 1999 und Juni 1999), die MPT tue circa 5 Prozent der statistischen Erfahrungswerte ab, als würden sie nicht existieren, obwohl sie (die Erfahrungswerte) doch existieren würden. Außerdem merkte er an, zu den ignorierten Erfahrungswerten zählten auch 10-Sigma-Börsenunwetter, denen die Schuld am Versagen von Portfolios zugeschrieben wird, so als läge der Fehler in den Daten und nicht im Prozess.

Freuden und Wunder der Investmenttechnologie

Gibt es noch weitere Innovationen in der Finanz- und Investmentindustrie, die der allgemeine Anleger kennen sollte? (In Kapitel 42 werden Value at Risk und die pragmatische Portfoliotheorie besprochen.) Nun schadet es ja nie, alles zu wissen, und die allerbesten Profis kennen nicht nur alles, sondern sind auch ständig damit beschäftigt, neue Kniffe, Störungen und Anomalien zu finden. Allerdings würde Magee fragen: Welches Wissen ist notwendig, welches hinreichend? (Siehe „Winning the Mental Game on Wall Street".) Absolute Gewissheit ist die Domäne von religiösen Extremisten und naiven Menschen, die nicht wissen, was sie nicht wissen. Deshalb sage ich, dass dieses Buch *wahrscheinlich* das notwendige und hinreichende Wissen für Anleger in diesen Angelegenheiten entweder enthält oder sie dafür auf weitere Studien verweist.

Ganz zu schweigen wohlgemerkt von den zahlreichen kleinen älteren Damen, die mit einem Chart, einem Stift, einem Lineal und einer früheren Ausgabe des Buches professionelle Stock-Picker mit Supercomputern, MPT und Nobelpreisträgern sowie wer weiß noch welchen Mitteln um Längen geschlagen haben. Ich kenne persönlich Investmentfirmen, die enorme Ressourcen in die Entwicklung von Echtzeitsystemen gesteckt haben, die bei der Erprobung den Markt mit hundertprozentigem Erfolg geschlagen haben. Der einzige echte Fehler dieser Systeme war, dass sie eine derart hohe Rechenleistung benötigten, dass man sie nicht schnell genug laufen lassen konnte, um tatsächlich am Markt zu traden. Also eine Neuauflage des Steins der Weisen.

Fortschritte der Investmenttechnologie Teil 2: Futures und Optionen auf Futures auf den Dow Jones Industrial Average an der CBOT

(EN9: Der allgemeine Anleger muss *wissen, dass die in diesem Kapitel beschriebenen Methoden und Techniken nur etwas für fortgeschrittene Praktiker sind. Die leichtsinnige Verwendung der beschriebenen Instrumente kann für ein Portfolio äußerst schädlich sein.)*

Anlage- und Absicherungsstrategien mithilfe des CBOT®-DJIA℠-Futures-Kontrakts

Ein Futures-Kontrakt oder Terminkontrakt ist die Verpflichtung, eine bestimmte Ware zu einem bestimmten in der Zukunft liegenden Zeitpunkt zu kaufen oder zu verkaufen. Wenn man zum

Beispiel long auf Mais-Futures geht, dann ist man verpflichtet, zum Lieferdatum eine Maislieferung anzunehmen, außer wenn man den Kontrakt vor dem Fälligkeitstermin verkauft hat. Eine Short-Position auf den Kontrakt verpflichtet den Leerverkäufer, Mais zu liefern, außer wenn er den Kontrakt durch Rückkauf auflöst. In unserem vorliegenden Fall ist die „Ware" der Aktienkorb, den der DJIA-Futures-Index repräsentiert. Bei allen Terminkontrakten ist der Zeitpunkt angegeben, zu dem das Geschäft abgeschlossen werden muss – also das Fälligkeitsdatum –, und auch die Art, wie das Geschäft abgeschlossen werden muss, die sogenannte Andienung oder Lieferung. Der Preis des Futures-Kontrakts auf den DJIA folgt eng dem Preis des Dow Jones Industrial Average, der sich aus den Aktienkursen errechnet.

Den Wert des Futures erhält man, indem man den Indexpreis des Futures-Kontrakts mit 10 multipliziert. Beträgt der Indexpreis 10.000 Dollar, hat der Kontrakt einen Wert von 10.000 Dollar mal 10, also 100.000 Dollar. Somit handelt der Käufer oder Verkäufer des Terminkontrakts mit im Dow Jones enthaltenen Aktien im Wert von circa 100.000 Dollar. Der genaue Wert kann aufgrund mehrerer Faktoren, die wir im Folgenden besprechen werden, zum Beispiel aufgrund der Haltekosten, höher oder niedriger sein.

Die Erfüllung von Futures-Kontrakten

Alle Futures-Kontrakte müssen erfüllt – „settled" – werden. Manche werden durch Lieferung erfüllt – der berüchtigte Albtraum, dass man eines Morgens auf dem Rasen vor dem Haus 5.000 Scheffel Sojabohnen vorfindet. Dow-Jones-Index-Futures werden bar erfüllt (geliefert). Ein Short-Kontrakt schüttet also keinem Long-Inhaber einen Korb voll Dow-Jones-Aktien in den Garten. Am Fälligkeitsdatum beträgt der Erfüllungspreis das Zehnfache einer Zahl, die man als „Special Opening Quotation" bezeichnet und die sich aus den Eröffnungskursen der Mitgliedsaktien des Dow-Jones-Futures am Tag nach dem letzten Handelstag des Futures-Kontrakts errechnet. Diesen Wert vergleicht man mit dem Preis, den man für den Kontrakt bezahlt hat, als man das Geschäft eingegangen ist. Steht beispielsweise der Dow-Future bei Fälligkeit auf 10.000 Dollar, erhält jemand, der den Kontrakt bei 9.000 gekauft hat (also darauf long steht), von jemandem, der ihn geshortet hat, 10.000 Dollar (10 x 1.000 Dollar).

Marking-to-Market

Allerdings werden diese 10.000 Dollar täglich über die Laufzeit des Kontrakts ausgezahlt, nicht in Form einer einmaligen Zahlung bei Fälligkeit des Kontrakts. Sie werden in Form täglicher sogenannter Margin-Zahlungen beglichen. In Wirklichkeit sind diese Zahlungen aber keine Margin – also kein Einschusskredit –, sondern „echtes Geld" beziehungsweise eine Erfüllungsgarantie. Die Praxis, die Depots am Ende jedes Tages glattzustellen, bezeichnet man als „Marking-to-Market". Die täglichen Zahlungen werden anhand der Differenz zwischen dem Erfüllungspreis des Vortags und dem Erfüllungspreis des Kontrakts zum Handelsschluss jedes Tages ermittelt.

Ein konkretes Beispiel: Wenn der Erfüllungspreis eines im Juni fälligen Terminkontrakts auf den Dow Jones Industrial Average vom 17. Mai zum 18. Mai von 9.800 Dollar auf 9.840 Dollar steigt, dann bezahlt ein Short-Inhaber 400 Dollar (10 x 40 Dollar), und einem Long-Inhaber werden 400 Dollar gutgeschrieben. Fällt der Erfüllungskurs des Futures am nächsten Tag um 10 Punkte, zahlt der Long 100 Dollar ins Depot des Shorts – und so weiter Tag um Tag bis zur Fälligkeit des Kontrakts, zu dem der Future-Preis und der Indexpreis einander entsprechen.

Der Trader kann seine Position jederzeit schließen, indem er den Kontrakt auflöst, also indem er einen offenen Long-Kontrakt durch Verkauf schließt oder einen offenen Short-Kontrakt durch Kauf schließt. Zum Fälligkeitsdatum werden offene Kontrakte zum abschließenden Erfüllungspreis bar abgewickelt.

Fungibilität

Einer der großen Beiträge, die große etablierte Börsen wie die CBOT® und die Chicago Mercantile Exchange geleistet haben, ist die Institutionalisierung der Kontraktbedingungen und der Kontraktbeziehungen, die zur sogenannten Fungibilität oder Handelbarkeit geführt hat. Jeder Terminkontrakt auf einen Index, auf Mais oder auf einen anderen Rohstoff ist gegen einen anderen Kontrakt auf die gleiche Ware austauschbar. Außerdem hat die Börse das Kontrahentenrisiko beseitigt, indem sie die Clearing Corporation zwischen alle Handelsparteien gesetzt hat. Das heißt, wenn die Gegenpartei eines Handelsgeschäfts bankrottgeht, übernimmt die Clearing Corporation deren Verbindlichkeit, und durch den Mechanismus der täglichen Glattstellung, in deren Rahmen die Verlierer die Gewinner täglich bezahlen, wird die Gefahr größerer Zahlungsausfälle vermieden.

Die Futures-„Margins" (oder „echtes Geld") werden bei Eröffnung eines Trades beim Broker hinterlegt. Damit kann man eine Hebelwirkung erzielen, die für Aktienhändler ganz schön extrem ist. Gewöhnlich beträgt die anfängliche Margin drei bis fünf Prozent des Gesamtwerts eines Kontrakts. Ab dann schwanken die Margins gemäß dem oben beschriebenen Marking-to-Market-Prozess täglich.

Wie der Leser sehen kann, entspricht der Kauf oder Verkauf eines Futures auf den Dow Jones einer recht großen Portfoliotransaktion, wobei zu bedenken ist, dass das Geschäft anders als beim Kauf einer Aktie, die man unendlich lange halten kann, zu einem künftigen Zeitpunkt wieder geschlossen wird.

Unterschiede zwischen Kassa- und Terminmärkten

Hier die beiden Hauptunterschiede zwischen Kassa- und Termingeschäften:

1. Am Kassamarkt muss der Wert des Portfolios im Voraus bezahlt oder durch einen Einschusskredit finanziert werden.
2. Der Inhaber des Kassaportfolios erhält Bardividenden.

Das sind aber nicht die einzigen Unterschiede. Die beim Termingeschäft eingesetzte Hebelwirkung ist ein zweischneidiges Schwert. Wenn der Trader keine Rücklagen hat, radiert ihn bereits eine kleine Indexbewegung aus, während die gleiche Bewegung dem Besitzer eines Kassaportfolios kaum auffallen würde.

Index-Futures auf den Dow Jones Industrial Average

Der Preis des Futures und der Preis des Indexes hängen eng zusammen. Jegliche Preisanomalie wird von Arbitrageuren schnell behoben. Anlässlich jeder signifikanten Kursdifferenz kaufen Arbitrageure das unterbewertete Papier und verkaufen das überbewertete, sodass nun das Verhältnis wieder stimmt. Die Preise sind jedoch nicht exakt gleich, weil der Wert des Terminkontrakts die Kosten für die kurzfristige Finanzierung der Aktien und die ausgeschütteten Dividenden auf die im Index enthaltenen Aktien bis zur Fälligkeit des Futures berücksichtigen muss, die sogenannten Haltekosten („cost of carry"). Der theoretische Wert des Futures müsste eigentlich dem Preis des Indexes zuzüglich der Haltekosten entsprechen, und man bezeichnet ihn auch als fairen oder angemessenen Wert.

Die Verwendung von Futures auf Aktienindizes, um das Markt-Exposure zu kontrollieren

Der Inhaber eines Kassaportfolios mit den im Dow Jones Industrial Average enthaltenen Aktien oder dem Diamonds kann sein Exposure beziehungsweise sein Risiko dadurch steuern, dass er es mithilfe von Futures absichert. Wenn er beispielsweise den Markt pessimistisch sieht oder wenn sachlicher ausgedrückt viele aufwärts gerichtete Trendlinien gebrochen wurden und sich die technische Situation zu verschlechtern scheint, dann kann er einen seinem Portfolio entsprechenden Terminkontrakt verkaufen, sodass er marktneutral oder „flat" steht.

Dem Leser werden die Vorteile dieser Strategie sofort auffallen. Steuerliche Folgen für das Kassaportfolio werden dadurch ebenso vermieden wie andere nachteilige Folgen des Handels – Slippage, Irrtümer und so weiter. Langfristige Positionen lässt man am besten in Ruhe. Indem der Anleger seine Position „flat" stellt, hat er den künftigen Wert seines Portfolios gesichert, *und* das dafür eingesetzte Kapital erwirtschaftet nun die Marktrendite.

Was geschieht, wenn der vorhergesagte Rückgang des Marktes eintritt? Dann ist das Portfolio vor Verlusten geschützt, und das Kapital erwirtschaftet die Marktrendite; allerdings sollte der Anleger seinen Hedge genau beobachten und ihn aufheben, wenn er die Korrektur für beendet hält. Dabei können auf die Gewinne aus der Absicherung Steuern anfallen.

Bei der Überwachung des Hedges muss man die Möglichkeit bedenken, dass der Markt auch steigen statt fallen kann. Der Anleger muss diese Eventualität bei der Absicherung von vornherein einplanen und festlegen, an welchem Punkt er den Hedge mit Verlust aufheben will. Dadurch verzichtet er im schlimmsten Fall auf den Wertzuwachs des Portfolios, wenn man die Cashflow-Folgen außen vor lässt.

Dabei ist zu betonen – sogar *nachdrücklich* zu betonen –, dass man für diese Techniken Wissen, Sachkenntnis und Studium braucht. Der leichtsinnige Einsatz von Techniken dieser Art kann dem Amateuranleger eine blutige Nase bescheren. Daher ist es wohl am besten, sich bei den ersten derartigen Ausflügen von einem Profi anleiten zu lassen und zunächst ein paar Papiertransaktionen durchzuführen.

Als schlauer Anleger kann man sein Marktexposure und das Risiko, dem das Kapital ausgesetzt ist, durch den Kauf von Index-Futures steigern. Dabei muss man allerdings aufpassen, dass man sich nicht von einem schlauen Anleger in ein gebranntes Kind verwandelt. Der Terminhandel ist wegen der extremen Hebelwirkungen die Domäne engagierter und erfahrener Spekulanten.

Ein Terminkontrakt auf den Dow Jones kostet weniger, als wenn man den ganzen Aktienkorb kaufen oder verkaufen müsste. Professionelle Fondsmanager und andere Profis nutzen Futures regelmäßig für die Asset Allocation und deren Umstellung. Dabei nutzen sie aller Wahrscheinlichkeit nach nicht die extreme Hebelwirkung, die Futures ermöglichen. Das heißt, wenn sie ein Portfolio im Wert von einer Million Dollar haben, kaufen sie keine Futures im Wert von zehn Millionen Dollar. Nicht die Hebelwirkung ist das, was sie interessiert, sondern die äußerste Bequemlichkeit und Flexibilität, die die kurzfristige Allokation mittels Futures bietet. Die Möglichkeit, fast augenblicklich in den Markt ein- oder aus ihm auszusteigen, ohne das zugrunde liegende Portfolio zu stören, ist ein leistungsfähiges Merkmal dieser „Stellvertretermärkte".

Verwendungsmöglichkeiten von Dow-Jones-Index-Futures bei der Geldanlage

Die nun folgenden Beispiele beschreiben die grundlegende Funktionsweise des Einsatzes von Terminkontrakten auf den Dow Jones. Man kann sie einsetzen, um sein Aktienexposure im Vorgriff auf volatile Marktzyklen anzupassen und die verschiedenen im Portfolio enthaltenen Anlageklassen neu zu gewichten. Man kann Futures auch für andere hier nicht dargestellte Zwecke verwenden. Die nun folgenden Beispiele erheben keinen Anspruch auf absolute Exaktheit, sondern veranschaulichen lediglich die Funktionsweise. Aus Gründen der Einfachheit wurden die Mark-to-Market-Zahlungen und die Haltekosten bei den Beispielen weggelassen.

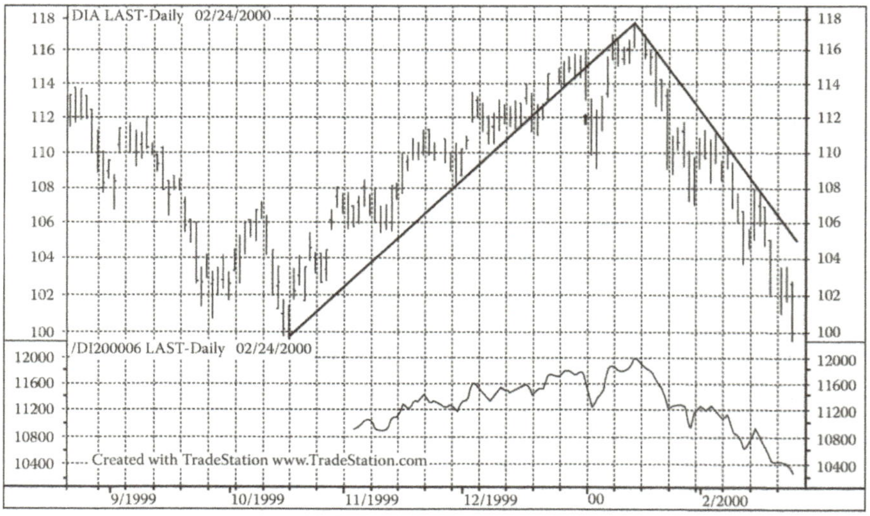

Abbildung 17.3: Diamonds und Futures. Der Einbruch um mehr als zwei Prozent unter eine seit elf Monaten bestehende Trendlinie an der Stelle des Pfeils ist eine unmissverständliche Aufforderung, den Diamonds-ETF durch Shorten der entsprechenden Futures zu hedgen. Gewinne auf der Short-Seite hätten Verluste mit dem Diamonds ausgeglichen. Diese bequeme Übung hätte die Liquidität gewahrt, Kapitalertragsteuern aufgeschoben und einen Kapitalverlust verhindert. Man beachte die Rückkehr zur Trendlinie nach dem Einbruch. Wieder das Syndrom der törichten Jungfrau?

Situation 1: Schutz des Portfolios

Sie sind ein langfristiger Anleger vom Magee-Typ und haben alte profitable Positionen, mit denen Sie zufrieden sind. Allerdings haben Sie das Broadening Top des Dow Jones (circa 2000) gesehen, und es ist fast schon Oktober, sodass ein bisschen Blutvergießen Sie nicht überraschen würde. Sie haben 400.000 Dollar im Dow Jones und 100.000 Dollar in Geldmarktinstrumenten angelegt. Sie beschließen, dieses Verhältnis umzukehren, wollen aber das Dow-Jones-Portfolio nicht liquidieren, denn es gibt keine Anzeichen für einen bestätigten Abwärtstrend, sondern bloß für eine Konsolidierung. Sie verkaufen Index-Futures im Wert von 300.000 Dollar, lassen also 100.000 Dollar für den Fall stehen, dass Sie sich mit dem Rückgang des Marktes täuschen. Zu diesem Zeitpunkt steht der Index bei 10.000 und der Future bei 10.500, was Haltekosten von rund 0,5 Prozent bedeutet (10.500 : 10.000 - 1).

Sie verkaufen drei Futures-Kontrakte [300.000 $: (10 x 10.000 Dollar)]. Damit haben Sie Ihre Position umgekehrt, Sie stehen auf Dow-Jones-Aktien im Wert von 100.000 Dollar long und long auf Geldmarktäquivalente im Wert von 400.000 Dollar.

Der Markt bestätigt Ihre Technische Analyse, indem er beginnt, breit hin und her zu schwingen, und bei Fälligkeit der Futures steht der Dow Jones bei 10.000 Punkten. Somit haben Ihre Aktien eine Rendite von -0,5 Prozent und Ihre Geldmarktposition eine Rendite von 0,5 Prozent erzielt.

Wie hätte die Situation ausgesehen, wenn Sie nicht gehedgt hätten?

Aktienportfolio 400.000 $ x 0,95	380.000 $
Geldmarkt + 100.000 $ x 1,005	100.500 $
Gesamt	480.500 $

Und so wirkt sich die Futures-Position auf das Portfolio aus:

Short auf 3 Futures 3 x 10 x (10.000 $ - 9500 $	+15.000 $
Gesamt	495.000 $

Wert des Portfolios bei Reallokation der Anlagen am Kassamarkt:

Aktien 100.000 $ x 0,95	95.000 $
Geldmarkt + 400.000 $ x 1,005	402.000 $
Gesamt	497.000 $

Da Sie am Futures-Markt gehedgt haben, haben Sie nun das Gleiche, was Sie hätten, wenn Sie 100.000 Dollar in den Dow Jones und 400.000 Dollar in den Geldmarkt investiert hätten. Der Börsenrückgang betrifft also nur 100.000 Dollar von Ihrem Aktienportfolio anstatt 400.000 Dollar; zusätzlich verdienen Sie auf die 300.000 Dollar Differenz den Geldmarktsatz von 0,5 Prozent.

Ohne die Futures-Transaktion wäre das Portfolio 480.500 Dollar wert. Die 15.000 Dollar Gewinn auf die Futures-Short-Position gleichen den Verlust der Portfolioaktien im Wert von 300.000 Dollar aus, die durch die Short-Futures-Position gewissermaßen herausgenommen wurden. Kurz gesagt konnten Sie durch den Verkauf von Futures 300.000 Dollar Ihres ursprünglichen Portfoliowerts vor dem Kursrückgang schützen und fast auf null herauskommen, was angesichts dieser Marktbedingungen durchaus eine Leistung ist. Hätten Sie den Kursrückgang mit größerer Gewissheit erwartet, hätten Sie das Aktienrisiko des Portfolios durch den Verkauf von mehr Futures-Kontrakten vollständig neutralisieren können. Dies hätte die gesamte Aktienposition in eine Investition von

400.000 Dollar in den Geldmarkt verwandelt. Wie viel Schutz Sie sich verschaffen sollten, hängt von Ihrer Einschätzung des Marktes und von Ihrer Risikotoleranz ab.

Situation 2: Erhöhung des Exposures durch Futures

Sehen wir uns nun die andere Seite der Medaille an. Der Markt hat im Rahmen einer vorhersehbaren und kontrollierten sekundären Reaktion seine Hochs verlassen, und Ihre Technische Analyse besagt, dass sich die Hausse fortsetzen wird. Bei 10.000 scheint er in Richtung 11.000 zu laufen, und Sie wollen Ihr Engagement erhöhen. Ihr Portfolio ist wie bereits beschrieben im Verhältnis 80 : 20 zwischen Dow-Jones-Aktien und Geldmarktpapieren aufgeteilt. Sie beschließen, dass es Zeit ist, aufs Ganze zu gehen. Sie sind sich ganz klar der Börsenmaxime bewusst, dass man nicht alle Eier in einen Korb legen soll, aber es gibt ja auch die Maxime, dass keine Börsenmaxime zu allen Zeitpunkten hundertprozentig zutrifft, und das gilt auch für diese.

Anstatt Ihre Geldmarktpositionen zu liquidieren, kaufen Sie also einen Futures-Kontrakt, sodass Sie auf weitere 100.000 Aktien long stehen. Die Rendite der in Ihrem Portfolio enthaltenen Geldmarktpapiere beträgt 0,5 Prozent. Um sich mit 500.000 Dollar in Blue Chips zu engagieren, kaufen Sie folgende Anzahl von Kontrakten: 100.000 Dollar : (10 x 10.000 Dollar) = 1 Kontrakt.

Das Ergebnis: Ihre Technische Analyse der Marktrichtung erweist sich als richtig, und der Dow Jones steigt bis zum Fälligkeitsdatum im September um zehn Prozent auf 11.000 Dollar.

Der Wert Ihres Portfolios bei passivem Management:

Aktien	400.000 $ x 1,10	440.000 $
Geldmarkt+	100.000 $ x 1,005	100.500 $
Gesamt		540.500 $

Der Wert Ihres Portfolios mit der Futures-Position:

Long auf DJIA-Futures 1 x 10 x (11.000 $ - 10.000 $)	10.000 $
Gesamt	550.500 $

Wert des Portfolios bei Reallokation der Anlagen am Kassamarkt:

Aktien 500.000 $ x 1,10	550.000 $
Geldmarkt	0 $
Gesamt	550.000 $

Durch den Kauf von Futures auf den Dow Jones konnten Sie 100.000 Dollar Ihres Geldmarktinvestments „in Aktien verwandeln“ und so Ihre Rendite aus dem Geldmarkt von 0,5 auf 10 Prozent steigern. Hätten Sie keine Futures gekauft, wäre Ihr Portfolio zur Fälligkeit im September 540.500 Dollar statt 550.500 Dollar wert gewesen. Sie haben damit nicht nur in Ihrem Portfolio zusätzliche 10.000 Dollar gewonnen, sondern auch den stetigen Kletterkurs des Marktes ausgenutzt, ohne dafür Ihr Portfolio anzupassen.

Situation 3: Verwendung von Anleihe- und Index-Futures für die Asset Allocation

Die Spekulation mit Anleihen kann trotz David Dremans Behauptung, langfristige Anleihe-Investments seien Nettoverlierer, sehr profitabel sein. (*EN9: Die übertriebene Vereinfachung einer durch-*

dachten These einer wichtigen Person.) Und so ist es nicht ungewöhnlich, dass Anleger sowohl Aktien als auch Anleihen im Portfolio liegen haben. In einem solchen Fall kann man das Portfolio mit Leichtigkeit managen, indem man sowohl Index-Futures als auch Futures auf Schatzanleihen einsetzt.

Viele Anleger halten es für klug, ihre finanziellen Engagements an die Inflationsrate, an die Zinsen und an den angeblichen Gesichtsausdruck anzupassen, den der oder die Vorsitzende der Federal Reserve hatte, als er oder sie sich vor dem Kongress äußerte.

Eine effiziente und kostengünstige Methode, Anlagen zwischen Aktien und Anleihen umzuschichten, ist eine kombinierte Position aus Futures auf Schatzanleihen und Futures auf den Dow Jones Industrial Average.

Eine Analyse der lang- und mittelfristigen Trends am Markt hat Sie zu der Überlegung veranlasst, Ihr Aktienportfolio zu vergrößern und Ihr Anleiheportfolio zu verkleinern. Sie haben 200.000 Dollar in die Aktien des Dow Jones und 200.000 Dollar in Schatzanleihen investiert. Sie würden die anhaltende Börsenrallye gern ausnutzen, indem Sie Ihr Aktienengagement auf 75 Prozent erhöhen und Ihre Anleiheposition auf 25 Prozent verringern.

Was die Taktik angeht, so können Sie beide Seiten Ihres Portfolios neu aufteilen – Aktien im Wert von 100.000 Dollar kaufen und Anleihen im Wert von 100.000 Dollar verkaufen –, indem Sie Futures auf Schatzanleihen verkaufen und Futures auf den Dow Jones kaufen.

Der Marktpreis der in Ihrem Portfolio enthaltenen Schatzanleihen beträgt 103-20. Der Preis des Septemberkontrakts auf Schatzanleihen beträgt 102-20 je 100 Dollar Nennwert, und gegen jeden Kontrakt muss ein Nennwert von 100.000 Dollar geliefert werden. Der Wert des Dow Jones beträgt 10.000 Dollar, der des Futures-Kontrakts ebenfalls 10.000 Dollar (ohne Haltekosten).

Die Anzahl der zu verkaufenden Terminkontrakte auf Schatzanleihen errechnet sich folgendermaßen: 100.000 Dollar : (102-20 x 1.000 Dollar) = 1 (die Anzahl der Kontrakte wird auf die nächste ganze Zahl gerundet). Die Anzahl der zu kaufenden Index-Futures errechnet sich so: 100.000 Dollar : (10 x 10.000 Dollar) = 1 (die Anzahl der Kontrakte wird auf die nächste ganze Zahl gerundet).

Ergebnis: Zur Fälligkeit der Futures im September beträgt der Wert des Dow-Futures 11.000 Dollar, was eine Rendite von zehn Prozent bedeutet, und der Marktwert der Anleihen beträgt 101-08, was eine Rendite von minus ein Prozent bedeutet.

Das Portfolio ohne getroffene Maßnahmen:

Aktien	200.000 $ x 1,10	220.000 $
Anleihen	200.000 $ x 0,99	198.000 $
Gesamt		418.000 $

Der Wert der Futures-Positionen:

Long Dow-Futures	10 x 1 x (11.000 $ - 10.000 $)	10.000 $
Short Anleihe-Futures	+1.000 x 1 x (102-20 $ - 101-08 $)	1.375 $
Zwischensumme		11.375 $
Gesamt		429.375 $

Der Wert des Portfolios, wenn die Transaktion am Kassamarkt durchgeführt worden wäre:

Aktien	300.000 $ x 1,10	330.000 $
Anleihen	+100.000 $ x 0,99	99.000 $
Gesamt		429.000 $

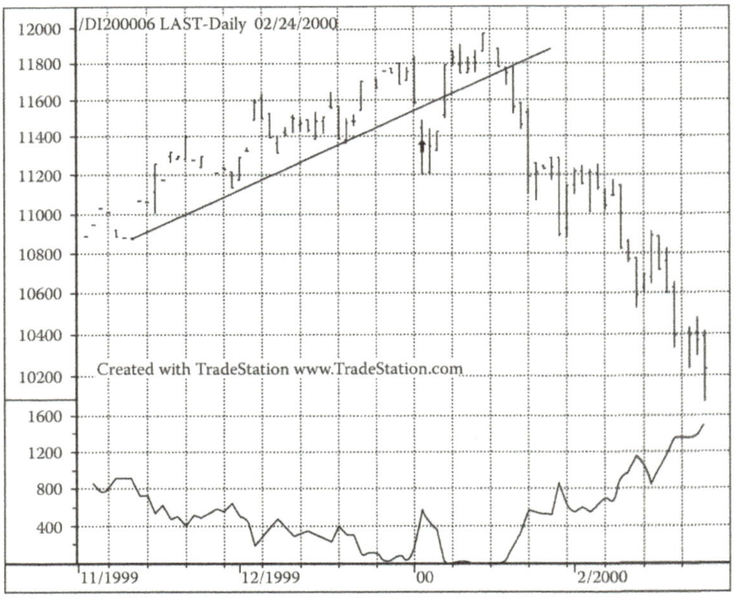

Abbildung 17.4: Futures und Optionen auf den Dow Jones. Ein Put, den man an der Stelle des durch den Pfeil gekennzeichneten Einbruchs gekauft hätte, hätte die in den vorangegangenen elf Monaten geduldig erzielten Gewinne geschützt. Man kann die Wertsteigerung des Puts so sehen, als würden die Futures dem sinkenden Dow Jones nachlaufen. Eine theoretische Übung, aber am Markt gehen theoretische Übungen den tatsächlichen Taktiken voraus.

Durch dieses einfache Manöver haben Sie schnell und problemlos Ihre Marktposition um Aktien im Wert von 100.000 Dollar erhöht und um Anleihen im Wert von 100.000 Dollar vermindert.

Da Sie die Markttrends korrekt analysiert haben, ergibt sich aus Ihrem Handeln ein Zuwachs des Portfoliowerts von 418.000 Dollar auf 429.375 Dollar. Das gleiche Ergebnis hätten Sie auch erzielen können, indem Sie Aktien und Anleihen gekauft und verkauft hätten, aber nicht ohne steuerliche Konsequenzen und nicht ohne den damit einhergehenden Transaktionsärger. Der Einsatz von Futures zur Erreichung Ihrer Ziele hat es Ihnen ermöglicht, Ihren Trading-Plan umzusetzen, ohne Ihr bestehendes Portfolio zu stören.

Perspektive

Zwar ist die Bedeutung der CBOT®-DJIA℠-Index-Futures unstrittig – diese Märkte sind enorm nützlich und bedeutsam –, es kann aber auch kein Zweifel daran bestehen, dass sich der Futures-Neuling gründlich vorbereiten sollte, bevor er sich in diese Gruben wagt. In einem derart hoch gehebelten Umfeld werden Fehler viel schwerer bestraft als am Aktienmarkt. Im gleichen Sinne ist die Ignoranz dieses unentbehrlichen Werkzeugs das Kennzeichen eines Anlegers, dem es mit seinem Portfolio nicht so ernst ist oder der seine Anlageziele nicht so intensiv verfolgt. Schließlich verwenden „die“ (die berüchtigten „die“) ja alle ihnen zur Verfügung stehenden Waffen, und „wir“ sollten das auch tun.

Optionen auf Dow-Jones-Index-Futures

Der Käufer dieses Instruments hat die Wahl oder das Recht, eine Position einzunehmen. Er hat die *Option*, dies zu tun – anders als bei einem Terminkontrakt, bei dem er dazu *verpflichtet* ist. Es gibt zwei Arten von Optionen: Calls (das Recht, das zugrunde liegende Instrument – den Basiswert – zu kaufen) und Puts (das Recht, den Basiswert zu verkaufen). Außerdem kann man Optionen ebenso wie Terminkontrakte kaufen (long) oder verkaufen (short).

Der Kauf einer Call-Option auf Dow-Jones-Index-Futures gibt dem Käufer das Recht, einen Futures-Kontrakt zu einem festgelegten Preis zu kaufen, der als Ausübungspreis, Basispreis, Strike-Preis oder einfach als Strike bezeichnet wird. Der Kauf einer Put-Option auf Dow-Jones-Index-Futures gibt dem Käufer das Recht, einen Futures-Kontrakt zum Basispreis zu verkaufen. So verleiht beispielsweise ein Call mit einem Basispreis von 10.000 Dollar dem Käufer das Recht, einen Terminkontrakt zum Preis für 10.000 Dollar zu kaufen, wenn er die Option ausübt. Ein Put mit dem gleichen Basispreis verleiht dem Käufer das Recht, einen Futures-Kontrakt zu 10.000 Dollar zu shorten. Die Ausübungspreise von Optionen auf Dow-Jones-Index-Futures werden in Schritten von 100 Indexpunkten angegeben, was dem Trader die Flexibilität verschafft, seine Meinung über Aufwärts- oder Abwärtsbewegungen des Marktes auszudrücken.

Der Verkäufer oder Stillhalter eines Calls oder eines Puts steht auf die Option short. Der Verkauf eines Calls bewirkt, dass der Stillhalter short auf den Markt steht, der Verkauf eines Puts bringt ihn long. Ebenso wie bei einem Terminkontrakt ist der Verkäufer verpflichtet, die Optionsbedingungen zu erfüllen, falls der Käufer sie ausübt. Wenn man auf einen Call short steht, und der Long-Inhaber übt ihn aus, dann steht man auf einen Futures-Kontrakt für 10.000 Dollar short. Wenn man auf einen Put short steht, und der Long-Inhaber übt ihn aus, dann steht man long auf einen Futures-Kontrakt für 10.000 Dollar.

Als Optionskäufer kommt man in den Genuss eines feststehenden Risikos. Man kann nicht mehr verlieren als die Prämie, die man bezahlt, um long auf die Option zu gehen. Hingegen tragen Optionsverkäufer ein potenziell unbegrenztes Risiko. Katastrophale Marktbewegungen treiben unvorsichtige Optionsverkäufer häufig in den Bankrott.

Optionsprämien

Den Kaufpreis einer Option bezeichnet man als Optionsprämie. Die Optionsprämie wird in Punkten angegeben, wobei jeder Punkt 100 Dollar entspricht. Die Prämie für eine Option auf den Dow Jones wird vom Käufer bezahlt, wenn er die Transaktion eingeht.

Der Basiswert einer CBOT®-Futures-Option ist ein CBOT®-DJIA℠-Futures-Kontrakt, und somit sind der Optionskontrakt und der Futures-Kontrakt im Prinzip verschiedene Ausdrucksformen des gleichen Instruments, denn beide basieren auf dem Dow Jones Industrial Average.

Optionsprämien bestehen aus zwei Bestandteilen: innerer Wert und Zeitwert. Die Differenz zwischen dem Future-Preis und dem Basispreis ist der innere Wert der Option. Wenn der Future-Preis höher ist als der Basispreis eines Calls, sagt man, der Call ist „im Geld". Tatsächlich kann man für weniger als seinen aktuellen Preis long auf einen Futures-Kontrakt stehen. Wenn beispielsweise der Future bei 10.020 Dollar steht und der Basispreis 10.000 Dollar beträgt, dann ist der Call im Geld, und die sofortige Ausübung des Calls bewirkt die Auszahlung des Zehnfachen der Differenz zwischen dem Future-Preis und dem Basispreis, also 10 x 20 Dollar = 200 Dollar. Liegt der Future-Preis unter dem Basispreis, ist der Call „aus dem Geld". Sind beide gleich, ist der Call „am Geld". Ein Put ist im Geld, wenn der Future-Preis unter dem Basispreis liegt, und aus dem Geld, wenn der Future-Preis über dem Basispreis liegt. Er ist am Geld, wenn beide Preise gleich sind.

Da man eine Option auf einen Dow-Jones-Index-Future zu jedem Zeitpunkt bis zur Fälligkeit ausüben kann und da die Ausübung eine Barzahlung bewirkt, die dem inneren Wert entspricht, muss der Wert einer Option mindestens so hoch wie ihr innerer Wert sein. Die Differenz zwischen dem Optionspreis und dem inneren Wert stellt den Zeitwert der Option dar. Der Zeitwert spiegelt die Möglichkeit wider, dass die Ausübung profitabler wird, wenn sich der Preis des Futures weiter vom Ausübungspreis entfernt. Im Allgemeinen gilt: Je länger die Restlaufzeit, umso höher der Zeitwert der Option, weil die Wahrscheinlichkeit, dass die Option bis zur Fälligkeit profitabel wird, bei einem längeren Zeitraum höher ist. Zur Fälligkeit beträgt der Zeitwert null, und der Optionspreis entspricht dem inneren Wert.

Volatilität

Das Ausmaß der Preisschwankungen des zugrunde liegenden Futures-Kontrakts nennt man „Volatilität" (für die Formel siehe Anhang B, „Ressourcen"). Je höher die Volatilität des Futures, umso höher ist die Optionsprämie. Der Preis einer Option auf einen Future ist abhängig vom *Preis des Futures, vom Basispreis, von der Restlaufzeit, vom Geldmarktzins und von der Volatilität des Future-Preises.* Von diesen Variablen ist die Volatilität die einzige, die sich nicht unmittelbar beobachten lässt. Da jedoch alle anderen Variablen bekannt sind, kann man aus Optionspreisen eine Schätzung ableiten, wie hoch der Markt die Volatilität einschätzt. Diese Schätzung bezeichnet man als „implizite Volatilität" der Option. Sie gibt die durchschnittliche Erwartung des Marktes an, wie hoch die Volatilität der zugrunde liegenden Futures-Rendite bis zur Fälligkeit der Option sein wird. Die implizite Volatilität wird normalerweise annualisiert angegeben. Die Bedeutung und Verwendung der impliziten Volatilität kann komplex und für den allgemeinen Anleger verwirrend sein, und die Profis sind in diesem Bereich entschieden im Vorteil. Dieser Vorteil lässt sich durch ernstliches Studium beseitigen.

Die Ausübung einer Option

Zum Fälligkeitsdatum sind die Regeln einer optimalen Ausübung klar. Ein Call-Besitzer sollte die Option ausüben, wenn der Basispreis unter dem Preis des zugrunde liegenden Futures liegt. Der Wert des ausgeübten Calls ist die Differenz zwischen dem Future-Preis und dem Ausübungspreis. Im Gegenzug sollte ein Put-Besitzer die Option ausüben, wenn der Ausübungspreis über dem Future-Preis liegt. Der Wert des ausgeübten Puts ist die Differenz zwischen dem Ausübungspreis und dem Future-Preis.

Zur Veranschaulichung: Wenn der Preis des ablaufenden Futures-Kontrakts 7.600 Dollar beträgt, sollte man einen Call mit Strike 7.500 Dollar ausüben, einen Put mit diesem oder einem niedrigeren Strike-Preis hingegen nicht. Der Wert des ausgeübten Calls beträgt dann 1.000 Dollar, der Wert des nicht ausgeübten Puts 0,00 Dollar. Beträgt der Preis des ablaufenden Futures-Kontrakts 7.500 Dollar, sollte ein Put zu 7.600 Dollar ausgeübt werden, hingegen ein Call zu 7.600 Dollar oder höher nicht. Der Wert des ausgeübten Puts beträgt dann 1.000 Dollar und der des nicht ausgeübten Calls 0,00 Dollar.

Der Gewinn aus Long-Optionspositionen ist die Differenz zwischen dem Ausübungspreis und der Optionsprämie. Der Gewinn aus Short-Optionspositionen ist der Ausübungspreis plus die Optionsprämie. Die Ausübungspreise und Gewinne aus Call- und Put-Optionen können häufig bedeutsame Werkzeuge einer Anlagestrategie sein. Durch ihre Auszahlungsmuster und Risikoparameter unterscheiden sich Optionen sehr von Futures. Ihre Vielseitigkeit macht sie zu guten Instrumenten, um ein Portfolio an wechselnde Erwartungen bezüglich der Bedingungen am Aktienmarkt anzupassen. Zudem können diese Erwartungen von allgemeinen bis hin zu konkreten Vorhersagen bezüglich der allgemeinen Entwicklungsrichtung und der Volatilität von Aktienkursen reichen. Im Endeffekt gibt es zu jeder Zusammenstellung von Markterwartungen eine passende Optionsstrategie.

Die Verwendung von Futures-Optionen, um sich an Marktbewegungen zu beteiligen

Als Trader muss man häufig auf schnelle und überraschende Marktereignisse reagieren. Die Transaktionskosten und die preislichen Auswirkungen des schnellen Kaufs oder Verkaufs von im Portfolio enthaltenen Aktien hindern viele Anleger daran, auf kurzfristige Marktbewegungen zu reagieren. Das Shorten von Aktien ist für Durchschnittsanleger eine noch weniger appetitliche Möglichkeit – wegen der damit verbundenen Margin und Risiken sowie wegen semantischer Vorurteile.

Dank der Flexibilität, die Optionen bieten, kann man schnell und bequem Nutzen aus den Gewinnen durch Marktzyklen ziehen. Eine Long-Position auf eine Call-Option auf Dow-Jones-Index-Futures profitiert auf allen Niveaus oberhalb ihres Ausübungspreises. Eine Long-Position auf einen Put profitiert auf allen Niveaus unter ihrem Ausübungspreis. Befassen wir uns nun mit beiden Strategien.

Gewinn bei steigenden Märkten

Der Dow Jones Industrial Average steht im August bei 10.000 Dollar, der September-Future auf den Index bei 10.050 Dollar. Sie erwarten, dass sich die Hausse fortsetzt, und möchten diesen Trend ausnutzen, ohne dadurch zu viel Kapital zu binden, und außerdem wollen Sie nur ein begrenztes Risiko eingehen.

Sie kaufen eine September-Call-Option auf Dow-Jones-Index-Futures. Diese Optionen werden gleichzeitig mit den September-Futures fällig, und der Future-Preis wird zur Fälligkeit dem des Kassa-Index entsprechen.

Ihre Analyse ist bullish, und daher ist der 10.500er-Call (mit Basispreis aus dem Geld) bei einer Prämie von 10,10 Dollar eine vernünftige Alternative. Sie bezahlen für den Call 1.010 Dollar (100 x 10,10 Dollar).

Der Lohn: Zur Fälligkeit im September ist der Dow-Future 10.610 Dollar wert. Ihr Call ist nun im Geld. Sie üben ihn aus und kassieren den Ausübungspreis abzüglich der Prämie, also 90 Dollar = 10 x (10.610 Dollar - 10.500 Dollar) - 100 x 10,10 Dollar = 1.100 Dollar - 1.010 Dollar. Wenn der Dow-Jones-Future auf oder unter 10.500 Dollar bleibt, lassen Sie den Call wertlos verfallen und verlieren nur die Prämie. Das ist der mit dem Call maximal mögliche Verlust. Sobald der Dow Jones 101 Punkte über dem Ausübungskurs steht, sind Sie auf null.

Anstatt die Call-Option zu kaufen, hätte man als Trader auch direkt 100.500 Dollar in die im Dow Jones enthaltenen Aktien investieren können. Da der Dow-Future im September auf 10.110 Dollar stand, hätte das einen Gewinn von 3.030 Dollar gebracht. Allerdings hätte bei einer Direktinvestition in die Aktien ein unerwarteter Rückgang des Marktes zu einem Verlust geführt.

Die Ausnutzung von Wendepunkten

Der Trader rechnet mit einer Wende der nun bei 7.800 Punkten angelangten Hausse und möchte einen gewissen Schutz gegen Verluste.

Er kauft einen Put mit einem Basispreis von 7.700 Dollar (aus dem Geld). Die Prämie des Puts beträgt 9,80 Dollar, sodass sich Gesamtkosten von 980 Dollar = 100 x 9,80 Dollar ergeben. Fällt der Index bis September auf 7.600 und dementsprechend auch der Futures-Kontrakt, dann ist der Put 1.000 Dollar wert. Der maximale Verlust ist die Prämie, die verloren ist, wenn der Dow-Future bei Fälligkeit über 7.700 steht. Der Trader steht auf null, sobald der Dow-Future auf 98 Punkte unter dem Basispreis fällt.

Der Einsatz von Puts, um in einem Portfolio aufgelaufene Gewinne zu schützen

Im Laufe längerer Haussen suchen Anleger häufig nach Möglichkeiten, ihre Buchgewinne vor einem plötzlichen Einbruch des Marktes zu schützen. Sogar wenn die fundamentalen ökonomischen Faktoren tendenziell für einen fortgesetzten Anstieg des Marktes sprechen, müssen sich Anleger vor unvorhersehbaren „technischen Marktkorrekturen" und vor Überreaktionen des Marktes auf Nachrichten schützen.

Der Verkauf von Aktien zur Verminderung von Verlustrisiken kostet Gebühren und Steuern, und man opfert dadurch potenzielle Kursgewinne. In einem Seitwärtsmarkt wünscht man sich ein Instrument, das den Wert eines Portfolios gegen einen Absacker schützt, jedoch die Beteiligung an einem Anstieg nicht einschränkt. Und genau dafür sind Put-Optionen wie gemacht.

Situation 1

Der Markt befindet sich im August in einem Aufwärtstrend, befürchtet allerdings, dass die Federal Reserve in den kommenden Monaten die kurzfristigen Zinsen noch weiter anheben wird. Der Trader hat 78.000 Dollar im Dow-Portfolio angelegt, und der Dow-Future steht bei 7.800 Dollar.

Um das Portfolio abzusichern, kauft er einen 7.600er-Put gegen eine Prämie von 6,60 Dollar, was ihn 100 x 6,60 Dollar = 660 Dollar kostet.

Durch den Kauf des Puts zieht er auf dem Niveau des Basispreises einen Boden unter den Wert des Portfolios. Der Kauf eines Puts mit einem Basispreis von 7.600 Dollar sichert im Endeffekt für das Portfolio einen Wert von 76.000 Dollar. Oberhalb des Basispreises wird der Put nicht ausgeübt, und der Wert des Portfolios bleibt unbeeinträchtigt. Irrt sich der Trader, und der Markt steigt, verliert er die Prämie, die er für den Put bezahlt hat. Durch die Wahl des Basispreises kann er sein Verlustrisiko vergrößern oder verkleinern. Er steht bei null, sobald der Dow-Future einen Wert von 7.534 = 7.600 - 66 erreicht, also den Basispreis abzüglich der Prämie für den Put. Auf diesem Niveau sind das ungeschützte und das durch einen Put geschützte Portfolio gleichermaßen profitabel.

Das hat eine frappierende Ähnlichkeit mit einer Lebensversicherung. Wenn man nicht stirbt, ist die Prämie verschwendet. Wenn aber doch ...

Die Steigerung von Portfoliorenditen

Situation 2

Wie dem Leser vielleicht bewusst ist, befinden sich Märkte nicht immer in einem Trend. Es können Tage, Wochen, Monate und manchmal auch Jahre vergehen, in denen sich die Märkte im Rahmen dessen nach oben und nach unten quälen, was man euphemistisch als Trading-Range oder Handelsspanne bezeichnet. Wenn der scharfsinnige Techniker eine solche Marktflaute identifiziert und zu dem Schluss kommt, dass sie anhalten wird, kann er aus seinem Portfolio andere Erträge beziehen, indem er Puts und Calls auf Dow-Jones-Index-Futures verkauft.

Steht beispielsweise der Dow Jones bei 10.000 und der Trader geht davon aus, dass er im Laufe des nächsten Monats nicht über 10.200 ausbrechen wird, dann verkauft er Calls mit Basispreis 10.200. Bei einer Prämie von 10,10 Dollar für diesen Call erzielt er damit eine Einnahme von 1.010 Dollar.

Bleibt der Index bis zur Fälligkeit im September unter 10.200, kassiert der Trader die gesamte Prämie als Gewinn. Das Verlustrisiko dieses Trades besteht darin, dass er von einem Anstieg über 10.200 nicht profitiert. Über 10.200 beträgt die Summe aus dem Wert des Portfolios und der durch Verkauf vereinnahmten Call-Prämie 101.010 Dollar. Der Break-even-Punkt liegt bei einem Index-Future-Stand von 10.301 Dollar, denn das entspricht der Summe aus Basispreis und Prämie. Oberhalb dieses Punktes wird das Portfolio zusammen mit dem (durch das Portfolio) gedeckten Call weniger profitabel als ohne ihn. Da der geshortete Call durch das Portfolio gedeckt ist, ist diese Strategie nicht dem Risiko ausgesetzt, das ein ungedeckter oder „nackter" Call beinhaltet [nämlich dass der Call ausgeübt wird und der Trader die Aktien dem Inhaber zum Ausübungspreis verkaufen muss – und dafür muss er sie zuvor zu dem darüber gestiegenen Preis kaufen, was einen hohen Verlust bedeutet; Anm. d. Ü.]. Das hauptsächliche Risiko besteht nur darin, dass dem Trader das Gewinnpotenzial oberhalb des Strikes des Calls entgeht. Für den Techniker liegt es auf der Hand, dass diese Strategie schlecht ist, wenn sich der Markt in einem Trend befindet. Nur in einem eindeutig in einer Range gefangenen Markt würde ein aufgeklärter Trader gedeckte Calls ausstellen. Die eingenommene Call-Prämie ist eine gewisse Entschädigung für das Risiko, aber nur ein schwacher Trost, wenn der Trader den Markt falsch analysiert hat. Was der beste Ausübungspreis für den Call ist, hängt von den Wahrscheinlichkeiten ab, die man den künftigen Anstiegen und Entwicklungen des Dow Jones zuschreibt.

Der Einsatz von Options-Spreads in Märkten mit hoher oder niedriger Volatilität

Long- und Short-Positionen auf Aktien geben klare Meinungen über den Markt oder Analysen desselben wieder. Der Markt soll steigen beziehungsweise fallen, und ein mäßig kompetenter Techniker dürfte damit häufiger richtigliegen als die unbeleckte Allgemeinheit. Wenn ein Markt Spannung aufbaut (also die bereits niedrige Volatilität vorläufig noch weiter zurückgeht), ist es manchmal möglich, die Unsicherheit durch einen Long-Straddle auszunutzen. Der Long-Straddle besteht aus Long-Positionen auf einen Put und einen Call mit gleichen Basispreisen. Dieser Spread generiert in zwei Bereichen des Marktwerts Erträge: unterhalb des Ausübungspreises des Puts und oberhalb des Ausübungspreises des Calls. Bei ausreichender Volatilität bringt diese Strategie Gewinn; das Unternehmen des Herausgebers setzte eine solche Strategie unmittelbar vor dem Crash 1987 bei Managed Accounts ein und kassierte aus einer Position mit sehr geringem Risiko unverhältnismäßig hohe Gewinne. Erfahrene Spekulanten und Trader verkaufen im Allgemeinen hochvolatile Märkte und probieren es in ausgewählten weniger volatilen Märkten mit einem Backspread (Long-Positionen), weil sie damit rechnen, dass die Volatilität zum Mittelwert zurückkehrt. Manchmal tun sie das, indem sie einen Short-Straddle schreiben, der aus einem leerverkauften Put und einem leerverkauften Call mit gleichen Basispreisen besteht.

Situation 3

Im August sagt eine Technische Analyse voraus, dass die Volatilität zunehmen wird, und der Markt baut Spannung auf. Die Richtung der künftigen Preisentwicklung ist ungewiss, aber sie könnte explosiv ausfallen. Der Trader kauft einen Straddle, bestehend aus einem Put und einem Call mit Basispreis 7.800 Dollar. Die Prämie des Puts beträgt 18,90 Dollar, die des Calls 13,90 Dollar. Somit kostet der Straddle insgesamt 3.280 Dollar = 100 x 32,80 Dollar. Das ist der maximale Verlust, falls der Dow-Future bei 7.800 stecken bleibt.

Der Straddle bringt Gewinn, wenn sich der Dow-Jones-Future weit genug bewegt, um die Kosten für den Straddle zu decken, also entweder unter 7.472 = 7.800 - 328 oder über 8.128 = 7.800 + 328. Der potenzielle Gewinn aus einem Kursanstieg ist unbegrenzt. Der größtmögliche Gewinn aus einem Kursverlust beträgt 10 x (7.800 - 328) = 74.720 Dollar, falls der Dow Jones auf null fällt (was zwar recht unwahrscheinlich ist, aber man weiß ja nie, was ein Schwarzseher als Anleger tun wird, wenn er meint, dass ihm der Himmel auf den Kopf fällt).

Situation 4

Im August hält der Anleger die Optionen für überbewertet und glaubt, dass die Volatilität unter deren impliziter Volatilität liegen wird. Er rechnet damit, dass der Markt bis Ende des Sommers schläfrig bleiben wird. Er beschließt, den September-Put und den September-Call mit Basispreis 7.800 Dollar zu verkaufen, und kassiert dafür 3.280 Dollar. Der Ertrag dieses Short-Straddles wird negativ, wenn der Dow-Future im September unter 7.472 fällt oder über 8.128 steigt. Der maximale Verlust bei sinkendem Dow beträgt 10 x (7.800 - 328) beziehungsweise 74.720 Dollar, und bei einem Anstieg ist der potenzielle Verlust unbegrenzt. Der Anleger hält das Risiko allerdings für begrenzt, weil er glaubt, dass der Dow-Future innerhalb des nächsten Monats bis zur Fälligkeit der Optionen weder auf das obere Niveau steigen noch auf das untere fallen wird. In solchen

Fällen muss der Trader allerdings auch ein katastrophales Risiko ins Auge fassen – zum Beispiel hat ein Kunde des Herausgebers, der beim Crash 1987 short auf Puts stand, 57 Millionen Dollar verloren.

Perspektive

(*EN9: Wie bereits erwähnt: Praktizieren Sie die in diesem Kapitel beschriebenen Methoden nicht, wenn Sie sich ihren Einsatz nicht vollständig zutrauen. Es ist empfehlenswert, einen Kurs über Optionen und Futures zu besuchen oder sich professionell beraten zu lassen.*)

Ich erzähle diese Geschichten gern, um angehende Optionshändler und Anleger dramatisch auf die potenziellen Gefahren sowie die potenziellen Gewinne aufmerksam zu machen. Wie an anderer Stelle des Buches bereits gesagt, sollte der Neuling daran arbeiten, Kompetenz und Erfahrung zu erwerben, bevor er fortgeschrittene Tricks mit Futures und Optionen ausprobiert. Andererseits ist es für Anleger, die bereit sind, ihre Hausaufgaben zu machen, Kompetenz zu erwerben und ihre Anlagefähigkeiten zu verbessern, durchaus ratsam, diese Instrumente als kluge Absicherung und Versicherung einzusetzen.

Index-Futures auf den Dow Jones und Optionen auf diese Futures bieten dem allgemeinen Anleger neue Techniken für den Schutz von Portfolios und für die Erzielung von Gewinn. Ein mäßig kompetenter Anleger kann mit diesen Instrumenten zahlreiche Strategien praktizieren. Dabei muss man jedoch stets bedenken, dass alle in diesem Buch verheißenen Methoden der analytischen Geldanlage – also Kenntnis der Instrumente und ihrer Verwendung, kluges Management von Trades, disziplinierter Einsatz von Stoppkursen und genaues Achten auf die Dynamik der Situation – die Grundvoraussetzung sind. Vor allen Dingen ermöglicht die Existenz dieser Instrumente auch den vorsichtigsten Anlegern Versicherungs- und Absicherungsmethoden, die zuvor nicht zur Verfügung standen.

Insgesamt ist es für einen kompetenten technischen Anleger und Trader unerlässlich, sich mit Futures auf den DJIA und mit Optionen auf diese Futures auszukennen.

Empfehlungen für das weitergehende Studium

Angesichts der Wichtigkeit dieses Kapitels vermerken wir hier Hinweise auf fortgeschrittenes Material, die auch in Anhang B, „Ressourcen", zu finden sind.

Auf der Website der CBOE wird die Berechnung von Hedges erläutert. Um ein Portfolio im Wert von 500.000 Dollar zu hedgen, das den S&P 500 Index nachbildet, braucht man vier Puts. Hier die Adresse zur Berechnung des Hedging-Verhältnisses: http://www.cboe/portfoliohedge

Und hier Adressen für das weitere Studium:

- „Options as a Strategic Investment" von Lawrence McMillan, http://www.optionstrategist.com
- Chicago Board Options Exchange, http://www.cboe.com
- Chicago Board of Trade, 312-435-3558 oder 800-THE-CBOT; 312-341-3168 (Fax); http://www.cbot.com

TEIL 2

SPEKULATIONS-TAKTIK

MITTELWORT

Als eine Art von Vorwort zum zweiten Teil dieses Buches möchten wir uns auf einen Aufsatz beziehen, den James Bryant Conant, der frühere Präsident der Harvard University, geschrieben hat: „Über das Verständnis von Wissenschaft – eine historische Betrachtung."

Dr. Conant führt aus: In der Schule lernen wir, dass Wissenschaft eine systematische Sammlung von Fakten ist. Sie werden klassifiziert, in eine ordentliche Reihenfolge gebracht, wieder auseinandergenommen, analysiert, untersucht, synthetisiert und erwogen – und siehe da! Ein großes Prinzip kommt unten heraus; passend, perfekt und fertig zur Anwendung in Industrie, Medizin oder wo Sie wollen.

Dies alles, so führt Dr. Conant aus, ist eine falsche Betrachtungsweise, die die meisten Laien haben. Eine Entdeckung nimmt nur nach und nach Gestalt an. Verborgen noch hinter Fragen und nur allmählich gewinnt sie Gestalt als klare, präzise, gut abgestützte Theorie. Jene saubere Zusammenstellung der Grundtatsachen, die eine Serie von Beweisen und Kontrollen bildet, steht nicht am Anfang, sondern ergibt sich viel später. Oft mag das erst die Arbeit eines ganz anderen Mannes sein. Erst wenn er die Schlussfolgerungen schon kennt, ist er in der Lage, eine vollständige und zusammenhängende Beweiskette zu bilden. So werden auch Theorien über das Verhalten der Börse nicht in einem Blitz der Erleuchtung gefunden. Sie werden Schritt für Schritt aus den Erfahrungen von Spekulanten und Beobachtern zusammengetragen, um die typischen Phänomene zu erklären, die über die Jahre immer und immer wieder erscheinen.

Der praktische Spekulant ist bei seinen Börsenoperationen nicht mit der Theorie als solcher befasst. Die Frage des Anfängers, „Was ist die richtige Methode?", meint eigentlich in Wahrheit: „Was kann ich kaufen, um leicht und schnell eine Menge Geld zu verdienen?" Wenn ein solcher Spekulant dieses Buch liest, mag er vielleicht das Gefühl haben, dass „etwas dran ist". Er denkt vielleicht: „Man sollte es mal versuchen." (Nebenbei bemerkt eine Überlegung, die zeigt, dass er von seinen bisherigen eigenen Versuchen nicht viel hält.) So fängt er vielleicht ganz optimistisch an, ohne jedes Verständnis der Theorie, ohne Erfahrung mit dieser Methode und vor allem ohne eine Basis für wirkliches Vertrauen in die Methode.

In einem solchen Fall wird er den leichten Erfolg, den er sich verspricht, kaum sehr schnell erreichen. Gerade seine Unerfahrenheit in einer völlig neuen Denkweise wird zu Fehlern und Versagen führen. Aber auch mit der sorgfältigsten Anwendung dieser Methode und mit technisch einwandfrei begonnenen Positionen kann er in eine Serie schwieriger Marktbewegungen geraten, die ihm eine Aufeinanderfolge von Verlusten bescheren. Worauf er dann, da er kein ausreichendes Verständnis und damit kein genügendes Vertrauen in sein Handeln hat, seufzt, das Buch fortstellt und sagt: „Wie ich schon dachte, es taugt auch nichts."

Wenn Sie zum ersten Mal Ihre eigene Farm bewirtschaften wollen, erzählt man Ihnen vielleicht – und ganz zu Recht –, dass man mit Tabak riesige Gewinne erzielen kann. Aber Sie würden diese Gewinne nicht ohne Investition von Kapital erwarten; Sie würden auch genau studieren, wie, auf welchen Arten von Böden und an welchen Stellen Ihr Tabak gepflanzt wird und welche Erfahrungen man bei der Ernte beachten muss.

Außerdem brauchen Sie Vertrauen – Vertrauen in die Gelegenheit als solche und in die Methoden, die Sie anwenden. Wenn Ihre erste Ernte von einem Pilz befallen würde (und das kommt vor), wären Sie natürlich enttäuscht. Wenn im zweiten Jahr Ihre Ernte von einem Hagelsturm vernichtet würde, wären Sie finanziell schwer getroffen und verständlicherweise verzagt. Und würde die Ernte im dritten Jahr infolge einer Dürre zu einem Verlustgeschäft, würden Sie wahrscheinlich den Kopf sehr hängen lassen (und wer würde Sie tadeln?). Aber Sie würden *nicht* sagen: „Es ist nichts dran, es taugt nichts."

Wenn Sie dieses Geschäft und die angewandten Kulturmethoden genau untersucht haben, wissen Sie, dass Sie trotz dieses Zusammentreffens ungünstiger Umstände richtig gehandelt haben. Sie wüssten auch, dass der endgültige Lohn es rechtfertigt, trotz aller Schwierigkeiten auf diesem Weg fortzufahren und sich nicht einem leichteren, aber weniger gewinnträchtigem Anbau zuzuwenden.

So ist es auch mit den technischen Methoden am Aktienmarkt. Jeder kann schlechte Zeiten antreffen. Zeiten einer Umkehr des Primärtrends werden dem kurzfristigen Spekulanten, der mit den Methoden dieses Buches arbeitet, unvermeidlich eine Folge von Verlusten bringen. Wenn jemand kein Verständnis der zugrunde liegenden Theorie hat, wird er zuzeiten in Versuchung kommen, diese Methode völlig aufzugeben. Er wird nach einem „System" Ausschau halten, das gut in das Muster des letzten Börsenverhaltens passt. Dann kann er sagen: „Wenn ich nur meine Aktionen zeitlich mehr verteilt hätte …, wenn ich nur meine Träume richtig gedeutet hätte und ihnen gefolgt wäre …, wenn ich nur Karls Tipp zu XYZ gefolgt wäre … wenn ich dies so und jenes anders gemacht hätte, hätte ich einen schönen Gewinn gehabt …"

Es ist besser und sicherer, wenn Sie sich gleich zu Beginn darüber klar werden, dass keine Methode, die bisher gefunden wurde, Sie mit Sicherheit gegen Verluste oder manchmal auch gegen eine schmerzliche Folge von Verlusten schützen kann. Sie sollten sich darüber klar sein: Das, womit wir uns befassen, ist die *Wahrscheinlichkeit*, die einer Situation innewohnt. Wenn Sie wissen, dass in einem Sack 700 weiße und 300 schwarze Bohnen sind, wäre Ihre Erwartung gerechtfertigt, eine weiße Bohne aus dem Sack zu ziehen. Selbst wenn Sie zehn schwarze Bohnen nacheinander gezogen hätten, wäre es trotzdem gerechtfertigt, auf Weiß zu setzen. Genauso ist es gerechtfertigt, wenn Sie an der Börse mit derjenigen Methode arbeiten, die über lange Perioden am sichersten und häufigsten mit dem Mechanismus des Marktes übereinzustimmen scheint.

So sollte man dieses Buch nicht nur einmal schnell durchlesen und kurzerhand als Gebrauchsanweisung für sichere und leichte Wege zum Reichtum übernehmen. Es sollte mehrfach genau und sorgfältig gelesen und in Zweifelsfällen als Nachschlagewerk benutzt werden. Außerdem – und das ist sehr wichtig – werden Sie die Erfahrungen der eigenen Erfolge und Misserfolge benötigen. Dann *wissen* Sie: Was Sie tun, ist das einzig Logische, das Sie in einer bestimmten Situation tun *können*. Wenn Sie mit einer solchen Auffassung an die Dinge herangehen, werden Sie Ihren Anteil am Erfolg haben. Sie werden lernen, Ihre gelegentlichen Misserfolge als Teil des Geschäfts zu betrachten. Dadurch werden Sie weder Ihr Portemonnaie noch Ihre Moral ruinieren.

Kurz gesagt ist das Problem, das wir in diesem Buch behandelt und untersucht haben, nicht so sehr eine Frage des „Systems", sondern eine Frage der praktischen Börsenphilosophie. Das Ergebnis der Arbeit, die Sie in die Technische Analyse stecken, ist ein tiefes Verständnis dessen, was in einem freien Markt von Wettbewerbern vorgeht, was die Mechanik dieses Marktes ausmacht und was das alles bedeutet. Diese Einsicht wächst nicht auf Bäumen. Sie entsteigt nicht herrlich und vollendet wie Aphrodite den Wellen. Sie kommt allmählich aus Erfahrung und von ernsthafter, intelligenter Arbeit.

Der zweite Abschnitt dieses Buches befasst sich mit Taktik. Bisher haben wir die technischen Formationen und ihre Konsequenzen untersucht. Wir sollten jetzt ein gutes allgemeines Verständnis besitzen, welche Entwicklungen wahrscheinlich sind, wenn sich in den Charts bestimmte Erscheinungen zeigen. Aber auch wenn wir das wissen, benötigen wir noch genauere Richtlinien, *wann* und *wie* es am besten ist, diese oder jene Position einzugehen oder aufzulösen.

Der zweite Teil des Buches beruht auf den Erfahrungen eines Mannes und seiner Analyse von Tausenden spezifischen Fällen. Es werden Fragen der Methode, der Einzelheiten und der Anwendung behandelt. Damit sollten Sie eine brauchbare Basis für Ihre eigentliche Börsenpraxis besitzen. Mit der Zeit werden Sie sehr wahrscheinlich Ihre eigenen Verbesserungen anwenden. Vielleicht werden Sie auch einige der vorgeschlagenen Methoden aufgrund Ihrer eigenen Erfahrungen modifizieren. Aber die Autoren glauben, dass Sie mit den hier gemachten Vorschlägen die Technische Analyse in einer vernünftigen und geordneten Weise anwenden können, um sich vor Verlusten zu schützen und Ihre Gewinne zu vergrößern.

John Magee

KAPITEL 18

DAS TAKTISCHE PROBLEM

(EN: In diesem Kapitel behandelt Magee die Frage der Taktik für den „Spekulanten", der kurz- und mittelfristige Trends verfolgt. Die späteren Abschnitte des Kapitels befassen sich mit der Frage der Strategie und Taktik für den langfristigen Investor und bieten eine Diskussion des Begriffs „Spekulant".)

Es ist möglich (und viele Spekulanten haben es schon gemerkt), in einer Hausse Geld zu verlieren – und genauso kann man Geld verlieren, obwohl man in einer Baisse short gegangen ist. Ihre Beurteilung des Major-Trends mag völlig richtig sein; Ihre langfristige Strategie kann absolut in Ordnung sein. Aber ohne Taktik, ohne die Fähigkeit, die Einzelheiten des „Feldzugs" auszuarbeiten, ist es nicht möglich, Ihr Wissen zu Ihrem besten Vorteil auszunutzen.

Es gibt verschiedene Gründe, warum Spekulanten, besonders unerfahrene Spekulanten, oft so kümmerlich abschneiden. Wenn sie eine Aktie kaufen und die Aktie steigt, haben sie kein Kursziel. Sie machen sich keine Gedanken darüber, nach welchen Gesichtspunkten sie über einen Verkauf entscheiden und wann sie einen Gewinn mitnehmen wollen. Sollte die Aktie fallen, haben sie ebenso wenig Vorstellungen, wann sie eine Entscheidung treffen und einen Verlust akzeptieren sollen. Ergebnis: Sie büßen ihre Gewinne oft wieder ein; und anstatt die Verluste aus einer Transaktion schnell zu begrenzen, lassen sie sie immer mehr ansteigen. Hinzu kommt ein psychologisches Handicap. Sobald eine Aktie gekauft oder leerverkauft ist, sind bereits Gebühren und vielleicht auch Odd-Lot-Unkosten angefallen. Der Spekulant weiß, dass neue Gebühren anfallen, sobald er die Transaktion (durch ein entsprechendes Gegengeschäft) glattstellt. Er wird wahrscheinlich auch nicht gerade das extreme Hoch einer Rallye oder das extreme Tief einer Reaktion erwischen. So muss er in den meisten Fällen sehen, dass nach seinem Engagement die Aktie vielleicht mehrere Punkte gegen ihn läuft. Selbst bei einer völlig gesunden und vernünftigen Spekulation sieht er vielleicht einen Papierverlust von 10 oder 15 Prozent (oder sogar mehr), ehe die erwartete günstige Bewegung beginnt (siehe Abbildung 18.1). Soll er jetzt schwach werden und das Geschäft ohne genügenden Grund eindecken, ehe die Aktie die erwartete ertragreiche Bewegung ausführt? Dann nimmt er offensichtlich einen unnötigen Verlust in Kauf und gibt zugleich seine Chance auf, einen Gewinn zu erzielen.

Der langfristige Investor dagegen kauft nahe dem Tief und bleibt bis nahe dem Hoch in seinem Papier. Dann liquidiert er und bleibt in Bargeld oder Anleihen, bis (vielleicht mehrere Jahre später) eine neue Gelegenheit kommt, am Tief einzukaufen. Er ist nicht ständig mit dem Problem konfrontiert, wann er kaufen oder verkaufen soll. Allerdings muss man dazu sagen können, wann ein solches Tief erreicht ist und wann der Trend sein Hoch gebildet hat (und das sind in der Tat sehr schwierige Voraussagen). Dadurch ist das Problem für langfristige Investments und große Gewinne über den Major-Trend auch keineswegs so simpel, wie es sich anhört, wenn man sagt: „Kaufe, wenn alles niedrig steht, und verkaufe nahe dem Gipfel." Jedoch sind immerhin solche großen Gewinne auf

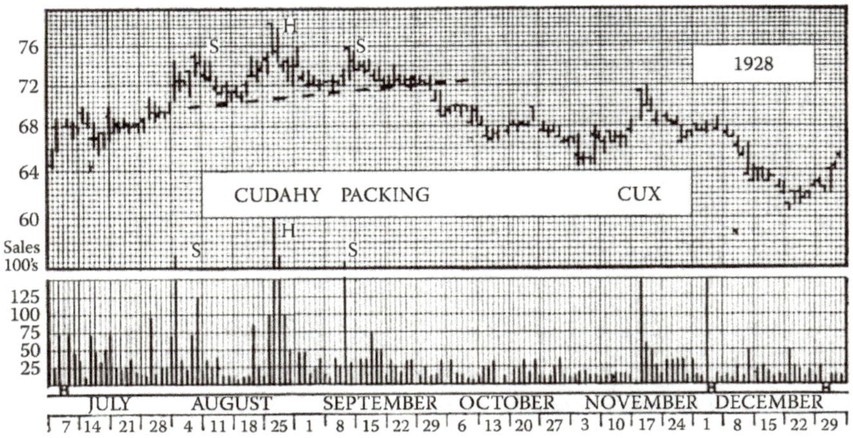

Abbildung 18.1: Man kann in einem Bullenmarkt Geld verlieren, wenn man Aktien besitzt. Beachten Sie, dass sich diese Major-Top-Formation nicht 1929, sondern im Sommer 1928 bildete. Länger als ein Jahr danach gingen die Mehrzahl der Aktien und die Indizes in ihrer Hausse noch nach oben. Aber Cudahy ging immer tiefer und erreichte vor der Panik von 1929 einen Kurs deutlich unter 50. Die Aktie setzte diesen Abschwung über vier Jahre lang fort und wurde schließlich bei 20 gehandelt. Abgesehen von dem etwas ungewöhnlichen Volumen am Kopf (am 21. August) ist dies eine typische Schulter-Kopf-Schulter-Formation mit einer perfekten Pullback-Rallye Mitte November. Sie unterstreicht, was wir schon gesehen haben: Auch wenn andere Aktien noch stark aussehen, darf man eine SKS-Formation in einer Aktie nicht ohne Strafe missachten.

Die Schulter-Kopf-Schulter-Formation, entweder in ihrer einfachen Form oder mit vielfachen Köpfen oder Schultern, bildet sich üblicherweise bei Hochs des langfristigen und des mittelfristigen Trends und in umgekehrter Position bei Tiefs des langfristigen und des mittelfristigen Trends. Sie hat in Bezug auf Volumen, Dauer und Breakout dieselben allgemeinen Eigenschaften wie ein Rechteck sowie ein steigendes oder fallendes Dreieck. Bei konservativen Aktien hat sie die Tendenz, mehr wie ein Rounding Bottom oder Rounding Top auszusehen.

lange Sicht gemacht worden, und sie sind sehr beeindruckend. *(EN: Beachten Sie die Bilanz der Dow-Theorie in Kapitel 4 und 5.)*

Dieser Teil des Buches befasst sich vorwiegend mit dem spekulativen Kauf und Verkauf von Aktien.

Es gibt einige grundlegende Unterschiede zwischen dem „Investment-Standpunkt" und dem Standpunkt des „Spekulanten". Es ist wichtig, diese Unterschiede zu kennen, und Sie sollten sich darüber klar werden, wo genau Sie stehen (siehe Abbildung 18.2). Jeder Standpunkt ist haltbar und man kann damit arbeiten. Aber Sie können ernsthafte Probleme für sich selbst schaffen und Verluste erleiden, wenn Sie sie durcheinanderbringen.

Einer dieser Unterschiede besteht darin, dass Sie sich als Spekulant mit Aktien als solchen befassen. Eine Aktie repräsentiert sicherlich das Eigentum an einer Gesellschaft. Aber die Aktie ist nicht genau dasselbe wie die Gesellschaft. Die Aktien einer starken Gesellschaft sind oft schwach; und manchmal sind die Aktien eines sehr schwachen Konzerns extrem stark. Es ist wichtig, sich darüber klar zu sein, dass die Gesellschaft und ihre Aktien nicht genau identisch sind. Die technische Methode befasst sich nur mit dem Wert der Aktie, wie sie von denen gesehen wird, die sie kaufen, verkaufen oder besitzen.

Ein zweiter Unterschied ist die Dividendenfrage. Der „reine Investor" – der nebenbei bemerkt sehr selten vorkommt – soll angeblich nur das Einkommen oder das potenzielle Einkommen einer Aktie in Rechnung stellen, das Ergebnis, das er in bar für sein Investment erhält. *(EN: Dieser seltene Vogel ist heute weitgehend ausgestorben).* Aber es gibt zahlreiche Aktien, die eine stetige Dividende

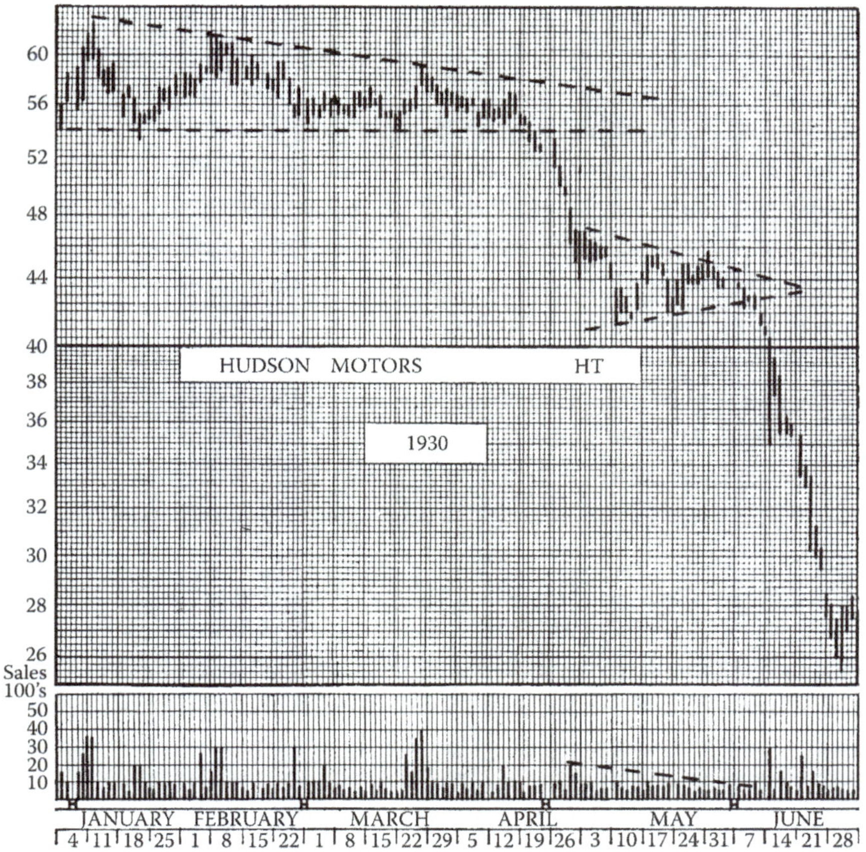

Abbildung 18.2: Was hätten Sie mit Hudson Motors gemacht? Die große Panik im Oktober 1929 trug den Dow Jones Index von seinem Höchstkurs im September bei 386,10 zu einem Tief im November bei 198,69. Bis April 1930 brachte eine Rallye den Index auf 294,07 zurück. Sie glich damit 95 Punkte oder 51 Prozent des Verlustes aus, eine völlig normale Korrektur.

Nehmen wir an, Sie hätten HT nach dem Kursrückgang vom Gipfel 1929 (bei 93 ½) zu einem Kurs von, sagen wir, 56 gekauft, weil Sie dachten, ein Verlust von 37 Punkten habe die Aktie „billig" gemacht. In Ihrem Tageschart hätten Sie gesehen, wie sich die obige Formation (die Sie jetzt als fallendes Dreieck erkennen) in den ersten Monaten des Jahres 1930 bildete. Hätten Sie sich durch einen Stop-Loss-Auftrag bei 51 geschützt? Hätten Sie am nächsten Tag bestens verkauft, nachdem HT durch das Niveau von 54 brach und darunter schloss? Oder hätten Sie auf eine Rallye gehofft, vielleicht sogar noch mehr von den „billigen" Aktien bei 50, 48, 40 gekauft? Hätten Sie Ihr „gutes langfristiges Investment" noch aufrechterhalten, als HT im Juni 25 ½ erreichte? Hätten Sie HT immer noch gehalten, als die Aktie 1932 ihren endgültigen Boden bei weniger als 3 erreichte (siehe Abbildung 8.22)? *(EN: Siehe Abbildung 18.4 für eine Rekapitulation der Lektion zu Beginn der 2000er-Jahre).*

aufrechterhielten, während sie 75 Prozent oder mehr ihres Wertes verloren. Es gibt andere Fälle, wo Aktien riesige Kursgewinne machten, während sie nur symbolische oder gar keine Dividenden zahlten. Wenn die Dividendenhöhe so wichtig wäre, wie manche Investoren annehmen, wäre das einzig nötige Investmentwerkzeug ein Taschenrechner, um den prozentualen Gewinn der verschiedenen Aktien und damit ihren „Wert" auszurechnen. Auf dieser Basis hätten Aktien ohne Dividende überhaupt keinen Wert.

Vom technischen Standpunkt aus hat der Begriff des „Einkommens" im Unterschied zu Kapitalgewinn und -verlust keine Bedeutung. Der Gesamtgewinn ist der Betrag, den man beim Verkauf der Aktie erhält, zuzüglich der Dividenden abzüglich des Kaufpreises. Ob der Gewinn allein durch

Kapitalzuwachs oder allein durch Dividenden oder durch eine Kombination dieser Faktoren erzielt wird, macht keinen Unterschied. Im Falle von Leerverkäufen muss der Leerverkäufer die Dividenden erstatten. Aber auch hier ist das einfach nur ein Faktor im Zusammenhang mit dem Kapitalgewinn oder -verlust, der das Nettoresultat der Transaktion bestimmt.

Es gibt noch eine dritte Quelle der Verwirrung. Oft wird der „reine Investor" darauf bestehen, dass er in einer Aktie, die er für 30 Dollar gekauft hat und die jetzt für 22 gehandelt wird, keinen Verlust hat, weil er sie nicht verkauft. Gewöhnlich wird er Ihnen sagen, dass er Zutrauen zu der Gesellschaft hat, dass er seine Aktie behalten wird, bis sie sich erholt. Manchmal wird er nachdrücklich betonen, dass er niemals Verluste realisiere.

Es ist schwer zu sagen, wie ein solcher Investor seine Position rechtfertigen wollte, wenn er Studebaker im Jahr 1953 für über 40 Dollar gekauft und bis 1956 bei fünf Dollar gehalten hätte. *(EN: Oder Osborne zu 25 Dollar und null Dollar in den 1980er-Jahren oder Visicalc zu ähnlichen Preisen im selben Jahrzehnt. EN9: Oder Enron und WorldCom in den 2000er-Jahren. Oder Bear Stearns oder Lehman oder ...)* Aber für ihn „existiert" ja ein solcher Verlust nicht, bis er ein „realisierter" Verlust wird.

In Wahrheit ist sein Glaube, die Aktie werde wieder einmal so viel wert sein, wie er dafür bezahlt hat, nicht mehr als eine spekulative Hoffnung; und oft eine vergebliche obendrein.

Darüber hinaus könnte man fragen, ob seine Argumentation immer die gleiche bleibt. Angenommen, eine andere Aktie dieses Investors sei nach dem Kauf bei 30 auf 45 gestiegen. Würde er wirklich sagen, dass er einen Gewinn oder Verlust nicht beachtet, bis er die Aktie wirklich verkauft? Oder würde er nicht von dem „Gewinn" sprechen, den er durch seinen Kauf hat?

Es ist schon richtig, Gewinne oder Verluste entweder nur anhand realisierter, abgeschlossener Transaktionen zu betrachten oder aber auf der Basis des jeweiligen Börsenwerts zu einer bestimmten Zeit. Aber es ist keine Ehrlichkeit gegenüber sich selbst, wenn man die eine Methode benutzt, um seine Fehlspekulation zu versüßen, und die andere, um die eigenen Erfolge zu betonen. Die Verwirrung aus diesem Verhalten ist für manche finanzielle Tragödie verantwortlich. *(EN: Man könnte fast sagen, im modernen Kontext kommt eine solche Verwirrung einem vorsätzlichen oder neurotischen Verhalten gleich. Angesichts der leichten Verfügbarkeit von Portfoliosoftware, die den Marktwert der Positionen angibt, kann das Meiden dieses Wissens nur als selbstzerstörerisch angesehen werden.)*

Als Spekulant nach der technischen Methode werden Sie es wahrscheinlich allein als realistisch ansehen, Ihre Gewinne und Verluste nach dem augenblicklichen Börsenkurs zu bewerten. Ihr Gewinn oder Verlust zu jedem Zeitpunkt wird daher in anderen Worten nach dem Schlusskurs der Aktien am betreffenden Tag bemessen.

Wichtig ist es also, um das noch einmal zu wiederholen, folgende Fehler zu vermeiden: a) Aktie und dazugehörige Gesellschaft als identisch oder gleichwertig anzusehen; b) bewusst oder unbewusst einer Aktie einen „Wert" auf der Basis von gezahlten Dividenden und ohne Rücksicht auf den Börsenkurs beizulegen und c) realisierte Gewinne und Buchgewinne oder realisierte Verluste und Buchverluste zu vermischen.

Der Spekulant nach der technischen Methode ist kein Anhänger einer Politik des „Kaufens und Haltens". Es gibt Zeiten, in denen es eindeutig vorteilhaft ist, eine Position über viele Monate oder sogar Jahre zu halten. Aber es gibt ebenso Zeiten, in denen es sich lohnt, aus einer Aktie auszusteigen, entweder mit Gewinn oder mit Verlust. Erfolgreiche Technische Analysten werden niemals aus emotionalen Gründen in einer Situation bleiben, die nach den augenscheinlichen Indizien nicht länger haltbar ist.

Ein erfahrener Spekulant kann nach der technischen Methode die Vorteile der kürzeren mittelfristigen Trends (Intermediate Trends) ausnutzen. Man kann zeigen, dass die möglichen Nettogewinne größer sind als der gesamte Nettogewinn bei Ausnutzung des Major-Trends, auch wenn man die höheren Kosten für Kommissionen und die höhere Einkommensteuer für kurzfristige Operationen berücksichtigt.

Aber man sollte sich darüber klar sein, dass derartige zusätzliche Gewinne nicht leicht gewonnen werden. Man kann sie nur durch dauernde Wachsamkeit und das Befolgen systematischer taktischer Methoden erreichen. Die Börse ist kein Spielautomat und auch nicht mit Poker oder Roulette zu vergleichen. Es ist nicht möglich, durch die Anwendung eines simplen mathematischen Systems „die Börse zu schlagen". Wenn Sie das bezweifeln, sollten Sie am besten jedes derartige System, das Ihnen interessant erscheint, genau studieren und anhand einer großen Anzahl tatsächlicher Börsenbewegungen überprüfen. Oder fragen Sie sich, ob Sie jemanden kennen, der allein diesem System für seine Börsentechnik folgte und damit Erfolg hatte. *(EN: Nachdem Magee dies geschrieben hat, haben viele erfolgreiche Händler mithilfe von Computertechnologie und Fortschritten in der Finanztheorie algorithmische Systeme geschaffen, die an den Finanzmärkten erfolgreich waren. Allerdings werden die Märkte in der Regel auf den Erfolg dieser Systeme aufmerksam und entwickeln Gegenstrategien, um sie zu besiegen. Daher besteht die Tendenz, dass die Leistung mechanischer Systeme mit der Zeit degeneriert oder ganz versagt. Es ist die glückliche Kombination des* Systems mit den dafür empfänglichen Märkten, *die mechanische Systeme über bestimmte Zeiträume erfolgreich macht.)*

Die Anwendung der Technischen Analyse ist hingegen kein mathematisches System, obwohl sie natürlich in gewissem Sinne mit Mathematik zu tun hat. Ihre Absicht besteht darin, die Bedeutung von Börsenbewegungen im Lichte vergangener Erfahrungen in ähnlichen Fällen zu erkennen. Sie benutzt als Hilfsmittel Charts und betrachtet die Börse als sehr empfindlichen Mechanismus, der alle denkbaren Meinungen aller irgendwie interessierten Personen durch eine demokratische Auktion, die jedem Wettbewerber offen steht, auf eine einzige Zahl reduziert. Diese Zahl repräsentiert den Preis (Kurs) des Wertpapiers in jedem einzelnen Augenblick. Die verschiedenen Formationen und Muster, die wir untersucht haben, sind nicht ohne Bedeutung oder zufällig. Sie zeigen Änderungen realer Werter, sie kennzeichnen Erwartungen, Hoffnungen, Befürchtungen, Entwicklungen in der Industrie und bringen alle anderen Faktoren zum Ausdruck, die irgendjemandem bekannt sind. Wir brauchen nicht in jedem Fall genau zu wissen, welche besonderen Hoffnungen, Befürchtungen oder Entwicklungen durch eine gewisse Formation repräsentiert werden. Es ist nur wichtig, dass wir die betreffende Formation erkennen und wissen, welche Entwicklungen von ihr zu erwarten sind.

Die kurzfristigen Gewinne, könnte man sagen, sind der Lohn dafür, dass der Spekulant Unebenheiten im Trend ausgleicht und für Liquidität an der Börse sorgt. Verglichen mit dem langfristigen Investor werden Sie schneller sein müssen, wenn Sie Positionen eingehen, und schneller, um entweder Gewinne oder wenn notwendig Verluste mitzunehmen. Es geht nicht darum, an der Börse in bestimmten Aktien investiert zu sein. (Wir werden allerdings versuchen, entsprechend dem jeweiligen Stadium der Börse eine gewissen „Total Composite Leverage" [oder ein Risiko-Gewinn-Verhältnis] zu unterhalten, was letztlich zu demselben Ergebnis führt.) Sie werden bei jeder Transaktion kleinere Gewinne als der langfristige Investor haben. Aber dafür haben Sie den Vorteil, häufig einen

Schritt zurücktreten und die gesamte Situation überblicken zu können, ehe Sie eine neue Position eingehen.

Ganz besonders werden Sie gegen Börsenpaniken geschützt sein. Es gibt Zeiten (und 1929 war keineswegs der einzige Fall) *(EN: 1987 und 1989 kommen einem auch in den Sinn. EN9: Fügen Sie 2001–2002 hinzu, wenn Sie möchten: 2. Mai 2001, Dow 11.350; 17. September 2001, 8.062; 18. März 2002, 10.673; und 22. Juli 2002, 7.532)*, in denen der langfristige Investor sieht, wie ein großer Teil seines langsam angesammelten Gewinns in wenigen Tagen ausgelöscht wird. Der kurzfristige Spekulant wird in solchen Katastrophenfällen durch seine Stop-Loss-Orders oder seine Bestens-Orders mit nur mäßigen Verlusten aus dem Markt genommen. Er hat sein Kapital immer noch weitgehend intakt, um es im neuen Trend einsetzen zu können. *(EN: Die beste Auffassung des Technischen Analysten in „modernen Zeiten“ ist, dass selbst langfristige Investoren nicht gute Miene zum bösen Bärenmarkt machen sollten. Das ist nur für die Treuhandabteilungen der Banken und die Anhänger von Burton Malkiel eine Notwendigkeit).*

Ehe wir uns mit den Fragen der Taktik befassen, schließlich noch eine Bemerkung zur Frage der Größenordnungen. Die Operationen, von denen wir hier sprechen, sind die des kleinen und mittelgroßen Spekulanten. Die hier vorgeschlagenen Methoden für Kauf und Verkauf gelten für Transaktionen von Odd-Lots (unter 100 Aktien), 100 Aktien, 200 Aktien und manchmal bis zu 1.000 Aktien oder mehr, je nach Aktivität und Börsenlage der einzelnen Aktie. Dieselben Methoden wären nicht für den Spekulanten geeignet, der mit Aktienblocks von 10.000 Stück handelt. In diesen Fällen würden seine eigenen Käufe oder Verkäufe den Kurs der Aktie ernsthaft beeinflussen. Solche Operationen in großem Maßstab sind ein besonderes Gebiet. Sie werden zwar von derselben Strategie und denselben grundlegenden Trends regiert, erfordern aber eine andere Art von Börsentaktik (siehe Abbildung 18.3). *(EN: Oder anders ausgedrückt, wie Magee einmal zu mir sagte: Eine Maus kann dorthin gehen, wo ein Elefant nicht hinkommt.)*

Strategie und Taktiken für den langfristigen Anleger: Was ist ein Spekulant? Was ist ein Anleger?

In den Jahren, seit Magee das ursprüngliche Kapitel 18 schrieb, haben sich einige andere Konnotationen an die Begriffe „Spekulant“ und „Anleger“ geheftet. Außerdem hat ein großer kultureller Wandel stattgefunden. Die Zeiten, als New Haven (New York, New Haven, and Hartford Railroad) ein Fanal der Respektabilität war (und sein Glanz auf die Anleger abfärbte) und „gute Dividenden“ ausschüttete, sind für immer vergangen; ebenso wie New Haven selbst. Tatsächlich haben die Unternehmen nach der Jahrhundertwende einen Wandel erlebt, was die Haltung der Anleger bezüglich Dividenden angeht. Die Anleger wollen Kapitalzuwächse und kümmern sich kaum um Dividenden. Es gilt in letzter Zeit sogar als Kennzeichen einer „Wachstumsaktie“, keine Dividenden zu zahlen. Offenbar sind die Tage von New Haven für immer vorbei, als ein „Anleger“ jemand war, der Dividenden kaufte, hielt und ansammelte, während „Spekulanten“ leicht suspekte Menschen waren wie Magee, die es auf mittelfristige Trends abgesehen hatten und „unschicke, spekulative“ Aktien kauften. Das hat inzwischen einen Hauch von Sepia an sich. Den Magee-Spekulanten von gestern könnte man heute als mittelfristigen Anleger bezeichnen.

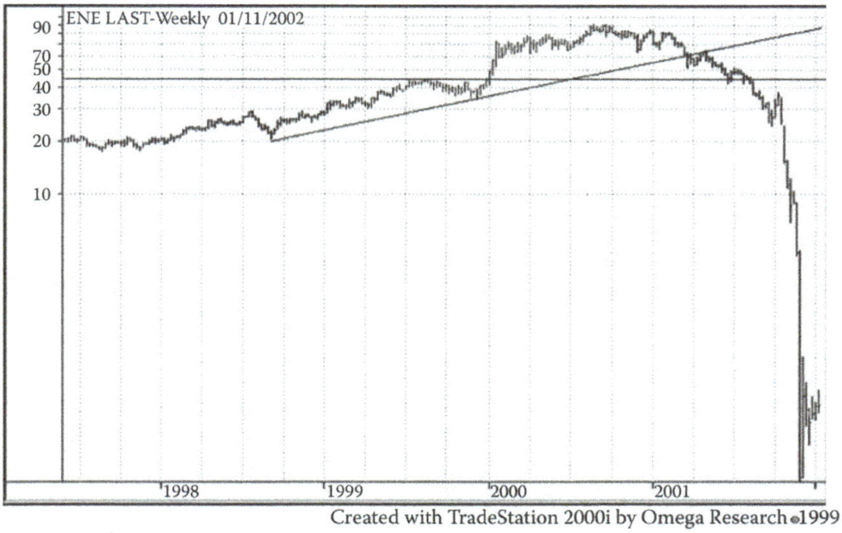

Abbildung 18.3: Wenn ein Anleger aus diesem Buch nur eines lernt, dann dürfte diese eine Sache wohl die Rettung seines Portfolios oder seiner Altersvorsorge sein (falls er seine gesamte Altersvorsorge in Enron angelegt hatte). Die Enron-Angestellten machten stattdessen den großen Fehler, kein diversifiziertes Rentenportfolio zu haben – sie hatten alle Eier in einen Korb gelegt, ihre Einnahmen und ihre Ersparnisse stammten aus nur einer Quelle. Dabei ist hier nicht einmal die Diversifizierung die wichtigste Lektion, sondern dass man aus der Aktie aussteigen sollte, sobald sie wendet. Eine logische Folge dieser Lektion ist, dass man nie eine Aktie kauft, die im Abwärtstrend ist. Aber noch wichtiger ist die Lektion, niemals eine Aktie zu kaufen, die einen Kopfsprung vollführt. Das liege doch auf der Hand, mögen Sie sagen, aber für die Portfoliomanager der University of Miami war es seinerzeit wohl nicht so offensichtlich, da sie immer noch Enron-Aktien einsammelten, als diese sich mit einer Geschwindigkeit von 180 Kilometern pro Stunde dem Erdboden näherten. Natürlich befanden sie sich dabei in raffinierter (?) Gesellschaft. Die Leute von Motley Fool klammerten sich bis zum Boden wie Sterbende an die Aktie.

Zwar könnte man den Begriff „Spekulant" immer noch auf jeden anwenden, der am Markt „tradet", doch in der heutigen Zeit würde man auch den Spekulanten der alten Zeit und seinesgleichen wohl eher als Trader denn als Spekulanten bezeichnen. Rohstoffhändler, die kein geschäftliches Interesse an den Kontrakten haben, die sie austauschen, werden stets als *Spekulanten* im Gegensatz zu den *Commercials* bezeichnet, die Hedger sind und die Rohstoffe nutzen, mit denen sie handeln. Die heutigen „Day-Trader" könnte man als Pendants der Spekulanten der alten Zeit bezeichnen – nur dass dieses Day-Trading dem Glücksspiel gefährlich nahekommt. Und nach Meinung des Herausgebers des vorliegenden Buches handeln nur die Passiven überhaupt niemals und bleiben auch während Baissen auf ihren Positionen sitzen.

Im heutigen Spektrum zwischen Anleger und Spieler ist der alte „New-Haven-Anleger", der „seine Dividenden will", ziemlich selten und könnte wie gesagt eine jener Treuhandabteilungen sein, die nicht verklagt werden wollen und sich deshalb aus steigenden Aktien heraushalten. Denn vorsichtige Menschen „handeln nicht mit volatilen Aktien", sondern „investieren in sichere Papiere wie Anleihen", sodass sie zwar jährlich bloß 1,5 bis 2,0 Prozent des gekauften Wertes verlieren, aber die Illusion der „Kapitalerhaltung" bewahren.

Eine Definition des langfristigen Anlegers

Betrachten wir als langfristigen Anleger heute einen, der zumindest die Marktrendite erwartet, weil mittlerweile über einen verhältnismäßig langen Zeitraum vorgeführt wurde, dass dies durch passive Indexanlage möglich ist. Um die Jahrhundertwende, während dies geschrieben wird, scheinen weder langfristig noch mittelfristig oder kurzfristig orientierte Anleger über die Risiken nachzudenken, die damit verbunden sind, die gleiche Rendite wie der Markt anzustreben, weil es beim Eintritt in das dritte Jahrtausend schon so viele Jahre her ist, dass wir eine richtig böse Baisse hatten. Der Dow Jones bei 36.000 Punkten? Das ist eine vorübergehende Phase. In jeder Hausse sinken, je höher und höher der Markt steigt, die Chancen umso tiefer, dass sich das fortsetzen wird – ungeachtet der historischen Haussen der 1990er-Jahre.

Wie also sehen die Strategie und die Taktiken des langfristigen Anlegers aus, um das Ziel der Marktrendite zu erreichen? (*EN9: Muss der Leser an Kapitel 4 und an die Dow-Theorie erinnert werden?*)

Dazu möchten wir gleich anmerken, dass die Taktiken, die Magee für den Spekulanten – oder wenn man so will den Trader – beschrieben hat, nicht alle im Widerspruch zu den kurzfristigen Taktiken stehen, die auch der langfristige Anleger gelegentlich anwendet. Wenn sich für die Stoppkurse des langfristigen Anlegers die Zeit des Kaufs oder Verkaufs nähert, wird er zum Trader, der die Taktiken des Traders übernehmen darf und sollte. Früher oder später verengt sich der Fokus sogar auf den Augenblick, zu dem der Trade ausgeführt wird. Interessanterweise funktionieren die Charttechniken, die wir hier beschrieben haben, auch in Echtzeit bei auf einzelne Ticks bezogenen Daten. Das heißt, wenn der Trader das Echtzeit-Umfeld betreten will, dann kann er versuchen, seinen Trade zeitlich genau auf die Echtzeit-Chartformationen abzustimmen. Nur der wirklich aktive und geschickte langfristige Anleger wird sich darum kümmern, aus seiner Position noch den letzten halben Punkt oder die letzten Punkte herauszuquetschen. Diese Veranschaulichung der ins Auge gefassten Zeit richtet sich an jeden Anleger, Trader oder Spekulanten, um den fraktalen Charakter der Kursdaten und die Anwendbarkeit der Technischen Analyse nach Magee auf sie zu verdeutlichen.

Die Strategie des langfristigen Anlegers

Die Strategie des langfristigen Anlegers besteht darin, die langfristigen Trends mitzunehmen – sich an Trades zu beteiligen, die über Monate und Jahre andauern. Jedoch beabsichtigt diese Strategie nicht, sich von langen Baissen übers Ohr hauen zu lassen. Vielmehr werden Portfolios liquidiert oder gehedgt, wenn man bearishe Signale empfängt. Wie bereits an den Beispielen für die Performance der (mehr oder weniger) mechanischen Dow-Theorie (siehe Kapitel 4) zu sehen war, kann eine solche Performance sehr zufriedenstellend sein – tatsächlich besser als die der Buy-and-hold-Strategien, die wegen der Clinton-Gore-Haussen der 1990er-Jahre sehr in Mode gekommen sind.

Wenn das Ziel darin besteht, nicht nur die Märkte, sondern auch die Investmentfonds zu schlagen (von denen auf lange Sicht ohnehin nur 20 Prozent den Markt übertreffen – wobei manchmal keiner von ihnen Geld verdient), dann ist das passive Indexing die wahrscheinlichste Strategie. Dieses lässt sich auf verschiedene Arten umsetzen – Indexfonds, Kauf des Aktienkorbs, der Futures und so weiter. Die attraktivste Methode dürfte jedoch der Einsatz der Standard & Poor's Depositary Receipts (SPDRs, SPY), des DIAMONDS™ (DIA) und so weiter sein. Die Taktik lässt sich an die Risikotoleranz und an den Charakter des Anlegers anpassen. Er kann auf Dow-Theorie-Signale hin hedgen oder verkaufen, mithilfe eines Filters anhand von Brüchen der 200-Tage-Linie oder von langfristigen oder mittelfristigen Trendlinien (Magee empfahl zwei Prozent, was sich an den Charakter der Märkte anpassen und auf drei Prozent oder auf einen Faktor erhöhen lässt, der sich für die aktuelle Marktvolatilität eignet). Auch Referenzpunkte (siehe Kapitel 28) sind eine leistungsstarke Methode. Man kann die zuvor besprochenen Instrumente – SPDRs, Diamonds, Index-Futures und Optionen – für die Umsetzung dieser Taktiken verwenden.

Es mag genügen, zu sagen, dass jede Strategie damit rechnen muss, dass der Plan schiefgeht, also mit der gefürchteten Baisse. Baissen wären weniger beängstigend, wenn der Durchschnittsanleger nicht darauf beharren würde, den Markt nur von der Long-Seite her zu betrachten. Langfristige Strategien sind schnell dahin, wenn auf dem Parkett der New York Stock Exchange Blut fließt. Der gut vorbereitete technische Investor hat einen Plan, der die Liquidierung schiefgegangener Positionen vorsieht, und hoffentlich auch die nötige Disziplin, um ihn umzusetzen.

Dies beinhaltet die regelmäßige Neuberechnung von Stoppkursen, während der Markt in die geplante Richtung läuft, und die rücksichtslose Liquidierung von Verlierern, die keine Leistung bringen. Man kann sich ein Portfolio wie einen Obstbaum vorstellen. Um den Ertrag zu steigern, müssen schwache Äste gestutzt werden. Die Berechnung von Stoppkursen wird in diesem Buch an mehreren Stellen behandelt (siehe die Kapitel 27 und 28). Für den langfristig orientierten Anleger könnte dies – nur als Beispiel, nicht als Empfehlung – der Bruch der 200-Tage-Linie oder einer langfristigen Trendlinie sein. Die 200-Tage-Linie gilt weithin als *der* langfristige Trendindikator, und dank dieses Glaubens kann sich das bewahrheiten. (*EN9: Ich möchte betonen, dass „200" ein Parameter und ein Beispiel ist. Eigene Recherchen können einen besser zum aktuellen Markt passenden Parameter ergeben.*)

In Wirklichkeit sollte man aber nicht nur die 200-Tage-Linie oder eine von Hand gezeichnete Trendlinie betrachten. Man sollte auch die Chartmuster der Portfoliobestandteile sowie die Charts der wichtigsten Indizes beachten. Man beachte auch die Verfassung der Indizes und ihrer Bestandteile – ihren technischen Zustand –, also ob sie laut ihren Charts ein Top bilden, konsolidieren oder einen Trend bilden.

Überdies wäre es unmöglich, Magees Referenzpunkt- oder BasispunktVerfahren nicht zu erwähnen (siehe Kapitel 28), die womöglich die leistungsfähigste Trailing-Stop-Methode, die es gibt.

Rhythmische Geldanlage

Zudem kann man, wenn man Kapitel 31, „Nicht alle Eier in einen Korb", ernst nimmt, ein Portfolio nach und nach im natürlichen Rhythmus der Märkte sowie in Übereinstimmung mit dem hier beschriebenen Magee Evaluative Index von long nach short rollen. Das ist die Lieblingsstrategie der Verfasser und des Herausgebers dieses Buches.

Alle diese Dinge hängen von den Zielen, vom Temperament und vom Charakter des Anlegers ab. Wenn er sich in Vollzeit mit den Märkten beschäftigen will, ist er wahrscheinlich kein langfristiger Anleger. Solche Menschen haben einen guten Appetit und schlafen nachts ruhig. Der Trader

Abbildung 18.4: Die fragwürdigen – und sogar bizarren – Ergebnisse des „one-decision investing" (also Buy-and-hold-Investing) werden durch diesen Chart ausgiebig veranschaulicht. Zunächst einmal empfahlen die „besten und klügsten" Investoren IBM auf einem 10-Jahres-Hoch, wonach die Aktie um mehr als 50 Prozent fiel. Danach erholte sie sich auf das Doppelte des Empfehlungskurses. Welch schöne Rechtfertigung! Doch leider nur, um zu sehen, dass sie 20 Jahre später rund 40 Prozent unter dem Empfehlungskurs steht. Die analytischen Linien geben gewisse Hinweise darauf, wo ein Techniker das Papier hätte handeln können. Ich sage gern, dass es Bullen, Bären und Straußen gibt, und jeder, der dieser einmaligen Anlageentscheidung folgte, bestätigt meine Behauptung.

ist mager und hungrig – nicht unbedingt wegen des Geldes, sondern wegen seiner Aktivität. Man sollte wissen, ob man der Trader-Typ oder der Anleger-Typ ist. Man lernt seinen Typ oder Charakter am besten kennen, bevor man ihn an den Märkten herausfindet, denn an den Märkten kann die Suche nach Selbsterkenntnis kostspielig sein.

Es ist kein innerer Widerspruch, langfristige Positionen zu halten und gleichzeitig zu versuchen, je nach dem verfügbaren Kapital sowie der Zeit, der Energie und dem Kapital, das der Anleger ins Trading stecken möchte, von mittelfristigen Trends zu profitieren. Eine langfristige Strategie lässt sich folgendermaßen mit einem Minimum an Zeit und Aufwand umsetzen: Man achtet auf die großen Indizes und kauft bei Ausbrüchen, bei Tiefpunkten von Konsolidierungen und bei Rücksetzern; man verkauft oder hedgt beim Bruch von Trendlinien, die man anhand von Basispunkten berechnet (Kapitel 28), und beim Durchstoßen von Unterstützungszonen.

Der langfristige Anleger nimmt größere Ausschläge seiner Position in Kauf als der mittelfristige Trader oder Spekulant. Ein Beispiel dafür ist, dass der Spekulant bei der Methode der Basis-/Referenzpunkte aus Kapitel 28 vielleicht die 3-Aus-Tage-Regel verwendet, während der langfristige Anleger 3-Wochen-Basispunkte oder etwas Ähnliches verwenden kann. Zusätzlich kann er, falls er daran interessiert ist, wenn er vermutet oder analysiert, dass sich eine lange Hausse einem Höhepunkt nähert, ebenfalls die 3-Aus-Tage-Regel anwenden oder sogar seine Aktie anhand eines täglichen Stopps knapp unter dem Marktpreis verfolgen. Dabei muss man allerdings aufpassen, denn die Profis suchen in solchen Situationen nach Stoppkursen dicht unter dem Vortagesschlusskurs.

Abbildung 18.5: Ebenso wie die in der vorigen Abbildung gezeigte IBM-Aktie wurde Xerox an einer Stelle empfohlen, an der man es hätte verkaufen statt kaufen sollen. Die obigen Bemerkungen könnten auch für diesen Chart gelten. Wie töricht „Buy and hold" und „one-decision investing" sind, sieht man deutlich, wenn man die langfristigen Schwankungen der Aktie und somit auch des Anlegerkapitals betrachtet. Die Technische Analyse ist als Gegengift gegen solche Torheiten gedacht.

Es wäre klug, die langfristige Geldanlage nicht mit „Buy and hold" oder, wie es in den 1970er-Jahren genannt wurde, mit „one-decision investing" zu verwechseln. Ein Beispiel für dieses fehlgeleitete Denken ist, dass 1972 die „besten und glänzendsten" (fundamentalen) Analysten der Wall Street ein Portfolio der Aktien für die Generation beziehungsweise für 20 Jahre auswählten. Es ließ sich schwerlich bestreiten, dass es sich um die Crème de la crème der amerikanischen Unternehmen handelte. Denn wer hätte schon an Avon, Eastman Kodak, IBM, Polaroid (außer wenn er sich zufällig Abbildung 37.23 angeschaut hätte), Sears Roebuck und Xerox herumnörgeln können? Und selbst heute würde man ohne keinen genauen Blick auf den Markt sofort „Blue Chips" antworten. Sehen Sie sich dazu die folgende Tabelle der erwähnten Aktien und ihrer langfristigen Ergebnisse an.

Aktie	Kurs am 14.04.1972	Kurs am 31.12.1992	Veränderung
Avon Products	61,00 $	27,69 $	-54,6 %
Eastman Kodak	42,47 $	32,26 $	-24,0 %
IBM	39,50 $	25,19 $	-36,2 %
Polaroid	65,75 $	31,13 $	-52,7 %
Sears Roebuck	21,67 $	17,13 $	-21,0 %
Xerox	47,37 $	26,42 $	-44,2 %

Im Jahr 2017 sind die Tücken nicht überwachter Portfolios erneut zu sehen: Avon 2,50, Kodak 7,75, IBM 141, Polaroid nicht mehr notiert, Sears 7,21, Xerox 32,64. Man hüte sich also vor Experten und vor gedankenloser Geldanlage.

Die Charts auf den vorigen Seiten (Abbildungen 18.4 und 18.5) zeigen die Kursentwicklung von IBM und Xerox.

Fazit

Der langfristig orientierte Anleger versucht, große Marktbewegungen mitzunehmen – solche, die Hunderte oder gar Tausende Dow-Jones-Punkte umfassen – und viele Monate oder gar Jahre an Trades festzuhalten.

Er rechnet damit, dass in diesem Zeitrahmen sekundäre Trends auftreten, die gegen seine Position laufen. Je nach Temperament und Neigung kann er versuchen, sein Portfolio abzusichern, wenn er sekundäre Marktbewegungen erkennt, die gegen die Richtung des primären Trends verlaufen.

Er bevorzugt, was Aktien und das Portfolio angeht, Marktführer und Aktienkörbe, die große Indizes nachbilden (oder Index Shares), als Grundlage des Portfolios, kann aber auch ein paar spekulative Aktien auswählen, um seinem Portfolio eine gewisse Würze zu geben.

Trotz dieser Vorliebe für dauerhafte Trades toleriert er keine schwachen, Verlust bringenden oder unterdurchschnittlich laufenden Aktien. Sie stellen seine kürzesten Trades dar. Er begrenzt Verluste und lässt Gewinne laufen, befolgt also die wahrste und von erfolglosen Anlegern am wenigsten verstandene Maxime. Die zweite von Anlegern kaum verstandene Maxime ist „Stärke kaufen, Schwäche verkaufen".

Wahrhaft raffinierte Anleger versuchen, auch an Baisse-Trends teilzuhaben. Das ist der größte Unterschied zwischen professionellen und allgemeinen Anlegern – die Profis haben nichts gegen die Short-Seite.

Im Interesse von Day-Tradern geben wir die URL von Gamblers Anonymous an: http://www.gamblersanonymous.org

KAPITEL 19

DIE SO ÜBERAUS WICHTIGEN KLEINIGKEITEN

In diesem und im nächsten Kapitel besprechen wir eine Reihe von elementaren Punkten, die hauptsächlich für Leser gedacht sind, die sich bisher niemals mit Charts befasst haben. Vieles davon wird für den Fortgeschrittenen selbstverständlich und nur eine Wiederholung sein. Vielleicht findet aber auch er noch den einen oder anderen Gedanken, der seine Arbeit vereinfacht. Der Anfänger sollte diese Kapitel sorgfältig lesen und sie später zum Nachschlagen benutzen.

Wie und wann im Einzelnen Sie Ihre Charts führen, garantiert Ihnen keinen Gewinn. Aber andererseits müssen Sie diese Einzelheiten so gestalten, dass Ihre Arbeit einfach und Teil einer regelmäßigen systematischen Routine ist. Sonst können Sie nicht erwarten, Ihre Charts ordnungsgemäß auf dem Laufenden zu halten, und dann können Sie damit auch keine Gewinne erzielen.

Charts zu führen und Charts zu analysieren ist keine schwierige Sache und wird auch nicht zu viel Zeit beanspruchen. Aber Sie müssen sich auf eine vernünftige Anzahl von Charts beschränken und Ihre Arbeit regelmäßig tun, das heißt jeden Tag und ohne Ausnahme.

Sie werden eine Quelle für die nötigen Daten benötigen – die Börsenkurse und den Umsatz. Wenn Sie in einer großen Stadt leben, enthält Ihre Abendzeitung den kompletten Kurszettel. Sie können sich eine gewisse Zeit vor oder nach dem Abendessen oder während des Abends für Ihre Aufgabe reservieren. Wenn das nicht geht oder Sie diese Ihre Zeit nicht gegenüber allen anderen gesellschaftlichen oder geschäftlichen Verpflichtungen „heilig halten“ können, verschieben Sie die Führung der Charts auf den Morgen. Aber setzen Sie eine bestimmte Zeit fest und lassen Sie niemals etwas dazwischenkommen, oder Sie sind verloren. *(EN: Dieser Prozess wird durch automatisierte Computer-Download-Verfahren und den Zugang zu Datenquellen und Internetseiten radikal vereinfacht, aber das Prinzip ist das gleiche).*

Sie sollten einen geeigneten Arbeitsplatz für Ihre Charts haben. Wenn das zu Hause ist, im Esszimmer oder Wohnzimmer, sollten Sie den Familienmitgliedern klarmachen, dass diese Arbeit wichtig ist. Sie sollten in der Lage sein, die Tür zu schließen und ohne Unterbrechung zu arbeiten. Das Licht sollte so hell und frei von Schatten wie möglich sein. (Das macht einen erheblichen Unterschied aus, besonders wenn Sie eine große Zahl von Charts pflegen.) Die normale Tischlampe wirft ihren Lichtschein geradewegs über das Papier in Ihre Augen. Das kann bei dieser genauen Arbeit für Ihre Augen sehr anstrengend sein. Besser ist es, ein Licht von oben zu haben, das in angemessener Entfernung nur wenige Zentimeter vor Ihrer Kopflinie angebracht ist. Wenn dieses Licht aus zwei 40-Watt-Neonröhren besteht, werden Sie ein beinahe perfektes schattenloses Licht haben. Dies gilt natürlich nur, falls Sie nicht bei Tageslicht arbeiten.

Sorgen Sie für genügend Platz: Eine große Schreibtischplatte, ein Zimmertisch mit genügend Platz für Chartbücher, extra Papier, Bleistifte, Notizpapier, Lineal, Taschenrechner, Computerausrüstung und alles, was Sie sonst noch benötigen. Wenn Ihr Arbeitsplatz ziemlich niedrig liegt, wird das weniger ermüdend sein als die normale Tisch- oder Schreibtischhöhe.

Ob Sie mit Tinte oder Bleistift arbeiten wollen – nehmen Sie sich das Schreibzeug, das für Sie am einfachsten ist. Wenn Sie Bleistifte benutzen, probieren Sie verschiedene Fabrikate und Härtegrade aus. Der Bleistift muss hart genug sein, sodass er sich nicht so leicht verwischt, und doch nicht so hart, dass Sie zu stark aufdrücken müssen, um eine klare schwarze Linie zu bekommen. Die falsche Art von Bleistift kann Sie mehr ermüden und irritieren, als Ihnen bewusst ist. Halten Sie außerdem auch eine genügende Anzahl gut gespitzter Bleistifte bereit, zumindest ein Dutzend. Sobald einer etwas stumpf wird und Sie keine klare scharfe Linie mehr bekommen, legen Sie ihn einfach beiseite, und Sie können ohne Unterbrechung mit dem nächsten Bleistift fortfahren.

Führen Sie Ihre Charts in Ringbüchern. Es müssen genügend Ringe vorhanden sein, um das Umblättern der Seiten einfach zu gestalten. Das Buch darf nicht zu voll sein. Notfalls müssen Sie sich ein weiteres Buch zulegen, wenn ein Band zu voll wird. Erledigte Charts können in Mappen aufbewahrt werden. In die Ringbücher gehören nur die laufenden Blätter und das unmittelbar vorangehende. Benutzen Sie möglichst ein Buch mit sieben Ringen. Aus Büchern mit nur zwei oder drei Ringen reißen die Seiten zu leicht aus.

Ihre Charts werden für Sie zunehmend wertvoller, je länger sich die Chartgeschichte entwickelt. Die alten Chartblätter werden für Sie von großer Hilfe zum Nachschlagen sein. Besorgen Sie sich einen Hefter oder einen Platz, wo sie geordnet und in chronologischer Reihenfolge aufgehoben werden können. Legen Sie auch die Bankauszüge, Dividendenmitteilungen, Unternehmensnachrichten, Zeitungsausschnitte, Artikel, Notizen über eigene Methoden, Analysen und besondere Studien Ihrer Arbeit geordnet in Heftern ab.

Natürlich werden Sie eine einfache, aber komplette Notiz von jedem Kauf, Verkauf, jeder Dividende und so weiter von Aktien fertigen, die Sie gekauft und verkauft haben. Diese Notizen werden Ihre Arbeit sehr vereinfachen, wenn die Zeit für die Einkommensteuererklärung kommt. Sie werden Ihnen auch alle statistischen Informationen geben, die Sie für die Beurteilung Ihrer eigenen Ergebnisse benötigen.

(EN: Zu Beginn meiner Investmentkarriere und oft auch mittendrin hielt ich das Obige für eine Stammtischweisheit. Doch je länger ich dabei bin, desto mehr glaube ich, dass hausgemachte Weisheiten vielleicht die besten sind, die man bei der Geldanlage bekommen kann – gewissermaßen wie Mark Twain, der staunte, um wie viel weiser sein Vater wurde, je älter er selbst wurde.

Vielleicht sollten wir den bescheidenen obigen Sermon wiederholen: Seien Sie ernsthaft! Seien Sie methodisch! Seien Sie diszipliniert! Seien Sie geschäftsmäßig! Jeder, der ohne diese Eigenschaften bei der Geldanlage erfolgreich ist, hatte blindes Glück und kann von Glück sagen, wenn er nicht vor Ende seiner Laufbahn in eine Grube fällt.

Solche Gedanken kommen einem, wenn man sich fragt, was Magee zum Aufkommen des Mikrocomputers und zu dessen Auswirkungen auf die Technische Analyse und auf die Geldanlage gesagt hätte. Vielleicht hätte er gesagt: „Was hat dieses Werkzeug getan? Wunder und Scheußlichkeiten!“

Angesichts der Möglichkeiten, die Analyse und die Vorgehensweisen zu verkomplizieren, wenn der Anleger mit dem vielen Schnickschnack eines gängigen Softwarepakets konfrontiert ist, muss er die richtige Perspektive wahren. Aber was sind nun die allerwichtigsten Details, wenn man die Technische Analyse computergestützt betreibt?)

Der einfachste und direkteste Weg, für die Chartanalyse einen Computer zu benutzen

In Wirklichkeit kann man den Computer als einfaches Werkzeug verwenden, das eine einfache Aufgabe erledigt. Daran, auf einem Computer einen Chart zu führen, ist grundsätzlich nichts Kompliziertes. Alle Softwarepakete bieten Balkencharts, und viele bieten noch viele andere Arten von Charts, von Kerzen- bis hin zu Oszillator-Charts. Der Prozess ist bei fast allen kommerziellen Paketen so einfach, dass es überflüssig wäre, ihn hier zu erklären (für Beispiele siehe Anhang B, „Ressourcen"), außer dahingehend, dass er darin besteht, Daten zu beschaffen, die Kursdatenbank des Programms zu aktualisieren und auf ein Symbol zu klicken, um einen Chart zu erstellen. Die Softwarepakete selbst erklären ihre Funktionen besser, als es hier möglich wäre. Hier kommt es auf die richtige Perspektive an. Noch einfacher ist es, wenn der gesamte Prozess im Internet stattfindet, zum Beispiel unter http://www.stockcharts.com, http://www.bigcharts.com oder http://www.tradestation.com.

Man kann Charts mit recht teuren und auch mit öffentlich erhältlichen kostenlosen Programmen beziehungsweise Freeware erstellen. Man kann auch auf vielen Internetseiten mit interaktiven Chartprogrammen Charts erstellen. Man kann einen einfachen Balkenchart um eine unendliche Zahl technischer Studien erweitern – gleitende Durchschnitte, Oszillatoren und so weiter. Und darin liegt die Gefahr. Die Chartanalyse ist ja an sich ein qualitativer Prozess. Charts mit zahlenorientierten Informationen und Studien zu dekorieren kann den allgemeinen Anleger vom rechten Weg abbringen – sowie zu Verwirrung und Unentschlossenheit führen.

Somit hat der Analyst die oberste Präferenz, den Prozess so einfach wie möglich zu halten. Daten beschaffen, einen Chart erstellen, die Muster analysieren, das Handelsvolumen betrachten und die geeigneten analytischen Linien einzeichnen – dies lässt sich gewöhnlich mit dem Programm auf dem Bildschirm machen. Häufig erhält man ein besseres grafisches Bild, wenn man den Chart ausdruckt und die Linien von Hand einzeichnet. Dies rückt eines der größten Probleme mit fast allen Softwarepaketen in den Vordergrund – die Bildschirmgrafik ist schlecht und zumindest für Chartisten alter Schule irreführend. Besonders bringt das Analysten durcheinander, die es gewohnt sind, auf Chartpapier von TEKNIPLAT™ zu arbeiten. (EN9: In den Jahren seit der 8. Auflage sind zwei Dinge geschehen: Der Herausgeber hat sich an die moderne Technologie gewöhnt, und die neue Technologie hat ein für einen nörgelnden Analysten annehmbares Niveau erreicht. Technische-Analyse-Seiten im Internet wie http://www.stockcharts.com und http://thinkorswim.com haben sich so verbessert, dass sie überraschend nützliche Ressourcen zu unglaublichen Preisen sind – sogar kostenlos.)

Es ist festzuhalten, dass sich die Frage der grafischen Darstellung der Fakten hartnäckig stellt. Bis zu einem gewissen Grad wird der einzelne Analyst dieses Rätsel lösen, indem er sein Auge und seinen Verstand an eine grafische Umgebung anpasst, eine bestimmte grafische Methode konsequent verwendet und schaut, wie sie mit den Fakten des Marktes zusammenhängt. An John Magee ausgerichtete Lösungen dieses Problems werden auf der Website http://www.edwards-magee.com zur Verfügung gestellt.

In Anhang B, „Ressourcen", kann sich der Leser einige Beispiele für einfache und kostengünstige Softwarepakete und Internetseiten anschauen, die für die erforderlichen Aufgaben der technischen Chartanalyse sowie für die komplexere zahlenorientierte Analyse ganz gut geeignet sind.

Fazit

Der Computer ist ein unschätzbares Analysewerkzeug. Seine Nutzung ermöglicht Folgendes:

- *Man kann sich Daten automatisch über das Internet oder über Einwahlseiten zu geringen oder gar keinen Kosten beschaffen. Manche bieten sogar Echtzeitdaten, die zwar für den unerfahrenen Trader eine Möglichkeit darstellen, in Echtzeit bankrottzugehen, die aber für den allgemeinen Anleger bei der Ausführung eines Trades wünschenswert sein können. Viele dieser Websites bieten alle möglichen Arten der Analyse an, von der achtbaren Technischen Analyse (gewöhnlich zu kompliziert) bis hin zu außerirdischem Channeling.*
- *Ein Softwarepaket und eine Portfolio-Website im Internet liefern dem Analysten eine quasi mühelose Portfoliobuchführung sowie aktuelle Marktpreise – was, wie Magee sagt, sehr wertvoll ist, weil es den Anleger daran hindert, seine Bar- und seine Periodenbuchhaltung miteinander zu vermengen.*
- *Der Computer ermöglicht es, bislang unvorstellbare Mengen zu verarbeiten. Man kann eine unbegrenzte Anzahl von Aktien analysieren. Wie man mithilfe des Computers diejenigen auswählt, mit denen man handelt, wird in den Kapiteln 20 und 21 behandelt.*
- *Anhang B, „Ressourcen“, enthält Informationen über Softwarepakete, die der Leser ausprobieren und zu recht vernünftigen Preisen kaufen kann. Aller Wahrscheinlichkeit nach werden die günstigsten von ihnen für die Bedürfnisse der meisten allgemeinen Anleger ausreichen. Dazu kommt eine kurze Besprechung von Websites und Ressourcen.*

KAPITEL 20

DIE ART AKTIEN, DIE WIR BRAUCHEN – DIE SICHT DES SPEKULANTEN

Die Art von Aktien, für die wir Charts führen wollen, ist recht einfach zu beschreiben, und es sind nur wenige Merkmale dazu nötig. Wir brauchen Aktien, die uns die Möglichkeit bieten, durch Spekulationen Gewinn zu erzielen. Das sind Aktien, deren Kurse sich über eine genügend breite Spanne bewegen, um eine Spekulation lohnenswert zu machen. Es gibt Menschen, die bei der Aktienanlage in erster Linie auf die Sicherheit des Kapitals und auf die Sicherheit des Einkommens schauen. Für sie gibt (EN9: oder *gab*) es Aktien, die ein erhebliches Maß an Stabilität gewährleisten. Sie selbst können (und werden wahrscheinlich) den Wunsch haben, einen substanziellen Teil Ihres Gesamtkapitals in Aktien dieses Typs zu halten. Sie bewegen sich in einem engen Kursrahmen. Sie setzen einem Abwärtstrend außerordentlichen Widerstand entgegen. Ebenso (und notwendigerweise) reagieren sie nur wenig auf schnelle Aufwärtsbewegungen der gesamten Börse. Diese Aktien sind dem konservativen Investor äußerst erwünscht. Sie sind jedoch nicht die besten Aktien für Spekulationen. Ihre Ausschläge sind klein, und die Unkosten würden die geringen Spekulationsgewinne aufzehren, die man erwarten kann. Außerdem bilden sie auch nicht die scharfen, klaren Chartformationen der eher spekulativen Werte, sondern bewegen sich in rundlichen, trägen Wellen. *(EN9: Diese Bemerkungen spiegeln eine vergangene Zeit wider. Die beschriebenen Aktien sind im Großen und Ganzen den Weg des Dodos gegangen. Wenn T als Faktor vom Markt verschwinden kann, gibt es keinen Ort, an dem man sich verstecken kann, außer in Anleihen, die, wenn sie stagnieren, nur mit der Inflationsrate und dem Kaufkraftverlust des Dollar real an Wert verlieren. Auch Anleihen sollten mit den in diesem Buch beschriebenen Werkzeugen einer häufigen Neubewertung unterzogen werden.)* Zur Veranschaulichung in diesem Kapitel siehe Abbildung 20.1 bis 20.4.

Wir wollen die zugrunde liegenden Gedanken noch etwas erläutern. Wir wollen annehmen, dass eine bestimmte Gesellschaft zwei verschiedene Aktiengattungen besitzt, Vorzugsaktien und Stammaktien. Wir wollen weiter annehmen, dass der Konzern seit Jahren einen gewissen Mindestgewinn erzielt. Er reicht aus, um die Vorzugsdividende zu bezahlen. Dann erscheint die Fortsetzung dieser Vorzugsdividende praktisch gesichert. Die Vorzugsdividende sei beispielsweise auf sechs Prozent festgesetzt. Erst danach wird auf die Stammaktie ausgeschüttet, was übrig bleibt. In einem Jahr mögen das nur 0,50 Dollar je Anteilschein für den Stammaktionär sein. Im nächsten Jahr mögen es zwei Dollar je Anteil, das heißt viermal so viel, sein. Wenn in einem solchen Fall nicht noch andere Faktoren mitspielen, ist zu erwarten, dass die Vorzugsaktie zu einem ziemlich stetigen Kurs ohne viele Veränderungen gehandelt wird. Demgegenüber ist die Stammaktie einer erheblichen „Leverage", das heißt einer Hebelwirkung, unterworfen und kann ihren früheren Wert vervierfachen. Die mehr

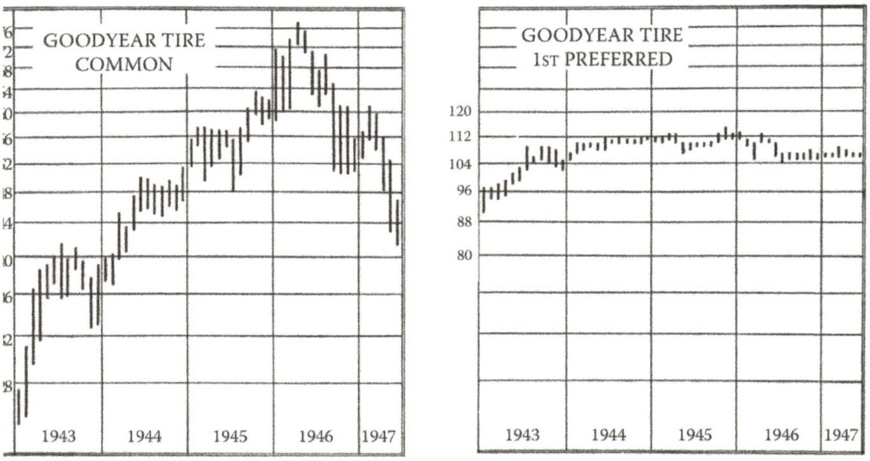

Abbildung 20.1: Chance und Sicherheit. Links ist die Stammaktie von Goodyear zu sehen. Sie repräsentiert den verbleibenden Gewinn der Gesellschaft, nachdem alle vorhergehenden Verpflichtungen erfüllt sind. Rechts haben wir die 5-Dollar-Vorzugsaktie der Gesellschaft. Sie bietet in hohem Maße die Sicherheit, dass die fünf Dollar Vorzugsdividende gezahlt werden, aber im Übrigen keine Aussicht auf Beteiligung an Gewinnen. Die monatliche Schwankungsbreite beider Aktien in der gleichen 54 Monate langen Periode wird im logarithmischen Maßstab dargestellt. Während die Stammaktie einen Kursanstieg von über 300 Prozent vollzieht, steigt die Vorzugsaktie ungefähr um 25 Prozent und verläuft dann auf einem Niveau seitwärts, das den Höchstpreis darstellt, den Investoren für die sichere fünfprozentige Dividende zu zahlen bereit waren.

Abbildung 20.2: S&P 500. Hier zeigen sich die Vorteile der entspannten langfristigen Geldanlage, natürlich gestützt durch die längste und ansehnlichste Hausse der amerikanischen Geschichte in den Clinton-Gore-Jahren. Am Ende dieses Rekords sind die Auswirkungen der öffentlichen Begeisterung (oder wie der Fed-Vorsitzende Greenspan sagte, „irrationaler Überschwang", siehe auch die Tulpenmanie) in den weiten undisziplinierten Ausschlägen zu sehen (am besten in Abbildung 20.3 zu sehen). Die gepunktete Linie stellt den gleitenden Durchschnitt über (ungefähr) 150 Tage dar. Allein die Verwendung des gleitenden Durchschnitts (oder des Referenzpunkteverfahrens) als Signal hätte den Markt und 99 Prozent der anderen Anleger geschlagen.

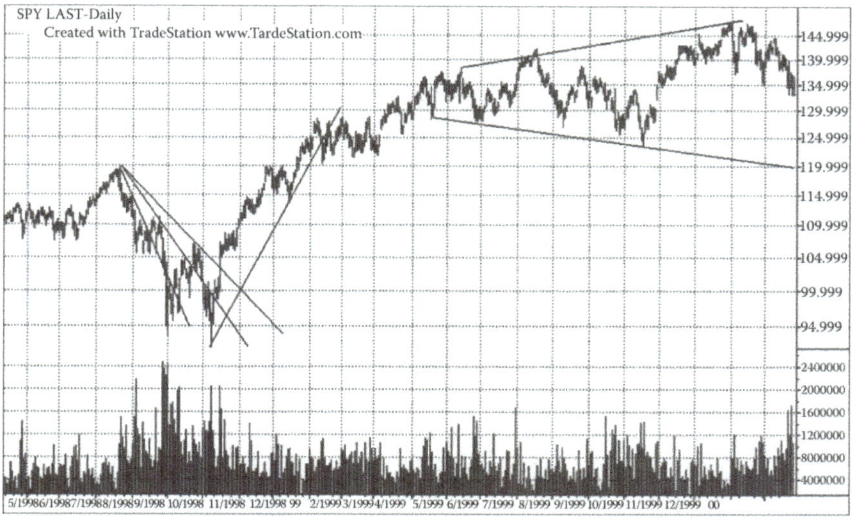

Abbildung 20.3: SPY. Zur Veranschaulichung hier ein Chart des AMEX Index Share SPY, eines auf dem S&P 500 basierenden ETFs. Nach dem Crash 1998 (Asienkrise) erzählen die gefächerten Linien ebenso eine Geschichte wie die letzte Phase des Charts, in der der Markt offenbar in ein Broadening Top einschwenkt. (*EN9: Man beachte, dass dieses Broadening Top 1999/2000 vor dem Crash identifiziert wurde, dokumentiert in den Archiven von* http://www.edwards-magee.com. *Siehe auch Abbildung 20.4.*)

Abbildung 20.4: Der S&P 500 in seiner ganzen Glorie und Tragik. Wie ein besonders gutes Porträt von Holbein dem Jüngeren. Das Broadening Top im Jahr 2000, auf das in Abbildung 20.3 hingewiesen wurde, sagte den Rückgang des S&P 500 auf unter 790 Punkte voraus – keine 50 Prozent, aber nahe genug daran, um ins Auge zu springen. Neben der Lehre aus dem Broadening Top sind hier aber noch feinere Lehren zu ziehen. Und sie alle *schreien* danach, aktiv zu werden. Die gebrochene Trendlinie bei A, die gebrochene Trendlinie bei B, die gebrochene „Nackenlinie" oder waagerechte Linie bei C. Man beachte die enge Entsprechung zwischen den Brüchen bei B und C. Die nächste Lektion ist, dass man Abwärtstrends erst kaufen sollte, wenn in einer großen Baisse ein klarer Boden gebildet wurde. Hier wird eindeutig vor dem Kilroy Bottom bei 1-2-3 kein Boden gebildet. Und auch dann ist ein Trade für den langfristigen Anleger am wenigsten gefährlich, wenn die Kilroy-Zaunlinie (Nackenlinie) bei D gebrochen wird. All das konnte man damals wissen.

spekulativen Aktien repräsentieren entweder einen Geschäftszweig, dessen Gewinn seiner Natur nach von Jahr zu Jahr unsicher ist, oder das Volumen des Geschäfts oder die Gewinnmarge fluktuiert weit; oder es handelt sich um eine Gesellschaft, bei der die Masse des „sicheren" Nettogewinns schon zugunsten irgendwelcher vorrangigen Verpflichtungen abgeschöpft ist. Es gibt noch andere Faktoren, die die spekulative Schwingungsbreite einer Aktie beeinflussen. Als Ergebnis kann die eine Aktie sehr empfindlich reagieren und eine andere äußerst konservativ; und zwischen ihnen liegen alle Schattierungen und Grade von Empfindlichkeit und Risiko. Hier genügt der kurze Hinweis, dass die Natur der Geschäftstätigkeit allein nicht immer die Gewohnheiten einer Aktie erklärt, da die anderen Faktoren sehr wichtig sein können. Aber die meisten Aktien haben eine ziemlich gut abgrenzbare Schwingungsbreite, und man kann gewöhnlich aus dem früheren Verhalten schließen, wie sich eine Aktie in Zukunft bezüglich ihrer Schwingungsbreite verhalten wird. *(EN9: Man könnte auch von der kurzfristigen Volatilität und von der langfristigen Kursspanne sprechen.)*

Hier sei darauf hingewiesen, dass wir beim kurzfristigen Trading *(EN9: amüsant im heutigen Kontext: Mit kurzfristigem Trading meinte Magee den Handel mit Trends, die kürzer sind als Dow-Wellen)* an die Gewohnheiten der Aktie denken. Sie werden nur teilweise von dem Geschäftszweig bestimmt, den die betreffende Gesellschaft repräsentiert. Eine Gesellschaft mag ein stetiges Geschäft haben und einer konservativen Branche angehören; eine andere hat einen etwas ungewissen oder schwankenden Gewinnausweis. Trotzdem *kann* der Kauf einer Aktie der zweiten Gesellschaft viel konservativer sein, dann nämlich, wenn die Aktie der ersten Gesellschaft in hohem Maße der Leverage-Wirkung unterliegt. Die Frage, wie wir diese Risiko-Konstante bestimmen, werden wir alsbald behandeln.

Man sollte sich auch darüber klar sein, dass der Leerverkauf einer Aktie nicht die Erwartung zum Ausdruck bringt, dass das ganze Land vor die Hunde geht, und ebenso wenig, dass der Konzern, um dessen Aktie es sich handelt, bankrottgeht. Ein solcher Leerverkauf zeigt nur, dass man die Aktie zeitweise als zu teuer betrachtet. Vielleicht waren die Gewinne oder die Dividenden in den letzten Jahren anormal hoch und werden vermutlich reduziert; oder die Aktie dieser Gesellschaft wird nach Meinung des Leerverkäufers aus anderen Gründen in Zukunft etwas weniger wert sein, als sie es war.

Für Spekulationen mit der technischen Methode suchen wir uns eine ziemlich spekulative Aktie, die in einem Aufwärtstrend einen erheblichen Aufschwung und in einem Abwärtstrend einen erheblichen Abschwung verspricht. Gerade diejenigen Faktoren, die eine Aktie für den Investor sicher und wünschenswert machen, können sie für Spekulationszwecke völlig ungeeignet erscheinen lassen. Mit gewissen Einschränkungen, die wir noch besprechen werden, ist eine Aktie für unsere Zwecke umso besser geeignet, je spekulativer sie ist.

(EN: Seit dem Eintritt ins dritte Jahrtausend [nach unserer angelsächsischen Rechnung; nach anderen Maßstäben in das vierte oder fünfte] ist die Unterscheidung zwischen „spekulativen" und allen anderen Aktien immer verschwommener geworden. Anstatt einen [im Denken mancher Leser] vielleicht abwertenden Begriff wie „spekulativ" auf ansonsten unschuldige Aktien anzuwenden, täten wir besser daran, von Aktien mit breiter oder enger Kursspanne, von volatilen oder nicht volatilen Aktien zu sprechen. Dann kann man Aktien anhand ihrer Betas und ihrer historischen Volatilitäten miteinander vergleichen, also anhand leicht erhältlicher statistischer Daten. Beta und Volatilität werden in den Kapiteln 24 und 42 behandelt.)

Passend zu diesem aktuelleren Denken stellt sich für die Leser des vorliegenden Buches noch eine weitere Frage – nämlich die nach der Wahl der Handels- oder Anlageinstrumente für den langfristigen Anleger.

Zur Art der erwünschten Aktien: Die Sichtweise des langfristigen Anlegers

Geänderte Meinungen über die konservative Geldanlage

So gut wie niemand investiert so wie der oben in Kapitel 20 beschriebene konservative Anleger – außer vielleicht die Treuhandabteilungen vorsintflutlicher Banken. Es mag immer noch ein paar derart risikoaverse Anleger geben, dass sie sich immer noch an die dort beschriebene Methode halten. Vielleicht tun es Treuhandabteilungen von Banken immer noch; jedenfalls pflegten sie es früher zu tun, damit die Treuhanderben sie nicht verklagen konnten. Das ist der Grund, weshalb es Treuhandabteilungen gibt, nämlich um die Treuhänder rechtlich zu schützen (die sogenannte Sorgfaltspflicht), falls sie von Nutznießern verklagt werden. Die aufgeklärtesten Treuhandabteilungen und Treuhänder betreiben heutzutage wahrscheinlich Indexing oder andere produktivere Strategien, um dem neuen Verständnis der Sorgfaltspflicht gerecht zu werden.

Mit „Indexing“ ist die Praxis gemeint, ein Portfolio so zu konstruieren, dass es das Verhalten eines allgemein beobachteten Index wie etwa des S&P 500 oder des Dow Jones Industrial Average nachbildet oder annähernd nachbildet. Solche Portfolios folgen niemals ganz exakt dem jeweiligen Index, denn die Berater und Fonds, die sie managen, verlangen Verwaltungsgebühren und Kostenerstattungen. Diese sind zwar grundsätzlich niedriger als bei aktiv gemanagten Fonds, aber eigentlich braucht sie der Privatanleger gar nicht zu bezahlen, denn selbst als Anfänger kann man dafür heutzutage „Index Shares“ (zum Beispiel DIAMONDS™ [DIA], S&P Depositary Receipts [SPDR, SPY, QQQ] und so weiter) oder ähnliche Instrumente verwenden, um das Gleiche zu tun wie die Fonds und die Profis. Im Grunde folgt man beim Indexing den Indizes, eine Strategie, die unmöglich oder schwierig (teuer) war, als Magee sie in Kapitel 15 prüfte. (*EN9: Nach Meinung des Herausgebers ist es Geldverschwendung, eine Vermögensverwaltung mit dem Betrieb einer Indexing-Strategie zu beauftragen. Für den Anleger ist es viel besser, direkt in ETFs zu investieren und aus dem Markt auszusteigen, wenn Aufwärtstrends enden und wenden. Diese Strategie ist viel besser als „passives Indexing“, das es geschickt schafft, sowohl die Gewinne als auch die Verluste der Indizes mitzunehmen.*)

Die Arten von Aktien, die langfristige Anleger wollen: Die Sichtweise des langfristigen Anlegers

Eine der vielleicht wichtigsten Aktualisierungen der neueren Auflagen bestand darin, die Behandlung der Indizes auf den neuesten Stand zu bringen und es zur Kenntnis zu nehmen, dass es heute möglich ist, Indizes mithilfe aktienähnlicher Instrumente zu handeln. Diese Tatsache verdient es, als lebenswichtige Entwicklung der modernen Märkte gewertet zu werden. Dieses Kapitel beschränkt sich darauf, die Möglichkeiten zu beschreiben, wie man mit den Indizes handeln und in sie investieren kann.

Im Jahr 1993 führte die American Stock Exchange (AMEX) den Handel mit SPDRs™ ein, börsennotierten auf einem Investment Trust basierenden Einheiten auf den S&P 500 Composite Stock Price Index. Die AMEX bezeichnet diese Wertpapiere als Index Shares™, eine Bezeichnung, die sie auch für andere, ähnliche Instrumente verwendet. Wie bereits bemerkt, handeln Großinvestoren und Fonds schon lange mit Aktienkörben, die den S&P 500 darstellen, aber dafür braucht man natürlich ein großes Kapital. Tatsächlich praktiziert eine bestimmte Klasse von Vermögensverwaltungen und Fonds die sogenannte passive Geldanlage, also das Indexing oder Index-Investing, vor allem im Großkundenauftrag. Der Kauf und die Liquidierung dieser und anderer „Körbe" ist eine Form des sogenannten Programmhandels.

Als die AMEX die Nützlichkeit dieses Anlageverfahrens erkannte, legte sie den SPDR als Näherungsinstrument auf, das es dem kleineren Anleger ermöglichte, diese Strategie ebenfalls zu praktizieren. Die Effektivität dieser Produkteinführung lässt sich anhand der Beteiligung der Öffentlichkeit am Handel mit dem SPDR (SPY) ermessen. Im Jahr 2000 waren fast 15 Milliarden Dollar in SPDRs investiert, und es liefen mehr als 100 Millionen Anteile um. Damit kann der Anleger das gesamte Portfolio beziehungsweise den gesamten Korb der im S&P 500 enthaltenen Aktien genauso kaufen, als würde er eine einzelne Aktie kaufen – also mit radikal reduziertem Kapitalaufwand.

Im Jahr 1998 führte die AMEX DIA ein, Index Shares auf den Dow Jones Industrial Average™ (DJIA), die in jeder Hinsicht den SPDRs analog sind. Somit kann man als Anleger jetzt „den DJIA kaufen". Daher ist es an den heutigen Finanzmärkten (anders als unter den Bedingungen, unter denen Edwards und Magee arbeiteten) möglich, „den Markt zu kaufen".

Der Aufbau von Index Shares und ähnlichen Instrumenten

Die „Unit Investment Trusts" der AMEX sind so aufgebaut, dass sie die Zusammensetzung ihres Basisinstruments nachbilden. Beispielsweise ist der SPDR ein Instrument, das ein Zehntel des Gesamtwerts eines Aktienkorbs aus den im S&P 500 enthaltenen Aktien darstellt und an der AMEX wie eine Aktie als SPY gehandelt wird. Dabei werden auch andere Merkmale von Aktien reproduziert, zum Beispiel ihre Langlebigkeit (der SPDR Trust bleibt bis ins 22. Jahrhundert bestehen) und die vierteljährlichen Dividenden (auf SPDRs wird ein Geldbetrag ausgezahlt, der den Dividenden der Aktien aus dem S&P 500 entspricht). Sogar die Reinvestition der Dividenden ist möglich, und man kann die Einheiten an der AMEX zu den üblichen Handelszeiten handeln. Unter normalen Bedingungen dürfte es kaum Abweichungen des SPY-Kurses gegenüber dem S&P 500 geben. (Im Jahr 2008 fusionierte die AMEX mit der New York Stock Exchange. Handel und Instrumente blieben dabei wie beschrieben.)

Diese in Bezug auf SPDRs beschriebenen Elemente sind allen Index Shares gemeinsam – Diamonds, World Equity Benchmarks (WEBs) und anderen. Natürlich fallen beim Einsatz von Index Shares auch gewisse Aufwendungen und Kosten an – ein kleiner Preis, den man für den Einsatz des Instruments bezahlt und der im Allgemeinen geringer als die Kosten für einen Fonds ist. Außerdem sind Index Shares für den unabhängigen Anleger viel flexibler. Einer der Vorteile ist, dass der Privatanleger hier die steuerlichen Konsequenzen seiner Anlage kontrollieren kann, was bei Fonds nicht möglich ist.

Andere Börsen haben ähnliche Wertpapierinstrumente, Futures oder andere Derivate aufgelegt, die bekannte Indizes nachbilden oder verfolgen, unter anderem auf Russell-Indizes, Nikkei-Indizes und so weiter, darunter auch Optionen auf Futures und Indizes, sodass eine verwirrende Vielfalt von Handels-, Anlage- und Hedging-Instrumenten zur Verfügung steht. Zu den bedeutenderen Börsen und Instrumenten zählen das Chicago Board of Trade (Futures und Optionen auf Futures auf den Dow Jones Industrial Average), die Chicago Mercantile Exchange (Futures auf den S&P 500, den Nikkei 225, Mini S&P 500, S&P Midcap 400, Russell 2000 und Nasdaq 100) und die Chicago Board Options Exchange (Optionen auf S&P 100 und S&P 500). Dabei ist diese Liste keinesfalls erschöpfend. Alle Futures und Optionen, auf die es ankommt, findet man im *Wall Street Journal* unter „Futures Prices" oder „Futures Options Prices".

Das vorliegende Buch befasst sich weder umfassend noch detailliert mit Futures und Optionen, aber es lohnt sich, diese Börsen mit ihren Futures- und Optionsprodukten zu erwähnen – weil sie es Anlegern und Tradern so leicht machen, durch Index Shares und sonstigen Indexhandel Portfolios abzusichern, von den Spekulationsmöglichkeiten gar nicht zu reden.

Hedging ist kurz gesagt die Praxis, eine neutrale Marktposition einzunehmen. Das heißt beispielsweise, dass man long auf den Diamonds-ETF steht und am Chicago Board of Trade eine Put-Option auf den DJIA kauft, sodass ein Anstieg des DJIA beim Diamonds Gewinn und beim Put den Verlust der Prämie bringen würde. Hingegen würde ein Rückgang des Dow Jones Gewinne beim Put und Verluste beim Diamonds bringen. Da dieses Gebiet nicht Thema des Buches ist, ist dies eine stark vereinfachte Beschreibung eines Hedges. Trotzdem sollte dem Leser klar sein, dass Hedging eine wichtige Strategie sein kann. Es kann an die Stelle der Liquidierung eines Portfolios treten, wenn der Analyst eine Trendwende oder instabile Bedingungen erkennt, aber entweder keine zusätzlichen Steuern zahlen oder sie aufschieben will.

Eine Übersicht über die für Trading und Investing zur Verfügung stehenden Instrumente

Es wäre eine Herkulesaufgabe, das gesamte Füllhorn an Indizes, Futures und Optionen aufzuzählen, das für den Handel zur Verfügung steht – auch weil ständig neue Handelsinstrumente geschaffen werden und weil wir jetzt, wo wir mit Internetgeschwindigkeit arbeiten, damit rechnen dürfen, dass das Tempo noch weiter anzieht. Neben den oben angegebenen gibt es noch WEBs (mit denen man sich an den Weltmärkten engagieren kann).

Insgesamt gibt es zur Jahrhundertwende neben dem Diamonds-ETF und den SPDRs an der AMEX 30 oder mehr Index Shares oder sonstige entsprechende Instrumente. Auch in Philadelphia und in Chicago gibt es solche Instrumente, und täglich werden neue geschaffen. Um die Konfusion zu dämpfen, sollte der allgemeine Anleger vielleicht den großen Indizes die größte Bedeutung zumessen. Mit je mehr Instrumenten man zu tun hat, umso komplizierter werden Strategie und Taktik. Daher dürften der Dow Jones, der S&P 500 und der Nasdaq Composite (DIA, SPY und QQQ) für die Zwecke des gesetzten Anlegers oder der gesetzten Anlegerin ausreichen. Mid-Cap-Indizes, der Nikkei und andere kommen erst dann ins Spiel, wenn man als Trader auf Sektorrotation, Moden, kurzfristige Zyklen und so weiter abzielt.

Die Bedeutung dieser Instrumente: Diversifizierung, Risikodämpfung, Steuern, technische Regelmäßigkeit

Man kann die Bedeutung dieser neuen Handelsinstrumente kaum überschätzen. Zunächst einmal bieten sie dem Privatanleger etwas, das früher dem großen Kapitalhändler vorbehalten war – die ultimative Diversifizierung. Der S&P 500 vertritt Aktien, die 69 Prozent des Wertes der an der New

York Stock Exchange gehandelten Aktien ausmachen. Wenn man ihn kauft, kauft man die US-amerikanische Volkswirtschaft. Die 30 im Dow Jones Industrial Average enthaltenen Aktien stellen das bedeutendste Symbol der amerikanischen Wirtschaft und vielleicht sogar der Weltwirtschaft dar. Als Anleger ist man gut beraten, beiden Indizes Aufmerksamkeit zu schenken, wenn es einem an den Märkten (man beachte die Mehrzahl: *Märkte*) wohlergehen soll. Diese beiden Indizes haben heute den Einfluss oder die Macht, die einst allein der Dow Jones hatte, den Zustand der Märkte und der Aktien im Allgemeinen auszudrücken.

Der Kauf des SPY oder des DIA stellt also den unmittelbaren Erwerb eines diversifizierten Portfolios dar. Und der Kauf des Nasdaq oder des QQQ setzt einen unmittelbar dem spekulativeren und volatileren Sektor der amerikanischen Wirtschaft aus. Dank der langfristig bullishen Tendenz der Indizes und der amerikanischen Wirtschaft ist dagegen als Strategie wie auch als Taktik für den langfristigen Anleger schwerlich etwas einzuwenden. Das heißt nicht, dass man blind und gedankenlos Positionen eingehen sollte, die man nicht beobachtet. Im Gegenteil, erinnern Sie sich, wenn Sie wollen, an die Erfolgsbilanz der Dow-Theorie; nicht einmal der langfristige Anleger sollte es zulassen, dass Baissen Liquidität und Kapital vernichten. Diese Fragen wurden in Kapitel 18 bereits ausführlicher besprochen.

Wir sind zwar überzeugt, dass diese Instrumente gute Vehikel sind, doch es ist weise, sich an Magees häufige Ermahnung (heute weniger wichtig als damals) zu erinnern, dass es sich um einen aus Aktien bestehenden Markt handelt, nicht um einen Aktienmarkt. Das soll heißen, wenn es mit dem Dow Jones und dem S&P 500 im Zuge einer Gezeitenwelle abwärts geht, soll man Vorsicht und Sorgfalt walten lassen, wenn man Long-Positionen auf Aktien eingehen will, deren Entwicklungsrichtung zweifelhaft ist. Zudem ist zu erwähnen, dass Investitionen in diese Instrumente weniger profitabel sind als Investitionen in scharfsinnig ausgewählte einzelne Aktien. Zum Beispiel stieg Qualcomm in den Jahren 1999 und 2000 (vorübergehend) um rund 240 Prozent, während der S&P 500 in diesem Zeitraum nur rund 24 Prozent zulegte. Wer Qualcomm auf dem Hoch kaufte und im Tief der Reaktionsbewegung verkaufte, verlor rund 75 Prozent beziehungsweise 148 Dollar pro Aktie. Wer mit Qualcomm handelte, neigte zur Besessenheit und achtete übertrieben auf die Aktie, während die SPY-Anleger nur einmal die Woche oder noch seltener nachschauten beziehungsweise ihren Computern oder Brokern die Anweisung gaben, sie sollten sich melden, wenn er die Trendlinie brechen oder einen Stopp auslösen würde. Dann schliefen sie gut und hatten keine Verdauungsprobleme.

Der Handel mit SPDRs bringt aber noch andere Vorteile. Wenn man Fondsanteile besitzt, können Steuern anfallen, wenn die Fondsmanager das Portfolio an veränderte Mitgliedschaften oder an Rücknahmen durch erzürnte Anteilseigner anpassen. Da die Index Shares bis ins 22. Jahrhundert Bestand haben, braucht der langfristige Anleger hier weder Gewinne mitzunehmen noch Steuern zu bezahlen. Baissen lassen sich bewältigen, indem man mit anderen Instrumenten hedgt – Futures, Optionen, stellvertretende Aktienkörbe oder einzelne Aktien – und die steuerlichen Folgen dieser Trades in Kauf nimmt.

Bevor der unmittelbare Handel mit Indizes möglich war, hat John Magee einmal treffend angemerkt, der Dow Jones Industrial Average sei vom technischen Standpunkt her sehr regelmäßig und zuverlässig. Diese Bemerkung wird in den Kommentaren zur Dow-Theorie mit einer gewissen Ausführlichkeit kommentiert. Und daher erlebt jemand, der in Index Shares investiert, womöglich technisch reibungslosere Zeiten als jemand, der mit einzelnen Aktien handelt.

Fazit

Der langfristige Anleger und der mittelfristige Spekulant versuchen, langfristige (und auch zyklische) Trends an den Märkten zu erfassen. Sie scheuen sich vor häufigem Handeln und vor Transaktionen, die am Kapital nagen. Sie erkennen an, dass das Risiko mit der Zeit und mit dem Trend schwankt, und sie wissen, dass häufige Umschichtungen vor allem dem Broker zugutekommen.

Die Strategie des langfristigen Anlegers kann darin bestehen, dass er die Marktrendite anstrebt, indem er Fonds oder SPDRs oder Aktienkörbe verwendet, aber an Baissen möchte er sich nicht beteiligen. Bei größeren Trendverschiebungen hedgt oder liquidiert er seine Positionen. Es kann sogar sein, dass er die Indizes shortet, wenn seine Analyse große Baissen anzeigt.

Wenn er den Markt übertreffen will (was automatisch passieren wird, wenn er die Methoden des vorliegenden Buches befolgt), findet er einzelne spekulative Aktien, mit denen er zusätzlich zu seinem Grundportfolio handeln kann. Je nach Risikotoleranz kann er stets bis zu einem gewissen Maß gehedgt sein. Wenn er auf die Indizes long steht, findet er ein paar abwärts tendierende Aktien, die er shorten kann. Wenn er auf die Indizes short steht, findet er ein paar starke Aktien, die er long halten kann. Für einen mäßig geschickten und halbwegs mit Kapital ausgestatteten Anleger gibt es keine Ausrede dafür, auf lange Sicht am Markt Geld zu verlieren.

Zur Erinnerung: Die Kapitel 5 und 28 beschreiben leistungsfähige Methoden für den langfristigen Anleger, der Magees Referenzpunkt-Verfahren anwendet.

KAPITEL 21

AKTIENAUSWAHL FÜR CHARTS

Der Spekulant, der mit statistischen Daten auf „fundamentaler" Basis arbeitet, geht seine Engagements ein, nachdem er Gewinne, Dividenden, das Management der Gesellschaft, die Aussichten für den ganzen Industriezweig und so weiter analysiert hat. Er wird sich gewöhnlich (aus Notwendigkeit) auf einige wenige Aktien oder auf eine einzige Gruppe von Aktien auf demselben Gebiet beschränken.

Demgegenüber sollte der Spekulant, der Tagescharts für seine Spekulationen benutzt, eine große Sammlung von Charts haben. Er ist in erster Linie an der technischen Chartformation interessiert. Er wird also nicht jede einzelne Gesellschaft bis ins Letzte untersuchen. Für ihn sind die Eigenarten der Aktie selbst, wie sie sich im Markt verhält, wichtiger als das, was die betreffenden Gesellschaften produzieren oder verdienen. Wir haben gesehen, dass die Aktie zwar das Eigentum an der Gesellschaft repräsentiert, aber die Kapitalstruktur, die Leverage (Hebelwirkung, zum Beispiel infolge der Verschuldung) und der Umfang der an der Börse gehandelten Aktien haben Kursfluktuationen zur Folge, die nicht im direkten Verhältnis zu dem geschäftlichen Abschneiden der Gesellschaft stehen.

Nehmen wir die Aktien eines gut beurteilten, gut gemanagten, lange existierenden Konzerns. Die letzten Geschäftsberichte zeigen steigende Gewinne, und jahrelang wurden gute Dividenden gezahlt. Dennoch stellen diese Aktien zum augenblicklichen Börsenkurs keine günstige Kaufgelegenheit dar. Sie sind vielleicht überteuert und reif für einen ernsthaften Rückgang. Und dort haben wir Aktien, die ganz offensichtlich weder vielversprechende Gewinne zeigen noch berauschende Dividendenaussichten haben. Aber sie beginnen plötzlich eine Serie spektakulärer Aufwärtsbewegungen und empfehlen sich eindeutig als Kaufgelegenheit. Natürlich ist die Antwort in beiden Fällen die gleiche: Die verfügbaren Daten beziehen sich auf die Vergangenheit und nicht auf die Zukunft; der Chart offenbart das Insiderwissen derer, die Fakten kennen, die dem Publikum noch verborgen sind.

Wir können auch ein anderes Beispiel wählen: Zwei Häuser stehen zum Verkauf. Das eine ist ein schönes, solide gebautes, modernes Einfamilienhaus in einem attraktiven Stadtteil, und der Preis beträgt 200.000 Dollar. Das andere Objekt ist ein etwas schäbiges 6-Familien-Mietshaus in einer weniger attraktiven Gegend und kostet ebenfalls 200.000 Dollar. Es ist keine Frage, welches das „bessere" Haus ist. Aber in einem solchen Fall ist der Markt für solide gebaute Einfamilienhäuser dieser Preisklasse vielleicht schlecht, während die Nachfrage nach Wohnungen gut ist. Das 6-Familien-Haus mag durchaus das bessere Investment sein.

Und dann taucht wieder die Frage auf, was konservativ und was spekulativ ist. Man kann das nicht einfach nur von der Art des Geschäfts her beurteilen, das die Gesellschaft betreibt. Der Konzern mag äußerst konservativ sein, einen stabilen Umsatz und eine lange, erfolgreiche Geschichte haben. Und doch mag die Aktie weiten Schwankungen unterworfen sein, wenn die Gesellschaft

Anleihen, Schuldverschreibungen, Vorzugsaktien und andere vorrangige Verbindlichkeiten hat. Genauso werden Sie einen Leverage-Effekt haben, der zu weiten Ausschlägen der Aktie führt, wenn das Kapital klein ist oder ein großer Teil davon in festen Händen liegt.

Wenn Sie daher eine Aktie für Ihre Charts auswählen, werden Sie eher die Art der Aktie, ihre Marktgewohnheiten und ihren Charakter zu berücksichtigen haben als den Geschäftszweig, in dem die Gesellschaft tätig ist. Wir werden hierauf zurückkommen und Ihnen zeigen, wie Sie eine Liste erstellen können, die Ihnen die richtige Art von Aktien für Ihre Spekulationen liefert.

Indes ist jedoch noch die Frage offen: „Wie viele Charts?" Eine Antwort hierauf lautet: Je mehr Aktien in Ihrer Chartsammlung, umso mehr gute Gelegenheiten haben Sie. Viele, selbst aktiv gehandelte Aktien durchlaufen lange Perioden, in denen der Chart nichts sagt – in denen in der Tat nicht viel zu sagen ist. In einer Periode der Stabilität signalisiert der Chart einfach, dass es eine Periode der Stabilität ist. Die einzig denkbare Aktivität für den Spekulanten wären Käufe und Verkäufe an den Tiefs beziehungsweise Hochs kleiner Wellenbewegungen. Charts sind interessant, wenn sich eine Änderung der Situation ankündigt. Die Charts werden einen Trendwechsel signalisieren, sobald (und gewöhnlich ehe) die Nachricht hinter den veränderten Bedingungen bekannt geworden ist. Wenn Sie genügend Charts haben, werden Sie immer einige Aktien finden, die gerade dabei sind, entscheidende und klar geschnittene Bewegungen nach oben oder unten auszuführen.

Prinzipiell sollten Sie daher so viele Charts führen wie möglich. Nehmen Sie aber keinen größeren Bissen, als Sie kauen können. Wer für diese Arbeit nur 15 bis 30 Minuten am Tag Zeit hat, sollte sich auf 20 oder 30 Charts beschränken. Natürlich wäre es besser, wenn er 100 hätte. Wer einen größeren Teil seiner Zeit für seine Charts einsetzen kann, könnte gut bis zu 300 Stück führen. Aber wir wiederholen unsere Warnung: Fangen Sie nichts an, das Sie nicht zu Ende führen können. Zu Beginn ist es besser, zu wenige als zu viele Charts zu haben. Denn wenn Sie später noch Charts hinzunehmen können, sind Sie in einer besseren Lage und können aufgrund Ihrer Erfahrungen diejenigen wählen, die Ihnen wünschenswert erscheinen. Aber wenn Sie mit zu vielen anfangen, hinken Sie hinterher und müssen die Charts nachträglich über das Wochenende vervollständigen. Dann haben Sie kaum den besten Nutzen aus Ihrem Portfolio, und es wäre besser, es von vornherein zu beschränken. *(EN: Die Ermahnungen von Magee gelten für den manuellen Chartisten immer noch. Der moderne, mit einem Computer ausgestattete Investor hat ein anderes Problem. Er kann sich jeden Tag die Charts aller Aktien des Marktes ansehen. Die Frage ist nur, wie viele kann er effektiv studieren und analysieren? Es gibt sogar eine Computerantwort auf diese Frage. Der Cyber-Trader kann nämlich den Computer so programmieren, dass er Aktien auf einer Ausnahmebasis auswählt. Zum Beispiel: „Computer, zeige mir alle Aktien, die über ihrer 50-Tage-Linie stehen und ein ungewöhnliches Volumen haben.")*

Aus unseren bisherigen Erörterungen wissen Sie, dass man in Charts alles darstellen kann, das in gleichen Einheiten auf einem freien, dem Wettbewerb unterworfenen Markt gehandelt wird. Dazu gehören alle Arten von Rohstoffen, Anleihen, Schuldverschreibungen, Kontrakte per Erscheinen und so weiter genauso wie Aktien. Sie haben vielleicht ein spezielles Interesse außerhalb des eigentlichen Aktienmarkts, aufgrund dessen Sie die Charts führen wollen. Gut und schön.

Im Allgemeinen jedoch wird man sich auf aktiv gehandelte und notierte Aktien gut bekannter Gesellschaften konzentrieren. Es besteht kein Grund, weshalb eine nicht notierte Aktie nicht in einem Chart dargestellt werden sollte. Aber normalerweise hat man dann nur den Geld- und Briefkurs. Für solche Aktien hat man weder Umsatzzahlen noch die Kurse, zu denen tatsächlich Verkäufe stattgefunden haben, und das sind ja für Tagescharts wesentliche Punkte. Gewöhnlich werden Sie daher am besten Aktien aussuchen, die an einer Börse notiert werden. Dies ist auch insofern ein Vorteil, als Konzerne mit Notierungen an größeren Börsen gewisse Mindestbedingungen erfüllen müssen, zur Veröffentlichung bestimmter Informationen gezwungen sind und bestimmte Regeln und Praktiken einhalten müssen.

Für dieses Buch wurden die meisten Beispiele unter den Aktien der New York Stock Exchange (NYSE) ausgesucht. Die dort gehandelten Aktien repräsentieren alle Arten von Wertpapieren, angefangen bei extrem konservativen bis zu hochspekulativen, von den billigsten bis zu den teuersten Aktien, und jede Art von Industrie und Geschäftszweig. Jedoch besteht kein Grund, nicht auch Aktien auszuwählen, die an der American Stock Exchange (AMEX), der Nasdaq oder irgendeiner anderen Börse in diesem Land oder auch in einem anderen Land gehandelt werden. *(EN: Soweit es sich um das Chartverhalten handelt, sind die Formationen und ihre Bedeutung die gleichen.)*

(EN9: Im Allgemeinen werden die zu beobachtenden Aktien dazu neigen, aus dem Heuhaufen von Aktien hervorzustechen. Für Stock-Picker ist Investor's Business Daily *ständig dabei, die Märkte mit seinem CAN-SLIM-System nach Nuggets zu durchsieben. [Das ist keine Empfehlung, dieses System zu verwenden, sondern nur eine Empfehlung, jedes Tool zu prüfen, das von Nutzen sein könnte.] Aktien, die plötzlich auf den „Most Active"-Listen von http://www.stockcharts.com auftauchen, könnten eine Untersuchung durch den Analysten lohnen. Dazu gehören Aktien, zu denen Optionen existieren, die plötzlich eine radikale Veränderung der impliziten Volatilität aufweisen; Aktien, die mit verdächtigen Volumenspitzen im Vergleich zum Durchschnittsvolumen aufwarten, und solche, bei denen man mit Internet- und Softwarepaketen einen Filter konstruieren könnte, um vom Computer über Aktien informiert zu werden, die ihre 14-, 44-, 150- und 200-Tage-Linie durchbrochen haben. 14, weil einige Profis denken, dass die Öffentlichkeit in diesem Zeitrahmen denkt; 44, weil einige denken, dass Fonds in 44-Tage-Zeitrahmen denken. Die anderen, weil jeder denkt, dass sie wichtig sind.*

Wenn das Ziel des Anlegers darin besteht, den Markt zu schlagen, kann er sich in Wirklichkeit nur auf die ETFs beschränken, die die Indizes repräsentieren – DIAMONDS™ (DIA), Standard & Poor's Depository Receipts (SPY) und QQQ. ETFs sind von Natur aus weniger riskant als jede einzelne Aktie.)

KAPITEL 22

AKTIENAUSWAHL FÜR CHARTS – FORTSETZUNG

Bei der Auswahl Ihrer Charts werden Sie wahrscheinlich darauf achten, möglichst viele *Arten* von Branchen zu erfassen. Da Sie sich nicht auf das intensive Studium einer einzelnen Gruppe spezialisieren, werden Sie so viele verschiedene Gruppen wie möglich erfassen. Sie werden Minen- und Öl-Aktien, Eisenbahn- und Chemiewerte, Spirituosenhersteller und Unterhaltungsindustrie, Fluglinien und Versorgungswerte, Technologie, Biotechnologie, Internet-Aktien und so weiter und so fort aussuchen. Denn sehr oft zeigen viele Aktien in einer bestimmten Branchengruppe die gleichen oder ähnliche Formationen, weil die gesamte Gruppe von gewissen allgemeinen Bedingungen berührt wird. Wenn zum Beispiel Allis-Chalmers (*EN: oder Dell*) ein Dreieck mit einer nachfolgenden scharfen Aufwärtsbewegung bildet, werden Deere (*EN: oder Compaq*), Minneapolis-Moline, Harvester und Case ähnliche Dreiecke oder möglicherweise Rechtecke oder irgendeine andere Konsolidierungsformation mit einer anschließenden Aufwärtsbewegung bilden. Wenn Schenley in einem langen Abwärtstrend ist, werden sich vermutlich auch Distillers-Seagrams, National Distillers, Publicker und American Distilling in einem langen Abwärtstrend bewegen. *(EN: Metaphorische Namen, wie die Namen von griechischen Göttern, Odysseus oder Leopold Bloom. Der heutige Leser mag Intel, Fairchild und National Semiconductor oder 3COM lesen. Die Idee ist dieselbe.)* (Zur Veranschaulichung in diesem Kapitel siehe Abbildung 22.1.)

Wenn Sie also nicht so viele Charts führen wollen, dass Sie mehrere Aktien aus jeder wichtigen Gruppe zu haben, sollten Sie Ihre Aktienliste jedenfalls so weit wie möglich diversifizieren. Wenn sich gewisse Gruppen zuzeiten unklar oder überhaupt nicht bewegen, werden Sie vielleicht in anderen Gruppen Aktien finden, die aktiv sind. (Schließen Sie hieraus aber nicht, dass sich alle Aktien einer Gruppe immer gemeinsam entwickeln. Individuelle Gesellschaften werden sich häufig aufgrund spezieller Einflüsse auf die einzelne Gesellschaft abweichend bewegen. Nur wo der hauptsächliche Einfluss auf die Kursbewegung die gesamte Branchengruppe betrifft, wird sie sich mehr oder weniger wie eine Einheit verhalten.)

Wir wählen also Aktien, die eine Vielzahl von Gruppen oder grundlegenden Industrien repräsentieren. Aber welche Aktien wählen wir, wenn wir in der Zahl unserer Charts beschränkt sind und eine Aktie je Gruppe aussuchen müssen? Nehmen wir als Beispiel die Transportbranche *(EN: oder Biotech oder Internet-Aktien)*. Wahrscheinlich würde man in diesem Fall mehr als eine Aktie zu beobachten wünschen, weil diese besondere Gruppe so wichtig und so groß ist. Aber im Augenblick wollen wir eben nur eine aussuchen. *(EN9: Oder, noch besser, warum nicht einen der Indizes – zum Beispiel einen ETF – für die gewünschte Gruppe? Ein Beispiel dafür, auf alle Pferde zu setzen, anstatt zu versuchen, den Gewinner zu wählen, und es gibt keinen Konflikt zwischen dem Abschluss beider Wetten.)*

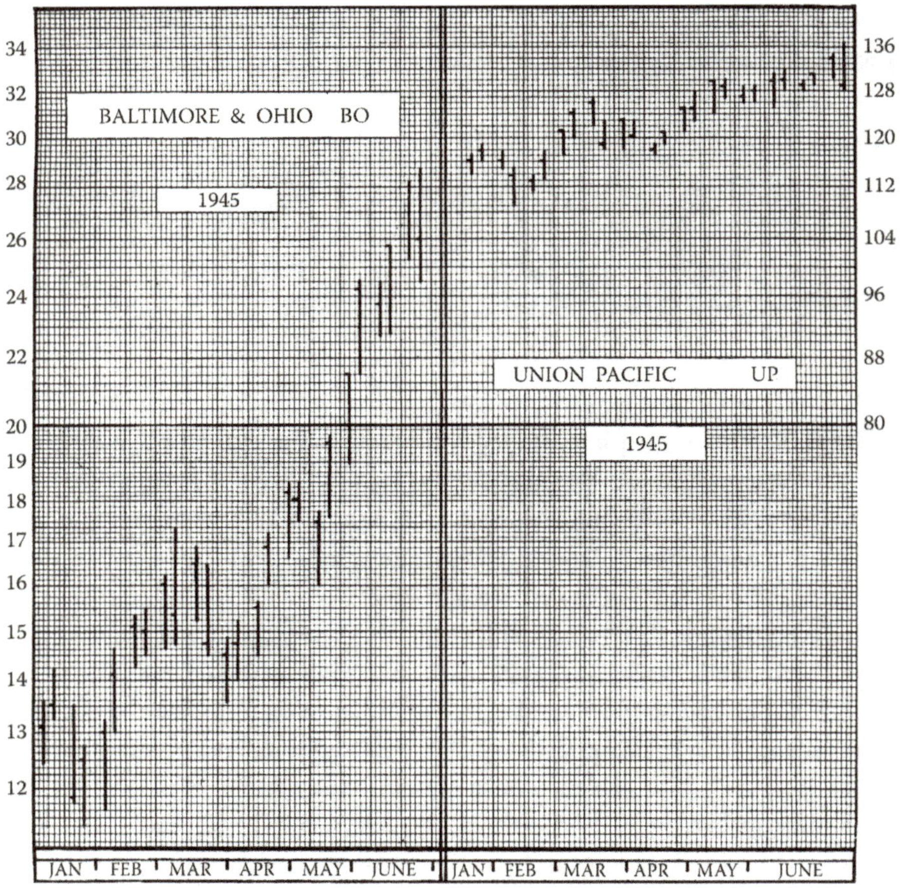

Abbildung 22.1: Niedrig notierende Aktien bewegen sich schneller als hoch notierende Aktien. Hier sind Wochencharts von zwei Eisenbahn-Aktien auf logarithmischem Chartpapier über dieselbe Periode von sechs Monaten dargestellt. Baltimore & Ohio stieg in dieser Zeit von 12 ³⁄₈ auf 28 ⁷⁄₈, ein Gewinn von 16 ½ Punkten, während Union Pacific von 109 auf 137 stieg, ein Gewinn von 28 Punkten. Im Verhältnis zum Kurs ist der Gewinn von UP jedoch viel geringer als der von BO. Hätte man für 1.000 Dollar UP gekauft, wäre das Kapital um 25 Prozent gewachsen. Hätten Sie 1.000 Dollar in BO angelegt, wäre Ihr Gewinn mit 133 Prozent mehr als fünfmal so groß gewesen.

Bedenken Sie jedoch, dass billige Aktien nicht nur schneller *steigen*, sondern auch viel schneller *fallen* als hoch notierende Aktien. Wenn Sie eine solche niedrig notierende Aktie besitzen, können Sie sie nicht einfach „weglegen und vergessen". Wenn es Ihnen um Sicherheit und Stabilität geht, sollten Sie sich lieber wenige Aktien eines hoch notierenden, „mündelsicheren" Wertpapiers kaufen. Aber für Spekulationszwecke müssen Sie einen Kompromiss zwischen den ziemlich langsamen „Blue Chips" und den äußerst erratischen „Cats and Dogs" der untersten Preisklasse schließen.

Sollte es eine hoch notierende oder eine niedrig notierende Aktie sein? Das wollen wir zuerst untersuchen.

Wenn Ihnen Daten über eine längere Periode der Vergangenheit zur Verfügung stehen, werden Sie feststellen, dass niedrig notierende Aktien im Allgemeinen viel größere prozentuale Bewegungen vollführen als hoch notierende Aktien. Für eine 5-Dollar-Aktie ist es nicht ungewöhnlich, dass sie auf zehn Dollar steigt, also um 100 Prozent, und das manchmal innerhalb weniger Wochen. Dagegen finden Sie bei Aktien, die bei 100 oder 200 notieren, keine 100-Prozent-Bewegungen innerhalb von Tagen oder Wochen. Dieselbe industrieweite Bewegung, die ihre 5-Dollar-Aktie von fünf auf zehn trägt, mag eine 100-Dollar-Aktie vielleicht von 100 auf 140 bringen. Hätten Sie also für 1.000 Dollar Aktien bei 5 gekauft, so hätte die Bewegung den Wert Ihrer Aktien um 100 Prozent oder 1.000 Dollar erhöht. Im anderen Fall hätte die Bewegung – obwohl absolut viel größer – das Kapital nur auf 1.400 Dollar anwachsen lassen. Der Kursgewinn der niedrig notierenden Aktie wäre ungefähr zweieinhalbmal so groß gewesen.

Die Autoren haben die prozentualen Bewegungen großer Gruppen von Aktien über lange Zeitperioden untersucht (siehe Anhang A, 9. Auflage). In einer Tabelle ist die durchschnittliche *relative* Empfindlichkeit oder Sensitivität von Aktien auf bestimmten Kursniveaus zusammengestellt. Diese Tabelle bezieht sich nur auf das Aktienkursniveau als solches. Wenn also eine Aktie heute mit 5 gehandelt wird und große prozentuale Swings vollführt, wird sie nicht mehr so weite Bewegungen machen, nachdem sie auf ein Kursniveau von 20 bis 30 gestiegen ist. *(EN10: Diese Begriffe wurden durch das Beta und die Volatilität ersetzt.)*

Das wirft Fragen auf: Sind nicht die Unkosten (im Verhältnis zum Kurs) bei niedrig notierenden Aktien höher als bei den hoch notierenden Werten? *(EN: Ja, das sind sie. Angesichts der extremen Veränderlichkeit dieser Kosten in der Internet-Ökonomie käme eine Berechnung dieser Kosten hier jedoch einer Papierverschwendung gleich. Diese Kostenfrage lässt sich angesichts der Verfügbarkeit von Suchmaschinen wie Google und des Zugangs zum Internet schnell und einfach recherchieren).*

Wenn Sie das Kursniveau für die auszusuchenden Aktien festlegen, dürfen Sie die Grenze nicht zu willkürlich ziehen. Es sind auch andere Faktoren zu berücksichtigen, und Sie müssen in der einen Richtung einen Kompromiss schließen, um zu bekommen, was Sie aus anderen Gründen haben wollen. Aktien zwischen 20 und 30 Dollar liegen auf einem guten Niveau für Spekulationen. Oft werden Sie auch Aktien in der Klasse von 10 bis 20 Dollar so interessant finden, dass Sie sie chartmäßig beobachten und damit spekulieren möchten. Ebenso werden Sie interessante Situationen in Aktien zwischen 30 und 40 Dollar finden. Außerdem können natürlich Aktien, die jetzt bei 10 notieren, im nächsten Jahr bei 40 stehen oder umgekehrt. Und da Sie Ihre Chartsammlung nicht ständig ändern können, dürfen Sie bei der Auswahl des Kursniveaus Ihrer Aktien nicht zu wählerisch sein. Normalerweise werden Sie allerdings nicht gerade eine Aktie weit über dem Kursniveau der anderen Aktien Ihrer Gruppe aussuchen. Sie werden also zum Beispiel keine Aktie über 150 wählen, wenn mehrere andere in derselben Gruppe bei 15, 28 oder 37 liegen. Denn die hoch notierende Aktie wird wahrscheinlich ein träges Vehikel für eine Spekulation sein. Andererseits würden Sie nicht gerade die ganz niedrig notierenden Aktien der Gruppe aussuchen, die bei 4 oder 2 notieren, wenn andere im Bereich zwischen 10 und 30 liegen. Nicht nur wäre das Verhalten in den Charts erratisch und heimtückisch und die Kosten prozentual sehr viel höher; Sie würden diese Aktien auch nicht auf Einschusskredit (Margin) kaufen können. Der Beleihungswert wird von Zeit zu Zeit für alle Aktien begrenzt. Bei niedrig notierenden Aktien sind diese Grenzen besonders eng. Bei den Aktien, die am allerniedrigsten notieren, können Sie überhaupt nicht mit Kredit arbeiten. *(EN: Da diese Anforderungen den Launen des Federal Reserve Boards unterliegen, muss sich der Anleger bei seinem persönlichen Broker oder ECN informieren. Seit einigen Jahren liegt die allgemeine Margin-Anforderung bei 50 Prozent. Die Fed wurde scharf kritisiert, weil sie die Spekulation in der Fin-de-Siècle-Blase nicht durch eine Erhöhung der Margin-Spanne auf 100 Prozent eindämmte, und ihre Untätigkeit verschlimmerte den Blow-off des Jahres 2000. Eine Änderung der Margin-Spanne sollte die sofortige Aufmerksamkeit der Technischen Analysten auf sich ziehen. Irgendetwas wird dann im Busch sein.)*

Berücksichtigt man diese Faktoren, so wird man normalerweise den größten Leverage-Effekt (Hebelwirkung auf das eingesetzte Kapital) irgendwo im Bereich von 20 haben. Der Bereich der Spekulation reicht nach unten bis etwa 10 und nach oben bis etwa 40. Über 40 und unter 10 werden Sie besondere Gründe brauchen, um eine Spekulation zu rechtfertigen. Am besten würden Sie also die Mehrzahl Ihrer Aktien aus dem mittleren Kursbereich (10–40) aussuchen und nur jene Sondersituationen der ganz niedrig und ganz hoch notierenden Aktien hinzufügen, an deren Beobachtung Sie aus bestimmten Gründen besonders interessiert sind.

In langfristigen Charts werden Sie selbst unter den Aktien, die sich heute ungefähr auf gleichem Kursniveau bewegen, ganz unterschiedliche Verhaltensweisen in der Vergangenheit entdecken. Einige Aktien reagieren auf einen schweren Marktrückschlag mit einem Rückgang um beispielsweise 20 Prozent. Wenn Sie also bei 30 standen, gehen sie auf etwa 24 hinunter. Andere reagieren auf denselben Rückschlag der allgemeinen Börse durch einen Rückgang um 50 Prozent, das heißt, sie fallen von 30 auf etwa 15. Wenn Sie die Daten der Vergangenheit prüfen, werden Sie feststellen, dass dieselben Aktien, die sich bei Rückschlägen so verhältnismäßig unterschiedlich bewegten, bei anderen Rückschlägen im Verhältnis zueinander ungefähr die gleichen Bewegungen vollziehen. Weiter werden Sie feststellen, dass diejenigen Aktien, die bei Abschwüngen nur bescheidene Reaktionen zeigen, auch bei Kursanstiegen nur mäßig steigen. Diejenigen schließlich, die bei Rückschlägen scharf fallen, pflegen auch in einem günstigen Markt besonders steil zu steigen. Dies hat nichts mit dem soeben diskutierten Phänomen zu tun, dass sich billige Aktien schneller bewegen als teure. Es hängt vielmehr von den Eigenarten der konkreten Aktie ab, und diese Eigenarten scheinen über Perioden von vielen Jahren recht stabil zu sein. Wir finden beispielsweise bewegliche und spekulative Aktien, die größere prozentuale Swings als die meisten anderen Aktien auf ihrem Kursniveau machen. Und andererseits finden wir eine viel niedriger notierte Aktie, die geringere prozentuale Swings vollführt als die meisten Aktien auf *ihrem* Kursniveau. Diese Tatsache ist vielleicht zunächst nicht klar erkennbar, weil die verhältnismäßig niedrig notierte Aktie im Vergleich tatsächlich größere Ausschläge vollzieht als die höher notierte. Nur wenn wir das Kursniveau berücksichtigen, sehen wir, wie es mit der individuellen Eigenart einer Aktie wirklich bestellt ist. Erst wenn wir das wissen, können wir diese Eigenart auf andere Kursniveaus projizieren.

Wir sind also nicht so sehr an Aktien interessiert, die normalerweise keine wesentlichen Bewegungen liefern. Wir sind sehr an denen interessiert, die weite Bewegungen ausführen. Wir können diese grundsätzliche Kraft einer Aktie zu großen Swings zahlenmäßig errechnen. Wir werden diese Zahl „Sensitivity Index" nennen und die Methode, wie er berechnet wird, im Anhang A, 9. Auflage, erklären. *(EN: Das Verfahren, von dem Magee hier spricht, nämlich die Berechnung eines „Sensitivitätsindex", kann als historischer Vorläufer dessen betrachtet werden, was man heute „Beta" nennt. Das Beta einer Aktie vergleicht ihre relative Volatilität mit der des Gesamtmarkts; wenn also das Beta des Marktes 1,00 und das Beta der betreffenden Aktie 1,50 ist, wird einer Bewegung des Marktes von 1,00 wahrscheinlich eine Bewegung der Aktie von 1,50 mit dem höheren Beta entsprechen. Die Formel für das Beta finden Sie in Anhang B, „Ressourcen", und berechnete Betas unter finance.yahoo.com.)*

Sie scheiden also aus Ihrer Liste Aktien mit dem falschen Kursniveau und Aktien ohne genügende Schwungkraft aus. (Denn Sie wollen nur Charts von Aktien, in denen Sie mit Gewinn spekulieren können.) Von dem Rest werden Sie andere ausscheiden. Einige Aktien mit weiten Kursbewegungen und offensichtlich großen Gewinnmöglichkeiten mögen sehr „dünn" sein, das heißt, es werden nur geringe Beträge an der Börse umgesetzt. Die Charts sind „fleckig", voller Lücken; es gibt Tage ohne Umsatz und Bewegungen über mehrere Punkte bei einem Volumen von nur einigen Hundert Aktien. Diese Aktien sind vielleicht deshalb besonders umsatzschwach, weil ihre Kapitalisierung gering ist, weil der größte Teil der Aktien von einer anderen Gesellschaft gehalten wird oder Insidern gehört, oder aus anderen Gründen. Man kann mit ihnen schwer spekulieren, weil es in der Praxis schwierig ist, solche Aktien zu kaufen und zu verkaufen: Sie können dabei durch die Spanne zwischen Geld- und Briefkurs erheblich verlieren. Es kann schwierig sein, selbst 500 Aktien zu verkaufen, ohne den Kurs zu Ihrem Nachteil böse zu drücken. Manchmal werden Sie Kursunterschiede von einem oder zwei vollen Punkten zwischen zwei kleinen Transaktionen sehen. Solche Aktien wollen wir nicht. Wenn Sie diese Eigenart vor Aufstellung Ihrer Chartsammlung nicht kannten, wird es sich wahrscheinlich trotzdem lohnen, alle Aktien hinauszuwerfen, die sich als zu umsatzschwach erweisen, und dafür neue und verlässlichere aufzunehmen.

Nachdem Sie Ihre Liste unter allen diesen Gesichtspunkten überprüft haben, wird eine Anzahl von Aktien übrig bleiben. Alle werden in einem attraktiven Kursbereich notieren, alle werden genügend aktiv sein und ausreichend auf Markttrends reagieren. Alle werden schließlich genügend Umsatz haben, um ein gutes Spekulationsmedium darzustellen. Die endgültige Wahl einer oder mehrerer dieser Aktien ist dann eine Frage des persönlichen Vorzugs.

Nachdem Sie die Aktien einer Gruppe ausgewählt haben, prüfen Sie die anderen Gruppen – die Automobilindustrie, die Unterhaltungsindustrie, die Computerbranche *(EN: Internet-Aktien)* und so weiter, bis Sie schließlich Ihre Liste zusammengestellt haben. Versuchen Sie eine so vollständige und ausgewogene Repräsentation von Gruppen zu wählen, wie die Zahl der beabsichtigten Charts erlaubt. *(EN: In diesem Zusammenhang wird der hier beschriebene Prozess durch verfügbare Software und die Verbreitung von Gruppenindizes, ETFs und Indikatoren unendlich vereinfacht. In der Tat kann der Anleger, wenn er möchte, anstatt eine einzelne Aktie einer Branchengruppe zu handeln, den Index selbst handeln und seine Risiken abfedern. Dies wird fast nie so profitabel sein wie ein gut gewählter Einzeltitel, ist aber immer besser als ein schlecht gewählter Einzeltitel. Und ETFs gehen [bisher] nie pleite).*

Wenn Sie nicht alle Gruppen haben wollen, gibt es einige, die im Zweifel bessere Spekulations-Aktien liefern als andere. Die Nahrungsmittel- und Tabakindustrie zum Beispiel reagiert im Allgemeinen weniger stark auf Marktschwankungen als Eisenbahn-Aktien, Spirituosen und Fluggesellschaften, die sehr empfindlich sind. Machen Sie sich andererseits um diese Auswahl nicht zu viele Sorgen. Selbst wenn Sie nur die ersten 50 oder 100 Aktien nach dem Alphabet aussuchen, haben Sie unter ihnen zumindest 25 gute Aktien zum Spekulieren. Anfangen können Sie praktisch mit fast jeder Liste. Mit der Zeit werden Sie einige Aktien ohnehin fallen lassen und andere hinzufügen, Ihre Liste verbessern und sie auf Ihre eigenen Bedürfnisse zuschneiden.

(EN: Als zusätzlicher Kommentar sei hier angemerkt, dass „Techs" oder „Biotechs" (oder was auch immer die Manie des Augenblicks ist – in diesem Jahrtausend wahrscheinlich Weltraumhotels und intergalaktische Reisen) Risiko- und Ertragsbereiche präsentieren werden, die ausreichen, um den Tulpenhändler des 17. Jahrhunderts zu begeistern. Der rationale Investor und Trader wird Moden und Manien bei der Auswahl seines aktiven Portfolios in Betracht ziehen und sich je nach seinem Appetit auf Risiko und Aufregung entscheiden, ob er daran teilnimmt oder nicht. Oder, wie es der Volksmund sagt: Was dem einen eine Not, ist des andren Tugend. Dieser Frage wird in Kapitel 23 näher nachgegangen.)

Zur weiteren Vereinfachung kann sich der Anleger dafür entscheiden, nur einen oder zwei ETFs zu verfolgen: Standard & Poor's Depositary Receipts (SPY) oder DIAMONDS™ (DIA). Wenn er nicht nur gekauft, sondern auch verkauft oder abgesichert wird, wird der Markt übertroffen. Dies wäre in der Tat ein einfaches Anlegerleben.

KAPITEL 23

AUSWAHL UND MANAGEMENT HOCHRISKANTER AKTIEN: TULPEN-AKTIEN, DER INTERNETSEKTOR UND SPEKULATIONSFIEBER

Nichts könnte den zeitlosen Charakter von Chartmustern und Chartsituationen lebhafter veranschaulichen als die Internet-Aktien, die um die Jahrtausendwende aufblühten. Diese Aktien wiederholten ein ewiges Muster – die Tulpenmanie, den Goldrausch, die todsichere Gelegenheit, schnell reich zu werden. (Zur Veranschaulichung in diesem Kapitel siehe auch die Abbildungen 23.1 bis 23.17.)

Man kann der Versuchung kaum widerstehen, das Spekulationsfieber, das bei den Internet- und Technologie-Aktien auftrat, mit der berühmten Tulpenmanie zu vergleichen, die im 17. Jahrhundert in Holland auftrat. Laut dem unsterblichen Klassiker „Zeichen und Wunder: Aus den Annalen des Wahns" von Charles Mackay trat der Handel mit Tulpenzwiebeln als Beschäftigung des Landes an die Stelle der bisherigen nüchternen Handelsgeschäfte, und mit diesem Handel wurden enorme Vermögen verdient. Immobilien, Brauereien, Vermögensgegenstände von echtem und großem Wert, wurden gegen eine einzige Tulpenzwiebel eingetauscht. Von Mackay stammt mein Lieblingsabsatz der Finanzliteratur: „Ein goldener Köder baumelte als Versuchung vor den Menschen, und einer nach dem anderen eilten sie zu den Tulpenmärkten wie Fliegen, die um einen Honigtopf schwirren. Alle dachten sie, die Tulpenleidenschaft würde ewig anhalten, dass die Reichen aus allen Weltteilen Vertreter nach Holland entsenden und jeden Preis bezahlen würden, den man von ihnen verlangte."

Diese Manie endete mit dem Ruin. Dem Internet dürften bessere langfristige Aussichten beschieden sein, denn dieser Sektor steht auf einem handfesten technologischen und wirtschaftlichen Fundament. Schließlich könnte man mithilfe einer Tulpe keine Börsenkurse abrufen. Und zugegebenermaßen wurden einige wenige durch den kalifornischen Goldrausch des Jahres 1849 steinreich. Nichts ist so schlimm, dass ...

In der 7. Auflage dieses Buches hieß es reumütig mit den Worten von Richard McDermott:

> „Unternehmen wie Lotus und Microsoft gingen an die Börse und wuchsen in kurzer Zeit zu gigantischen Unternehmen heran. [...] In den 1990er-Jahren waren Internet-Aktien ein wichtiges Börsenthema. Namen wie America Online, CompuServe und Netscape lieferten wichtige Produkte, mit denen man weltweit ‚im Netz surfen' und sich Informationen beschaffen kann."

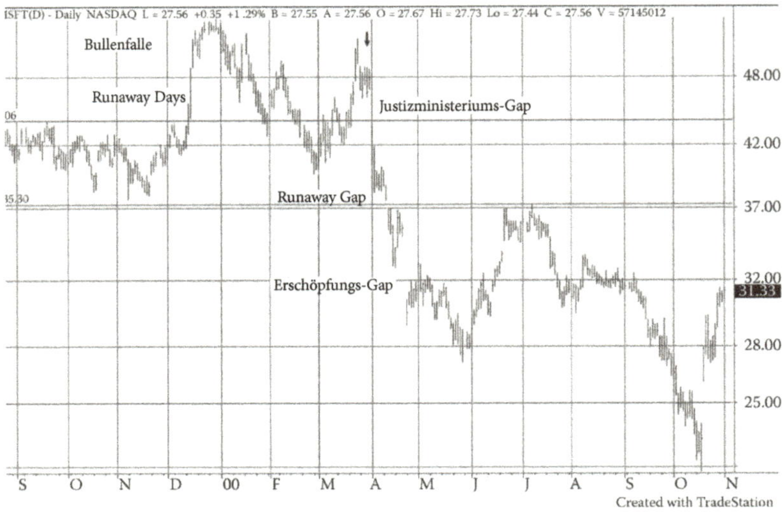

Abbildung 23.1: Zahlreiche Lektionen dank Microsoft. Doch die Freude währte nur kurz. Das Top rundet sich, der Preis nimmt erneut Anlauf, und dann ist das Momentum eindeutig, wenn auch irritierend niedrig. Die Auflösung des Runaway Days im Januar kennzeichnete die Bewegung definitiv als Bullenfalle, und auch die kurzfristige Trendlinie ab Oktober hätte den Trader vor der Falle bewahrt. Mit der Referenzpunkt-Methode (siehe Kapitel 28) hätte man dem Fall ebenfalls entgehen können. Fehlsignale wie dieses sind häufig hervorragende Signale für einen Trade in die andere Richtung.

Junge Menschen, die sich mit der Börse beschäftigen, werden in der Liste der Aktienkürzel vergebens nach Lotus, CompuServe und Netscape suchen. Der Gigant Lotus wurde von IBM geschluckt, und zwar zum Teil weil der erbarmungslose Konkurrent Microsoft ihn ausgeweidet hatte. CompuServe und Netscape verschwanden im Bauch des größeren Fischs AOL, wobei ähnliche Faktoren mitspielten. Später erhielt Microsoft die wohlverdiente Strafe – nachdem das Justizministerium es erfolgreich kartellrechtlich verklagt hatte, halbierte sich sein Wert.

Es gibt Menschen, die den großen Investmentbanken von der Wall Street vorwerfen, sie hätten halb gare Kartoffeln (oder blütenlose Tulpen) auf den Markt geworfen. Die Wall-Street-Firmen, die an der Manie abkassierten, waren bereit, der Öffentlichkeit jede unausgereifte und unprofitable Idee und jedes Unternehmen mit dem Namen „dot.com Inc." zu verkaufen, das Wagniskapitalgeber in einem Meer von Startkapital schwimmen ließen. Bergbauingenieure werden darin das Phänomen wiedererkennen, dass Minen „dotiert" werden. Für die altehrwürdigen Häuser von der Wall Street war das die schönste Zeit seit den Investment Trusts der 1920er-Jahre. Dem Leser sei ein Blick in das Buch „Der große Crash 1929" von John Kenneth Galbraith wärmstens empfohlen, um das Verhalten der Wall Street in den verschiedenen Manien zu vergleichen. Er wird es höchst erbaulich finden. Auf dem Höhepunkt großer Manien kann man niemandem trauen.

Vom Umgang mit Tulpenmanien, Internetfieber und … Bitcoin

In Zeiten der Exzesse wahrt der zentrierte Anleger Fassung und Fokus. Was wohl leichter gesagt ist als getan. Trotzdem haben viele Anleger und Trader von dem Internetboom profitiert oder davon keinen schweren Schaden davongetragen. Viele Manager und Trader sahen neidisch von der Seitenlinie aus zu, und als die Blase platzte, mit *Schadenfreude*.

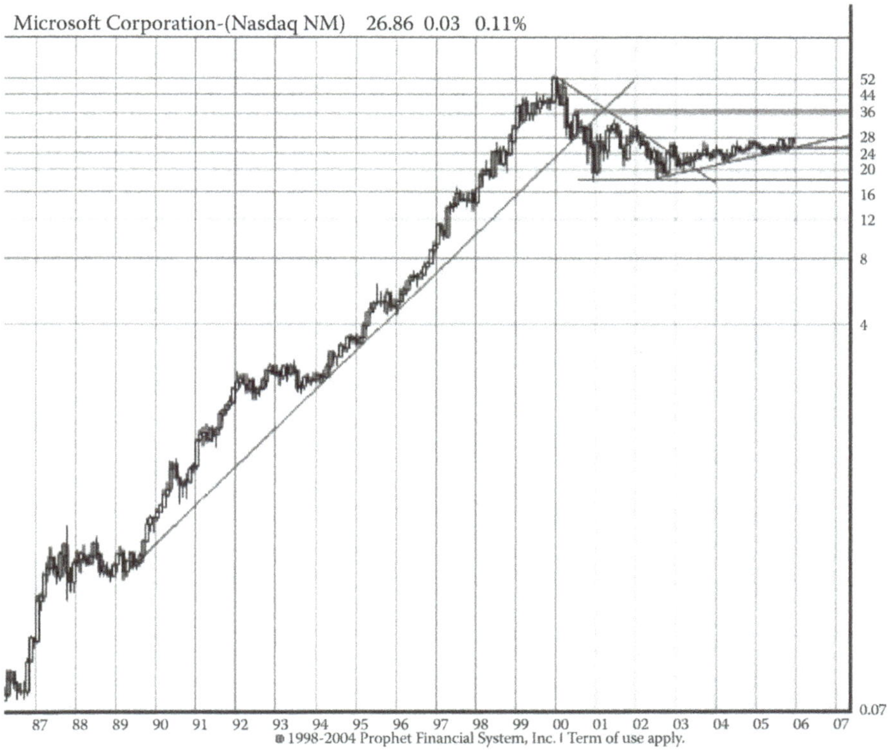

Abbildung 23.2: MSFT-Monatschart. Man verliert leicht die rechte Perspektive, wenn man den Tageschart einer Bullenfalle betrachtet, durch die man ein Bein verloren hat. Ein Blick auf den langfristigen Monatschart von Microsoft kann dazu beitragen, die Perspektive wiederzufinden. Doch leider schaute sich die Dow Jones Company diesen Chart an, nicht den benachbarten, und sie nahm Microsoft im Jahr 2000 in die 30 Dow-Jones-Aktien auf. Fachmännisches Timing? Im John Magee Newsletter hieß es damals, das sei ein negativer Indikator für ein bedeutendes Top der Industriewerte.

Für Technische Analysten, die gemäß den Prinzipien dieses Buches spekulieren und traden, ergeben sich durch Spekulationsfieber und Kaufpaniken bedeutende Gelegenheiten – insbesondere kann man beträchtliche Gewinne einfahren, indem man ruhig und methodisch bleibt, während die Uninformierten und Naiven spekulative Rohrkrepierer produzieren, die einiges mit dem Ende großer Haussen in substanziellen Papieren gemeinsam haben.

Dabei stellt sich die Frage, ob man in solchen aufregenden Zeiten einen Teil der Gewinne mitnehmen sollte. Natürlich ist es oberstes Gebot, nicht in Begeisterung zu geraten. Manien kommen und gehen – mal sind es Biotechs, mal sind es Computer, mal ist es das Internet und irgendwann Wunderarzneien aus dem Genom des Menschen oder Grundstücke auf dem Mars. Dabei ist zu betonen, dass auf beiden Seiten Profit gemacht wird – long und short. Die Masse denkt nur an die Reichtümer, die mit Long-Positionen zu holen sind. Profis und fähige Techniker, ob professionell oder nicht, holen sich auch die Gewinne auf der Short-Seite.

Und hier das wichtigste Konzept für den Handel mit solchen galoppierenden Papieren: *Alle in diesem Buch beschriebenen Techniken und Methoden gelten auch für den Umgang mit solchen Aktien.* Jedoch sind dabei noch andere Punkte zu berücksichtigen. *Die beste Möglichkeit, das Risiko am Bitcoin-Markt zu kontrollieren, ist, mit einer derart kleinen Position zu traden (wie ein Roulette-Einsatz), dass ein vollständiger Verlust weder Not noch Unbehagen verursachen würde.* Der betreffende Sektor

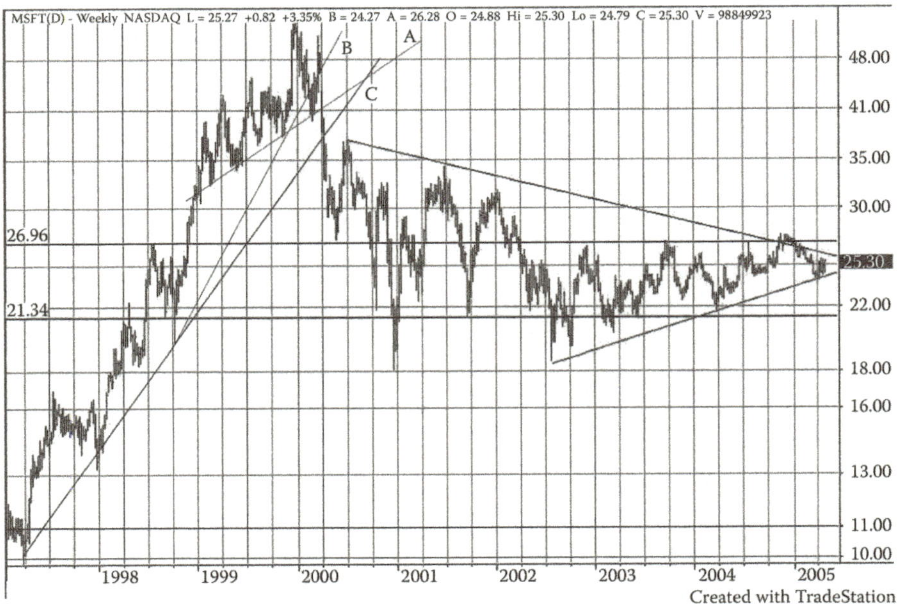

Abbildung 23.3: Der Herausgeber hat etwas gelernt. Lasse niemals einen Chart unanalysiert, auch wenn seine Aussagen auf der Hand liegen. Und habe nie Angst, auf dem Offensichtlichen herumzureiten. Natürlich sollte in diese Abbildung eine langfristige Trendlinie eingezeichnet werden. Man sollte keine monumentale Hausse ignorieren. Warum sollte man dem Markt sein Geld zurückgeben? Anhand dieser Abbildung hätte offensichtlich sein müssen, dass für Microsoft die Party vorbei war und dass die Band den Rausschmeißer schon zum dritten Mal spielte. Auch muss die schützende Linie gezogen werden. Hier ist die gebrochene Linie bei A die wichtigste, und sie spart ein bisschen Kapital, anstatt das traurige Signal bei C abzuwarten. Aufgrund der robusten Hausse von Microsoft hätte der langfristige Anleger allen Grund gehabt, zu warten, bis die Trendlinie C gebrochen wurde. Das ist eine Frage des Stils und der Philosophie. Bei 18 scheint eine gewisse langfristige Unterstützung zu bestehen. Der fünfjährige Seitwärtsmarkt scheint sich in ein großes Dreieck aufzulösen, aus dem im Jahr 2005 der Ausbruch in die eine oder die andere Richtung erfolgen könnte. In einem solchen Fall könnte man als Anleger eine Fundamentalanalyse anstellen, um sich bezüglich seiner Position leiten zu lassen (und die Chartanalyse zu bestätigen). Microsoft wird von allen Seiten von heulenden Wölfen umlagert. Linux, Unix, in China nur ein Exemplar von Windows verkauft, Sicherheitslücken in der Software. Kann es wieder hochkommen? Nur der Chart weiß das mit Sicherheit, und zu diesem Zeitpunkt schweigt er. Im Jahr 2011 steckte MSFT seit elf Jahren in einer Seitwärtswelle.

– Tech-Tech, Web-Tech, Biotech, Internet, Weltraumreisen oder was auch immer – wird zu einem eigenständigen Markt, für den spezielle technische Faktoren gelten. Die Lebensphasen eines Marktes – Akkumulation, Attraktion, Anstieg, Manie und das plötzliche Entweichen der Luft (Blow-off) – finden innerhalb kürzerer Zeiträume statt, viel kürzer als im zyklischen Leben eines Papiers, das durch Fundamentaldaten mit der Wirklichkeit zusammenhängt (siehe Palm Computing in Abbildung 23.4).

Zum Zeitpunkt des Börsengangs sind die Insider bereits darauf vorbereitet, die Distributionsphase zu starten. Zum Beispiel wurden, als Palm Computing im Jahr 2000 aus 3Com ausgegliedert wurde, nur drei Prozent der Aktien verkauft – und dadurch eine künstliche Knappheit erzeugt, die die Aktie in absurde Höhen katapultierte –, sodass Palm sofort einen höheren Marktwert erreichte als 3Com, das den größten Teil seiner Aktien besaß.

(EN9: Seit „The Fall" kennen wir das „Laddering". Manche Emissionshäuser verlangten von ihren Insider-Kunden, dass sie nach dem IPO am freien Markt zu höheren Kursen nachkauften, wenn sie Zugang zum IPO haben wollten. Eine schlaue Art, Öl in ein bereits wütendes Feuer zu gießen. Ob bei Palm Laddering betrieben wurde oder nicht, ist nicht bekannt.)

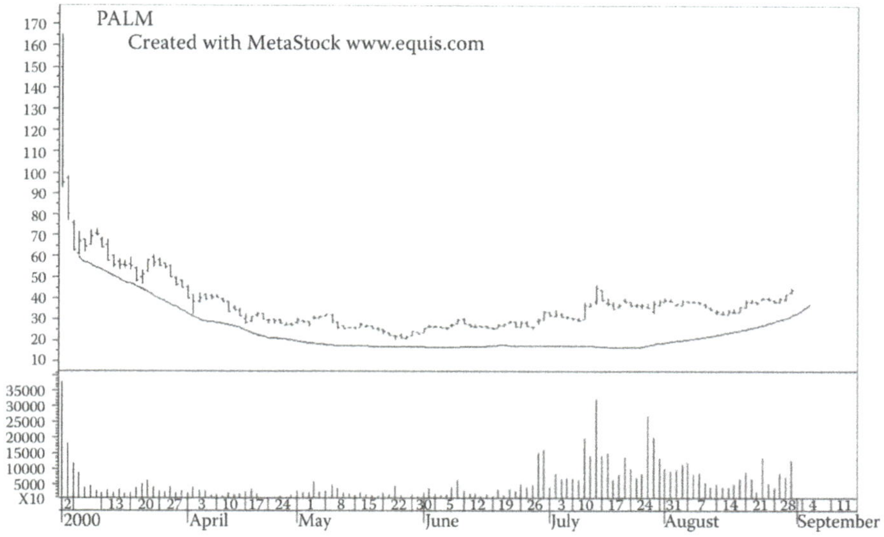

Abbildung 23.4: PALM. Narrengold. Narrengold, das in Großbuchstaben den Schriftzug „NAIVITÄT" trägt. Hier haben wir am ersten Handelstag einen Spike Reversal Day. Die Akkumulation, der Anstieg und der größte Teil der Distribution haben hinter verschlossenen Türen bereits stattgefunden, bevor dieser Trick vollführt wurde. Nach dem Massaker geht es in Gestalt eines Rounding Bottoms weiter. Vielleicht liegt hier auch etwas echtes Gold – aber nur langfristig.

Abbildung 23.5: Ob die Händler das ganze fehlende Kapital von PALM abgezogen haben? Irgendjemand hat das Geld in einem Ärmel verschwinden lassen. Warum meinen Sie, die Karten seien gezinkt gewesen? Oder dass bei dem Börsengang Laddering betrieben wurde? Vielleicht waren ja auch einfach nur Narren auf Tulpenjagd. Diejenigen Anleger (Spieler), die mit PALM ein Hütchenspiel trieben, hatten es auf einmal mit sechs statt drei Hütchen zu tun, denn wie eine heimtückische Amöbe teilte sich PALM in zwei Tulpen, PLMO und PSRC. Behalten Sie den Magier genau im Auge! Vor dem Analysten konnte das ganze Blendwerk die Tatsache nicht verbergen, dass die Schwerkraft sämtliche Erscheinungsformen von PALM nach unten zog. In den Jahren 2003 und 2004 wurden die abwärts gerichteten Trendlinien gebrochen, und es wurde ein respektabler Kilroy Bottom gebildet. Und doch waren die Implikationen des Bodens vielleicht schon umgesetzt. Eine Fortsetzungsgeschichte für Spekulanten oder scharfsinnige (sehr scharfsinnige) Anleger, die etwas Fundamentales wissen und eine sehr langfristige Vision haben.

Abbildung 23.6: PSRC in seiner amöbischen Glorie. Das Scheitern eines potenziellen Rounding Bottoms, vor allem durch das Breakdown Gap im Oktober, und die fehlgeschlagene Erholung hin zur Nackenlinie ließen keinen Zweifel hinsichtlich des Schicksals von PALM unter irgendeinem anderen Symbol. Auch die gebrochenen Trendlinien boten Hinweise. Erinnern Sie sich, dass sich jedes große Muster in kleinere Muster unterteilen lässt, die man anhand kurzfristiger Trendlinien analysieren kann, so auch in diesem Fall. Irgendwann wird ein auf die Handfläche passender Computer, ein PDA-Dingsbums, die Welle der Zukunft sein. (*EN10: Eine hellsichtige Vorhersage des iPhones.*) Ein schlauer Anleger verwechselt nicht das Unternehmen mit der Aktie und riskiert kein Kapital, solange der Chart keine bessere Story erzählt.

Solche Papiere müssen mit größter Sorgfalt und Aufmerksamkeit gehandelt werden. Zum Beispiel ist es der Gipfel der Torheit, ein IPO per Market-Order zu kaufen. Eine Aktie, die zu 12 Dollar an die Börse geht, kann in einem solchen Rausch bei 50 Dollar eröffnen – für den klugen Trader ein Zeichen, dass die Schafe zur Schur unterwegs sind.

Dabei muss man gewisse Faktoren bedenken. Manche Börsengänge brechen gleich nach der Eröffnung ein. Andere starten durch wie eine Rakete, bevor alles verteilt ist. Deshalb müssen hier die Stopps sorgfältig berechnet werden. Und sobald aus Preis und Volumen hervorgeht, dass die Rakete abhebt, könnte für einen erfahrenen und geschickten Trader ein diskretes Pyramiding möglich sein.

Detaillierte Techniken für den Umgang mit galoppierenden Aktien

Die in Kapitel 28 beschriebene Technik der engen progressiven Stopps ist auf jeden Fall eine Möglichkeit, mit solchen Aktien umzugehen. Dort wird die Methode erklärt, mit der man Referenzpunkte findet und seine Stoppkurse nach der 3-Aus-Tage-Regel nachzieht. Und gerade bei solchen rasanten Aktien sollte man die Praxis umsetzen, die Stoppkurse anhand neuer prozentualer Hochs anzuheben. Da solche Situationen einem Spiel oder einer Jagd ähneln und irrational sind, kann man hier Taktiken einsetzen, die man bei ernsthaftem Kapital normalerweise wohl nicht verwenden würde – ein gewisses leichtes Pyramiding und ein gewisses schrittweises Aussteigen aus der Position anhand

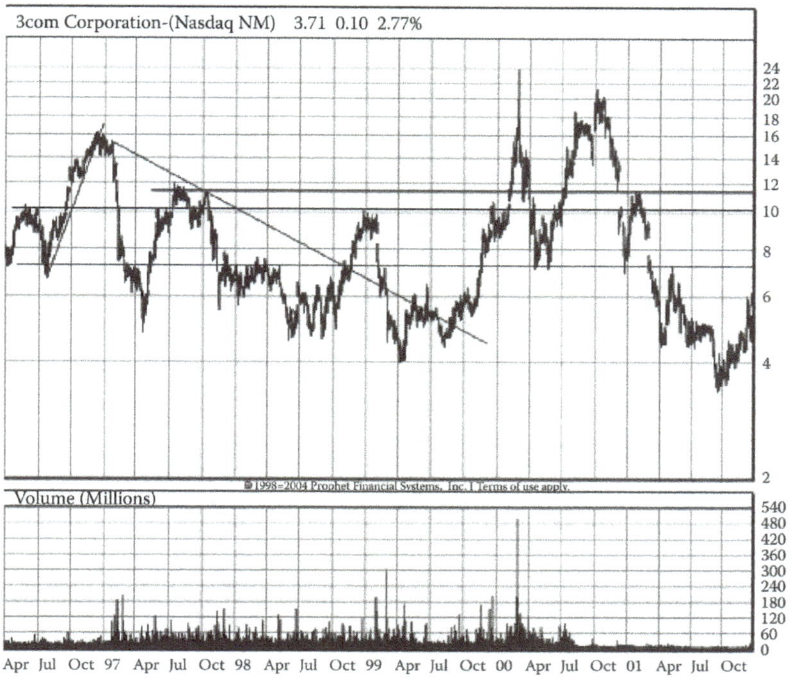

Abbildung 23.7: COMS. Die Emissionshäuser waren so schlau, im Rahmen des Börsengangs nur drei Prozent der im Besitz von 3Com befindlichen Palm-Aktien auf den Markt kommen zu lassen. Und so war Palm kurzzeitig mehr „wert" als 3Com. Hier wird die Lehre aus der Tulpenmanie lebendig. Der Kontrast zwischen dem Volumen davor und danach. Die Notwendigkeit einer Analyse, um mit den blühenden Tulpen zurechtzukommen. Die fatale Lehre, Gaps durch horizontale Trendlinien zu beachten (oder nicht zu beachten). Für den Buy-and-hold-Anleger unmöglich zu managen.

fortgesetzter neuer Hochs. Zudem könnte man in der Blow-off-Phase, in der man genau aufpassen muss, an einem Long Reversal Day oder anlässlich einer Key-Reversal-Formation aussteigen und sich dann an den Strand begeben; wenn man aus Texas kommt, kann man das Papier auch shorten.

Im Prinzip betrachte ich solche Aktien als interessante Verirrungen im ersten Teil ihres Lebens. Daher suche ich dort nicht nach langfristigen Trades mit Anlagecharakter. Nehmen Sie das Geld, und machen Sie sich aus dem Staub! Solche Aktien werden aller Wahrscheinlichkeit nach wie ein Feuerwerk explodieren und dann vergehen. Es gibt aber auch Unternehmen wie Microsoft und – das bleibt noch abzuwarten – Yahoo! Nach der Vorführung des Feuerwerks kann der geduldige Techniker an den Tatort zurückkehren, um zu schauen, ob noch ein bisschen Glut da ist. Nachdem sie in die Luft geflogen sind, abgestürzt sind und vernünftige Böden gebildet haben, beginnt man nach Anlagemöglichkeiten zu suchen, die es definitiv geben wird. In der Technologie des Internets – und in der Biotechnologie und im menschlichen Genom – steckt zu viel Potenzial, als dass nicht irgendein Phönix aus der Asche auferstehen würde.

Am Anfang geziemt es sich für den Trader, sie als spekulative Instrumente mit außerordentlichen Risiken und Chancen zu betrachten.

Daher sind mehrere Warnungen angebracht:

- Ein kluger Spekulant steckt nicht zu viel von seinem Kapital in solche Unternehmen. Vielleicht höchstens fünf bis zehn Prozent.

- Wenn man sie shortet, sollte man das nicht zu früh tun. Es sollte ein definitives Hoch stattgefunden haben, denn vielleicht hat die Rakete eine zweite Stufe.
- Emotionale Bindungen an Tulpen und Internet-Aktien – oder irgendwelche andere Aktien – können einem das Herz brechen. Man beachte in den Charts, dass in mehreren Fällen erfolgreiche Trades am Key Reversal Day möglich waren.

(EN9: Charts aus der Apokalypse zu betrachten ist eine ernüchternde Erfahrung. So viele übereilte und verrückte Abenteuer. So viel Kapital, das in den schwarzen Löchern der Emissionshäuser und in den Brieftaschen 21-jähriger CEO-Krämer verschwunden ist. Besser als die Südseeblase. Und als endgültiger Beweis, dass der Mensch direkt von den Gänsen abstammt und nicht weiter blickt als bis zum nächsten Fressnapf, schwebt im Jahr 2005 der als Google-Fieber wiedergeborene Geist aus dem Schrank. Der Mensch (oder wenn man will die Gans) wird es nie lernen. Deshalb macht es so viel Spaß, dabei zuzusehen.)

Google – welch eine Kreatur der Mensch doch ist! Und welch ein Spiel der Markt ist! Ein wundervolles Unternehmen und ein großartiges Konzept gehen im Jahr 2004 nach einem Hype von Weltformat (Weltformat? Intergalaktisches Format) an die Börse. Nach der Ente, es sei 135 Dollar wert, kommt es im Rahmen einer innovativen Platzierung für 85 Dollar an die Börse. Der Spaß beginnt. Künftige Leser dieses Buches mögen beobachten, wie weit es gestiegen ist, während ich dies schreibe (im November 2004), und beurteilen, ob die Methode funktioniert hat. Ein Unter-

Abbildung 23.8: ORCL. Getreu dem Charakter der Aktien während der Tulpenmanie war es schwierig, mit Oracle ohne sorgfältige Analyse zurechtzukommen. Einigen Verkaufswellen gingen Aktiensplits voraus (man beachte die Gaps nach den Splits). Auch gab es häufig bullishe Gaps, und das offensichtliche Tulpen-Top war auch damals offensichtlich. Ein hervorragendes Trading-Vehikel, jedoch für den Gelegenheitsanleger eine Katastrophe.

nehmen auf Inlinern, das man als Unternehmen einfach mögen muss. Bedenken Sie: Wenn man nicht gerade Warren Buffett ist, kauft man nicht das Unternehmen, sondern die Aktie.

Die Hoffnung stirbt zuletzt, und jede Sekunde wird eine neue geboren

Als das zweite Jahrzehnt des neuen Jahrtausends anbrach, hätte man meinen können, die Tulpenära sei vorüber – doch welche Naivität! Sie war keineswegs vorüber. Die Anleger stürzten sich auf die IPOs von LinkedIn und Groupon, und sie standen bebend an der Seitenlinie und bettelten, dass Facebook an die Börse gehen sollte. Aber Facebook mit seiner ultimativen Chuzpe war zufrieden damit, sich von den Kreisen der Wagniskapitalgeber zu nähren und verlangte den Venturekapitalisten, die verzweifelt um jeden Preis ein Scheibchen von dem Geschäft haben wollten, immer höhere Bewertungen ab. Daher muss die Allgemeinheit noch abwarten, bis sie geschoren wird. Aber vertrauen Sie mir, geschoren wird sie werden. Erinnern Sie sich an Palm.

Man kann solche Aktien kaufen, aber dann muss man am Bildschirm kleben, und es wird eine wilde Fahrt. Wenn man keine Zulassung als professioneller Spekulant hat und mit solchen Deals bereits Geld verloren hat, sollte man die Schlangengrube von der Seitenlinie aus beobachten – und keine Quacksalbereien kaufen.

Abbildung 23.9: INKT. Die Freuden und Wonnen (und Enttäuschungen) der Internet-Aktien. Die letzte Trendlinie markiert in Verbindung mit der zweiten horizontalen Trendlinie eindeutig das Ende der Party (UND WIRD DIES BEI JEDER BELIEBIGEN AKTIE TUN). Der Bruch der langfristigen Trendlinie ist das letzte Ausstiegssignal, nachdem die vorigen Signale nicht klar genug waren. Liegt es nicht auf der Hand, dass diese Aktie mit der Technischen Analyse zu bewältigen war (und ist)?

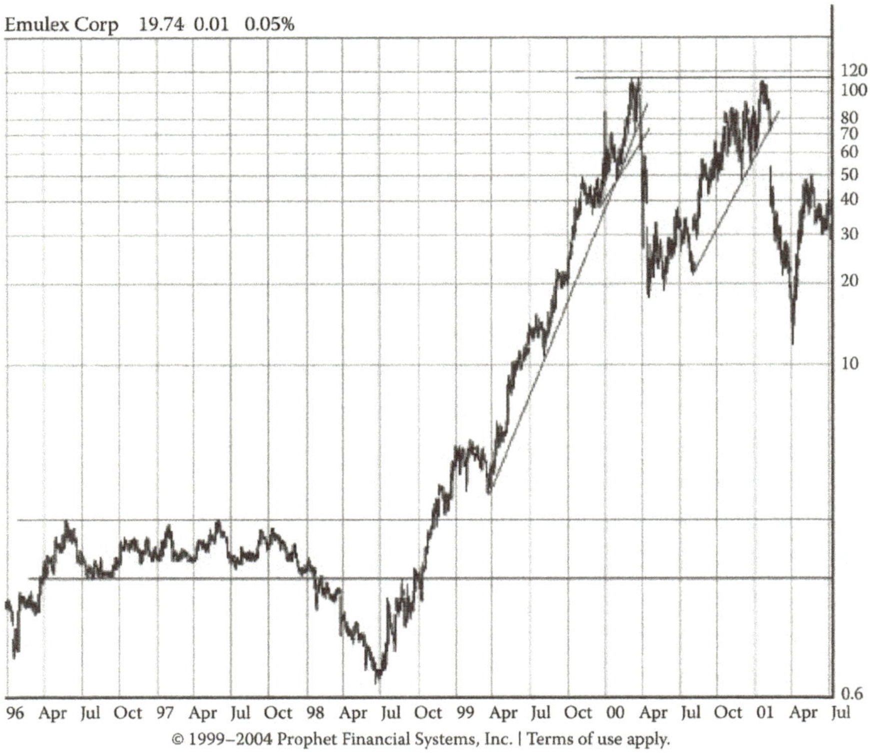

Abbildung 23.10: EMULEX (ELX). Die Botschaft des Jahres 2000, eine schwere und auch noch überstürzte Tracht Prügel, wäre dem Nicht-Techniker entgangen. Wer in der Achterbahn sitzen blieb, hätte eine Lektion erneut gelernt, die manche Techniker kennen – Aktien wiederholen häufig das gleiche Verhalten (oder Fehlverhalten). Vielleicht musste auch die Lektion ungeheurer Breakaway Gaps (oder Luftlöcher) neu gelernt werden. Gut, sagt der unaufgeklärte Anleger, nach einem solchen Gap ist der Schaden bereits angerichtet, nur um dann zu sehen, dass sich der Schaden bis hinunter auf zehn Dollar (von 110 aus!) fortsetzt. Diese Signale sind derart groß, dass den Trader, der ihre Bedeutung leugnet, ein Desaster erwartet. Das Luftloch in diesem Chart passt gut zu denjenigen in den Abbildungen 12.9 und 37.45.

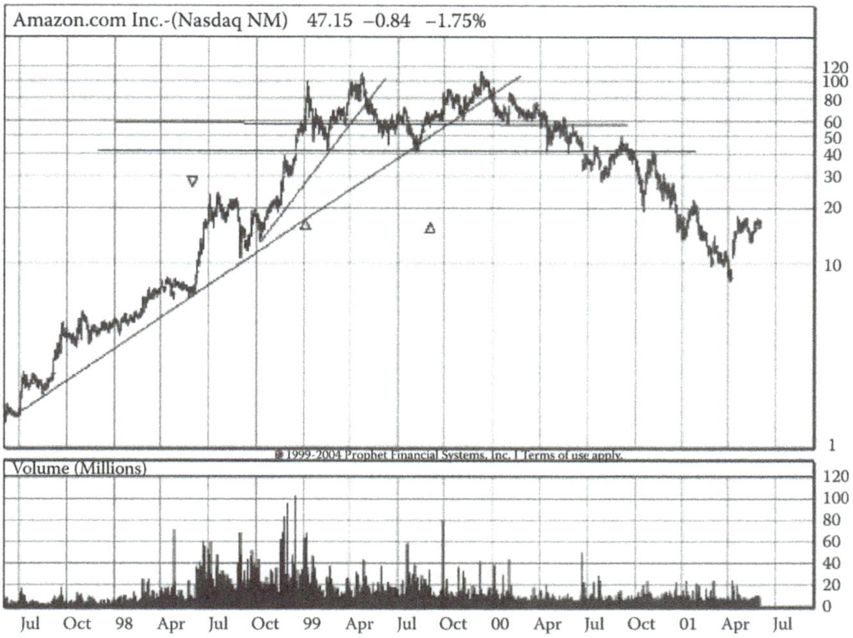

Abbildung 23.11: Wochenchart von Amazon. Das erstaunliche Unternehmen tanzt durch den Wahnwitz des Internets. Die atemberaubenden Kursstürze sind die unmittelbaren Folgen atemberaubender spekulativer Exzesse. Details des Blow-offs können Sie dem Tageschart (Abbildung 23.12) entnehmen.

Abbildung 23.12: Tageschart von Amazon. Bei einem spekulativen Blow-off sind Trendlinien kaum von Nutzen. Ein dösender Trader (vermutlich war ja offensichtlich, dass dies kein Papier für Anleger war) wäre von dem Kurssturz übel zugerichtet worden. Ein aufmerksamer Trader, der weiß, dass man bei Blow-offs Stärke verkaufen sollte, hätte ihn umgehen können. Zu den weiteren Techniken gehören die Erkennung des zweiten Erschöpfungs-Gaps und der Ausstieg. Auch ein Trader, der die Techniken aus Kapitel 28 verwendet und progressiv enge Stopps gesetzt hätte, hätte den Kurssturz wohl umgehen können.

Abbildung 23.13: Der wilde Westen des Internets und der spekulierenden Revolverhelden (Glücksspieler?). Amazon ruckelt weiter. Einen Schluck billigen Whiskey her und ein Lineal. Ein für den rationalen Analysten klares Hoch mit klar gebrochenen Trendlinien und gebrochenen horizontalen Linien, dann eine klare Baisse mit einem klaren Boden, der nach einem Kilroy Bottom aussah, danach ein klarer Ausbruch und eine weitere Hausse, dann wieder ein Abwärtstrend. Wie furchtlose Bullenreiter beim Rodeo. Aber dieser Bullenbär lässt sich mit ein bisschen Technischer Analyse durchaus reiten. Ohne Technische Analyse wäre man eher ein Schießbudenziel – leichte Beute.

Abbildung 23.14: CISCO (CSCO). Auch wenn die erste langfristige Trendlinie den laufenden Abwärtstrend sehr schön an einem Gap schneidet (ein Zusammenfallen von Indikatoren, das zu oft vorkommt, um Zufall zu sein), so sind die später eingezeichneten Trendlinien doch derart stark, dass selbst ein Anfänger der Technischen Analyse wissen dürfte, wie er aussteigen sollte. Und tatsächlich tat einer meiner Studenten, der bei Cisco arbeitete, genau das und sparte dadurch Tausende Papierdollar.

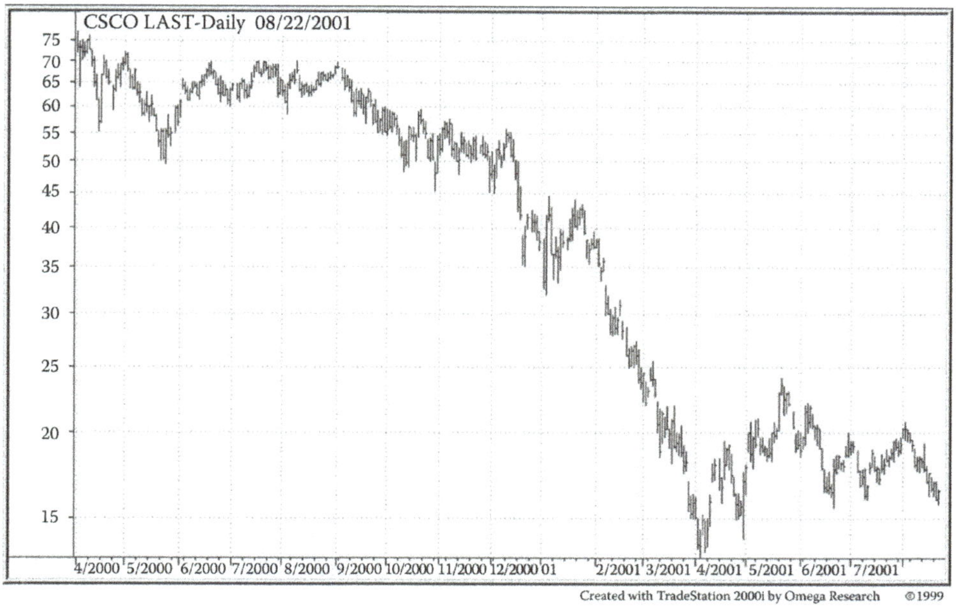

Abbildung 23.15: Hätte es ein Trader (Anleger sollten sich heraushalten) auf irgendeine Weise vermeiden können, dass er von dieser Klippe gestürzt wäre? Eine Möglichkeit ist extreme Paranoia. Eine andere, sich des von Cisco in Abbildung 23.14 an den Tag gelegten Verhaltensmusters scharf bewusst zu sein.

Abbildung 23.16: Sie hatten gedacht, in der Tulpenmanie des Jahres 2000 wären alle Tulpen und Bullen aufgebraucht worden? Wie dumm von Ihnen! Die Vorräte sind unerschöpflich. Man braucht bloß ein Unternehmen, eine Story und ein Konsortium, das sie verhökern will. Manchmal macht das Unternehmen sogar Gewinn. Und der ist manchmal sogar echt. Manchmal rasen die Gewinne auf Inlinern bergauf. Und manchmal sind die Figuren derart anziehend, dass man fast schon bereit wäre, das IPO zum Emissionskurs zu kaufen, allerdings nicht, wenn man – wie alle Technischen Analysten – Zyniker ist. Vor dem IPO von Google kursierten Gerüchte über 200 Dollar. Der Herausgeber bot an, alles zu diesem Preis zu verkaufen und es kostenlos von der Brooklyn Bridge zu werfen. Dieses Angebot (nun ja, es kann auch andere Faktoren gegeben haben) prügelte das IPO auf 85 Dollar hinunter, was zwar immer noch eine fehlgeleitete Spekulation war, aber nur noch eine verrückte, keine unzumutbare. Die Überzeichnung des innovativen Börsengangs offenbarte, dass das Tulpenvirus nicht tot war, sondern sehr lebendig, und dass es nicht nur die bisherigen üblichen Verdächtigen infizierte, sondern auch neue. Wir wissen ein Pferderennen zu schätzen, und das hier ist ein großartiges Rennen. Man beachte die offensichtlichen defensiven Linien, die Unterstützungen und Widerstände. Wie lange Google der Schwerkraft (dem astronomischen Kurs-Gewinn-Verhältnis) trotzen kann, wird man sehen. Vorsichtige Spieler werden sich einen Stoppkurs ausgesucht haben. In diesem Chart könnte er für den langfristigen Spieler im Bereich von 182 Dollar liegen. Für den agileren Spieler könnte er im Versagen der Unterstützung bei 204 Dollar oder im Schließen des dortigen Breakaway Gaps liegen. Der Begriff „Spieler" ist hier nicht abwertend gemeint. Tatsächlich sollten etwas mutigere Anleger (kompetente Leser dieses Buches) ab und zu mit fünf Prozent ihres Kapitals einen Sprung wagen. Und hier ist der Sprung, den man hätte wagen sollen. Die Breakaway Gaps im Oktober und im April standen dem Unglauben entgegen und waren Anzeichen einer enormen technischen Stärke. Und dann stieg Google auf 475 Dollar! Die Lehre, die man hier und immer wieder erneut ziehen sollte ... *ad infinitum* ..., lautet: Vertraue dem Chart! Ignoriere die Story! Im Jahr 2008 stieg GOOG auf 700 Dollar, halbierte sich im Zuge der Bush-Baisse, erholte sich bis auf 600 Dollar und trat in eine zweijährige Seitwärtswelle ein.

Abbildung 23.17: Google, 2011. Es stellte sich heraus, dass Google das Wahre war und eine Herde von Cashcows hatte, die lieferten und lieferten und lieferten. Muttermilch? Oder Amerikas Liebesaffäre mit der Werbung? Was auch immer es ist, der Leser sieht, wie einfach sich das Papier mit Trendlinien managen ließ. Die Verwendung von Trendlinien hätte verhindert, dass das Kapital Bungee-Sprünge vollführt hätte, was ja nie angenehm ist. Auf die gleiche Art und mit der gleichen Wirkung hätte man auch Referenzpunkte einsetzen können. Im Prinzip befindet sich Google seit 2010 in einer großen (sehr großen) Seitwärtswelle. Das Verlassen dieser Seitwärtswelle wird dramatische Folgen haben – nach oben oder nach unten.

KAPITEL 24

DIE WAHRSCHEINLICHEN BEWEGUNGEN IHRER AKTIEN

Auf den ersten Blick scheinen sich alle Aktien völlig sinnlos und ohne Rhythmus oder Vernunft zu bewegen. Zuzeiten gehen alle Aktien nach oben, und dann wieder gehen sie nach unten – nicht immer zur selben Zeit. Aber wir haben schon gesehen, dass Aktien bei diesen Auf- und Abwärtsbewegungen Trends folgen. Sie bilden verschiedene typische Formationen und verhalten sich nicht völlig ohne alle Regeln. (Zur Veranschaulichung siehe die Abbildungen 24.1 und 24.2.)

Ebenso hat auch jede Aktie ihre eigenen Gewohnheiten und Eigenarten, die über die Jahre mehr oder weniger stabil sind. Gewisse Aktien reagieren auf eine Bullenmarktphase der Börse mit sehr großen Aufschwüngen, während andere, obwohl vielleicht in derselben Preisklasse, nur bescheidene Bewegungen vollführen. Sie wissen, dass Aktien mit großen Schwüngen nach *oben* auch diejenigen sind, die im Bärenmarkt große *Abwärtsbewegungen* vollziehen. Aktien mit weniger spektakulären Aufwärtsbewegungen leisten einer Abwärtsbewegung der Börse oft mehr Widerstand. Es gibt Aktien, die sich normalerweise viele Male schneller als andere bewegen. Wir wissen zum Beispiel nicht, ob von jetzt an in einem Jahr Glenn Martin *(EN: Lesen Sie stattdessen Microsoft oder Ebay)* nach oben oder unten gehen wird, aber wir wissen, dass sich die Aktie – unabhängig von der Richtung – jedenfalls sehr viel schneller und sehr viel weiter bewegen wird als American Telephone and Telegraph. *(EN9: Sogar T beschleunigte in den Hyperraum, nachdem AT&T sich unglücklicherweise von den lokalen Baby Bells getrennt hatte. Und anders als der Leopard seine Flecken komplett gewechselt hatte.)* Die Unterschiede in der Gewohnheit sind abhängig von der Kapitalisierung, von der Anzahl der umlaufenden Aktien, der Art der Geschäftstätigkeit und der Leverage in der Kapitalstruktur; wir haben das schon behandelt. Eigentlich sind wir ohnehin nicht so sehr daran interessiert, warum die Unterschiede bestehen. Uns interessiert hauptsächlich, worin sie bestehen und wie wir sie bestimmen können.

Das ist wichtig. Aktien mit der Gewohnheit, sich nur in einer engen Spanne zu bewegen, sind gut für Investmentzwecke, wenn Stabilität und Einkommen die Hauptkriterien sind. Aber es sind keine guten Aktien zum Spekulieren. Ein ziemlich hoher Grad von Sensitivität *(EN: Volatilität)* mit großen prozentualen Bewegungen ist nötig, um gewinnbringende Spekulationen zu ermöglichen, die nach Abzug der Spesen noch einen Nettogewinn lassen. Wenn Sie Gewinn erzielen wollen, muss eine Aktie die Wahrscheinlichkeit bieten, eine Bewegung von zumindest 15 Prozent zu machen.

Woher wissen wir, welche Aktien am empfindlichsten reagieren und daher das größte Gewinnpotenzial haben?

Wenn Sie die Daten einer bestimmten Aktie für eine Anzahl von Jahren zurückverfolgen und ihre prozentualen Bewegungen mit den prozentualen Bewegungen der gesamten Börse vergleichen, erhalten Sie ein ziemlich gutes Bild von den Gewohnheiten der Aktie in dieser Richtung. Sie werden

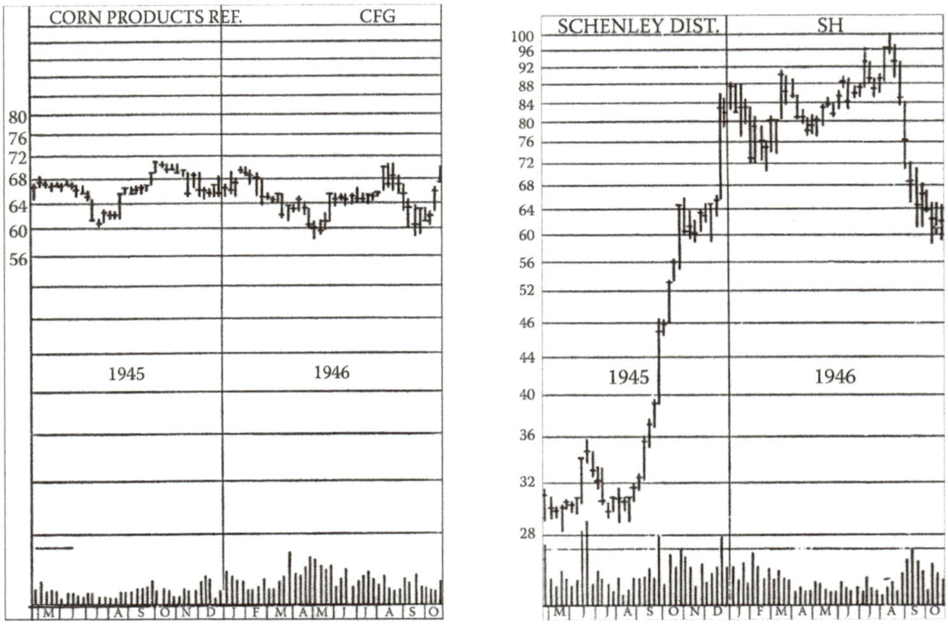

Abbildung 24.1: Manche Aktien bewegen sich schneller als andere. Wir haben schon bemerkt, dass niedrig notierende Aktien viel größere prozentuale Bewegungen vollziehen als hoch notierende Aktien. Aber selbst zwischen zwei Aktien, die zu einem bestimmten Zeitpunkt zum selben Kurs gehandelt werden, gibt es erhebliche Unterschiede im Verhalten. Diese Gewohnheiten ändern sich von Jahr zu Jahr sehr wenig.

Hier haben wir einen Wochenchart von Corn Products Refining Company (links) über 18 Monate in den Jahren 1945 und 1946. Daneben ist ein Chart für Schenley Distillers für dieselbe Zeit zu sehen. Der Durchschnittswert aus Hoch und Tief in diesen Charts ist bei beiden der gleiche, nämlich 64 ½.

Wir sehen jedoch, dass sich in dieser Zeit CFG zwischen einem Tief von 58 ½ und einem Hoch von 71 bewegte, also in einer Spanne von 12 ½ Punkten. In derselben Zeit bewegte sich SH zwischen 28 ½ und 100, also in einer Spanne von 71 ½ Punkten. 1.000 Dollar, die man am extremen Tiefpunkt in den Kauf von CFG investiert hätte, wären auf 1.210 Dollar am höchsten Punkt angewachsen. Der gleiche Betrag in SH an dessen Tiefpunkt investiert wäre auf 3.510 Dollar angewachsen. Der Gewinn von 2.510 Dollar mit SH wäre mehr als zehnmal so groß gewesen wie der Gewinn von 210 Dollar mit CFG, und das ohne Einschusskredit.

Es ist natürlich nicht wahrscheinlich, dass Sie die beiden Aktien gerade zu ihrem extremen Tiefstkurs gekauft oder zu ihrem extremen Höchstkurs verkauft hätten. Wir wollen hier auch nur betonen, wie groß die Unterschiede zwischen den Schwankungsgewohnheiten von Aktien sind.

Individuelle Aktien haben ihre charakteristischen Gewohnheiten, und genauso ist es bei Industriezweigen. Im Allgemeinen sind Nahrungsmittel-Aktien, zu denen auch CFG gehört, stabil und bewegen sich langsam. Spirituosen-Aktien dagegen vollziehen bei jedem allgemeinen Aufschwung oder Abschwung der gesamten Börse große Bewegungen. Zu dieser Zeit hatte CFG einen Sensitivity Index von 0,58, während die Zahl für Schenley bei 2,05 lag.

nicht in jedem Augenblick sagen können: „Diese Aktie wird demnächst um 25 Prozent steigen." Aber Sie können mit ausreichender Zuversicht sagen: „Wenn die Gesamtbörse um 10 Prozent steigt, wird diese Aktie wahrscheinlich um 25 Prozent steigen." Oder umgekehrt natürlich: „Wenn die Börse um 10 Prozent fällt, wird diese Aktie sehr wahrscheinlich zumindest 25 Prozent fallen." *(EN10: Das Konzept des Beta.)*

Es werden viele Methoden benutzt, um diese Eigenart der Aktien zu messen und zu prüfen; sie unterscheiden sich nur in Einzelheiten. *(EN10: Dank der leichten Verfügbarkeit von Desktop- und Internetsoftware kann der Anleger einen 2- oder 5-Jahres-Chart aufrufen und die potenzielle Bandbreite der jeweiligen Aktie sehen.)* Die Autoren haben im Anhang Zahlen über mehrere Hundert wichtige Aktien der New York Stock Exchange zusammengetragen (siehe Anhang A, 9. Auflage).

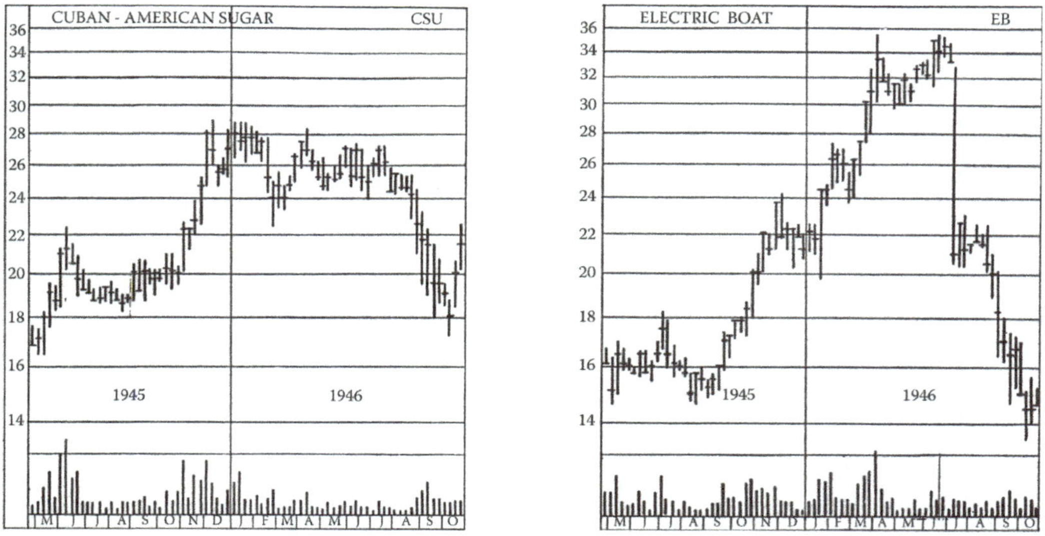

Abbildung 24.2: Ein weiteres Beispiel für die Verschiedenartigkeit von Kursausschlägen. In diesem Fall weisen die Aktien den gleichen Durchschnittskurs aus dem Höchst- und dem Niedrigstkurs der Periode auf. Beide Aktien sind für dieselben 18 Monate 1945 und 1946 dargestellt. Obwohl beide in einer relativ niedrigen Preisklasse liegen und auch der Unterschied in den Zahlen ihres Sensitivity Index relativ gering ist, besteht ein erheblicher Unterschied in ihrem Verhalten. Cuban-American Sugar (links), eine Nahrungsmittel-Aktie, weist eine Spannweite von 76 Prozent zwischen ihrem Tief bei 16 ½ und ihrem Hoch bei 29 auf. Electric Boat (rechts), ein Schiffbaukonzern, steigt um mehr als 140 Prozent.

(EN10: Magees Konzept der Sensitivität scheint einige Aspekte unseres modernen Konzepts von Beta und der modernen Berechnung der Volatilität zu kombinieren. Der Nachfolger des Magee'schen Sensitivity Index ist auf finance.yahoo.com und http://www.abg-analytics.com sowie auf einer beliebigen Anzahl von anderen Seiten, die über Google gefunden werden können, leicht verfügbar).

(EN: Aktuelle Betas oder Volatilitäten können mit ihm verglichen und/oder in anderen Berechnungen, die in diesem Buch vorgeschlagen werden, zum Beispiel in Composite-Leverage-Formeln, ersetzt werden. Der Leser kann im folgenden Text „Beta" für „Sensitivity Index" lesen und sich das Ärgernis übertriebener Anmerkungen durch den Herausgeber ersparen).

Die Indexwerte sind relativ. Sie zeigen, dass sich Aktien mit einem hohen Sensitivity Index *(EN: Beta)* sowohl in der Hausse als auch in der Baisse schneller bewegen als Aktien mit niedrigem Sensitivity Index. Sie zeigen auch, wie viel größer die zu erwartende Bewegung verglichen mit anderen Aktien ist.

(EN: Was für den erfahrenen Leser auf der Hand liegt und für den unerfahrenen Leser neu ist: Magees Methode ist älter als die moderne Berechnung von Beta *und* Volatilität. *Das* Beta *gibt das* systematische Risiko *einer Aktie an, oder für diejenigen, die die Fachsprache der Finanzindustrie nicht kennen: dafür, wie empfindlich eine Aktie auf Marktbewegungen reagiert, ihre Sensitivität. Die* Volatilität *gibt die Verteilung der Bewegungen der Aktie selbst an. Das heißt, wenn sich der Markt um 1,0 Punkte bewegt, bewegt sich eine Aktie mit einem Beta von 1,5 um 1,5 Punkte und eine Aktie mit einem Beta von 0,5 um 0,5 Punkte, jedenfalls so ungefähr. Daher sind Aktien mit hohem Beta volatil. Für Leser, die gern selbst basteln, biete ich hier die Formel zur Berechnung des Betas einer Aktie, die ein bisschen ausgefeilter ist als Magees Methode:*

((N)(Summe von XY)) - ((Summe von X)(Summe von Y))

Wobei gilt:
N = Anzahl der abgelesenen Werte
X = Ertrag des S&P 500 Index
Y = Ertrag der Aktie oder des Fonds

Der allgemeine Anleger dürfte sich nicht gerade brennend für diese Berechnung interessieren, vor allem weil das Beta bei Value Line und bei finance.yahoo.com problemlos erhältlich ist sowie regelmäßig von Merrill Lynch veröffentlicht wird. Das Internet ist mit Betas übersät, und man findet sie über Google; auf seekingalpha.com gibt es Listen; und auf finance.yahoo.com wird das Beta jeder Aktie unter „Key Statistics" angegeben.

Von gleicher oder gar noch größerer Wichtigkeit ist das individuelle Risiko einer Aktie, das Profis gern anhand der Berechnung der Volatilität ermitteln. Die Volatilität hat gewisse Ähnlichkeiten mit Magees „normaler Preisspanne", sie gibt die Preisschwankungen einer Aktie (und somit die Veränderlichkeit ihrer Rendite) an. Der allgemeine Anleger sollte wissen, dass die Untersuchung der Volatilität ein äußerst anspruchsvolles Thema ist und dass Profis enorme Ressourcen auf die Bewältigung dieser Frage verwenden. Es gibt zahlreiche Methoden, um Volatilitäten abzuleiten, aber diese spielen vor allem bei der Arbitrage mit Optionen und beim professionellen Parketthandel eine Rolle.

Für den Privatanleger reicht es, die Gefahren dieses mysteriösen Gebiets zu kennen. Bevor man sich als Neuling auf „Volatilitäts-Plays" einlässt, sollte man einen Doktorandenkurs absolvieren. Für diejenigen allgemeinen Anleger, die genug wissen wollen, um Volatilitäten selbst zu berechnen (was weder ratsam noch notwendig ist), gebe ich hier die Formel an.

Um die Volatilität zu berechnen, ermittelt man zunächst die Differenz zwischen jedem Ertrag und dem Durchschnitt. Dann setzt man jede dieser Differenzen ins Quadrat und zählt alle Quadrate zusammen. Diese Summe teilt man durch die um eins verminderte Anzahl der für die Berechnung verwendeten Erträge und erhält dadurch die sogenannte Varianz. Aus ihr zieht man nun nur noch die Quadratwurzel und erhält so die Volatilität. Diese Berechnungsschritte als Formel dargestellt:

$$\sigma = \sqrt{\frac{\sum_{i=1}^{n}(R_i - \mu)^2}{n-1}}$$

- Schritt 1: Berechnung des durchschnittlichen Ertrags
- Schritt 2: Berechnung der Abweichung jedes Ertrags
- Schritt 3: Quadrieren aller einzelnen Abweichungen
- Schritt 4: Addition der Quadrate
- Schritt 5: Division der Summe durch (Anzahl der Perioden minus 1). Das Ergebnis ist die Varianz.
- Schritt 6: Ziehen der Quadratwurzel

Der weniger umständliche (oder eher praktisch veranlagte) Anleger findet die Volatilitäten unter http://www.optionstrategist.com, http://www.cboe.com oder finance.yahoo.com sowie an anderen Stellen, die über Google zu finden sind.

KAPITEL 25

ZWEI „KITZLIGE" FRAGEN

Dieses Kapitel wendet sich hauptsächlich an den beginnenden Spekulanten. Er ist bisher vielleicht völlig anderen Dingen nachgegangen oder war ein Investor, der jetzt zum ersten Mal damit beginnt, mit Aktien kurzfristiger zu spekulieren.

Die Nutzung von Einschusskredit (Margin)

Die erste Frage ist die Nutzung von Kredit. Die „Margin Calls" (Nachschussforderungen) des Jahres 1929 sind immer noch nicht vergessen. Dies und die erschreckende Art, in der sich Verluste durch Kreditaufnahme bei einem scharfen Markteinbruch vervielfachen können, veranlasst viele zu der Annahme, die Nutzung von Kredit sei an sich schlecht, gefährlich, töricht und ungesund. Sie werden Ihnen sagen, dass sie zwar bereit sind, ihr eigenes Geld zu riskieren, aber niemals mit geliehenen Geldern spekulieren. Sie werden sagen: „Wenn ich Aktien kaufe und voll bezahle, bin ich gegen jede Art von Markteinbruch abgesichert."

Diese Art von Argumentation ist durchaus vertretbar. Allerdings werden Sie oft feststellen, dass der Betreffende den Fall nicht bis zu Ende durchdacht hat. Ihm ist Folgendes nicht bewusst: Wenn er Aktien kauft und auch voll bezahlt, die aber eine hohe Leverage oder eine hohe Sensitivität haben (zum Beispiel stark verschuldete Gesellschaften), dann erreicht er im Endeffekt fast dasselbe wie jemand, der eine konservativere Aktie teilweise auf Kredit kauft. Obwohl er es außerdem für konservativ hält, Aktien voll zu bezahlen, anstatt teilweise auf Kredit zu kaufen, ist er im Grunde seines Herzens genauso ein Spekulant. Er ist in Wirklichkeit gar nicht nur an Dividenden und einem stabilen Investment interessiert. Vielmehr hält er Ausschau nach etwas, das auch Kursgewinnmöglichkeiten bietet. Und da er der wirklichen Situation nicht gerade ins Auge blickt, kann er kostspielige Irrtümer begehen.

Um das hier ganz klar zu sagen: Wenn jemand das Risiko von Kreditkäufen scheut, sollte er besser auch das Risiko des Leverage-Effekts und der Volatilität scheuen. Er sollte dann das Risiko ganz vermeiden, nicht mehr an die Chance auf Kursgewinne denken und sich auf gesunde, Einkommen produzierende Aktien beschränken, die nicht weit fluktuieren.

Wenn wir Stabilität wünschen, wollen wir keine exzessiven Fluktuationen. Und es gibt Aktien, die diese Stabilität geben. Hier suchen wir jedoch „Swing-Power", die Kraft einer Aktie, große Schwünge zu machen. Wir wollen das Höchstmaß an Fluktuationen, das wir noch sicher beherrschen können. Wir können dies dadurch erreichen, dass wir eine Aktie kaufen und voll bezahlen, die normalerweise ziemlich großen Swings unterliegt; das ist also eine Aktie mit einem hohen Sensitivity Index *(EN: Beta)*. Wir können allerdings denselben Effekt erreichen, indem wir in einer Aktie mit eher konservativen Gewohnheiten spekulieren, aber Kredit benutzen, um dadurch die

Composite Leverage *(EN: oder einfach nur die Leverage)* zu erhöhen. (Die Methode, die Composite Leverage in verschiedenen Situationen zu berechnen und zu vergleichen, wird in Anhang A, 9. Auflage, und in Kapitel 41 behandelt).

Wir wollen zum Beispiel annehmen, dass wir 100 Stücke einer ziemlich spekulativen Aktie kaufen und voll bezahlen, die wir UVW nennen wollen. Sie soll einen Sensitivity Index von 1,50 haben und wird jetzt (so wollen wir weiter annehmen) bei 20 gehandelt. Zum selben Zeitpunkt kaufen wir eine etwas weniger spekulative Aktie XYZ, die auch bei 20 steht; aber in diesem Fall kaufen wir nur mit 70 Prozent Einschuss (70 Prozent Margin). Wir bezahlen also nur 1.400 Dollar; die anderen 600 Dollar werden kreditiert. Bei einem allgemeinen Kursaufschwung, der beide Aktien mitträgt, spricht die Wahrscheinlichkeit für eine etwas größere prozentuale Bewegung bei UVW als bei XYZ. Wenn ein solch allgemeiner Anstieg zum Beispiel UVW auf 30 trüge, könnten wir erwarten, dass XYZ etwas weniger, sagen wir nur bis 28, steigt. Der Anstieg von zehn Punkten auf die 2.000 Dollar, mit denen wir UVW voll bezahlt haben, repräsentiert also einen Gewinn von 1.000 Dollar oder 50 Prozent. Der Aufschwung von XYZ auf 28 bringt auf die 1.400 investierten Dollar einen Gewinn von 800 Dollar. Das sind also 57 Prozent. Mit anderen Worten: Wir haben durch die Benutzung des Kredits die wirksame Leverage von XYZ erhöht und haben die Aktie damit praktisch etwas spekulativer als UVW gemacht.

Der Effekt von Krediteinsatz besteht einfach darin, die Sensitivität einer Situation zu betonen oder zu steigern. Es ist ein Mechanismus, um mehr Risiko zu akzeptieren und damit mehr Gelegenheit für schnelleren Gewinn zu bekommen. Wenn Sie also überhaupt ein Risiko einzugehen bereit sind (und das müssen Sie, wenn Sie spekulative Engagements eingehen wollen), geht es nur darum, dass Sie ungefähr wissen, welches Risiko Sie eingehen und ob Sie in der Lage sind, es zu tragen. Die Gefahr beim Kredit liegt dort, wo der Kunde sich finanziell überstrapaziert, wo er ein Risiko eingeht, das weit seine Fähigkeiten übersteigt, sich zu schützen. Das kommt nicht vor, wenn er eine vernünftige Grenze für seine gesamte Leverage *(EN: oder anders ausgedrückt für sein Portfoliorisiko)* setzt.

Die Kredittransaktion besteht darin, dass Sie mehr Aktien kaufen (oder leerverkaufen), als Ihnen Geld zur Verfügung steht, um die gesamte Transaktion zu bezahlen. Der Kauf eines Eigenheims mit einer Hypothek ist im Wesentlichen eine Kredittransaktion. Wenn ein Geschäft einen Teil seines Umsatzes anstatt mit Eigenkapital mit geliehenem Geld finanziert, ist es dasselbe. Immer wenn der Käufer einen Teil des Kapitals anzahlt und den Wert des gekauften Gegenstands als Sicherheit für ein Darlehen benutzt, ist das eine Kredittransaktion. Es ist im Prinzip genau das Gleiche, wie wenn man Aktien auf Kredit (Margin) kauft. Immer verursacht eine Veränderung im Wert des gekauften Gegenstandes eine größere Nettoveränderung im Wert des Eigenkapitals. Wenn jemand ein Eigenheim für 100.000 Dollar kauft und dafür 50.000 Dollar anzahlt und es später für 150.000 Dollar verkauft (ein Wertanstieg seines Eigenheims um 50 Prozent), wird er einen Gewinn von 50.000 Dollar oder 100 Prozent auf sein investiertes Kapital haben.

Die Gefahren von „Margin Calls“ oder Nachschussforderungen und die Gefahr, durch Kreditspekulationen „ausgelöscht“ zu werden, werden kaum jemals auftreten, wenn Sie sich jederzeit durch ordnungsgemäße Stop-Loss-Orders schützen oder aber eine Transaktion glattstellen, wenn der Kurs einen zuvor festgesetzten Gefahrenpunkt überschreitet. Es ist fast überflüssig zu sagen: Wenn eine Transaktion so sehr gegen Sie gelaufen ist, dass schon die Kreditsicherheiten nicht mehr reichen, ist es das Beste, Ihren Verlust hinzunehmen und die Sache zu vergessen – und kein Geld nachzuschießen! Aber so weit muss es, wie gesagt, gar nicht kommen.

Wie wir noch bei der Diskussion von Sensitivität und Leverage, Stop-Loss-Niveaus und so weiter sehen werden, gibt es bestimmte und ziemlich gut definierbare Grenzen, über die Sie sich nicht mit Sicherheit hinauswagen können. Zu einer Zeit konnten Sie eine Aktie mit nur zehn Prozent Anzahlung kaufen. Da konnten Sie die Vision haben, aus 1.000 Dollar in einem Bullenmarkt eine Million anzuhäufen. Aber das ist keine vernünftige Hoffnung, und es wäre nicht sicher, Ihr Kapital als nur zehnprozentige Anzahlung einzusetzen. In so einem Fall kann Ihre Aktie, obwohl Sie sie völlig logisch und ordnungsgemäß gekauft haben, anfangs genügend fallen, um Sie „auszulöschen", bevor sie mit dem erwarteten Aufstieg beginnt. *(EN: Kurz, das Risiko beim Handel mit Rohstoffen und Futures.)* Wenn Sie die Höhe des Kredits beurteilen wollen, den Sie einsetzen können oder sollten, müssen Sie mehrere Faktoren in Rechnung stellen: Zunächst einmal müssen Sie sich sowieso an die vom Gesetz gezogenen Grenzen für Kreditgeschäfte halten. Weiter müssen Sie Ihre Spekulationsmethode und das normale Maß einer gegen Sie verlaufenden Fluktuation berücksichtigen, die Sie bei Ihrer Methode einzukalkulieren haben. Schließlich ist die Art von Aktien wichtig, mit der Sie es zu tun haben, das heißt Sensitivity Index und Schwankungsbreite *(EN: auf die Gefahr hin, mich zu wiederholen, Beta und Volatilität)* bei dem Kurs, zu dem Sie Ihre ursprüngliche Position eingehen.

Leerverkäufe

Die andere „kitzlige" Frage ist die von Leerverkäufen. Ein großer Teil auch der Spekulanten vermeidet die „Short-Seite" des Marktes. Sechs von sieben Börsenteilnehmern werden Ihnen erklären, dass sie niemals und unter keiner Bedingung eine Aktie shorten würden. In der Tat werden Leerverkäufe überwiegend von einer verhältnismäßig kleinen Zahl von professionellen Börsenteilnehmern ausgeführt. *(EN: Der Privatanleger gewährt aufgrund seiner Ängste und Vorurteile diesen „Vorsprung" oder Vorteil freiwillig den Profis. Magee hat sich mit diesem Thema ausführlich in „Winning the Mental Game on Wall Street" beschäftigt, das ich dem Leser von ganzem Herzen empfehle. EN9: Die weite Verbreitung von Hedgefonds im neuen Jahrhundert zeugt von der Frustration professioneller Manager durch die Regeln der Investmentfonds, die ihnen vorschreiben, nur Long-Positionen zu halten. Selbst mit dieser Entwicklung bleiben Leerverkäufe durch den allgemeinen Anleger eine begrenzte Technik – zum Nachteil des Nicht-Profis).*

Wenn Sie langfristige Charts (Wochen- und Monatscharts) und auch die Tagescharts in diesem Buch studiert haben, werden Sie einige Tatsachen über das Verhalten der Börse erkannt haben: Die meisten Aktien *steigen* den größten Teil der Zeit. Die tägliche Liste der Aktien mit dem größten Umsatz („Most Actives") enthält fast stets mehr Kurssteigerungen als Kursrückgänge. Im Allgemeinen kann man sagen, dass Aktien ungefähr zwei Drittel der Zeit steigen und nur ein Drittel der Zeit fallen. *(EN9: Langfristig wahrscheinlich eine Tatsache, aber im modernen Kontext gibt es reichlich Short-Möglichkeiten).*

Außerdem haben die meisten Berichte, Gerüchte und Kommentare in der Presse über Aktien und Gesellschaften mit der Sonnenseite der Branche zu tun. Es ist nur natürlich, dass die Direktoren, Public-Relations-Manager und die Reporter selbst an den in die Zukunft weisenden Entwicklungen interessiert sind. Sie wollen über neue Produktionsprozesse, Expansionsprogramme, höhere Erträge und Ähnliches berichten; solche Punkte werden lieber zu Nachrichten gemacht als wenig optimistische Berichte.

Diese verschiedenen Umstände mögen auch erklären, warum „das Publikum" immer „bullish" ist, also positive Erwartungen hegt. Das Publikum hofft und erwartet immer, dass Aktien *die ganze Zeit hindurch* steigen. Wenn die Aktien steigen oder eine Hausse herrscht, erwartet das Publikum, dass sie noch höher steigen. Wenn die Aktien scharf zurückgegangen sind, wird das Publikum argumentieren, dass sie jetzt viel billiger sind als vorher und sicherlich bald steigen müssten. Aber es ist immer dasselbe, was das Publikum im Kopf hat: Die Aktien sollen steigen, steigen und nochmals steigen.

Und doch zeigt ein Blick auf die Langfristcharts, die die Entwicklung über viele Jahre darstellen, dass durch viele lange Perioden hindurch Anstieg und Abstieg ungefähr gleich groß sind. Wenn das grundsätzlich so ist und Aktien zwei Drittel der Zeit steigen, müssen sie viel schneller fallen, als sie steigen. Sie werden das bestätigt finden. Kursrückgänge sind sowohl bei den Indizes als auch bei den einzelnen Aktien in Baissen in der Regel steiler als der Winkel des Anstiegs in Haussen. Daraus folgt, dass *Gewinne aus Kursrückgängen schneller gemacht werden können* als aus Kurssteigerungen.

Solche Gewinne werden dadurch gemacht, dass man leerverkauft. Wenn Sie spekulieren wollen, ist es wichtig, dass Sie die Bedeutung eines Leerverkaufs verstehen. Wenn Sie eine Aktie leerverkaufen, leihen Sie sich diese Aktie von jemandem, der sie schon besitzt; dann drehen Sie sich sozusagen herum und verkaufen sie an jemand anderen. Mit dem ursprünglichen Besitzer haben Sie sich geeinigt, dass sie ihm die Aktien irgendwann zu einem (nicht näher vereinbarten und bestimmten) Zeitpunkt in der Zukunft ersetzen werden. Die Einzelheiten dieser Transaktion werden natürlich von Ihrem Broker erledigt. Die meisten Aktien genügend großer Gesellschaften sind jederzeit in dieser Weise bei einem Broker verfügbar, und Ihr eigener Broker hat Zugang zu ihnen. Die Mechanik dieses Leihens und Verkaufens ist interessant; vielleicht lassen Sie sich von Ihrem Broker die Einzelheiten erklären, wie ein solches Geschäft ausgeführt wird. Für alle praktischen Bedürfnisse jedoch brauchen Sie ihm nur zu sagen, welche Aktie Sie zu shorten wünschen, und können ihm den Rest überlassen.

Falls die Aktie, die Sie sich für einen Leerverkauf ausgesucht haben, wider Erwarten doch nicht für eine Leihe – und damit für einen Leerverkauf – verfügbar ist, wird er Sie unterrichten. Ein anderer praktischer Punkt, wenn auch von geringerer Bedeutung, ist eine geringfügige zusätzliche Steuer auf Leerverkäufe. *(EN: Gewinne aus Leerverkäufen unterliegen nicht der langfristigen Kapitalertragsteuer.)*

Wenn Sie spekulieren wollen, ist es wichtig, dass Sie die Gelegenheit für Leerverkäufe genauso ausnutzen, wie Sie „long" gehen, das heißt, Aktien ganz normal kaufen. Unglücklicherweise gibt es psychologische Barrieren gegen Leerverkäufe. Da sind zum Beispiel die törichten und völlig nichtssagenden Redensarten in der Richtung, dass man „Amerika nicht leerverkaufe". Da ist das unklare Gefühl aufseiten mancher schlecht informierten Menschen, dass Leerverkäufe irgendein unethischer Trick eines Manipulators seien. Andere haben den Eindruck, durch Leerverkäufe wolle man in Zeiten von Unglück und Panik am Missgeschick anderer verdienen. Es ist nicht die Absicht dieses Buches, irgendjemanden zu Leerverkäufen von Aktien zu überreden. Ebenso wenig wollen wir ja auch jemandem raten, in Form von Aktienkäufen zu spekulieren, der das nicht tun sollte oder will. Aber es werden immer wieder so viele Fragen auch von ziemlich erfahrenen Investoren über die Ethik und die praktische Prozedur von Leerverkäufen gestellt, dass wir noch einige Worte der Verteidigung sagen möchten.

All diese populären Ideen über Leerverkäufe, die soeben erwähnt wurden, können als ebenso viel Unsinn bezeichnet werden. Leerverkäufe sind nicht mehr oder weniger zu tadeln als normale Aktienkäufe. Beides ist eine Spekulation mit relativen Werten. In Wahrheit ist auch Geld eine Ware, so wie eine Aktie. Es macht keinen moralischen oder praktischen Unterschied, wie Sie damit spekulieren: Sie können sich Geld leihen und damit Aktien kaufen, weil Sie glauben, dass die Aktien, in Geld ausgedrückt, steigen werden. Oder Sie können sich Aktien leihen, um „Geld zu kaufen“, weil Sie glauben, dass das Letztere (Geld), ausgedrückt im Wert der Ersteren (Aktien), steigen wird. In beiden Fällen sind Sie verpflichtet, das Geliehene zurückzuerstatten, ob es sich nun um Geld oder Aktien handelt. In jedem Fall gehen Sie ein Risiko ein; Sie machen Ihre überlegte Vorhersage bezüglich des zukünftigen Trends eines *relativen* Wertes zur Grundlage Ihres Geschäfts.

In der Tat gibt es viele übliche Geschäftspraktiken, die mehr oder weniger dem Leerverkauf von Aktien analog sind. Wenn beispielsweise der Zeitschriftenverlag für eine Bestellung Geld im Voraus kassiert, führt er so etwas wie einen Leerverkauf aus. Sein letztlicher Gewinn oder Verlust wird darauf beruhen, was die Zeitschriften, die er schließlich liefern muss, ihn zum Lieferzeitpunkt kosten werden.

Wenn Sie Aktien shorten, erhalten Sie (oder richtiger: Ihr Broker) den Verkaufserlös sofort. Sie sind andererseits verpflichtet, eine gleiche Anzahl derselben Aktien zu irgendeinem (unbestimmten) zukünftigen Datum an den Mann zurückzugeben, von dem die Aktienzertifikate geliehen waren. *(EN: Ein Vorsprung oder Vorteil, den Profis gegenüber Privatanlegern genießen, ist die Gutschrift von Leerverkäufen auf ihren Konten und die Zahlung von Zinsen darauf. Obwohl der Erlös dem Privatanleger gutgeschrieben wird, werden im Allgemeinen keine Zinsen darauf gezahlt, es sei denn, der Anleger hat Einfluss auf den Broker. Eine günstige Situation entsteht jedoch, wenn ein Leerverkauf von 100.000 Dollar mit einer Margin von zum Beispiel 50 Prozent getätigt wird. Dann würde eine Gutschrift von 150.000 Dollar auf seinem Konto erfolgen und keine Zinsen berechnet. Jede Dividende, die der Spekulant für die Transaktion gezahlt hat, wäre ein Aufwand.)* Infolgedessen müssen Sie früher oder später wieder an die Börse gehen und diese Aktien kaufen. Dann geben Sie (oder genauer: Ihr Broker) die Aktien an den ursprünglichen Verleiher zurück und lösen damit Ihre Verpflichtung ein. Wenn die Kosten Ihres Kaufs geringer als der Erlös des früheren Kaufs sind, ist die Differenz Ihr Gewinn. Wenn es Sie mehr kostet, die Aktien wieder zu kaufen – oder, wie man es nennt, Ihren Leerverkauf einzudecken –, dann repräsentiert die Differenz einen Verlust. Natürlich beginnen Sie keine Short-Transaktion, wenn Sie nicht erwarten, dass die Aktien fallen und Sie einen Gewinn haben werden.

Eines der wenig gewürdigten Ergebnisse großer Leerverkäufe besteht darin, den Markt zu stärken. Jeder Leerverkäufer ist ein potenzieller Käufer. Die meisten Leerverkäufer sind zufrieden, wenn sie ihr Geschäft schon nach einem relativ geringfügigen Kursrückgang eindecken und ihren Gewinn mitnehmen können. Wenn daher bei einer bestimmten Aktie ein großes „Short Interest“ (viele Leerverkäufe) vorhanden ist, bedeutet das zugleich, dass viele Menschen bereitstehen, um die betreffende Aktie zu kaufen, wenn sie nach unten geht. Das bremst besonders starke Einbrüche ab. Einige geschickte Spekulanten kaufen eine Aktie sogar, wenn sie erfahren, dass in ihr ein sehr großes Short Interest besteht (das heißt also, dass sehr viele Aktien dieser Gesellschaft leerverkauft und noch nicht wieder eingedeckt sind). Sie wissen, dass viele Leerverkäufer die Aktien schon nach einem verhältnismäßig kleinen Rückgang eindecken möchten. Leicht kann unter ihnen ein Wettlauf entstehen, der eine sehr schnelle und gewinnträchtige Rallye möglich macht. Jede Aktie ist technisch stärker, wenn in ihr ein ordentliches Short Interest besteht.

Es gibt noch eine andere Einwendung gegen Leerverkäufe. Wenn Sie Aktien kaufen, so wird gesagt, kann Ihr Verlust im schlimmsten Fall nicht höher als der Betrag sein, den Sie für die Aktie zahlen. Aber im Falle eines Leerverkaufs kann der Kurs der Aktie theoretisch gegen Sie auf 50, 100, 1.000, 10.000 Dollar je Aktie steigen. Ihr Verlust könnte also in anderen Worten ohne Grenzen wachsen. Dieses Argument klingt schlimmer, als es wirklich ist. Es besteht keine Veranlassung, darüber den Schlaf zu verlieren. Aktien steigen nicht plötzlich ins Grenzenlose. Bei einem Leerverkauf können Sie den Verlust, den Sie zu tragen bereit sind, genauso begrenzen wie bei einem Kauf. Situationen wie die berühmte „Corner" aus dem Jahre 1901 in Northern Pacific werden sich bei den gegenwärtigen Regulierungen wohl kaum jemals wiederholen. *(EN: Der berühmte „Short-Squeeze". Short-Squeezes kommen immer noch vor, sind aber bei großen liquiden Aktien extrem selten. Ein berühmter Short-Squeeze ereignete sich in den 1980er-Jahren an den Silbermärkten, als die Gebrüder Hunt den Börsenmitgliedern eine Falle stellten und sie fast in den Bankrott trieben. Die Börsenaufsicht revanchierte sich, indem sie die Einschussanforderungen verfünffachte und die Hunts in den Bankrott trieb.)* Alle Worte freilich und alle kühle Analyse aufseiten des Lesers selbst, darüber sind sich die Autoren klar, werden nicht völlig das leise Beben beseitigen, das die meisten nicht berufsmäßigen Spekulanten verspüren, wenn sie Aktien shorten. Die psychologischen Unwägbarkeiten werden immer etwas größer sein als beim Kauf von Aktien. Vom praktischen Blickwinkel her ist nichtsdestoweniger ein Leerverkauf genau dasselbe (nur in umgekehrter Richtung) wie ein normaler Aktienkauf. Er bietet kein größeres Risiko und eigentlich sogar etwas größere Aussicht auf einen schnellen Gewinn. Unterschiede bestehen lediglich in den Einzelheiten der Durchführung.

Ein Engagement in Rohstoff-Futures (Warenterminkontrakten) ist zwar in der Theorie etwas völlig anderes, dennoch besteht eine gewisse Ähnlichkeit mit dem Leerverkauf einer Aktie, und zwar gleichgültig, ob der Kontrakt gekauft oder leerverkauft wird. Wenn ein Kontrakt abgeschlossen wird, findet kein tatsächlicher Verkauf statt, und es werden weder Geldbeträge noch Waren verliehen. Solch ein Kontrakt ist nur eine bindende, im Gesetz vorgesehene Vereinbarung, eine bestimmte Ware zu einem bestimmten Preis zu einer bestimmten Zeit zu übergeben oder zu übernehmen. In dieser Hinsicht *unterscheidet* sich das Geschäft von dem Leerverkauf einer Aktie. Es unterscheidet sich auch insofern, als es vor einem bestimmten Zeitpunkt glattgestellt werden muss. Aber der Kauf oder Verkauf eines Terminkontrakts ist dem Leerverkauf einer Aktie insofern ähnlich, als a) es sich notwendigerweise um eine Kredittransaktion handelt und b) dadurch eine „offene" oder unvollendete Transaktion geschaffen wird, die letztlich liquidiert werden muss.

Der Leerverkauf einer Aktie muss *immer* notwendigerweise eine Kredittransaktion sein. Wenn Sie beispielsweise 100 Aktien bei 20 kaufen und voll bezahlen, kann der Kurs auf 15 fallen, und Sie können nicht zum Nachschießen von Geld aufgefordert werden. Sie haben zwar 500 Dollar verloren, aber die Aktie ist noch Ihr Eigentum. Wenn Sie sie jetzt verkaufen, erhalten Sie 1.500 Dollar zurück, wenn man die Spesen außer Betracht lässt. Wenn Sie dagegen eine Aktie bei 20 shorten, dafür 100 Prozent des Wertes hinterlegen und die Aktie dann auf 25 steigt, haben Sie auch 500 Dollar verloren. Unter gewissen Bedingungen, wenn etwa eine hundertprozentige Deckung aller Geschäfte gesetzlich vorgeschrieben wird, wie vor einigen Jahren, würde der Broker von Ihnen nunmehr 500 Dollar Nachschuss fordern. Oder Sie bekämen, wenn die Transaktion zu diesem Zeitpunkt glattgestellt würde, 1.500 Dollar (abzüglich Spesen) zurück, genau wie beim Aktienkauf. Wäre in diesem Falle bei einem Leerverkauf der Kurs auf 15 gefallen, so hätte Ihr Gewinn 500 Dollar betragen.

Bei kurzfristigen Bewegungen ist der Effekt von Leerverkäufen genau der gleiche wie beim Kauf von Aktien, nur in umgekehrter Richtung. Sie wenden einfach die gleichen Methoden in einer Baisse an, die Sie in einer Hausse benutzen würden, nur eben umgekehrt. Wie wir schon sahen, haben die verschiedenen technischen Signale in einer Aufwärtsphase ihr Gegenstück in Formationen, die für eine Abwärtsphase Abwärtsbewegungen signalisieren.

Die Durchführung eines Leerverkaufs kann nicht jederzeit und zu jedem von Ihnen gewünschten Kurs ausgeführt werden. Ein Leerverkauf muss nach den Börsenvorschriften in einem *steigenden* Markt ausgeführt werden. An der NYSE darf man keine Aktien shorten, solange eine Einzeltransaktion zu einem niedrigeren Kurs als die vorige stattfindet *(EN9: die Uptick-Regel).* Hierüber brauchen Sie sich jedoch kaum Sorgen zu machen. Normalerweise würden Sie Ihren Leerverkauf ohnehin in einer Rallye tätigen, wenn diese Ihren Kurs erreicht. Damit wäre naturgemäß den Erfordernissen eines steigenden Marktes Genüge getan. Ihr Broker kann Ihnen im Einzelnen die besonderen Regeln und Bestimmungen für Leerverkäufe geben, auch die ziemlich komplizierten Regeln über Leerverkäufe von „Odd-Lots" (Stückzahlen unter 100 Aktien). Sie sollten sich diese Regeln in Ruhe ansehen, damit Sie Ihre Aufträge rechtzeitig platzieren können, wenn der Zeitpunkt für solche Verkäufe gekommen ist. *(EN9: An der AMEX sind Leerverkäufe auf ETFs und einige HOLDRS sowie Terminkontrakte an den Terminbörsen von der Uptick-Regel ausgenommen. EN10: Im Jahr 2007 wurde die Uptick-Regel in einer unüberlegten Verbeugung der Securities and Exchange Commission vor großen spekulativen Interessen abgeschafft. Der Leser möge selbst beurteilen, ob die Märkte in der Folgezeit nach unten volatiler geworden sind. Nach unserer Beobachtung führt der Wegfall dieser Regel zu einer Beschleunigung der Abwärtsbewegungen an den Märkten. Seit 2009 gibt es eine breite Debatte über die Wiedereinführung der Uptick-Regel, bis jetzt ohne Erfolg.*

Im aktuellen Kontext sind Leerverkäufe institutionalisiert. Das Publikum kann ETFs kaufen, die die Short-Seite von fast jedem Instrument einnehmen, zum Beispiel ist QID eine Short-Wette auf die Qs, ebenso wie DOG auf den DIAMONDS™ (DIA). Es gibt sogar gehebelte [zweifach, dreifach] ETFs [long und short].)

KAPITEL 26

PAKET ODER FRAKTION?

(EN: Oder anders gefragt: „Wie viel?“)

Eine der unbedeutenderen taktischen Fragen, die einen plagen, ist die, ob man mit vollständigen Aktienpaketen von 100 Stücken („Round Lots“) oder mit Fraktionen („Odd Lots“), also geringeren Stückzahlen, handeln sollte.

(EN: An den Märkten des Internetzeitalters hat diese Frage fast vollständig an Bedeutung verloren. Zu Magees Zeiten hatte es entschiedene Nachteile, Fraktionen zu handeln, und man tat das nur, wenn man durch begrenztes Kapital eingeschränkt war. Da man jedoch heute auch mit kleineren Positionen eine vollständige Diversifizierung erzielen kann, indem man kleine Stückzahlen an Standard & Poor's Depositary Receipts (SPYs) oder DIAMONDs™ (DIA) kauft, scheint es wenig Sinn zu haben, über dieses Thema zu sprechen. Es bleibt aber die Frage der Brokergebühren – wenn der Broker unabhängig von der Größe des Trades eine Pauschalgebühr verlangt, wird der Kleinanleger abgezockt. Das passt zu dem alten Sprichwort, dass die Reichen immer reicher werden. Allerdings kann der Kleinanleger heutzutage zurückschlagen, indem er einen Broker findet, der keine Gebühren verlangt. Anfangs dachte ich, die gebührenfreien Broker würden ihren Gewinn durch das Volumen wettmachen, und es gibt ja in der Tat andere Möglichkeiten, an Trades Geld zu verdienen, als eine Gebühr zu verlangen – zum Beispiel indem man die Ausführung der Orders an einen Trader leitet, der Handelsvolumen braucht.

Im Internetzeitalter stellt sich die Frage, welche Größe ein Trade oder ein Investment haben sollte, anders als in der nunmehr alten Zeit. Heute geht es dabei weniger um Kostennachteile durch den Handel von Fraktionen als vielmehr um tiefgründigere Fragen – Risiko- und Portfoliomanagement. Und wie ermittelt man als bewusster Anleger die Größe eines einzelnen Trades?

Ich schulde meinem langjährigen Freund, Kollegen, Broker und Trader-Kollegen William Scott Dank für die Formulierung des nun folgenden und dem gesunden Menschenverstand entsprechenden Verfahrens für die Berechnung der Handelsgröße und für die Risikosteuerung.

Als Erstes ermittelt man den Prozentsatz des Kapitals, den man mit einem Trade riskieren möchte. Bei vielen uns bekannten professionellen Tradern beträgt er häufig zwei oder drei Prozent. Aus Gründen der Anschaulichkeit verwenden wir hier runde Zahlen: Bei einem Kapital von 100.000 Dollar bedeutet das, dass man pro Trade 3.000 Dollar riskiert. Nehmen wir an, wir wollen eine Aktie zum Kurs von 20 Dollar kaufen und unsere Position mit einem 5 Dollar darunter liegenden Stoppkurs absichern. Dann berechnet sich die Positionsgröße nach folgender Formel:

$$3.000 : 5 = n = 600$$

Dabei ist n die Anzahl der Aktien.

Würden wir ein Risiko von 10 Dollar je Aktie in Kauf nehmen, betrüge unsere Stückzahl 3.000 : 10 = 300 Aktien. Auf diese Weise passen wir die Größe unserer Trades an unsere Risikoparameter an.

Das ist eine einfache, praktikable und elegante Möglichkeit, auf der Ebene der einzelnen Trades eine Risikokontrolle umzusetzen.

Die Größe der Trades ist zweifellos für den allgemeinen Anleger einer der allerwichtigsten Erfolgsfaktoren. Unkenntnis oder Leugnen seiner Bedeutung ist ein Hauptgrund für das Scheitern vieler Trader – kurz gesagt „Overtrading". Unsere Ansichten über Risiko und Trade-Größe finden Sie in Kapitel 42 und in Anhang B, wo das Leverage Space Model erklärt wird.)

KAPITEL 27

STOPP-ORDERS

Wir werden im Folgenden zwei Arten von Stop-Loss-Orders behandeln, genauer: zwei völlig verschiedene Anwendungsarten.

Zuerst wollen wir die Stopp-Order behandeln, die zum Schutz des eingesetzten Kapitals dient, die Protective-Stop-Order (schützende Stopp-Order). Bestenfalls ist sie kein besonders erfreuliches Untersuchungsobjekt. Stopp-Orders dieser Art sind wie Feuerlöscher. Die Gelegenheiten, bei denen sie zum Einsatz kommen, sind keine Zeiten des Frohlockens. Stopp-Orders dieser Art werden für die Rettung in Notfällen benutzt, wenn die Situation so ungünstig geworden ist, dass keine vernünftige Hoffnung auf Besserung besteht.

Wo immer Sie Ihre Protective-Stop-Order platzieren, besteht die Wahrscheinlichkeit, dass sie im denkbar ungünstigsten Augenblick zur Ausführung gelangt. Sie haben sie zum Beispiel in ausreichender Entfernung unter einen bestimmten Tief platziert. Die Aktie bricht durch dieses Tief, Ihr Stopp kommt zur Ausführung, und dann beginnt die Aktie, auf diesem Niveau einen neuen Boden für den nächsten Anstieg zu bilden. Vielleicht beginnt sie sogar, sofort wieder zu steigen, und erreicht einen neuen Höchstkurs. Das nutzt aber nichts: Sie hatten Ihre Gründe, den Stopp hier zu platzieren. Die Aktie hat sich nicht so verhalten, wie sie sich gemäß Ihrer Analyse hätte verhalten sollen. Die Situation entwickelte sich nicht nach Plan und sicherlich nicht so, wie Sie es sich erhofften. In diesem Fall ist es besser, selbst mit einem Verlust auszusteigen, als eine Periode von Ungewissheit und Sorge vor sich zu haben. Nachdem Ihre Aktie einmal begonnen hat, sich ungünstig zu verhalten, wissen Sie ja nicht, wie viel schlimmer es noch kommen wird. Wenn Sie keine Stopp-Order setzen, hoffen Sie Tag für Tag auf die Erholung, die vielleicht niemals kommt; Ihre Aktie sinkt tiefer und tiefer, und schließlich stellen Sie fest (wie Millionen vor Ihnen): Was im Anfang zunächst nur eine kleine Reaktion und ein unangenehmer, aber trivialer Verlust zu sein schien, hat sich zu einer ruinösen Katastrophe ausgewachsen. Stopp-Orders dürfen nicht immer gesetzt werden. Unter gewissen Umständen kann die Börse bei aktiv gehandelten Aktien die Benutzung von Stopp-Orders begrenzen.

Die Frage ist, wo und wann man den Stopp setzt. Dabei ist von vornherein klar, dass es keine perfekte und absolut befriedigende Regel gibt. Wenn der Stopp zu eng platziert wird, erleiden Sie unnötige Verluste. Sie verlieren Ihre Position, die Aktie kämpft sich schließlich doch durch und vollendet den gewinnreichen Anstieg, auf den Sie gehofft hatten. Wenn die Stopps zu großzügig – zu weit entfernt – platziert werden, haben Sie in den Fällen, in denen sich Ihre Aktie eindeutig negativ verhält, größere Verluste als notwendig.

Offensichtlich hängt die Platzierung von Stopps auch von den Kursen der Aktie und ihren Gewohnheiten ab. In einer konservativen, hoch notierenden Aktie, die vielleicht um 80 gehandelt wird, werden Sie Ihre Stop-Order nicht um dieselbe prozentuale Entfernung unter ein Tief legen wie in einer spekulativen Aktie, wenn diese bei acht Dollar notiert.

Wie wir schon gesehen haben, vollziehen die höher notierenden Aktien geringere prozentuale Bewegungen. Die Bewegungen sind bei den niedriger notierenden Aktien prozentual höher. Ihnen sollte man daher mehr Spielraum für ihre Bewegungen lassen. Für sie brauchen wir also großzügiger platzierte Stopps als für die weniger beweglichen Blue Chips.

Wir können auch unseren Sensitivity Index *(EN: Betas bei der Betrachtung einer Aktie relativ zum Markt und Volatilitäten, um Aktien miteinander vergleichen zu können)* zurate ziehen, um uns eine Vorstellung über die individuellen Eigenschaften unserer Aktie zu machen. Auch wenn zwei Aktien zu einer bestimmten Zeit auf gleichem Kursniveau gehandelt werden, werden Sie von einer Aktie mit hohem Beta und hoher Volatilität größere Swings als von einer Aktie mit niedrigem Beta und niedriger Volatilität erwarten; Ihr Stopp wird also bei Aktien größerer Volatilität großzügiger bemessen sein.

Wir müssen alle diese Faktoren in unsere Berechnung einbeziehen und eine Art simple Faustregel entwickeln, an die wir uns halten können. Wir wollen uns eine imaginäre Aktie mit „durchschnittlichen" Gewohnheiten und einem Kurs von 25 vorstellen. Wir wollen weiter annehmen, dass in diesem Fall ein Protective Stop fünf Prozent unter dem letzten etablierten Minor-Bottom unseren Bedürfnissen genügt.

Für eine Aktie derselben Sensitivität, die bei 5 notiert, bräuchten wir dann ungefähr (auf prozentualer Basis) 50 Prozent mehr Spielraum für eine Stopp-Order. Sie würde also bei einer solchen Aktie etwa 7 ½ % unter dem letzten *(EN: signifikanten)* Tief platziert.

(EN10: An dieser Stelle hat Magee ursprünglich beschrieben, wie er mithilfe seines Sensitivity Index und seiner normalen Preisklassen Stopp-Positionen berechnet hat. Der Prozess ist für moderne Investoren zu kompliziert – und unnötig, denn Magee hat das Verfahren auf eine Tabelle heruntergekocht, die ich im Folgenden modernisiert habe. Das Verfahren ist in der 8. und 9. Auflage für den gelehrten (oder besessenen) Investor oder Akademiker noch nachzulesen).

Für den Normalfall genügt eine vereinfachte Tabelle. Tabelle 27.1 gibt die ungefähre Stopp-Entfernung an, die Sie durch die obige Methode erhalten würden, wobei eine Unterteilung der Aktien in verschiedene Preisklassen und verschiedene Grade von Sensitivität *(Volatilität)* vorgenommen wurde.

(EN10: Magee hat diese Tabelle ursprünglich auf der Grundlage seines Sensitivity Index erstellt. Der informierte Leser mag eine Alternative zu Magees Sensitivity Index in Erwägung ziehen, von der ich hier für den modernen Kontext ausgegangen bin – nämlich den Stopp-Abstand auf der Volatilität basieren zu lassen, was eine dynamische Anpassungsmethode darstellen würde.

Das Niveau des Stoppkurses sollte in Ihrem Chart als horizontale Linie eingezeichnet werden, sobald Sie eine tatsächliche oder theoretische Transaktion beginnen. Dieses Niveau bleibt bestehen, bis die Transaktion entweder eingedeckt ist oder bis fortschreitende Stopps (Progressive Stops, siehe im Folgenden) eingetragen worden sind. Im Falle von Käufen liegt das Stopp-Niveau normalerweise um die genannte Entfernung unter dem letzten vorhergehenden Minor-Bottom. Im Falle von Leerverkäufen liegt es normalerweise um die angegebene Entfernung über dem letzten Minor-Top.

Um das Stopp-Niveau zu erhalten, bestimmen Sie einfach die prozentuale Entfernung für Ihre Aktie. Wenn es sich zum Beispiel um eine Aktie handelt, die bei 30 notiert, und die Stopp-Entfernung 10 Prozent beträgt, liegt das Stopp-Niveau drei Punkte unter dem letzten Minor-Bottom.

In keinem Fall würden wir einen Protective Stop weniger als fünf Dollar entfernt vorsehen, auch wenn es sich um die konservativste und am höchsten notierende Aktie handelt.

Die Frage bleibt: Was ist ein Minor-Bottom? Was ist ein etabliertes Minor-Top? Wie messen wir den Referenzpunkt (*EN9: siehe Kapitel 28*), von dem aus wir unsere Stopp-Entfernung abmessen? Was einen Bottom (Tief) oder ein Top (Hoch) ausmacht *(EN10: Wellenhoch, Wellentief)*, werden wir im nächsten Kapitel untersuchen. Im Moment wollen wir davon ausgehen, dass wir den korrekten Ausgangspunkt haben und dass wir *immer* unser Stopp-Niveau in *dem Augenblick* festlegen, in dem wir ein Engagement eingehen.

Tabelle 27.1: Tabelle der Stoppkurs-Abstände (die Prozentangaben beziehen sich auf den Aktienkurs)

Kurs	Konservative Sensitivität	Mittlere Sensitivität	Spekulative Sensitivität
	Volatilität unter 0,40	Volatilität 0,41 bis 0,79	Volatilität über 0,79
> 100	5 %	5 %	5 %
40-100	5 %	5 %	6 %
20-40	5 %	5 %	8 %
10-20	5 %	6 %	10 %
5-10	5 %	7 %	12 %
< 5	5 %[a]	10 %	15 %

a Normalerweise würden Aktien in solchen Preisbereichen nicht zur konservativen Gruppe gehören.

Es ist selbstverständlich, dass Protective Stops unter Aktien, die man besitzt, *niemals* nach unten verschoben werden. Ebenso wenig wird ein schützender Stopp über einem Leerverkauf jemals nach oben verschoben. Sobald sich die Aktie weit genug in die richtige Richtung bewegt hat, um einen neuen Bezugspunkt zu etablieren, wird das Stopp-Niveau nachgezogen – bei Aktien, die man gekauft hat, nach oben und bei Leerverkäufen nach unten. Wir benutzen dabei dieselben Regeln, um das neue Stopp-Niveau festzulegen, wie bei der Festlegung des ursprünglichen Niveaus.

Progressive Stop-Loss-Orders

Wir kommen nunmehr zu dem zweiten Anwendungsfall für Stop-Loss-Orders. Dies ist der Progressive Stop (die fortschreitende Stopp-Order). Man benutzt sie, um die Transaktion glattzustellen, nachdem die Aktie eine gewinnbringende Bewegung gemacht hat. Der andere Anwendungsfall liegt dort, wo eine Aktie ein Gefahrensignal gegeben hat, ehe eine gewinnbringende Bewegung beendet oder ein vorheriger Minor-Bottom verletzt worden ist.

Sie werden feststellen, dass in vielen Fällen eine Aktie zunächst einige Tage lang in ihrer Hauptrichtung fortschreitet und dann außergewöhnliches Volumen entwickelt. Oft geschieht das, wenn die Aktie eine wichtige Trendlinie, eine Formationsgrenze oder eine Widerstandszone erreicht. Dieser erhebliche Umsatz kann zwei Bedeutungen haben. Gewöhnlich bedeutet er, dass die kurzfristige Bewegung ihr Ende erreicht hat und dass dies für den Augenblick das Top dieser Bewegung ist. Gelegentlich jedoch kann das Volumen auch signalisieren, dass jetzt eine Runaway-Bewegung beginnt, die über mehrere (und vielleicht viele) Punkte beinahe senkrecht laufen kann. (Bei Abwärtsbewegungen kann sich natürlich die umgekehrte Situation entwickeln.)

Wenn Sie diesen erheblichen Umsatz nach einem guten Anstieg bemerken und demgemäß annehmen, dass dieser Tag das Ende der Bewegung markiert, verkaufen Sie die Aktie bestens oder mit einem Limit. Sie werden dann schrecklich enttäuscht sein, wenn es sich um einen jener seltenen Fälle handelt, in denen die Aktie am nächsten Tag mit einem Gap nach oben eröffnet und in den folgenden Tagen drei, fünf oder sogar 20 Punkte steigt. Andererseits werden Sie aus Erfahrung wissen, dass es sich nicht auszahlt, eine solche Bewegung sehr häufig zu erwarten. Sie wissen, dass Sie in neun von zehn Fällen richtigliegen, wenn Sie aus der Aktie herausgehen.

Nehmen wir also eine Situation an, in der das Volumen extrem anschwillt. (Vorausgesetzt, dass es nicht der erste Tag eines Breakouts über das letzte Minor-Top nach oben ist.) Dann widerrufen Sie Ihren Protective Stop und ersetzen ihn durch einen Stopp-Auftrag, gültig nur für diesen Tag, der nur ⅛ (0,125) Punkt unter dem Schlusskurs des Vortags liegt. Ein Beispiel: Sie haben eine Aktie bei 21 gekauft. Sie steigt unter mäßigem Volumen, bricht eines Tages unter sehr starkem Volumen durch das Niveau des vorhergehenden Minor-Tops bei 23, und am nächsten Tag steigt sie unter mäßigem Volumen auf 23 ¾. Am dritten Tag steigt sie unter mäßigem Volumen auf 24 ¼, und schließlich bringt der vierte Tag einen Anstieg auf 25 bei wesentlich stärkerem Volumen als an jedem anderen Tag des Anstiegs, ausgenommen am Tag des Durchbruchs durch die Linie bei 23. Am nächsten Morgen (nachdem die Aktie am Vortag bei 25 geschlossen hat), werden Sie das Volumensignal feststellen. Sie widerrufen Ihren Protective Stop, der vielleicht noch bei 18 liegt, und geben eine nur für diesen Tag gültige Stopp-Order für 24 ⅞ auf. In den meisten Fällen wird das bedeuten, dass Ihre Aktie bei den ersten Transaktionen ausgestoppt wird, die am nächsten Tag stattfinden. Und Sie erhalten vielleicht einen geringfügig niedrigeren Kurs als mit einer einfachen „Bestens-Order". Andererseits werden Sie nach einem Tag mit hohem Umsatz wahrscheinlich nicht in einem umsatzschwachen Markt sein. Es sollten also genügend Transaktionen nahe dem Top stattfinden, um Sie zu Ihrem Stoppkurs oder nahe dabei aus dem Papier herauszubringen.

Derweil sind Sie aber dagegen geschützt, Ihre Position zu verlieren, wenn die Aktie ihre Bewegung in der richtigen Richtung fortsetzt. Nehmen wir daher an, der Kurs an diesem Morgen, an dem Sie Ihren Stopp auf 24 ⅞ setzten, eröffnet mit einem Gap bis 25 ¼, und dann steigen die Kurse weiter und die Aktie schließt bei 26. (Bei Runaway-Bewegungen dieser Art pflegt der Schlusskurs des Tages, solange die Bewegung andauert, in der Regel auch der Höchstkurs des Tages zu sein.) Am nächsten Tag folgen Sie mit einem neuen Stopp, der wieder nur für einen Tag gilt und bei 25 ⅞ liegt. Wenn die Aktie dann mit 26 ⅜ eröffnet und auf 28 steigt, folgen Sie am nächsten Tag mit einem neuen Stopp bei 27 ⅞. Wir wollen annehmen, er würde bei der Eröffnung des folgenden Tages bei 27 ⅝ ausgelöst. In diesem Beispiel riskierten Sie am ersten Tag nur ⅛ Punkt (verglichen mit einem „Bestens-Auftrag") und hatten im Endergebnis einen Gewinn von 2 ⅝ Punkten. Dies wäre alles Nettogewinn, weil Ihre Spesen in beiden Fällen ungefähr die gleichen wären.

Ein Progressive Stop dieser Art kann in Ihrem Chart durch irgendeine Markierung bezeichnet werden, die Sie sich aussuchen, zum Beispiel durch ein Band kurzer diagonaler Linien. Wenn sich eine Aktie mehrere Tage lang in einer Runaway-Bewegung befindet, können Sie diese Marke jeden Tag neu einzeichnen, solange Sie mit einem engen Stopp jeweils ⅛ Punkt unter dem Schlusskurs des Vortags der Bewegung folgen, bis schließlich eine dieser Stopp-Orders zum Zuge kommt. Im Fall eines Leerverkaufs wird eine Stop-Loss Buy-Order (Stop-Loss-Kauf-Order) in genau der gleichen Weise wie die Verkaufs-Stopp-Order, die wir hier näher erörtert haben, eingesetzt, um der Aktie bei einer scharfen Abwärtsbewegung zu folgen.

Diese Benutzung von eng gesetzten Progressive Stops ist angezeigt, wenn eine Aktie ein vernünftiges Kursziel mit hohem Volumen erreicht hat. Sie ist weiter angebracht, wenn die Aktie dieses Kursziel sogar überschritten hat und sich aus dem Trendkanal nach oben sozusagen in den leeren Raum hinaus bewegt. Sie eignet sich schließlich für manche Fälle, wo eine Aktie es nicht geschafft hat, ihr Kursziel zu erreichen.

Ihre Aktie steigt zum Beispiel in einem Trendkanal und befindet sich ungefähr auf halbem Weg zwischen der unteren und der oberen Trendlinie. Plötzlich entwickelt sich großes Volumen. Dann wird Sie ein eng gesetzter nachgezogener Stopp vor der erkennbar gewordenen Gefahr schützen, dass die Bewegung versagt. Extremes Volumen in einem solchen Fall, ehe sich ein Breakout über das letzte Minor-Top ereignet hat, ist ganz entschieden eine Warnung und eine Bedrohung. Dies gilt besonders, wenn sich zu diesem Zeitpunkt ein Gap oder auch ein One-Day Reversal im Chart zeigt.

Einen Fall gibt es, in dem ein enger progressiver Stopp *nicht* angebracht wäre, obwohl sich ein starker Volumenanstieg gezeigt hat. Das wäre an dem Tag, an dem die Aktie einen neuen Höchstkurs erreicht hätte, völlig durch das Niveau des vorherigen Minor-Tops durchgebrochen wäre und darüber geschlossen hätte. Ein solches Verhalten bedeutet im Allgemeinen, dass die Bewegung noch nicht vollendet ist. Sollte sich jedoch die Bewegung nach oben fortsetzen und *erneut* starkes Volumen auftreten, selbst wenn es am nächsten Tag ist, würden wir den Schutz durch einen progressiven Stopp vorziehen.

In diesem Kapitel ebenso wie im übrigen Buch bezieht sich der Ausdruck „starkes" Volumen nur auf den kürzlichen Umsatz der Aktie, die Sie beobachten. 1.000 Stücke mögen bei einer niedrig kapitalisierten Aktie ein auffällig hohes Volumen sein, während bei einer aktiv gehandelten Aktie 10.000 Stücke vielleicht nur der normale Umsatz sind. Das Bild des Volumens im Chart wird durch einen erkennbaren Gipfel schon zeigen, wann ein Tag mit außergewöhnlich starkem Umsatz vorliegt.

Wir möchten auch betonen, dass der enge progressive Stopp, den wir hier erörtert haben, ein außergewöhnliches Werkzeug ist. Sein Ziel ist es, einen kurzfristigen Gewinn mitzunehmen oder eine außergewöhnlich gewinnreiche Runaway-Bewegung möglichst weitgehend auszunutzen; sie mag der klimaktische Höhepunkt eines mittelfristigen Trends sein. Obwohl die außergewöhnlichen Bedingungen hierfür nicht gerade selten sind, handelt es sich andererseits nicht um das gewöhnliche, tägliche Verhalten des Marktes. Viele Spekulanten und vor allem Investoren werden es vorziehen, die zu erwartende Reaktion lieber durchzustehen, auch wenn ein normales Minor-Top aufgrund von Trendkanal, Volumengipfel und anderen Indikationen klar erkennbar ist. Sie vermeiden so die zusätzlichen Spesen und verlieren nicht ihre Position in einer Aktie, die sich vermutlich immer noch in einem günstigen Major-Trend befindet.

Der enge progressive Stopp ist also kurz gesagt ein Werkzeug, das gelegentlich sehr nützlich sein kann, das aber mehr auf eine spezielle und etwas ungewöhnliche Bewegung zugeschnitten ist.

Demgegenüber ist der Protective Stop (schützende Stopp-Order) das gegebene Werkzeug für den durchschnittlichen Spekulanten, der seine Zeit nicht völlig auf die Börse konzentrieren kann oder keine lange Erfahrung hat. Mit seiner Hilfe kann er seine möglichen Verluste begrenzen. Er schützt sich damit vor seinem eigenen Widerstreben, eine schlechte Position zu beenden. Damit vermeidet er die verheerende Lage, in der er sich befindet, wenn er in einer hoffnungslosen Situation „eingefroren" wird. Er wird automatisch aus seiner Position herausgenommen, ohne Rücksicht darauf, ob er letztlich einen Gewinn oder Verlust hat. Deshalb hat er sein Kapital bereit, um es für günstiger aussehende Aktien einzusetzen. Er braucht sich keine Sorgen zu machen, ob sich seine Aktie wohl erholen wird, nachdem sie viele Punkte gegen ihn gelaufen ist.

Wenn allerdings jemand genügend Wissen und genügend Entschlusskraft hat, auszusteigen, sobald der Trend einen überzeugenden Beweis für eine Umkehr geliefert hat, besteht weniger Notwendigkeit für Stopp-Orders. *(EN: Der Herausgeber ist der Meinung, dass nur erprobte Trader-Investoren ohne Stopp im Markt handeln sollten. Der Leser kann feststellen, ob er dieses Kriterium erfüllt, indem er sein Portfolio daraufhin untersucht, ob er jemals einen Verlust hat laufen lassen oder sich einen bedeutenden Gewinn hat entgehen lassen. Wenn ja, ist er oder sie noch nicht erprobt).* Solch eine Person kann erfolgreich auch ohne sie operieren; und das bringt durchaus Vorteile. Denn es ist durchaus zuzugeben, dass eine Stopp-Order gelegentlich schon durch eine falsche Bewegung oder eine ausgedehnte, aber langsame und umsatzschwache Reaktion „erwischt" wird. Vorteile durch den Verzicht auf Stopp-Orders bestehen auch für den Technischen Analysten, dem es um einen möglichen langfristigen Gewinn geht und der bereit ist, eine mittelfristige Reaktion „auszusitzen". Aber wer seiner Methode nicht sicher ist, für den ist es tausendmal besser, frühzeitig „ausgestoppt" zu werden, als auf einer Aktie sitzenzubleiben, die er etwa bei 60 gekauft hat und die seitdem auf 20 – oder auf 5 – gefallen ist!

Systeme und Methoden für das Setzen von Stoppkursen

Die beiden wichtigsten Konzepte beim Traden und Anlegen sind Trends und Stopps. Erkennt man ihn richtig, senkt der Trend das Risiko unermesslich und erhöht die Gewinnwahrscheinlichkeit. Wenn man jedoch keine geschickten Stoppkurse setzt, können die viele Arbeit und die vielen Untersuchungen leicht in nichts weiter als dem Anschleichen, Tarnen und Täuschen des Marktes enden, der Fehlsignale auswirft. Wenn unsere Analyse nicht dazu geführt hat, dass wir geschickt Stoppkurse gesetzt haben, ergeht es uns nicht besser als dem armen Tropf, der auf einen Tipp seines Schwagers hin handelt – oder seines Schuhputzers.

Packen wir diese Frage also zunächst vom Standpunkt des Trendfolge-Anlegers her an und befassen uns erst dann mit Trading-Stops. In Magees System gibt es für den Trendfolger zwei grundlegende Stoppmethoden. Die eine basiert auf Trendlinien (diagonal und horizontal), die andere auf Referenzpunkten. Bei beiden Methoden gibt es Wechselwirkungen mit Chartmustern. Letztere werden im gesamten Buch in zu vielen Kapiteln ausführlich behandelt, als dass es hier zu erwähnen wäre, hingegen werden die Referenz- oder Basispunkte ausführlich in Kapitel 28 besprochen.

Der Bruch einer Trendlinie ist immer signifikant. Magee testete die Gültigkeit von Brüchen oder Breaks, indem er ein Durchstoßen der Linie um zwei bis drei Prozent ansetzte. Das mag nicht perfekt sein, funktioniert aber in den meisten Situationen. Je länger die Trendlinie, umso bedeutender ihr Bruch, zu sehen an den Breaks der Jahre 2008 und 2011 (eine Trendlinie über mehr als 700 Tage). Die Abwärtswellen (Crashs?), die sich aus solchen Brüchen von Trendlinien ergeben, wurden damals erkannt und unter http://www.edwards-magee.com kommentiert. Abbildung 5.1 veranschaulicht das glückliche Zusammentreffen aller drei Methoden – die Kombination aus Long-Ausstiegen und Shorten des Marktes im Jahr 2008. Die Analysen von Trendlinien, Mustern und Referenzpunkten ergänzen sich aufgrund ihres jeweiligen Charakters und führen zu ähnlichen Folgerungen, wie zum Beispiel im August 2011, als die seit März 2009 bestehende langfristige Trendlinie gebrochen, ein Schulter-Kopf-Schulter-Top erkannt und die Referenzpunkt-Stopps ausgelöst wurden.

Somit haben wir drei Möglichkeiten, bei langwierigen Trends Stopps zu setzen – Trendlinien, Muster und Basispunkte. Ob es für die Trendfolge weitere Stoppkursmethoden gibt? In der Tat. Eine Vielzahl. Eine Flut. Ein Füllhorn. Ein Übermaß. Äußern wir uns zunächst zu der entscheidenden Frage des Setzens von Stopps in Trends.

Werden Stopps zu nahe am Marktpreis gesetzt, führen sie dazu, dass der Trader seine Position verliert. Der Stoppkurs muss so gesetzt werden, dass er dem Markt Spielraum lässt, sich gegen die Position des Traders zu bewegen und ihm so (Krokodilstränen) scheinbar kostbare Gewinne wegzunehmen. Da sich der Markt in Wellen bewegt (eine Binsenweisheit) – Welle auf, Welle ab –, müssen Stoppkurse wie beim Referenzpunkt-Verfahren weit genug unter den Tiefpunkten von Wellen gesetzt werden, damit sie nicht ausgelöst werden. Bei einem Interview für „Market Wizards" fragte Jack Schwager den bedeutenden Trader Bruce Kovner, wo er denn seine Stopps setze. Seine Antwort: „Dort, wo sie schwer zu erreichen sind."

Dieses Prinzip ist auch bei Referenzpunkt beziehungsweise Basispunkt-Stopps am Werk. In dem Wissen, dass Stammgäste und Unruhestifter an Wellentiefs und in Unterstützungszonen nach Stopps stochern, wird der Stopp mit einem Filter und somit mit einem gewissen Abstand zum Wellental oder Wellenkamm gesetzt. Ein solcher Stopp ist schwer zu erreichen.

Das Gleiche gilt, wenn man sich nach gleitenden Durchschnitten richtet. Magee verwendete bei Trendlinien einen Abstand von zwei bis drei Prozent, und ein solcher Stopp ist wahrscheinlich auch für einen gleitenden Durchschnitt geeignet. Allerdings muss man als Trader, wenn die Volatilität und die Begeisterung hochschlagen, die Filtergröße anpassen. Wenn man einem steigenden Markt mithilfe eines gleitenden Durchschnitts nachläuft, zieht man den Stoppkurs täglich entlang der gepunkteten Linie nach oben nach. Natürlich kann man das bei einem Filter auch ausweiten, wenn der Markt übertrieben schwankt.

Eine kurze Übersicht über Stoppmethoden

Wir befassen uns hier vor allem mit Ausstiegsstopps. (*EN: Mein Buch* „Signals" *[bei Amazon als Kindle-Ausgabe erhältlich] analysiert ausführlich Methoden für den Einstieg in Trades und Trends.*) Viele Trader verwenden Stoppkurse auch, um Positionen einzugehen, aber das interessiert uns im Moment nicht. Wir wollen wissen, wie wir unseren ursprünglichen Einstieg absichern und wie wir unsere Stopps nachziehen können, damit wir die Buchgewinne absichern können, sobald sich der Trade in unsere Richtung bewegt hat. Den anfänglichen Stoppkurs kann man beispielsweise mithilfe von Referenzpunkten setzen (in Kapitel 28 beschrieben) oder aber ober- beziehungsweise unterhalb einer Unterstützungs- beziehungsweise Widerstandszone oder aber prozentual (laut William O'Neil sollte man einen Stoppkurs acht Prozent unter dem Einstandskurs setzen) oder aber prozentual auf das Gesamtkapital bezogen, also beispielsweise auf zwei Prozent Risiko pro Trade, wobei ein Stopp im Abstand von 2.000 Dollar bei 100.000 Dollar Kapital ein gängiges System des Money-Managements ist.

Bewegt sich der Markt gegen den Trade, begrenzt der Stoppkurs den Verlust. Bewegt sich der Markt in die gewünschte Richtung und beginnt, für uns Gewinne zu sammeln, haben wir ein anderes und angenehmeres Problem. Es ist nämlich nur eine Frage der Zeit, wann der Markt uns eine Abwärtswelle vor die Füße wirft, um unsere Standhaftigkeit auf die Probe zu stellen – oder uns komplett hinauszuwerfen. Da wir Trendfolger sind, kaufen wir Stärke und verkaufen Schwäche, da aber unsere Gegenspieler „Kontrarianer“ sind, tun sie das Gegenteil. Daher werden nach einer angemessenen Welle aufwärts die antizyklisch handelnden Kontrarianer Gewinne mitnehmen und dadurch den Preis drücken. Swing-Trader halten es ebenso. Wir aber möchten so lange am Trend festhalten, bis er wendet, auch wenn wir dabei die „korrektiven“ Wellen in Kauf nehmen, die gegen unsere Position laufen. Mit Referenzpunkt-Stopps funktioniert das, auch wenn dadurch unweigerlich das Kapital schwankt. Langjährige Erfahrungen haben gezeigt, dass die Flucht vor Abwärtswellen und die damit verbundenen Ausstiege unweigerlich zu geringeren langfristigen Gewinnen führen. Nimmt man Abwärtswellen und Gewinnschwankungen in Kauf, gewinnt man langfristig mehr. Sehen Sie sich die Tabellen zum Dow Jones und zur Referenzpunkt-Performance an. Abwärtswellen von 10 bis 30 Prozent, ohne dass sich dadurch der Trend ändert, sind nicht ungewöhnlich. Jetzt wissen wir, wie wir solche Trends mithilfe der Trendanalyse und der Referenzpunkt-Analyse mit Stopps versehen können – und es gibt noch andere Philosophien und andere Methoden.

Einige andere Stoppmethoden

Die Average True Range

Die Average True Range (ATR) ist ein interessantes Konzept und ein interessantes Werkzeug. Sie misst die derzeitige Volatilität und liefert uns einige interessante Informationen. Die True Range ist als höchste unter den folgenden Zahlen definiert:

Heutiges Hoch minus heutiges Tief
Heutiges Hoch minus gestriger Schlusskurs
Heutiges Tief minus gestriger Schlusskurs

Die ATR ist nun der Durchschnitt der True Ranges über einen bestimmten Zeitraum. Dabei sind 20 Tage ebenso üblich wie 14. Fünf Tage sprechen sehr empfindlich an, was Vor- und Nachteile hat.

Man kann die ATR verwenden, um Stopps zu setzen. Zum Beispiel kann man den ersten Stopp im Abstand von 2 (oder x) ATRs unter den Einstandskurs legen. Und genauso kann man ihn später nachziehen: x ATRs unter dem jüngsten Hoch – oder dem Tief des jüngsten Hochs.

Derart enge Stopps sind typisch für Trading-Situationen. Meines Wissens gibt es mindestens einen Praktiker (Eric Crittenden, http://www.blackstarfunds.com), der der Auffassung ist, wenn der Preis einen Stopp reißt, der 10 ATRs unter dem jüngsten Hoch liegt, habe sich der Trend geändert. Man bezeichnet das manchmal als Chandelier Exit. Man kann ein solches Konzept anhand von Trendlinien und Umkehrformationen überprüfen. Die ATR ist eine natürliche Art, die Volatilität des Marktes zu ermitteln, und sie passt sich rhythmisch an das Marktverhalten an. Daher ist dieses System flexibler als feste Prozentsätze oder feste Dollarbeträge. Ein interessanter Artikel über Crittendens Methode ist unter http://www.trendfollowing.com/whitepaper/Does_trendfollowing_work_on_stocks.pdf zu finden. Man beachte dabei die Bestätigung meiner Aussage, man müsse dem Markt Spielraum lassen: Crittenden hat herausgefunden, dass ein 10-ATR-Filter im Durchschnitt einen Spielraum von 27 Prozent lässt. Somit haben wir hier ein inhärentes Stoppsystem, das eine Wende um 27 Prozent als Hinweis auf eine Trendwende postuliert.

Parabolic Stop And Reverse

Welles Wilders „parabolische" Stop-And-Reverse(SAR)-Methode verwendet einen „Beschleunigungsfaktor". Darum steigt der Stoppkurs parabolisch, und wie sich der Leser vorstellen kann, hat dies Stärken und Schwächen. Chuck LeBeau hat einen Modified Parabolic Exit mit abgewandeltem Beschleunigungsfaktor konstruiert, der hier zu finden ist: http://lcchong.files.wordpress.com/2011/05/precise-exits-entries-manual.pdf. Diese Präsentation erhält noch weitere interessante Bemerkungen über Stoppkurs-Methoden.

Zielkurse

Ich bin kein großer Verfechter automatischer Zielkurse, aber viele Trader analysieren eine Formation oder eine Marktsituation, berechnen ein mögliches Kursziel und steigen aus dem Markt aus, wenn dieses Ziel erreicht ist. Man kann auch andere Zielkriterien verwenden – einen Betrag in Dollar oder Prozent, oder man kann es auch machen wie Bill Scott, bei dem fünf Verlusttage die Liquidierung der halben Position auslösen, sechs Tage die der anderen Hälfte.

Ähnlich wie der Trailing-Stop kann auch der Zielkurs angehoben werden, wenn x Prozent des Gewinns erzielt wurden, und erneut dann, wenn der Preis noch weiter steigt. Ein altes japanisches Sprichwort formuliert das so: „Verkaufe die Hälfte nach acht neuen Preisen, wieder die Hälfte nach zehn neuen Preisen, und den Rest nach zwölf neuen Preisen."

Ähnlich ist die Gewohnheit mancher Trader, den Trade zu schließen, wenn eine extreme Preisbewegung in die gewünschte Richtung stattfindet.

Eine natürliche von den Turtles verwendete Methode

Die Turtles stiegen aus Long-Trades aus, wenn ein Ausbruch nach unten aus einem zehn Tage alten Kanal erfolgte. Man kann das auf bis zu drei Tage verkürzen, wodurch der Trader einen sehr engen Stopp anhand des 3-Tage-Tiefs für den Fall setzt, dass der Markt davonläuft. Eine solche Situation könnte man auch mit Magees engen progressiven Stopps managen – den Stopp täglich knapp unter das Tagestief nachziehen, um auf den nächsten Tag vorbereitet zu sein.

Wie der Leser sieht, gibt es letzten Endes so viele Stoppkursmethoden wie Trader. Für unsere Zwecke ist es umso besser, je natürlicher und je weniger algorithmisch die Methode ist – was auf Trendlinien, Formationen und Referenzpunkte hinausläuft –, die man je nach dem individuellen Geschmack abwandeln kann.

Wenn es eine Binsenweisheit über die Märkte gibt, dann diese: Ein Trader ohne Stoppkurs ist bald ein Trader ohne Kapital.

KAPITEL 28

WAS IST EIN BODEN? WAS IST EIN TOP?

(EN9: In diesem äußerst wichtigen Kapitel habe ich Magees Verwendung von „Tops und Bottoms" beibehalten. Es wird für den Leser weniger verwirrend sein, an „Hochs und Tiefs" zu denken, da diese Terminologie in der Branche in der heutigen Zeit üblich ist. Außerdem ist das Denken in Begriffen wie „Hochs und Tiefs" ein wichtiges Konzept an sich. So gilt für einen Bullentrend: höhere Hochs, höhere Tiefs. Wenn dieses Muster auf eine wichtige Art und Weise durchbrochen wird, sollte der Spekulant auf einen Trendwechsel achten. Da die Verwendung von Achteln in Abbildung 28.1 von entscheidender Bedeutung ist, habe ich die Diskussion in Achteln geführt, obwohl der Leser weiß, dass an den Märkten inzwischen Dezimalzahlen verwendet werden.)

In diesem Kapitel befassen wir uns nicht mit der Frage, wann ein Major-Top oder Major-Bottom oder wann ein Intermediate-Top oder Intermediate-Bottom vorliegt. Wir sprechen hier von den Minor-Tops oder Minor-Bottoms, die uns die wichtigen „Haken" liefern, an denen wir unsere technischen Operationen festmachen können. Stopp-Order-Niveaus, Trendlinien, Kursziele sowie Unterstützungen und Widerstände werden durch diese Minor-Tops und Minor-Bottoms bestimmt. Für uns als Spekulanten sind sie von hervorragender Wichtigkeit. *(Zur Illustration dieses Kapitels siehe die Abbildungen 28.1 bis 28.4.)*

Gewöhnlich sind diese Minor-Tops und Minor-Bottoms gut gekennzeichnet und völlig klar. Oft sind sie es aber auch nicht. Manchmal ist es nicht möglich, klar zu sagen, ob diese oder jene Stelle im Chart ein Top oder Bottom ist oder nicht. Aber es ist möglich, gewisse Standards festzulegen, praktische Arbeitsregeln, die uns helfen, diese Punkte zu markieren. Und diese Regeln werden uns nicht zu oft im Stich lassen.

Eine gute Regel zur Platzierung von Stoppniveaus besagt Folgendes: Wir gehen davon aus, dass eine Aktie einen Boden gebildet hat, wenn sie sich von den Kursen an dem Tag, auf den der vermutete Tiefstkurs des Bottoms fällt, drei Tage lang „weg" bewegt hat. Ein Beispiel: Eine Aktie fällt einige Tage lang in einer Reaktion zurück und erreicht schließlich bei 24 einen Tiefstwert; der Höchstwert für diesen Tag ist 25. Dann haben wir nicht eher einen etablierten Boden im Sinne unserer Regel, bis wir drei Tage haben, an denen die Aktie nicht unter 25 $\frac{1}{8}$ gehandelt wird. Der gesamte Kursbereich für die vollen drei Tage muss also völlig oberhalb des Höchstkurses des Tages liegen, an dem das (vermutete) Tief liegt, also gewissermaßen „im Aus". Dies ist die „3-Aus-Tage-Regel". Sie gilt genauso umgekehrt in einer Abwärtsbewegung, um dort ein Minor-Top zu bestimmen. Der Tageskursbereich muss drei Tage lang völlig unterhalb der gesamten Kursspanne (im Aus) des Tages liegen, an dem das (vermutete) Hoch liegt.

Dies gibt uns eine Regel, um eine ursprüngliche Stopp-Order festzulegen. Wir erhalten damit auch die Regel, um eine Stopp-Order später zu ändern. Sobald sich die Aktie drei Tage von einem

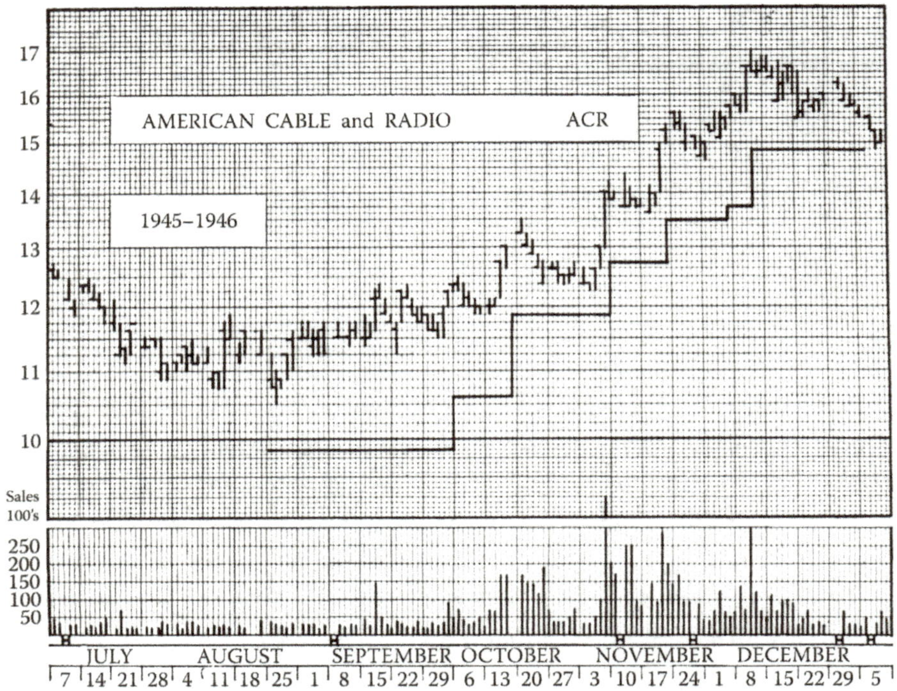

Abbildung 28.1: So werden Protective Stops (schützende Stopp-Orders) beim Kauf von Aktien nachgezogen. Der Chart von American Cable & Radio bildete im Sommer 1945 einen Rounding Bottom. Er war Teil einer langen Periode der Konsolidierung, die auf den Anstieg der Aktie seit dem Juli 1944 gefolgt war. Ein Breakout bei hohem Umsatz ereignete sich am 12. September; von da an waren Käufe bei jeder kleineren Reaktion möglich.

neuen Bottom wegbewegt hat, ziehen wir die Stopp-Order unter den neuen Boden nach. (Wir haben schon in Kapitel 27 erörtert, wie wir die Entfernung festlegen, um die das Stoppniveau unter dem jeweiligen Bottom liegt).

Protective Stops für Aktien, die man gekauft hat, dürfen *nur aufwärts* verändert werden. Nachdem ein Stoppniveau einmal bestimmt ist, *darf es niemals* nach unten verändert werden, außer wenn die Aktie ex Dividende oder ex Bezugsrecht gehandelt wird; dann kann das Stoppniveau entsprechend dem Betrag von Dividende oder Bezugsrecht gesenkt werden. In gleicher Weise dürfen Protective Stops für Leerverkäufe *nur nach unten* verändert und nicht angehoben werden. (Wenn die Aktie ex Dividende oder ex Bezugsrecht gehandelt wird, wird der Protective Stop für den Leerverkauf um den Betrag von Dividende oder Bezugsrecht *gesenkt.*)

Es gibt eindeutige Situationen, in denen sich die Aktie in einer Serie von gut erkennbaren Schritten und Reaktionen wie auf einer Treppe bewegt. Es gibt aber auch Situationen, in denen es schwierig ist, einen Bottom oder ein Top zu bestimmen; in solchen Fällen scheint eine Konsolidierung oder Korrektur ohne eine nennenswerte Bewegung in die mittelfristige Richtung vollzogen worden zu sein. Dann werden Sie all Ihr Beurteilungsvermögen und Ihre Erfahrung benötigen, um einen entsprechenden Referenzpunkt („Basing Point") wirklich festzulegen.

Der erste Protective Stop wäre sofort bei Ausführung des Kaufauftrags sechs Prozent unter den letzten Minor-Bottom vom 21. August gelegt worden (wegen der Entfernung vergleiche Tabelle 27.1 in Kapitel 27). Damit lag das Niveau für den Stop-Loss-Auftrag bei 9 $^{7}/_{8}$. Am 19. und 20. September hätten wir zwei Tage gehabt, an denen die Aktie völlig außerhalb der Kursspanne des

17. September (vermuteter Minor Bottom) notierte; am 28. September hatten wir den dritten Tag. Am nächsten Tag hätten wir die Stopp-Order nach oben verlegt, und zwar sechs Prozent unter den Boden vom 17. September, das heißt auf 10 ⅝. Die nächste Veränderung wäre nach dem neuen Hoch (Schlusskurs) vom 11. Oktober gekommen, das mehr als drei Prozent über dem Minor-Top vom 1. Oktober lag. Die Stopp-Order lag nun bei 11 ⅞. Am 2. November wurde ein neues Hoch (Schlusskurs) registriert, das mehr als drei Prozent über dem Minor-Top vom 15. Oktober lag; der Stopp wäre auf 12 ¾ erhöht worden. Am 15. November lag ein erneutes Hoch (Schlusskurs) um drei Prozent über dem Minor-Top vom 7. November. Die Stopp-Order wäre erneut nach oben verändert worden, diesmal auf 13 ½. Der 29. November war der dritte Tag, an dem die gesamte Kursspanne „im Aus" des Bottoms vom 26. November lag, und der Stopp wurde erneut auf 13 ¾ erhöht. Der Schlusskurs vom 5. Dezember gab uns einen Anstieg von drei Prozent über den Hoch-Kurs vom 17. November, und wir erhöhten den Stopp-Auftrag wieder auf 14 ⅞. Dieser Kurs wurde schließlich, wie im Chart zu sehen, am 3. Januar 1946 erreicht. In einer Baisse würden Protective Stops in gleicher Weise *nach unten* verändert werden, um einen Leerverkauf zu schützen. *(EN9: In dieser Abbildung und der Bildunterschrift gibt es eine Reihe von Unstimmigkeiten, die später im Text geklärt werden.)*

Referenzpunkte

Wir wollen die Punkte, von denen aus wir Stopp-Niveaus bestimmen, als Referenzpunkte, manchmal auch Basispunkte (Basing Points), bezeichnen. In einer bullishen Bewegung werden wir das Tief jeder kleineren Reaktion als Referenzpunkt ansehen. Von ihm aus werden wir unser Stopp-Order-Niveau berechnen, sobald die Aktie wieder gestiegen und ihr Kurs „drei Tage im Aus" ist. Wir werden außerdem jedes Minor-Top als Referenzpunkt in der Aufwärtsbewegung benutzen. In einer Baisse werden wir in gleicher Weise das Top jeder Rallye und genauso jeden Minor-Bottom als Referenzpunkte für unsere Protective Stops wählen.

Im Normalfall vollzieht eine Aktie eine eindeutige Bewegung, sagen wir 15 Prozent oder mehr, in Richtung des Primärtrends; dann gibt sie zumindest 40 Prozent der Distanz auf, die sie vom bisherigen Referenzpunkt bis zum Ende jener Primärbewegung gemacht hat. Das gibt uns mit Sicherheit einen neuen Referenzpunkt, sobald sich die Aktie wieder (ausreichend) in der übergeordneten Richtung weiterbewegt hat. Manchmal jedoch zeigt die Aktie weniger als 40 Prozent Reaktion und verharrt vielleicht nur eine Woche oder länger auf demselben Niveau. Trotzdem sollten wir auch das als Referenzpunkt ansehen, sobald die Bewegung in der übergeordneten Richtung fortgesetzt wird. (Vorausgesetzt, dass das Bild des Volumens dazu passt.)

Das Tagesvolumen ist, wie wir gesehen haben, wie das Fieberthermometer einer Krankenschwester; es sagt uns eine Menge darüber, was in der Aktie vor sich geht, mehr als die oberflächlichen Symptome des Kurses allein. Es gibt drei Gelegenheiten, bei denen Sie extrem großes Volumen erwarten können: a) am Tag des Breakouts aus einer Formation oder aus einer Periode der Ruhe, besonders wenn es sich um einen Breakout nach oben handelt; b) an dem Tag, an dem die Aktie einen neuen Höchstkurs in Richtung des primären oder intermediären Trends erzielt, das heißt, an dem sie in der Hausse über das letzte Minor-Top steigt oder in der Baisse unter den letzten Minor-Bottom fällt; c) an dem Tag, an dem eine kurzfristige Bewegung beendet oder fast beendet ist, das heißt, am neuen Minor-Top im Bullenmarkt oder am neuen Minor-Bottom im Bärenmarkt. An dieser Stelle können wir noch hinzufügen: Besonders starker Umsatz an einem *anderen* Tag im Verlauf einer Bewegung in übergeordneter Richtung zeigt im Zweifel an, dass die Bewegung ein Ende erreicht hat und nicht mehr den erhofften Anstieg (beziehungsweise Rückgang) vollenden wird.

Jetzt hat sich also in unserem Trend nach dem Bottom ein Minor-Top gebildet, die Aktie ist auf neuem Höchstkurs, am Top herrschte sehr großes Volumen, und wir können eine Korrekturbewegung erwarten. Normalerweise wäre das ein Abschwung von einigen Tagen, vielleicht einer Woche, manchmal etwas länger. Manchmal aber nimmt die Korrekturbewegung auch, wie wir gerade sagten, die Form einer horizontalen Bewegung von einer Woche oder länger an, bei der die Kurse nur zögern und sich nicht nach unten in eine Korrektur begeben. Wenn es eine Korrektur nach unten gibt, wird sie wahrscheinlich ganz oder nahe bis an das letzte vorhergehende Minor-Top (Unterstützung) heranführen. Oft wird diese Korrekturbewegung auch, und zwar meist gleichzeitig, zur unteren Trendlinie hinabgehen, die unter zweien oder mehreren der vorhergehenden Minor-Bottoms liegt. Oder sie führt zu einer „Parallele", die zur Trendlinie durch die letzten zwei oder mehr vorhergehenden Minor Tops gezogen wurde. Wenn die Korrekturbewegung horizontal verläuft, geht sie vermutlich so lange weiter, bis sie an eine dieser Linien stößt.

In jedem Fall ist der kritische Punkt, auf den wir achten müssen, die Abnahme des Volumens. Wenn der Umsatz einige Tage nach dem Top schrumpft, vielleicht nicht regelmäßig, aber doch insgesamt stetig abnimmt und die Aktie in dieser Zeit entweder fällt oder jedenfalls nicht mehr in der übergeordneten Richtung steigt, dann können Sie diese ganze Aktion mit Recht als kurzfristige Korrektur ansehen. Wenn die Aktie jetzt wieder ihre Primärbewegung beginnt, und zwar so weit, bis die 3-Aus-Tage-Regel erfüllt ist, können Sie den Boden als neuen Referenzpunkt zugrunde legen. (Im Falle einer horizontalen Bewegung der Kurse muss dies nicht unbedingt der extreme Tiefpunkt sein, sondern eher der Punkt, durch den Sie Ihre Trendlinie ziehen.)

Wenn eine Aktie ein Verhalten zeigt, das wie eine neue Bewegung aussieht, ein Breakout aus einer Periode kleiner Fluktuationen, ist es manchmal schwer zu sagen, welchen Punkt man als Tief ansehen soll. Es können mehrere kleine und unklare Bewegungen mit geringem Umsatz vor dem wirklichen Breakout liegen. In einem solchen Fall würden wir das Auftreten eines hohen Volumens als Breakout-Signal ansehen. Als Referenzpunkt würden wir daher den Tiefpunkt unmittelbar vor dem Signal wählen. Gewöhnlich gibt es solch einen Punkt an einem der umsatzschwachen Tage unter den drei oder vier Tagen unmittelbar vor dem Breakout.

Alles, was wir über Referenzpunkte in einem Bullenmarkt gesagt haben, gilt im umgekehrten Sinne in einem Bärenmarkt, außer dass dort einen Breakout nach unten nicht immer starkes Volumen begleitet.

Und nun kommen wir zur Erörterung einer schwierigen und entmutigenden Situation: Eine Aktie hat eine lange Runaway-Bewegung vollführt (wir wollen annehmen, es sei eine Aufwärtsbewegung). Nun setzt sie an, offenbar eine Flagge zu bilden. Nachdem sie eine ausreichende Korrektur von circa 40 Prozent bei abnehmendem Umsatz vollzogen hat, kaufen wir sie; doch sie geht stetig weiter nach unten, ohne Rallye und ohne klare Umsatzanzeichen. Das ist eine ungewöhnliche Situation, aber sie ereignet sich von Zeit zu Zeit sowohl im Aufwärts- als auch im Abwärtstrend. In einem solchen Fall würden wir Ausschau nach einem Unterstützungsniveau (Konsolidierungsformationen, Multiple Tops und so weiter) halten, das im vorhergehenden Trend bei dessen *Abwärtsbewegung* ausgebildet wurde und unter dem Niveau liegt, wo wir unsere Aktie gekauft haben. Wir würden eher dieses Unterstützungsniveau als Referenzpunkt für unsere Stopp-Order benutzen und sie nicht unter den extremen Boden der vertikalen Bewegung legen.

In vielen derartigen Fällen werden Sie auch auf diese Weise keinen angemessenen Referenzpunkt finden können; deshalb erscheint es uns nicht ungefährlich, nach einer langen Runaway-Bewegung auf eine Korrektur hin überhaupt einzusteigen, es sei denn, dass folgende Ausnahme vorliegt: a) Die Aktie ist ein genügendes Stück über eine gute Unterstützungszone gestiegen, die uns als Referenzpunkt dienen kann; oder b) die Aktie notiert völlig über jeglichen Kursen der letzten Jahre und bewegt sich „im freien Raum". (Das Umgekehrte gilt natürlich im Bärenmarkt: Die Aktie ist entweder unter eine starke Widerstandszone gefallen oder hat für die letzten Monate neue Tiefstkurse erreicht. Nur dann können Sie in einer solchen Situation einen Leerverkauf in Erwägung ziehen.) Und in allen Fällen einer Spekulation in einer Aktie, die nach einer schnellen, langen, senkrechten Bewegung konsolidiert, *müssen* Sie ein betontes und auffälliges Austrocknen des Volumens während der Formierung von Flaggen oder Wimpeln sehen.

Für eine Spekulation in einem mittelfristigen Trend ist noch ein weiteres Wort der Vorsicht angebracht. Eine Serie von Bewegungen innerhalb eines Trends wird oft in sehr regelmäßiger Form stattfinden. Sie haben eine gute Trendlinie, die Reaktionen mögen 40 bis 50 Prozent ausmachen und sind zu den vorherigen Minor-Tops zurückgekommen. Das Volumen schrumpft bei den Korrekturen und wächst bei den neuen Tops an. Es ist naheliegend, innerhalb einer solchen „Treppe" eine Spekulation in der Erwartung zu beginnen, dass die Bewegungen regelmäßig und gleichförmig weiterlaufen werden. Aber Trends laufen nicht ewig. Jedes Minor-Top kann das letzte sein. Hier die richtigen Referenzpunkte zu finden ist äußerst wichtig, um Sie rechtzeitig aus der Aktie herauszubringen. Am besten steigen Sie selbst bei einer Verletzung dieser Punkte durch einen Schlusskurs aus, und schlimmstenfalls mithilfe Ihrer Protective-Stop-Order. Das Volumen kann Ihnen unter Umständen wieder einen Hinweis geben, wann man aufhören soll, auf einen solchen Trend zu spekulieren. Zwar erwarten Sie an den kleinen Tops höheren Umsatz, wenn aber das Volumen *viel* höher als auf einem der früheren Minor-Tops ist, wird Ihnen das äußerst verdächtig vorkommen (im Bärenmarkt entsprechend bei einem Bottom). Der endgültige oder fast endgültige „Blow-off" (klimaktischer Gipfel) eines Trends wird gewöhnlich mehr Volumen zeigen als irgendeiner der kleineren Blow-offs entlang des Weges. Wenn Sie ein solches klimaktisches Volumen sehen, sollten Sie bereit sein, in Ihr Schneckenhaus zurück zu kriechen und abzuwarten, bis dieser ganze intermediäre Trend eine Korrektur erfahren hat. Später – Wochen oder Monate später – stellen Sie fest, dass die Aktie 40 Prozent oder mehr der gesamten Bewegung im intermediären Trend korrigiert hat und ruhig und mit geringer Aktivität daliegt. Dann ist die Zeit gekommen, diese Aktie auf neue Gelegenheiten und einen neuen Trend in der übergeordneten Richtung unter Beobachtung zu halten.

EN9: In einem Buch, das ausschließlich wichtige Kapitel enthält, kann es sein, dass der unachtsame Leser dem vorliegenden Kapitel 28 nicht den Wert beilegt, den es verdient. Tatsächlich ist das hier dargestellte Verfahren von absolut grundlegender Bedeutung für die Analyse von Trends und den darauf basierenden Handel. Ich habe dieses Kapitel um Material ergänzt, das für mich und meine Studenten beim Traden von großer Bedeutung ist.)

Referenzpunkte: Eine Fallanalyse

Je länger man über den in Abbildung 28.1 so locker hingeworfenen Chart nachdenkt, umso mehr wird einem klar, dass er ein tiefgreifendes und natürliches Verständnis von Trends und des Marktes beinhaltet. Sehen Sie nur: Welle steigt, Welle zieht sich zurück, Welle steigt, Welle zieht sich zurück und so fort. Solange der Trader oder Anleger von der Korrekturwelle nicht aus seiner Position verscheucht wird, surft er unter normalen Umständen so lange auf dem Trend, bis dieser sein natürliches Ende findet. Indes wissen die Stammgäste, die Hedgefonds und diejenigen, die von der Volatilität profitieren, dass das vorige Tief derjenige Ort ist, an dem Anleger und Trader ihre Stopps setzen. Das heißt, dass sie beim üblichen Gang des Tradings, sobald sie die Gelegenheit sehen, ein wichtiges Tief auszunutzen, dies auch tun werden – falls es möglich ist. Das ist in der Tat manchmal möglich, und so fällt das Tief manchmal aus dem natürlichen Gang des Tradings heraus.

Als Bruce Kovner von Jack Schwager für dessen Buch „Magier der Märkte" interviewt wurde, wurde er gefragt, wo er denn seine Stopps setze. Die Antwort: „Dort, wo sie schwer zu erreichen sind." Wir erzählen diese Geschichte ein zweites Mal, weil sie so wichtig ist. Ein anhand von Referenzpunkten und mit einem klug berechneten Filter versehener Stoppkurs ist schwer zu erreichen – außer wenn der Markt wirklich die Richtung gewechselt hat. Denn was ist ein langfristiger gleitender Durchschnitt schließlich anderes als ein nachlaufender Stopp mit eingebautem Filter?

Referenzpunkte sind lediglich die Markierung von Hochs und Tiefs in der vollen Anerkenntnis, dass ein Muster aus höheren Hochs und höheren Tiefs ein bullisher Trend ist und dass sich der Trend, wenn sich dieses Muster in eines aus tieferen Hochs und tieferen Tiefs verwandelt, gerade ändert oder bereits geändert hat. Das ist das Prinzip, das hinter der Dow-Theorie steht, und es ist das Prinzip, das dahinter steht, Trends zu traden, die von kürzerer Dauer sind als die Trends des Dow Jones Industrial Average. Auch wird einem schnell klar, dass ein Muster, das aus tieferen Hochs und tieferen Tiefs besteht, unweigerlich bedeutet, *dass die Trendlinie gebrochen wurde.*

Was Abbildung 28.1 angeht, so hätte Mark Twain wohl ein paar stichhaltige Bemerkungen dazu parat gehabt. Vielleicht dass jeder, der ihr einen Sinn abringen will, verrückt werden würde und dass jeder, der versuchen würde, die im Chart zu sehenden Preise zu rechtfertigen, erschossen würde. Chart 28.1 beinhaltet unerklärliche Rätsel und Widersprüche, und er wurde seit den frühesten Auflagen gewissenhaft beibehalten. Der Leser ist aufgefordert, ihn eher als Konzept denn als Lektion zu betrachten (siehe Abbildung 28.2). Lassen Sie mich die Regeln kodifizieren, die implizit in dieser Abbildung dargestellt sind:

- Es wird ein Hoch erreicht – daran zu erkennen, dass vorläufig keine höheren Preise auftreten.
- Der Preis geht zurück, und ein Tief wird erreicht. Dieses Tief erkennt man, wenn man nach dem vorigen Hoch jeden Tag nachschaut, bis keine tieferen Preise mehr erreicht werden. Wenn der Preis wieder zu steigen beginnt, vermerkt man jeden Tag, an dem der Preis vollständig außerhalb des Bereichs des Tages liegt, der als Kandidat für das Tief gilt.
- Wenn drei solche Tage festgestellt wurden („three days away", „drei Aus-Tage"), bevor ein neues Tief erreicht wird, markiert man den Tag, der als Kandidat galt, als Referenzpunkt und hebt den Stoppkurs auf einen Abstand von sechs Prozent (oder x Prozent) unter das Tief des Referenzpunkt-Tags an (siehe Kapitel 27).

- Wenn ein neues Hoch um drei Prozent höher als das vorige ist, findet man in dem Tief des Tages mit dem neuen Hoch einen neuen Referenzpunkt.

Das Referenzpunkt-Paradigma

Auf keinen Fall eignet sich jedes Papier für diese Art der Analyse. Aber die Methode ist doch paradigmatisch genug, damit es sich lohnt, sie ausführlicher zu prüfen. Ebenso wie fast alle anderen Methoden der klassischen Chartanalyse muss man sie mit Vorsicht und gutem, durchdachtem Urteilsvermögen anwenden. Bei manchen Aktien scheint sie manchmal so reibungslos zu funktionieren wie ein silikonhaltiges Schmiermittel, während sie bei anderen nutzlos erscheint. Doch sogar bei widerspenstigen Papieren sind die Prinzipien, die der Methode zugrunde liegen, von Nutzen, wenn auch nicht die Methode selbst. Mit diesem Hintergedanken im Kopf präsentieren wir hier Abbildung 28.2. Der gewissenhafte Leser wird sehen, dass in diesem Chart für die Festlegung der Stopps nur Böden oder Tiefs verwendet wurden und dass sie nicht wie in Abbildung 28.1 nachgezogen wurden, wenn sich neue Hochs anbahnten. Das haben wir zu Lehrzwecken so gemacht, und um das Beispiel für den allgemeinen Anleger einfach genug zu halten. Fortgeschrittene Trader möchten bestimmt die Methode des neuen Hochs studieren und vielleicht auch einsetzen, die in Abbildung 28.1 verwendet wurde.

Eigentlich soll Abbildung 28.2 mehr als nur eine Lehre vermitteln. Sie veranschaulicht einen Bilderbuchfall des Einsatzes von Referenzpunkten sowie die vollständige Analyse einer Hausse vom Einstieg bis zum Ausstieg, wobei prägende Ereignisse des Marktverlaufs durch Ziffern gekennzeichnet sind. Somit ist hier alles notiert – die Beobachtung von Referenzpunkten, das Setzen von Stopps und die Verfolgung potenziell vorgetäuschter Wendepunkte. Die durch Ziffern gekennzeichneten Punkte werden in der Legende erläutert. Ursprünglich wurde dieser Chart in Graduiertenseminaren der Golden Gate University zu Lehrzwecken eingesetzt. Schon bald wurde offensichtlich, dass es für das Trading äußerst nützlich ist, einen Chart auf diese Weise mit Markierungen zu versehen. Deshalb sei er dem Leser als Möglichkeit ans Herz gelegt, seine Charts kommunikativer und nützlicher zu gestalten.

Die Legende zur Analyse in Abbildung 28.2

1. Ein Rounding Bottom oder vielleicht eine Muschelformation
2. Widerstands- oder Ausbruchslinie
3. Weckruf seitens des Volumens
4. Run Day, hohes Volumen. Ausbruch durch Linie 2. Sicheres Einstiegssignal
5. Erster Referenzpunkt (BP = Basing Point). Man beachte den vorherigen Volumenrückgang bei der Konsolidierung und die Zunahme am Run Day. Vor diesem BP wurde anhand des Tiefs der Formation vor dem Einstieg ein Stoppkurs gesetzt.
6. BP
7. Schwacher BP (wegen des schwachen Rücklaufs)
8. BP

9. Test des BP aus 8
10. Eine nach Punkt 9 gezogene Trendlinie
11. BP
12. BP-Kandidat, der die 3-Aus-Tage-Regel nicht besteht
13. BP
14. Potenzieller BP, aber kein sehr guter, weil nach 13 kein neues Hoch erreicht wurde
15. Unterstützungs-Widerstands-Linie
16. Test von 16 BP
17. BP
18. Widerstands-Unterstützungs-Linie
19. Flagge, die zum BP wird
20. Trendlinie, aber zu steil, um sich zu halten
21. Trendlinie
22. BP
23. Trendlinie
24. BP
25. BP
26. Horizontale Trendlinie
27. BP bei 26,75 (Stopp bei 25,41), bei 25,41 ausgestoppt

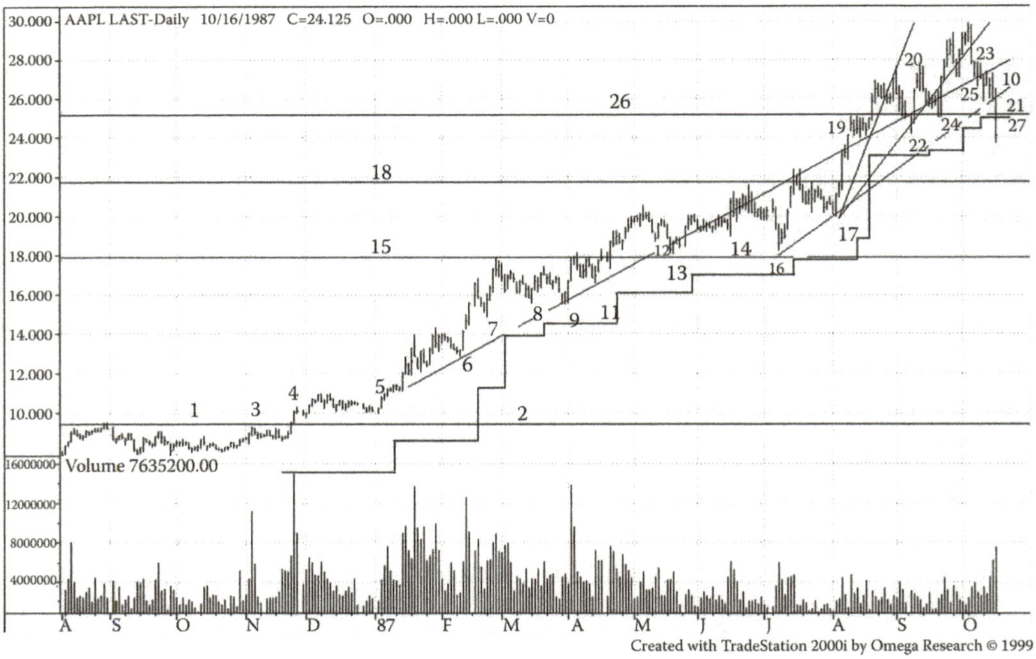

Abbildung 28.2: Apple Computer, Hausse 1987. Ein annähernd perfektes Beispiel für die Verwendung von Referenzpunkten, um in einer halbwegs regulären und reibungslosen Hausse zu traden. Es werden nur Referenzpunkte von Wellentiefs gezeigt.

Erzählung der im Chart zu sehenden Ereignisse

1–3. Hätten wir geschlafen, dann hätte uns das Ereignis bei Nummer 3 aufgeweckt. Ein Tag mit einem solchen Handelsvolumen sollte die Aufmerksamkeit wecken. Wir beginnen, der Aktie Aufmerksamkeit zu schenken, und beachten das Muster, das sich entwickelt – ein Rounding Bottom oder eine Muschelformation.

4. Bei Nummer 4 sehen wir einen Run Day unter hohem Volumen. Ein gutes Signal für den Einstieg nach dem Bruch der horizontalen Linie bei Nummer 2. Wenn wir einsteigen, setzen wir unseren Stoppkurs fünf Prozent unter dem vorigen Tief. Wenn man nach Stärke einsteigt, ist es gut möglich, dass entweder Gewinnmitnahmen stattfinden oder Stammgäste versuchen, Arrivisten zu vertreiben.

5. Wir warten mit Interesse auf die erste Reaktion. Wir beobachten die Aktie jeden Tag als Kandidaten für einen möglichen Referenzpunkt. Dieser tritt bei 5 auf, und nun beginnen wir, die „Aus-Tage" nach dem Referenzpunkt zu zählen, an denen die Spanne vollständig außerhalb des Kandidatentags liegt und die auftreten, bevor ein tieferes Tief erreicht wird. Wenn der Referenzpunkt bei 5 bestätigt wird, heben wir den Stoppkurs auf fünf Prozent unter 5 an.

6. Nach 5 wird ein höheres Hoch erreicht, und danach erfolgt eine Reaktion auf 6, das sich als weiterer Referenzpunkt erweist. Deshalb heben wir unseren Stoppkurs auf fünf Prozent unter 6 an.

7. Der Preis klettert weiter, und bei 7 wird ein weiterer Referenzpunkt gebildet. Das Verfahren wird klar: einen neuen Referenzpunkt finden und in vorsichtigem Abstand darunter einen Stoppkurs platzieren. Wird ein neuer Referenzpunkt gebildet, hebt man den Stopp an. Man beobachte mit Interesse die Reaktionen gegen den Trend. Entweder erlauben sie es, einen höheren Referenzpunkt zu ermitteln, oder sie beenden den Trade.

8–10. Wir finden bei 9 einen neuen Referenzpunkt, heben unseren Stopp an und zeichnen die Trendlinie bei 10 ein. Bei 9 haben wir ein tieferes Tief als 8, aber unser „Filter", unser 5-Prozent-Polster, hält unsere Position intakt. Wir senken unseren Stopp nicht anhand von Referenzpunkt 9. Eine der unverbrüchlichen Regeln besagt, dass Stopps niemals gesenkt werden. Der Filter ist wichtig, weil Trader versuchen, nahe gelegene Hochs abzupassen und die Volatilität zu verschärfen. Das nennt man die Flucht der Lämmer.

11. Bei 11 finden wir einen neuen, wenn auch dünnen Referenzpunkt. Ein Anstieg mit einem schwachen höheren Hoch.

12. Bei 12 haben wir einen Kandidaten für einen Referenzpunkt, der nicht die 3-Aus-Tage-Regel erfüllt.

13. Bei 13 finden wir den richtigen Referenzpunkt und heben unseren Stoppkurs an.

14. Bei 14 werden wir mit einer Grenzsituation konfrontiert. Es ist ein potenzieller Referenzpunkt, aber ein grenzwertiger, weil nach 13 kein höheres Hoch erreicht wurde.

15. Bei 15 können wir eine Linie einzeichnen, die einen Widerstand definiert – und die dann zur Unterstützungslinie wird.

16. Bei 16 haben wir einen neuen Referenzpunkt, der einen Punkt bei 14 getestet hätte.

17–21. Bei 17 finden wir einen neuen Referenzpunkt, und bei 18 können wir eine Widerstandslinie identifizieren. Der Spurt durch diese Linie ist sowohl erfreulich als auch eine Warnung, denn er wird zu einer Fahnenstange, an der die Flagge bei 19 flattert. Flaggen und ihre Masten sind Botschaften, dass sich der Markt aufgeheizt hat und nun genau beobachtet werden will. Eine Flagge kann auch als Referenzpunkt fungieren, sodass wir unseren Stoppkurs in dem vollen Bewusstsein erneut nachziehen, dass sich das Ende nähern könnte. Die Trendlinie bei 20 ist eine weitere Bestätigung dieses Umfelds, weil sie so steil ist, aber wir sehen bei 16 und 17 zwei gute Ankerpunkte und ziehen die Trendlinie 21 – die sich besser verteidigen lässt.

22, 23. Schließlich tritt bei 22 eine gute Reaktion auf, die einen starken Referenzpunkt und einen guten Grund für die Anhebung des Stopps bietet. Man beachte die interessante Tatsache, dass die Punkte 22 und 24 auf der Trendlinie wieder zur Ruhe gekommen sind, die wir bei 10 gezeichnet haben.

24. Da das Tempo und die Volatilität angezogen haben, liefert uns 24 einen weiteren gültigen Referenzpunkt.

25, 26. Sogar 25 ist ein gültiger Punkt, und jetzt sehen wir auch die klare Unterstützungslinie bei 16.

27. Wenn diese Linie unter außerordentlich hohem Volumen bei 27 durchstoßen wird und dabei unser Referenzpunkt-Stopp aus 25 gerissen wird, ist es eindeutig Zeit, den Zug zu verlassen. Ausführlicher wird das Referenzpunkt-Konzept in dem Buch „StairStops" behandelt, das auf der Website von John Magee Technical Analysis unter http://www.edwards-magee.com sowie unter http://www.amazon.com auch als Kindle-Ausgabe erhältlich ist.

Das vollständige Referenzpunkt-Verfahren: Die Berücksichtigung des Setzens von Referenzpunkten in Wellentälern und auf neuen Wellenkämmen

Wie oben bereits von Magee besprochen, kann man mit dem Referenzpunkt-Verfahren Referenzpunkte sowohl in Wellentälern als auch bei neuen Hochs setzen. Den Basispunkt eines Wellentiefs findet man mit der 3-Aus-Tage-Regel, denjenigen eines neuen Hochs, indem man Wellenhochs und nachfolgende neue Hochs markiert – und wenn der Preis das alte Wellenhoch oder das vorige Hoch um drei Prozent überschreitet (egal, ob ein zwischenzeitliches Wellentief aufgetreten ist), kann man den neuen Referenzpunkt am Tief des Tages mit dem neuen Hoch setzen. Wurde nach diesem neuen Hoch ein neues Hoch erreicht, setzt man den Referenzpunkt erneut, wenn man die Variante des Verfahrens verwendet, die ich als Variante 2 bezeichne.

Wie gesagt, der einarmige Analyst behält die Oberhand. Wenn man auf diese Weise die Stoppkurse anlässlich neuer Hochs anhebt, kann das einerseits leicht dazu führen, dass man durch eine Kursdelle aus der Position geworfen wird und man zähneknirschend und irritiert zuschaut, wie der Zug den Bahnhof auf dem Weg zu unglaublichen neuen Hochs verlässt. (Übrigens ist es, wenn solche oder ähnliche Situationen emotionales Leid hervorrufen, ein Anzeichen dafür, dass man zu stark emotional an den Markt gebunden ist. Die vollständige Marktreife erreicht man erst, wenn man solche Situationen mit verhältnismäßigem Gleichmut betrachten kann, sodass man sie mit gelassenem Interesse und einem Plan zur Behebung betrachten kann.)

Andererseits kommt es vor, dass man hohe Buchgewinne angesammelt hat, dann aber das Papier einbricht und einem ein Drittel oder mehr von den schwer verdienten Gewinnen wieder genommen wird (ach hätte man doch nur die Stoppkurse bei neuen Hochs angehoben!). Erinnern Sie sich, dass das Problem der Dow-Theorie und der Trendfolge darin besteht, dass man auf das erste und das letzte Drittel einer Kursbewegung verzichtet und es manchmal eben kein mittleres Drittel gibt – so die gängige Meinung am Markt.

Wenn man Variante 2 des Verfahrens anwendet, geschieht im Prinzip Folgendes: Wenn die Bedingungen explosiv oder galoppierend werden, verkauft das Verfahren keine Stärke mehr, sondern Schwäche. Grundsätzlich halte ich sehr viel davon, Taktiken zu variieren. Auch bin ich mit den Fallstricken des Variierens von Taktiken eng vertraut, aber mir gefällt das Verfahren grundsätzlich, und ich glaube auch, dass man, um zu wissen, wann man es einsetzen sollte und wann nicht, womöglich viel Erfahrung braucht und in potenziell sehr stressigen Situationen einen kühlen Kopf bewahren muss. Wenn das gesamte Verfahren (Variante 2) umgesetzt und auch mit einem Plan des allmählichen Ein- und Ausstiegs kombiniert wird, dann kann es dem Nutzer gelingen, nach den Sternen zu greifen.

Der stoische Mark Aurel (der nachts gut schläft, geschmeidig und gut genährt ist) hält sich an die konservative Wellentief-Methode (Variante 1) und trägt auf lange Sicht wahrscheinlich den Sieg davon. Variante 1 des Verfahrens ist einfacher und expandiert von Natur aus, sodass sie zu dem stark schwankenden Markt passt, der denjenigen Trader hinauswirft, der versucht, dem unvermeidlichen Kollaps zu entkommen, nur um dann zu völlig unerwarteten Höhen aufzubrechen.

Wie man es auch macht, ist es verkehrt, es sei denn, man wurde von der Marktfee verzaubert oder geküsst – oder hat einfach Glück.

Das vollständige Referenzpunkt-Verfahren

1. Ein neues Wellenhoch wird erreicht, daran zu erkennen, dass vorläufig keine höheren Preise auftreten. Liegt dieses Hoch drei Prozent (Magees Zahl, könnte aber ein Parameter sein) über dem vorigen Wellenkamm (oder dem vorigen Hoch eines Runs oder eines Blow-offs), wird der Referenzpunkt auf das Tief des Tages mit dem neuen Hoch angehoben. Das wirkt sich natürlich erst am nächsten Handelstag aus.
2. Der Preis geht zurück, und ein neues Tief wird erreicht. Dieses Tief findet man, indem man nach dem vorigen Hoch jeden Tag nachschaut, bis keine tieferen Preise mehr erreicht werden (ein möglicher Kandidat für ein Wellental oder einen Referenzpunkt). Wenn der Preis wieder zu steigen beginnt, registriert man jeden Tag, an dem die Preise völlig außerhalb der Spanne unseres Kandidaten für einen Tief-Tag liegen – „Aus-Tage".
3. Wenn drei solche Tage festgestellt wurden (3-Aus-Tage-Regel), bevor ein neues Tief erreicht wird, kennzeichnen wir den Kandidatentag als Referenzpunkt und heben unseren Stoppkurs auf sechs Prozent (oder x Prozent, denn das ist ein Parameter) unter dem Tief des Referenzpunkt-Tags an. Natürlich wird der Stoppkurs am Tag nach dem Auftreten von drei Aus-Tagen gesetzt.

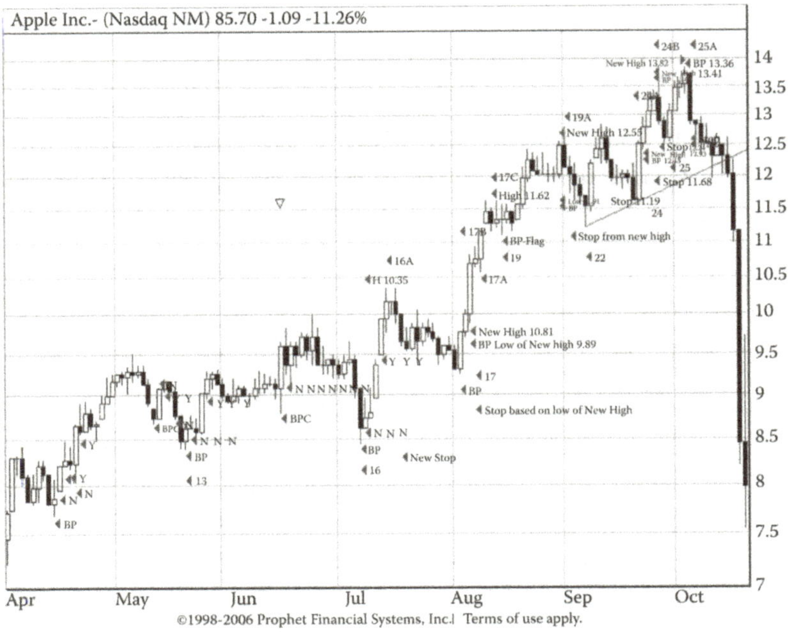

Abbildung 28.3: Referenzpunkte im Kerzenchart. Dieser Chart ist eine Candlestick-Version von Abbildung 28.2. Er veranschaulicht das vollständige Verfahren und zeigt das Setzen von Referenzpunkten anhand von Wellentiefs und höheren Hochs. Er stellt den Abschnitt des vorigen Charts vergrößert dar, in dem höhere Hochs erreicht wurden. Daraus dürfte klar hervorgehen, dass die Regeln für höhere Hochs erst spät im Leben eines Trends ins Spiel kommen, also in der Phase der Runaways und der Blow-offs.

4. Wenn ein neues Hoch erreicht wird, ohne dass zwischenzeitlich ein Wellentief-Referenzpunkt gebildet wurde, beginnt der Prozess vom neuen Hoch aus erneut.
5. Liegt das neue Hoch drei Prozent (oder x Prozent) über dem vorigen Hoch (egal, ob es aus einem Wellentief oder einem Wellenhoch oder daraus resultiert, dass der kontinuierlich steigende Preis neue Hochs markiert), findet man einen neuen Referenzpunkt am Tief des Tages mit dem neuen Hoch. Somit würde eine Preisbewegung von 10,00 über 10,30 und 10,61 auf 10,93 am Tief jedes Tages mit neuem Hoch einen Referenzpunkt bilden.

Zwei Charts, die eine langfristige Perspektive auf das vollständige Verfahren (Variante 2) bieten

Es gibt noch eine andere Methode, die Magee für steigende Märkte und Blow-off-Märkte empfahl. Er sprach bei dieser alternativen Methode von „progressiven Stoppkursen", und sie wurde in der 9. Auflage erklärt. Auch wenn diese Methode eine taktische Änderung bei der Verwendung neuer Hochs für die Berechnung von Stoppkursen beinhaltet, so handelt es sich doch streng genommen nur um eine Abwandlung des Verkaufens bei Stärke. Bei Variante 2 hinken die Stopps dem Kurs immer noch hinterher. Eine reine Strategie des Verkaufs bei Stärke würde anstreben, den Ausstiegszeitpunkt auf einen Blow-off-Tag oder einen Key Reversal Day oder auf ein One-Day Reversal zu legen, oder sogar auf einen Tag mit einem kräftigen, langen und schnellen Anstieg. Vielleicht lässt

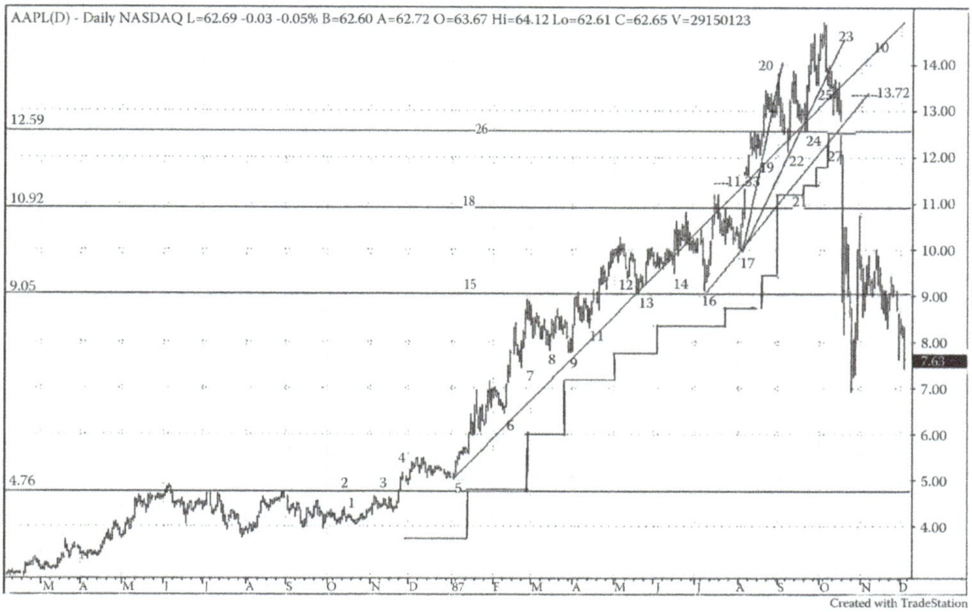

Abbildung 28.4: Variante 2 des Referenzpunkt-Verfahrens anhand von Apple. Dieser Chart zeigt den Trend ebenso wie Abbildung 28.2 von Anfang bis Ende, wobei die zusätzlichen gepunkteten Linien anzeigen, wo die Stoppkurse landeten, wenn man sie anhand höherer Hochs berechnete. Der vorherige Kerzenchart wird für die Analyse der näheren Betrachtung verwendet. Dieser Chart rückt das relative Niveau der Stopps bei Verwendung von Variante 2 der Methode in eine breite Perspektive. Wie man sieht, ergeben sich, wenn man die Stopps anhand höherer Hochs setzt, Stoppkurse, die dichter am aktuellen Kurs liegen. Das kann gut oder schlecht sein, je nachdem, was der Markt mit einem macht.

sich das auf dem Weg nach unten ein bisschen einfacher veranschaulichen. Ein Tag mit Panikverkäufen (der meist im Tief endet) würde einen Ausstieg bei Handelsschluss auslösen.

Vollständige Analyse des repräsentativen Falls anhand von Wellentälern und neuen Hochs

Der Fall dürfte den Lesern nicht unbekannt sein, und seine Verwendung wird die Unterschiede, die in dem Verfahren zu finden sind, vollständig herausstellen. *Es werden die gleichen Materialien verwendet, und die Unterschiede werden im Text fettgedruckt dargestellt.*

1. Ein Rounding Bottom oder vielleicht eine Muschelformation
2. Widerstands- oder Ausbruchslinie
3. Weckruf seitens des Volumens
4. Run Day, hohes Volumen. Ausbruch durch Linie 2. Sicheres Einstiegssignal
5. Erster Referenzpunkt (BP). Man beachte den vorherigen Volumenrückgang bei der Konsolidierung und die Zunahme am Run Day.
6. BP
7. Schwacher BP (wegen des schwachen Rücklaufs)

8. BP
9. Test des BP aus 8
10. Eine nach Punkt 9 gezogene Trendlinie
11. BP
12. BP-Kandidat, der die 3-Tage-weg-Regel nicht besteht
13. BP
14. Potenzieller BP, aber kein sehr guter, weil nach 13 kein neues Hoch erreicht wurde
15. Unterstützungs-Widerstands-Linie
16. BP
16A. **Neues Hoch: 10,35**
17. BP
17A. **Neues höheres Hoch 10,81; Tief-BP 9,89 (+3 % 11,13); Stopp 9,30**
17B. **Neues höheres Hoch 11,16; Tief-BP 10,58 (+3 % 11,49); Stopp 10,49**
17C. **Neues höheres Hoch 11,62; Tief-BP 11,22 (+3 % 11,96); Stopp 10,55**
18. Widerstands-Unterstützungs-Linie
19. Flagge, die zum BP wird
19A. **Neues höheres Hoch 12,55; Tief-BP 11,91 (+3 % 12,93); Stopp 11,19**
20. Trendlinie, aber zu steil, um sich zu halten
21. Trendlinie
22. BP
23. Trendlinie
24. BP
24A. **Neues höheres Hoch 12,93; Tief-BP 12,43 (+3 % 13,34); Stopp 11,68**
24B. **Neues höheres Hoch 13,41; Tief-BP 13,07 (+3 % 13,81); Stopp 12,29**
25. BP
25A. **Neues höheres Hoch 13,82; Tief-BP 13,36 (+3 % 14,23); Stopp 12,56**
25B. Ausgestoppt bei 12,56
26. Horizontale Trendlinie
27. BP bei 25 (Stopp bei 11,80), bei 11,80 ausgestoppt

Erzählung der im Chart zu sehenden Ereignisse

1–3. Hätten wir geschlafen, dann hätte uns das Ereignis bei Nummer 3 aufgeweckt. Ein Tag mit einem solchen Handelsvolumen (vergleiche Chart 28.2) sollte die Aufmerksamkeit wecken. Wir beginnen, der Aktie Aufmerksamkeit zu schenken, und beachten das Muster, das sich entwickelt – ein Rounding Bottom oder eine Muschelformation.

4. Bei Nummer 4 sehen wir einen Run Day unter hohem Volumen. Ein gutes Signal für den Einstieg nach dem Bruch der horizontalen Linie bei Nummer 2. Wenn wir einsteigen, setzen wir unseren Stoppkurs sechs Prozent unter dem vorigen Tief. Wenn man nach Stärke einsteigt, ist es gut möglich, dass entweder Gewinnmitnahmen stattfinden oder Stammgäste versuchen, Arrivisten zu vertreiben.

5. Wir warten mit Interesse auf die erste Reaktion. Wir beobachten die Aktie jeden Tag als Kandidaten für einen möglichen Referenzpunkt. Dieser tritt bei 5 auf, und nun beginnen wir, die „Aus-Tage" ab dem Referenzpunkt zu zählen, an denen die Spanne vollständig außerhalb des Kandidatentags liegt und die auftreten, bevor ein tieferes Tief erreicht wird. Wenn der Referenzpunkt bei 5 bestätigt wird, heben wir den Stoppkurs auf sechs Prozent unter 5 an.

6. Nach 5 wird ein höheres Hoch erreicht, und danach erfolgt eine Reaktion auf 6, das sich als weiterer Referenzpunkt erweist. Deshalb heben wir unseren Stoppkurs auf 6 Prozent unter 6 an.

7. Der Preis klettert weiter, und bei 7 wird ein weiterer Referenzpunkt gebildet. Das Verfahren wird klar: einen neuen Referenzpunkt finden und in vorsichtigem Abstand darunter einen Stoppkurs platzieren. Wird ein neuer Referenzpunkt gebildet, hebt man den Stopp an. Man beobachte mit Interesse die Reaktionen gegen den Trend. Entweder erlauben sie es, einen höheren Referenzpunkt zu ermitteln, oder sie beenden den Trade.

8–10. Wir finden bei 8 einen neuen Referenzpunkt, heben unseren Stopp an und zeichnen die Trendlinie bei 10 ein. Bei 9 haben wir ein tieferes Tief als 8, aber unser „Filter", unser 6-Prozent-Polster, hält unsere Position intakt. Wir senken unseren Stopp nicht anhand eines neuen Referenzpunkts 9. Eine der unverbrüchlichen Regeln besagt, dass Stopps niemals gesenkt werden. Der Filter ist wichtig, weil Trader versuchen, nahe gelegene Hochs abzupassen und die Volatilität zu verschärfen. Das nennt man die Flucht der Lämmer.

11. Bei 11 finden wir einen neuen, wenn auch dünnen, Referenzpunkt. Ein Anstieg mit einem schwachen höheren Hoch.

12. Bei 12 haben wir einen Kandidaten für einen Referenzpunkt, der nicht die 3-Aus-Tage-Regel erfüllt.

13. Bei 13 finden wir den richtigen Referenzpunkt und heben unseren Stoppkurs an.

14. Bei 14 werden wir mit einer Grenzsituation konfrontiert. Es ist ein potenzieller Referenzpunkt, aber ein grenzwertiger, weil nach 13 kein höheres Hoch erreicht wurde.

15. Bei 15 können wir eine Linie einzeichnen, die einen Widerstand definiert – und die dann zur Unterstützungslinie wird.

16. Bei 16 bekommen wir einen Referenzpunkt.

16A. **Neues Hoch: 10,35 (eine Messlatte).**

17. Bei 17 finden wir einen neuen Referenzpunkt, und bei 18 können wir eine Widerstandslinie identifizieren. Der Spurt durch diese Linie ist sowohl erfreulich als auch eine Warnung, denn er wird zu einer Fahnenstange, an der die Flagge bei 19 flattert. Flaggen und ihre Masten sind Botschaften, dass sich der Markt aufgeheizt hat und nun genau beobachtet werden will. Eine Flagge kann auch als Referenzpunkt fungieren, sodass wir unseren Stoppkurs in dem vollen Bewusstsein erneut nachziehen, dass sich das Ende nähern könnte. Die Trendlinie bei 20 ist eine weitere Bestätigung dieses Umfelds, weil sie so steil ist, aber wir sehen bei 16 und 17 zwei gute Ankerpunkte und ziehen die Trendlinie 21 – die sich besser verteidigen lässt.

17A. **Neues höheres Hoch 10,81; Tief-BP 9,89 (+3 % 11,13).**

17B. **Neues höheres Hoch 11,16; Tief-BP 10,58 (+3 % 11,49).**

17C. **Neues höheres Hoch 11,62; Tief-BP 11,22 (+3 % 11,96).**

18. Unterstützungs-Widerstands-Linie
19. Flagge, die zum BP wird. Hoch 11,62.
19A. **Neues höheres Hoch 12,55; Tief-BP 11,91 (+3 % 12,93), Stopp 11,19.**
22–24. Schließlich tritt bei 22 eine gute Reaktion auf, die einen starken Referenzpunkt und einen guten Grund für die Anhebung des Stopps bietet. Man beachte die interessante Tatsache, dass die Punkte 22 und 24 auf der Trendlinie wieder zur Ruhe gekommen sind, die wir bei 10 gezeichnet haben. Da das Tempo und die Volatilität angezogen haben, liefert uns 24 einen weiteren gültigen Referenzpunkt.
24A. **Neues höheres Hoch 12,93; Tief-BP 12,43 (+3 % 13,34), Stopp 11,68.**
24B. **Neues höheres Hoch 13,41; Tief-BP 13.07 (+3 % 13,81), Stopp 12,29.**
25. Sogar 25 ist ein gültiger Punkt, und jetzt sehen wir auch die klare Unterstützungslinie bei 26.
25A. **Neues höheres Hoch 13,82; Tief-BP 13,36 (+3 % 14,23), Stopp 12,56.**
25B. Bei 12,56 ausgestoppt.
26. Unterstützungs-Widerstands-Linie.
27. Wenn diese Linie unter außerordentlich hohem Volumen bei 27 durchstoßen wird und dabei unser Referenzpunkt-Stopp aus 25 gerissen wird, ist es eindeutig Zeit, den Zug zu verlassen.

KAPITEL 29

TRENDLINIEN IN AKTION

Aus unserer Erörterung in Teil I des Buches sind Sie schon mit den charakteristischen geradlinigen Aktientrends vertraut, ebenso wie mit den zahlreichen Ausnahmen und Abweichungen, die des Öfteren das Bild trüben. Wir wissen, dass sich Aktien oft in parallelen Trends bewegen, die manchmal Monate und gelegentlich über Jahre laufen. Wir wissen, dass sie ohne Warnung aus einem Trend ausbrechen oder die Richtung ihres Trends ändern können.

Die meisten unserer Chartformationen können als Erscheinungsformen des Trendverhaltens aufgefasst werden, das heißt als Fortsetzungs- oder Umkehrformationen für Trends.

Ein symmetrisches Dreieck ist also einfach das Zusammentreffen zweier Trends. Während der Formierung des Dreiecks folgt die Aktie beiden Trends in einer sich verengenden Formation, bis sich schließlich der dominierende Trend durchsetzt. Ein steigendes Dreieck folgt einem Aufwärtstrend, ist aber im Bereich des Hochs auf einen Widerstand getroffen. Eine Schulter-Kopf-Schulter-Formation zeigt das Ende eines Aufwärtstrends und den Beginn eines Abwärtstrends an. Ein Rechteck ist ein paralleler Trendkanal, der horizontal verläuft, und so weiter.

Wir können einen parallelen Trend projizieren. Wenn die Aktien in diesem Trend verlaufen, können wir fast genau an den Kontaktpunkten mit der Trendlinie kaufen und verkaufen. Leider sind lange und perfekte geradlinige Trends dieser Art eher die Ausnahme als die Regel. Für praktische Spekulationszwecke wollen wir unsere Trends mehr oder weniger fortlaufend auf der Basis der *jüngsten etablierten Daten* projizieren.

Wir wollen daher unter dem Gesichtspunkt der Taktik Trends betrachten, die durch aufeinanderfolgende Minor-Tops und Minor-Bottoms gebildet werden. Zur Illustration hierfür und als Richtschnur zu unserem Ziel wollen wir vereinfachte ideale Situationen betrachten (siehe die Chartbeispiele 29.1 bis 29.6).

Um Verwirrung zu vermeiden, markieren wir die Trendlinie über dem Hoch in Blau und die Trendlinie unter dem Tief in Rot. Wir werden im Folgenden die obere Trendlinie kurz als „blauen Trend“ und die untere als „roten Trend“ bezeichnen. Von Zeit zu Zeit benötigen wir auch eine Linie parallel zum blauen Trend durch die Tiefs des Trends, um ein Segment des Trendkanals zwischen zwei Hochs innerhalb paralleler Linien einzuschließen. Diese Linie bezeichnen wir als „blaue Parallele“ und stellen sie mit einer gebrochenen oder gestrichelten blauen Linie dar. Umgekehrt wollen wir manchmal auch eine Parallele zum roten Trend ziehen, um das Segment des Trendkanals zwischen zwei Tiefs einzuschließen; diese gestrichelte rote Linie werden wir die rote Parallele nennen.

Da sich normalerweise ein Hoch (Top, *Wellen-Hoch)* nach einem Tief (Bottom, Wellen-Tief) und ein Tief nach einem Hoch bildet, können wir erwarten, abwechselnd eine blaue und dann eine rote Trendlinie einzeichnen zu können. Dies geschieht, sobald das neue Hoch und das Tief etabliert sind. (In einigen Fällen empfiehlt sich eine dünne Bleistiftlinie, um ein fragliches Hoch oder Tief einzubeziehen, bis die Entwicklung seine Verlässlichkeit bestätigt.)

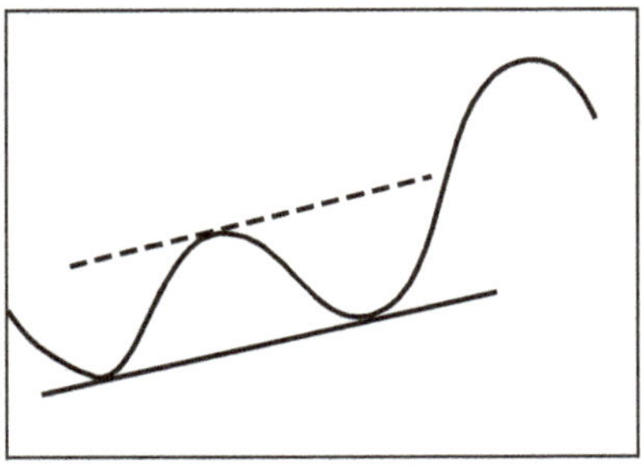

Chart 29.1: Hier sehen Sie einen steigenden Trend, der die Haupttrendlinie unter zwei Tiefs zeigt, die wir hier kurz „rote Trendlinie" nennen. Die Parallele hierzu (dargestellt durch eine gestrichelte Linie) verläuft durch das Hoch des dazwischenliegenden kleinen Gipfels. Die Parallele gibt einen Anhalt für das ungefähre Kursziel der nächsten Bewegung, falls die Aktie ihren Trend fortsetzt.

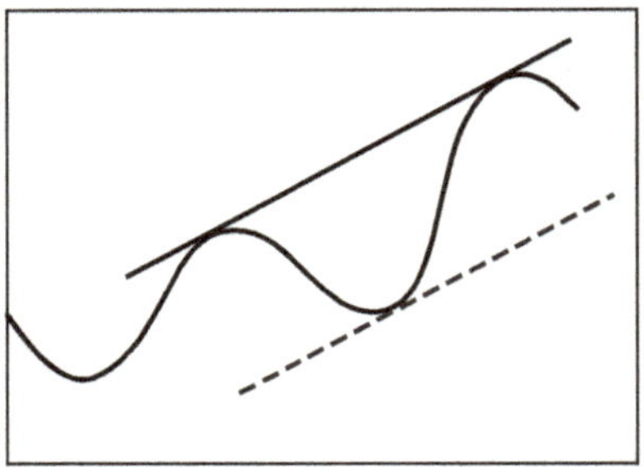

Chart 29.2: Derselbe steigende Trend mit der Rückkehrlinie, die wir „blaue Trendlinie" nennen und die durch zwei Hochs verläuft. Die gestrichelte Linie zeigt die Parallele durch das dazwischenliegende Tief. Diese „blaue Parallele" ist nützlich, um einen Kaufpunkt festzulegen, und zwar besonders in Trends mit schnell wechselnder Form, wo die Aktie vielleicht nicht bis zu ihrer Haupttrendlinie zurückfällt.

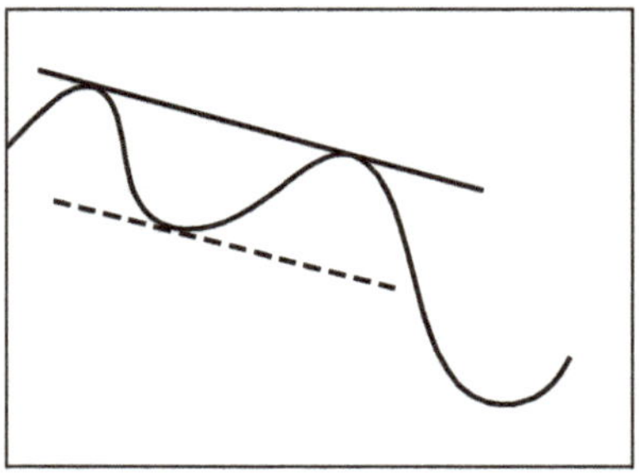

Chart 29.3: Dies ist ein fallender Trend mit der Haupttrendlinie über zwei Hochs, die wir die „blaue Trendlinie" nennen. Die Parallele dazu (dargestellt durch eine gestrichelte Linie) verläuft durch das dazwischenliegende Tief. Die Parallele gibt einen Anhalt für das ungefähre Kursziel der nächsten Bewegung, wenn die Aktie ihren Trend fortsetzt.

Wir haben schon die wichtige und ziemlich schwierige Frage behandelt, wie wir Minor-Tops und Minor-Bottoms bestimmen. Sehr oft werden die Punkte klar und offensichtlich liegen. Manchmal werden sie zunächst im Dunklen bleiben. Trendlinien können Sie in solchen Fällen mit einigem Vertrauen erst dann ziehen, wenn Sie erhebliche Erfahrung mit vielen Arten von Trendverhalten haben. Am schwierigsten sind Minor-Trends während einer Trendumkehr zu bestimmen, besonders wenn es sich um gerundete und irreguläre Formen handelt. Jedoch werden

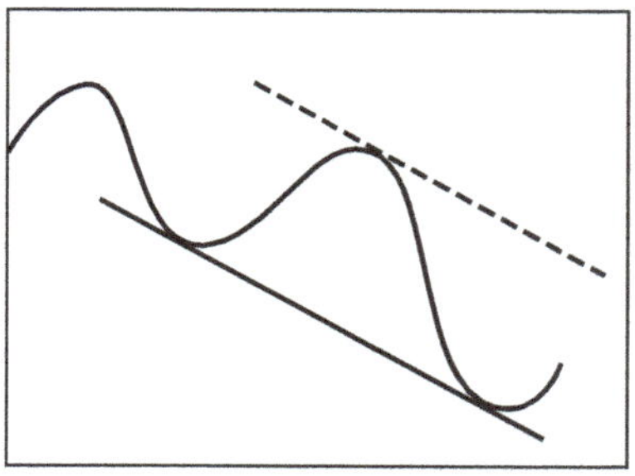

Chart 29.4: Derselbe Trend mit der Rückkehrlinie, die wir die „rote Trendlinie" nennen und die durch zwei Tiefs führt. Die gestrichelte Linie repräsentiert die Parallele dazu durch das dazwischen befindliche Hoch. Diese „rote Parallele" ist nützlich, um einen Punkt für Leerverkäufe zu finden, insbesondere wenn Trends schnell ihre Form ändern und eine Rallye möglicherweise nicht zur Haupttrendlinie zurückführt.

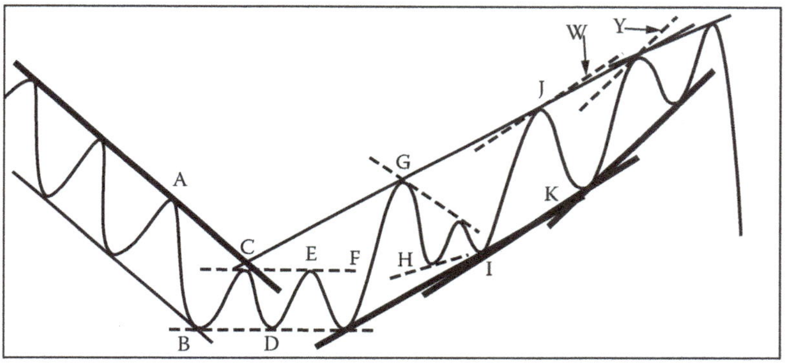

Chart 29.5: Vereinfachtes Diagramm über das Trendverhalten einer Aktie. Die Haupttrendlinien sind mit dicken Linien, die Rückkehrlinien mit dünnen Strichen markiert.

wir uns in diesen Fällen der Umkehr nicht so sehr auf die Trendlinien verlassen, um Kauf- und Verkaufspunkte zu bestimmen.

Solange Ihre Aktie in einem parallelen Trendkanal verbleibt, ist es völlig klar, dass Sie nahe dem Boden des Kanals kaufen und auf der Oberseite verkaufen sollten. Aus der Geometrie der Situation (siehe die Beispiele) ersehen Sie auf einen Blick, dass es kaum Gewinne bringt, in einem Aufwärtstrend short zu gehen. (Die Reaktionen sind notwendigerweise kleiner als die steigenden Trendbestandteile.) Ebenso wenig lohnt es sich, Aktien in einer Abwärtsbewegung zu kaufen.

Zu Beginn fällt die Aktie in einen parallelen Trendkanal. Die blaue Trendlinie ist hier die Haupttrendlinie. Ein Leerverkauf nach einer Rallye bis an die rote Parallele bei A findet sein Kursziel auf der blauen Parallele bei Punkt B. Ein erneuter Leerverkauf bei Berühren der roten Parallele in Punkt C würde das Kursziel nicht erreichen. Es ist aber wahrscheinlich, dass sich bei dem Doppelboden ein erhöhter Umsatz entwickelt und ein Warnsignal gegeben hätte, Leerverkäufe glattzustellen. Der Bruch der Haupttrendlinie bei E ist für sich genommen noch kein ausreichender Grund, die Position umzukehren und die Aktie zu kaufen. Die Trendlinien während der Ausbildung des Rechtecks müssten eigentlich normal gezeichnet werden. Sie sind hier durch gestrichelte Linien dargestellt, um die Formation hervorzuheben. Hätte man einen erneuten Leerverkauf bei dem sechsten Berührungspunkt innerhalb des Rechtecks bei F versucht, wäre man beim Breakout ausgestoppt worden.

Der Trend steigt nun, obwohl wir noch keine Haupttrendlinie (rot) einzeichnen können. Den ersten Kauf würden wir tätigen, nachdem die Breakout-Bewegung aus dem Rechteck eine 40- bis 50-prozentige Korrektur erfahren hätte, oder aber anlässlich einer Rückkehr der Kurse zu dem oberen (Unterstützungs-)Niveau des Rechtecks bei H.

Eine Trendlinie hätte man auch zu dem ersten Tief innerhalb des Dreiecks gezogen. Sie ist hier nicht eingezeichnet, da sie später durch die Linie ersetzt wurde, die durch den äußersten Punkt des Dreiecks verläuft. Wir haben mit gestrichelten Linien die Trendlinien für diese Formation eingezeichnet.

Das Kursziel der Breakout-Bewegung aus dem Dreieck wäre die rote Parallele zu unserer nun steigenden Haupttrendlinie. Dieses Kursziel wird bei J erreicht. Eine Rückkehrlinie (blau) würde von dem ersten Umkehr-Top des Dreiecks bei G durch das Hoch der Breakout-Bewegung bei J gezogen. Die Parallele dazu durch den Punkt I würde einen Anhalt geben, wo man etwa den nächsten Kauf tätigen würde. Genau genommen kommt die Aktie tatsächlich nicht ganz zu dem Punkt zurück. In der Praxis hätte man den Kauf wahrscheinlich bei K getätigt, weil dort eine 40- bis 50-prozentige Korrektur beendet war und außerdem die Unterstützung von Punkt G lag.

Die folgende Aufwärtsbewegung wäre nicht bis zur roten Parallele W gegangen. Jedoch hätte die Alarmglocke wahrscheinlich auch geläutet, weil sich ein Tag mit hohem Volumen, ein One-Day Reversal oder ein Gap gezeigt hätte. Da der Trend nunmehr offenbar zusammenläuft, würden keine weiteren Käufe in Erwägung gezogen. Die nächste Bewegung schafft es denn auch nicht, viel Raum zu gewinnen, und erreicht das Kursziel der roten Parallele Y bei Weitem nicht mehr. Kurz danach bricht die Keilformation nach unten aus.

Daher muss ein Trend zunächst zeigen, dass er vermutlich ein Aufwärtstrend ist, ehe Käufe gerechtfertigt sind. Und Sie benötigen einen (vermutlichen) Abwärtstrend, um einen Leerverkauf zu rechtfertigen.

Aus unseren vereinfachten Beispielen sehen Sie, dass Formationen Signale für den Trend liefern: Der Ausbruch aus einem Rechteck nach oben bringt eine Aufwärtsneigung des Trends in Richtung zum blauen Trend. Die Aufwärtsbewegung aus einem aufsteigenden Dreieck bestätigt den steigenden roten Trend und bringt einen steigenden blauen Trend zur Entstehung. Der Ausbruch aus einer SKS-Formation durch die Nackenlinie bestätigt einen fallenden blauen Trend und schafft einen fallenden roten Trend und so weiter.

Aus einem Studium dieser Formationen und dem verschiedenen Trendverhalten kommen wir zu einer festen Zahl von Spekulationsregeln, die auf diesen roten und blauen Trendlinien aufgebaut sind. Diese Regeln sind im Folgenden zusammengefasst:

Kaufregeln für Aktien

- **Vorbereitende Kaufsignale** (Sie zeigen an, dass eine Kaufgelegenheit in der Entwicklung sein könnte):
  - Bruch der blauen Trendlinie mit einem Schlusskurs auf einem neuen Hoch (in den meisten Fällen). Der einfache Durchbruch durch eine fallende blaue Trendlinie ohne zusätzliche Formation oder sonstige Anzeichen ist kein ausreichender Beweis für eine Trendumkehr und kann für sich genommen ein Engagement nicht rechtfertigen.

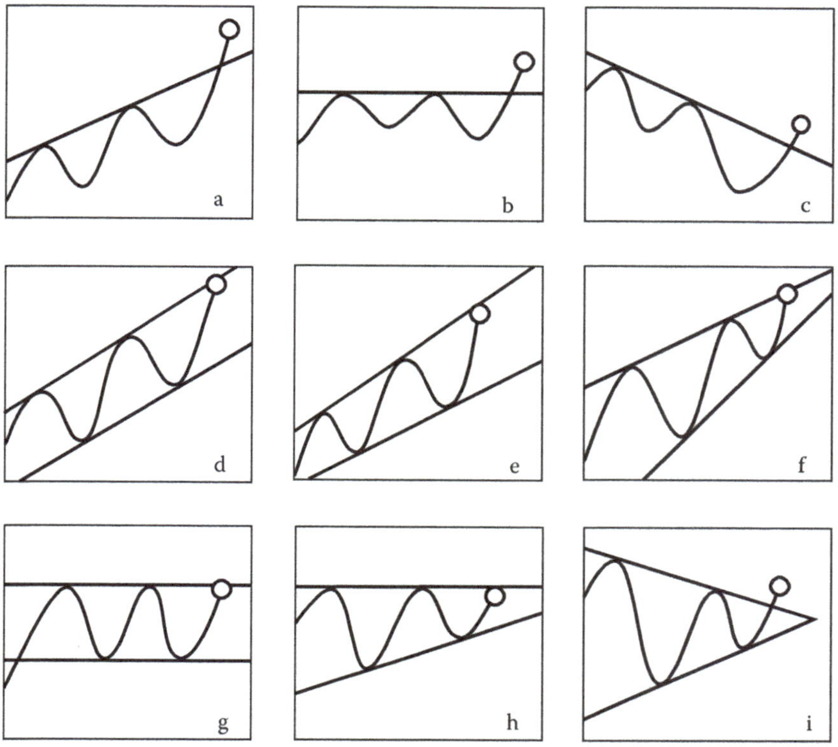

Chart 29.6: Vorbereitende Kaufsignale aufgrund des Trendverhaltens

a) **Durchbruch** nach oben durch eine steigende blaue Trendlinie.
b) **Durchbruch** nach oben durch eine horizontale blaue Trendlinie.
c) Der **Durchbruch** durch eine fallende blaue Trendlinie ohne sonstige technische Indikationen ist *kein* zwingender Beweis eines Trendwechsels und rechtfertigt *keine* Aktienkäufe.
d) **Kontakt** mit der blauen Trendlinie, wenn zwei steigende Trendlinien parallel laufen.
e) **Kontakt** mit der blauen Trendlinie, wenn zwei steigende Trendlinien auseinander laufen.
f) In diesem Fall gibt der **Kontakt** mit der blauen Trendlinie kein vorbereitendes Signal, bei der nächsten Reaktion zu kaufen. Der Trend scheint zusammenzulaufen, eine Keilformation ist möglicherweise im Entstehen begriffen und ihre Vorbedeutung wäre bearish.
g) **Kontakt** mit der blauen Trendlinie eines Rechtecks am 5. Umkehrpunkt.
h) **Kontakt** mit der blauen Trendlinie eines steigenden Dreiecks.
i) **Durchbruch** *mit Volumen* durch eine fallende blaue Trendlinie, wenn die rote Trendlinie steigt (symmetrisches Dreieck).

Bei steigenden Trends ist die blaue Trendlinie eine Rückkehrlinie; Käufe werden ausgeführt, wenn der Kurs eine Reaktion zu einer Linie zeigt, die zu der *neuen* blauen Trendlinie parallel läuft. Die neue blaue Trendlinie wird über das Hoch der Signalbewegung eingezeichnet, die Parallele zu ihr durch das zwischen den beiden Hochs liegende Tief. Beachten Sie, dass bei einem entschiedenen Breakout aus einer Formation wie einem Rechteck oder Dreieck ein Kauf auch ausgeführt werden kann, nachdem der Breakout eine 40- bis 50-prozentige Korrektur erfahren hat, oder aufgrund einer Rückkehr zum Unterstützungsniveau.

- Kontakt mit dem steigenden blauen Trend, wenn der rote Trend ebenfalls steigt, vorausgesetzt, die Trends laufen nicht zusammen. (Das heißt, es muss ein paralleler oder auseinander laufender Trendkanal vorliegen.)

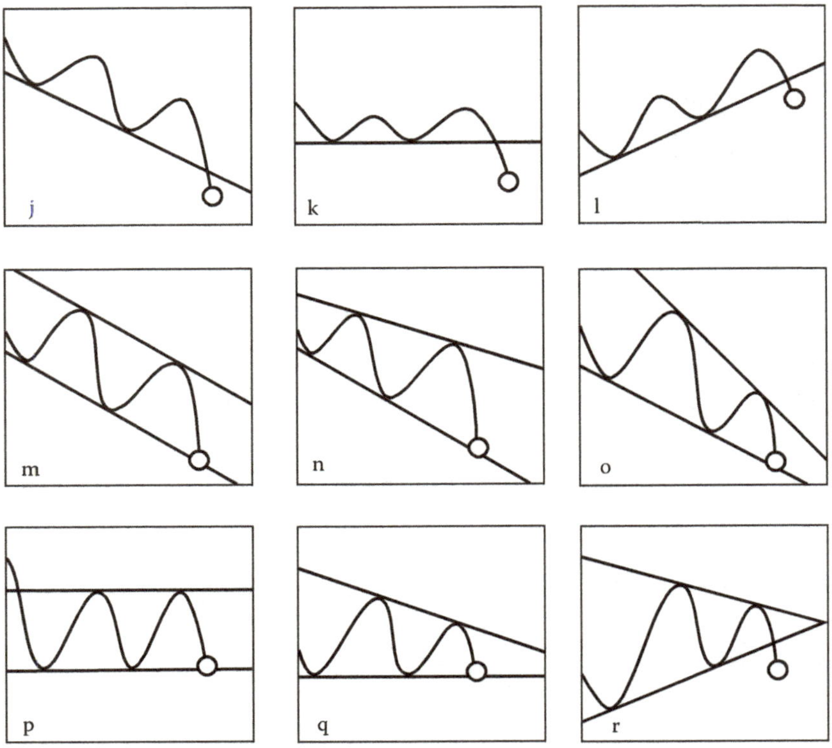

Chart 29.6 (Fortsetzung): Vorbereitende Signale für Leerverkäufe aufgrund des Trendverhaltens

j) **Bruch** einer fallenden roten Trendlinie.
k) **Bruch** einer horizontalen roten Trendlinie.
l) Der **Bruch** einer ansteigenden roten Trendlinie allein ohne sonstige technische Hinweise ist *kein* ausreichender Beweis eines Trendwechsels und rechtfertigt *keine* Leerverkäufe.
m) **Kontakt** mit der roten Trendlinie eines fallenden parallelen Trendkanals.
n) **Kontakt** mit der roten Trendlinie, wenn zwei fallende, auseinander laufende Trendlinien vorliegen.
o) In diesem Fall bedeutet der **Kontakt** mit der roten Trendlinie nicht, dass bei der nächsten Rallye ein Leerverkauf angezeigt ist. Der Trend scheint zusammenzulaufen. Eine Keilformation ist möglicherweise im Entstehen; sie würde steigende Kurse ankündigen.
p) **Kontakt** mit der roten Trendlinie eines Rechtecks am fünften Umkehrpunkt.
q) **Kontakt** mit der roten Trendlinie eines fallenden Dreiecks.
r) **Bruch** einer steigenden roten Trendlinie (mit oder ohne Volumen), wenn die blaue Trendlinie fällt (symmetrisches Dreieck).

In fallenden Aktientrends ist die rote Trendlinie eine Rückkehrlinie. Leerverkäufe werden bei einer Rallye getätigt, wenn diese eine Parallele zur *neuen* roten Trendlinie erreicht. Die neue rote Trendlinie wird vom Tief der Signalbewegung aus eingezeichnet, und die Parallele dazu durch das dazwischenliegende Hoch. Beachten Sie, dass im Fall eines entschiedenen Breakouts aus einer Formation wie Rechteck oder Dreieck ein Leerverkauf auch dann vorgenommen werden kann, wenn die Breakout-Bewegung eine 40- bis 50-prozentige Korrektur durchlaufen hat oder der Kurs bis zum Widerstandsniveau zurück gestiegen ist.

- Kontakt mit dem horizontalen blauen Trend, wenn der rote Trend auch horizontal verläuft oder ansteigt (Rechteck, steigendes Dreieck).
- Durchbruch durch einen fallenden blauen Trend mit Volumen, wenn der rote Trend ansteigt (symmetrisches Dreieck).

- **Ausführung des Kaufs** (nach dem vorbereitenden Kaufsignal):
  - Wenn der vorhergehende blaue Trend ansteigend war, ziehen Sie die blaue Parallele und kaufen auf oder nahe dieser Linie.
  - Wenn der vorherige blaue Trend horizontal oder fallend war (das heißt, dass der Kurs aus einem Rechteck, Dreieck oder einer anderen Umkehrformation kam), kaufen Sie auf eine Reaktion hin, wenn diese 40 bis 45 Prozent der letzten Bewegung rückgängig gemacht hat. Diese letzte Bewegung wird von dem vorhergehenden Minor-Bottom bis zu der extremen Spitze der Bewegung gemessen.

Verkauf von Aktien, die man besitzt

Sofort bei Ausführung der Kauforder müssen Sie Ihr Stop-Loss-Niveau festlegen (Kapitel 27) und Ihre Protective Stop-Loss-Order platzieren. Brechen die Kurse durch dieses Niveau, so wird Ihre Transaktion automatisch glattgestellt. Das Stoppniveau kann entsprechend der 3-Aus-Tage-Regel nach oben verschoben werden, aber nie nach unten (ausgenommen bei einer Berichtigung für Dividenden- oder Bezugsrechtsabschläge). Wenn die Aktie unter einem vorhergehenden Minor-Bottom schließt (wodurch ein fallender roter Trend begonnen wird), wird mithilfe von engen *(EN: oder „Hair-trigger“)* progressiven Stopps (siehe Kapitel 27) verkauft.

Eine Aktie wird (mit engen progressiven Stopps) in folgendem Fall verkauft: Die Aktie steigt bei mäßigem Volumen und entwickelt dann ungewöhnlich hohes Volumen an einem Tag im Laufe des Anstiegs, und zwar a) entweder ehe der blaue Trend durchbrochen wird (wobei es auf den Schlusskurs ankommt) oder b) bevor die Aktie ein neues Hoch (Schlusskurs über dem letzten Minor-Top) erreicht hat.

Dagegen wird die Aktie weiter gehalten, wenn sich der hohe Umsatz an dem Tag entwickelt, an dem sie über dem blauen Trend schließt oder ein neues Hoch (Schlusskurs) über dem vorhergehenden Minor-Top erreicht. Wenn der hohe Umsatz am nächsten oder einem folgenden Tag erneut auftritt, wird jedoch (mit engen progressiven Stopps) verkauft.

Sie werden feststellen, dass sich in vielen Fällen das Umsatzsignal auf oder nahe der roten Parallele entwickelt (manchmal auch mit einem One-Day Reversal oder einem Exhaustion Gap). Beobachten Sie besonders dieses Volumensignal, das Ihnen einen guten Punkt zur Gewinnmitnahme anzeigt. Wenn sich das Umsatzsignal nicht einstellt, ist Ihr Verkaufsziel die rote Parallele, entweder mit einem Limit oder mit engen progressiven Stopps. Falls am Hoch der Bewegung kein Volumensignal auftritt und die Bewegung auch nicht den blauen Trend erreicht oder ein neues Hoch erreicht, ist es sehr wahrscheinlich, dass Sie in eine Dreieckssituation geraten sind. In diesem Fall müssen Sie auf einen Breakout nach der einen oder anderen Seite warten. Inzwischen schützen Sie sich weiterhin durch eine Stopp-Order nach unten.

Leerverkäufe von Aktien

- **Vorbereitende Verkaufssignale** (Sie deuten an, dass möglicherweise eine Gelegenheit für Leerverkäufe im Entstehen ist).
  - Bruch des roten Trends zu einem neuen Tief (Schlusskurs). Das sind die meisten Fälle. Der einfache Durchbruch durch eine steigende rote Trendlinie *ohne zusätzliche* Formation oder *ohne sonstiges* Signal ist kein ausreichender Beweis einer Trendumkehr und kann daher keine Short-Engagements rechtfertigen.
  - Kontakt mit dem fallenden roten Trend, wenn der blaue Trend ebenfalls fällt. Voraussetzung ist, dass die Trends nicht zusammenlaufen (also ein paralleler oder auseinander laufender Trendkanal vorliegt).
  - Kontakt mit dem horizontalen roten Trend, wenn der blaue Trend auch horizontal ist oder fällt (Rechteck, fallendes Dreieck).
  - Bruch eines steigenden roten Trends (mit oder ohne Anwachsen des Volumens), wenn der blaue Trend fällt (symmetrisches Dreieck).
- **Ausführung des Leerverkaufs** (nach einem vorbereitenden Verkaufssignal):
  - Falls der vorhergehende Trend fallend war, ist die rote Parallele zu ziehen und auf oder nahe dieser Linie zu verkaufen.
  - Wenn der vorhergehende rote Trend horizontal oder steigend war (wenn der Kurs also aus einem Rechteck, Dreieck oder einer anderen Formation kam), wird im Rahmen einer Rallye verkauft, wenn sie 40 bis 45 Prozent der Entfernung vom letzten vorhergehenden Minor-Top bis zum extremen Tief der neuesten Bewegung korrigiert hat.

Eindecken von Leerverkäufen

Sofort bei Ausführung des Leerverkaufs müssen Sie das Stop-Loss-Niveau festlegen (siehe Kapitel 27) und Ihre Protective Stop-Order platzieren. Ein Bruch dieses Niveaus beendet Ihre Transaktion automatisch. Das Stoppniveau kann entsprechend der 3-Aus-Tage-Regel gesenkt, aber darf niemals erhöht werden.

Wenn die Aktie über einem vorhergehenden Minor-Top schließt (wodurch ein steigender blauer Trend begründet wird), wird die Transaktion durch Kauf (mit engen progressiven Stopps, siehe Kapitel 27) glattgestellt.

Die Transaktion wird außerdem (mit engen progressiven Stopps) in folgendem Fall glattgestellt: Die Aktie sinkt mit mäßigem Volumen und entwickelt dann an einem Tag während der Abwärtsbewegung ungewöhnlich hohes Volumen, ehe entweder a) der rote Trend durchbrochen ist (wobei es auf den Schlusskurs ankommt) oder b) die Aktie ein neues Tief (Schlusskurs) unter dem letzten Minor-Bottom erreicht hat.

Die Short-Position wird dagegen noch weiter aufrechterhalten, wenn die Aktie das hohe Volumen an einem Tag entwickelt, an dem sie entweder den roten Trend durchbricht und darunter schließt oder ein neues Tief (Schlusskurs) unter dem vorhergehenden Minor-Bottom erreicht. Wenn am folgenden oder einem der nächsten Tage erneut starkes Volumen auftritt, wird dagegen die Position (mit engen progressiven Stopps) glattgestellt.

Sie werden feststellen, dass sich in vielen Fällen das Volumensignal auf oder nahe der blauen Parallele zeigen wird (manchmal zusammen mit einem One-Day Reversal oder einem Exhaustion Gap). Bitte achten Sie besonders auf dieses Volumensignal, das Ihnen einen guten Punkt zur Gewinnmitnahme zeigt. Wenn sich das Volumensignal nicht zeigt, ist Ihr Kaufziel die blaue Parallele, entweder mit einer limitierten Order oder mit engen progressiven Stopps. Wenn sich am Tief der Bewegung kein Volumensignal zeigt und diese auch nicht den roten Trend erreicht oder ein neues Tief markiert, sind Sie sehr wahrscheinlich in eine Dreieckssituation geraten. In diesem Fall müssen Sie auf einen Breakout nach der einen oder anderen Seite warten. Bis dahin halten Sie Ihre oben liegende Protective Stop-Loss-Order aufrecht.

Ergänzende Hinweise

Gelegentlich tritt folgender Fall ein: Eine Reaktion erreicht ein Niveau, das ein Minor-Bottom zu sein scheint, beziehungsweise eine Rallye erreicht ein Niveau, das ein Minor-Top zu sein scheint. Die Aktie verharrt aber nun an dieser Stelle und bewegt sich drei Wochen oder länger in einer sehr engen Spanne. Sie gibt kein Signal bezüglich ihrer nächsten Bewegung, weder durch eine Kursänderung noch durch ihr Volumenverhalten. In einem solchen Fall ist es angebracht, diese Konsolidierung als wichtige Schlüsselzone anzusehen. Sie sollte deshalb wie ein Minor-Top oder Minor-Bottom behandelt und nunmehr als Referenzpunkt für Stopp-Orders genommen werden. Die schützende Stopp-Order wird jetzt daran ausgerichtet, nicht mehr an dem vorher etablierten Hoch oder Tief, denn es besteht jetzt die Möglichkeit, dass eine Bewegung aus dieser Zone in die falsche Richtung gehen *könnte.*

Ein anderer Fall: In einer Serie von Bewegungen in einem Trend ist jede Bewegung in Richtung des Primärtrends durch größeres Volumen gekennzeichnet als die Rückgänge oder Korrekturbewegungen gegen den Trend. Irgendwann nun gibt es wahrscheinlich eine Bewegung in die übergeordnete Richtung, die durch *außergewöhnliches* Volumen gekennzeichnet ist, das heißt durch viel größeres Volumen, als es dem normalen Anwachsen bei einer Bewegung in Richtung des Primärtrends entspräche. Wenn Sie bei einer solchen Bewegung Ihre Gewinne aus früheren Engagements mitgenommen haben, würden Sie normalerweise das nächste Engagement im Rahmen der nächsten Korrekturbewegung planen. Aber in diesem besonderen Fall sollten Sie angesichts des extremen Volumens sofort alle Pläne für weitere Engagements in der übergeordneten Richtung einstweilen aufgeben.

Der Grund besteht darin, dass ein derart klimaktisches Volumen normalerweise den endgültigen „Blow-off" des intermediären Trends anzeigt. Was jetzt zu erwarten ist, ist eine Trendumkehr oder zumindest eine Periode der Stagnation, die Formierung einer Konsolidierungsformation oder eine mittelfristige Korrektur. In einem solchen Fall ist man nicht sicher, wenn man weitere Engagements in diesem Trend eingeht, bis nicht die weitere Entwicklung klar und eine positive Bestätigung des Trends eingetreten ist.

Immer wieder zeigt sich, dass die Serien der kleinen Wellen, die den mittelfristigen Trend bilden, häufig in einer kleineren Bewegung kulminieren, die durch riesiges Volumen gekennzeichnet ist.

Das gilt für Hoch mehr als für Tiefs; immerhin finden wir auch am Ende der Panikphase einer Baisse sehr oft klimaktisches Volumen. Dieser Umsatzhöhepunkt am Top zeigt, dass große Aktienmengen aus den Händen starker Investoren in die Hände schwacher Spekulanten übergehen. Der hohe Umsatz nahe dem Boden zeigt, dass die Bestände von schwachen Spekulanten liquidiert werden und in die Hände starker Investoren übergehen, die sie für die nächste langfristige Bewegung übernehmen.

Einer der häufigsten Fehler, ein Fehler, dem man sehr leicht zum Opfer fallen kann, besteht darin, ein klimaktisches Hoch oder Tief als normale Bestätigung oder als vorbereitendes Signal für ein neues Engagement in Richtung des vorhergehenden Trends aufzufassen.

Dieser Fehler ist seiner Natur nach ähnlich dem vieler Neulinge an der Börse: Sie kaufen ausgerechnet auf dem kurzfristigen Hoch (weil sie durch den schnellen Kursaufschwung und das große Volumen geblendet werden). Jedoch ist bei diesen endgültigen, letzten „Blow-off-Bewegungen" das Volumen größer und die drohende Gegenbewegung wesentlich ernster zu nehmen.

Allgemeine Richtlinien für Spekulationen im Major-Trend

A. Sie müssen immer in die Richtung des Major- oder Primärtrends des Dow Jones spekulieren *(EN: siehe die Anmerkungen des Herausgebers in Kapitel 3)*, wie sie jeweils angezeigt wird.

B. Wenn die beiden Indizes nach der Dow-Theorie (Industrial Average und Railroad Average, *EN9: Transportation Average*) nicht in Übereinstimmung sind, müssen Sie in Richtung des letzten etablierten Primärtrends spekulieren, aber nur mit Aktien der Komponente, die diesem Trend noch folgt.

C. Prüfen Sie Charts von Gruppenindizes (in denen Aktien derselben oder verwandter Industriegruppen zusammengefasst sind). Sie müssen in Richtung des Primärtrends spekulieren, wenn der Trend der Gruppe damit übereinstimmt.

D. Spekulieren Sie mit einzelnen Aktien, wenn deren individuelle Charts einen Trend in derselben Richtung wie der Primärtrend zeigen und ihr technisches Bild eine Bewegung in dieser Richtung wahrscheinlich macht.

Gehen Sie alle neuen Engagements im Rahmen von Reaktionen beziehungsweise von Rallyes ein, die der Signalbewegung in der übergeordneten Richtung folgen. Ausgenommen ist der Fall einer Umkehr des Primärtrends vom Bullenmarkt zum Bärenmarkt. Dann können Leerverkäufe bestens unmittelbar im Anschluss an die Umkehr platziert werden.

Ausnahme: Wenn nach einer ausgedehnten Bewegung oder einer Serie von Bewegungen in Richtung des Primärtrends Zeichen der Erschöpfung oder der Umkehr in einzelnen Charts erscheinen, können Engagements in der umgekehrten Richtung eingegangen werden. Das Kursziel ist jedoch beschränkt auf eine Korrektur der vorhergehenden (mittelfristigen) Bewegung des Primärtrends.

(EN9: Jetzt schwirrt dem Leser der Kopf, und die Farbenblinden sind völlig verwirrt. Da dieses Buch leider in Schwarz-Weiß gedruckt ist, wird der Leser ohne Buntstifte aufgeschmissen sein. Das empfehle ich: Nehmen Sie Ihre Farbstifte heraus und färben Sie die Linien selbst. Die Prinzipien, die Magee hier formuliert, sind für einen Spekulanten von großem Wert und es lohnt sich, sie zu studieren).

KAPITEL 30

AUSNUTZUNG VON UNTER-STÜTZUNG UND WIDERSTAND

Nach einem Breakout aus einer gut definierten Umkehr- oder Konsolidierungsformation ereignet sich häufig eine kurze Gegenbewegung zurück zum Rand der Formation; dort wird diese Bewegung aufgehalten. Wir wissen inzwischen, dass es sich dabei um ein Beispiel für eine Unterstützung beziehungsweise um einen Widerstand handelt. Uns ist auch das Bild geläufig, dass sich Aktien nach oben oder unten in einer Reihe von Zickzack-Schritten *(EN10: das heißt, Wellen und Wellchen)* bewegen. In der Aufwärtsbewegung hat jede Reaktion nach einem Aufschwung die Tendenz, auf dem Niveau des vorhergehenden kleinen Gipfels anzuhalten. In der Abwärtsbewegung hat jede Rallye nach einem Abschwung die Tendenz, in Höhe des vorhergehenden Tiefs zum Halten zu kommen. Dies ist wieder eine Auswirkung von Unterstützung und Widerstand und gibt uns die Grundlage, im Rahmen einer Reaktion zu kaufen oder im Rahmen einer Rallye zu verkaufen. Wir haben auch schon ausgeführt, dass Sekundärbewegungen häufig an oder nahe dem vorhergehenden mittelfristigen Hoch oder Tief zum Halten kommen.

Wir wollen nunmehr die Bedeutung dieser Phänomene von Unterstützung und Widerstand in der Börsenpraxis erörtern. Es handelt sich mit um die wichtigsten Werkzeuge, die wir haben. Leider ist es nicht einfach, diesen besonderen Fragenkreis auf eine einfache Formel oder eine Reihe von Regeln zu reduzieren. *(EN9: Aber wir werden es versuchen. Beachten Sie die abschließende Bemerkung am Ende des Kapitels für einen entsprechenden Versuch.)* Sie werden hier sehr weitgehend auf Erfahrung und Beobachtung angewiesen sein. Sie müssen aufmerksam beobachten, um das Niveau zu erkennen, wo ein Widerstand oder eine Unterstützung wahrscheinlich ist. Sie brauchen auch etwas Urteilsvermögen, um die verschiedenen Faktoren, die Einfluss auf die Situation haben können, miteinander in Einklang zu bringen.

Da haben wir beispielsweise eine Aktie, die aus einem gut begrenzten Rechteck von beträchtlicher Dauer nach oben ausgebrochen ist. Sollte das starke Volumen anlässlich des Breakouts einer umsatzschwachen Reaktion weichen, werden Sie auf eine Kaufgelegenheit warten. Der geeignete Platz dafür liegt vermutlich ein wenig über der oberen Grenze des Rechtecks. Die Aktie wird wohl nicht sehr tief in diesen Grenzbereich eindringen und oft nicht einmal ganz bis zu der Unterstützungsgrenze zurückfallen. Sollte die Aktie dann ein neues Hoch markieren und wieder mit geringem Volumen zurückfallen, können Sie einen neuen Kaufpunkt ungefähr in Höhe des Gipfels erwarten, der bei dem ursprünglichen Breakout erreicht wurde. Ein erneuter Anstieg mag von einer Reaktion zum zweiten Gipfel gefolgt sein, und dieser Prozess mag sich einige Male wiederholen, wobei jede Reaktion zu dem Niveau des vorhergehenden Hochs zurückführt.

Nun wissen wir alle, dass sich so etwas nicht unbegrenzt fortsetzt. Wenn die Aktie zuerst ausbricht und, sagen wir, insgesamt von 15 auf 19 geht, können wir noch mit ziemlichem Zutrauen kaufen, wenn die Reaktion zurück auf 17 führt, weil dort die Unterstützung liegt. Wenn wir bei dieser Bewegung nicht zum Zuge kamen, können wir noch mit ziemlicher Sicherheit bei der nächsten Reaktion zur nächsten Unterstützung für den nächsten Aufschwung kaufen. Dieser Aufschwung mag die Kurse zum Beispiel auf 21 getragen haben; unser Kaufpunkt wäre natürlich der vorhergehende Gipfel bei 19. Wenn jedoch die Aktie auf 25, 30, 40 steigt, ist klar, dass wir uns einem wirklichen Hoch nähern. Wir können nicht sagen, wo jenes Hoch genau erreicht sein wird. Aber wir können sicher sein, dass die langfristigen Besitzer dieser Aktie zunehmend mehr in Versuchung geführt werden, zu verkaufen und ihre großen Gewinne mitzunehmen. Die Serie der einzelnen Schritte muss irgendwann zu einem Ende kommen. Sicherlich mag die allgemeine Richtung der Aktie und des gesamten Marktes noch monate- oder jahrelang weiter nach oben weisen. Aber nachdem die Aktie eine Serie starker Steigerungen hinter sich hat, können wir vernünftigerweise eine Trendumkehr und einen ziemlich erheblichen mittelfristigen Abschwung erwarten, ehe sich die Aufwärtsbewegung fortsetzt.

Deswegen müssen wir jeden folgenden Schritt des Kursanstiegs mit zunehmendem Argwohn betrachten. Es ist eine ziemlich gute Regel, nach drei solchen Bewegungen der Aktie in Richtung des Primärtrends eine mittelfristige Korrektur oder zumindest eine bedeutsame Periode der Konsolidierung zu erwarten. Damit haben wir die groben Umrisse einer Regel: Kaufen Sie anlässlich der Reaktion auf die Unterstützung nach dem ersten Breakout. Kaufen Sie anlässlich der Reaktion zum ersten Minor-Top nach der nächsten Bewegung. Aber kaufen Sie nicht auf die Reaktion zum zweiten Minor-Top.

Wir wollen also annehmen, dass wir zwei kurzfristige Bewegungen erfolgreich ausgenutzt haben. Wir haben jeweils bei der Reaktion auf das Unterstützungsniveau gekauft und aufgrund des Umsatzhöhepunkts verkauft, als ein neues Hoch erreicht war. Aber wir haben uns entschieden, keine dritte Spekulation dieser Art zu versuchen. Worauf warten wir nun? Wir sehen vielleicht eine Periode der Konsolidierung; wir sehen vielleicht den Beginn eines mittelfristigen Kursrückgangs; oder aber wir sehen, dass die Aktie tatsächlich weiter steigt. Das hilft nichts. Wir warten auf die mittelfristige Korrektur. Wir warten, bis die Aktie einen sehr erheblichen Kursrückgang zeigt, und dies kann viele Wochen dauern. Erst dann (wenn sich bis dahin der Major-Trend nicht umgekehrt hat) werden wir wieder nach einer Kaufgelegenheit Ausschau halten. Wir wählen dafür das mittelfristige Unterstützungsniveau (oder einen Punkt etwas darüber). Es wird gewöhnlich das Top-Niveau des Aufschwungs vor dem letzten Aufschwung sein. Dies ist das Niveau, von dem aus sich der nächste Aufschwung in Richtung des Primärtrends wahrscheinlich entwickeln wird, und es ist ein guter Kaufpunkt.

Natürlich finden wir dieselbe Situation im Bärenmarkt. Einem Breakout folgt wahrscheinlich eine Abwärtsbewegung in ein, zwei, drei oder mehr Schritten; dazwischen liegen Rallyes zu kleineren Widerstandsniveaus. Früher oder später (und wir würden auch hier nicht mehr als drei derartige Schritte in einer Serie zählen) werden wir eine Kursumkehr und eine mittelfristige Erholung bekommen. Diese Rallye kann ihrerseits aus mehreren kleineren Schritten bestehen. Wir warten, bis sie den vorhergehenden mittelfristigen Boden erreicht oder ihm nahekommt. Dort können wir nennenswerten Widerstand erwarten. Dort ist wieder der Platz, unsere Leerverkäufe zu platzieren.

Hierzu werden Sie Fragen haben. Eine der wichtigsten ist: Wie entscheiden wir, wann ein erwartetes Unterstützungs- oder Widerstandsniveau uns getäuscht hat; an welchem Punkt geben wir unsere Position auf?

Es ist klar, dass diese Frage sehr misslich sein kann. Nehmen wir an, Sie beobachten, wie eine Aktie auf 25 stieg. Sie haben eine Kauforder bei 23 ½ in den Markt gelegt, weil Sie bei 23 eine Unterstützung auf dem Niveau eines vorhergehenden kurzfristigen Hochs erwarten. Die Reaktion beginnt, die Umsätze sinken und Ihr Auftrag kommt zur Ausführung. Aber am nächsten Tag bröckelt die Aktie weiter auf 22 ½ ab, obwohl nur zwei oder drei Transaktionen stattfinden. Am nächsten Tag geht es weiter abwärts auf 21 ½, immer noch mit geringem Volumen. Während der nächsten Woche geht es weiter stetig nach unten. Der Umsatz bleibt gering, aber jede Transaktion erfolgt zu einem niedrigeren Kurs, so als ob überhaupt keine neuen Kaufaufträge eingingen, als ob im Maklerbuch nirgends nennenswerte Kaufaufträge stünden. Ein Abschwung dieser Art kann schließlich die Größe einer mittelfristigen Reaktion annehmen. Die Bewegung kann bis 15 hinabführen, ehe sich der Kurs wieder dreht. Offensichtlich entsprach das nicht Ihren Erwartungen, und Sie sollten längst ausgestiegen sein.

Die unangenehme Seite solcher langsamen Bewegungen besteht darin, dass Sie Ihre Aktie (die Sie bei 23 ½ gekauft haben) nicht verkaufen möchten, wenn sie nur etwas zu weit nach unten geht, sagen wir bis 22 ¾. Denn die Wahrscheinlichkeit ist groß, dass sie in jedem Moment nach oben schießt und ein neues Hoch markiert. Und doch müssen Sie an irgendeiner Stelle während einer fortgesetzten Abwärtsbewegung die Entscheidung treffen: „Diese Bewegung ist durch das Unterstützungsniveau gegangen; ich sollte verkaufen und besser jetzt einen kleinen Verlust hinnehmen als einen ernsthafteren Verlust riskieren." Und manchmal gibt es auch noch eine Steigerung dieser unangenehmen Situation: Genau nachdem Sie verkauft und Ihren Verlust realisiert haben, erwacht Ihre Aktie zum Leben und macht eine äußerst gewinnträchtige Bewegung.

Sie sollten sich besser von vornherein auf eine solche Art von Enttäuschung einstellen; sie wird Ihnen zustoßen. Aber Sie sollten vermeiden, in der Nacht hin und her zu laufen und Tage voller Sorge zu verbringen. Sie sollten *zu dem Zeitpunkt, zu dem Sie Ihre Position eingehen, die Entscheidung treffen, wie viel Spielraum Sie Ihrer Aktie gewähren wollen.* Dann geraten Sie nicht in Versuchung, die Entscheidung von Tag zu Tag vor sich herzuschieben, wenn die Dinge sich nicht so entwickeln, wie Sie hofften.

In solchen Fällen von Käufen oder Leerverkäufen, die sich gegen kleinere Hochs beziehungsweise Tiefs „lehnen", können Sie folgende Regel aufstellen: Im Falle des Kaufs benutzen Sie als Messpunkt den extremen Höchstpunkt des vorhergehenden kurzfristigen Hochs, der Ihr Unterstützungsniveau darstellt. Entsprechend benutzen Sie im Falle eines Leerverkaufs den extremen Tiefpunkt des vorhergehenden kurzfristigen Bodens, der Ihr Widerstandsniveau darstellt. Von dort aus bemessen Sie die Entfernung für eine Stopp-Order mithilfe der Methode, die wir in Kapitel 27 erörtert haben. *(EN9: Siehe auch Kapitel 28 und beachten Sie die Methoden zur Risikominimierung in Kapitel 42.)* Der Messpunkt ist wie gesagt der höchste beziehungsweise niedrigste Kurs innerhalb des Tages, nicht notwendigerweise der Schlusskurs. Wenn die Kurse bis zu ihrem Stopp durchgebrochen sind, sollte das genügend Beweis sein, dass Ihr erwartetes Unterstützungs- beziehungsweise Widerstandsniveau (beim Leerverkauf) nicht funktioniert hat.

Wenn Sie sich bei Ihrem Kauf gegen eine lang- oder mittelfristige Unterstützung „lehnen" (oder bei Ihrem Leerverkauf gegen ein lang- oder mittelfristiges Widerstandsniveau), können Sie etwas mehr Spielraum für einen Bruch zugestehen. In einem solchen Fall müssen Sie die Unterstützungs- oder Widerstandszone untersuchen und ihr Zentrum oder ihre Achse optisch abschätzen. Sie müssen also mit anderen Worten versuchen, den „Schwerpunkt" dieser Zone zu erfassen. Die Stelle sollte einerseits nahe dem arithmetischen Mittel der dortigen Transaktionen liegen. Andererseits ist aber auch das Volumen zu berücksichtigen, denn es kommt darauf an, das ungefähre Kursniveau zu bestimmen, zu dem ein großer Teil der Aktien den Besitzer gewechselt hat. Wenn Sie diesen Punkt bestimmt haben, platzieren Sie Ihre Stopp-Order gemäß unseren Methoden von Kapitel 27 jenseits dieses Niveaus.

Bis jetzt haben wir die übliche Ordnung umgekehrt und uns mit der Frage befasst, wie wir aus einer Situation herauskommen, die schiefgegangen ist. Wir haben bislang nichts darüber gesagt, wo genau wir einsteigen oder wo genau wir Gewinne mitnehmen.

Was das Einsteigen anbelangt, das heißt das Eingehen des ursprünglichen Engagements, besteht ein gewisser Konflikt zwischen drei Gesichtspunkten: Handeln aufgrund von Unterstützung oder Widerstand; Handeln aufgrund des Trendlinienverhaltens; Handeln aufgrund einer Reaktion von 40 bis 50 Prozent nach einer vorhergehenden Bewegung. Zuzeiten besteht ein solcher Konflikt in der Tat, und es gibt auch keine genaue Regel, die diese drei verschiedenen Spekulationssignale immer miteinander in Einklang bringt. In einer großen Zahl der Fälle werden Sie jedoch erfreut feststellen können, dass eine Reaktion von etwa 45 Prozent Ihre Aktie zugleich an die Trendlinie und außerdem auch nahe an das Unterstützungs-/Widerstandsniveau bringt. Nach einer Bewegung zu einem neuen Minor-Top kann man von einer Aktie eine Reaktion erwarten, die a) ungefähr 40 bis 50 Prozent jener Bewegung ausmacht, b) zur Haupttrendlinie führt und c) zu dem vorherliegenden Minor-Top als Unterstützungsniveau zurückgeht. Ihr Kauf wird also auf einer Berücksichtigung aller dieser drei Faktoren basieren. Wenn Sie frühzeitig, nur auf Grundlage eines Faktors allein, gekauft haben, können Sie erwarten, dass die Aktie möglicherweise etwas weiter reagiert, ohne aber die drei Faktoren so weit zu verletzen, dass Ihre Stopp-Order zur Ausführung kommt. Es ist das Beste, die Käufe auf dem Niveau desjenigen Faktors zu platzieren, der die geringste Reaktion erwarten lässt. Die Stop-Loss-Order dagegen wird (mit entsprechendem Abstand gemäß Kapitel 27) jenseits der größten Reaktionsweite platziert, die sich aus einem der drei Faktoren ergibt. Normalerweise wird zwischen den drei Punkten nicht so viel Unterschied bestehen. Wie gewöhnlich gilt die Methode in umgekehrtem Sinne auch für Leerverkäufe.

Wenn Sie nach einem mittelfristigen Kursrückgang kaufen (oder einen Leerverkauf nach einer mittelfristigen Rallye vornehmen), sollten Sie sich etwas mehr auf Unterstützungs- und Widerstands-Überlegungen stützen. Der errechnete Prozentsatz für die Weite der Sekundärbewegungen oder eine Trendlinie behalten daneben natürlich eine Bedeutung. Zuerst werden Sie die Geschichte der Aktie untersuchen, vorzugsweise in Wochen- oder Monatscharts. Dort sehen Sie den Major-Trend und wichtige Unterstützungs- oder Widerstandszonen. Dort können Sie grob das Ausmaß der Korrekturbewegung abschätzen, deren Ende Sie zu beurteilen versuchen. Sie werden dann diese Daten anhand des detaillierteren Bildes überprüfen, das Sie von Ihren Tagescharts bekommen. Wenn sich die mittelfristige Korrekturbewegung auf vier oder fünf Prozent dem Unterstützungs- oder Widerstandsniveau genähert hat, zeigt sich vielleicht ein Tag mit extrem hohem Umsatz; dieser Tag kann auch ein One-Day Reversal sein. Wenn so ein Fall vorliegt, sollten Sie Ihr Engagement sofort eingehen, natürlich geschützt durch eine Stop-Loss-Order. Andernfalls gehen Sie Ihr Engagement ein, wann immer die Kursbewegung zu zögern beginnt oder flacher wird. Wenn überhaupt keine weiteren Anzeichen da sind, werden Sie tätig, wenn der Kurs bis auf drei Prozent an die Unterstützungs- oder Widerstandslinie herangekommen ist.

In diesem Fall ist die Frage, wo man Gewinne mitnimmt, etwas schwieriger zu beantworten als bei kurzfristigen Bewegungen. Sie erwarten eine Umkehr der mittelfristigen Korrekturbewegung und die Etablierung eines neuen mittelfristigen Trends in Richtung des Primärtrends. Sie befinden sich an einer Stelle, wo der weitere Verlauf des Marktes ungewiss ist. Sie müssen sich darüber klar sein, dass die Kurse auch im Bereich des Unterstützungsniveaus (beziehungsweise Widerstandsniveaus) bleiben können. Vielleicht bilden sie eine Linie oder ein Rechteck und durchbrechen schließlich das Niveau, womit sie eine Umkehr des langfristigen Trends etablieren. Vielleicht auch werden sie an dem Unterstützungs- und Widerstandsniveau zum Halten gebracht, aber machen nur eine kleine Bewegung, um dann zu einem erneuten und möglicherweise erfolgreichen Versuch eines Bruchs zurückzukehren. Oder (und das ist es natürlich, was Sie erhoffen): Es entwickelt sich eine Fortsetzung des langfristigen Trends mit einer scharfen Bewegung bei erhöhtem Umsatz in der günstigen Richtung. Es folgt dann vielleicht nur eine kleinere Korrekturbewegung und ein erneuter Vorstoß in Richtung des Primärtrends; vielleicht sogar eine neue Serie von kleineren Bewegungen, die den ganzen Primärtrend zu einem neuen Höchstkurs emporträgt.

Nehmen wir uns diese Möglichkeiten eine nach der anderen vor: Wenn die Aktie über viele Tage oder mehrere Wochen lang an dem Unterstützungs- oder Widerstandsniveau verharrt, dann dieses Niveau durchbricht und der Schlusskurs klar darunter liegt, steigen Sie sofort aus! Wenn die Aktie eine kleine Bewegung in der richtigen Richtung vollzieht und dann zum Unterstützungs- oder Widerstandsniveau zurückkehrt, seien Sie bereit, auszusteigen, wenn es einen klaren Bruch gibt. Wenn jedoch die Bewegung in die richtige Richtung führt, beobachten Sie das Volumen. Seien Sie bereit, jederzeit mit engen Stopps Gewinne mitzunehmen, sobald hohes Volumen erscheint (ausgenommen an Breakout-Tagen). Wenn ein solches Signal erschienen ist, ist es natürlich gerechtfertigt, anschließend neue Engagements im Rahmen der folgenden kleineren Korrektur einzugehen, und ebenso noch einmal bei der folgenden Reaktion, denn sie bewegt sich jetzt wieder im übergeordneten Trend.

Es gibt noch eine andere Situation, die wir hier erwähnen sollten. Bis jetzt haben wir angenommen, dass alle Ihre Engagements gemacht wurden, um eine Bewegung in Richtung des übergeordneten Trends auszunutzen. Wir wollen jedoch jetzt annehmen, dass eine Bewegung eine Aktie in einer Reihe von kleineren Schritten zu neuen Höchstkursen getragen hat; dann bildet sich eine Umkehrformation, und der Kurs bricht nach unten aus. Wir müssen nun eine Sekundärbewegung von mittelfristigem Ausmaß erwarten. Wir können einen Leerverkauf vornehmen, wenn der Kurs eine Rallye zum darüber liegenden kleineren Widerstandsniveau macht. Wenn die Abwärtsbewegung anhält, können wir noch ein zweites und sogar (mit mehr Vorsicht) noch ein drittes Engagement eingehen und uns jeweils gegen aufeinanderfolgende kleinere Böden „lehnen". Aber in einem solchen Fall werden wir erwarten, dass die Abwärtsbewegung irgendwo in der Nachbarschaft des letzten vorhergehenden mittelfristigen Hochs ihr Ende findet, das jetzt als Unterstützungsniveau fungiert. In ähnlicher Weise können wir einer erkannten Umkehrformation und einem Breakout nach oben mit Volumen während eines Bärenmarkts folgen. Wir können eine mittelfristige Rallye erwarten, die man für Spekulationszwecke bis zum vorhergehenden mittelfristigen Tief benutzen kann. Dort wird sich wahrscheinlich starker Widerstand zeigen. Ein geschickter Spekulant kann diese Sekundärbewegungen in Perioden ausnutzen, in denen es nicht möglich ist, mit dem Primärtrend zu spekulieren. Aber es sei daran erinnert, dass man von solchen Bewegungen normalerweise nicht erwarten kann, dass sie so weit tragen wie Bewegungen in Richtung des Primärtrends.

Wir können dieses Kapitel schließen, indem wir erneut daran erinnern, dass Unterstützungs- und Widerstandsverhalten im Rahmen des kurzfristigen Trends klar in den Tagescharts abzulesen ist. Die mittel- und langfristigen Unterstützungs- und Widerstandsniveaus sind am besten in Wochen- oder Monatscharts zu erkennen.

(EN9: Dem Herausgeber dieser Auflage scheint es, dass Magees Besprechung von Unterstützung und Widerstand eigentlich höchst relevant für den Aufbau von Positionen und für Pyramiding ist. Alternativ kann man die Methode auch auf ein Papier anwenden, das gerade erst die Aufmerksamkeit des Analysten geweckt hat und bei dem er den gewöhnlich [zumindest im Nachhinein] offensichtlichen Ausbruch verpasst hat. Ich bin fest überzeugt, dass der ernsthafte Leser den ursprünglichen Ausbruch nicht verpassen sollte. Fahrenden Zügen nachzulaufen ist niemals eine gesunde Aktivität. Wirkt es wie eine unmögliche Beschäftigung, Tausende von Aktien zu beobachten? Für den landläufigen Analysten unmöglich, für den landläufigen Computer hingegen nicht. Zum Beispiel kann man den Computer anweisen, einen zu warnen, wenn bei einer Aktie das Volumen anzieht oder wenn davon verdächtig hohe Stückzahlen gehandelt werden. Und angesichts der Fülle an Diensten und Nutzergruppen hat der Trader gute Chancen, ein Papier aufzustöbern, das er auf seine Beobachtungsliste setzen kann, bevor es durchstartet.

Als Anleger sollte man theoretisch keinen Ausbruch verpassen, denn als solcher sollte man eine viel begrenztere Anzahl von Papieren beobachten, und zwar meines Erachtens vor allem Indizes und iShares. Das Portfolio eines Anlegers kann zwar auch ein paar gut gewählte Einzelpapiere enthalten, aber diese müssten dann für den Betreffenden gut verständlich sein, beispielsweise Biotech-Aktien bei jemandem, der sich auf diesem Gebiet auskennt, bei einem Ingenieur Internet-Aktien und so weiter und so fort.

Das nie endende Bemühen, die Mehrdeutigkeiten von Interpretationen des Marktes zu beseitigen, erstreckt sich auch auf die Erkennung von Unterstützungs- und Widerstandsbereichen. Das hervorragende Softwarepaket Metastock (http://www.metastock.com) beinhaltet eine Anzahl von nützlichen Zusatzpaketen. Eines der interessanteren namens Powerstrike™, das John Slauson von Adaptick, Inc. (http://www.adaptick.com) geschrieben hat, versucht, Unterstützungs- und Widerstandszonen mathematisch zu definieren. Slausons Paket ist an sich interessant, und auch die dahinterstehenden Überlegungen und Beobachtungen sind interessant. Die Marktanalyse gründet sich auf eine Sache: die intelligente Beobachtung des Marktgeschehens. Charles Dow beobachtete jahrelang die Märkte und gelangte so zu dem Verständnis von Wellen, das ihn zur Dow-Theorie führte. Schabacker und Edwards ordneten und beobachteten mit diesen Beobachtungen und Bemerkungen ausgestattet weitere Daten und erkannten Muster, die an den Märkten hartnäckig immer und immer wieder auftraten, und zogen dann Magee hinzu, damit er mit seiner praxisorientierten Herangehensweise eines Ingenieurs die taktischen und strategischen Fragen lösen sollte. In den 1980er-Jahren bemerkte ein Freund von mir, der in Chicago als Marketmaker in der Options-Pit arbeitete, dass es 90 Sekunden dauerte, bis die Daten aus den Futures-Pits in der Options-Pit ankamen. Also richtete er einen „menschlichen Ticker" mit einer Standleitung zu seiner Pit ein und hatte gegenüber den anderen Marketmakern so lange einen Vorsprung von 90 Sekunden, bis diese Störung auffiel und korrigiert wurde.

Slauson stellte [wie auch andere] fest, dass sich bei Aktien, zu denen es auch Optionen gibt, die Unterstützungs- und Widerstandszonen tendenziell um bedeutende Ausübungskurse von Optionen ballten. Diese Niveaus beeinflussen tatsächlich den Aktienkurs, und man kann sagen, dass sie bestimmen, wo eine „bedeutende" Kauf- oder Verkaufstätigkeit stattfindet. Natürlich entstehen Unterstüt-

zungs- und Widerstandsniveaus aus der konzentrierten Konfrontation zwischen Käufern und Verkäufern. Da ist ein kriegerischer Vergleich angebracht: Seit griechischer Zeit finden Schlachten immer wieder an denselben Orten statt. Der Grund dafür liegt auf der Hand. Um eine Armee aufzustellen, braucht man Platz. Daher fühlen sich die Befehlshaber bei offenen Konfrontationen zu ebenem oder offenem Gelände hingezogen, für Verteidigungszwecke eher zu Anhöhen. Die Ausübungspreise üben auf Trader die gleiche Anziehungskraft aus wie ein gutes Schlachtfeld auf einen militärischen Befehlshaber. Ein guter Ort, um den Feind auf die Probe zu stellen.

Powerstrike™ analysiert Kurs und Volumen des Instruments im Umfeld nahe gelegener Basispreise – Strikes – von Optionen und ermittelt, ob dort eher Unterstützung oder eher Widerstand herrscht. Alles in allem eine schlaue Anwendung der zahlenorientierten Analyse auf die Frage von Unterstützung und Widerstand. Als Chartanalyst kann man seine Analyse um eine solche Routine ergänzen.)

KAPITEL 31

NICHT ALLE EIER IN EINEN KORB

(EN: Da die Diversifizierung für den allgemeinen Investor heutzutage unendlich einfacher ist, folgt Magees Text eine wichtige Abschlussbemerkung).

Streuung ist wichtig, weil technische Formationen nicht immer ihr ursprüngliches Versprechen wahr machen. Wenn Ihr gesamtes Kapital in einer oder in wenigen Aktien derselben Industrie- oder Geschäftszweige festgelegt ist, kann eine falsche Bewegung Sie erheblich verletzen. Diese Bewegung braucht nur Ihre Aktien zu betreffen: Der Rest des Marktes bleibt vielleicht fest und verläuft weiter in Richtung des Primärtrends. Wenn Sie Ihr Kapital streuen, sind Sie durch das Gesetz des Durchschnitts dagegen geschützt, dass *alle* Ihre Aktien in die falsche Richtung laufen, ausgenommen natürlich, wenn eine Umkehr den gesamten Markt oder einen großen Teil davon betrifft.

Vernünftige Diversifizierung erfordert eine Berücksichtigung der Unkosten für Kauf und Verkauf, vor allem, wenn es sich um kleinere Posten handelt. Sie möchten vielleicht ein Portfolio besitzen, das alle Aktien des gesamten Dow Jones Industrial Average repräsentiert oder zumindest eine Aktie von jeder größeren Gruppe enthält. Aber wenn Ihr Kapital beschränkt ist, könnten Sie von jeder Aktie vielleicht nur ein halbes Dutzend kaufen. Die Mindestgebühren würden das zu einer teuren Angelegenheit machen, viel zu kostspielig für kurzfristige Spekulationen. Der kurzfristige Spekulant muss immer an diese Kosten denken. Sie sind für ihn wichtiger als für den langfristigen Investor, der dieselbe Aktie viele Monate oder Jahre zu halten beabsichtigt. Für Sie als Spekulant kann ein Viertelpunkt oder halber Punkt zu erheblichen Proportionen anwachsen, wenn dieser Betrag bei einer Anzahl von Transaktionen anfällt.

Ihr Broker kann Ihnen eine Übersicht über die Provisions- und Steuerkosten geben, und wenn es wichtige Änderungen in den Sätzen gibt, sollten Sie diese studieren, um zu sehen, welche Auswirkungen sie auf Ihre Kosten für den Handel mit Aktien zu verschiedenen Preisen haben. *(EN: Sie können diese Gebühren auch auf verschiedenen Websites einsehen, zum Beispiel unter http://www.gomez.com, http://www.scottrade.com, http://www.etrade.com und http://www.tdameritrade.com. Google ist, wie immer, eine wichtige Quelle für die Preisüberprüfung, und* Barron's *veröffentlicht jedes Jahr eine Ausgabe, in der Brokerhäuser bewertet werden. Im Allgemeinen ist der Herausgeber der Meinung, dass ein Investor, der sich auf die „altmodische Art", das heißt per Telefon und menschlichen Broker, informiert, im Nachteil ist, es sei denn, der Mehrwert des Brokers kann quantifiziert und nachgewiesen werden.)*

Sie werden feststellen, daß Ihre Round-Trip-Kosten (An- und Verkauf) berechnet auf das eingesetzte Kapital bei niedrig notierenden Aktien prozentual höher sind als bei hoch notierenden Aktien. Die prozentualen Kosten sind auch höher, wenn eine geringere Anzahl Aktien als ein Round Lot gehandelt wird, und steigen prozentual, je geringer die Anzahl der Aktien wird. Die prozentualen Kosten steigen gleichfalls, je geringer der Betrag des eingesetzten Kapitals ist.

Wenn Ihr Kapital beispielsweise 1.000 oder 2.000 Dollar beträgt, können Sie es also durchaus in Einheiten von ungefähr 500 Dollar aufteilen. Sie müssen sich dann auf Spekulationen mit Aktien beschränken, die höher als 40 notieren, wobei Sie entsprechend Fraktionen kaufen beziehungsweise verkaufen. Mit größerem Kapital können Sie größere Handelseinheiten benutzen und Ihre Spekulationen auf billigere Aktien ausdehnen. In jedem Fall ist es wichtig, Ihre Aktien zu diversifizieren. Wenn Sie Ihr Kapital aufteilen, aber es so einsetzen, dass unnötig hohe Kosten vermieden werden, haben Sie einen größeren Schutz gegen falsche Bewegungen und plötzliche Trendänderungen, die eine einzelne Aktie erheblich in Mitleidenschaft ziehen können.

Wenn Sie genügend Kapital haben, um eine gute Verteilung zu ermöglichen (acht oder zehn Aktien sollten das Maximum für ein aktiv geführtes Depot sein), können Sie den Umfang Ihrer Handelseinheiten vergrößern. Hier haben wir uns nur damit befasst, welches die Mindestbeträge sein können, die man bei einem einzigen Engagement investieren muss. Wenn diese Beträge verdoppelt oder verdreifacht werden, würde es die Kosten nicht anwachsen lassen, sondern in vielen Fällen reduzieren.

EN: Diversifizierung und Kosten

In der Originalfassung dieses Kapitels besprach Magee die Notwendigkeit, beim Anstreben von Diversifizierung auch die Kosten zu berücksichtigen. An den heutigen Märkten kann man Diversifizierung mithilfe von Standard & Poor's Depository Receipts (SPDRs, SPY), des DIAMONDS™ (DIA) oder ähnlichen Instrumenten (ETFs) zu vergleichsweise günstigen Kosten erreichen. Auch Indexfonds und Investmentfonds bieten dem allgemeinen Anleger Diversifizierung und Kostenkontrolle, wobei Investmentfonds die Kosten nicht so wirksam dämpfen wie Index Shares und ETFs. Das liegt daran, das Investmentfonds Kosten erzeugen, die bei Index Shares nicht anfallen: Verwaltungskosten, Gebühren, Slippage, Spread, Umschlag und Steuern auf realisierte Gewinne. Als gewissenhafter unabhängiger Anleger kann man diese Kosten vermeiden.

Ein international bekannter Trader hat mir bei mehr als einer Gelegenheit gesagt, sein beträchtliches mit Trading erworbenes Vermögen entspreche dem, was Broker und Specialists an ihm verdient hätten, wenn er Mitglied der Allgemeinheit anstelle der Börsen gewesen wäre. Die wichtigsten Waffen in seinem *Köcher waren Ratssitze in Chicago, New York und San Francisco.*

Die Botschaft ist überaus klar. Der allgemeine Investor muss seine Kosten kontrollieren. Je häufiger er tradet, umso höher ist die Wahrscheinlichkeit, dass die Broker, Specialists, Parketthändler, Marketmaker, Steuerbehörden, die Börsen und so weiter sein Kapital zu Hackfleisch machen, weil es zweifellos immer eine andere Partei gibt, die sich ein Stück abschneidet, wenn das Kapital durch ihre Hände geht. Vielleicht die Telefongesellschaft.

Die Handelskosten sind das Letzte, worauf die Brokerhäuser die Aufmerksamkeit lenken wollen (siehe auch das Buch „Und wo sind die Yachten der Kunden?“). Viele Jahre lang hatten die Firmen von der Wall Street und die Börsen die Gebühren im Griff und hielten sie hoch, aber mit Eintritt des Internetzeitalters herrscht nun ein anderes Ethos – ein ruinöser Wettbewerb, der den Börsen und Brokern alter Schule durch aufstrebende Wettbewerber aufgedrängt und weder von der Securities Exchange Commission (SEC) noch von der Commodities Futures Trading Commission gehemmt wird.

In diesem Buch zu versuchen, die Kosten zu analysieren, wäre irreführend, weil sie sich im Konkurrenzkampf des Internetzeitalters so sprunghaft ändern.

Bei der Börsenaufsicht SEC gibt es einen Investmentfonds-Rechner, mit dem man die Kosten von Investmentfonds berechnen kann. Die Investmentfonds gehören nämlich zu denjenigen, die es irgendwie schaffen, beim Schätzen (also Angeben) der Kosten für die Anleger nicht allzu pedantisch zu sein. Eine weitere gute Quelle für Recherchen über Investmentfonds ist http://www.morningstar.com.

Ich möchte indes noch einmal betonen, dass iShares und ETFs die Investmentfonds eigentlich überflüssig gemacht haben, wenn der Anleger die einfachen im vorliegenden Buch dargestellten Verfahren einsetzt.

KAPITEL 32

KURSZIELFORMELN

Wenn Sie einem Ihrer Freunde einen Chart zeigen und ihm sagen, die Aktie sehe gut aus, wird er sofort fragen: „Wie weit, glaubst du, wird sie steigen?“ Das ist eine automatische Reaktion; Sie können sich darauf verlassen.

Die Frage ist auch gar nicht schlecht. Wie weit wird die zu erwartende Bewegung wahrscheinlich laufen? Sie wissen es nicht. Niemand weiß es. Sehr oft können Sie mit einem ziemlichen Grad von Sicherheit sagen: Diese Aktie hat gerade einen Anstieg von so und so viel Punkten hinter sich, sie wird wahrscheinlich eine Reaktion bis zu dem und dem Punkt haben. *Das* können Sie in sieben oder acht von zehn Fällen ziemlich genau abschätzen, indem Sie sich an die Haupttrendlinie, die Parallele zur oberen Trendlinie oder ein Unterstützungsniveau halten.

Diese Regeln funktionieren ziemlich gut, wenn man sie auf Reaktionen im Bullentrend anwendet; ähnlich können wir auch Rallyes im Bärentrend abschätzen. Aber viel weniger wissen wir über die Bewegung in Richtung des Trends selbst. Ein Anstieg kann durchaus die obere Trendlinie durchbrechen und noch einmal so weit steigen, wie die Bewegung bis zur Trendlinie betragen hat. Ein Kursrückgang kann unter die untere Trendlinie fallen und sozusagen ohne Grenze nach unten gehen. (Darum haben wir Protective Stop-Orders, um Unheil zu verhüten, wenn der Trend sich plötzlich umkehrt.) Und darum bevorzugen wir enge progressive Stopps als Methode der Gewinnmitnahme gegenüber der Benutzung von einfachen limitierten Orders, die an die Trendlinie, an das Widerstandsniveau oder einen anderen bestimmten Punkt gelegt werden. Eine Aktie wird sicherlich sehr häufig an einer dieser bezeichneten Stellen zum Halten kommen. Aber die Fälle, wo eine Bewegung über ihr Ziel hinausschießt, sind auch nicht so selten, und niemand kann eine vernünftige Vorstellung entwickeln, wie weit die Aktie bei dieser Bewegung laufen wird.

Das ist deshalb nicht möglich, weil die Bewegung selbst eine unvernünftige ist. Sie ist ein Beispiel für die Beteiligung des Publikums, das Aufflammen unkontrollierter Spekulation. (Und sehr oft ist es das letzte Aufflammen dieses speziellen Trends.)

Genauso und oft noch wilder verhält sich eine Aktie, die in einer Abwärtsbewegung aus dem Trend fällt. Sie ist ein Beispiel für Panik. Und weil die Bewegung völlig außerhalb der Vernunft liegt, folgt sie keinen Regeln und kennt keine vorherbestimmten Grenzen.

Es gibt jedoch gewisse Formationen und gewisse Situationen, die uns Schätzungen über die wahrscheinliche Ausdehnung einer Bewegung in der primären Richtung erlauben – gewöhnlich eine Schätzung der Mindestausdehnung. Dadurch haben wir eine Richtlinie für unsere Entscheidung, ob eine Situation im Verhältnis zum Risiko genügend Gewinnpotenzial bietet. Auch erhalten wir *zumindest* einen Hinweis, wo wir vernünftigerweise ungefähr das Volumen erwarten können, das das Hoch anzeigt.

Ein Beispiel: Ein entschiedener Breakout aus einem symmetrischen Dreieck wird wahrscheinlich *zumindest* so weit reichen wie die Höhe des Dreiecks gemessen entlang der ersten Reaktion. Dies ist ein konservatives Maß. Die Bewegung kann viel weiter reichen. Beziehen wir den Trend bis zum Dreieck zusätzlich in unsere Überlegungen ein, so würde das eine Fortsetzung im gleichen Ausmaß nahelegen wie die Bewegung vor dem Dreieck und in das Dreieck hinein. Denn wenn der Trend weiterhin gültig bleibt, sollte die Bewegung bis zur oberen Grenze des Kanals hinauf laufen. Im Fall einer Trendumkehr würden wir ebenfalls die Höhe der ersten Reaktion als Mindestmaß benutzen. Bei rechtwinkligen Dreiecken können wir ebenfalls die breite Seite (durch die erste Reaktion gebildet) als grobes Maß für die mindestens zu erwartende Bewegung nehmen.

Bei Rechtecken ist das nach einem Breakout zu erwartende Minimum die Entfernung, die der Höhe des Rechtecks entspricht. Die Schulter-Kopf-Schulter-Formation liefert eine gute Formel. Die Höhe der Formation vom äußersten Top des Kopfes senkrecht nach unten auf die Nackenlinie repräsentiert die wahrscheinliche Mindestbewegung von der Nackenlinie nach unten. Auch dies ist wieder eine Frage des Trendkanals. Und ganz entschieden nur eine Mindestbewegung. Manche Schulter-Kopf-Schulter-Formation, die nach diesem Maß nicht mehr als drei oder vier Punkte als Mindestbewegung erwarten ließ, hat den Beginn eines Abschwungs eingeleitet, der schließlich über 100 Punkte ausmachte.

Der ziemlich ungewöhnliche Breakout in Form eines beinahe senkrechten „Mastes" läuft viele Punkte nach oben (oder unten). Erst dann kommt er zu einem Haltepunkt, an dem sich eine Konsolidierungsformation entwickelt. Er enthält eine sehr klare Kurszielformel, die auch mit erstaunlicher Genauigkeit funktioniert. Die Flaggen- oder Wimpel-Konsolidierung tritt auf der Hälfte des Weges auf – „die Flagge weht auf Halbmast". Die spektakuläre Bewegung, die zu der Flagge hinaufführte, wird sehr wahrscheinlich in der nahen Zukunft durch einen erneuten Anstieg verdoppelt werden. Nach diesem Anstieg mögen eine erneute Konsolidierung und ein erneuter Anstieg folgen oder auch nicht. Wenn Ihre Aktie zweimal eine solche Aufwärtsbewegung gemacht hat, ist es das Beste, zurückzutreten und jemand anderem den Ball zu überlassen. Wenn Sie genügend Charts lange genug führen, werden Sie viele perfekte Beispiele dieser schönen Formation finden. Sie werden auch einige unvollkommene Beispiele, einige Fehlschläge, sehen. Und weil die Bewegung so außergewöhnlich gewinnbringend ist, wenn sie funktioniert, werden Sie versucht sein, in jede Konsolidierungsformation nach einem scharfen Anstieg hinein zu kaufen. Es wäre jedoch besser, zu warten, bis die Lage klar ist: ein beinahe vertikaler, fast unglaublicher Anstieg, dann mehrere Tage der Konsolidierung mit praktisch fast keinem Umsatz mehr. Wenn die Konsolidierung absackt und mehr als ungefähr drei Wochen weiterläuft, verkaufen Sie die Aktie besser; sie ist wahrscheinlich nicht die richtige.

Überflüssig zu sagen, dass diese Formation im Abwärtstrend umgekehrt auftritt und man mit ihr entsprechend spekulieren kann.

Die Fragen in Bezug auf die Kursziel-Erwartungen von Gaps sind im Einzelnen in Kapitel 12 behandelt worden. Die einzige Art, die klare Hinweise auf das Ausmaß der folgenden Bewegung enthält, ist das Runaway Gap oder Continuation Gap. Wenn ein solches Gap während einer schnellen Kursbewegung erscheint, markiert es wahrscheinlich ungefähr die Mitte der Bewegung. Zwei oder mehr derartiger Gaps müssen in Verbindung mit Volumen und Gesamtausdehnung der Bewegung abgeschätzt werden, um die wahrscheinliche Mitte der Bewegung zu ermitteln und so das wahrscheinliche endgültige Kursziel vorherzusagen.

Kursziel-Eigenschaften sind auch anderen Formationen zugeschrieben worden, und gelegentlich funktionieren sie auch nach Plan. Im Allgemeinen jedoch sind die besten Messwerkzeuge Ihre

Trendlinien, Unterstützungs- und Widerstandsniveaus und das überaus wichtige Signal eines Umsatzanstiegs.

Es gibt auch andere Werkzeuge zum Messen von Bewegungen. Arthur Sklarew (siehe Literaturverzeichnis) beschreibt die Siebener-Regel, die ich oft als effektiv empfunden habe. Darüber hinaus verwendete Wyckoff PnF-Charts, um Bewegungen zu messen, und ich habe einige beeindruckende Analysen gesehen, die von Professor Hank Pruden unter Verwendung von PnF-Charts erstellt wurden.

(EN9: Ich bin bei der Messung von Bewegungen immer extrem vorsichtig. Wenn die Messung den Spekulanten nicht dazu verleitet, sich Erwartungen hinzugeben, die ihn von der entscheidenden Natur des Moments *ablenken, ist sie vielleicht ganz in Ordnung. Als beiläufiges Hilfsmittel kann sie also durchaus von Nutzen sein. Es ist immer besser, genau zu beobachten, wie die Situation ist, wenn der Preis am gemessenen Punkt ankommt. Entscheidungen sollten immer im Hier und Jetzt getroffen werden und nicht im „Ich habe es damals gemessen“.)*

KAPITEL 33

RÜCKBLICK AUF DAS UNTERSCHIEDLICHE CHARTGESCHEHEN UNTER TAKTISCHEN GESICHTSPUNKTEN

Die Dow-Theorie

(EN: In diesem Kapitel wird mehrfach auf den eng gesetzten Stopp verwiesen – ⅛ Punkt, der dezimal auf 0,125 lautet. Die Leser sollten dies – je nach Gewohnheiten der Aktie – als 0,13 bis 0,25 lesen. Aktien, die höher als ein Dollar notieren, werden mit zwei Dezimalstellen angegeben. Bei Pennystocks können es bis zu vier Dezimalstellen sein.)

Hätte ein Investor seit Bestehen der Dow-Indizes bei jedem Signal für einen langfristigen Bullenmarkt nach der Dow-Theorie (Kapitel 3, 4 und 5) eine repräsentative Aktiengruppe gekauft und bei jedem Signal für einen langfristigen Bärenmarkt alle seine Aktien verkauft, so hätte er über die Jahre in der Tat gut abgeschnitten *(EN: siehe Tabellen in Kapitel 4)*. Diese Tabellen berücksichtigen keine Leerverkäufe. *(EN9: Sie werden in der 9. Auflage jetzt berücksichtigt.)* Jedoch wäre es eigentlich naheliegend, dass die repräsentative Aktiengruppe auch bei jedem Signal für einen langfristigen Bärenmarkt leerverkauft und beim nächsten Bullenmarkt-Signal eingedeckt worden wäre. Wären die Zahlen für derartige Leerverkäufe, ausgedrückt in den Zahlen des Dow Jones Industrial Average, mit berücksichtigt worden, so wären die Gewinne bei diesen theoretischen Transaktionen (long und short) enorm gewesen. *(EN9: Kaufen und Halten bis 2018: 55.411,83 Dollar. Dow-Theorie, nur long: 795.592,01 Dollar. Dow-Theorie, long und short: 5.757.390,17 Dollar.) (Zur Illustration dieses Kapitels siehe die Abbildungen 33.1 bis 33.16.)*

Wir glauben, dass diese Tabellen einige wichtige Folgerungen für das Verhalten jedes Spekulanten und Investors enthalten. Wir werden das kurz kommentieren. Vorweg wollen wir allerdings darauf hinweisen, dass nur wenige Investoren (wenn überhaupt) tatsächlich den langfristigen Dow-Signalen gefolgt sind und bei jedem Signal zu 100 Prozent gekauft oder verkauft haben.

Zunächst einmal würde das ein langes „Börsenleben“ erfordern. Es würde weiter voraussetzen, dass der Investor die Dow-Theorie in ihrer klassischen Form insgesamt von Anfang an akzeptiert hätte. Er hätte niemals schwankend werden und niemals die Definitionen oder seine Methode wechseln dürfen. Auch hätte er während der gesamten Zeit niemals Kapital vom Markt abziehen dürfen.

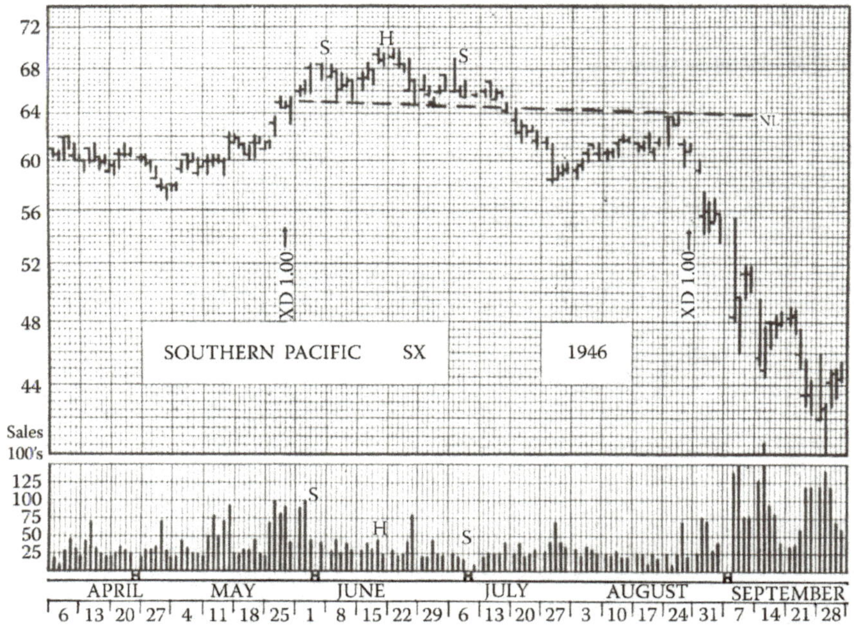

Abbildung 33.1: Eine Schulter-Kopf-Schulter-Formation. Im Verlauf des Bullenmarkts stieg Southern Pacific von 1941 bis 1946 von 8 auf 70. Den Höhepunkt erreichte die Entwicklung im Juni 1946 mit dieser Formation. Auf der linken Schulter haben wir ein starkes Volumen, ein geringeres am Kopf, ein kleines Volumen an der rechten Schulter. Das Breakout-Signal war am 15. Juli vollendet. Es gab Aktienbesitzern das Signal, am nächsten Tag bestens zu verkaufen (ungefähr bei 63) und nicht erst darauf zu warten, dass der schützende Stoppkurs erreicht wurde, der bei 61 lag. Schließlich entwickelte sich am Tief der Breakout-Bewegung höheres Volumen. Das Tief lag bei ungefähr 58 ½, wodurch das Mindestkursziel der SKS-Voraussage erreicht war.

Von dieser Stelle entwickelte sich eine schwache Rallye mit geringem Volumen; die Aktie stieg vier Wochen lang. Die Schwäche des Gesamtbilds hätte einen Leerverkauf gerechtfertigt, nachdem die Rallye 40 bis 50 Prozent der Bewegung von der linken Schulter zum Breakout-Tief wieder ausgeglichen hatte, sagen wir bei etwa 62. Das wäre zugleich in etwa eine Rückkehr zur Nackenlinie gewesen. Die Rallye kam tatsächlich bis zur Nackenlinie bei 64. Von dort brachen die Kurse mit einem Gap und mit Volumen nach unten. Sie setzten die Abwärtsbewegung über die nächsten drei Monate fort, und die Kurse wurden unter 40 und noch tiefer getragen.

Ein auffälliges Merkmal der SKS-Formation ist die Häufigkeit, mit der eine verhältnismäßig kleine Formation wie auch hier eine große Bewegung ankündigt. Die Richtung der Aktie wird oft für Monate oder sogar für Jahre in die Zukunft geändert. Nicht *alle* Formationen dieser Art werden zu so großen Bewegungen wie hier führen; aber eine SKS-Formation sollte *niemals* leicht genommen werden.

Außerdem hätte unser idealer Investor ein außerordentliches Maß an Mut besitzen müssen. Er hätte auch in solchen Perioden standhaft bleiben müssen, in denen der Major-Trend seine Positionen in gefährlicher Weise zu bedrohen schien. Und schließlich hätte er ein großes Maß an Geduld haben müssen, um die vielen Monate der Stagnation auszusitzen, in denen der Trend überhaupt nirgends hinzugehen schien.

Letztlich wäre Voraussetzung gewesen, dass die von ihm tatsächlich gekaufte oder verkaufte Aktiengruppe wirklich einen guten Querschnitt des Index darstellte, sodass sie dieselben Bewegungen wie der Index selbst machte. Wenn die Gruppe genügend diversifiziert war, waren allerdings die Aussichten recht gut, dass ihre Bewegungen in etwa denen des Index entsprachen.

Es wäre sicherlich eine ziemlich gewagte Unterstellung, ein Investor könnte alle diese Bedingungen über eine Periode von Jahren erfüllen. Aber das müsste er, um strikt als Spekulant nach der Dow-Theorie zu operieren. Es wird hier auch nicht ernsthaft vorgeschlagen, dass jemand einem solchen Plan

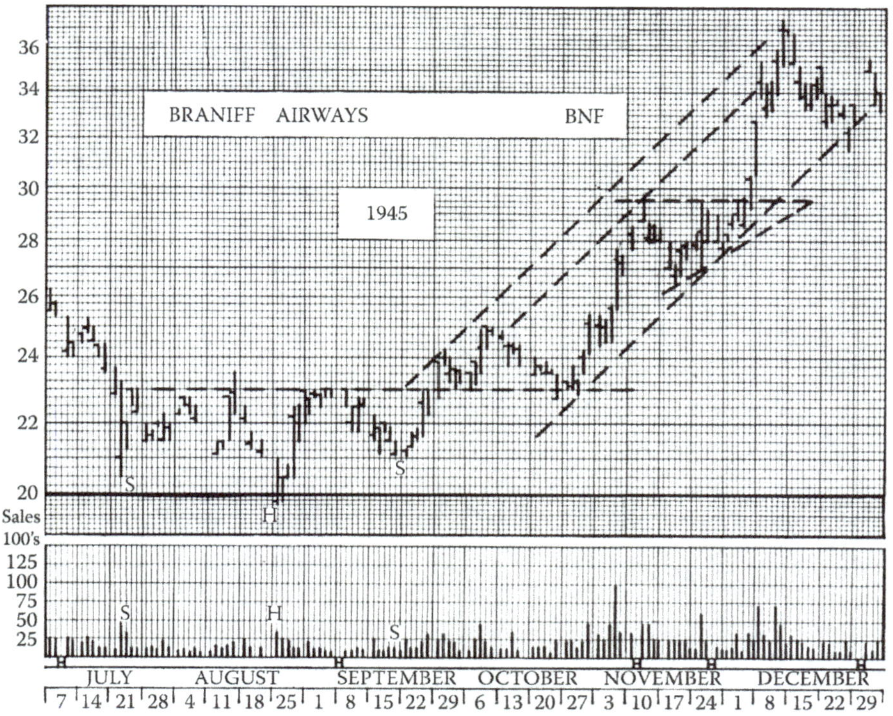

Abbildung 33.2: Eine inverse SKS-Formation *(oder Kilroy-Formation)* im Jahr 1945 bei Braniff Airways. Genau genommen war es eine Schulter-Kopf-Schulter-Konsolidierung, nachdem eine mittelfristige Korrektur im Rahmen des Bullenmarkts beendet war. Ein Major-Bottom, der einen langen Bärenmarkt umkehrt, würde normalerweise viel mehr Zeit erfordern.

Hier sehen wir hohen Umsatz auf der linken Schulter, etwas weniger Umsatz am Kopf und sehr wenig auf der rechten Schulter. Wie erforderlich, wächst der Umsatz bei der Breakout-Bewegung am 21. September stark an. Dem Ausbruch folgte ein Rücksetzer zur Nackenlinie mit geringerem Volumen. Dadurch ergab sich eine gute Kaufgelegenheit bei 23. Die Aufwärtsbewegung wurde wieder aufgenommen, aber es ergab sich noch eine Reaktion zum Unterstützungsniveau der Nackenlinie. Eine zweite Reaktion dieser Art ist nicht ungewöhnlich. Der Schlusskurs von 22 ¾ am 19. Oktober lag unter dem vorhergehenden Minor-Bottom und hatte erhöhtes Volumen. Das war immerhin etwas beunruhigend. Aber angesichts der Klarheit der Formation und des Breakouts hätten wir die Aktie nicht verkauft. Der schützende Stopp bei 21 ⅞ wurde nicht einmal bedroht. Am 25. Oktober wurde der Aufschwung mit einem Breakaway Gap wieder aufgenommen und ging bis 29 ½. Dort wurde die Bewegung mit einem One-Day Reversal und einem Exhaustion Gap einstweilen abgeschlossen.

BNF bildete sodann über drei Wochen eine Konsolidierungsformation in Form eines steigenden Dreiecks, ehe es bis 37 ½ weiter stieg. Beachten Sie auch (wir wollen so viel wie möglich aus diesen Beispielen lernen), dass das steigende Dreieck ungefähr auf der Hälfte der gesamten Aufwärtsbewegung liegt. Wir sind schon vertraut mit dieser Tendenz von Aktien, in schnellen Bewegungen „Halbwegs"-Formationen zu bilden.

buchstäblich folgen sollte. *(EN: Nun, im Nachhinein betrachtet, warum nicht? Angesichts der Verfügbarkeit von Handelsinstrumenten und Märkten [DIAMONDS™ - DIA, Standard & Poor's Depositary Receipts - SPY] im Internetzeitalter ist es vielleicht gar keine so schlechte Idee. Die Umsetzung eines solchen Plans wäre zu Magees Zeiten extrem umständlich und teuer gewesen, ist aber in modernen Märkten durchaus praktikabel.)*

Der wichtige Gesichtspunkt, auf den es uns hierbei ankommt, ist folgender: Das Ergebnis dieser Berechnung zeigt die Möglichkeit, aufgrund der Signale für den Major-Trend auf lange Sicht substanzielle theoretische Gewinne aus dem Markt zu ziehen. Die Indizes sind aus den Kursen einzelner Aktien zusammengesetzt. Deshalb begünstigt die Wahrscheinlichkeit den Kauf

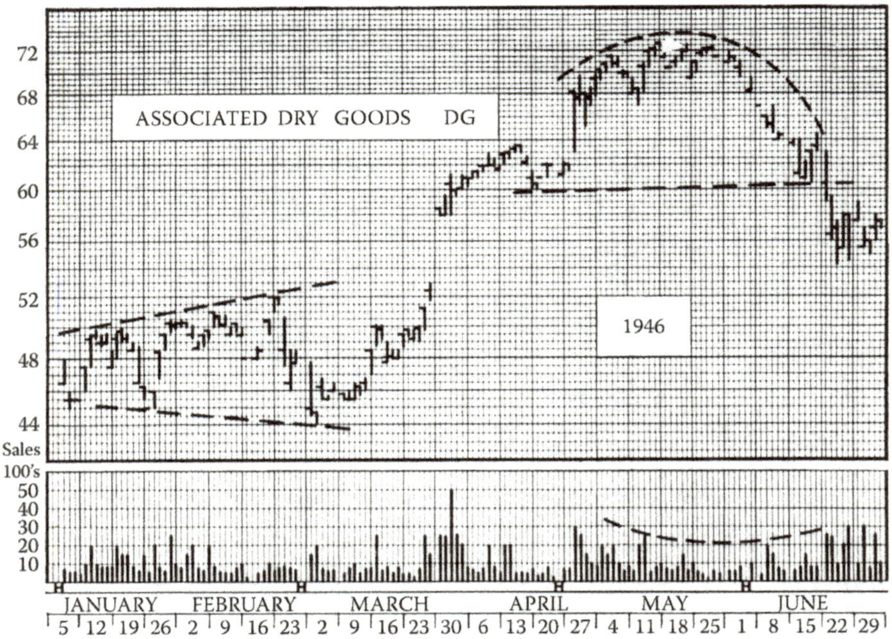

Abbildung 33.3: Associated Dry Goods beendete seinen Bullenmarkt-Trend mit einem Rounding Top. Dies ist ein Tageschart für die ersten sechs Monate des Jahres 1946.

Der Anstieg von DG von 4 auf über 72 in nur dreieinhalb Jahren ist in einem Monatschart eine sich gleichmäßig beschleunigende Kurve. Sie entwickelte sich aus einer langen Bodenformation, die fünf Jahre lang, von 1938 bis Ende 1942, andauerte.

In den letzten sechs Monaten, die zum endgültigen Gipfelpunkt führten, ist zunächst das Verhalten im Januar und Februar interessant. DG hatte gerade einen schnellen Anstieg im letzten Vierteljahr 1945 beendet, und eine Konsolidierung oder eine mittelfristige Korrektur war fällig. Als 48 erreicht war, fiel die Aktie auf 45 zurück, stieg auf 50 ½, auf 51 und schließlich auf 52; dann kam Ende Februar eine Reaktion bis 44. Stellen wir uns vor, die Bewegung am 22. Januar wäre etwas tiefer gegangen, sodass der Schlusskurs unter dem Tief vom 3. Januar gelegen hätte, und am 26. Februar hätte der Schlusskurs noch tiefer gelegen. Dann hätten wir diese Formation im Januar/Februar als bestätigtes Broadening Top ansehen müssen, und damit als klares Trendumkehrsignal. So wie im Chart war die Formation noch nicht perfekt und daher nicht verlässlich; das erratische Kursverhalten zeigte jedoch beginnende Schwäche an.

In diesem letzten Stadium ist das Publikum stark beteiligt. Klimaktische Anstiege sind dann nicht selten schnell und spektakulär. Das sehen wir auch hier. Ein Breakaway Gap von fünf Punkten ergab sich am 25. März. Der weitere Anstieg lief bei 63 ½ aus, es folgte eine kleine Reaktion, und dann stieg der Kurs auf über 68.

Von nun an wurde der Anstieg langsam. Der Trend schien zusammenzulaufen, und es zeigten sich nacheinander „Köpfe" und „Schultern". Als das Hoch erreicht war, fiel das Volumen immer mehr ab. Der Rückgang vom 4. Juni unter den Minor-Bottom vom 7. Mai bei zunehmendem Volumen vollendete das Rounding Top und erforderte den sofortigen Verkauf, falls wir noch Aktien besaßen; der Durchbruch durch die Nackenlinie am 18. Juni war ein zusätzliches eindeutiges Signal.

oder den Verkauf einer Mehrzahl von Aktien in Übereinstimmung mit dem Major-Trend der Indizes. Der Augenschein lehrt, dass sich Major-Trends normalerweise über Monate oder Jahre fortsetzen. Die Richtung des „wahrscheinlichsten Gewinns" ist daher die des Major-Trends.

Von dieser Grundlage ausgehend befinden wir uns also auf sicherem Boden, wenn wir sagen: Wenn ein Trend so viel Bedeutung hat, dass er die Indizes zu einem so wichtigen Signal veranlasst, dann besteht *die größere Wahrscheinlichkeit* für gewinnbringende Situationen unter den individuellen Aktien, die sich in diesem Trend befinden, und die geringere Wahrscheinlichkeit unter denen, die in einem umgekehrten Trend verlaufen.

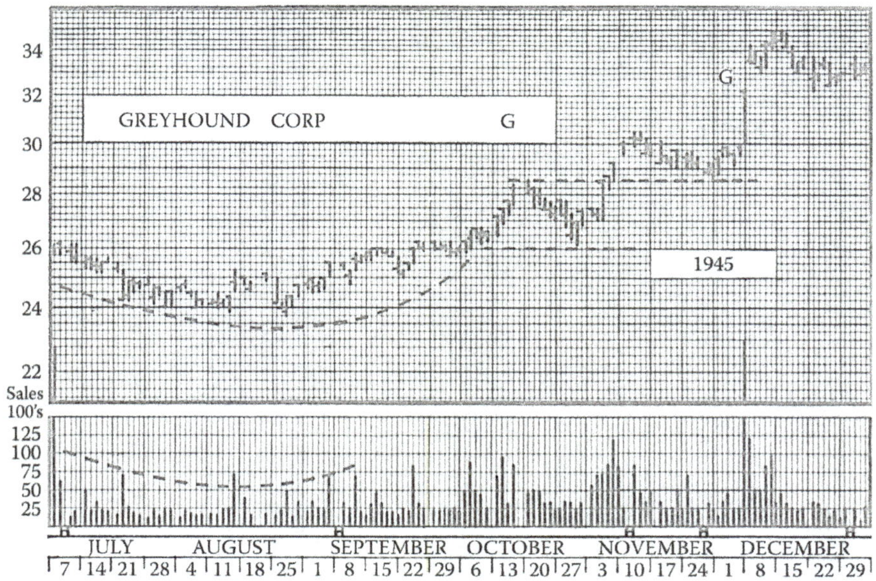

Abbildung 33.4: Greyhound bildete 1945 eine Untertasse. Hier war sie eine Fortsetzungs-(Konsolidierungs-)Formation. Der Anstieg im Mai war bis über 29 gegangen, und die Reaktion ging nun bis auf die Unterstützungslinie bei 24, ein altes Hoch aus dem Jahr 1944.

Im Juli war das Volumen an Tagen mit Kursrückgängen noch ziemlich hoch. Aber im August versiegte es bald. Am 10. August kam eine Aufwärtsbewegung mit Umsatzzunahme, danach wieder Umsatzschwäche und langsame Kursentwicklung.

Die verschiedenen kleinen Bewegungen im August und September hätten uns für Spekulationen keine Basis geliefert. Als die Aktie am 31. August einen neuen Höchstkurs für die letzte Zeit erreichte, sah das nach einer Aufwärtsbewegung aus; am 19. und 20. September sehen wir einen erneuten kleinen Vorstoß bis auf das Niveau von 26. Die Entwicklung ist jedoch noch immer nicht zwingend.

Die Bewegung, die in der Woche vor dem 13. Oktober in Gang kam, ist eindeutiger. Diese entschiedene Bewegung bei gutem Volumen trägt die Kurse in einem beinahe vertikalen Anstieg klar aus der „Schüssel" heraus. Keine große Bewegung, aber eine klare Indikation des wahrscheinlichen Trends. Nunmehr suchen wir einen Kaufpunkt für G: Eine Korrektur von 40 bis 50 Prozent der gesamten Bewegung aus dem Boden heraus oder eine Rückkehr nahe zur Unterstützung bei 26 kommen in Betracht. Der Kauf würde wahrscheinlich um 26 ½ gemacht werden. Beachten Sie das Austrocknen des Volumens bei dieser Reaktion.

Der Anstieg von hier bis 30 auf folgte fast unmittelbar und brachte ein neues Bullenmarkt-Hoch. Am 3. November schloss G bei 30. Das Volumen war für einen Samstag sehr hoch. Da es nicht an einem Breakout-Tag lag, hätten wir unsere Transaktion am Montag mit einem engen Stopp bei 29 ⅞ glattgestellt. (Falls wir uns nicht dazu entschlossen hätten, die nächste kleinere Reaktion im Hinblick auf einen weiteren Anstieg „auszusitzen").

Zwei Wochen später am Grunde der Reaktion auf das gute Unterstützungsniveau hätten wir G wieder bei ungefähr 29 gekauft. (Wir können nicht erwarten, bei jeder Reaktion den niedrigsten Kurs zu bekommen.) Der folgende Anstieg brachte uns in zwei Tagen auf 34 ¼. Dort hätten wieder Gewinne mitgenommen oder die Aktie längerfristig gehalten werden können. G stieg weiter bis auf 54.

Wir schlagen vor, dass Sie den vorhergehenden Absatz noch einmal sorgfältig lesen. Er besagt, dass wir nicht versuchen, Aktien im Bullenmarkt „auf dem Gipfel" zu verkaufen. Im Bärenmarkt versuchen wir nicht, „die günstige Gelegenheit am untersten Punkt" wahrzunehmen. Wir stellen uns nicht bewusst gegen einen Trend, der nach der bisherigen historischen Erfahrung für nicht bestimmbare und möglicherweise lange Zeit laufen kann.

Was wir hier gesagt haben, bedeutet eine leichte Akzentverschiebung gegenüber früheren Auflagen dieses Buches. Sie werden merken, dass wir *nicht* gesagt haben, dass Sie in einem langfristigen Bullenmarkt *niemals* eine Aktie shorten sollen oder niemals eine Aktie in einem Bärenmarkt

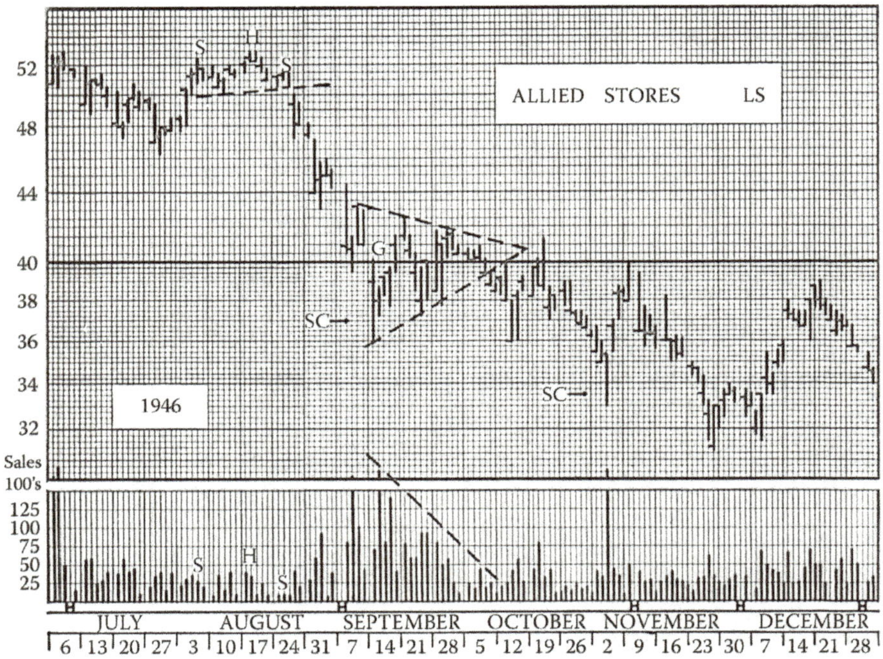

Abbildung 33.5: Dieses symmetrische Dreieck bei Allied Stores ist eine Konsolidierungsformation. Als LS auf den ersten Umkehrpunkt der Formation am 10. September „krachte", war das Volumen noch sehr hoch. Während der folgenden Swings im Dreieck trocknete es immer mehr aus. Bei Point-and-Figure-Charts ist diese Art Formation als „Pendulum Swing" bekannt, da die Kursbewegung wie ein Pendel zur Ruhe zu kommen scheint. Oft wird das Volumen bei jedem Umkehrpunkt des Dreiecks etwas aufleben, aber ein verlässliches Dreieck muss im Gesamtbild eine Abnahme des Volumens zeigen.

Wenn Sie durch unglückliche Umstände noch Aktien besessen hätten, wäre Ihr Protective Stop bei 33 ⅛ platziert gewesen, acht Prozent unter dem Tief von 36. Die Bewegung aus dem Dreieck am Freitag und Samstag, dem 4. und 5. Oktober, war trotz des geringen Volumens (unter diesen Umständen) ein echter Breakout. (Ein Breakout nach unten erfordert keine Bestätigung durch Volumen.) Jetzt wäre es gerechtfertigt gewesen, am Montag die Aktien bestens zu verkaufen. Sie hätten einen Kurs von circa 38 ½ bekommen. Um einen Leerverkauf zu rechtfertigen, hätte der Schlusskurs zumindest drei Prozent außerhalb des Dreiecks liegen müssen. Die Rückkehr zur Formationsgrenze bei 40 war interessant. Das Volumen stieg in charakteristischer Weise an, als die Abwärtsbewegung am 9. und 10. Oktober ernsthaft in Gang kam.

Es gibt keinen Zweifel an der Verlässlichkeit dieses Breakouts. Leerverkäufe waren bei einer Rückkehr zu den Grenzen des Dreiecks oder bei einer Korrektur von 40 bis 50 Prozent der Breakout-Bewegung gerechtfertigt; dieser Punkt lag bei etwa 38 ½ bis 39. Die Rallye trug bis zur Dreiecksspitze, und dann ging es schnell bergab bis 33. Dort lag am 30. Oktober ein Selling Climax (SC) und ein One-Day Reversal, ein Hinweis, Gewinne mitzunehmen.

Im August gab es eine kleine SKS-Formation. Dies war eine Fortsetzungsformation, die das Hoch einer Rallye kennzeichnete, ehe der Abstieg von September bis November einsetzte.

kaufen sollen. Es kommen immer Fälle von Aktien vor, die gegen den Haupttrend laufen und die auf der Basis ihres individuellen technischen Verhaltens ein Engagement gegen den Trend der Indizes rechtfertigen können.

Wir meinen jedoch, dass solche Transaktionen vorsichtig durchgeführt werden sollten. Man muss sich darüber im Klaren sein, dass sich die Mehrzahl der Aktien in entgegengesetzter Weise verhält. Solche Transaktionen können in Sonderfällen ausgeführt werden, die durch die beteiligten Aktiencharts gerechtfertigt sind. Dadurch kann man zum Beispiel eine Hedge-Praxis einführen, um das Gesamtrisiko zu reduzieren. Wenn beispielsweise ein Bullenmarkt schon mehrere Jahre dauert, mag die Vermutung dafür sprechen, dass er noch besteht. Aber gewisse Aktien haben viel-

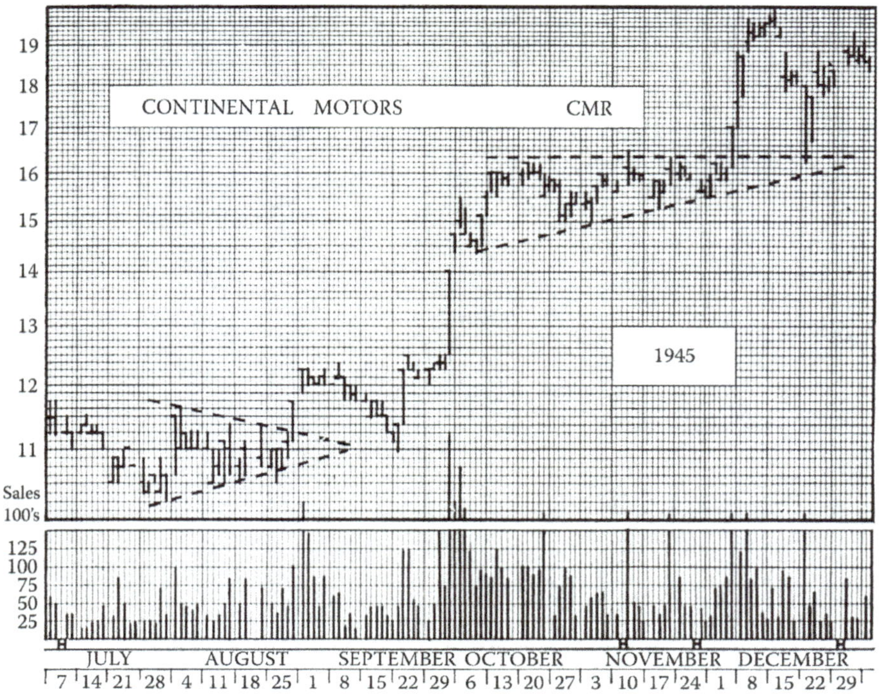

Abbildung 33.6: Ein steigendes Dreieck. 1943 erwachte CMR aus völliger Erstarrung und kämpfte sich bis zum Frühjahr 1945 auf ungefähr 12 hoch. Die ersten acht Monate des Jahres im Monatschart zeigen ein steigendes Dreieck mit der Oberlinie bei 12 ¼. In Tagescharts jedoch sehen wir die Einzelheiten dieser großen Formation besser. So stellte sich hier der letzte Teil der gesamten (monatlichen) Formation im August als symmetrisches Dreieck heraus. Der Breakout aus dieser Formation erreichte das Mindestkursziel und brachte die Kurse wieder auf die Linie von 12 ¼. Dort gab es eine Reaktion, die genau bei 11, der Spitze des (symmetrischen) Dreiecks, zum Halten kam. Nach dem kraftvollen Ausbruch aus dem Dreieck wäre ein Kauf im Rahmen dieser Reaktion bei circa 11 ½ getätigt worden. Die Gewinnmitnahme wäre mit progressiven Stopps erfolgt, und zwar nach dem 28. September, als CMR 14 erreichte. Der Verkauf wäre bei dieser Methode am 2. Oktober bei 14 ⅞ ausgeführt worden, eine sehr gewinnbringende Bewegung.

Gewinnmitnahmen dieser Art erklären zum großen Teil das einstweilige Ende des Anstiegs und die Bildung einer Konsolidierungsformation, die sich als steigendes Dreieck von acht Wochen Dauer mit einer Obergrenze bei 16 ¼ herausstellte. Beachten Sie das Volumen am 7. November, als die Kurse durch die Linie nei 16 ¼ stießen, aber nicht außerhalb der Formation schließen konnten. Vergleichen Sie damit das Volumen am 30. November, als ein klarer, entschiedener Ausbruch bei 17 schloss. Diese Bewegung lief bis 20, und Käufe wären bei 18 oder weniger im Rahmen der Reaktion erfolgt. Die nächste Welle trug die Aktie im Januar zu ihrem endgültigen Bullenmarkt-Hoch bei 24. Auf logarithmischem Chartpapier lag das Top des steigenden Dreiecks genau halbwegs zwischen dem September-Tief bei 11 und dem extremen Hoch bei 24. Diese Art von Konsolidierung auf der halben Wegstrecke ist typisch für Flaggen und Wimpel, und dies ist ein sehr ähnlicher Fall.

leicht schon schwere Einbrüche erlebt und zeigen individuelle Schwäche. Ein Spekulant mag dann weiterhin drei Viertel seines Kapitals in guten Long-Positionen halten (das heißt, gekaufte Aktien halten), aber er kann jetzt schon eine begrenzte Anzahl von Leerverkäufen in den schwächeren Aktien vornehmen. Wenn sich der Bullenmarkt doch noch weiter fortsetzt, muss er vielleicht seine Leerverkäufe mit Verlusten glattstellen. Diese Verluste muss er in diesem Fall als vernünftige „Versicherungskosten" betrachten. Denn die allgemeine Schwäche hätte auch größer werden und den Major-Trend umkehren können. Dann hätten die Leerverkäufe einen Ausgleich für die Verluste gebracht, die die Long-Positionen bis zum Zeitpunkt des Umkehrsignals erlitten hätten. *(EN9: Eine*

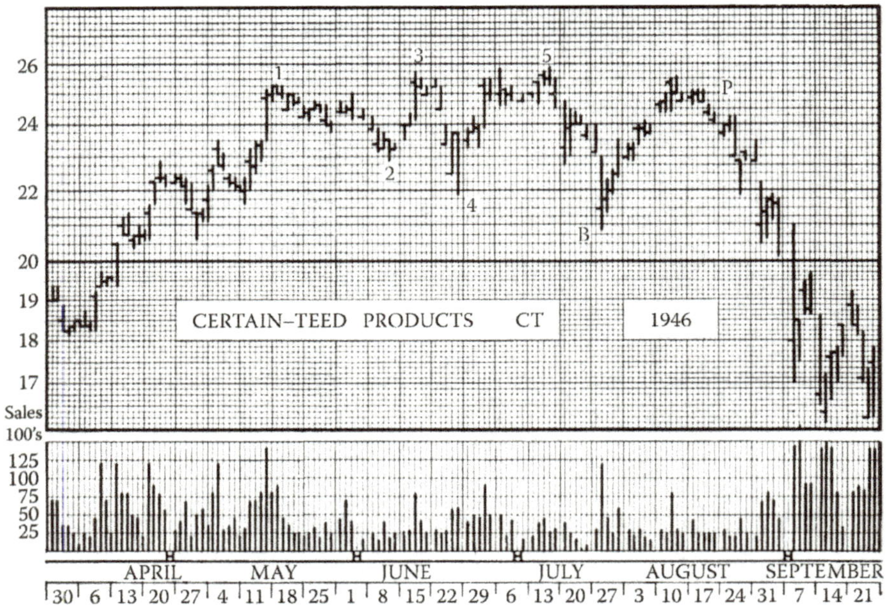

Abbildung 33.7: Ein Broadening Top. Diese etwas seltene, aber schöne und verlässliche Formation entwickelte sich, als CertainTeed seinen Bullenmarkt-Gipfel im Jahr 1946 erreichte. Ein kurzer Blick auf den Umsatz in diesem Tageschart zeigt das hohe Volumen im letzten Stadium des Aufschwungs, die Abnahme während der Entwicklung der Top-Formation und das gestiegene Volumen nach dem Breakout.

Wie wir inzwischen alle wissen (andernfalls lesen Sie Kapitel 10 nochmals), ist ein Broadening Top eine 5-Punkte-Umkehr, die sich von einer SKS-Formation, einem Dreieck, Rechteck und so weiter darin unterscheidet, dass jede einzelne Kursumkehr innerhalb der Formation auf einem neuen Hoch und einem neuen Tief (bezogen auf die Formation) liegen muss. Es ist, wenn Sie so wollen, eine Art umgekehrtes Dreieck mit der Spitze nach links, in dem die Schwünge ständig größer werden.

In der zweiten Mai-Woche erreichte CT (das Ticker-Symbol ist inzwischen zu CRT geändert) einen neuen Höchstkurs für diesen Bullenmarkt bei 25 ¼ (siehe im Chart Nummer 1). Die Reaktion trug zurück zu dem Unterstützungsniveau des vorhergehenden Minor-Tops (Punkt 2). In der folgenden Woche stieg CT auf ein neues Hoch bei Punkt 3 und schloss um ⅛ Punkt über dem vorhergehenden Hoch.

Eine weitere Woche hatte CT auf Punkt 4 zurückgeworfen; der Schlusskurs von 22 ½ lag ¾ Punkte unter Punkt 2. Dies ist noch kein ausreichender Grund, Leerverkäufe vorzunehmen. Drei Wochen später schloss CT bei 25 ⅝ auf einem neuen Hoch bei Punkt 5. Schließlich fiel die Aktie am 23. Juli auf 21 ½. An dieser Stelle (im Chart mit B bezeichnet) war die Formation beendet. Beachten Sie die Tendenz des Volumens, bei jedem Umkehrpunkt der Formation anzusteigen.

Wenn man Aktien hielt, wären diese am Tag nach dem Breakout bestens verkauft worden. Aber Leerverkäufer hätten auf eine Korrektur von etwa 40 bis 50 Prozent der Bewegung von Punkt 5 bis zu Punkt B gewartet. Leerverkäufe bei 23 hätten uns keine Sorgen gemacht, auch wenn die Aktie noch eine Weile weiter stieg. Entscheidend war, dass kein neues Hoch erreicht wurde. Die Abwärtsbewegung von CT verlief schnell bis 15 ½ und in insgesamt zwölf Monaten auf 11 ½.

äußerst kluge Bemerkung, die der jetzige Herausgeber mit der Theorie des „natürlichen Hedgings" ausführlicher entwickelt hat. Angesichts der Komplexität der heutigen Märkte können Gewinne auf beiden Seiten des Hedges erzielt werden, und das sollte das Ziel sein).

Wir benutzen einen Evaluative Index (Bewertungsindex – siehe Kapitel 38) anstelle der Indizes, oder besser: zusätzlich zu den Indizes. Damit ist es möglich, zu sagen: „Die Börse ist zu ungefähr 60 Prozent bullish oder zu 55 Prozent bullish", und nicht nur, dass ein Bullenmarkt oder ein Bärenmarkt herrsche. Dies berücksichtigt den Umstand, dass ein Markt mehr bullish oder mehr bearish als ein anderer sein kann. Der Investor ist damit in der Lage, sich jeweils der Haupttendenz anzu-

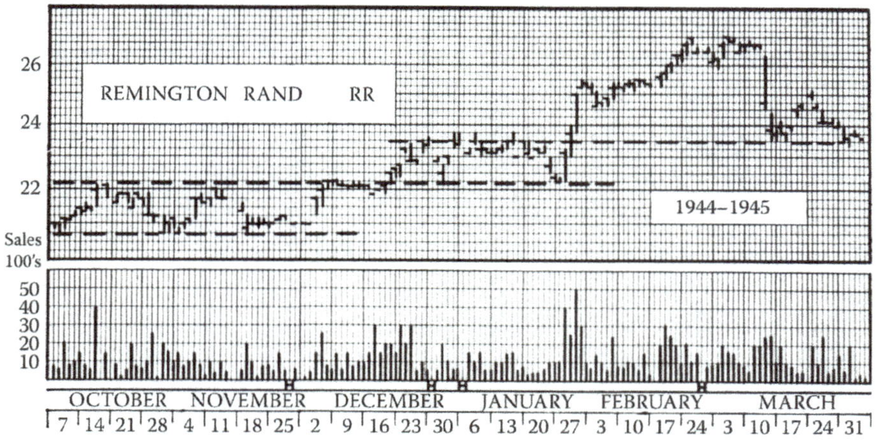

Abbildung 33.8: Rechtecke bei Remington Rand. Dies ist ein Teil eines langen Bullenmarkt-Anstiegs, der RR von 1942 bis 1946 von unter 10 bis über 50 trug. In Monatscharts wirkten die letzten drei Jahre dieses Anstiegs beinahe gleichmäßig ohne nennenswerte Reaktionen. Hier haben wir in einem Tageschart den Ausschnitt von Ende 1944 bis Anfang 1945, also eine Periode mitten während des Aufschwungs. Dabei sehen wir, dass der Anstieg eigentlich nicht gleichmäßig war. Vielmehr bestand er aus Stufen einer steigenden „Treppe" von Akkumulationsformationen. Jedem starken Anstieg mit gesteigertem Volumen folgte eine Periode leichter Kursrückgänge bei geringem Umsatz.

Ein Bild dieser Art legt den Gedanken nahe, dass es sich um die methodische Kampagne von Aufkäufern handelt. Sie wollen große Blocks der Aktie für einen langfristigen Anstieg zusammenkaufen, ohne durch ihre eigenen Käufe den Kurs steil nach oben zu treiben. Vermutlich wurde jeder Anstieg dadurch wieder zum Halten gebracht, dass ein Teil der aufgekauften Aktien vorübergehend wieder abgegeben wurde. Erneute Akkumulation begann dann im Rahmen der Reaktion.

Im Oktober und November haben wir ein gut gekennzeichnetes Rechteck zwischen 20 ¾ und 22. Ein Kauf hätte an oder nahe der Bottom-Grenze bei etwa 21 erfolgen können, als die fünfte Umkehr am 14. November stattfand. Die Bewegung aus der Formation in der Woche vom 2. Dezember trug die Kurse nicht um drei Prozent aus der Formation heraus, aber etwa zwei Wochen später kam eine Bewegung in Gang, die man als verlässlichen Breakout mit Bestätigung durch das Volumen ansehen konnte. Beachten Sie den Anstieg des Volumens und das One-Day Reversal am 20. Dezember, als diese Bewegung ihrem Hoch nahe kam. Käufe hätte man bei etwa 22 ½ getätigt. Grundlage für diese Zahl waren der Umfang einer normalen Korrektur und die Unterstützung bei 22. Diese Unterstützung wurde von den Kursen respektiert, aber die Bewegung ging nicht über 22 ¾ hinaus. Innerhalb einer Periode von zwei Wochen wurden drei kleine Hochs auf diesem Niveau gebildet, und die Kurse fielen auf 22 ¼ zurück.

Bezüglich des Breakouts vom 25. Januar bestehen keine Fragen. Ausdehnung und Volumen waren entschieden. Beachten Sie das Gap und das One-Day Reversal am folgenden Tag, als diese kurzfristige Bewegung ihr Ende erreichte.

Mitte März fiel RR von seiner Höhe von 27 steil nach unten. Aber die Obergrenze des Januar-Rechtecks erwies sich als gute Unterstützungslinie; der Abschwung wurde sozusagen auf der Stelle gestoppt. Niemals wieder während des gesamten Bullenmarkts wurde diese Linie auch nur bedroht. Im April stieg RR weiter und setzte den langen Marsch zum Hoch des Jahres 1946 fort.

passen, anstatt in der einen oder anderen Richtung eine Alles-oder-nichts-Methode zu verfolgen. *(EN9: Ich habe das „rhythmisches Trading" genannt.)*

Der Investor kann also eine solche Teilposition gegen den (vermuteten) Major-Trend eingehen. Er wird aber die Masse seines Kapitals in Situationen einsetzen, die mit dem Haupttrend in Übereinstimmung sind. Er wird niemals den größeren Teil seines Vermögens gegen den Trend riskieren, und er wird alle Positionen gegen den Haupttrend in dem klaren Bewusstsein eingehen, dass sie eine Art Versicherung darstellen. Sie erfüllen ihren Zweck auch dann, wenn sie letztlich mit kleinen Verlusten ausgestoppt werden sollten.

Um nun diese Schlussfolgerungen aus der Dow-Theorie zusammenzufassen: Gehen Sie keine Mehrzahl Ihrer Positionen gegen die Richtung des Major-Trends ein. In Perioden möglicher Trendumkehr sollten Sie allmählich Ihre Bestände verringern und Leerverkäufe schwacher Aktien vornehmen, aber nur in begrenztem Umfang. Versuchen Sie nicht, ein Major-Top oder einen Major-Bottom in den Indizes vorwegzunehmen, indem Sie entgegen dem Haupttrend ganz aus dem Markt heraus- oder ganz in den Markt hineingehen.

Schulter-Kopf-Schulter-Formationen

(A.) Wenn Sie Aktien besitzen, wenn der Kurse durch die Nackenlinie bricht und der Schlusskurs zumindest drei Prozent unter der Nackenlinie liegt, platzieren Sie am nächsten Morgen eine Stop-Loss-Order $\frac{1}{8}$ Punkt unter dem letzten Schlusskurs. Wenn sie am ersten Tag nicht erreicht wird, folgen Sie mit einem engen Stop immer $\frac{1}{8}$ Punkt unter dem Schlusskurs jedes Tages, bis die Position ausgestoppt ist.

(B.) Nach einem Breakout können Leerverkäufe vorgenommen werden, und zwar bei folgenden Kaufpunkten: 1. Im Rahmen einer Erholung, die 40 Prozent der Entfernung vom Hoch der rechten Schulter zum Tief der Breakout-Bewegung wieder ausgeglichen hat. 2. Im Rahmen einer Erholung, die zu der Linie führt, die vom Hoch des Kopfes über das Hoch der rechten Schulter nach unten gezogen ist. 3. Im Rahmen einer Pullback-Bewegung zur Nackenlinie. Welcher dieser drei Punkte als erster erreicht wird, ist maßgeblich. Wenn die Breakout-Bewegung noch einen weiteren oder mehrere Tage anhält, werden die 40 Prozent auf die gesamte Bewegung vom Hoch der rechten Schulter bis zum niedrigsten erreichten Punkt bezogen.

Inverse Schulter-Kopf-Schulter-Formationen

(EN: Der Herausgeber, seit Langem verzweifelt über das Paradoxon des Begriffs „Head-and-Shoulders Bottom", schlägt vor, diese Formation in der Nomenklatur der Techniker in „Kilroy Bottom" umzubenennen [siehe Abbildung 7.4.])

(A.) Sie sind in der Aktie „short" (das heißt, Sie haben früher Leerverkäufe vorgenommen und bisher noch nicht eingedeckt). Wenn sich dann ein Breakout mit *erhöhtem Umsatz* ereignet und der Schlusskurs um mindestens drei Prozent oberhalb der Nackenlinie liegt, platzieren Sie am nächsten Morgen eine Stop-Loss Buy-Order $\frac{1}{8}$ Punkt oberhalb des Schlusskurses. Wenn der Stoppkurs nicht erreicht wird, folgen Sie jeden Tag mit einem neuen Stoppauftrag, der jeweils $\frac{1}{8}$ Punkt höher als der Schlusskurs des vorhergehenden Tages liegt, bis Ihre Position ausgestoppt ist.

(B.) Nach einem Breakout können neue Käufe vorgenommen werden, und zwar an folgenden drei Kaufpunkten: 1. Im Rahmen einer Kursreaktion, die 40 Prozent der Entfernung vom Boden der rechten Schulter bis zum Hoch der Breakout-Bewegung ausgleicht. (Bei dieser Reaktionsbewegung muss das Volumen abnehmen.) 2. Im Rahmen einer Kursreaktion

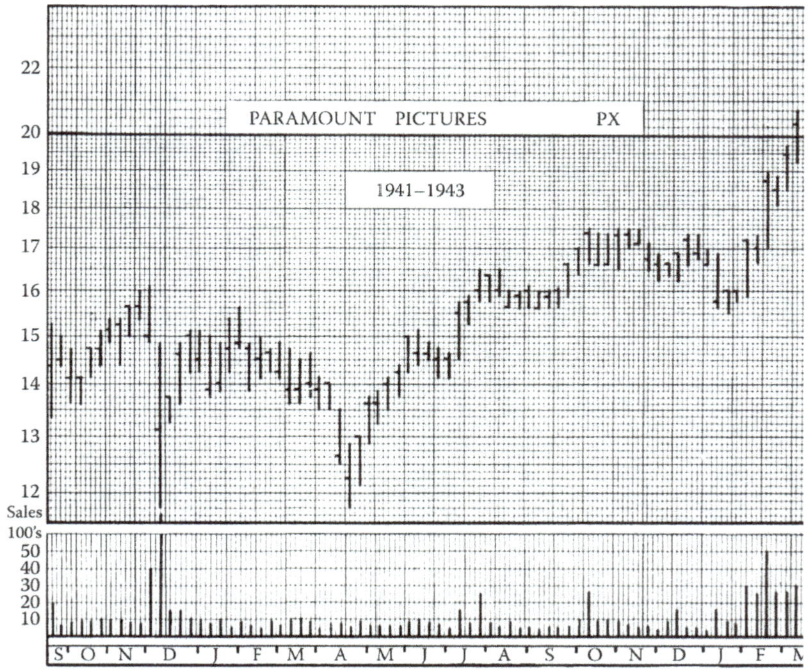

Abbildung 33.9: Ein Doppelboden in Paramount Pictures. Doppel-Tops und Doppelböden sind nicht so häufig, wie manche Spekulanten annehmen. Sie erfordern für ihre Entwicklung erhebliche Zeit. Sie müssen nach Kursspanne, Zeit und (bei Breakouts nach oben aus einem Doppelboden) nach Volumen allen unseren Anforderungen entsprechen. Man findet sie leichter in Wochen- als in Tagescharts.

Dies ist ein Wochenchart von PX von September 1941 bis März 1943. Unter klimaktischem Volumen wurde während der Pearl-Harbor-Panik ein Tief bei 11 ¾ erreicht. Ein acht Wochen langer Anstieg trug PX auf 15 ⅝ zurück. – Dieser Anstieg hatte schwaches Volumen und legte die Möglichkeit nahe, dass es zu einem neuen Kurszusammenbruch auf ein noch tieferes Niveau kommen konnte. Der Anstieg war kursmäßig erheblich; er betrug 35 Prozent des Kurses am Tiefpunkt im Dezember.

Die Abwärtsbewegung bis Mitte April hatte jedoch geringes Volumen und endete genau an dem Dezember-Tief von 11 ¾ (Hinweis: Es ist nicht notwendig, dass Bewegungen dieser Art exakt auf demselben Niveau enden; das zweite Tief hätte ein wenig höher oder tiefer sein können, ohne die Formation zu zerstören.)

Die zweite Woche im Juli zeigte die ersten Anzeichen einer möglichen Kursumkehr. Der Kurs stieg mit verstärktem Volumen, aber schloss nicht über 15 ⅝; das war also noch kein Breakout. Zwei Wochen später war PX mit starkem Volumen auf 16 ½ gestiegen und schloss die Woche bei 16. Dies war der echte Breakout, und Käufe wären von da an im Rahmen von Reaktionen angebracht gewesen.

Die Bewegung setzte sich drei Jahre lang fort, das endgültige Hoch lag bei 85.

auf eine Linie, die vom Boden des Kopfes durch den Boden der rechten Schulter gezogen wird. 3. Im Rahmen einer Throw-Back-Bewegung zur Nackenlinie. Maßgeblich ist immer, welcher Punkt als erster erreicht wird. Wie im Fall der Top-Formation werden die 40 Prozent von der gesamten Breakout-Bewegung berechnet, wenn sie sich mehrere Tage fortsetzen sollte.

Komplexe oder multiple Schulter-Kopf-Schulter-Formationen

Hierfür gelten dieselben taktischen Vorschläge wie für einfache Schulter-Kopf-Schulter-Formationen. Definitionen und besondere Merkmale dieser Formation sind in Kapitel 7 beschrieben.

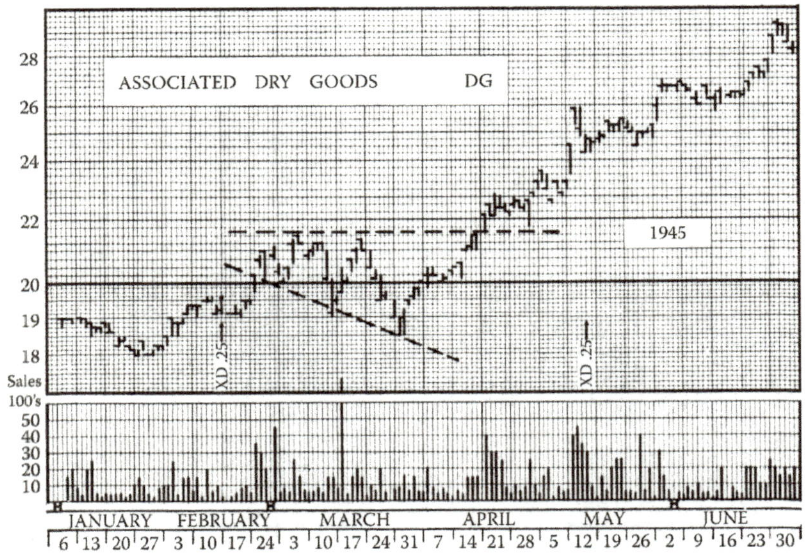

Abbildung 33.10: Eine rechtwinklige Broadening-Formation in Associated Dry Goods. Ein schönes Beispiel für einen Breakout durch mehrfache Tops, dem eine erhebliche Bewegung folgt. Dies ist jedoch eine Formation, die man mit mehr Freude aus der Rückschau betrachtet, als wenn man ihr als aktiver Spekulant folgt. Die Aktie war aus einem wichtigen Boden um 4 aufgestiegen, der sich 1938, 1940 und 1942 gebildet hatte. Zur Zeit dieses Charts im Jahr 1945 begann DG seinen beschleunigten Anstieg, der schließlich mit dem Rounding Top von 1946 bei über 70 endete (siehe Abbildung 33.3).

Wenn Sie die Aktie in Besitz gehabt hätten, hätten Sie eine erhebliche Korrektur nach dem Aufschwung von 12 auf 20 erwartet. Ende Februar und in der ersten Märzwoche stieg DG auf einen neuen Höchstkurs in diesem Bullenmarkt. Die Reaktion fand eine Unterstützung bei 19 bis 19 ½, und in der Woche vom 17. März stieg die Aktie wieder, erreichte aber diesmal keinen neuen Höchstkurs. Zehn Tage später war DG im Rahmen einer Reaktion auf 18 ½ zurückgefallen und schloss damit unter dem vorhergehenden Minor-Bottom. Ein unerfahrener Beobachter hätte an dieser Stelle den Kommentar gegeben: „Doppel-Top", und geplant, DG sofort zu verkaufen oder sogar einen Leerverkauf vorzunehmen. Die Formation war jedoch weder in der zeitlichen Ausdehnung noch in Bezug auf die Kursbewegung groß genug, um als Doppel-Top angesehen zu werden; sie gehörte auch zu keiner anderen erkennbaren Umkehrformation. Auch war das Volumen nicht so hoch, wie man es an einem wichtigen Top erwartet hätte.

Die Rallye Anfang April brachte einen entschiedenen Breakout von mehr als drei Prozent. Die Bewegung erreichte am 18. April 22 ⅞. Das war ein klarer Bruch der oberen Grenze und bestätigte den Aufwärtstrend. Wenn Sie die Aktie noch hatten, konnten Sie nun ruhiger schlafen. In jedem Fall hätten Sie auf eine Kaufgelegenheit im Rahmen einer Reaktion gewartet. Wenn Sie versucht hätten, auf der Unterstützung bei 21 ½ zu kaufen, hätten Sie das Nachsehen gehabt. Aber wenn Sie Ihre Order etwas höher, sagen wir bei 22, platziert hätten, hätten Sie einen schönen Gewinn bei dem Anstieg auf 25 ⅞ gehabt. Dort hätten Sie mit einem Close Stop bei 25 ¾ verkauft.

Rounding Tops und Rounding Bottoms

Es ist schwierig, für diese allmählichen Trendänderungen präzise Regeln zur Spekulation zu geben. Im Falle eines Rounding Tops ist der Gesamteindruck über mehrere Wochen hin eine „Bogenbildung" der Kurse. Der Anstieg wird immer flacher, und dann gehen die Kurse allmählich nach unten, sehr wahrscheinlich mit einer Abnahme des Volumens in der Nähe des Hochs und einem Anstieg des Volumens, sobald der Bogen nach unten beginnt. Wenn man eine solche Aktie besitzt, würde diese Entwicklung einen „Bestens"-Verkauf nahelegen, sobald das Bild ausreichend verdächtig erscheint. Ein Leerverkauf anlässlich eines Rounding Tops könnte sehr gewinnbringend sein; aber man kann dafür keine genauen Regeln aufstellen. Man hat keinen klaren Referenzpunkt (für Stopp-Orders) und müsste sich daher seiner Sache sehr sicher sein, dass die Formation unmissverständlich ein Rounding Top ist. Das Bild müsste gut ausgeprägt sein, einem langen Anstieg folgen und sich in seiner Ausbildung über mehrere Wochen erstrecken. Die Stopp-Order müsste über dem Top der Kurve liegen, wie im Kapitel über Stopps erklärt wurde.

Im Falle eines Rounding Bottoms (= Untertasse) hätten Sie vermutlich keine Short-Position in der Aktie mehr. Das lange, allmähliche, bogenförmige Aussehen bei geringem Volumen wäre verdächtig genug. Folgt dann eine plötzliche Belebung der Kurse bei stark gesteigertem Volumen, so ist das Signal genug für einen Eindeckungskauf, wenn Sie sich noch in dieser ungemütlichen Lage befinden. Käufe bei einem Rounding Bottom wären gerechtfertigt, nachdem sich das erste Aufflammen der Aktivität nach einer langen, umsatzschwachen Periode des „Schlafens" gezeigt hätte.

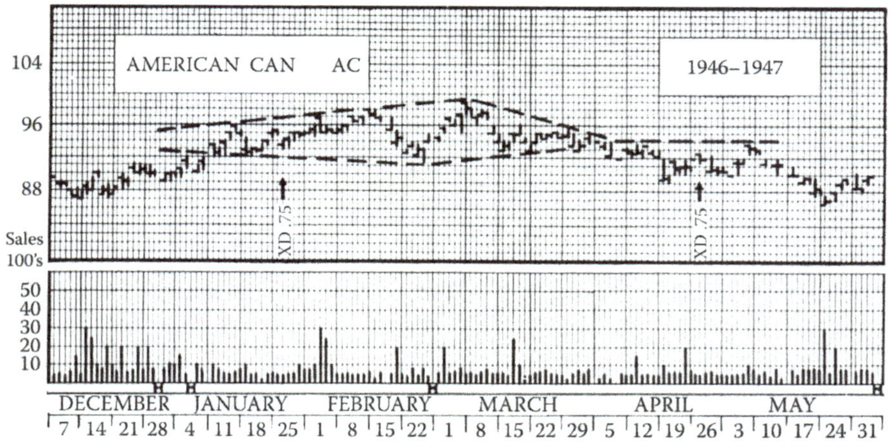

Abbildung 33.11: Eine Diamantformation bei American Can. Der Tageschart umfasst die Periode von Dezember 1946 bis einschließlich Mai 1947. AC hatte seinen Bullenmarkt-Gipfel im Oktober 1945 bei 112 erreicht. Die Tendenz von hochkarätigen, hoch notierten Aktien, am Ende einer Hausse früh ihren Gipfel zu bilden, ist schon erwähnt worden. Der erste Kursrückgang ging fast bis 90 und wurde von einer Rallye auf 106 abgelöst. Die Aktie fiel dann unter 80, und eine zweite Rallye brachte die Situation, die wir hier im Chart sehen.

Sie werden sofort bemerken, dass die Bewegung ein allmählich „sich rundendes" Erscheinungsbild zeigt. Das liegt daran, dass die Kurse konservativer Aktien keine großen prozentualen Bewegungen vollführen. Hätte man die Aktie in einem Maßstab dargestellt, bei dem die senkrechten Zwischenräume größer sind, hätte die Formation mehr den Bewegungen einer normalen spekulativen Aktie geglichen.

Der erste Teil der Formation ist ähnlich einem Broadening Top. Dem ersten kleineren Gipfel bei 96 folgt eine Reaktion auf 92; der zweite Gipfel geht noch höher bis 98, und die Reaktion geht dieses Mal bis 91 ¼. Eine dritte Rallye bringt AC auf 99. Bis dahin haben wir die fünf Umkehrpunkte eines Broadening Tops. Wir brauchen nun nur noch einen Schlusskurs unter 91 ¼, und die Prognose wäre als bearish bestätigt. Jedoch bricht der nächste Abschwung nicht aus der Formation aus, und nun bekommen wir für mehrere Wochen ein *zusammenlaufendes* Bild wie in einem symmetrischen Dreieck.

Schließlich macht die Aktie einen klaren Breakout auf 89. Damit haben wir das Signal, aus gehaltenen Aktien auszusteigen und bei der nächsten Rallye Leerverkäufe in Erwägung zu ziehen. Die drei Wochen lange Rallye, die dann begann, schaffte niemals den Durchbruch nach oben durch den Widerstand bei 94; das war das Niveau der Spitze, wo sich die zusammenlaufenden Grenzlinien der letzten Hälfte des Diamanten schnitten.

American Can machte von diesem Punkt aus keine spektakulären Bewegungen nach unten. Das ist nicht erstaunlich, wenn man bedenkt, dass die Aktie zuvor schon erheblich gefallen war, und wenn man weiter die Gewohnheiten und den Kurs der Aktie und die allgemeine Börsenlage in die Überlegung einbezieht. Andererseits stieg sie auch nicht wieder auf das hier gezeigte Niveau und sank allmählich auf 80 zurück.

Der Diamant ist, um es zu wiederholen, eine nicht so häufige Formation. In gewissem Sinne ist er eine Art komplexe Schulter-Kopf-Schulter-Formation mit einer gebogenen Nackenlinie. Zu Beginn erinnert er an ein Broadening Top, und in seiner späteren Phase läuft er zusammen wie ein symmetrisches Dreieck.

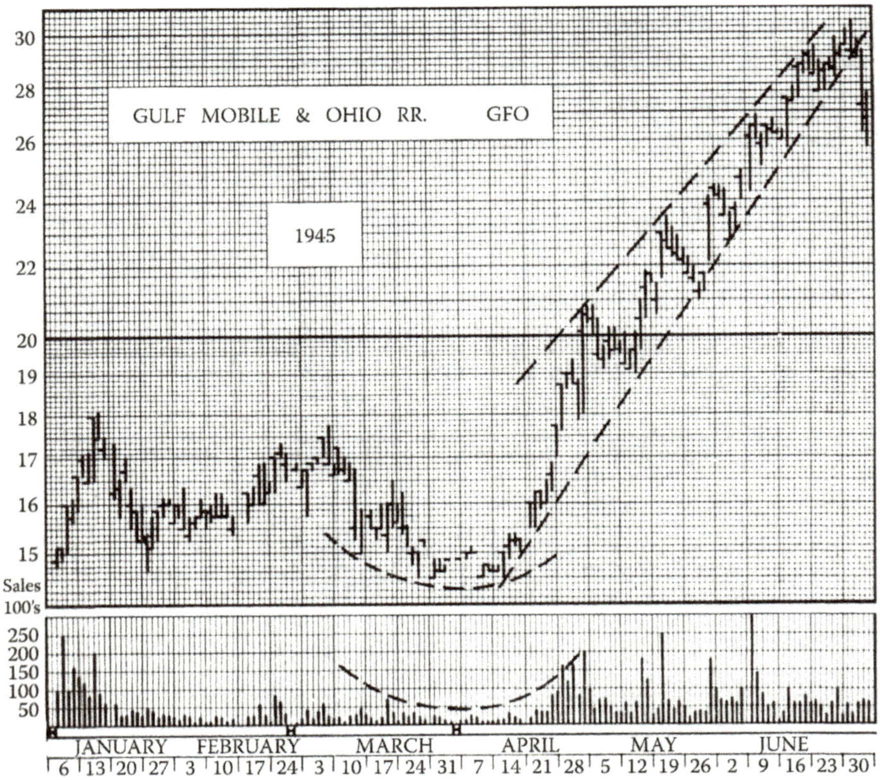

Abbildung 33.12: Gulf, Mobile & Ohio bildete im ersten Halbjahr 1945 im Tageschart einen wunderschönen Keil. Die Bewegung beendete den spektakulären Anstieg von GFO und brachte das endgültige Bullenmarkt-Hoch.

Unmittelbar nach dem Ausbruch der Kurse aus dem Keil fiel GFO auf 18 ¾. Von diesem zwischenzeitlichen Tief, das im August erreicht war, gab es eine Rallye in ein langes Rechteck, das zwischen 23 ¾ und 26 ¾ lag. Daraus brachen die Kurse nach unten aus und fielen in einer Serie steiler Kursrückgänge, bis die Aktie im Mai 1947 bei 6 ⅛ notierte.

In einer Formation wie hier ist es ziemlich schwierig, zu sagen, wann man das Zusammenlaufen der Trends als etabliert zu betrachten hat: Die Breakout-Bewegung Ende April war natürlich völlig normal; man hätte die Aktie bei der nächsten Reaktion gekauft. Der folgende Aufschwung im Mai bis 23 ½ reichte nicht aus, um einen parallelen Trendkanal zu bilden, und im Laufe der Reaktion sah man eine zusammenlaufende Tendenz. Die nächsten drei Kursaufschwünge wiederholten und bestätigten alle das Bild einer Keilformation. An der Spitze sehen wir eine Art Zusammenkriechen der Kurse, die nur noch wenig oder gar nicht vorankommen. Ein wendiger Spekulant hätte möglicherweise seine Gewinne auf gekaufte Aktien mitgenommen, als der hohe Umsatz am Hoch der kleineren Bewegung erschien, die am 4. und 5. Juni endete. In jedem Fall hätte er die ganze Zeit hindurch eine schützende Stopp-Order laufen lassen, die ihn aus der Aktie brachte, falls und sobald sich ein Breakout nach unten ereignete.

Sie würden entsprechend den Regeln kaufen, die wir für Käufe auf Reaktionen hin gegeben haben. Sie würden also nicht auf den Breakout hin kaufen, sondern im Rahmen der nachfolgenden Reaktion, die fast sicher kommen wird.

Symmetrische Dreiecke

(A) *Verhalten, wenn Sie schon eine Position in der Aktie haben.* Während der Ausbildung eines symmetrischen Dreiecks kann es Ihnen passieren, dass Sie in Ihrer Position keine Veränderung vornehmen können: Nehmen wir an, Sie kaufen die Aktie im Rahmen einer

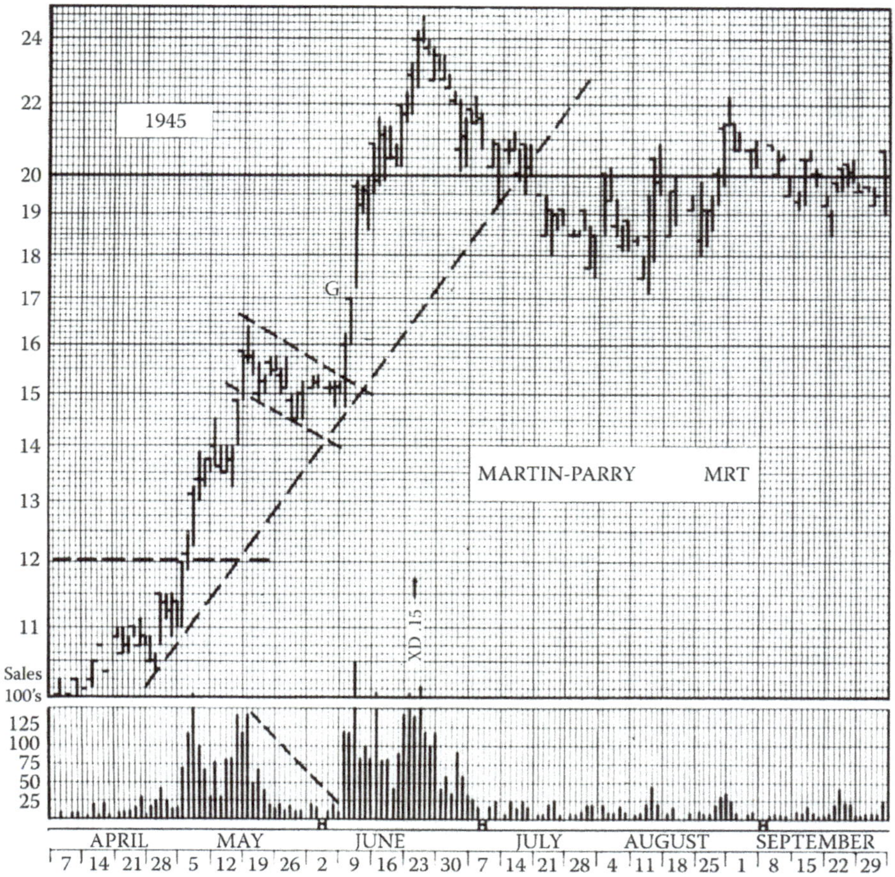

Abbildung 33.13: Eine Wimpel-Formation bei Martin-Parry. Diese Formation ist ziemlich häufig, wenn eine Aktie sich schnell bewegt. Der springende Punkt bei Flagge und Wimpel (und manchmal auch anderen Konsolidierungsformationen bei schnellen Bewegungen) ist ihre Tendenz, sich fast genau in der Mitte zwischen Tief und Hoch zu bilden.

Kurz vor dieser Bewegung hatte MRT sieben Monate lang ein Rechteck zwischen 10 und 12 ausgebildet; zuvor war die Aktie 1944 von etwa 4 auf 12 gestiegen. Der Breakout im Mai mit starkem Umsatz trug MRT schnell und ohne angemessene Reaktion bis zur Spitze des Wimpels. Beachten Sie das erhöhte Volumen an der Spitze dieses Anstiegs. Drei Wochen lang bröckelten die Kurse ab, und das Volumen trocknete erkennbar aus. Die Formation korrigierte nicht die ganze erste Phase, sondern fand eine Unterstützung an dem kleineren Hoch bei 14 ½.

Plötzlich wurde die Bewegung bei hohem Volumen wieder aufgenommen; sie führte diesmal geradewegs bis 24 ¾. Ein Spekulant, der die Aktie noch besaß oder bei etwa 15 in der Wimpel-Formation gekauft hatte, hätte sie vermutlich nach dem 6. Juni bei 19 ⅞ verkauft, als sich das hohe Volumen zeigte.

Reaktion auf einen Anstieg. Der nächste Anstieg bringt kein neues Hoch und bringt auch kein ausreichendes Signal vom Volumen her, um Sie zu einem Verkauf zu veranlassen. Die nächste Reaktion reicht nicht so weit wie die vorhergehende. Sie sind in ein Dreieck „eingesperrt". Sie können jetzt nicht verkaufen, da das Dreieck schließlich in der ursprünglichen Richtung ausbrechen und Ihnen einen guten Gewinn bringen kann. (In der Tat spricht die Wahrscheinlichkeit sogar dafür, dass es in dieser Richtung ausbrechen wird.) Im Falle einer Breakout-Bewegung nach oben muss diese natürlich von verstärktem Volumen begleitet sein. Dann können Sie Ihre Aktie entsprechend unseren Regeln mit Gewinn verkaufen und sie sofort als Rückkaufgelegenheit für die nächste Reaktion vorsehen. Wenn der Breakout nach unten erfolgt (mit oder ohne erhöhtes Volumen) und der

Schlusskurs (ausreichend) außerhalb des Dreiecks liegt, sollten Sie sich am nächsten Morgen mit einem engen Stopp absichern. Sie sollten solche engen progressiven Stopps unter jeden Tagesschlusskurs nachziehen, bis die Transaktion glattgestellt ist.

Wenn Sie die Aktie leerverkauft haben, gelten die gleichen Regeln im umgekehrten Sinn. Allerdings würde der Breakout in die richtige Richtung (nach unten) keine Bestätigung durch das Volumen erfordern, wohl aber der ungünstige Breakout (nach oben).

(B) *Verhalten, wenn Sie keine Position in der Aktie haben.* Lassen Sie die Finger von allen Aktien, die ein symmetrisches Dreieck bilden, bis ein klarer und definitiver Ausbruch

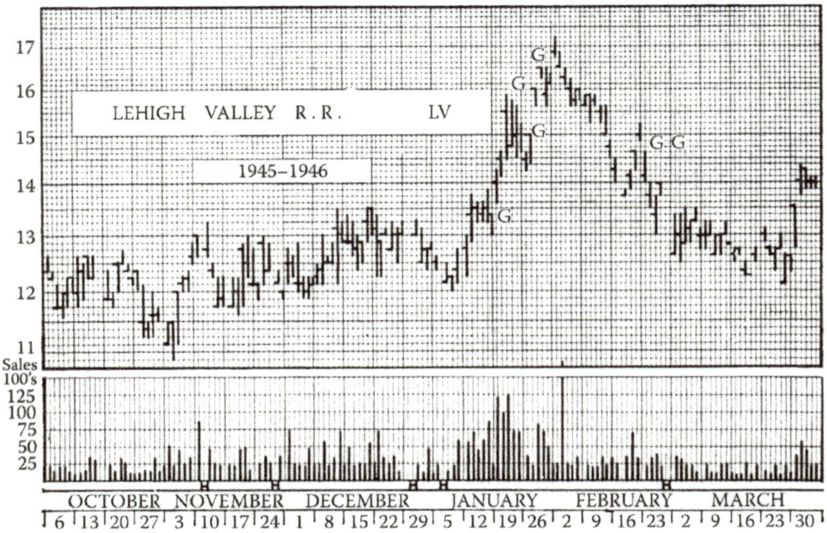

Abbildung 33.14: Dieser Tageschart von Lehigh Valley zeigt eine Vielzahl von Gaps. Zu dieser Zeit beendete LV eine mittelfristige (sekundäre) Korrekturbewegung, ehe die Aktie eine erneute (und wie sich herausstellte, die letzte) Anstrengung unternahm, um über das Top von 1945 kurz über 17 hinauszugelangen. Diese langfristige Situation ist zugleich ein Beispiel für ein Doppel-Top. Der Boden der dazwischenliegenden Bewegung wurde im Sommer 1946 durchbrochen, und die Aktie setzte ihre Abwärtsbewegung bis unter fünf Dollar fort.

Nicht alle Gaps sind hier von Bedeutung, zum Beispiel nicht das erste Gap vom 3. Oktober, als sich die Aktie mit geringem Umsatz in einer engen Spanne bewegte. Das Gap am 3. November jedoch ist wichtig. Das Volumen war nämlich für einen Samstag (wenn man es verdoppelt) recht hoch. Die Bewegung erreichte mit ihrem Schlusskurs nicht die 3-Prozent-Grenze, war also kein echter Breakout. Die Bedeutung der Bewegung war durchaus bullish und hätte gut einen Kauf bei einer kleineren Reaktion rechtfertigen können. Die Gaps unter geringem Volumen bei diesen Reaktionen waren von keinem besonderen Interesse.

Erst in der dritten Januarwoche sehen wir ein neues Gap, das wie ein echtes Breakaway Gap aussieht. Am 14. Januar begann LV eine Bewegung mit hohem Umsatz, die bis 15 ⅞ am 16. Januar trug (Schlusskurs bei 15 ½). Als hier erneut starkes Volumen auftrat, wäre die Anwendung eines engen progressiven Stopps gerechtfertigt gewesen. Die Aktie wäre damit bei 15 ⅜ verkauft worden.

Neue Käufe hätten bei einer Reaktion auf 14 ½ erfolgen können. Ein zweiter Anstieg mit einem Breakaway Gap entwickelte sich am 23. Januar. Wenn wir das zweite Gap (vom 24. Januar) als Runaway Gap oder Measuring Gap ansahen, hätten wir das wahrscheinliche Hoch dieser Bewegung bei etwa 17 ¾ erwartet. Als jedoch am 28. Januar ein drittes Gap mit einem One-Day Reversal und klimaktischem Volumen erschien, war es klar, dass diese Bewegung zu Ende war. Mithilfe eines engen progressiven Stopps hätte man Käufe bei 16 ¾ glattgestellt.

Beachten Sie den Versuch der Aktie zu einer Rallye nach dem scharfen Rückgang. Als sich LV auf dem erreichten Niveau nicht halten konnte, bildete sich durch zwei Gaps das One-Day Island Reversal.

(Schlusskurs) erfolgt ist. Wenn der Ausbruch nach oben erfolgt, kaufen Sie auf die nächste Reaktion hin, wenn der Major-Trend nach oben gerichtet ist. Bei einem Ausbruch nach unten verkaufen Sie bei der nächsten Rallye short, wenn der Major-Trend nach unten zeigt. Die Regeln im Einzelnen dafür sind bereits erörtert worden.

Hinweis: Benutzen Sie keine Breakouts aus symmetrischen Dreiecken, die so weit zusammengelaufen sind, dass der Breakout-Punkt weit draußen nahe der Dreiecksspitze liegt. Die verlässlichsten Breakouts liegen ungefähr bei $^2/_3$ der Dreieckslänge.

Rechtwinklige Dreiecke

Dieselben Regeln wie für symmetrische Dreiecke gelten grundsätzlich auch für rechtwinklige Dreiecke (siehe Kapitel 8 – Wichtige Umkehrformationen: Die Dreiecke). Frühe Breakouts sind hier noch verlässlicher als bei symmetrischen Dreiecken. Die Bestätigung durch das Volumen ist bei einem Breakout nach oben aus einem steigenden Dreieck wichtig. Wenn ein fallendes Dreieck nach unten ausbricht, ist ein Anstieg des Volumens nicht unbedingt erforderlich. Schon vorhandene Positionen werden bis zum Breakout gehalten und dann nach denselben Regeln beendet wie alle Transaktionen mit Gewinn.

Steigende und fallende Dreiecke enthalten im Gegensatz zum symmetrischen Dreieck eine Voraussage über die zukünftige Richtung der Kursentwicklung. Hier ist es möglich, neue Positionen *innerhalb* des Dreiecks einzugehen. In einem steigenden Dreieck benutzt man dafür Reaktionen, in einem fallenden Dreieck Rallyes. Die flache, horizontale Seite dieser Dreiecke repräsentiert eine Angebots- beziehungsweise Nachfragezone unbekannter Größe. Deshalb ist es möglich und manchmal kommt es auch vor, dass die Kurse (aus dem Dreieck zur anderen Seite heraus) zurückgeworfen werden, ehe die horizontale Linie entschieden durchbrochen ist. Deshalb ist es durchaus gerechtfertigt, solche Formationen zunächst nur zu beobachten und abzuwarten, bis ein entschiedener Breakout stattgefunden hat, ehe man eine Position eingeht.

Broadening Tops

Wahrscheinlich besitzen Sie in einem Broadening Top bereits keine Aktien mehr. Schon die ersten Fälle einer Trendumkehr lange vor Vollendung der Formation hätten Sie aus der Aktie gebracht, wenn Sie den taktischen Regeln über Trendlinien – wie vorher ausgeführt – gefolgt wären. Sie wären auch nicht in Versuchung geraten, innerhalb der Formation zu kaufen, da die Vorausbedeutung klar gegen Sie gesprochen hätte.

Andererseits bietet ein Broadening Top nach seiner Vollendung eine hervorragende Gelegenheit für einen Leerverkauf. Nach dem Durchbruch nach unten und einem Schlusskurs unter dem vierten Punkt der Umkehr innerhalb der Formation ist ein Leerverkauf gerechtfertigt. Verkauft wird, nachdem eine Rallye ungefähr 40 Prozent der Entfernung von dem extremen Top (fünfter Punkt der Umkehrformation) und dem untersten Punkt der Breakout-Bewegung wieder ausgeglichen hat. Die Stopp-Order würde natürlich in angemessener Entfernung oberhalb des fünften Umkehrpunkts platziert, der zugleich das äußerste Top der Formation darstellt.

Rechtecke

(A) *Verhalten, wenn Sie die Aktie bereits besitzen.* Die ersten Bewegungen eines Rechtecks liefern vielleicht keine Volumensignale zum Aussteigen. Und natürlich gibt es keine Breakout-Bewegung während der Formierung des Rechtecks, die Ihnen eine Gewinnmitnahme erlauben würde. Sobald jedoch der Charakter des Rechtecks gut etabliert ist (und das erfordert zumindest vier Fälle einer Umkehr, um eine klare Ober- und Untergrenze zu bilden), können Sie im Rahmen des Rechtecks spekulieren. Sie verkaufen an oder nahe der Obergrenze und kaufen an oder nahe der Untergrenze. Wie bei symmetrischen Dreiecken spricht die Vermutung auch bei dieser Formation eher für eine Fortsetzung als für die Umkehr des bisherigen Trends. Deshalb würden Sie wahrscheinlich Ihre erste Gelegenheit zum Aussteigen (das heißt, bei der fünften Umkehr) nicht wahrnehmen; Sie würden sich wahrscheinlich für Halten entscheiden, denn Sie erwarten eine Fortsetzung der ursprünglichen Bewegung, die für Ihr Engagement die richtige wäre. Wenn der Breakout in der richtigen Richtung erfolgt, können Sie Ihre Position nach den schon behandelten Regeln glattstellen. Bei einem Ausbruch in der falschen Richtung benutzen Sie enge progressive Stopps (1/8 Punkt), genau wie bei Dreiecken.

(B) *Verhalten, wenn Sie noch nicht in der Aktie engagiert sind.* Spekulationen innerhalb des Rechtecks können nach der fünften und jeder folgenden Kursumkehr getätigt werden. Eine leichte Wahrscheinlichkeit spricht für eine Fortsetzung der Kursbewegung in derselben Richtung wie vor Ausbildung des Rechtecks. Daher wartet man für neue Engagements am besten die sechste Kursumkehr ab. Dadurch würde Ihr Interesse in Richtung einer Kursfortsetzung weisen. Und natürlich können Leerverkäufe nach jedem Breakout nach unten und Käufe nach jedem Breakout nach oben (mit gesteigertem Volumen!) getätigt werden. Sowohl Leerverkäufe als auch Käufe würden jeweils im Rahmen der Korrekturbewegung nach dem Breakout erfolgen.

Doppel-Tops und Doppelböden

Doppel-Tops, Mehrfach-Tops sowie die entsprechenden Bodenbildungsformationen sind nicht verlässlich, ehe sie nicht den hier niedergelegten Erfordernissen für solche Formationen entsprechen. Bitte lesen Sie das Kapitel hierüber noch einmal sorgfältig durch.

(A) *Verhalten, wenn Sie bereits Aktien besitzen.* Wenn der Kurs nach unten ausbricht und der Schlusskurs unter dem extremen Boden der Formation (zwischen den multiplen Tops) liegt, verkaufen Sie die Aktie mit engen progressiven Stopps (1/8 Punkt).

(B) *Verhalten, wenn Sie eine Short-Position in der Aktie haben.* Wenn die Kurse den höchsten Punkt der „umgekehrten Schüssel" oder des sonstigen Anstiegs zwischen den Tiefs durchbrechen und oberhalb dieses Punktes schließen, stellen Sie Ihre Transaktion mit engen progressiven Stopps glatt.

(C) *Verhalten, wenn Sie kein Engagement in der Aktie haben.* Wenn die Schlusskurse das Niveau der Korrektur zwischen den Tops (oder Böden) durchbrechen, können Sie das als Trendumkehrsignal ansehen. Neue Engagements werden im Rahmen einer Rallye oder Reaktion eingegangen.

Rechtwinklige Broadening-Formationen

Die Behandlung von Breakouts durch die horizontale Grenzlinie erfolgt gemäß dem, was wir über multiple Tops und Böden und rechtwinklige Dreiecke gesagt haben.

Die Diamantformation

Wenn Sie sicher sind, dass Sie eine verlässliche Diamantformation vor sich haben, sind die taktischen Regeln die gleichen wie beim symmetrischen Dreieck. Wie im Falle von Dreiecken sollte man mit Neu-Engagements auf einen definitiven Breakout warten. Bestehende Positionen werden bis zu einem solchen Breakout aufrechterhalten; er klärt dann, ob es sich um eine Kursumkehr oder eine Fortsetzung des ursprünglichen Trends handelt.

Keile

Es besteht keine Notwendigkeit, ins Einzelne gehende Regeln für das Verhalten innerhalb eines Keils und während seiner Formierung aufzustellen. Die allgemeinen Prinzipien der Taktiken im Zusammenhang mit Trendlinien, Unterstützung und Widerstand bringen Sie aus einer solchen Situation bei der ersten Gelegenheit heraus, sobald das Zusammenlaufen der Formationsgrenzen klar geworden ist. Im allerschlimmsten Fall bringt Ihre Stopp-Order (die Sie hoffentlich in allen Situationen gewissenhaft aufrechterhalten) Sie aus der Aktie heraus, ehe die Konsequenzen ernst werden.

Wer an neue Käufe (Breakout aus einem fallenden Keil) oder an Leerverkäufe (Breakout aus einem steigenden Keil) denkt, achtet auf die Charakteristika des Volumens: erheblicher Anstieg bei einem Breakout nach oben aus einem fallenden Keil; weniger klares Volumenverhalten im ersten Stadium eines Breakouts nach unten aus einem steigenden Keil. Neue Positionen entsprechend der Prognose des Breakouts können auf eine Rallye oder Reaktion hin erfolgen, wenn die (Schluss-) Kurse durch die Trendlinien des Keils klar ausgebrochen sind.

One-Day Reversals

One-Day Reversals eignen sich nicht in derselben Art für Spekulationen wie die Umkehr- und Konsolidierungsformationen, die wir bisher aufgeführt haben. Sie dienen hauptsächlich dazu, das präzise Hoch oder Tief einer kleineren Bewegung zu finden, um Gewinne aus früheren Engagements zu schützen. One-Day Reversals, Exhaustion Gaps und Tage mit außergewöhnlich hohem Umsatz nach mehreren Tagen einer Kursbewegung im Minor-Trend sind starke Anzeichen, dass die Bewegung ihr Ende erreicht hat. Jedes dieser drei Signale ist es wert, beachtet zu werden; zwei von ihnen zusammen haben mehr Gewicht als nur eins, und wenn alle drei erscheinen, ist das ein sehr starkes Anzeichen für ein Minor-Top *(EN: oder sogar ein Major-Top)* oder einen Minor-Boden.

Eine Bewegung ausnutzen zu wollen, die von einem One-Day Reversal signalisiert wird, grenzt fast an Lotterie; zumindest wäre es eine extrem kurzfristige Spekulation. Sie wäre von ganz anderer Art, als wir sie im größten Teil dieses Buches betrachtet haben. Hinweise und einige Vorschläge, wie man derartige Tagesbewegungen ausnutzt, werden in Kapitel 10 behandelt.

Flaggen und Wimpel

In vielen Fällen bringt der gesamte Kursrückgang einer Flagge im Aufwärtstrend die Kurse zu einem Punkt zurück, wo die Aktie nach unseren normalen Spekulationsregeln gekauft werden kann. Der Abschwung mag also in anderen Worten zur Haupttrendlinie (rote Trendlinie) hinuntergehen, zur blauen Parallele, oder den Kursanstieg der vorhergehenden „Mast-Bewegung" vor der Flagge um 40 bis 50 Prozent korrigieren. Nehmen wir an, die „Mast-Bewegung" war die erste ihrer Art aus einem Niveau heraus oder aus einem nur mäßig ansteigendem Trend. Wenn dann der Major-Trend der gesamten Börse nach oben deutet, ist es gerechtfertigt, bei der ersten Gelegenheit zu kaufen; das wäre auf der blauen Parallele. Wir müssten zwar damit rechnen, dass die Reaktion noch etwas weiter führt, aber in diesem Fall ist es wichtig, früh einzusteigen, weil manchmal die Reaktionen sehr kurz sind und die anderen Kriterien für den Umfang der Korrektur nicht mehr erfüllt werden. In einer solchen Situation ist es außerordentlich wichtig, dass das Volumen scharf abfällt. Das Volumen muss abnehmen und gering bleiben. Jedes Ansteigen des Umsatzes während der Ausbildung der Flagge lässt Zweifel an der gesamten Formation aufkommen; ausgenommen ist natürlich der Fall, dass der Umsatzanstieg den Beginn der Breakout-Bewegung begleitet. Diese Bewegung ist gewöhnlich so kräftig, dass wir ruhig eine eng platzierte ($\frac{1}{8}$ Punkt) Stopp-Order unter den Schlusskurs des Tages legen können, der während der Ausbildung von Flagge oder Wimpel nennenswert angestiegenes Volumen zeigt: Wenn das Volumen an diesem Tag ein Anzeichen für den beginnenden Breakout ist, bleiben wir wahrscheinlich im Markt, da die Aktie normalerweise ohne Reaktion, sehr häufig sogar mit einem Breakaway Gap, nach oben geht. Wäre das hohe Volumen an jenem Tag dagegen ein Anzeichen für das Misslingen der Formation, so würden wir durch die Stopp-Order sofort aus der Aktie geworfen werden.

Für Abwärtsbewegungen und wenn sich die Börse in einem langfristigen Bärentrend befindet, gilt grundsätzlich dasselbe, jedoch mit einem Unterschied: Wenn eine Rallye die Form einer Flagge annimmt, kann der letzte Tag mit dem höchsten Kurs für die Flagge bei hohem Volumen stattfinden; natürlich kann er auch ein Exhaustion Gap oder ein One-Day Reversal zeigen. Wenn ein Leerverkauf an einem solchen Tag mit hohem Volumen, Gap oder One-Day Reversal platziert wurde, bietet eine Stopp-Order über dem Gipfel der Flagge Schutz, falls der Kursanstieg unerwartet wieder aufgenommen wird.

Sowohl bei Aufwärts- als auch bei Abwärtsbewegungen dieser Art kommen Flaggen mit horizontaler Ober- und Untergrenze vor, die natürlich Rechtecke sind. Das Austrocknen des Umsatzes und andere Aspekte des Gesamtbilds, vor allem die scharfe Aufwärts- oder Abwärtsbewegung vor der Formation, können die Annahme nahelegen, dass es sich um eine Konsolidierung vom Flaggentyp handelt. Dann wäre es gerechtfertigt, eine Position beim sechsten Umkehrpunkt oder eigentlich an fast jeder Stelle der Formation einzugehen (da Sie von dieser Formation keine zu lange Dauer erwarten können).

Flaggen und Wimpel, die zu lang werden (über drei Wochen), werfen Fragen bezüglich ihrer Verlässlichkeit auf. Stopp-Orders sollten dann in der normal berechneten Entfernung über beziehungsweise unter ihren extremen Hochs beziehungsweise Tiefs platziert werden. Leider tauchen flaggenähnliche Formationen, die schließlich misslingen, nicht ganz selten auf. Das ist misslich, denn bei dieser Art von Formation ist es besonders schwer, die Hoffnung aufzugeben. Deshalb ist die 3-Wochen-Zeitgrenze notwendig, um zu verhindern, dass die Aktie den ganzen Weg zurück zu einem früher etablierten Stoppniveau driftet. Andererseits sind die Breakout-Bewegungen aus diesen Formationen, wenn sie normal verlaufen, die schnellsten und gewinnträchtigsten an der Börse.

Was sollen Sie mit einer Aktie tun, die Sie schon besitzen, wenn die Kurse in eine Flaggen- oder Wimpel-Formation laufen? Offensichtlich sollte sie weiter gehalten werden, wenn Sie sie schon besitzen und die Bewegung in der Flagge nach oben geht. Genauso sollten Sie Short-Positionen aufrechterhalten, wenn die Bewegung entsprechend nach unten geht. Allerdings würde dies normalerweise nicht passieren, wenn Sie die taktischen Regeln strikt angewandt hätten. In den meisten Fällen wäre das Signal für einen engen progressiven Stopp ($^1/_8$ Punkt) aufgetaucht, während die Kurse den „Mast" bildeten. Normalerweise hätten Sie Ihren Gewinn also irgendwo längs des Aufwärtswegs mitgenommen (möglicherweise am äußersten Top des Mastes, obwohl Sie eigentlich nicht mit so viel Glück rechnen sollten).

Wenn jedoch kein Signal erscheinen sollte und Sie ihre Position noch innehaben, wenn die Flagge sich zu entwickeln beginnt, müssen Sie diese Position auf alle Fälle *halten*. Die Wahrscheinlichkeit spricht jetzt stark für eine Fortsetzung der ursprünglichen Bewegung.

Nehmen wir an, Sie haben Ihre Aktie (in einer Hausse) gekauft und gehalten. Sie sahen, wie sie ausbrach und auf neuen Höchstkurs ging, sagen wir von 20 auf 32. Bei 30 wurden Sie ausgestoppt. Dann sehen Sie, wie der Kursanstieg zum Halten kommt und die Aktie während der nächsten Tage abbröckelt. Das ziemlich hohe Volumen der vorhergehenden Tage trocknet praktisch zu nichts zusammen. (Es muss ein drastisches Austrocknen sein, und es dürfen diesbezüglich keine Zweifel bestehen.) Bei einer solchen Konstellation ist es gerechtfertigt, die Aktie zurückzukaufen, notfalls sogar zu einem höheren Kurs, als Sie ihn einige Tage vorher bekommen haben.

Gaps

Sie besitzen eine Aktie, die sich in einer gut begrenzten Formation befindet oder nur schwache Bewegungen innerhalb ziemlich enger Grenzen vollzieht. Wenn die Aktie dann plötzlich mit hohem Volumen und einem Gap nach oben ausbricht, ist das ein Signal für eine Aufwärtsentwicklung. Sie werden die Aktie behalten, bis sich im Verlauf des Anstiegs Zeichen der Erschöpfung zeigen oder wieder hohes Volumen, ein neues Gap oder ein One-Day Reversal auftreten. Dann – vor allem wenn zwei oder drei dieser Zeichen zur selben Zeit erscheinen – können Sie ihre Position mit engen progressiven Stopps schützen. Sie müssen überlegen, ob eine zweite Kurslücke als Exhaustion Gap oder als Continuation Gap (= Measuring Gap) anzusehen ist. Das hängt vom Volumen und der Geschwindigkeit des Anstiegs ab; Einzelheiten haben wir in Kapitel 12 über Kurslücken und ihre Eigenarten als Maßstab von Kursbewegungen erörtert.

Normalerweise würde man nach einem Breakaway Gap, gleichgültig, ob man auf dem nächsten Minor-Top verkauft, die Bewegung als bullish einstufen und sich darauf vorbereiten, bei der nächsten Reaktion (wieder - oder nach-) zu kaufen.

Sie besitzen eine Aktie; während einer starken Aufwärtsbewegung entwickelt sie nach mehreren Tagen eine Kurslücke. Sie müssen jetzt entscheiden, ob es sich um ein Runaway Gap handelt oder nicht. Wenn Ihre Entscheidung positiv ausfällt, richten Sie sich darauf ein, die Aktie weiterhin zu halten. Sie wollen so lange warten, bis der neue Anstieg ungefähr so weit geführt hat wie der Anstieg bis zur Lücke. Wenn. sich der Kurs dem endgültigen Kursziel nähert, werden Sie ihn sehr

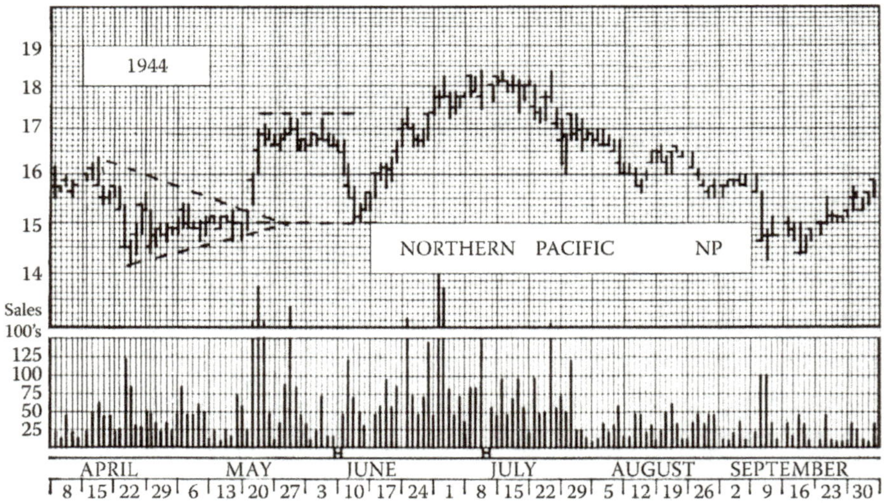

Abbildung 33.15: Dieser Tageschart von Northern Pacific umfasst sechs Monate des Jahres 1944. Er zeigt mehrere Beispiele für Unterstützung und Widerstand. Der ganze Chart zeigt nur einen Teil der längeren Konsolidierung, die 1943 und 1944 stattfand, ehe der Aufschwung von 1945 und 1946 die Kurse über 38 hinaustrug.

Unterstützungs- und Widerstandsphänomene erscheinen natürlich in vielen, eigentlich in den meisten Charts in diesem Buch, und Sie werden sie genauso in Ihren eigenen Charts finden. Am Verhalten von NP ist insoweit nichts Einmaliges oder Ungewöhnliches.

Nach der Abwärtsbewegung bis 14 ¼ im April kommt die Erholung bei 15 ⅝ am Widerstand der vorhergehenden beiden Wochen zum Halten. Nach der Ausbildung des symmetrischen Dreiecks geht die Ausbruchsbewegung mit einem Gap bis 17. Dort bildet sich während der nächsten drei Wochen ein kleines Rechteck. Schließlich fällt die Aktie aus dieser Formation mit erheblichem Volumen nach unten. Es ist fraglich, ob man als Spekulant diese Bewegung als normale Reaktion nach dem Breakout aus dem Dreieck angesehen und ausgenutzt hätte. Das Volumen war bei der Abwärtsbewegung recht groß, und der Ausbruch aus dem Rechteck nach unten gab auch Anlass zu Zweifeln.

Die Reaktion kam jedoch genau auf der 15-Dollar-Linie, auf dem Niveau der Dreiecksspitze, zum Halten, und die Kurse stiegen wieder. Etwas erstaunlich ist, dass es am Boden des Rechtecks nur ein leichtes Zögern über drei Tage gab. Ein kleiner Rückschlag tritt an der Obergrenze der Formation ein.

Das Top im Juli könnte man als Schulter-Kopf-Schulter-Formation, als komplexe Formation oder als Rounding Top ansehen. Eigentlich ist es fast ein Rechteck. Nach dem Breakout nach unten zögern die Kurse in Höhe der Obergrenze des Mai-Rechtecks, fallen dann weiter und finden zeitweilig Unterstützung an der Obergrenze der April-Formation bei 16 Dollar. Kurz unter 15 kommt der Abschwung zum Stehen. Obwohl NP tatsächlich leicht unter das Niveau der Dreiecksspitze ging, betrug die Verletzung nur gerade drei Prozent. Dieses September-Tief war die tiefste Stelle. Von da an begann die Aktie zu steigen und erreichte im Dezember 1945 die Marke von 38.

aufmerksam beobachten. Sobald Umkehrsignale erscheinen, können Sie Ihre Position mit engen progressiven Stopps schützen.

Kommen Sie zu dem Ergebnis, dass ein Gap nach einem guten Anstieg eigentlich wohl doch ein Exhaustion Gap ist, dann sollten Sie Ihre Position sofort mit einem engen progressiven Stopp schützen.

In einer Baisse würden Sie diese Regel umgekehrt auf Ihre Leerverkäufe anwenden. Dabei müssen Sie immer beachten, dass ein Breakout nach unten nicht notwendigerweise von dem hohen Umsatz begleitet sein muss, den man von einem Breakout nach oben fordert.

Sie haben eine Kauf- oder Leerverkaufsposition in einer Aktie, die sich in einer Formation bewegt. Wenn dann die Aktie ein Breakaway Gap in der für Sie ungünstigen Richtung macht, sollte das Engagement augenblicklich bestens oder aber mit engen progressiven Stopps glattgestellt werden.

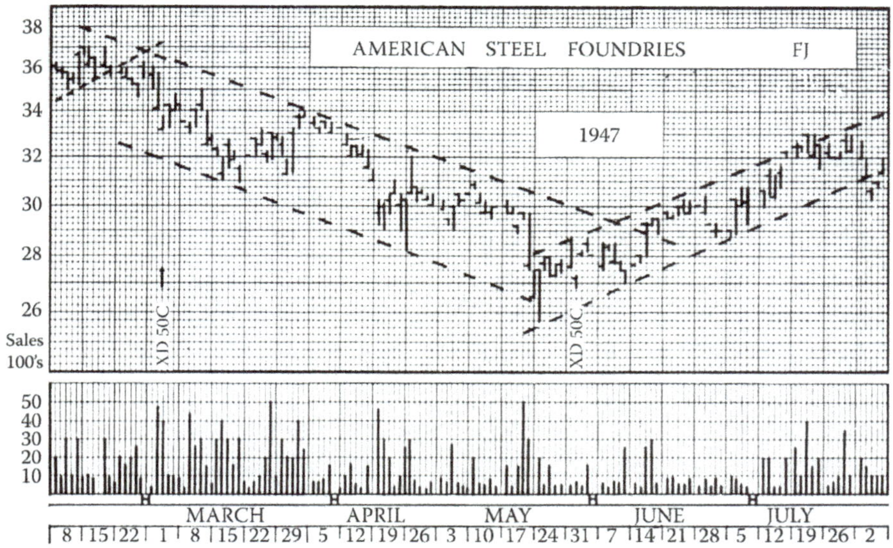

Abbildung 33.16: Trendlinien bei American Steel Foundries. Dieser Tageschart zeigt die Tendenz von Trendlinien, gerade Kanäle zu bilden. Wir haben schon darauf hingewiesen, dass diese Kanäle häufig im Rückblick leichter zu erkennen sind als während ihrer Ausbildung und dass Aktien sich nur gelegentlich in perfekten Kanälen bewegen. Auch erreicht jeder Kanal einmal sein Ende, häufig ohne Warnung. In diesem Fall freilich gibt es eine Warnung über eine bevorstehende Umkehr.

1946 war FJ von 48 auf eine Unterstützung bei 30 gefallen. Von dort begann eine drei Monate lange Rallye innerhalb eines Trendkanals, die uns zum Februar-Hoch bei 37 brachte. Der nächste Kursrückgang brach den Trend, und am Tief dieses Einbruchs entwickelte sich Volumen. Wenn Sie den ganzen Chart daraufhin untersuchen, werden Sie feststellen, dass das Volumen fast immer an den Umkehrpunkten ein Anwachsen zeigt. Gewöhnlich sind das auch die Berührungspunkte mit dem Trendkanal. Beachten Sie auch, wie die korrigierenden Rallyes an oder nahe dem vorhergehenden Minor-Bottom im Abwärtstrend und Reaktionen an dem vorhergehenden Minor-Top im Aufwärtstrend zum Halten kommen.

Spekulationen in dieser Situation wären gewinnbringend gewesen. Die zwischenzeitliche Rallye bis zum Februar näherte sich dem Widerstand, der von einem Tief aus dem Jahr 1946 her bei etwa 40 lag. Hatte man die Bewegung als Korrektur des vorherigen Kursrückgangs von 48 auf 30 erkannt, so ergab sich als Punkt für Leerverkäufe etwa 37 (dieses Ziel wurde nur gerade eben erreicht). Solche Leerverkäufe wären nach dem ersten Kursrückgang (Woche vom 1. März) um 33 ¼ eingedeckt worden. Die nächsten Leerverkäufe wären anlässlich der Rallye in der Woche vom 22. März um 33 eingegangen und in der Woche vom 19. April bei 30 eingedeckt worden. Wenn man in derselben Woche bei 31 einen erneuten Leerverkauf vorgenommen hätte, wäre er nach dem klimaktischen Tief in der Woche vom 24. Mai eingedeckt worden; hier traten großes Volumen und ein One-Day Reversal auf. Das wäre eine Warnung vor weiteren Leerverkäufen gewesen.

Der steigende Kanal musste ein sekundärer sein, vermutlich von begrenztem Ausmaß. Mangels anderer vernünftiger Gründe bot die Bewegung nicht viel Anlass für Käufe.

Unterstützung und Widerstand

Wenn Sie eine Aktie besitzen, sollte sie keinen vorherigen Minor-Bottom verletzen. Genauso wenig sollte sie ein vorhergehendes Minor-Top verletzen, nachdem sie darüber gestiegen ist. Daher wird sich Ihre Stopp-Order (in der errechneten Entfernung – Kapitel 27) an den kurzfristigen Bottoms und Tops als Referenzpunkten ausrichten. Normalerweise wird der letzte Minor-Bottom ungefähr auf dem Niveau des vorhergehenden Minor-Tops liegen, sodass diese Basispunkte oft zusammenfallen werden. Normalerweise achten wir daher in einem steigenden Trend auf den zuletzt gebildeten Minor-Bottom. Wenn die Aktie mit ihrer Kursspanne drei Tage lang völlig über der gesamten Kursspanne des Tages liegt, der das Tief kennzeichnet, können Sie den Schutz durch die Stopp-Order an dem neuen Referenzpunkt ausrichten.

Entsprechend verhält man sich im Bärenmarkt. Die „3-Aus-Tage-Regel" benutzt man wieder, um Referenzpunkte zu finden, die durch Minor-Tops und ebenfalls durch vorhergehende Minor-Bottoms etabliert werden. Normalerweise wird es ausreichen, die Minor-Tops als Referenzpunkte zu benutzen.

Intermediäre Tops und Bottoms werden benutzt, um die wahrscheinlichen Kursziele mittelfristiger Bewegungen zu bestimmen. Vorhergehende Tops bilden eine Unterstützung unter einer mittelfristigen Reaktion, und die vorhergehenden intermediären Bottoms bedeuten Widerstand oberhalb von Intermediate Rallyes.

Multiple Tops sind Unterstützungsniveaus. Multiple Bottoms sind Widerstandsniveaus. Die Nackenlinie einer Schulter-Kopf-Schulter-Formation ist ein Unterstützungs- beziehungsweise Widerstandsniveau. Die Spitze eines symmetrischen Dreiecks ist ein starker Unterstützungs- und Widerstandspunkt, der seine Wirkung auch bei einer späteren Bewegung zeigen kann. Jede Konsolidierung oder Kurszone innerhalb enger Kursgrenzen kann eine Unterstützung oder einen Widerstand darstellen, wenn die Aktie diesen Kurs oder diese Zone wieder erreicht.

Trendlinien

Wir haben schon im Einzelnen die Methode behandelt, wie man Aktientrends mithilfe von Haupttrendlinien und Rückkehrlinien (Top- und Bottom-Trendlinien) folgt. Dadurch gewinnt man Hinweise auf Kauf- oder Verkaufsgelegenheiten und Bestimmungslinien für die Ausführung von Käufen und Leerverkäufen.

Es bleibt noch eine taktische Frage hierzu: Ihre Aktie verhält sich nicht, wie sie soll, aber sie ist weder aus einer erkennbaren Formation ausgebrochen noch hat sie ein etabliertes kleineres Hoch verletzt. So ein Fall ist nicht häufig, aber wenn er vorkommt, ist das Problem etwas schwierig. Wir wollen annehmen, dass der Major-Trend nach oben gerichtet ist. Die Aktie ist in einem parallelen Trendkanal unregelmäßig nach oben gegangen. Sie bestätigt ihren Aufwärtstrend durch einen langen, mehr oder weniger gleichmäßigen Anstieg und bietet sich damit zu einem Kauf bei der nächsten Reaktion an. Sie kaufen im Rahmen dieser Reaktion – aber die Aktie fällt weiter; die Reaktion setzt sich also fort, und die Kurse bröckeln tage- und wochenlang ab. Es ergibt sich keine Rallye, keine Konsolidierung oder Korrektur, die ausreichend klar sind, um als Referenzpunkte für eine Stopp-Order dienen zu können.

Da weder während der Reaktion noch während des vorhergehenden großen Anstiegs Anhaltspunkte geliefert wurden, müsste Ihre Stopp-Order eigentlich in der errechneten Entfernung *unterhalb des Hochs des vorhergehenden Anstiegs* liegen. Aber wenn die Reaktion so weit fortläuft, bis jenes Niveau erreicht ist, werden Sie einen außergewöhnlich großen Verlust erlitten haben.

In einem solchen Fall sollten Sie die Trendlinien untersuchen, auf denen der lange Anstieg innerhalb des Trendkanals beruht. Die Stellen, wo der Kurs die Haupttrendlinie berührte, können als guter Notersatz für Minor-Bottoms dienen. Ihr Stoppniveau sollte daher (da Sie keinen besseren Referenzpunkt haben) um die jeweilige (vergleiche Kapitel 27) Entfernung unterhalb des letzten Punktes liegen, wo die Aktie die untere Trendlinie (Haupttrendlinie) berührte und sich entschieden von ihr nach oben wandte. Wenn der Kurs durch dieses Niveau dringt und darunter schließt, ohne dass Ihre Stopp-Order schon erreicht ist, verkaufen Sie mit engen progressiven Stopps. (EN: Der Herausgeber ist der Meinung, dass solche Situationen nur in positionsbildenden Fällen oder bei Aktiennachkäufen auftreten. Es sollten alle Anstrengungen unternommen werden, um auf Trends bei Ausbruch oder Entstehung aufzuspringen, egal aus welcher Quelle. Es gibt in der heutigen Umgebung, in der die buchstäbliche Überwachung aller Aktien und die Anweisung an das System, einen auf die Breakout-Bedingungen hinzuweisen, mit einem Computer möglich sind, keine Entschuldigung dafür, „Aktien nachzujagen". EN9: Andererseits werden wir alle, da die menschliche Schwäche so ist, wie sie ist, irgendwann einmal einem Zug hinterherjagen.)

Die Umkehrung dieser Regel würde für dieselbe Situation in einer Baisse gelten. Stopp-Orders zum Schutz von Leerverkäufen würden dort um die errechnete Entfernung oberhalb des Punktes platziert, wo die Aktie die obere Trendlinie berührte und dann von ihr weglief.

Der Wechsel in der Steilheit und in der Richtung der mittelfristigen Trendlinien ist nützlich, um eine allmähliche Drehung des Major-Trends aufzuzeigen.

KAPITEL 34

EINE KURZE ZUSAMMENFASSUNG DER TAKTISCHEN METHODEN

Es gibt drei Arten taktischer Operationen: 1. Eingehen neuer Engagements; 2. Aussteigen aus Engagements, die sich erwartungsgemäß entwickelt haben und einen Profit zeigen; 3. Aussteigen aus Engagements, die nicht erwartungsgemäß verlaufen sind, gleichgültig, ob die Transaktion einen Gewinn oder Verlust zeigt.

Wir haben die Prinzipien der Gewinnmitnahme erörtert. Sie basieren auf Trends, Widerstands- und Unterstützungsniveaus, Kurszielformeln von Formationen und insbesondere auf dem täglichen Umsatzverhalten der Aktie. Diese Gewinnmitnahme-Operationen bieten selten sehr schwere Probleme, da sich das Bild normal entwickelt hat, und so, wie Sie es erwarteten. Der Punkt zum Aussteigen ist gewöhnlich leicht festzulegen.

Die schwierigeren Probleme liegen darin, neue Engagements korrekt zu beginnen, und in den sehr wichtigen defensiven Operationen, die Sie aus einem Verlustengagement mit dem geringstmöglichen Verlust herausbringen.

Wir betonen Folgendes: Wenn eine Aktie aufgehört hat, sich bullish zu verhalten, und daher verkauft werden sollte, ist deswegen noch nicht notwendigerweise ein Leerverkauf bei der nächsten Rallye angebracht. Das Signal für Schwäche oder für das Versagen einer Bewegung in einem Trend ist mit anderen Worten nicht immer auch ein Signal, neue Engagements auf der Gegenseite des Marktes einzugehen. Viel häufiger ist das gerade nicht der Fall.

Gewisse Bewegungen wie Breakouts aus symmetrischen Dreiecken oder Rechtecken in der „falschen" Richtung geben uns allerdings ein doppeltes Signal: Der Breakout hat gezeigt, dass die alten Positionen jetzt eindeutig in der „falschen" Richtung liegen; sie sind aufzulösen. Zugleich sind neue Positionen in der „richtigen" Richtung einzugehen. Wenn aber einfach nur eine Trendlinie versagt, wenn die Aktie nur einen alten Minor Bottom durchbricht, ohne eine Schulter-Kopf-Schulter- oder eine andere Umkehrformation zu vollenden, ist das nur ein einfaches Signal. Wir haben zwar jetzt Grund, aus Engagements auszusteigen, die einen Verlust zeigen, wir haben aber nicht genügend Grund, allein deswegen unsere Politik umzukehren und *neue* Engagements in der umgekehrten Richtung einzugehen. Deshalb unterscheiden wir im Folgenden die beiden Arten von Signalen.

Gründe zum Aussteigen aus einem bestehenden Engagement

- Breakout aus einer Schulter-Kopf-Schulter-Formation entgegen unserer Position.
- Breakout aus einem symmetrischen Dreieck entgegen unserer Position.
- Breakout aus einem Rechteck entgegen unserer Position.
- Wenn sich ein neuer Minor-Bottom oder ein neues Minor-Top entgegen unserer Position bildet.
- Breakout aus einem Diamanten entgegen unserer Position.
- Breakout aus einer Keilformation entgegen unserer Position.
- Bei einem One-Day Reversal mit hohem Umsatz oder einem Gap.
- Bei einem Breakout aus Flagge oder Wimpel entgegen unserer Position.
- Beim klaren Bruch eines Widerstands- oder Unterstützungsniveaus in einer unserer Position entgegengesetzten Richtung.
- Bei einem Breakaway Gap in einer Richtung, die unserer Position entgegengesetzt ist.
- Wenn eine Insel-Umkehr nach einer Bewegung in der günstigen Richtung erscheint.
- Beim Bruch der Haupttrendlinie, wenn nicht eine Formation oder ein anderes günstiges Kriterium vorliegt.

Hinweis: In allen Fällen eines Breakouts kommt es auf den Schlusskurs an. Wenn der Schlusskurs drei Prozent jenseits von Unterstützung, Trend oder Formationsgrenze liegt, ist das ausreichend, um das Gefahrensignal zu geben. Das Aussteigen erfolgt in allen Fällen mithilfe von engen progressiven Stopps (dicht platzierte – ⅛ Punkt – fortlaufende Stopps).

Gründe für neue Engagements

- Neu-Engagements erfolgen grundsätzlich in Richtung des Major-Trends nach der Dow-Theorie; in begrenztem Maße in Bewegungen gegen den Haupttrend als Versicherung, um das Gesamtrisiko zu reduzieren.
- Bei einem Breakout aus einer Schulter-Kopf-Schulter-Formation.
- Bei einem Breakout aus einem symmetrischen Dreieck, vorausgesetzt, dass sich die Kurse noch nicht bis in das letzte Drittel zur Spitze hin vorgearbeitet haben.
- Bei einem Breakout aus einem rechtwinkligen Dreieck.
- Bei einem Breakout aus einem Rechteck oder (möglicherweise) bei Berührung der Grenze des Rechtecks vom sechsten Umkehrpunkt an.
- Bei einem Breakout aus einem Broadening Top.
- Bei einem Breakout aus einem Doppel-Top oder Doppelboden beziehungsweise Multiple Top oder Multiple Bottom (damit ist ein Breakout durch die Talsohle zwischen den Tops gemeint oder im umgekehrten Falle ein Bruch des Gipfels zwischen zwei Böden nach oben).
- Bei einem Breakout aus einer Keilformation oder (möglicherweise) innerhalb einer Keilformation im letzten Drittel der Länge, während sich die Kurse der Spitze nähern.

- Bei Flaggen und Wimpeln, wenn die Formation eine ausreichende Korrekturbewegung vollzogen hat, oder (möglicherweise) innerhalb der Formation, vorausgesetzt, dass Volumen und alle anderen Indikationen die Formation klar bestätigen.
- Bei klarem Bruch einer gut definierten Unterstützungs- oder Widerstandszone.
- Bei einem Breakaway Gap (möglicherweise).
- Nach Ausbildung einer bedeutsamen und klar definierten Insel-Umkehr, wenn die Formation nach einer beträchtlichen Bewegung auftritt.
- Bei Kontakt oder Bruch der jeweils „günstigen" Trendlinie, wenn beide Trendlinien in Richtung des Major-Trends verlaufen (die blaue Top-Trendlinie im Bullenmarkt, die rote Bottom-Trendlinie im Bärenmarkt).

Hinweis: Bei Breakouts und Brüchen kommt es auf den Schlusskurs an; sie müssen den Anforderungen an das Volumen genügen; der Schlusskurs muss der 3-Prozent-Regel entsprechen. Neu-Engagements, die mit „möglicherweise" bezeichnet sind, können in gewissen Fällen innerhalb einiger Formationen vorgenommen werden: Rechtecke, Keile, Flaggen und Wimpel. In solchen Fällen sollte besondere Sorgfalt angewandt werden.

Es ist äußerst schwierig, Breakaway Gaps zu „erwischen", und wir würden das nicht als allgemeine Praxis empfehlen. (EN: Dank moderner Kommunikation, Computer und Zugang zum Internet ist dies nicht mehr so schwierig wie zu Magees Zeiten.)

Alle Engagements mit Ausnahme der soeben genannten werden bei der nächsten Reaktion oder Rallye entsprechend unseren früher erörterten Regeln eingegangen.

Alle Engagements werden von dem Augenblick an, wo sie eingegangen werden, mit Stopp-Orders geschützt. Stopp-Orders werden nach unseren erörterten Regeln verändert, aber immer nur in der für die Position günstigen Richtung, nie in der ungünstigen Richtung.

KAPITEL 35

AUSWIRKUNGEN DER TECHNISCHEN ANALYSE AUF DAS VERHALTEN DER BÖRSE

Oft ist die Frage gestellt worden, ob nicht schon das Studium von Methoden und Formationen durch Spekulanten die Folge hat, genau diese Formationen und Trends zu erzeugen. Mit anderen Worten: ob nicht die Technische Methode in gewissem Ausmaß einen künstlichen Markt schafft, in dem das Marktverhalten nur einen Reflex der Chartaktionen darstellt und nicht umgekehrt.

Das scheint nicht der Fall zu sein. Unsere heutigen Charts scheinen den alten Mustern zu folgen; es spricht viel dafür, dass die Börsen diesen Mustern gefolgt sind, ehe Chartisten anfingen, Kurse aufzuzeichnen. Im ersten Teil wurden kurz einige Unterschiede erwähnt, die auf geänderten Krediterfordernissen, Beschränkungen von Manipulationspraktiken und so weiter beruhen. Wenn dadurch die Gewohnheiten der Kurse überhaupt verändert wurden, dann nur im Ausmaß und nicht in ihrer grundsätzlichen Natur.

Die Börse ist groß, zu groß für eine einzelne Person, eine Gesellschaft oder sonstige Gruppe, um sie als spekulative Einheit zu kontrollieren. *(EN9: Und im 21. Jahrhundert sogar jenseits von groß. Gigantisch.)* Die Operationen an der Börse sind extrem frei und extrem demokratisch in dem Sinne, dass dort das Ergebnis aller Hoffnungen und Befürchtungen vieler *Arten* von Käufern und Verkäufern zusammenfließen. Nicht alle sind kurzfristige Spekulanten. Es gibt Investoren, Menschen aus der Industrie, Angestellte von Gesellschaften, Menschen, die Aktien kaufen, um sie sich hinzulegen und vielleicht Jahre später wieder zu verkaufen, alle Schattierungen und Typen von Käufern und Verkäufern.

Auch sind keinesfalls alle kurzfristigen Spekulanten technisch orientiert. Viele spekulieren auch aufgrund fundamentaler Daten kurzfristig; andere verlassen sich auf Tipps, Eingebungen, die Sterne oder persönliche Kenntnisse über die Gesellschaft. Sie alle sind Teilnehmer des Wettbewerbs an der Börse. Sie alle benutzen Methoden, die von Ihren verschieden sind – und manchmal haben die anderen recht, und Sie haben unrecht.

Der Technische Analyst mit seinen verschiedenen technischen Werkzeugen – Dow-Theorie, Point-and-Figure-Charts, Oszillatoren, Scale-Order-Systemen und Monats-, Wochen- und Tagescharts – ist in der Minderheit. Der kühle Versuch, eine Situation allein auf der Grundlage des bisherigen Marktverhaltens zu analysieren, zieht nicht viele Menschen an. Technische Analyse lässt die Wärme und das menschliche Interesse im Sitzungssaal oder im Handelssaal vermissen; all die faszinierenden Gerüchte über die Extradividende, die geflüsterte Information über die neuen Patente und das aufregende Studium der vierteljährlichen Geschäftsberichte. *(EN9: Wenn ich mich nicht irre, das einzige Auftauchen von Ironie in Magees Werk.)*

Es ist der Einfluss all dieser Gerüchte, Tatsachen und Statistiken, der Menschen zum Kauf und Verkauf ihrer Aktien veranlasst. Ihr Verhalten bildet die bekannten Chartbilder. Der Technische Analyst ist nicht daran interessiert, *warum* sie das tun, was sie tun. Soweit es sich um ihre Spekulationen handelt, ist er nur an den Ergebnissen der Aktionen der anderen interessiert.

Die Gewohnheiten und Bewertungsmethoden der Menschen sind tief eingewurzelt. Die gleichen Ereignisse produzieren die gleiche Art emotionaler Reaktionen und daher die gleiche Art von Marktverhalten. Diese charakteristischen Reaktionen sind äußerst dauerhaft. Es ist nicht völlig ausgeschlossen, „die menschliche Natur zu ändern". Aber es ist sehr schwierig, lebenslange Wahrnehmungsgewohnheiten zu ändern. Die „orthodoxen" Investoren übersteigen die Zahl der Technischen Analysten bei Weitem. Deshalb können wir mit genügendem Vertrauen annehmen, dass Spekulationen auf technischer Basis wenig oder keinen Einfluss auf das typische Verhalten freier Märkte haben werden.

(EN: Diese Aussage von Magee trifft im Grunde immer noch zu, und dazu ist anzumerken, dass professionelle Investoren an den modernen Märkten [oder vielleicht ist es „der mysteriöse und anormale Markt"] herauszufinden versuchen, was Systeme und andere Anleger erfolgreich macht. Zum Beispiel suchen Stammgäste und Profis oberhalb von Stauzonen nach Stoppkursen, um zu versuchen, den Markt zum Wegbrechen zu bewegen. Das könnte in dem Versuch geschehen, einen Trend zu erzeugen, oder in dem Versuch, eine Bullenfalle zu stellen.

Die starke Zunahme von Tradern, die an den Futures-Märkten mithilfe von Systemen handeln, hat nach Ansicht mancher dieser Trader Bedingungen geschaffen, die für die Systemhändler als Gruppe feindselig sind. Die Moral von der Geschicht' ist, dass der Trader/Anleger stets auf falsche Bewegungen und Rhythmuswechsel des Marktes gefasst sein muss.

Noch ist es niemandem gelungen, die Chartanalyse zu quantifizieren oder seine eigenen Aktivitäten vor dem Röntgenblick der Charts zu verbergen. Auch hat noch nie jemand die Natur des Menschen geändert und so Verrat, Perfidie und das grausame Verfolgen des Eigeninteresses beseitigt.)

(EN9: Und – dramatischer Trommelwirbel – im Jahr 2005 hat Smith-Barney seine sämtlichen Technischen Analysten entlassen. Was davon zu halten ist, bleibt der Fantasie des Lesers überlassen. Manche Kommentatoren schreiben dies der bearishen Auffassung der Technischen Analysten zu, die im Gegensatz zu dem Bedürfnis der Firma steht, ihren Kunden Long-Positionen zu verkaufen. Meiner Ansicht nach eine unbeabsichtigte Bestätigung der Zunft. Wenn man den Boten erschießen muss, sagt das nicht nur etwas über den Zustand des Marktes, sondern auch über den der Branche aus.

Larry Williams sagte in einem Gespräch bei einem Treffen der Technical Securities Analysts Association of San Francisco (http://www.tsaasf.org) außerdem: „Ich hasse die Technische Analyse." Ich bin ziemlich überzeugt, dass sich „Technische Analyse" dabei auf die zahlenorientierte Analyse bezog.)

KAPITEL 36

EINE AUTOMATISCHE TRENDLINIE: DER GLEITENDE DURCHSCHNITT

Im Jahr 1941 waren wir noch von blauäugiger Unwissenheit erfüllt und dachten, wenn wir bloß fleißig genug arbeiten und scharfsinnig genug hinschauen würden, dann würden wir die sichere, unschlagbare Formel oder ein System entdecken, mit dem wir alle unsere Probleme am Aktienmarkt lösen könnten; dann bräuchten wir für den Rest unseres Lebens nichts anderes zu tun, als dieses Zaubermittel anzuwenden und unserem Broker hin und wieder ein Telegramm aus Nassau, Tahiti oder der Schweiz zu schicken – oder wo wir gerade das Leben genießen würden.

Seither haben wir (hoffentlich) so einiges gelernt. Insbesondere haben wir gelernt, gewisse Dinge nicht zu tun und nicht die gleichen Fehler immer wieder zu wiederholen, sodass es uns gelungen ist, unsere Performance erheblich zu verbessern. Auch haben wir (bis jetzt) (*EN: und das gilt im 21. Jahrhundert immer noch*) gelernt, dass es an der Börse keine sicheren, unschlagbaren Formeln oder Systeme gibt und dass man selbst die nützlichsten und im Allgemeinen zuverlässigen Vorhersagemethoden als bloße Wahrscheinlichkeitsaussagen betrachten muss, die jederzeit revidiert werden können und jederzeit versagen können.

Eines der nützlichsten Werkzeuge und eines der ersten, das viele Studenten des Marktgeschehens benutzen, ist die Trendlinie. Ob eine Aktie nun grundsätzlich nach oben, nach unten oder seitwärts läuft, es scheint eine Tendenz zu bestehen, dass sich der übergeordnete Trend hält. Es stimmt zwar, dass jeder Trend früher oder später gebrochen wird, und häufig ist dieser Bruch signifikant, aber wenn ein klar etablierter Trend besteht, spricht die Wahrscheinlichkeit sicherlich eher für seine Fortsetzung als für seine Umkehr.

Jedoch gibt es wie bei allen anderen Marktstudien auch hier Zeiten und Umstände, wo die Verwendung der einfachen Trendlinie offenbar „nicht wirklich gut genug" ist. Man hat das Gefühl, als müsse es irgendeine mechanische oder mathematische Möglichkeit geben, den Trend zu ermitteln, mit der man so manche Verwirrung vermeiden könnte, die auftritt, wenn es darum geht, den richtigen Punkt auszuwählen, durch den man eine Trendlinie zieht. In dem eingangs erwähnten Jahr 1941 machten wir erfreut die Entdeckung (auch wenn sie vor uns schon viele andere gemacht hatten), dass man, indem man den Mittelwert der Zahlen für eine bestimmte Anzahl von Tagen, Wochen oder Monaten berechnet, daraus eine Art automatische Trendlinie bilden kann, die eine definitive Interpretation der Trendänderungen während der letzten 30 Tage, 200 Tage, 12 Monate oder irgendeines anderen gewählten Zeitraums liefert. Das schien fast zu schön, um wahr zu sein. Und tatsächlich war es auch zu schön, um wahr zu sein.

Der gleitende Durchschnitt (GD) ist ein faszinierendes Werkzeug und wirklich etwas wert, weil er den Trend einer unregelmäßigen Zahlenfolge (etwa eines fluktuierenden Marktes) deutlicher zeigt. Auch ist es etwas wert, dass man ihn verwenden kann, um die Auswirkungen zyklischer

Veränderungen wie beispielsweise der üblichen jahreszeitlichen Temperaturschwankungen auszugleichen und so ein besseres Bild vom wahren langfristigen Trend zu erhalten.

Das Problem mit dem gleitenden Durchschnitt (das wir zwar schon vor langer Zeit entdeckt haben, aber über das wir immer mal wieder stolpern), ist, dass er seiner Vergangenheit nicht entfliehen kann. Je glatter die Kurve ist, die man vor sich hat (längerer Zyklus), umso schwerer fällt es ihr, auf kürzlich erfolgte bedeutende Trendänderungen zu reagieren. Zudem sind gleitende Durchschnitte mit dem schweren Mangel behaftet, dass häufig „der Schwanz mit dem Hund wedelt". Wenn die Zahlen, die bis zum ersten Datum der Berechnung zurückreichen, vielleicht vor sechs Monaten oder vor einem Jahr hoch waren, können sie sich ungebührlich stark auf den derzeitigen Durchschnitt auswirken und so ein wichtiges Merkmal durch Verzerrung der Kurve verbergen oder verschleiern. Wir finden gleitende Durchschnitte als Trendlinien zwar nützlich, aber man sollte sie mit Umsicht und im vollen Bewusstsein ihrer Beschränkungen begreifen und verwenden.

Nachdem wir nun ein paar Vorbehalte gegen gleitende Durchschnitte durchgesprochen haben, möchten wir Ihnen ein paar Möglichkeiten ihrer Berechnung vorführen. Es gibt einfache gleitende Durchschnitte, gewichtete beziehungsweise exponentiell geglättete (häufig einfach als „exponentielle" bezeichnet) und lineare gleitende Durchschnitte. Nach unseren jahrelangen Erfahrungen bevorzugen wir die einfachen Methoden, weil sie genauso gut und manchmal besser funktionieren als die komplizierteren gleitenden Durchschnitte, wobei diese mehr bringen, wenn man mit dem Computer arbeitet.

Aus diesem Grund konzentrieren wir uns hier auf einfache gleitende Durchschnitte. Am gängigsten sind die gleitenden Durchschnitte über 50 und über 200 Tage, und man bezeichnet sie aufgrund ihrer grafischen Darstellung auch als 50-Tage-Linie und als 200-Tage-Linie. Wenn ein gleitender Durchschnitt empfindlicher reagieren soll, verkürzt man ihn, beispielsweise auf 10 oder 20 Tage. Eine andere Möglichkeit ist eine Verlängerung der Vorlaufzeit, indem man bei der 10-Tage-Linie am dritten Tag beginnt, bei der 50-Tage-Linie am 20. Tag und so weiter.

Um einen einfachen gleitenden Durchschnitt zu konstruieren, beispielsweise über 5 Tage, 10 Tage, 50 Tage oder 200 Tage, zählt man die Preise der 5, 10, 50 oder 200 Tage zusammen und teilt die Summe durch die jeweilige Anzahl. Die Berechnung der 5-Tage-Linie kann man dadurch vereinfachen, dass man nicht jedes Mal alle fünf Kurse addiert, sondern jeweils den ersten Tag abzieht und den sechsten hinzuzählt. Ähnlich kann man es bei der Berechnung der 50-Tage-Linie oder der 200-Tage-Linie machen. Anstatt jedes Mal 50 Preise zu addieren, subtrahiert man einfach den ersten Tag der vorigen Berechnung und addiert den 51. Tag, um dann den Durchschnitt zu bilden. Genauso geht es beim gleitenden Durchschnitt über 200 Tage: den ersten Tag weglassen und den neuen hinzunehmen. Eine andere Möglichkeit, den gleitenden Durchschnitt über 200 Tage zu bilden, besteht darin, aus den 30 Wochen einen Tag auszusuchen, zum Beispiel den Mittwoch oder den Donnerstag, die Kurse dieser Tage zu addieren und durch 30 zu teilen. Damit erhält man den gleichen gleitenden Durchschnitt wie aus 200 Werten [Das stimmt zwar selbstverständlich nicht, aber in der Praxis lässt sich mit dieser Glättung wohl meistens gut arbeiten, Anm. d.Ü.]. Man kann es auch so ausdrücken: Am neuen Tag nimmt man die Summe, addiert den Kurs des neuen Tages und zieht den Kurs des ältesten Tages vom jeweiligen gleitenden Durchschnitt ab, egal ob er sich auf 5, 10, 50 oder 200 Tage bezieht. Dieses Verfahren wiederholt man täglich und teilt durch die Anzahl der Tage – bei 5 Tagen durch 5, bei 10 Tagen durch 10, bei 50 Tagen durch 50 und bei 200 Tagen durch 200.

Empfindlichere gleitende Durchschnitte

Je kürzer der Zeitraum, desto empfindlicher reagiert der gleitende Durchschnitt. Die 5-Tage-Linie spricht schneller an als die 10-Tage-Linie. Das Problem an kurzen gleitenden Durchschnitten ist jedoch, dass mehr Fehlbewegungen auftreten. Kürzere gleitende Durchschnitte sind eher für Rohstoffe geeignet. Wir würden bei Rohstoffen sogar empfehlen, gleitende Durchschnitte über 30 Stunden, 3 Tage und 6 Tage zu verwenden.

Oft ist es besser, zwei gleitende Durchschnitte zu verwenden, einen längeren und einen kürzeren. Zusätzlich kann man Kanäle benutzen – bestehend aus einem gleitenden Durchschnitt der Tiefs und einem gleitenden Durchschnitt der Hochs. (*EN10: An den Märkten der 2000er-Jahre sind die 50-Tage- und die 200-Tage-Linie die am meisten beachteten gleitenden Durchschnitte. Sie haben inzwischen gewissermaßen Kultstatus.*)

Schnittpunkte (Crossovers) und Penetrationen

Grundregel: Wenn der Kurs zwei Linien schneidet (*EN10: beispielsweise GD50 und GD200*), gilt das je nach Richtung des Crossovers beziehungsweise des Durchstoßens als Kauf- oder Verkaufssignal.

1. Aufwärtstrends – Long-Positionen werden gehalten, solange der Preis über dem gleitenden Durchschnitt bleibt.
   a. Schneidet oder durchstößt der Kursverlauf den gleitenden Durchschnitt nach oben, löst dies ein Kaufsignal aus.
   b. Steigt der Kurs über die 200-Tage-Linie und fällt dann steil ab, ohne sie erneut zu schneiden, ist das ein mögliches Kaufsignal, bei dem man die sonstigen Umstände genau beachten muss.
   c. Fällt der Kurs unter den gleitenden Durchschnitt, während dieser immer noch steigt, könnte das ein Verkaufssignal sein.
   d. Wenn der Kurs zu schnell und zu tief unter einen fallenden gleitenden Durchschnitt fällt, kann man mit einer kurzfristigen Rückbewegung in Richtung des Durchschnitts rechnen: eine potenzielle Whipsaw-Falle.
2. Abwärtstrends – Short-Positionen werden gehalten, solange sich der Kurs unterhalb des gleitenden Durchschnitts bewegt. Bildet er einen Boden und wendet nach oben, ist ein Durchstoßen des gleitenden Durchschnitts ein mögliches Kaufsignal.
   a. Steigt der Kurs über den gleitenden Durchschnitt, während dieser immer noch sinkt, ist das ein Verkaufssignal.
   b. Bewegt sich der Aktienkurs unterhalb der Durchschnittslinie, steigt in ihre Richtung, ohne sie zu schneiden, und sackt dann wieder ab, dann ist das ein mögliches Verkaufssignal.
   c. Steigt der Kurs zu schnell über einen steigenden gleitenden Durchschnitt, ist mit einer kurzfristigen Reaktion zu rechnen: Das könnte eine Whipsaw sein.
   d. Manchmal wird ein gleitender Durchschnitt in engem Zusammenhang mit dem Durchstoßen einer Trendlinie durchstoßen, und das ist dann je nach Richtung ein Kauf- oder Verkaufssignal.

3. Horizontale Bewegungen, diagonale Bewegungen und Seitwärtsbewegungen – wenn die Schwankungen im Verhältnis zur Länge der verwendeten gleitenden Durchschnitte breit sind, schwankt der Preistrend hin und her, während der gleitende Durchschnitt aufgrund seiner Natur oder seines Zweckes horizontal verläuft. Dann muss der Trader aufmerksam schauen, ob er seine Taktik ändern muss.
4. Gaps – je nach Länge können gleitende Durchschnitte dazu neigen, in der Nähe eines Breakaway Gaps durchstoßen zu werden, und dies vor allem am Beginn der Major-Phase eines mittelfristigen Zyklus sowie in Fällen, in denen Breakaway Gaps am Anfang von Korrekturphasen auftreten.

Chartformationen können Fallgruben für gleitende Durchschnitte sein. Normalerweise oszilliert ein gleitender Durchschnitt durch die Mitte einer solchen Formation, sodass er in schneller Folge Kauf- und Verkaufssignale liefert. In solchen Formationen bereiten gleitende Durchschnitte dem Trader bloß Bauchschmerzen, weil er nie weiß, welcher Schnittpunkt derjenige ist, der entweder der Wiederaufnahme des Trends, seiner Bestätigung oder seiner Umkehr vorausgeht.

Wenn sich eine Trading Area in Form eines Dreiecks bildet – fallend, steigend oder symmetrisch –, bewegt sich der gleitende Durchschnitt durch die Mitte des Dreiecks. Der Techniker hat bei der Beurteilung, welcher der Schnittpunkte mit einem gleitenden Durchschnitt der bedeutsame ist, einen kleinen Vorteil. Wenn der Scheitelpunkt des Dreiecks erreicht ist, der Kurs in die eine oder andere Richtung ausbricht und den gleitenden Durchschnitt schneidet, ist dies wahr-

Abbildung 36.1: 150-Tage-Linie (gepunktete Linie). Bis in die 1980er-Jahre (der Zeitraum, in dem Ronald Reagan die Staatsverschuldung verdreifachte) verschaffte die Orientierung an der 150-Tage-Linie (kaufen bei Schnitt von unten nach oben und verkaufen bei Schnitt nach unten) dem Trader den gleichen Vorsprung, den die Dow-Theorie brachte. Doch in den 1980er-Jahren hörte das System zu funktionieren auf. Im Jahr 1929 hätte es einem, wie man hier sieht, das Leben gerettet. Nicht zu sehen ist hier, wie sich der gleitende Durchschnitt in einer Dow-Linie, in einer Rechtecksformation oder in einer Stauzone verhält. Wenn man hier Crossovers als Signale nutzt, kann aus dem Kapital Hackfleisch werden.

scheinlich der innerhalb der Seitwärtsbewegung im Rahmen der Bildung des Dreiecks bedeutsamste Schnittpunkt. Gleitende Durchschnitte werden häufig dann geschnitten, wenn auch Trendlinien geschnitten werden.

Da der gleitende Durchschnitt vom Preis abgeleitet ist, kann die Art, wie er zu einer Trendlinie passt, ein Trendindikator sein. Jedoch sollte man ihn nur als Hilfsinstrument betrachten, das zu allem anderen hinzukommt, was Sie in Bezug auf die Technische Analyse gelernt haben.

(EN10: Magee hatte wie ich eine instinktive Abneigung gegen mechanische Systeme. Wir wollen die Analyse und den Augenblick spüren, und wir wollen den Kontext sowie die subtilen Variablen betrachten. Mechanische Systeme jedweder Art – und ein System mit gleitenden Durchschnitten ist in Märkten mit breit angelegten Trends nicht schlecht – sind **blind**. *Sie werfen Ihr Kapital vor einen heranfahrenden Zug und surren fröhlich weiter, während einem der Markt die Butter vom Brot nimmt. Ich bezeichne sie als „unnatürliche“ Systeme – sie setzen einen Algorithmus zwischen den Trader und die Fakten. Dies mindert zwar die Belastung der Entscheidungsfindung, kann aber in gewissen Marktlagen böse nach hinten losgehen.)*

Abbildung 36.1 zeigt eine 150-Tage-Linie.

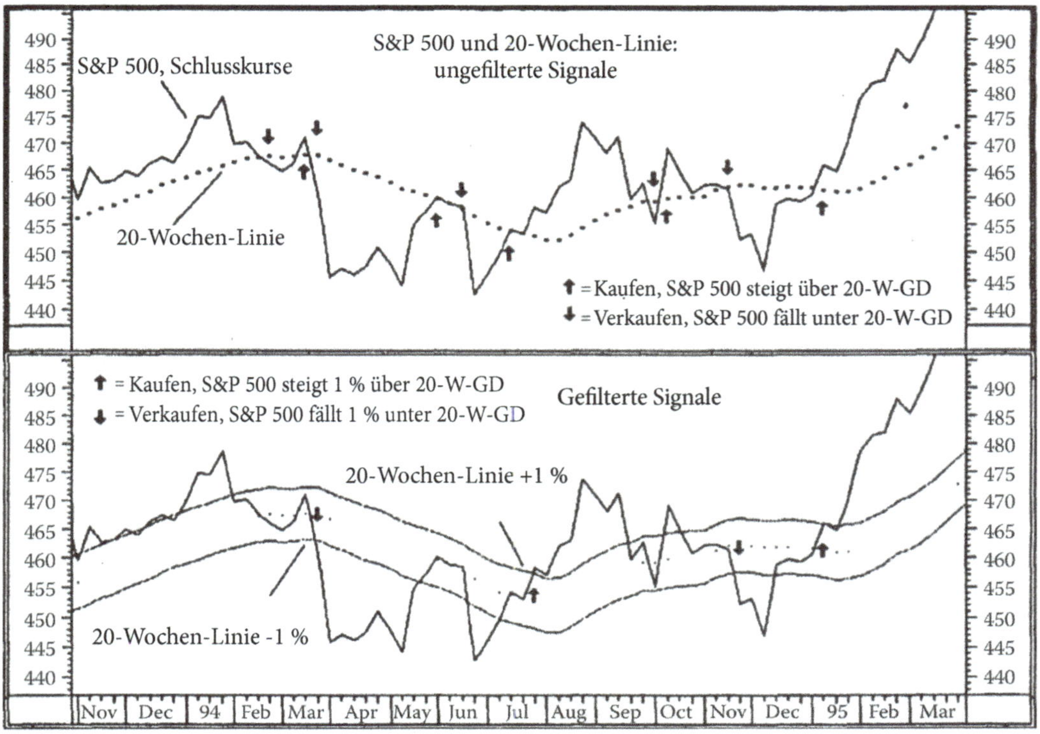

Abbildung 36.2: Im oberen Chart sieht man, wie schädlich sich ein auf einem gleitenden Durchschnitt basierendes System in einem Seitwärtsmarkt auswirkt. Natürlich bereitet einen das System im Januar 1995 darauf vor, im großen Stil abzukassieren. Mit einem GD-System wird man keine große Marktbewegung verpassen – falls man nach den Whipsaws noch Kapital übrig hat. Nimmt man jedoch ein 1-Prozent-Filter hinzu, sinkt die Anzahl der Trades drastisch, und die Trefferquote steigt. Systemhändler denken nie an qualitative Filter – also dass man den Kontext betrachten könnte, wenn der Kurs den Durchschnitt schneidet. Wie sehen das Volumen und die Preisentwicklung aus? Dabei kann der Trader Filter von unterschiedlicher Größe und mit unterschiedlichen Bedingungen ausprobieren.

Das PENTAD-GD-System von Formula Research

Ned Davis Research, Inc. (NDR) ist eine der solidesten und renommiertesten Researchfirmen des Landes, die Technische Analyse betreiben. Nelson Freeburg von Formula Research hat eines der Systeme von NDR dahingehend abgewandelt, dass es möglicherweise eine wirkungsvolle Herangehensweise an den Markt darstellt. Es wird hier vorgestellt, weil sich Magee für Systeme mit gleitenden Durchschnitten interessierte, und auch im Interesse von weniger grafisch orientierten Anlegern, die mit Zahlen mehr anfangen können als mit Bildern.

Freeburg nahm ein auf einem gleitenden Durchschnitt über 20 Wochen basierendes System von NDR, nahm einen Filter hinzu und produzierte so ein System, das angeblich 80 Prozent profitable Signale liefert und ab dem Jahr 1942 Renditen im Bereich von 15 Prozent lieferte. Seine durchschnittliche Jahresrendite seit 1980 beträgt sogar 19 Prozent. Wir alle wissen (oder der Leser kann es sich von einem Softwarepaket schnell vorführen lassen), dass gleitende Durchschnitte in Seitwärtsbewegungen gern Whipsaw-Effekte produzieren. Während der Markt seitwärts läuft, erzeugt der gleichmäßige Durchschnitt ständig Kauf- und Verkaufssignale, weil der Kurs um ihn herum schwankt. Der praktischen Vernunft folgend nahm Freeburg einen Filter in das System auf, der es unermesslich verbesserte. Der Leser sollte wissen, dass wir diese Methode deshalb in das Buch aufgenommen haben, weil uns die Erfahrung sagt, dass derartige Systeme wirkungsvoll sein können, dass wir jedoch das Forschungsmaterial nicht geprüft haben. Dazu kommt, dass jedes System garantiert gute oder gar spektakuläre Ergebnisse aufweist, wenn der Test die 1990er-Jahre beinhaltet. Abbildung 36.2 veranschaulicht das Prinzip.

KAPITEL 37

„DIE GLEICHEN ALTEN MUSTER"

Für den Neuankömmling erscheint die Börse voller Wunder und Mysterien, so wie dem ersten Raumfahrer bei der Landung die Landschaft auf dem Mars erscheinen muss. Da gibt es seltsames Donnergrollen, unerklärlichen Aufruhr, unheimliches Wachsen. Eine unbekannte Aktie steigt plötzlich aus einem Morast von Schulden und Defiziten empor und steigt und steigt immer höher. Eine alte und vertrauenswürdige Aktie sinkt paradoxerweise und fällt und fällt, obwohl sie offenbar fest auf dem Boden wirtschaftlicher Stabilität verankert ist. Alles erscheint friedlich und sicher, und plötzlich öffnet sich der Boden und verschlingt riesige Werte in einem sensationellen Marktzusammenbruch. (Zur Illustration dieses Kapitels siehe die Abbildungen 37.1 bis 37.54.)

Der Neuankömmling macht sich nicht klar, dass alles, was ihm ungewöhnlich und beunruhigend erscheint, nur normale Fluktuation und Anpassung ist. Ständig vollzieht sie sich im Markt entsprechend den wechselnden Bewertungen Tausender von Investoren. Er fühlt sich bedroht, unsicher und unentschlossen. Er läuft von Berater zu Berater, telefoniert, liest den Wirtschaftsteil der Zeitungen, spricht mit Freunden, sammelt eine Unmasse widersprüchlicher Informationen. Schließlich macht er seine Augen zu und „sticht blind zu", in der Hoffnung, dass er es schon irgendwie richtig machen wird.

Manche erreichen nicht einmal nach Jahren eine ruhige und sichere Betrachtung der Börse.

Aber man kann etwas über die grundsätzliche Natur von Aktientrends lernen. Man kann innerhalb vernünftiger Grenzen wissen, was in bestimmten Situationen zu erwarten ist. Und man kann mit solchen Situationen fertigwerden, auch mit den Ausnahmefällen, die immer wieder das Unerwartete tun. Um es zu wiederholen: Es ist möglich, erfolgreich mit dem Unerwarteten und mit dem fertigzuwerden, was man nicht genau vorhersagen kann.

Anders ausgedrückt: Auch wenn man zeitweise unrecht hat, kann man unter dem Strich erfolgreich sein. Dazu benötigt man nur einen Hintergrund ausreichender Erfahrungen. Man muss wissen, was normalerweise unter bestimmten Bedingungen zu geschehen pflegt, wie oft ungefähr das Unerwartete geschehen wird und wie man sich dann verhält. Dies sind die gleichen allgemeinen Probleme, die den Raumfahrer erwarten, den Chemiker, den Arzt und letztlich fast jeden bei seiner täglichen Beschäftigung.

Es gibt Menschen, die die Börse lange und sorgfältig genug beobachtet haben, um zu entdecken, dass es gar nicht so viele unerwartete Ereignisse gibt, wie der Anfänger oft glaubt.

Die Charts in diesem Buch sind hauptsächlich dieselben, die in der ersten Ausgabe im Jahr 1947 als Beispiele gebracht wurden. Einige von ihnen zeigen Situationen aus den Jahren 1928 und 1929, andere aus den 1930er- und 1940er-Jahren. *(EN: Und wieder andere aus den 1980ern, 1990ern und 2000ern.)* Der Leser kann kaum die Ähnlichkeit verkennen, die bei verschiedenen Aktien zu verschiedenen Zeiten während entsprechender Phasen ihres Trends oder bei Umkehrpunkten auftreten.

Wir haben gesagt, dass sich die gleichen Formationen, Trends und Unterstützungs- und Widerstandsphänomene immer und immer wiederholen. Jeder kann sie zu jeder Zeit bei allen normal aktiven Aktien an irgendeiner Börse in den Charts beobachten.

Zum Zweck der Demonstration sind in dieses Kapitel der 5. Auflage weitere Chartbeispiele aufgenommen worden, die den älteren Beispielen entsprechen, aber aus der Periode 1947 bis 1966 stammen. *(EN: Die 8. Auflage enthält Beispiele bis hin zur Jahrtausendwende.)* Man hätte auch die zehnfache Anzahl guter Beispiele aufnehmen können, denn fast jede zuvor illustrierte Situation hat sich in den vergangenen Jahren immer und immer wiederholt.

Nicht alle sind gleich

Die Mehrzahl der Aktien wird an einem großen Markttrend teilhaben. Aber nicht alle Aktien werden sich zur gleichen Zeit und in dem gleichen Ausmaß bewegen. Einige werden sich ganz unabhängig und gegen den Index bewegen. In den 1920er-Jahren gab es einen Boom. Und im Oktober 1929 kam die Panik. Aber diese Feststellungen sind ungenau, Halbwahrheiten, wenn Sie so wollen. Sie können sehr in die Irre führen, wenn sie einfach geschluckt werden. Ein Technischer Analyst, der dem individuellen Verhalten der Aktien gefolgt wäre, hätte sich durch ein ausgeglichenes und verteiltes Portfolio gegen irreparable Verluste schützen können.

Wir haben 676 Aktien über die Zeit von 1924 bis 1935 studiert. Tatsache ist, dass von ihnen nur 184 ihr Bullenmarkt-Hoch in der Periode August, September und Oktober 1929 erreichten und im Oktober und November jenes Jahres große Kursrückgänge erlitten. 262 Aktien befanden sich in Wahrheit schon *vor* dem Jahr 1929 in langfristigen Abwärtstrends. 181 andere erreichten ihr Bullenmarkt-Hoch in den ersten neun Monaten dieses Jahres und bewegten sich schon vor dem Ende des Sommers nach unten. Fünf Aktien begannen ihren Abschwung erst nach 1929. 44 Aktien erzielten nach 1929 neue Höchstkurse. In den Abbildungen 37.9 bis 37.11 sehen Sie drei Aktien mit ganz verschiedenen Trends während der Jahre 1927 bis 1930.

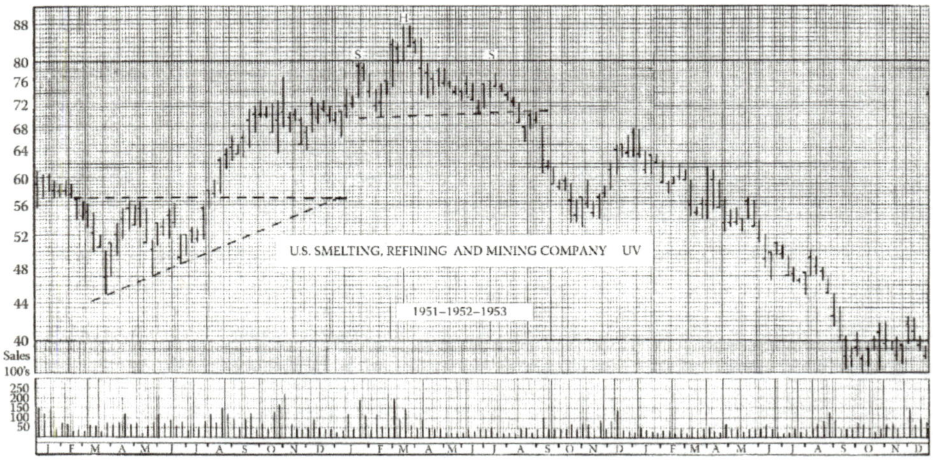

Abbildung 37.1: Eine ausgeprägte Schulter-Kopf-Schulter-Formation bei U.S. Smelting aus dem Jahr 1952. Diese Aktie war von ihrem Boden bei 33 im Jahre 1950 bis zu ihrem Gipfel bei 88, den wir hier zeigen, gestiegen. Der Abschwung führte bis 37. Dieser Chart zeigt das typische hohe Volumen auf der linken Schulter. Das Volumen am Kopf ist ein wenig höher als im Idealfall. Das geringe Volumen auf der rechten Schulter ist eine klare Warnung. Beachten Sie die Pullback-Rallye zur Nackenlinie in der letzten Augustwoche, ferner die sekundäre Erholung im November und Dezember. Auf der linken Seite dieses Charts findet man ein schönes Beispiel eines steigenden Dreiecks, das die Wiederaufnahme des vorher unterbrochenen Aufstiegs ankündigt.

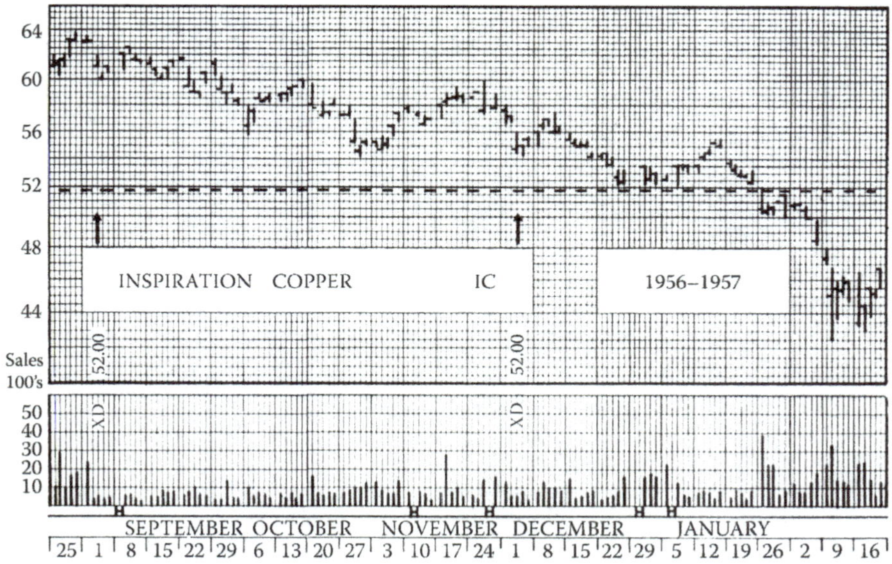

Abbildung 37.2: Abwärtstrends zeigen selten die perfekten und regelmäßigen Trendlinien, die wir oft bei Aufwärtstrends sehen. Aber trotz der unregelmäßigen, zerrissenen Rallyes und des ungleichmäßigen Volumens sind die grundsätzlichen Prinzipien in etwa die gleichen wie für Aufwärtsbewegungen. In diesen sechs Monaten hatte Inspiration Copper keine Rallye, die über das Hoch einer vorhergehenden Rallye hinaustrug. Ein klarer Abwärtstrend dieser Art muss zunächst als fortbestehend angenommen werden, bis sich ein merklicher Wechsel in der Formation und im Volumenverhalten zeigt. Beachten Sie das Volumen an dem Tag, als IC durch das historisch wichtige Niveau von 52 fiel, sowie das danach folgende Verhalten.

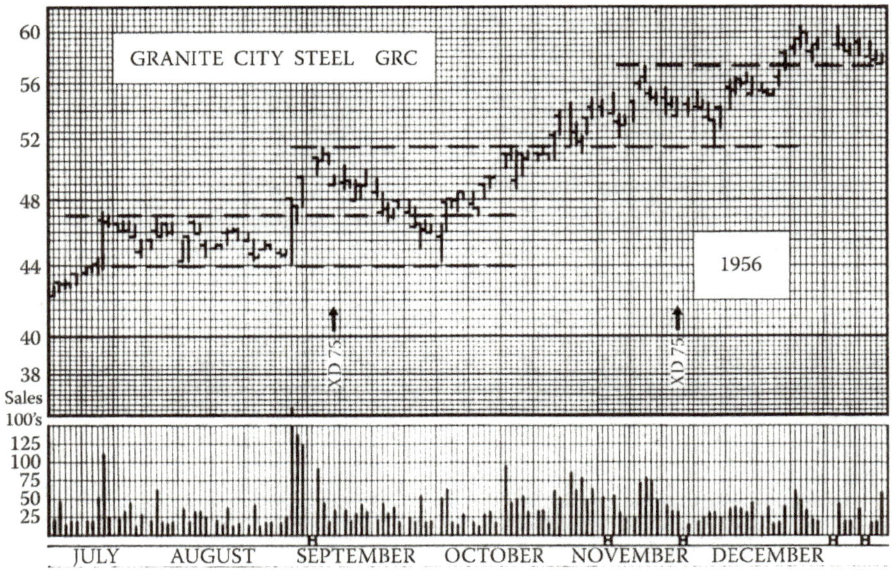

Abbildung 37.3: Ein Teil der langfristigen Aufwärtsbewegung von Granite City Steel. Hier sehen wir die bekannten Phänomene von Unterstützung und Widerstand bei fast jeder Bewegung während der gezeigten Periode.

Das August/September-Rechteck hielt sich sechs Wochen lang zwischen der Obergrenze von 47, die dreimal erreicht wurde, und der unteren Grenze bei 44. Wie die meisten Rechtecke war es zu Anfang, am 19. Juli, von hohem Volumen gekennzeichnet, das mit dem Fortschreiten der Formation abnahm. Die Breakout-Bewegung am 29. August war von enormem Umsatz begleitet.

Nach diesem Breakout gab es eine typische flaggenähnliche Reaktion bei scharf verminderten Umsätzen; obzwar diese Bewegung die Obergrenze des Rechtecks durchbrach, war dieser Durchbruch nicht entschieden oder bedeutsam, und die untere Grenze wurde nie verletzt. Nun betrachten Sie das Volumen am 15. Oktober, als die alte Höhe erreicht wurde, und wieder an der Spitze der Bewegung am 14. November. Die Reaktion geht bis zu dem Niveau des September-Hochs bei geringem Umsatz zurück. Es ist interessant, wie bei fünf Gelegenheiten die Linie von 52 Dollar als Unterstützung oder Widerstand diente; zweimal als Widerstand beim Weg nach oben und dreimal als Unterstützung nach dem neuen Oktober-Hoch.

Beim nächsten Anstieg sehen wir fast dieselbe Verhaltensweise. Diesmal liegt das Unterstützungs-/Widerstandsniveau bei ungefähr 57. Beachten Sie, wie sich die Kurse dem kritischen Niveau nähern und zurückweichen; dann folgt die aggressive Bewegung zu einem neuen Hoch (Mitte Dezember) und die Reaktion zur Unterstützung bei 57.

Aufwärtsbewegungen dieser Art scheinen das Auf und Ab der kleineren Bewegungen während eines Major-Trends zu repräsentieren. Es gibt keine „neuen Entwicklungen", um die normalen Fortschritte des Trends zu ändern. Wenn es häufige und wichtige Änderungen der Gesamtbörse oder der Nachrichtenlage gibt, die die Industrie betreffen, können wir lange Konsolidierungen oder mittelfristige Reaktionen feststellen. Aber der Major-Trend ist dauerhaft. Wir dürfen eine Umkehr des Major-Trends nicht verfrüht annehmen.

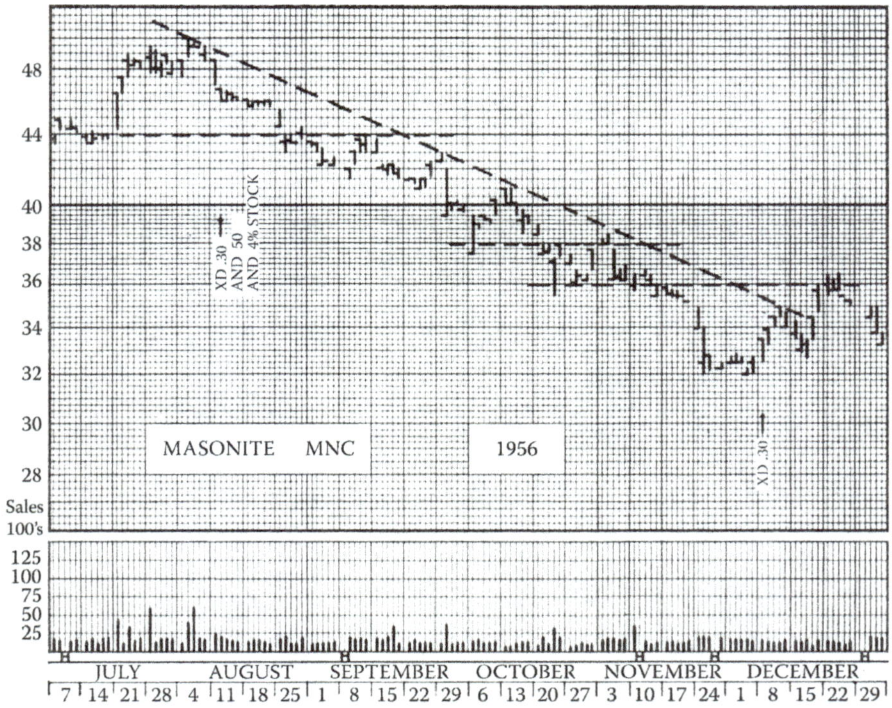

Abbildung 37.4: Während derselben Periode, in der Granite City Steel eine Serie von Aufwärtsschritten machte (siehe vorherige Abbildung), tat Masonite genau das Gegenteil.

So wie sich MNC während der zweiten Jahreshälfte 1956 verhielt, bestand wohl kaum Hoffnung auf einen Trendwechsel. Wer doch darauf hoffte, musste ein ungewöhnliches Maß an Optimismus oder Unwissenheit über die Gewohnheiten von Aktien haben. Natürlich hätte man guten Grund zum Optimismus gehabt, wenn man die Aktie vor diesem Trend geshortet hätte.

Dies ist fast ein perfektes Gegenstück zu dem Chart von GRC. Wir haben eine Serie von Abschwüngen, und die Rallyes können nicht über die vorhergehenden Hochs steigen. Wir können hier sogar eine Trendlinie mit einer Anzahl von Berührungspunkten auf dem Weg nach unten ziehen; für einen Abwärtstrend ist das eher ungewöhnlich.

Beobachten Sie, wie die einzelnen Rallyes immer auf dem Niveau des vorhergehenden Tiefs in einer Serie von Unterstützungs- und Widerstandsniveaus zum Halten kommen. Wir sehen das bei 44, 41, 38 und 36.

Wir würden den Durchbruch durch die Trendlinie nach oben Ende Dezember sicherlich nicht als Beweis für eine Trendumkehr ansehen. Ein solcher Durchbruch nach diesem Trend bedeutet wahrscheinlich nicht mehr als eine mittelfristige Erholung. Wenn man dem Durchbruch größere Bedeutung hätte beimessen sollen, hätte man sicherlich einiges Volumen verlangen müssen, das hier völlig fehlte. Und ehe wir die Aktie wieder als stark genug ansehen konnten, um sie zu kaufen, hätten wir irgendetwas in der Art einer Umkehrformation benötigt. Eine schwache Rallye zurück auf etwa 40 würde hier in der Tat weitere Leerverkäufe angezeigt erscheinen lassen.

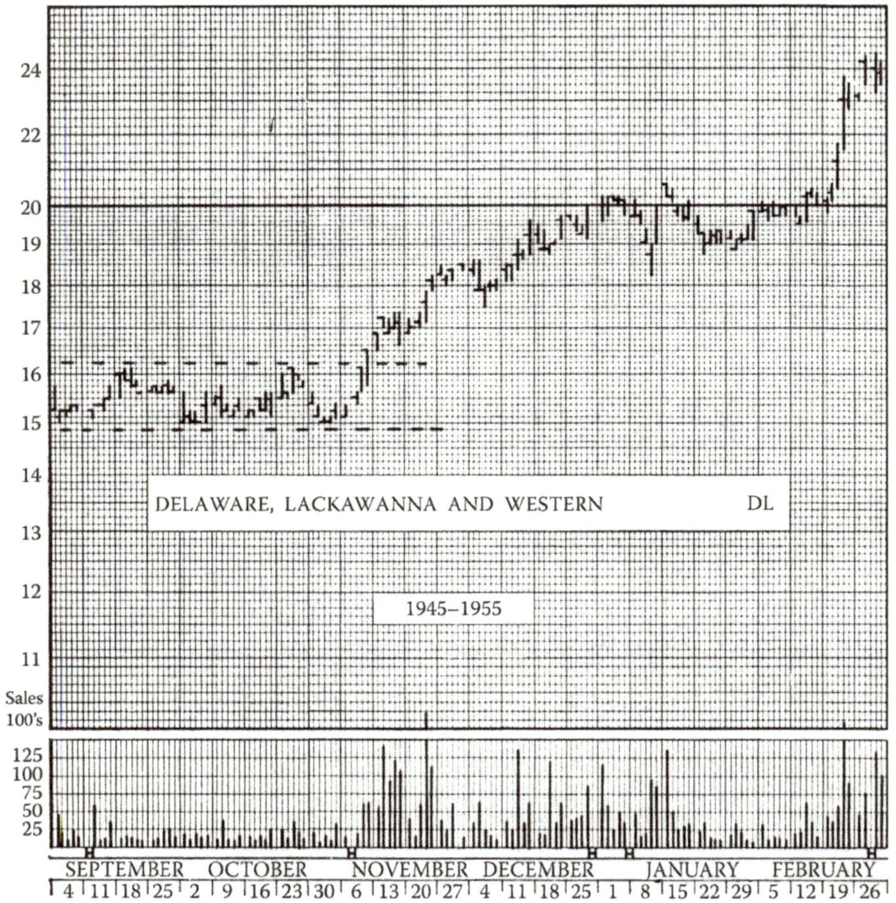

Abbildung 37.5: Sehr oft hört man die Frage: „Woher wissen Sie, ob eine technische Formation oder ein Breakout verlässlich ist?" In vielen Fällen und in der großen Mehrzahl der Aufwärtsformationen gibt das Volumen eine so klare Antwort, dass alle Zweifel ausgeräumt sind. Nicht immer ist die Bestätigung vom Volumen her so klar wie in diesem Chart von Delaware, Lackawanna & Western, aber an sich ist sie für eine große Zahl von Breakouts in Aufwärtstrends typisch. Sie sehen, wie das Volumen während des Rechtecks im Allgemeinen gering war; es hatte fünf klar erkennbare Tops und Bottoms.

Am 4. November stieg das Volumen scharf an, als sich die Kurse im Rechteck an die Obergrenze bewegten und dort schlossen. Am folgenden Tag, einem Freitag, haben wir wieder ein gutes Volumen mit einem Schlusskurs oberhalb der Formationsgrenze. Von hier an geht die Bewegung offensichtlich nach oben.

Nach dem Breakout gab es niemals irgendein Anzeichen für eine Kursumkehr. Ein Hoch wurde erst im März bei 25 ½ erreicht.

Die Bewegung aus dem Rechteck heraus war außergewöhnlich kräftig. Normalerweise würden wir kurzfristige Rückschläge erwarten, wie etwa die Serie von Reaktionen bei GRC in Abbildung 37.3. Und wenn sie gekommen wären, hätte das in keiner Weise die positive Bedeutung des gesamten Bildes geschwächt.

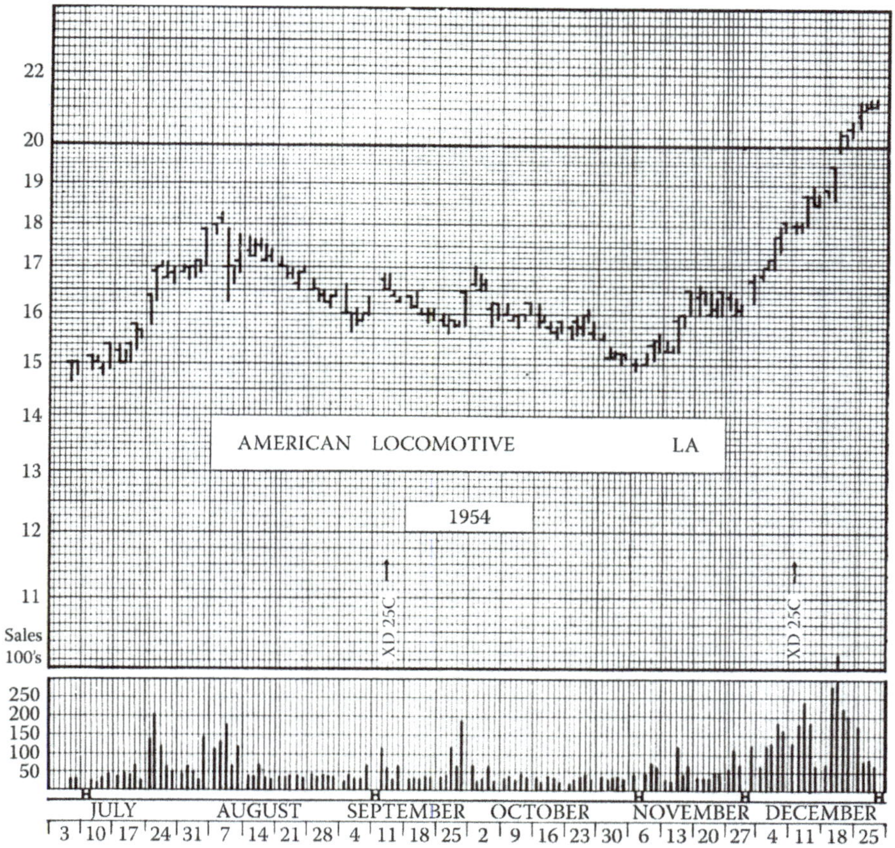

Abbildung 37.6: Diese Situation ist etwas ähnlich der bei DL im vorigen Bild, bietet aber eine kleine Komplikation. Das Problem wäre gewesen, ob man LA hätte verkaufen oder aber weiter halten sollen, als es Ende Oktober durch das Rechteck nach unten brach. Bei dieser langsamen Bewegung gab es kein nennenswertes Volumen, und nur an einem Tag schloss der Kurs genau drei Prozent unter der Grenze der Formation. Immerhin hätte man die Aktie anlässlich dessen durchaus verkaufen oder sogar leerverkaufen können.

Nehmen wir an, dass Sie die Aktie tatsächlich geshortet hätten. Beobachten Sie Volumen und Kursaktion am Donnerstag, dem 4., und Freitag, dem 5. November. Beobachten Sie Volumen und Kurs am folgenden Montag und Dienstag, als sich eine leichte Reaktion zeigte. Danach sehen Sie das schnelle Anwachsen des Volumens, als die Kurse am Mittwoch stiegen, anderthalb Wochen umsatzschwacher Konsolidierung und dann wieder das größere Volumen bei der Aufwärtsbewegung am Freitag. Sicherlich hätten Sie in der ersten Dezemberwoche, wenn nicht gar vorher, die Gefahrensignale gesehen und Ihren Leerverkauf glattgestellt.

Eine solche völlige Umkehrung der Position muss keine Tragödie sein oder auch nur eine Entmutigung bringen. Einige leicht zu entmutigende Spekulanten wären über den kleinen Verlust anlässlich ihres erfolglosen Leerverkaufs vielleicht sehr betroffen gewesen. Sie hätten deshalb vielleicht nicht die Gelegenheit ergriffen, ihre Position umzukehren und die Aktie nach den starken Aufwärtssignalen zu kaufen. Diese Bewegung trug im März 1955 bis 26 ¾.

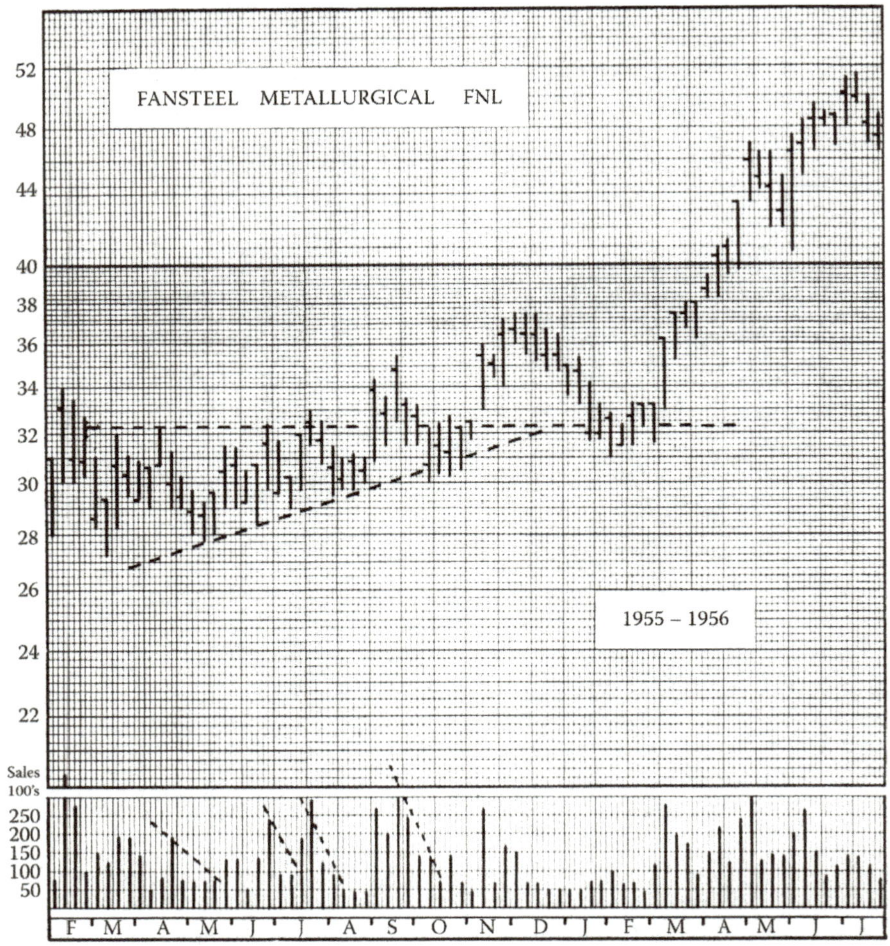

Abbildung 37.7: Eine Bodenbildung benötigt normalerweise mehr Zeit zur Vollendung als Hochpunkte. Darum zeigen wir diesen Chart von Fansteel Metallurgical auf Wochenbasis, sodass wir eineinhalb Jahre erfassen können. Die Formation auf der linken Seite zeigt eine Konsolidierung, die sie nach einem Anstieg aus einem Multiple Bottom 1953/54 bei 21 gebildet hatte. Die obere Grenze des aufsteigenden Dreiecks entspricht grob dem Gipfel im April 1953.

Natürlich war es zu Beginn dieses Dreiecks im Frühjahr 1955 noch nicht möglich, es als solches zu identifizieren. Dies gilt insbesondere, weil das Hoch im Februar etwas höher lag als die horizontalen Tops, die sich später bildeten.

Während der sieben Monate vor der ersten Breakout-Bewegung wurde jedoch zunehmend klar, dass jeder Bewegung in die Nachbarschaft von 32 ½ eine Reaktion mit geringem Umsatz folgte und dass diese Reaktionen eine Serie von ansteigenden Tiefs bildeten.

In der ersten Septemberwoche sehen wir einen klaren Durchbruch nach oben, und von jetzt an passen die einzelnen Aufschwünge und Abschwünge in das typische Muster eines langfristigen Anstiegs. Beachten Sie das Breakaway Gap im November und das geringe Volumen bei der Dezember-Januar-Februar-Reaktion.

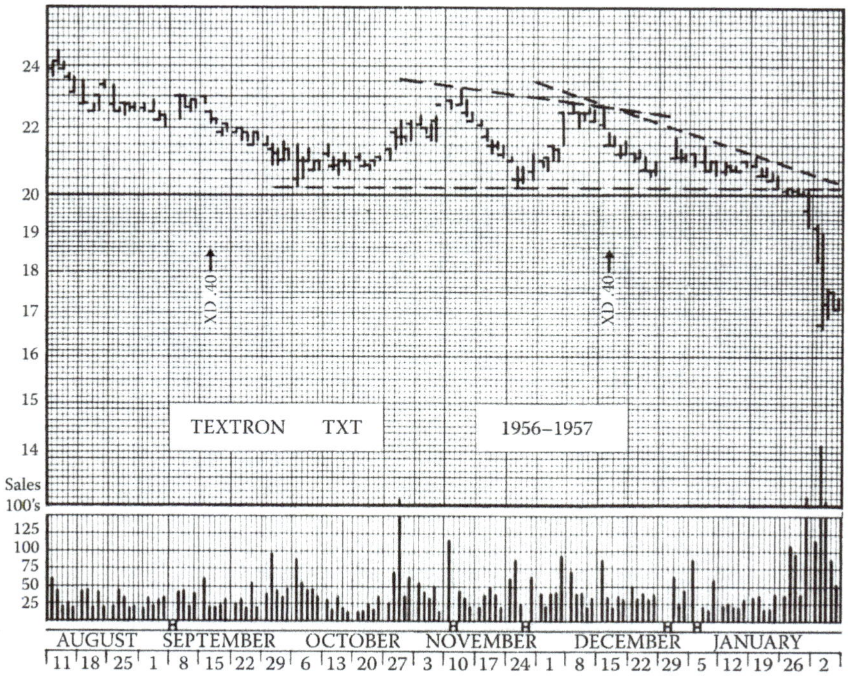

Abbildung 37.8: Hier, in einem Tageschart, sehen wir eine dramatische Entwicklung nach einem absteigenden Dreieck. Wir haben die typische Serie tiefer liegender Hochs mit ziemlich niedrigem Volumen, dazwischen die Kursrückgänge auf eine Horizontale.

Am Freitag, dem 25. Januar, wurde die wichtige Unterstützung bei hohem Umsatz durchbrochen. Obwohl das Maß des Durchbruchs nicht groß war, hätten wir im Hinblick auf die allgemein schwache Haltung bis zu diesem Punkt sofort verkauft. Die Vorbedeutung eines absteigenden Dreiecks auch vor dem Breakout ist bearish. Nach dem Breakout gab es keinen nennenswerten Pullback. Es ist nicht möglich, auf eine solche Erholung zu zählen, wenn ein Unterstützungsniveau durchbrochen wurde. Deshalb ist es am sichersten, sofort zu verkaufen oder eine sehr enge Stopp-Order zu platzieren, sobald ein Schlusskurs außerhalb der Formation liegt. (In diesem Fall außerhalb der Grenze nach Berichtigung für gezahlte Dividende.)

Das Volumen steigt merklich, als die Kurse Ende Januar im Sturzflug nach unten gehen. Ein starker Umsatz ist nicht notwendigerweise ein Merkmal wichtiger Abwärtsbewegungen. Aber wenn er sie begleitet, unterstreicht das nur die Bedeutung der Bewegung.

Frage: Halten Sie Textron Ende Januar für ein „gutes Geschäft“? Wären Sie in Versuchung geraten, diese Aktie zu kaufen, weil „sie nicht mehr weiter fallen kann“ oder „weil jetzt eine Erholung fällig ist“ oder „weil sie unter ihrem wirklichen Wert notiert“?

Angenommen, TXT würde eine technische Rallye erleben, was nach der gezeigten Bewegung durchaus wahrscheinlich ist; wie viel, glauben Sie, würde sie ausmachen? Erwarten Sie, dass in naher Zukunft das Niveau von 20 wieder nach oben durchbrochen wird? Würden Sie die Aktie Ende Januar 1957 als bullish beurteilen?

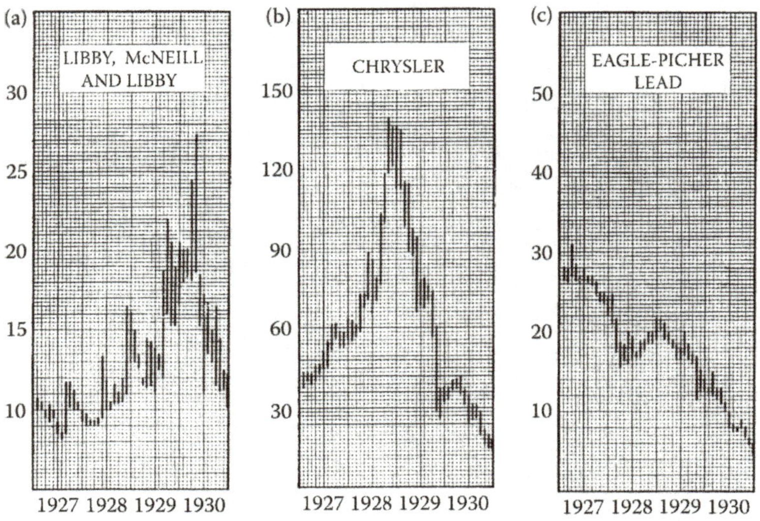

Abbildung 37.9: (a) Libby, McNeill and Libby zeigte während der Oktober-Panik 1929 keine ernsthaften Beeinträchtigungen und stieg im März und April 1930 auf neue Höchstkurse.

(b) Chrysler, einer der großen Marktführer jener Zeit, erreichte sein Bullenmarkt-Hoch 1928, mehr als ein Jahr vor der Panik, und hatte schon *vor* dem Oktober 1929 60 Prozent seines Wertes eingebüßt.

(c) Eagle-Picher Lead hatte in der ganzen Zeit überhaupt keinen Bullenmarkt. Abgesehen von einer wenig beeindruckenden Rallye im Jahr 1928 war die Aktie die ganze Zeit über in einem Abwärtstrend.

Diese Beispiele sind keine seltenen Ausnahmen. Es gibt viele andere, auch wichtige Aktien, die nicht dem Muster der Indizes folgten. Dieses verschiedene Verhalten ist typisch für die Börse. Man sieht es auch heute. Es sind *nicht* „alle gleich“; jede Aktie muss individuell betrachtet werden. In Abbildung 37.10 finden Sie einige Beispiele, die völlig auseinandergehendes Verhalten während der Jahre 1953 bis 1956 zeigen. Es gibt Hunderte von anderen Charts, die das genauso gut belegen könnten.

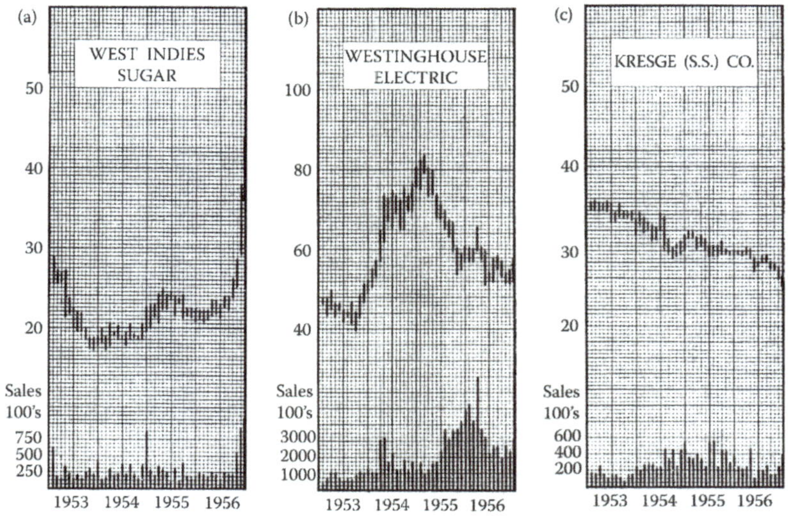

Abbildung 37.10: (a) West Indies Sugar brach Ende 1956 aus seiner „muschelartigen“ Formation aus und machte zu einer Zeit seine eigene Hausse, als das Verhalten der Indizes apathisch und insgesamt flach war.

(b) Obwohl das ganze Frühjahr 1956 hindurch die Indizes laufend neue Höchstwerte erreichten, markierte Westinghouse Electric sein Top schon früher und ging dann in eine langfristige Abwärtsbewegung über.

(c) Hier ist das Gegenstück zu dem 25 Jahre älteren Chart von Eagle-Pichers, der in Abbildung 37.9 zu sehen ist. Kresge nahm – wie eine Anzahl anderer Blue Chips – an den Bullenmarkt-Bewegungen von 1953 bis 1956 nicht teil.

Diese sechs Charts wurden von „Graphic Stocks“ (F.W. Stephens, New York) übernommen. Die Charts aus den Jahren 1927 bis 1930 entstammen einer Sonderausgabe, die beinahe 700 Aktien aus der Periode 1924 bis 1935 enthält. Die Charts 1953 bis 1956 stammen aus einer späteren Ausgabe von „Graphic Stocks“.

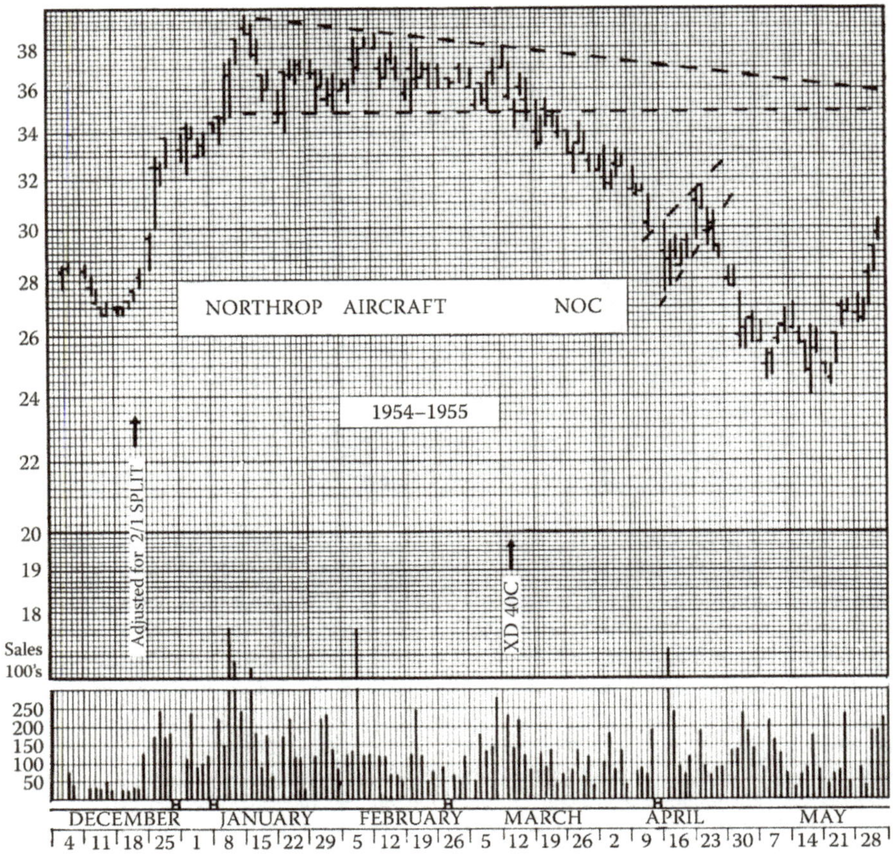

Abbildung 37.11: Eine schöne Top-Formation bei Northrop Aircraft, 1954/55. Die Aufwärtsbewegung, die im Januar 1955 bei 39 ¾ endete, hatte aus einem Boden bei 6 ¼ im Jahr 1953 begonnen.

Das fallende Dreieck zeigt hier ziemlich ungewöhnliches Volumen bei den Spitzen der Rallyes im Februar und im März. Sonst ist es typisch für diese Art von Umkehrformationen. Wie so häufig, gab es nach dem Breakout vom 14. März einen Pullback; aber diese Rallye dauerte nur zwei Tage lang.

Ihnen wird auffallen, dass das Volumen beim Breakout und während der Abwärtsbewegung nicht spektakulär groß war; genau genommen war es nicht einmal so groß wie bei den kleineren Rallyes innerhalb des Dreiecks. Aber wie wir schon sagten, brauchen wir bei einem Abschwung nicht so viel Volumen zu erwarten wie bei einem Anstieg.

Volumen entwickelte sich bei diesem Abschwung erst am Ende des ersten Stadiums. Es ist ganz normal, dass sich am Ende einer kleineren Bewegung starker Umsatz zeigt, gleichgültig, ob bei einer Aufwärts- oder Abwärtsbewegung.

Mitte April gab es eine Rallye in Form einer Flagge. Das Kursziel der Flagge wurde etwa einen Monat später erreicht. Während der nächsten eineinhalb Jahre erreichte NOC niemals wieder 31.

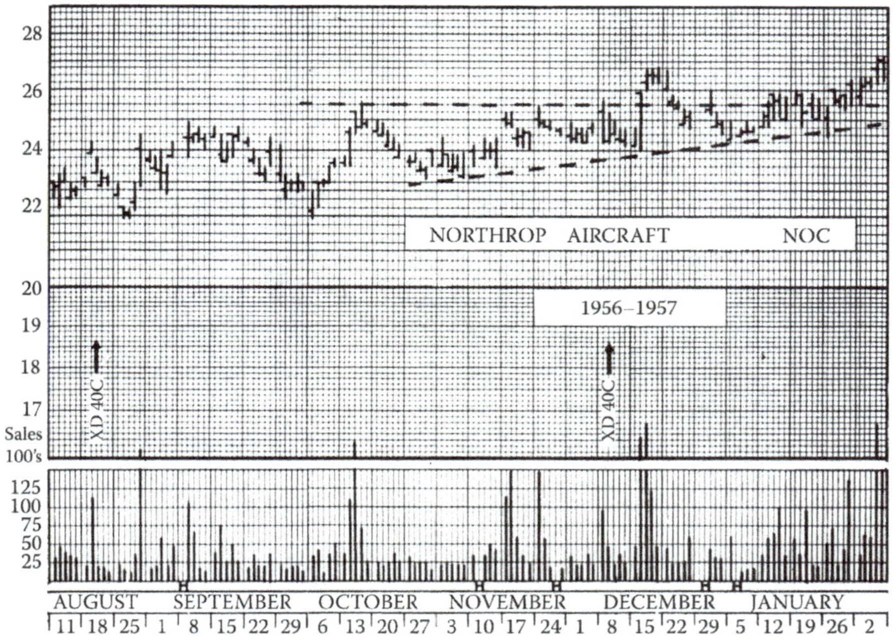

Abbildung 37.12: Wir verfolgen dieselbe Aktie, NOC, wie in Abbildung 37.11, diesmal im zweiten Halbjahr 1956 und zu Beginn des Jahres 1957. Die Frage für uns lautet hier natürlich, ob der Major-Trend immer noch abwärts läuft oder ob eine wichtige Aufwärtsbewegung begonnen hat.

Wie gewöhnlich ist es das Volumen, das wir genau beobachten und studieren müssen. Beachten Sie das Minor-Top am 14. August, dann den hohen Umsatz am 24. August. Die Aktivität trocknet während des Septembers aus, aber steigt jäh an, als im Oktober ein neues Minor-Top etabliert wird. Das Volumen trocknet jetzt bei Abschwächungen aus, und wir haben viel Aktivität bei Rallyes auf das Niveau von 25 ½. Mitte Dezember ist es zur horizontalen Obergrenze eines aufsteigenden Dreiecks geworden.

Die Breakout-Bewegung am 10. Dezember ließ keinen Zweifel offen; die Reaktion in den nächsten zwei Wochen bestätigt dies durch den Mangel an Aktivität beim Kursrückgang. Und wieder, Anfang Februar, sehen wir, wie das Volumen bemerkenswert ansteigt und der Kurs einen neuen Höchstwert erreicht.

Im Augenblick (EN: 1957) kann man nicht sagen, ob NOC seinen Aufwärtstrend fortsetzen wird und schließlich wieder durch die Grenze bei 31 brechen kann. Aber es können keine Zweifel bestehen, dass sich Northrop zu Beginn des Februars in einem Aufwärtstrend befand. Deshalb muss dieser Trend als fortbestehend angenommen werden, bis ein klarer Wechsel im Marktverhalten stattgefunden hat. Sollte NOC bis zu dem Niveau von 30/31 steigen, so erscheint dort zumindest eine Periode der Konsolidierung als recht wahrscheinlich. Möglicherweise bildet sich eine Konsolidierungsformation, ehe ein erfolgreicher Vorstoß über 31 gemacht werden kann.

Als Nebenbemerkung für diesen Chart sei erwähnt, dass während der obigen Periode des Anstiegs viele andere Luftfahrt-Aktien nach unten gingen.

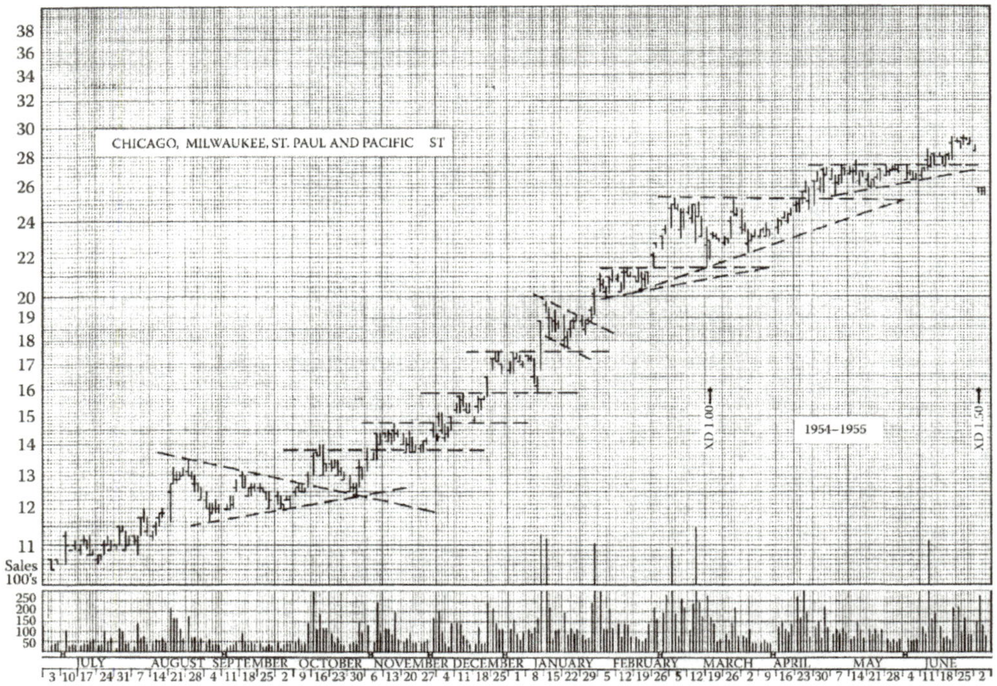

Abbildung 37.13: Der Aufstieg 1954/55 von Chicago, Milwaukee, St. Paul & Pacific ist ein Musterbeispiel für Techniken im Bullenmarkt. Wo würde ein solcher Trend (von dem es viele ähnliche Fälle gibt) den Spekulanten lassen, der beispielsweise bei 15 verkauft hätte, „weil er einen guten Gewinn hat", oder der das Gefühl hat, „dass 17 ein zu hoher Kurs ist"?

Hier ist ein Chart, den man genau studieren sollte. Er zeigt eine große Menge Eigenarten eines „idealen" Aufwärtstrends. In diesem gesamten Jahr des Kursanstiegs gibt es keinen Punkt, an dem selbst ein Anfänger der Technischen Analyse vernünftigen Grund zur Angst oder eine Rechtfertigung zum Verkauf seiner Aktien gefunden hätte. Und wir sollten auch nicht den Steuervorteil bei langfristigen Gewinnen außer Acht lassen.

Im August und September haben wir ein perfektes Beispiel des symmetrischen Dreiecks als Konsolidierung. Das Volumen ist typischerweise zu Beginn der Formation hoch und schrumpft zu fast nichts zusammen, während sie sich weiterentwickelt. Das Ausbruchsvolumen ist entschieden.

Die Reaktion nach dem Breakout, mit geringem Volumen, wie es sein sollte, führte geradewegs zurück zur Dreiecksspitze, dem „Drehpunkt", der fast immer eine starke Unterstützung für solche Reaktionen ist.

In der Rallye vom Anfang November zeigen sich zwei Tage mit hohem Volumen. Am ersten Tag wird das vorhergehende Minor-Top durchbrochen; der zweite Tag mit dem hohen Volumen bringt das Ende der Rallye. Die Reaktion führt zurück zum vorhergehenden Top.

Die Rallye im Dezember zeigt höheres Volumen, als das November-Top überschritten wird; in geringerem Maße steigt das Volumen auch am Ende der Bewegung. Wieder gibt es eine Reaktion, diesmal zum Top im November.

Eine schnelle Bewegung Ende Dezember wiederholt dieselbe Kurs- und Volumenaktion; ihr folgt eine typische Reaktion mit geringem Umsatz zum Top vom frühen Dezember. (Dies wird monoton, aber es ist wichtig. Sie sehen hier eine langfristige Demonstration des technischen Verhaltens in einem Aufwärtstrend.)

Als Nächstes folgt der Breakout im Januar. Wie weit erwarten Sie, dass die kleinere Reaktion daraufhin zurückläuft? Wären Sie erstaunt, dass sie eine Unterstützung auf dem Niveau der drei kleineren Tops fand, die sich früh im Monat bei 17 ½ gebildet hatten?

Der folgende Anstieg geht durch die 20er-Linie, und in einer Serie von kleineren Fluktuationen bildet sich ein steigendes Dreieck. Ende Februar ist ein neues Hoch erreicht. Können Sie schätzen, wo Sie nach einer Unterstützung für die Reaktion zu suchen haben?

Und jetzt beobachten wir die Ausbildung des zweiten steigenden Dreiecks (achten Sie auf das relativ geringe Volumen). Der Breakout nach oben erfolgte gegen Ende April mit einem neuen Ausbruch der Aktivität. Die nächste Reaktion führte zurück auf die Unterstützung der früheren Tops, wie zu erwarten war. Noch einmal bildet sich ein steigendes Dreieck. Sie sehen, wie das Volumen während der Ausbildung der Formation austrocknet und betont zum Leben erwacht, als am 8. Juni der Breakout erfolgt.

Viele Beobachter des Charts bemerken: „Der Trend war bis zum 21. Juni ungebrochen." In Wahrheit wurde er an diesem Tage nicht gebrochen, sondern vom Kurs wurde damals die Dividende in Höhe von 1,50 Dollar abgezogen. Wenn Sie den Kurs um diesen Betrag korrigieren, liegt er auf der Unterstützung an der Obergrenze des aufsteigenden Dreiecks vom April/Mai.

Es erscheint unvorstellbar, dass eine derart regelmäßige Serie von Formationen, die bullish sind, ein ganzes Jahr lang in einer Aktie „aus Zufall" erscheinen könnte. Dies ist ein Teil des normalen Marktmechanismus. Es zeigen sich darin die Beurteilungen, Meinungen, Hoffnungen, Befürchtungen und Handelstaktiken Tausender von Spekulanten und Investoren. Allerdings sollte man hinzufügen, dass man einen so langen und „perfekten" Major-Trend wie diesen selten sieht. Normalerweise gibt es von Zeit zu Zeit Unterbrechungen, Verzerrungen oder mittelfristige Reaktionen.

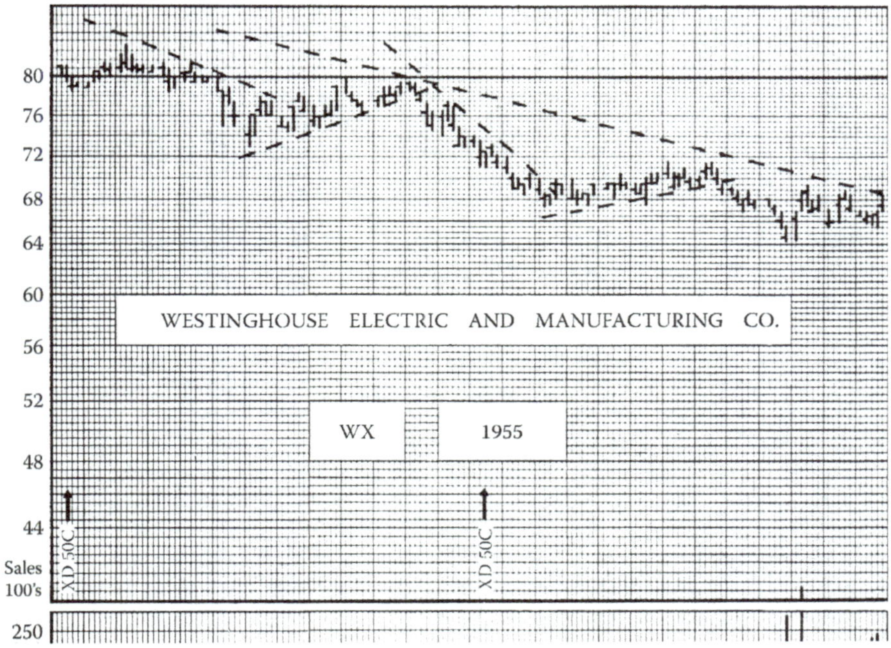

Abbildung 37.14: Muss man hellsichtig sein, um zu sehen, dass diese Aktie bearish ist? Wenn Sie Westinghouse Electric in Ihrem Chart verfolgt hätten: Hätten Sie nicht lange vor dem Ende der Zeit, die wir oben zeigen, erkannt, dass der Trend nach unten und nicht nach oben ging?

Es ist einer der großen Irrtümer an der Börse, dass die Aktie „gut" sein muss, die wir besitzen: Während die Kurse fallen, verbessert sich das Verhältnis von Kurs zu Dividende, da es natürlich auf der Vergangenheit beruht. Auch das Kurs-Gewinn-Verhältnis sieht ständig besser aus. Investoren beginnen davon zu sprechen, sie wollten ihre Aktien „verbilligen" (Cost Averaging). Also stecken sie noch mehr Geld in eine Aktie, die schon wackelt (anstatt sich etwas zu suchen, das sich in ihrem Sinne entwickelt). Sie werden endlos über verbesserte Aussichten, neue Produkte, ein zukunftsorientiertes Management reden. Sie werden Ihnen beweisen, dass die Aktie „unter ihrem wahren Wert" notiert, was immer das heißen mag. Sie werden jede Anstrengung unternehmen, um zu beweisen, dass nicht wahr ist, was sich vor ihren eigenen Augen abspielt; dass die sehr schwach aussehende Aktie in Wirklichkeit stark sei; dass das Publikum einen großen Fehler begeht und die Aktie völlig verkennt; dass die Kurse falsch sind, weil sie recht haben *müssen*.

Aber die Werte an der Börse werden in einem demokratischen Verfahren bestimmt; im Großen und Ganzen repräsentiert das vermutlich die beste umfassende Schätzung, die Sie finden können. Eine Bewegung wie diese ist nicht bedeutungslos; es ist heute auch nicht mehr möglich, sie den Machenschaften einiger weniger Manipulatoren zuzuschreiben. Im Chart sehen wir das Spiegelbild einer kollektiven Bewertung, die man nicht einfach missachten darf. Im November 1956 erreichte Westinghouse 50 $^7/_8$.

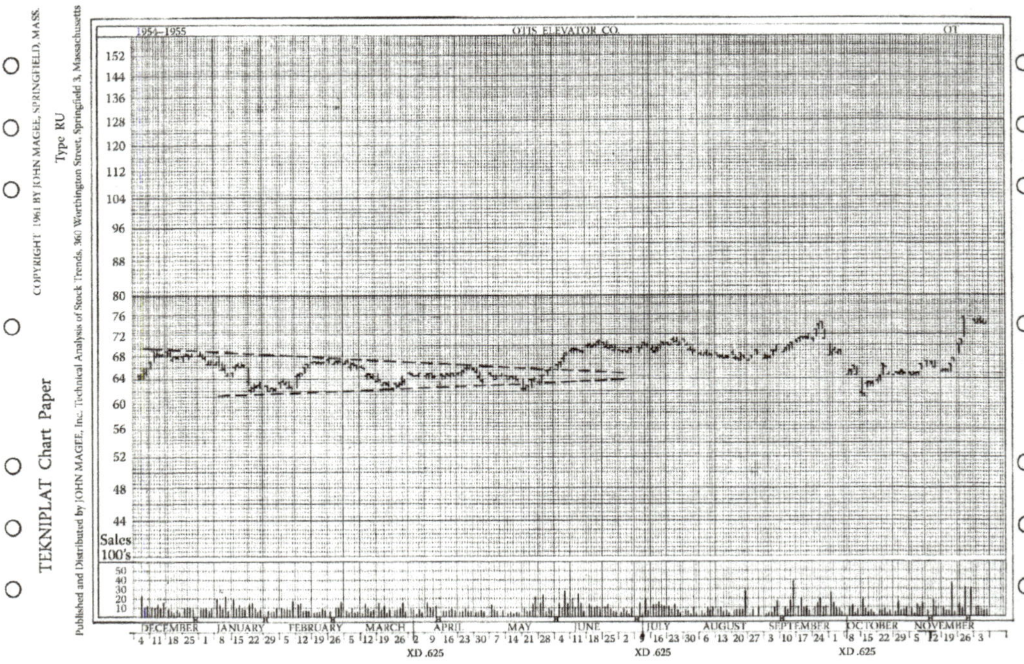

Abbildung 37.15: Ein typischer Aktienchart auf Tekniplat-Chartpapier. Berücksichtigt man die jeweils gezahlten Dividenden, so verletzte OT niemals in technisch bedeutsamer Weise das Niveau der Dreiecksspitze. Der Aufstieg brachte schließlich 60 Prozent Kursgewinn. Dieser Chart zeigt eine langgezogene, meistens seitwärts verlaufende Bewegung. Er ist ein gutes Beispiel dafür, wie wichtig es ist, einen Kursrückgang als Folge der abgezogenen Dividende technisch richtig zu berücksichtigen. Während der ersten fünf Monate sehen wir ein beinahe perfektes symmetrisches Dreieck. Der erste kritische Punkt lag bei dem leichten Durchbruch Mitte Mai. Die untere Grenze des Dreiecks wurde leicht verletzt, auch wenn wir 62 ½ Cent März-Dividende berücksichtigen. Wenn jemand aus diesem Anlass die Aktie verkauft hätte, könnte man ihn nicht tadeln. Er hätte auch keinen sonderlichen Schaden erlitten. Ein erfahrener Chartanalyst hätte allerdings wohl den geringen Umsatz berücksichtigt und noch etwas zugewartet, wobei er sich bei etwa 60 mit einem Stopp geschützt hätte. (Vergleichen Sie die etwas ähnliche Situation im Chart von LA, Abbildung 37.6.) Hätte man OT behalten, hätte die Zunahme des Volumens bei der Rallye gezeigt, dass der Trend noch nicht gedreht hatte. Der zweite kritische Punkt kam Ende September und Anfang Oktober anlässlich der Erkrankung von Präsident Eisenhower. Berücksichtigen wir jedoch die beiden Dividenden im Juli und Oktober, so wurde der Boden vom Mai nicht verletzt. Außerdem war das Volumen relativ gering. Wenn man die Aktie noch hielt, bestand kein zwingender Grund, bei diesem Rückgang zu verkaufen. Anschließend bildete OT im Oktober/November eine Insel-Umkehr. Damit war diese lange Periode der Konsolidierung beendet. Die Aktie nahm ihren aufwärts gerichteten Major-Trend wieder auf und stieg bis auf einen (nach einem Split im Verhältnis 2:1) berichtigten Gegenwert von über 100 im Jahre 1956.

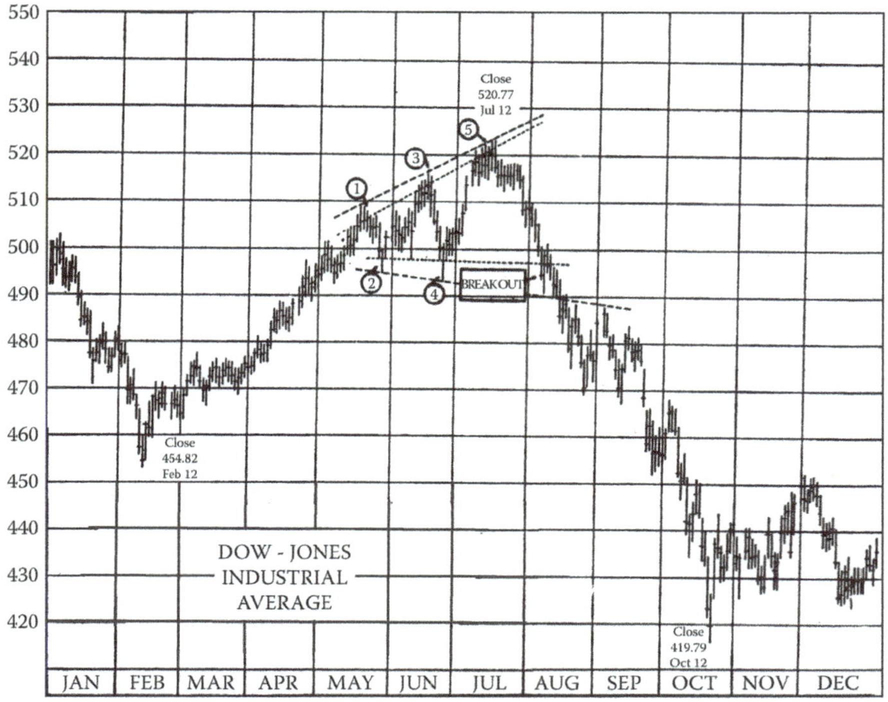

Abbildung 37.16: Das Broadening Top im Dow Jones Industrial Average, das sich in den Monaten Mai bis August 1957 ausbildete. Bei individuellen Aktien erschienen oft Broadening Tops oft und hatten in der Regel eine negative Entwicklung zur Folge. Aber im Dow Jones Industrial Average hatte es bis dahin niemals zuvor eine solche Chartformation gegeben. Im Jahr 1928 zeigten sich zweimal Tendenzen zur „Verbreiterung“. Aber da sie durch weiter ansteigende Kurse unterbrochen wurden, konnte man von ihnen nur sagen, dass sie wahrscheinlich eine zunehmende technische Schwäche der Börse offenbarten.

Die Situation im Jahr 1957 war dagegen sehr deutlich, und die Formation wurde vollendet. Während der frühen Stadien schrieben uns einige unserer Freunde und machten uns auf diese Möglichkeit aufmerksam. Einer von ihnen war Charles E. Carden aus Fort Worth in Texas, der auch Kommentare über die Dow-Theorie und Analysen im *Fort Worth Star Telegram* veröffentlichte. Von ihm und mit seiner Genehmigung haben wir den obigen Chart des Dow Jones Industrial Average übernommen.

Der erste bedeutsame Punkt nach dem Boden vom 12. Februar war das Minor-Top vom 21. Mai, hier mit (1) gekennzeichnet. Der kleinere Kursrückgang bis zum 28. Mai (2) war ganz normal, ebenso der erneute Anstieg mit seinem Hoch am 17. Juni (3).

Das erste Anzeichen einer Tendenz zur Verbreiterung gab es, als der Index am 24. Juni (4) unter dem Boden vom 28. Mai schloss. Das allein signalisierte allerdings noch keine Kursumkehr. Der Anstieg wurde wieder aufgenommen und übertraf die beiden kleineren Tops vom 21. Mai und vom 17. Juni. Am 18. Juli (5) betrug der Schlusskurs 520,77. Das auseinander laufende Bild der Kurse war nun offensichtlich, und die Vollendung eines Broadening Tops erforderte nur noch einen Schlusskurs unter dem Boden vom 24. Juni.

Am 6. August schloss der Industrial Average entschieden unter dem Boden vom 24. Juni und gab damit das Signal, dass das Broadening Top vollendet war. Das war natürlich ein Zeichen der Schwäche des Major-Trends und eine Warnung, die nicht leichtzunehmen war.

Das Broadening Top ist, wie wir gesehen haben, ein Zeichen für einen „wild rotierenden“ Markt, eine Börse ohne Führung oder definitiven Trend. Die Vermutung spricht dafür, dass unter dem Schutz von Rallyes massiv Aktien verteilt werden (Distribution). Die Breakout-Bewegung ist selten eine Fehlbewegung.

Hier haben wir es mit einem Index und nicht mit einer einzelnen Aktie zu tun. Nach dem Top bei 5 würden wir deshalb *jeden* Schlusskurs unter Punkt 4 als verlässlichen Breakout ansehen, gleichgültig, wie gering die Spanne wäre. Denn Indizes reagieren weniger empfindlich als einzelne Aktien, und es ist auch üblich, selbst kleine Brüche von Signalpunkten (wie bei der Dow-Theorie) als völlig ausreichend anzusehen. Sie sehen auch, dass man das Broadening Top durch die extremen Kurswerte hätte einzeichnen können. Wir haben das mit den gestrichelten Linien angedeutet, aber wir selbst haben die Schlusskurse benutzt, wie sie durch die gepunkteten Linien dargestellt sind. Auch dies stimmt mit der Praxis der Dow-Theorie überein, wo nur die Schlusskurse beachtet werden.

Die Vorausbedeutung der Formation war hier „für den Markt insgesamt" bearish. Wie zu erwarten, zeigte eine Mehrzahl von Aktien zu dieser Zeit Formationen oder Trends, die Schwäche manifestierten. Wie immer war es jedoch erforderlich, jede Aktie getrennt auf ihre Situation hin zu untersuchen. Wie wir auf den folgenden Seiten zeigen werden, benahmen sich auch in dieser extrem schwachen Marktsituation nicht alle Aktien gleich. Vergleichen Sie das Broadening Top von 1999 bis 2000 (Abbildung 37.17).

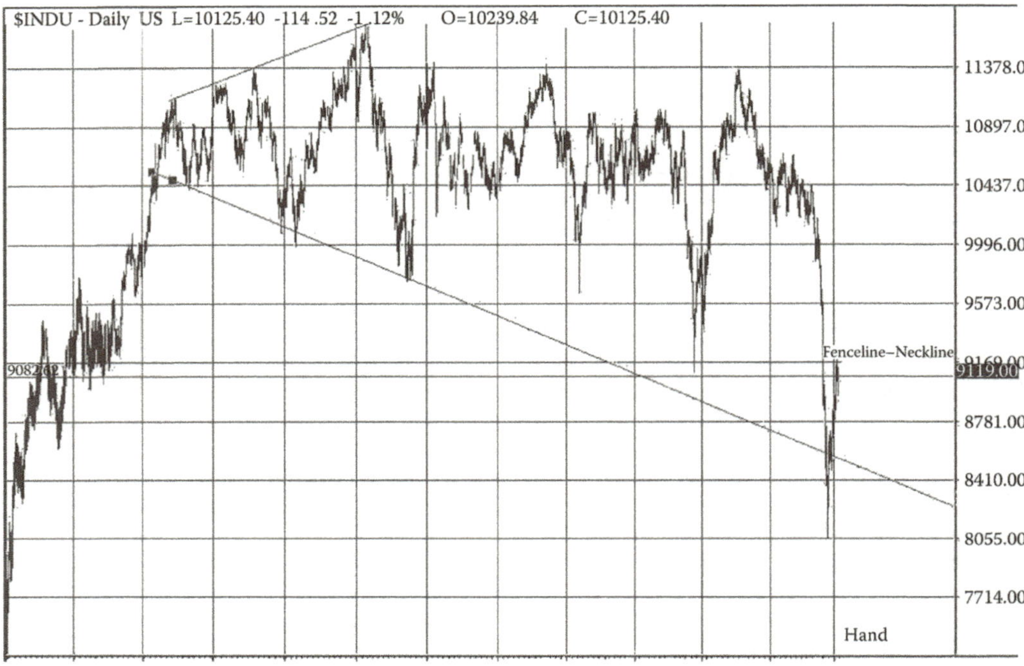

Abbildung 37.17: Das Broadening Top des Dow Jones in den Jahren 1999 und 2000. Wenn Wiederholung das Herz der Pädagogik ist, kann der Leser beim Betrachten des Broadening Tops im Dow an einer Herzkrankheit sterben, besonders wenn er zu der Zeit long war und entweder die Zeichen nicht beachtet hat oder nicht über ihre Bedeutung aufgeklärt wurde. Die Lektion ist immer dieselbe: Schlechte Nachrichten sind im Anmarsch. Die zahlreichen technischen Aspekte dieses historischen Börsenhochs werden in anderen Ansichten des Dow für diese Zeitspanne ausführlich diskutiert. Erinnern Sie sich, dieses Mal ist es anders. Das Marktparadigma hat sich geändert, und so weiter und so fort. ... Wer auf Narren hört, wird genarrt.

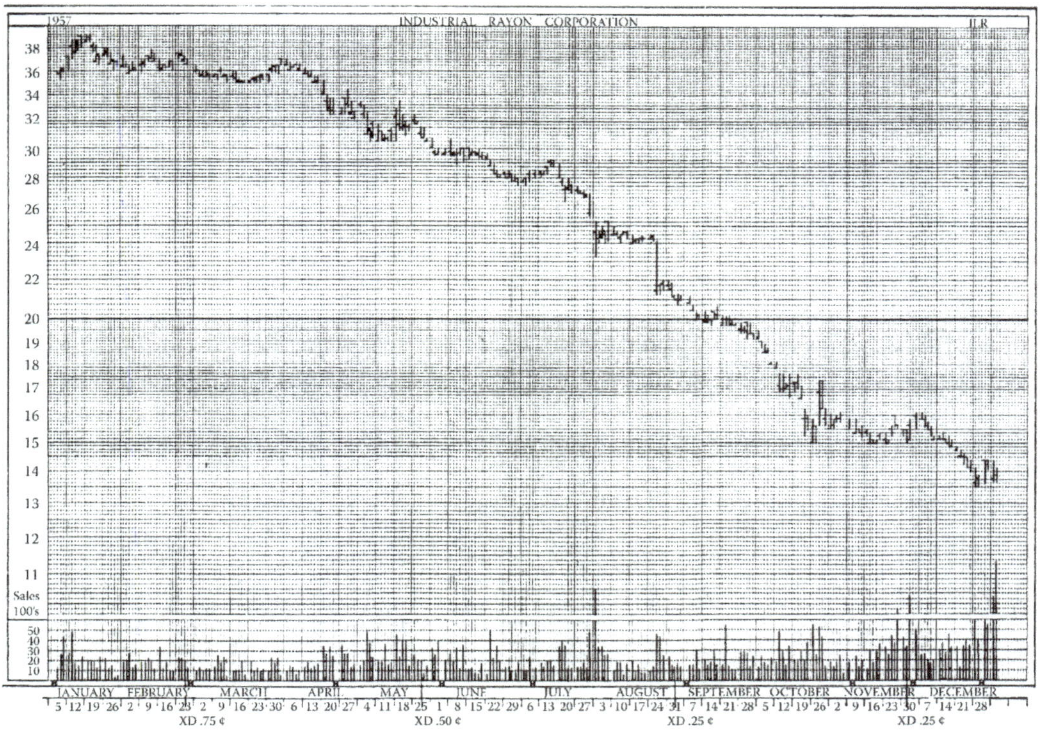

Abbildung 37.18: Die Baisse von Industrial Rayon im Jahr 1957. Zu keinem Zeitpunkt zeigte diese Aktie nennenswerte Anzeichen von Stärke.

Die Indizes erzählen nicht die ganze Geschichte. Jede Aktie muss auf ihre eigene Situation hin untersucht werden. Lange ehe sich im Dow Jones Industrial Average das Broadening Top von 1957 zeigte, bewegte sich Industrial Rayon in einem langfristigen Abwärtstrend. Sie werden viele Fälle finden, in denen es schwer ist, einfach zu „sehen“, was eine Aktie tut, oder ihren Major-Trend zu bestimmen. Aber in einer solchen Situation (und sie ist kein besonders seltener Fall) ist es völlig offensichtlich, dass der Trend nach unten geht. Obwohl es während der Abwärtsbewegung eine Anzahl kleinerer Rallyes und Konsolidierungen gab, war das ganze Bild offensichtlich wesentlicher Bestandteil derselben großen Abwärtsbewegung. Niemand, der auch nur etwas mit dem typischen Verhalten von Aktien vertraut war, wäre in Versuchung geraten, diese Aktie zu kaufen, nicht einmal, um Leerverkäufe einzudecken.

Am 29. Juli gab es eine scharfe Abwärtsbewegung mit einem Gap bei klimaktischem Volumen. Dies legte die Wahrscheinlichkeit eines Minor-Bottoms nahe; und über drei Wochen konnte sich die Aktie bei ungefähr 24 stabilisieren. Aber selbst während dieser Konsolidierung zeigte sich die fortgesetzte Schwäche in dem kleinen fallenden Dreieck, das sich bildete. Am 21. August brachen die Kurse dann wieder scharf nach unten, um die langfristige Abwärtsbewegung fortzusetzen.

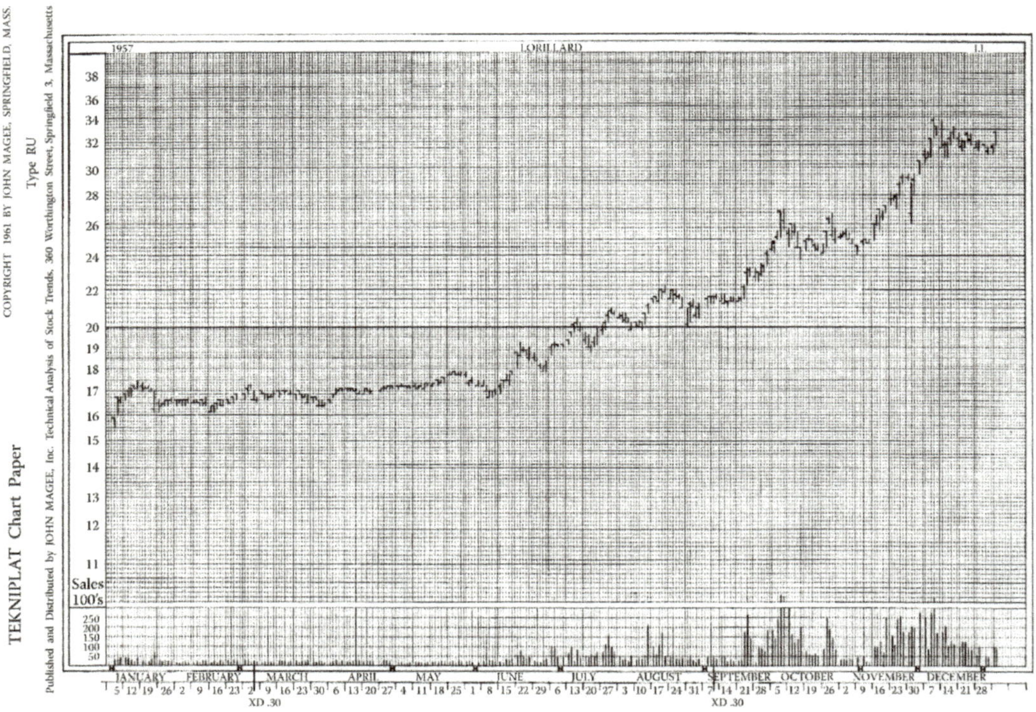

Abbildung 37.19: Der Bullentrend 1957 von Lorillard. Obwohl 1957 die meisten Aktien nach unten gingen, gab es eine Anzahl starker Werte wie diesen, die sich dem allgemeinen Pessimismus völlig entziehen konnten.

Die Indizes erzählen nicht die ganze Geschichte. Die zweite Hälfte des Jahres 1957 wurde mit Recht als Bärenmarkt angesehen. Mancher Leser wird überrascht sein, dass Lorillard in dieser Zeit einen typischen Bullenmarktanstieg vollzog. Lorillard stieg in diesem Jahr von 15 ⅝ auf 34. In den ersten drei Monaten 1958 erreichte die Aktie 54 ⅛. Es ist kaum zu glauben, dass dieser Chart und der von Industrial Rayon, den wir gerade betrachteten, dieselbe Periode, nämlich das Jahr 1957, umfassen.

Die Mehrzahl der Aktien erlitt in der Tat erhebliche Wertverluste. Aber es gab auch viele Werte, die wie Lorillard das ganze Jahr über im Allgemeinen in einem Aufwärtstrend blieben. Unter den wichtigen Aktien, die sich 1957 ständig nach oben bewegten, waren American Chicle, Anchor Hocking Glass, Colgate-Palmolive, General Foods, General Cigar, Grand Union, National Biscuit, Parke Davis, Penick & Ford, Plough Inc., Procter & Gamble, Ruberoid, Vick Chemical, Winn Dixie Stores und Zenith Radio.

Welche Theorien auch immer wir über die Lage „des Marktes insgesamt" haben, wir müssen uns ständig darüber im Klaren sein, dass wir individuelle Aktien kaufen und verkaufen. *(EN: Es sei denn, wir handeln Index Shares.)* Die „Börse insgesamt" mag extrem bullish oder bearish aussehen. Aber wenn dieses Bild mit dem klaren Augenschein einer bestimmten Aktie in Widerspruch steht, müssen wir beachten, dass es die Aktie und nicht der Index ist, mit dem wir es zu tun haben. Wir können nicht ohne Weiteres davon ausgehen, dass eine Aktie dem Index folgen „muss". Wenn wir im Bärenmarkt einige starke Aktien kaufen und im Bullenmarkt einige schwache Aktien leerverkaufen, können wir oft größere Stabilität und Sicherheit erzielen, als wenn wir versuchen, mit einer „Alles oder nichts"-Haltung in der einen oder anderen Richtung die Gewinne zu maximieren.

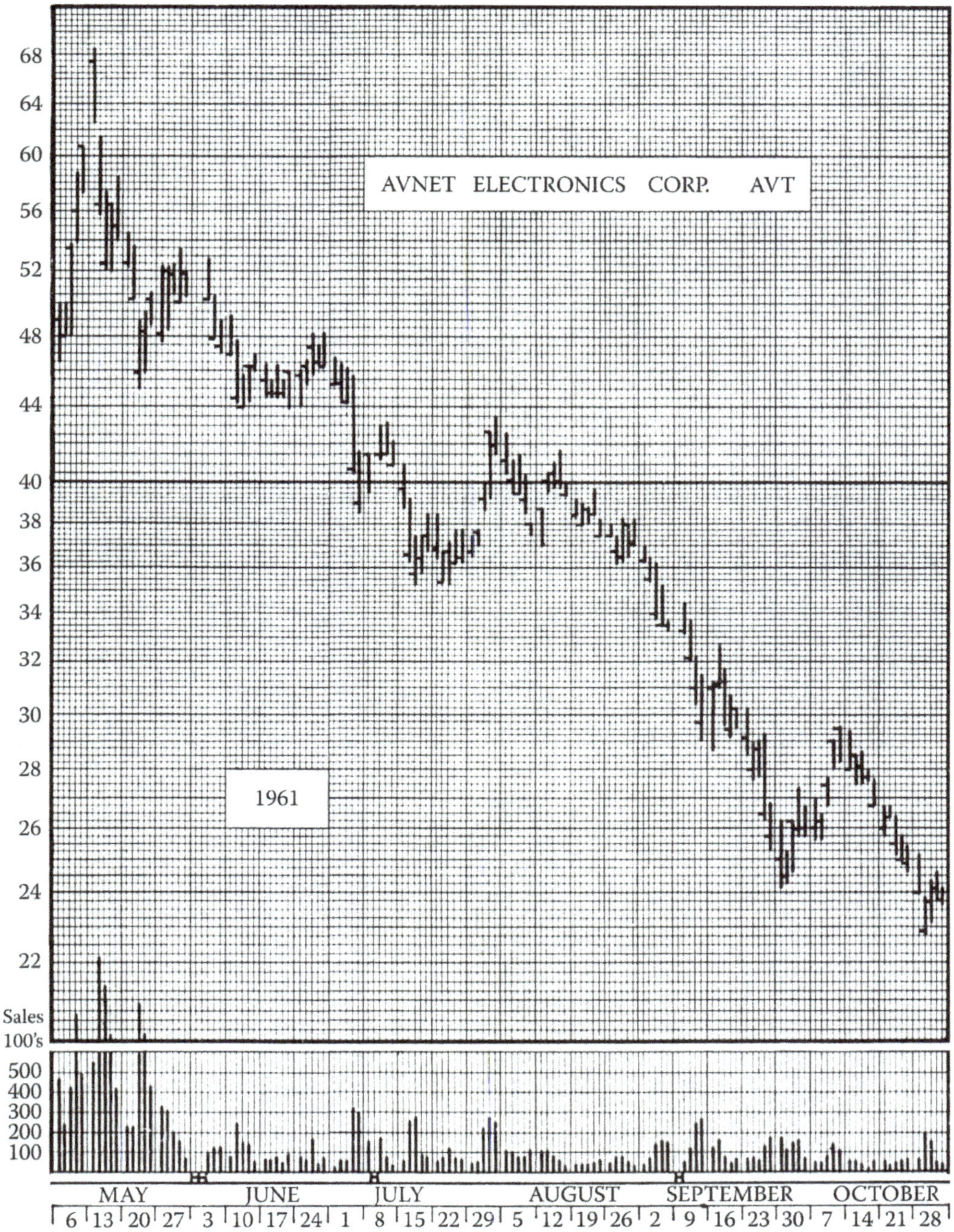

Abbildung 37.20: Während der letzten neun Monate des Jahres 1961 zeigten einige verbreitete Marktindizes neue Allzeithochs. Der Evaluative Index dagegen (siehe Kapitel 38) zeigte für diese Periode keine solche allgemeine Stärke: Viele Aktien waren die ganze Zeit über in einer fast ständigen Abwärtsbewegung. Darunter waren so wichtige Werte wie Air Reduction, Allied Chemical, Allis-Chalmers, Aluminum Ltd., Fansteel Metallurgical, Flintkote, Heyden Newport Chemical, Sperry Rand, Texas Instruments, Trans World Airlines, Universal Match und viele andere. Zu solchen Zeiten können wir nicht „den Index kaufen“, und es ist das beste, Aktien selektiv auszuwählen und in angemessenem Umfang liquide Reserven zu halten.

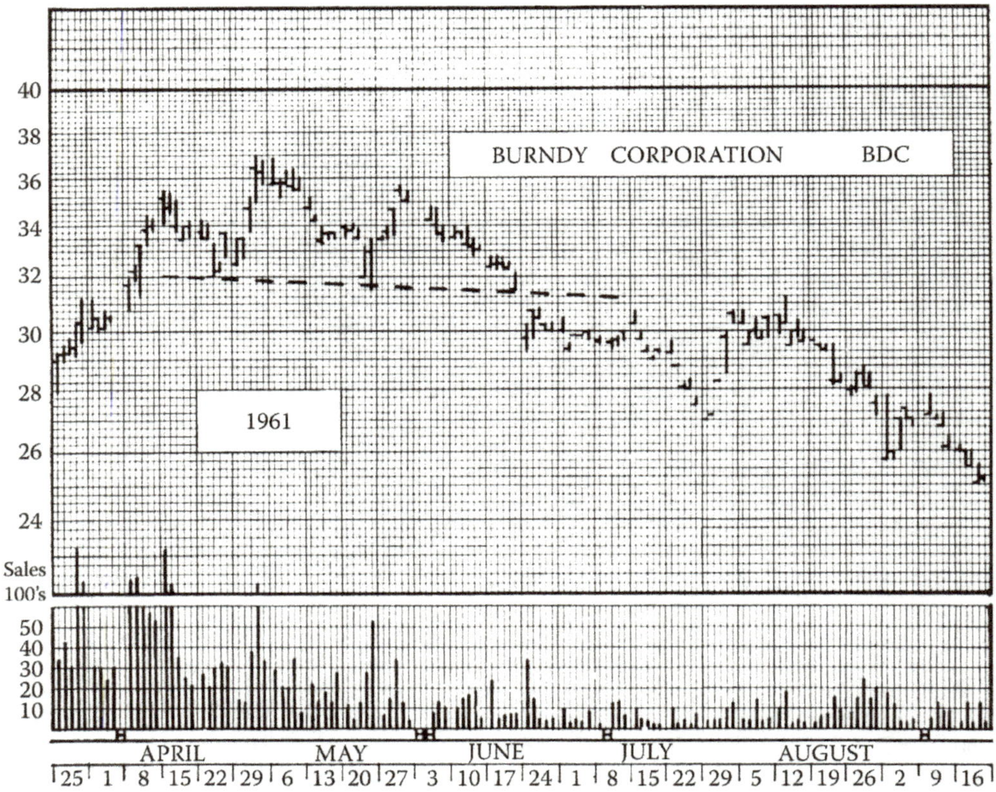

Abbildung 37.21: Eine bekannte Top-Formation. Von Ende 1957 bis zum Frühjahr 1961 stieg Burndy Corporation in einem allgemeinen Bullentrend von unter 10 auf 37. In der Rallye nach der Wahl Ende 1960 und Anfang 1961 beschleunigte sich der Anstieg stark. Aber wie für viele andere Aktien endete auch für Burndy die Rallye in den ersten Monaten des Jahres 1961. Hier haben wir nicht nur ein perfektes Beispiel der Schulter-Kopf-Schulter-Formation im Kurs, sondern auch eine typische Bestätigung durch das Volumen. Die Rallye von Anfang April hatte starkes Volumen. Die Rallye in der letzten Aprilwoche enttäuschte im Volumen etwas, obwohl zu diesem Zeitpunkt ein neuer Höchstkurs erreicht wurde. Beim Rückgang von diesem Gipfel haben wir ein klares Anwachsen des Volumens. In der letzten Rallye in der ersten Juniwoche zeigte sich beim Umsatz praktisch kein Enthusiasmus mehr. Am Montag, dem 19. Juni, brachen die Kurse nach unten durch. Das stärkere Volumen und ein großes Gap im Kursbild bestätigten die Top-Formation. Eine Weile hielt sich Burndy noch auf dem Niveau von 30 und erholte sich nach einem Rückgang wieder bis 31. Aber der Major-Trend war eindeutig umgekehrt worden. Im Juni 1962 notierte Burndy bei 11 ¾.

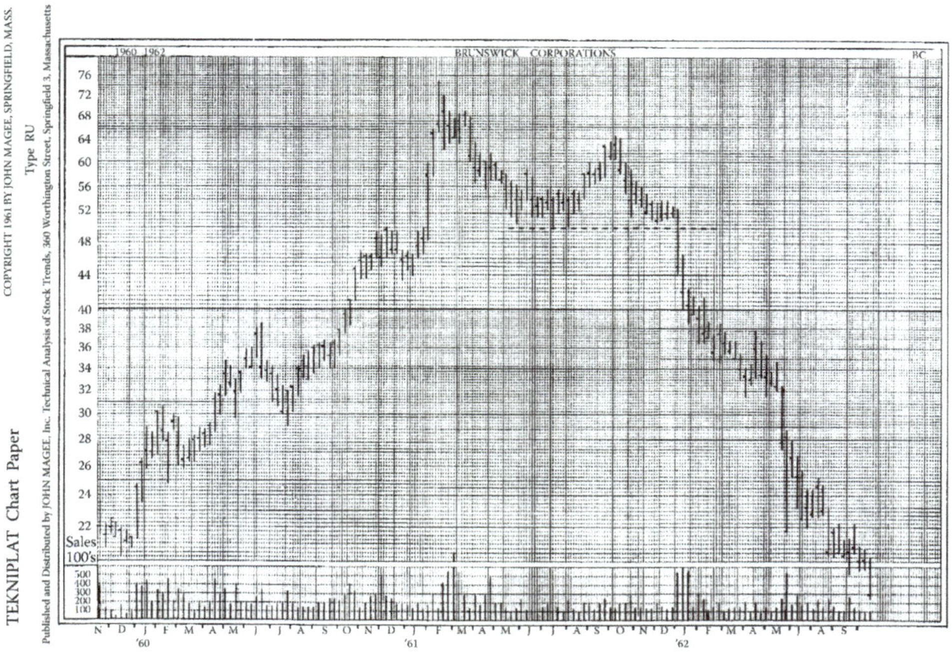

Abbildung 37.22: Wochenchart von Brunswick Corporation. Wir sehen das letzte Stadium des langen Bullenmarkts von BC, das klimaktische Top im März 1961, die Phase der Distribution bis Dezember 1961 und dann den schließlichen Zusammenbruch.

Fünf Jahre lang, von 1956 bis zum Frühjahr 1961, stieg Brunswick in einem großen Bullenmarkttrend. In dieser Zeit wurde die Aktie viermal gesplittet. In der ersten Märzwoche 1961 mit dem Ende der „Nach-Wahl-Rallye“ erreichte BC einen neuen Höchstkurs mit außergewöhnlich hohem Volumen; aber der Schlusskurs der Woche lag beinahe am unteren Ende der Kursspanne. Dieses „One-Week Reversal“ hätte für den Spekulanten ein Warnzeichen sein können.

Wir wollen jedoch annehmen, dass der Besitzer von Brunswick-Aktien kein Spekulant war, sondern sich für die Aktie unter langfristigen Gesichtspunkten interessierte. Er hätte die Aktie also weiter gehalten, obwohl sie aus dem symmetrischen Dreieck im März und Anfang April nach unten ausbrach. Er hätte vielleicht seine Aktie auch noch durch den Sommer und Herbst des Jahres 1961 und die Rallye im September und Oktober weiter gehalten. Wenn er dabei das Verhalten seiner Aktie beobachtet hätte, wäre er sich darüber klar gewesen, dass die Zone von 50 bis 52 kritisch war. Ein Durchbruch der Kurse durch diesen vorherigen Boden wäre ein ernst zu nehmendes Versagen der Unterstützung gewesen. In der ersten Januarwoche 1962 wurde das Niveau bei 51 klar (mit starkem Umsatz) verletzt. Unser Investor hätte das als sehr gefährliches Umkehrsignal erkennen können, das einen sofortigen Verkauf der Aktie ohne Rücksicht auf Steuerfragen oder sonst etwas forderte. Diese Bewegung ging dem allgemeinen Zusammenbruch der Gesamtbörse um mehrere Monate voraus. Aber sie war ein klarer technischer Hinweis auf extreme Schwäche und extreme Gefahr bei Brunswick, unabhängig von dem Verhalten anderer Aktien zu dieser Zeit. Wenn sich ein Investor nach dem Bruch dafür entschieden hätte, auf eine Rallye zu warten, um seine Aktie zu verkaufen, hätte er keine Chance gehabt, auszusteigen. Brunswick erholte sich nicht, es gab keine Rallye, und im Oktober 1962 wurde die Aktie bei 17 gehandelt.

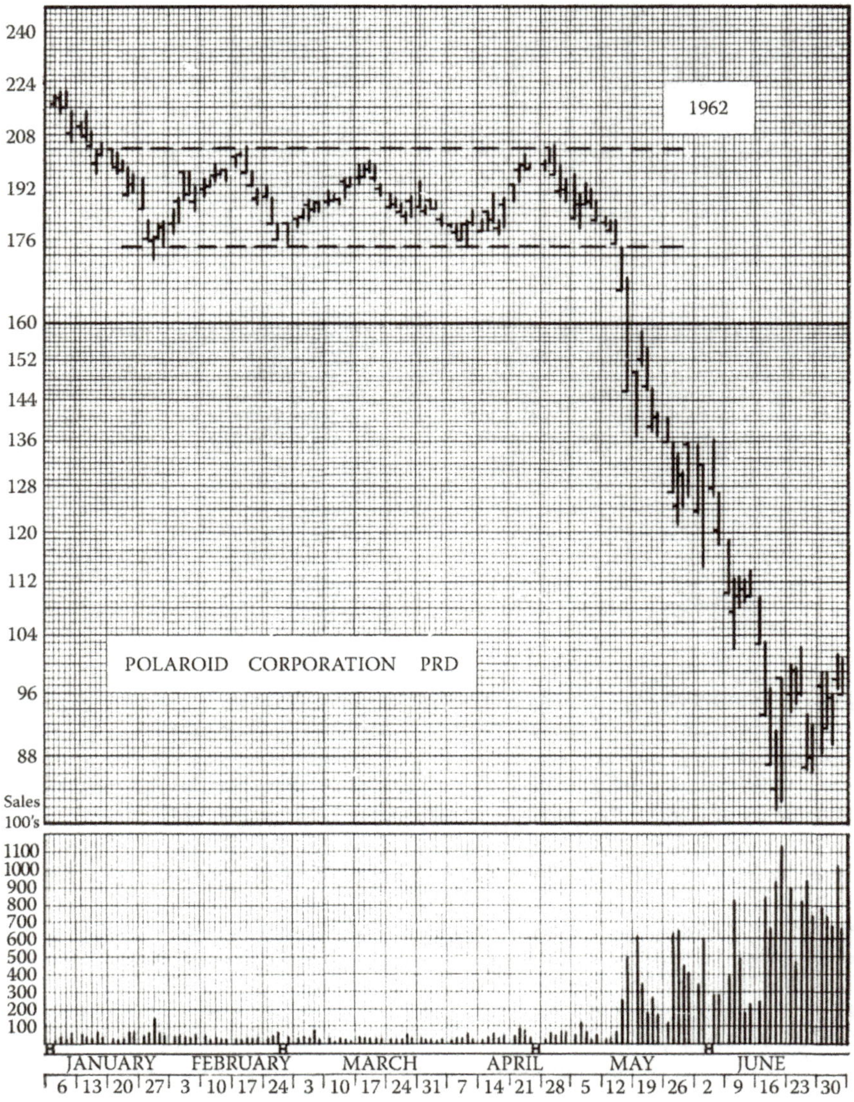

Abbildung 37.23: Ein schönes Beispiel für ein Rechteck bei Polaroid. Beachten Sie die Fluktuationen bei geringem Umsatz zwischen ungefähr 178 und 202. Am Donnerstag, dem 10. Mai, brach Polaroid durch die Unterstützungslinie und fiel auf 168. Der Umsatz war der höchste seit Jahresbeginn. Dies war eindeutig eine bearishe Bewegung. Es wäre fatal gewesen, die Aktie noch zu halten, weil man auf eine Rallye hoffte, denn es gab keine Rallye. Es kann sehr teuer werden, eine Aktie zu halten, wenn der Wunsch der Vater des Gedankens ist. Wenn sich die Situation radikal verändert hat, muss man ohne Rücksicht darauf handeln, wie gut sie vorher ausgesehen haben mag. Dieser Kurseinbruch kam mehr als zwei Wochen vor der „Beinahepanik" vom 28. Mai. Zu diesem Zeitpunkt war PRD schon 50 Punkte gefallen und visierte neue, noch tiefere Kurse an.

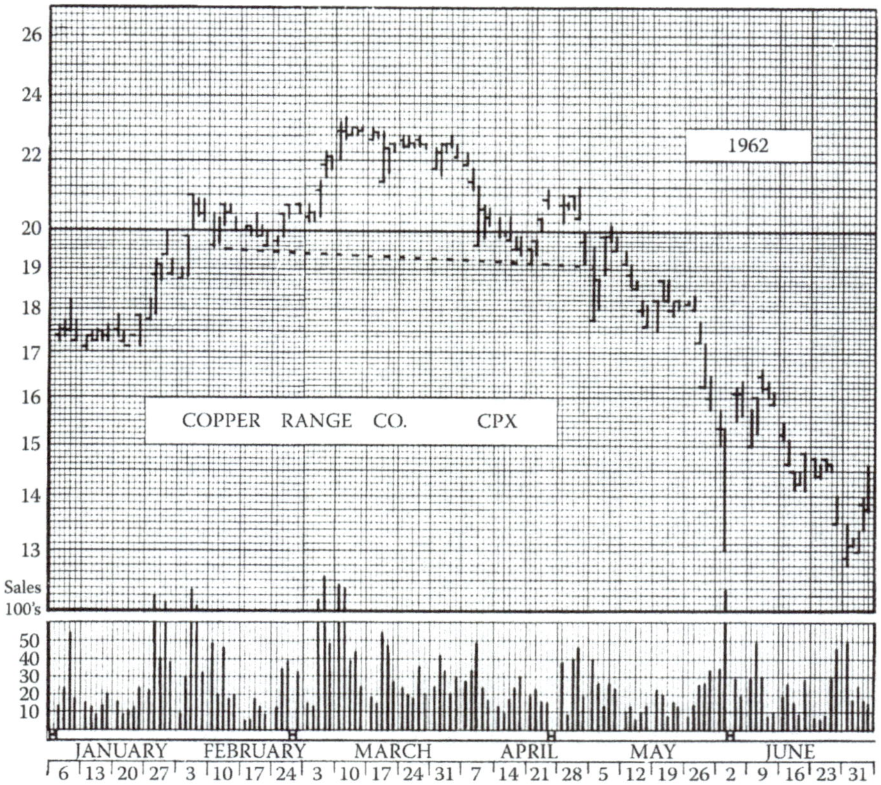

Abbildung 37.24: Früh im Jahr 1962 zeigte schon eine Mehrzahl der Aktien Zeichen ernsthafter Schwäche. Aber Copper Range markierte munter neue Höchstkurse. Genau genommen trug die Bewegung allerdings doch nicht so weit; sie führte nie nennenswert über das Hoch des Vorjahrs hinaus.

Die Schwäche von CPX wurde erst erkennbar, als die Aktie nach der relativ schwachen Rallye im April am Montag, dem 30. April, durch das Niveau von 19 brach und bei 17 ¾ schloss. Das war natürlich die Vollendung einer gut erkennbaren Schulter-Kopf-Schulter-Formation. In diesem Fall gab es eine dreitägige Rallye, ehe die Abwärtsbewegung ernsthaft in Gang kam. Aber es hätte gefährlich sein können, nach dem eindeutigen Bärentrendsignal auf eine Rallye zu zählen.

Diese Top-Formation war übrigens lange vollendet, ehe der steile Sturz im Mai und Juni für den gesamten Aktienmarkt begann.

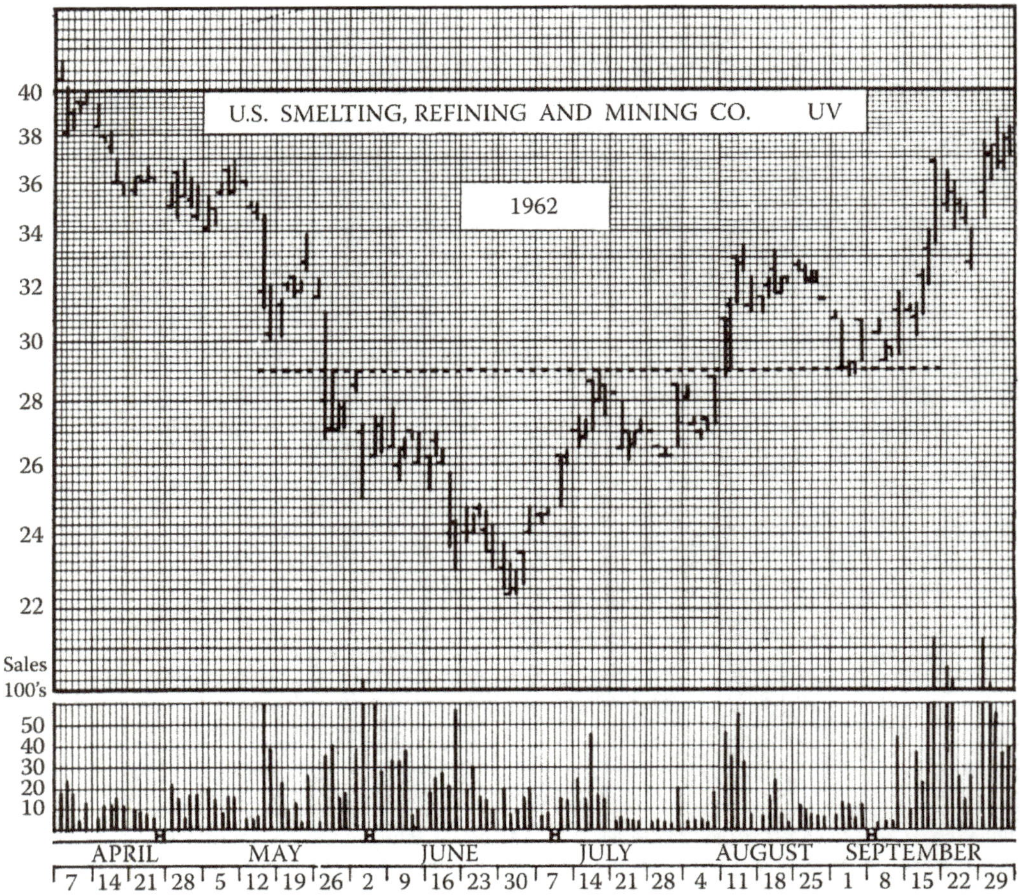

Abbildung 37.25: Wie praktisch alle Aktien ging auch UV im Frühjahr des Jahres 1962 im Sturzflug nach unten. Auch nach dem „schlechten Tag" am 28. Mai ging es noch den ganzen Monat Juni weiter bergab. Dann begann ein Anstieg, den man zunächst als nichts anderes als eine Bärenmarktrallye bezeichnen konnte. Diese Rallye hielt bei 29, und es folgte ein umsatzschwacher Kursrückgang, der ungefähr zwei Wochen dauerte.

Die nächste Bewegung in der zweiten Augustwoche wurde durch erheblichen Umsatz gekennzeichnet. Obwohl es keine offensichtlich klar geschnittene Chartformation gab, schien es technisch bedeutsam, dass das Niveau von 29, das am 23. und 28. Mai sowie am 12. Juli kurz berührt worden war, am 6. August durchbrochen wurde.

Das Problem bestand jetzt darin, ob man auf den Schlusskurs vom 6. August hin sofort kaufen oder abwarten sollte, bis die Ausbruchsbewegung auslief, um im Rahmen einer Reaktion zu kaufen. Hier hätte es sich ausgezahlt, zu warten. Sie sehen, wie die Reaktion Ende August bis auf das Niveau von 29 zurückfiel. Dort fand sie Unterstützung, und die Aktie setzte ihre Aufwärtsbewegung fort.

Berücksichtigt man die Schwäche der meisten Aktien während dieser Zeit, dann ist das Verhalten von UV bemerkenswert. Worauf es bei diesem Chart ankommt, ist die Erkenntnis, dass individuelle Aktien nicht notwendigerweise dem Haupttrend der Indizes folgen.

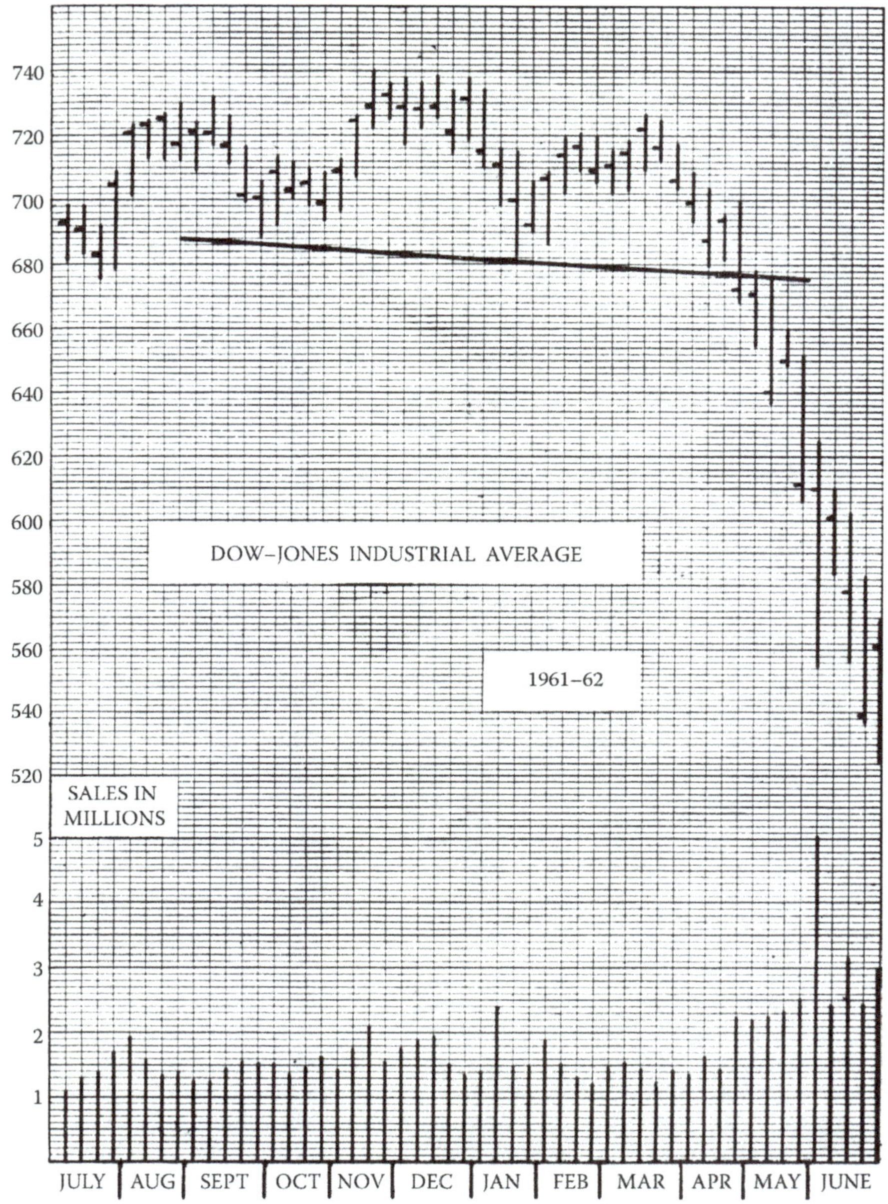

Abbildung 37.26: Der Dow Jones Industrial Average im Wochenchart von Juli 1961 bis Juni 1962. Dieser Chart zeigt die Schulter-Kopf-Schulter-Formation im Industrial Average, die dem Zusammenbruch von April-Mai-Juni 1962 vorherging. Normalerweise, insbesondere in den Charts einzelner Aktien, wäre auf der linken Schulter erheblich stärkeres Volumen zu erkennen. Jedoch ist hier das Kursbild allein schon ausreichend, um die ganze Formation als gefährlich kopflastig zu kennzeichnen. Außerdem zeigten während der Ausbildung der Top-Formation, wie zu erwarten, viele individuelle Aktien großer und wichtiger Gesellschaften Symptome für eine Kursumkehr. Beachten Sie, dass bei dieser Schulter-Kopf-Schulter-Formation das Umkehrsignal nicht endgültig ist, ehe nicht die Nackenlinie durchbrochen ist.

Abbildung 37.27: Tageschart von April bis September 1961. Hier ist ein ziemlich verwirrender und komplizierter Chart. Aber er enthält mehrere interessante Punkte, die eine Analyse wert sind. Im April und Mai haben wir eine schöne Schulter-Kopf-Schulter-Formation. Das Volumen bei der letzten Rallye vor dem Breakout nach unten ist schwach. Im Juni wurde diese Aktie 2:1 gesplittet. Ein solcher Split berührt das technische Verhalten einer Aktie nicht nennenswert. Allerdings haben wir jetzt zwei Aktien für jede alte Aktie. Es kann daher einen allgemeinen Anstieg der Zahl der täglich gehandelten Aktien geben. Nachdem der Abwärtstrend etabliert war, durchbrachen die Rallyes (insbesondere die von Mitte Juli) nicht mehr die Trendlinie, die über die Tops vom April und Mai gezogen wurde. Dieser Abwärtstrend setzte sich über ein Jahr lang fort und erreichte im Oktober 1962 einen Tiefstwert von 11 ¼.

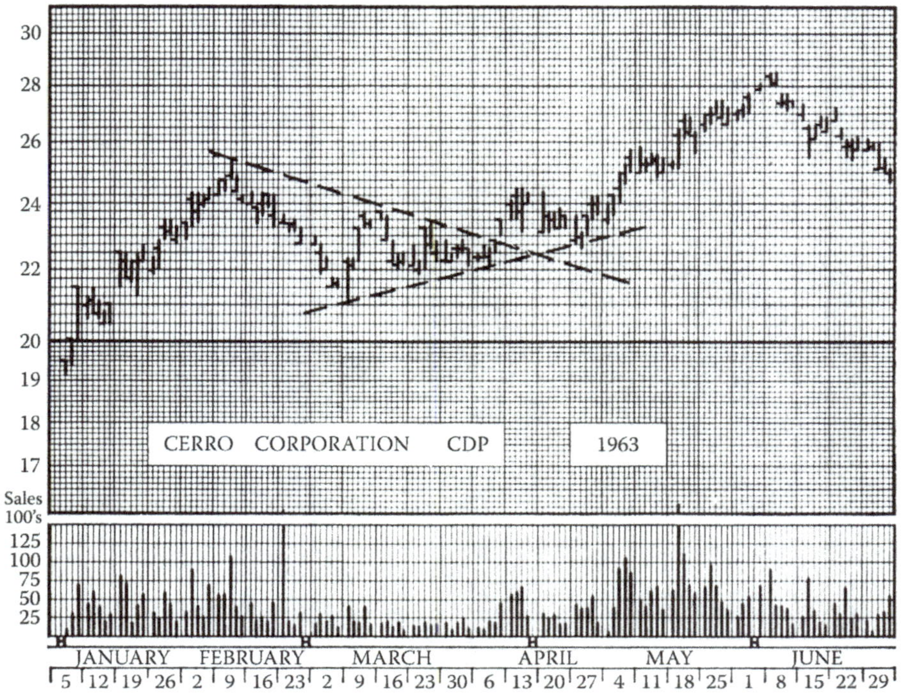

Abbildung 37.28: Tageschart von Januar bis Juni 1963. Hier haben wir ein gutes Beispiel für ein symmetrisches Dreieck als Fortsetzungsformation. Symmetrische Dreiecke können eine Konsolidierung im Major-Trend oder aber eine Trendumkehr kennzeichnen. Charakteristisch ist in jedem Fall die aktive Bewegung zum ersten Trendumkehrpunkt innerhalb des Dreiecks und dann ein über alles gesehen abnehmendes Volumen, während die Kurse immer mehr zusammenlaufen. Während dieser Periode konnte man sagen, dass die Aktie in *zwei* Trends lief. Der eine war ein Aufwärtstrend, gekennzeichnet durch die untere Grenze der Formation, und der andere war ein Abwärtstrend, gekennzeichnet durch die obere Formationsgrenze. Bei dem Breakout, hier nach oben, nahm das Volumen zu. Die Reaktion führte zum „Drehpunkt“ zurück, das heißt zu dem Schnittpunkt der beiden Begrenzungstrends des Dreiecks. Der Anstieg der Aktie von April bis Juni geht gerade etwas über die Entfernung der offenen Seite des Dreiecks hinaus. Wenn dieses Kursziel erreicht ist, bedeutet das jedoch nicht notwendigerweise die Beendigung des Major-Trends. Im August 1963 hatte Cerro 33 ¼ erreicht.

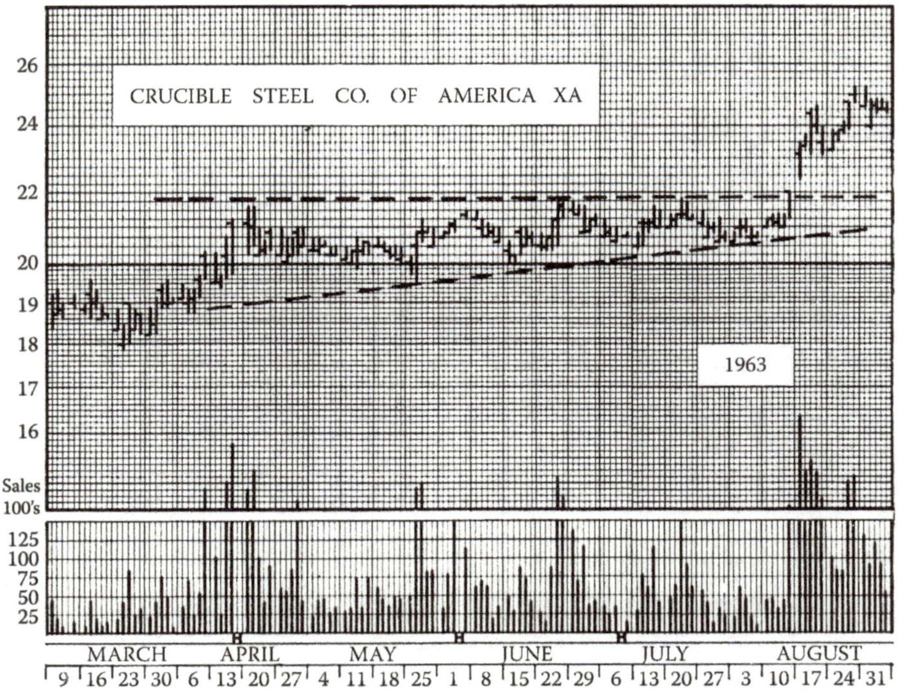

Abbildung 37.29: XA. Tageschart von März bis August 1963. Hier haben wir ein gutes Beispiel eines aufsteigenden Dreiecks. Die Rallyes steigen wiederholt zu einem bestimmten Niveau an, und die Reaktionen finden eine Unterstützung an Punkten, die allmählich immer höher liegen. Eine solche Formation zeigt normalerweise an, dass sich eine Situation aufbaut, die potenziell bullish ist, ebenso wie das absteigende Dreieck negative Vorbedeutung hat. Beachten Sie das höhere Volumen bei den verschiedenen kleinen Gipfeln nahe 22 und das sehr hohe Volumen bei der Breakout-Bewegung im August. Wenn man noch einen weiteren Beweis für die Stärke dieser Bewegung verlangte, hätte das Breakaway Gap am 12. August ihn geliefert. Nach einem solchen Breakout wäre es für eine Aktie ganz normal, wenn sie – gewöhnlich bei leichtem Volumen – eine Reaktion infolge von Gewinnmitnahmen hätte. Eine solche Reaktion könnte bis 22 oder sogar etwas darunter reichen, ohne die im Wesentlichen positive Bedeutung dieses Bildes zu ändern.

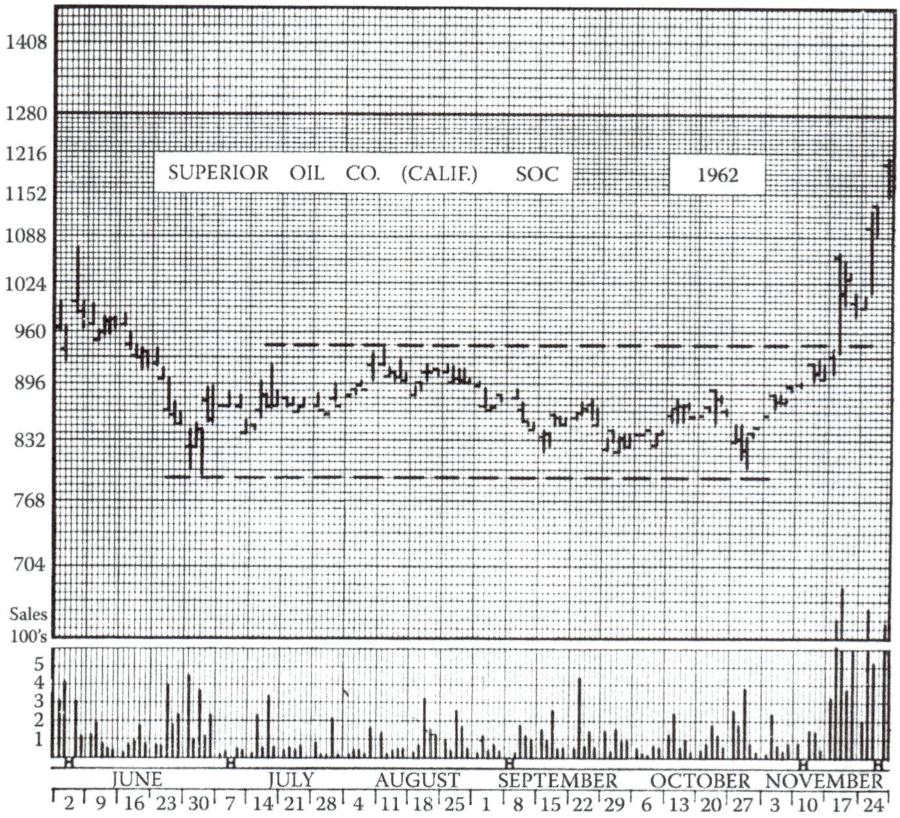

Abbildung 37.30: SOC. Tageschart von Juni bis November 1962. SOC war eine der Aktien, die sich während der Kubakrise im Oktober ziemlich gut hielten und die kein neues Tief unter dem Boden vom Juni machten. Dieser Chart ist ein gutes Beispiel für einen Doppelboden. Es ist nicht nötig, dass die beiden Böden exakt auf demselben Niveau liegen, wenn sie diesem Niveau nur vernünftig nahekommen. Wichtig ist, dass die Aktie einmal eine Unterstützung gefunden hat, dass sie nach einer Rallye wieder zurückfällt und wieder bei nahezu demselben Niveau Unterstützung findet. Die Böden sollten ausreichend auseinander liegen; es sollten zumindest sechs Wochen, möglichst noch mehr Zeit, zwischen ihnen liegen. Auch sollte die Rallye zwischen ihnen bestimmt sein und bis zu ihrem höchsten Punkt mindestens 15 Prozent Gewinn zeigen. Die Formation gewinnt nicht eher die Bedeutung eines Major-Bottoms, ehe nicht das Niveau des Rallye-Tops mit erheblichem Volumen durchbrochen wird. Dieser Bruch fand hier am 13. November statt. Von da an verlief die Aktie in einem starken Bullentrend und erreichte 1963 im Mai 1.559. Das war ein Anstieg von über 500 Punkten vom Schlusskurs am Breakout-Tag.

Doppel-Tops haben eine entgegengesetzte Bedeutung. Sie sind ähnlich dem Doppelboden, aber bestehen aus zwei Tops auf ungefähr dem gleichen Niveau. Sie sind voneinander um einige Wochen oder Monate getrennt, und zwischen ihnen befindet sich ein Kursabschwung, dessen tiefstes Niveau durchbrochen werden muss, um die Top-Formation verlässlich zu machen.

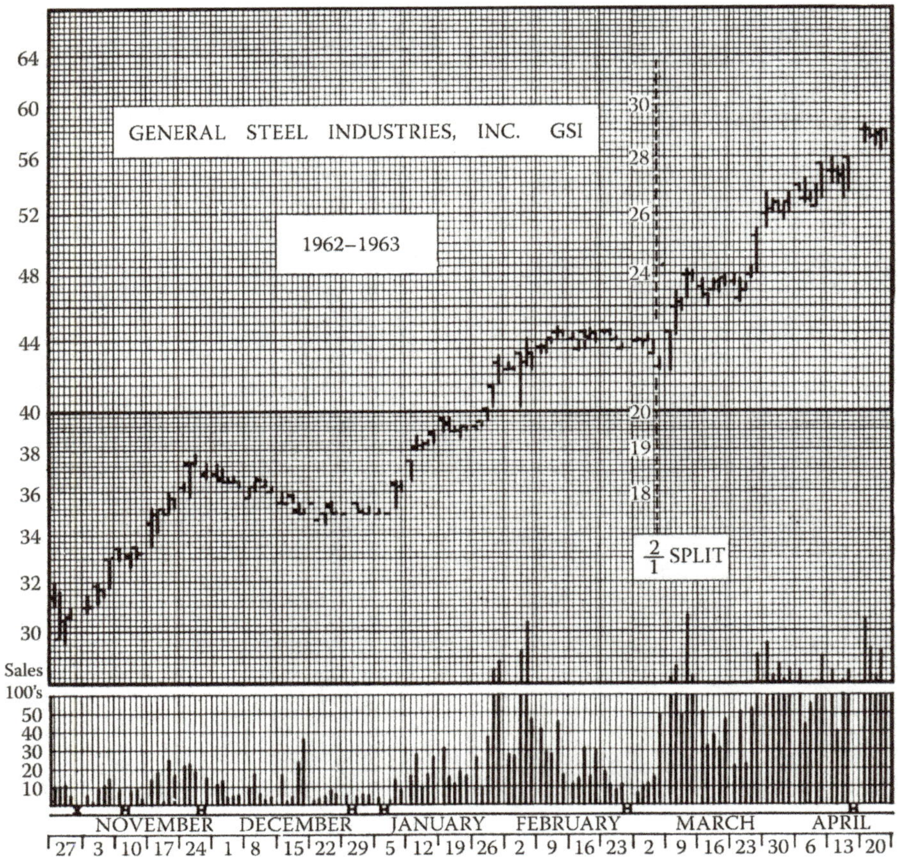

Abbildung 37.31: Tageschart von November 1962 bis April 1963. Wer mit dem üblichen Verhalten von Aktien an der Börse nicht vertraut ist, dem müssen die Kursfluktuationen dieser Aktie bedeutungslos und völlig zufällig erscheinen. Wenn einer solchen Person der Gedanke eines allgemeinen Trends über Monate oder Jahre überhaupt bewusst ist, beachtet sie oft nur den Trend der Indizes. Sie ist sich nicht des Umstands bewusst, dass viele Aktien zur gleichen Zeit erheblich steigen, während andere tiefer und tiefer sinken. Es ist nicht immer möglich, ein Lineal an einen Trend zu legen, um zu zeigen, dass er eine perfekt gerade Linie einhält (obwohl dies oft geschieht). Dennoch steht – hier im Falle von General Steel Industries – außer Frage, dass der Anstieg ziemlich gleichmäßig über eine lange Zeitperiode erfolgt, wenn man die ziemlich unwichtigen Reaktionen, Konsolidierungen und so weiter am Wege außer Acht lässt. Sie werden auch feststellen, dass der Split im Verhältnis 2:1 Anfang März den Aufwärtstrend nicht ernsthaft berührte. Es zeigte sich lediglich etwas größeres Volumen, wie man es bei der größeren Anzahl der (neuen) Aktien erwarten konnte. Einen entgegengesetzten (abwärts gerichteten) Trend sehen Sie bei Avnet Electronics in Abbildung 37.20.

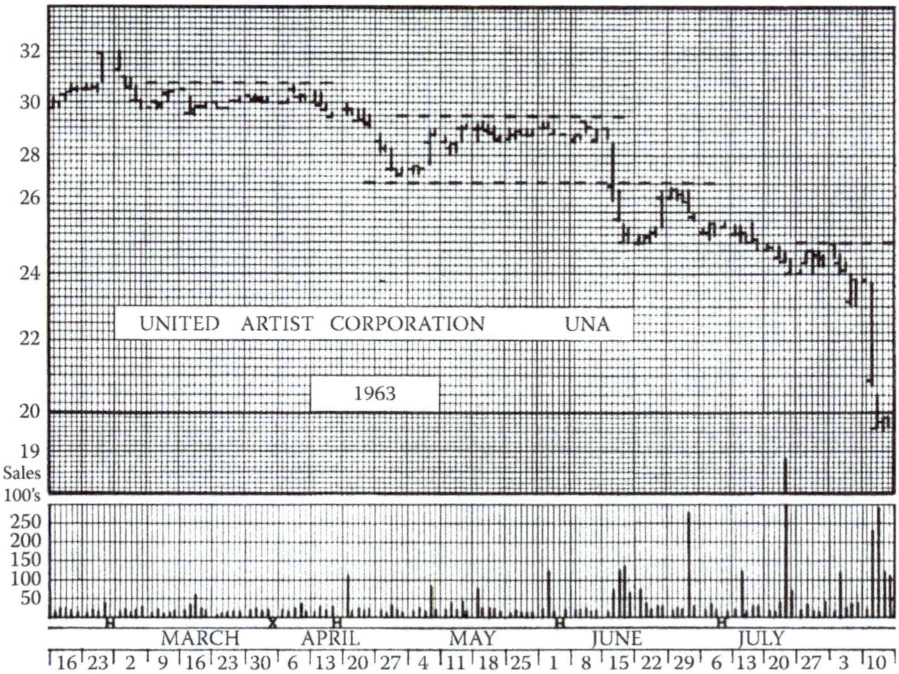

Abbildung 37.32: Tageschart von Februar bis August 1963. Eine interessante Studie von Unterstützungs- und Widerstandsphänomenen. Zugleich auch ein Beispiel für einen Bärentrend in einer Aktie (und keineswegs der einzigen), obwohl diese Periode im Frühjahr und Sommer 1963 allgemein als Bullenmarkt angesehen wurde. Wir möchten auf die verschiedenen Rallyes im März und April auf 31 sowie den Breakout nach unten Anfang Mai hinweisen. Im Mai und Juni gab es eine Rallye, aber sie kam ungefähr am Niveau der Tiefstkurse vom März zum Halten. Dann kam ein erneuter Kursverfall, und diesmal kam die anschließende Rallye zu den Tiefstwerten Ende April zurück. Nach dem nächsten Kursrückgang im Juli gab es eine kleine Rallye zum Boden vom Juni bei 25. Das ist das für Unterstützung und Widerstand typische Verhalten. Das Kursniveau, das zuvor die Unterstützung geliefert hat, wird zur Widerstandslinie, sobald die Kurse durch diese Linie nennenswert durchgebrochen sind. Umgekehrt wird ein Widerstand über den Kursen, nachdem sie hindurchgebrochen sind, zu einer Unterstützung.

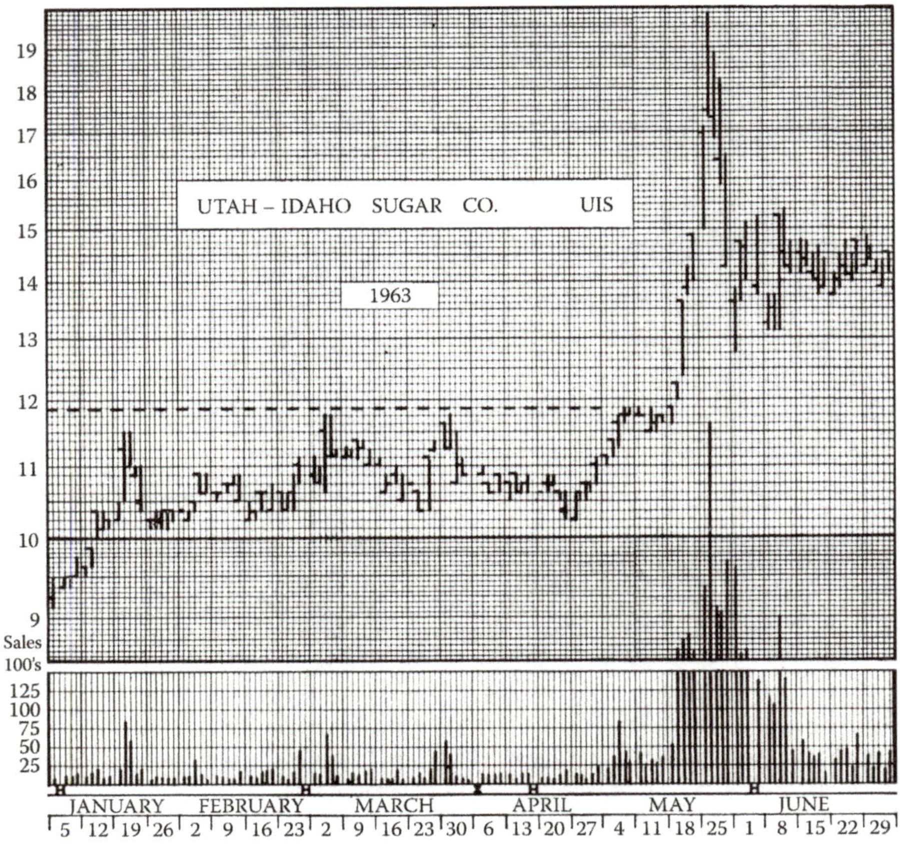

Abbildung 37.33: Januar bis Juni 1963. Manchmal beginnt eine Aktienbewegung aus heiterem Himmel und hat keinen langen, weiterführenden Trend. Dann ist es nicht möglich, zu sagen, ob der langfristige Trend nach oben oder nach unten führen wird. Dieser Chart wird wegen des bemerkenswerten Verhaltens gezeigt, das nach einem Durchbruch durch ein wichtiges Unterstützungs- oder Widerstandsniveau folgen kann. Die ganze Periode von Mitte Januar bis zum 14. Mai kann im Chart als Rechteck betrachtet werden; die Tiefs liegen etwa bei 10 ⅛ oder 10 ¼ und die Tops bei 11 ¾. Bei den verschiedenen Rallyes während der Ausbildung der Formation steigt die Aktivität jeweils an. Die Bewegung im Mai hing mit der allgemeinen Situation bei Zuckerwerten zusammen und betraf alle Zuckerwerte; die Sache stellte sich etwas als Sturm im Wasserglas heraus. Nichtsdestoweniger war es eine spektakuläre Bewegung. Ein Spekulant, der „schnell schaltete" und auch genügend Mut besaß, hätte die Aktie nach dem Schluss der Börse am 14. Mai als Spekulation kaufen können. Die nächsten fünf Tage trieben den Kurs von 12 auf 17 ½ am 21. Mai hoch; das war ein Anstieg von 46 Prozent. Das ist eine Art von Spekulation, die wir nicht allgemein empfehlen möchten; sie verlangt Mut, Erfahrung und die Bereitschaft, eine Anzahl kleinerer Verluste auf sich zu nehmen, um einen substanziellen Gewinn zu erzielen. Der kurzfristige Spekulant, der das Verhalten der Aktie am 21. Mai beobachtete und das One-Day Reversal mit außergewöhnlich hohem Umsatz und einem Gap wahrnahm, hätte einen sehr großen und sehr schnellen Gewinn sichergestellt, indem er entweder sofort am nächsten Morgen verkauft oder eine Stop-Loss-Order unmittelbar unter den Schlusskurs etwa bei 17 ⅜ platziert hätte.

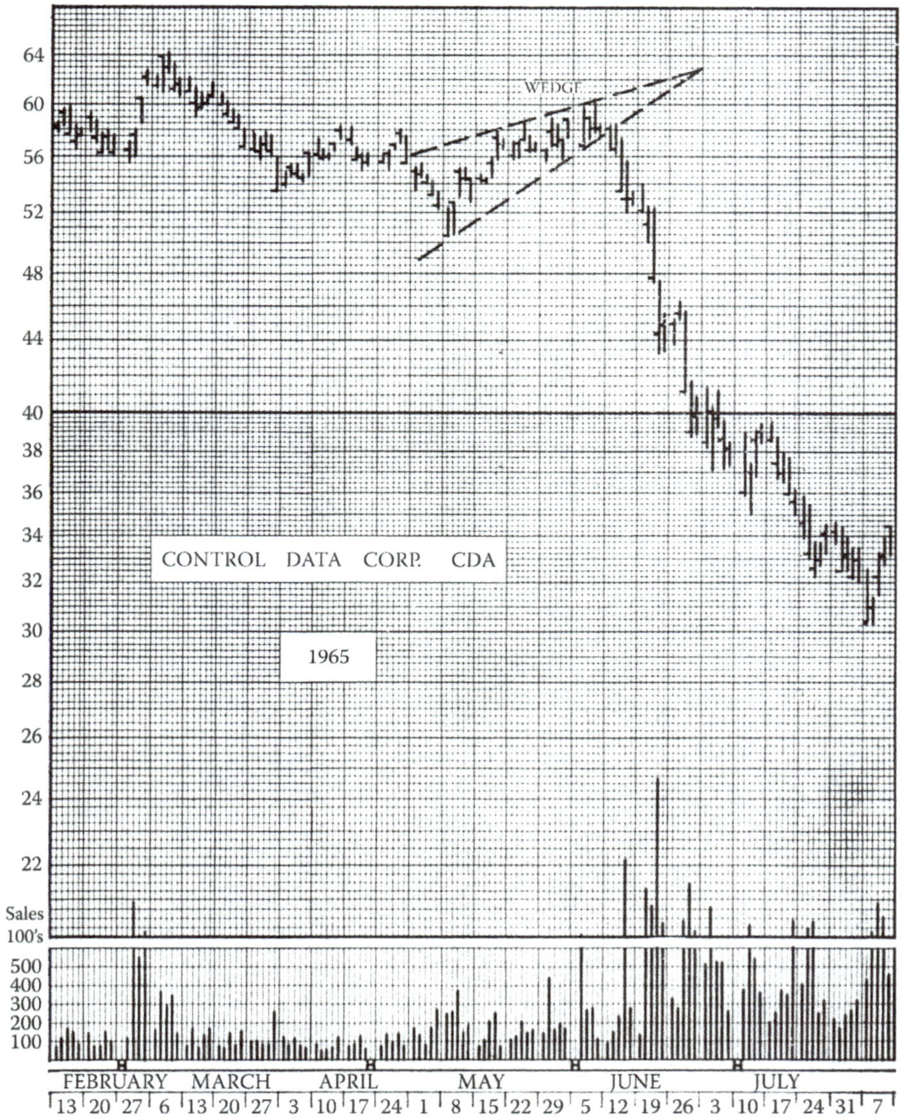

Abbildung 37.34: Die kleineren Durchbrüche Ende März und Anfang Mai gaben schon zwei Warnzeichen. Was jedoch außergewöhnlich kennzeichnend erscheint, ist die Art der Erholungsbewegung im Mai und Anfang Juni 1965. Die beiden zusammenlaufenden Grenzen des Erholungstrends bilden eine nach oben weisende Keilformation. Ihre Vorbedeutung ist eindeutig bearish. Hätte der Keil nach unten gezeigt, so hätte er die Möglichkeit eines Breakouts nach oben nahegelegt. An den beiden Tagen, als die Höchstkurse innerhalb der Keilformation erreicht waren, schloss die Aktie jeweils nahe dem untersten Ende der Tageskursspanne. Die Folge der Entwicklung, hier der Kurszusammenbruch bei hohem Umsatz, zeigt deutlich, wie dramatisch ein Ausbruch aus dieser nicht zu häufigen Formation verlaufen kann.

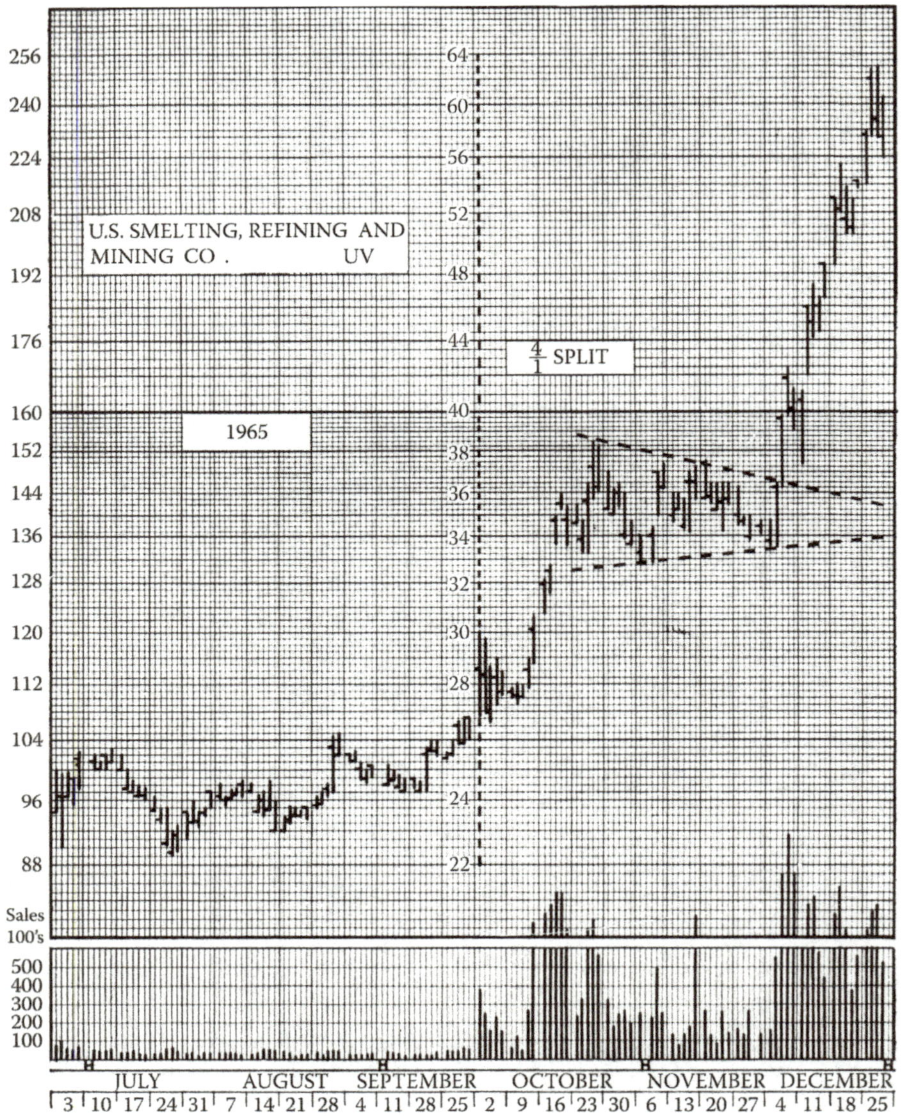

Abbildung 37.35: Hier ist ein Chart mit einigen technisch interessanten Merkmalen. Im Juli/August und im größten Teil des Septembers befand sich UV in einer Periode des „Schlafes". Dem Breakout am 27. September folgte eine Woche mit geringer Aktivität und dann eine starke Fortsetzung der Bewegung bei hohem Umsatz. Die Konsolidierung im Oktober/November nahm die Form eines großen symmetrischen Dreiecks an. Das Breakout-Signal vom 1. Dezember, das eine Fortsetzung der Bewegung ankündigte, war sowohl vom Kurs als auch vom Volumenverhalten her entschieden. Zu keinem Zeitpunkt während des Anstiegs von 28 ½ bis über 62 gab es irgendein Anzeichen möglicher Schwäche.

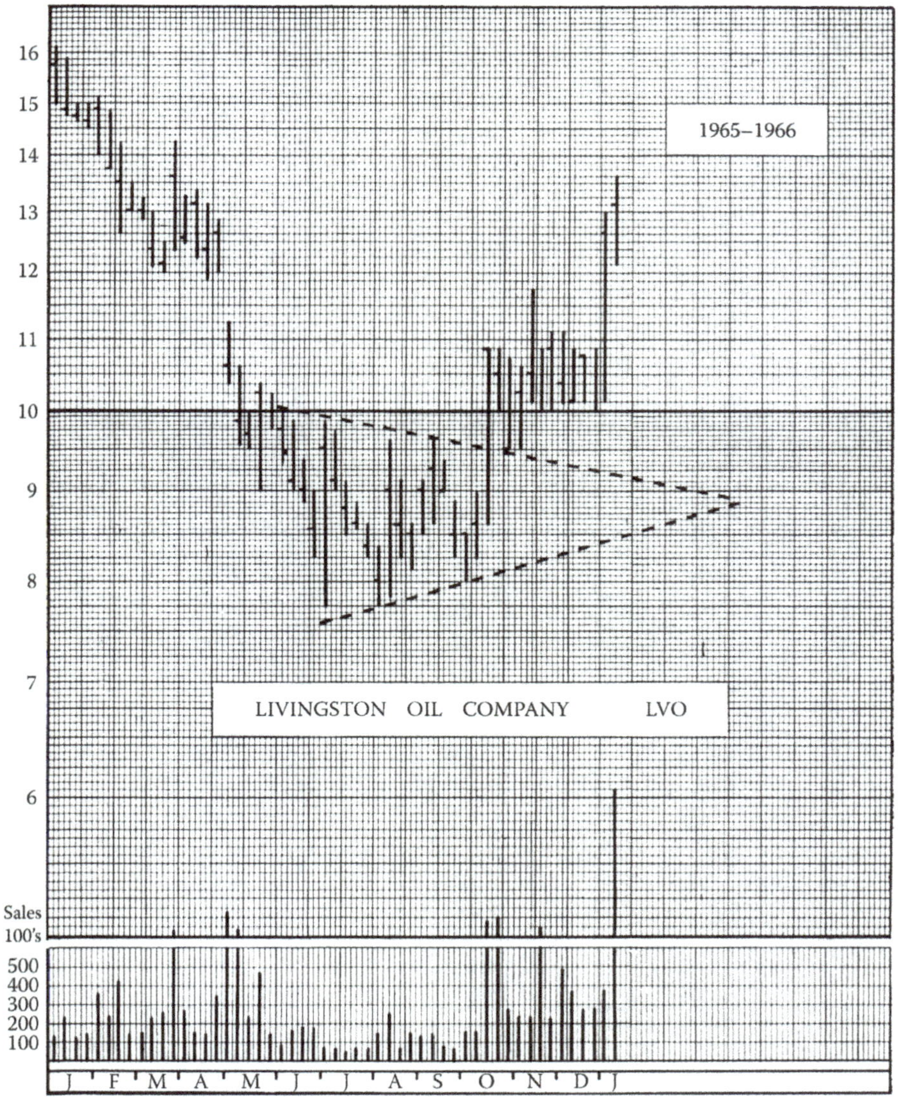

Abbildung 37.36: Der Wochenchart von Livingston Oil vom Januar 1965 bis Januar 1966 ist ein gutes Beispiel für einen Major-Bottom. An der großen Kurslücke nach unten im Mai kann man sehen, wie schwach die Aktie noch in den ersten Monaten 1965 war. Das Volumen bei diesem Kurszusammenbruch war ziemlich groß. Von Juli bis Mitte Oktober jedoch trocknete die Aktivität aus, die Aktie fluktuierte in engen und immer enger werdenden Swings und bildete so ein symmetrisches Dreieck. Der Anstieg des Volumens beim Breakout vom Oktober war spektakulär. Ein aufmerksamer Investor hätte eine zweite Chance gehabt und auf eine Reaktion hin kaufen können; in der ersten Novemberwoche bröckelte der Kurs ab und erreichte nochmals die Obergrenze des Dreiecks.

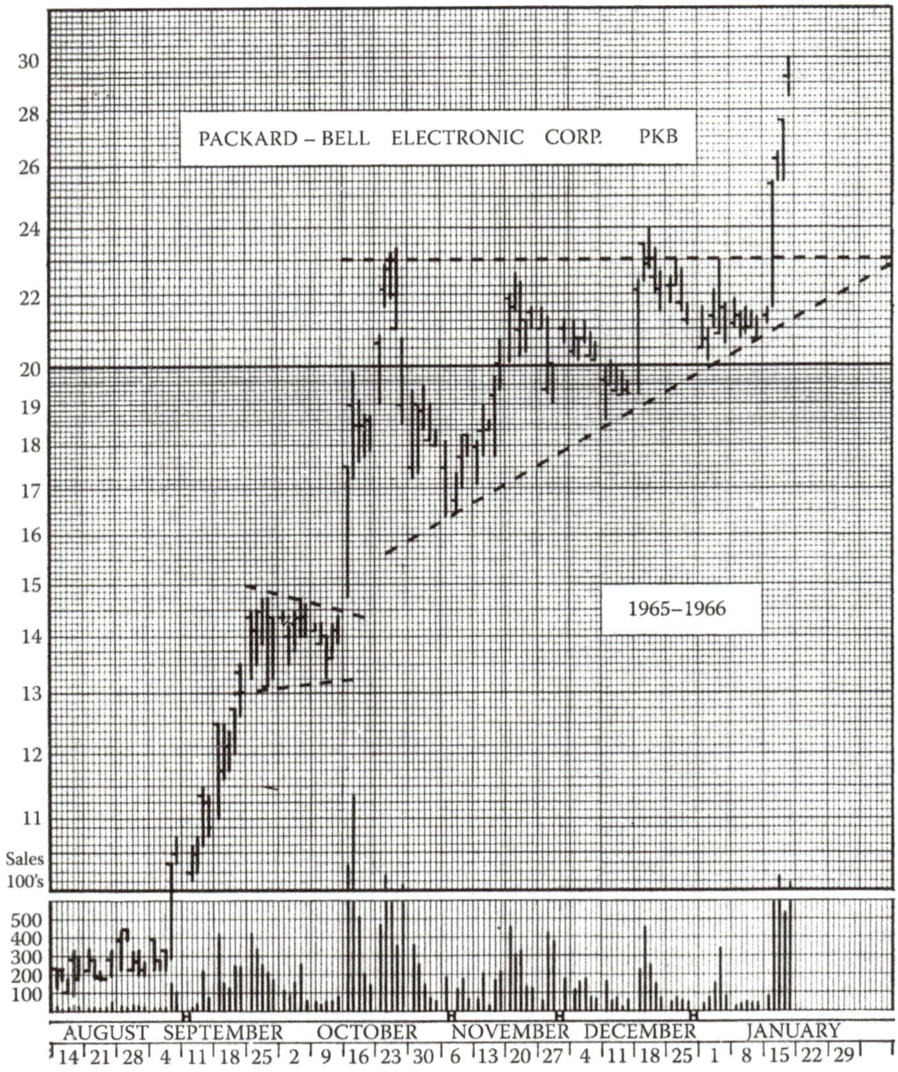

Abbildung 37.37: Hier haben wir eine schöne Demonstration von technischem Marktverhalten bei Packard-Bell Electronics von August 1965 bis in den Januar 1966. Der erste Punkt von Interesse ist die Flaggen-Konsolidierung vom September und Oktober, ein klassisches Beispiel (die Flagge „weht auf Halbmast"). Als der Kurs aus der Flagge wieder nach oben ging, verdoppelte die Aktie die frühere Bewegung und ging noch etwas darüber hinaus (vergleichen Sie diesen Chart mit dem von Martin-Parry in Abbildung 33.13). Von Oktober bis Januar haben wir beinahe horizontale Tops und aufsteigende Tiefs bei allgemein abnehmendem Volumen (aufsteigendes Dreieck) und in der zweiten Januarwoche 1966 eine große Breakout-Bewegung. In diesem Fall sehen wir kein Anzeichen, dass es irgendwann in der Zeit von September bis Januar Anlass gegeben hätte, die Aktie zu verkaufen.

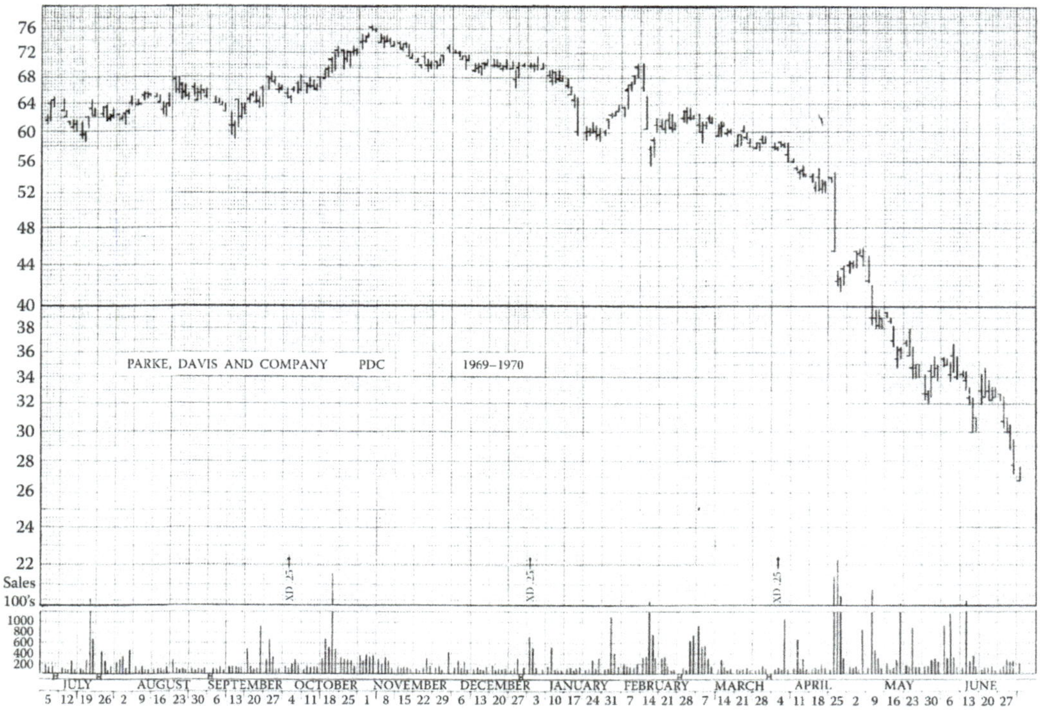

Abbildung 37.38: Dies konnte man als sehr flache Schulter-Kopf-Schulter-Formation ansehen oder aber auch als langes Rounding Top. Der Durchbruch durch die Linie bei 66 war ein Warnzeichen, und sicherlich war der scharfe Kursrückschlag unter 60 im Februar ein eindeutig bearishes Signal.

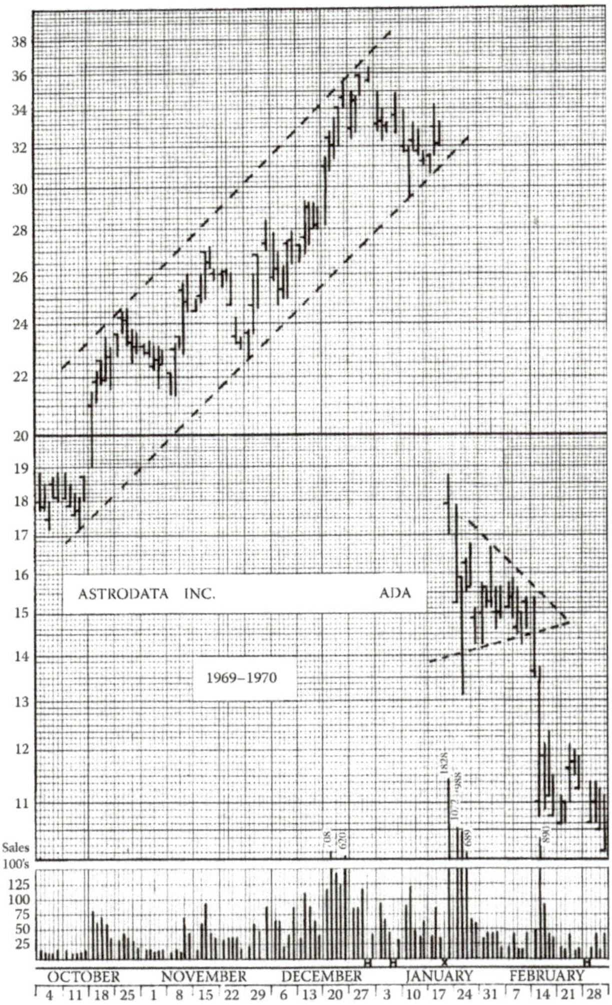

Abbildung 37.39: Im Januar 1970 brach die Aktie von Astrodata an einem Tag völlig zusammen. Ein solches Verhalten sieht man nicht jeden Tag und auch nicht jeden Monat. Aber es ist in dem Sinne „normal", dass wir ein solches Phänomen in der Vergangenheit schon viele Male gesehen haben und dass man es ohne Zweifel auch in zukünftigen Jahren viele Male sehen wird. Wenn so etwas geschieht, sollte man das respektieren. Es bedeutet „Trouble". ADA stieg sehr schön in einem, wie es schien, typischen und völlig gesunden Aufwärtstrend. Am 15. Januar wurde der Handel einen Tag ausgesetzt, die Aktie eröffnete viele Punkte tiefer und erholte sich nie. Ende September wurde der Handel ganz beendet. Manche Leser werden sich an andere Bewegungen dieser Art in der Vergangenheit erinnern; an Mack Trucks, an Fifth Avenue Coach; einige werden sich vielleicht an einen vergleichbaren Zusammenbruch vor vielen Jahren bei American Woolen erinnern. Ein solcher Einbruch ist natürlich auf eine plötzliche Entwicklung oder einen Wechsel in der Situation der Gesellschaft zurückzuführen; aber es ist nicht nötig, die Gründe zu kennen, die Charts sprechen für sich selbst. Hier kann man nur ganz schnell „weggehen". Ein gutes Beispiel für diese Art von „Lückenbewegung" gab es bei Villager Industries am 30. April 1971. Die Aktie fiel an einem Tag um 42 Prozent von 7 ⅜ auf 4 ¼. Solche Bewegungen ereignen sich fast nur nach unten. Wir sehen kaum vergleichbare Bewegungen mit einer derartig großen Lücke nach oben. Wenn ein derartiger Einbruch erfolgt, kann vielleicht eine kurze Rallye möglich sein. Aber die Aktie nimmt fast immer wieder ihren Abwärtstrend auf und wird in vielen Fällen vom Kurszettel gestrichen. Jeder, den es in einer solchen Aktie „erwischt", sollte nicht daran denken, welchen Fehler er beim Kauf gemacht hat. Er sollte auch nicht danach schauen, ob vor dem großen Einbruch Anzeichen der Schwäche zu erkennen waren; normalerweise ist das nicht der Fall. Man sollte sofort aussteigen, um weitere Verluste zu vermeiden. Und zum Trost können wir wiederholen, dass diese Art von Zusammenbrüchen verhältnismäßig selten vorkommt.

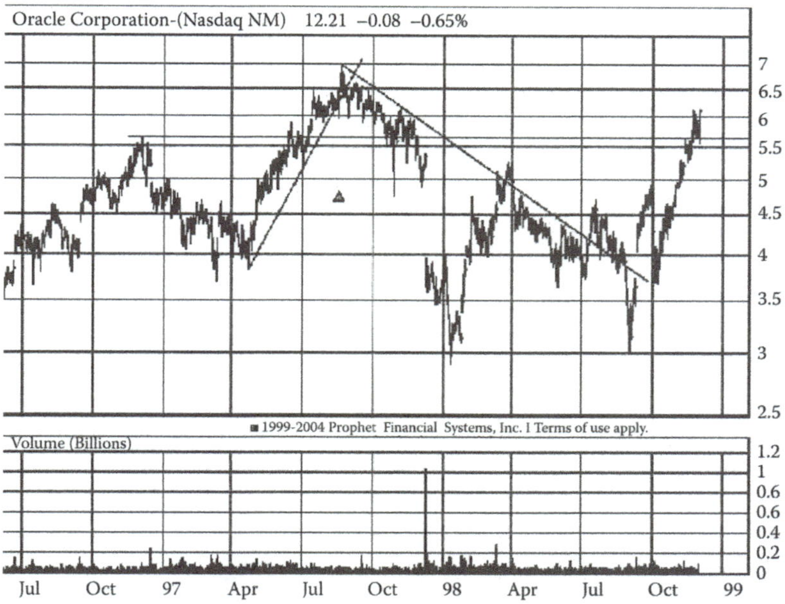

Abbildung 37.40: Oracle Corporation. Damit man nicht denkt, es gäbe keine großen Kurslücken nach unten mehr, hier ein Beispiel aus der Zeit der Jahrtausendwende. Diese Gaps, die durch enttäuschende Gewinne verursacht wurden, waren am Ende des Jahrhunderts auf dem Höhepunkt des Bullenmarkts so verbreitet, dass man anfällige Aktien vor den Gewinnberichten mit geringem Aufwärtsrisiko shorten und oft schöne Gewinne wie diesen einsammeln konnte.

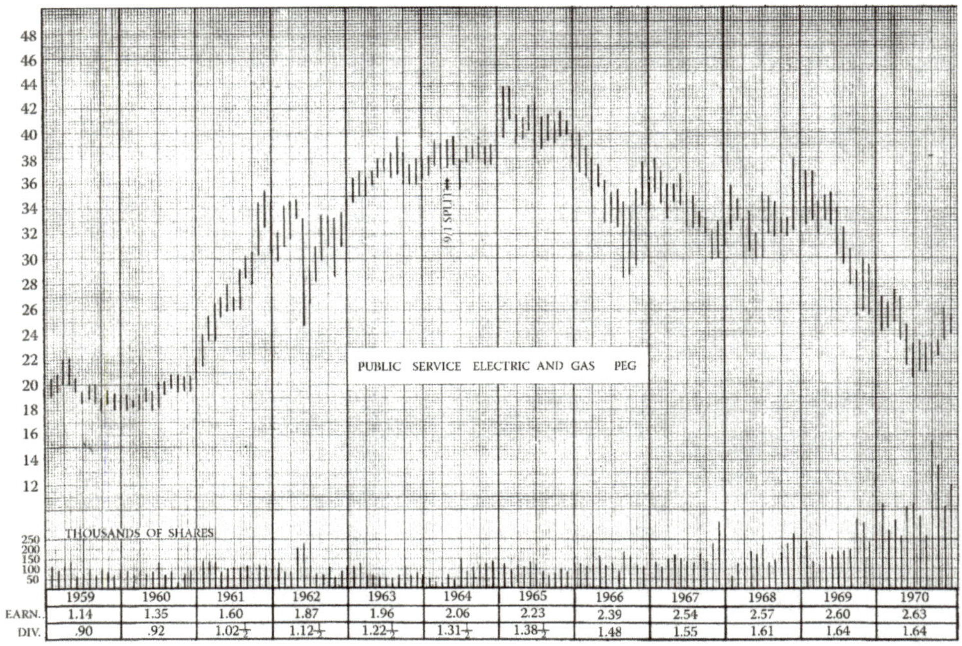

Abbildung 37.41: Eine typische Versorger-Aktie (Elektrizität und Gas). Es gibt eine große Anzahl von Aktien in dieser Gruppe, deren Gesellschaften verschiedene Gemeinden oder Regionen versorgen. Sie zeigen ein ähnliches Marktverhalten, weil sie grundsätzlich ähnlich strukturiert sind.

Natürlich besteht eine Beziehung zwischen dem Gewinn und der Dividende einer Gesellschaft und dem Kurs der Aktie. Aber weder Gewinne noch Dividenden allein sind ausreichend, um eine vollständige Bestimmung des „Wertes" zu ermöglichen. Es gibt viele andere Faktoren, die den „Wert" unter verschiedenen Gesichtspunkten berühren können. Da sind etwa die Verlässlichkeit der Gewinne, die zukünftigen Aussichten, Steuerfragen beim Aktionär, Investitionen der Gesellschaft in Forschung und Entwicklung und so weiter.

Die Elektrizitäts- und Gasgesellschaften erfreuen sich in den meisten Kommunen einer regulierten Monopolstellung. Sie haben eine sichere und stetige Einkommensquelle und befinden sich in einer entschiedenen „Wachstumssituation", weil die Nachfrage nach Energie durch die Verbraucher dauernd wächst. Die meisten Versorger-Aktien werden über Jahre ein Ergebnis und eine Kursstruktur zeigen, die der von PEG sehr ähnlich ist. Sie werden feststellen, dass die Gewinne von 1959 bis 1970 jedes Jahr größer waren. Auch ist die Dividendenrate jedes Jahr gestiegen; nur 1970 war sie gegenüber dem Vorjahr unverändert. Jeder, der seine Schätzungen des „Wertes" einfach mit dem Kurs-Gewinn-Verhältnis bestimmte, musste zu dem Schluss kommen, dass die Aktie 1970 zweieinhalb Mal „so gut" war wie Anfang 1965.

Offenbar ist die Angelegenheit etwas komplizierter. Die großen Fonds und andere große Investoren geben „gute Gelegenheiten" dieser Art nicht leicht und ohne Grund auf. Die Rückgänge im Chart reflektieren ohne Zweifel insgesamt die dornigen Aussichten für die Versorgungsindustrie, wozu auch zum Beispiel kostspielige neue Investitionen, Umweltschutzmaßnahmen und andere Probleme wie die Deregulierung gehören.

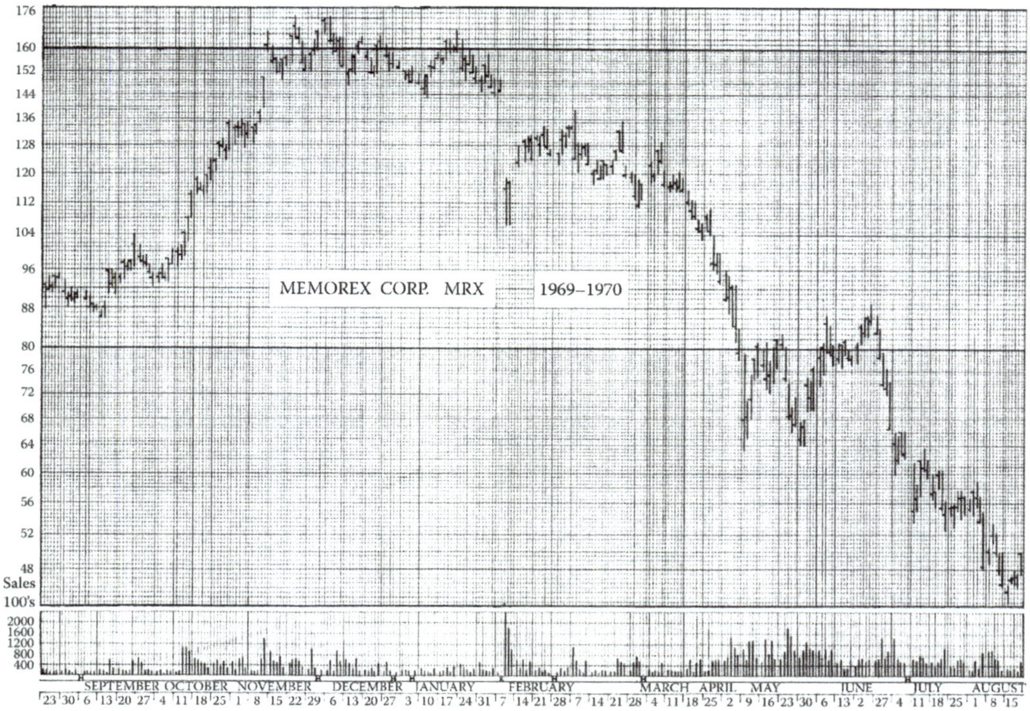

Abbildung 37.42: Obwohl 1969 für die meisten Aktien ein Bärenmarkt herrschte, erfreute sich MRX des letzten Aufschwungs in einem dramatischen vier Jahre langen Anstieg. Sehen Sie sich das inselartige Top im November, Dezember und Januar und das insgesamt geringe Volumen während dieser Periode an. Das Breakaway Gap Anfang Februar spricht für sich selbst. Siehe auch Abbildung 37.39.

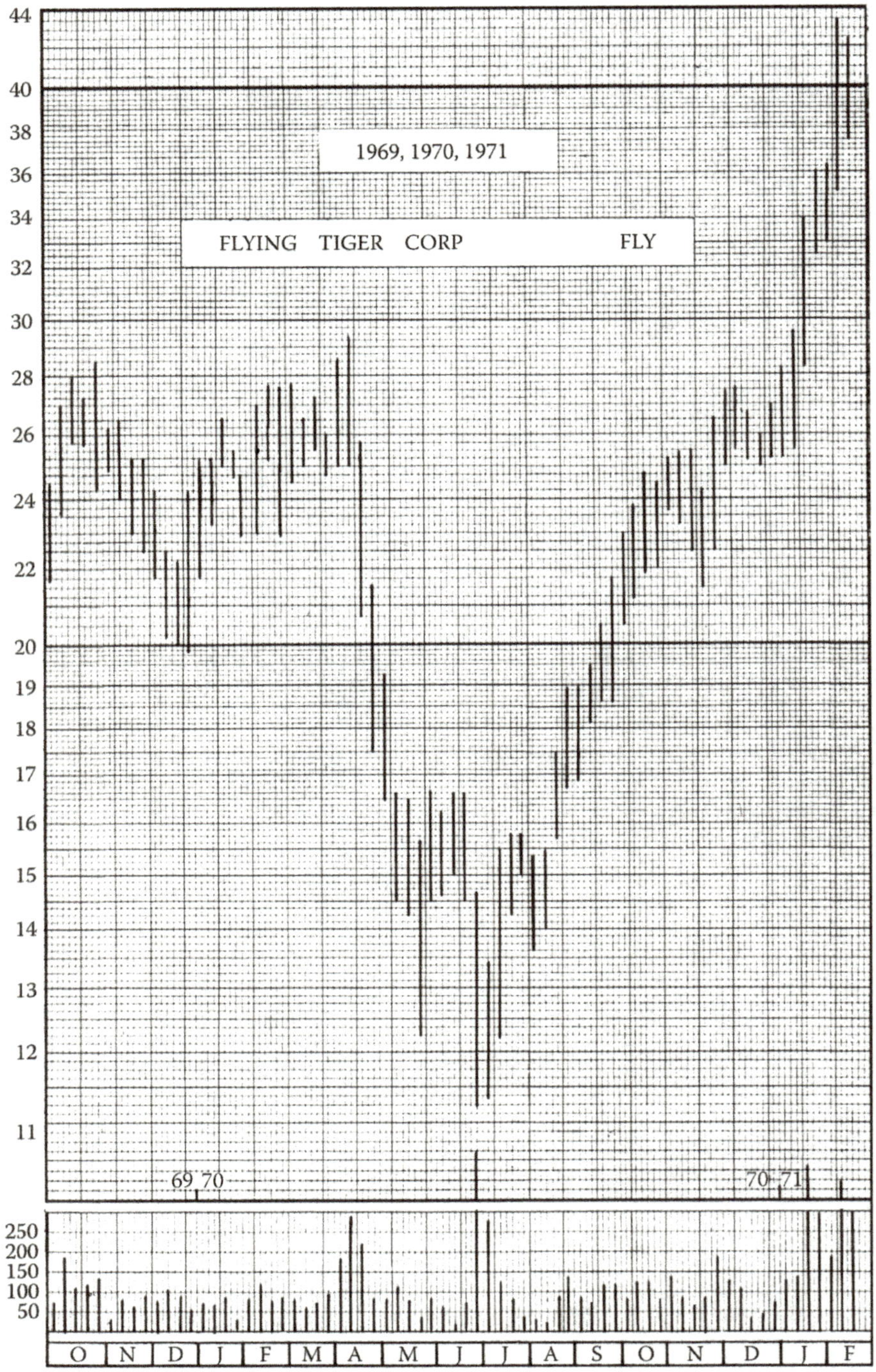

Abbildung 37.43: Von einem Höchstwert von 48 ½ begann FLY 1967 seinen Abwärtstrend, der zwei Jahre dauerte und die Aktie bis 11 ¼ hinabtrug. Aber im Frühjahr und Sommer 1970 fand sie einen Boden, bildete eine inverse Schulter-Kopf-Schulter-Formation und begann eine raketenartige Bewegung, die bis Februar 1971 fast den gesamten Rückschlag der beiden Jahre aufgeholt hatte.

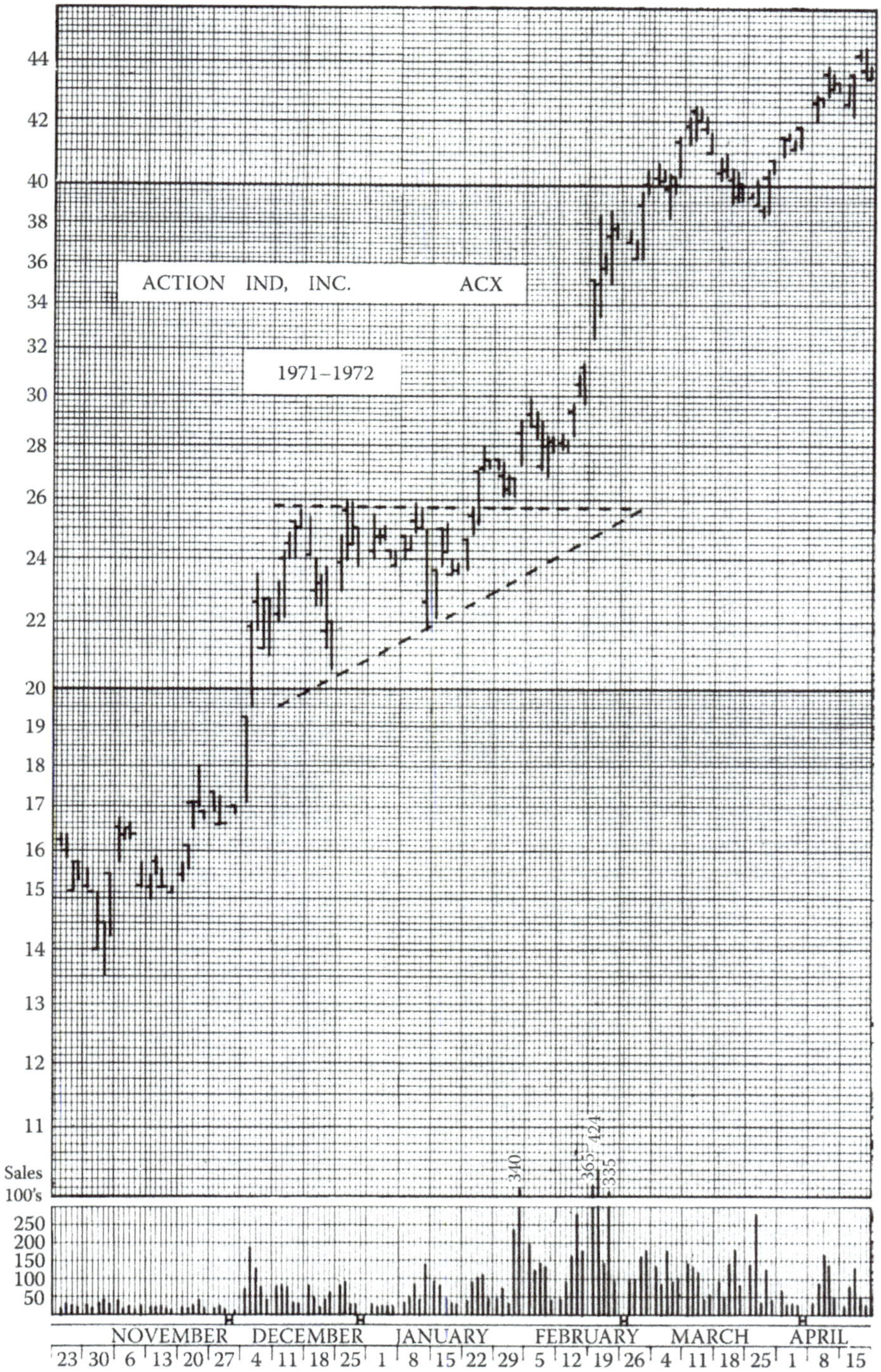

Abbildung 37.44: Hier ist eine vertraute Formation, die Sie viele Male vorher auf den Seiten dieses Buches oder in Ihren eigenen Charts gesehen haben. Dieses große steigende Dreieck bei Action Industries bildete sich im Dezember 1971 und im Januar 1972. Der Breakout war typisch, und genauso die Reaktion und der folgende Aufwärtstrend bis zum April 1972.

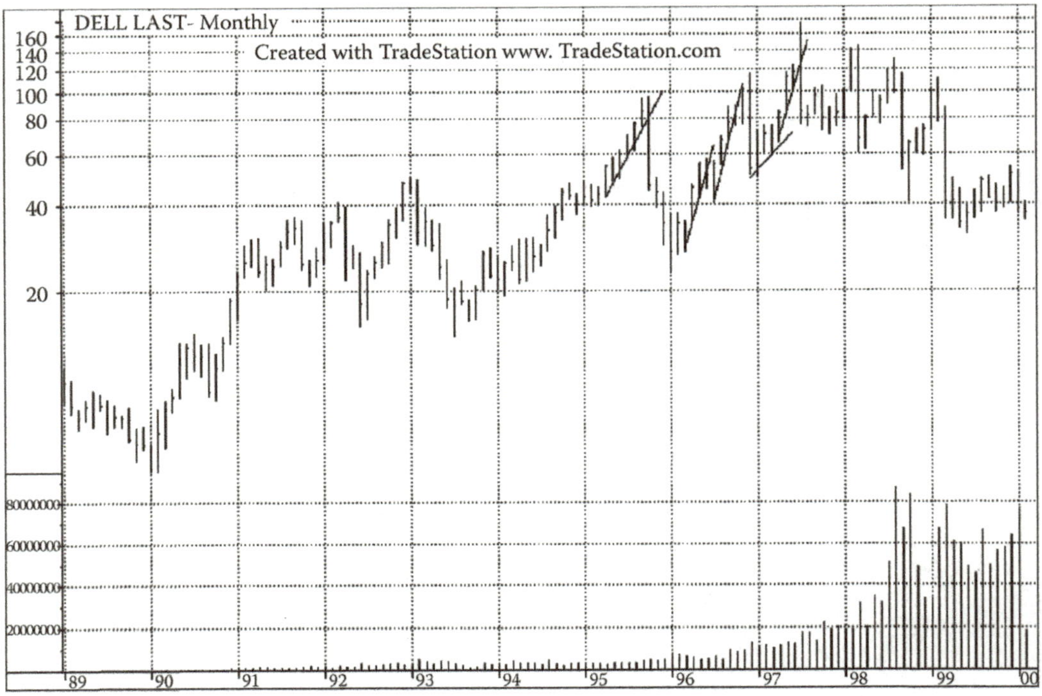

Abbildung 37.45: Hier fallen zwei Dinge auf: (1) die erstaunliche Geschichte eines Unternehmens, das in einem Studentenwohnheim entstanden ist – natürlich eines Computerunternehmens – und (2) das regelmäßige Auftreten von Luftlöchern, die im nächsten Chart noch besser zu erkennen sind. Keine Aktie für Leute, die etwas gegen Achterbahnen und Überraschungen haben. Man sollte sein Portfolio an seinen Magen anpassen. Dell brach seine langfristige Trendlinie, die der Leser hier problemlos mithilfe eines Lineals ziehen kann, und fiel, nachdem es eine Bullenfalle gestellt hatte, auf 20 Dollar, wobei es zur Warnung mehrere große Abwärts-Gaps öffnete (siehe den nächsten Chart). Das unverhältnismäßig hohe Volumen gegen Ende des Charts ist eine Vorwarnung.

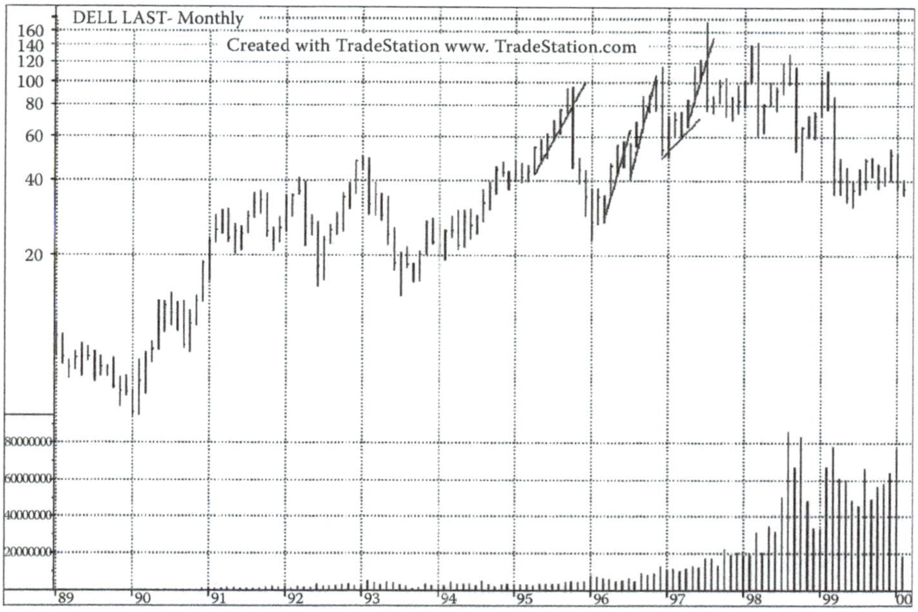

Abbildung 37.46: DELL. Es erstaunt immer wieder, dass das Breakaway Gap oder Luftloch-Gap so häufig beschließt, an horizontalen Linien aufzutreten. Ein außerordentlich aufmerksamer Trader hätte das Luftloch vielleicht vermeiden können, wenn er die gebrochenen Trendlinien beachtet hätte. Der durchschnittliche Techniker wäre ausgestiegen und hätte das Breakaway Gap geshortet. Hat man eine Tulpe gesehen, hat man alle gesehen.

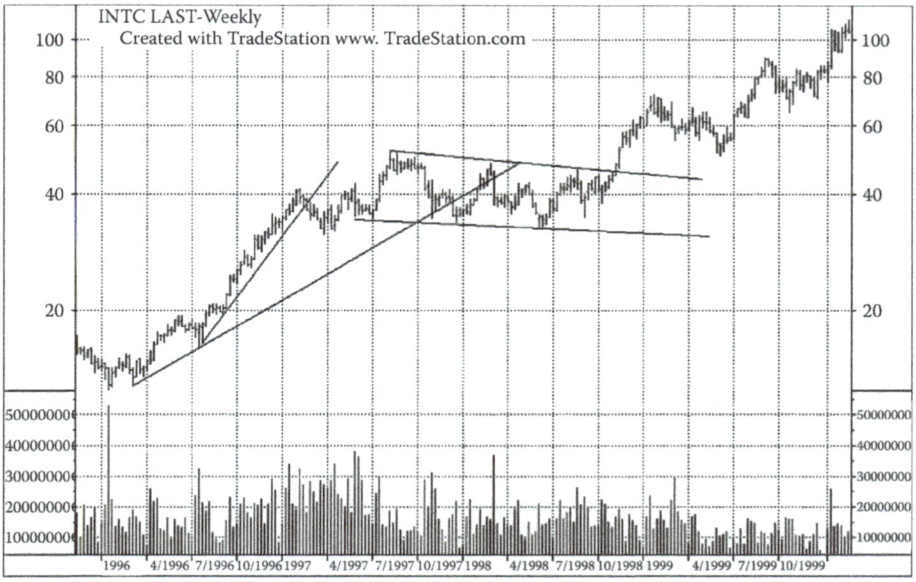

Abbildung 37.47: Die Vorteile der „Wintel"-Partnerschaft schlagen sich im Intel-Chart nieder. Der Trader hätte anhand der enger werdenden Trendlinien mehrmals ein- und wieder aussteigen können, während der langfristige Anleger geduldig die – nennen wir sie „rechteckige Keilformation" – abgewartet hätte, die nie nach unten durchbrochen wurde. Je steiler die Trendlinie, umso wahrscheinlicher – oder gar gewisser – ist es, dass sie gebrochen wird.

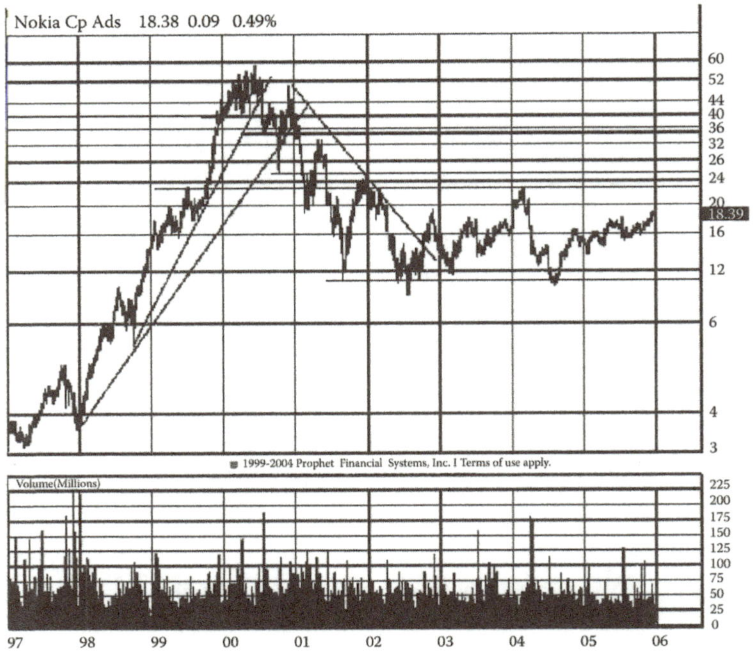

Abbildung 37.48: Nokia (NOK). Die Kennzeichnung von Unterstützungs- und Widerstandszonen durch horizontale Linien wird nicht ausreichend gewürdigt. Diese Messlatten helfen dem Techniker, den Verlauf der Gezeiten zu markieren, so wie es Dow am Strand mit Pfählen tat. Man beachte, wie das Hoch von 1999 das Hoch von 2004 beeinflusst hat. Der Bruch der horizontalen Linien nach dem Bruch der steilsten Trendlinie erzählt auch hier wieder dem Techniker eine Geschichte.

Abbildung 37.49: AMD. Bei AMD zeigen sich die Launen der Halbleiterbranche, darunter das Glück (oder Unglück), ein Konkurrent von Intel zu sein, in Form von Trading-Chancen sowohl nach oben als auch nach unten. Ein mittelfristig orientierter Trader würde auf den heftigen Bruch kurzfristiger Abwärtstrendlinien mit Long-Positionen reagieren.

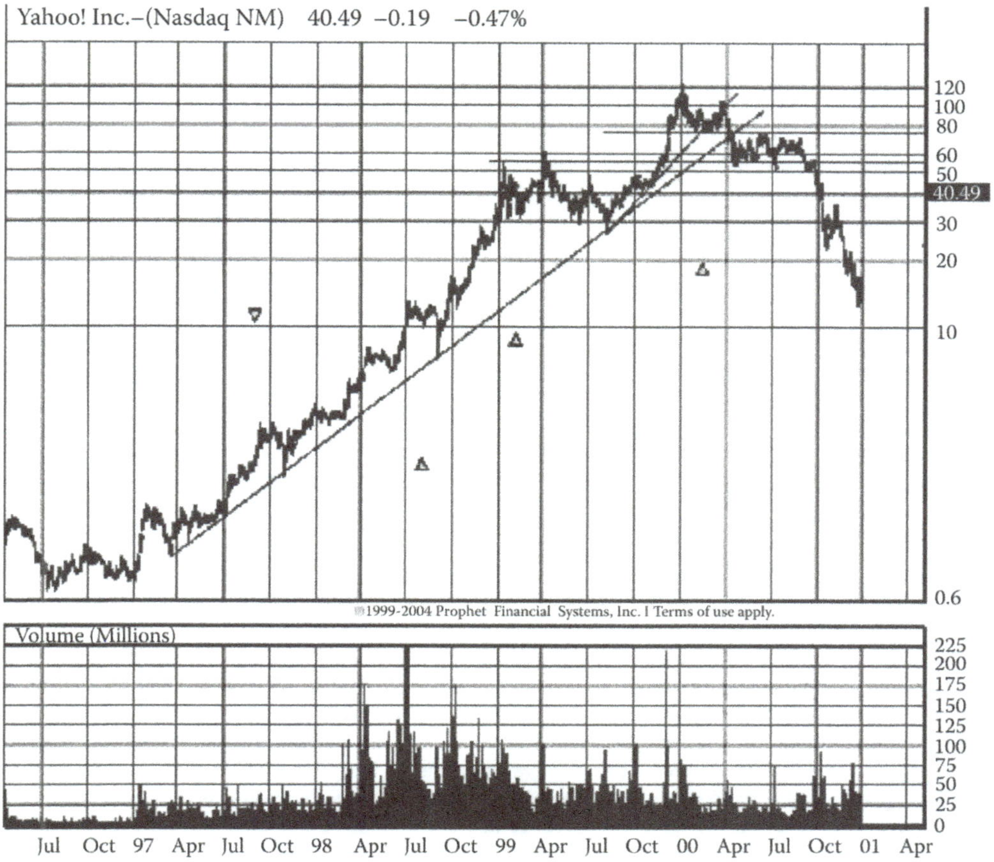

Abbildung 37.50: Yahoo! (YHOO). Eine herrliche Trendlinie, die den Techniker bis April 2000 hätte long halten müssen – und ihn dann hätte rauswerfen müssen, vor allem in Kombination mit der oberen horizontalen Trendlinie. Das verschwenderische Volumen exakt am Top ist das Ausrufezeichen der Warnung.

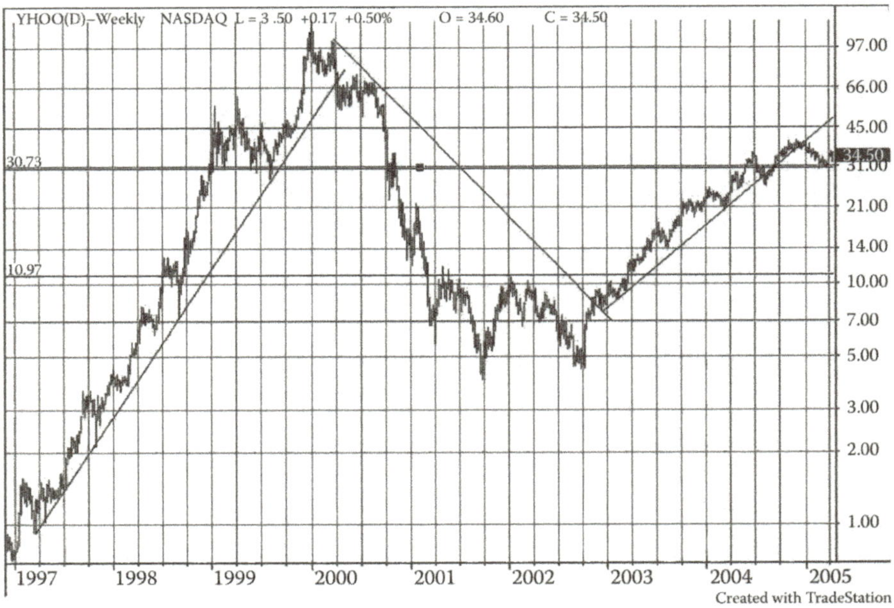

Abbildung 37.51: Etwaige Ähnlichkeiten zwischen diesem Chart und dem von Amazon (Abbildung 23.13) sind nicht rein zufällig. Die Leser werden sich an Magees Grundsatz „Gleich und Gleich gesellt sich gern" erinnern. Auf die Internet-Albatrosse trifft - oder traf - das mit Sicherheit zu. Yahoo! wirkt in diesem Gewand etwas stärker als Amazon, aber natürlich muss man beim Verkauf von Büchern und Mörtel kräftiger rudern als beim Verkauf elektronischer Bilder (das weltbeste Geschäft). Wieder einmal eine extrem attraktive fundamentale Story. Schlitzäugige Freaks auf Rollschuhen, die als Pioniere in der Wildnis eine Revolution anzetteln - wir lieben solche Geschichten, aber nicht so sehr, dass wir aufhören würden, Linien in den Chart einzuzeichnen und sie zu verkaufen, wenn die Linien gebrochen werden. Sogar Liebe muss sich dem Gesetz des Lineals unterwerfen.

Abbildung 37.52: Apple (AAPL). Apple ist eine ganz besondere Freude, weil es lebhaft einen der zentralen Grundsätze der Technischen Analyse veranschaulicht: Man ignoriere die Nachrichten (oder nehme sie mit einer Wagenladung Salz). Man sei immer skeptisch, wenn sich die Medien auf ein Unternehmen stürzen. Würden wir den Medien glauben, hätte Apple mehr Leben als eine Katze, wenn man bedenkt, wie oft die Medien es schon totgesagt haben. Das Unternehmen ist auch für den Chartisten eine Freude, wie aus meinen Referenzpunkt-Studien (Kapitel 28) und hier zu ersehen ist – Trendlinien (horizontal und diagonal) und ein großer Fächer. Die Leser werden auch in einigen Jahren noch sehen wollen, wie die Trendlinien hier Apples Zukunft vorhergesagt haben. Abbildung 37.53 illustriert lebhaft das technische Signal, das den Durchmarsch von Apple lostrat – komplett mit Dreieck, Run Day und Volumen-Weckruf. Wir missbilligten die Geringschätzung der Presse für Apple stets – der Ausdruck „Bluthunde“ ist angebracht –, und sie bezahlte den Preis dafür, als Apple im Jahr 2011 auf 425 Dollar stieg. Es ist befriedigend, zu sehen, wie die Trottel von der Finanzpresse offenbaren, wie wenig Ahnung sie haben.

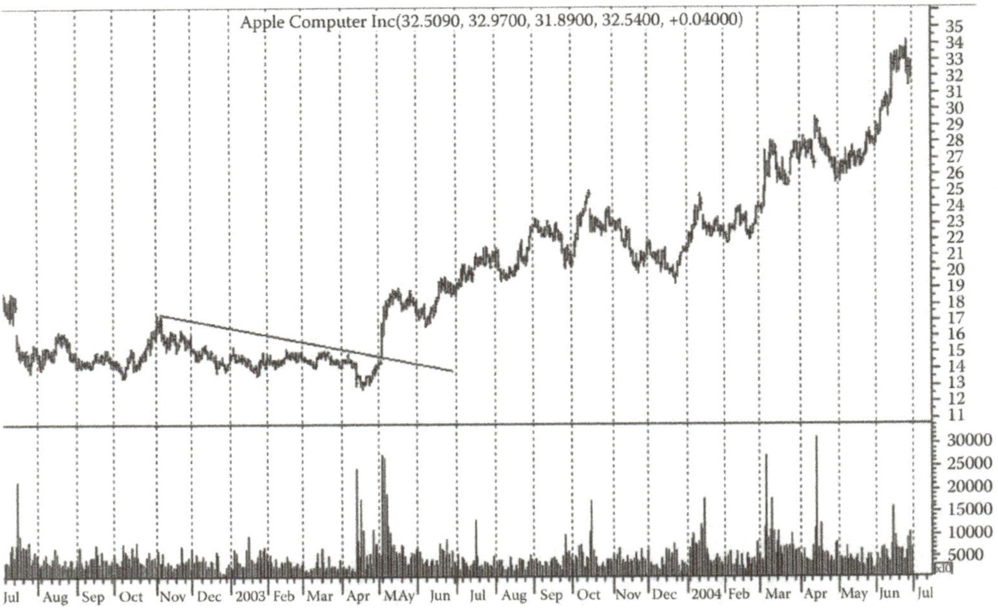

Abbildung 37.53: Der Ordner mit den Zeitungsausschnitten, in denen der Tod von Apple vorhergesagt wurde, wiegt so schwer wie der tägliche Mist der Augiasställe und ist genauso viel wert. Man fragt sich, weshalb die Presse so gern auf Apple einschlägt, vor allem wenn der Zauberer seine nie endenden Tricks aus dem Hut zaubert; Millionen Fanatiker standen bereit, den nächsten Trick des Zauberers (Steve Jobs) zu unterstützen. Auch wenn die Beatles wütend auf Jobs und Apple sind, so ist Apple inzwischen doch ebenso ein Musikkonzern wie ein Computerkonzern. Der iPod, als Schmiermittel so geschmeidig wie Silikon, war Musik in den Ohren der Anleger, und Apple startete erneut durch. Der Beginn des jüngsten Tricks ist hier zu sehen. Das Volumen im April ist der Weckruf. Aber was ist dieses Volumen eigentlich? Eine Marktbereinigung. Der Ausbruch aus dem absteigenden Dreieck nach dem Fehlsignal (Sie erinnern sich? Auf Fehlsignale folgen häufig gültige Signale), das Volumen und die aufsteigenden Run Days – all das war Wasser auf die Mühlen des Analysten. Auch sollte man den Anstieg über die Abwärtstrendlinie unter hohem Volumen ungeachtet dessen, was ihm vorangeht, als wichtige technische Formation anerkennen.

Abbildung 37.54: $NDX, der NASDAQ 100. Gemäß dem Referenzpunkt-Verfahren aus Kapitel 28 kann man sich eine fast vollständig objektive Vorgehensweise für den sehr langfristig orientierten Anleger ausdenken, die die Dow-Theorie ersetzt oder erweitert. In diesem Chart wird das Referenzpunkt-Verfahren auf Wochenbalken angewendet. Daher geht es hier nicht um „drei Aus-Tage“, sondern um „drei Aus-Balken“. Daraus ergibt sich ein Trade, der mindestens zehn Jahre dauert! Die Methode geht im Jahr 1991 beim Pfeil long, hält die Position bis etwa 2001 und kehrt sie dann um. Sie beachtet den Boden 2002, kehrt wieder um und steht vor den Haussen des Jahres 2006 wieder long. Die Signale sind durch Pfeile gekennzeichnet, die Zahlen geben die Referenzpunkte an, wobei die fünf Prozent unter den Referenzpunkten liegenden Stoppkurse nicht angegeben sind.

KAPITEL 38

AUSGEWOGEN UND DIVERSIFIZIERT

Der Durchschnittsinvestor fragt: „Was halten Sie von der Börse?“ Darauf möchte er eine klare, einfache, leicht verständliche Antwort. Für ihn gibt es zu jeder Zeit entweder nur einen Bullenmarkt oder einen Bärenmarkt. Antwortet man auf seine drängende Frage mit der Gegenfrage „An welcher besonderen Aktie sind Sie interessiert?“, so geht er darauf nicht ein, sondern sagt: „Oh, ich meine nur i*m Allgemeinen*.“ (Zur Illustration dieses Kapitels siehe die Abbildungen 38.1 und 38.2.)

Sehen Sie sich die Seiten irgendeines Wirtschaftsmagazins oder einer Zeitung mit vielen Finanzanzeigen an. Viele Berater oder Beratungsdienste streichen in ihren Anzeigen besonders heraus, dass sie „ohne Wenn und Aber“ ihre Prognosen über den zukünftigen Verlauf der Börse geben. Und in den meisten Fällen werden diese Meinungen dahingehend abgefasst, was „die Börse insgesamt“ tun wird.

Nun steckt gerade genug Wahrheit in dem allgemeinen Glauben, dass „sich alles in einer Richtung bewegt“, um das zu einer äußerst gefährlichen These zu machen. Gewiss: Wir können *Definitionen* darüber aufstellen, was nach unserer Meinung einen Bullenmarkt oder einen Bärenmarkt ausmacht, wie es zum Beispiel die Dow-Theorie tut. Wenn dann eine gegebene Gruppe von Bedingungen den Regeln entspricht, die wir selbst niedergelegt haben (nämlich unserer Definition), dann können wir exakt sagen: „Entsprechend meinen Voraussetzungen liegt hier ein Bullenmarkt (beziehungsweise ein Bärenmarkt) vor.“ Auch wären wir in der Tat über die Jahre sehr gut gefahren, wenn wir den Dow Jones Industrial Average (DIA) so behandelt hätten, als wäre er eine Aktie, und ihn theoretisch entsprechend der klassischen Dow-Theorie gekauft und verkauft hätten. *(EN: Wie in Kapitel 4 anschaulich dargestellt, wo Kaufen und Verkaufen nach der Theorie 795.592,01 Dollar netto abgeworfen hätte im Gegensatz zu 55.411,83 Dollar [Stand: 29. Dezember 2017] durch Kaufen und Halten. Natürlich kann man den DIA jetzt wie eine Aktie handeln [ETF].)*

Auch gibt es die großen inflationären und deflationären Bewegungen, die die Veränderung im relativen Wert zwischen Dollar und Aktie reflektieren. Es ist richtig, dass die Mehrzahl der Aktien die Tendenz hat, sich mit diesen Gezeiten zu bewegen. Und schließlich ist es richtig, dass bei den täglichen Bewegungen der Kurse anscheinend die meisten Aktien zusammen nach oben oder nach unten gehen.

Aber wir sollten niemals die Tatsache aus den Augen verlieren, dass die Indizes selbst nur Abstraktionen sind, keine Eisenbahnen, Produktionsgesellschaften, Luftfahrtlinien und so weiter. Wenn sich die Indizes bewegen, tun sie es, weil sich die individuellen Aktien, die die Indizes ausmachen, bewegt haben. Wenn die Indizes steigen, steigt auch eine Mehrzahl von Aktien; das ist richtig, aber es ist nicht möglich, das einfach umzukehren und zu verabsolutieren, indem man sagt: „*Weil* die Indizes steigen, *müssen alle* Aktien auch steigen.“ Würden wir hieraus die logische Schlussfolgerung ziehen, so müssten wir argumentieren (wie es in der Tat einige gemacht haben): Wenn eine Aktie in einem Bullenmarkt nicht gestiegen, sondern gefallen ist, ist das ausreichend, um sie für Käufe attraktiv zu machen, weil sie im Vergleich zu den anderen „Nachholbedarf" hatte.

Untersuchen wir die Tatsachen, nämlich die langfristigen Daten über das Verhalten von konkreten Aktien, so finden wir: Es gibt Perioden, in denen die meisten Aktien im Wert steigen, und andere Zeiten, in denen die meisten fallen. Wir finden auch manchmal, dass sich nachhinkende Aktien in einem Aufwärtstrend schließlich dem Trend anschließen.

Aber das geschieht nicht immer. Und es kann äußerst ungemütlich sein, wenn man eine Aktie in einem Bullenmarkt gekauft hat, weil sie „zurückgeblieben" ist oder weil „alles steigen muss". Da sitzen wir dann und warten Monat um Monat. Die anderen Aktien erreichen neue Höchstkurse, aber unsere eigene Aktie stagniert oder geht gar nach unten.

Es wäre sicherlich töricht, sein gesamtes Kapital in den Kauf von Aktien zu stecken, wenn bei den Indizes und bei den meisten Aktien klar ein Bärenmarkt herrscht. Und es wäre auch nicht gerade das Richtige, in einem steil ansteigenden Bullenmarkt bis an die Grenzen seiner Möglichkeiten Leerverkäufe vorzunehmen.

Wenn Sie schon zu 100 Prozent auf der einen oder anderen Seite sein müssen, ist es besser, mit dem Trend zu gehen. Damit liegen Sie auf der Seite der Wahrscheinlichkeit, die durch die Mehrzahl der Aktien und durch die Indizes ausgewiesen wird.

Aber Sie sollten sich darüber klar sein, dass „mit dem Trend zu gehen" nicht immer so leicht ist, wie es klingt. Man kann, wie wir es getan haben, Definitionen darüber aufstellen, was den Major-Trend ausmacht. Die Frage ist, ob Sie genügend Geduld und Mut haben, Ihre Position in Übereinstimmung mit dieser Definition durch Monate der Ungewissheit und trotz möglicher entgegengesetzter Bewegungen durchzuhalten. In den Perioden der Trendumkehr ist die Entscheidung über Kauf oder Verkauf oft nicht leicht.

Und zum anderen ist da die ganz spezielle Schwierigkeit, dass man wissen muss, was und wann man kaufen oder verkaufen soll. Denn die einfachen Formationen und Signale der Indizes erzählen nicht die ganze Geschichte. Es ist schon nützlich, „den Markt als Ganzes" zu betrachten, wenn man die Dow-Theorie studiert. Aber diese Nützlichkeit besteht nur, solange uns bewusst ist, dass unsere Indizes Verallgemeinerungen (hochgradige Abstraktionen) sind. Die Regeln für ihre Trendbestimmung gelten für diese Abstraktionen, aber nicht notwendigerweise für jede Aktie, die an der New York Stock Exchange gehandelt wird.

In vielen Fällen wird beispielsweise eine Gruppe von Aktien ihr Hoch bilden und einen langen Bärentrend beginnen, während andere Aktiengruppen weiterhin neue Höchstkurse erreichen. Dies geschah zum Beispiel 1946, als viele Aktien schon im Januar und Februar ihr Hoch bildeten, während andere bis Ende Mai bullish blieben.

1929 ist für uns das Jahr, in dem „die Börse" ihren großen Gipfel bildete, im Oktober zusammenbrach und damit die Serie von Kursrückgängen eröffnete, die bis 1932 anhielten. Darin liegt einige Wahrheit, aber es ist nicht die ganze Wahrheit. Es gab eine Reihe wichtiger Aktien, die ihre Höchstkurse lange vor dem Gipfel des Jahres 1929 gemacht hatten. Chrysler beispielsweise erreichte seinen Höchstkurs im Oktober 1928 und war *vor* der Panik von 1929 von 140 auf 60 zurückgegangen. Es gab Aktien, die in der ganzen Zeit von 1924 bis 1929 überhaupt nicht stiegen. Prüft man fast 700 notierte Aktien konkret durch, so ergibt sich: 262 erreichten ihren Höchstkurs für den Bullenmarkt vor 1929; 181 bildeten ihren Gipfel zwar 1929, aber schon vor dem August. Es gab etliche Aktien, die ihren ersten Abschwung erst nach dem Jahr 1929 hatten. 44 Aktien stiegen von 1929 bis Mitte 1932 auf ein neues Bullenmarkt-Hoch. Nur 184 der 676 untersuchten Aktien markierten ihr Bullenmarkt-Hoch im August, September oder Oktober des Jahres 1929 und brachen im Oktober und November zusammen.

Mit anderen Worten: Nur 27 Prozent der Aktien verhielten sich wirklich in einer Weise, von der „jedermann" weiß, dass *alle* Aktien sich so verhielten. *(EN: Als im Jahr 1999 der Dow Jones und der S&P 500 Allzeithochs erreichten und sich im Jahr 2000 in der Nähe dieser Hochs befanden, galt wieder das Gleiche. Viele Aktien hatten ihren Höchststand erreicht und befanden sich in langen Abwärtstrends. EN9: Und als die Aktien nach dem Höchststand im März 2000 abstürzten, hielten sich die Dow-Aktien sehr gut im Vergleich zu den Nasdaq-Aktien und denen des Standard & Poor's (S&P) 500, die Rückgänge von rund 50 Prozent verzeichneten [siehe Abbildung 20.3].)*

Es ist schon richtig, den „allgemeinen" Trend als nützliches Werkzeug zu akzeptieren, solange uns bewusst bleibt, dass er nur ein Werkzeug ist und kein detailliertes Bild der Realität. Wir stehen damit vor einem Problem, mit dem jeder Marktteilnehmer ständig konfrontiert ist: Wie schützen wir uns vor Ungewissheiten bei der Interpretation der Indizes, und wie schützen wir uns gegen Aktien, die sich nicht mit der Majorität bewegen? In erster Linie kann man dem Problem dadurch begegnen, dass man niemals ein unvernünftig hohes Risiko eingeht (siehe Kapitel 41).

Wir können ihm auch begegnen, indem wir einen Bewertungsindex (Evaluative Index) benutzen, anstatt unser gesamtes Depot schlagartig von Hausse auf Baisse umzustellen. Wir wollen damit sagen, dass man einen Indikator benutzen soll, der nicht nur zeigt, ob die Börse im Bullenmarkt oder im Bärenmarkt ist, sondern auch wie bullish oder wie bearish sie jeweils ist.

Auf den ersten Blick scheint sich diese Konzeption nicht zu sehr von der klassischen Dow-Theorie zu unterscheiden. Es werden die gleichen technischen Methoden angewandt. Auch wird der Evaluative Index während eines stark aufwärts gerichteten Marktes den Trend genauso anzeigen wie die Indizes, jedoch mit diesem einen Unterschied, dass der Evaluative Index auch ungefähr den *Grad* der Stärke anzeigt. Wenn die Börse beginnt, schwache Stellen zu entwickeln, wie 1928 und 1929, wird der *Grad der Stärke* allmählich abnehmen.

Ehe wir den Gebrauch dieses Indexes untersuchen, wollen wir darlegen, was er ist und wie er konstruiert wird. Vorweg ist klarzustellen, dass er kein präzises Werkzeug ist; er bietet nur ein angenähertes Bild über den Zustand des Marktes; er gibt keine positiven Signale, und letzten Endes reflektiert er die Beurteilung und die Meinung der Person, die ihn führt.

Angenommen, Sie führen Tagescharts für 100 Aktien. Am Ende jeder Woche können Sie am unteren Rand des Charts mit einem kleinen Plus- oder Minuszeichen Ihre Meinung festhalten, ob sich die betreffende Aktie in einer übergeordneten Hausse oder Baisse befindet. In einigen Fällen wird eine Entscheidung schwierig sein. Das ist jedoch nicht so wichtig, da die Zahl solcher Zweifelsfälle nicht zu groß sein wird. Die Mehrzahl der Aktien können Sie normalerweise nach ihrem offenbaren Verhalten mit einem Plus oder Minus kennzeichnen. Wenn Sie jetzt jeweils Plus-Aktien und Minus-Aktien addieren, erhalten Sie zusammen mit den zweifelhaften Fällen die Anzahl Ihrer Charts. Wenn dann zum Beispiel 75 von ihnen „Plus-Aktien" sind, können Sie sagen, dass nach Ihrer Beurteilung die Börse zu 75 Prozent bullish aussieht. Wenn der Prozentsatz in der nächsten Woche höher liegt, sagen wir 80 Prozent, zeigt das eine noch stärkere Verfassung. Wenn die Zahl niedriger liegt, sagen wir 70 Prozent, zeigt dies, dass insgesamt gesehen weniger Aktien stark aussehen und der Gesamtmarkt daher vermutlich schwächer geworden ist.

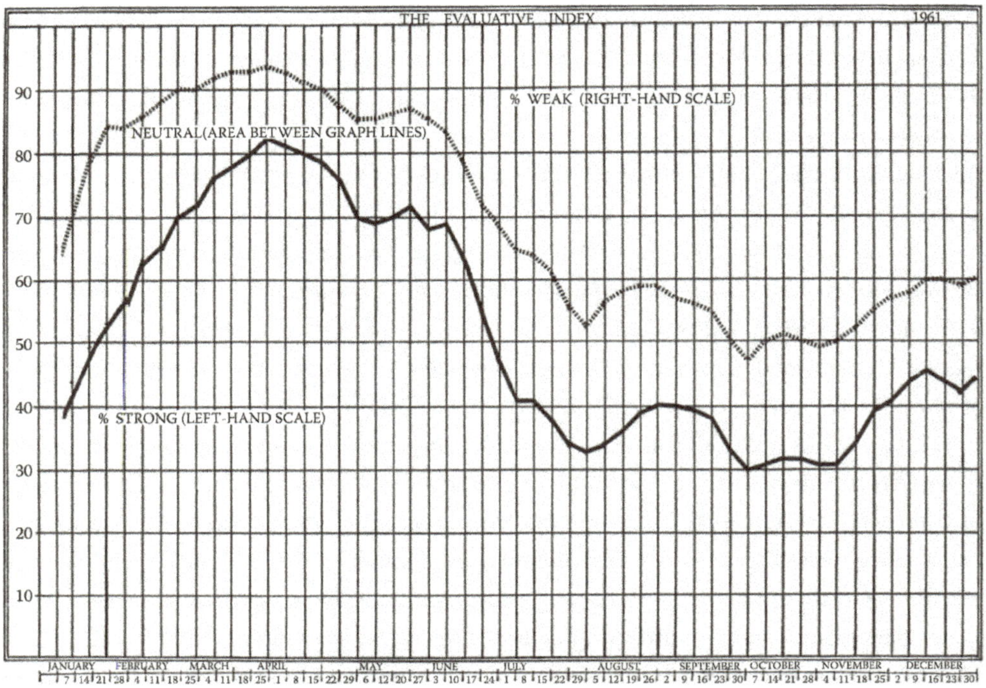

Abbildung 38.1: Der Evaluative Index zeigt den Prozentsatz der Aktien, die sich in übergeordneten Haussen oder Baissen befinden. Im Jahr 1961 stand dieser Index im Konflikt mit den Aktienindizes und legte die Annahme nahe, dass eine Umkehr des Major-Trends möglich sei.

(EN10: Ein schneller Weg, einen solchen Index zu konstruieren, besteht darin, Gleitender-Durchschnitt-Studien am Markt durchzuführen und zu untersuchen, wie viele Aktien über ihrem 50-Tage-Durchschnitt liegen, wie viele über und unter ihrem 200-Tage-Durchschnitt und so weiter. Natürlich können Sie es auch so machen, wie Magee es machte, indem Sie jeden Chart des Dow Jones untersuchen, um zu sehen, ob er stark aussieht oder nicht.)

Wenn die Indizes neue Höchstkurse erreichen, können Sie erwarten und werden auch finden, dass der Evaluative Index deutlich über 50 liegen wird. In einem offensichtlichen Bärenmarkt wird der Index erheblich unter 50 liegen.

Aber beachten Sie, dass wir hier nicht von „Signalen“ sprechen. Es gibt keine Stelle, wo wir sagen müssten: „Verkaufen Sie alles.“ Ebenso wenig gibt es eine Stelle, wo wir sagen können: „Kaufen Sie jetzt und legen Sie Ihr ganzes Kapital an.“ Der Index wird hin und her schwanken und wird sich ständig den wechselnden Bedingungen anpassen.

Wenn sich in einer Börsenphase nur 53 Prozent einer großen Zahl repräsentativer Aktien bullish verhalten, so ist klar, dass ein solcher Markt nicht so stark ist, wie wenn sich 80 Prozent dieser Aktien bullish verhalten würden.

Im zweiten Fall wären daher größere Engagements auf der Kaufseite gerechtfertigt als im ersteren.

Sie hätten immer noch das Problem, die einzelnen Aktien zum Kauf auszusuchen. Aber insgesamt wäre es gerechtfertigt, größere Engagements oder ein größeres Gesamtrisiko einzugehen (siehe Kapitel 41) als an einer Börse, die sich nur gerade so eben als Bullenmarkt qualifiziert.

Wenn man die Gesamtheit eines Investmentprogramms mit diesen Indizes in Übereinstimmung hält, ist es möglich, gleichmäßig mit dem Strom zu schwimmen. Wenn die Börse anfängt, „an Auszehrung zu leiden“, wird man fast automatisch aus dem Markt genommen, ehe die Situation zu gefährlich wird. Außerdem erspart man sich jene qualvollen Entscheidungen, ob man „jetzt verkaufen“ oder „noch eine Weile warten“ soll.

Das Anwendungsfeld dieser Methode ist noch breiter. Ein Investor könnte sich darauf beschränken, dem Evaluative Index nur dadurch zu folgen, dass er mit dem Steigen und Fallen des Index seinen Aktienbesitz vergrößert oder verringert. Schon dann wäre er besser dran, als wenn er nur die beiden Alternativen von vollständigem Optimismus oder vollständigem Pessimismus hätte. Aber immerhin würde er doch nur in eine Richtung schauen. Er würde immer noch in gewissem Maße an seinen Engagements verlieren, wenn sich die Börse schließlich umkehren und in eine Panikbewegung übergehen würde.

Die ausgedehntere Anwendung der Methode bedeutet, dass damit das Kapital oder ein bestimmter Anteil des Kapitals zwischen der Kaufseite (Long-Seite) und der Verkaufsseite (Short-Seite) des Marktes verteilt wird. Wenn die Interpretation Ihrer eigenen Charts vernünftig und richtig ist, so können Sie zu jeder Zeit etliche Aktien für sich aussuchen, die stärker als der Durchschnitt sind, und zugleich andere Aktien, die schwächer als der Durchschnitt erscheinen.

Wenn der Index in der Nachbarschaft von 50 steht, wie das im Jahr 1956 eine Reihe von Monaten der Fall war, können Sie also einige bullish aussehende Aktien zum Kauf und einige Kandidaten für Leerverkäufe aussuchen. Dadurch ist das Gesamtrisiko Ihrer Engagements ungefähr im Gleichgewicht. Im Falle einer Aufwärtswelle, die alles vor sich herfegt, werden Sie natürlich Verluste bei Ihren Leerverkäufen haben. Vielleicht müssen Sie die betreffenden Aktien schließlich auch statt mit Minus mit Plus bewerten und Ihre Engagements mit Verlust glattstellen. Aber in solchen Fällen werden die Gewinne aus Ihren guten Kaufpositionen den Verlust bei Weitem ausgleichen, wenn Ihre Auswahl gut war; der realisierte Verlust kann als „Versicherung“ angesehen werden, als Preis dafür, dass Ihr Kapital geschützt ist.

Sollte andererseits die Börse plötzlich zusammenbrechen (wie das beispielsweise anlässlich der Erkrankung von Präsident Eisenhower im Jahre 1955 geschah) *(EN: und bei den Gerüchten über Reagans Inkompetenz im Oktober 1987 oder der Vogelgrippe von 1998 und so weiter und so fort)*, wird der Verlust bei den Käufen durch die Gewinne auf der Short-Seite ausgeglichen. Sollte sich der Kursrückgang so weit fortsetzen, dass eine Glattstellung Ihrer Kaufpositionen erforderlich wird, so würde man die realisierten Verluste als Preis für die „Versicherung“ des Kapitals ansehen, das in die Leerverkäufe investiert ist. *(EN: In der Tradition der Texas Hedge vertrete ich eine etwas andere Auffassung von Shorts. Obwohl sie in der pragmatischen Portfoliotheorie als risikomindernd angesehen würden, betrachte ich Shorts gern als eine weitere Gewinnmöglichkeit mit dem zusätzlichen Vorteil, das Gesamtrisiko zu reduzieren. Eine Aktie in einem bestätigten Aufwärtstrend zu shorten ist einfach unsinnig, das Gleiche gilt natürlich auch umgekehrt.)*

In einem eher normalen Markt ist es ebenso gut möglich, dass sowohl die Käufe als auch die Leerverkäufe Gewinne aufweisen werden. Was wir hier vorschlagen, ist ein systematischer und dauernder Risikoausgleich und Kapitalschutz (Hedge). Während der Evaluative Index steigt, wird der Anteil der Short-Positionen allmählich reduziert und die Zahl der Kaufpositionen gesteigert. Fällt der Index, so geschieht das Umgekehrte. *(EN9: Ich habe vorgeschlagen, die hier skizzierte Methode als „natürlichen Hedge“ zu bezeichnen, und die Umsetzung der Absicherung als „rhythmisches Trading“. Ein natürlicher Hedge des Dow Jones würde aus einem Long-Engagement zum Beispiel im DIA in einem Bullenmarkt bestehen und aus Short-Positionen in bearishen Aktien innerhalb des Dow*

Jones. Oder, noch besser, Short-Positionen in Aktien, die zu den schwachen Dow-Werten positiv korreliert sind. Letzteres, weil selbst schwache Mitglieder des Dow Jones tendenziell durch die großen Bestände der passiven Indexanleger abgefedert werden.)

Diese Methode ist im Wesentlichen konservativ. Wer Leerverkäufe bisher als rein spekulatives Spiel gefürchtet hat, sollte seine Ansicht unter diesem Gesichtspunkt überprüfen. Man kann sie als regelmäßigen Teil des Investmentprogramms benutzen, um ein Gegengewicht gegen Kaufpositionen zu schaffen.

Das Resultat aus einem solchen konservativen, ausgewogenen und diversifizierten Programm ist in erster Linie Schutz des Kapitals. Seiner Natur nach schließt ein solches Programm die Möglichkeit aus, für spektakuläre Gewinne alles auf eine Karte zu setzen. Aber es schafft uns auch den Mechanismus, durch den die technische Methode ihre Vorteile ausspielen kann und weitgehend unabhängig von den Wechselfällen und Launen der Börse wird. Man kann dadurch einen großen Teil der Ängste und Ungewissheiten ausschalten, die so viele Spekulanten und Investoren jeden Tag mit sich herumtragen – und oft auch in der Nacht.

(EN: Viele heutige Leser wissen wahrscheinlich nicht, dass John Magee vier Jahrzehnte lang einen wöchentlichen Börsenbrief schrieb. Diese klugen und praxisorientierten Briefe bilden heute das John Magee Market Letter Archive. Ich drucke hier den Börsenbrief vom 28. September 1985 über den Magee Evaluative Index [MEI] ab. Er spricht deutlich für sich selbst.)

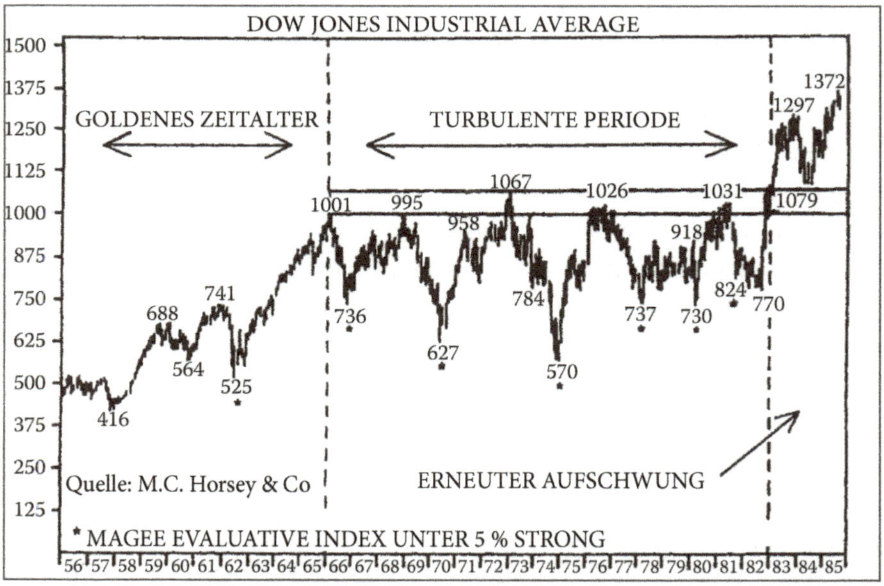

Abbildung 38.2: Aus den Collected Market Letters, 28. September 1985. Der Magee Evaluative Index zum Dow Jones Industrial Average veranschaulicht die Verwendung des Indexes, um Hochs und Tiefs des Marktes zu identifizieren. Eine Art „Überverkauft-überkauft-Indikator".

28. September 1985: Ein überverkaufter Markt

Diese Woche fiel der MEI auf 9 % Strong, so tief in den überverkauften Quadranten hinein wie noch nie in diesem Jahr. Seit Juni 1984 hat der Index nicht mehr so tief gestanden (siehe Abbildung 38.1). Kurz nach seinem Juni-Tief bei 8 % Strong begab sich der MEI auf einen stetigen Weg nach oben und gab im Laufe der Monate Juni und Juli das Signal für einen aggressiven Kauf.

Zusammen mit den am 25. Februar 1984 erreichten 8 % Strong bildete das MEI-Tief im Juni 1984 einen doppelten überverkauften Boden. Das entsprach dem Boden, den der Dow Jones Industrial Average (DJIA) am 18. Juni 1984 bei 1.079 Punkten bildete, nach dem er stetig bis zum Juli-Hoch bei 1.379 Punkten stieg.

Seit mehr als 20 Jahren gehen alle bedeutenden Bodenbildungen des Marktes mit extrem niedrigen MEI-Werten einher. Während der „turbulenten Periode", als der Aktienmarkt heftig oszillierte, aber keinerlei Anstieg verzeichnete, begleiteten MEI-Werte von 5 % Strong oder darunter alle bedeutenden Böden des DJIA, bis zu dem Tief bei 9 % Strong im Juni 1982, das dem explosiven Anstieg des Marktes unmittelbar vorausging.

Jener Boden, der leicht über „5 % Strong oder weniger" lag, war ein wichtiger Hinweis darauf, dass eine Wiederbelebung des Aktienmarkts bevorstand; der geradlinige Anstieg des DJIA von 770 auf fast 1.300 beendete eine 17 Jahre lange Periode des „Nichtstuns" der Aktienkurse und läutete die im Chart gezeigte Periode des „erneuten Aufschwungs" ein.

In diesem Kontext erhalten der „8%-Strong-Boden" vom Juni 1984 und der derzeitige MEI-Wert von 9 % Strong eine zusätzliche Bedeutung. Wenn wir uns tatsächlich in einer Periode des erneuten (oder bedeutenden langfristigen) Aufschwungs befinden, werden die Börsenböden wohl weniger schwer und die Börsenhochs extremer überkauft sein als andernfalls. Beide Tiefs des DJIA, das vom Juni 1982 und das vom Juni 1984, entsprechen diesem Modell. Da langfristige Wellen am Aktienmarkt häufig viele Jahre lang oder gar Jahrzehnte dauern, ist es wahrscheinlich, dass der derzeitige MEI-Wert von 9 % Strong auch ein bedeutendes Tief des DJIA markiert.

KAPITEL 39

LERNEN DURCH VERSUCH UND IRRTUM

Sie werden nicht erwarten, von Anfang an ein perfektes Ergebnis zu erzielen. Vielleicht ist Ihr Start sogar kümmerlich. Das ist einer der Gründe für unseren Vorschlag, zunächst nur einen kleinen Teil Ihres Kapitals zu benutzen und sich selbst genug Spielraum zu lassen. Vielleicht haben Sie Ihre Charts falsch interpretiert oder bei Ihren Transaktionen einen Fehler gemacht. Oder Sie stoßen ausgerechnet auf einen mittelfristigen Rückschlag im Trend oder gar eine Umkehr des Major-Trends. Dann können Sie trotzdem wieder „auf Kurs gehen", reicher an Erfahrungen und ohne dass Ihnen der Schreck in den Gliedern sitzt.

Ihre Notizen über tatsächliche Transaktionen (genauso über theoretische Transaktionen) werden Ihnen helfen. Mit der Zeit werden Sie neue Verfeinerungen für Ihre Spekulationen entdecken. Vergleichen Sie Ihre Methode mit den bisherigen Ergebnissen. Prüfen Sie, ob sich Ihre Verbesserungen regelmäßig zu Ihrem Vorteil auswirken. So können Sie neue methodische Einzelheiten testen, ohne tatsächlich Kapital zu riskieren, bis Sie die gesamte Operation gründlich überprüft haben.

In einem tatsächlich vorgekommenen Fall hatte ein Spekulant während einer schnell verlaufenden Phase eines Bärenmarkts ein ziemlich dürftiges Ergebnis erzielt. Daraufhin überprüfte er 30 seiner tatsächlich vorgenommenen Geschäfte während jener Zeit im Lichte neuer Methoden, die er im Folgenden entwickelt hatte. Das ursprüngliche Ergebnis hatte einen Verlust von 40 Prozent im Jahr auf das eingesetzte Kapital und für die Zeit des Einsatzes gezeigt. Die von ihm entwickelten Änderungen, angewandt auf dieselbe Situation hätten einen Gewinn von jährlich 156 Prozent ergeben. Ein solches Ergebnis ist nicht zwingend. Es würde jedoch naheliegen, die neue Methode auf alle ähnlichen Situationen in der Zukunft anzuwenden. Wenn das Ergebnis dann weiterhin so günstig bleibt, sollte man die Methode als dauernde Politik übernehmen. Nur durch dauerndes Prüfen und Testen können Sie lernen, mehr gewinnbringende Gelegenheiten aufzugreifen und sich selbst besser gegen eine unerwartete Trendumkehr zu schützen.

Wenn Sie den Vorschlägen dieses Buches folgen, werden Sie langsam und vorsichtig vorankommen. Sie werden nicht all Ihr Kapital auf eine einzige Bewegung einer einzigen Aktie setzen. Irrtümer und einfaches Pech können Sie verletzen, aber nicht zu ernsthaft. Sie werden auf falsche Bewegungen, falsche Interpretationen und sogar die völlige Umkehr erwarteter Entwicklungen vorbereitet sein.

Wenn Sie überlegt und ernsthaft gearbeitet haben und sich bei Ihrer Beurteilung nicht von Gefühlen beherrschen lassen, werden die Gesetze des Zufalls Ihnen ständig größeren Erfolg bringen. Bei Ihrer Arbeit vertrauen Sie nicht blind auf das Glück wie ein Spieler; Sie benutzen bewusst die Erfahrungen der Vergangenheit als Richtschnur – und es ist eine verlässliche Richtschnur. Ihre Operationen sind Teil der Wettbewerbsmechanik eines freien Marktes. Durch Ihre Käufe und

Verkäufe schaffen Sie selbst einen Teil des Trends mit; Sie begrenzen übermäßige Steigerungen und Kursrückgänge und bestimmen letztlich den Wert der amerikanischen Industrie mit.

Die Börse wird auch in Zukunft nach oben und unten gehen wie in der Vergangenheit. Ihre technischen Kenntnisse werden Sie davor bewahren, beim letzten klimaktischen Blow-off zum Höchstkurs zu kaufen. Sie werden Sie davor bewahren, alles in einem Anfall von Depression und Widerwillen zu verkaufen, wenn gerade der Boden erreicht ist. Durch Ihre Untersuchungen über das Börsenverhalten in der Vergangenheit haben Sie einen starken Schutz gegen die plötzlichen Stöße, die den Anfänger bei der Spekulation überraschen und oft aus dem Sattel heben.

(EN9: Ich habe meinen Studenten oft gesagt, wenn ihr Wissen über dieses Material nichts weiter tut, als sie davor zu bewahren, dumme Fehler zu machen, *wie zum Beispiel ein Top zu kaufen oder einen Abwärtstrend zu kaufen – oder zu kaufen, bevor sich ein Boden gebildet hat, dann war ihre Zeit gut investiert. Die Beseitigung von Amateurfehlern wie diesen kann die Anlageperformance unermesslich verbessern.)*

KAPITEL 40

WIE VIEL KAPITAL WIRD FÜR DIE SPEKULATION EINGESETZT?

Bisher haben wir hauptsächlich in Punkten und Prozenten gerechnet und wenig über reale Summen gesprochen. Von jetzt an wollen wir die Frage untersuchen, die sich mit dem Geld, dem Kapital, den Dollarbeträgen befasst, die Sie bei Ihren Operationen benutzen. Ein Verständnis der technischen Signale und Formationen allein wird Ihnen Ihre Gewinne nicht sichern, wenn Sie nicht die taktischen Methoden der Anwendung beherrschen. Ebenso wenig wird Ihnen die Taktik allein Ihre Gewinne sichern, wenn Sie Ihre Methoden nicht Ihrer Brieftasche angepasst haben und wenn Sie keine systematische Kontrolle Ihrer Spekulationen in Dollar und Cent haben.

Zu Beginn Ihrer Chartoperationen werden Sie kein Kapital einsetzen. Sie werden weder tatsächliche noch theoretische Geschäfte abschließen. Jedes Engagement während der ersten vier oder fünf Wochen aufgrund eines neuen Charts wäre nur ein Spiel aufgrund von Eingebungen. Sie werden ungefähr zwei Monate wenig dankbarer Chartarbeit benötigen, ehe Sie überhaupt ein klares Bild davon haben, wie sich einige Ihrer Aktien technisch verhalten. Von da an wird Ihre Charthistorie jede Woche wertvoller. Ihre ersten Geschäfte werden wahrscheinlich theoretischer Natur sein. Sie wollen ein Gefühl für die Charts und die erlernten Methoden bekommen. Schließlich werden Sie dann eine tatsächliche Transaktion ins Auge fassen.

(EN: Die Sinnhaftigkeit dieses Ansatzes kann kaum bestritten werden. So wie sich die Märkte verändert haben, haben sich auch die Börsenmentalität und das Börsenbewusstsein verändert. Die bloße Existenz dieses Buches und die allgemeine Atmosphäre ermöglichen es dem modernen Investor, schneller voranzukommen als der alte Bleistift-und-Papier-und Rechenschieber-Typ. Die Verfügbarkeit von Computern und Datenbanken und Lernwerkzeugen, ganz zu schweigen von Online- und Offlinekursen zu diesem Thema, sind unvergleichliche Ressourcen).

Dann taucht die Frage auf: Wie viel von meines Kapital soll ich für Spekulationszwecke benutzen? *(EN: In gewissem Sinne geht diese Frage an der eigentlichen Frage vorbei. Sie setzt voraus, dass der Leser Kapital hat. Wenn der Leser kein Kapital hat, sondern mit dem Milchgeld oder der Hypothekenzahlung spekuliert, ist sein Scheitern praktisch vorprogrammiert. Spekulieren Sie nicht mit Geld, dessen Verlust Ihnen mehr als nur vorübergehendes Unbehagen bereiten wird.)*

Der Betrag hängt natürlich zunächst von der finanziellen Gesamtsituation ab. Weiter ist wichtig, wie viel Zeit und Anstrengung Sie in die Aktienspekulation stecken wollen. Und schließlich auch, wie viel Erfahrung Sie haben. Wenn Sie schon seit Jahren Aktien kaufen und verkaufen, werden Sie natürlich auf dieser Linie fortfahren und nur die neue Technik für Ihre Operationen einsetzen.

Wenn dagegen Aktienspekulation für Sie ein völlig neues Feld, ein Hobby oder eine Nebenbeschäftigung ist, ist es ratsam, sich vorsichtig voranzutasten. Einige Autoren haben führen aus, dass man gewöhnlich erst nach zwei Jahren genügend praktische Erfahrung hat, um sicher an der Börse zu operieren. Während der zweijährigen Lehrzeit verlören viele neue Spekulanten allmählich ihr

Kapital und zögen sich dauerhaft zurück – ohne ihr Geld. Deshalb: So viel Selbstvertrauen Sie auch haben oder wie begierig Sie auch sind, endlich anzufangen – es wäre das Sicherste, mit Ihren Experimenten zuerst auf vorwiegend theoretischer Basis zu beginnen und nur einen kleinen Betrag einzusetzen. Nach etwa zwei Jahren sehen Sie, ob Sie Gewinne haben, die vielleicht klein sind, aber stetig und regelmäßig. Dann sind Sie viel besser darauf vorbereitet, einen größeren Teil Ihres Kapitals vorsichtig und sicher zu einzusetzen. Wenn Sie andererseits in dieser Zeit wiederholt Fehler gemacht und unnötige Verluste registriert haben, können Sie Ihre Methode korrigieren und auf einer gesünderen Basis fortfahren, ohne den größten Teil Ihres Kapitals verloren zu haben.

In keinem Fall sollten Sie alles auf eine Karte setzen und Ihren ganzen Besitz zusammenkratzen, weil Sie hier den Weg zu schnellen Reichtümern sehen. Das ist einfach nicht wahr, und die Chancen sprechen überwältigend gegen Sie, wenn Sie unter solchen Voraussetzungen beginnen.

Rechnen Sie sich lieber zunächst aus, wie viel Sie übrig haben, wie viel Sie für Erfahrungen ausgeben können. Betrachten Sie dieses Anfangskapital als Lehrgeld, das Sie für einen speziellen Unterrichtskursus zahlen müssen oder das Sie für Reparaturen in eine Sache stecken müssen, die Sie zu verkaufen hoffen. Oder um ein anderes Beispiel zu benutzen: Sie verlieren einen Teil Ihres Einkommens, weil Sie eine schlechter bezahlte neue Stellung annehmen, bei der Sie aber letztlich mehr als auf Ihrer jetzigen Stelle zu verdienen hoffen.

Mit anderen Worten: Sie werden sich von Anfang an *in gar keiner Weise* darauf verlassen, dass Sie aus dem für Spekulationszwecke eingesetzten Kapital irgendeinen Gewinn ziehen. Sie werden Ihren privaten Bedarf unabhängig von diesen Beträgen planen, selbst wenn Sie Ihre Bedürfnisse tatsächlich einschränken müssen. Dann können Sie aber Ihrer Methode unbeeinflusst folgen; Sie sind frei von dem Druck, unnötige Risiken einzugehen; Sie sind frei von der Notwendigkeit, Aktien verfrüht verkaufen zu müssen, um anderen Verpflichtungen nachzukommen; Sie sind frei von bohrenden Befürchtungen und Sorgen.

Sie können mit einem so geringen Betrag wie 500 Dollar beginnen. *(EN: Dies gilt insbesondere im Internetzeitalter. Gebührenfreie Käufe auf vielen Websites und die Verfügbarkeit von kostengünstigen diversifizierten Handelsinstrumenten wie Index-ETFs [der SPY (S&P 500), DIA (Dow Jones Industrial Average) und QQQ (Nasdaq 100)] bieten dem Kleinanleger mehr Möglichkeiten als je zuvor in der Geschichte der Finanzmärkte.)* Besser ist es, 1.000 Dollar oder mehrere Tausend Dollar zu haben. Das macht aber im Grundsätzlichen wenig Unterschied. Entscheidend ist, dass Sie sich darüber klar sind, *was Sie sich während dieser Lehrzeit erlauben können.* Entscheidend ist, dass Sie genügend Kapital haben, um Ihre Operationen dann fortzusetzen, wenn Sie die dafür nötigen Fähigkeiten wirklich besitzen. Wichtig ist zu Anfang nicht der absolute Gewinn, den Sie tatsächlich machen können, sondern um welchen Prozentsatz im Jahr Ihr eingesetztes Kapital wächst.

Wenn Sie die Spekulation mit Aktien in dieser Geisteshaltung als ernsthaftes Geschäft betrachten, werden Sie sich nicht scheuen, nötigenfalls auch Verluste zu realisieren. (Und es gibt Zeiten, wo das die einzig vernünftige Handlungsweise ist.) Sie werden nicht darum kämpfen, einen unvernünftigen oder unmöglichen Gewinn zu machen (mit den üblichen verheerenden Folgen). Sie werden Ihre Politik in Ruhe und mit der sicheren Überzeugung aufbauen, dass die Börse auch im nächsten Jahr da sein wird, dass es auch dann noch Gelegenheiten für Sie gibt. Sie wissen, dass Ihre grundsätzliche Prozedur, die Sie jetzt entwickeln, wertvoller für Sie ist als irgendein glücklicher Gewinn, den Sie aus dem Ärmel schütteln oder aus irgendeinem Börsengerücht zufällig ziehen könnten.

KAPITEL 41

EINSATZ DES KAPITALS IN DER PRAXIS

(EN: Heute würden wir dies als „Asset Allocation" bezeichnen, über die viele gelehrte Bücher und Artikel geschrieben wurden [siehe Anhang B, Ressourcen]. Die bescheidenen Vorschläge in diesem Kapitel sind, wie Magee, sehr pragmatisch und einfach – und für den allgemeinen Anleger möglicherweise effektiver als die komplizierten Verfahren, die von Supercomputern für komplizierte Wall-Street-Portfolios ausgespuckt werden.)

Wir wollen noch einmal eine Reihe von Punkten festhalten, die wir schon untersucht haben und über die (hoffentlich) vollständige Übereinstimmung herrscht.

1. Major-Trends laufen normalerweise über lange Zeitperioden und legen bei ihrem Gesamtanstieg oder -abstieg eine riesige Punktestrecke zurück – 15.733,05 von 2009 bis 2017.
2. Beinahe unglaubliche Gewinne könnten von demjenigen gemacht werden, der Aktien am extremen Tief eines Bärenmarkts kaufen und auf dem extremen Hoch des Bullenmarkts verkaufen könnte; oder der auf dem Top des Bullenmarkts leerverkaufen und seine Transaktionen am extremen Tief des folgenden Bärenmarkts eindecken könnte.
3. Es ist jedoch unmöglich, eines dieser wünschenswerten Resultate zu erzielen.
4. Es ist vermeidbar, auf oder nahe dem extremen Bullenmarkt-Hoch zu Käufen verleitet zu werden, sodass die Verluste bei einer Umkehr des Major-Trends gefährlich oder ruinös werden. In gleicher Weise ist es möglich, Verluste zu vermeiden, die durch unangebrachte Leerverkäufe nahe dem extremen Tief des Bärenmarkts entstehen können.
5. Es ist möglich, Gewinne zu erzielen, indem man in Richtung des Major-Trends spekuliert. In manchen Fällen kann man auch eine mittelfristige Korrektur des Major-Trends für Spekulationszwecke ausnutzen. Gelegentlich ist auch eine erfolgreiche Spekulation aufgrund des individuellen Verhaltens einer Aktie möglich, die sich entgegen dem Major-Trend bewegt.
6. Die größten und verlässlichsten Gewinne können im Major-Trend während der anfänglichen Perioden des Anstiegs (oder Abstiegs im Falle von Leerverkäufen) gemacht werden. Das ist aber nicht während der ersten Phase möglich, wenn die Bewegung zuerst in Gang kommt. Es ist auch nicht im Verlauf der Rundungs- oder Umkehrphänomene nahe dem Ende der Bewegung möglich.

Um daher den größten Nutzen aus dem Major-Trend zu ziehen, müsste man folgendermaßen verfahren: Man müsste einen relativ geringen Anteil seines Kapitals zu Beginn der Bewegung und in gleicher Weise sehr wenig an oder sehr nahe dem Ende der Bewegung investiert haben. Aber man müsste sehr wesentlich während des mittleren Teils beteiligt sein, wenn der Anstieg oder Abstieg die größte Entfernung zurücklegt.

Es wäre wünschenswert, dieses Verhältnis zwischen dem eingesetzten Kapital und dem Stadium des Major-Trends in einer sauberen und klaren Gleichung niederzulegen. Allerdings scheint die Lösung des Problems, wie viel Kapital man zu gegebener Zeit einsetzen sollte, nicht ganz so einfach zu sein. Denn die Verfassung des Major-Trends ist eine Frage der Definition. Der Major-Trend selbst ist eine Abstraktion aus den individuellen Bewegungen der Aktien.

Eine ganz klare und exakte Antwort ist auch gar nicht nötig. Wir haben schon den Evaluative Index kennengelernt, der eine ungefähre Antwort gibt. Sie ist für alle praktischen Bedürfnisse insoweit gut genug, als man damit die „Stärke" des Major-Trends zu einem bestimmten Zeitpunkt abschätzen kann. *(EN: Um das Konzept hier zu verdeutlichen und klarer zu machen, möchte ich auf die Implikationen für die Asset Allocation aufgrund von Magees Evaluative Index hinweisen. Wenn die Bewertung des Marktes durch den Analysten anzeigt, dass 30 Prozent der Aktien bullish, 30 Prozent bearish und 40 Prozent neutral sind, könnte er so sein Kapital einsetzen – 30 Prozent long, 30 Prozent short und 40 Prozent Cash. Dies würde voraussetzen, dass seine Einschätzung des Risikos auch anzeigt, dass die Risiken der Long- und Short-Positionen ausgeglichen oder ungefähr gleich wären, da unendliche Präzision nur von den Verfassern akademischer Abhandlungen erreicht werden kann, die mit perfekter Rückschau arbeiten.)*

Es gibt in diesem Zusammenhang jedoch noch andere Probleme. Am wichtigsten ist die Frage, wie viel *Gesamtrisiko* man eingeht. Einige Aktien sind sehr konservativ, andere sehr spekulativ. Deshalb ist es nicht genug, festzulegen, welchen Teil Ihres Kapitals Sie bei einem Markttrend einsetzen wollen. Der eingesetzte Teil Ihres Kapitals ist nicht notwendigerweise das echte Maß für Ihre Beteiligung. Das Kursniveau einer Aktie beeinflusst ihre Gewohnheiten. (Niedrig notierende Aktien machen größere prozentuale Bewegungen als hoch notierende Aktien.) Der Kreditbetrag, den Sie benutzen, hat ebenfalls Auswirkungen auf das Maß des Risikos.

Diese Überlegungen haben einige Substanz (andernfalls nähmen wir uns nicht die Zeit, sie hier zu diskutieren). Aber es besteht ernsthaft die Frage, ob die Entscheidung über den Betrag des eingesetzten Kapitals zu einer bestimmten Zeit wirklich auf eine simple mathematische Operation zurückgeführt werden kann. *(EN: Das gilt immer noch, auch wenn es Menschen gibt, die es versuchen.)*

Sie sind beispielsweise überzeugt, dass wir uns in einer sehr kräftigen Phase eines Bullenmarkts befinden. Sie halten es deshalb für gerechtfertigt, 80 Prozent Ihres Kapitals einzusetzen. Aber wenn Sie dieses Geld in eine hoch notierende Aktie *(EN: mit niedrigem Beta)* investieren, haben Sie damit nicht die gleiche Aussicht auf Gewinn (wenn Sie recht haben) oder Verlust (wenn Sie unrecht haben), als wenn Sie das Geld in eine niedrig notierende Aktie *(EN: mit hohem Beta)* gesteckt hätten. Oder: Sie investieren das Geld in eine konservative Aktie mit geringem Sensitivity Index, etwa eine Versorger-Aktie. Dann haben Sie nicht so viel Aussichten auf Gewinn oder Verlust wie bei einer spekulativen Aktie mit hohem Sensitivity Index *(EN: Volatilität), also zum Beispiel einer Internet-Aktie.* Diese Faktoren beeinflussen Ihre Situation genauso wie der tatsächlich investierte Dollarbetrag. Sie sind also gleichermaßen Beurteilungsfaktoren bei der Frage: Lehne ich mich gerade aus dem Fenster, und wenn ja, wie weit?

Wir wollen das an einem Beispiel noch völlig deutlich machen: Sie können 80 Prozent Ihres Gesamtkapitals, sagen wir 8.000 von 10.000 Dollar, nehmen und es an der Börse investieren, indem Sie eine konservative Vorzugsaktie kaufen und voll bezahlen. Ein großer Anstieg der allgemeinen

Börse mag einen Wertzuwachs von einigen Punkten bringen, vielleicht vier bis fünf Prozent. Ein großer Rückschlag könnte die Aktie um etwa denselben Betrag drücken. Ein Beispiel für das andere Extrem wäre der Kauf von Optionen im Wert von 8.000 Dollar auf eine niedrig notierende extrem spekulative Aktie. Das wahrscheinliche Ergebnis innerhalb von 90 Tagen wäre entweder ein Gewinn von mehreren Hundert Prozent oder ein totaler Verlust der 8.000 Dollar.

Wir können also unseren Status während einer Börsenentwicklung in dreierlei Weise verändern: Wir können den Betrag unseres Gesamtengagements vergrößern oder verkleinern. Wir können die Natur des Depots verändern, indem wir einen Teil des Kapitals in mehr oder weniger spekulative Aktien oder höher oder niedriger notierende Aktien stecken. Und schließlich können wir den Betrag des eingesetzten Kredits ändern.

In Anhang A, 9. Auflage, und in Kapitel 42 wollen wir zeigen, wie die Hauptfaktoren, die eine bestimmte eingesetzte Kapitalsumme betreffen (nämlich Sensitivity Index, Kurs und Kreditbetrag), zu einer Zahl zusammengefasst werden können, die wir als Composite Leverage Index (Index für die gesamte Hebelwirkung) bezeichnen wollen. *(EN: Einmal mehr beweist Magee eine praktische Vision und ein intuitives Verständnis sowohl für die Märkte als auch für den grundlegenden Charakter des Investierens, das der Anlagetheorie und dem Verständnis seiner Zeit weit voraus ist. Was wir in diesem Konzept haben, ist nichts weniger als der ursprüngliche Schimmer von VAR oder Value at Risk. Die Konzepte und Praktiken des VAR sind in Kapitel 42 kurz und bündig zusammengefasst. Composite Leverage ist ein komplexes Thema und basiert auf manueller Charterstellung. Aus diesem Grund wurde es in der neunten Ausgabe belassen, wo der wirklich engagierte Gelehrte es in Ruhe studieren kann.)*

Natürlich müssen Sie Ihre Composite Leverage *(EN: das Risiko, dem Sie sich aussetzen)* so variieren, dass Sie die schnell laufenden, mittleren Teile wichtiger Bewegungen ausnutzen. Sie benutzen einen geringeren Composite Leverage zu Beginn solcher Bewegungen und ebenso an ihrem Ende, wenn sie auslaufen oder der Kurs dreht.

Nun ist es freilich eine Sache, die Composite Leverage genau auszudrücken, aber etwas ganz anderes, eine Formel zu finden, wie man ein bestimmtes Maß von Leverage (Hebelwirkung) zu bestimmten Zeiten einsetzt. Die Überlegungen zu Beginn dieses Kapitels haben einigen Wert. Aber wegen der mittelfristigen Reaktionen und der Schwierigkeit, die Major-Trends individueller Aktien zu bestimmen, ist es nicht möglich, daraus die saubere glatte Regel zu schneidern, die wir suchen.

Das muss eine Sache der Erfahrung oder der Intuition sein, die auf Erfahrung beruht. Sie werden Ihren Composite-Leverage-Faktor *(das heißt, Ihren Portfolio-Risikofaktor, siehe Kapitel 42, Portfolio-Risikomanagement)* nicht bis zu einem gefährlichen Punkt anwachsen lassen. Ebenso wenig werden Sie ihn in Zeiten guter Börsenlage so niedrig werden lassen, dass Sie die Bewegung nicht voll ausnutzen können.

Wir können uns die allgemeine Form einer langfristigen Kursbewegung vor Augen halten, wenn wir diese Frage beurteilen. Bullenmärkte steigen normalerweise in einer Serie unregelmäßiger Aufwärts- und Abwärtsbewegungen. Sie beginnen meist mit einem gemäßigten Aufwärtstrend und werden allmählich schneller, wenn sich der Markt dem endgültigen Hoch nähert. Baissen neigen eher am Beginn zu schnelleren Bewegungen und laufen zum Ende hin allmählich aus. Sie sind steiler als Haussen. Diese Erwägungen werden uns helfen, den richtigen Zeitpunkt zu beurteilen, zu dem die Börse die besten Gelegenheiten bietet, den Zeitpunkt, zu dem unser Composite Leverage vergrößert werden sollte.

Es gibt noch weitere Faktoren, die man noch schwieriger in einfachen Zahlen niederlegen kann. Zuzeiten würden wir unsere Position aus Gründen wechseln, die keine direkte Beziehung zum Composite Leverage Index und seinen einzelnen Faktoren haben. Qualitativ hochwertige Aktien, aktive Marktführer und vielleicht einige Aktien von eher konservativer Natur haben die Tendenz, Bewegungen in einem Bullenmarkt ziemlich früh zu beginnen und ihren Aufschwung ziemlich gleichmäßig fortzusetzen. Schließlich erreichen sie den Gipfel und bilden eine Umkehrformation. Von diesem Punkt an gehen sie nach unten, wahrscheinlich in einem steileren Winkel als beim Aufstieg. Aktien mit niedrigem Kurs und von niedriger Qualität kommen dagegen meist nur langsam in Gang. Während der ersten Phase eines Bullenmarkts liegen sie ruhig da. Dann plötzlich beginnen sie in einer Reihe von spektakulären und raketenartigen Bewegungen anzusteigen, die sie zu ihrem endgültigen Gipfel tragen. Jedoch wird dieser Gipfel meist zu einem späteren Zeitpunkt (vielleicht viele Monate später) erreicht als der Punkt, an dem viele konservativere Aktien schon ihr Hoch gebildet haben. Die spekulative Gruppe fällt dann meist sehr schnell und kehrt auf das tote Niveau der Inaktivität zurück, ehe die konservativere Gruppe ihren gemächlicheren Abschwung beendet hat.

Sie werden also gut daran tun, Ihre Tätigkeit in den frühen Stadien eines Bullenmarkts auf die qualitativ hochwertigeren Aktien zu konzentrieren. Erst in den späteren Stadien wenden Sie sich den Aktien von geringerer Qualität zu. In einem Bärenmarkt können Sie vielleicht schon erfolgreich Leerverkäufe hochkarätiger Aktien vornehmen, während einige der „Cats and Dogs" noch das Ende ihres Anstiegs sehen. Aber Sie würden auf eine Gelegenheit warten, diese Leerverkäufe glattzustellen und Aktien niedrigerer Qualität short zu verkaufen, sobald deren Umkehr signalisiert wird.

In Anhang A der 9. Auflage finden Sie weitere Ausführungen zum Composite Leverage Index. Er sollte für Sie ein nützlicher Maßstab für Ihre Börsenoperationen und zugleich ein Schutz dagegen sein, sich finanziell zu übernehmen. Aber Sie können ihn nicht mechanisch als Vergleichsindex für die Börse benutzen, um eine Antwort auf alle Fragen über Natur und Größe Ihrer Engagements zu erhalten. Wenn es darum geht, die Verfassung des Major-Trends zu einem bestimmten Zeitpunkt zu messen, müssen Ihre eigenen Erfahrungen und Ihre eigene Beurteilung die letzten Richter sein.

Kauf- und Verkaufsoptionen

Optionen verschiedener Art haben eine lange Geschichte im Börsenwesen. Schon vor beinahe 2.000 Jahren kannten die Kaufleute, die um das Mittelmeer Handel trieben, Vereinbarungen über zukünftig ankommende Waren. Diese Vereinbarungen liefen letztlich auf eine Art von Optionsverträgen hinaus, die gleichzeitig als Versicherung gegen Risiken von Sturm und Piraterie dienten. Moderne Warenterminkontrakte erinnern wegen ihrer doppelten Funktion in gewissem Sinne an Aktienoptionen: Sie dienen sowohl als Handelsmedium als auch als eine Art Versicherung. Optionen werden auch häufig bei Grundstücksgeschäften und in verschiedenen anderen Fällen angewandt.

Über viele Jahre hinweg gab es Aktienoptionen nur auf der Grundlage individueller Übereinkünfte zwischen Käufer und Stillhalter, wobei das Geschäft direkt oder durch einen Broker oder Händler abgeschlossen werden konnte. Kunde und Stillhalter können in diesem Fall entscheiden, für welche Aktie (praktisch für jede Aktie) eine Option ausgestellt wird, zu welchem Ausübungs- oder Basispreis (Strike), für welchen Zeitraum und für welche Prämie.

1973 wurde von der Chicago Board Options Exchange, später von der American Stock Exchange und dann von anderen Börsen im ganzen Land eine neue Art von Optionen eingeführt. Jetzt gibt es Kaufoptionen auf eine ausgewählte Zahl aktiv gehandelter Aktien. Das Verfallsdatum ist (wie bei Warenterminkontrakten) standardisiert, der Kurs für die Optionen genau festgelegt. Nur die Prämie hängt von Angebot und Nachfrage der Käufer und Aussteller ab. Eine gute Einführung in diesen schnell expandierenden Markt bietet das Buch von *(EN)* Lawrence G. McMillan: „Options as a Strategic Investment".

(EN: Im Internetzeitalter haben die Märkte für Optionen und Derivate eine erstaunliche wirtschaftliche Bedeutung erlangt. Eine amüsante Art, diese Bedeutung zu messen, ist die Auflistung einiger der großen Debakel, die großen Derivatehändlern widerfahren sind. Bank Negara, die Zentralbank von Malaysia, verlor 1992 und 1993 fünf Milliarden Dollar durch schlechte Wetten auf Wechselkurse. Showa Shell Sekiyu aus Japan verlor 1993 1,58 Milliarden Dollar; die deutsche Metallgesellschaft verlor im gleichen Zeitraum 1,34 Milliarden Dollar. Die Barings Bank verlor 1,33 Milliarden Dollar mit Aktienindex-Futures. Von 1987 bis 1995 beliefen sich die bekannten Verluste dieser Art auf insgesamt 16,7 Milliarden Dollar. Wie Magee sagen würde: „und so weiter, und so fort", was angemessen ist, wenn man bedenkt, dass JPMorgan Chase im Jahr 2012 zwei bis fünf Milliarden Dollar beim Handel mit Derivaten verlor. Natürlich ist das, verglichen mit dem geschätzten Gesamtmarkt von 25 Billionen Dollar im Jahr 1995, nur eine Bagatelle. Doch vielleicht reicht das aus, um den gewöhnlichen Anleger zu warnen, dass dieses Feld selbst für die erfahrenen Profis mit finanziellen Minen übersät ist.

EN9: Wenn der Investor Aktien für ein komplexes oder schwieriges Gebiet hält [obwohl dieses Buch es hoffentlich für ihn weniger schwierig macht], sind Optionen exponentiell schwieriger. Profis schlagen Amateure in diesem Spiel so gründlich und so oft, dass sie es als leicht verdientes Geld betrachten. Der gewöhnliche Investor sollte also strengstens gewarnt werden, dass er viel üben und lernen sollte, bevor er zum Futter für die Profis wird.

EN9: Tradestation, das überragend gute Handelssystem- und Brokerage-Unternehmen, vertrieb einst ein intelligentes kleines Buch von Charlie Wright, „Trading for a Living", das unter anderem einen Plan für die kontinuierliche Allokation von Kapital für das Trading enthielt.)

KAPITEL 42

PORTFOLIO-RISIKOMANAGEMENT

Wir deuteten im vorigen Kapitel schon an, dass es zwischen dem Zustand oder den verschiedenen Phasen eines Major-Trends und den jeweiligen Gewinnmöglichkeiten Beziehungen gibt. Es gibt viele mechanische Pläne und Systeme für dieses Problem, aber wir glauben nicht, dass es mit mechanischen Mitteln allein völlig gelöst werden könnte. Wir erwähnten hier einen Plan, wonach die Engagements durch die Übereinstimmung der Trends in einer Chartsammlung gesteuert werden *(EN: den Magee Evaluative Index, kurz: MEI)*. Andere Pläne empfehlen ein Aufstocken der Engagements (Pyramiding), wenn der Trend sich fortsetzt; wieder andere empfehlen Verbilligungen (Cost Averaging); man solle das Engagement entgegen dem Trend verstärken, das heißt im Bärenmarkt auf immer niedrigerem Niveau nachkaufen und im Bullenmarkt auf immer höherem Niveau verkaufen. *(EN9: Ersteres ist eine Einladung zum Desaster, Zweiteres erfordert Geschicklichkeit. Vermeiden Sie solche Methoden, es sei denn, Sie sind ein erfahrener Positions-Trader.)*

Keiner dieser Pläne für sich selbst beantwortet ausreichend, wann man kaufen und wann man verkaufen soll. In diesem Buch werden in erster Linie die technischen Phänomene individueller Aktien untersucht. Wenn wir aus den Charts erfahren können, an welchem Punkt wir kaufen und unter welchen Bedingungen wir verkaufen können, haben wir damit die grundsätzliche Ausrüstung für erfolgreiche Spekulation erworben. Wenn Sie dagegen so kaufen und verkaufen, dass sich daraus häufiger Nettoverluste als Gewinne ergeben, macht es keinen Unterschied, wie Sie Ihr Kapital aufteilen oder an der Börse einsetzen. Es muss schrumpfen, bis es schließlich verschwunden ist. *(EN: Ein Investor, der sich in dieser Situation befindet, sollte sich eine Grenze setzen. Er sollte entscheiden, dass er, wenn er 50 Prozent seines Kapitals verliert, den Handel aufgibt und sein Geld in Index- oder Investmentfonds oder in die Hände eines Beraters legt. Im Allgemeinen ist ein Berater einem Investmentfonds vorzuziehen, aber beide sind einem Anleger mit zwei linken Händen vorzuziehen. Sie können sicherlich nicht schlechter abschneiden als ein konstant verlierender Performer. EN10: Wenn ich es mir recht überlege, können sie das aus Sicht des Jahres 2011 vielleicht doch.)*

Zuerst müssen wir also den Gebrauch der technischen Werkzeuge, Formationen, Trends, Unterstützungen, Widerstände und so weiter erlernen. Dann können wir überlegen, wie viel Geld wir riskieren wollen und in welcher Weise.

Wir haben schon gesehen, dass es einen Unterschied macht, manchmal einen großen Unterschied, wie man sein Kapital einsetzt. Die verschiedenen Faktoren von Kursniveau, Sensitivität und Kredit machen das Konzept aus, das wir Portfoliorisiko nennen wollen. Inzwischen haben wir genug gesagt, damit Sie verstehen, was gemeint ist, wenn wir den Ausdruck in Verbindung mit Ihren Börsenengagements benutzen.

Sie müssen sich zunächst darüber klar sein, dass Sie nicht so konservativ sein dürfen, dass Sie damit praktisch auch alle Gewinnmöglichkeiten ausschließen: Sie entschließen sich etwa, niemals gegen den Primärtrend eine Position einzugehen. Aber dann sind Sie während langer untergeordneter Trends zur Untätigkeit verurteilt und warten, manchmal über Wochen, auf eine Fortsetzung der Bewegung in Richtung des Primärtrends. Natürlich werden Sie auf schwache Signale hin und wenn zusammenlaufende Trends vorliegen, nichts unternehmen und auch keine Neu-Engagements vornehmen, wenn ein sehr aktiver „Blow-off" oder ein Panikhöhepunkt stattgefunden hat. Sie können ohne Zweifel Ihre Vorsicht so weit treiben, dass Ihr Erfolgsprozentsatz nicht nur 60 bis 70 oder 80 Prozent, sondern vielleicht 90 Prozent ausmacht; vielleicht liegen Sie sogar in 95 Prozent aller Fälle mit Ihren Entscheidungen richtig. Aber bei einem so extremen Konservatismus würden Sie nur bei den denkbar günstigsten Möglichkeiten eine Spekulation wagen, wenn jeder Faktor klar geschnitten und günstig ist. Sie würden solche Gelegenheiten nicht allzu oft finden. Das Ergebnis mag ein Gewinn sein, aber ein viel zu geringer Gewinn, um all die Arbeit und das Studium zu rechtfertigen, das Sie in Ihre Charts stecken müssten. Auch ohne viel Mühe und ohne viel Risiko können Sie eine feste Verzinsung Ihres Kapitals erreichen, und Sie müssten eine wesentlich höhere Gewinnquote erwarten, wenn sich Ihre Anstrengungen lohnen sollen.

(EN: Diese „feste Verzinsung" wird durch Investitionen in Staatsanleihen und ähnliche Instrumente erzielt. Anleihehändler und -investoren betrachten diese Investitionen traditionell als „risikofrei", was eine weitere Form der Realitätsverweigerung ist. In Wirklichkeit sind Anleihen, wie David Dreman gezeigt hat („Contrarian Investment Strategy", Simon & Schuster), eine Art von sich verschlechterndem Vermögenswert, weil die Währung, in der die Anlage notiert, im Verhältnis zu Sachwerten unaufhaltsam abwertet.)

Um Ihre Charts einzusetzen, müssen Sie sich Aktien mit höherer Leverage aussuchen, die mehr Gelegenheit für Gewinne und dementsprechend auch mehr Risiko von Verlusten bieten. Sie müssen freiwillig ein größeres Risiko eingehen als der Mann, der damit zufrieden ist, eine „sichere" Aktie zu kaufen, sie in das Schließfach zu legen und dann zu vergessen.

Wenn Sie Ihr Portfoliorisiko genau oder in etwa auf einem Niveau halten, das nach Ihrer Erfahrung und nach Ihrer Beurteilung für dieses bestimmte Stadium der Börse sicher ist, werden Sie gegen übertriebene Vorsicht und irrationalen Überschwang geschützt sein. Wichtiger ist, dass die Beachtung des Risikos Sie dagegen schützt, sich unbewusst finanziell zu übernehmen. Dieser Fehler ist häufiger als extreme Vorsicht und kann ein gefährlicher Feind sein, auch wenn Ihr Prozentsatz an theoretischen Spekulationsgewinnen hoch ist. Wählen Sie deshalb ein bestimmtes Portfolio-Risikomanagement, folgen Sie ihm bei Ihren spekulativen Engagements und ändern Sie es entsprechend den sich verändernden Bedingungen. Dann werden Sie gezwungen, Ihren Enthusiasmus innerhalb sicherer Grenzen zu halten, und Sie werden sich ständig des Risikos bewusst sein, das Sie eingehen.

Overtrading – ein Paradoxon

Eine Serie identischer prozentualer Gewinne und Verluste auf Ihr Kapital führt nicht zu einer Serie gleich großer Gewinne und Verluste in Dollar und Cent. Das ist ein ernsthaftes Problem, das man verstehen sollte. Denn ein Spekulant, der sich finanziell übernommen hat, vergrößert dieses

Problem. Es besteht in jedem Fall, braucht ihm aber bei ausreichender Planung keine großen Sorgen zu bereiten.

Am leichtesten ist dieses Paradoxon am extremen Beispiel eines Mannes zu verstehen, der bei jedem seiner Geschäfte sein gesamtes Kapital einsetzt und Aussicht auf entweder 100 Prozent Gewinn oder 100 Prozent Verlust hat. Wenn sein erstes Geschäft ein Verlust ist, verliert er 100 Prozent. Er ist am Ende, denn auf nichts kann er keine Gewinne, auch keine hundertprozentigen Gewinne machen. Gewinnt er beim ersten Geschäft und setzt dann sein ganzes Kapital (einschließlich des Gewinns) unter denselben Bedingungen wieder ein, und das zweite Geschäft schlägt fehl, ist er ebenso am Ende. Egal, wie viele Erfolge er hat, bei seinem ersten Misserfolg verliert er alles.

In geringerem Maße ist dies die Situation, von der wir sprechen. Sie würden nicht Ihr ganzes Kapital auf der Basis riskieren, es zu verdoppeln oder ganz zu verlieren. Aber nehmen wir an, Sie würden Ihre Finanzen ständig so strapazieren, dass Sie bei jeder Transaktion das Risiko eines 40-prozentigen Nettoverlusts eingingen und Hoffnung auf einen 40-prozentigen Nettogewinn hätten. Wenn Sie mit 1.000 Dollar beginnen und eine Folge von zehn Verlusten haben, so bleiben Ihnen circa sechs Dollar. Nun nehmen wir an, die nächsten zehn Transaktionen wären alle erfolgreich. Sie würden dann nach den ersten zehn Verlusten und den nächsten zehn Gewinnen (beide mit je 40 Prozent) mit einem Kapital von weniger als 100 Dollar dastehen. Es wäre auch nicht notwendig, dass diese zehn Verluste und diese zehn Gewinne in der hier genannten Reihenfolge eintreten. Sie könnten auch als Erstes die zehn Gewinne haben oder zuerst drei Gewinne und dann vier Verluste, sieben Gewinne und sechs Verluste. Das Ergebnis wäre immer das gleiche. Nach zehn Gewinnen und zehn Verlusten, gleichgültig in welcher Reihenfolge, hätten Sie mehr als 90 Prozent Ihres Kapitals verloren.

Würden Sie dagegen Ihr gesamtes Kapital jedes Mal bei insgesamt 20 Transaktionen einsetzen, aber in zehn Fällen einen achtprozentigen Nettogewinn und in zehn Fällen einen achtprozentigen Nettoverlust haben, so wären Ihre 1.000 Dollar nach den zehn Gewinnen und den zehn Verlusten nur auf 937 Dollar reduziert. Sie hätten immer noch ungefähr 94 Prozent Ihres ursprünglichen Kapitals intakt. Sie hätten also aufgrund dieses Paradoxons nur ein Handicap in Höhe von ungefähr ⅓ Prozent bei jeder Transaktion. Acht Prozent sind eine gute Durchschnittszahl für kurzfristige Transaktionen mit Verlust; nach Überprüfung zahlreicher tatsächlicher Transaktionen muss man diese Spanne sogar als ziemlich großzügig ansehen.

Es ist vorstellbar, dass zehn Geschäfte nacheinander schiefgehen *können*, obwohl das eine ungewöhnliche Situation wäre. Immerhin gab es einmal eine Periode von zehn Monaten zwischen der tatsächlichen Umkehr des Primärtrends und dem Dow-Signal für die Umkehr. Nachdem sich der neue Trend erst einmal etabliert hatte, trug er jedoch weit und lief lange. Er hätte alle Verluste ausgeglichen und schöne Gewinne gebracht. Aber wenn man je Transaktion im Durchschnitt 30 Tage Laufzeit rechnet, hätten während der zehn harten Monate in der Tat zehn aufeinanderfolgende Transaktionen mit Verlust ausgestoppt und die ursprünglichen 1.000 Dollar auf 434 Dollar reduziert werden können.

Der entscheidende Punkt ist, dass die nächsten zehn erfolgreichen Geschäfte diese 434 Dollar wieder auf 937 Dollar gebracht hätten, oder in anderen Worten: Sie hätten Ihr Boot wieder auf Kurs gebracht, wenn Sie auf 8-Prozent-Basis gearbeitet hätten. Hätten Sie auf der 40-Prozent-Basis spekuliert, die wir zuvor als Beispiel gaben, wären Sie spurlos gesunken, ein Opfer des Overtradings.

Wenn Sie daher ein vernünftiges Portfolio-Risikomanagement aufrechterhalten und die Gesetze der Wahrscheinlichkeit für sich und in Ihre Richtung arbeiten lassen, werden Sie sich auf solidem mathematischen Boden befinden. Sie werden jede Gelegenheit haben, aus Ihren technischen Studien einen Gewinn zu ziehen. Im anderen Fall kann Ihnen unter Umständen auch die beste Technische Analyse keinen Nettogewinn bringen, weil Sie einfach Ihre Spekulationen unvorsichtig finanziell zu sehr ausgedehnt haben.

(EN: *Man könnte John Magee gut und gern als Vater der modernen Investmenttheorie bezeichnen, aber die moderne Investmenttheorie ist bezüglich der Technischen Analyse derart unterbelichtet, dass die Gelehrten seine Beiträge im Allgemeinen nicht anerkennen – und viele seine Werke wahrscheinlich nicht gelesen haben. Hätten sie das getan, wäre anerkannt, dass er das erkannt hat, was die Theoretiker heute als systematisches Risiko bezeichnen und mit dem griechischen Buchstaben Beta [β] belegen, und zwar in Form seines Sensitivity Index. Auch ging seine Arbeit an der Composite Leverage der modernen Analyse des Portfoliorisikos voraus und dürfte praktikabler sein, auch wenn sie im modernen Kontext umständlich wirkt.*

Das systematische Risiko ist einfach ausgedrückt das aggregierte Marktrisiko; das Beta ist das marktbezogene Risiko des einzelnen Instruments. Somit tat Magees Sensitivity Index das, was die heutigen Beta-Berechnungen tun – er bezog das Verhalten des Instruments auf das Verhalten des Marktes. Eine Aktie mit einem Beta von 1,0 bewegt sich bei jeder Marktbewegung um einen Punkt ebenfalls um einen Punkt nach oben oder nach unten. Bei einem Beta von 1,5 bewegt sie sich pro Marktbewegung von einem Punkt um 1,5 Punkte und bei einem Beta von 0,5 um 0,5 Punkte. Der Betafaktor sagt einem sofort, welche Aktien volatiler sind und empfindlicher auf das Verhalten des Gesamtmarkts reagieren.

Magee ermittelte anhand der Composite Leverage die Höhe des Risikos, das der Anleger mit einer Aktie oder einem Portfolio eingeht.

Die Formel dafür sieht so aus:

$$CL = SNT$$
$$15{,}5 \; x \; C$$

Wobei gilt: S = Sensitivity Index, N = Normal Range-for-Price [normaler Preisbereich, ein Versuch, die Volatilität zu quantifizieren], T = Total Paid [der bezahlte Preis], C = Capital [das eingesetzte Kapital]; 15,5 ist eine Konstante, die Magee als Market Reciprocal bezeichnete, eine Art Näherungswert für die Marktvolatilität. Die gleiche Formel wurde unter Bildung von Summen für die Composite Leverage von Portfolios verwendet. Die Zahl, die bei dieser Formel herauskommt, quantifiziert für Magee das Risiko und verwendet äußerst moderne Konzepte.

In seiner ursprünglichen Erklärung der Composite Leverage in diesem Kapitel verwendete Magee einige umständliche manuelle Chartprozeduren und Tabellen, die ich in der 8. und der 9. Auflage in Anhang A verbannt und nun in dieser Auflage ganz weggelassen habe. Sie haben meines Erachtens bis heute nichts Ungültiges an sich, aber für den heutigen Trader dürfte es einfachere und praktischere Möglichkeiten geben, Hebelwirkungen, Risiken und Gewinnpotenziale zu berechnen. Dazu gehört auf jeden Fall Value at Risk [VAR]. Es dürfte aber einfachere und pragmatischere [und sogar effektivere] Wege geben, diese Information aus unseren Trading-Portfolios herauszuholen. Kurz gesagt: die pragmatische Portfoliotheorie und -praxis, mit der wir uns gleich beschäftigen werden.

So sagt beispielsweise die Volatilität etwas über das Risiko einer Aktie hinsichtlich der Ertragsverteilung aus. Die Volatilität eines Portfolios ist ein Maß dafür, wie riskant eine Gruppe von Aktien ist. Wenn man seine Systeme und Methoden erforscht, sollte man irgendwie den sogenannten Drawdown in den Griff bekommen, also die durchschnittlichen und die größten negativen Ausschläge des in einem Depot liegenden Kapitals. Daraus ergeben sich einfache Schlussfolgerungen: Wenn man bereit ist, größere Risiken einzugehen, wählt man ein aus volatilen Aktien bestehendes Portfolio – eher Internet-Aktien [oder welches Fieber gerade grassiert] als Versorger-Aktien.

Dabei ist es unerlässlich, die Portfoliokennzahlen regelmäßig zu kontrollieren, um sich zu vergewissern, dass man nicht versehentlich zu hohe Risiken eingeht. Hier die wichtigsten Kennzahlen:

- *ursprüngliches Risiko pro Trade*
- *tatsächlicher realisierter Verlust*
- *durchschnittlicher [sowie höchster und niedrigster] Gewinn und Verlust pro Trade und ihr Verhältnis [durchschnittlicher Gewinn geteilt durch den durchschnittlichen Verlust]*
- *Anzahl der Gewinn- und Verlust-Trades und ihr Verhältnis*
- *Dauer der Gewinn- und Verlust-Trades [langfristige Trades mit übergroßen Verlusten sind ein schlechtes Zeichen]*
- *Kapitalschwankungen: durchschnittlicher Drawdown, größter Drawdown*
- *Kosten und Gebühren, Summe und je Trade*
- *tägliches Risiko, jährliches Risiko und Katastrophenrisiko, berechnet gemäß der pragmatischen Portfoliotheorie [unten erläutert]*

Das Risiko einer einzelnen Aktie

Die konventionelle oder akademische Analyse des Risikos beginnt mit der Überprüfung der Volatilität.

Die Formel für die Berechnung der Volatilität wurde in Kapitel 24 besprochen. Als theoretische Übung gehen die Formel und die Theorie von gewissen Voraussetzungen aus, die für den pragmatischen Praktiker nicht unbedingt von Interesse sind. Eine davon besagt, dass sich der Aktienbesitzer entscheidet, die Volatilität der Aktie in Kauf zu nehmen. Allerdings geht es bei der Technischen Analyse ja gerade darum, das eingegangene Risiko zu begrenzen und gleichzeitig Gewinnchancen zu realisieren. Somit mag zwar die Volatilität einer Aktie, ihr [akademisches] Risiko, 0,30 Prozent oder 30 Prozent betragen, aber wenn man tradet, setzt man einen Stop-Loss und riskiert nur eine Bewegung um [willkürlich gewählt] fünf bis acht Prozent gegen die Position [wobei die fünf bis acht Prozent auf das gesamte Kapital bezogen zwei bis drei Prozent beziehungsweise x Prozent ergeben]. Somit ist unsere Risikokontrolle prinzipiell dynamischer als die Theorie. Trotzdem liefert die Volatilität ein Maß für diejenigen Aktien, die interessante Trading-Vehikel darstellen.

Es ist absolut möglich, mit einer Aktie oder mit einem System seine eigenen Erfahrungen zu machen und die Volatilität mithilfe der in Kapitel 24 beschriebenen Methode selbst *zu berechnen. Wenn die Ertragsverteilung des Tradings größer als der Appetit war, kann man die Aktie oder das System von der Watchlist streichen. Meines Wissens erwähnt die Literatur diese Möglichkeit, seine Risikoanalyse individuell anzupassen, aber nicht. Wenn man ein solches Anpassungsverfahren verwenden würde, bekäme man eine Vorstellung davon, wie zuverlässig die eigenen Methoden in einem konkreten Fall sind. Aktien, die sich nicht benehmen, würden so aus den Portfolios der Fondsmanager verbannt.*

Wir verfechten ein viel pragmatischeres und stärker praxisorientiertes Risikokonzept. Für uns ist das Risiko der Drawdown beziehungsweise die Verlustwahrscheinlichkeit. Die Volatilität als Risiko ist statisch und beschreibt nicht die „Risiken", die man beim Trading und bei der Geldanlage eingeht. Man entscheidet sich für volatile Aktien oder Instrumente, denn dort liegen die Gewinnchancen – in der Bewegung. Weniger risikoorientierte Anleger wählen Versorger-Aktien, genauso wie manche Jahrmarktbesucher das Riesenrad und andere die Achterbahn wählen. Die Wahrscheinlichkeit einer aufregenden Fahrt liegt bei den volatilen Instrumenten. Unser Trading-Geschick gibt uns das Selbstvertrauen, die Wahrscheinlichkeit des „gefährlicheren" Instruments zu managen.

Indem man die Drawdowns misst, misst man das Risiko des Tradings empirisch.

Das Risiko eines Portfolios

Wenn man mit einem Portfolio ausreichende Erfahrung gesammelt hat, kann man seine Volatilität ebenso wie die einer Aktie mit der Methode aus Kapitel 24 berechnen. Man beachte, dass die Moderne Portfoliotheorie [MPT] ein komplexeres Verfahren zur Berechnung der Portfoliovolatilität beinhaltet. [Den Wert der MPT mag man berechnen, indem man MPT-Portfolios nach einem Börsenkollaps überprüft.] Man kann die Volatilität seines Portfolios auch dramatisieren, indem man eine Häufigkeitsverteilung erstellt. Die Ertragsverteilung würde sicherlich Eigenschaften des Handelssystems oder Handelsstils aufzeigen.

Akademiker und Vermögensverwalter verwenden eine Kennzahl namens Sharpe Ratio, um die Performance zweier Systeme oder konkurrierender Vermögensverwaltungen zu vergleichen. Sie wird in Anhang B, „Ressourcen", besprochen und weist bei der Analyse des Portfoliorisikos gewisse Mängel auf. Ich werde diese Frage im weiteren Verlauf des Kapitels behandeln, nachdem ich einige Methoden besprochen habe, mit denen Profis Risiken behandeln.

Der Leser kann die Verwendung der Composite Leverage, die in Anhang A der 9. Auflage von Magee erläutert wurde, selbst beurteilen, oder er kann die nun folgende kurze Vorstellung der Modernen Portfoliotheorie und der Risikoanalyse in Erwägung ziehen. Der Zweck von Magees Corporate Leverage ist, dass sie das Risiko und das Gewinnpotenzial mehr oder weniger quantitativ misst. Heutige Portfoliomanager können das VAR-Verfahren verwenden oder wie im Folgenden dargestellt vorgehen. Der Herausgeber bietet diese Darstellung nur um der Perspektive willen. Danach folgt die von ihm bevorzugte Methode, die pragmatische Portfoliotheorie.)

EN9: Risiko und Trend

Das Risiko einer Aktie oder eines Portfolios wird davon beeinflusst, ob sie oder es im richtigen Trend liegt. Es leuchtet unmittelbar ein und lässt sich beobachten, dass die Verluste (und somit das Risiko) in einem Fall wie Enron, wo der Trader long bleibt, während die Aktie stirbt, anwachsen. Auch das Gegenteil gilt: Die Risiken von Portfolios und Aktien sinken, wenn sie im Trend liegen. In einem Artikel, den sie bei der Market Technicians Association (http://www.mta.org) eingereicht haben, argumentieren Bassetti und Brooker (nach Meinung des Herausgebers mit gewissem Erfolg), es lasse sich beweisen, dass das Risiko der im Dow Jones Industrial Average enthaltenen Aktien sinkt, wenn das Portfolio dem mithilfe der Dow-Theorie identifizierten Trend entspricht. Dieser Artikel ist auf der Magee-Website (http://www.edwards-magee.com) verfügbar. Später wurde eine erweiterte Fassung des Artikels in das Buch „Sacred Chickens, the Holy Grail and Dow Theory" aufgenommen.

Value-at-Risk

EN: VAR ist eine Methode, um Risiken zu beurteilen und zu kontrollieren. Konkret misst VAR den schwersten zu erwartenden Verlust in einem bestimmten Zeitraum unter normalen Marktbedingungen bei einem bestimmten Konfidenzniveau. Dieses recht komplexe statistische Verfahren ist bei zahlreichen Banken in Gebrauch, und die amerikanischen und europäischen Regulierungsbehörden sowie die Federal Reserve akzeptieren es weitgehend als Verfahren zur Risikokontrolle. Der Pferdefuß dieses Verfahrens steckt in den Worten „unter normalen Marktbedingungen". Es basiert auf der MPT. Wie Mandelbrot angemerkt hat, ignoriert die MPT fünf Prozent der Marktdaten und tut so, als würden Zusammenbrüche des Marktes nicht existieren. VAR und die MPT ignorieren das Trendrisiko, als würde es nicht existieren.

Hier meine kurze Erklärung des VAR-Verfahrens: Man ermittelt die Erträge der einzelnen Wertpapiere und berechnet daraus die Erträge des Portfolios. Das tut man auf einen Zeitraum bezogen, während dessen das Portfolio gehalten wird. Somit ändern sich die Erträge beziehungsweise Wertänderungen des Portfolios von einem Tag zum anderen – manche sind positiv, manche negativ. Aus der Gesamtheit der Erträge wird ein Durchschnittsertrag berechnet und eine Häufigkeitsverteilung ermittelt. Die Breite dieser Verteilung gibt das Risiko des Portfolios an. Somit ist ein Portfolio, dessen geringster Ertrag ein Prozent und dessen höchster Ertrag acht Prozent beträgt, grundsätzlich [gemäß dieser Investmenttheorie] weniger riskant als eines, bei dem die Erträge zwischen -1 Prozent und 20 Prozent schwanken. Eine Häufigkeitsverteilung ist zwar anschaulich, liefert aber kein gemeinsames Maß für zwei unterschiedliche Portfolios. Das geschieht durch Ermittlung der Volatilität des Portfolios.

Die Volatilität gibt die Abweichung der Erträge vom Mittelwert an, und zwar in Form der Standardabweichung, die mit dem griechischen Buchstaben Sigma [σ] bezeichnet wird. (EN: Je höher die Volatilität eines Portfolios ist, umso größer ist laut der wissenschaftlichen Theorie sein Risiko. Das leuchtet ein, insofern die Erträge eines Rohstoffportfolios aufgrund der Leverage zwischen -30 Prozent und 100 Prozent schwanken können, während ein Anleiheportfolio nur aufgrund des Marktwerts der Anleihen schwankt und bei Fälligkeit den Nennwert liefert. Bei der Berechnung von Anleiherisiken lassen die Manager den Wertverlust des Geldes weg – aber das ist ein kleines Geheimnis unter uns pragmatischen Analysten, mit dem wir die Gelehrten und die Anleihehändler nicht zu belästigen brauchen, denn sie wollen es sowieso nicht wissen.

Wie bereits gesagt, kann man die Volatilität eines Portfolios problemlos ermitteln, wenn man mit einem Portfolio ausreichend Erfahrungen gesammelt hat. Wenn man die Volatilität berechnen muss, wird die Prozedur ziemlich kompliziert, und die gesamte Prozedur zur Ermittlung des VAR erfordert einiges an statistischer Kompetenz sowie eine Datenpalette. Man muss die Komponenten des Portfolios gewichten, ihre Korrelationen ermitteln, Korrelationskoeffizienten berechnen und so weiter und so fort.

Wie Mandelbrot in Scientific American *festgestellt hat, würden wir uns nach alledem immer noch fragen, was wir im Katastrophenfall tun sollten. Das exakte Verfahren zur Berechnung des VAR wird in Philippe Jorions ausgezeichnetem Buch „Value at Risk" erklärt.*

Die pragmatische Portfoliotheorie [und -praxis]

Vielleicht sollten wir, anstatt uns den Kopf zu zerbrechen und zu versuchen, uns an den Statistikkurs auf dem College zu erinnern, nach etwas Einfacherem und Pragmatischerem suchen – etwas, das auch für den allgemeinen Anleger brauchbar ist: nach der pragmatischen Portfoliotheorie. Die Welt der Wissenschaft und die exklusive Welt der Wall Street strengen sich wahnsinnig an, um alles in dieser Welt zu quantifizieren außer den Risiken und Verbindlichkeiten, die sie selbst ihren Kunden bescheren.

Suchen wir also nach einfacheren Methoden, um die Risiken einzelner Aktien und der Portfolios zu quantifizieren, die sie bewohnen, stets in dem Wissen, dass absolute Präzision unmöglich ist [namentlich die Performance professioneller Portfoliomanager während großer Paniken – 1929, 1957, 1987, 1989, 2008/2009, Long-Term Capital Management, das 1998 beinahe das weltweite Finanzsystem zum Erliegen gebracht hätte, und die Leland O'Brien Rubinstein Portfolio Insurance, die wesentlich zum Reagan-Crash 1987 beitrug].

Die pragmatische Messung des Portfoliorisikos

Die Ermittlung des Risikos einer Aktie

Als theoretisches Risiko einer Aktie gilt allgemein ihre Volatilität, die man wie in Kapitel 24 beschrieben ermittelt. Danach könnte man etwa sagen, dass das theoretische Risiko unserer Aktie, beispielsweise Microsoft, bei 100 Aktien, einem Kurs von 120 Dollar und einer jährlichen Volatilität von 0,44 so aussieht:

Theoretisches Risiko = Volatilität x Position x Preis

V x Po x Pr = T$Risk

0,44 x 100 x 120 = 5.200 Dollar

Wobei gilt: T$Risk = theoretisches Risiko in Dollar

V = Volatilität

Po = Position

Pr = Preis

Theoretisch müsste das jährliche Risiko einer Microsoft-Aktie also die Volatilität mal den Preis betragen, also 0,44 x 120 Dollar = 52 Dollar. Tatsächlich sahen Nicht-Chartanalysten, die Microsoft im Jahr 2000 bei 120 Dollar kauften und weder die Fähigkeit eines Technikers besaßen, einen Stoppkurs zu setzen, noch die nötige Disziplin, sich auch daran zu halten, ein Risiko von 50 Prozent – vom Hoch bei 120 Dollar im Februar 2000 zum (vermeintlichen) Boden bei 60 Dollar im Juni 2000.

Es gibt eine Kennzahl, die für uns wohl aussagekräftiger ist, namens Operational Risk. Das Operational Risk bezieht sich auf die konkreten Umstände eines bestimmten Trades. Sagen wir, wir hätten zunächst eine Microsoft-Position von 100 Aktien gekauft. Unsere Analyse hat einen Punkt ergeben, an dem wir einen Stoppkurs setzen, fünf Prozent unter dem aktuellen Kurs. Dann sieht unser Operational Risk so aus:

$$\text{Operational Risk} = (\text{Aktienkurs} - \text{Stoppkurs}) \times \text{Position}$$
$$(MP - S) \times Po = O\$Risk$$
$$(120 - 114) \times 100 = 600$$

Wobei gilt:

O$Risk = Operational Risk in Dollar
MP = Marktpreis
Po = Position
S = Stoppkurs

Die Ermittlung des Risikos eines Portfolios

Die Berechnung des theoretischen Risikos eines Portfolios ist ein sehr komplexer Prozess. Er besteht im Wesentlichen darin, dass man die Volatilität des gesamten Portfolios herausfindet und den Marktwert des Portfolios mit seiner Volatilität multipliziert. Das hört sich gar nicht so komplex an, aber man ermittelt die Gesamtvolatilität nicht dadurch, dass man die Volatilitäten der einzelnen Aktien einfach zusammenzählt. Vielmehr müssen als Zwischenschritte die Korrelationen zwischen den Erträgen der Instrumente berechnet sowie die Varianz und die Kovarianz der Wertpapiere ermittelt werden. Und das soll keinesfalls eine vollständige Beschreibung des Prozesses sein. Genauer kann man ihn mithilfe der Verweise in Anhang B, „Ressourcen“, studieren.

Das theoretische Risiko eines Portfolios sieht in einem einfachen Fall so aus:

$$\text{Volatilität} \times \text{Marktwert}$$
$$TP\$Risk = MV \times V$$

Wobei gilt:

T$Risk = theoretisches Portfoliorisiko in Dollar
MV = Marktwert (Market Value)
V = Volatilität

Unter normalen Marktbedingungen kann man das Operational Risk eines einfachen Portfolios, das O$Risk, berechnen, indem man zunächst die Operational Risks der einzelnen long gehaltenen Aktien zusammenzählt. Von dieser Zahl zieht man die Summe der O$Risks der Short-Positionen ab:

$$PO\$Risk = \text{Summe der } O\$Risks \text{ long} - \text{Summe der } O\$Risks \text{ short}$$

Im Falle einer perfekten negativen Korrelation würde man die beiden Faktoren addieren.

Die Ermittlung des maximalen Drawdowns (maximaler Rücklauf)

Wenn wir ein System erstellen und testen oder wenn wir traden, kümmern wir uns wenig um Standardabweichungen und kalte Statistiken. Was uns stört, ist, wenn Blut fließt – das größte „Pech“ oder Erlebnis, das wir haben. Wie groß ist der größte Verlust, den wir erleiden, bevor sich das System oder die Methode wieder fängt, die Blutung stillt und wieder beginnt, Gewinne anzusammeln? Eine Möglichkeit, dieses Erlebnis zu betrachten, ist die Erstellung eines Wellencharts.

Der Abstand zwischen Wellenkamm und Wellental liefert uns den maximalen Drawdown und eine Vorstellung davon, wie viel Kapital und wie viele Reserven wir brauchen. Außerdem bietet er ein lebhaftes Bild unserer Ergebnisse. Ein Chart mit vielen Tsunamis (in der falschen Richtung) bedeutet wahrscheinlich, dass wir unsere Methode abwandeln müssen – außer wenn es uns grundsätzlich Spaß macht, Achterbahn zu fahren (in dem vollen Bewusstsein, dass bei wilden Fahrten manchmal schreckliche Unfälle passieren). Wenn man ein System ohne konkrete Markterfahrung konstruiert, sollte man den maximalen Drawdown mit 3 oder 4 multiplizieren, um einen vernünftigen Betrag für das Kapital zu erhalten, das man braucht, damit sich das System trägt.

Die pragmatische Portfolioanalyse: Die Messung des Risikos

Um ein Portfolio zu analysieren, muss man zuerst wissen, auf welche Messung es ankommt. Um das Risiko kontrollieren zu können, muss man es messen können. Theoretiker setzen das Risiko mit der Volatilität gleich. Im richtigen Leben gibt es mit diesem Konzept gewisse Probleme, aber vorläufig verwenden wir es trotzdem. Wir wollen in der Lage sein, die verschiedenen Arten und Gewichtungen der Risiken innerhalb eines Portfolios voneinander zu trennen. Natürlich sind Anleihen weniger volatil als Aktien, und ungehebelte Positionen sind weniger volatil als beispielsweise Futures. Und wenn ein Portfolio bezüglich des Risikos nicht ausgewogen ist, also wenn ein Papier einen großen Teil des Ganzen darstellt, dann stellt es auch einen größeren Teil des Risikos dar. Wenn aber ein Portfolio nur aus dem Standard & Poor's 500 Index besteht, liegt der Fall natürlich anders, denn ein solches Engagement ist per Definition diversifiziert. Deshalb muss man wissen, worauf es ankommt [siehe „Value at Risk“ von Philippe Jorion; außerdem gibt es eine Lernsoftware namens Risk Management 101 von Zoologic Corp., in der diese Konzepte hervorragend erklärt werden].

Operativ oder pragmatisch gesagt möchte man als Trader das operationelle Risiko kennen, nicht das theoretische, und diejenige Volatilität, die nach oben gerichtet ist, betrachtet man nicht als Risiko. Man kann sich als Trader dafür entscheiden, das Risiko anhand der hier dargestellten pragmatischen Methode zu ermitteln. Dabei ermittelt man das Portfolio Normal Risk beziehungsweise Portfolio Ordinary Risk, POR, das Risk Over Time, PRT, und das Extraordinary Risk oder Catastrophic Risk, PCR.

Das Portfolio Ordinary Risk oder Portfolio Operational Risk

„Ordinary“ und „Operational“ kann man hinsichtlich des täglichen Risikos austauschbar verwenden. Zunächst müssen wir überlegen, dass wir heute unser Risiko messen wollen. Das heutige Ordinary Risk kann man ganz einfach berechnen, indem man wie oben beschrieben den Stoppkurs jeder Position

von ihrem aktuellen Kurs abzieht und die Differenzen zusammenzählt. Wenn man diese Summe durch das bereitgestellte Kapital [Total Capital, TC] teilt, erhält man den Portfolio Risk Factor *[PRF], also den Risikofaktor, den der Trader heute einzugehen bereit ist.*

POR = Summe der Differenzen
PRF = P$Risk/TC

Das Portfoliorisiko im zeitlichen Verlauf

Man kann das Daily Operational Risk auf das Jahr hochrechnen, sodass man eine Zahl für das Risiko im zeitlichen Verlauf erhält – oder auf eine Woche, einen Monat und so weiter. Oder man leitet diesen Faktor aus dem Trading ab. Man kann die einzelnen täglichen Ordinary Risks addieren und durch den gewünschten Zeitraum teilen [und grafisch darstellen]. Man kann das Risiko auch berechnen, indem man den durchschnittlichen Ertrag und die daraus errechneten Varianzen hernimmt und die Standardabweichung berechnet. Das ist das Risk Over Time. *Hier als Beispiel das annualisierte Risiko:*

DR x (Wurzel aus 365)

Wobei gilt: DR = Daily Risk [tägliches Risiko]

Das Portfolio Extraordinary Risk beziehungsweise Portfolio Catastrophic Risk

Das Extraordinary Risk *ist das Risiko eines Marktkollapses oder einer Panik an einem beliebigen Tag. Dieses betrachtet man, indem man zuallererst Annahmen über das normale Verhalten der Märkte beziehungsweise über die alltägliche Panik trifft. In diesem Fall würde man, wenn alle Positionen einbrechen, vom größtmöglichen Tagesverlust und dem Ausstieg aus dem Markt ausgehen. Um diese Analyse auszuweiten, geht man davon aus, dass der Markt eine Bewegung um zwei, dann vier und dann um sechs Standardabweichungen vollzieht. Welche Auswirkungen hätte ein solches Ereignis auf die Position, wenn die Marketmaker die Stoppkurse nicht einhalten, während der Markt wie eine aufgeschreckte Rinderherde zu den Ausgängen rennt? Also ein Zusammenbruch. Das ist das* Extraordinary Risk *oder* Catastrophic Risk. *Wenn man keine Kapitalreserven hat, ist man dann pleite.*

Risikokontrolle

Die größte Gefahr bei solchen Zusammenbrüchen liegt in der größten Hebelwirkung – somit in geshorteten Optionen und gewöhnlich in geshorteten Puts. Sie werden sich an meine Geschichte über den Kunden von Options Research Inc. erinnern, der 1987 durch den Reagan-Crash 57 Millionen Dollar verlor; er hatte Puts geshortet. Es wurden auch schon Marketmaker durch das Shorten von Calls vernichtet, aber solche Fälle sind selten und treten vor allem bei Übernahmen oder bei unkluger Konzentration auf nur ein Papier auf.

Am geringsten ist das Risiko, wenn man gehedgt ist. Stark vereinfacht ausgedrückt, wenn man auf die Aktie und den zugehörigen Put long steht. Die eine Position gleicht Verluste aus der anderen aus. Es ist auch eine Art Hedge, wenn man auf bestimmte Aktien long und auf andere short steht. Oder long auf den Dow Jones und short auf Dow-Futures oder auf Komponenten des Dow Jones.

Seien wir hier pragmatisch: Wenn wir beim Management unserer Portfolios ständig den Markt mithilfe des MEI beobachten und unser Portfolio entsprechend anpassen, tragen wir sowohl vom Ordinary-Gesichtspunkt als auch vom Extraordinary-Gesichtspunkt her ein geringeres Risiko. Man kann dann sogar von Ereignissen profitieren, die viele professionelle Vermögensverwalter arbeitslos machen.

Wenn Sie brav Ihre Stopps nachgezogen haben, dem Markt mit progressiven Stopps gefolgt sind und sie wie in Kapitel 28 beschrieben anhand neuer Hochs angehoben haben (nach der 3-Aus-Tage-Regel), ist es sehr gut möglich, dass Sie mit Ihrer Jacht nach Byzanz segeln.

Fazit zu den Risiko- und Money-Management-Methoden

Die oben beschriebenen Verfahren lassen sich problemlos auf einfache Formeln reduzieren, sogar wenn man eine Mathematikphobie hat. Grundlage der Risikokontrolle ist die Größe der Trades. Unabhängig von der Volatilität sind 500 beliebige Aktien riskanter als 100 Aktien.

Um die Größe eines Trades zu ermitteln, nimmt man die Differenz zwischen Einstandskurs und Stoppkurs und erhält das Dollar Risk 1 ($R1). Dann nimmt man den Risk Control Factor, also den Prozentsatz des Gesamtkapitals, den man mit dem Trade aufs Spiel setzen will, und multipliziert ihn mit dem Gesamtkapital – zum Beispiel 3 % mal 100.000 Dollar – und erhält so das Risiko pro Trade. Teilt man das Risiko pro Trade durch das Dollar Risk 1, erhält man die Größe des Trades.

$$EP - SP = \$R1$$
$$RCF \times TC = RpT$$
$$RpT/\$R1 = TS$$

Wobei gilt:

TS = Trade Size [Größe des Trades]
EP = Entry Price [Einstandskurs]
SP = Stop Price [Stoppkurs]
$R1 = Dollar Risk 1
RCF = Risk Control Factor
RpT = Risk per Trade

Man ermittelt das tägliche Operational Risk wie oben erläutert. Dann teilt man es durch das Gesamtkapital und erhält so den Portfolio Operational Risk Factor. Ist dieser Faktor zu hoch, sucht man nach Hedges oder nach Positionen, die man beseitigen kann, wobei man mit denjenigen anfängt, die unter Wasser sind.

Man sollte die Stoppkurse häufig neu berechnen (als Trader täglich) und sie gemäß der Referenzpunkt-Methode, den Unterstützungen und Widerständen oder den Trendlinien anpassen. Zusätzlich kann man einen Money-Management-Stoppkurs einsetzen, wobei sich der Trader beispielsweise sagt, dass er höchstens acht Prozent des Marktpreises riskieren will, wobei diese acht Prozent höchstens x Prozent des gesamten Kapitals darstellen dürfen. Dazu ist anzumerken, dass Money-Management-Stopps prinzipiell weniger dynamisch sind als technisch platzierte Stopps.

Während die Märkte unweigerlich ihre Phasen durchlaufen, sollte man ihre interne Zusammensetzung mithilfe des MEI verfolgen, und wenn Positionen ihr natürliches Ende finden, sollte man sie passend zu den allgemeinen Stärke-Werten des MEI bezüglich Long- und Short-Positionen durch neue ersetzen. Bedenken Sie, dass außerordentlich hohe MEI-Werte mit breiten Markthochs einhergehen und dass außerordentlich niedrige MEI-Werte mit breiten Marktböden einhergehen.

Professionelle Risikomanager berechnen täglich das Extraordinary Risk gemäß dem in diesem Kapitel beschriebenen Verfahren, um die ihnen unterstellten Trader vor zu großen Engagements zu bewahren. Tatsächlich geschehen Paniken und Crashs nur selten aus heiterem Himmel. Es gibt fast immer eine Vorbereitungsphase der Panik, die der wahrhaft aufmerksame Trader identifizieren kann, vor allem mithilfe des Computers; solche Phasen sind durch Verkäufe seitens Insidern und Profis gekennzeichnet, die für zunehmendes Volumen und Reversal Days bei vielen Aktien sowie für Gaps und Runaway Down Days sorgen. Solchen Bedingungen gehen fast immer viele Top-Bildungen bei Schlüsselaktien voraus – Doppel-Tops, Dreifach-Tops, Schulter-Kopf-Schulter-Formationen und V-Tops.

Ständige Wachsamkeit ist der Preis der Freiheit. Sie ist auch der Preis für den Anlageerfolg.

Unendlich anspruchsvollere Methoden des Risiko- und Money-Managements – Ralph Vince und „optimal f"

Einer der zweifellos ausgefuchstesten derzeit praktizierenden Analysten ist Ralph Vince, der Verfasser von „The Handbook of Portfolio Mathematics" und der Stammvater des Leverage Space Models. Er definiert das Risiko ebenso wie wir nicht als Varianz der Erträge, sondern als Drawdown. Sein Verfahren für die Ermittlung der Größe des Trades ist äußerst anspruchsvoll, viel anspruchsvoller als die Verfahren, die ich hier dargestellt habe. Ich finde zwar, dass diese Verfahren für die Bedürfnisse des allgemeinen Anlegers ausreichen, aber für anspruchsvollere Anleger und Trader ist das Verfahren von Vince Pflichtlektüre. Er hat das Leverage Space Model in einem kurzen Artikel beschrieben, der in Anhang B, „Ressourcen", zu finden ist.

KAPITEL 43

BLEIBEN SIE BEI IHRER METHODE

Es ist oft genug ausgeführt worden, dass irgendeiner von mehreren verschiedenen Operationsplänen nachhaltig einen Nettogewinn bei Börsenoperationen gebracht hätte, wenn man ihm auch nachhaltig über eine Periode von Jahren gefolgt wäre. Die Methoden in diesem Buch, die sich mit der technischen Betrachtung befassen, sind dafür beispielhaft.

Tatsache ist jedoch, dass viele Spekulanten weder eine grundsätzliche Strategie noch eine gesunde Philosophie darüber haben, was die Börse tut und warum. Deshalb sind sie jeder Panik, jedem Boom, jedem Gerücht, jedem Tipp, ja jedem Wind, wie er auch weht, ausgeliefert. Die Börse ist ihrer Natur nach ein Platz, wo Kräfte aufeinandertreffen, die alle miteinander im Konflikt und im Wettbewerb stehen. Deswegen werden solche Spekulanten dauernd von Sorgen, Ungewissheit und Zweifeln zerrissen. Infolgedessen verkaufen sie gute Aktien mit Verlust, wenn es plötzlich zu einem kleinen Kursrückgang oder einer Bereinigung kommt; durch eine Woge von optimistischen Nachrichten können sie aus ihren Short-Positionen gejagt werden. Sie verbringen ihre Tage damit, Geschwätz aufzulesen und Gerüchte weiterzugeben. Sie versuchen, ihren jeweiligen Glauben bestätigt zu finden oder sich Trost für ihre Befürchtungen spenden zu lassen. In ihren Nächten wägen sie das Für und Wider ab und stellen sich Fragen, prüfen sich, wälzen sich zwischen lichten Hoffnungen und dunkler Furcht hin und her.

Ein Trader dieser Art ist ständig in Gefahr, sich in einer Situation zu verfangen, die wirklich ruinös sein kann. Er hat keine festen Richtlinien oder Gefahrenzeichen, die ihm sagen, wann ein Engagement danebengegangen ist und wann es Zeit ist, mit einem kleinen Verlust auszusteigen. Er neigt dazu, Aktien weit über die rote Ampel hinaus laufen zu lassen. Denn er hofft, dass die ungünstige Bewegung bald vorüber sein und dass er dann eine Chance haben wird, „ohne Verlust auszusteigen“, eine Chance, die oft niemals kommt. Und wenn die Aktien in die richtige Richtung laufen und ihm Gewinne aufzeigen, ist er in keiner viel glücklicheren Lage: Auch dann hat er keine Richtschnur, wo er seine Gewinne mitnehmen soll. Infolgedessen wird er wahrscheinlich zu schnell aussteigen und den größten Teil seiner möglichen Gewinne verlieren oder zu lange im Markt bleiben und einen Teil oder alle seine erwarteten Gewinne einbüßen.

Wenn Sie die vorhergehenden Kapitel sorgfältig durchgelesen haben, wird Ihnen klar sein, dass die technischen Formationen und Signale nicht sicher und unfehlbar sind. Das Chartverhalten einer Aktie diskontiert und registriert *alle augenblicklich bekannten* Informationen über diese Aktie (dazu gehören alle Fragen von Dividenden, Bezugsrechten, und Firmenzusammenschlüssen, von deren Planung jemand weiß; dazu gehören genauso die politischen Gesichtspunkte, die die Börse betreffen, allgemeine Weltpolitik, Management der Firma, Gewinn- und Verlustrechnung und so weiter). Der Chart kann aber keine unvorhersehbaren Ereignisse vorhersagen, das heißt, Angelegenheiten, die für jedermann unbekannt sind. In der Mehrzahl der Fälle sind die Charts verlässlich. Wenn Sie von dieser Wahrheit nicht überzeugt sind, sollten Sie entweder die Angelegenheit weiter studieren oder nicht den Plan fassen, überhaupt Charts zu benutzen.

Wenn Sie sich hingegen überzeugt haben, dass Charts die verlässlichsten Hinweise auf den zu erwartenden wahrscheinlichen Kursverlauf enthalten, dann sollten Sie den Signalen in Ihren Charts auch klar folgen. Sie können dazu unsere hier vorgeschlagenen Regeln oder andere Regeln und Modifizierungen benutzen, die Ihnen Ihre Erfahrung vorschreibt. Aber wenn Sie bestimmten Regeln und einer bestimmten Politik folgen, müssen Sie ihnen auf den Buchstaben genau folgen. Das ist die einzige Weise, wie sie Ihnen helfen können.

Wenn Sie sich so verhalten, werden Sie gleich von Anfang an erhebliche Vorteile haben: a) Sie werden sich niemals in einer Situation verfangen, wo ein Engagement in einer einzelnen Aktie Ihr ganzes Kapital auslöscht und Sie ruinieren kann, b) Sie werden niemals in einer Börsensituation „eingefroren" sein, die sich böse zu Ihrem Nachteil verändert hat. Große akkumulierte Verluste in einem solchen Fall binden sonst Ihr Kapital, sodass Sie es später nicht in einem umgekehrten Trend einsetzen können, um neue und potenziell gewinnbringende Engagements einzugehen, c) Sie können Ihre Entscheidungen in Ruhe treffen. Sie wissen genau, was Sie als Signal für Gewinnmitnahmen ansehen werden. Sie wissen genau, dass Ihre Verluste im schlimmsten Fall auf einen gewissen begrenzten Betrag beschränkt sind.

All dies bedeutet, dass Sie Ihren Seelenfrieden behalten werden. Sie werden Verluste erleiden, und Sie werden Gewinne machen. In keinem Fall werden Sie zu Hause in Ihrem Notizbuch blättern und die Nacht mit Sorgen verbringen. Sie haben bestimmte Entscheidungen getroffen. Wenn die Entwicklung zeigt, dass Sie recht hatten, werden Sie an der richtigen Stelle Ihren Gewinn mitnehmen. Und wenn Sie unrecht hatten, können Sie Ihren verhältnismäßig kleinen Verlust tragen und sich nach einer besseren Situation umsehen. Der Großteil Ihres Kapitals ist intakt, liquide und verfügbar.

Ihre Aufgabe als Spekulant ist es, an der Börse für Liquidität zu sorgen und ein Gegengewicht gegen die irrationalen Exzesse von Börsenübertreibungen zu bilden. Ein Teil dieser Aufgabe besteht darin, sich selbst frei von irrationalen und exzessiven emotionalen Handlungen zu halten und sich selbst die Freiheit für ständige Liquidität zu bewahren, sodass Sie Ihre Position jederzeit wechseln können. Wenn Sie diese Aufgabe intelligent und dauerhaft erfüllen, leisten Sie einen nützlichen und notwendigen Dienst für die allgemeine wirtschaftliche Wohlfahrt. Sie werden feststellen, dass Sie an der Börse einen ebenso guten Lohn für Ihre Anstrengungen bekommen wie bei anderen Arbeiten auch, oder einen besseren.

(EN9: Mit der 9. Auflage erwarte ich, dass der Leser einige mächtige neue Waffen hat, die er einsetzen kann: neue Lektionen in Sachen Referenzpunkte, die zeigen, wie leistungsfähig dieses Verfahren sein kann, sowie neue Analysen der Dow-Theorie, die die Gültigkeit und Überzeugungskraft nicht nur der Theorie, sondern auch des langfristigen Investierens als solchem auffrischen und verstärken. EN10: Und eine Vielzahl neuer Stopp-Systeme, mit denen Sie arbeiten können. Gutes Traden, und immer schön dranbleiben!)

ANHANG

ANHANG A

DIE DOW-THEORIE IN DER PRAXIS

EN10: Dieser Anhang erscheint in der 9. Auflage als Kapitel 4.

EN9: Der beiläufige und unachtsame Leser wird über dieses Kapitel den Kopf schütteln und sich fragen, warum in aller Welt der Herausgeber es nicht aus dem Buch gestrichen hat. Der Herausgeber hat das Kapitel nicht gestrichen, weil es, wie altmodischer Lebertran, gute Medizin ist. Es wird vor allem den ernsthaften Studenten nicht nur der Dow-Theorie, sondern auch der langfristigen Geldanlage ansprechen. Wenn der Leser absolut kein Interesse an der Dow-Theorie oder an langfristiger Geldanlage hat, kann er dieses Kapitel überspringen und im Alter, wenn er weiser ist, darauf zurückkommen.

Wenn der Leser bisher nur wenige Vorkenntnisse über die Börse hatte, mag er an dieser Stelle eine leichte Attacke geistiger Verdauungsstörung spüren. Die Dow-Theorie ist in der Tat ein ziemlich großer Brocken, um ihn in einer Sitzung hinunterzuschlucken. Im vorhergehenden Kapitel sind wir von der Reihenfolge, in der ihre Prinzipien üblicherweise behandelt werden, absichtlich abgewichen, um sie etwas leichter verständlich darstellen zu können. Genau genommen sind nicht alle zwölf Prinzipien, die wir aufgezählt haben, von gleicher Wichtigkeit. Die wesentlichen Regeln sind in den Sätzen 2, 3, 4, 5, 8, 10 und 11 enthalten. Satz 1 ist natürlich das grundsätzliche Axiom, sozusagen die philosophische Rechtfertigung für diese Regeln. Die anderen Punkte (6, 7, 9, 12) liefern uns eher „Hintergrundmaterial“, wie es ein Reporter nennen würde, um uns bei der Interpretation zu helfen. Theoretisch sollte man, wenn man allein den wesentlichen Regeln folgt, dieselben Ergebnisse erzielen wie unter Benutzung der zusätzlichen Indizien. (Zur Illustration dieses Anhangs siehe die Abbildungen A.1 bis A.8.)

Aber die Anwendung der Dow-Theorie ist trotz allem eine Frage der Interpretation. Sie mögen die Prinzipien wörtlich auswendig lernen und können trotzdem in die Irre gehen, wenn Sie sie auf eine praktische Börsensituation anzuwenden versuchen. Wir können unser Wissen der Theorie leichter in ein System bringen und ein besseres Verständnis ihrer Interpretation gewinnen, wenn wir der Börse über einige Jahre folgen und sehen, wie sie jeweils unter dem Blickwinkel der Dow-Theorie aussah. Für diesen Zweck wählen wir die Periode von Ende 1941 bis Anfang 1947, weil sie das Ende einer Baisse, eine vollständige lange Hausse und Teile einer weiteren Baisse enthält. Außerdem finden wir in dieser Zeit die meisten Börsenphänomene, mit denen sich die Dow-Theorie zu befassen hat.

Fünf Jahre Dow-Interpretation

Abbildung A.1 ist ein kombinierter Chart der beiden Dow-Jones-Indizes von 1. Januar 1941 bis 31. Dezember 1946. Die meisten Minor-Trends wurden ausgelassen, aber alle erkennbaren mittelfristigen Ausschläge (sekundäre und dazugehörige Segmente des Primärtrends) sind dargestellt.

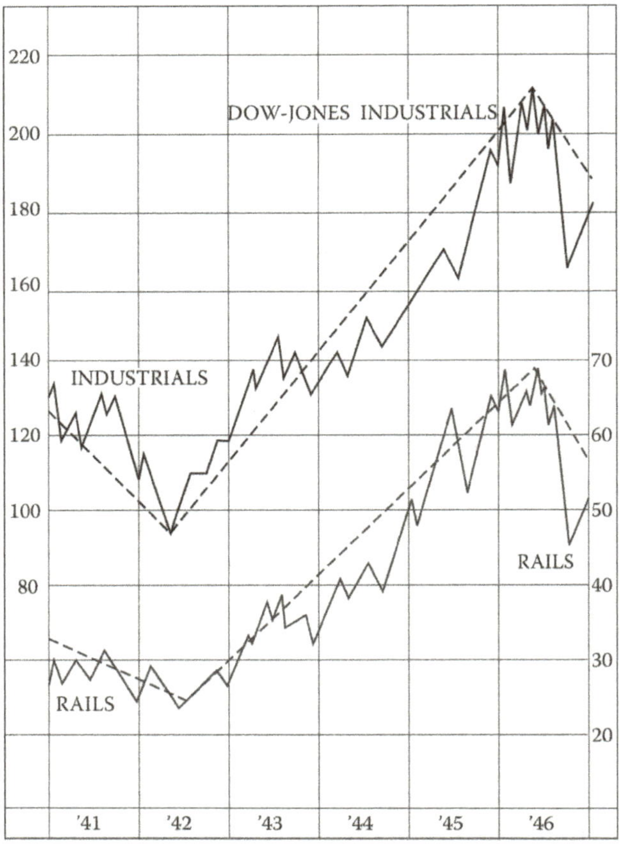

Abbildung A.1: „Swing"-Chart (EN: oder Wellen-Chart), der alle mittleren und einige der umfangreicheren kleineren Trends der Dow Jones Industrial Average und des Dow Jones Railroad Average von Januar 1941 bis Dezember 1946 zeigt. Kursskala Industrial links, Railroad rechts.

Bestimmte Teile dieses Kursverlaufs werden im Rahmen unserer folgenden detaillierten Diskussion durch komplette Tagescharts ergänzt.

Das Jahr 1941 begann mit einer kleineren Rallye (Minor-Rallye). Ein langfristiger Bärenmarkt war signalisiert worden, als die Kurse im Frühjahr 1940 zusammenbrachen, und jener Bärenmarkt dauerte noch an. Die sogenannte Mai-Panik war durch eine Erholung in Form eines sekundären Swings abgelöst worden, die mehr als fünf Monate anhielt und mehr als die Hälfte der Verluste wieder aufholte, den die Indizes zuvor erlitten hatten. Diese Erholung hatte die Industriewerte von ihrem Schlusskurs von 111,84 am 10. Juni 1940 bis auf 138,12 am 9. November 1940 und die Eisenbahnen von 22,14 am 21. Mai bis 30,29 am 14. November 1940 hinaufgetragen. (Übrigens hatte während dieser langen sekundären Baisse der Umsatz die Tendenz, bei Rallyes zuzunehmen. Viele, die sich nicht strikt an die Grundprinzipien hielten, glaubten deshalb, dieser Anstieg sei der Beginn eines neuen Bullenmarkts – was unsere Ausführungen über das Volumen in Kapitel 3 unterstreicht.) Vom November an ging der Trend jedoch wieder abwärts. Dann entwickelte sich, wie gesagt, jene kleine Rallye zum Jahresende, die ihren Gipfel am 10. Januar mit 133,59 bei den Industriewerten und 29,73 bei den Eisenbahnen erreichte. Von da an gingen die Kurse wieder auf 117,66 beziehungsweise 26,54 am 14. Februar zurück.

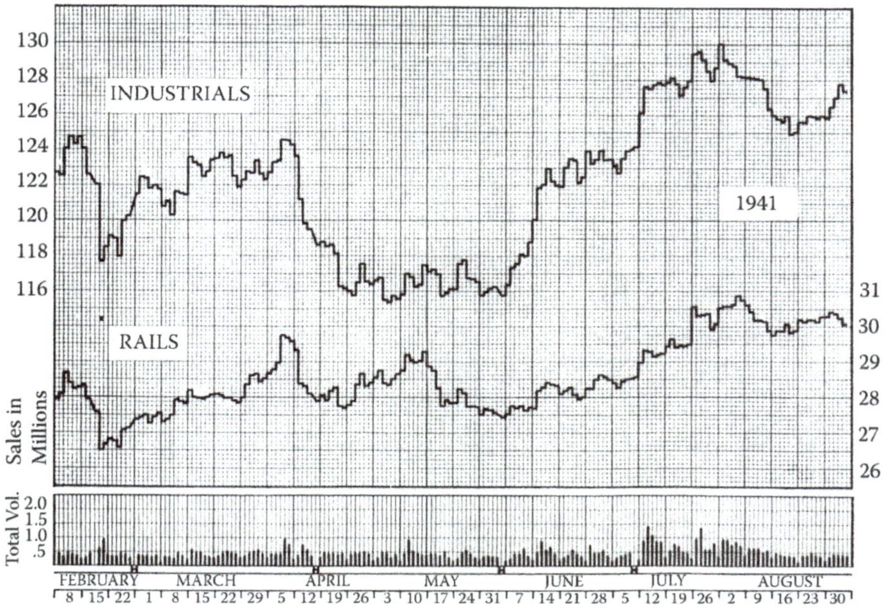

Abbildung A.2: Schlusskurse des Dow Jones Industrial Average und des Dow Jones Railroad Average vom 1. Februar bis zum 31. August 1941 sowie der Gesamtumsatz der Börse in dieser Zeit. Die senkrechten Linien zeigen die täglichen Nettoveränderungen von einem Schlusskurs zum nächsten.

Der erste ernsthafte Test

Die nächsten Monate sind für uns von besonderem Interesse, weil sie einen hervorragenden Test für die Dow-Theorie darstellen. Abbildung A.2 zeigt die Schlusskurse der beiden Indizes und das gesamte tägliche Marktvolumen in den sieben Monaten von Februar bis August 1941. Ehe wir in die Einzelheiten gehen, lassen Sie uns zunächst die allgemeine Situation am 14. Februar betrachten. Die Bärenmarkt-Tiefs waren bis dahin im Mai/Juni 1940 registriert worden. Danach hatte eine ausgedehnte Erholung in Form eines mittelfristigen Trends den Industrial Average um 26,28 Punkte und den Railroad Average um 8,15 Punkte vorrücken lassen. Dem war ein drei Monate langer Abschwung von 20,46 beziehungsweise 3,75 Punkten Ausdehnung gefolgt, und dieser Abschwung hatte nebenbei bemerkt aus drei gut definierten kleineren Wellen bestanden. Bezüglich Dauer und Ausmaß der Kursveränderung zum vorherigen Swing – 46 Prozent bei den Eisenbahnen und beinahe 78 Prozent bei den Industriewerten – war dieser letzte Kursrückgang ein mittelfristiger, und nun gingen die Kurse wieder nach oben. Die Anhänger der Dow-Theorie beobachteten die Börse genau: Wenn beide Indizes ihren Anstieg so lange fortsetzen konnten, bis ihre Werte über den Schlusskursen des vorhergehenden November (138,12 beziehungsweise 30,29) schlössen, wäre das ein Signal für eine neue langfristige Hausse gewesen. Die Reinvestition der Mittel, die im Mai 1940 vom Aktienmarkt abgezogen worden waren, wäre dann gerechtfertigt gewesen. Außerdem hätte man dann zurückgehen und die Mai/Juni-Tiefs von 1940 als das Ende des Bärenmarkts klassifizieren müssen. Der Aufschwung bis November wäre dann als erster primärer Swing im neuen Bullenmarkt und die Abwärtsbewegung bis Februar als erste Reaktion in Form eines sekundären Swings einzustufen gewesen. Aber beachten Sie bitte, dass hier Regel 12 unseres vorhergehenden Kapitels *(EN11: Kapitel 3)* galt: Einstweilen hatte man noch von der Annahme auszugehen, dass man sich in einem Bärenmarkt befand, bis ein definitives Signal für das Gegenteil erschien.

Wenden wir uns nun wieder Abbildung A.2 zu, um zu sehen, was geschah. Die Industriewerte stiegen sechs Wochen lang und erreichten am 3. April 124,65. Die Eisenbahnen kamen am gleichen Tag bis 29,75 und verzeichneten damit den doppelten (prozentualen) Gewinn der Industriewerte; aber noch waren beide Indizes unter ihrem November-Hoch. Dann rutschten die Industriewerte ab, brachen innerhalb von zwei Wochen unter ihr Februar-Tief und trieben langsam weiter abwärts, bis sie am 1. Mai bei 115,30 schlossen. Dieser Index war damit noch in einem mittelfristigen Abwärtstrend. Demgegenüber zeigten die Eisenbahnen ein anderes Verhalten. Sie fielen zwar von ihrem Hoch am 3. April auch zwei Wochen lang zurück, hielten sich aber bei 27,72, stiegen sehr kraftvoll und gingen dann auf 27,43 am 31. Mai zurück. Das Bild wurde damit noch interessanter. Jetzt hatte man eine *Divergenz* zwischen den beiden Indizes und damit eine „fehlende Bestätigung"; die Eisenbahnen weigerten sich trotz zweimaliger Gelegenheit, den Abwärtstrend der Industriewerte zu bestätigen.

„Fehlende Bestätigung"

Als sich die Kurse im Juni wieder langsam nach oben arbeiteten, sahen viele Kommentatoren in dieser fehlenden Bestätigung ein Omen für eine positive Entwicklung des Marktes. Die Propheten, bei denen der Wunsch der Vater des Gedankens war, redeten wieder von einem Bullenmarkt. An der Wall Street besteht eine unglückliche Neigung, derartige Divergenzen überzubetonen, besonders wenn man dadurch ein günstiges Signal konstruieren kann. Aber Tatsache ist, dass in der Dow-Theorie die Weigerung eines Index, einen anderen zu bestätigen, niemals ein positives Signal irgendeiner Art hervorbringen kann. Eine solche „Weigerung" hat vielmehr nur negative Bedeutung. Divergenzen kommen zwar manchmal bei einer Umkehr des Primärtrends vor – es hat in der Börsengeschichte mehrere Fälle dieser Art gegeben, von denen sich vielleicht der bemerkenswerteste schon 1901 und 1902 ereignete, und wir werden später einen anderen Fall dieser Art betrachten –, aber diese Divergenzen fallen mit zumindest gleicher Häufigkeit an, wenn sich keine größere Trendumkehr entwickelt, und der Fall, den wir hier diskutieren, war einer der letzteren.

Für die Dow-Theorie war also Ende Mai 1941 die Situation in Bezug auf den Primärtrend genau die gleiche wie am 14. Februar. Die Juni/Juli-Rallye des Railroad Average erreichte bei 30,88 am 1. August ihren einstweiligen Höhepunkt, und beim Industrial Average am 28. Juli bei 130,06 (vergleichen Sie bitte diese Zahlen mit den Höhepunkten vom November 1940). Dann gingen die Kurse mit zunehmender Geschwindigkeit nach unten, bis sie in der „Pearl-Harbor-Panik" einstweilen einen Tiefpunkt erreichten. Die Panik trieb die Industriewerte unter ihr bisheriges Bärenmarkt-Tief (111,84 am 10. Juni 1940), während die Eisenbahnen ihnen wieder nicht nachfolgten. Jedoch waren sie zu diesem Zeitpunkt um ein gutes Stück durch ihren vorhergehenden (14. Februar) intermediären Boden gefallen.

Die nächste Periode von Bedeutung begann im April 1942. Wir können die Charts der Monate Dezember bis April beiseitelassen, weil sie im Sinne der Dow-Theorie keine Probleme aufwarfen.

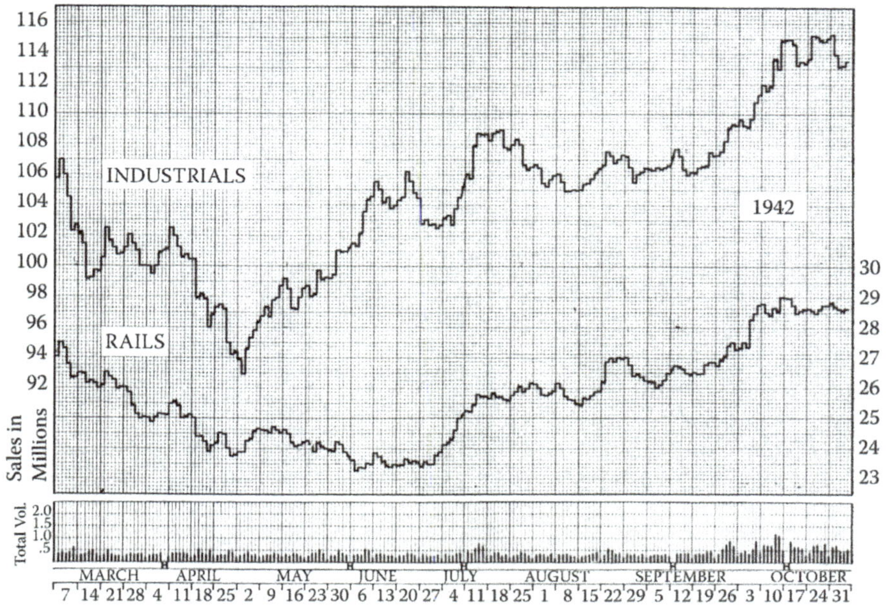

Abbildung A.3: Die Tagesschlusskurse des Dow Jones Industrial Average und des Dow Jones Railroad Average von 2. März bis 31. Oktober 1942 und das gesamte tägliche Umsatzvolumen. Diese Periode beinhaltete den Anfang eines vier Jahre langen Bullenmarkts.

Nach einer kleineren Rallye der Eisenbahnen im Januar bröckelten die Kurse wieder und wieder ab, aber es wurde zunehmend sichtbar, dass sich das Umsatzvolumen bei diesen kleineren Rückgängen nicht vergrößerte. Das Aktienangebot trocknete langsam aus; an den Schaltern waren keine Kunden; die Atmosphäre war typisch für das letzte Stadium eines Bärenmarkts.

Unser nächster Chart (Abbildung A.3) zeigt die Tagesschlusskurse der beiden Indizes von 2. März bis 31. Oktober 1942. Neue Tiefstwerte (seit 1940) wurden von beiden Indizes Ende April registriert, von den Eisenbahnen mit 23,72 am 24. April und von den Industriewerten mit 92,92 am 28. April. Kurz danach entwickelte sich eine neue bemerkenswerte Divergenz. Nach einer Rallye von nur sieben Tagen begann der Eisenbahnindex wieder nachzugeben, während der andere Index weiter stieg. Die Umsatzaktivität lag sehr niedrig (eigentlich gab es bis Ende September keinen ernsthaften Umsatzanstieg). Am 1. Juni fielen die Bahnen auf ein neues Tief und schlossen am 2. Juni bei 23,31. Am 22. Juni sah es so aus, als ob die Industriewerte wieder nach unten gezogen würden. Aber nur wenige Tage später entwickelte sich die beste Rallye seit Monaten und führte sie zu neuen Höchstwerten, während die Eisenbahnen ihre Verluste aus der April/Mai-Periode mehr als ausgleichen konnten. Die allgemeine Aktivität lebte auch kurz auf, an einem Tag wurde ein höherer Umsatz registriert als an jedem anderen Handelstag seit Anfang Januar. *(EN9: Beachten Sie dieses Warnzeichen. Da sollten die Alarmglocken schrillen.)*

Anzeichen einer Umkehr des Major-Trends

Wieder beobachteten die Anhänger der Dow-Theorie gespannt den Markt. Ein Aufschwung war unterwegs, der zumindest intermediäre Proportionen hatte. Solange man keinen Beweis für das

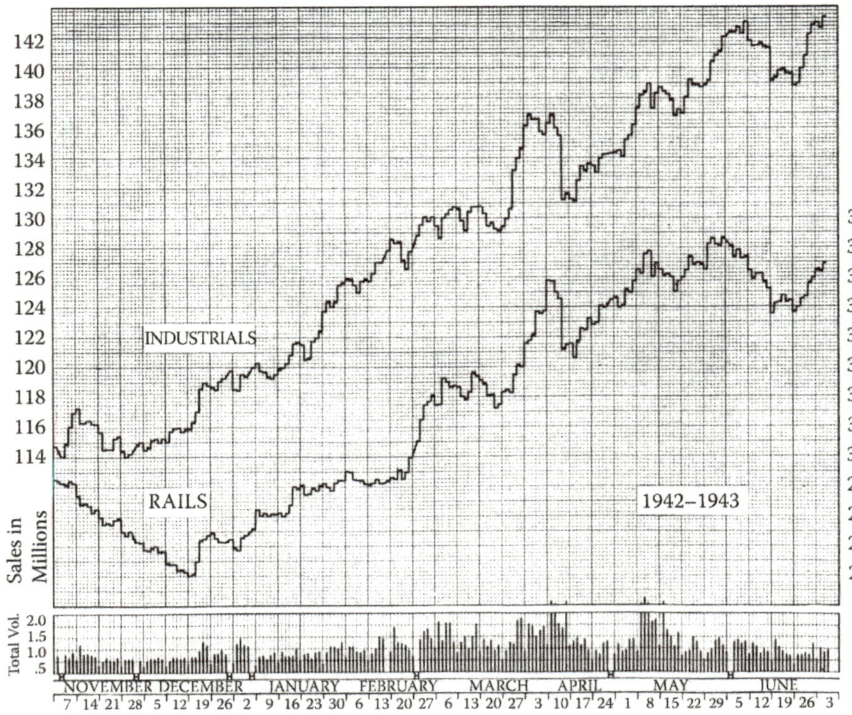

Abbildung A.4: Tagesschlusskurse des Dow Jones Industrial Average und des Dow Jones Railroad Average von 2. November 1942 bis 30. Juni 1943 und das gesamte tägliche Börsenvolumen. Dieser Chart schließt zeitlich an Abbildung A.3 an und sollte damit verglichen werden. Die Abwärtsbewegung der Eisenbahnen im November und Anfang Dezember brachte den ersten Test des Major-Trends seit dem vorhergehenden Juni. Als sich dieser Index erholte und am 1. Februar 1943 über seinem Hoch vom 2. November schloss, wurde dadurch gemäß der Dow-Theorie ein neuer langfristiger Bullenmarkt signalisiert.

Gegenteil hatte, musste man ihn noch als sekundäre Erholung innerhalb der Baisse bezeichnen, die gemäß der Vermutung noch herrschte. Aber dieser große Abwärtstrend hatte nun drei Jahre lang gedauert – fast schon ein Rekord –, und sein letzter Abwärtsschwung hatte keinen Verkaufsdruck mehr gezeigt, sondern nur noch ein langsames Abbröckeln der Kurse. Dieser zu vermutende sekundäre Aufschwung konnte sich durchaus (rückschauend) stattdessen als neue primäre Hausse herausstellen. Hoffnungen auf eine solche Entwicklung waren zwölf Monate früher unter ziemlich ähnlichen Umständen zunichtegemacht worden. Aber diesmal waren die Kurse tiefer, hatte die Börse eine andere Atmosphäre. Die allgemeinen Nachrichten boten zwar wenig Ermutigung, aber die Dow-Theorie kümmert sich nicht um irgendwelche Nachrichten außer denen, die die Börse selbst liefert (und die alle anderen Arten von Nachrichten widerspiegeln). Jedenfalls konnte man im Moment nur abwarten. Die Börse musste zu dem von ihr bestimmten Zeitpunkt und in ihrer Weise eine Aussage über die Situation machen.

Anfang Juli begann der Industrial Average auf der Stelle zu treten; elf Wochen lang fluktuierte er innerhalb einer fünf Punkte breiten Spanne hin und her und formte so eine typische „Dow-Linie", aus der er schließlich Ende September nach *oben* ausbrach. Zur gleichen Zeit stiegen die Eisenbahn-Aktien auf ein neues Hoch, bezogen auf diese Aufwärtsbewegung, und am 2. November hatten beide Indizes ihre Rallye-Höhepunkte des vorhergehenden Januar überschritten. In diesem Stadium waren einige Dow-Theoretiker bereit, einen neuen Bullenmarkt zu „verkünden". Ihre Argumente – abgesehen von Punkten nichttechnischer Natur oder solchen Argumenten, die nichts mit der eigentlichen Dow-Theorie zu tun haben – waren:

1. Das verdächtig niedrige Volumen beim April/Juni-Boden, typisch für das Ende eines Bear Swing (richtig und stichhaltig).
2. Die Eisenbahnen hatten sich dieses Mal geweigert, den Industriewerten auf neue Tiefstwerte zu folgen. Sie hatten sich über ihrem Schlussniveau vom Mai 1940 gehalten. (Ebenfalls richtig, aber von fraglicher Bedeutung; mehr darüber später.)
3. Die Industriewerte hatten eine „Linie“ gebildet und waren nach oben ausgebrochen. (Wieder richtig, aber die „Linie“ war etwas zu kurz geraten, um alle Zweifel auszuräumen, dass der Ausbruch eine große Bewegung signalisierte.)
4. Die Eisenbahnwerte hatten vier Monate lang bei ihren kleineren Fluktuationen ständig höhere Hochs und Tiefs gebildet. (Auch das war richtig, aber die Kurse hätten sich nicht anders verhalten, wenn es sich nur um eine sekundäre Baisse gehandelt hätte.)

Die konservativer eingestellten Anhänger der Dow-Theorie waren nicht überzeugt. Sie bestanden darauf, dass dieser Aufwärtstrend erst noch seinen Test vor sich habe, und zwar bei der nächsten intermediären Reaktion, die früher oder später fällig war. Sie gaben zu, dass das allgemeine Bild äußerst ermutigend war, wiesen aber darauf hin, dass außer Punkt 1 die Lage nicht besser war als im November 1940. Verfolgen wir nunmehr die nächsten fünf Monate. Unser nächster Chart (Abbildung A.4) gibt einen Überblick über die Zeit vom 1. November 1942 bis 30. Juni 1943.

Das Bullenmarkt-Signal

Nachdem die Bahnwerte am 2. November einen Schlusskurs von 29,28 erreicht hatten, fielen sie sechs Wochen lang ganz regelmäßig bis auf 26,03 am 14. Dezember. Diese Bewegung war nach ihrer Dauer unzweifelhaft als mittelfristig einzuordnen und hatte auch mehr als die Hälfte des Gesamtgewinns des Indexes seit dem Tief am 2. Juni wieder preisgegeben. Der Industrial Average dagegen verharrte den ganzen November, Dezember und Januar hindurch eisern in einer neuen engen „Linie“. Vom 14. Dezember an stiegen die Eisenbahnen wieder, und schließlich, am 1. Februar 1943, schlossen sie bei 29,55 klar über dem vorherigen Hoch von 29,28 im vorigen November. Inzwischen waren die Industriewerte nach oben auf neues Gebiet vorgestoßen. Letztere Entwicklung entsprach nun auch den striktesten Anforderungen der Dow-Theorie; ein neuer primärer Bullenmarkt war geboren. Auch das Umsatzvolumen war während der Herbst- und Wintermonate bei jedem kleineren Aufschwung gestiegen, aber dieses Indiz war nicht nötig; das Kursgeschehen allein war zwingend. Die Eisenbahnen hatten die erforderliche Reihenfolge von höheren mittelfristigen Tops und Bottoms produziert. Bei den Industriewerten war den Erfordernissen der Dow-Theorie dadurch genügt worden, dass „Linien“ an die Stelle mittelfristiger Reaktionen getreten waren.

Nun war es erforderlich, die Aufwärtsbewegung von April/Juni bis November 1942 neu im Sinne eines ersten primären Aufschwungs im neuen Bullenmarkt zu deklarieren. Die Abwärtsbewegung der Eisenbahnen von 2. November bis 14. Dezember war nun als der erste sekundäre Reaktion innerhalb des neuen großen Aufwärtstrends erkennbar.

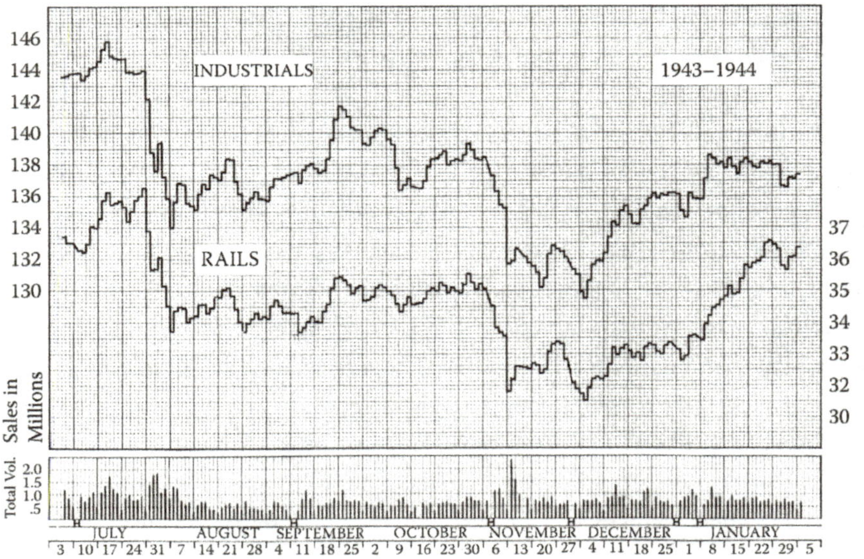

Abbildung A.5: Tagesschlusskurse des Dow Jones Industrial Average und des Dow Jones Railroad Average sowie das Gesamtvolumen der Börse von 1. Juli 1943 bis 31. Januar 1944.

An dieser Stelle wollen wir noch einmal zurückblicken, um das Verhalten der Eisenbahnen im Juni 1942 zu kommentieren. Weil sie damals über ihrem Tief vom Mai 1940 verharrten, meinten einige Kommentatoren, dass der Bullenmarkt richtigerweise von jenem früheren Jahr (1940) an datiert werden sollte, denn damals seien die letzten „bestätigten" Tiefs erschienen. Dies erscheint uns als ziemlich überflüssige Haarspalterei. Trotz des um 1,17 Punkte höheren Niveaus des Railroad Average im Juni 1942 begann ein echter Bullenmarkt erst von diesem Zeitpunkt an. Wir vermuten, dass Dow-Theoretiker noch Gelegenheit haben werden, die Interpretation zu bedauern, die man jenem Verhalten der Eisenbahnen und ihrer Weigerung gegeben hat, den Abwärtstrend der Industriewerte zu bestätigen. Bitte beachten Sie, dass solche Divergenzen kein positives Signal geben können. Wenn sie vorkommen, kann das nur Veranlassung sein, die Indikationen des betreffenden Indexes für diesen Zeitpunkt infrage zu stellen. Nur dessen folgende Aktion in umgekehrter Richtung kann einen Wechsel des gesamten Trends herbeiführen. Hätte die Abwärtsbewegung die Eisenbahnen im Mai 1942 unter 22,14 getragen, aber hätten sie sich im Übrigen genauso verhalten, wie sie es taten, nur auf einem entsprechend niedrigeren Niveau, so wäre ein Signal für einen Bullenmarkt nichtsdestoweniger zur selben Zeit gegeben worden, nicht einen Tag später und nicht einen Tag früher.

Mehr noch: Eine Divergenz bedeutet nicht notwendigerweise, dass eine Bewegung von Bedeutung in der umgekehrten Richtung folgen wird. Wir haben bereits eine vergleichbare Situation (im Frühjahr 1941) untersucht, die anders ausging. Andererseits: Wenn eine fehlende Bestätigung wie 1942 wirklich Indikation einer Trendwende wäre, müsste logischerweise auch das Umgekehrte gelten, das heißt: Eine Bestätigung oder erneute Bestätigung durch beide Indizes wäre ein Indiz von gleicher Bedeutung gegen eine Trendwende. Doch ist es eine einfache Wahrheit, dass eine Wende im Primärtrend viel häufiger zu Zeiten eingetreten ist, in denen sich die beiden Indizes in Übereinstimmung befanden, als zu Zeiten einer Divergenz. Wir möchten nicht auf diesem Punkt herumreiten oder die Zeit des Lesers verschwenden. Aber wir glauben, ihn davor warnen zu müssen, den Wunsch zum Vater des Gedankens zu machen und aus einer fehlenden Bestätigung der beiden Indizes falsche Schlüsse zu ziehen, wenn sich der Markt in einem Bärentrend befindet.

Zurück zu unserer historischen Betrachtung: Die Indizes schlossen am Tag nach unserem eindeutigen Bullenmarkt-Signal im Februar 1943 bei 125,88 beziehungsweise 29,51. Dies ist theoretisch der Zeitpunkt, zu dem ein Investor nach der Dow-Theorie bei konservativer Interpretation Aktien gekauft hätte. (Die weniger konservativen Investoren, die schon im November 1942 genügend Anzeichen gesehen hatten, dass der Primärtrend nach oben ging, kauften, als die Indizes bei 114,60 beziehungsweise 29,20 standen.) Der Bullenmarkt zeigte bislang erst wenige der üblichen Charakteristika der zweiten Phase und keine der dritten Phase. Die Annahme erschien begründet, er werde sich eine geraume Zeit in die Zukunft erstrecken. Die nächsten vier Monate ergaben keine Börsenentwicklungen, die irgendwelche Fragen aufwarfen, und wir können zum Juli weitergehen. Abbildung A.5 zeigt die Entwicklung vom 1. Juli 1943 bis zum 31. Januar 1944.

Die erste Korrektur

Nach dem 14. Juli 1943 bei einem Schlusskurs von 145,82 begann der Industrial Average abzubröckeln. Die Eisenbahnen stießen zehn Tage später zu einem neuen Hoch vor (38,30), aber die Industriewerte weigerten sich, an der Rallye teilzunehmen, und dann gingen beide Indizes über sieben Handelstage scharf zurück. Der Umsatz nahm zu, und die Abwärtsbewegung erwies sich als die bisher größte in diesem Bullenmarkt. Jedermann war sich darüber klar, dass eine Korrektur fällig war, nachdem die Börse mehrere Monate hindurch nachhaltig nach oben gegangen war. Aber dennoch konnte diese Abwärtsbewegung weder der Dauer noch der Ausdehnung nach als mehr denn eine kleinere Korrektur eingestuft werden. Es folgten drei Monate mit unregelmäßigen Fluktuationen und wenig Fortschritt in beiden Indizes. Die Industriewerte erreichten am 20. September wieder 141,75, aber bröckelten danach ab, während sich die Eisenbahnen am 27. Oktober bis auf 35,53 hochgekämpft hatten. Ein neuer schneller Rückschlag entwickelte sich Anfang November, der in einem Shake-out (kurze Bereinigung) bei hohem Umsatz kulminierte und die Industriewerte um 3,56 Punkte sowie die Eisenbahnen um 1,75 Punkte (8. November) reduzierte. Die Kurse stiegen noch einmal kurz und fielen am 30. November auf neue Tiefstwerte (seit Beginn des Frühjahrs) – Industrie auf 129,57 und Eisenbahn auf 31,50.

Jetzt war es keine Frage mehr, dass sich diese Reaktion zu einem ausgewachsenen Sekundärtrend entwickelt hatte, für die Dow-Theorie war die Frage nur, ob es mehr war als nur das. Wenn der erste Rückschlag im Juli für sich genommen schon als intermediärer Trend konstruiert werden konnte und die Bewegung von August bis Oktober als weiterer intermediärer Swing, dann hieß das nichts anderes, als dass der November-Einbruch eine Baisse signalisierte. Allerdings vertrat, soweit wir wissen, kein Anhänger der Dow-Theorie ernsthaft eine derartige Meinung. Der Rückschlag vom Juli konnte weder seiner Dauer nach noch seinem Ausmaß in Punkten nach als mittelfristig zählen. Die ganze Bewegung von Juli bis November 1943 war vielmehr als einheitliche sekundäre Reaktion zu werten. Der eigentliche Test des primären Trends würde erst beim nächsten Kursaufschwung kommen, wann immer das auch sein würde;

wenn dieser es nicht schaffte, die Hochpunkte vom Juli zu überschreiten, und die Kurse danach wieder zu neuen Tiefpunkten heruntergingen, dann erst würde man in der Tat einen Bärenmarkt vor sich haben.

Die Entscheidung ließ lange auf sich warten. Die Kurse begannen, wieder nach oben zu gehen, aber der Aufschwung des Industrial Average war langsam und widerwillig. Der Eisenbahnindex stieß schneller vor und brach am 17. Februar 1944 durch das Niveau des Juli-Hochs. Am 21. März bildete er ein Minor-Top bei 40,48. Der Industrial Average erreichte am 13. März 141, aber dann – immer noch fünf Punkte unter seinem Signalniveau – begann er zu zögern und fiel zurück. Das war ein neuer, ins Auge springender Fall einer „fehlenden Bestätigung". Wer einer solchen Entwicklung erhebliche Bedeutung beimaß, für den konnte es nur eine äußerst negative Bedeutung sein. Aber in Wahrheit sagten die Indizes nicht mehr, als dass die primäre Hausse *noch nicht* bestätigt war. Nur wenn jetzt beide Indizes nach unten gegangen wären und unter ihrem jeweiligen Tief vom 30. November geschlossen hätten, hätte das (alleinige) Hoch der Eisenbahnen vom Februar/März seine Bedeutung verloren und ein primärer Bärenmarkt wäre signalisiert worden. Kurz: Die Situation Ende März war in Bezug auf den Primärtrend nicht anders als Anfang Januar, ehe die Eisenbahnwerte ihr neues Hoch erreicht hatten.

Bestätigung des Bullenmarkts

Die Situation blieb zunächst zweifelhaft; allerdings galt immer noch die grundsätzliche Vermutung der Dow-Theorie – hier zugunsten eines Bullenmarkts –, die wir im vorhergehenden Kapitel *(EN10: Kapitel 3)* als Punkt 12 beschrieben haben. Am 15. Juni 1944 endlich hatten sich die Industriewerte nach oben vorgearbeitet und schlossen bei 145,86. Es hatte sie vier Monate gekostet, die Eisenbahnwerte zu bestätigen, und es hatte fast ein ganzes Jahr gedauert, den primären Aufwärtstrend zu bestätigen. Die Wirkung dieses Signals auf den Markt war elektrisierend; der Umsatz sprang am folgenden Tag um 650.000 Aktien in die Höhe, und die Kurse legten kräftig zu.

Die folgenden zwölf Monate bedürfen keiner ins Einzelne gehenden Diskussion. Die Börse bot für die Dow-Theorie keinerlei Schwierigkeiten. Von Mitte Juli an fielen die Kurse unregelmäßig neun Wochen lang zurück, aber ihr Rückgang war nur geringfügig. Dann stiegen sie wieder mit nur kurzen Unterbrechungen, die Industriewerte auf 169,08 am 29. Mai 1945 und die Eisenbahnen auf 63,06 am 26. Juni 1945. Wir sollten noch einen kurzen Blick auf die nachfolgende Periode werfen, nicht weil sie etwas Neues für unsere Studien bringt, sondern weil in ihr die Kapitulation Japans und das Ende des Zweiten Weltkriegs liegen.

Unser nächster Chart (Abbildung A.6) reicht über sieben Monate, von 1. Mai bis 30. November 1945. Die Industriewerte hielten sich vier Wochen lang stetig, während die Eisenbahnen einen Spurt zu ihrem Top am 26. Juni einlegten. Am 28. Juni, ohne irgendwelche Schlagzeilen in den Zeitungen, die eine solche radikale Wende hätten erklären können, brachen die Kurse scharf nach unten ein, und der Umsatz stieg auf beinahe drei Millionen Aktien, den höchsten Tagesumsatz bis dahin in diesem Bullenmarkt. Aber die Industriewerte fingen sich und bröckelten nur noch langsam ab. Am 26. Juli bei 160,91 hatten sie nur fünf Prozent ihres Höchstwerts eingebüßt. Die Bahnen dagegen fielen weiter scharf. Die Hiroshima-Bombe wurde am 5. August abgeworfen, und Japan kapitulierte

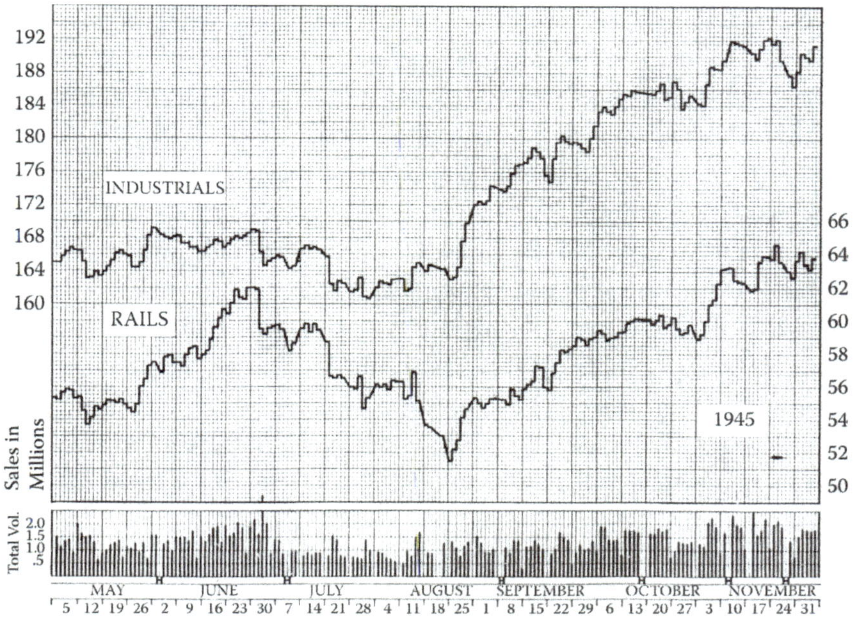

Abbildung A.6: Tagesschlusskurse des Dow Jones Industrial Average und des Dow Jones Railroad Average von 1. Mai bis 30. November 1945 mit dem gesamten täglichen Umsatzvolumen. Diese Periode beinhaltet das Ende des Zweiten Weltkriegs. Sie brachte nur eine bescheidene sekundäre Korrektur des primären Bullenmarkts, der nun seit seinem Beginn im April/Juni 1942 schon drei Jahre lang andauerte.

am 14. August. Die Industriewerte legten eine scharfe Rallye von ihrem Tief am 26. Juli hin, aber die Eisenbahnen konnten nicht mithalten und sackten wieder ab. Schließlich fanden sie am 20. August bei 51,48 für diesmal einen Boden; ihr Kursverlust seit ihrem Gipfel im Juni betrug mehr als 18 Prozent.

Das Straucheln der Eisenbahnen

Ehe wir in unserer Untersuchung fortfahren, sei auf einen interessanten Umstand hingewiesen: Bis jetzt war immer der Railroad Average der „Held" unserer Geschichte. Seit seiner „Weigerung" im Juni 1942, auf ein neues Bärenmarkt-Tief zu fallen, war er die Speerspitze jedes bedeutenden Aufschwungs gewesen, hatte die bei Weitem spektakulärsten Rallyes geliefert, hatte 170 Prozent zugelegt, verglichen mit den 82 Prozent des Industrial Average. Im Rückblick ist die Erklärung offensichtlich: Die Eisenbahnen waren der Hauptnutznießer des Krieges. Sie fuhren Gewinne ein, zahlten ihre Schulden ab und reduzierten ihre fixen Belastungen in einem Umfang, der in dieser Generation unerhört war und sich wahrscheinlich nie wiederholen wird. Während das Auge des Publikums auf die traditionellen und im Rampenlicht stehenden „Kriegsindustrien" gerichtet war, begann die Börse schon seit Pearl Harbor in hintergründiger Weise, diese nie da gewesene Ernte für die Eisenbahnen zu bewerten und vorwegzunehmen. – Aber von jetzt ab ändert sich das Bild, und die Eisenbahnen werden die Nachzügler. Rückblickend ist offensichtlich, dass der Markt im Juli 1945 mit gleicher Weitsicht eine Veränderung der Aussichten vorwegzunehmen begann. Ein schönes Beispiel für das Basis-Axiom (Grundsatz Nr. 1) der Dow-Theorie!

Doch zurück zu unserem Chart: Nach dem 20. August begannen die Kurse mit erneuter Kraft, nach oben zu drücken. Beide Indizes hatten eine sekundäre Reaktion hinter sich, und nun ging es darum, ob der langfristige Aufwärtstrend erneut bestätigt würde, indem sie zu neuen Höhen aufstiegen. Die Industriewerte bestanden den Test, als sie am 24. August bei 169,89 schlossen, aber die Bahnen hatten viel mehr Gelände zurückzuerobern. Immer wieder gerieten sie unter Angebotsdruck, wenn sie sich durch einen kleineren Boden ihres letzten Juni/August-Abwärtstrends hindurcharbeiteten (ein Phänomen, dem wir in einem späteren Kapitel über Unterstützung und Widerstand noch einige Aufmerksamkeit widmen werden). Erst Anfang November 1945 waren sie so weit, das Signal der Industriewerte zu bestätigen, indem sie über 63,06 schlossen. Einmal mehr hatten die Indizes bestätigt, dass der primäre Bullenmarkt noch existierte. Er hatte jetzt dreieinhalb Jahre gedauert – länger als die meisten Bullenmärkte, und Zeichen der dritten Phase erschienen schnell: Das Publikum kaufte, die Schalter waren umdrängt, die Börsennachrichten machten selbst in Kleinstadtzeitungen Schlagzeilen, „Cats and Dogs" wurden hochgejagt, das allgemeine Wirtschaftsklima war boomartig.

Mit beiden Indizes auf neuem Höchststand und einer Bestätigung des Bullenmarkts waren alle vorhergehenden Tiefpunkte uninteressant geworden. Die Böden der Industriewerte vom 26. Juni bei 160,91 und der Eisenbahnen bei 51,48 am 20. August hatten jetzt keine weitere Bedeutung im Rahmen der Dow-Theorie mehr. Diesen Gesichtspunkt haben wir bisher nicht betont,

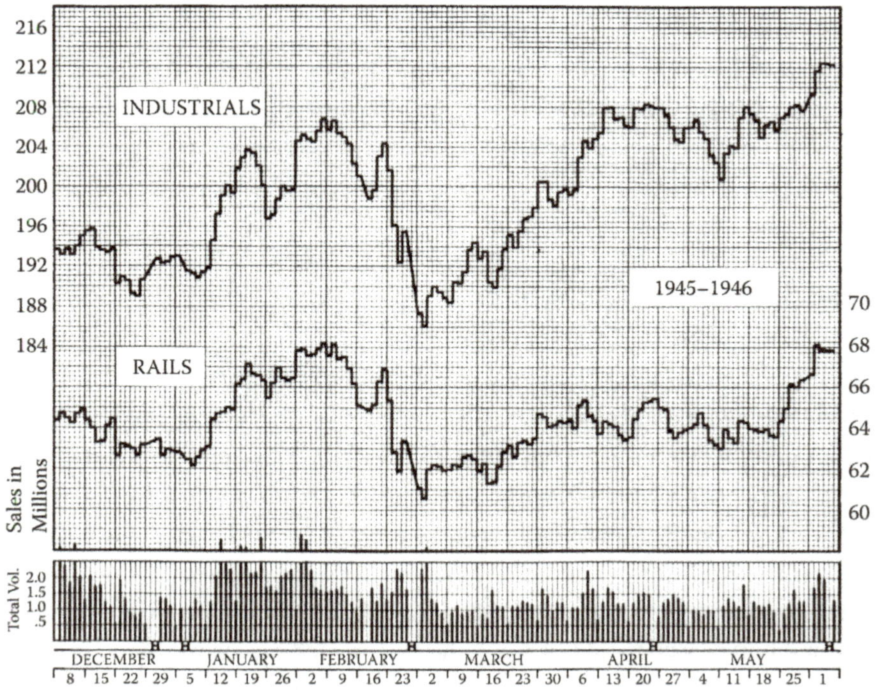

Abbildung A.7: Tagesschlusskurse des Dow Jones Industrial Average und des Dow Jones Railroad Average von 1. Dezember 1945 bis 31. Mai 1946 und das gesamte Tagesvolumen. Bemerkenswerte Kennzeichen dieser Periode sind unter anderem das extrem hohe Umsatzvolumen im Januar und Februar, verglichen mit dem geringeren Umsatz im April und Mai, und die hinterherhinkende Aufwärtsentwicklung der Eisenbahnen, als die Industriewerte im April und erneut Ende Mai neue Höchstwerte erreichten. Im Mai waren die Februar-Tiefs noch die kritischen unteren Niveaus mit Signalfunktion nach der Dow-Theorie.

aber er ist wichtig. Man könnte ihn beinahe unserer Gruppe von Regeln im vorigen Kapitel *(EN11: Kapitel 3)* hinzufügen, wäre er nicht schon in diesen Grundregeln dem Sinne nach enthalten: Sobald ein Primärtrend bestätigt oder erneut bestätigt wird, ist die Vergangenheit vergessen, und alles hängt nun von der zukünftigen Entwicklung ab. Am Ende des Jahres 1945, mit Symptomen der dritten Phase im Vordergrund, war das Verhalten der Börse mit doppelter Wachsamkeit zu verfolgen. Die dritte Phase konnte noch zwei Jahre lang dauern (wie es 1927 bis 1929 der Fall gewesen war), sie konnte auch in jedem Moment zu Ende sein. Unser nächster Chart (Abbildung A.7) führt uns bis Mai 1946.

Das Frühjahr 1946

Die Börse hatte Ende Dezember einen kleineren Rückschlag hinzunehmen – eine Entwicklung, die man schon fast normal für diesen Monat ansieht und die üblicherweise steuerlich motivierten Verkäufen zugeschrieben wird – und stürmte im Januar 1946 wieder nach oben. Das Tagesvolumen am 18. Januar überschritt zum ersten Mal in mehr als fünf Jahren drei Millionen Aktien. Während der ersten Februar-Woche traten die Kurse auf der Stelle. Die höchsten Schlusskurse in dieser Periode lagen für die Eisenbahnen bei 68,23 am 5. Februar und für die Industriewerte bei 206,97 am 2. Februar. Am 9. Februar begannen beide abzurutschen, stiegen noch einmal vom 13. bis zum 16. Februar und brachen dann in einer Verkaufswoge nach unten, die ihren klimaktischen Tiefpunkt am 26. Februar mit Schlusskursen von 60,53 beziehungsweise 186,02 erreichte. Der Verlust bei den Industriewerten war punktmäßig (20,95) der größte, den sie während des ganzen Bullenmarkts erlitten hatten; bei den Eisenbahnen war er nur in der Abwärtsbewegung von Juli bis August des Vorjahres größer gewesen. Er machte etwas mehr als zehn Prozent bei den Industriewerten und elf Prozent bei den Bahnen aus und gab damit etwas weniger als die Hälfte des Gewinns seit dem Tief vom Sommer 1945 preis. Am 26. Februar war die Abwärtsbewegung drei Wochen alt. Es war also eine intermediäre – nach der Dow-Theorie eine vermutlich sekundäre – Reaktion innerhalb des (als noch existent zu vermutenden) langfristigen Aufwärtstrends.

Schwierigkeiten mit den Gewerkschaften plagten die Stahl- und Autoindustrie Anfang Januar 1946, und ein Kohlestreik drohte am Horizont. Der Februar-Einbruch wurde diesen Nachrichten zugeschrieben, aber wahrscheinlicher war die eigentliche Ursache die Beendigung von Aktienkäufen auf Kredit. Das Federal Reserve Board hatte im Januar angekündigt, dass nach dem 1. Februar Aktien nur noch auf hundertprozentige Einzahlung gekauft werden durften. Der Aufschwung Ende Januar wurde vom „kleinen Mann" getragen, der seine letzte Chance ergriff, auf Kredit zu kaufen. (Diejenigen, die sich daran beteiligten, hatten das zweifellos für eine ganze Weile zu bedauern.) Professionelle Kreise ergriffen die Gelegenheit, ihr Material abzuladen; der „kleine Mann" hatte einstweilen kein Geld mehr; die Reserven auf seinem Konto waren schnell erschöpft. Unter diesen Umständen ist es rückblickend erstaunlich, dass keine größere Panik entstand.

Aber die Dow-Theorie kümmerte sich nicht um die Ursachen. Der Bullenmarkt war von beiden Indizes Anfang Februar erneut bestätigt worden, was die Signalfunktion aller bis dahin interessierenden Niveaus beseitigte. Die Kräfte dieses Bullenmarkts waren anscheinend noch nicht erschöpft, denn die Tiefs vom 26. Februar hielten, und die Kurse begannen sich zu erholen. Die Industriewerte stiegen schnell, und am 9. April lag der Schlusskurs auf einem neuen Hoch bei 208,03. Die Eisenbahnen hinkten wieder hinterher. Als der Markt Ende April Zeichen der Ermüdung aufwies, war der Railroad Average immer noch fast fünf Punkte unter seinem Hoch vom Anfang Februar. War dies eine neue „Verweigerung einer Bestätigung", um die man sich Sorge machen musste?

Der letzte Aufschwung

Die Tiefs von Ende Februar waren nun die kritischen Punkte nach unten hin; fielen beide Indizes unter die mittelfristigen Tiefpunkte, die damals von den Schlusskursen erreicht worden waren, ehe die Eisenbahnwerte ein neues Hoch über 68,23 erreichen konnten, war das positive Signal der Industriewerte überholt, und dadurch wäre ein Bärenmarkt signalisiert worden. Aber trotz eines Bergarbeiterstreiks und trotz eines drohenden Streiks der Eisenbahnarbeiter tendierte die Börse Mitte Mai wieder fest und legte eine erstaunliche Rallye hin, die am 29. Mai 1946 den Industrial Average bis 212,50 hinauffegte – ein neues Hoch um beinahe sechs Punkte für diesen Bullenmarkt. Die Eisenbahnen blieben im Mai nur 0,17 Punkte unter ihrem höchsten Schlusskurs vom Februar, glitten etwas zurück und brachen endlich am 13. Juni nach oben durch, um bei 68,31 zu schließen. Damit bestätigten sie die Industriewerte und signalisierten, dass (zu diesem Datum) der Primärtrend immer noch nach oben gerichtet war. Die Februar-Tiefs (186,02 beziehungsweise 60,53) verloren nun ihre Bedeutung im Rahmen der Dow-Theorie. Aber bitte behalten Sie diese Zahlen noch einen Augenblick im Gedächtnis. Sie haben mit einer Diskussion zu tun, die unter den Dow-Theoretikern noch Monate später „wütete".

Unser nächster Chart (Abbildung A.8) überlappt das vorhergehende Bild etwas und reicht vom 4. Mai bis zum 19. Oktober 1946. Das Umsatzvolumen zwischen Mai und Anfang Juni, das sei hier angemerkt, erreichte weder das Niveau des Hochs vom Januar/Februar noch das des Bodens Ende Februar; die Börse schien an Vitalität zu verlieren, ein ominöses, wenn auch in keiner Weise entscheidendes Anzeichen. Unmittelbar nach der „Bestätigung" durch die Eisenbahnen am 13. Juni begannen die Kurse schnell abzugleiten. Die Industriewerte erlebten Anfang Juli zwei Wochen lang eine Rallye, aber die Bahnen fielen weiter; die Industriewerte wandten sich am 15. Juli auch wieder nach unten, und beide Indizes setzten ihre Abwärtsbewegung fort, bis sie am Ende des 23. Juli bei 195,22 beziehungsweise 60,41 standen.

Dort, das zeigte die dann folgende Entwicklung, lag das Ende des intermediären Swings, der in Übereinstimmung mit unserer Regel 12 als sekundäre Reaktion in einem Bullenmarkt zu bezeichnen war, bis etwas anderes bewiesen war. Die Börse drehte wieder nach oben. Langsam und stetig stiegen die Kurse, aber der Umsatz blieb deutlich unter einer Million Aktien. Drei Wochen später, am 13. August, hatten die Industriewerte bei 204,52 etwas mehr als die Hälfte ihres Juni/Juli-Verlustes und die Eisenbahnwerte bei 63,12 (am 14. August) etwas mehr als ein Drittel ihrer Verluste ausgeglichen. Diese Aufwärtsbewegung genügte damit den Minimalerfordernissen eines mittelfristigen Trends. Wenn die Kurse jetzt weiter steigen und schließlich durch ihre Mai/Juni-Hochs stoßen konnten, wäre der übergeordnete Aufwärtstrend erneut bestätigt gewesen. Aber wenn sie jetzt nach unten drehten und unter die Schlusskurse vom 23. Juli fielen, signalisierte diese Aktion eine Umkehr des Primärtrends.

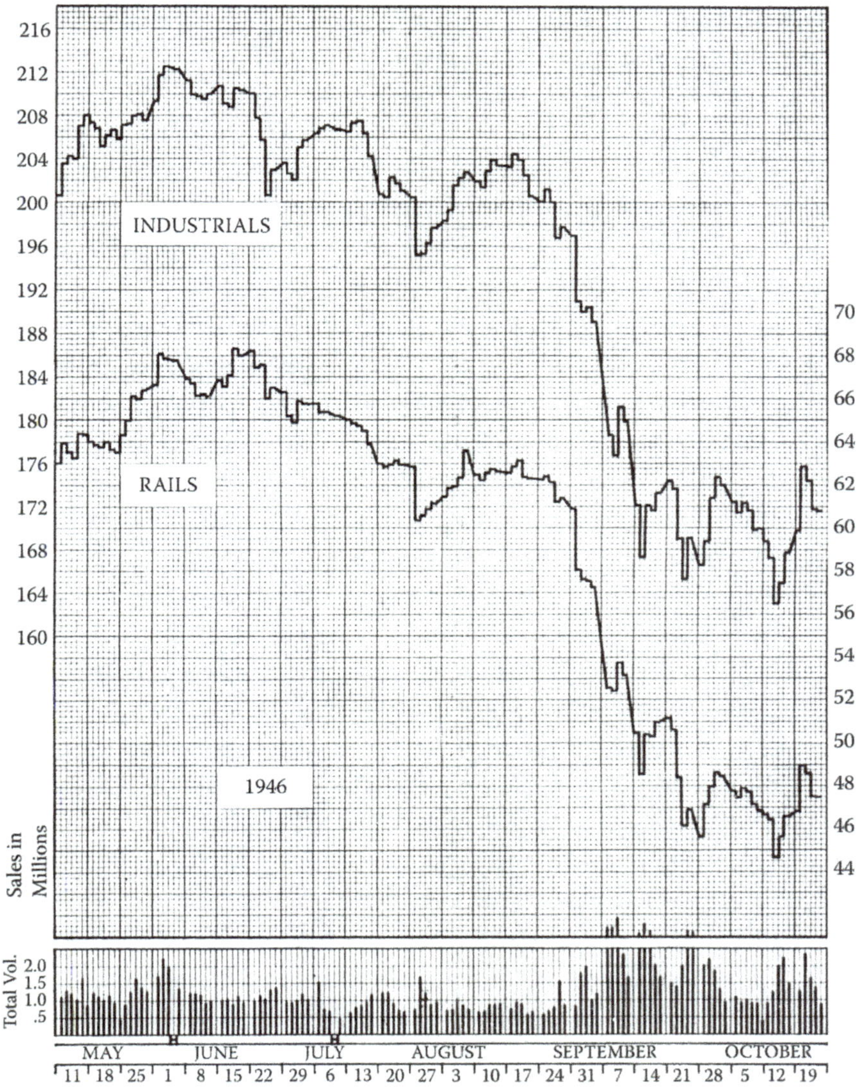

Abbildung A.8: Tagesschlusskurse des Dow Jones Industrial Average und des Dow Jones Railroad Average von 4. Mai bis 19. Oktober 1946 und gesamtes tägliches Börsenvolumen. Dieser Chart überschneidet sich mit Abbildung A.7. Vergleichen Sie die Schlusskurse des Railroad Average am 13. Juni mit dem Hoch (Schlusskurs) am 5. Februar. Die Aktion im Juni beseitigte die frühere Bedeutung der Februar-Tiefs im Sinne der Dow-Theorie. Beachten Sie den signifikanten Wechsel im Bild des Umsatzvolumens nach dem Mai, insbesondere während der Rallye im August.

Das Bärenmarkt-Signal

Dass die Situation kritisch war, zeigte sich am Volumen. Schon seit Ende Mai hatte der Umsatz nicht nur eine Tendenz gezeigt, bei Abwärtsbewegungen anzuwachsen, sondern auch, was viel wichtiger war, bei Rallyes zu versiegen. Bitte vergleichen Sie Abbildung A.8 mit A.6 und A.7, und Sie können sehen, wie auffällig dieses Phänomen Mitte August geworden war. In der Tat ging die Kursrichtung jetzt wieder nach unten, wobei die Aktivität bei den Abwärtsschwüngen anstieg, und am 27. August verkündeten die Schlusskurse – 191,04 bei den Industriewerten und 58,04 bei den Eisenbahnen – eine traurige Botschaft. Die Indizes hatten gesprochen: Ein vierjähriger Bullenmarkt war zu Ende, und ein Bärenmarkt bahnte sich an. Ein Dow-Investor hätte alle Aktien am folgenden Tag verkauft (ungefähr beim Stand der beiden Indizes von 190 und 58).

Um die Situation in die richtige Ordnung zu bringen, musste der Dow-Theoretiker zurückgreifen und die Hochs der Industriewerte vom 29. Mai sowie der Bahnwerte vom 13. Juni als Ende des Bullenmarkts kennzeichnen. Die Abwärtsbewegung vom Juni/Juli wurde damit der erste primäre Ausschlag des neuen Bärenmarkts, und der Aufschwung von 23. Juli bis 14. August die erste sekundäre Erholung innerhalb des langfristigen Abwärtstrends. Ein zweiter Swing in Richtung des Primärtrends befand sich jetzt in der Entwicklung.

Sie haben gesehen, dass ein Bärenmarkt signalisiert war, als beide Indizes ihre Tiefs vom 23. Juli durchbrachen. Lassen Sie uns nun zurückgehen und jenen Streit aufgreifen, den wir oben erwähnten. Einige Anhänger der Dow-Theorie weigerten sich, das neue Hoch des Eisenbahnindex vom 13. Juni als entscheidende neue Bestätigung des Bullentrends anzuerkennen. Der vorherige Schlusskurs sollte nach ihrer Meinung zumindest um einen vollen Punkt überschritten sein, um das Signal zu bestätigen, das zuvor die Industriewerte gegeben hatten; der Betrag von nur 0,08 sei nicht überzeugend. Aber diese Meinung hatte logische Konsequenzen, die sich bald als misslich erwiesen. Denn wenn der Bullenmarkt im Juni nicht als bestätigt angesehen werden konnte, dann blieben die kritischen Niveaus nach unten hin die Tiefs vom 26. Februar, nämlich 186,02 für die Industriewerte und 60,53 für die Eisenbahnen. Deshalb hätte ein Bärenmarkt nicht eher signalisiert werden können, ehe nicht beide Indizes diese Kurslinien nach unten durchbrochen gehabt hätten. Diese Ansicht gewann damals in der Tat eine große Anhängerschaft, insbesondere unter denen, die nicht „Haare spalten“ oder „theoretisieren“ wollten, sondern „der Börse im Hinblick auf die sich immer noch verbessernden fundamentalen Gesichtspunkte jede Chance geben“ wollten.

Die Börse ging natürlich ihren Weg und brach die Februar-Tiefs. Zu diesem Zeitpunkt war die Panik (zweite Phase) bereits da. Offensichtlich war in diesem Fall die orthodoxe Schule mit ihrer Meinung, dass jeder Bruch ausreichend sei, im Vorteil; sie hatte verkauft, als der Industrial Average zumindest 13 Punkte höher (und der Railroad Average zumindest sechs Punkte höher) stand. Sechs Wochen später, am 9. Oktober 1946, um genau zu sein, endete dieser zweite Abschnitt der primären Baisse mit den Industriewerten bei 163,12 und den Eisenbahnen bei 44,69, und eine neue mittelfristige Erholung begann.

Ehe wir dieses Kapitel über sechs Jahre Anwendung der Dow-Theorie schließen, möchten wir noch darauf hinweisen, dass das Hoch vom 13. Juni bei den Bahnwerten eine gute Illustration der Regel bietet, dass sich ein Trend *jederzeit* ändern kann, auch wenn er bestätigt oder erneut bestätigt worden ist. Es zeigt sich hieran außerdem, das die Wahrscheinlichkeit für eine Fortsetzung des Primärtrends mit jeder folgenden Bestätigung abnimmt.

ANHANG B

RESSOURCEN

- Teil 1: Wichtige und unentbehrliche Websites
- Teil 2: Hinweise für das weitere Studium
- Teil 3: Investmentorientierte Websites
- Teil 4: Das Sharpe Ratio
- Teil 5: Berechnung der Volatilität und Beispiele der professionellen Risikoanalyse
- Teil 6: Das Wesen der Fundamentalanalyse
- Teil 7: Softwarepakete und Websites für die Technische Analyse
- Teil 8: Das Leverage-Space-Portfoliomodell von Ralph Vince

Teil 1: Wichtige und unentbehrliche Websites

Kontaktinformationen zu John Magee: **John Magee technical analysis::Delphic options research ltd (jmta::dor)**	
E-Mail-Adresse	bassetti@edwards-magee.com bassetti@att.net
Edwards-Magee-Website	http://www.edwards-magee.com
SEC-Vollzug	www.enforcement@sec.gov
(Immer wenn ich Werbung oder Investment-Spam erhalte, leite ich es an diese wichtige Abteilung der SEC weiter. Das sollten alle verantwortungsvollen Anleger so halten.)	
Volatilität und Optionen	http://www.optionstrategist.com
Berechnung von Portfolio-Hedges	http://www.cboe.com/portfoliohedge http://www.cboe.com http://www.abg-analytics.com
Software-Rezensionen und -Informationen	http://www.traders.com
Software-Demos und Softwarepakete	http://www.omegaresearch.com http://www.comstar.com http://www.aiqsystems.com http://www.tradestation.com http://www.equis.com
Website für Chartanalyse	http://www.stockcharts.com
Morningstar	http://www.morningstar.net
Branchenbewertungen	http://www.gomez.com
Investmentfonds-Kostenrechner	http://www.sec.gov/mfcc-int.htm
Internet-Analyse	http://www.stockcharts.com

Teil 2: Hinweise für das weitere Studium

Volatilität, Optionen und Futures	http://www.optionstrategist http://www.cboe.com
Futures und Optionen auf den Dow Jones	http://www.cbot.com
AMEX-iShares (DIA, QQQ etc.)	http://www.amex.com
Betas	http://www.finance.yahoo.com

Über Risiken

Value at Risk, Philippe Jorion, New York: John Wiley & Sons 1996.

Against the Gods, Peter Bernstein, New York: John Wiley & Sons 1996.

„Risk Management 101“ (Software), Zoologic, Inc. 1997.

Über Kerzencharts

Japanese Candlestick Charting Techniques, Steve Nison, New York: NYIF 1991.

Beyond Candlesticks, Steve Nison, New York: Wiley & Sons 1994.

Über Futures

Schwager on Futures, Technical Analysis, Jack Schwager, New York: John Wiley & Sons 1996 (und andere in der Bibliografie angegebene Bücher von Schwager).

Über Portfoliomanagement

The Journal of Portfolio Management

„Risk Management 101“ (Software), Zoologic, Inc. 1997, Kapitel 42.

Teil 5 dieses Anhangs.

Teil 8 dieses Anhangs.

Teil 3: Websites über Geldanlage

AARP Investment Program	http://www.aarp.scudder.com
Accutrade	http://www.accutrade.com
ADR.com	http://www.adr.com
American Association of Individual Investors	http://www.aaii.com
American Century	http://www.americancentury.com
American Express Financial Services	http://www.americanexpress.com/directa
American Stock Exchange	http://www.amex.com
Ameritrade (kostenlose Trading-Website, für die wenig Werbung gemacht wird)	http://www.tdameritrade.com
Annual Report Gallery	http://www.reportgallery.com
Barron's	http://www.barrons.com
Big Charts	http://www.bigcharts.com

Bloomberg Financial	http://www.bloomberg.com
Bonds Online	http://www.bondsonline.com
Briefing.com	http://www.briefing.com
Brill's Mutual Funds Interactive	http://www.fundsinteractive.com
Business Week	http://www.businessweek.com
CBS Market Watch	http://www.marketwatch.com
Chicago Board of Options Exchange	http://www.cboe.com
CNNFN	http://www.cnnfn.com
DailyStocks	http://www.dailystocks.com
Excite	http://www.excite.com
Federal Deposit Insurance Corporation	http://www.fdic.gov
Federal Trade Commission	http://www.ftc.com
Fidelity Investments	http://www.fidelity.com
Financial Times	http://www.ft.com
Forrester Research	http://www.forrester.com
FundFocus	http://www.fundfocus.com
Fund Spot	http://www.fundspot.com
Gomez Advisers	http://www.gomez.com
H&R Block	http://www.hrblock.com
Hoover's StockScreener	http://www.stockscreener.com
IPO Central	http://www.ipocentral.com
Lombard	http://www.lombard.com
Marketplayer	http://www.marketplayer.com
Market Technician's Association	http://www.mta.org
Microsoft MoneyCentral	http://www.moneycentral.com
Morningstar	http://www.morningstar.net
National Association of Securities Dealers	http://www.nasd.com
National Discount Brokers	http://www.ndb.com
Net Investor	http://www.netinvestor.com
New York Stock Exchange	http://www.nyse.com
Online Investor	http://www.onlineinvestor.com
Philadelphia Stock Exchange	http://www.phlx.com
Quick & Reilly	http://www.quickwaynet.com
Quicken	http://www.quicken.com
Quicken Financial Network	http://www.qfn.com
Realty Stocks	http://www.realtystocks.com
Reuters	http://www.reuters.com
Schwab, Charles	http://www.schwab.com
Securities and Exchange Commission	http://www.sec.gov
Securities and Exchange Commission Enforcement	http://www.enforcement@sec.gov
Securities Industry Association	http://www.sia.com
Securities Investor Protection Corporation	http://www.sipc.org

SmartMoney	http://www.smartmoney.com
Social Security Online	http://www.ssa.gov
Standard & Poor's Fund Analyst	http://www.micropal.com
Standard & Poor's Ratings Services	http://www.ratingsdirect.com
Stock Guide	http://www.stockguide.com
Stockpoint	http://www.stockpoint.com
Suretrade	http://www.suretrade.com
1040.com	http://www.1040.com
The Motley Fool	http://www.fool.com
TheStreet.com	http://www.thestreet.com
Technical Securities Analysis Association of San Francisco	http://www.tsaasf.org
T. Rowe Price	http://www.troweprice.com
Treasury Direct	http://www.publicdebt.treas.gov
Vanguard Brokerage Services	http://www.vanguard.com
Wall Street Access	http://www.wsaccess.com
Wall Street Journal Interactive Ed.	http://www.wsj.com
Yahoo! Finance	http://www.finance.yahoo.com
Zacks Investment Research	http://www.zacks.com
ZD Interactive Investor	http://www.zdii.com

a American Express wirbt jetzt mit kostenlosen Trades bei bestimmten Depots.

Brokerhäuser

Waterhouse Securities	http://www.tdameritrade.com 800-934-4134
A.B. Watley	http://www.abwatley.com 888-229-2853
Web Street Securities	http://www.webstreetsecurities.com 800-932-0438
Jack White	http://www.jackwhiteco.com 800-753-1700
WitCapital	http://www.witcapital.com 888-494-8227
Net Investor	http://www.netinvestor.com 800-638-4250
Quick & Reilly	http://www.quickwaynet.com 800-672-7220
Charles Schwab	http://www.schwab.com 800-435-4000
Suretrade	http://www.suretrade.com 401-642-6900
Vanguard Brokerage Services	http://www.vanguard.com 800-992-8327

Wall Street Access	http://www.wsaccess.com 888-925-5782
Empire Financial Group, Inc.	http://www.lowfees.com 800-900-8101
E*TRADE	http://www.etrade.com 800-786-2575
Lombard	http://www.lombard.com
National Discount Brokers	http://www.ndb.com 800-888-3999
Accutrade	http://www.accutrade.com 800-494-8939
Ameritrade	http://www.tdameritrade.com 800-326-7507
Auch hier nachsehen	http://www.freetrade.com
Discover Brokerage	http://www.discoverbrokerage.com 800-688-3462
DLJ Direct	http://www.dljdirect.com 800-825-5723
Datek Online	http://www.datek.com
DLJ Direct	http://www.dljdirect.com
Dow Jones Markets	http://www.djmarkets.com
DRIP Central	http://www.dripcentral.com
Empire Financial Group	http://www.lowfees.com

Teil 4: Das Sharpe Ratio

Diese Formel ist zwar fehlerhaft, aber es schadet dem Leser nicht, sie zu kennen und zu verstehen. Daran zu glauben wäre natürlich etwas ganz anderes. Das Sharpe Ratio an sich sieht so aus:

$$SR = (E - I) : sd$$

Wobei gilt:

E ist die Erwartungsrendite.
I ist der risikolose Zinssatz.
sd ist die Standardabweichung der Erträge.

Diese starre Formel bewirkt, dass sich der Trader an ein Messwerkzeug klammert, das für ihn in der Praxis kaum von Nutzen ist. Er geht davon aus, dass die in Form der Standardabweichung ermittelte Volatilität der Erträge mit dem Risiko gleichzusetzen sei (das übliche akademische Problem). Da die Berechnung der Standardabweichung so unflexibel ist, lässt sie bei ihrer Messung die beim Trading wichtigste Tatsache aus, nämlich den maximalen Drawdown beziehungsweise die unweigerlichen Schwankungen der Gewinne und Verluste. Genauer gesagt den größten erwarteten oder erlittenen Verlust, den Rücklauf vom höchsten Hoch zum tiefsten Tief und die Abfolge solcher Ereignisse.

Teil 5: Berechnung der Volatilität

Um die Volatilität eines Portfolios oder eines einzelnen Instruments zu berechnen, muss man zuerst die Differenz zwischen jedem Ertrag und dem Durchschnitt ermitteln. Dann setzt man jede Differenz ins Quadrat und zählt die Werte zusammen. Diese Summe teilt man durch die um eins verminderte Anzahl der Erträge. Das Ergebnis bezeichnet man als Varianz. Um die Volatilität zu erhalten, zieht man die Quadratwurzel aus der Varianz. Zusammenfassung dieser Schritte in einer Formel:

- Schritt 1: Berechnung des durchschnittlichen Ertrags
- Schritt 2: Berechnung der Abweichung jedes Ertrags
- Schritt 3: Quadrierung aller einzelnen Abweichungen
- Schritt 4: Addition der Quadrate
- Schritt 5: Division der Summe durch (Anzahl der Perioden minus 1).
- Schritt 6: Ziehen der Quadratwurzel

$$\sigma = \sqrt{\frac{\sum_{i=1}^{n}(R_1 - \mu)^2}{n-1}}$$

Abbildung B.1: Die Formel für die Volatilität. Hier ist die Formel zur Berechnung der Volatilität dargestellt. (1) Berechnung des durchschnittlichen Ertrags; (2) Berechnung der Abweichung jedes Ertrags; (3) Quadrierung aller einzelnen Abweichungen; (4) Addition der Quadrate; (5) Division der Summe durch (Anzahl der Perioden minus 1). Das Ergebnis ist die Varianz; (6) Ziehen der Quadratwurzel.

Man beachte, dass dies die Formel ist, die man verwendet, wenn Erfahrungen mit dem Portfolio vorliegen. In der Modernen Portfoliotheorie gibt es noch ein komplexeres Verfahren.

Teil 6: Das Wesen der Fundamentalanalyse

Aus den *John Magee Market Letters*, 15. Dezember 1984
von Richard McDermott

Die Elliott-Wellen-Theorie: Perspektive und Bemerkungen

Diese Woche hatten wir das Vergnügen, die Dezemberversammlung der Market Technicians Association of New York (MTANY) zu besuchen.

Langjährige Abonnenten werden sich erinnern, dass die MTANY die Organisation ist, die John Magee im Jahr 1978 zum Man of the Year kürte. Der Redner war Robert Prechter, Herausgeber von „The Elliott Wave Theorist“, einer Anlageberatung, deren Prognosen auf Interpretationen der Arbeiten von R.N. Elliott über den Aktienmarkt basieren.

Von größtem Interesse für unsere Abonnenten sind Prechters Bemerkungen über die Technische Analyse an sich. Dabei muss man bedenken, dass die Elliott-Wellen-Theorie nichts anderes ist als ein „Katalog" von Kursbewegungen an der Börse, die gewissermaßen übereinandergelegt werden, bis sich ein umfassendes, zugrunde liegendes und dauerhaftes Muster abzeichnet; kurz gesagt reine *Technische* Analyse. Hier einige von Prechters Definitionen und Bemerkungen zur Fundamentalanalyse:

1. Definieren wir zunächst den Unterschied zwischen „technischen Daten" und „Fundamentaldaten" ... technische Daten sind Daten, die durch das Verhalten des untersuchten Marktes erzeugt werden.
2. Das größte Problem der Fundamentalanalyse ist, dass ihre Indikatoren vom Markt an sich entkoppelt sind. Der Analyst nimmt eine Kausalität zwischen äußeren Ereignissen und Marktbewegungen an – ein Konzept, das fast mit Sicherheit falsch ist. Genauso wichtig (und weniger anerkannt) ist jedoch, dass die Fundamentalanalyse fast immer *eine Vorhersage der Fundamentaldaten erfordert, bevor Schlüsse über den Markt gezogen werden. Dann ist der Analyst gezwungen, einen zweiten Schritt zu gehen und eine Schlussfolgerung zu ziehen, wie sich die vorhergesagten Ereignisse auf die Märkte auswirken werden! Technische Analysten brauchen bloß einen Schritt zu gehen, was ihnen vom Fleck weg einen Vorteil verschafft. Ihr Hauptvorteil ist, dass sie ihre Indikatoren nicht vorherzusagen brauchen.*
3. Noch schlimmer ist die Tatsache, dass sogar der zweite Schritt der Fundamentalanalysten wahrscheinlich ein auf Sand gebauter Prozess ist. [...] Die häufigste Anwendung der Fundamentalanalyse besteht darin, dass man den Gewinn eines Unternehmens im laufenden und im kommenden Jahr schätzt und auf dieser Grundlage Aktien empfiehlt. [...] Wie schlecht die Erfolgsbilanz dieser alleinigen Grundlage ist, hat *Barron's* am 4. Juni in einem Artikel aufgezeigt, aus dem hervorgeht, dass sich der durchschnittliche Schätzungsfehler bezüglich der 30 im Dow Jones Industrial Average (DJIA) enthaltenen Aktien für alle abgeschlossenen Jahre auf 18 Prozent und für die bevorstehenden Jahre auf 54 Prozent beläuft. Das schwächste Glied ist allerdings die Annahme, dass eine korrekte Gewinnschätzung eine Basis für die Auswahl von Börsengewinnern sei. Laut einer Tabelle zum erwähnten *Barron's*-Artikel hätte der Kauf der zehn DJIA-Aktien mit den besten Gewinnschätzungen über zehn Jahre eine kumulierte Rendite von 40,5 Prozent gebracht, die Wahl der zehn DJIA-Aktien mit den schlechtesten Gewinnschätzungen hingegen einen satten Gewinn von 142,5 Prozent.

Prechters geschliffene Darlegung der technischen Methode, die von unserer abweicht, hat uns gefallen. Was seine Bemerkungen über die Fundamentalanalyse angeht, ihnen stimmen wir absolut und vollkommen zu.

Die Abbildungen B.2 und B.3 beziehen sich auf die Analyse des Risikos und des Gewinns eines Portfolios. Gezeigt werden die ausgeklügelten quantitativen auf Portfolios bezogenen Gewinn- und Risikoberichte von Delphic Options Research, die von Standard & Poor's und von Prudential Securities für Handelssysteme verwendet werden. Sie sollen dem Leser einen Eindruck davon vermitteln, wie tiefgreifend und komplex sich Profis mit Analysen von Risiken und Portfolios beschäftigen. Die Originale dieser Berichte wurden von Blair Hull und Lester Loops für den eigenen Gebrauch als Marketmaker erstellt.

PORTFOLIO RISK ANALYSIS (.30 *Filename*)

OMS+	.30 PORTFOLIO RISK ANALYSIS								3/24/87	10:55:28	
--STOCK--		----DELTAS----									
SYM	POS	OPTION	TOTAL	PROFIT	BETA	$BETA	$DELTA	$GAMMA	$THETA	$RISK	%RISK
FDX	2800	-3063	-263	16,734	1.60	-32,081	-7017	158,136	-121	18,075	7.3
GE	3200	-3089	110	12,632	.95	11,374	2993	120,104	-16	13,000	5.3
HWP	-6200	5682	-517	8270	1.20	-45,959	-13,404	-522,208	734	56,617	22.9
LIT	-6700	0	-6700	0	1.40	-56,9834	-122,107	0	0	122,107	49.3
NSM	3600	-4080	-480	10,411	1.45	-21,076	-7267	150,464	-169	17,436	7.0
XRX	-3600	3991	391	-882	1.05	18,132	4835	186,506	-260	20,232	8.2
.					.						.
.					.						.
.					.						.
*TOT	-6900	-559	-7459	47,165		-63,9444	-141,969	93,000	166	24,7470	100.0

AVERAGE VOLATILITY: .338
EQUIVALENT MARKET EQUITY: -419613.40
PORTFOLIO PROFIT RATIO: .191
PORTFOLIO PROFIT GAMMA RATIO: 4.815

Abbildung B.2: Risikoanalyse

Legende zum Portfolio-Risikobericht: Der Bildschirm zur Analyse des Portfoliorisikos fasst das Delta, den Gewinn und mehrere Risikokennzahlen eines Portfolios aus vom Nutzer eingegebenen Aktien und Optionen zusammen.

Er zeigt Folgendes an:

STOCK SYM = Aktiensymbol
STOCK POS = Anzahl der Aktien
DELTAS TOTAL = Summen der Aktien-Deltas und der Options-Deltas
BETA = das Beta jeder Aktie
$BETA – das Risiko in Dollar, das auf Bewegungen des Gesamtmarkts beruht: $Beta = (Delta x Aktienkurs) x Beta
$DELT = eine annualisierte Risikokennzahl, die auf der Unausgewogenheit der Positionen basiert: $Delta = (Summe der Deltas x Aktienkurs) x Volatilität
$GAMMA = eine annualisierte Risikokennzahl, die auf der Krümmung der Position beruht. Ein positives $Gamma zeigt einen Backspread an, ein negatives $Gamma eine vertikale Position. $Gamma = Gamma x (Aktienkurs x Volatilität)
$THETA = der theoretische Dollarbetrag, den eine Position an einem Tag gewinnen oder verlieren wird, wenn der Aktienkurs unverändert bleibt
$RISK = die annualisierte Standardabweichung der Position aufgrund einer Kombination aus $Delta und $Gamma
%RISK = das prozentuale Portfoliorisiko jeder Position
TOT = die jeweilige Summe der obigen Kennzahlen
AVERAGE VOLATILITY = die durchschnittliche Volatilität
EQUIVALENT MARKET EQUITY = Summe der Produkte aus Aktienkurs und jeweiligem Delta
PORTFOLIO PROFIT RATIO = Gesamtgewinn des Portfolios geteilt durch das gesamte Portfoliorisiko

PORTFOLIO PROFIT GAMMA RATIO = Gesamtgewinn des Portfolios geteilt durch das Quadrat von $Gamma

Legende zum Portfolio-Gewinnbericht: Der Bildschirm zur Analyse des Portfoliogewinns fasst das Delta, den Gewinn und mehrere Gewinnkennzahlen eines Portfolios aus vom Nutzer eingegebenen Aktien und Optionen zusammen.

Er zeigt Folgendes an:

STOCK SYM = Aktiensymbol
STOCK POS = Anzahl der Aktien
DELTAS OPTION = Gesamt-Delta der Optionsposition
DELTAS TOTAL = Summen der Aktien-Deltas und der Options-Deltas
M TO M = Mark to Market: Gesamtwert der Aktien- und Optionspositionen zum aktuellen Marktpreis
PROFIT TOTAL = gesamter theoretischer Gewinn jeder Position
PROFIT/DAY = theoretischer Gewinn geteilt durch Anzahl der Tage bis zur Fälligkeit
PROFIT/RISK = Verhältnis des theoretischen Gewinns zum Risiko
PROFIT/DY/RISK = Verhältnis des theoretischen Tagesgewinns zum Risiko
$THETA = der theoretische Dollarbetrag, den eine Position an einem Tag gewinnen oder verlieren wird, wenn der Aktienkurs unverändert bleibt
$RISK = die annualisierte Standardabweichung der Position aufgrund einer Kombination aus $Delta und $Gamma
%RISK = das prozentuale Portfoliorisiko jeder Position
TOT = die jeweilige Summe der obigen Kennzahlen
AVERAGE VOLATILITY = die durchschnittliche Volatilität der Aktien

PORTFOLIO PROFIT ANALYSIS (.31 *Filename*)

OMS+.31 PORTFOLIO PROFIT ANALYSIS									3/24/87		10:55:28
--STOCK—		----DELTAS----			---------PROFIT---------				$	$	%
SYM	POS	OPTION	TOTAL	M TO M	TOTAL	/DAY	/RISK	/DY/RISK	THETA	RISK	RISK
FDX	2800	–3063	–263	42,3162	16,734	213	.93	4.31	–121	18,075	7.3
GE	3200	–3089	110	704,006	12,632	107	.97	3.01	.16	13,000	5.3
HWP	–6200	5682	–517	53,787	8270	150	.15	.97	734	56,617	22.9
LIT	–6700	0	–6700	–407,025	0	0	.00	.00	0	122,107	49.3
NSM	3600	–4080	–480	157,293	10,411	105	.60	2.21	–169	17436	7.0
XRX	–3600	3991	391	–4431	–882	–18	–.04	–.34	–260	20,232	8.2
.				.							.
.				.							.
.				.							.
*TOT	–6900	–559	–7459	926,792	47,165	557	.19	.00	166	247,470	100.0

AVERAGE VOLATILITY:	.338
EQUIVALENT MARKET EQUITY:	–419613.40
PORTFOLIO PROFIT RATIO:	.191
PORTFOLIO PROFIT GAMMA RATIO:	4.815

Abbildung B3: Gewinnanalyse

EQUIVALENT MARKET EQUITY = Summe der Produkte aus Aktienkurs und jeweiligem Delta
PORTFOLIO PROFIT RATIO = Gesamtgewinn des Portfolios geteilt durch das gesamte Portfoliorisiko
PORTFOLIO PROFIT GAMMA RATIO = Gesamtgewinn des Portfolios geteilt durch das Quadrat von $Gamma

Teil 7: Softwarepakete und Websites für die Technische Analyse

Wenn die ersten Höhlenmenschen um Ressourcen kämpften, taten sie das mit Zähnen und Klauen. Die Art der Kriegsführung änderte sich für alle Zeiten, als einer der Schlaueren einen Ast vom Boden aufhob. Dann entdeckte ein anderer kluger Mensch das Prinzip der Artillerie und hob einen Stein auf. Naive und arrogante Trader lachten über Wyckoffs Charts. Die Marketmaker der Pacific Coast Options Exchange kicherten über Blair Hull, als er anfing, mit Ausdrucken auf dem Parkett zu erscheinen. In der Zeit der Holzschläger verabscheuten Squashspieler die Arrivisten, die erst mit Schlägern aus Metall und dann aus Kunststoff auftauchten.

Heute lacht keiner mehr – der Letzte, der eine neue Waffe übernimmt, ist ein toter Mann. Die Charts zeigten ihre Macht, und das taten auch Hulls schräge Ausdrucke, die er anhand des Black-Scholes-Modells erstellt hatte. Die Verlierer begriffen bald, dass sie neue Waffen brauchten. Nach dieser Abhandlung über die Erkenntnistheorie der Kriegsführung stelle ich nun ein paar meiner Lieblingswaffen in Form von Softwareprogrammen und Websites vor. Die Liste soll keineswegs erschöpfend oder umfassend sein. Im Gegenteil gehe ich gern auf meine eigentümliche Weise vor, und das soll keine Missbilligung der hier nicht angeführten Programme und Websites bedeuten.

In meinen Augen sind drei Softwarepakete leistungsfähig genug und reichen für alle Bedürfnisse eines Technischen Analysten aus: AIQ Trading Expert Pro (http://www.aiqsystems.com), Metastock 9.0 (http://www.equis.com) und TradeStation 2000i sowie neuere Versionen (http://www.tradestation.com). Der Leser findet im ganzen Buch verteilt damit erstellte Charts, die die schönen handgezeichneten Charts von Magee ergänzen. Alle genannten Pakete erfüllen die Grundanforderungen der Technischen Chartanalyse, einfache Charts aus leicht verfügbaren Daten und Portfolios. Früher sagte ich, alles, was der Chartanalyst wirklich brauche, sei die Fähigkeit, Linien in einen Chart einzuzeichnen ... und dann den Chart vielleicht als Linienchart, als Kerzenchart oder ... und so weiter ... zu betrachten. Der Analyst lässt sich schnell von den umwerfenden Funktionen verführen, *und* sie bereichern die Analyse und machen sie leistungsfähiger. Selbst wenn jemand (wie ich es tue) beim Blick auf ein Überverkauft-Tool fragt: „Wozu brauche ich das? Das habe ich schon im Balkenchart gesehen." Selbst dann merkt der Analyst, dass er mehr über %R erfahren will. Wenn es bei Larry Williams funktioniert hat, dann muss doch etwas dran sein.

AIQ: Trading Expert Pro

Das Softwarepaket von AIQ beinhaltet ein Bedienfeld auf dem Bildschirm und scrollbare, farbcodierte Indikatorboxen, und die Informationen werden zu einem Indikator-Barometer zusammengefasst. Die Datenverwaltung ist reibungslos und leicht, und der Nutzer kann ein Systemmodul nutzen, um seine eigenen Trading-Ideen zu erstellen und zu testen. Die Palette der verfügbaren Berichte ist für Anleger nützlich. Die Funktion der Echtzeit-Meldungen ist etwas für Trader. Ein Portfoliomanager-Modul unterstützt den Anleger nicht nur beim Management des Portfolios, sondern auch seiner Positionen, indem es das Stoppkurs-Management erleichtert. Hinter dem Vorhang verbirgt sich ein fachkundiger Guru, der dem Nutzer bei der Analyse von Situationen hilft.

Metastock 9.0

Metastock 9.0 kann mit einer beeindruckenden Palette von Tools und Indikatoren aufwarten. Auf Wunsch klappen „System Experts" auf, die den Anwender durch Tests und Erforschungen von Systemen geleiten. Sie können auch Käufe und Verkäufe vorschlagen. Eine nützliche Funktion ist auch der Point-and-Figure-Werkzeugkasten. Die Möglichkeit, Handelssysteme zu erstellen und zu testen, wobei entscheidende Daten gründlich analysiert werden, ist ein leistungsfähiges Werkzeug. Metastock passt sich gut an Erweiterungen an, und ein gutes Beispiel dafür ist Slausons Powerstrike (das quantitative Tool zum Auffinden kritischer Unterstützungs- und Widerstandszonen).

Tradestation 2000i und Tradestation 8

Tradestation 2000i ist die Standalone-Version von Tradestation 8. Tradestation 8 ist ein Echtzeit-Online-Paket, mit dem man über das Broker-Partnerunternehmen von Tradestation handeln kann. Das Paket ist so leistungsstark, dass professionelle und semiprofessionelle Nutzer wahrscheinlich davon profitieren, das Softwarebündel mit einem Maklervertrag zu kombinieren. Für 2000i braucht der Nutzer eine eigene lokale Datenbank, während bei Tradestation 8 die Daten bei Bedarf stets verfügbar sind. Für die in kreativer Hinsicht Faulen (zu denen auch der Herausgeber gehört) ist das ein attraktives Merkmal. Das Erstellen und Testen von Systemen war und ist eine leistungsfähige Funktion von Tradestation. Mit „EasyLanguage" kann der Anwender so gut wie jedes System angeben und dann mit der Tradestation-Trader-Community darüber chatten. Diese Community trägt zu der großen Datenbank der Handelssysteme und Ideen bei.

Das Internet: Prophet (http://www.thinkorswim.com)

Für den noch Fauleren und für den Gelegenheitsanleger gibt es http://www.prophet.net (jetzt unter thinkorswim.com), eine Technische-Analyse-Website, deren kostenlose Funktionen für die Bedürfnisse des allgemeinen Chart-Anlegers genügen. Dank der leistungsfähigen interaktiven Charts und Portfolioberichte spart der geizige Anleger mit http://www.prophet.net so manchen Penny. Wie schon Mark Twain sagte, ist ein gesparter Penny ein verdienter Penny. Und was meinte Benjamin Franklin eigentlich damit, dass ein gesparter Penny Kapital sei, wenn man ihn arbeiten lässt? Weitere Attraktionen sind eine User-Community und der Informationsaustausch. Und man braucht keine Daten lokal zu speichern. Eine der wertvollsten Funktionen ist, dass http://www.prophet.net

gelegentlich über seinen Verlag Börsenkommentare und Börsenanalysen vertreibt. Insgesamt scheint http://www.prophet.net die Preise verdient zu haben, die ihm dauernd von *Barron's*, *Forbes* und *Technical Analysis* verliehen werden. Inzwischen steht die Chartfunktion von Prophet auch den Kunden von http://www.tdameritrade.com zur Verfügung.

Das Internet: http://www.stockcharts.com

Von ähnlicher Qualität und von den Zeitschriften *Forbes* und *Technical Analysis* ähnlich gewürdigt, verfügt http://www.stockcharts.com über eine weitere nützliche Funktion: Point-and-Figure-Charts (P&F). Ich habe hier nichts über P&F-Charts geschrieben, aber diese technische Methode ist vor allem für den geduldigen Anleger von Bedeutung. Auch alle anderen Funktionen sind auf http://www.stockcharts.com verfügbar, zum Beispiel Kerzencharts, Balkencharts und andere. Außerdem hat der distinguierte Analyst John Murphy die Website zu seiner elektronischen Heimat gemacht. Auch gibt es eine „Voyeur"-Funktion, mit der der Nutzer zuschauen kann, was andere Trader tun.

Kurzes Fazit

Wissen ist Macht. Zu wissen, wo man Wissen findet, gibt einem noch mehr Macht. Der wissbegierige Anleger kann sich mithilfe der jährlichen Beurteilungen von *Barron's* und *Forbes* über diese Websites auf dem Laufenden halten, und die Finanzpresse bringt ihre Bewertungen von Internetressourcen regelmäßig auf den neuesten Stand.

Teil 8: Das Leverage-Space-Portfoliomodell von Ralph Vince

Kein Geringerer als John Bollinger bezeichnete das „Handbook of Portfolio Mathematics" von Ralph Vince als wichtigstes Werk zu diesem Thema. Vince hat den Lesern des vorliegenden Buches und mir den sehr großen Gefallen getan, sein Buch in einem kleinen Artikel zu beschreiben, den ich hier wörtlich abdrucke:

> Im Jahr 1884 begann Charles H. Dow mit der Zusammenstellung von Börsenmeldungen, aus denen später die Dow-Jones-Indizes hervorgingen. Theorien, die sich auf die Bestätigung oder Nichtbestätigung dieser Indizes bezogen und die man später als „Dow-Theorie" bezeichnete, wurden zum Grundpfeiler der modernen Technischen Analyse.
>
> Da ist es nur passend, dass, nachdem das Unternehmen Dow Jones Indexes die hier geäußerten Konzepte durch die kommerzielle Auflage der Indexfamilie Dow Jones LSP im Jahr 2011 übernommen hat, die vorliegende Erläuterung von Optimal f und des daraus resultierenden Leverage Space Portfolio Model in dieses Buch aufgenommen wurde – in *den* Text, der die moderne Technische Analyse begründet hat.

Betrachten wir den Fall eines einfachen Trades mit zwei möglichen Ausgängen. Bei dem einen Ausgang gewinnen wir 2 Einheiten, beim alternativen Ausgang verlieren wir 1 Einheit. Wir können ein Spektrum konstruieren, das von einem Wert 0, bei dem wir nichts riskieren, bis zu einem Wert 1 reicht, bei dem wir unser gesamtes Kapital verlieren. Den Wert zwischen 0 und 1 betrachten wir dann als den Bruchteil f („fraction") unseres Einsatzes, den wir riskieren und den wir austauschbar auch als unser *Leverage* bezeichnen. Somit riskieren wir bei jedem Trade oder in jedem Zeitraum einen gewissen Bruchteil unseres Einsatzes, und somit haben wir zu jedem Trade oder für jeden Betrachtungszeitraum einen Wert für f, der uns zugeteilt wird, ob wir uns dessen bewusst sind oder nicht.

Wenn wir diese hypothetische und stark vereinfachte Handelssituation mit zwei Ausgängen und einem Gewinn-Verlust-Verhältnis von 2:1 betrachten (so ähnlich, als wären es die zwei möglichen Ausgänge eines Münzwurfs), dann können wir grafisch darstellen, was aus unserem Handelskapital den Erwartungen zufolge nach einer Spielrunde bei verschiedenen Werten für f werden würde (ausgedrückt als Vielfaches unseres Handelskapitals), zu sehen in Abbildung B.4.

Wenn es je Periode mehr als einen Trade gibt und das, was bleibt, um in das bevorstehende Spiel oder in die Periode zu investieren, davon abhängt, wie viel man bis zu dieser Periode gewonnen oder verloren hat, wird die gerade Linie zu einer Kurve, und das Maximum der Kurve wird zu einem Fixpunkt, der von 1,0 aus nach rechts wandert, wo ein Trade oder eine Periode mit positiver Erwartung über einen Trade oder eine Periode wachstumsmaximiert ist. Somit landet er nach vielen Trades oder Perioden an einem bestimmten Ort, und in dem vereinfachten Fall eines Münzwurfs mit einem Auszahlungsverhältnis von 2:1 landet der Höhepunkt wie in Abbildung B.5 dargestellt, bei 0,25.

Die Höhe der Kurve bei einem gegebenen f ergibt sich aus folgender Formel für Optimal f:

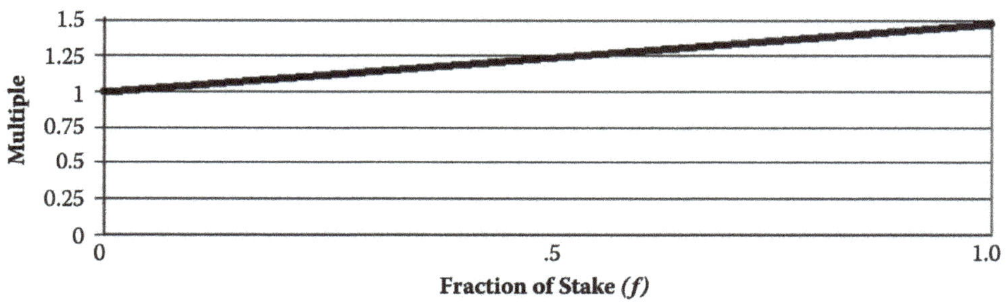

Abbildung B.4: Erwartetes Vielfaches des Anfangseinsatzes bei einem einfachen 2:1-Münzwurf

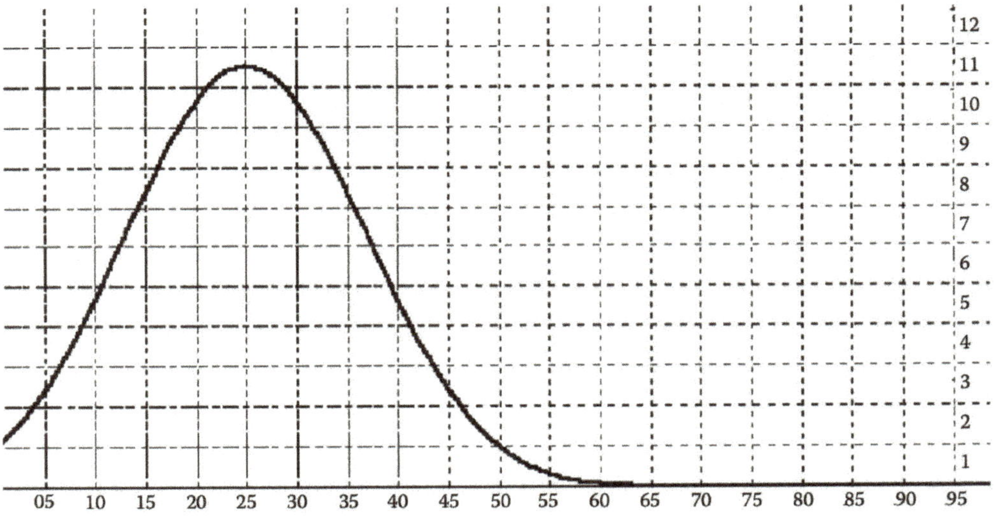

Abbildung B.5: Erwartetes Vielfaches des Anfangseinsatzes nach 40 2:1-Münzwürfen

$$multiple = \left(\left(1 + f * \frac{t_1}{|W|}\right)^{(p)} * \ldots * \left(1 + f * \frac{t_n}{|W|}\right)^{(p_n)} \right)^{number\_of\_expected\_plays\_or\_trades}$$

Somit lässt sich bei n Trades oder Perioden für ein gegebenes f das Vielfache unseres Einsatzes, das wir verdient haben, einfach aus dem Ausgang jedes Trades oder jeder Periode (t), aus der Wahrscheinlichkeit dieses Ausgangs (p) und dem Ausgang im schlechtesten Fall (w), dem niedrigsten aller Werte von t, ermitteln. Mit der Anzahl der Spiele, für die man das erwartete Wachstum ermitteln will, als Exponent für dieses Produkt erhalten wir das Vielfache unseres anfänglichen Einsatzes, das nach dieser Zahl von Trades oder Perioden für den Handel zur Verfügung steht.

So viel Gewinn, angegeben als Vielfaches des anfänglichen Einsatzes, kann man erwarten, wenn man einen gegebenen Bruchteil f des Einsatzes riskiert.

Man beachte, dass dies nicht das Gleiche ist wie das sogenannte Kelly-Kriterium, das einem Maximum als „Leverage-Faktor" einen Wert zwischen null und unendlich beilegt und angibt, mit welcher Hebelwirkung man sein Depot versehen sollte, und nicht wie die Optimal-f-Formel den Bruchteil (zwischen 0 und 1) eines Depots, den man riskieren sollte. Unter gewissen Bedingungen geben die beiden für das Maximum den gleichen Wert an; *zum Beispiel* entspricht der Leverage-Faktor bei dem vorliegenden 2:1-Münzwurf dem optimalen Risikobruchteil, aber häufig ist das nicht so, und es kann ein gefährlicher Fehler sein, anzunehmen, das Kelly-Kriterium gebe einen optimalen Bruchteil des zu riskierenden Kapitals an, um optimales Wachstum zu erzielen. Das Kelly-Kriterium liefert kein Maximum, dessen Wert den für optimales Erwartungswachstum zu riskierenden Bruchteil eines Depots angibt, sondern den für optimales Erwartungswachstum sorgenden Leverage-Faktor. Man kann die beiden ineinander umrechnen, aber der eigentliche Nutzen der Optimal-f-Formel ist die Höhe der Kurve, die das erwartete Vielfache des Anfangskapitals angibt, das gewonnen oder verloren wird (was das Kelly-Kriterium nicht angibt), und daraus lässt sich ein Untersuchungsgebiet ableiten.

Zum Beispiel gibt es links vom Maximum einen Punkt, an dem sich die Kurve von konkav steigend in konkav fallend ändert. Da die senkrechte Achse das Wachstumsvielfache und die waagerechte Achse das Risiko angibt, kann man sagen, dass dieser Wendepunkt den Punkt darstellt, an dem das Wachstum schneller zunimmt als das Risiko und dieses Verhältnis sich umkehrt.

Man beachte, dass die Höhe der Kurve bei f = 0,1 und bei f = 0,4 gleich ist, obwohl man im zweiten Fall das Vierfache riskiert! Es gibt eindeutig niemals einen Grund, sich im rechten Bereich jenseits des Maximums zu befinden.

Wir haben erwähnt, dass man sich immer irgendwo auf dieser Kurve befindet, wenn man eine Position an einem Markt hält, ob man dies nun anerkennt oder nicht. Man beachte den Punkt in Abbildung B.5, wo f = 0,5 und das Vielfache = 1,0. Riskiert man mehr als das, ist ein Vielfaches unter 1,0 zu sehen, und deshalb gilt, dass man, je weiter man auf diesem Niveau zu traden fortfährt und sein Anfangskapital um einen Faktor kleiner 1 vervielfacht, umso sicherer bankrottgehen wird.

Was noch wichtiger ist: Diese Situation kommt zustande, ohne dass man sich einen Cent leiht – sie entsteht in einem Kassadepot! Diese Situation entsteht, wenn man pro zwei Kapitaleinheiten eine Einheit riskiert hat, eine Situation, für die man sich eindeutig nichts zu leihen braucht, und doch geht man, wenn man unter diesen (sehr günstigen) Umständen auf diesem „Leverage"-Niveau weitermacht, durch das weitere Trading mit Sicherheit bankrott.

Wenn mehr als ein Trade oder Spiel gleichzeitig an mehreren Märkten oder gemäß mehreren Ansätzen erfolgt, bildet sich die in Abbildung B.5 gezeigte Kurve (die zweidimensional ist, da wir nur eine Komponente betrachten) bei n Komponenten in einem Raum mit n + 1 Dimensionen. Wenn wir einen Fall betrachten, in dem zwei Papiere gleichzeitig gehandelt werden oder man gleichzeitig auf zwei 2:1-Münzwürfe wettet, befinden wir uns in einem (n + 1)-dimensionalen Raum (in diesem Fall dreidimensional, da 2 + 1 = 3), dargestellt in Abbildung B.6.

Dieser (n + 1)-dimensionale Raum wird als „Leverage Space" bezeichnet, und davon abgeleitete Portfolios als Leverage-Space-Portfolios (LSP-Portfolios). Die am LSP ausgerichtete Portfoliokonstruktion liefert uns Erkenntnisse, die wir von eher konventionellen Portfoliokonstrukten nicht bekommen. Zum Beispiel finden wir in Abbildung B.6 das Maximum der Kurve dort, wo die f-Koordinaten beider Spiele 0,23 betragen. Man beachte dabei, was geschieht, wenn wir auf einer Achse danebenliegen, zum Beispiel 0,23 und 0,6. Dann liegt das Vielfache – die Höhe des Graphen bei diesen Koordinaten – unter 1. Das heißt, wenn wir auch nur mit einer Komponente des Portfolios danebenliegen (und uns immer noch kein Geld leihen, um Positionen einzugehen), sorgen wir mit

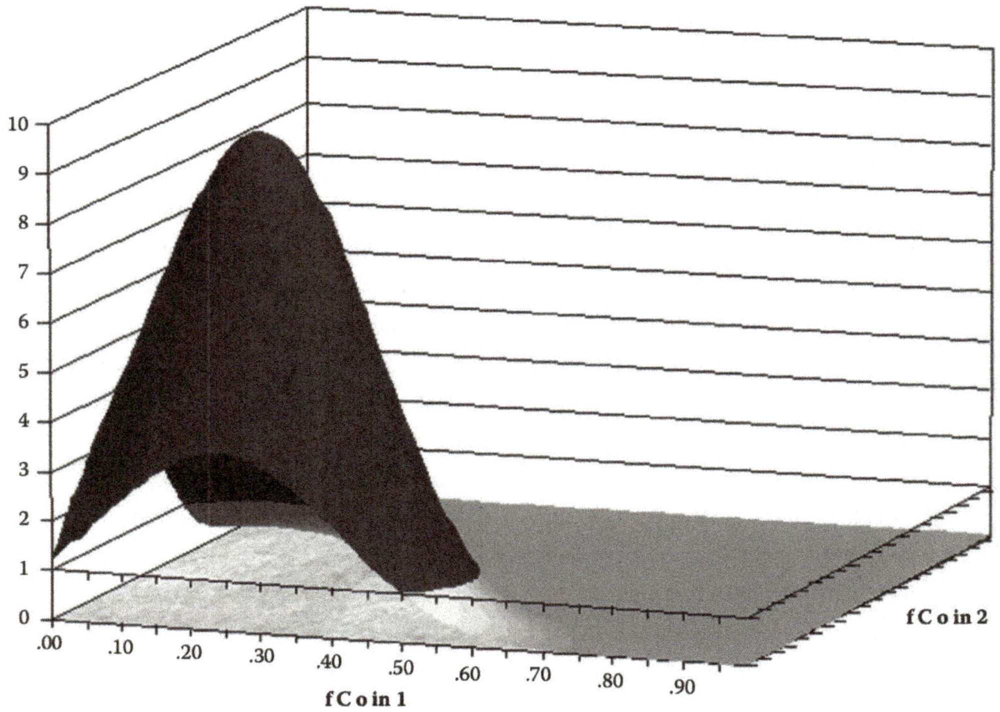

Abbildung B.6: Das erwartete Vielfache des anfänglichen Einsatzes nach 20 Münzwürfen bei zwei gleichzeitig gespielten 2:1-Münzwurf-Spielen.

Sicherheit dafür, dass wir bankrottgehen, wenn wir weiterhin traden. Die Auffassung, dass Diversifizierung das Risiko verbessert, wird in einem LSP-Portfolio eindeutig infrage gestellt, und das geht aus eher traditionellen Perspektiven auf die Portfoliokonstruktion überhaupt nicht hervor.

Nicht nur befinden wir uns unweigerlich im Leverage Space, wenn wir an den Märkten eine oder mehrere Positionen eingehen, sondern sehr wahrscheinlich bewegen wir uns auch aufgrund von Veränderungen unseres Kapitals und der Märkte durch diesen Raum, wobei wir für die verschiedenen Punkte auf der Oberfläche des Leverage Space, die wir durchlaufen, den Preis bezahlen und die Folgen tragen.

Somit kann man algorithmisch verschiedene Pfade durch den Leverage Space konstruieren, um andere Kriterien zu erfüllen als das konventionelle Kriterium, das Verhältnis der Erwartungsrendite zur Erwartungsvarianz zu maximieren oder auch das erwartete Wachstum zu maximieren (was beim Maximum der Fläche der Fall wäre). Dank eines Pfads durch den Leverage Space in einem LSP-Portfolio – durch die Fläche des Erwartungswachstums in Form des Vielfachen unseres anfänglichen Einsatzes – können wir nun Lösungen für beliebige Anlagekriterien finden.

ANHANG C

TECHNISCHE ANALYSE JENSEITS VON EDWARDS UND MAGEE

- Teil 1: Ein kurzer Überblick über zahlenorientierte Werkzeuge
- Teil 2: Der kreative Techniker – das Werk von Richard Arms
- Teil 3: Die Point-and-Figure-Methode des herausragenden Analysten Mike Moody
- Teil 4: Eine der berühmtesten technischen Routinen: die Bollinger-Bänder

Teil 1: Ein kurzer Überblick über zahlenorientierte Werkzeuge

Jetzt kommt etwas zum *Nachdenken*: eine Liste von Instrumenten der Technischen Analyse.

Technische Überlagerungen

1. **Bollinger-Bänder:** Eine Chartüberlagerung, die anhand der Standardabweichung die Ober- und Untergrenze „normaler" Preisbewegungen zeigt.
2. **Chandelier Exit**: Ein Indikator, der sowohl bei Long- als auch bei Short-Positionen zum Setzen von Trailing-Stops verwendet wird.
3. **Ichimoku-Wolke**: Ein umfassender Indikator, um Unterstützung und Widerstand festzulegen, die Richtung des Trends zu identifizieren und das Momentum einzuschätzen; liefert auch Handelssignale.
4. **Kaufman's Adaptive Moving Average (KAMA)**: Spezieller gleitender Durchschnitt, der die Volatilität berücksichtigt und sich automatisch an das Kursverhalten anpasst.
5. **Keltner-Kanäle**: Eine Chartüberlagerung, die anhand der Average True Range die Ober- und Untergrenze von Preisbewegungen anzeigt.
6. **Gleitende Durchschnitte**: Chartüberlagerungen, die den „durchschnittlichen" Wert im Laufe der Zeit anzeigen. Es werden sowohl der einfache gleitende Durchschnitt (SMA = Simple Moving Average) als auch der exponentiell geglättete gleitende Durchschnitt (EMA = Exponential Moving Average) erklärt.
7. **Hüllkurven gleitender Durchschnitte**: Eine Chartüberlagerung, die aus einfachen gleitenden Durchschnitten besteht.
8. **Parabolic SAR**: Eine Chartüberlagerung, die im Aufwärtstrend Wendepunkte unter dem Kurs und im Abwärtstrend Wendepunkte über dem Kurs anzeigt.
9. **Pivot Points**: Eine Chartüberlagerung, die im Aufwärtstrend Wendepunkte unter dem Kurs und im Abwärtstrend Wendepunkte über dem Kurs anzeigt.
10. **Preiskanäle**: Eine Chartüberlagerung, die einen Kanal anzeigt, der aus dem höchsten Hoch und dem tiefsten Tief eines bestimmten Zeitraums gebildet wird.

11. **Volume by Price**: Eine Chartüberlagerung mit einem horizontalen Histogramm, das die Handelsaktivität bei verschiedenen Preisniveaus anzeigt.
12. **Volumengewichteter Durchschnittskurs (VWAP = Volume-Weighted Average Price)**: Intraday-Indikator, der auf dem Wert in Dollar aller Trades des Tages geteilt durch das Handelsvolumen des Tages basiert.
13. **ZigZag**: Eine Chartüberlagerung, die gefilterte Kursbewegungen anzeigt, die einen bestimmten Prozentsatz überschreiten.

Technische Indikatoren

1. **Accumulation/Distribution Line**: Sie kombiniert Kurs und Handelsvolumen, um anzuzeigen, wie womöglich Geld in eine Aktie hinein- oder herausfließt.
2. **Aroon**: Aroon Up und Aroon Down zeigen an, ob sich eine Aktie in einem Trend befindet oder nicht.
3. **Aroon-Oszillator**: Misst die Differenz zwischen Aroon Up und Aroon Down.
4. **Average Directional Index (ADX)**: Zeigt an, ob eine Aktie einen Trend bildet oder schwankt.
5. **Average True Range (ATR)**: Misst die Volatilität einer Aktie.
6. **Bandbreite**: Gibt die prozentuale Differenz zwischen dem oberen und dem unteren Bollinger-Band an.
7. **%B-Indikator**: Zeigt die Beziehung zwischen Kurs und auf Standardabweichungen basierenden Bollinger-Bändern an.
8. **Chaikin Money Flow (CMF)**: Kombiniert Kurs und Volumen, um anzuzeigen, wie womöglich Geld in eine Aktie hinein- oder herausfließt. Alternative zur Accumulation/Distribution Line.
9. **Chaikin-Oszillator**: Kombiniert Kurs und Volumen, um anzuzeigen, wie womöglich Geld in eine Aktie hinein- oder herausfließt. Basiert auf der Accumulation/Distribution Line.
10. **Chande Trend Meter (CTM)**: Punktzahl für die Stärke des Trends einer Aktie, basierend auf mehreren technischen Indikatoren über sechs verschiedene Zeitrahmen.
11. **Commodity Channel Index (CCI)**: Zeigt die Schwankungen einer Aktie um ihren „üblichen“ Preis an.
12. **Coppock Curve**: Ein Oszillator, der anhand der Veränderungsrate eines gewichteten gleitenden Durchschnitts das Momentum misst.
13. **Korrelationskoeffizient**: Zeigt das Ausmaß der Korrelation zwischen zwei Wertpapieren über einen gegebenen Zeitraum an.
14. **DecisionPoint Price Momentum Oscillator (PMO)**: Fortgeschrittener Momentum-Indikator, der die Veränderungsrate einer Aktie verfolgt.
15. **Detrended Price Oscillator (DPO)**: Ein Kurs-Oszillator, der anhand eines verschobenen gleitenden Durchschnitts Zyklen identifiziert.
16. **Ease of Movement (EMV)**: Ein Indikator, der Volumen und Kurs vergleicht, um signifikante Bewegungen zu erkennen.
17. **Force Index**: Einfacher Kurs- und Volumen-Indikator.
18. **Mass Index**: Ein Indikator, der Wendepunkte erkennt, wenn sich der Schwankungsbereich des Kurses verbreitert.
19. **MACD (Moving Average Convergence/Divergence Oscillator)**: Ein Momentum-Oszillator, der auf der Differenz zwischen zwei EMAs basiert.
20. **MACD-Histogramm**: Ein Momentum-Oszillator, der die Differenz zwischen dem MACD und seiner Signallinie anzeigt.
21. **Money Flow Index (MFI)**: Volumengewichtete Version des RSI, die Änderungen des Kauf- und des Verkaufsdrucks anzeigt.

22. **Negative Volume Index (NVI)**: Kumulativer volumenbasierter Indikator zur Identifikation von Trendwenden.
23. **On-Balance Volume (OBV)**: Kombiniert Kurs und Volumen auf sehr einfache Art, um anzuzeigen, wie Geld womöglich in eine Aktie hinein- oder herausfließt.
24. **Percentage Price Oscillator (PPO)**: Prozentuale Version des MACD-Oszillators.
25. **Percentage Price Oscillator (PVO)**: Der PPO-Indikator auf das Volumen statt auf den Preis bezogen.
26. **Price Relative/Relative Strength (Relative Stärke)**: Technischer Indikator, der die Performance zweier Aktien dadurch miteinander vergleicht, dass er ihre Kursdaten durcheinander teilt.
27. **Pring's Know Sure Thing (KST)**: Ein Momentum-Oszillator von Martin Pring, der auf der geglätteten Veränderungsrate über vier verschiedene Zeitrahmen basiert.
28. **Pring's Special K**: Ein Momentum-Oszillator von Martin Pring, der die kurzfristige, mittelfristige und langfristige Geschwindigkeit miteinander kombiniert.
29. **Rate of Change (ROC) und Momentum**: Zeigt an, wie schnell sich der Kurs einer Aktie ändert.
30. **Relative-Stärke-Index (RSI = Relative Strength Index)**: Zeigt an, wie stark sich eine Aktie in ihre derzeitige Richtung bewegt.
31. **RRG Relative Strength**: Verwendet das RS-Ratio, um die relative Performance zu messen, und das RS-Momentum, um das Momentum der relativen Performance zu messen.
32. **StockCharts Technical Rank (SCTR)**: Unser relatives Rangfolge-System, das auf der technischen Stärke einer Aktie basiert.
33. **Steigung**: y- durch x-Bewegung einer linearen Regression.
34. **Standardabweichung (Volatilität)**: Statistisches Maß für die Volatilität einer Aktie.
35. **Stochastik-Oszillator (Fast, Slow und Full)**: Zeigt an, wie sich der Kurs einer Aktie im Verhältnis zu früheren Kursbewegungen verhält. Der schnelle, der langsame Stochastik-Oszillator und der Full Stochastic werden erklärt.
36. **StochRSI**: Kombiniert den Stochastik mit dem RSI-Indikator, um Änderungen des RSI besser zu erkennen.
37. **TRIX**: Ein dreifach geglätteter gleitender Durchschnitt der Preisbewegungen.
38. **True Strength Index**: Ein Indikator, der die Richtung des Trends sowie überverkaufte/überkaufte Niveaus misst.
39. **Ulcer Index**: Ein Indikator zur Ermittlung des Marktrisikos oder der Volatilität.
40. **Ultimate Oscillator**: Kombiniert langfristige, mittelfristige und kurzfristige gleitende Durchschnitte zu einer einzigen Zahl.
41. **Vortex Indicator**: Ein Indikator, der den Beginn eines neuen Trends identifizieren und den aktuellen Trend definieren soll.
42. **Williams %R**: Verwendet den Stochastik-Oszillator, um überkaufte und überverkaufte Niveaus zu erkennen.

Überblick

Dies ist eine Liste der Werkzeuge und Indikatoren, die auf stockcharts.com verfügbar sind. Die meisten oder gar alle sind auch über Softwarepakete (Tradestation, AIQ, Metastock) oder online (thinkorswim und andere) verfügbar. Ich drucke diese Liste ab, damit Neulinge der Technischen Analyse eine Vorstellung davon bekommen, welche Fülle an Werkzeugen es gibt. Auch sollen diejenigen, die sich mit der Technischen Analyse beschäftigen, sehen, dass der Aufbau von Systemen, die den Markt schlagen sollen, dem Stein der Weisen ähnelt. Dabei handelt es sich um einen Stein, mit dem man Blei in Gold verwandeln kann. Im Mittelalter war er Gegenstand intensiver Forschungen. Derzeit besitzt meines Wissens nur George Soros einen Stein der Weisen, aber es ist durchaus möglich, dass ein fleißiger Schüler in der Liste ein Werkzeug oder eine Methode findet, das oder die es ihm ermöglicht, reichen Lohn zu ernten.

Anlässlich dieser Liste möchte ich außerdem etwas wiederholen, was wir unseren Studenten im Laufe der Jahre immer wieder gesagt haben: Man kann einen Nagel auch mit einem Schraubenzieher einschlagen – also wenn etwas für einen selber funktioniert, kommt es nicht darauf an, wie es aussieht. Deshalb möchte ich einige der hier angeführten Werkzeuge kommentieren, aber nicht alle, und in manchen Fällen enthülle ich Werkzeuge und Systeme, die beim Research teuflisch effektiv sind.

Gleitende Durchschnitte

„Technische Analyse von Aktientrends" ist oft das erste Buch, das Anleger lesen, wenn sie sich für die technische Herangehensweise an den Markt interessieren. So soll es sein, und auch angehende Analysten müssen über das erstaunlich vielfältige Gebiet der Technischen Analyse informiert werden. Die Chartanalyse ist der Grundpfeiler der Technischen Analyse, und dieses Wissensgebiet ist Pflicht. Wenn man als Analyst eher statistisch orientiert ist oder eine algorithmische Methode sucht, muss man die zahlreichen im technischen Werkzeugkasten enthaltenen Werkzeuge durchsuchen.

Der vorliegende Anhang ist nicht dafür gedacht, dem Leser im Einzelnen beizubringen, wie man ein System mit gleitenden Durchschnitten oder Stochastik-Oszillatoren anwendet, sondern er soll die diversen technischen Instrumente und Systeme (oder Methoden) in einen Zusammenhang stellen und in eine Perspektive rücken. Das erste dieser Werkzeuge ist der gleitende Durchschnitt (GD). Wir können persönlich die Leistungsfähigkeit solcher Systeme bezeugen, denn wir haben mithilfe gleitender Durchschnitte übergroße Gewinne erzielt. Dabei ist zu beachten, dass diese Gewinne in rauschenden Haussen erzielt wurden. Wenn man in einem seitwärts tendierenden Markt anhand eines gleitenden Durchschnitts tradet, kann das so sein, als würde man mit einem Fleischwolf Wurst produzieren. Darum ist es absolut notwendig, dass man Vertrauen in den Zustand des Marktes hat. Die Wirkung eines gleitenden Durchschnitts besteht darin, das „rohe" Kursverhalten zu glätten und den Trend des Marktes klarer zu machen. Man kann den gleitenden Durchschnitt mit Schnickschnack behängen wie einen Weihnachtsbaum. Man kann ihn als Signal-Input nutzen: Man kauft, wenn der Preis den GD von unten nach oben schneidet, und man kann es als Stopp betrachten und verkaufen, wenn der Preis unter den GD fällt. Oder man kann ein Filter konstruieren – kaufen oder verkaufen, wenn der Kurs um einen bestimmten Prozentsatz über die Linie steigt oder unter sie fällt. Hier sind unendlich viele Variationen denkbar.

Es dürfte auf der Hand liegen, dass GD-Systeme in erster Linie Trendfolgesysteme sind. Das gilt für so gut wie alle Methoden und Systeme von Edwards und Magee. Der Grund, weshalb man versucht, Trendsysteme anzuwenden, besteht ausnahmslos darin, dass langfristige Trendfolge größere Gewinne einbringt als alle anderen Trading-Methoden.

Im Allgemeinen erhebt der Markt zwei gleitende Durchschnitte gewissermaßen zu einer Konvention, die 50-Tage-Linie und die 200-Tage-Linie. Die Medien und die Öffentlichkeit halten die 50-Tage-Linie für einen warnenden Riss im Markt und einen Schnittpunkt mit der 200-Tage-Linie für ein bearishes Phänomen. Wir betrachten bei unserer Handelstätigkeit zwar die 50- und die 200-Tage-Linie, aber wir verwenden sie nicht als Signale. Normalerweise befassen wir uns mehr mit Mustern und mit der Natur des Marktes als diese gleitenden Durchschnitte als Signale zu verwenden. Stattdessen nutzen wir sie als Hinweise darauf, was die Allgemeinheit denkt, und nutzen für Stoppkurse die Referenzpunkt-Analyse.

Magees Sichtweise der gleitenden Durchschnitte ist in Kapitel 36 enthalten. Amüsant ist eine Bemerkung von ihm über die Entdeckung der gleitenden Durchschnitte: „[M]an könnte eine Art automatisierte Trendlinie ableiten, die die Trendwende definitiv interpretieren würde [...]. Das schien fast zu gut, um wahr zu sein. Und tatsächlich war es auch zu gut, um wahr zu sein."

Wir persönlich haben mit Systemen, die auf gleitenden Durchschnitten beruhen, hervorragend profitable Erfahrungen gemacht. Am Anfang hielten wir das für ein Zeichen von Genialität, aber mit der Zeit wurde uns klar, dass der Markt das Genie war und dass mein Unternehmen in einer rauschenden Hausse handelte – das tat es wirklich, und zwar im Rahmen der ungeheuerlichen Haussen der 1970er-Jahre, am russischen Weizenmarkt, am Hunt-Silbermarkt und so weiter. In einem von Gezeiten bestimmten Markt funktioniert fast alles, sogar Zwergschimpansen, die Darts werfen.

Jedoch kann ein langfristiger gleitender Durchschnitt einen Anleger monatelang oder gar jahrelang investiert halten. Im Falle der großen Hausse von 2009 bis 2017 dauerte es Jahre, zu sehen im Chart mit einer einfachen 200-Tage-Linie in Abbildung C.1.

Charttechniker nutzen verschiedene Arten von gleitenden Durchschnitten: einfach, exponentiell geglättet, „triangular", variabel und gewichtet. Der maßgebliche Unterschied zwischen diesen Methoden ist, dass der einfache Durchschnitt alle Preise gleich stark gewichtet. Gewichtete und exponentiell geglättete Durchschnitte legen den jüngsten Zahlen mehr Bedeutung bei, sodass sie empfindlicher und schneller reagieren können. Der Triangular Moving Average (TMA) gewichtet den mittleren Bereich des Zeitraums stärker, und variable gleitende Durchschnitte passen die Gewichtung an die Kursschwankungen an.

Riecht das etwa nach einem Stein der Weisen? Eines sollte dies dem Neuling ebenso wie dem ergrauten Veteranen sagen: Die Suche nach einer Methode, die den Markt schlägt, ist unaufhörlich und unermüdlich – sie endet nie.

Betrachtet man einen exponentiell geglätteten und einen einfachen gleitenden Durchschnitt vergleichend, sieht man, dass der Unterschied die Mühe wahrscheinlich nicht lohnt. Trading-Entscheidungen könnten sich durch Trading mit Längensystemen (sehr kurzfristig 5 bis 15 Tage, kurzfristig 15 bis 23 Tage, mittelfristig 24 bis 50 Tage und langfristig 100 Tage; dem neueren Denken zufolge könnte man noch „super-langfristig" hinzunehmen – auf Wochen basierende 200-tägige oder noch längere Systeme) leicht beschleunigen.

Üblicherweise verwendet man ein GD-System, indem man long geht, wenn der Preis über den gleitenden Durchschnitt steigt, und verkauft, wenn der Preis unter den gleitenden Durchschnitt fällt. Die wahrscheinlich gängigste Abwandlung solcher Systeme besteht darin, dass man ein Filter über solche Systeme legt, zum Beispiel dass die Über- beziehungsweise Unterschreitung des gleitenden Durchschnitts ein Prozent (oder x Prozent) betragen muss, um gültig zu sein. (Vergleiche das Pentad-System in Kapitel 36.) Aufgrund unserer Erfahrung glauben wir, dass dies die effektivste

Abbildung C.1: Ein gleitender Durchschnitt über 200 Perioden in einem Wochenchart. Als Anleger hätte man nie (so gut wie nie) auch nur im Geringsten um seine Position gefürchtet. Die GD-Linie hätte das Vertrauen in den Trend untermauert.

Art sein könnte, dieses Werkzeug anzuwenden. Manchmal werden zwei gleitende Durchschnitte verwendet. Dabei ergeben sich aus dem Zusammenspiel der gleitenden Durchschnittslinien Signale, wenn eine die andere von unten oder von oben schneidet. Das ist ein Merkmal des MACD, der später noch besprochen wird.

Der Stochastik-Oszillator

Das Erste, was man tun sollte, wenn man sich mit dem Stochastik befasst: möglichst nicht versuchen, herauszufinden, was „Stochastik" bedeutet. Natürlich gibt es eine Bedeutung, die im Wörterbuch steht, und damit befassen wir uns später. Vorläufig sollte der Leser die Frage der konkreten Bedeutung beiseiteschieben und sich damit befassen, was damit auf dem Gebiet der Technischen Analyse gemeint ist.

Märkte haben theoretisch (und praktisch) zwei grundsätzliche Zustände: in einem Trend oder auf dem Rückweg zum Mittelwert. Befindet sich der Markt nicht in einem Trend und schwankt hin und her, auf und ab, braucht man als Trader Werkzeuge, um damit zurechtzukommen. Wenn man unter solchen Bedingungen traden will, benutzt man Oszillatoren. Zweck eines Oszillators ist es, bei der Identifizierung von Wellentälern und Wellenkämmen zu helfen. Der Stochastik-Algorithmus gehört zu den beliebteren Oszillatoren.

Der Stochastik bildet ein „Fenster" auf den Markt für die Analyse von Kursen. Der Standardwert für dieses Fenster beträgt 14 Kursbalken, aber verschiedene Anwender stellen diesen Wert für ihre eigenen Zwecke ein. Die Kurshochs und Kurstiefs innerhalb dieses Fensters sind feste Bestandteile der Analyse. Dieses Verfahren bildet eine Linie namens %K als wesentlichen Maßstab beziehungsweise Orientierung der Analyse. Dann wird anhand eines einfachen gleitenden Durchschnitts von %K eine zweite Linie namens %D berechnet. Dieser gleitende Durchschnitt ist recht kurz (drei Perioden als Standardwert), sodass die Linie sehr empfindlich ist. Normalerweise werden diese Linien auf einer Skala von 1 bis 100 dargestellt. Signale kommen durch die Werte 20 und 80 zustande. Die Routine kauft, wenn der untere Wert 20 beträgt, und verkauft bei einem oberen Wert von 80. Kurz gesagt wird Stärke verkauft und Schwäche gekauft. 20 und 80 beziehen sich darauf, wo der Schlusskurs im Verhältnis zur Trading-Range im Zeitfenster steht. Die Preisposition steht also bei 20 oder 80 Prozent des Schwankungsbereichs. Es gibt auch andere Mittel, um Signale zu

Abbildung C.2: Stochastik-Routine in einem Goldpreis-Chart. Um diesen Indikator zu interpretieren, braucht man natürlich eine gewisse Erfahrung und ein gewisses Unterscheidungsvermögen, aber das gilt ja für alle auf Zahlen basierenden Indikatoren.

generieren, und zwar aus der Interaktion der beiden Linien, zum Beispiel wenn die %K-Linie unter die %D-Linie fällt oder über sie steigt (Abbildung C.2).

Wie die meisten Tools kann man als Charttechniker auch diese Routine nach Lust und Laune abwandeln.

Der MACD (Moving Average Convergence/Divergence)

Der MACD ist ein Trendfolge-Momentum-Indikator, der das Verhältnis zwischen zwei gleitenden Durchschnitten der Preise anzeigt. Er wird als Differenz zwischen exponentiell geglätteten gleitenden Durchschnitten über 26 und 12 Tage berechnet. Gerald Appel, der dieses Verfahren entwickelt haben soll, legte eine exponentiell geglättete 9-Tage-Linie über den MACD, um Handelssignale zu identifizieren. Grundsätzlich tritt ein Verkaufssignal auf, wenn der MACD unter die Signallinie fällt, und ein Kaufsignal, wenn er über die Signallinie steigt. Gehandelt wird auch, wenn der MACD über null steigt oder unter null fällt (Abbildung C.3).

Wie man sich bei 55 Indikatoren (und es werden täglich mehr) gut vorstellen kann, gibt es für jede Gelegenheit ein Werkzeug. Man muss stets die Regel für Werkzeuge bedenken: Einem Mann mit einem Hammer kommt alles wie ein Nagel vor. Anstatt zu versuchen, jedes Werkzeug zu erklären, werde ich mich auf die naheliegendsten beschränken, nachdem ich den Leser daran erinnert habe, dass der sorglose und ungebildete Gebrauch jedes Tools sein Kapital ernstlich gefährden kann.

Noch ein paar ausgewählte Indikatoren, die man in Betracht ziehen kann: **ADX**, ein Werkzeug, das angibt, ob ein Papier in eine Richtung tendiert oder oszilliert. Dieses Werkzeug lässt sich leicht durch ein Lineal und das bloße Auge ersetzen. Das gilt für viele Indikatoren: Sie wurden von ihren Erfindern in dem Bestreben entwickelt, Unklarheiten aus dem Markt zu beseitigen – ein Wunsch, den ein erfahrener Chartanalyst nicht hat. Der Chartanalyst schaut sich einen Chart an, und meistens ist er für ihn offensichtlich. Wenn nicht, wird er offensichtlich, sobald er ein Lineal anlegt. Ein weiteres Werkzeug, das mehr oder weniger das Gleiche tut, ist der **Aroon**, der den **Aroon Up** und den **Aroon Down** nutzt, um herauszufinden, ob sich ein Papier in einem Trend befindet oder nicht. Wieder mal eine Frage, die für den Chartanalysten auf den ersten Blick schrecklich offensichtlich ist. Wir möchten klarstellen, dass jedes dieser Werkzeuge schon einmal von einem intelligenten Analysten verwendet wurde, um dem Markt einen Profit abzuringen. Die **Accumulation/Distribution Line** zeigt an, wie Geld in ein Papier hinein- und aus ihm herausfließt, was für manche Anwender ebenso nützlich sein kann wie der Indikator **Volume by price**, der das Ausmaß der Aktivität bei verschiedenen Preisniveaus anzeigt. **Pivot points** – ein vergleichsweise einfacher Mechanismus, der offensichtlich unter Tradern beliebt ist, kann dem Trader zumindest eindeutige Trading-Punkte liefern.

Was uns zu einem zentralen technischen und philosophischen Punkt bringt: Fast jedes System ist besser als gar keine Methode (oder gar kein System). Der unerfahrene Trader oder Anleger steht vor der Frage: *welches System*? Das vorliegende Buch beantwortet diese Frage für die meisten Anleger und ist eine gute Methode, während der Anleger seine eigenen Methoden verfeinert. Wir sagen nach wie vor, dass ein Trader, der ein System erfindet, ohne dieses Buch gründlich zu kennen, Leib, Leben und Kapital aufs Spiel setzt. Heute mag diese Aussage etwas weniger zutreffen als in früheren Jahren – einfach weil so viel von dem in diesem Buch enthaltenen Material durch Osmose

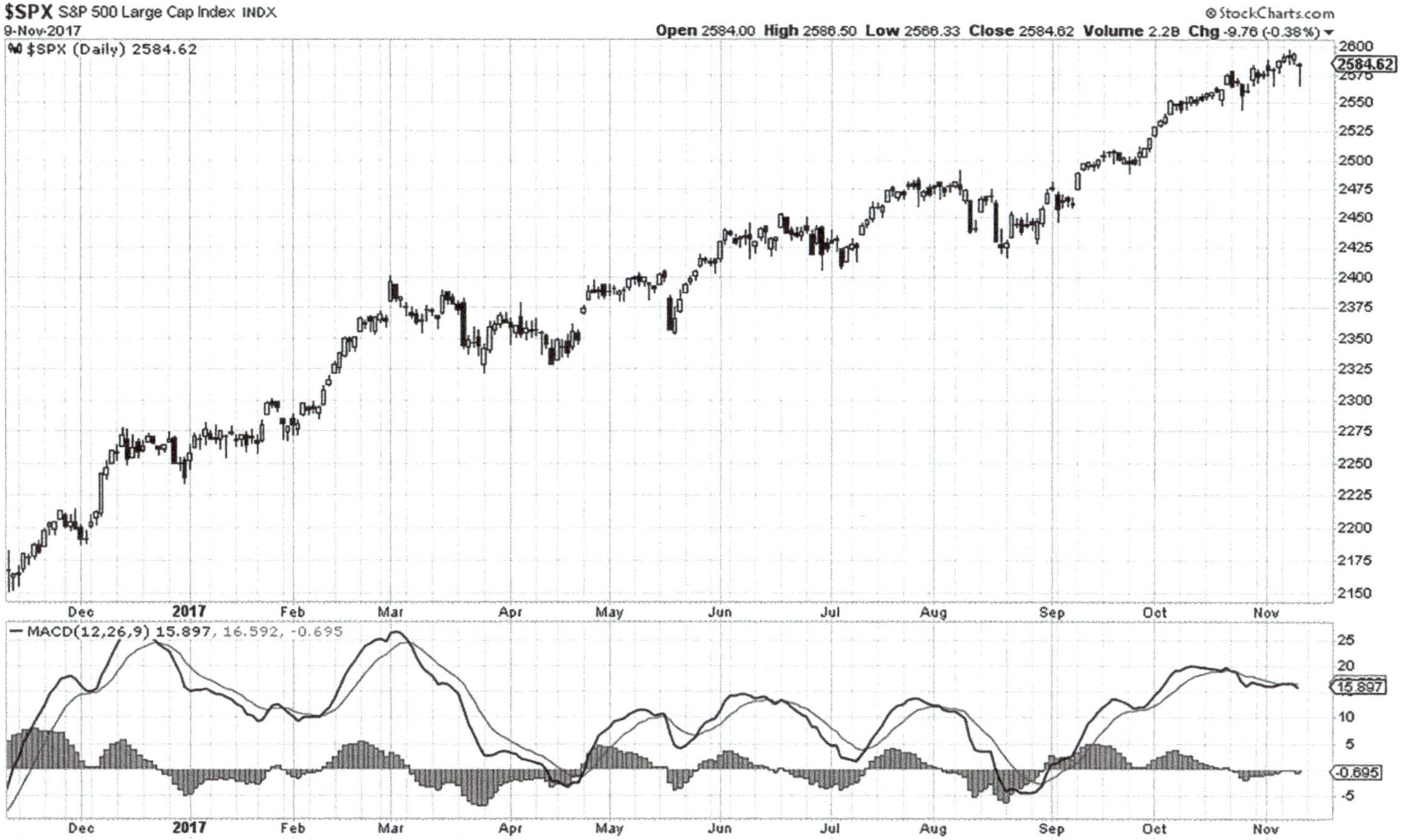

Abbildung C.3: Der MACD in einem Goldpreis-Chart. Der MACD ist ein beliebtes Tool, und viele Trader halten ihn für effektiv. Der Leser sieht in dem Chart, warum das so ist.

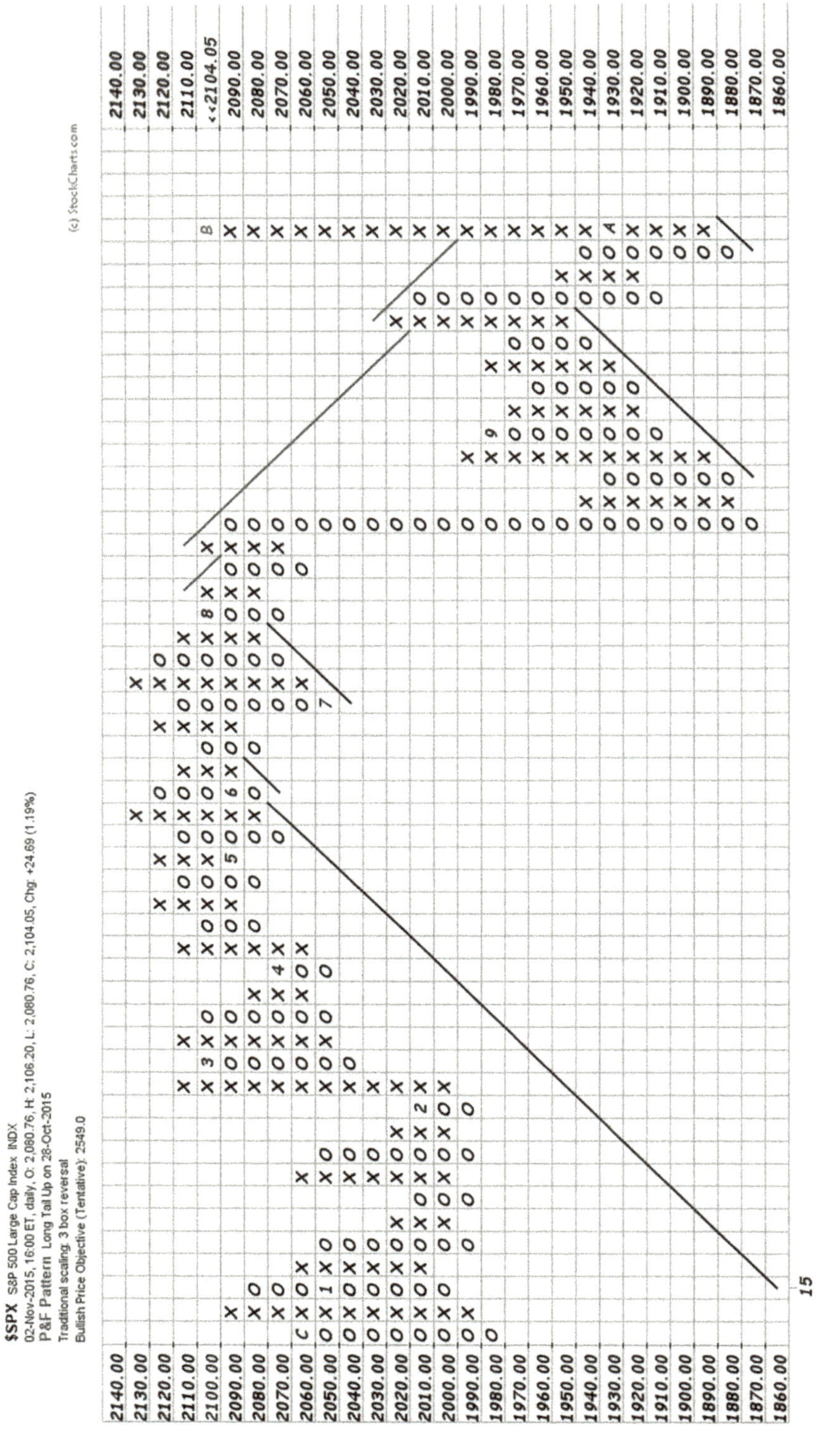

Abbildung C.4: Hier ein PnF-Chart von der Website edwards-magee.com vom November 2015, der ein Ziel von 2.549 anpeilt – zu einem Zeitpunkt, als der S&P 500 bei rund 2.000 stand.

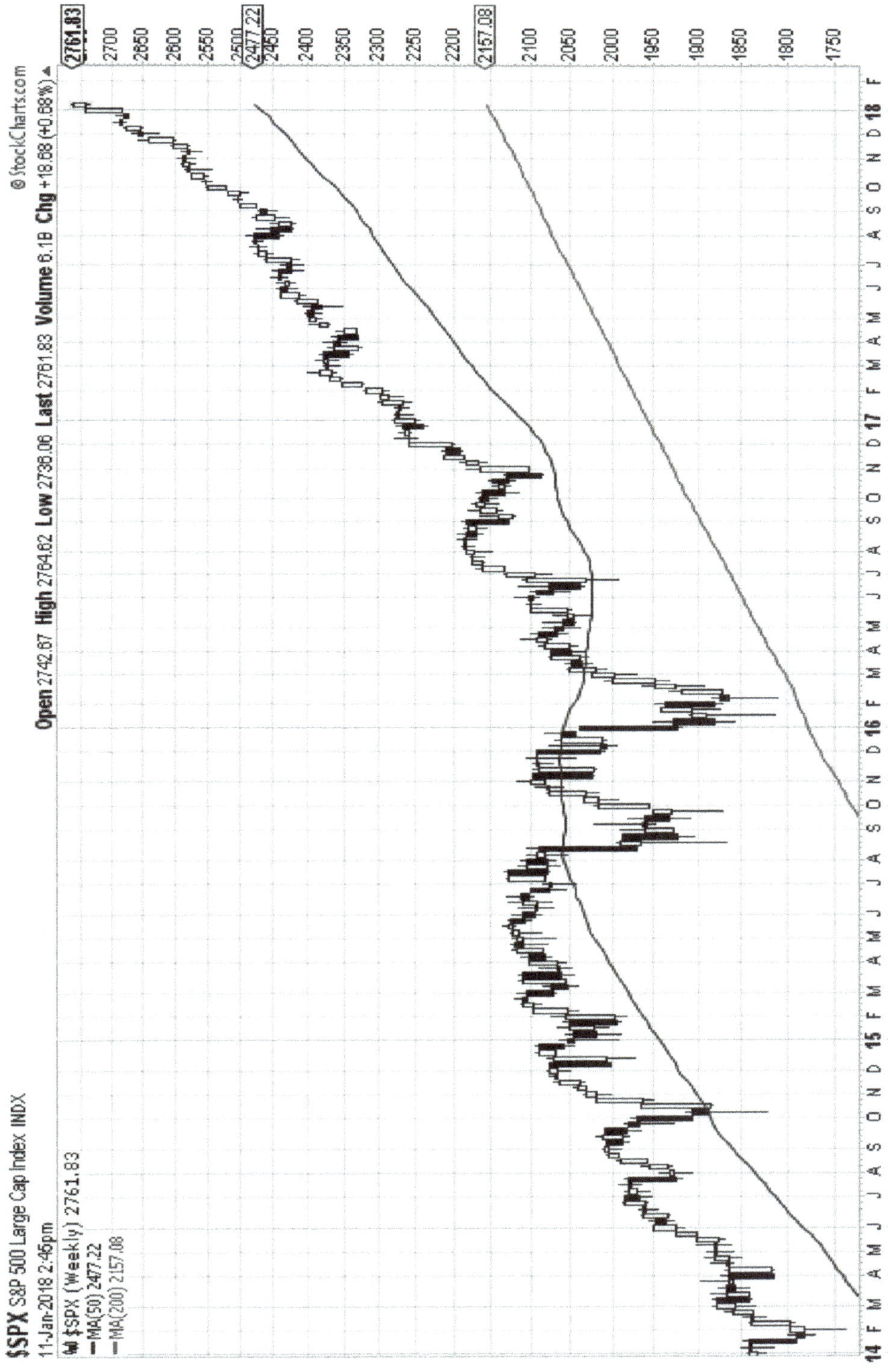

Abbildung C.5: Hier wieder ein Chart von edwards-magee.com vom November 2015 zum Vergleich mit dem obigen PnF-Chart.

in das Allgemeinwissen der Anleger gedrungen ist, gewöhnlich unbewusst, aber häufig durch offenkundige Nachahmung oder Schlimmeres. Allerdings empört uns diese Praxis nicht und amüsiert uns manchmal sogar – keine Tränen. Da wir außerdem seit vielen Jahren im Bildungswesen tätig sind, ist die Verbreitung von Wissen in unseren Augen etwas, das aufgeklärte und gebildete Menschen aufgrund ihrer Verantwortung gegenüber der Gemeinschaft und der Menschheit tun.

Point-and-Figure-Analyse

Die Anleger setzen schon so lange überwiegend die Balkenchart-Analyse ein (zum Teil wegen des vorliegenden Buches), dass sogar viele erfahrene Analysten eine interessante und wertvolle Methode nicht kennen, mit der wir uns hier kurz befassen werden. Diese Methode ist die Point-and-Figure-Analyse.

Manche sagen, Charles Dow habe den PnF-Chart erfunden, andere sagen, die Russen seien es gewesen, aber jedenfalls hat er sich in unserer Erfahrung als überraschend effektiv erwiesen. Wenn man einige seiner Eigenschaften untersucht, bekommt man eine Vorstellung davon, warum das so ist. Balkencharts stellen Preisbewegungen (Eröffnungskurs, Hoch, Tief, Schlusskurs) in Form eines senkrechten Balkens mit Zipfeln für Eröffnungs- und Schlusskurs dar. Die x-Achse stellt die Zeit dar, die y-Achse den Preis. Der PnF ignoriert die Zeit größtenteils, aber wie wir sehen werden, spielt sie durchaus eine kleine Rolle.

Bei der Erstellung des Charts werden mehrere Entscheidungen getroffen. Da der Chart aus Kästchen besteht, muss die Größe der Kästchen festgelegt werden. Der Analyst wählt Kästchen, die zu der Dauer des Charts passen. Wenn man es mit Daten des INDU, die über Jahre hinweg reichen, zu tun hat, muss die Box natürlich groß sein – 50 bis 100 Punkte. Bei kürzeren Dauern deutet die Wellenanalyse auf eine geeignete Größe hin, und auf jeden Fall bieten Online-Routinen Charts von vernünftiger Größe an. Grundsätzlich kann man sagen, dass größere Kästchen einen Überblick bieten und kleinere Kästchen Details.

Die andere Entscheidung, die der Analyst treffen muss, ist der Umfang einer Umkehr – eines „Reversals". Traditionell entscheidet man sich für ein 3-Box-Reversal. Das heißt, wenn die Kästchengröße 4 beträgt und man sich in einer x-Spalte befindet, dann müssen zwölf Punkte abwärts stattfinden, um in eine Spalte von Nullen zu wechseln, und dann würde man in die nächste Spalte drei Nullen eintragen. Und obwohl die Zeit gewöhnlich ignoriert wird, kennzeichnet man ein Kästchen mit einem Monatsindikator, wenn eine Spalte in einen neuen Monat übertragen wird.

Alle diese Optionen kann der einzelne Charttechniker ändern und anpassen. Überdies gibt es noch andere Varianten von PnF-Charts – zum Beispiel das 1-Box-Reversal –, aber der Grundgedanke bleibt gleich. Wenn man mehrere Methoden verwendet, kann man aus dem Chart heraus Vorhersagen treffen. Ich möchte betonen: Behandeln Sie diese Methode und alle anderen Algorithmen so lange mit Vorsicht, bis Sie sie gründlich geprüft haben (Abbildung C.4).

Danach zum Vergleich ein Balkenchart (Kerzenchart), der das traditionelle Bild dieses Zeitraums zeigt (Abbildung C.5).

Wie der Leser sieht, sind PnF-Charts eine faszinierende und nützliche Methode. Viele Anleger verlassen sich bei ihren Analysen ausschließlich auf diese Methode.

Wie bei allen Werkzeugen, über die wir hier einen Überblick bieten, versuchen wir nicht, das Werkzeug definitiv zu erkunden oder die Mechanik seiner Erstellung zu beschreiben. Solche Details werden in den Büchern „Point & Figure Charting“ von Thomas Dorsey und „The Definitive Guide to Point and Figure“ von Jeremy du Plessis kompetent geliefert. Im weiteren Verlauf dieses Anhangs wird Mike Moody die Methode noch viel ausgefeilter besprechen.

Teil 2: Der kreative Techniker – die Arbeiten von Richard Arms

Der Arms Index (TRIN) von Richard Arms

Im Jahr 1967, als ich auf dem Gebiet der Technischen Analyse noch ein Unbekannter war und als Broker bei einer großen Firma an der NYSE arbeitete, zogen wir in frisch renovierte Räumlichkeiten um. Zu den Verbesserungen gehörten auch neue Kursanzeigesysteme, bei denen die Informationen tatsächlich auf einem kleinen Bildschirm angezeigt wurden. Zudem beinhalteten die Daten ein paar faszinierende Zahlen. Man konnte die Anzahl der Aktien sehen, die zu einem bestimmten Zeitpunkt gefallen beziehungsweise gestiegen waren, und sogar das Gesamtvolumen der gestiegenen Aktien und das Gesamtvolumen der gefallenen Aktien. Als ich das sah, begann ich mich zu fragen, ob man es als Indikator nutzen könnte, der uns sagte, ob das Verhältnis der gestiegenen zu den gefallenen Aktien das gleiche war wie das Verhältnis des Volumens der gestiegenen zum Volumen der gefallenen Aktien. Wäre dem nicht so, könnten Abweichungen von der Normalität vielleicht anzeigen, wann eher die Käufer oder eher die Verkäufer am Ruder waren. Innerhalb von Sekunden wurde in meinem Geist der Arms Index oder TRIN geboren und floss dann in mein Research ein. Ein Artikel in *Barron's* genügte, und er entwickelte ein Eigenleben.

Die Berechnung

Da es so viele Quellen gibt – beispielsweise Zeitungen, Fernsehsender und Kursanbieter –, die den berechneten Index liefern, brauchen die meisten Nutzer die Berechnung niemals selbst durchzuführen. Aber um die Bedeutung des Indikators würdigen zu können, sollte man wissen, wie er abgeleitet wird. Die Formel lautet:

$$\frac{\textit{(ANZAHL GESTIEGENE/ANZAHL GEFALLENE)/}}{\textit{(VOLUMEN GESTIEGENE/VOLUMEN GEFALLENE)}} = \textit{Arms Index}$$

Man kann jederzeit die Zahlen abrufen, die besagen, wie viele Aktien am betreffenden Tag gestiegen sind, wie viele am betreffenden Tag gefallen sind, und den Umsatz mit steigenden und den Umsatz mit fallenden Aktien. Setzt man sie in obige Formel ein, kommt eine Zahl heraus, der Arms Index für den betreffenden Zeitpunkt. Das obige Beispiel ergab einen etwas bearishen Index. Ein Index von 1,00 ist ein Unentschieden und besagt, dass sowohl auf die steigenden als auch auf die fallenden Aktien ein angemessener Teil des Umsatzes entfallen ist. Ein Wert über 1,00 ist bearish, denn er zeigt an, dass auf die fallenden Aktien mehr Umsatz entfallen ist als auf die steigenden.

Normalerweise schwankt der Index in einem engen Bereich um 1,00. Wir haben schon Tage mit 0,19 und welche mit mehr als 10,00 erlebt, aber das kam nur selten vor, wenn die Trader auf extreme Euphorie oder extreme Angst reagierten. Normalerweise liegt der Index irgendwo zwischen 0,65 und 1,75.

BEISPIEL ARMS INDEX: 1.024 GESTIEGEN, 2.030 GEFALLEN, STEIGVOLUMEN 299.790.000, SINKVOLUMEN 786.830.000 1.024/2.030 = 0,504 299.790/786.830 = 0,381 0,504/0,381 = 1,32 (ANSTIEGE/RÜCKGÄNGE)/(STEIGVOLUMEN/SINKVOLUMEN) = BEISPIEL ARMS INDEX (TRIN)

Die Überlegung

Der Arms Index sagt einem jederzeit, ob auf die steigenden Aktien der entsprechende Volumenanteil entfällt oder nicht. Steht der Index über 1,00, überwältigen die fallenden Aktien die steigenden Aktien. Vergessen Sie nicht, dass ein Wert unter 1,00 gut ist, ein Wert über 1,00 schlecht. Das leuchtet nicht unmittelbar ein, aber so wurde der Index beim ersten Mal berechnet, und jetzt ist es zu spät, um etwas daran zu ändern. Wenn Sie das ernstlich stört, kehren Sie die Berechnung um; dann leuchtet er mehr ein, aber dann sind sie mit allen anderen, die den Index benutzen, außer Tritt. Sie werden sehen, dass es bei dem Index darum geht, zwei Verhältniszahlen miteinander zu vergleichen, und daher kommt es häufig vor, dass ein Markt vorliegt, der anscheinend bullish ist, weil mehr Aktien steigen als fallen, der aber in Wirklichkeit unter Druck steht, insofern auf die steigenden Aktien nicht der entsprechende Umsatzanteil entfällt und der Index bearish ist. Genauso kann es vorkommen, dass mehr Aktien fallen als steigen, dass aber der Index bullish ist, weil auf die steigenden Aktien mehr Volumen entfällt, als ihnen entspräche. Der Arms Index misst die innere Dynamik des Marktes – eine Dynamik, die andernfalls vielleicht nicht problemlos sichtbar ist. Ein bullisher Arms Index in einem schleppenden Markt kann einem sagen, dass hinter der Maske eines sinkenden Marktes eine Akkumulation stattfindet.

Die Verwendung des Indexes

Dieser Index wurde als Intraday-Timing-Werkzeug entwickelt und eignet sich für diese Aufgabe immer noch gut. Dafür muss man sich zwei Dinge anschauen: den tatsächlichen Stand und dessen Veränderung im Tagesverlauf. Der tatsächliche Stand gibt am ehesten den derzeitigen Zustand wieder; manchmal macht ein bullisher Wert bei fallendem Markt oder ein bearisher Wert bei steigendem Markt die Kursbewegung suspekt. In den meisten Fällen entspricht der Wert dem aktuellen Marktgeschehen, aber man muss auf große Extreme achten. Nicht immer, aber oft läuft der Index zu weit in eine Richtung und deutet darauf hin, dass die Bewegung überzogen ist. Er gibt Zeitpunkte wieder, zu denen die Vernunft aufgegeben wird und blinde Panik oder Fressgier den Handel beherrscht. Ein sehr hoher oder sehr niedriger Index kann ein Anzeichen dafür sein, dass man gegen den Strom schwimmen sollte. Die zweite Verwendung im Tagesverlauf ist, auf Veränderungen statt nur auf den tatsächlichen Wert des Index zu achten. Häufig wechselt der Index schon die Richtung, bevor an den Aktienindizes eine Wende sichtbar wird. Ein bearisher Index in einem bearishen Markt, der plötzlich beginnt, in Richtung niedriger (weniger bearisher) Niveaus zu fallen, kann eine Vorwarnung sein, dass der Markt im Begriff steht, nach oben zu wenden. Das Gleiche gilt für bullishe Zahlen, die zu steigen beginnen; sie können darauf hindeuten, dass sich ein Abschwung anbahnt. Meistens wird der Index heutzutage jedoch für längerfristige Zwecke genutzt. Der häufigste Einsatz ist ein einfacher gleitender Durchschnitt der Zahlen zum täglichen Handelsschluss über zehn Tage. Das ist oft ein guter Indikator für Marktbewegungen, die ein paar Wochen dauern. Für das kurzfristige Trading nehme ich gern den gleitenden Durchschnitt über fünf Tage. Um ein Gefühl für längerfristige Trends zu bekommen, benutze ich 21 und 55 Tage. Große Marktbewegungen erkennt man, wenn man sehr lange gleitende Durchschnitte nimmt, beispielsweise über 233 Tage. In allen gleich folgenden Charts schauen wir uns einfache gleitende Durchschnitte des Arms Index auf einer invertierten Skala an. Unten ist der Index, oben der Markt zu sehen. Da die Skala des Indexes invertiert ist, fallen Tiefs der Indikatorlinie oft mit Tiefpunkten des Marktes zusammen, ebenso Hochs des Indexes mit Spitzen des Marktes. Ich habe für die nun folgenden Charts verschiedene Zeitintervalle gewählt, weil die längerfristigen gleitenden Durchschnitte für längerfristige Prognosen verwendet werden. Ich habe keine verbindlichen Zahlenwerte als Kauf- und Verkaufssignale angegeben, weil man den Index im Kontext der aktuellen Marktlage betrachten muss. In einer Baisse liegen die Kaufsignale auf einem stärker überverkauften Niveau als in einer Hausse. Gipfel und Täler, die im Vergleich zur letzten Zeit extrem sind, sagen einem, wann es Zeit wird, zum Käufer oder zum Verkäufer zu werden. Das sind nur ein paar Anwendungen und Beispiele. Nicht gezeigt werden die nun auch für die Nasdaq und für einige Auslandsmärkte verfügbaren Arms Indizes, an denen der Index genauso wirkungsvoll ist. In den Jahren, seit dieser Index zum ersten Mal veröffentlicht wurde, wurde unter Anwendung vieler verschiedener Methoden enorm viel Arbeit geleistet. Wer darüber mehr erfahren will, sei auf die diversen Bücher von Richard W. Arms, Jr. verwiesen. Abbildung C.6 veranschaulicht den Index und beinhaltet zwecks des Zusammenhangs einen Equivolume-Chart.

5-DAY and 10-DAY NYSE

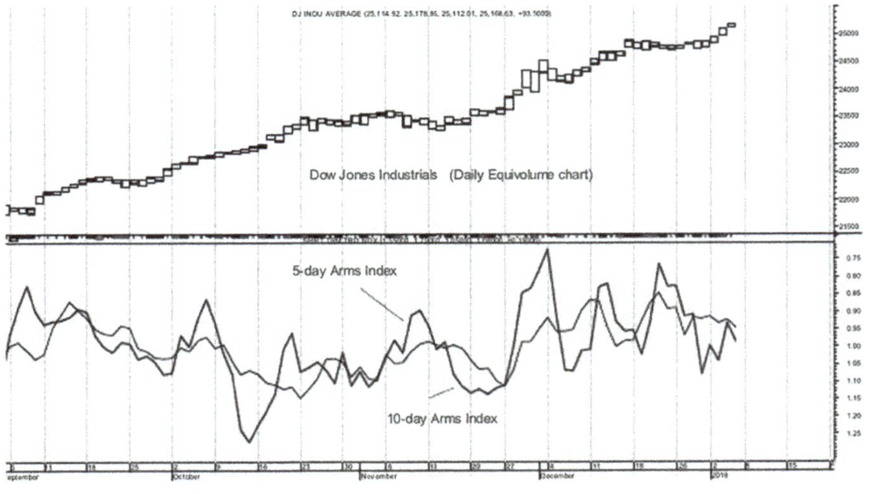

Abbildung C.6: Man beachte, dass der Ausbruch im Equivolume-Chart durch breite Balken akzentuiert wird. Der Techniker benötigt ständig solche Akzente und Warnungen (vergleiche auch Abbildung C.7).

Equivolume-Charts

Einführung

Im Jahr 1971, als der Arms Index bereits zur Methodologie der Wall Street gehörte, faszinierte mich zunehmend die Rolle des Handelsvolumens am Markt. Ich hatte viel Zeit damit verbracht, eine frühe Ausgabe des Buches zu studieren, das Sie nun in Händen halten, aber auch die Ideen von Richard Wyckoff kennengelernt; beide legten viel Wert auf die Bedeutung des Umsatzes für die Beurteilung von Kursbewegungen. Als ich eines Nachmittags auf der Heimfahrt von der Arbeit war, dachte ich über Aktiencharts und Volumen nach, und plötzlich wurde mir klar, dass es eine bessere Möglichkeit geben könnte, das Handelsgeschehen abzubilden. Wie wäre es, wenn man in unseren Charts die Zeit durch das Handelsvolumen ersetzen könnte? Man könnte doch jeden Tag als Rechteck statt der traditionellen Linie in einem Balkenchart darstellen. Die Breite des Rechtecks würde das Volumen des betreffenden Tages darstellen. Ohne dass ich es wusste, erfand ich damit eine Methode neu, die schon Jahrzehnte zuvor vorgeschlagen worden war, aber keine allgemeine Verbreitung gefunden hatte. Ich beschloss, meine neue Methode als Equivolume zu bezeichnen (vergleiche Abbildungen C.7 und C.11).

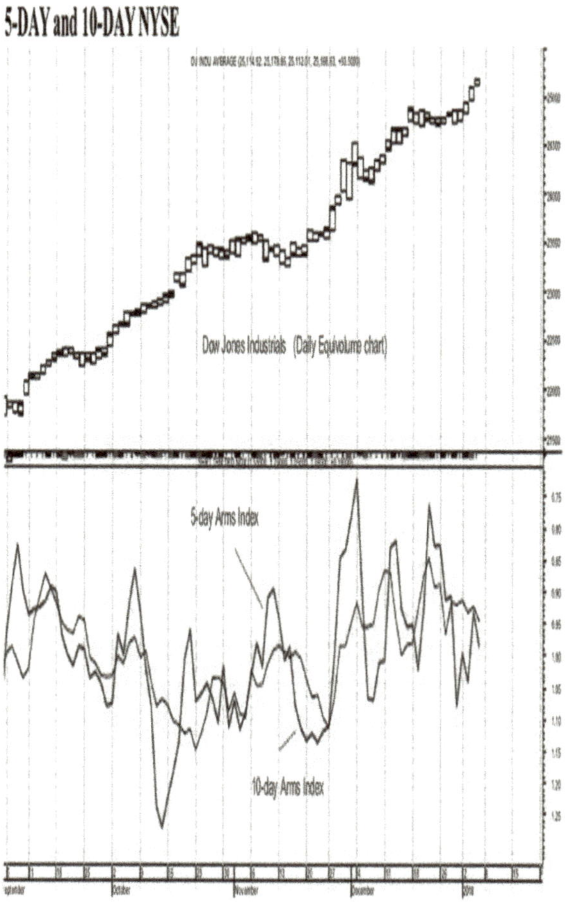

Abbildung C.7: Wieder einmal warnen die breiten, das Volumen anzeigenden Balken den Techniker vor einem bedeutenden Anstieg des Marktes.

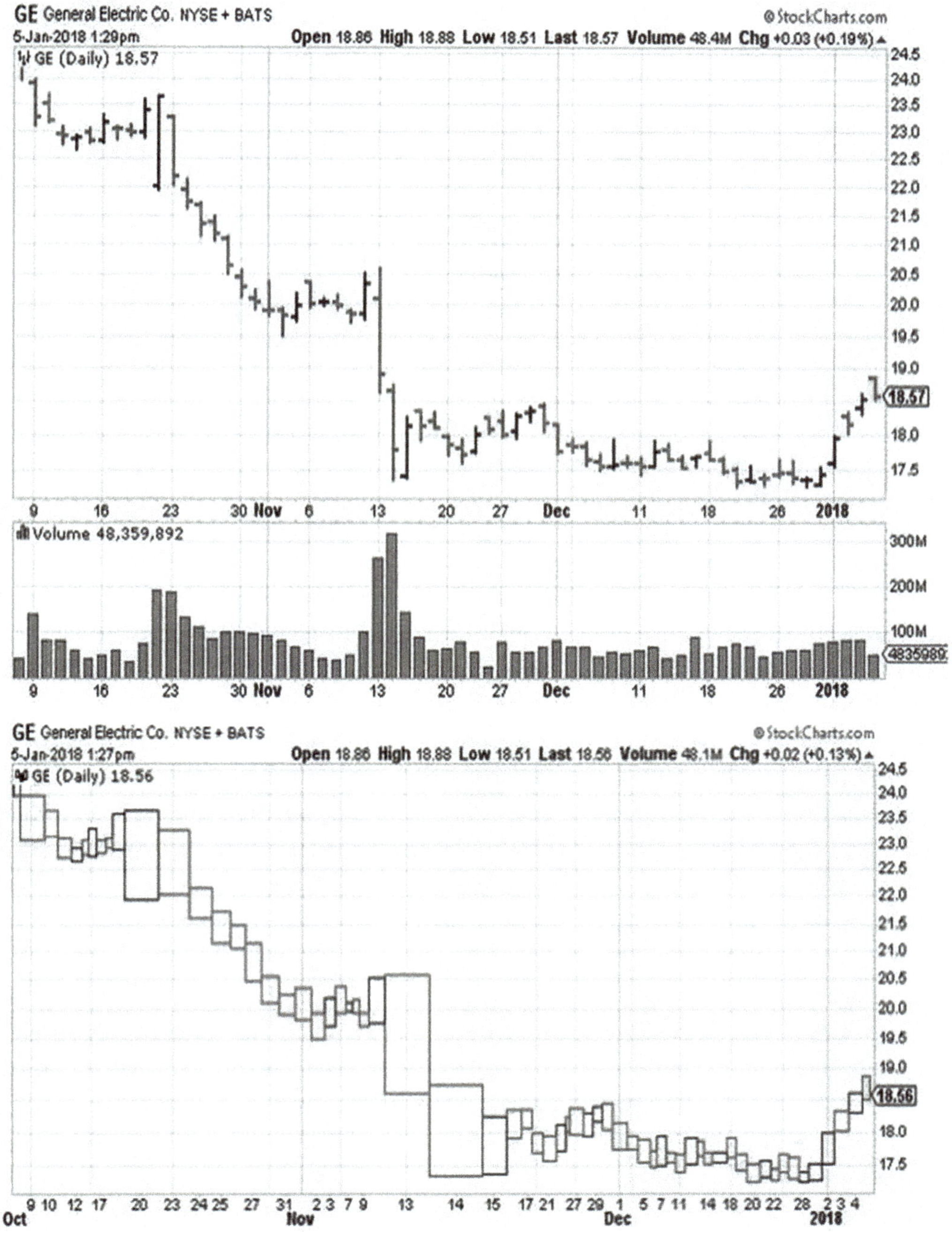

Abbildung C.8: Drei Monate Handel mit General Electric veranschaulichen zwei verschiedene, aber einander ergänzende Abbildungen des Marktes. Indem wir das Volumen vom unteren Rand her hinaufzogen und in den Preis einschlossen, machten wir sichtbar, dass nicht alle Tage von gleicher Bedeutung sind. Zudem führte das Konzept, die Zeit als Maß für den Markt zu beseitigen, in späteren Studien und Büchern zur Entwicklung von Volume Cyclicality, Ease of Movement und von volumenbereinigten gleitenden Durchschnitten. Es wurde sichtbar, dass der Markt eine Funktion des Volumens ist. Wird nichts gehandelt, geschieht nichts. Je mehr gehandelt wird, umso bedeutender ist es.

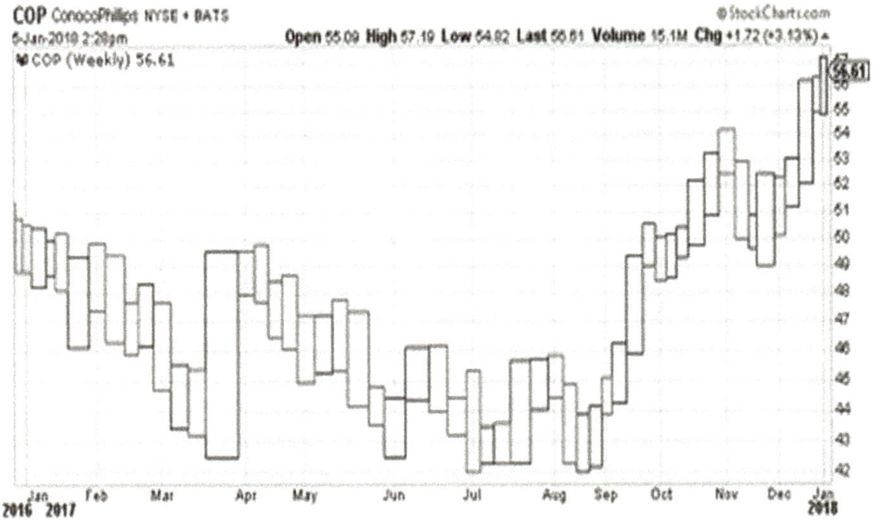

Abbildung C.9: Eine lebendige Veranschaulichung, wie nützlich der Equivolume-Chart ist, ähnlich wie Wegweiser auf einem Schlachtfeld: „Hier viele Kampfhandlungen."

Die Technik

In den Tagen vor der allgemeinen Verbreitung von Computern war es bei Weitem nicht einfach, das Equivolume-Konzept umzusetzen. Um das Volumen aus dem unteren Teil des Charts herauszunehmen und es in die Darstellung einzubauen, musste für jede Aktie eine Skala erarbeitet werden, die auf ihrem normalen Trading basierte. Ich möchte nicht auf die Berechnungen eingehen, die ich anfänglich anstellte, aber es schien zu funktionieren. Ich stellte eine Dame ein, die Dutzende Charts für mich zeichnete, und lernte zunehmend, herauszulesen, was sie besagten; das führte zu meinem ersten Buch. Später rechtfertigte jeder neue Fortschritt ein weiteres Buch. Als sich dann viel klügere Menschen als ich ausdachten, wie man einen Computer diese Arbeit erledigen lassen kann, wurde das viel leichter. Heute bekommt man bei fast allen großen Chartanbietern Equivolume-Charts, sodass man sich über die Berechnung der Größe wirklich keine Gedanken mehr zu machen braucht. Es mag genügen, dass die Rechtecke in einem Chart in ihrer Wiedergabe des Volumens einander proportional sind.

Das Ergebnis

Ein Equivolume-Chart verändert in keiner Weise das Hoch und das Tief jedes Eintrags, aber mit dem Volumen kombiniert wird er zu einem Kästchen, dessen Form und Größe Angebot und Nachfrage im betreffenden Handelszeitraum wiedergibt. Alle Methoden, die von den Meistern populär gemacht wurden, die dieses Buch zum ersten Mal herausbrachten, sind auch gültig, wenn man sie auf Equivolume-Charts anwendet.

Allerdings werden beispielsweise Trendlinien häufig früher gebrochen, wenn das Volumen zunimmt, und Ausbrüche sind auffallender, wenn das Volumen steigt, und dies legitimiert sie als Unterstützungs- und Widerstandsniveaus. Equivolume verwendet genau die gleichen Daten, aber es liefert uns einfach ein anderes Bild, das alle Daten in einen einzigen Eintrag einbezieht. Oben sind zwei Charts zu sehen, ein Balkenchart und ein Equivolume-Chart der gleichen Aktie über den gleichen Zeitraum – drei Handelsmonate General Electric (Abbildung C.8).

Der Chart darunter wird wöchentlich veröffentlicht (Abbildung C.9).

Fazit

Der Equivolume-Chart war eine viel bessere Art, das Marktgeschehen zu betrachten, weil jeder Eintrag eine umfassendere Geschichte erzählte. Die Form des Rechtecks zeigte an, wie leicht oder schwer es den Preisen fiel, sich zu bewegen, während die Größe jedes Rechtecks die Intensität des Interesses anzeigte. Man konnte diese Methode für jedes Investmentprodukt verwenden, sofern dafür Zahlen sowohl zur Preisentwicklung als auch zum Volumen zur Verfügung standen. Das ist zu einer vollständigen Methodologie geworden und ist bei zahlreichen Datendiensten problemlos erhältlich.

Arms-CandleVolume-Charts

Nach der Einführung und breiten Akzeptanz von Equivolume war der nächste logische Schritt die Kombination des Equivolume-Konzepts mit der japanischen Candlestick-Methode. Allerdings tat ich das nur langsam, denn einer oder mehrere Chartanbieter hatten bereits eine teilweise Zusammenführung der beiden Methoden eingeführt und sie CandleVolume genannt, dies aber auf eine Art und Weise, dass dabei ein Teil der visuellen Vorteile von Equivolume verloren ging. Doch ich fand, wenn ich die Kombination der Methoden auf meine Weise vornehmen und sie vollständig verschmelzen würde, dann könnte das ein weiterer großer Fortschritt in der Art und Weise sein, wie wir Charts betrachten. Indem ich umständlich Doppeldrucke von Charts anfertigte, konnte ich daran arbeiten und stellte fest, dass die Ergebnisse sehr nützlich waren; und da der Name CandleVolume bereits vergeben war, nannte ich es Arms CandleVolume. Und dann, nach meinem ersten Vortrag über diese Vorgehensweise bei der International Federation of Technical Analysts in San Francisco vor ein paar Jahren, war das Problem gelöst. Minuten, nachdem ich mit dem Vortrag fertig war, zeigte mir der Präsident von Stockcharts.com, der im Publikum gesessen hatte, dass sie die Software schnell an die neue Darstellungsmethode angepasst hatten, und mit meiner Genehmigung nahmen sie sie unverzüglich in ihr Angebot auf. Die Abbildungen in diesem Artikel stammen aus dieser Quelle.

Die Vorteile

In manchen Balkenchart-Versionen sind Eröffnungs- und Schlusskurs zu sehen, aber die Equivolume-Methode ignorierte sie. Die Kerzencharts enthielten die Eröffnungs- und Schlusskurse und hoben sie sogar hervor. Das führte zu verschiedenen faszinierenden visuellen Mustern der alten Methoden, die von ihrem Ursprung her mit fantasievollen und denkwürdigen Namen versehen wurden. Ich neige dazu, um die neuen Methoden davon zu unterscheiden und um zu betonen, dass die Hinzunahme der Volumenänderungen sehr oft die Bedeutung ändert, meine eigene Nomenklatur zu verwenden. Die japanischen Methoden sind wundervoll, aber das Volumen bringt eine neue Dimension hinein. Wenn man anfängt, diese Methode zu verwenden, tritt immer mehr zutage, dass sie, wenn man Eröffnungs- und Schlusskurse zu den Hochs und Tiefs und zum Volumen hinzunimmt, ein leistungsfähiges zusätzliches Werkzeug liefert.

Die Methode

Wir haben nichts anderes getan als die Kerze in das Equivolume-Kästchen zu stecken. Allerdings läuft eine senkrechte Linie durch das Kästchen, der Docht, und zwei waagerechte Linien, Eröffnungs- und Schlusskurs. Über und unter diesen Linien sind die Beine. Liegt der Eröffnungskurs

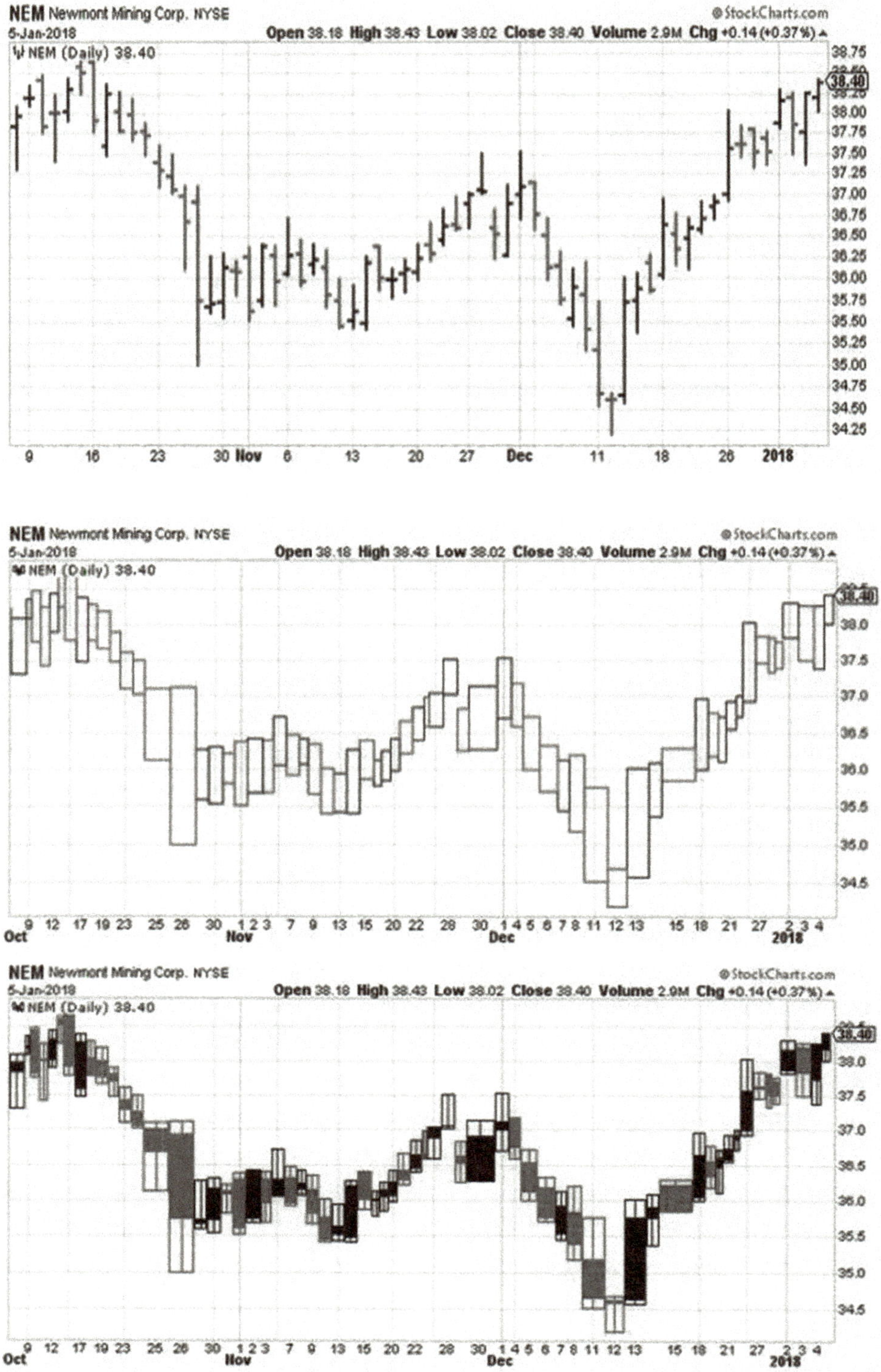

Abbildung C.10: Man beachte die zunehmende Analyse von Informationen, die von einer Methode zur nächsten stattfindet, vom herkömmlichen Balkenchart über Equivolume zum CandleVolume.

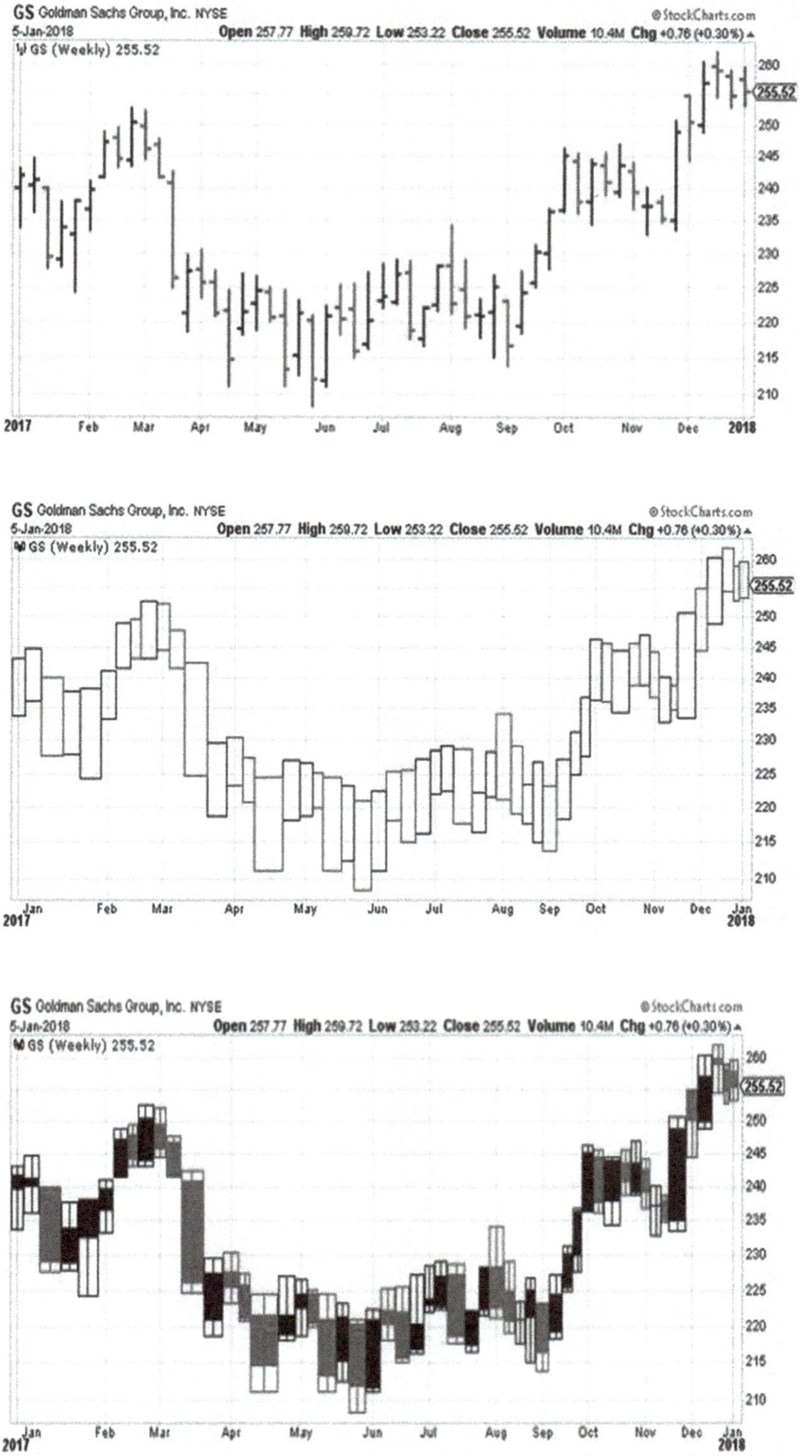

Abbildung C.11: Man beachte die Zunahme der Information, wenn man zur neueren Methode übergeht. Candle-Volume kombiniert die Vorteile von Equivolume und Kerzenchart.

unter dem Schlusskurs, ist der Körper schwarz, liegt er darüber, ist er rot. Wenn keine Farbe zur Verfügung steht, kann man den Körper füllen beziehungsweise nicht füllen. Oben sehen wir einen Vergleich der drei Methoden: Balkenchart, Equivolume-Chart und Arms-CandleVolume-Chart. Alle drei sind Tagescharts von Newmont Mining über den gleichen 3-Monats-Zeitraum (Abbildung C.10).

Die Interpretation zu behandeln geht über den Rahmen dieses Artikels hinaus, aber ich glaube, es ist klar, dass uns jeder Tag, jeder Wert, eine prägnante Geschichte über Angebot und Nachfrage erzählt, vom entgegengesetzten Druck seitens Käufern und Verkäufern. Die Größen der Kästchen erzählen uns von der allgemeinen Begeisterung, und ihre Formen sagen uns, wie leicht es der Preisbewegung fällt, stattzufinden. Darüber hinaus sagt uns die Differenz zwischen Eröffnungs- und Schlusskurs, ob der Preis stockt oder läuft. Form, Größe und Inhalt des Kästchens, die Größe des Kerzenkörpers, sie alle stellen ein Bild davon dar, wie leicht oder schwer die Bewegung ist.

Teil 3: Die Technische Analyse mit Point & Figure von Mike Moody

Wie bei den meisten Technischen Analysten waren die ersten Charts, mit denen ich zu tun hatte, Balkencharts. Ich fing als naiver Aktienbroker an, der hoffte, die Märkte zu verstehen, um den Kunden zu Gewinnen zu verhelfen. Bald lernte ich, dass die Position als „Kundenbetreuer" – vom fehlerhaften Standpunkt der Brokerfirma her – in erster Linie ein Verkäuferjob war. Schnell lernte ich, Balkencharts als eine Art Selbstverteidigung gegen die Researchabteilung der Firma einzusetzen. Die Charts ließen sich verwenden, um die Position jedes Wertpapiers zu prüfen, das die Researchabteilung der Firma empfahl, in der oft vergeblichen Hoffnung, dass die Empfehlung und der Chart übereinstimmen würden.

Ich fand, dass die am häufigsten verwendeten Balkencharts eine begrenzte Perspektive boten, meist nur ein Jahr Kursdaten. Schon bald nahm ich einen zusätzlichen Chartanbieter in Anspruch, der Wochencharts anbot – einschließlich einer Relative-Stärke-Linie.

Meine Suche nach Perspektive endete, als mir der Point-and-Figure-Chart vorgestellt wurde. Ich halte ihn für eine außerordentlich flexible und nützliche Ergänzung des Balkencharts, weil er eine Perspektive beitragen kann. Analysten wie Richard Wyckoff verwendeten wegen ihrer unterschiedlichen Merkmale und Stärken sowohl Balken- als auch Point-and-Figure-Charts.

Heutzutage sind Point-and-Figure-Charts ziemlich selten, und das ist schade. Neulinge verstehen oft nicht, was sie da sehen oder wie ein Point-and-Figure-Chart aufgebaut ist.

Ich zeige auf der gegenüberliegenden Seite einen einfachen Beispiel-Chart (Abbildung C.12).

Dieser Chart ist ein Beispiel für einen 3-Box-Reversal-Point-and-Figure-Chart in einem traditionellen Maßstab. Dieser Chartstil wurde von Abe Cohen von Chartcraft populär gemacht. Die Preisskala ist links. (Sie sehen, dass die Preiskästchen unter 20 Dollar kleiner sind als die von 21 bis 100 Dollar. Das ist ein schlauer Versuch aus der Vor-Computer-Zeit, sich einer eher logarithmischen Skala anzunähern. Spalten mit X geben steigende Preise an, Spalten mit O sinkende Preise. Die kleinen Zahlen im Chart geben an, in welchem Monat ein Wertpapier den betreffenden Preis zum ersten Mal erreicht hat. (1–9 für Januar bis September, A–C für Oktober bis Dezember – wieder eine elegante frühzeitige Lösung, um eine Zeitangabe in einem Kästchen einfacher Breite unterzubringen.)

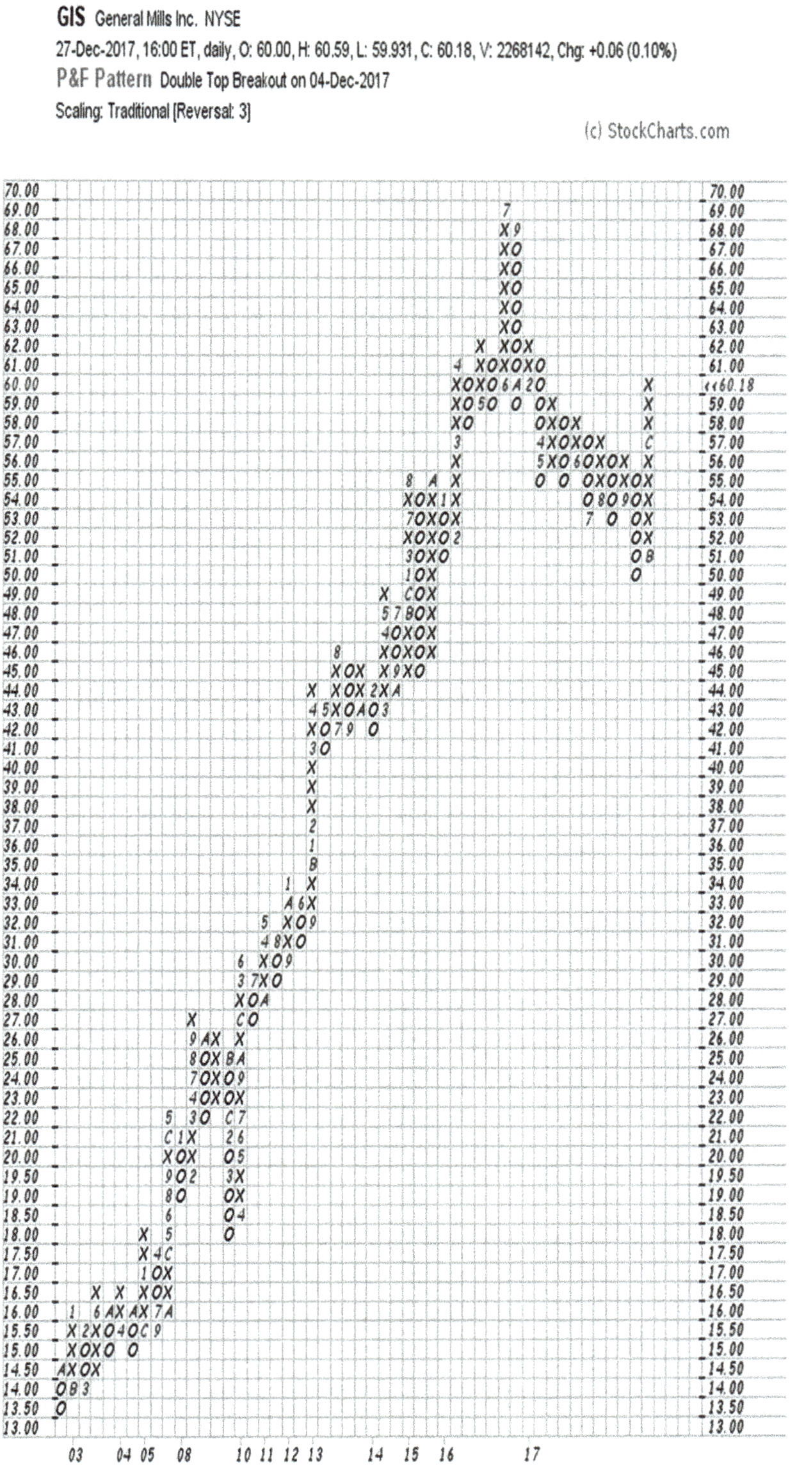

Abbildung C.12: Mehrjährige Daten zu GIS.

Die Perspektive liegt auf der Hand, denn der Chart deckt weit über ein Jahrzehnt ab. Allerdings fallen einem Technischen Analysten, der Balkencharts gewohnt ist, zwei Dinge auf. Erstens gibt es keine Zeitskala; Jahre, in denen viel passiert ist, sind breit, weil viele Reversals stattgefunden haben. Jahre, in denen sich die Aktie ruhig entwickelt hat, werden durch weniger Spalten dargestellt. Zweitens ist nicht unmittelbar ersichtlich, wie ein 3-Box-Reversal-Chart aufgebaut ist. Er ist zwar einfach, aber er bedarf einer kurzen Erklärung.

Ein 3-Box-Reversal-Chart soll alle Kursbewegungen herausfiltern, die weniger als drei Kästchen betragen, egal wie das im Chart aussieht. In einem 3-Box-Reversal-Chart gibt es keine Spalte, die aus weniger als drei Kästchen besteht. Die Grundregel wird eingehalten: Die Mindesttiefe einer Spalte ist eine Funktion des verwendeten Reversal-Werts.

Nehmen wir einmal den Chart im Jahr 2012, denn er wendete erstmals im September nach oben auf 34 Dollar. Hier nun eine einfache logische Abfolge, wie ein Point-and-Figure-Chart konstruiert wird:

1. Wenn man in einer Spalte mit X-en nach oben geht, schaut man zuerst, ob ein neues Hoch erreicht wurde. Wenn ja, trägt man ein weiteres X in die Spalte ein.
2. Wenn kein neues Hoch erreicht wurde, prüft man nach, ob ein 3-Box-Reversal nach unten stattgefunden hat. Wenn ja, trägt man in einer neuen Spalte 3 Os ein.
3. Wenn kein neues Kurshoch erreicht wurde und keine Umkehr nach unten stattgefunden hat, tut man gar nichts.

Dieses „Nichtstun“ macht den Unterschied aus, denn dadurch kann Zeit vergehen, ohne dass am Chart etwas geändert wird. Der Chart ist eine Aufzeichnung der reinen Preisbewegung.

Im November 2012 war General Mills mit 35 Dollar eingetragen worden – ohne jemals drei Kästchen oder mehr gewendet zu haben. Im Januar 2013 stieg der Preis auf 36 Dollar. Der Februar 2013 war ein guter Monat – der Preis stieg auf 37 Dollar und dann weiter auf 40 Dollar. Im März wurden 41 Dollar erreicht, im April 42 Dollar und 43 Dollar. Im Mai kam das erste 3-Box-Reversal von einem Spitzenpreis von 44 Dollar auf das Mindest-Reversal-Niveau von 41 Dollar.

Entscheidend für den Nutzen von Point-and-Figure-Charts ist ihre Flexibilität. Viele frühe Nutzer von Point-and-Figure-Charts verwendeten 1-Box-Reversal-Charts, die aus Intraday-Zahlen berechnet wurden. Solche Charts haben mehr Ähnlichkeit mit Balkencharts, erfassen aber in Wirklichkeit die Volatilität besonders gut, weil dafür Intraday-Zahlen verwendet werden. In einem Balkenchart gibt es zu jedem Tag einen einzigen Balken, aber in einem 1-Box-Reversal-Chart kann es in einer besonders volatilen Phase des Marktes oder einer Aktie viele, viele Spalten geben.

Ebenso wie beim Balkenchart werden bei einem Point-and-Figure-Chart Kursziele gewöhnlich anhand der Breite der Basis abgeschätzt – und in einer besonders volatilen Periode wie 1987 oder 2008 können an einem einzigen Tag viele Reversals stattfinden! Alan Shaw, ehemaliger Chef-Markttechniker von Smith Barney, war überzeugt, Intraday-1-Box-Reversal-Point-and-Figure-Charts seien die allerbeste Art, Preisbewegungen anhand einer Basis einzuschätzen. Als Anleitung für diese Art von Chart empfahl Alan immer „Study Helps in Point & Figure Technique“ von Alexander Wheelan. Bei mehr als einer Gelegenheit ermöglichte es dieses Wissen Alan, größere Preisbewegungen abzuschätzen, als die Basis in einem Balkenchart schmal war.

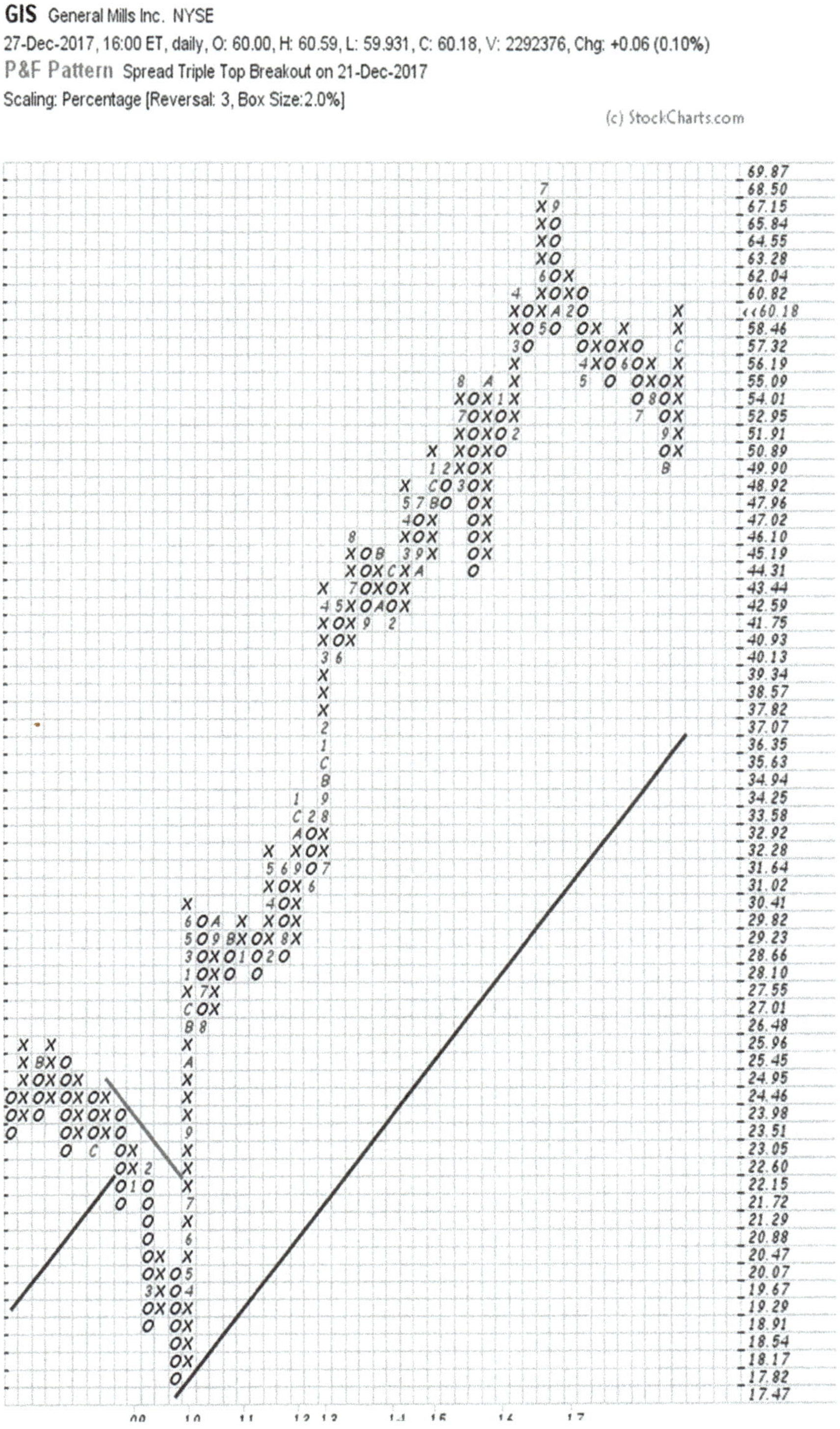

Abbildung C.13: Alternative Ansicht von General Mills.

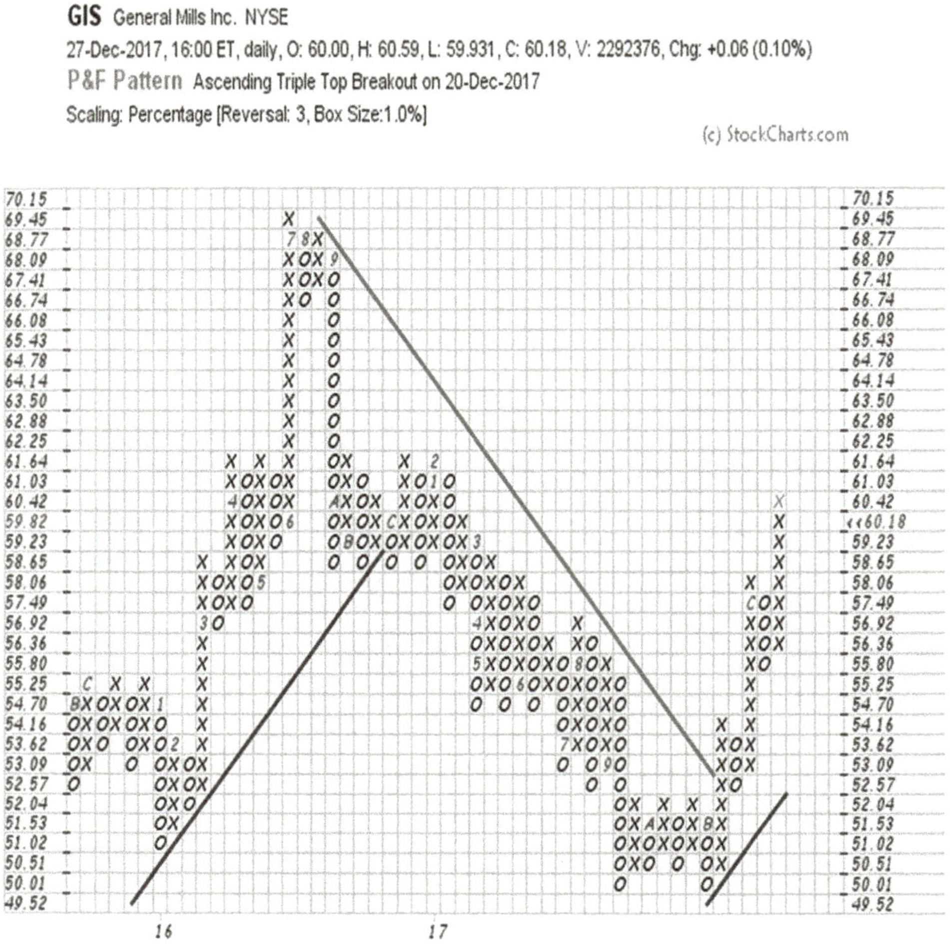

Abbildung C.14: Klärung der Frage durch Prozentkästchen.

Das Computerzeitalter hat die Point-and-Figure-Darstellung unermesslich verbessert. Für den Computer ist es kein Problem, echte logarithmische Charts zu erstellen. Hier der gleiche Chart von General Mills, diesmal unter Verwendung einer 2-Prozent-Box und eines 3-Box-Reversals. Ebenfalls dargestellt ist eine traditionelle 45-Grad-Trendlinie, die anhand auffallender Hochs oder Tiefs gezogen wurde (Abbildung C.13).

Ich halte prozentuale Charts für wesentlich klarer. Es gibt keinen Grund, sie nicht zu benutzen, wo sie sich jetzt so leicht erstellen lassen (alle hier gezeigten Charts mit freundlicher Genehmigung von StockCharts.com).

Durch kleinere Kästchen kann man mehr Details sichtbar machen, durch größere Kästchen eine breitere Perspektive gewinnen.

Es erscheint einfach, aber durch Änderung der Kästchengröße oder des Reversal-Werts kann man den Point-and-Figure-Chart an jeden Zeitrahmen anpassen, vom Scalping über Swing-Trading bis ins Unendliche.

Der obige Chart mit Kästchengröße ein Prozent und 3-Box-Reversal zeigt einen klaren Ausbruch aus einem Abwärtstrend, der zum gleichen Kurs in einem Chart mit größerem Maßstab nicht sichtbar ist (Abbildung C.14).

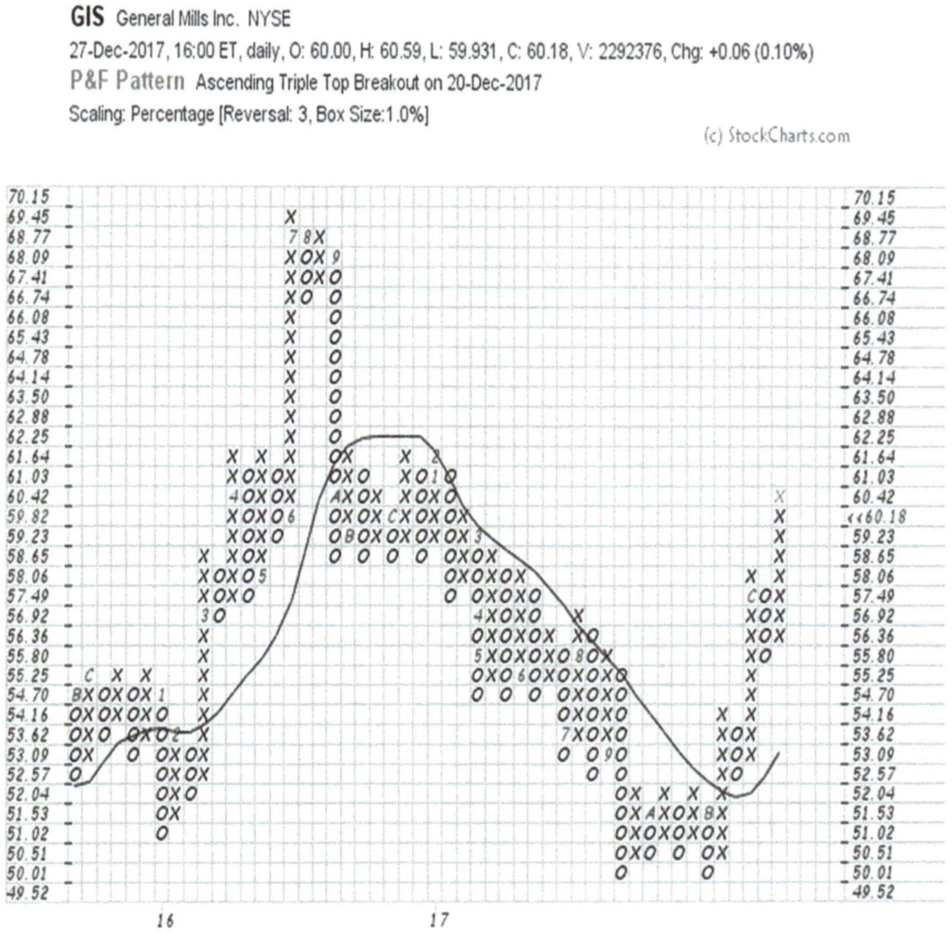

Abbildung C.15: Gleitender Durchschnitt in einem PnF-Chart.

Auch im Point-and-Figure-Chart können gleitende Durchschnitte dabei helfen, den Trend zu erkennen. Der Unterschied beim Point-and-Figure-Chart ist, dass der gleitende Durchschnitt ein gleitender Durchschnitt des Mittelpunkts einer gewissen Anzahl Spalten ist.

Der folgende Chart ersetzt einfach die 45-Grad-Trendlinie durch einen gleitenden Durchschnitt über zehn Spalten (Abbildung C.15).

Der Trend ist von entscheidender Bedeutung, aber als sich meine Laufbahn in die Vermögensverwaltung hinein entwickelte, wurde es auch wichtig, die Kraft und Beständigkeit des Trends zu ermitteln. Der Anbieter Chartcraft hatte schon seit Jahren ein Relative-Stärke-Ratio berechnet (Aktienkurs geteilt durch Indexkurs), die Dezimalpunkte so angepasst, dass es im Chart darstellbar wurde, und es dann in einen traditionellen 3-Box-Reversal-Chart eingefügt. Bei Dorsey Wright änderten wir diese Relative-Stärke-Charts in prozentuale Charts und gewannen dadurch eine enorme zusätzliche Perspektive.

Der nächste Chart, Danaher Corp., ist ein Relative-Stärke-Chart mit 6-Prozent-Skala und einem Reversal-Wert von drei Kästchen. Der Kurs von Danaher wird durch den Kurs eines ETFs auf den S&P 500 geteilt und auf einer logarithmischen Skala dargestellt. Auf einmal wird sichtbar – in breiten Begriffen ausgedrückt –, dass Danaher schon seit über 15 Jahren den Markt übertrifft (Abbildung C.16).

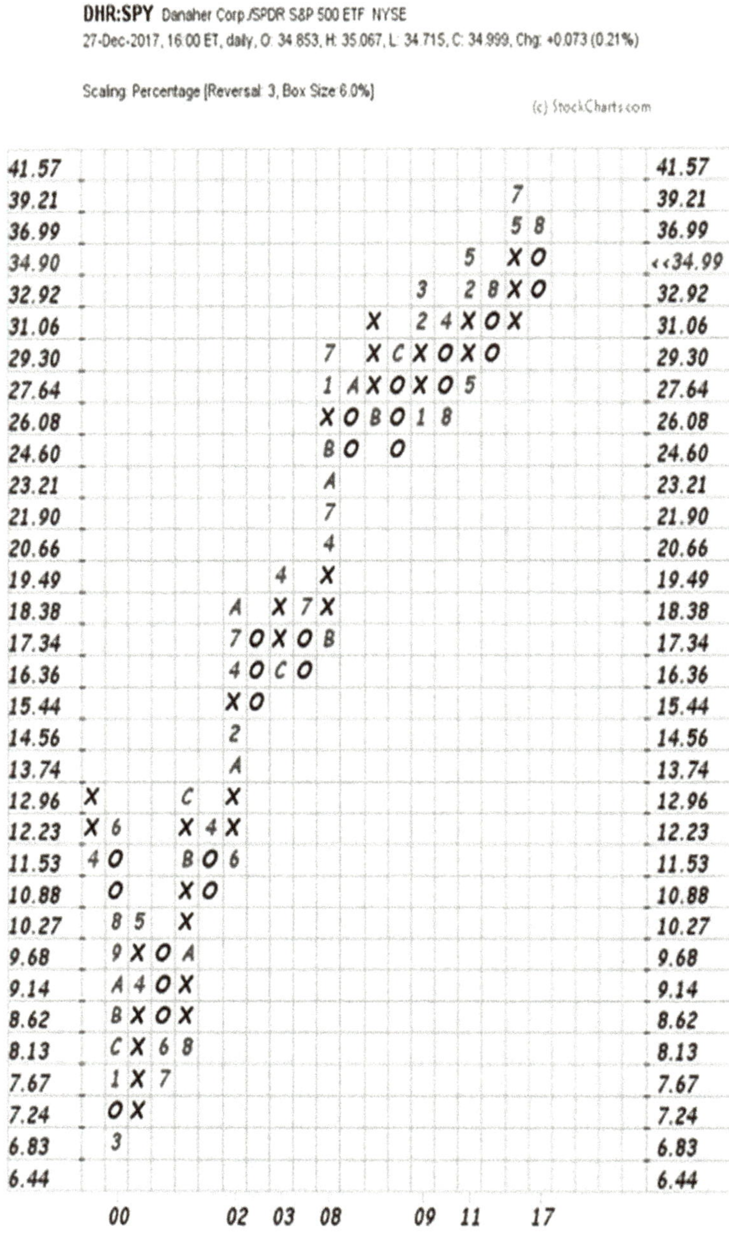

Abbildung C.16: Die Perspektive der Relativen Stärke.

Die letzte Stärke von Point-and-Figure-Charts ist ihre Objektivität. Ein geschickter Praktiker kann mit einem Balkenchart sehr effektiv arbeiten, aber der eine Analyst mag darin eine Fortsetzungsformation erkennen, während ein anderer in einem größeren oder kleineren Zeitrahmen ein anderes Muster sieht. Hingegen werden zwei Analysten, die den gleichen Point-and-Figure-Chart betrachten, stets darin übereinstimmen, ob der Chart ein Kaufsignal oder ein Verkaufssignal anzeigt.

Das Kriterium ist unglaublich einfach und eindeutig. Wenn der Preis die unmittelbar vorangehende Spalte mit X-en übersteigt, ist das ein Kaufsignal. Wenn der Preis unter die unmittelbar vorangehende Spalte mit Os fällt, ist das ein Verkaufssignal. Im Relative-Stärke-Chart von Danaher liegt beispielsweise ein Kaufsignal bei 10,88 im Oktober 2000 vor (der Preis überstieg die vorige steigende Spalte, die ihren Höhepunkt bei 10,27 überschritten hatte). Danach folgt kein Verkaufssignal, denn keine O-Spalte fällt je unter die vorige O-Spalte. Für ein Wertpapier gilt per Definition stets entweder ein Kaufsignal oder ein Verkaufssignal.

Der objektive Charakter der Point-and-Figure-Darstellung kann auch auf anderen Gebieten nützlich sein. Man kann beispielsweise Marktindikatoren oder Verteilungsindizes in Point-and-Figure-Charts eintragen und sie objektiv als Kauf oder Verkauf einstufen.

Perspektive, Flexibilität und Objektivität sind also die Kardinaltugenden der Point-and-Figure-Chart-Darstellungsmethode. Sie liefern eine Perspektive, indem sie anders als ein Balkenchart den reinen Preis herausgreifen und einen tiefen Einblick in die Volatilität bieten. Sie lassen sich mit annähernd unbegrenzter Flexibilität an verschiedene Maßstäbe, Zeitrahmen und Verwendungszwecke anpassen. Und schließlich kann ihre Objektivität in den Händen jedes Analysten zu einem leistungsfähigen Werkzeug werden.

Für weitere Studien hier einige der bekanntesten Ressourcen:

Alexander Wheelan, *Study Helps in Point & Figure Technique*

A.W. Cohen, *How to Use the Three-Point Reversal Method of Point & Figure Stock Market Trading: A Technical Approach to Stock Market Trading*

Thomas J. Dorsey, *Point and Figure Charting: The Essential Application for Forecasting and Tracking Market Prices*

Jeremy du Plessis, *Twenty-first Century Point and Figure: New and Advanced Techniques for Using Point and Figure Charts*

Teil 4: Bollinger-Bänder

Die von John Bollinger entwickelten Bollinger-Bänder sind eine erfinderische Lösung der Frage, wie man Preisschwankungen messen und darstellen kann. Schon vorher hatten Techniker Kanäle und Hüllkurven entwickelt, die sich bei manchen von ihnen als produktiv erwiesen. Bollinger brachte Dynamik in das Konzept hinein, indem er einen Kanal entwickelte, dessen Linien (oder Bänder) sich je nach Volatilität verändern.

Bollinger-Bänder werden in Form von drei Linien dargestellt. Die mittlere Linie ist ein herkömmlicher gleitender Durchschnitt. Die obere Linie entspricht der mittleren, allerdings um zwei Standardabweichungen nach oben verschoben. Die untere Linie ist ähnlich, aber um zwei Standardabweichungen nach unten verschoben. Wenn sich die Volatilität ändert, werden die durch die Linien begrenzten Bänder schmaler oder breiter, und Techniker schauen sich die Lage des Preises im Verhältnis zu den Linien an und richten ihr Trading danach aus. Somit besteht der Nutzen der Bänder darin, eine Perspektive zu liefern, wenn der Kurs schwankt. Diese Routine ist recht verbreitet, und ihre Erwähnung hier ist lediglich als Einführung gedacht, die den Interessierten dazu anregen soll, Bollingers Veröffentlichungen in die Hand zu nehmen, um dieses interessante und wertvolle Tool zu erforschen. „Bollinger on Bollinger Bands" ist im Handel erhältlich (Abbildung C.17).

Abbildung C.17: Der dynamische Charakter der Bänder dramatisiert den Charakter der Volatilität und kann beim Traden eine große Hilfe sein – normalerweise kurzfristig. Bollinger empfiehlt einen gleitenden Durchschnitt über 20 Perioden.

GLOSSAR

EN: Das Glossar wurde von dem hervorragenden Herausgeber der 7. Auflage, Richard McDermott, erstellt. Kleinere Änderungen sind als solche gekennzeichnet.
EN9: Manche Einträge wurden von anderen Analysten verfasst, deren Namen vermerkt sind.
Zwar erfordert sie den Einsatz des menschlichen Gehirns sowie ein gewisses Unterscheidungs- und Urteilsvermögens, aber der große Vorzug der Chartanalyse nach Magee ist, dass sie es dem Praktiker ermöglicht, zu beurteilen, wie gut zahlenorientierte Indikatoren funktionieren. Zum Beispiel funktioniert die Verwendung eines gleitenden Durchschnitts zur Trenderkennung wunderbar, wenn der Markt in einem Trend liegt. Verwendet man ihn innerhalb einer Handelsspanne als Signalgenerator, produziert er hingegen Whipsaw-Effekte. Ähnlich ist es umgekehrt bei den Oszillatoren, die in Handelsspannen oft nützlich sind, den Trader jedoch in die Irre führen können, wenn der Markt beginnt, einen Trend auszubilden. Ein recht kompetenter Chartanalyst kann aus einer besser informierten Perspektive die Verfassung des Marktes erkennen und die Performance zahlenorientierter Indikatoren betrachten. Dies sollte der Leser bedenken, wenn er etwas über Dinge wie den Average Directional Movement Index und derlei mehr liest.

3-Aus-Tage-Regel: ein von Edwards und Magee willkürlich gewählter Zeitraum, der mutmaßliche untergeordnete Tops oder Böden kennzeichnet.

200-Tage-Linie: Wird ermittelt, indem man die Schlusskurse der vergangenen 200 Tage addiert, durch 200 teilt und dies an jedem weiteren Tag wiederholt, wobei man jeweils den ersten Tag weglässt.

Abwärtstrend: siehe „Abwärtstrendlinie“.

Achse: Im grafischen Sinne ist eine Achse eine gerade Linie für Messwerte oder eine Bezugslinie. Auch die reale oder imaginäre Linie, um die eine Formation als rotierend gedacht wird.

ADX (Average Directional Movement Index): Der ADX ist ein von Welles Wilder (Relative Strength Index nach Wilder) entwickelter Trendfolge-Indikator, der auf dem Konzept des Directional Movements basiert. Er ist dafür gedacht, die Trendeigenschaften eines Wertpapiers zu beurteilen. Der ADX wird häufig eingesetzt, um trendlose Märkte zu umgehen, und er gibt ein Signal, wenn ein Trend ein für profitables Trading ausreichendes Niveau erreicht hat. In einem trendlosen Markt zeigt der ADX an, dass man es lassen sollte.
Das Directional Movement ist ein Maß für die gesamte Preisbewegung innerhalb eines festgelegten Zeitraums. Zunächst ermittelt man die positiven und negativen Richtungsbewegungen, indem man die täglichen Aufwärts- und Abwärtsbewegungen addiert. Diese Werte werden dann normalisiert, indem man sie durch die sogenannte True Range teilt, den absoluten Wert der Gesamtbewegung im Betrachtungszeitraum; die Differenz zwischen den normalisierten Werten (in Prozent) ist das Directional Movement.

Den ADX errechnet man aus dem Directional Movement mithilfe exponentieller Mittelwerte und Verhältniszahlen. Häufig wird zum ADX noch eine zweite Linie angegeben, der ADXR-Indikator. Der ADXR ist ein geglätteter Durchschnitt des ADX.

Ein steigender ADX zeigt eine signifikante Richtungsbewegung und den Beginn einer guten Trading-Periode an. Ein fallender ADX tritt in einer Zeit auf, die für die Trendfolge schlecht geeignet ist. Normalerweise signalisiert ein ADX über 25 eine signifikante Richtungsbewegung, die sich gut traden lässt.

Akkumulierungsphase: die erste Phase einer Hausse. Die Zeit, in der Anleger mit Weitblick beginnen, entmutigten oder notleidenden Verkäufern Aktien abzukaufen. Die Finanzberichte sind in dieser Zeit gewöhnlich am schlechtesten, und die Allgemeinheit ist vom Aktienmarkt vollständig angewidert. Das Volumen ist nur mäßig, aber es beginnt, bei Rallyes anzuziehen.

Aktiensplit: ein Vorgang, durch den die Unternehmensleitung den Aktienkurs verändert, indem sie die Anzahl der Stammaktien ändert. Normalerweise ist ein niedrigerer Preis gewünscht, und dieser wird dadurch verwirklicht, dass die umlaufenden Aktien gestrichen und durch eine größere Anzahl neuer Aktien ersetzt werden, die an die derzeitigen Aktionäre ausgegeben werden. Das geschieht meistens im Verhältnis 2:1, 3:1 oder 3:2. Manchmal wird auch ein höherer Preis gewünscht und ein umgekehrter (inverser) Split durchgeführt, bei dem eine neu begebene Aktie mehrere alte Aktien ersetzt.

Aktivität: siehe „Handelsvolumen".

Am Geld: Eine Option, deren Basispreis dem Marktpreis des Basiswerts entspricht, ist „am Geld".

Angebot: Anzahl der zu einem bestimmten Preis verfügbaren Aktien.

Angebotslinie: siehe „Widerstand".

Arbitrage: der gleichzeitige Kauf und Verkauf zweier verschiedener, aber eng miteinander zusammenhängender Instrumente, um die Preisdifferenz am gleichen Markt oder an verschiedenen Märkten auszunutzen.

EN: Wer im Fall einer Übernahme den Übernehmer kauft und das Übernahmeziel verkauft – und manchmal als Arbitrageur oder „Arb" bezeichnet wird –, ist ein Ersatzarbitrageur oder falscher Arbitrageur, in Wirklichkeit ist er ein Spreader. Das Wort „Arbitrageur" wird hier falsch verwendet. Und für den Franzosen ist es ein falscher Freund.

Area Gap: siehe Common Gap.

Area-Formation: Wenn sich das Aufwärts- oder Abwärtsmomentum einer Aktie oder eines Rohstoffs vorübergehend erschöpft hat, beschreibt die nachfolgende Seitwärtsbewegung des Kurses gewöhnlich eine Form oder eine Anordnung, die man als Area Pattern oder Area-Formation bezeichnet. Die Form solcher Formationen hat unter gewissen Umständen Vorhersagewert. (Siehe auch „steigendes Dreieck“, „Broadening Formation“, „fallendes Dreieck“, „Diamantformation“, „Flagge“, „Schulter-Kopf-Schulter-Formation“, „umgekehrtes Dreieck“, „Wimpel“, „Rechtecksformation“, „rechtwinkliges Dreieck“, „symmetrisches Dreieck“ und „Keilformation“.)

Arithmetische Skala: eine Preis- oder Volumenskala, bei der die Abstände auf der vertikalen Achse (also der Raum zwischen horizontalen Linien) gleiche Dollarbeträge oder gleiche Aktienmengen bezeichnen.

Aufwärtstrend: Siehe „Ansteigende Trendlinie“ und „Aufwärtstrend“.

Aufwärtstrendkanal oder ansteigender (paralleler) Trendkanal: Wenn sich die Hochs der Rallyes, aus denen sich ein Anstieg zusammensetzt, entlang einer Linie bilden (die manchmal als Rückkehrlinie bezeichnet wird), die zudem parallel zu der unteren Aufwärtstrendlinie verläuft (also der Linie, die ansteigend durch die Wellentäler eines Anstiegs verläuft); den Bereich zwischen den beiden Linien bezeichnet man als ansteigenden Trendkanal oder als Aufwärtstrendkanal.

Aufwärtstrendlinie oder ansteigende Trendlinie: Die aufsteigende Welle einer Aktie oder eines Rohstoffs besteht aus einer Reihe kleinerer Wellen. Wenn diese kleinen Wellen auf oder annähernd auf einer nach oben geneigten geraden Linie liegen, bildet sich eine ansteigende (oder steigende) Trendlinie beziehungsweise Aufwärtstrendlinie.

Ausbruch: Wenn eine Aktie oder ein Rohstoff aus einer Area-Formation ausbricht.

Ausgewogenes Programm: die gleichmäßige Aufteilung des Kapitals oder eines Teils davon auf die Long-Seite und die Short-Seite des Marktes.

Ausübung: dass der Inhaber einer Option den Basiswert kauft oder verkauft.

Baisse oder Bärenmarkt: In ihrer einfachsten Form ist eine Baisse ein Zeitraum, in dem die Preise hauptsächlich sinken, gewöhnlich über einen langen Zeitraum. Normalerweise bestehen Baissen aus drei Phasen. Die erste ist die Distributionsphase, die zweite die panische Phase und die dritte eine Art Bereinigung, bei der diejenigen Anleger, die die beiden ersten Phasen durchgehalten haben, schließlich doch aufgeben und liquidieren.

Balkenchart: eine grafische Darstellung von Preisen mithilfe senkrechter Linien, die jeweils den höchsten und den niedrigsten Preis der Periode miteinander verbinden. Der Eröffnungskurs wird durch eine kleine nach links ragende waagerechte Linie angegeben, der Schlusskurs durch eine kleine waagerechte Linie auf der rechten Seite. Man kann Balkencharts für jede Periode erstellen, für die Preise verfügbar sind. Die häufigsten Balkencharts sind Stundencharts, Tagescharts, Wochencharts und Monatscharts; allerdings ist es dank der wachsenden Anzahl von Computern und der Verfügbarkeit von „Echtzeitkursen“ nicht ungewöhnlich, dass Trader Zeiträume im Minutenbereich für die Erstellung von Balkencharts verwenden.

Basispunkt: das Maß für die Renditen von Anleihen und anderen Schuldpapieren. Ein Basispunkt entspricht 0,01 Prozent.

Basket-Trade: ein großer Trade, der verschiedene Aktien beinhaltet.

Begrenzungslinie: Umrisslinie einer Formation.

Bestätigung: der Punkt innerhalb einer Formation, an dem die Aktie oder der Rohstoff in der erwarteten Richtung und um einen ausreichenden Kurs- und Volumenbetrag ausbricht, um die Mindestanforderungen der Formation für einen echten Ausbruch zu erfüllen. In der Dow-Theorie bedeutet „Bestätigung", dass sowohl der Industrial Average als auch der Transportation Average im Zuge des gleichen Anstiegs oder Rückgangs neue Hochs beziehungsweise Tiefs erreicht haben. Wenn nur einer der Indizes ein neues Hoch (beziehungsweise Tief) verzeichnet, der andere also nicht, dann ist das eine Nichtbestätigung oder Divergenz. Das gilt auch für Oszillatoren. Um ein neues Hoch oder Tief einer Aktie oder eines Rohstoffs zu bestätigen, muss auch der Oszillator ein neues Hoch beziehungsweise Tief erreichen. Wenn ein Oszillator ein neues Hoch oder Tief nicht bestätigt, bezeichnet man das als Divergenz, und es gilt als frühzeitiger Hinweis auf einen möglichen Richtungswechsel.

Beta oder Betafaktor: ein Maß für die Empfindlichkeit, mit der eine einzelne Aktie auf Marktbewegungen reagiert.

Beta-Koeffizient: ein Maß für das Marktrisiko oder nicht diversifizierbare Risiko, das mit einem Wertpapier am Markt verbunden ist.

Blaue Parallele: eine Linie, die parallel zu der Trendlinie (blaue Trendlinie) verläuft, die mindestens zwei Hochs miteinander verbindet. Die blaue Parallele beginnt bei einem Tief und wird verwendet, um das nächste Tief abzuschätzen.

Blaue Trendlinie: eine gerade Linie, die zwei oder mehr Hochs miteinander verbindet. Um Verwechslungen zu vermeiden, verwenden Edwards und Magee für obere Trendlinien Blau und für untere Trendlinien Rot.

Blockhandel: große Transaktionen mit Einheiten, die jeweils eine Anzahl von Aktien beinhalten.

Blow-off: siehe „Climax-Top".

Blue Chips oder Standardwerte: So nennt man hoch kapitalisierte Unternehmen mit einer guten Bilanz der Gewinne und der Kursstabilität, zum Beispiel IBM, AT&T, General Motors und General Electric.

Boden: siehe „steigendes Dreieck", „Dormant Bottom", „doppelter Boden", „Schulter-Kopf-Schulter-Formation", „Rounding Bottom" und „Selling Climax".

Bollinger-Bänder (BB): eine aus zwei Linien bestehende Hüllkurve um die Kursbalken in einem Chart. Die Bollinger-Bänder werden im Abstand von zwei Standardabweichungen oberhalb und unterhalb eines einfachen gleitenden Durchschnitts eingezeichnet. Das ist der Hauptunterschied zwischen Bollinger-Bändern und anderen Hüllkurven oder „Envelopes". Letztere werden in einem festen prozentualen Abstand vom gleitenden Durchschnitt eingetragen. Da die Standardabweichung ein Maß für die Volatilität ist, passen sich Bollinger-Bänder von selbst an wechselnde Marktbedingungen an. In volatilen Marktphasen werden die Bänder breiter, in weniger volatilen Phasen schmaler.

Bollingers Prämisse war, lieber den Markt zu fragen, was er tut, anstatt ihm zu sagen, was er tun soll. Indem er die Breite der Bänder anhand der Standardabweichung einstellte, nahm er die Volatilität in den Blick. Normalerweise haben die Bänder einen Abstand von zwei Standardabweichungen zu einem gleitenden Durchschnitt, meistens der 20-Tage-Linie. Das funktioniert, wenn eine Durchschnittslinie im Rahmen einer Marktkorrektur als Unterstützung fungiert. Wird die Durchschnittslinie im Rahmen einer Korrektur geschnitten, ist dieser Zeitraum zu kurz. Bollinger empfiehlt für kurzfristiges Trading die 10-Tage-Linie, für mittelfristiges Trading die 20-Tage-Linie und für langfristiges Trading die 50-Tage-Linie. Auch die Standardabweichungen müssen angepasst werden: bei 10 Tagen 1,5 Standardabweichungen, bei 20 Tagen 2,0 Standardabweichungen und bei 50 Tagen 2,5 Standardabweichungen. Auf die Chartperiode kommt es dabei nicht an, man kann die Bänder für Monats-, Wochen-, Tages- und sogar für Intraday-Charts verwenden.

Für sich genommen erzeugen Bollinger-Bänder gewöhnlich keine Kauf- und Verkaufssignale. Meistens liefern sie einen Rahmen, innerhalb dessen man den Kurs zu anderen Indikatoren in Beziehung setzen kann. Bollinger empfiehlt, die Bänder im Verhältnis zu anderen Kauf- und Verkaufssignalen einzusetzen. Allerdings können die Bänder integraler Bestandteil des Signals sein. Wenn der Kurs das obere Band berührt und das Verhalten eines Indikators dies bestätigt, wird kein Verkaufssignal erzeugt (wenn ein Kaufsignal in Kraft war, ist dies ein Fortsetzungssignal). Wenn der Kurs das obere Band berührt und dies nicht durch einen Indikator bestätigt wird (Divergenz), ist das ein Verkaufssignal. Wenn der Kurs außerhalb der Bänder eine Top-Formation ausbildet und darauf ein zweites Top innerhalb der Bänder folgt, wird ein Verkaufssignal erzeugt. Auf der Kaufseite gilt das Gleiche genau umgekehrt.

Kombiniert man Bollinger-Bänder mit anderen Indikatoren, beispielsweise mit dem Relative-Stärke-Index (RSI), werden sie zu einem recht leistungsfähigen Werkzeug. Der RSI ist ein ausgezeichneter Indikator für überkaufte und überverkaufte Bedingungen. Wenn der Kurs das obere Bollinger-Band berührt, und der RSI steht unter 70, ist das ein Hinweis darauf, dass sich der Trend fortsetzen wird. Wenn der Preis hingegen das untere Bollinger-Band berührt, und der RSI steht über 30, ist das auch ein Hinweis darauf, dass sich der Trend fortsetzen dürfte. Wenn die Situation eintritt, dass der Preis das obere Bollinger-Band berührt und der RSI über 70 steht (und sich möglicherweise 80 nähert), ist dies ein Hinweis darauf, dass sich der Trend nach unten umkehren könnte. Berührt der Preis hingegen das untere Bollinger-Band und der RSI steht unter 30 (und nähert sich möglicherweise den 20), könnte sich der Trend nach oben umkehren. (Siehe auch „Multikollinearität", „%B" und „Relative-Stärke-Index nach Wilder".)

Bowl: siehe „Rounding Bottom".

Bracketing: Trading-Range oder Preisbereich ohne Trend.

Breakaway Gap: ein Gap (Kurslücke), das entsteht, wenn der Kurs einer Aktie oder eines Rohstoffs aus einer Area-Formation ausbricht.

Broadening Formations: Diese manchmal auch als umgekehrte Dreiecke bezeichneten Formationen beginnen mit engen Schwankungen, die zwischen auseinander- statt zusammenlaufenden Begrenzungslinien breiter werden. (Siehe auch „Broadening Top", „Diamantformation", „Schulter-Kopf-Schulter-Formation".)

Broadening Top: eine Area-Formation, die sich in einer von drei Formen entwickeln kann, die von der Gestalt her mit umgekehrten symmetrischen, steigenden oder fallenden Dreiecken vergleichbar sind. Anders als Dreiecke hören solche Muster nicht zwangsläufig an klar erkennbaren auseinanderlaufenden Begrenzungslinien auf. Dabei ist das Volumen, während sich das Muster aufbaut, häufig ungewöhnlich hoch. Dafür gibt es keine Kurszielformel.

Buchwert: eine gängige buchhalterische Bewertungskennzahl für Aktien, die auf dem Wert der Vermögensgegenstände eines Unternehmens abzüglich seiner Schulden basiert. Äußerst leicht zu manipulieren.

Call-Option oder Kaufoption: eine Option, die dem Käufer das Recht verleiht, den Basiswert innerhalb eines bestimmten Zeitraums zu einem bestimmten Preis zu kaufen, und die den Verkäufer verpflichtet, den Basiswert gegen die vor Ablauf des festgelegten Zeitraums erhaltene Prämie zu verkaufen.

Cats and Dogs: billige Aktien ohne Anlagewert.

Chart: die grafische Darstellung der Preise und/oder Volumina einer Aktie oder eines Rohstoffs. (Siehe auch „Balkenchart" und „Point-and-Figure-Chart".)

Clean-out Day: siehe Selling Climax.

Climax Day: siehe „One-Day Reversal".

Climax-Top: ein steiler Anstieg, der von außerordentlichem Volumen begleitet wird, also von sehr viel höherem Volumen als der üblichen Zunahme, und dies signalisiert einen „Blow-off" des Trends, gefolgt entweder von einer Umkehr oder zumindest von einer Phase der Stagnation, der Bildung einer Konsolidierungsformation oder einer Korrektur.

Coil: andere Bezeichnung für ein symmetrisches Dreieck.

Common Gap: auch als Area Gap bezeichnet. Jede Lücke (Gap) in einem Chart, die innerhalb einer Area-Formation auftritt. Der Vorhersagewert eines Common Gaps ist gleich null. (Siehe auch „Gap".)

Comparative Relative Strength: Die vergleichende Relative Stärke vergleicht die Preisbewegungen einer Aktie mit denen ihrer Mitbewerber, ihrer Branchengruppe oder des Gesamtmarkts.

Composite Leverage: bei Edwards und Magee eine Formel, um die Hauptfaktoren, die sich auf einen bestimmten Kapitaleinsatz auswirken (Sensitivität, Preis und Margin), zu einem Index zu kombinieren.

Crossover: der Punkt, an dem eine gleitende Durchschnittslinie eine andere schneidet.

Diamantformation: Gewöhnlich eine Umkehrformation, kommt aber auch als Fortsetzungsformation vor. Man könnte sie auch als komplexe Schulter-Kopf-Schulter-Formation mit v-förmiger (gebogener) Nackenlinie oder als Broadening Formation beschreiben, die sich nach zwei oder drei Kursausschlägen in ein normales Dreieck verwandelt. Insgesamt ergibt sich so die Form eines rhombischen Diamanten. Da dafür ein recht aktiver Markt notwendig ist, kommt sie häufiger bei bedeutenden Tops vor. Viele komplexe Schulter-Kopf-Schulter-Formationen sind Grenzfälle von Diamantformationen. Der Hauptunterschied findet sich im rechten Teil der Formation. Sie sollte wie ein symmetrisches Dreieck zwei unter abnehmendem Volumen konvergierende Linien aufweisen. Formel für das Kursziel: Man addiere die größte Breite der Formation zum Ausbruchspunkt.

Distributionsphase: Die erste Phase einer Baisse, die eigentlich bereits in der letzten Phase einer Hausse beginnt. Das ist das Stadium, in dem vorausschauende Anleger merken, dass der Markt über die fundamentalen Gegebenheiten hinausgelaufen ist, und beginnen, ihre Positionen in zunehmendem Tempo abzubauen. Das Handelsvolumen ist immer noch hoch, lässt aber in Rallyes tendenziell nach. Die Allgemeinheit ist noch aktiv, weist aber erste Anzeichen der Vorsicht auf, weil die erhofften Gewinne schwinden.

Divergenz: Wenn neue Hochs (oder Tiefs) eines Indikators bei einem anderen, vergleichbaren Indikator nicht auftreten. (Siehe auch „Bestätigung".)

Divergenzformation (Trend): Formationen mit oberen und unteren Begrenzungslinien, die in einem Punkt zusammenlaufen, wenn man sie nach links verlängert. (Siehe auch „Broadening Formation".)

Diversifizierung: das Konzept, sein Geld in verschiedene Branchen und verschiedene Anlageinstrumente zu stecken, um das Risiko zu streuen – nicht alle Eier in den gleichen Korb zu legen.

Dividende: ein Anteil des Gewinns, der in Form von Bargeld oder Aktien an die Aktionäre ausgeschüttet wird.

Doppel-Top: Unter hohem Volumen bildet sich ein Hoch, auf das unter nachlassender Aktivität eine Reaktion (um mindestens 15 Prozent) folgt. Es findet eine erneute Rallye zum vorigen Hoch (plus/minus drei Prozent) statt, allerdings unter geringerem Volumen als beim ersten Hoch. Ein Rückgang unter das Reaktionstief bestätigt die Umkehr. Die beiden Hochs sollten mehr als einen Monat auseinander liegen. Formel für das Kursziel: Man addiere zum Ausbruchspunkt den Abstand vom höheren Hoch zum Reaktionstief. Wird auch als „M-Formation" bezeichnet.

Doppelte Trendlinie: Wenn zwei relativ dicht beieinander liegende parallele Trendlinien nötig sind, um die tatsächliche Trendformation zu definieren. (Siehe auch „Trendlinie".)

Doppelter Boden: Umkehrformation. Ein Boden, der unter relativ hohem Volumen gebildet wird und auf den eine Rallye (um mindestens 15 Prozent) und dann unter geringerem Volumen ein zweiter (möglicherweise gerundeter) Boden auf dem gleichen Niveau (plus/minus drei Prozent) folgt. Ein erneuter Anstieg zum Höhepunkt der zwischenzeitlichen Rallye bestätigt die Umkehr. Der Abstand zwischen den beiden Böden sollte mehr als einen Monat betragen. Formel für das Kursziel: Man nehme den Abstand vom tieferen Boden zum Höhepunkt der zwischenzeitlichen Rallye und addiere ihn zum Höhepunkt.

Dormant Bottom: eine Variante des Rounding Bottoms (Bowl), jedoch in gestreckter Form mit flacherem Boden. Tritt gewöhnlich bei „dünnen" Aktien (von denen nur eine geringe Zahl umläuft) auf und beinhaltet typischerweise längere Perioden, in denen tagelang kein Umsatz zu verzeichnen ist. Der Chart wirkt wegen der fehlenden Tage „gesprenkelt". Er lässt technisch auf einen Ausbruch nach oben schließen.

Dow Jones Composite Average: ein Aktienindex, der die 65 Aktien des Dow Jones Industrial Average und des Dow Jones Utility Average enthält.

Dow Jones Industrial Average: Dieser Aktienindex wurde 1885 von Charles Dow entwickelt, um Börsentrends zu untersuchen. Ursprünglich bestand er aus 14 Unternehmen (zwölf Eisenbahngesellschaften und zwei Industrieunternehmen). Im Jahr 1897 wurden die Eisenbahngesellschaften in Form eines eigenen Indexes abgespalten, und für den Industrial Average wurden zwölf Industriekonzerne ausgewählt. Im Jahr 1916 wurde ihre Zahl auf 20 und im Jahr 1928 auf 30 erhöht. Die in dem Index enthaltenen Aktien ändern sich von Zeit zu Zeit, um die Liste aktuell zu halten oder eine Fusion zu berücksichtigen. Die einzige ursprüngliche Aktie, die heute noch zum Index gehört, ist General Electric. [Seit Juni 2018 nicht mehr im Index enthalten, Anm. d. Ü.]

Dow Jones Railroad Average: siehe „Dow Jones Transportation Average".

Dow Jones Transportation Average: Er wurde Ende des 19. Jahrhunderts zusammen mit dem Industrial Average aufgelegt, hieß zunächst Dow Jones Railroad Average und bestand aus 20 Eisenbahngesellschaften. Nachdem die Luftfahrtbranche aufgekommen war, wurde der Index im Jahr 1970 aktualisiert und in Transportation Average umbenannt.

Dow Jones Utility Average: Im Jahr 1929 fielen die Versorgungskonzerne aus dem Industrial Average heraus, und ein neuer Index namens Dow Jones Utility Average, der 20 Unternehmen beinhaltete, wurde aufgelegt. Im Jahr 1938 wurde die Zahl der Aktien auf die derzeitigen 15 gesenkt.

Downtick: Ein Wertpapiergeschäft zu einem niedrigeren Preis als bei der vorherigen Transaktion.

Drawdown oder Rücklauf: Der Rückgang oder Verlust des Portfoliokapitals von einem relativen Hoch zu einem relativen Tief. Der maximale Drawdown ist der Rücklauf von einem Höhepunkt zu einem Tiefpunkt.

Dreieck: siehe „steigendes Dreieck", „fallendes Dreieck", „rechtwinkliges umgekehrtes Dreieck" und „symmetrisches Dreieck".

Dreifach-Top: Area-Formation mit drei weit auseinander liegenden Hochs und dazwischen recht tiefen und gewöhnlich gerundeten Reaktionen. Bei der zweiten Kursspitze ist das Volumen geringer als bei der ersten, und bei der dritten noch geringer. Das dritte Top wird bestätigt, wenn der Abstieg nach dem dritten Hoch die Sohle des tiefsten Tals zwischen den drei Gipfeln durchstößt.

Dreifachboden: ähnelt einer flachen Schulter-Kopf-Schulter-Formation oder einem Rechteck.

Dünnes Papier: eine Aktie, von der wenige Stücke umlaufen und die wenig gehandelt wird.

Durchbruch: Durchstoßen einer Begrenzungslinie einer Formation, einer Trendlinie, einer Unterstützung oder eines Widerstands.

Durchschnittskostenmethode: eine Anlagemethode, bei der der Anleger eine Aktie oder einen Rohstoff zu immer niedrigeren Preisen kauft und so seine durchschnittlichen Kosten pro Aktie oder pro Terminkontrakt senkt. Käufe zu immer höheren Preisen würden den durchschnittlichen Preis erhöhen.

EN: Für Amateure eine sehr unvernünftige Methode.

Einfache Trendlinie: siehe „Trendlinie".

End Run: Wenn der Ausbruch aus einem symmetrischen Dreieck die Richtung wechselt und unter die Achsen-Unterstützung fällt (bei einem Ausbruch nach oben) oder über den Widerstand steigt (bei einem Ausbruch nach unten), sprechen wir von einem „End Run", einem Ausweichmanöver um die Linie. Manchmal bezeichnen wir auch Fehlausbrüche im Allgemeinen so.

Erholung: siehe „Rallye".

Erschöpfungs-Gap: ein relativ breites Gap bei einer Aktie oder einem Rohstoff, das gegen Ende einer kräftigen Preisbewegung auftritt. Solche Gaps werden schnell wieder geschlossen, meist innerhalb von fünf Tagen, sodass sie sich von Runaway Gaps unterscheiden lassen, die gewöhnlich eine beträchtliche Weile nicht geschlossen werden. Ein Erschöpfungs-Gap kann nicht als übergeordnete Umkehr und nicht einmal zwingend als Umkehr gedeutet werden. Es zeigt ein Anhalten des herrschenden Trends an, wonach sich normalerweise eine irgendwie geartete Area-Formation bildet.

Ex-Dividende-Gap: die Kurslücke, die dadurch entsteht, dass ein Aktienkurs nach Ausschüttung der Dividende um diese vermindert wird.

Ex-Tag: der Tag, an dem die Dividende vom Aktienkurs abgezogen wird, sodass die Aktie „ex Dividende" notiert.

Exchange-Traded Funds (ETF): Fonds, die Indizes (zum Beispiel SPY, DIA) oder Aktienkörbe nachbilden und gehandelt werden wie Aktien, sodass der Anleger keinem Investmentfonds anzugehören braucht. Eine ideale Alternative zur Geldanlage mit Investmentfonds.

Exponentielle Glättung: mathematische Vorhersagemethode, die davon ausgeht, dass man das künftige Preisgeschehen anhand eines gewichteten Durchschnitts vergangener Perioden voraussagen kann; eine mathematische Reihe, bei der die Preisentwicklung der jüngeren Vergangenheit stärker gewichtet wird. Eine Methode, Trends zu erkennen.

Fächerlinien: eine Gruppe von drei sekundären Trendlinien, die fächerförmig vom gleichen Hoch oder Tief ausgehen. In einem primären Aufwärtstrend verläuft der Fächer entlang der Hochs der sekundären (mittelfristigen) Reaktion. In einem primären Abwärtstrend verläuft der Fächer entlang der Tiefs der sekundären (mittelfristigen) Rallye. Wenn die dritte Fächerlinie gebrochen wird, signalisiert dies die Wiederaufnahme des primären Trends.

Fallende Trendlinie oder Abwärtstrendlinie: Die Abwärtswelle einer Aktie oder eines Rohstoffs besteht aus einer Reihe kleinerer Wellen. Wenn sich die Gipfel dieser kleineren Wellen auf einer abwärts geneigten geraden Linie oder dicht daran bilden, entsteht eine fallende Trendlinie oder Abwärtstrendlinie.

Fallender (paralleler) Trendkanal: Liegen die Böden der Reaktionen, die einen Rückgang bilden, auf einer Linie (manchmal als Rückkehrlinie bezeichnet), die parallel zur Trendlinie verläuft (bei einem Rückgang die Linie, die durch die Wellenkämme abwärts verläuft), nennt man den Bereich zwischen den beiden Linien absteigenden oder fallenden Trendkanal oder Abwärtstrendkanal.

Fallender Keil: eine aus zwei abwärts geneigten konvergierenden Trendlinien bestehende Formation. Normalerweise dauert sie länger als drei Wochen, und das Volumen sinkt, während der Kurs auf die Spitze zuläuft. Bei einem fallenden Keil erwartet man, dass der Ausbruch nach oben erfolgt. Formel für das Kursziel: Retracement des gesamten im Rahmen des Keils verlorenen Terrains. (Siehe auch „Keilformation".)

Fallendes oder absteigendes Dreieck: Gehört zur Gruppe der rechtwinkligen Dreiecke. Sie zeichnet sich dadurch aus, dass eine der beiden Begrenzungslinien praktisch horizontal verläuft und die andere auf sie zu läuft. Ist die untere Linie waagerecht und die obere läuft abwärts auf einen Schnittpunkt mit ihr zu, ergibt sich ein absteigendes Dreieck. Seine Implikation ist bearish, und der erwartete Ausbruch erfolgt durch die horizontale Kante. Formel für das Kursziel: Man addiere den breitesten Teils des Dreiecks zum Ausbruchspunkt.

Fehlausbruch oder Fehlsignal: ein Ausbruch, der zwar bestätigt wird, aber schnell wieder wendet und die Aktie oder den Rohstoff schließlich in einen Ausbruch in die entgegengesetzte Richtung führt. Beim Auftreten nicht von einem vorzeitigen Ausbruch oder einem echten Ausbruch zu unterscheiden.

Five-Point Reversal: siehe „Broadening Pattern".

Flagge: eine Fortsetzungsformation. Eine Flagge ist eine Stauzone, die weniger als vier Wochen dauert und die sich nach einer steilen, annähernd senkrechten Preisänderung bildet. Die obere und die untere Begrenzungslinie der Formation sind parallel, können aber beide nach oben oder unten geneigt oder waagerecht sein. In einem Aufwärtstrend ähnelt das Muster einer an einem Mast befestigten Flagge, daher der Name. Man spricht auch davon, dass die Flagge auf Halbmast weht, weil sie sich häufig in der Mitte der Rallye oder der Reaktion bildet. Meist lässt das Volumen während der Formation nach und nimmt beim Ausbruch wieder zu. Formel für das Kursziel: Man addiere den Abstand vom Ausbruchspunkt, an dem die vorangegangene „Mast"-Rallye oder -Reaktion begonnen hat, zum Ausbruchspunkt der Flagge.

Formation: siehe Area-Formation.

Fortsetzungs-Gap: siehe „Runaway Gap".

Fortsetzungsformation: siehe „Konsolidierungsformation".

Front Month: der erste Fälligkeitsmonat von mehreren.

Fundamentaldaten: Informationen über eine Aktie, die sich auf die Geschäftstätigkeit und deren Beziehung zu Gewinnen und Dividenden beziehen. Bei einem Rohstoff alle Informationen über Faktoren, die sich auf Angebot und Nachfrage auswirken.

(*EN: Unter anderem Gewinne, Ertragsmargen, Cashflow, Umsatz und andere Kennzahlen, die manchmal verwendet werden, um den Wert des Papiers zu verschleiern.*)

Galoppierender Markt: wenn sich der Preis schnell in eine Richtung bewegt, mit wenigen oder gar keinen Preisänderungen in der Gegenrichtung.

Gap: eine Lücke im Kursverlauf, die auftritt, wenn entweder (1) der niedrigste Preis, zu dem eine Aktie oder ein Rohstoff in einem bestimmten Zeitraum gehandelt wird, höher ist als der höchste Preis, zu dem sie im vorherigen Zeitraum gehandelt wurde, oder (2) der höchste Preis eines Zeitraums niedriger als der niedrigste Preis im vorherigen Zeitraum ist. Wenn die Preisspannen der beiden Perioden grafisch dargestellt werden, überlappen oder berühren sie nicht dasselbe horizontale Niveau – zwischen ihnen erscheint eine Lücke. (Siehe auch „Common Gap" oder „Area Gap", „Ex-Dividende-Gap", „Breakaway Gap", „Runaway Gap", „Erschöpfungs-Gap" und „Island Reversal".)

Gebogene Nackenlinie: siehe „Nackenlinie".

Gleitender Durchschnitt über 50 Tage/50-Tage-Linie: wird ermittelt, indem man die Schlusskurse der letzten 50 Tage addiert und durch 50 teilt.

(Beim einfachen gleitenden Durchschnitt über n Tage wird die Summe der Kurse von n Tagen durch n geteilt. Bei n + 1 fällt der erste Tag weg und der neue wird addiert etc.)

Gleitender Durchschnitt: eine mathematische Methode zur Glättung von Daten. Er heißt „gleitend", weil die Anzahl der Werte festgelegt ist, aber die Zeiträume fortschreiten. Wenn neue Daten hinzukommen, müssen alte Daten weggelassen werden, sodass der Durchschnitt mit der Entwicklung der Aktie oder des Rohstoffs „weitergleitet".

EN: Beim einfachen gleitenden Durchschnitt über n Tage wird die Summe der Kurse von n Tagen durch n geteilt. Bei n + 1 fällt der erste Tag weg und der neue wird addiert und so weiter.

Graph: siehe „Chart".

Gültigkeit eines Bruchs der Trendlinie: Wenn eine Trendlinie gebrochen wurde, führt man folgende drei Tests durch, um festzustellen, ob der Bruch gültig ist oder die Trendlinie im Grunde noch intakt ist: (1) Ausmaß des Bruchs, (2) Handelsvolumen beim Bruch, (3) Handelstätigkeit nach dem Bruch.

Halblogarithmische Skala: Preis- oder Volumenskala, bei der der Abstand auf der senkrechten Achse (also zwischen waagerechten Linien) gleiche prozentuale Änderungen angibt.

Halbmast: siehe „Flagge". Edwards sprach davon, dass „die Flagge auf Halbmast weht", und meinte damit die Tendenz von Preisen, auf halbem Weg eines vertikalen Anstiegs zu konsolidieren.

Handelsvolumen: Die innerhalb eines bestimmten Zeitraums gehandelte Anzahl Aktien oder Rohstoffkontrakte.

Hausse oder Bullenmarkt: eine Periode, in der die Preise überwiegend steigen, normalerweise über einen längeren Zeitraum. Lässt sich gewöhnlich, aber nicht immer, in drei Phasen einteilen. Die erste Phase ist die Akkumulierungsphase. In der zweiten erfolgt ein relativ stetiger Anstieg unter zunehmendem Volumen. Die dritte Phase ist von beträchtlicher Aktivität geprägt, weil die Allgemeinheit den Anstieg des Marktes erkennt und versucht, davon zu profitieren.

Hedging: der Versuch, das Risiko durch ein Investment zu senken, das ein Gegengewicht darstellt. Bei einem Aktienportfolio könnte man beispielsweise 100 Stücke der Aktie XYZ und eine Put-Option auf die gleiche Aktie kaufen. Der Put würde einen bei einem Kursverlust der Aktie schützen, aber auch den möglichen Gewinn bei einem Anstieg senken. (Siehe auch „Natürlicher Hedge".)

Historische Daten: eine Reihe von Tages-, Wochen- oder Monatskursen aus der Vergangenheit.

Hohes Volumen: In dem Sinne, in dem Edwards und Magee den Ausdruck „hohes Volumen" verwendeten, bedeutet er, dass das Volumen lediglich im Verhältnis zum Handelsvolumen der betreffenden Aktie in der jüngeren Vergangenheit hoch ist.

Hook Day: ein Handelstag, an dem der Eröffnungskurs über dem Vortageshoch beziehungsweise unter dem Vortagestief liegt und der Schlusskurs unter beziehungsweise über dem Vortagesschlusskurs liegt und die Preisspanne klein ist.

Horizontale Trendlinie: eine horizontale Linie, die bei seitwärts tendierendem Markt entweder durch die Hochs oder durch die Tiefs gezogen wird.

Horizontaler Kanal: Wenn sich die Tops der Rallyes und die Böden der Reaktionen entlang von parallelen horizontalen Linien bilden, nennt man den Bereich zwischen den Linien den horizontalen oder waagerechten Trendkanal. In den Anfangsphasen der Ausbildung einer Formation kann man ihn auch als Rechteck bezeichnen.

Hybride Schulter-Kopf-Schulter-Formation: eine kleine Schulter-Kopf-Schulter-Formation innerhalb einer größeren Schulter-Kopf-Schulter-Formation. (Siehe auch „Schulter-Kopf-Schulter-Formation".)

Inselumkehr: Siehe „Island Reversal".

Inside Day: ein Tag, an dem die Preisspanne vollständig innerhalb der Spanne des Vortags liegt.

Insider: Personen im Besitz fundamentaler Informationen, die sich wahrscheinlich auf den Kurs einer Aktie auswirken, jedoch der Öffentlichkeit nicht zugänglich sind. Ein Beispiel wäre jemand, der von einer Fusion weiß, bevor sie öffentlich angekündigt wird. Dass Insider aufgrund solcher Informationen handeln, ist verboten.

Inverted Bowl: siehe „Rounding Top".

Island Reversal: eine kompakte Trading-Range (Handelsspanne), die sich normalerweise nach einer schnellen Rallye oder Reaktion bildet, von der vorherigen Bewegung durch ein Erschöpfungs-Gap und von der Bewegung in die Gegenrichtung durch ein Breakaway Gap getrennt. Das Ergebnis ist eine „Kursinsel", die auf beiden Seiten durch Gaps isoliert ist. Umfasst die Handelsspanne nur einen Tag, nennt man sie One-Day Island Reversal. Die beiden Gaps treten gewöhnlich in etwa auf dem gleichen Niveau auf. Für sich genommen hat diese Formation keine große Bedeutung, aber häufig lässt sie den Preis die komplette vorangegangene kleinere Bewegung zurücklaufen.

Kanal: Wenn die Hochs der Rallyes und die Böden der Reaktionen Linien bilden, die ungefähr parallel verlaufen, bezeichnet man den dazwischenliegenden Raum als Kanal. (Siehe auch „steigender Trendkanal", „fallender Trendkanal" und „horizontaler Trendkanal".)

Keilformation: Chartformation, bei der die Preisschwankungen von zwei konvergierenden geraden (oder so gut wie geraden) Linien begrenzt werden.

Kerzenchart oder Candlestick-Chart: eine aus Japan stammende grafische Darstellung des Preisgeschehens, die die gleichen Daten anzeigt wie ein Balkenchart, jedoch den Kerzenstiel einfärbt, um die Preisentwicklung seit Handelsbeginn anzugeben (siehe Nison in der Bibliografie).

Kilroy Bottom: eigener Beitrag des Herausgebers zur Nomenklatur. Ein anschaulicherer Begriff als der unanschauliche Begriff „inverse Schulter-Kopf-Schulter-Formation".

Komplexe Schulter-Kopf-Schulter-Formation: auch als mehrfache SKS-Formation bezeichnet. Eine Schulter-Kopf-Schulter-Formation mit mehr als einer rechten und linken Schulter und/oder mehr als einem Kopf. (Siehe auch „Schulter-Kopf-Schulter-Formation".)

Konsolidierungsformation: eine auch als Konsolidierungsmuster bezeichnete Area-Formation, die in Richtung des vorherigen Trends ausbricht. (Siehe auch „steigendes Dreieck", „fallendes Dreieck", „Flagge", „Schulter-Kopf-Schulter-Fortsetzung", „Wimpel", „Rechtecksformation", „Muschelformation" und „symmetrisches Dreieck".)

Konvergierende Formation (Trend): Formation oder Muster, bei dem die obere und die untere Begrenzungslinie bei Fortsetzung nach rechts aufeinander zu laufen. (Siehe auch „steigendes Dreieck", „fallendes Dreieck", „symmetrisches Dreieck", „Keilformation" und „Wimpel".)

Korrektur: Preisbewegung eines Rohstoffs oder einer Aktie, die dem vorherrschenden Trend entgegengesetzt ist, aber nicht ausreicht, um den Trend zu ändern. Im Aufwärtstrend als „Rallye" und im Abwärtstrend als „Reaktion" bezeichnet. In der Dow-Theorie ist eine Korrektur ein sekundärer Trend, der gegen den primären Trend läuft, gewöhnlich drei Wochen bis drei Monate andauert und etwa um ein bis zwei Drittel des vorangegangenen Ausschlags in der primären Richtung zurückläuft.

Kurs-Gewinn-Verhältnis (KGV): der Aktienkurs geteilt durch den Gewinn pro Aktie (ob real oder nicht). Manchmal eine unnatürliche Zahl beziehungsweise eine Fantasiezahl.

Kursspanne: die Differenz zwischen dem Hoch und dem Tief innerhalb einer bestimmten Periode.

Kursspitze: steiler Kursanstieg innerhalb von einem oder zwei Tagen.

Kurszielformeln: Bei bestimmten Formationen kann der Chartist zumindest ein zwischenzeitliches Kursziel in Richtung des primären Trends prognostizieren. Das gilt vor allem für Dreiecke, Rechtecke, Schulter-Kopf-Schulter-Formationen, Flaggen und Wimpel.

- Dreiecke: Wenn eine Aktie aus einem symmetrischen Dreieck (nach oben oder unten) ausbricht, dürfte die nachfolgende Bewegung so weit reichen wie die Höhe des Dreiecks entlang seiner ersten Reaktion gemessen.

- Rechtecke: Das Minimum, das man nach einem Ausbruch (nach oben oder unten) aus einer Rechtecksformation erwarten kann, ist eine Distanz, die der Höhe der Formation entspricht.
- Schulter-Kopf-Schulter-Tops oder -Böden: Die Schulter-Kopf-Schulter-Formation bietet eine der besseren Messlatten. Das zwischenzeitliche Ziel nach Durchbrechen der Nackenlinie ist der Abstand vom Hoch (Tief) des Kopfes zur Nackenlinie direkt darunter (darüber).
- Wimpel und Flaggen: Zu diesen Formationen muss man sich vor allem merken, dass sie „auf Halbmast wehen". Anders gesagt ist der Weg hinein so weit wie der Weg hinaus.

Laddering: eine Praxis, die manche Emissionshäuser der Wall Street während der „Tulpenmanie" der 1990er-Jahre anwandten. Sie besteht darin, Aktien eines Börsengangs (IPO) zum Preis vor Handelsbeginn an Insider-Kunden zu verkaufen, im Austausch gegen ihre Verpflichtung, nach Eröffnung zu höheren Kursen nachzukaufen. Dies verursachte eine extreme Volatilität und steile Kurszuwächse in den ersten Tagen nach Erstemissionen. Eine unmoralische Form der Kursmanipulation.

Leerverkauf (Shorten): eine Transaktion, die damit beginnt, dass eine Aktie oder ein Rohstoff verkauft wird, und damit endet, dass sie oder er (hoffentlich zu einem niedrigeren Preis) zurückgekauft wird. Am Aktienmarkt kann man Aktien, die man nicht besitzt, verkaufen, indem man sie sich vom Broker leiht und zurückgibt, wenn der ausgleichende Rückkauf stattgefunden hat. An den Rohstoffmärkten kommen Kontrakte zustande, wenn ein Käufer und ein Verkäufer durch einen Parkettmakler zusammengebracht werden. Daher funktioniert am Rohstoffmarkt der Verkauf genauso wie der Kauf.

Leverage oder Hebelwirkung: der Einsatz eines geringeren Geldbetrags, um ein Investment von höherem Wert zu kontrollieren. Beispielsweise kontrolliert man (ohne Berücksichtigung von Zinsen und Gebühren), wenn man eine Aktie mit 50 Prozent Margin (Einschusskredit) kauft, mit 50 investierten Cent Aktien im Wert von einem Dollar, was eine Hebelwirkung von 2:1 bedeutet.

Leverage-Space-Portfolio: Ralph Vince misst (ebenso wie der Herausgeber dieses Buches) das Risiko von Portfolios anhand des maximalen Drawdowns anstatt anhand der Varianz der Erträge. Eine ausgefeilte Methode, um das Portfoliorisiko und die Größe des Trades zu ermitteln und das Portfoliowachstum zu optimieren.

Limit Move: eine Preisänderung, die das von der Börse, an welcher der Terminkontrakt gehandelt wird, festgelegte Limit überschreitet.

Limit up, Limit down: die Beschränkungen, die Rohstoffbörsen für die maximalen Aufwärts- und Abwärtsbewegungen des Preises eines Rohstoffs an einem Handelstag festlegen.

Limit-Order: eine Kauf- oder Verkaufsorder, die in irgendeiner Hinsicht limitiert ist, normalerweise hinsichtlich des Preises. Wenn man beispielsweise eine Kauforder für IBM zu 100 Dollar aufgibt, führt der Broker die Order nur dann aus, wenn es zu diesem Preis oder darunter möglich ist.

Linie (Dow-Theorie): In der Dow-Theorie ist eine Linie eine intermediäre Seitwärtsbewegung eines der beiden Indizes (Dow Jones Industrial Average und/oder Dow Jones Transportation Average) mit Kursschwankungen um maximal fünf Prozent (um den mittleren Kurs).

Logarithmische Skala: siehe „halblogarithmische Skala".

Major-Trend: Bei Edwards und Magee bezieht sich „major" oder „primär" auf einen Trend (oder auf ein Muster, das in einen solchen Trend mündet), der mindestens ein Jahr dauert und einen Anstieg oder Rückgang um mindestens 20 Prozent beinhaltet.

Margin: der Mindestbetrag, der für den Kauf oder Verkauf einer Aktie erforderlich ist. Die Quote, die im Jahr 2005 bei 50 Prozent lag, wird vom Staat festgelegt. Bei einem Rohstoff ist die Margin das Minimum, das erforderlich ist, um einen Kontrakt zu kaufen oder zu verkaufen, gewöhnlich 10 Prozent. Hier wird die Quote von der jeweiligen Börse festgelegt. Auch die Kosten unterscheiden sich. Bei einer Aktie leiht der Broker dem Anleger die Restsumme und verlangt für diesen Kredit Zinsen. Bei Rohstoffen wird die Margin als Zahlung nach Treu und Glauben betrachtet. Der Broker verleiht den Differenzbetrag nicht, und somit fallen keine Zinsen an.

Market on Close (MOC): eine Order, die den Broker anweist, sie zum besten bei Handelsschluss verfügbaren Preis auszuführen.

Market Reciprocal: die normale durchschnittliche Kursspanne einer Aktie über mehrere Jahre, geteilt durch die aktuelle durchschnittliche Spanne. Das Ergebnis ist der Kehrwert der Marktbewegung im Betrachtungszeitraum. Eine hohe Marktaktivität ergibt eine Zahl unter 1, eine verschlafene Handelstätigkeit eine Zahl über 1.

Market-Order: die Anweisung, zu dem Preis zu kaufen, der gilt, wenn die Order das Börsenparkett erreicht, auch als „billigst" oder „bestens" bezeichnet.

Markt im Gleichgewicht: ein Preisbereich, der ein Gleichgewicht zwischen Angebot und Nachfrage darstellt.

Markt im Trend: Der Preis läuft in eine bestimmte Richtung weiter und beschließt den Handelstag gewöhnlich fest.

Marktbereinigung: Korrekturbewegung, die ausreicht, um den Markt von nervösen Anlegern „zu reinigen", bevor der primäre Trend wieder aufgenommen wird.

Mast: die senkrechte Rallye oder Reaktion, die einer Flaggen- oder Wimpel-Formation vorausgeht.

McClellan-Oszillator: ein Index, der auf den Nettoanstiegen und Nettorückgängen an der New York Stock Exchange basiert. Er ist ein Maß für den überkauften beziehungsweise überverkauften Zustand des Marktes und für die kurz- bis mittelfristige Bewegungsrichtung des Marktes. Der McClellan-Oszillator zeigt eine Bärenmarkt-Selling-Climax an, wenn er sehr negativ ist, zum Beispiel -150. Ein steiler Kaufimpuls im Markt wird durch einen sehr positiven Wert deutlich über 100 angezeigt.

Measuring Gap: siehe „Runaway Gap".

Megafon-Formation: Megafon-Formationen sind Broadening Tops. Eine Broadening Formation kann sich in einer von drei vergleichbaren Formen entwickeln, und zwar in Form eines umgekehrten symmetrischen Dreiecks, eines umgekehrten steigenden oder fallenden Dreiecks. Der symmetrische Typ besteht aus einer Reihe von Preisschwankungen um eine horizontale Achse, wobei jedes kleinere Hoch höher und jedes kleinere Tief tiefer als der Vorgänger ist. Daher lässt sich das Muster grob durch zwei auseinander laufende Linien begrenzen, wobei die obere von links unten nach rechts oben und die untere von links oben nach rechts unten verläuft. Broadening Formations sind typischerweise lose und unregelmäßig, während symmetrische Dreiecke regelmäßig und kompakt sind. Die zusammenlaufenden Begrenzungslinien symmetrischer Dreiecke sind in der Regel klar definiert. Die Tops und Böden innerhalb der Formationen fallen ziemlich genau auf diese Begrenzungslinien. Innerhalb der Broadening Formation enden die Rallyes und Kursrückgänge gewöhnlich nicht alle auf klar markierten Begrenzungslinien, sondern bilden Zacken. Man könnte von einer Megafon-Zacke sprechen, weil sich die Formation an diesen Linien verdichtet und einem Megafon ähnelt. Sie hat die Tendenz, mehr nach unten als nach oben auszuschlagen.

Mehrfache Schulter-Kopf-Schulter-Formation: siehe „Komplexe Schulter-Kopf-Schulter-Formation".

Minor-Trend: bei Edwards und Magee kurze Schwankungen (gewöhnlich kürzer als sechs Tage und selten länger als drei Wochen), die zusammengenommen den intermediären Trend bilden.

Mittelfristiger oder intermediärer Trend: Bei Edwards und Magee bedeutet „intermediär" oder „sekundär" bezogen auf einen Trend (oder auf ein Muster, das auf einen Trend hindeutet) gegen den primären („major") Trend, dass er wahrscheinlich drei Wochen bis drei Monate dauert und möglicherweise ein Drittel bis zwei Drittel des vorangegangenen primären Anstiegs oder Rückgangs zurückläuft.

Momentum-Indikator: ein Börsenindikator, der anhand von Volumenzahlen die momentane Stärke oder Schwäche eines Marktes sowie eine überkaufte oder überverkaufte Verfassung vorhersagt und Wendepunkte im Markt erkennt.

Moving Average Convergence/Divergence (MACD): ein Oszillator, der durch Division eines gleitenden Durchschnitts (Moving Average) durch einen anderen gleitenden Durchschnitt abgeleitet wird. Im Prinzip fasst er drei gleitende Durchschnitte zu zwei Linien zusammen. In den heutigen Computerprogrammen werden die gleitenden Durchschnitte meistens exponentiell geglättet, sodass die jüngeren Daten stärker gewichtet werden. Der MACD wird im Chart zusammen mit einer Gleichgewichtslinie dargestellt.

Diese Gleichgewichtslinie ist wichtig. Wenn die beiden gleitenden Durchschnitte unter die Gleichgewichtslinie fallen, bedeutet dies, dass der kürzere gleitende Durchschnitt (GD) niedriger ist als der längere. Das ist ein bearishes Signal. Befinden sich die GD oberhalb der Gleichgewichtslinie, ist der kürzere GD größer als der längere. Das ist ein bullishes Signal.

Die erste Linie ist die Differenz zwischen einem gleitenden Durchschnitt über 12 Perioden und einem gleitenden Durchschnitt über 26 Perioden. Die zweite Linie (die Signallinie) ist das angenäherte exponentielle Äquivalent eines gleitenden Durchschnitts der ersten Linie über 9 Perioden. Die exponentiellen Werte betragen 0,15, 0,075 und 0,20.

Ein MACD kann als Oszillatorlinie oder als Histogramm dargestellt werden.

Kaufsignale werden generiert, wenn die schnellere Linie die langsamere Linie von unten nach oben schneidet. Verkaufssignale kommen hingegen zustande, wenn die schnellere Linie die langsamere von oben nach unten schneidet. Man hüte sich jedoch, mechanisch jeden MACD-Schnittpunkt zu traden, denn dies kann zu Whipsaw-Effekten und erheblichen Drawdowns führen. Es ist eine Tatsache, dass in engen Handelsspannen viele Fehlsignale auftreten, die man mithilfe zusätzlicher Interpretation vermeiden kann.

Multikollinearität: das fehlerhafte Vorgehen, aus identischen Daten verschiedene Indikatoren zu erstellen. Solche Indikatoren bestätigen einander gegenseitig, weil sie auf den gleichen Daten basieren. Wenn man RSI, MACD und die Änderungsrate miteinander kombiniert (alle diese Indikatoren entstehen aus den gleichen Schlusskursen und Perioden), dürften sie die gleichen Signale liefern, aber diese könnten unzutreffend sein. Man kann die Multikollinearität vermeiden, indem man einen Indikator verwendet, der auf Schlusskursen basiert, einen zweiten, der auf dem Volumen basiert, und einen dritten, der auf Preisspannen basiert. Sie lässt sich auch vermeiden, indem man aus Daten generierte Indikatoren verwendet, die mit Chartmustern verglichen werden. (Siehe auch „Bollinger-Bänder", „MACD", „Relative-Stärke-Index nach Wilder".)

Muschelformation: eine Reihe von Rounding Bottoms (Untertassenformationen), wobei auf der ansteigenden Seite die Preise immer ein bisschen höher sind als beim vorigen Hoch am Beginn des Musters. Der Nettogewinn variiert von Aktie zu Aktie, aber es besteht eine starke Tendenz, dass er sich auf 10 bis 15 Prozent beläuft. Die Gesamtreaktion vom linken Rand der Untertasse zum Boden liegt gewöhnlich in der Größenordnung von 20 bis 30 Prozent. Die einzelnen Untertassen einer Muschelformation dauern gewöhnlich fünf bis sieben Wochen und selten weniger als drei Wochen. Das Volumen weist eine konvexe Form oder eine Schüsselform auf.

Nachfrage: Kaufinteresse an einer Aktie zu einem bestimmten Kurs.

Nackenlinie: Bei einer Schulter-Kopf-Schulter-Formation die Linie, die bei einem Top durch die beiden Reaktionstiefs und bei einem Boden durch die beiden Rallye-Hochs verläuft, die jeweils vor und nach dem Kopf auftreten. Die Linie muss um drei Prozent gebrochen werden, damit die Umkehr bestätigt ist. Bei einer Diamantformation, die einer Schulter-Kopf-Schulter-Formation ähnelt, ist die Nackenlinie v-förmig oder umgekehrt v-förmig. (Siehe auch „Diamantformation" und „Schulter-Kopf-Schulter-Formation".)

Narrow Range Day: Tag mit geringerer Kursspanne als der Vortag.

Natürliche und unnatürliche Methoden oder Systeme: Bassetti bezeichnet halb scherzhaft Analysemethoden als „natürlich", die wie die Chartanalyse unmittelbar Marktdaten betrachten, im Gegensatz zu „unnatürlichen" Methoden, die einen Algorithmus zwischen die Daten und die Analyse setzen, zum Beispiel gleitende Durchschnitte, Oszillatoren und so weiter.

Natürlicher Hedge: So nennt Bassetti eine von Magee empfohlene Methode, bei der ein Portfolio stets ein bisschen long und ein bisschen short steht. Das ist ein unvollkommener Hedge, der dafür gedacht ist, Risiken durch Rückgang oder Anstieg zu dämpfen, beispielsweise indem man long auf den DIA steht und Mitglieder des Index (oder ähnliche Instrumente) shortet, die sich im entgegengesetzten Trend befinden.

Negative Divergenz: wenn zwei oder drei Indizes oder Indikatoren einen Trend nicht bestätigen.

Normale Preisspanne: *EN: ein von Magee entwickeltes Analysewerkzeug, um die Volatilität von Aktien zu ermitteln. Im modernen Kontext umständlich, aber interessant. In Anhang A der 9. Auflage beschrieben.*

Odd Lot oder Fraktion: ein Aktienblock, der weniger als 100 Aktien beträgt.

On-Balance Volume (OBV): ein beliebter von Joseph Granville entwickelter Volumenindikator. Die Konstruktion einer OBV-Linie ist einfach: Dem Gesamtvolumen jedes Tages wird ein positiver oder negativer Wert beigelegt, je nachdem ob der Schlusskurs des Tages über oder unter dem gestrigen liegt. Ist der Schlusskurs höher, erhält das Volumen des Tages ein positives Vorzeichen, während ein niedrigerer Schlusskurs zu einem negativen Vorzeichen führt. Man errechnet einen „laufenden Kontostand", indem man die je nach Schlusskurs mit einem Plus- oder Minuszeichen versehenen Tagesumsätze addiert. Dann betrachtet man statt des eigentlichen Umsatzes die OBV-Linie. Die Formel:

- Ist der heutige Schlusskurs höher als der gestrige: OBV = gestriges OBV + heutiger Umsatz
- Ist der heutige Schlusskurs niedriger als der gestrige: OBV = gestriges OBV - heutiger Umsatz
- Entspricht der heutige Schlusskurs dem gestrigen: OBV = gestriger OBV

One-Day Reversal: siehe „Island Reversal".

Option: das einem Anleger durch einen anderen verliehene Recht, 100 Stücke einer Aktie oder einen Rohstoffkontrakt innerhalb eines festgelegten Zeitraums zu einem festgelegten Preis zu kaufen (Call-Option) oder zu verkaufen (Put-Option). Derjenige, der dieses Recht verleiht (der Verkäufer der Option), erhält vom Käufer eine nicht erstattungsfähige Prämie.

Options Research, Inc.: gegründet von Blair Hull, später Hull Trading Co. Das erste Unternehmen, das einen Computer mit dem Black-Scholes-Modell gefüttert hat.

Order: siehe „Limit-Order", „Market-Order" und „Stopp-Order".

Oszillator: eine Form des Momentum- oder Veränderungs-Indikators, üblicherweise mit Werten zwischen 0 und 1 oder zwischen 0 Prozent und 100 Prozent.

Panik-Boden: siehe „Selling Climax".

Panik: das zweite Stadium einer Baisse, in dem die Käufer rarer werden und die Verkäufer um jeden Preis verkaufen. Der Abwärtstrend beschleunigt sich plötzlich zu einem annähernd senkrechten Absturz, wobei das Volumen Höchstwerte erreicht. (Siehe auch „Baisse".)

Passiver Indexanleger: ein Anleger, der in einen großen Index investiert und ihn über Aufwärts- und Abwärtswellen hinweg hält.

Peak: siehe „Top".

Point-and-Figure-Chart: eine Methode der Chartdarstellung, die vermutlich von Charles Dow erfunden wurde. An jedem Tag, an dem sich der Preis um einen bestimmten Betrag ändert (die willkürlich gewählte Kästchengröße), wird auf kariertem Papier ein X (bei einem Anstieg) oder ein O (bei einem Rückgang) in eine senkrechte Spalte eingetragen. Solange der Kurs die Richtung nicht um einen festgelegten Betrag wechselt (Umkehr/Reversal), gilt der Trend als in Kraft, und es wird keine neue Spalte eröffnet. Findet eine Umkehr statt, wird eine neue Spalte unmittelbar rechts neben der ersten eröffnet, allerdings in der umgekehrten Richtung. Die Zeit wird im Point-and-Figure-Chart nicht notiert.

Primärer Trend: siehe Major-Trend.

Programmhandel: der Handel anhand von Signalen diverser Computerprogramme, gewöhnlich vom Computer des Traders direkt in das Computersystem der Börse eingespeist.

EN: Meistens Transaktionen professioneller Trader mit hohem Volumen und großen Aktienkörben.

Progressiver Stoppkurs: ein Stoppkurs, der dem Markt nach oben oder nach unten folgt. (Siehe auch „Stoppkurs".)

Protektiver Stoppkurs: eine Stopp-Order, die bei einer Bestandsposition die Gewinne bewahren oder die Verluste begrenzen soll. (Siehe auch „Stoppkurs".)

Pullback: im engeren Sinne die Rückkehr des Preises zu einer Begrenzungslinie einer Formation nach einem Ausbruch nach unten. Im weiteren Sinne schließt der Begriff auch den Rücksetzer oder „Throw-back" ein, die Rückkehr nach einem Ausbruch nach oben.

Put: eine Option über den Verkauf einer bestimmten Anzahl von Aktien oder Terminkontrakten in einem vereinbarten Zeitraum zum angegebenen Basis- oder Ausübungspreis.

Rallye-Top: das Preisniveau, auf dem eine kurzfristige Rallye innerhalb eines laufenden Trends endet.

Rallye: Preisanstieg, der einen Teil des vorherigen Preisrückgangs zurückläuft.

Reaktion: Preisrückgang, der einen Teil des vorherigen Preisanstiegs zurückläuft.

Rechtecksformation: eine Handelsspanne, die oben und unten von horizontalen oder annähernd horizontalen Linien begrenzt wird. Ein Rechteck kann je nach der Richtung des Ausbruchs eine Umkehr- oder Fortsetzungsformation sein. Formel für das Kursziel: Man addiere die Breite (Differenz zwischen oberer und unterer Begrenzung) des Rechtecks zum Ausbruchspunkt.

Rechtwinkliges Dreieck: siehe „steigendes Dreieck" und „fallendes Dreieck".

Referenzpunkt: das Preisniveau in einem Chart, das angibt, wo ein Stop-Loss gesetzt wird. Wenn sich die technischen Bedingungen ändern, können Referenzpunkte und Stoppkurse angehoben (wenn der Markt steigt) oder gesenkt (wenn der Markt fällt) werden. (Siehe „nachgezogene Stopps".)

Relative Stärke (RSI): die Kursbewegung einer Aktie im letzten Jahr im Verhältnis zu einem Aktienindex (meist dem Standard & Poor's 500 Index). Werte unter 1 bedeuten, dass die Aktie eine relative Schwäche der Preisbewegung aufweist (den Markt underperformt hat); Werte über 1 bedeuten, dass die Aktie eine relative Stärke aufweist. Die Gleichung für die Relative Stärke:

(Aktueller Aktienkurs – Aktienkurs vor einem Jahr) : (Aktueller Kurs des S&P 500 – S&P 500 vor einem Jahr)(Siehe auch „Relative-Stärke-Index nach Wilder".)

Relative-Stärke-Index nach Wilder (RSI): Relative Stärke, die den Preis eines Papiers mit dem Preis eines Indexes vergleicht, gibt es zwar schon länger, aber dieser konkrete Indikator wurde von J. Welles Wilder entwickelt und 1978 in dem Buch „New Concepts in Technical Trading" erklärt.

Die Relative Stärke wird häufig verwendet, um Hochs und Tiefs zu identifizieren, die sich um bestimmte RSI-Niveaus zwischen 0 und 100 ballen (gewöhnlich 30 und 70). Der RSI kann auch Folgendes anzeigen:

1. Eine Kursbewegung, die im Balkenchart vielleicht nicht so offensichtlich ist.
2. Fehlausschläge über 70 oder unter 30, die vor einer bevorstehenden Wende warnen.
3. Unterstützungs- und Widerstandsniveaus sind klarer zu erkennen.
4. Eine Divergenz zwischen RSI und Kurs ist oft ein nützlicher Hinweis auf eine Umkehr.

Der RSI braucht eine gewisse Vorlaufzeit, um gut zu funktionieren.

Reversal Gap: Chartformation, bei der das Tagestief über der Preisspanne des Vortags liegt, wobei der Schlusskurs über der Mitte der Spanne und über dem Eröffnungskurs liegt.

Rote Parallele: eine parallel zur Trendlinie (rote Trendlinie) gezogene Parallele, die mindestens zwei Böden miteinander verbindet. Die rote Parallele (im Grunde eine Rückkehrlinie) beginnt an einem Hoch und wird verwendet, um den nächsten Hochpunkt abzuschätzen.

Rote Trendlinie: eine gerade Linie, die zwei oder mehr Böden miteinander verbindet. Um Verwechslungen zu vermeiden, verwendeten Edwards und Magee Rot für untere Trendbegrenzungen und Blau für obere Trendbegrenzungen.

Round Lot: aus 100 Stücken bestehender Aktienblock.

Round Trip: die Kosten für eine vollständige Rohstofftransaktion, also für den Einstieg und den Ausstieg zusammengenommen.

Rounding Bottom: eine Area-Formation, die eine allmählich fortschreitende und weitgehend symmetrische Wende des Trends von abwärts zu aufwärts darstellt. Sowohl der Preisverlauf (entlang der Tiefs) als auch der Volumenverlauf weisen eine konkave Form auf, die oft als Bowl (Schüssel) oder Untertasse bezeichnet wird. Für diese Umkehrformation gibt es keine Formel zur Berechnung des Kursziels.

Rounding Top: eine Area-Formation, die eine allmählich fortschreitende und weitgehend symmetrische Wende des Trends von aufwärts zu abwärts darstellt. Der Preisverlauf (entlang der Hochs) weist eine konvexe Form auf. Der Volumenverlauf weist eine konkave Form auf (Bowl oder Schüssel), während die Handelsaktivität zum Höhepunkt der Kursformation hin abnimmt und mit Beginn des Kursrückgangs wieder zunimmt. Für diese Umkehrformation gibt es keine Formel zur Berechnung des Kursziels.

Rückkehrlinie: siehe „steigender Trendkanal" und „fallender Trendkanal".

Rücklauf oder Retracement: Preisbewegung entgegen dem vorigen Trend.

Rücksetzer: Rückkehr des Preises zur Begrenzungslinie einer Formation, nachdem er nach oben ausgebrochen war. Die Rückkehr nach einem Ausbruch nach unten heißt „Pullback".

Runaway Gap: eine relativ breite Kurslücke, die auftritt, wenn ein Anstieg oder Rückgang an Momentum zulegt. Auch als „Measuring Gap" bezeichnet, weil es häufig auf halbem Weg zwischen dem Ausbruch auftritt, der die Bewegung ausgelöst hat, und dem Reversal Day, der sie beendet. Formel für das Kursziel: Man nehme den Abstand vom ursprünglichen Ausbruchspunkt bis zum Beginn des Gaps und addiere ihn zur anderen Seite des Gaps.

Säkularer Trend: bedeutender langlebiger Trend, der auf soliden ökonomischen Bedingungen basiert, nicht auf zyklischen oder technischen.

Scheitelpunkt: der höchste Punkt; die Spitze eines Dreiecks.

Schließen eines Gaps: Wenn eine Aktie oder ein Rohstoff zu einer früheren Kurslücke zurückkehrt und die Kursspanne des Gaps durchläuft. Man spricht auch davon, dass die Lücke gefüllt wird. (Siehe auch „Gap".)

Schlusskurs: der letzte Verkaufskurs einer Aktie an einem Handelstag. Bei einem Rohstoff ein offizieller Kurs, der anhand einer Preisspanne ermittelt wird, zu der er zum Handelsschluss gehandelt worden sein soll; auch als Abrechnungspreis bezeichnet.

Schulter-Kopf-Schulter-Boden: eine Area-Formation, die einen Rückgang umkehrt. (Siehe auch „Schulter-Kopf-Schulter-Formation".) *EN: Ein kopfstehender Name für eine kopfstehende Formation. (Siehe auch „Kilroy Bottom".)*

Schulter-Kopf-Schulter-Formation (SKS): Manchmal bildet sich zwar eine umgekehrte Schulter-Kopf-Schulter-Formation (auch Schulter-Kopf-Schulter-Konsolidierung genannt), die eine Fortsetzungsformation ist, aber in seiner normalen Form ist dieses Muster eine der gängigeren und zuverlässigeren bedeutenden Umkehrformationen. Es hat folgende vier Bestandteile (wenn es sich um ein Top handelt):

(1) eine Rallye, die einen mehr oder weniger ausgedehnten Anstieg unter hohem Volumen abschließt und auf die eine kleinere Reaktion unter geringerem Volumen folgt; das ist die linke Schulter; (2) ein weiterer Anstieg unter hohem Volumen, der über die Höhe der linken Schulter hinausgeht, gefolgt von einer weiteren Reaktion unter geringem Volumen, die den Preis in die Nähe des Bodens der vorigen Reaktion sowie unter das Hoch der linken Schulter herabzieht; das ist der Kopf; (3) eine dritte Rallye, jedoch unter deutlich geringerem Volumen als bei den beiden ersten Anstiegen, die nicht über das Hoch des Kopfes hinausgeht; das ist die rechte Schulter; (4) ein Rückgang unter die Linie, die man durch die beiden vorangegangen Reaktionstiefs gezogen hat (die Nackenlinie), und ein Schlusskurs, der um drei Prozent unter dieser Linie liegt. Das ist die Bestätigung des Ausbruchs. Der Schulter-Kopf-Schulter-Boden und Schulter-Kopf-Schulter-Kombinationen in anderen Zusammenhängen enthalten die gleichen vier Bestandteile. Der Hauptunterschied zwischen der Top-Formation und der Boden-Formation besteht im Volumenmuster. Bei einem Top kann der Ausbruch unter geringem Volumen erfolgen. Bei einem Boden muss der Ausbruch einen „unübersehbaren Ausbruch von Aktivität" aufweisen. Formel für das Kursziel: Man addiere den Abstand zwischen Kopf und Nackenlinie zum Ausbruchspunkt.

Schulter-Kopf-Schulter-Konsolidierung: Area-Formation, die den vorherigen Trend fortsetzt. (Siehe auch „Schulter-Kopf-Schulter-Formation".)

Schulter-Kopf-Schulter-Top: eine Area-Formation, die einen Anstieg umkehrt. (Siehe auch „Schulter-Kopf-Schulter-Formation".)

Schulter: siehe „Schulter-Kopf-Schulter-Formation".

Sekundärer Trend: siehe „intermediärer Trend".

Selling Climax: eine Periode mit außerordentlich hohem Volumen, die am Ende eines schnellen und umfassenden Rückgangs stattfindet, der die Margin-Reserven vieler Spekulanten beziehungsweise die Geduld vieler Anleger erschöpft. Der Gesamtumsatz kann höher sein als an allen Tagen während des vorangegangenen Aufschwungs, während Panikverkäufe durch die Aktie oder den

Rohstoff fegen. Man spricht auch von einem Clean-out-Day. Eine Selling Climax kehrt die technischen Bedingungen des Marktes um. Sie ist zwar eine Form des One-Day Reversals, bis zum Abschluss kann sie aber mehrere Tage dauern.

Sensitivität: ein von Edwards und Magee verwendeter Index, der die wahrscheinliche prozentuale Veränderung eines Aktienkurses bei einer bestimmten prozentualen Bewegung des gesamten Aktienmarkts angibt.

EN: Mehr oder weniger mit dem Beta gleichzusetzen, hat das gleiche Ziel.

Short Interest: die Anzahl der Aktien, die geshortet und noch nicht zurückgekauft wurden. Wird monatlich von der New York Stock Exchange veröffentlicht.

Sonderdividende: einmalige Ausschüttung über die regelmäßigen Dividenden hinaus.

Spitze: Der Schnittpunkt der beiden zusammenlaufenden Begrenzungslinien eines symmetrischen Dreiecks. (Siehe auch „Scheitelpunkt".)

Stauzone: die Seitwärtsbewegung, aus der sich Area-Formationen entwickeln. Allerdings produzieren nicht alle Stauzonen erkennbare Muster.

Steigender Keil: Area-Formation mit zwei aufsteigenden, konvergierenden Trendlinien. Sie dauert bis zum Abschluss höchstens drei Wochen, und das Volumen nimmt ab, während der Preis zur Spitze des Musters läuft. Die erwartete Ausbruchsrichtung aus einem steigenden Keil ist abwärts. Formel für das Kursziel: Rücklauf des gesamten innerhalb des Keils gewonnenen Terrains.

Steigendes Dreieck: Gehört zu der Untergruppe der Area Patterns, die man als rechtwinklige Dreiecke bezeichnet. Es unterscheidet sich von anderen dadurch, dass eine der beiden Begrenzungslinien fast horizontal ist, während die andere auf sie zu läuft. Ist die obere Linie horizontal und die untere läuft nach oben auf einen rechts liegenden Schnittpunkt zu, ergibt sich ein ansteigendes oder steigendes Dreieck. Es wird bullish interpretiert, und man erwartet einen Ausbruch über die waagerechte Linie. Formel für das Kursziel: Man addiere den breitesten Teil des Dreiecks zum Ausbruchspunkt.

Stochastik: Der von George Lane entwickelte Stochastik-Indikator vergleicht den Schlusskurs eines Wertpapiers mit seiner Kursspanne in einem bestimmten Zeitraum. Dieser Indikator zeigt laut Lanes Theorie, dass die Preise in einem Aufwärtstrend meist in der Nähe ihrer Hochs und in einem Abwärtstrend in der Nähe ihrer Tiefs schließen. Wenn ein Aufwärtstrend reift, neigen sie dazu, weiter entfernt von ihren Hochs zu schließen, und wenn ein Abwärtstrend reift, dazu, weiter entfernt von ihren Tiefs zu schließen. Der Stochastik-Indikator versucht herauszufinden, wann die Preise in einem aufwärts tendierenden Markt dazu neigen, sich um ihre Tagestiefs zu ballen, und in einem abwärts tendierenden Markt um ihre Tageshochs. Laut Lanes Theorie deutet ein solcher Zustand darauf hin, dass eine Trendwende beginnt. Der Stochastik-Oszillator wird in Form von zwei Linien dargestellt, der %D-Linie und der %K-Linie. Die %D-Linie ist wichtiger als die %K-Linie. Der Stochastik-Oszillator nimmt Werte zwischen 0 und 100 an. Werte über 80 sollen Stärke anzeigen und darauf hindeuten, dass der Preis in der Nähe seines Hochs schließen wird. Werte unter 20 zeigen Schwäche an und deuten darauf hin, dass der Preis in der Nähe seines Tiefs schließen wird. Normalerweise wechselt die %K-Linie vor der %D-Linie die Richtung. Wenn jedoch die %D-Linie die Richtung früher wechselt als die %K-Linie, dann deutet das oft auf eine langsame, stetige Wende hin. Wenn beide Linien die Richtung ändern und die schnellere %K-Linie erneut die Richtung wechselt, um einen Schnittpunkt der %D-Linie zu testen, sie aber nicht schneidet, bestätigt dies die Stabilität der vorangegangenen Wende. Wenn sich der Indikator seinen Extremen bei 0 und 100 nähert, bahnt sich eine kräftige Bewegung an. Wenn er nach einer Rückbewegung des Preises Extreme erneut testet, zeigt dies einen guten Einstiegspunkt an. Wenn sich die %K-Linie oder die %D-Linie abzuflachen beginnt, deutet dies häufig darauf hin, dass sich der Trend in der nächsten Trading-Range umkehren wird.

Stochastisch: zufällig.

Stop-Loss: siehe „protektiver Stopp".

Stopp-Order: eine Order für den Eventualfall, die im Falle eines Kaufs über dem aktuellen Marktpreis und im Falle eines Verkaufs darunter platziert wird. Eine Stopp-Order wird zur Market-Order, wenn die Aktie oder der Rohstoff auf den Preis des Kaufstopps steigt beziehungsweise auf den Preis des Verkaufsstopps fällt. Man kann mit Stoppkursen neue Positionen eingehen oder aus alten aussteigen. (Siehe auch „protektiver Stopp" und „progressiver Stopp".)

Streubesitz: die Anzahl der Aktien, die zu einem bestimmten Zeitraum für den Handel zur Verfügung stehen. Im Allgemeinen die Anzahl der umlaufenden Aktien abzüglich der Aktien im Besitz von Großaktionären, die wahrscheinlich nicht für den Börsenhandel zur Verfügung stehen. Beispielsweise fließen die Aktien im Besitz des Pensionsfonds des Unternehmens meist nicht in den Börsenhandel, sodass man sie von den umlaufenden Aktien abziehen kann.

Symmetrisches Dreieck: kann eine Umkehr- oder Fortsetzungsformation sein. Eine Seitwärts-Stauzone, in der es die untergeordneten Hochs nicht mehr schaffen, die Höhe der vorigen Rallye zu erreichen, und jedes untergeordnete Tief über dem Niveau des vorigen liegt. Das Ergebnis sind aufeinander zu laufende obere und untere Begrenzungslinien. Die obere Begrenzungslinie muss nach unten und die untere nach oben geneigt sein, andernfalls handelt es sich um eine Variante der Keilformation. Das Volumen nimmt im Laufe der Formation meistens ab. Formel für das Kursziel: Man addiere den größten Abstand innerhalb des Dreiecks zu seinem Ausbruchspunkt.

Tagesspanne: Die Differenz zwischen dem höchsten und niedrigsten Preis eines Handelstags.

Tangente: siehe „Trendlinie".

Tekniplat™-Papier: ein speziell gestaltetes, aus zwei Teilen bestehendes halblogarithmisches und vertikal in Sechstel unterteiltes Papier, das für die Darstellung von Aktien- oder Rohstoffpreisen verwendet wird. Siehe http://www.edwards-magee.com.

Test: Wenn eine Aktie oder ein Rohstoff wendet, um die Gültigkeit einer früheren Trendlinie, einer Unterstützung oder eines Widerstands zu „testen".

Top: siehe „Broadening Top", „fallendes Dreieck", „Doppel-Top", „Schulter-Kopf-Schulter-Top", „Rounding Top" und „Dreifach-Top".

Transaktionsgebühr: der Betrag, den ein Brokerhaus für die Ausführung eines Handelsgeschäfts mit einer Aktie, einer Option oder einem Rohstoff verlangt. Bei Aktien, Optionen und Rohstoffen fallen für jeden Kauf und jeden Verkauf Gebühren an. Bei einem Rohstoff wird nur dann eine Gebühr verlangt, wenn der ursprüngliche Einstiegs-Trade durch einen ausgleichenden Trade glattgestellt wird. Man bezeichnet das als Roundturn-Gebühr.

Trend: Preisbewegung in die gleiche allgemeine Richtung oder die Neigung beziehungsweise Tendenz, sich geradlinig zu bewegen. (Siehe auch „Aufwärtstrendkanal", „Abwärtstrendkanal", „horizontaler paralleler Trendkanal", „konvergierender Trend", „divergierender Trend", „intermediärer Trend", „Major-Trend", „Minor-Trend".)

Trendkanal: Parallele wahrscheinliche Preisspanne beiderseits der wahrscheinlichsten Preislinie.

Trendlinie: Wenn man ein Lineal an eine Reihe grafisch dargestellter Preise anlegt, merkt man schnell, dass die meistens gerade Linie eines Aufwärtstrends die unteren Extrema der kleineren Rückgänge innerhalb dieser Linien miteinander verbindet. Anders ausgedrückt besteht eine steigende Welle am Aktienmarkt aus einer Reihe kleinerer Wellen, und die Täler dieser Wellen bilden – zumindest annähernd – eine aufwärts gerichtete gerade Linie. Die Hochs der kleinen Wellen sind gewöhnlich weniger gleichmäßig verteilt. Manchmal kann man auch sie durch eine gerade Linie definieren, aber meistens sind die Ausschläge leicht unterschiedlich, sodass eine Linie, die die oberen Spitzen verbindet, mehr oder weniger gekrümmt wäre. Bei einem fallenden Trend ist die Linie, die am wahrscheinlichsten gerade ist, diejenige, die die Tops der kleineren Rallyes verbindet, während die untergeordneten Böden auf eine gerade Linie fallen oder eben nicht. Diese beiden Linien – die entlang der Wellentäler aufwärts geneigte innerhalb einer breiten Aufwärtsbewegung und die entlang der Wellenkämme abwärts geneigte innerhalb einer breiten Abwärtsbewegung – sind die grundlegenden Trendlinien. Eine Aufwärtstrendlinie zeichnet man, indem man die Linie auf der Innenseite zeichnet. Eine Abwärtstrendlinie zeichnet man auf der Außenseite. Eine Seitwärtstrendlinie zeichnet man am Boden.

Überkauft-/überverkauft-Indikator: ein Indikator, der zu entscheiden versucht, ob der Preis zu weit und zu schnell in eine bestimmte Richtung gelaufen ist, sodass eine Reaktion fällig sein dürfte.

Überkauft: wenn der Marktpreis zu steil und zu schnell gestiegen ist.

Überverkauft: wenn der Marktpreis zu steil und zu schnell gefallen ist.

UDVR (Up/Down Volume Ratio): Das Verhältnis zwischen dem täglichen Aufwärtsvolumen und dem täglichen Abwärtsvolumen über 50 Tage. Wird berechnet, indem man das Gesamtvolumen der Tage, an denen die Aktie höher als am Vortag geschlossen hat, durch das Gesamtvolumen der Tage teilt, an denen die Aktie niedriger geschlossen hat.

Umgekehrtes (sich öffnendes oder erweiterndes) rechtwinkliges Dreieck: Area-Formation mit einer horizontalen Begrenzungslinie und einer Begrenzungslinie, die bei Verlängerung nach links die horizontale Linie schneidet. Von der Form her ähnlich wie steigende und fallende Dreiecke, nur eben umgekehrt und ähnlich einer Megafon-Formation mit flacher oberer oder unterer Begrenzung. Rechtwinklige sich öffnende Dreiecke haben im Allgemeinen eine bearishe Bedeutung, egal, welche Seite waagerecht ist. Aber ein entschiedener Ausbruch (mindestens drei Prozent) durch die horizontale Begrenzungslinie hat die gleiche starke Bedeutung wie der Ausbruch aus einem steigenden oder fallenden Dreieck.

Umgekehrtes Dreieck: Area-Formation, bei der die eine Begrenzungslinie horizontal verläuft und die andere in einem Winkel, der bei Verlängerung nach links die horizontale Linie schneidet. Ähnelt der Form nach einem steigenden oder fallenden Dreieck, nur umgekehrt, und sieht aus wie eine unten beziehungsweise oben abgeflachte Megafon-Formation. Normalerweise haben umgekehrte Dreiecke – unabhängig davon, welche Seite waagerecht ist – eine bearishe Bedeutung. Jedoch hat ein entschiedener Ausbruch (mindestens drei Prozent) durch die horizontale Begrenzungslinie die gleiche nachdrückliche Bedeutung wie bei einem steigenden oder fallenden Dreieck.

Umkehrformation: eine Formation, die in entgegengesetzter Richtung zum vorherigen Trend ausbricht. (Siehe auch „steigendes Dreieck", „Broadening Formation", „Broadening Top", „fallendes Dreieck", „Diamantformation", „Dormant Bottom", „doppelter Boden", „Doppel-Top", „Schulter-Kopf-Schulter-Formation", „Rechtecksformation", „steigender Keil", „fallender Keil", „Rounding Bottom", „Rounding Top", „Untertassenformation", „symmetrisches Dreieck", „dreifacher Boden", „Dreifach-Top".)

Untertassenformation: siehe „Rounding Bottom" und „Muschelformation".

Uptick: eine Wertpapiertransaktion, die zu einem höheren Kurs als die vorige ausgeführt wird.

Verfallstag: der letzte Tag, an dem eine Option ausgeübt werden kann [bei europäischen Optionen der einzige Tag, an dem sie ausgeübt werden kann, Anm. d. Ü.].

Vince, Ralph: Autor des Buches „Handbook of Portfolio Mathematics", in dem „Optimal f" als quantitative Methode zur Berechnung der optimalen Allokation und der optimalen Leverage eines Portfolios beschrieben wird. Das Leverage Space Model ermittelt den optimalen Einsatz für maximalen Gewinn bei minimalem Risiko.

Volatilität: Ein Maß für die Schwankungstendenz einer Aktie, ermittelt anhand der täglichen Kurshistorie der letzten zwölf Monate. (Für die Formel siehe Anhang B, „Ressourcen".)

Vorzeitiger Ausbruch: Ausbruch aus einer Formation, auf den ein Rückzug in die Formation folgt. Irgendwann wird der Trend erneut ausbrechen und in diese Richtung weiterlaufen. Zum Zeitpunkt ihres Auftretens lassen sich Fehlausbrüche und vorzeitige Ausbrüche nicht voneinander oder von echten Ausbrüchen unterscheiden.

W-Formation: Siehe „Dreifach-Top".

Wellental: V-förmige Preisbewegung zwischen zwei Kursspitzen. (Siehe auch „Doppel-Top" und „Dreifach-Top".)

Widerstandsniveau: Kursniveau, auf dem ein ausreichendes Aktienangebot vorliegt, das einen Aufwärtstrend aufhalten und möglicherweise umkehren kann.

Wimpel: Ein Wimpel ist eine Flagge mit zulaufenden statt parallelen Begrenzungslinien. (Siehe auch „Flagge".)

Zahlenorientierte Technische Analyse: die Verwendung von Kennzahlen und Algorithmen statt reiner Chartanalyse, um den Markt zu analysieren. Beispiele dafür sind gleitende Durchschnitte und Oszillatoren wie der Stochastik-Oszillator. Es gibt unzählige Indikatoren dieser Art. Sie haben zwar viele Vorzüge, setzen aber einen Algorithmus zwischen den Preis und den Analysten.

LITERATURVERZEICHNIS

Allen, R.C., How to Use the 4 Day, 9 Day and 18 Day Moving Averages to Earn Larger Profits from Commodities, Best Books, Chicago, 1974.

Arms, R.W., Volume Cycles in the Stock Market. Market Timing Through Equivolume Charting, Dow Jones-Irwin, Homewood, IL, 1983.

Arms, R.W., Jr., The Arms Index, TRIN, Dow Jones-Irwin, Homewood, IL, 1989.

Bassetti, W.H.C., StairStops, MaoMao Press, San Geronimo, CA, 2009.

Bassetti, W.H.C., Zen Simple Beat the Market with a Ruler, MaoMao Press, San Geronimo, CA, 2009.

Bassetti, W.H.C., Sacred Chickens, the Holy Grail and Dow Theory, MaoMao Press, San Geronimo, CA, 2010.

Bassetti, W.H.C., Ten Trading Lessons, MaoMao Press, San Geronimo, CA, 2010.

Bassetti, W.H.C., Signals, MaoMao Press, San Geronimo, CA, 2011.

Belveal, L.D., Charting Commodity Market Price Behavior, 2. Aufl., Dow Jones-Irwin, Homewood, IL, 1985.

Bernstein, J., The Handbook of Commodity Cycles. A Window on Time, John Wiley & Sons, New York, 1982.

Bernstein, P., Against the Gods, John Wiley & Sons, New York, 1996.

Blumenthal, E., Chart for Profit Point & Figure Trading, Investors Intelligence, Larchmont, NY, 1975.

Bolton, A.H., The Elliott Wave Principle. A Critical Appraisal, Monetary Research, Hamilton, Bermuda, 1960.

Bressert, W.J. und J.H. Jones, The HAL Blue Book. How to Use Cycles with an Over-Bought/Oversold and Momentum Index for More Consistent Profits, HAL Market Cycles, Tucson, AZ, 1984.

Chicago Board of Trade, CBOT Dow Jones Industrial Average and Futures Options, Chicago, 1997.

Cohen, A.W., How to Use the Three-Point Reversal Method of Point & Figure Stock Market Trading, 8., überarbeitete Auflage, Chartcraft, Larchmont, NY, 1982.

Cootner, P.H. (Hrsg.), The Random Character of Stock Market Prices, MIT Press, Cambridge, 1964.

de Villiers, V., The Point and Figure Method of Anticipating Stock Price Movements. Complete Theory and Practice, Windsor Books, Brightwaters, NY, Orig. 1933, Reprint 1975.

Dewey, E.R. und O. Mandino, Cycles, the Mysterious Forces That Trigger Events, Manor Books, New York, 1973.

Dobson, E.D., Understanding Fibonacci Numbers, Trader Press, Greenville, SC, 1984.

Dorsey, T.J., Point & Figure Charting, John Wiley & Sons, New York, 2001.

Dreman, D., Contrarian Investment Strategy, Simon & Schuster, New York, 1974.

Dunn und Hargitt, Trader's Notebook. Trading Methods Checked by Computer, Dunn & Hargitt, Lafayette, IN, 1970.

Dunn und Hargitt, Point and Figure Commodity Trading. A Computer Evaluation, Dunn & Hargitt, Lafayette, IN, 1971.

Du Plessis, J., The Definitive Guide to Point and Figure, Harriman House Ltd., Hampshire Great Britain, 2005.

Elliott, R.N., The Major Works of R.N. Elliott, R. Prechter (Hrsg.), New Classics Library, Chappaqua, NY, 1980.

Emery, W.L. (Hrsg.), Commodity Year Book, Commodity Research Bureau, Jersey City, NJ, jährlich.

Frost, A.J. und R.R. Prechter, Elliott Wave Principle, Key to Stock Market Profits, New Classics Library, Chappaqua, NY, 1978.

Galbraith, J.K., The Great Crash 1929, Houghton Mifflin, Boston, 1961.

Gann, W.D., How to Make Profits in Commodities, überarbeitete Auflage, Lambert-Gann Publishing, Pomeroy, WA, Orig. 1942, Reprint 1976.

Granville, J.E., New Strategy of Daily Stork Market Timing for Maximum Profits, Prentice-Hall, Englewood Cliffs, NJ, 1976.

Hadady, R.E., Contrary Opinion. How to Use it For Profit in Trading Commodity Futures, Hadady Publications, Pasadena, CA, 1983.

Hurst, J.M., The Profit Magic of Transaction Timing, Prentice-Hall, Englewood Cliffs, NJ, 1970.

Jiler, W.L., How Charts Can Help You in the Stock Market, Trendline, New York, 1962.

Jiler, H. (Hrsg.), Guide to Commodity Price Forecasting, Commodity Research Bureau, New York, 1971.

Jorion, P., Value at Risk, John Wiley & Sons, New York, 1996.

Kaufman, P.J., Commodity Trading Systems and Methods, Wiley, New York, 1978.

Kaufman, P.J., Technical Analysis in Commodities, John Wiley & Sons, New York, 1980.

Kirkpatrick, C.D. und J.R. Dahlquist, Technical Analysis, FT Press, Upper Saddle River, NJ, 2007.

MacKay, C., Extraordinary Popular Delusions and the Madness of Crowds, Three Rivers Press, New York, 1980.

Magee, J., Winning the Mental Game on Wall Street, 2. Aufl., W.H.C. Bassetti (Hrsg.), St. Lucie Press, Boca Raton, FL, 2000.

Magee, J. und W.H.C. Bassetti, Introduction to the Magee System of Technical Analysis, St. Lucie Press, Boca Raton, FL, 2002.

Mandelbrot, O., „A MultiFractal Walk Down Wall Street", Scientific American, Februar 1999, Juni 1999, 280, 70–73.

McMillan, L.G., Options as a Strategic Investment, New York Institute of Finance, New York, 1993.

Murphy, J.J., Technical Analysis of the Futures Markets, New York Institute of Finance, New York, 1986.

Natenberg, S., Option Volatility and Pricing Strategy, überarbeitete Auflage, Probus Publishing Company, Chicago, 1994.

Niederhoffer, V., The Education of a Speculator, John Wiley & Sons, New York, 1997.

Nison, S., Japanese Candlestick Charting Techniques, New York Institute of Finance, New York, 1991.

Nison, S., Beyond Candlesticks, John Wiley & Sons, New York, 1994.

O'Neil, W.J., How to Make Money in Stocks, 2. Aufl., McGraw-Hill, New York, 1995.

Patel, C., Technical Trading Systems for Commodities and Stocks, Trading Systems Research, Walnut Creek, CA, 1980.

Pring, M., Technical Analysis Explained, 2. Aufl., McGraw-Hill, New York, 1985.

Pring, M.J., Technical Analysis Explained, 3. Aufl., McGraw-Hill, New York, 1991.

Schannep, J., Dow Theory for the 21st Century, John Wiley & Sons, New York, 2008.

Schultz, J.W., The Intelligent Chartist, WRSM Financial Services, New York, 1962.

Schwager, J.D., A Complete Guide to the Futures Markets. Fundamental Analysis, Technical Analysis, Trading Spreads and Options, John Wiley & Sons, New York, 1984.

Schwager, J.D., Market Wizards, HarperBusiness, New York, 1990.

Schwager, J.D., The New Market Wizards, HarperBusiness, New York, 1992.

Schwager, J.D., Schwager on Futures, Technical Analysis, John Wiley & Sons, New York, 1996.

Shibayama, Z., Zen Comments on the Mumonkan, Harper and Row, New York, 1974.

Sklarew, A., Techniques of a Professional Commodity Chart Analyst, Commodity Research Bureau, New York, 1980.

Teweles, R.J., C.V. Harlow und H.L. Stone, The Commodity Futures Game—Who Wins?—Who Loses?—Why? 2. Aufl., McGraw-Hill, New York, 1974.

Vince, R., The Handbook of Portfolio Mathematics, John Wiley & Sons, New York, 2007.

Vodopich, D.R., Trading for Profit with Precision Timing, Precision Timing, Atlanta, GA, 1984.

Wilder, J.W., New Concepts in Technical Trading Systems, Trend Research, Greensboro, NC, 1978.

Williams, L.R., How I Made $1,000,000 Trading Commodities Last Year, 3. Aufl., Conceptual Management, Monterey, CA, 1979.

Zieg, K.C., Jr. und P.J. Kaufman, Point and Figure Commodity Trading Techniques, Investor's Intelligence, Larchmont, NY, 1975.

Zweig, M., Winning on Wall Street, Warner Books, New York, 1986.